제6판

특허법

오승택 저

QMG 박문각

Preface | 제6판 머리말

제6판을 내면서

최근 특허법 개정은 첫째, 특허권자 권리를 보호, 강화하는 측면에서 개정이 있었다. 2019년 개정된 '합리적실시료' 추가배상제도는 침해자가 침해제품을 양도한 경우 특허권자의 생산능력범위 내의 양도 수량뿐만 아니라 특허권자의 생산능력을 초과하는 양도 수량에 대해서도 합리적으로 받을 수 있는 실시를 손해액으로 하는 손해액 산정방식으로 개정하였다. 아울러 특허권침해에 대한 '징벌적손해배상제도'를 도입하여 침해행위가 고의적으로 인정되는 경우에는 손해로 인정되는 금액의 3배까지 배상을 정하도록 하였다. '합리적실시료' 추가배상제도는 미국, 영국, 프랑스, 일본 등 주요 선진국에서 실시하고 있으나 '합리적실시료' 추가배상제도 산정방식과 '징벌적손해배상제도'를 모두 도입한 국가는 우리나라가 세계 최초이다. 2020년에는 특허권 침해죄를 기존의 '친고죄'에서 '반의사불벌죄'로 개정하여 특허권자의 고소가 없더라도 직권수사가 가능하도록 하였으며 특허권자가 고소기간(6월)에 얽매이지 않고 형사고소를 할 수 있게 되었다.

둘째로는 최근 발생된 코로나-19바이러스 등의 영향으로 인해 특허출원의 우선심사 사유에 '재난의 예방·대응·복구 등에 필요한 경우'가 추가되었다.

필자가 특허법을 발간한 지 꼭 10년이 되었는데도 법 개정 때마다 즉시 새로운 개정판을 내지 못한 아쉬움이 항상 남고 늘 부족한 저자에게 성원을 보내주시는 독자 여러분께 항상 죄송한 마음만 든다.

마지막으로 본서가 나오기까지 많은 수고를 해주신 도서출판 박문각 박용 회장님 이하 편집부 직원 여러분께 깊은 감사의 말씀을 드린다.

2021년 5월, 동국대학교에서

저자 오승택

Preface | 제5판 머리말

제5판을 내면서

필자가 제4판을 발간한 지 3개월 만에 제5판을 발간하게 되었다. 2017년 3월 1일부터 시행되는 개정법에 보조를 맞추기 위해서이다.

이번에 시행되는 개정법의 주요내용으로는 특허취소신청제도 도입, 심사관직권재심사제도 도입, 심사청구기간 단축, 외국심사결과제출명령제도 도입, 정당한 권리자 출원가능기간 연장, 특허권이전청구제도 도입과 심사관의 직권보정범위 확대, 국내우선권주장 선출원의 서류열람 개선, 정정청구취하시기 개선 등 상당한 부분이 개정되거나 새로운 제도가 도입되었다.

제4판은 필자가 전자책으로 본서를 발간하였으나 변리사 수험생과 수요자의 요구에 의해 다시 종이책 출판으로 바꾸었다. 향후 전자책과 종이책을 필요에 따라 탄력적으로 발간토록 할 계획이다.

그리고 본서 발간에 수고를 해주신 도서출판 박문각 박용 회장님, 오상헌 이사님 이하 편집부 직원 여러분께 깊은 감사의 말씀을 드린다.

2017년 3월, 동국대학교에서

저자 오승택

Preface | 제4판 머리말

제4판을 내면서

지금 세계는 제4차 산업혁명시대를 맞이했다.
1차 산업혁명이 증기와 기계장비라면 2차 산업혁명은 전기와 대량생산, 3차 산업혁명은 IT와 생산자동화, 4차 산업혁명은 사이버-물리시스템의 결합으로 초연결시대, 인공지능시대라고도 할 수 있겠다. 이러한 급변 속에서 국가별 고부가가치 IP 창출전략은 매우 중요하다 할 것이다. 대한민국은 세계 4위의 특허출원강국이고 단위 인구별로는 세계 1위의 출원강국을 유지하고 있다. 제4차 산업혁명은 새로운 IP 창출전략과 함께 우리에겐 절호의 기회이기도 하다.

필자가 제3판을 발간한 후 2016. 3. 29. 개정법에서는 특허권자가 특허권을 포기하거나 특허거절결정 등이 심판으로 취소된 경우 특허료와 심판청구료 등을 반환받을 수 있도록 하였으며, 특허침해소송에서 법원의 증거제출명령대상범위를 서류에서 자료로 확대할 뿐만 아니라 침해행위에 대한 입증자료도 포함하도록 하였다.

필자는 잦은 특허법 개정으로 인해 제4판부터 본서를 전자책으로 발간하여 변리사 수험생, 대학교재 등에서 빨리 활용할 수 있도록 하였다.

그리고 본서 발간에 수고를 해주신 도서출판 박문각 박용 회장님, 오상헌 이사님 이하 편집부 직원 여러분께 깊은 감사의 말씀을 드린다.

2016년 11월, 동국대학교에서

저자 오승택

Preface | 제3판 머리말

제3판을 내면서

필자가 제2판을 발간한 후 여러 번의 특허법 개정이 있었다.

2014년 6월 11일 개정법 주요내용으로는 특허출원인의 출원일자선점을 위하여 국어로만 출원할 수 있었던 것을 외국어(영어)로도 출원할 수 있게 하고, 소멸된 특허권 중 실시중인 특허발명의 특허권만 회복하여 주던 것을 특허발명의 실시여부와 관계 없이 회복할 수 있도록 하고 납부해야 하는 금액도 2배로 낮추었다. 또한 경제적 약자를 위한 특허료 감면, 국제특허출원의 국어번역문 제출기간 1개월 연장, 국제특허출원의 국어번역문 정정제도를 도입하였다.

2015년 1월 28일 개정법의 주요내용은 공지예외주장제도를 보완하여 출원시 공지예외주장을 못한 경우 이후 명세서 보정기간 등에 공지예외주장이 가능하도록 하였고, 또한 분할출원제도도 보완하여 특허거절결정등본을 받은 날로부터 3개월까지도 분할출원이 가능케 하였다.

2015년 5월 18일 개정법의 주요내용은 심사착수 전 특허출원의 취하·포기 또는 취하간주시에는 심사청구료 전액을 반환토록 하였다.

필자는 공공기관에서 약 27년간 근무를 마치고 이제 후학을 양성하는 길에 몸을 담게 되었다. 늘 부족한 필자에게 성원을 보내주시는 독자분들께 더더욱 감사의 말씀을 드린다.

마지막으로 본서가 나오기까지 많은 수고를 해주신 도서출판 박문각 박용 회장님, 오상헌 이사님, 이하 편집부 직원 여러분께 감사의 말씀을 드린다.

2015년 10월, 동국대학교에서
저자 오승택

Preface | 제2판 머리말

제2판을 내면서

우리나라는 현재 세계 4위의 특허출원 강국이고, 단위 인구별로는 세계 1위의 특허출원 강국이다. 필자가 초판을 출간한 이후 2년 7개월 동안 우리 특허법 체계는 중요한 세계적 변화를 겪었다.

「한미 FTA」 합의사항에 따라 특허권 설정 등록지연에 따른 특허권의 존속기간 연장제도와 비밀유지명령제도가 도입되었고, 공지예외 적용시기가 연장되었으며, 실효성 없는 특허권 취소제도가 폐지되었다.

또한 국제규범인 「특허법조약(PLT)」의 취지에 따라 특허출원의 회복기회가 확대되고 수수료의 반환 대상이 확대되는가 하면, 그 밖에 현행 제도의 운영상 나타난 일부 미비점들이 개선, 보완되었다.

아울러 직무발명의 활성화를 위해 2014년 1월 31일 시행 예정인 직무발명 개정 조항도 이번 개정판에 반영하였다.

늘 부족한 저자에게 성원을 보내 주시는 독자 분들께 더 빨리 개정판을 내 드리지 못해 죄송한 마음뿐이다.

무엇보다도 본서 발간에 큰 힘을 실어 주신 한국발명진흥회 김광림 회장님과 조은영 부회장님께 고마운 말씀을 드린다.

마지막으로 본서가 나오기까지 많은 수고를 해주신 도서출판 박문각 박용 회장님, 오상헌 이사님, 이하 편집부 직원 여러분께 깊은 감사의 말씀을 드린다.

2014년 1월, 서울 테헤란로에서

저자 오승택

Preface | 초판 머리말

필자가 본서를 집필 한지가 4년이 넘었다. 그러나 잦은 법 개정과 필자의 능력 부족으로 지금에 와서야 특허법 책자가 완성 되었다.

그 동안 필자가 쌓아온 경험과 대학 강의를 통해 축적한 지식이 큰 보탬이 되었으며 집필하는 동안 앞서간 선배 저자들이 존경스럽게 느껴질 때가 참으로 많았다.

본서는 변리사 수험용, 대학교재 등 다방면에서 넓게 활용될 수 있는 기본서이며 어려운 법률조항을 쉽게 표현하도록 노력하였다.

날날이 중요해지고 있는 지식재산권 분야에 발 맞춰 이 책을 구독하는 독자에게 큰 보탬이 되었으면 하는 바램이다.

본서가 발간되기까지 많은 분들의 도움을 받았다. 집필을 완료한 후 본서의 전반에 걸쳐 많은 오류를 정정해 주신 이주열 이사님, 엄정한 변리사님, 박서원 변리사님, 진병욱 변리사님, 손승희 변리사님, 양동욱 변리사님, 최승욱 변리사님, 차준용 변리사님, 황진원 변리사님, 주한중 변리사님, 이재훈 변리사님, 김규연 변리사님께 이 기회를 빌려 진심으로 감사드리며, 특히 독서경영으로 큰 힘을 실어 주신 한국발명진흥회 최종협 부회장님께 고마운 말씀을 드린다.

그리고 본서 발간에 많은 수고를 해 주신 도서출판 박문각 사장님, 오상헌 본부장님, 한광희 차장님, 김상언 대리님 등 많은 분들께 감사의 말씀을 드린다.

마직막으로 어려운 가운데서도 묵묵히 잘 견디어 준 아내와 가족에게 감사의 뜻을 표한다.

2011년 5월

저자 오승택

Contents | 차 례

제1장 | 지식재산권 개요

제1절 지식재산권 · 24
- 1. 서(序) · 24
- 2. 지식재산권의 목적 · 25

제2절 지식재산권의 분류 · 25
- 1. 특허권 · 26
- 2. 실용신안권 · 26
- 3. 디자인권 · 27
- 4. 상표권 · 27
- 5. 저작권 · 27
- 6. 신지식재산권 · 28

제3절 산업재산권의 국제화 · 30

제2장 | 특허제도 일반

제1절 특허제도 · 34
- I. 특허제도의 목적 · 34
  - 1. 발명의 보호·장려 · 34
  - 2. 발명의 이용 · 35
  - 3. 기술발전의 촉진 · 35
  - 4. 산업발전에 이바지 · 35
- II. 특허제도의 논리적 근거 · 35
  - 1. 기본권(자연권)설 · 35
  - 2. 산업정책설 · 36
  - 3. 검토 · 36

제2절 특허제도의 발전 · 37
- I. 특허제도의 연혁 · 37
  - 1. 베네치아 특허법 · 37
  - 2. 영국의 전매조례 · 37
- II. 우리나라의 특허제도 · 38
  - 1. 연혁 · 38
  - 2. 특허법의 제정 및 개정 · 38
  - 3. 우리나라 특허법의 주요원칙 · 41
- III. 외국의 특허제도 · 44
  - 1. 미국의 특허제도 · 44
  - 2. 독일의 특허제도 · 53
  - 3. 영국의 특허제도 · 53
  - 4. 프랑스의 특허제도 · 53

제3절 특허법의 특징 · 54
- 1. 산업입법으로서 성격 · 54
- 2. 사적 독점 보장법으로서 성격 · 54
- 3. 혼재적 성격 · 54
- 4. 국제적 성격 · 55
- 5. 특허법과 다른 법과의 관계 · 55
- 6. 특허법의 구성 · 56

제4절 특허법에서의 절차일반 · 57
- I. 능력(能力) · 57
  - 1. 권리능력 · 57
  - 2. 행위능력(절차능력) · 60
- II. 대리제도 · 63
  - 1. 대리인의 의의 · 63
  - 2. 대리인의 종류 및 권한 · 64
  - 3. 대리권의 증명 · 67
  - 4. 대리권의 불소멸 · 68
  - 5. 개별대리의 원칙 · 69
  - 6. 대리인의 교체 등 · 69
  - 7. 재외자의 재판관할 · 70
  - 8. 복대리인 · 70
  - 9. 복수당사자의 대표 · 71

Contents | 차 례

Ⅲ. 기일 및 기간 · 73
  1. 기일 및 기간의 개념 · 73
  2. 기 간 · 73
  3. 기간의 계산 · 75
  4. 기간의 연장 및 기일의 변경 · 77
  5. 기간의 해태와 절차의 추완 · 79
Ⅳ. 특허출원 등에 관한 절차일반 · 81
  1. 특허에 관한 서류의 제출 · 81
  2. 절차의 무효와 서류의 반려 · 89
  3. 절차의 효력승계와 속행 · 95
  4. 절차의 정지 · 96
  5. 송 달 · 100
  6. 특허공보 · 105

제3장 | 발명과 특허

제1절 특허받을 수 있는 발명 · 108

Ⅰ. 개 요 · 108
Ⅱ. 발명의 요건 · 108
  1. 자연법칙의 이용 · 108
  2. 기술적 사상 · 109
  3. 창작성 · 111
  4. 고도성 · 113
Ⅲ. 발명의 성립성에 위반되는 유형 · 114
  1. 비발명 · 114
  2. 미완성 발명 · 115
Ⅳ. 발명의 성립성이 문제되는 경우 · 116
  1. 미생물발명 및 식물발명 · 116
  2. 용도발명 · 117
  3. 컴퓨터 프로그램 발명 · 117

Ⅴ. 발명과 노하우의 비교 · 117
  1. 노하우(know-how)의 정의 · 117
  2. 발명과 노하우의 차이 · 118
Ⅵ. 발명의 종류 · 119
  1. 의 의 · 119
  2. 발명의 종류 · 119

제2절 특허요건 · 126

Ⅰ. 산업상 이용가능성 · 126
  1. 의 의 · 126
  2. 산업의 범위 · 126
  3. 이용의 시기 · 127
  4. 이용가능성 · 128
  5. 의료업의 산업성 · 128
  6. 기타 관련문제 · 129
Ⅱ. 발명의 신규성(novelty) · 130
  1. 의 의 · 130
  2. 신규성 판단의 기준 · 130
  3. 신규성 상실 이유 · 131
  4. 신규성의 판단 · 135
  5. 공지(公知) 등이 되지 아니한 발명으로 보는 경우 · 138
Ⅲ. 발명의 진보성 · 142
  (Inventive Step ; Non-obviousness)
  1. 의 의 · 142
  2. 법규정 · 142
  3. 신규성과 진보성의 비교 · 143
  4. 진보성의 판단방법 · 143
  5. 진보성의 판단의 유형 · 146
  6. 참고적 판단자료 · 148
  (Secondary Considerations)

Contents | 차 례

- Ⅳ. 확대된 선출원의 지위 · 150
  - 1. 의 의 · 150
  - 2. 취 지 · 150
  - 3. 판단기준 · 151
  - 4. 확대된 선출원 적용시 발명의 동일성 판단방법 · 152
  - 5. 확대된 선출원의 지위 위반효과 · 153
  - 6. 적용의 예외 · 153
  - 7. 연관된 문제 · 154
- Ⅴ. 선출원주의 · 155
  - 1. 의 의 · 155
  - 2. 선출원주의의 판단 · 156
  - 3. 선출원주의의 주요내용 · 157
  - 4. 선출원주의 위반의 법적 효과 · 159
  - 5. 연관된 문제 · 159
- Ⅵ. 발명의 동일성 · 161
  - 1. 서(序) · 161
  - 2. 발명의 동일성 판단기준 · 161
  - 3. 발명의 동일성 형태 · 162
  - 4. 발명의 동일성 판단방법 · 162
  - 5. 발명의 동일성 판단대상 · 163
  - 6. 발명의 동일성 판단효과 · 164

제3절 특허를 받을 수 없는 발명 · 165

- Ⅰ. 불특허 발명 · 165
  - 1. 의 의 · 165
  - 2. 불특허발명의 내용 · 165
  - 3. 불특허발명의 판단 · 166
  - 4. 불특허발명의 법적 취급 · 168
- Ⅱ. 국방상 필요한 발명 · 168
  - 1. 의 의 · 168
  - 2. 국방관련 특허출원의 비밀분류기준 · 168
  - 3. 비밀취급절차 및 해제 · 169
  - 4. 외국에의 특허출원금지 및 수용 · 170
  - 5. 보상금 지급 · 170
  - 6. 비밀취급명령 등 위반의 효과 · 171
- Ⅲ. 기타 발명 · 172
  - 1. 식물발명 · 172
  - 2. 동물발명 · 174

제4절 특허를 받을 수 있는 자 · 175

- Ⅰ. 특허를 받을 수 있는 권리 · 175
  - 1. 특허를 받을 수 있는 권리의 성격 · 175
  - 2. 특허를 받을 수 있는 권리의 내용 · 175
- Ⅱ. 권리의 주체 · 179
  - 1. 발명자 · 179
  - 2. 공동발명자 · 180
  - 3. 승계인 · 180
  - 4. 선출원자 · 181
  - 5. 정당권리자 · 182

제5절 직무발명 · 185

- Ⅰ. 서 설 · 185
  - 1. 의 의 · 185
  - 2. 취 지 · 185
  - 3. 종 류 · 186
- Ⅱ. 직무발명의 성립요건 · 187
  - 1. 종업원 등이 발명하였을 것 · 187
  - 2. 사용자 등의 업무범위에 속할 것 · 188
  - 3. 발명을 하게 된 행위가 종업원 등의 현재 또는 과거의 직무에 속할 것 · 189
- Ⅲ. 직무발명에 대한 법적 취급 · 191
  - 1. 사용자 등의 통상실시권의 취득 · 191
  - 2. 예약승계 · 192
  - 3. 종업원 등의 발명완성사실 통지 및 비밀준수의무 · 193
  - 4. 사용자 등의 승계 여부의 통지 의무 · 194
  - 5. 종업원 등이 승계에 의한 정당한 보상받을 권리의 발생 · 196
- Ⅳ. 공무원의 직무발명의 취급 · 198
  - 1. 권리의 귀속 · 198
  - 2. 국·공립학교 교직원의 발명 · 198

Preface | 초판 머리말

필자가 본서를 집필 한지가 4년이 넘었다. 그러나 잦은 법 개정과 필자의 능력 부족으로 지금에 와서야 특허법 책자가 완성 되었다.

그 동안 필자가 쌓아온 경험과 대학 강의를 통해 축적한 지식이 큰 보탬이 되었으며 집필하는 동안 앞서간 선배 저자들이 존경스럽게 느껴질 때가 참으로 많았다.

본서는 변리사 수험용, 대학교재 등 다방면에서 넓게 활용될 수 있는 기본서이며 어려운 법률조항을 쉽게 표현하도록 노력하였다.

날날이 중요해지고 있는 지식재산권 분야에 발 맞춰 이 책을 구독하는 독자에게 큰 보탬이 되었으면 하는 바램이다.

본서가 발간되기까지 많은 분들의 도움을 받았다. 집필을 완료한 후 본서의 전반에 걸쳐 많은 오류를 정정해 주신 이주열 이사님, 엄정한 변리사님, 박서원 변리사님, 진병욱 변리사님, 손승희 변리사님, 양동욱 변리사님, 최승욱 변리사님, 차준용 변리사님, 황진원 변리사님, 주한중 변리사님, 이재훈 변리사님, 김규연 변리사님께 이 기회를 빌려 진심으로 감사드리며, 특히 독서경영으로 큰 힘을 실어 주신 한국발명진흥회 최종협 부회장님께 고마운 말씀을 드린다.

그리고 본서 발간에 많은 수고를 해 주신 도서출판 박문각 사장님, 오상헌 본부장님, 한광희 차장님, 김상언 대리님 등 많은 분들께 감사의 말씀을 드린다.

마직막으로 어려운 가운데서도 묵묵히 잘 견디어 준 아내와 가족에게 감사의 뜻을 표한다.

2011년 5월

저자 오승택

Contents | 차례

제1장 | 지식재산권 개요

제1절 지식재산권 · 24
    1. 서(序) · 24
    2. 지식재산권의 목적 · 25

제2절 지식재산권의 분류 · 25
    1. 특허권 · 26
    2. 실용신안권 · 26
    3. 디자인권 · 27
    4. 상표권 · 27
    5. 저작권 · 27
    6. 신지식재산권 · 28

제3절 산업재산권의 국제화 · 30

제2장 | 특허제도 일반

제1절 특허제도 · 34
  I. 특허제도의 목적 · 34
    1. 발명의 보호·장려 · 34
    2. 발명의 이용 · 35
    3. 기술발전의 촉진 · 35
    4. 산업발전에 이바지 · 35
  II. 특허제도의 논리적 근거 · 35
    1. 기본권(자연권)설 · 35
    2. 산업정책설 · 36
    3. 검토 · 36

제2절 특허제도의 발전 · 37
  I. 특허제도의 연혁 · 37
    1. 베네치아 특허법 · 37
    2. 영국의 전매조례 · 37

  II. 우리나라의 특허제도 · 38
    1. 연혁 · 38
    2. 특허법의 제정 및 개정 · 38
    3. 우리나라 특허법의 주요원칙 · 41
  III. 외국의 특허제도 · 44
    1. 미국의 특허제도 · 44
    2. 독일의 특허제도 · 53
    3. 영국의 특허제도 · 53
    4. 프랑스의 특허제도 · 53

제3절 특허법의 특징 · 54
    1. 산업입법으로서 성격 · 54
    2. 사적 독점 보장법으로서 성격 · 54
    3. 혼재적 성격 · 54
    4. 국제적 성격 · 55
    5. 특허법과 다른 법과의 관계 · 55
    6. 특허법의 구성 · 56

제4절 특허법에서의 절차일반 · 57
  I. 능력(能力) · 57
    1. 권리능력 · 57
    2. 행위능력(절차능력) · 60
  II. 대리제도 · 63
    1. 대리인의 의의 · 63
    2. 대리인의 종류 및 권한 · 64
    3. 대리권의 증명 · 67
    4. 대리권의 불소멸 · 68
    5. 개별대리의 원칙 · 69
    6. 대리인의 교체 등 · 69
    7. 재외자의 재판관할 · 70
    8. 복대리인 · 70
    9. 복수당사자의 대표 · 71

Contents | 차 례

Ⅲ. 기일 및 기간 · 73
  1. 기일 및 기간의 개념 · 73
  2. 기 간 · 73
  3. 기간의 계산 · 75
  4. 기간의 연장 및 기일의 변경 · 77
  5. 기간의 해태와 절차의 추완 · 79
Ⅳ. 특허출원 등에 관한 절차일반 · 81
  1. 특허에 관한 서류의 제출 · 81
  2. 절차의 무효와 서류의 반려 · 89
  3. 절차의 효력승계와 속행 · 95
  4. 절차의 정지 · 96
  5. 송 달 · 100
  6. 특허공보 · 105

제3장 | 발명과 특허

제1절 특허받을 수 있는 발명 · 108

Ⅰ. 개 요 · 108
Ⅱ. 발명의 요건 · 108
  1. 자연법칙의 이용 · 108
  2. 기술적 사상 · 109
  3. 창작성 · 111
  4. 고도성 · 113
Ⅲ. 발명의 성립성에 위반되는 유형 · 114
  1. 비발명 · 114
  2. 미완성 발명 · 115
Ⅳ. 발명의 성립성이 문제되는 경우 · 116
  1. 미생물발명 및 식물발명 · 116
  2. 용도발명 · 117
  3. 컴퓨터 프로그램 발명 · 117

Ⅴ. 발명과 노하우의 비교 · 117
  1. 노하우(know-how)의 정의 · 117
  2. 발명과 노하우의 차이 · 118
Ⅵ. 발명의 종류 · 119
  1. 의 의 · 119
  2. 발명의 종류 · 119

제2절 특허요건 · 126

Ⅰ. 산업상 이용가능성 · 126
  1. 의 의 · 126
  2. 산업의 범위 · 126
  3. 이용의 시기 · 127
  4. 이용가능성 · 128
  5. 의료업의 산업성 · 128
  6. 기타 관련문제 · 129
Ⅱ. 발명의 신규성(novelty) · 130
  1. 의 의 · 130
  2. 신규성 판단의 기준 · 130
  3. 신규성 상실 이유 · 131
  4. 신규성의 판단 · 135
  5. 공지(公知) 등이 되지 아니한 발명으로 보는 경우 · 138
Ⅲ. 발명의 진보성 · 142
  (Inventive Step ; Non-obviousness)
  1. 의 의 · 142
  2. 법규정 · 142
  3. 신규성과 진보성의 비교 · 143
  4. 진보성의 판단방법 · 143
  5. 진보성의 판단의 유형 · 146
  6. 참고적 판단자료 · 148
    (Secondary Considerations)

Contents | 차례

- IV. 확대된 선출원의 지위 · 150
  - 1. 의 의 · 150
  - 2. 취 지 · 150
  - 3. 판단기준 · 151
  - 4. 확대된 선출원 적용시 발명의 동일성 판단방법 · 152
  - 5. 확대된 선출원의 지위 위반효과 · 153
  - 6. 적용의 예외 · 153
  - 7. 연관된 문제 · 154
- V. 선출원주의 · 155
  - 1. 의 의 · 155
  - 2. 선출원주의의 판단 · 156
  - 3. 선출원주의의 주요내용 · 157
  - 4. 선출원주의 위반의 법적 효과 · 159
  - 5. 연관된 문제 · 159
- VI. 발명의 동일성 · 161
  - 1. 서(序) · 161
  - 2. 발명의 동일성 판단기준 · 161
  - 3. 발명의 동일성 형태 · 162
  - 4. 발명의 동일성 판단방법 · 162
  - 5. 발명의 동일성 판단대상 · 163
  - 6. 발명의 동일성 판단효과 · 164

제3절 특허를 받을 수 없는 발명 · 165

- I. 불특허 발명 · 165
  - 1. 의 의 · 165
  - 2. 불특허발명의 내용 · 165
  - 3. 불특허발명의 판단 · 166
  - 4. 불특허발명의 법적 취급 · 168
- II. 국방상 필요한 발명 · 168
  - 1. 의 의 · 168
  - 2. 국방관련 특허출원의 비밀분류기준 · 168
  - 3. 비밀취급절차 및 해제 · 169
  - 4. 외국에의 특허출원금지 및 수용 · 170
  - 5. 보상금 지급 · 170
  - 6. 비밀취급명령 등 위반의 효과 · 171
- III. 기타 발명 · 172
  - 1. 식물발명 · 172
  - 2. 동물발명 · 174

제4절 특허를 받을 수 있는 자 · 175

- I. 특허를 받을 수 있는 권리 · 175
  - 1. 특허를 받을 수 있는 권리의 성격 · 175
  - 2. 특허를 받을 수 있는 권리의 내용 · 175
- II. 권리의 주체 · 179
  - 1. 발명자 · 179
  - 2. 공동발명자 · 180
  - 3. 승계인 · 180
  - 4. 선출원자 · 181
  - 5. 정당권리자 · 182

제5절 직무발명 · 185

- I. 서 설 · 185
  - 1. 의 의 · 185
  - 2. 취 지 · 185
  - 3. 종 류 · 186
- II. 직무발명의 성립요건 · 187
  - 1. 종업원 등이 발명하였을 것 · 187
  - 2. 사용자 등의 업무범위에 속할 것 · 188
  - 3. 발명을 하게 된 행위가 종업원 등의 현재 또는 과거의 직무에 속할 것 · 189
- III. 직무발명에 대한 법적 취급 · 191
  - 1. 사용자 등의 통상실시권의 취득 · 191
  - 2. 예약승계 · 192
  - 3. 종업원 등의 발명완성사실 통지 및 비밀준수의무 · 193
  - 4. 사용자 등의 승계 여부의 통지 의무 · 194
  - 5. 종업원 등이 승계에 의한 정당한 보상받을 권리의 발생 · 196
- IV. 공무원의 직무발명의 취급 · 198
  - 1. 권리의 귀속 · 198
  - 2. 국·공립학교 교직원의 발명 · 198

Contents | 차례

  3. 보상기준 • 198
  4. 국유특허권의 처분 및 관리 • 199
 V. 사립대학 교직원의 발명 • 199
 VI. 대학교수의 발명 • 199
 VII. 기타 직무발명과 관련된 사항 • 201
  1. 직무발명 심의위원회 • 201
  2. 직무발명 관련 분쟁 조정 등 • 202
  3. 직무발명보상제도의 실시 및 지원시책 • 204
  4. 직무발명보상 우수기업에 대한 지원 • 204
  5. 직무발명 관련 과태료에 관한 사항 • 205

제4장 | 특허출원

제1절 특허출원 절차 • 208
 I. 의 의 • 208
 II. 특허출원서류 • 208
  1. 특허출원서 • 208
  2. 발명의 설명·청구범위를 적은 명세서 (Specification) • 210
  3. 도 면 • 228
  4. 요약서 • 229
  5. 기타 첨부서류 • 229
  6. 외국어특허출원의 경우 • 230
  7. 국제출원인 경우 • 231
 III. 발명의 단일성(Unity of Invention) • 232
  1. 의 의 • 232
  2. 제도적 취지 • 232
  3. 1군(群)의 발명 • 233
 IV. 특허출원의 취하와 포기 • 237
  1. 의 의 • 237
  2. 필요성 • 237
  3. 법률의 규정에 의한 취하와 포기 • 238
  4. 본인의 의사에 의한 취하와 포기 • 239
  5. 취하와 포기의 효과 • 240

제2절 출원보정 • 241
 I. 보정제도 • 241
  1. 의 의 • 241
  2. 보정의 종류 • 242
 II. 보정대상 및 시기 • 242
  1. 절차(방식)보정 • 242
  2. 실체보정 • 244
 III. 보정의 절차 • 253
  1. 보정서 제출 • 253
  2. 보정료 납부 • 254
 IV. 보정의 효과 • 254
  1. 적법한 경우의 효과 • 254
  2. 부적법한 보정 • 254
 V. 외국어특허출원의 실체보정 • 256
  1. 보정시기의 제한 • 256
  2. 신규사항 추가금지 • 256
  3. 신규사항 추가금지(法 47②) 위반시 취급 • 256
 VI. 보정각하 • 257
  1. 의 의 • 257
  2. 보정각하의 대상 및 예외사항 • 257
  3. 보정각하의 시기 및 방식 • 258
  4. 보정각하에 대한 불복 • 259
  5. 보정각하의 효과 • 259

제3절 분할출원·변경출원 • 260
 I. 분할출원 • 260
  1. 의 의 • 260
  2. 취 지 • 260
  3. 분할출원의 적법요건 • 261
  4. 분할출원의 절차 • 263
  5. 분할출원의 효과 • 263

Contents | 차 례

    6. 외국어특허출원의 경우 · 266
    7. 국제특허출원의 경우 · 266
    8. 분할출원과 관련된 문제 · 267
  II. 변경출원 · 268
    1. 의 의 · 268
    2. 취 지 · 268
    3. 종 류 · 268
    4. 변경출원의 적법요건 · 269
    5. 변경출원의 절차 · 269
    6. 변경출원의 효과 · 270
    7. 외국어특허출원의 경우 · 272
    8. 국제특허출원의 경우 · 273
    9. 변경출원과 관련된 문제 · 273

제4절 우선권제도 · 275

  I. 우선권제도의 총설 · 275
  II. 조약에 의한 우선권 · 275
    1. 의 의 · 275
    2. 취 지 · 275
    3. 조약우선권의 태양 · 276
    4. 우선권의 성질 · 277
    5. 우선권주장의 성립요건 · 277
    6. 우선권주장의 절차 · 280
    7. 우선권주장의 효과 · 282
    8. 국제특허출원의 특례 · 284
  III. 국내우선권 제도 · 285
    1. 의 의 · 285
    2. 취 지 · 286
    3. 외국의 입법례 · 286
    4. 국내우선권의 이용 형태 · 287
    5. 국내우선권주장의 성립 요건 · 287
    6. 국내우선권주장 절차 · 289
    7. 국내우선권주장의 취하 및 취하간주 · 290
    8. 국내우선권주장의 효과 · 291
    9. 관련문제(선출원취하 여부) · 293
    10. 국제특허출원의 특례 · 294

제5장 | 특허심사

제1절 심사에 관한 제도 · 298

  I. 심사주의와 무심사주의 · 298
    1. 의 의 · 298
    2. 심사주의와 무심사주의의 비교 · 298
    3. 신심사주의 · 299
    4. 심사의 분류 · 300
  II. 출원공개제도 · 302
    1. 의 의 · 302
    2. 출원공개의 시기 · 302
    3. 출원공개의 대상 · 303
    4. 출원공개방법 · 303
    5. 출원공개의 법적 효과 · 303
    6. 신청에 의한 출원의 조기공개제도 · 305
    7. 보상금청구권 · 306
    8. 정보제공제도 · 309
    9. 국제출원의 국제공개 및 국제출원의 국내공개 · 311
  III. 출원심사청구제도 · 313
    1. 의 의 · 313
    2. 제도적 취지 · 313
    3. 내 용 · 313
    4. 심사청구의 법적 효과 · 315
    5. 출원심사청구가 없는 경우 · 317
    6. 출원공개제도와 심사청구제도 (확대된 선출원의 지위와 관계) · 317
  IV. 우선심사제도 · 318
    1. 의 의 · 318
    2. 제도적 취지 · 318
    3. 우선심사의 내용 · 318
    4. 관련문제 · 322

제2절 출원심사 · 323

  I. 심 사 · 323
    1. 의 의 · 323

Contents | 차 례

   2. 심사관의 자격 • 323
   3. 심사관의 제척 • 324
 II. 출원심사의 진행 • 325
   1. 출원서류의 접수 및 방식심사 • 325
   2. 특허출원의 분류 • 325
   3. 실체심사의 절차 • 326
   4. 거절이유 및 거절이유 통지 • 330
   5. 거절이유통지를 받은 출원인의 대응방안 • 332
 III. 심사의 종료 • 333
   1. 의 의 • 333
   2. 법적 성격 • 333
   3. 종 류 • 333
   4. 특허여부결정의 요건 • 334
   5. 특허여부결정의 절차 • 335
   6. 효 과 • 336
 IV. 전문기관에 의한 조사 • 339
   1. 선행기술조사 등 • 339
   2. 전문기관 등록의 취소 등 • 340
제3절 특허협력조약에 의한 국제특허 • 340
 I. 의 의 • 340
 II. 국제출원 • 341
   1. 국제출원을 할 수 있는 자 • 341
   2. 국제출원언어 • 342
   3. 국제출원서류의 제출 • 342
   4. 국제출원일의 인정 • 344
   5. 국제출원의 취하 • 345
   6. 지정(Designation) • 346
   7. 국제조사용 번역문의 제출 • 347
   8. 수수료 • 347
   9. 우선권 서류의 제출 및 보정 • 347
 III. 국제조사 • 348
   1. 의 의 • 348
   2. 대한민국 특허청에서의 국제조사 • 349

 IV. 국제예비심사 • 354
   1. 의 의 • 354
   2. 대한민국 특허청에서의 국제예비심사 • 355
 V. 우리나라를 지정국으로 하는 경우 국제특허출원의 특례 규정 • 365
   1. 서 설 • 365
   2. 국제특허출원일의 인정 • 365
   3. 국제특허출원의 출원서 등 • 365
   4. 국제특허출원의 번역문 제출 • 366
   5. 국제특허출원의 특례 규정 • 369
   6. 결정에 의한 특허출원으로 되는 국제출원 • 373

제6장 | 특허권

제1절 특허권 • 376
 I. 특허권의 성질 • 376
   1. 의 의 • 376
   2. 학 설 • 376
   3. 특허권과 소유권의 비교 • 377
   4. 특허권의 성질 • 378
 II. 특허권의 발생 • 379
   1. 특허료 및 수수료 • 379
   2. 특허료 및 수수료의 납부 • 380
   3. 특허증의 발급 • 387
   4. 특허원부 • 387
제2절 특허권의 효력 • 388
 I. 의 의 • 388
 II. 효력의 범위 • 389
   1. 지역적 범위 • 389
   2. 시간적 범위 • 389
 III. 효력의 내용 • 390
   1. 적극적 효력 • 390
   2. 소극적 효력 • 396

Contents | 차 례

- Ⅳ. 효력의 제한 • 398
  - 1. 의 의 • 398
  - 2. 내 용 • 398

제3절 특허권의 이전 및 공유 • 402

- Ⅰ. 특허권의 이전 • 402
  - 1. 의 의 • 402
  - 2. 이전의 효력발생 • 404
  - 3. 이전절차 • 404
  - 4. 이전과 관련된 문제 • 405
- Ⅱ. 특허권의 공유 • 406
  - 1. 의 의 • 406
  - 2. 법적 성격 • 407
  - 3. 공유특허권의 지분 • 408
  - 4. 공유특허권의 효력 및 제한 • 408
  - 5. 각자대표의 원칙과 예외 • 410
  - 6. 관련문제 • 411

제4절 특허권의 존속기간 • 412

- Ⅰ. 의 의 • 412
- Ⅱ. 특허권의 존속기간 • 412
  - 1. 원 칙 • 412
  - 2. 예 외 • 412
  - 3. 존속기간 만료일이 공휴일인 경우 • 413
- Ⅲ. 특허권 존속기간의 연장 • 413
  - 1. 의 의 • 413
  - 2. 허가 등에 따른 특허권 존속기간 연장등록제도 • 414
  - 3. 등록지연에 따른 특허권 존속기간 연장등록제도 • 420

제5절 특허권의 소멸 • 423

- Ⅰ. 의 의 • 423
- Ⅱ. 특허권의 소멸사유 • 423
  - 1. 장래를 향하여 소멸하는 경우 • 423
  - 2. 소급하여 소멸하는 경우 • 424

제6절 실시권 • 426

- Ⅰ. 실시권 • 426
  - 1. 의 의 • 426
  - 2. 실시권의 범위 • 426
  - 3. 실시권의 종류 • 427
- Ⅱ. 전용실시권 • 429
  - 1. 의 의 • 429
  - 2. 전용실시권의 발생 • 429
  - 3. 전용실시권의 내용 • 429
  - 4. 특허권자와 전용실시권자의 관계 • 431
  - 5. 전용실시권의 소멸 • 432
- Ⅲ. 통상실시권 • 432
  - 1. 의 의 • 432
  - 2. 종 류 • 432
  - 3. 허락에 의한 통상실시권 • 433
  - 4. 법정실시권 • 435
  - 5. 강제실시권 • 437
- Ⅳ. 법정실시권의 구체적 내용 • 439
  - 1. 직무발명에 대한 사용자의 통상실시권 • 439
  - 2. 선사용에 의한 통상실시권 • 441
  - 3. 무효심판청구등록 전의 실시에 의한 통상실시권(중용권) • 444
  - 4. 디자인권 존속기간 만료 후의 통상실시권 • 447
  - 5. 질권행사로 인한 특허권의 이전에 따른 통상실시권 • 448
  - 6. 특허료 추가납부기간 경과 후에 회복한 특허권 등에 대한 통상실시권 • 450
  - 7. 재심에 의하여 회복한 특허권에 대한 선사용자의 통상실시권(후용권) • 451
  - 8. 재심에 의하여 통상실시권을 상실한 원권리자의 통상실시권 • 452
  - 9. 특허권 이전청구에 따른 이전등록 전의 실시에 의한 통상실시권 • 454

Contents | 차 례

V. 강제실시권의 구체적 내용 • 457
  1. 국가비상사태 등에 의한 통상실시권 • 457
  2. 재정에 의한 통상실시권 • 459
  3. 통상실시권 허락심판에 의한 통상실시권 • 468

제7절 특허법상 질권 • 472

I. 서 설 • 472
II. 질권의 설정 및 제한 • 472
  1. 질권의 설정 • 472
  2. 질권설정의 제한 • 473
III. 질권자의 지위 • 473
IV. 질권행사로 인한 특허권 이전에 따른 통상실시권 • 473
V. 질권의 소멸 • 474

제8절 등 록 • 474

I. 의 의 • 474
II. 특허원부와 특허등록원부 • 474
  1. 특허원부 • 474
  2. 특허등록원부 • 474
III. 특허등록의 분류 • 475
  1. 법령에 의한 분류 • 475
  2. 내용에 의한 분류 • 477
  3. 형식에 의한 분류 • 477
  4. 효력에 의한 분류 • 478
IV. 등록절차 • 479
  1. 등록신청 • 479
  2. 등록순서 • 479
  3. 등록신청서의 불수리(반려) • 479
  4. 등 록 • 479
V. 등록의 효력 • 479
  1. 권리의 발생 • 479
  2. 권리의 변동 • 480
  3. 대항력 • 480

VI. 특허권 설정 등록 및 등록공고 • 481
  1. 서(序) • 481
  2. 설정등록요건 • 481
  3. 설정등록의 절차 • 482
  4. 설정등록 및 등록공고의 효과 • 483

제9절 특허권 침해와 구제 • 486

I. 특허권의 침해 • 486
  1. 의 의 • 486
  2. 침해의 성립요건 • 486
II. 특허청구범위의 해석 • 487
  1. 특허청구범위의 역사 • 487
  2. 특허청구범위의 해석 • 488
  3. 특허보호범위 해석을 위한 일반적인 원칙 • 491
  4. 특허침해의 판단방법 • 500
  5. 기능식 청구항 해석 • 506
III. 특허침해의 형태 • 509
  1. 직접침해 • 509
  2. 간접침해 • 513
IV. 특허권 침해에 대한 구제 • 516
  1. 의 의 • 516
  2. 특허권자 보호를 위한 특별규정 • 516
  3. 민사상 구제방법 • 518
  4. 형사적 구제방법 • 534
  5. 행정상 과태료 • 540
  6. 기타의 방법에 의한 구제 • 541
V. 침해주장에 대한 대응 • 542
  1. 의 의 • 542
  2. 침해의 주장이 정당할 때 • 542
  3. 침해의 주장이 부당할 때 • 542

제10절 특허권자의 의무 • 543

I. 의 의 • 543
II. 실시의무 • 543
III. 특허료납부의무 • 543

Contents | 차 례

Ⅳ. 국방상 필요에 의한 비밀유지 의무 •544
Ⅴ. 특허문헌 제출 의무 •544
Ⅵ. 수수료 납부의 의무 •544
Ⅶ. 기 타 •545
   1. 특허권 실시 보고 •545
   2. 권장사항으로서 특허권의 표시 •545

제7장 | 특허의 취소

제1절 특허취소제도 •548
  Ⅰ. 의 의 •548
  Ⅱ. 특허무효심판제도와의 차이점 •548

제2절 특허취소신청, 심리·결정 •549
  Ⅰ. 특허취소의 신청 및 정정 •549
    1. 특허취소신청 •549
    2. 특허취소신청절차에서의 특허의 정정 •549
  Ⅱ. 특허취소신청의 심리·결정 •551
    1. 특허취소신청의 심리 •551
    2. 특허취소신청의 결정 등 •552

제8장 | 특허심판

제1절 특허심판제도 •554
  Ⅰ. 의 의 •554
  Ⅱ. 특허심판의 법적 성질 •554
    1. 행정심판 •554
    2. 준사법적 행정행위 •555
  Ⅲ. 특허심판원 •555
    1. 조직과 구성 •555
    2. 심판의 분류 •556
    3. 특허법원과의 관계 •557
  Ⅳ. 심판관의 자격 •557
    1. 심판의 합의체 •557
    2. 심판관·심판장의 자격 •557
    3. 직무의 독립성 •558

제2절 특허심판의 절차 •560
  Ⅰ. 심판의 청구 •560
    1. 심판청구서의 제출 •560
    2. 심판청구서의 기재사항 •560
    3. 심판청구서의 보정과 요지변경 •562
    4. 요지변경으로 보는 사례 •563
    5. 중복심판청구의 금지 •563
    6. 국선대리인 •563
  Ⅱ. 당사자 •564
    1. 당사자 능력 •564
    2. 절차능력 •564
    3. 당사자 적격 •565
    4. 이해관계인 •567
    5. 공동심판에서 당사자 적격 •569
    6. 흠의 효과 •570
  Ⅲ. 심판관의 제척·기피·회피 •570
    1. 제 척 •570
    2. 기 피 •572
    3. 제척·기피 절차 •572
    4. 회 피 •573
  Ⅳ. 심 리 •573
    1. 의 의 •573
    2. 방식심리와 적법성심리 •574
    3. 심리방식 •577
    4. 직권주의에 의한 심리원칙 •580
  Ⅴ. 심판참가 •583
    1. 의 의 •583
    2. 취 지 •583
    3. 참가의 종류 •584
    4. 참가의 요건 •584
    5. 참가절차 •585
    6. 참가의 효과 •586

Contents | 차 례

- VI. 심 결 •589
    1. 의 의 •589
    2. 종 류 •589
    3. 심결의 절차 •589
    4. 심결의 효력 •592
- VII. 심판청구의 취하 •597
    1. 의 의 •597
    2. 취하의 요건 •597
    3. 취하의 방법 •598
    4. 취하의 효과 •598
- VIII. 심판비용 •599
    1. 의 의 •599
    2. 심판비용의 범위 •599
    3. 비용의 부담원칙 •599
    4. 비용의 예납 •600
    5. 심판비용액의 결정 및 집행권원 •601
    6. 불 복 •601
- IX. 우선심판 •602
    1. 의 의 •602
    2. 우선심판의 대상 •602
    3. 우선심판 절차 •603
    4. 불복 여부 •603

제3절 특허심판의 종류 •603

- I. 거절결정 등에 대한 불복심판 •603
    1. 의 의 •603
    2. 취 지 •603
    3. 법적 성질 •604
    4. 절 차 •604
    5. 심리 및 심결 •605
- II. 특허무효심판 •607
    1. 의 의 •607
    2. 취 지 •607
    3. 특허무효사유 •608
    4. 무효심판청구 요건 및 절차 •609
    5. 심리 및 심결 •611
    6. 특허권 무효의 효과 •612
    7. 특허의 정정청구 •615
- III. 특허권 존속기간 연장등록의 무효심판 •619
    1. 의 의 •619
    2. 취 지 •619
    3. 연장등록의 무효사유 •619
    4. 당사자 •620
    5. 청구기간 •620
    6. 심판청구서의 제출 •620
    7. 부본송달 및 답변서 제출 •620
    8. 심리 및 심결 •621
    9. 심리확정의 효력 •621
    10. 불 복 •621
- IV. 권리범위확인심판 •622
    1. 의 의 •622
    2. 취 지 •622
    3. 법적 성질 •622
    4. 권리범위확인심판의 분류 •622
    5. 당사자 •623
    6. 청구범위 •623
    7. 청구기간 •624
    8. 심판청구서의 제출 등 •624
    9. 심리 및 심결 •625
    10. 심결확정의 효과 •626
    11. 관련문제 •627
- V. 정정심판 •629
    1. 의 의 •629
    2. 제도적 취지 •629
    3. 심판청구의 요건 및 절차 •629
    4. 심리 및 심결 •631
    5. 심결확정의 효과 •633
    6. 관련문제 •634
- VI. 정정무효심판 •638
    1. 의 의 •638
    2. 취 지 •638
    3. 정정무효사유 •638

Contents | 차 례

4. 청구요건 및 절차	• 638
5. 심리 및 심결	• 639
6. 심결확정의 효과	• 640
Ⅶ. 통상실시권 허락심판	• 640

제9장 | 재 심

제1절 서(序)	• 644
Ⅰ. 의 의	• 644
Ⅱ. 취 지	• 644
제2절 재심사유	**• 645**
Ⅰ. 일반재심사유	• 645
Ⅱ. 사해심결에 대한 재심사유	• 646
Ⅲ. 재심청구요건 및 절차	• 646
1. 청구인, 피청구인	• 646
2. 재심의 대상	• 647
제3절 재심의 청구기간	**• 647**
1. 원 칙	• 647
2. 예 외	• 647
제4절 재심의 청구절차 및 심리	**• 648**
Ⅰ. 재심의 청구 및 관할	• 648
1. 재심의 청구	• 648
2. 관 할	• 648
Ⅱ. 심 리	• 649
1. 재심요건 심리	• 649
2. 본안의 심리	• 649
Ⅲ. 심 결	• 649
1. 원심결이 정당하지 못한 경우	• 649
2. 원심결이 정당한 경우	• 649
Ⅳ. 불 복	• 650

제5절 재심의 효과	• 650
Ⅰ. 일반적 효과	• 650
Ⅱ. 재심 특유의 효과	• 650
1. 재심에 의하여 회복한 특허권의 효력의 제한	• 650
2. 재심에 의하여 회복한 특허권에 대한 선사용권자의 통상실시권(후용권)	• 651
3. 재심에 의하여 통상실시권을 상실한 원권리자의 통상실시권	• 651

제10장 | 특허소송

제1절 심결 등에 관한 소송	• 654
Ⅰ. 서(序)	• 654
1. 의 의	• 654
2. 성 질	• 655
Ⅱ. 특허소송과 민사소송 및 행정소송과의 관계	• 656
1. 특허소송과 민사소송 및 행정소송 사건의 구분	• 656
2. 행정소송·민사소송 절차의 준용	• 656
Ⅲ. 특허소송의 종류	• 657
1. 특허청장을 피고로 하는 결정계 심결취소소송	• 657
2. 특허권자 또는 이해관계인을 피고로 하는 당사자계 소송	• 657
제2절 특허법원	**• 657**
Ⅰ. 특허법원의 관할	• 657
1. 심급관할	• 657
2. 토지관할	• 657
Ⅱ. 특허법원의 구성	• 658
1. 심판부	• 658
2. 기술심리관	• 658

Contents | 차 례

제3절 당사자 · 659
  I. 당사자 능력 · 659
  II. 당사자 적격 · 659
    1. 원고적격 · 659
    2. 피고적격 · 664
    3. 공유자 피고적격 · 665
    4. 피고의 경정 · 665

제4절 소의 제기 · 666
  I. 소의 이익 · 666
    1. 의 의 · 666
    2. 특허소송에서의 소의 이익 · 666
    3. 소의 이익의 판단시점 · 667
    4. 소의 이익과 심판의 이익과의 관계 · 667
  II. 제소기간 · 668
    1. 불변기간 · 668
    2. 부가기간 · 668
    3. 도달주의 적용 · 668
  III. 소장의 제출 · 669
    1. 특허법원에 제출 · 669
    2. 특허심판원장에게 통보 · 669
    3. 소장심사 및 부본송달 등 · 669
    4. 심판기록의 송부 · 669
  IV. 소송대리인 · 670
    1. 소송대리인의 범위 · 670
    2. 대리권의 증명 · 670
  V. 소송참가 · 670

제5절 특허소송의 준비절차 · 671
  I. 의 의 · 671
  II. 특허소송과 준비절차 · 671

제6절 특허소송의 심리 · 672
  I. 심리의 제 원칙 · 672
    1. 의 의 · 672
    2. 변론주의 · 672
  II. 심리의 내용 · 673
    1. 소송요건 심리 · 673
    2. 본안심리 · 673
  III. 심리의 범위와 대상 · 673
    1. 심리의 범위 · 673
    2. 심리의 대상 · 675
  IV. 기술심리관의 관여 · 676
    1. 도입취지 · 676
    2. 의 의 · 676
    3. 기술심리관의 제척·기피·회피 · 676

제7절 소송절차의 정지 · 677
  I. 의 의 · 677
  II. 소송절차의 중단 · 677
  III. 소송절차의 중지 · 677

제8절 소송의 종료와 상고 · 678
  I. 소송의 종료 · 678
    1. 의 의 · 678
    2. 판결(종국심결)에 의한 소의 종료 · 678
    3. 판결 이외의 절차에 의한 종료 · 679
  II. 상 고 · 680
    1. 의 의 · 680
    2. 절 차 · 680
    3. 성 질 · 681
    4. 상고심 절차에 관한 특례법 · 681
    5. 판 결 · 682
  III. 재항고 · 683
  IV. 재 심 · 683
    1. 재심의 사유(民訴法 451①) · 683
    2. 재심청구기간(民訴法 456) · 684

Contents | 차 례

제9절 보상금 등에 관한 불복의 소 • 684
  I. 의 의 • 684
  II. 소송의 대상 • 685
    1. 행정소송 사건 • 685
    2. 민사소송 사건 • 685
  III. 당사자 • 685
    1. 원 고 • 685
    2. 피 고 • 685
  IV. 제소기간 • 686
  V. 원처분과의 관계 • 686

제11장 | 조 약

제1절 파리조약(Paris Convention) • 688
  I. 서(序) • 688
  II. 파리조약의 3대 원칙 • 690
    1. 내·외국인 평등의 원칙 • 690
    2. 우선권제도 • 691
    3. 특허독립의 원칙 • 695
  III. 기타 파리조약상 특허관련 규정 • 696
    1. 특허권의 불실시에 대한 제재 • 696
    2. 판매제한물의 특허 여부 및 공서양속 • 696
    3. 발명자 성명표시권 • 697
    4. 방법특허의 보호 • 697
    5. 특허권의 침해가 되지 않는 경우 • 697
    6. 요금납부 유예를 받을 권리 • 698
    7. 특허표시 의무 • 698
    8. 박람회 출품물의 보호 • 698

제2절 특허협력조약(Patent Cooperation Treaty) • 699
  I. 특허협력조약(Patent Cooperation Treaty ; PCT)의 개요 • 699
    1. 의 의 • 699
    2. PCT의 성립배경 • 699
    3. PCT 국제출원의 장단점 • 700
  II. 국제출원 절차의 일반원칙 • 701
    1. 국제출원절차 개요 • 701
    2. 국제출원 • 703
    3. 국제조사 • 710
    4. 국제예비심사 • 720

제3절 WIPO 설립 조약 • 728
  I. 설립배경 • 728
  II. 목적, 구성, 직무 • 728
    1. 목 적 • 728
    2. 구 성 • 728
    3. 직 무 • 730
  III. WIPO가 관장하고 있는 조약 • 730

제4절 무역관련 지식재산권 협정(WTO/TRIPs 협정) • 732
  I. 의 의 • 732
  II. 설립 배경 • 732
  III. 구 성 • 733
  IV. 기본원칙 • 733
    1. 내국민 대우의 원칙(협정 3) • 733
    2. 최혜국 대우의 원칙(협정 4) • 734
    3. 권리소진의 원칙(협정 6) • 734
  V. 특허와 관련된 내용 • 735
    1. 특허대상 • 735
    2. 불특허대상 • 736
    3. 부여되는 권리 • 737
    4. 부여되는 권리에 대한 예외 • 737
    5. 특허출원인의 조건 • 738
    6. 강제실시권 • 738
    7. 특허권의 취소 또는 몰수 • 740
    8. 특허권의 보호기간 • 740
    9. 입증책임의 전환 • 741

Contents | 차 례

제5절 특허법 조약(Patent Law Treaty ; PLT) • 741
  Ⅰ. 서 설 • 741
  Ⅱ. 파리조약, PCT, PLT의 비교 • 742
  Ⅲ. 특허법 조약(PLT)의 특징 • 743
  Ⅳ. 특허법 조약(PLT)의 구체적 내용 • 743
    1. PLT의 기본원칙(제2조) • 743
    2. 선출원일 확보 후 정식출원 허용(제5조) • 743
    3. 통일화된 출원양식(제6조) • 744
    4. 대리인 선정의 비강제(제7조) • 744
    5. 의사표시(제8조) • 745
    6. 기간해태(懈怠)의 구제(제11조) • 745
    7. 권리의 복원(제12조) • 745
    8. 우선권주장의 정정 또는 추가 등(제13조) • 746
  Ⅴ. 우리나라의 PLT 가입시기 검토 • 746

제6절 특허실체법 조약(Substantial Patent Law Treaty ; SPLT) • 746
  Ⅰ. 개 요 • 746
  Ⅱ. 주요 내용 • 747

제7절 부다페스트 조약 • 747
  Ⅰ. 개 요 • 747
  Ⅱ. 주요 내용 • 747
    1. 원기탁 및 재기탁 • 747
    2. 국제기탁기관의 자격요건 등 • 748
    3. 미생물의 보관 • 749
    4. 미생물시료의 분양 • 749

제8절 스트라스부르그 협정 • 750
  Ⅰ. 개 요 • 750
  Ⅱ. 주요 내용 • 750
  Ⅲ. 우리나라가 사용하고 있는 국제특허분류 • 750

제12장 | 실용신안법
  Ⅰ. 의 의 • 752
  Ⅱ. 연 혁 • 752
  Ⅲ. 실용신안법의 보호대상 • 752
    1. 서(序) • 752
    2. 물품의 형상·구조·조합 • 753
  Ⅳ. 실용신안 등록요건 • 755
    1. 서(序) • 755
    2. 진보성 • 755
    3. 출원절차 • 755
  Ⅴ. 심사절차 및 우선심사 대상 • 756
  Ⅵ. 실용신안권 • 756
  Ⅶ. 등록을 받을 수 없는 고안 • 757
  Ⅷ. 실용신안제도의 폐지론 • 757
    1. 실용신안제도의 폐지론 • 757
    2. 실용신안제도의 존치론 • 758
    3. 실용신안제도의 수정론 • 758

★ 찾아보기 • 762

법령 약어 ▼

디자인보호법 → **디자인**

민사소송법 → **民訴法**

발명진흥법 → **發振法**

상표법 → **상표**

실용신안법 → **實用**

실용신안법 시행령 → **實用令**

특허법 → **法**

특허법 시행령 → **令**

특허법 시행규칙 → **施規**

특허등록령 → **登錄令**

특허료 등의 징수규칙 → **징수규칙**

특허청 심판편람 → **심판편람**

특허협력조약 → **PCT**

행정소송법 → **行訴法**

형사소송법 → **刑訴法**

법 제20조 제1항 → **法 20①**

법 제20조 제1항 제2호 → **法 20①2**

법 제20조 제1호 → **法 20.1**

제1장

지식재산권 개요

제1절 지식재산권
제2절 지식재산권의 분류
제3절 산업재산권의 국제화

Chapter 01 지식재산권 개요

제1절 ▶ 지식재산권

1. 서(序)

지식재산권(Intellectual Property Rights, IPR)[1]이란 지적창작물에 부여된 무체재산권으로 산업분야의 창작과 관련된 산업재산권(특허권, 실용신안권, 상표권, 디자인권)과 예술분야 창작물과 관련된 저작권, 그리고 산업재산권과 저작권의 범주(전통지식재산권의 범주)에 속하지 않는 신지식재산권(반도체배치설계, 식물신품종, 컴퓨터프로그램, 데이터베이스 등) 등으로 나뉜다.

기존의 물건적 개념인 유형의 소유권이 사용, 수익, 처분의 권리를 가졌다면, 지식재산권은 인간의 정신활동의 산물인 무형의 소유권이란 점에서 차이가 있다 하겠다.

과거에는 토지, 생산설비, 자연자원과 같은 유형 자산이 기업의 주요한 생산동력이었으나 현재는 아이디어와 혁신과 같은 무형 자산이 기업 성장의 기본이 되고 있다. 이러한 지식재산의 중요성을 감안하여 우리나라도 지식재산의 창출과 보호를 위하여 많은 제도와 정책이 변화하였고 현재는 세계 4위의 산업재산권 출원대국이 되었다.

아울러 지식재산권의 국제기구로는 세계지식재산권기구(WIPO : World Interllectual Property Organization), 세계무역기구(WTO : World Trade Organization), 국제산업재산권보호협회(AIPPI), 국제상업회의소(ICC : Interational Chamber of Commerce) 및 위조상품정보국(CIB : Counterfeiting Intelligence Bureau) 국제상품위조방지협회, 국제재산권연맹, 국제라이선싱협회 등 많은 단체가 있다.

---

[1] 과거에 사용하던 지적재산권이란 용어 대신 요즘은 지식재산권(知識財産權)이란 용어를 사용하는데 종래 학계에서는 민법의 소유권 개념을 차용하여 '지적소유권'이라는 개념을 도입하였고, '지적재산권'으로 변화하여 사용하여 왔다. 그러나 한국 특허청에서는 1998년 4월 특허행정정책 자문위원회의 심의를 거쳐 "지적재산권"을 "지식재산권"으로 이름을 고쳐 사용하기로 하였다. 그러던 중 2010년 "지식재산 기본법"이 국회에 제출됨에 따라 용어와 관련된 논의는 일단락되고 "지식재산권"으로 통일화되었다.
참고 한자문화권에서는 "Intellectual Property Right"를 知的財産權(일본), 知識産權(중국), 知慧財産權(대만) 등으로 다양하게 번역하고 있다.

2. 지식재산권의 목적

지식재산권법은 산업발전, 문화발전, 경제발전이라는 목적을 가지고 제정되었다. 또한 각 지식재산권법은 저작자·발명자·과학기술자와 예술가에게 독점배타권을 부여함으로써 법 목적을 달성하려 하고 있다.

우리나라의 경우 헌법 제22조 제2항에서 "저작자·발명가·과학기술자와 예술가의 권리는 법률로써 보호한다."라고 규정하고 있다. 이러한 헌법의 이념에 따라 지식재산권법들이 제정되었으며, 이에 따라 저작자, 발명가, 과학기술자, 예술가의 권리를 보호하기 위하여 이들에게 창작의 실시 및 이용에 대한 독점·배타권을 부여하고 있다.

제2절 지식재산권의 분류

지식재산권은 문화의 발전을 목적으로 하는 「저작권(Copyright)」과 산업의 발전을 목적으로 하는 「산업재산권(Industrial Property)」으로 대별된다. 또한, 신지식재산권이라 하여 「부정경쟁방지 및 영업비밀보호에 관한 법률」, 「반도체직접회로의 배치설계에 관한 법률」 등 그 범위가 점점 확대되고 있다. 산업재산권은 그 보호대상에 따라 발명에 대한 지배권인 특허권(patent right), 고안에 대한 지배권인 실용신안권(utility model right), 상표에 관한 지배권인 상표권(trademark right), 디자인에 대한 지배권인 디자인권(design right)으로 나누어진다.

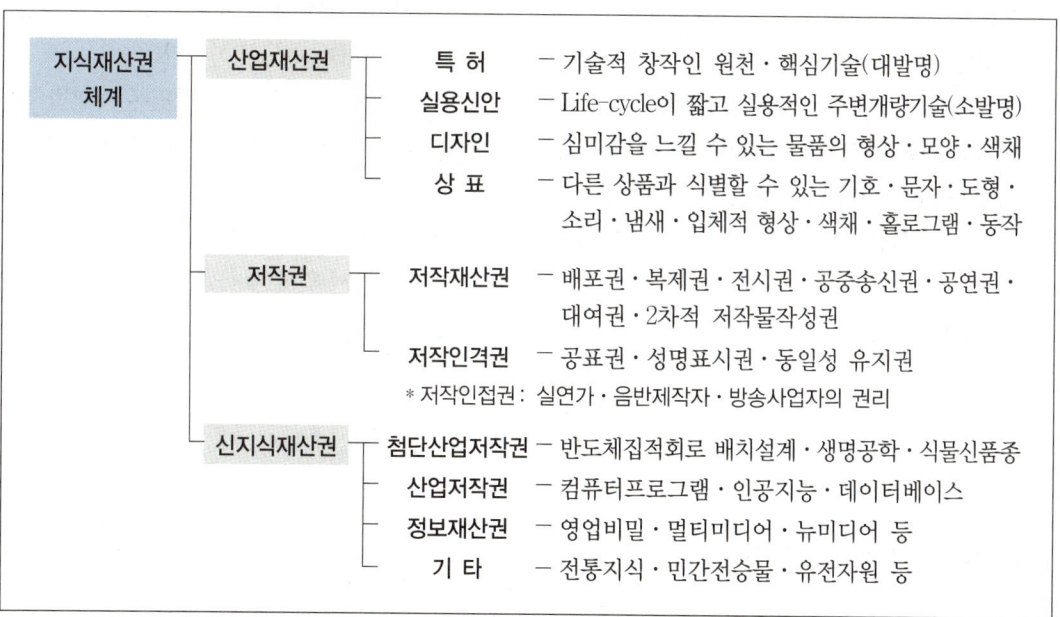

1. 특허권

특허법 제1조는 「발명을 보호, 장려하고 그 이용을 도모함으로써 기술의 발전을 촉진하여 산업발전에 이바지함」을 목적으로 한다고 규정하고 있다.

특허법상의 발명이란 「자연법칙을 이용한 기술적 사상의 창작으로서 고도한 것」을 말한다.

특허제도는 발명자의 사익과 공중의 이익을 조화시키기 위한 것이다. 발명자에게는 특허권이라는 독점배타적인 재산권을 부여하여 사익을 보호하고, 이 발명이 공중에 이용되도록 함으로써 기술의 발전을 촉진하고 산업발전에 이바지하도록 함으로써 공익을 보호한다. 이를 위해 발명자에게는 발명을 성실히 공개하도록 강제되며, 반대급부로서 제한적인 독점권이 부여된다. 발명자에게 특허권을 부여하는 것은 단지 새로운 발명을 했기 때문이 아니라, 그 발명을 일반에 공개하여 사회에 기여했기 때문이다. 발명자가 공개 의무를 충실히 하지 않은 경우 특허권은 무효로 될 수 있다. 특허권의 존속기간은 특허권의 설정등록이 있는 날부터 특허출원일 후 20년간이다.

2. 실용신안권

자연법칙을 이용한 기술적 사상의 창작을 보호하는 제도에는 특허법 이외에 실용신안법이 있다. 기술사상을 보호하는 제도적 장치로서 세계 대다수 국가는 특허제도만을 두고 있으나 독일, 일본, 우리나라 등은 특허제도와 함께 실용신안제도를 병존시키고 있다.

고도한 기술사상만을 보호하는 특허법만으로는 소발명 정도의 기술은 경시될 우려가 있으므로 실용신안법을 통해 이를 별도로 보호함으로서 산업발전에 이바지하기 위함이다.

특허법상의 보호대상은 발명임에 반하여 실용신안법의 보호대상은 고안이다. 발명은 자연법칙을 이용한 기술적 사상의 창작으로서 고도한 것을 말하는 데 비해, 고안은 자연법칙을 이용한 기술적 사상의 창작이면 되기 때문에 고도성을 요하지 아니한다.[2]

한편, 실용신안법은 고안 중에서 물품의 형상, 구조, 조합에 관한 고안만이 등록받을 수 있다. 따라서 방법고안 또는 물질고안은 실용신안 등록대상이 아니다. 실용신안권의 존속기간은 실용신안권의 설정등록을 한 날부터 실용신안등록출원일 후 10년간이다.

---

[2] 대법원 1983.11.22. 선고 83후42 판례
실용신안법이 정하는 실용적 고안이라 함은 물품의 형상, 구조 또는 조합에 관한 자연법칙을 이용한 기술적 사상의 창작으로서 특허법이 정하는 자연을 정복하고 자연력을 이용하여 일정한 효과를 창출하고 이에 따라 인간의 수요를 충족하는 기술적 사상의 고도의 창작인 발명과 그 성질에서는 같으나 다만 고도의 것이 아닌 점에서 다를 뿐이다.

3. 디자인권

과거에는 「의장」이라는 용어를 사용해 왔으나 「의장」이라는 용어가 일반인이 이해하기 어렵다는 점 등을 고려하여 2004년 12월 「의장법」을 「디자인보호법」으로 개정하고 「의장」이라는 용어를 「디자인」으로 개칭하게 되었다.

디자인보호법 제2조 제1호에는 「이 법에서 디자인이라 함은 물품(물품의 부분 및 글자체를 포함한다)의 형상·모양·색채 또는 이들을 결합한 것으로서 시각을 통하여 미감을 일으키게 하는 것을 말한다」라고 규정하고 있다. 따라서 독립거래의 대상이 되는 유체 동산의 물품(또는 물품의 부분)의 외관에 관한 디자인으로서 시각을 통하여 미감을 일으키게 하는 것을 디자인보호법상의 디자인이라고 할 수 있다. 디자인권의 존속기간은 디자인권의 설정등록이 있는 날부터 디자인등록 출원 후 20년이다.

4. 상표권

상표란 시장에서 타인의 상품과 식별되도록 자신의 상품에 첨부하는 문자나 심벌이다.

상표권은 자기의 상품을 다른 사업자의 상품과 구별하기 위하여 문자, 도형, 기호, 입체적 형상, 색채, 홀로그램, 동작 또는 이들을 결합하여 만든 상징을 독점적으로 사용하는 권리로서, 상표는 일정한 상품의 동일성을 표시하는 식별표지라는 점에서 「자연법칙을 이용한 기술적 사상의 창작」인 특허의 대상과 다르다.

즉, 상표를 권리로 보호함으로써 수요자에게 상품의 출처를 명확히 하여 이익을 주고, 상표사용자는 상표의 지속적인 사용으로 업무상 신용을 얻어 상표의 재산가치를 높여가는 것이다.

상표는 자기의 상품과 타인의 상품을 구별하게 하는 식별력을 갖추어야 한다.

우리나라 상표법은 등록주의를 취하고 있으므로 설정등록에 의하여 상표권이 발생되며, 상표로서 등록되기 위해서는 실체법적인 요건과 절차적인 요건을 갖추어야 한다.

상표권의 존속기간은 상표권의 설정등록이 있는 날로부터 10년이며, 10년씩 갱신할 수 있다.

5. 저작권

저작권법 제1조에 의하면 「이 법은 저작자의 권리와 이에 인접하는 권리를 보호하고, 저작물의 공정한 이용을 도모함으로써 문화의 향상발전에 이바지함을 목적으로 한다」라고 규정하고 있다. 저작권의 대상은 사람의 모든 정신적 창작물로서 논문, 도서, 음반, 그림, 사진, 악보, 조각물 등이다. 저작권자는 자신의 창작물에 대한 출판, 배포, 복제, 공연, 방송, 전시, 대여, 2차적 저작물 작성권 등의 권한을 일정한 존속기간 동안 독점적·배타적으로 가지게 된다.

6. 신지식재산권

신지식재산이란 과학기술의 급속한 발달과 사회여건의 변화에 따라 종래의 지식재산권(산업재산권, 저작권) 법규의 보호범주에 포함되지 않으나 경제적 가치를 지닌 지적 창작물을 의미한다. 예를 들어 반도체 배치설계의 경우는 전통적 지식재산권제도가 생성될 당시에는 존재하지 않았던 새로운 형태의 지식재산이므로 기존제도로는 보호하지 못한다.

(1) 부정경쟁방지 및 영업비밀보호에 관한 법률

「부정경쟁방지 및 영업비밀보호에 관한 법률」은 일명 '노하우법' 또는 '산업스파이법'이라고도 하는 바, 본래 이 법률의 명칭은 「부정경쟁방지법」이었다.

부정경쟁방지법은 1986년 12월 31일에 제정되었고 그 후 1991년 12월 31일 개정시에 Trade Secret(영업비밀)에 관한 내용을 일부조문으로 삽입 규정하였고(구 부정경쟁방지법 제10조~제14조), 1998년 12월 31일 개정에서 법률의 제명을 기존의 부정경쟁방지법에서 「부정경쟁방지 및 영업비밀보호에 관한 법률」로 개정하였으며 그 벌칙도 상당히 강화하였다.(1999. 1. 1.부터 시행)

(2) 반도체보호법

「반도체집적회로의 배치설계에 관한 법률」은 일명 반도체보호법 또는 칩법(chip law)이라고도 하는바, 이 법률은 1992년 12월 8일에 제정되었고 그 후 수회의 개정을 거쳐 오늘에 이르고 있다. 현행 반도체보호법상 그 보호기간은 설정등록일로부터 10년간 존속하되, 영리를 목적으로 그 배치설계를 최초로 이용한 날로부터 10년 또는 그 배치설계의 창작일로부터 15년을 초과할 수 없다. 반도체 등록을 요건으로 하고 있으나 심사를 요하지는 않는다. 따라서 배치설계권을 얻고자 하는 창작한 자 또는 그 승계인은 영리를 목적으로 그 배치설계를 최초로 이용한 날부터 2년 이내에 특허청장에게 그 배치설계권의 설정등록을 신청하여야 한다. 배치설계권자는 침해에 대해서 침해금지청구, 손해배상청구 등의 민사적 구제뿐만 아니라 형사적 구제도 받을 수 있다.

(3) 데이터베이스(DataBase)

데이터베이스란 어떤 하나의 주제에 따른 목적의식을 가지고 그에 관련된 자료를 모두 집결하여 이를 체계적으로 정리하여 편집·저장해 둔 것을 말한다. 이를 통상 DB라고 부르며 오늘날 정보사회에 있어서 시간과 공간의 제약을 해결하는 기술의 기반을 구축하는 매우 중요한 역할을 하고 있다. 이러한 데이터베이스에 대한 권리는 현재 저작권법에 의하여 보호되고 있다. 다만, 다른 저작물에 주어지는 저작권과 달리 데이터베이스 제작자가 가지는 권리는 데이터베이스의 제작을 완료한 때에 발생하며 그 다음 해부터 기산하여 5년간 존속한다. 또한 데이터베이스의 갱신 등을 위하여 인적 또는 물적으로 상당한 투자가 이루어진 경우에 갱신한 때부터 발생하며, 그 다음 해부터 기산하여 5년간 존속하도록 함으로써 상대적으로 훨씬 짧은 기간 동안만 권리를 누릴 수 있도록 하고 있다.

(4) 전통지식, 민간전승물, 유전자원 등

「전통지식(Traditional Knowledge)」이란 자연과 더불어 대대로 생활해 온 사람들에 의해 구축된 지식체계로서, 농업지식, 과학지식, 기술지식, 생태학적 지식, 의약과 치료에 관련한 의료지식, 생물다양성과 관련된 지식, 음악·춤·노래·수공예·이야기 등 민간전승물, 명칭·지리적 표시, 문화유산 등이 포함된다. 강원도 어느 산골에서 행해지고 있는 민간치료요법, 아마존 우림지대의 이름 없는 박테리아, 인도벽화의 문양, 아프리카 토인의 음악 등이 모두 전통지식으로 분류될 수 있다. 우리의 한의학도 이러한 전통지식의 하나이다.

전통지식의 하나로 볼 수 있는 「민간전승물(Folklore)」의 예를 들면 안동차전놀이, 봉산탈춤, 나전칠기 등과 같이 전통미술표현물(전통수공예품, 그림 등), 전통음악표현물(전래가요 등), 전통무용표현물(전통춤 등), 전통문학(전래동화 등) 등을 일컫는다.

「유전자원(Genetic Resources)」이란 생물의 유전적 변이에 의해 조성되는 자원으로서, 사람에 이로운 농작물, 가축, 수산생물, 미생물을 만드는 데 필요한 유전자의 공급원일 뿐만 아니라, 야생생물에 있어서도 끊임없이 일어나는 환경 변화에 적응할 수 있는 새로운 유전적 변이체가 형성되는 데 필요한 유전자의 공급원이다.

예를 들어, 배추김치를 담그는 방법, 된장 담그는 방법, 식혜를 만드는 방법 등은 전통지식이라고 할 수 있으며, 이에 소요되는 재료인 배추는 유전자원이라 할 수 있다.

이러한 전통지식은 WTO/TRIPs(무역관련 지식재산권협정)에 의해 국제적으로 보호하겠다는 합의가 이루어지지 않고 있는 상태이다. 개발도상국에서는 전통지식의 국제적 보호를 요청하고 있고 선진국에서는 반대를 하고 있다.

(5) 식물신품종

「품종」이라 함은 식물학상 통용되는 최저분류 단위의 식물군으로서, 유전적으로 발현되는 특성 중 한 가지 이상의 특성이 다른 식물군과 구별되고 변함없이 증식될 수 있는 것으로 종자산업법에 의해 보호되며 종자산업법은 신규성, 구별성, 균일성, 안정성을 갖추고 품종 명칭이 있는 경우에는 심사를 거쳐서 품종보호권을 부여한다. 품종보호권을 보유하는 경우에는 업으로서 보호품종의 종자를 증식·생산·조제·양도·대여·수출 또는 수입하거나 양도 또는 대여의 청약(양도 또는 대여를 위한 전시를 포함)을 독점적으로 품종보호권의 설정등록이 있는 날부터 20년(과수 및 임목의 경우에는 25년) 동안 행할 수 있다.

제3절 산업재산권의 국제화

속지주의적인 산업재산권의 불합리를 해결하기 위해서 산업재산권의 국제화 징후가 본격적으로 나타나기 시작했는데, 이것은 산업재산권 보호를 위한 파리협약 및 특허법통일화(harmonization)를 위한 협상, 그리고 특허협력조약(PCT) 등의 국제적인 약속들의 대두로 볼 수 있다.

또한, 문학적·예술적 저작물의 보호를 위한 베른협약(Berne Convention for the protection of Literary and Artistic Works), 상표법조약(TLT), 상표등록조약(TRT) 등이 시행되고 있다.

아울러 1970년대에 접어들면서 지식재산권의 침해 문제가 국제교역에 미치는 파급효과가 커짐에 따라 미국을 비롯한 선진국들은 자국의 지식재산권에 대한 국제적 보호의 필요성을 국제무역과 관련하여 인식하게 되었다.

그 결과 무역확대를 통한 세계경제 전체의 번영을 목적으로 1947년 10월 제네바에서 설립된 '관세 및 무역에 관한 일반협정(GATT: General Agreement on Tariffs and Trade)'을 개선함으로써 보다 강화된 체제로 세계무역업무를 관장하기 위하여 시장개방·경제의 구조조정·산업경쟁력 강화를 이념으로 한 세계무역기구(WTO: World Trade Organization)가 창설되어 1995년 1월 1일 그 출범을 보게 되었다.

WTO/TRIPs란 1995년 1월 발족한 WTO(세계무역기구) 협정 부속서인 TRIPs(무역관련 지식재산권협정)를 말하며, TRIPs는 1993년 GATT 체제하 UR라운드[3]에서 채택된 것이다.

UR협상 출범 당시만 해도, 각국 협상대표들은 '관세 및 무역에 관한 일반협정(GATT)'에 대한 소폭의 개정과 추가적인 확대만을 목표로 하고 있었다. 하지만 전 세계적인 자유무역질서를 형성하려는 미국의 적극적인 공세로 논의의 범위가 확대되었으며, 항구적이고 안정적인 WTO 체제를 출범시키기에 이르렀다.

WTO의 부속협정인 무역관련지식재산권 협정(TRIPs 협정)의 경우에도 처음에는 위조상품의 무역규제를 목표로 하였으나, 점차 그 범위가 확대되어 저작권, 상표권, 특허권 등 전반적인 지식재산권 보호에 관한 포괄적인 무역규범을 제정하게 되었다. TRIPs 협정은 기존의 관련 국제협약을 최저 보호수준으로 하여 이를 보다 강화시키는 방향으로 협의를 진행하였다. 미국을 중심으로 한 선진국들은 기존의 국제협약보다 더 높은 수준의 보호와, 그것을 실행할 의무의 부과, 그리고 국제규범이 준수되지 않았을 경우 강제할 수 있도록 실효성 있는 분쟁해결절차나 제재조치를 원하였다.

---

[3] 우루과이라운드가 지금까지의 라운드와 다른 큰 특징 중 하나는 새로운 분야들이 협상항목에 추가되었다는 것인데, 지식재산권(Trade-Related Aspects of Intellectual Property Rights), 투자(Trade-Related Investment Measures) 및 서비스(General Agreement on Trade in Services)가 그것이다.

TRIPs 협정은 이러한 선진국들의 요구가 대부분 관철된 것으로 평가된다. 이로써 지식재산권 보호에 대한 최초의 포괄적인 다자간 국제규범이 마련되었다.

선진국들은 지금까지 WIPO 체제하에서는 별도의 협약으로 이루어졌던 산업재산권과 저작권에 대한 국제적인 보호를 모두 WTO 내에 포괄하였을 뿐만 아니라, 지리적 표시, 집적회로배치설계, 미공개정보 등 신지식재산권을 대거 포함시켰다. 이에 따라 후진국들은 이에 대한 반발로 요가, 전통의학과 같은 전통지식도 보호대상으로 포함시켜 달라고 요구하고 있다.

세계에서 고립되지 않으려면 WTO에 가입하지 않을 수 없고, WTO에 따라 농산물이 개방되고, 의료시장, 법률시장 등이 개방되고 있다. 이 거대한 흐름은 몇 나라가 나선다고 해도 바꿀 수 없다. 그렇다면 WTO에 편입되어 있는 지식재산권 보호도 따를 수밖에 없는 실정이다.[4]

---

4) 특허청, 한국발명진흥회, 지식재산권기초, 2006년, p.9

The Patent Law

제2장

특허제도 일반

제1절 특허제도
제2절 특허제도의 발전
제3절 특허법의 특징
제4절 특허법에서의 절차일반

Chapter 02 특허제도 일반

제1절 특허제도

I 특허제도의 목적

「산업재산권」은 그 보호대상의 상이에 따라 발명에 대한 지배권인 「특허권(patent right)」, 고안에 대한 지배권인 「실용신안권(utility model right)」, 디자인에 대한 지배권인 「디자인권(design right)」, 그리고 상표에 대한 지배권인 「상표권(trademark right)」으로 구분되며, 이들 4종류의 개별 권리를 포괄하여 말할 때 산업재산권이라는 총괄명칭이 사용된다.

특허제도는 산업재산권을 구성하는 이상 4가지 권리들의 객체 중 인간의 지능적 창작활동의 산물인 '발명(invention)'을 가장 효율적으로 보호·관리·규제함으로써 산업발전에 이바지하고자 하는 제도적 장치이다.

특허법 제1조에 「이 법은 발명을 보호 육성하고 그 이용을 도모함으로써 기술의 발전을 촉진하여 산업발전에 이바지함을 목적으로 한다.」라고 규정함으로써, 국가산업발전을 위하여 「발명의 보호」와 「발명의 이용」을 언급하고 있으며, 주요내용은 아래와 같다.

1. 발명의 보호·장려

「발명의 보호」라 함은 발명자에 의하여 새로이 탄생한 발명의 법률적 보호를 의미하는데, 특허법상의 발명의 보호는 특허발명의 보호를 그 주된 내용으로 하고 있다.

특허법은 제94조에서 특허발명은 특허권자만이 업(業)으로서 실시할 권리를 독점한다고 규정하여 특허발명의 실시를 특허권자에게 전유(專有)시키고 있으며 타인이 이를 위법하게 실시하는 경우에는 그 자를 상대로 하여 민·형사상의 구제수단을 강구할 수 있도록 규정하는 등 특허발명의 보호를 위한 규정을 마련하고 있다.

한편, 「발명의 장려」라 함은 정부가 국민으로 하여금 발명을 하도록 권장하는 것을 의미하는데 각종 홍보를 통하여 발명의 중요성과 필요성을 역설하거나 발명사상의 제고, 발명에의 유인 및 발명의 실시를 위한 제반 지원책 등을 펴는 것을 말한다.

2. 발명의 이용

이는 탄생된 발명을 문헌적·연구목적으로 이용하거나 기업화하여 실시하는 것을 말한다. 이러한 발명의 이용은 발명이 사회일반에 공개된 경우에 비로소 가능한바, 발명의 공개는 출원공개 또는 등록공고의 형식으로 이루어지는데 이러한 발명의 공개는 정부에 의하여 행해지는 것을 의미하며 개인에 의한 발명의 공개는 여기서의 공개에 해당되지 않는 것으로 해석한다.

3. 기술발전의 촉진

법률에 의하여 발명이 보호되는 결과 발명자는 많은 경제적 이익과 명예를 누리게 되므로 발명자는 보다 더 많은 경제적 이익과 명예를 누리고자 지속적인 기술개발에 힘쓸 것이고, 이와 같은 이유에서 제3자 또한 기술개발에 노력하게 되어 전체적으로 기술의 발전을 촉진하게 된다.

4. 산업발전에 이바지

특허법에서 발명을 보호·장려하고 그 이용을 도모함으로써 기술의 발전을 촉진토록 하는 것은 궁극적으로는 산업발전을 위한 일련의 조치들이므로 특허법에서 발명을 보호·장려하고 그 이용을 도모하여 기술이 발전하면 이는 결과적으로 전체적인 산업의 발전을 가져오게 되는 것이다.

II 특허제도의 이론적 근거

1. 기본권(자연권)설

기본권설은 개인적 정의에 입각한 설로서 발명자는 당연히 독점권을 받을 수 있다는 주장이다. 기본권설에는 기본적 재산권설과 기본적 수익권설이 있다.

(1) 기본적 재산권설

이 설은 새로운 사상은 이를 생각해 낸 자의 소유에 속하며 사회는 이를 재산권으로 인정해야 한다는 것으로서, 1791년 프랑스 특허법 전문에서 처음 채택되었으며, 1878년 파리만국공업소유권보호동맹조약에 관한 국제회의에서도 채택된 바 있다.

(2) 기본적 수익권설

이 설은 사회에 대하여 공헌한 사람은 그 공헌도에 따라 사회로부터 그 보상을 받을 수 있다는데 근거를 둔 것으로서, 발명을 한 행위는 사회에 공헌한 것이므로 사회는 이에 대한 독점권을 부여해야 한다고 본다.

2. 산업정책설

특허제도는 산업정책적 이유에서 채택된 것이라는 설로서 오늘날 통설이라 할 수 있다. 여기에는 비밀공개설, 발명장려설, 과당경쟁방지설이 있다.

(1) 비밀공개설(보상설)

이 설은 발명자에게 발명을 공개시키게 하고 그 보상으로서 일정기간 발명을 독점시키는 것이 특허제도라는 것이다.

(2) 발명장려설(자극설)

이 설은 국가가 발명의 탄생을 장려, 자극하고 발명의 실시나 기업화를 촉진하기 위하여 정책적으로 특허제도를 채택하였다는 설이다.

(3) 과당경쟁방지설

이 설은 발명을 보호하는 특허제도와 같은 제도적 장치가 없다면 국내·국제적으로 기업 간의 경쟁이 치열해지고 불공정한 경업(競業)을 야기하여 경업질서가 문란하게 되므로 발명자에게는 독점권을 부여하는 등 합리적인 특허제도를 둠으로써 과당경쟁을 방지하고 경업질서를 바로잡을 수 있다는 설이다.

3. 검토

우리 특허법은 제1조에서 「이 법은 발명을 보호·장려하고 그 이용을 도모함으로써 기술의 발전을 촉진하여 산업발전에 이바지함을 목적으로 한다」라고 규정하여 현재로선 산업정책설이 다수설의 입장이다. 다만, 산업정책설을 구성하는 각각의 견해 중 어느 하나가 옳다고 보기는 어려우며 이를 종합적으로 해석하여 특허제도의 의의를 파악해야 할 것이다.

제2절 특허제도의 발전

I 특허제도의 연혁

특허제도는 유럽에서 먼저 발생했다. 13세기 당시에 형태를 갖춘 특허제도는 현대적인 의미의 특허제도라기보다는 국왕 등이 자국의 국민에 대한 통치수단의 하나로서 사용된 것이라 한다. 즉, 국왕이 공을 세운 신하에게 내리는 상과 같은 의미를 가지고 있었다. 그 후 현대적인 의미의 특허제도를 최초로 채택한 국가는 유럽의 작은 도시국가인 베네치아였다. 베네치아에서의 특허제도는 1474년 제정된 특허법으로 질서 있는 특허제도를 운용한 것으로 알려져 있다. 그러나 베네치아 특허법의 개념은 현대의 특허제도로 그 전통이 이어져 오지 못했다. 현대의 특허제도와 그 맥을 같이하는 성문특허법은 영국의 전매조례(Statute of Monopolies, 1624년)이다.

전매조례의 특징은 우선 성문특허법의 원조라 할 수 있겠다. 그리고 전매조례의 구성은 특허될 수 있는 요건으로는 최초의 발명자에게만 특허를 부여한다는 선발명주의와 특허권의 효력은 독점력 있는 권리라고 인정하였다.

이와 같은 구성의 전매조례는 1624년 제정된 이래 1852년 영국 특허법으로 개정되기까지 200여 년 동안 운영되어 왔다. 이하에서는 '베네치아 특허법'과 '영국의 전매조례'에 대하여 언급하기로 한다.

1. 베네치아 특허법

1474년 베네치아 공화국의 특허법(Parte Veneziana)에서는 발명의 실용성과 신규성을 특허권 부여시에 고려하여 새로운 기술이나 기계의 발명자에게 10년간의 특허권을 주었다. 이 법령에 의해 부여된 특허는 약 100건이며 갈릴레오 갈릴레이는 1594년 양수장치에 대하여 특허를 부여받았다. 베네치아 특허법은 이후 네덜란드를 경유하여 영국으로 전해졌고 1624년 전매조례(Statute of Monopolies)로 탄생되어 현재 특허제도의 기초가 되었다.

2. 영국의 전매조례

중세영국은 유럽대륙에 비하여 공업이 낙후된 상태여서 이를 발전시킬 필요성에 따라 대륙기술자의 입국을 보호 장려하기 위한 수단으로서 채용된 것이 특허제도이다.

당시 영국은 길드(guild)규정에 의하여 외국인은 영국 내에서 영업을 할 수가 없었는데, 국왕은 대권을 행사하여 대륙기술자가 안전하고 자유스럽게 영업활동을 할 수 있게 하기 위하여 특허장[5]에 의한 특권을 부여하였다.

---

[5] 「특허」의 유래 : 국왕의 특권은 2가지 종류의 「특허장」으로 허락되었다. 그 하나는 개봉 특허장(Open Letters 또는 Letters Patent)으로서 이것은 특정의 개인 앞으로 주어지는 것이 아닌 모든 자가 읽을 수 있도록 하기 위하여 Open(Patent)되었다. 여기에서 연유되어 오늘날 특허를 「Patent」라 칭한다. 다른 하나는 밀봉특허장(Letters Close)으로서 그것은 직접 개인 앞으로 허락된 것으로 그 봉인을 뜯지 않으면 읽을 수 없었다.

이 특권은 상공업 분야 이외의 발명에 대하여도 특허를 부여하는 수단으로 활용되었으며 그 특허의 수도 증가하였다. 그러나 이 제도가 17세기 영국 엘리자베스여왕시대에는 당시 빈곤한 국가재정자원의 충당 수단으로서 악용(신하에 대한 상 또는 왕실의 수입원)되어 이미 알려진 기술에 대하여까지도 특허가 부여되기에 이르러 이로 인한 부당한 피해를 입은 국민의 비난이 일고 이에 따라 하원의 항의 또한 거세어져 엘리자베스여왕은 공지기술에 대한 독점을 취소하고 진정한 신규의 발명만에 대하여 일정기간 동안 독점을 인정하겠다는 취지의 선언을 함으로써 그것을 성문법화한 것이 1624년 의회를 통과하여 발효된「영국의 전매조례(Statute of Monopolies)」이다. 이는 영국의 산업혁명의 원동력(1760년 방직기계 발명특허 허락)이 되었으며, 세계특허제도의 발전에 많은 영향을 주었다.[6] 영국은 이상의 전매조례를 발전시켜 오늘날의 특허법을 보유하고 있다는 점에서 세계에서 가장 긴 역사를 갖는 특허법으로 평가된다.[7]

Ⅱ 우리나라의 특허제도

1. 연 혁

우리나라에서 특허법이 처음 제정된 것은 1908년 8월 12일에 공포되어 동년 8월 16일 시행된 한국특허령(令 제196호~제200호)으로서, 이는 일본의 특허제도를 그대로 답습하는 것에 지나지 않았으며, 동 법률은 1910년 8월 29일 한일합방과 동시에 폐지되고 그 후는 일본특허법이 그대로 시행되었다.

8·15 해방 후 미군정청에 의한 미군정령 제91호로 특허법이 제정되어 1961년 12월 31일까지 시행되어 오다가 5·16 군사정변과 더불어 새로운 특허법, 실용신안법, 의장법이 제정되었는바 이때 비로소 산업재산권체계를 갖추게 되었다고 할 수 있으며 그 후 수차례에 걸친 개정을 거쳐 오늘의 특허법에 이르게 되었다.

2. 특허법의 제정 및 개정

(1) **1962. 12. 31. 특허법 제정**(미군정이 아닌 자주적 특허제도의 기본법)

1961. 5. 16. 군사정변 이후 법령정비사업의 일환으로 특허법은 특허법, 실용신안법, 의장법 등 각각 단행법으로 제정되었으며, 특허법은 158개 조문으로 구성되어 선원주의, 특허요건의 산업상 이용성, 선사용권, 불실시 취소, 재외자의 출원절차 등을 포함한 근대적인 특허제도를 도입

(2) **1963. 3. 5. 개정**: 발명의 정의규정 신설과 우선권제도, 출원변경 개정

---

[6] 이후 1790년에 미국, 1791년에 프랑스, 1877년에 독일, 그리고 동양에서는 1885년(明治 18년)에 일본(전매특허조례)에서 각각 제정, 시행되었다.
[7] 천효남, 특허법(제12판), 21C 법경사, 2006년, p.77~78 참조

⑶ **1973. 2. 8. 개정**: 불특허대상 추가, 출원 전에 외국에서 반포된 간행물에 기재된 발명도 신규성 상실, 강제실시권 추가

⑷ **1973. 12. 31. 개정**: 우선권주장 규정 개정, 특허무효사유로 명세서 기재불비, 청구범위 기재불비를 추가

⑸ **1980. 12. 31. 개정**: 1980. 5. 1. 파리조약에 가입함에 따라 다항제 신설, 출원조기공개제도, 심사청구제도, 보정제한주의, 우선심사규정 신설

⑹ **1982. 11. 29. 개정**: PCT 가입을 위하여 국제협력조약에 의한 국제출원절차에 관한 사항을 규정

⑺ **1986. 12. 31. 개정**: 물질특허 허용, 불실시에 의한 재정제도의 개선, 존속기간을 15년으로 연장, 심사전치제도 도입

⑻ **1990. 1. 13. 특허법 전면개정**: 식물특허의 특허대상 확대, 음식물 및 기호물의 특허인정, 국내우선권제도, 보정각하·보정각하불복제도 신설, 특허권의 존속기간 연장(출원일로부터 20년), 무효심판의 제척기간 삭제

⑼ **1993. 12. 10. 개정**: 분할·변경시 우선권증명서류 제출기간을 3개월, 특허료 반납규정 신설, 직권심리대상 범위 명시

⑽ **1995. 1. 5. 개정**: 심판제도의 개혁 - 특허심판원 설치, 항고심판제도의 폐지 및 심결취소의 소를 특허법원의 전속관할로 규정

⑾ **1995. 12. 29. 개정**: WTO/TRIPs 수용 개정

⑿ **1997. 4. 10. 개정**: 출원공고제도의 폐지, 특허 후 이의신청제도 도입

⒀ **1998. 9. 23. 개정**: 전자출원제도 도입, 변경출원제도 폐지, 이중출원제도 도입, PCT 국제조사 및 국제예비심사업무의 수행

⒁ **1999. 12. 1. 개정**: 국제조사 및 국제예비심사업무 개시

⒂ **2001. 2. 3. 개정**: 신규성 상실사유의 추가, 신규성상실 예외대상의 확대, 보정제도·우선권주장 규정·이의신청제도·심판제도의 개정

⒃ **2001. 12. 31. 개정**: 직무발명에 대한 특허권은 국·공립학교의 기술이전 전담조직이 소유토록 함.

⒄ **2002. 12. 11. 개정**: 특허료를 일부 부족하게 납부한 경우 보전할 수 있는 기회부여, 국제특허출원 번역문 제출기간 변경

⒅ **2005. 5. 31. 개정**: 특허료 추가납부기간에 특허료를 납부하지 아니하였거나 보전기간 중 보전하지 아니하여 실시 중인 특허발명의 특허권이 소멸된 경우 그 특허권자는 추가납부기간 또는 보전기간 만료일로부터 3개월 이내에 특허료의 3배를 납부하고 소멸한 권리의 회복을 신청할 수 있도록 함.

⒆ **2006. 3. 3. 개정**: 공지·공연실시를 국내에서 국내외로 개정, 식물발명특허규정 삭제(유무성 구별 없이 특허가능), 이의신청제도 폐지, 이중출원제도 폐지 및 변경출원제도 도입 등

⒇ **2007. 1. 3. 개정**: 발명의 상세설명 기재요건 완화, 청구범위 제출 유예제도 도입, 청구항별 심사제도 도입, 청구범위 작성의 다양화 등 개정

㉑ **2007. 5. 17. 개정**: 과오납된 특허료 등에 대한 반환청구기간 연장(1년 ⇨ 3년)

㉒ **2008. 12. 26. 개정**: 양벌규정에서 영업주가 종업원 등에 대한 관리·감독상 주의의무를 다한 경우에는 처벌을 면하게 함으로써 양벌규정에도 책임주의 원칙을 관철시킴.

㉓ **2009. 1. 30. 개정**: 한국어가 세계 9번째로 PCT 조약에서 규정하는 국제공개언어로 채택됨에 따라 국제공개에 관한 특례규정 정비 및 특허출원인을 위한 각종 제도를 개선함. 주요내용으로는 특허출원명세서 또는 보정에 대한 제한요건 완화, 재심사청구제도 도입, 추가납부료 차등제도 도입, 국제공개시 국어로 특허출원된 발명은 보상금지급 청구시 국내 공개된 것으로 간주토록 함.

㉔ **2011. 5. 24. 개정**: 특허명세서의 발명의 상세한 설명 내용에 '발명의 배경이 되는 기술'을 반드시 기재토록 함(위반시 거절결정).

㉕ **2011. 12. 2. 개정**: 한·미 FTA 합의사항에 따라 공지예외 인정기간을 기존의 6개월에서 1년으로 연장, 등록지연에 따른 존속기간연장제도 도입, 비밀유지명령제도 도입 등

㉖ **2013. 2. 26. 개정**: 특허법 조약(PLT) 취지를 반영하여 특허출원인이 책임질 수 없는 사유로 인하여 출원심사의 청구기간 또는 재심사의 청구기간을 지키지 못하여 거절결정이 확정된 것으로 인정된 경우에는 그 사유가 소멸한 날로부터 2개월 이내에 출원심사의 청구 또는 재심청구가 가능토록 함. 특허를 받을 수 있는 권리가 공유인 경우에는 공유자 전원이 공동으로 특허를 출원해야 한다고 규정하여 공동발명자가 아닌 지분양도 등에 따라 특허를 받을 수 있는 권리를 공유하게 된 경우에도 공동출원에 포함되도록 함. 선행기술조사 전문기관의 업무정지명령시에도 청문을 실시토록 하였으며, 출원 후 1개월 이내에 특허출원을 취하, 포기한 경우 특허출원료와 심사청구료만 반환받을 수 있도록 되어 있던 것을 '우선권주장 신청료'도 반환받을 수 있도록 함.

㉗ **2014. 1. 14. 개정**: 민법 개정으로 종전의 금치산자·한정치산자 용어 개정, 피한정후견인에 대해서도 법정대리인에 의한 절차를 강제함.

㉘ **2014. 6. 11. 개정**: 특허출원인의 출원일자 선점을 위하여 국어로만 특허출원 할 수 있던 것을 외국어(영어)로도 출원할 수 있게 하고, 소멸된 특허권 중 실시 중인 특허발명의 특허권만 회복하여 주던 것을 특허발명의 실시여부와 관계 없이 회복할 수 있도록 하고 납부해야 하는 금액도 기존의 3배에서 2배로 낮춤. 또한, 경제적 약자를 위한 특허료 감면, 국제특허출원의 국어번역문 제출기간 1개월 연장, 국제특허출원의 국어번역문 정정제도를 도입하여 보정기간 내에 국어번역문의 잘못된 번역을 정정할 수 있도록 함.

㉙ **2015. 1. 28. 개정**: 공지예외주장제도를 보완하여 출원시 공지예외주장을 하지 않는 경우 명세서 보정기간 및 특허결정등본을 송달받은 날로부터 3개월(단, 설정등록 이전까지)까지 공지예외주장 보완을 가능하게 함. 또한 분할출원제도를 보완하여 특허결정등본을 받은 날로부터 3개월(단, 설정등록 이전까지)까지도 분할출원을 가능하게 함.

㉚ **2015. 5. 18. 개정**: 심사착수 전 출원·취하포기 또는 취하간주시 심사청구료 전액을 반환토록 함.

㉛ **2016. 3. 29. 개정**: 특허권자가 특허권을 포기하거나 특허거절결정 등이 심판으로 취소된 경우에 이미 낸 특허료와 심판청구료 등을 반환받을 수 있도록 하여 특허료와 수수료의 체계를 합리적으로 개선하고, 특허침해소송에서 법원의 증거제출 명령대상 범위를 서류에서 자료로 확대할 뿐만 아니라 침해행위에 대한 입증자료를 포함하도록 하여 실체적 진실 발견에 기여하고자 함.

㉜ **2016. 6. 11. 개정**: 특허취소신청제도 도입, 심사관직권재심사제도 도입, 심사청구기간 단축, 외국심사결과제출명령제도 도입, 정당한 권리자 출원가능기간 연장, 특허권이전청구제도 도입과 심사관의 직권보정범위 확대, 국내우선권주장 선출원의 서류열람 개선, 정정청구 취하시기 개선 등

㉝ **2019. 1. 8. 개정**: 실시료배상규정개정, 징벌적 손해배상제도 도입

㉞ **2020. 10. 20. 개정**: 특허권침해죄를 기존의 친고죄에서 반의사불벌죄로 변경

㉟ **2020. 12. 22. 개정**: 특허출원의 우선심사사유를 '재산의 예방·대응·복구 등에 필요한 경우' 추가(코로나 바이러스 19 등 극복 위해)

3. 우리나라 특허법의 주요원칙

(1) **선원주의의 채택**

발명자를 보호하는 방법 중의 하나로서 선출원주의와 선발명주의가 있는데 우리나라는 동일발명에 대하여는 제일 먼저 특허출원한 자만이 특허를 받을 수 있도록 선원주의를 채택하고 있다. 또한 선원주의에서 오는 단점을 보완하고 진정한 최선의 발명자를 보호하는 보호규정도 마련하고 있다.

(2) **공개제도의 채택**

새로운 발명이 산업발전에 기여하기 위하여는 무엇보다도 그 발명이 사회에 조기에 공개되는 것이 필요하다. 따라서 우리나라는 심사 유무와 관계없이 출원 후 일정기간이 경과하면 그 특허출원된 발명을 사회에 공개토록 하고(또는 조기공개) 아울러 발명의 공개에 따라 예상되는 발명자의 불이익을 보전하여 주도록 하는 몇 가지의 제도를 채택하였다.

⑶ 심사주의

우리나라 특허법은 심사주의를 채택하여 특허출원한 발명이 특허받을 수 있는지 여부를 심사관으로 하여금 심사케 하여 특허 여부를 결정한다. 특허제도를 채택하고 있는 세계 대부분의 국가가 심사주의를 채택하고 있으며, 프랑스 등 일부국가의 경우 무심사주의를 채택하고 있으나 무심사주의에서 오는 폐해 등을 이유로 심사주의로의 전환을 모색하고 있다.

⑷ 심사청구제도의 채택

심사청구제도는 특허출원된 것 중 심사청구가 있는 출원에 대하여만 심사하는 것을 말하는데, 이와 같은 심사청구제도는 특허출원건수의 급증으로 심사적체가 심화됨에 따라 이에 대한 해결책으로 채택하게 된 것이다.

⑸ 심판제도

특허제도를 채택하고 있는 대부분의 국가와 같이 우리나라도 특허심판제도를 두어 타인의 특허권 침해로부터 특허권자를 보호함은 물론 부실권리로부터 일반공중의 이익도 보호하고 있다.

⑹ 발명의 국제적 보호

우리나라는 산업재산권에 관한 조약인 파리협약, PCT(특허협력조약) 등에 가입함은 물론 동 조약의 내용(동맹국민의 권리능력, 우선권주장, PCT 출원절차 등)을 우리 특허법에 반영함으로써 발명의 국제적 보호에 노력하고 있다.

⑺ 등록공고 및 무효심판청구[8]

실체심사 결과 거절이유를 발견할 수 없는 출원발명에 대하여 특허허락결정을 하고 특허권 설정등록을 하면, 설정등록이 있는 날로부터 등록공고일 후 심사관 또는 이해관계인은 무효심판을 청구할 수 있다.

⑻ 등록주의

특허권은 설정등록에 의하여 발생한다. 따라서 특허결정을 받고 일정 수수료를 지불하여 등록절차를 밟아야 특허권이 발생된다. 또한 특허등록 후 권리변동이 발생할 경우에도 등록을 하여야 제3자에게 대항할 수 있다.

---

[8] 2007년 7월 1일부터 시행된 개정법에서는 특허이의신청 관련 규정을 삭제하고, 특허이의신청에서 인정하고 있던 일반대중에 의한 심사기능을 특허무효심판에 도입하여 등록공고 후 심사관 또는 이해관계인은 특허무효심판을 청구할 수 있도록 하였다. 왜냐하면 유사한 성격의 특허이의신청제도와 특허무효심판제도를 중복 운용함에 따라, 특허출원인의 권리확정이 지연되고, 시간과 비용의 낭비를 초래하는 불합리한 점이 있었기 때문이었다.

특허법상의 제원칙

구 분		내 용
출원 절차	권리주의	특허법상 보호의 가치가 있는 발명의 실체는 이미 출원 전에 존재하였으며 국가는 제도상 이를 확인하여 보호하는 데 지나지 않는다는 입장으로서 은혜주의와 대립되는 개념
	도달주의	• 원칙: 도달주의(法 28) • 예외: 등기우편으로 서류를 제출하는 경우에는 발신주의 • 예외의 예외: 국제출원서류나 특허권 및 특허에 관한 권리의 등록신청서류의 경우에는 등기우편이더라도 예외 없이 도달주의(法 28② 단서)
	수수료 납부주의	특허에 관한 절차를 밟은 자는 수수료를 내야 한다(法 82①). 수수료를 불납한 경우에는 보정명령의 대상(法 46)이고, 이에 불응시 당해 절차가 무효로 될 수 있다(法 16①).
	1건 1통주의	• 원칙: 특허청에 제출하는 서류는 1건마다 1통씩 작성해야 한다(施規 2). • 예외 ① 2 이상의 특허출원에 대하여 특허출원인 변경신고서를 하는 경우에는 그 신고의 내용이 동일한 때에는 하나의 신고서에 의해 가능 ② 분할·변경·우선권주장 일부서류의 원용의 경우 사본제출 생략 가능
심사 절차	심사주의	심사주의란 특허를 받기 위한 요건의 전부를 심사하여 특허를 부여하는 방식으로 무심사주의와 구별되며 특허법은 심사주의를 채택하고 심사청구제도와 출원공개제도를 가미하여 전통적 심사주의의 폐해를 보완하고 있음.
	선출원 주의	동일 발명이나 고안에 대하여 2 이상의 출원이 있는 경우에는 먼저 출원한 자에게만 특허를 부여하는 것으로서 선발명주의와 구별되는 개념
	보정 및 보정제한 주의	소급효와 함께 명세서 등의 미비점을 적정하게 치유할 수 있는 기회를 부여함으로써 출원인을 보호함과 동시에, 심사지연과 제3자에의 불이익을 방지하기 위해 보정의 내용 및 시기적 측면에서 일정한 제한
	공개주의	출원일 후 1년 6개월이 경과하거나 그 이전이라도 출원인의 신청이 있을 경우에 그 출원발명의 내용을 일반에 공표함으로써 제3자에게 이를 정보자료로서 이용할 수 있도록 하며, 중복투자연구를 방지
등록 절차	등록주의	특허권의 보호 및 효력발생의 요건으로서 행정청의 설정등록을 요하는지 여부에 따라 등록주의와 무등록주의가 있다. 특허권의 존부 및 그 범위의 명확화를 위하여 각국은 대체로 등록주의를 채택하고 있으며, 우리 특허법도 특허권은 설정등록에 의하여 발생한다고 규정(法 87①)
	특허료 납부주의	특허권의 설정등록을 받고자 하는 자 또는 특허권자는 특허료를 내야 한다(法 79). 추가납부기간 이내에 특허료를 납부하지 아니한 때(추가납부기간이 끝나더라도 보전기간이 만료되지 아니한 경우에는 그 보전기간 이내에 보전하지 아니한 때를 말한다)에는 특허권 설정등록을 받고자 하는 자의 특허출원은 포기간주되며, 특허권자의 특허권은 납부된 특허료에 해당되는 기간이 만료되는 날의 다음 날로 소급하여 소멸된 것으로 간주(法 81③)
기 타	서면· 양식주의 등	• 서면주의 ① 특허출원서 기타 제반서류는 서면 또는 전자문서로 작성하여 제출 ② 다만, 용이입수하지 않는 미생물을 출원한 경우 미생물 기탁과 수탁증 첨부 • 양식주의: 법령이 정하는 양식에 의거하여야 함. • 국어주의 ① 외국어특허출원, ② 위임장, 국적증명서 및 우선권증명서류를 제외하고는 국어로 적어 제출해야 함(施規 4).
	직권주의	특허법은 절차의 개시와 심판의 대상특정에 있어서는 당사자주의에 의하지만, 심리 기타 제반절차에서는 특허권의 대세효 및 특허제도의 공익성 등을 이유로 직권에 의함.

Ⅲ 외국의 특허제도

1. 미국의 특허제도

(1) **특허의 종류**

미국에는 우리나라와 같이 별도의 실용신안제도가 없으며 아래와 같이 3가지 종류의 특허로 구별된다.

① **실용 특허(Utility Patent)** : 실용특허를 받을 수 있는 법정 주제는 4개의 카테고리로 규정되어 있다. 기계(machines), 제조물(articles of manufacture), 합성물(compositions of matter) 및 방법(process)의 실용특허이다(35 USC 101~102).

② **식물 특허(Plant Patent)** : 무성적으로 번식되고 구별되는 새로운 식물의 변종, 즉 특별하게 재배되거나 개량된 많은 유형의 식물이 특허받을 수 있다(35 USC 161).

③ **디자인 특허(Design Patent)** : 제조물에 대한 새롭고 독창적인 또는 장식적인 디자인을 발명한 자는 특허를 받을 수 있다(35 USC 171). 디자인 특허의 대상은 물품의 구성이나 형상, 표면과 관련되며, 실용 특허(Utility Patent)가 제품에 사용되고 작동되는 방식을 보호한다면, 디자인 특허는 제품의 외형을 보호한다. 주의할 점은, 한국법은 디자인을 특허와는 별도의 법률로 규정하고 있지만 미국에서는 한국법의 특허와 디자인에 대한 것이 미국특허법(35 USC)에 같이 포함되어 있으며, 미국법에서는 한국법에서 말하는 "발명"에 해당하는 것뿐만 아니라 디자인(의장)에 대해서도 특허라는 용어를 사용하고 있다.

(2) **특허요건**

미국특허제도의 특허요건은 우리 특허법과 비슷한 면이 있으나 차이점을 가지고 있다.

① **신규성(Novelty, 35 USC 102)**
  ㉠ 미국특허법 제102조(35 USC 102)는 출원인이 다음 각 호에 해당하지 않은 경우에 한하여 특허를 받을 수 있다고 규정하고 있다.
    ⓐ 특허출원인이 발명하기 이전에 미국 내에서 다른 자에 의하여 알려졌거나 또는 사용된 발명, 또는 미국 내 또는 외국에서 특허를 받았거나 간행물에 기재된 발명
    ⓑ 미국의 특허출원일 1년 전에 미국 내 또는 외국에서 특허를 받았거나 간행물에 기재된 발명, 또는 미국 내에서 공용 또는 판매된 발명
    ⓒ 포기된 발명
    ⓓ 미국 내 특허출원일보다 12개월 이전에 외국에서 출원인, 대리인 또는 양수인에 의해 제출된 출원이 그 미국 내 특허출원일보다 이전에 그 외국에서 최초로 특허되었거나 또는 특허될 상태로 되었거나 발명자증이 허락된 경우
    ⓔ 그 특허출원의 발명 이전에 미국 내에 출원되어 허락된(인정된) 특허에 기재된 발명의 경우

ⓕ 특허출원된 발명의 발명자가 실제와 다른 경우
ⓖ 발명이 출원인의 발명(일) 전에 국내에서 그것을 포기하거나 숨기거나 비밀로 하지 않은 타인에 의해 이루어진 경우(단, 발명의 우선을 결정함에 있어서는 발명의 착상일 및 실체화일 뿐만 아니라 다른 이의 착상 이전부터 먼저 착상하고 나중에 실체화한 자의 합리적인 노력도 고려하여야 한다)

ⓛ 35 USC 102 규정은 통상 발명의 "신규성" 규정으로 이해되며 우리법 제29조 제1항에 해당하지만, 엄밀히 말해 102 규정은 신규성 규정뿐만 아니라 출원인의 특허를 받을 수 있는 권리를 소멸시키는 권리소멸규정과 그 외 우리법 제29조 제3항에서 규정하는 확대된 선원의 지위, 제36조에서 규정하는 선원주의에 대응하는 선발명주의에 상당하는 요건까지도 모두 포함하여 망라되어 있는 종합적인 규정이다. 덧붙여, 35 USC 102 규정은 출원인이 특허를 받을 수 없는 경우를 소극적(negative)으로 서술하고 있다. 즉, 여기에 명시된 사유에 해당되지 않는 한 모든 출원인은 특허를 받을 권리가 있으며, 102 규정에 의하여 등록을 저지하는 데 필요한 입증책임은 심사관에게 있다. 따라서 심사관은 반드시 인용자료에 의거 객관적이고 논리적으로 거절이유를 기술하여야만 한다.[9]

② **비자명성(Non-obviousness, 35 USC 102~103)**
㉠ 법 제102조에 규정된 발명과 동일하게 개시 또는 작성되지 않은 것이라도 그 발명 전체로서 선행기술과의 차이가 그 발명이 이루어진 당시에 그 기술분야에서 통상의 기술을 가진 자에 의해 자명한 것이라면 특허를 받을 수 없다. 단, 타인에 의한 발명이 제102조 (e)(f)에 의해서만 선행기술로 인정될 경우, 그 발명내용과 출원청구된 발명이 그 발명이 이루어진 시점에 동일인에 의해 소유되거나 또는 동일인에게 양도가 강제된 경우 상기 발명은 이 조항에 의한 선행기술로 되지 않는다. 단서조항은 선출원과 후출원의 발명자 또는 양수인이 동일한 경우에 후출원을 진보성으로 거절하지 않고 등록해 주겠다는 규정이다.
㉡ 미국심사실무상 진보성(비자명성)에 대한 거절은 반드시 두 개 이상의 참증의 결합(combination of prior arts)으로 이루어진다.
㉢ 비자명성은 우리나라 특허법의 진보성과 유사한 개념이다.

③ **유용성(Usefulness, 35 USC 102~103)**
㉠ 발명이 위에서 언급한 신규성과 비자명성이 있어도 유용성, 즉 산업상 이용가능성이 없으면 특허될 수 없으며 특허법 제101조에서는 다음과 같이 규정하고 있다.

> 신규하고 유용한 방법·기계·제조물·화학조성물 또는 이들에 대해서 신규이며 유용한 개량을 한 발명 또는 발견한 자는 본법이 정하는 조건 또는 요구에 따라 특허를 받을 수 있다.

㉡ 유용성은 우리나라 특허법의 산업상 이용가능성의 개념과 동일 개념이다.

---

9) 이해영, 미국특허법(제3판), 한빛지적소유권센터, p.309 참조

(3) 미국특허제도의 특색

미국특허제도의 특색은 다음과 같다.

① 선출원주의

② **출원공개주의**: 출원공개제도를 채택하고 있지 않다가 1999년 개정법에서 비로소 채용하고 있으며 최초 출원일부터 18개월이 경과하면 공개된다.

③ 주변한정주의(Peripheral Definition System)

④ 저촉심사(Interference)

⑤ **가출원제도**(임시출원제도, Provisional Application): 청구항 기재는 필요 없고, 명세서와 도면을 제출하며 가출원일로부터 1년 이내에 전환신청서를 제출하여야 한다.

⑥ 일부계속출원(Continuation-In-Part Application, CIP Application)

⑦ 정보개시의무(IDS 제출, Information Disclosure Statement)

⑧ 재심사청구제도(Request for Reexamination) 등

(4) 특허출원 및 심사(주요사항 발췌)

① **정규출원과 임시출원(가출원)**

㉠ 정규출원

정규출원은 가장 기본적인 출원으로 정규출원(non-provisional application)시에는 명세서와 도면을 제출하고 출원료를 내야 한다. 명세서에는 출원인이 발명이라고 생각하는 주제에 대한 클레임(청구항)을 적어도 하나 기재하여야 한다. 출원일의 부여를 위해 요구되는 서류가 부족하거나 흠이 있는 경우 특허청은 출원인에게 그 흠을 통지하고 출원서류를 보완할 수 있는 기간을 부여한다. 출원인이 흠이 있는 서류를 보완하면 그 보완한 날이 출원일이 된다. 만일 지정기간 내에 흠이 보완되지 않으면 그 출원은 반려되거나 폐기된다. 한편, 출원료와 선언서는 반드시 출원시에 제출될 필요는 없다. 특허출원일은 적어도 하나의 클레임을 포함하는 명세서 및 발명의 내용을 이해하는 데 필요한 도면이 USPTO(미국특허상표청)에 접수된 날이 되며, 출원서류가 부족하거나 흠이 있어 이를 보완한 경우에는 그 보완서류가 USPTO에 접수된 날이 특허출원일로 된다.

㉡ 임시출원(가출원, Provisional Application)

미국출원을 급하게 서둘러야 할 경우 정규출원서나 명세서의 형식을 갖추지 않고 임시로 출원하는 것으로 미국에 처음으로 출원한 출원인이 외국에 최초 출원한 출원인들과 관련하여 불이익을 당하지 않도록 보장해 주기 위한 목적에서 나온 것이다. 즉, 한국의 청구범위 제출 유예제도와 유사한 제도이다.

이러한 임시출원(Provisional Application)은 1995년 6월 8일부터 유효한데, 저렴한 비용으로 미국출원일을 확보할 수 있으며, 클레임과 선언서를 요구하지 않는다. 임시출원의 출원일은 발명에 대한 서면 설명서와 도면 및 발명자의 이름이 USPTO에 접수된 날이 된다. 임시출원일로부터 12개월 이내에 정규출원하면 정규출원에 클레임된 발명 중 임시출원에 의하여 뒷받침되는 발명은 임시출원일의 이익을 받는다. 영어 이외의 언어로 임시출원된 경우 그 임시출원을 기초로 우선권을 주장하는 정규출원을 제출하려면 임시출원의 번역문이 요구된다. 임시출원에 대해서는 실체심사가 이루어지지 않으며, 임시출원일로부터 12개월이 지나면 자동으로 포기 간주된다.

② **IDS 제출**

미국특허법에는 우리 특허법과는 달리 'IDS의 제출'이란 제도가 있는데 IDS란 발명자 및 그 출원과정에 관련된 자는 정보개시 의무를 부담하는바, 이때 제출하는 정보개시서(Information Disclosure Statement)를 IDS라고 한다. IDS로 제출되는 서류에는 인용문헌들의 리스트(list), 문헌의 사본(copy of document) 및 관련성 개략 설명(concise explanation of relevant) 등이 있다.

이러한 IDS를 법규정에 따라 적법하게 제출하기 위해서는 내용적 요건을 만족하도록 필요한 서류들을 준비하여 제출하여야 할 뿐만 아니라, 시기적 요건을 만족하도록 정해진 기간 내에 제출하여야 한다.

미국출원서의 배경기술, 관련기술로서 언급된 모든 선행기술자료는 IDS로 제출되지 않으면 심사관이 심사자료로서 보지 않을 수도 있으므로 IDS로 제출함이 바람직하다.

③ **심 사**

㉠ 거절이유통지(First Office Action : OA)

미국은 대개 2년 정도가 지나면 심사가 착수되어 심사결과 'First Office Action'이라는 것을 받게 되는데, 이것은 한국의 거절이유통지서에 해당한다. 여기에는 청구범위의 청구항을 거절(rejection)하거나 형식적인 사유에 대하여 이의(objection)하거나 명세서의 기재 불비를 지적한다.

물론 거절이유가 없는 경우에는 특허사정통지(Notice of Allowance)와 특허등록료납부서(Issue Fee transmittal Form)를 받고 3개월 이내에 특허등록료를 납부하면 특허증이 발행된다. 특허사정통지 이후에는 발명의 본질에 영향을 주지 않는 문법적인 정정이 허용된다. OA에 대한 답변기간은 3개월로 지정되며, 관납료와 신청서를 제출하면 그 기간은 연장될 수 있다. 전체 응답기간은 OA일로부터 6개월을 초과할 수 없다.

㉡ 답변서 제출(Submission of Response to the OA)

OA에 대하여는 3개월 이내에 답변서를 제출하여야 하며, 보정서(amendment)를 같이 제출할 수도 있다. 요금을 더 납부하는 조건으로 3개월까지 답변기간을 연장할 수 있다. 지정된 기간에 답변하지 않는 경우는 출원을 포기한 것으로 보고 포기처분통지서(Notice of Abandonment)를 보낸다.

이와 같은 USPTO(미국특허상표청)와 출원인 간의 대화의 전 과정을 특허출원절차(patent application prosecution)라고 한다.

㉢ 최종거절통지(Final Office Action)

거절이유통지(First Office Action)에 대한 출원인의 답변에도 불구하고 심사관이 거절이유를 그대로 유지하는 경우 심사관은 최종거절(Final OA)을 한다.

최종거절통지(Final OA) 발송일로부터 6개월이 지나기 전에 그 출원이 허락되지 않으면, 그 출원이 포기간주되지 않기 위해서는 6개월 이내에 심판청구서(Notice of Appeal)를 제출하거나 계속출원을 하여야 한다. 이 기간 동안 출원인은 최종거절에 대하여 37 CFR 116 보정서를 제출할 수 있다. 그러나 Final OA에 대응한 클레임 보정은 통상의 OA에서 할 수 있는 보정의 범위에 비하여 엄격하게 제한된다. "Advisory Action"이 발행된 경우에도 최종거절에 대한 법정 응신기간의 진행은 정지하지 않는다. Final OA에 대한 출원인의 대응방안으로는 응신가능 기간(Final OA 발송일로부터 최대 6개월) 내에 의견서를 제출하여 심사관의 입장을 번복시키기 위하여 노력하거나 현재의 클레임으로 CA 출원하여 다시 한 번 심사를 받거나 또는 보정된 클레임으로 RCE 또는 CA · CIP 출원할 수 있으며, 또는 BPAI(Board of Patent Appeal and Interference : 심판원)에 불복할 수 있다. 마지막으로 출원발명이 특허받을 가능성이 희박하다고 판단되면 응신 없이 그대로 방치하면 자동적으로 포기 간주된다.

㉣ Advisory Action(A/A)

최종거절(Final OA) 이후 출원의 상태 또는 지위(status)를 알려 주기 위한 목적으로 발행되는 심사관의 통지이다. 즉, 최종거절통지(Final OA)에 대한 답변서를 받아본 심사관이 당해 출원에 대해 특허허락할지 또는 거절할 것인지를 미리 밝혀 줌으로써 출원인으로 하여금 향후 불복심판, 계속 출원 또는 거절된 클레임의 삭제 보정 등의 대응 계획을 세울 수 있도록 하는 조치이다.

㉤ 최종거절통지(Final Office Action) 이후 취할 주요 조치사항

최종거절통지(Final OA) 이후 취할 수 있는 주요 조치사항으로는 미국에 이미 제출된 모출원을 기초로 하는 35 USC 120 규정에 의한 계속출원(Continuing Application)이라는 것이 있는데 그 종류로는 CA 출원(Continuation Application)과 CIP 출원(Continuniation-In-Part, 일부계속출원)이 있으며, 35 USC 121 규정에 의한 DA 출원(Divisional Application, 분할출원)이 있다.

ⓐ CA 출원

CA 출원(Continuation Application)은 이미 제출된 출원(모출원)에 기초한 출원을 말하며 모출원에 포함된 것과 같은 개시내용(기술정보)을 포함한다. CA 출원의 클레임은 모출원 클레임과 다른 범위(scope)로 될 수 있지만 동일한 발명적 주제를 청구하여야 한다. 추가적인 정보가 CA 출원에 들어가는 것은 허용되지 않는다. CA 출원은 모출원의 출원일로 소급되며, 모출원이 계속 중인 동안 제출되어야 한다.

계속출원은 일반적으로 다음의 두 경우에 제출된다. 모출원의 모든 클레임이 최종거절되었지만, 예를 들어 상업적 성공이나 선행기술과 대비한 기술적 효과와 같은 추가적인 증거를 제출하거나, 클레임에 대한 보정 및 또는 심사관에게 특허성에 관한 추가적인 의견을 제출하고자 하는 경우, 출원인은 최종거절 후에는 클레임을 보정하는 것이 제한되기 때문에 CA 출원을 하여 원하는 바의 보정을 할 수 있다. 이 경우 CA 출원을 제출하면서 모출원은 포기하는 것이 보통이다.[10] 모출원의 보다 좁은 범위의 일부 클레임은 허락되지만 보다 넓은 범위의 클레임은 최종거절된 경우, 출원인이 보다 넓은 클레임에 대해서도 특허를 받고자 한다면, 최종거절된 넓은 클레임에 대해 CA 출원을 제출하면서 모출원에서는 거절된 클레임을 삭제한다. 그러면 모출원은 특허등록이 될 것이며 CA 출원에 대해서도 별도로 심사가 다시 진행된다.

ⓑ CIP 출원

CIP 출원(Continuation-In-Part Application)은 먼저 한 모출원의 계속 중에 모출원에 있는 내용과 더불어 새로운 사항(new matter)을 추가하여 37 CFR 1.53(b) 규정에 의하여 제출된 출원을 말한다. CIP 출원을 제출하는 전형적인 예로는 모출원을 제출한 후 모발명에 대한 개량이나 변형을 생각한 경우 CIP 출원하여 추가 개량 사항에 대해서도 보호를 추구하는 것이다. CIP 출원은 모출원에 개시된 주제에 대해서는 모출원일로 소급되며, 모출원에 의하여 지지되지 않는 주제(new matter)에 대해서는 CIP 출원한 때로 인정된다. CIP 출원은 모출원이 계속 중인 동안 제출되어야 한다.

ⓒ 분할출원(DA 출원)

분할출원(Divisional Application, DA)이라 함은 계속 중인 출원을 분할하면서 그 모출원에 개시된 발명만을 기재하고 클레임하여 제출된 출원을 말한다. DA 출원은 모출원에 포함된 것과 동일한 주제를 개시하면서 모출원에 클레임된 발명과 구별되거나 독립적인 발명을 클레임한 것이다. 하나의 출원에 서로 구별되는 둘 이상의 발명이 클레임되어 있으면, USPTO는 이들을 분할하라고 요구하며, 분할출원의 출원일은 모출원일로 소급된다. 분할출원은 모출원의 계속 중에 제출되어야 한다.

---

[10] 이 경우라면 RCE(계속심사청구)를 하는 것이 바람직할 것이다(이해영, 전게서 p.987 참조).

④ 최종거절(F.OA)에 대한 불복절차
　㉠ 심판청구
　　심사관이 적어도 하나의 클레임에 대한 거절을 유지하는 경우 출원인은 BPAI(심판원)[11]에 Appeal(심판청구)할 수 있다. 한편, 출원인이 수정된 클레임이나 다른 증거에 기초하여 심사의 재고를 요청하고자 하는 경우, Appeal 대신에 계속심사청구(RCE)[12] 또는 계속출원을 제출할 수 있다. RCE는 수수료와 함께 심사계속을 요구하는 것이며, 계속출원은 재고를 위한 클레임과 증거를 제시하는 새로운 출원이 된다. Appeal할 수 있는 기간 동안에 원출원을 표시하여 계속출원을 제출하면 원출원과 공통된 내용에 대해서는 이전 출원일의 이익을 얻을 수 있다. BPAI에서는 3명의 심판관(Board Member)에 의하여 심판이 이루어진다. 심판원은 적어도 두 서류(Appeal Brief 및 Examiner's Answer) 및 선택적인 절차인 "Reply Brief" 또는 "Oral Hearing"에 기초하여 결정을 내린다. 심판원은 심사관의 결론과 달리 특허 허락하거나, 심사관의 거절을 지지하거나 또는 거절의 일부만을 지지할 수 있다.

　㉡ 항소 및 상고
　　심판원에서 출원인에게 불리한 결정을 하면, 출원인은 30일 내에 그 결정에 대한 재고(reconsideration)를 요청할 수 있으며[13], 60일 내에 콜롬비아주 연방지방법원(District Court for the District of Columbia)에 직접 항소하거나 연방순회항소법원(Court of Appeals for the Federal Circuit : CAFC)에 항소할 수도 있다. 이 기간들은 연장될 수 없다. 만일 연방지방법원에 항소하고 그 결정에 불복하는 경우, 출원인은 다시 CAFC에 항소할 수 있다. 출원인이 CAFC의 결정에 불복하는 경우 대법원(U.S. Supreme Court)에 상고할 수 있다.

(5) 특허소송
　① 미국법원의 구조
　　미국법원은 연방법원(Federal Court)과 50개의 주(州)법원(State Court)으로 크게 구성되며 연방법원은 다시 94개의 연방지방법원(U.S. District Court), 13개의 연방항소법원(U.S. Court of Appeals) 및 1개의 연방대법원(U.S. Supreme Court)으로 구성되며, 13개의 연방항소법원은 전국을 11개의 순회지구(Circuit)로 나누어 제1~11지구 항소법원을 두고 있으며, 그 외에 워싱턴 D.C.를 관할하는 항소법원 및 CAFC(Court of Appeals Federal Circuit)가 있다. 이러한 연방법원은 주(州)법원과는 역할이 다르다. 미국연방법원의 관할사건은 다음과 같다.

---

[11] Board of Patent Appeals and Interferences("BPAI", "Board" 또는 "심판원"이라 칭함)
[12] 계속심사청구(RCE) 제도 : 출원이 최종 거절이나 허락통지 상태에 있을 때 필요한 서류를 제출하고 관납료를 납부하여 그 출원에 대한 계속심사를 받을 수 있는 절차가 계속심사청구(Request for Continued Examination ; RCE)이다. RCE 절차는 37 CFR 1.53(b)(d) 규정에 의한 "출원"의 형식에 의하는 것이 아니라, 출원의 "계속심사"를 받을 수 있는 제도로서 1999년 개정법에서 새로 도입되었다. RCE에 의한 심사과정에서 최종거절이나 허락통지된 다음에도 또 다시 RCE를 제출할 수 있다.
[13] 재고를 요청한 경우 심판원에서 재고 요청에 대한 결정이 있은 후 30일 이내에 법원에 소장을 제출하여야 한다.

> ㉠ 연방헌법 및 연방법하에서 발생하는 법률분쟁
> ㉡ 헌법, 연방법률, 조약 등과 관련된 사건
> ㉢ 해운 또는 해상과 관련된 사건들
> ㉣ 미국 정부가 소송의 당사자인 경우
> ㉤ 두 개 이상의 주정부가 소송의 당사자인 경우
> ㉥ 서로 다른 주들의 사람들 간의 소송사건
> ㉦ 같은 주의 사람들이라도 그들 사이에서 벌어진 "두 개 이상의 주들로부터 불하받은 토지"와 관련된 분쟁
> ㉧ 외국대사 또는 외국사절과 관련된 사건 등

위에서 설명한 13개 연방항소법원(우리나라의 경우 고등법원격) 중 CAFC(연방순회항소법원)는 한국의 '특허법원'과 같은 성격의 법원으로 미국의 Pro-Patent 정책에 따라 1982년에 설립되어 특허관련 사건뿐만 아니라(상표는 포함되지 않음) 관세, 정부상대 손해배상관련 사건, ITC(International Trade Commission) 등 전속관할을 담당하고 있다. 특허관련 민사소송의 1심은 연방지방법원이다. 미국의 연방지방법원(94개)은 규모가 작은 주와 큰 주에 따라 연방지방법원의 개수의 차이가 크다(예컨대, 캘리포니아주나 뉴욕주, 오클라호마주 등에 소재하는 연방지방법원은 각 5개씩이나, 매릴랜드주, 하와이주에 소재하는 연방지방법원은 각 1개씩이다). 그 외 미국은 연방지방법원과 동급에 있는 3개의 특수법원(조세법원, 관세배상법원, 연방국제통상법원)이 있고, 미국정부를 상대로 하는 특허권 침해배상청구는 연방배상법원(Court Fedral Clams)에 제소하며, 특허실시권 계약과 관련된 분쟁은 순수한 계약관계(Contract Law)에 대한 다툼으로 보아 주법원에 제소한다.

미국의 주(州)법원(State Court)에 대해 알아보면 앞에서 설명한 대로 미국은 50개의 주로 구성되어 있기 때문에 연방제도의 특성상 각 주는 각자의 필요한 전통에 따라 다양한 법제도를 채택하고 있다. 이들 주(州)법원의 최하위 법원은 주지방법원(State District Court)[14]이며 이를 통칭해서 1심 법원이라 부르기도 한다(주: 특허관련 민사소송은 연방지방법원이 1심 법원임). 그 다음은 지방의 고등법원격인 주항소법원(State Court of Appeals)[15]이 있으며 아이다호주 및 로드아일랜드주 등 인구가 적은 주에서는 대체로 항소법원을 두고 있지 않다. 항소법원이 없어도 사법제도가 원활하게 운용되는 것은 대법원 내에 소법정이 설치되어 항소법원 역할을 하고 있기 때문이다.

---

[14] 미국의 약 3분의 1에 해당하는 주들에서는 순회법원(circuit court), 다른 3분의 1에 해당하는 주들에서는 지방법원(district court), 나머지에서는 상급법원(superior court)이라는 이름으로 표시되어 있으며, 뉴욕주에서는 주지방법원을 대법원을 가리키는 supreme court라는 명칭을 사용하고 있다.
[15] 항소법원은 대부분의 주가 Court of Appeals라는 명칭을 사용하고 있지만, 뉴욕에서는 독특하게 Appellate Division of the supreme Court라고 부른다.

마지막으로 지방의 최고법원인 주대법원(State Supreme Court)이 있다.16) 주대법원에 패소한 자는 연방지방법원을 거치지 않고 바로 연방대법원에 상고한다. 연방대법원의 상고는 상고허가를 받아야 하므로 실제로 미국은 2심의 기회만 보장된다 하여도 과언이 아니다. 이외에도 각 주에는 사법관할에 관하여 소송객체에 따라 제한을 받는 특별법원이 있으며 대부분 제1심 법원으로서의 기능을 하게 된다. 특별법원의 대부분은 '치안판사법원'(Court of Justice of the Peace : Magistrate's Court)이다. 이는 영국의 그것과는 달리 경미한 형사사건이나 가사사건 뿐만 아니라 소가(訴價)가 200달러 미만의 일반적인 민사사건까지도 다룰 수 있게 하는 주가 적지 않다. 또한 일부 주에서는 시 인구의 대소에 따라 군법원(County Court) 또는 시법원(Municipal Court)을 두고 있는 경우도 있다. 이외에도 교통법원(Traffic Court), 야간법원(Night Court) 및 경찰법원(Police Court) 등과 같은 명칭을 가진 다양한 법원들이 있다. 또한 많은 주에서는 유언검증사건과 상속사건들을 다루는 유언검증법원(Court of Probate)을 설치해 놓고 있다.

② 미국특허소송의 특징

미국에서의 특허소송 절차는 기본적으로 일반 민사소송 절차와 비슷하다. 따라서 일반 민사소송에서 채택하고 있는 배심재판도 가능하나, 고도의 기술성과 전문성이 요구되는 특허사건의 성격에도 불구하고 대부분의 특허소송사건은 당사자가 배심에 의한 재판을 요구하고 있다. 미국의 소송과정에서 가장 중요하게 인식되고 있으면서도 우리에게는 생소한 증거개시(Discovery) 절차가 있다. 이는 양측 당사자에게 사건과 관련된 모든 정보를 상호 교환토록 의무화시킴으로써 공정한 재판이 이루어질 수 있도록 함을 목적으로 채택된 제도로서, 미국 소송대리인은 이 절차에서 매우 다양한 소송전략을 구사할 뿐만 아니라 가장 많은 노력을 경주하고 있다. 일반적으로 특허침해소송은 특허의 유효성과 침해사실이 함께 제소되어야 하므로 특허무효소송과 같은 독립된 소송제도는 없다. 그러나 이해관계인은 당해 특허가 무효라든가 침해한 사실이 없음을 확인하기 위한 특허무효 또는 특허 비침해 선언판결(Declaratory judgement)을 반소의 형태로 연방지방법원에 구할 수 있으며, 특히 1971년 판례에 따라 누구라도 종전의 소송사건에서 확인된 무효판결을 동일 특허권에 대한 침해사건에서 방어수단으로 주장할 수 있게 되었다. 특허침해에 대한 손해배상에서 법원은 침해자의 침해행위가 고의적이라고 인정되면 손해액을 3배까지 증액시켜 배상시킬 수 있는 재량권이 있으며, 특히 악질적인 경우에는 대리인의 수수료와 경비, 소요비용까지 배상시킬 수 있다.17)

---

16) 주대법원은 대부분 Supreme Court라고 부르는데 뉴욕주에서는 특이하게 Court of Appeals, 매사추세츠주에서는 Supreme Judicial Court, 그리고 버지니아주에서는 Supreme Court of Appeals라고 하는 등 주에 따라 그 명칭이 다양하다.
17) 이해영, 전게서, p.810~811 참조

2. 독일의 특허제도

독일특허법은 한국과 일본에 영향을 많이 주었으며 심사주의와 선출원주의, 실용신안제도를 운영하고 있다. 또한 추가 특허제도(출원인 또는 권리자가 당해 발명을 개량 진보시켜 다시 추가로 얻은 특허)를 인정하고 출원공고제도를 세계최초로 채택하였다.

현재 시행되고 있는 독일특허법은 1968년 1월 1일 개정되어 시행된 것으로 물질특허, 심사청구제도, 등록공고제도, 이의신청제도를 운영하고 있으며, 특허쟁송절차와 관련하여서는 연방특허법원을 두고 기술판사제도를 도입하고 있는 것도 특색이다.

3. 영국의 특허제도

영국의 현재 특허제도는 선발명주의가 아닌 선출원주의, 심사주의, 출원공개제도, 물질특허제도 및 청구범위 다항제가 인정되는 전형적인 심사주의 법체제의 모습을 갖추고 있다. 심사청구와는 별도로 예비심사 및 서치청구제도(request for preliminary examination and search)를 시행하고 있는 것이 특징이다.

4. 프랑스의 특허제도

프랑스는 전통적인 무심사주의 국가이다. 지금도 그 골격은 그대로 남아 있으나 심사주의를 지향하는 법개정을 통해 문헌통지서 작성제도를 두어 선행기술조사를 행하고 다른 사람으로부터 의견을 듣도록 하는 한편, 다른 국가와 마찬가지로 클레임제도(청구항제도)를 도입하고 실용등록증제도, 출원공개제도를 도입하였다. 실용등록증은 일명 실용신안이며, 이는 프랑스의 원어를 존중하기 위해서 실용등록증으로 한 것이다.

실용등록증이 특허와 다른 점은 존속기간이 6년이라는 점, 문헌통지서 작성절차가 없는 점, 무심사인 점 등이 다르다. 또 다른 국가의 실용신안제도와 다른 점은 일본·한국 등의 제도에서는 실용신안의 대상을 물품의 형상·구조·조합 및 이들의 결합된 것에 한정하고 있으나 프랑스는 이러한 제한이 없다.

제3절 특허법의 특징

1. 산업입법으로서의 성격

특허법의 궁극적인 목적은 기술발전의 촉진을 통하여 산업발전에 이바지함에 있다(法 1). 특허법은 산업발전이라는 목적을 달성하기 위하여 다른 법(소유권 등 물권에 관한 법)과는 달리 국가의 산업정책이나 자국의 기술수준에 따라 영향을 많이 받는 법규범이다.

2. 사적 독점 보장법으로서의 성격

특허권자에게 일정기간 적극적인 발명의 독점을 인정하고 있다는 점에서 특허법은 「독점규제 및 공정거래에 관한 법률」의 예외법이라고 할 수 있다. 「독점규제 및 공정거래에 관한 법률」 제59조에 의하면 "이 법의 규정은 저작권법, 특허법, 실용신안법, 디자인보호법 또는 상표법에 의한 권리의 행사라고 인정되는 행위에 대하여는 적용하지 아니한다"라고 규정되어 있다.

특허법에 의해 부여되는 특허권은 특허발명을 독점배타적으로 실시할 수 있는 권리인 반면(法 94), 독점규제법은 공정하고 자유로운 경쟁을 촉진하기 위하여 시장지배적 지위의 남용, 과도한 경제력 집중, 부당한 공동행위 및 불공정거래행위를 금지하는 법이기 때문이다(독점규제법 1). 따라서 특허법은 기술혁신에 공헌한 발명의 공개대가로 특허권이라는 배타적 독점권을 부여하지만 이는 어디까지나 산업발전이라고 하는 법목적에 부합되게 이용되어야 하며, 목적을 일탈하여 이용된 경우에는 더 이상 정당한 권리의 행사로 인정되지 않는다. 이 경우에는 독점규제법에 위반하는 것으로 보아 동법의 적용을 받는 것으로 해석되고 있다.

예를 들어 실시허락의 경우 부당하게 거래 상대방에 따라 실시료를 차별적으로 부과하는 행위, 부당하게 실시허락된 기술을 사용하지 않는 부분까지 포함하여 실시료를 부과하는 행위, 부당하게 특허권 소멸 후의 기간까지 포함하여 실시료를 부과하는 행위 등은 특허권의 정당한 권리범위를 벗어난 것으로 판단할 수 있다.[18]

3. 혼재적 성격

(1) 절차법 및 실체법

특허법은 발명의 완성에서부터 출원·심사·결정·등록 및 심판절차에 대한 절차법으로서의 특성을 갖는 동시에 특허를 받을 수 있는 권리, 특허권의 발생·존속·소멸 등에 관한 내용을 규율하는 실체법으로서의 특성을 함께 갖는다. 특허법은 이 혼재적 특성에 따라 법이 정한 엄격한 방식 및 실체심사를 거쳐 특허권이 확정되고 창설되는 데 반해 물적 소유권은 권리의 확정절차가 없으며, 저작권 또한 저작물의 창작과 동시에 그 권리가 원시적으로 저작자에게 귀속되고 일정한 사전의 심사절차를 거칠 필요가 없다는 점에서 구별된다.

---

18) 지식재산권의 부당한 행사에 대한 심사지침(공정거래위원회 예규 제80호, 개정 2010. 3. 31) 참조

절차법의 궁극적인 목적은 법적 안정성의 추구에 있으며, 실체법의 궁극적인 목적은 구체성 타당성의 도모에 있다. 특허법은 절차법적인 특성뿐만 아니라 실체법적인 특성도 가지고 있기 때문에 법적 안정성이라는 가치와 구체적 타당성이라는 가치가 충돌할 때 해결방안이 문제된다. 이때 특허법의 전반적인 해결방안은 일단 법적 안정성을 우선시하면서 구체적 타당성을 보완하는 형식을 취하고 있다.

(2) 사법 및 공법

특허법에는 사법 및 공법의 특성이 혼재한다. 즉, 특허법은 발명자 개인에 대한 법률관계를 규율한다는 점에서 기본적으로 사법임과 동시에 국가와 개인 간의 법률관계를 규율한다는 점에서 공법적인 성격을 갖는다. 한편, 특허권의 객체가 특수한 무체재산이므로 일정 범위 내에서 사법인 민법·상법과 특별법적인 관계를 가지며, 특허에 관한 절차는 당사자뿐만 아니라 그 공익적·산업정책적인 특성에 따라 제3자에게 영향을 미친다는 점에서 형법·행정법·형사소송법·민사소송법 등의 공법과도 일정 범위 내에서 특별법적 관계를 가진다.

4. 국제적 성격

우리 특허법은 실제로 파리조약, 특허협력조약(PCT 조약) 등의 국제적 규범을 거의 대부분 반영하고 있다.

5. 특허법과 다른 법과의 관계

(1) 헌법과의 관계

헌법 제22조 제2항은 "저작자·발명가·과학기술자와 예술가의 권리는 법률로써 보호한다"라고 규정하여 헌법이 특허법 제정의 근거가 되고 있다.

(2) 행정법과의 관계

특허법은 행정법의 일부를 포함하고 있다. 정부조직법 제37조에 의한 산업통상자원부장관 소속 특허청의 조직은 행정조직의 일부이며, 특허출원·심사·등록·심판 등은 약간의 특수성은 있으나 행정행위·행정쟁송의 일종이다. 따라서 심사나 심판에 관하여 특허법을 운용함에 있어서 특허법에 특별한 규정이 없는 한 일반 행정법의 원리가 작용된다고 할 것이다.

(3) 민법과의 관계

특허법은 일반사법인 민법에 대하여 특별법적 지위에 있으므로, 특허법에 규정이 없는 경우에 민법이 보충적으로 적용되고 있다.

(4) **형법과의 관계**

특허법은 여러 가지 형벌규정을 두고 있는데(제12장) 이 규정들은 형법에 대한 특별규정이다. 형벌에 관하여 특허법에 특별규정을 둔 것은 보호대상이 무체재산이라는 특수성 때문에 형법의 일반재산에 관한 벌칙규정을 직접 적용하는 것이 부적당하기 때문이다. 그러나 이 경우에도 형법 총칙규정이 보충적으로 적용된다(刑法 8).

또한 구체적 소추절차와 관련하여서는 특허법상 명문의 규정이 있는 경우 외에는 형사소송법과 비송사건절차법에 따라 처리된다.

(5) **민사소송법과의 관계**

민사소송법 중 절차적 규정은 특허법 중 절차에 관한 규정에 많이 준용되고 있다. 대리인에 관한 규정(法 12), 재외자의 재판관할(法 13), 심리조서(法 154), 증거조사 및 증거보전(法 157), 재심의 청구(法 178) 등이 그것이다.

(6) **형사소송법과의 관계**

특허 침해죄는 반의사불벌죄로 고소가 없어도 직권수사가 가능하고, 변리사 등이 업무상 위탁을 받은 관계로 알게 된 사실로서 타인의 비밀에 관한 것은 증언을 거부할 수 있다(刑訴法 149).

6. 특허법의 구성

특허법은 12장 232개조로 구성되어 있는데 다음과 같은 편제로 되어 있다.
- 제1장은 총칙(法 1~法 28의5)이다. 총칙은 발명의 목적에서부터 발명의 정의 등 각종 정의규정, 대리제도, 절차무효 등 기간·절차에 대한 통칙, 권리능력 등이 규정되어 있다.
- 제2장은 특허요건 및 특허출원에 관한 규정(法 29~法 56) 등으로 구성되어 있다.
- 제3장에서는 심사와 관련된 제도를 규정(法 57~法 78)하고 있다. 즉, 우선심사제도 출원공개제도 및 이의신청제도가 규정되어 있다.
- 제4장은 특허료와 특허등록에 관한 사항(法 79~法 86)으로 심사를 통과해 특허 결정된 출원발명의 출원인은 특허청에 소정의 특허료를 납부하고 특허권 설정등록을 받아야 한다.
- 제5장에서는 특허권에 관한 권리의 득실변경 및 실시권 등에 관한 사항(法 87~法 125의2)이 규정되어 있다.
- 제6장은 특허권자의 보호규정(法 126~法 132)들에 관한 것이다.
- 제7장은 심판에 관하여 규정(法 132의2~法 176)하고 있다.
- 제8장은 재심규정(法 178~法 185)이다.
- 제9장은 소송에 관한 규정(法 186~法 191의2)이다.

- 제10장은 특허협력조약(PCT)에 의한 국제출원에 관한 사항으로 국제출원절차(法 192~法 198)와 국제특허출원에 관한 특례규정(法 199~法 214)으로 구분되어 있다.
- 제11장은 공시송달, 특허표시 및 허위표시 금지규정과 같은 보칙 규정(法 215~法 224의5)으로 되어 있다.
- 마지막으로, 제12장에서는 특허권에 관련된 형사법 및 과태료에 관한 벌칙규정(法 225~法 232)으로 되어 있다.

제4절 특허법에서의 절차일반

특허에 대한 권리를 취득하기 위해서 발명을 완성하였다고 하여 권리가 부여되는 것이 아니고, 일정한 절차를 거쳐 권리를 허락한다. 이 경우 절차를 수행할 수 있는 자는 발명자이어야 하는 것이 원칙이나, 발명자가 미성년자이거나 피한정후견인 등인 경우에는 발명행위를 할 수 있으나 법률행위를 할 수 없다.

I 능력(能力)

1. 권리능력

(1) 의 의

권리능력(權利能力)이란 권리의 주체가 될 수 있는 추상적·잠재적인 법률상의 지위를 말하며, 특허법상의 권리능력이란 특허에 관한 권리를 누릴 수 있는 특허법상의 지위 또는 자격으로 해석할 수 있다. 다만, 그 구체적인 내용과 관련하여 법률은 명확한 규정을 두고 있지는 않다. 예컨대 민법은 "사람은 생존하는 동안 권리와 의무의 주체가 된다(民法 3)"라고 규정하고 있으며, "법인은 법률의 규정에 좇아 정관으로 정한 목적의 범위 내에서 권리와 의무의 주체가 된다(民法 34)"라고 규정하고 있어, 사람(자연인)과 일정한 사람의 집단(사단) 및 일정한 목적을 가진 재산의 집단(재단)에 대하여 그 권리능력을 인정하고 있다. 특허법 역시 법인이 아닌 사단 등 규정(法 4)과 외국인의 권리능력 규정(法 25)을 두고 있는 것 이외에는 특별히 그 권리능력에 관한 규정을 두고 있지 않으나, 이러한 민법상의 권리능력 규정이 적용될 것이다. 따라서 자연인과 법인은 특허법상의 권리능력이 인정될 것이다.

(2) 자연인

① 원 칙

㉠ 민법은 권리능력 평등의 원칙에 따라 생존하고 있는 자연인에 대해서는 원칙적으로 권리능력을 인정하고 있으므로(民法 3) 특허법에서도 당연히 자연인에 대하여 권리능력이 인정된다. 따라서 자연인은 사람으로서 생존하기 시작하는 때, 즉 출생한 때로부터 특허법상의 권리능력을 취득하며 사망한 때에는 권리능력을 상실한다.

㉡ 한편, 태아에 대해 특허를 받을 수 있는 권리나 특허권 등 실체적 권리를 인정할 수 있는지가 문제되나, 이는 특허법의 문제라기보다는 민법의 문제로서 정지조건설을 취하고 있는 판례의 태도에 따라 판단한다면, 태아인 동안에는 권리능력이 없으나 태아가 살아서 태어난 경우에 한해 문제의 사건이 발생한 때로 소급하여 권리능력이 인정될 것이다.

② 외국인

외국인이란 대한민국의 국적을 가지지 않은 자로서 외국의 국적을 가지는 자 및 무국적자를 말한다. 자연인이나 법인에 대해서는 민법상의 권리능력이 인정되나, 특허법은 재외자[19] 중 외국인에 대해서는 원칙적으로 특허법상의 권리능력을 인정하지 않고 있다(法 25 본문). 그러나 특허법은 예외적으로 국내에 주소나 영업소가 있는 외국인을 상호주의에 입각하여 서로 특허권 또는 특허에 관한 권리를 인정하는 국가의 국민이나, 조약에 의하여 특허권 또는 특허에 관한 권리를 인정하고 있는 국가의 국민에 대해서는 권리능력을 인정하고 있다.

여기서 상호주의에 입각하여 서로 특허권 또는 특허에 관한 권리를 인정하는 국가의 국민이란 첫째, 그 자가 속하는 국가에서 대한민국 국민에 대하여 그 국민과 동일한 조건으로 특허권 또는 특허에 관한 권리를 인정하는 경우, 둘째, 대한민국이 그 외국인에 대하여 특허권 또는 특허에 관한 권리를 인정하는 경우에는 그 자가 속하는 국가에서 대한민국 국민에 대하여 그 국민과 동일한 조건으로 특허권 또는 특허에 관한 권리를 인정하는 경우를 말한다.[20]

또한, 조약에 의하여 특허권 또는 특허에 관한 권리를 인정하고 있는 국가란 조약 당사국 국민이거나 당사국 국민이 아닌 자로서 당사국에 주소 또는 영업소가 있는 준당사국 국민(무국적자는 준당사국 국민에 준해서 취급함) 등을 의미한다.

---

19) 재외자라 함은 국내에 주소 또는 영업소를 가지고 있지 않은 자를 말하기 때문에 재외자는 '내국인재외자'와 '외국인재외자'로 두 가지 종류가 있다.

20) 대법원 74후61 판결
외국인은 우리나라에 주소나 영업소가 없을 때에는 원칙적으로 상표에 관한 권리능력을 인정하지 않지만 예외로서 조약이나 협정이 체결되거나 또는 그 외국인이 속하는 나라의 법률에 의하여 우리나라의 국민에게 그 나라 안에 주소나 영업소가 없더라도 상표에 관한 권리를 허용하는 국가의 국민에 대하여는 우리나라도 상표에 관한 권리를 향유케 한다.

다만, 주의하여야 할 점은 외국인이 권리능력을 가졌다 하더라도 당연히 특허법상의 절차능력까지 인정되는 것은 아니라는 점이다. 따라서 국내에 주소 또는 영업소를 가지지 않은 권리능력자는 국내에 주소 또는 영업소를 가지고 있는 특허관리인에 의해서만 특허청에 대해 특허에 관한 절차를 밟아야 하는 제한이 있다(法 5①).

③ **특허청 직원 등**

특허청 직원 및 특허심판원 직원은 상속 또는 유증의 경우를 제외하고는 재직 중 특허를 받을 수 없다(法 33① 단서). 즉, 특허청 직원 등도 원칙적으로 권리능력이 있어 발명을 한 경우 특허를 받을 수 있는 권리가 발생하지만, 특허권 부여의 객관성 및 공정성의 확보를 위한 공익적·정책적 이유에 의해 재직 중에는 상속 또는 유증의 경우를 제외하고는 특허를 받을 수 없다.

(3) **법인 등 단체의 권리능력**

① **법인의 권리능력**

민법은 법인에 대하여도 자연인과 마찬가지로 권리능력을 인정하고 있으므로, 법인은 구성원과는 독립되어 법률에 의해 부여받은 권리·의무의 주체로서의 법인격을 갖는다. 그러나 법인은 권리·의무의 주체가 될 수 있지만 자연인처럼 스스로 행동할 수 없기 때문에 기관(예 대표이사)을 선정하고 그 기관의 행위를 곧 법인의 행위로 간주하는 방식을 취하고 있다.

특허법에서도 법인의 권리능력은 민법에서의 권리능력과 같으며, 법인이 특허에 관한 절차를 밟을 경우 법인의 명칭과 영업소의 소재지를 기재하여야 한다.

한편, 국가의 권리능력은 법률에 특별한 규정은 없지만 법인으로 의제되어 권리주체가 된다. 하지만 입법부, 사법부 및 행정 각부는 물론, 그 소속기관, 국립연구기관, 국립대학 등은 법인격이 없으므로 특허에 관한 권리의 주체가 될 수 없다.[21]

② **법인격 없는 사단·재단의 경우**

「법인격 없는 사단·재단」이란 법인설립등기 등을 하지 아니하여 법인격을 부여받지 못한 단체로 종친회, 동창회, 교회, 학회 등을 말한다. 비법인 사단·재단은 권리능력이 없어 당연히 절차능력이 없지만, 특허법은 예외적으로 법인이 아닌 사단 또는 재단으로서 대표자 또는 관리인이 정하여져 있는 경우에는 그 사단 또는 재단의 이름으로 출원심사의 청구인, 특허취소신청인, 심판의 청구인 및 피청구인 또는 심결의 재심의 청구인 및 피청구인이 될 수 있도록 하고 있다(法 4). 이와 같은 경우는 특허절차진행상 절차능력을 인정해 주더라도 취지상 무리가 없기 때문이다.

---

21) 국가기관의 특허에 관한 권리능력(대법원 1997.9.26. 선고 96후825 판결)
특허법에서는 특허출원의 주체가 될 수 있는 자나 당사자 능력에 관한 규정을 따로 두고 있지 않으므로 특허권과 특허법의 성질에 비추어 민법과 민사소송법에 따라 거기에서 정하고 있는 권리능력과 당사자 능력이 있는 자라야 특허출원인이나 그 심판, 소송의 당사자가 될 수 있다고 할 것인바, 이 사건 출원인인 경북대학교는 국립대학으로서 민법상의 권리능력이나 당사자 능력이 없음이 명백하므로 특허출원인이나 항고심판청구인, 상고인이 될 수 없다 할 것이다. 국가기관인 경북대학교를 통하여 국가가 출원인으로 하려는 의도였다면 "대한민국" 명의로, 그렇지 않고 그 총장 개인을 출원인으로 하려고 했을 경우에는 그 "개인" 명의로 출원과 심판청구인의 명의를 보정하여 당사자 표시를 바로잡도록 하였어야 할 것이다.

2. 행위능력(절차능력)

(1) 의 의

행위능력(行爲能力)이란 단독으로 유효한 법률행위를 할 수 있는 능력을 의미한다. 이러한 행위능력과 관련하여 민법은 적극적으로 규정하고 있지 않고, 대신 제한능력자(구 무능력자)제도를 두어 획일적으로 규정하고 있다.

(2) 특허법상 행위능력이 없는 자(제한능력자)

종전 민법에서는 행위무능력자로서 미성년자, 한정치산자, 금치산자를 두었으나, 2013년 7월 1일부터 시행된 개정 민법에서는 이를 제한능력자로서 미성년자, 피한정후견인, 피성년후견인, 피특정후견인으로 바꾸었다.

민법에서는 미성년자, 피한정후견인(구 한정치산자와 일부 유사) 또는 피성년후견인(구 금치산자와 일부 유사), 피특정후견인을 제한능력자로 규정하고 이들 제한능력자가 법률행위를 하기 위해서는 법정대리인의 동의를 얻도록 규정하거나(民法 5, 13①), 그들이 한 행위에 대하여서는 그 행위를 취소할 수 있도록 하였다(民法 10). 즉, 민법의 규정에 의한 제한능력자는 19세가 되지 않은 자(미성년자), 질병, 장애, 노령, 그 밖의 사유로 인한 정신적 제약으로 사무를 처리할 능력이 부족한 사람으로서 법원으로부터 한정후견개시의 심판을 받은 자(피한정후견인), 질병, 장애, 노령, 그 밖의 사유로 인한 정신적 제약으로 사무를 처리할 능력이 지속적으로 결여된 사람으로서 법원으로부터 성년후견개시의 심판을 받은 자(피성년후견인) 및 질병, 장애, 노령 그 밖의 사유로 인한 정신적 제약으로 일시적 후원 또는 특정한 사무에 관한 후원이 필요한 사람으로 특정후견의 심판을 받은 자(피특정후견인)가 있다.

특허법 제3조 제1항 본문에서는 "미성년자·피한정후견인 또는 피성년후견인은 법정대리인에 의하지 아니하면 특허에 관한 절차를 밟을 수 없다"라고 규정하고 있어, 제한능력자는 법정대리인에 의해서만 특허에 관한 절차를 밟을 수 있다.

특허법 제3조 제1항 단서에서는 "미성년자와 피한정후견인이 독립하여 법률행위를 할 수 있는 경우는 그러하지 아니하다"라고 규정하고 미성년자 및 피한정후견인이 법정대리인에 의하지 아니하고 직접 특허에 관한 절차를 밟을 수 있는 경우를 규정하고 있다.

이와 같은 예로서 제한능력자가 독립하여 법률행위를 할 수 있는 경우는 권리만 얻거나 의무만 면하는 행위(民法 5①), 처분이 허락된 재산의 처분행위(民法 6), 영업의 허락을 받은 경우 그 영업에 관한 행위(民法 8①), 대리행위(民法 117), 유언행위(民法 1062) 등이 있으며, 19세에 달하지 않았으나 혼인하여 성년으로 의제된 자(民法 826의2)의 행위 등이 있을 수 있다.

(3) 제한능력자의 종류

① 미성년자

민법에서는 19세가 되지 아니한 자를 미성년자로 본다. 한편 특허법은 독립하여 법률행위를 할 수 있는 경우에는 단독으로 절차를 유효하게 수행할 수 있다고 규정하고 있다. 즉, 법정대리인으로부터 허락을 얻은 특정한 영업에 관한 행위, 혼인을 한 미성년자의 행위, 법정대리인의 허락을 얻어 회사의 무한책임사원이 된 미성년자가 그 사원자격에 기하여 행위 등의 경우에는 행위능력이 인정된다.

② 피한정후견인

피한정후견인이란 질병, 장애, 노령, 그 밖의 사유로 인한 정신적 제약으로 사무를 처리할 능력이 부족한 사람으로서 가정법원으로부터 한정후견개시의 심판을 받은 자를 말한다. 본인, 배우자, 4촌 이내의 친족, 미성년후견인, 미성년후견감독인, 성년후견인, 성년후견감독인, 특정후견인, 특정후견감독인, 검사 또는 지방자치단체의 장은 한정후견개시의 심판을 청구할 수 있으며, 이러한 요건이 있으면 가정법원은 반드시 한정후견개시의 심판을 하여야 하며, 심판시에는 본인의 의사를 고려하여야 한다.

한정후견인의 동의가 필요한 법률행위를 피한정후견인이 한정후견인의 동의 없이 하였을 때에는 그 법률행위를 취소할 수 있다. 물론 동의 없이 한 행위라도 한정후견인이 추인하면 유효한 행위가 될 수 있다(民法 143). 또한, 동의가 필요한 행위에 대하여 한정후견인이 동의하지 않음으로써 피한정후견인의 이익이 침해될 염려가 있는 때에는 피한정후견인은 그 동의에 갈음하는 가정법원의 허가를 얻어 단독으로 할 수 있다(民法 13③). 다만, 일용용품의 구입 등 일상생활에 필요하고 그 대가가 과도하지 아니한 법률행위에 대하여서는 그러하지 아니하다고 명시하고 있다(民法 13④).

여기서 가정법원은 직권으로 한정후견인을 선임하도록 하였는데(民法 959의3), 종전에는 한정치산, 금치산이 선고되면 일정범위의 근친이 후견인으로 선임되었으나 생각과는 달리 이들 후견인과 이해관계가 대립하는 경우가 많았고, 배우자가 후견인이 되는 경우도 배우자와의 관계성 또는 고령의 배우자 등으로 인해 후견의 실효성에 문제가 있다는 비판에 따라 종전의 규정(民法 933~935)을 삭제하고 가정법원이 사정을 고려하여 직권으로 한정후견인을 선임하는 것으로 바꾸었다. 이때 한정후견인은 여러 명을 둘 수도 있고 법인도 한정후견인이 될 수 있도록 하였다(民法 959의5).

또한, 가정법원은 필요하다고 인정하면 직권으로 또는 일정한 자의 청구에 의하여 한정후견감독인을 선임하도록 하였다(民法 959의5). 종전에는 후견인의 감독기관으로 친족회의(民法 960~973)를 두었는데 이것이 제대로 기능을 하지 않는다는 비판에 따라 친족회의제도를 전부 삭제하고 이를 대신하여 가정법원이 성년후견감독인을 선임할 수 있는 제도로 바꾸었다. 이 후견감독인은 종전의 친족회의에서 수행하던 기능을 수행한다고 보면 된다.

③ **피성년후견인**

피성년후견인이란 질병, 장애, 노령, 그 밖의 사유로 인한 정신적 제약으로 사무를 처리할 능력이 지속적으로 결여된 사람으로서 가정법원으로부터 성년후견개시의 심판을 받은 자를 말한다. 위의 요건이 갖추어지더라도 성년후견개시의 심판을 받지 않으면 피성년후견인이 아니고, 미성년자나 피한정후견인도 성년후견개시의 심판의 대상이 된다. 본인, 배우자, 4촌 이내의 친족, 미성년후견인, 미성년후견감독인, 한정후견인, 한정후견감독인, 특정후견인, 특정후견감독인, 검사 또는 지방자치단체의 장이 성년후견개시의 심판을 청구할 수 있으며, 이러한 요건이 있으면 가정법원은 반드시 성년후견개시의 심판을 하여야 하고, 심판시에는 본인의 의사를 고려하여야 한다(民法 9).

아울러 가정법원은 직권으로, 한정후견인과 같이 성년후견개시 심판을 받은 사람에게는 성년후견인을 두도록 하였다(民法 929). 성년후견인은 피성년후견인의 법률행위에 대한 동의권을 갖지 않고 대리권과 취소권을 가질 뿐이며(民法 10), 가정법원은 피성년후견인이 단독으로 할 수 있는 법률행위의 범위를 정할 수 있고(民法 10②), 일정한 자의 청구에 의하여 그 범위를 변경할 수가 있다(民法 10③). 다만 일용용품의 구입 등 일상생활에 필요하고 그 대가가 과도하지 아니한 법률행위는 피성년후견인이 단독으로 할 수 있도록 하였다(民法 10④).

또한, 가정법원은 필요하다고 인정되면 직권으로 또는 일정한 자의 청구에 의하여 성년후견감독인을 선임하도록 하고 있다(民法 936①).

④ **피특정후견인**

피특정후견인이란 질병, 장애, 노령 그 밖의 사유로 인한 정신적 제약으로 일시적 후원 또는 특정 사무에 관한 후원이 필요한 사람으로, 가정법원으로부터 특정후견심판을 받은 자를 말한다. 본인, 배우자, 4촌 이내의 친족, 미성년후견인, 미성년후견감독인, 검사 또는 지방자치단체장의 청구에 의하여 특정후견의 심판을 하며, 본인의 의사에 반하여 할 수는 없다.

가정법원은 특정후견인의 후원을 위하여 필요한 처분을 명할 수 있다(民法 959의8). 따라서 가정법원은 기간이나 범위를 정하여 특정후견인에게 대리권을 수여하는 심판을 할 수 있고(民法 959의11①), 이 경우 특정후견인은 그 한도범위 내에서 피특정후견인의 법정대리인이 된다. 여기서 유의할 점은, 피특정후견인의 능력이 제한되지 않는다는 점에서 특정후견인은 취소권과 동의권을 갖지 않을 뿐만 아니라, 특정후견인이 대리권을 갖는 경우에도 피특정후견인은 스스로 법률행위를 할 수 있다는 점이다.[22]

또한, 가정법원은 필요하다고 인정하면 직권으로 또는 일정한 자의 청구에 의해 특정후견감독인을 선임할 수 있고(民法 959의10①), 여기에 관해서는 성년후견감독인의 내용이 준용된다(民法 959의10②, 959의12).

---

[22] 김주수·김상용, 민법, p.815 재인용, 김준호, 민법강의, 법문사, p.97

(4) 법정대리인의 추인

추인은 취소권의 포기(추인권자가 취소할 수 있는 법률행위의 상대방에 대한 의사표시)로서, 추인이 있으면 취소할 수 있는 행위는 더 이상 취소할 수 없고, 그 법률행위는 완전히 유효한 것으로 확정되어 그 효력은 최초 행위시로 소급 적용된다.[23]

특허법 제7조의2는 「행위능력 또는 법정대리권이 없거나 특허에 관한 절차를 밟음에 필요한 수권이 흠이 있는 자가 밟은 절차는 보정된 당사자나 법정대리인의 추인이 있을 때에는 행위시에 소급하여 그 효력이 발생한다」라고 규정하고 있다. 따라서 특허법상의 「추인」은 취소권의 포기라는 의미보다는 행위능력 또는 법정대리권이 없거나 특허에 관한 절차를 밟음에 필요한 수권이 흠이 있는 자가 밟은 무효절차(法 16, 法 46)를 행위개시시로 소급하여 유효한 것으로 인정하는 의사표시로 볼 수 있다.

II 대리제도

1. 대리인의 의의

대리인이란 특허출원행위 등 특허에 관한 절차에 대하여 본인[24]을 대신하여 법률행위를 하는 자를 말한다. 대리인이 본인을 위하여 출원 등의 대리행위를 한 경우 그 대리인이 행한 법률행위의 효과는 본인에게 직접 귀속된다.

특허법상의 대리제도는 민법 또는 민사소송법상의 대리제도와 흡사하지만, 특허에 관한 절차행위의 특수성을 고려하여 대리권의 불소멸제도가 있는 등 일부규정의 적용에 있어서는 상이한 점도 있다. 대리제도는 특허출원절차 이외의 특허법상의 절차행위 전반에 걸쳐 적용된다.

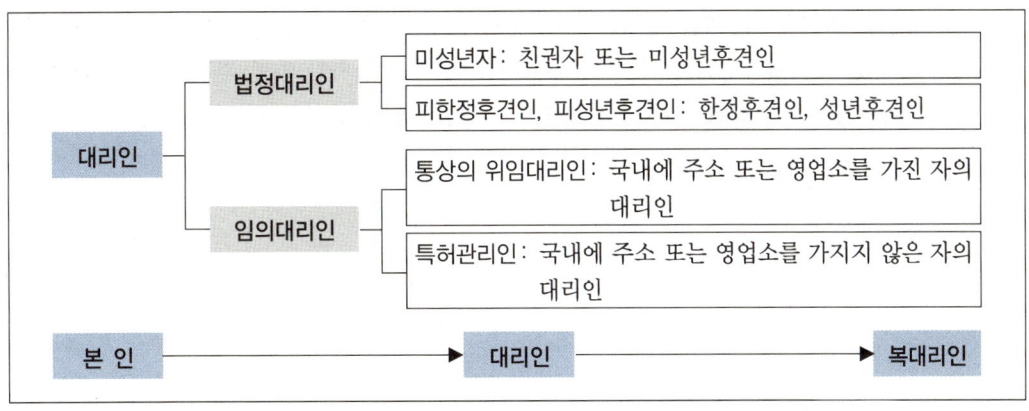

---

23) 무권대리에 의한 소송행위를 묵시적으로 추인한 것으로 본 사례(대법원 80다308)
미성년자가 직접 변호인을 선임하여 제1심의 소송수행을 하게 하였으나 제2심에 이르러서는 미성년자의 친권자인 법정대리인이 소송대리인을 선임하여 소송행위를 하면서 아무런 이의를 제기한 바 없이 제1심의 소송결과를 진술한 경우에는 무권대리에 의한 소송행위를 묵시적으로 추인된 것으로 보아야 한다.
24) 대리제도에서 '본인'이라 함은 대리인에게 대리권을 주는 자를 말한다.

2. 대리인의 종류 및 권한

특허법상의 대리인은 그 발생원인에 따라 「법정대리인」과 「임의대리인」이 있다.

(1) 법정대리인

① 의 의

법정대리인이란 본인의 의사에 의하지 아니하고 법률의 규정(民法 911) 또는 법원의 선임(民法 936 등)에 의하여 특정인과의 관계에서 대리권을 가지는 자를 말한다. 제한능력자인 미성년자에 대하여는 친권자 또는 미성년후견인이, 피한정후견인 또는 피성년후견인에 대해서는 한정후견인 또는 성년후견인이 법률의 규정에 의하여 법정대리인이 된다.

법정대리제도는 제한능력자를 보호하기 위한 것이므로 제한능력자는 특별한 경우를 제외하고는 법정대리인에 의하지 아니하고는 특허에 관한 절차를 스스로 밟을 수 없다.

따라서 제한능력자(미성년자, 피한정후견인, 피성년후견인)가 특허를 받고자 할 경우에는 본인 스스로 특허출원을 할 수 없으며, 법정대리인을 통하여서만 출원 등의 절차를 밟을 수가 있다(法 3①). 다만, 피성년후견인을 제외한 미성년자와 피한정후견인이 독립하여 법률행위를 할 수 있는 경우, 즉 권리만을 얻거나 의무만을 면하는 행위(民法 5), 법정대리인이 범위를 정하여 처분을 허락한 재산의 처분행위(民法 6), 법정대리인으로부터 허락받은 특정한 영업에 관한 행위(民法 8) 등에 있어서는 스스로 특허에 관한 절차를 밟을 수 있다(法 3①단서).

② 후견감독인의 동의

법정대리인은 법률의 범위 내에서 대리행위가 가능하므로 민법 규정이 성년후견감독인 또는 한정후견감독인의 동의를 요하는 사항에 대하여는 성년후견감독인 또는 한정후견감독인의 동의가 있어야 대리행위를 할 수 있는바, 특허법상 친권자가 아닌 후견인[25]인 법정대리인은 특허취소신청이나 심판 또는 재심청구시 후견감독인의 동의를 받아야 한다(法 3②).

---

[25] 친권자와 후견인 : 법정대리인은 친권자와 후견인으로 구별될 수 있다. 「친권자」란 미성년자인 子에 대한 친권을 행사하는 父 또는 母를 말하며(民法 911), 「후견인」이란 미성년자·피한정후견인·피성년후견인을 보호·교양하고 그 자의 행위를 대리하며 그 재산을 관리하는 사무를 담당하는 자로서, 미성년자의 경우에는 친권자가 없거나 친권자가 법률행위의 대리권 및 재산관리권을 행사할 수 없는 때에 후견인을 두어야 하며, 피한정후견인·피성년후견인의 경우에는 피한정후견인 또는 피성년후견인의 후견개시심판이 있는 때에 그 심판을 받은 자의 후견인을 두어야 한다(民法 928, 929, 959).

(2) 임의대리인

임의대리인이란 본인(출원인 등)의 위임에 의하여 대리권이 발생하는 대리인을 말한다. 임의대리인은 대리권한의 차이에 따라 다시 「통상의 위임대리인」과 「특허관리인」으로 구분된다. 임의대리인은 주로 변리사가 되지만 변리사 아닌 자도 업으로서 대리행위를 하지 아니하는 범위 내에서는 대리인이 될 수 있다.

민법 제117조는 '대리인은 행위능력을 요하지 아니한다'라고 규정함으로써 제한능력자도 타인의 임의대리인이 될 수 있음을 명시하고 있다.[26]

특허에 관한 절차는 재외자를 제외하고는 대리인에게 위임하지 아니하고 본인이 직접 밟을 수 있으나, 국제출원절차(PCT)에 있어서는 서류작성의 복잡성 등으로 인하여 본인 이외의 대리인에 의할 경우에는 법정대리인을 제외하고는 변리사를 대리인으로 하여야 한다(法 197③).[27]

① 통상의 위임대리인

㉠ 의 의

통상의 위임대리인이란 국내에 주소 또는 영업소를 가지고 있는 자(이 자를 '재내자'라 한다)로부터 특허에 관한 절차를 밟을 것을 위임받은 대리인을 말한다. 대리제도의 가장 일반적인 형태라 할 수 있는 통상의 위임 대리인은 후술하는 특허관리인의 대리권의 범위와 대부분 동일하다.

㉡ 대리권의 범위

통상의 대리인은 특허출원의 변경·포기·취하, 특허권의 존속기간의 연장등록출원의 취하, 청구의 취하, 특허권의 포기, 신청의 취하, 국내우선권주장이나 그 취하, 특허거절결정에 대한 심판청구 또는 복대리인의 선임을 하고자 할 때에는 본인으로부터 특별히 권한을 위임받아야 한다(法 6). 이러한 특별히 권한을 위임받을 사항은 위임장에 명시되어 있어야 한다.

② 특허관리인

㉠ 개념 및 입법취지

특허관리인이란 국내에 주소 또는 영업소를 가지지 아니한 자(이 자를 '재외자'라 한다)로부터 특허에 관한 절차를 밟을 것을 위임받은 대리인(국내에 주소 또는 영업소를 가지고 있는 자)을 말한다. 재외자는 원칙적으로는 특허관리인에 의하지 아니하면 특허에 관한 절차를 밟거나 특허법령에 의거 특허청이 한 처분에 대하여 소를 제기할 수 없다(法 5①). 따라서 대한민국 국민이더라도 국내에 주소 또는 영업소를 가지지 아니하는 경우에는 특허관리인에 의하여 특허에 관한 절차를 밟아야 한다. 그러나 특허청장이 특허관리인에 의하지 아니한 채 제출된 재외자의 서류를 반려하지 않고 특허에 관한 절차를 진행한 경우, 사후에 그 절차상 하자를 주장할 수 없다.[28]

---

[26] 그러나 현재의 임의대리인이 나중에 제한능력자(피성년후견인 등)가 되면 대리권은 소멸한다.
[27] PCT에 의한 국제출원에서 국제단계에서의 출원을 '국제출원'으로 부르며, 국제출원일이 인정된 국제출원으로서 특허를 받기 위하여 대한민국을 지정국으로 지정한 국제출원을 '국제특허출원'으로 부른다(法 199 참조). 여기에서 말하는 변리사 강제대리는 국제단계인 '국제출원' 절차를 말한다.

특허관리인은 재외자가 선임한 대리인이므로 임의대리인에 속하지만, 법률에 의하여 선임이 의무화되고 있다는 점에서 볼 때 특허관리인은 일종의 법정대리인에 유사한 면이 있다. 이상의 재외자의 대리인은 재내자의 대리인과 달리 그 대리권의 범위에 약간의 차이가 있는바 통상의 대리인과 구별하고자 특허관리인이란 명칭을 사용한다.

ⓛ 특허관리인의 권한

기존에는 통상의 위임에 의한 대리인은 특별히 권한을 위임받아야만 ⓐ 특허출원의 변경·포기·취하, ⓑ 존속기간연장등록출원의 취하, ⓒ 신청의 취하, ⓓ 청구의 취하, ⓔ 국내우선권주장이나 취하, ⓕ 거절결정불복심판의 청구, ⓖ 복대리인의 선임 및 ⓗ 특허권의 포기 중 어느 하나의 행위를 할 수 있도록 하는 반면(法 6), 특허관리인은 통상의 위임에 의한 대리인과 달리 포괄적인 권한을 가지며, 특별히 권한을 위임받지 않더라도 ⓐ 내지 ⓗ 중 어느 하나의 행위를 할 수 있다는 입장이었다. 그러나 2015. 1. 1. 시행되는 개정법(法律 제12753호, 2014. 6. 11. 개정)은 재외자인 본인의 특허절차에 대한 권리 보호를 강화하기 위해 특허관리인도 통상의 위임에 의한 대리인과 마찬가지로 특별히 권한을 위임받아야만 ⓐ 내지 ⓗ 중 어느 하나의 행위를 할 수 있도록 하였다.29)

다만, 재외자의 재판관할(法 13), 재외자의 특허관리인의 특례(法 206), 재외자에 대한 송달(法 220)의 측면에서 특허관리인과 통상의 위임대리인은 구별의 실익이 있다고 할 것이다.

ⓒ 재외자의 행위능력

ⓐ 행위능력범위

재외자는 국내에 체재하는 경우30)를 제외하고는 특허관리인에 의하지 아니하면 특허에 관한 절차를 밟거나 특허법 또는 특허법에 의한 명령에 의하여 행정청이 한 처분에 대하여 소를 제기할 수 없다(法 5①).

다만, 재외자가 국제특허 출원절차를 밟는 경우에는 법 제5조 제1항의 규정에도 불구하고 기준일(국내서면제출기간)까지는 대리인에 의하지 아니하고 특허출원번역문의 제출 등 특허에 관한 절차를 밟을 수 있다. 만약 이때 대리인에게 위임한다면 반드시 변리사에게 위임해야 한다(法 197③).

---

28) 대법원 23후82 판결
특허법 제5조 제1항, 특허법 시행규칙 제11조 제1항 제6호에 의하면, 재외자는 특허관리인에 의하지 아니하면 특허에 관한 절차를 밟을 수 없고, 특허청장은 재외자가 특허관리인에 의하지 아니하고 제출한 서류를 반려할 수 있다고 되어 있으나, 특허관리인제도는 특허청이 국내에 거주하지 않는 자와 직접 절차를 수행함에 따른 번잡과 절차지연을 피함으로써 원활한 절차수행이 가능하도록 하기 위함에 그 의의가 있는 점, 특허법 제5조 제1항에 의하면 재외자라 하더라도 국내에 체재하는 경우에는 직접 절차를 밟을 수 있는 점, 특허법 제62조, 제133조 제1항에는 재외자가 특허관리인에 의하지 아니하고 그 절차를 밟은 경우에 이를 특허거절사유나 특허무효사유로는 하고 있지 않은 점 등에 비추어 볼 때, 특허청장은 특허관리인에 의하지 아니한 채 제출된 서류를 반려하지 아니하고 이를 수리하여 특허에 관한 절차를 진행한 이후에는 특허법 제5조 제1항에 위반된다는 이유로 제출된 서류의 절차상 하자를 주장할 수 없다.

29) 특허관리인이라 하더라도 특허권침해소송에 있어서는 재외자를 대리할 수 없다. 침해소송에서의 소송대리인은 형사소송법이나 민사소송법이 정하는 바에 따라 선임되며, 민사소송법은 변호사를 소송대리인으로 선임하도록 하고 있다.

30) 이 경우, 특허관리인을 두고 있지 않은 재외자도 포함된다.

그러나 이 경우에도 기준일 경과 후 2개월 이내에 대리인(이때 대리인은 변리사가 아니어도 됨)을 선임하여 특허청장에게 신고하여야 하며, 그 기간 내에 선임신고가 없는 경우 그 국제특허출원은 취하된 것으로 본다(法 206).

ⓑ 재외자가 스스로 절차를 밟은 경우

재외자가 밟은 특허에 관한 절차는 법 제5조 및 동법 시행규칙 제11조 제2항의 규정에 의거 기간을 정하여 소명기회를 부여한 후 반려처분한다(재외자라도 국내 체재 중에는 직접 절차를 밟을 수 있음).

ⓒ 재내자와 재외자가 공동으로 출원절차를 밟은 경우

특허를 받을 수 있는 권리가 재내자와 재외자 간에 공유인 경우 공유자 모두가 공동으로 특허출원을 하여야 한다(法 44). 특허출원 후 재내자는 법 제11조 제1항 각 호의 어느 하나 규정된 절차(특허출원의 포기·취하 등)를 제외하고는 단독으로 특허에 관한 절차를 밟을 수 있으나, 재외자는 특허관리인을 선임하지 아니하고는 특허에 관한 절차를 밟을 수 없다. 한편, 재외자가 공동출원인인 재내자를 특허관리인으로 선정한 경우에는 재내자가 수여된 대리권의 범위에서 특허에 관한 절차를 단독으로 밟을 수 있으며, 물론 재내자와 재외자는 동일인을 대리인(특허관리인)으로 선임할 수 있다.

한편, 재내자가 대표자로 선정된 경우 재내자만이 절차를 밟을 수 있으나 법 제11조 단서 규정에 의한 특허에 관한 절차는 재외자의 동의를 얻어야 한다.

3. 대리권의 증명

(1) 의 의

대리인의 대리행위의 효과는 전부 본인에게 귀속되므로, 특허관리인을 포함하여 특허에 관한 절차를 밟은 자의 대리인의 대리권은 서면으로 증명하여야 한다(法 7).

대리권을 증명하는 서류로 법정대리인은 주민등록등초본, 법인등기부등초본 등이며, 임의대리인은 위임장 또는 기타 수권행위를 증명할 수 있는 약정서 등이 있다.

대리권을 증명하지 아니한 자가 특허에 관한 절차를 밟은 경우 특허청장, 특허심판원장 또는 심판장은 대리권을 서면으로 증명하도록 기간을 정하여 보정을 명하고, 그 보정명령이 이행되지 않을 경우에는 당해 절차를 무효로 하거나 심판청구를 각하한다(法 16, 法 141).

(2) 개별위임의 경우

특허에 관한 절차를 밟는 자가 대리인을 선임하여 그 절차를 밟고자 하는 경우에는 대리인의 선임신고서에 위임장을 첨부하여 제출하여야 한다.

다만, 특허출원·심판청구·재심청구를 하거나 심판청구·재심청구에 대한 답변을 하는 때에 특허출원서·심판청구서·재심청구서 또는 답변서에 위임장을 첨부하여 대리인이 제출하는 경우에는 선임신고서를 제출하지 아니한다(施規 5②).

(3) 포괄위임의 경우

특허에 관한 절차를 대리인에 의하여 밟는 경우에 있어서 현재 및 장래의 사건에 대하여 미리 사건을 특정하지 아니하고 포괄위임하고자 하는 경우에는 포괄위임등록신청서에 포괄위임장을 첨부하여 특허청장에게 제출하면, 특허청장은 포괄위임등록번호를 부여하고 그 번호를 포괄위임등록신청인에게 통지한다.

포괄위임등록을 한 경우에는 포괄위임등록번호를 특허청 또는 특허심판원에 제출하는 서류에 기재하여 별도의 대리권 증명서를 제출하지 아니한다. 다만, 심판(특허거절결정 또는 특허취소결정에 대한 심판은 제외)에 대하여는 포괄위임을 인정하지 아니하므로 포괄위임등록신청을 한 경우에도 개별위임의 경우를 준용한다.

4. 대리권의 불소멸

민법상 임의대리인의 대리권은 임의대리인의 사망·성년후견의 개시 또는 파산(民法 127), 본인의 사임, 본인의 해임, 기타 위임관계의 종료로 소멸한다. 그러나 특허법상 임의대리인의 대리권은 본인의 사망이나 능력의 상실, 본인인 법인의 합병에 의한 소멸, 본인인 수탁자의 신탁임무의 종료, 법정대리인의 사망이나 능력의 상실, 법정대리인의 대리권의 소멸이나 변경으로 인하여 소멸하지 아니한다(法 8). 특허에 관한 절차의 원활·확실화 및 상속인을 위해서 대리권을 소멸시키지 않는 것이 바람직하기 때문에 특허법은 절차가 중단되는 사유가 발생한다 하더라도 임의대리인이 있는 경우에는 임의대리권이 소멸되지 않고 절차가 중단되지 않도록 하고 있다(法 20).

대리권의 소멸과 불소멸사유

구 분	임의대리권	법정대리권
불소멸 사유	• 본인의 사망이나 능력의 상실[31] • 본인인 법인의 합병에 의한 소멸 • 본인인 수탁자의 신탁 임무 종료 • 법정대리인의 사망이나 능력의 상실, 대리권의 소멸이나 변경	• 본인의 능력상실 • 유언집행인의 경우 상속인의 존재가 불분명한 경우
소멸 사유	• 임의대리인의 사망, 성년후견의 개시 • 임의대리인의 파산 • 본인에 대한 사임 • 본인의 해임 • 기타 위임관계의 종료	• 본인의 사망 • 법정대리인의 사망, 파산, 성년후견의 개시 • 법정대리인의 친권 상실 • 후견인의 사임 또는 해임 등 자격상실 • 본인이 행위능력을 갖거나 회복한 때 • 법정대리인의 임무종료(상속인의 존재가 분명해진 경우)

---

[31] 민법상 임의대리인 대리권(民法 127)은 본인이 사망한 경우 대리권은 소멸한다고 규정하고 있으나 특허법상 임의대리인의 대리권은 본인이 사망하더라도 소멸되지 아니하고 존속하도록 규정하고 있다.

5. 개별대리의 원칙

특허에 관한 절차를 밟는 자의 대리인이 2인 이상이면 특허청 또는 특허심판원에 대하여 각자가 본인을 대리한다(法 9). 따라서 수인의 대리인이 있는 경우 특허청 등은 그중 하나의 대리인과 절차행위를 하더라도 그 행위는 유효하며, 서류의 송달도 수인의 대리인 중 1인에게 하면 된다. 수인의 대리인이 있으면 대리인의 행위가 서로 모순 저촉될 수 있는데, 만약 모순되는 행위가 동시에 이루어진 경우에는 어느 것도 효력을 발생하지 않으나, 때를 달리하는 경우에는 앞의 행위가 철회될 수 있는 것이면 뒤의 행위에 의하여 그 행위가 철회된 것이 되며, 앞의 행위가 철회될 수 없는 행위이면 뒤의 행위가 효력이 없게 된다.

6. 대리인의 교체 등

(1) 대리인 선임명령

특허에 관한 절차를 밟는 자가 절차를 원활히 수행할 능력이 없거나 구술심리에서 진술할 능력이 없다고 인정되는 등 그 절차를 밟는 데 적당하지 아니하다고 인정될 때에는 특허청장 또는 심판장은 대리인에 의하여 그 절차를 밟도록 명할 수 있다(法 10①).

(2) 대리인 교체명령

특허청장 또는 심판장은 대리인이 그 절차를 수행할 능력이 없다고 인정될 때에는 다른 대리인으로 바꿀 것을 명할 수 있으며, 이 경우 변리사로 하여금 대리하게 할 것을 명할 수도 있다(法 10②③).

(3) 대리인의 선임·교체명령위반의 효과

특허청장 또는 심판장이 당사자의 이익을 보호하기 위하여 무능력한 절차수행자의 교체를 명령하였음에도 불구하고 그 명령에 따르지 아니하고 종전의 자가 특허에 관한 절차를 밟는 경우에는 특허청장 또는 심판장은 그 절차를 무효로 할 수 있다(法 10④).

7. 재외자의 재판관할

재외자의 재산소재지의 특별재판관할로 민사소송법 제9조는 "대한민국에 주소가 없는 자 또는 주소를 알 수 없는 자에 대한 재산권에 관한 소는 청구의 목적 또는 담보의 목적이나 압류할 수 있는 피고의 재산소재지의 법원에 제기할 수 있다"라고 규정하고 있다.

이와 같은 취지에 따라 재외자의 특허권 또는 특허에 관한 권리(전용실시권, 통상실시권, 질권)를 대상으로 하여 소를 제기하고자 할 경우에 있어서는 특허관리인이 있을 때에는 그 특허관리인의 주소 또는 영업소의 관할법원에 제기할 수 있으며, 특허관리인이 없을 때에는 특허청 소재지의 관할법원에 제기할 수 있다(法 13).[32]

8. 복대리인

(1) 의 의

복대리라 함은 대리인이 자기의 권한 내의 행위를 행하게 하기 위하여 자기의 명의로 다시 대리인을 선임하여 본인을 대리하도록 하는 것을 말하는데, 대리인에 의해 선임된 본인의 대리인을 복대리인이라 한다.

복대리인은 대리인의 이름으로 선임되고 대리인의 지휘·감독을 받는다는 점에서 본인의 이름으로 선임되고 본인의 지휘·감독을 받는 일반적인 대리인과는 구별된다.

(2) 복대리인의 대리권의 범위

특허에 관한 절차에 대하여 복대리인을 선임하기 위해서는 법정대리인은 그 책임으로 복대리인을 선임할 수 있지만(民法 122), 그 외의 임의대리인은 복대리인을 선임할 권한을 위임받아야 하며, 복대리인의 수권범위는 대리인의 수권범위를 초과할 수 없다.

만일, 대리인이 복임권과 특별히 권한을 위임 받을 사항(法 6)을 본인으로부터 함께 위임받았다면 복대리인에게 특별수권사항에 관하여도 수권할 수 있다.

복대리인은 자기를 선임한 대리인의 대리인이 아니라 본인의 대리인이다. 따라서 복대리인은 그 권한의 범위 내에서 본인을 대리하며, 본인 및 제3자에 대하여 대리인과 동일한 권리·의무가 있다(民法 123).

---

[32] 재외자를 피고로 하는 소송의 예로는 권리침해에 대한 금지청구권 부존재확인의 소, 선사용권의 인정 등이 있다.

(3) 대리인의 사망과 복대리인의 지위

복대리인의 대리권은 대리인의 사망에 의하여 소멸하지 않는다.[33]

9. 복수당사자의 대표

(1) 서(序)

복수당사자의 대표자라 함은 2인 이상의 자가 공동으로 절차를 밟는 경우 복수 당사자 중 특정인을 선정하여 특허청에 신고된 자를 의미한다. 대표자는 2인 이상도 선정할 수 있으며, 이 경우 각자대리의 원칙이 준용된다(法 11).

(2) 복수당사자 대표자의 권한

① 복수당사자의 대표자는 본인의 지위와 타 당사자의 대표자라는 지위를 동시에 갖게 되므로 본인의 지위에서 모두를 대표하는 절차행위를 할 수 있으며 대표자로 선정한 타 당사자를 대표하여 모두를 대표하는 절차행위를 할 수 있다. 타 당사자를 대표하는 절차행위는 각각 대표가 허용되는 사항의 범위 내에서만 가능하다. 그러므로 법 제11조 제1항 각 호에 열거되어 있는 절차행위를 하고자 할 경우에는 타 당사자의 동의를 받아야 한다.

㉠ 특허출원의 변경·포기·취하 또는 특허권의 존속기간의 연장등록출원의 취하
㉡ 신청의 취하·법 제55조 제1항의 규정에 의한 우선권주장 또는 그 취하
㉢ 청구의 취하
㉣ 법 제132조의3의 규정에 의한 심판청구

② 특허출원과 심판청구절차 자체에 대하여는 법 제44조와 제139조에서 따로 규정하고 있으므로 이들 절차는 공동당사자가 함께하여야 하며, 그 이후의 절차에 대하여 각자 대표가 허용된다.

(3) 국제출원의 대표자

2인 이상의 공동으로 국제출원을 하는 경우에 출원인의 대표자가 그 출원절차를 수행할 수 있으며, 출원인이 대표자를 정하지 아니한 때에는 대한민국 국민 또는 국내에 주소나 영업소가 있는 출원인 중에 첫 번째로 기재되어 있는 자를 대표자로 지정할 수 있도록 규정하고 있다(法 197①②, 施規 106의4).

---

[33] 민법에서는 대리인의 사망으로 복대리권도 소멸하는 것으로 해석하고 있으나, 민사소송법에서는 소송의 신속·원활한 수행이라는 소송대리의 목적에 비추어 소송대리인이 사망하여도 복대리인의 대리권은 소멸하지 않는 것으로 해석한다(民訴法 96). 특허에 관한 절차는 민사소송법 규정의 취지에 따라 복대리인의 대리권은 대리인의 사망에 의하여 소멸하지 않는 것으로 해석한다.

(4) 복수당사자의 대리인

특허에 관한 절차를 밟는 자가 복수이고 그중 일부의 자만이 대리인을 선임한 경우에 당해 선임된 대리인은 특허법 제11조 제1항 각 호에 규정하는 불이익행위가 아닌 범위 내에서 단독으로 절차를 밟을 수 있다(복수당사자의 각자 대표). 즉, 일부의 자에 의해 선임된 대리인은 특허법 제11조 제1항 각 호의 경우에는 대리인을 선임하지 않은 모든 자들과 공동으로 절차를 밟아야 한다. 출원인 모두를 대리하지 않은 대리인 또는 일부의 자만이 모두가 공동으로 밟아야 할 절차를 밟은 경우 특허청장 등은 보정을 명하고 보정에 의해 절차를 밟은 자가 그 권한을 위임받았음을 입증하지 못하면 그 절차는 무효로 할 수 있다.

(5) 민사소송법의 준용

특허법 제12조는 특허법에서 대리인에 관하여 특별한 규정이 있는 것을 제외하고는 민사소송법 제1편 제2장 제4절의 규정을 준용한다고 규정하고 있다. 이는 특허법상의 대리제도가 민법상의 대리제도를 준용하는 것이 아니라 민사소송법상의 대리제도를 준용하고 있는 근거라고 말할 수 있다. 특허법에 준용되는 민사소송법의 주요내용은 소송대리인에 관계된 것으로서 다음과 같다.

① 소송대리인의 자격(民訴法 87, 88)

② 소송대리권의 증명(民訴法 89)

③ 소송대리권의 범위(民訴法 90)

④ 소송대리권의 제한(民訴法 91)

⑤ 법률에 의한 소송대리인의 권한(民訴法 92)

⑥ 개별대리의 원칙(民訴法 93)

⑦ 당사자의 경정권(民訴法 94)

⑧ 소송대리권의 불소멸(民訴法 95, 96)

⑨ 법정대리인에 관한 규정의 준용(民訴法 97) 등

이에 따라 특허에 관한 절차(출원·심사·심판절차 등)에 있어서 명시되지 아니하고 있는 대리제도의 내용은 민사소송 절차의 관계규정을 준용하고 있으며, 특허법에 명시되고 있는 내용은 특허법 규정을 우선하여 적용한다.

III 기일 및 기간

1. 기일 및 기간의 개념

(1) 기 일

기일이라 함은 일정한 시점이나 시기를 말하는데 특허법상 기일은 특허에 관한 사건처리의 필요상 심사관 또는 심판관과 당사자, 대리인이 일정한 장소에 모여 심사절차 또는 심판절차를 밟는 시기를 말한다. 기일은 미리 지정하여 통지하지만 심판장 또는 심사관은 청구 또는 직권에 의하여 기일을 편의에 따라 변경할 수 있다(法 154④).

기일은 그 목적에 따라 구두변론기일, 증거조사기일 등으로 구분하는데 이와 같은 기일은 법률에 기초하여 심사관이나 심판장이 정한다. 특허청장이나 특허심판원장은 기일변경을 할 수 없다.

(2) 기 간

기간이라 함은 어느 시점에서 다른 시점까지의 계속되는 시간을 말한다. 기간은 일정하게 계속되는 시간의 흐름을 나타내는 것인 데 비하여 기일은 특정의 시점을 가리키는 점에서 양자는 구별된다. 특허법상 기간은 당사자 또는 이해관계인이 출원·심사·심판 등과 관련한 일련의 절차를 밟을 수 있도록 주어지거나(행위기간) 또는 당사자, 이해관계인의 이익을 보호할 목적으로 어느 행위를 할 것인가에 관하여 숙고와 준비를 위해 주어진다(유예기간). 이러한 기간을 법률에서 정하고 있는지 여부에 따라 법정기간과 지정기간으로 구별하고 또 기간의 연장(지정기간의 경우 단축도 가능)이 가능한지 여부에 따라 불변기간과 가변기간으로 구별한다.

2. 기 간

(1) 법정기간

「법정기간」이라 함은 특허권에 관한 법률 또는 이에 근거한 명령으로 정한 기간을 말한다. 이러한 법정기간[34]은 원칙적으로 기간의 연장이 불가능한 불변기간이나, 거절결정 또는 특허권 존속기간 연장등록 거절결정불복심판청구기간(法 132의3)의 경우는 예외이다. 즉, 특허청장 또는 특허심판원장은 청구에 따라 또는 직권으로 제132조의3에 따른 심판의 청구기간을 1회에 한하여 30일 이내에서 연장할 수 있다. 다만, 도서·벽지 등 교통이 불편한 지역에 있는 자의 경우에는 그 횟수 및 기간을 추가로 연장할 수 있다(法 15①).

---

[34] 예를 들면, 공지 등이 되지 아니한 발명으로 보는 경우의 증명서류제출기간(法 30②), 특허출원의 심사청구기간(法 59②), 출원공개시기(法 64①), 등록공고기간(法 87③), 특허권의 존속기간(法 88①) 등이 법정기간이다.

(2) 지정기간

「지정기간」35)이라 함은 출원·청구 기타의 절차를 밟은 자에 대하여 특허청장·심판원장, 심판장 또는 심사관이 특허권에 관한 법률 또는 이에 근거한 명령에 근거하여 발하는 지시에서 정한 기간으로서, 지정기간은 가변기간이다.

(3) 부가기간36)

심결 등에 대한 취소소송의 제소기간이 불변기간임에도 불구하고 원격 또는 교통이 불편한 지역에 있는 자를 위하여 심판장이 직권으로 부가기간을 정할 수 있도록 하여 심결취소소송을 제기하는 자의 편의를 도모하고 있다(法 186⑤).

법정가변기간과 부가기간은 사실상 법정기간이 연장된다는 점에서 공통적 성격을 가지나 현행법상 인정주체, 즉 전자는 특허청장 및 특허심판원장이나 후자는 심판장이며 전자는 직권 또는 당사자의 청구에 의하여 인정되나 후자는 직권의 경우에만 인정된다는 점에서 구별이 됨을 유의하여야 한다.

■ 법정기간의 연장과 부가기간의 비교

구 분	법정기간의 연장(法 15①)	부가기간(法 186⑤)
주 체	• 특허청장 • 심판원장	심판장
대 상	거절결정 또는 존속기간연장등록거절결정 불복심판(法 132의3)	심결취소의 소 제기기간(심결 또는 결정등본 송달일로부터 30일 이내)
방 법	신청 또는 직권	직권
사 유	1회 연장은 사유 무관 (단, 도서·벽지 등 교통이 불편한 지역에 있는 자의 경우에는 그 횟수 및 기간을 추가로 연장)	교통이 불편한 지역에 있는 자

---

35) 예를 들면, 동일출원의 협의명령기간(法 36⑥), 절차의 보정기간(法 46), 의견서 제출기간(法 63), 심판청구 보정기간(法 141①) 등이 지정기간이다.

36) 「부가기간」이란 본래의 기간 이외에 별도의 기간을 더 주는 것을 말하는 것으로 본래의 기간을 늘려주는 「기간의 연장」과는 구별된다. 현행 특허법상 부가기간은 이것 하나(法 186⑤)밖에 없다.

3. 기간의 계산

기간의 계산은 특허법에서 정한 경우를 제외하고는 민법을 준용한다. 특허법 제14조는 기간의 계산에 대하여 다음과 같이 규정하고 있다.

(1) 기간의 첫날은 계산에 넣지 아니한다. 다만, 기간이 오전 0시부터 시작하는 때에는 그러하지 아니한다.

(2) 기간을 월 또는 년으로 정한 때에는 역에 의하여 계산한다.

기간의 계산방법에는 자연적 계산방법과 역법적 계산방법의 두 가지가 있다. 전자는 순간에서 순간까지 계산하는 방법으로서 정확하지만 불편하고, 후자는 역(曆)에 따라 계산하는 방법으로서 편하지만 부정확하다. 특허법 제14조 제2호에서 "기간을 월 또는 연으로 정한 때에는 역에 의하여 계산한다"라고 하여 장기간(년, 월)에 대해서는 역법적 계산방법, 단기간(주, 일)에 대해서는 자연적 계산방법에 의함을 명시하고 있다. 한편, 기간계산과 관련하여 필요한 부분은 민법의 규정(民法 155 내지 161)[37]을 보충적으로 적용한다.

자연적 계산방법과 역법적 계산방법의 구체적인 예

최초일 (단, 0시부터 시작 안함)	자연적 계산방법 (30일)	역법적 계산방법 (1월)	비 고
9월 29일	10월 29일	10월 29일	• 자연적 계산방법: 정확하나 불편함. • 역법적 계산방법: 부정확하나 편리함.
9월 30일	10월 30일	10월 31일	
10월 2일	11월 1일	11월 2일	

---

[37] 민법 제155조 내지 제161조는 다음과 같다.
제155조 【본장의 적용범위】 기간의 계산은 법령, 재판상의 처분 또는 법률행위에 다른 정한 바가 없으면 본장의 규정에 의한다.
제156조 【기간의 기산점】 기간을 시, 분, 초로 정한 때에는 즉시로부터 기산한다.
제157조 【기간의 기산점】 기간을 일, 주, 월 또는 년으로 정한 때에는 기간의 초일을 산입하지 아니한다. 그러나 그 기간이 오전 0시로부터 시작하는 때에는 그러하지 아니한다.
제158조 【연령의 기산점】 연령계산에는 출생일을 산입한다.
제159조 【기간의 만료점】 기간을 일, 주, 월 또는 년으로 정한 때에는 기간 말일의 종료로 기간이 만료한다.
제160조 【역에 의한 계산】 ① 기간을 주, 월 또는 년으로 정한 때에는 역에 의하여 계산한다.
② 주, 월 또는 년의 처음으로부터 기간을 기산하지 아니한 때에는 최후의 주, 월 또는 년에서 그 기산일에 해당한 날의 전일로 기간이 만료한다.
③ 월 또는 년으로 정한 경우에 최종의 월에 해당일이 없는 때에는 그 월의 말일로 기간이 만료한다.

(3) 월 또는 년의 처음부터 기간을 기산하지 아니한 때에는 최후의 월 또는 년에서 그 기산일에 해당하는 날의 전일로 기간이 만료한다. 다만, 월 또는 년으로 정한 경우에 최종의 월에 해당일이 없을 때에는 그 월의 마지막 날로 기간이 만료한다.

■ 기간계산의 구체적인 예

예1 기간연장일이 月 또는 年의 첫날이 아닌 경우 및 月 또는 年의 첫날인 경우 기간을 기산하는 경우

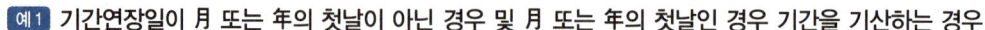
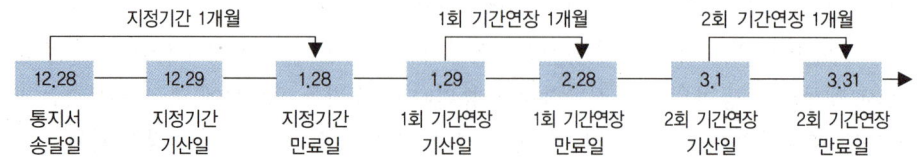

기간을 월 또는 년의 처음부터 기간을 기산하지 아니하는 때에는 최후의 월 또는 년에서 그 기산일에 해당하는 날의 전일로 기간이 만료한다(지정기간 만료일). 또한 기간연장 기산일이 월 또는 년의 첫날부터 기산한 때에는 최후의 월 또는 년의 마지막 날로 기간이 만료한다(2회의 기간연장 만료일).

예2 최종월에 해당일이 없는 경우

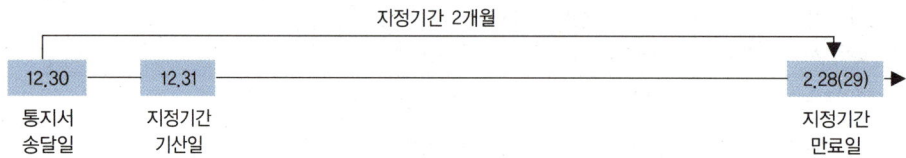

특허법상 기간의 계산에 있어서 첫날을 계산에 넣지 아니한다. 다만, 기간의 시작이 오전 0시부터 시작한 경우에는 기산일이 다음 날부터 시작하는 것이 아니라 첫날부터 시작한다. 상기 예에서 통지서 발송을 12. 30. 오전 0시에 한 경우에는 기간의 기산일은 12. 30이 되고 0시부터 시작하지 않은 경우에는 기산일이 12. 31이 된다. 또한 최종월에는 해당일이 없는 경우 그 월의 마지막 날로 기간이 만료한다. 즉, 상기 예에서 2. 30이 없으므로 2월의 마지막 날인 2. 28(2. 29까지 있는 경우에는 2. 29)로 지정기간이 만료한다.

(4) 기간의 마지막 날이 공휴일(근로자의 날 및 토요일 포함)에 해당될 때에는 기간은 그 다음 날로 만료한다. 이 규정은 특허에 관한 「절차」의 기간에 대해서만 적용되므로 특허에 관한 「권리」의 기간(특허권의 존속기간)은 다음 날로 연장되지 않고 원래의 해당일로 끝난다. 이는 특허에 관한 절차를 밟는 자의 편의를 고려한 것이다.

또한, 특허에 관한 절차가 아닌 법정기간이나 지정기간은 원래의 해당일에 끝난다. 기간의 마지막 날이 공휴일이라 하더라도 기간의 마지막 날은 그 다음 날로 연장되지 않는다.

■ 기간계산의 구체적인 예

지정기간 만료일이 공휴일인 경우로 기간연장하는 경우

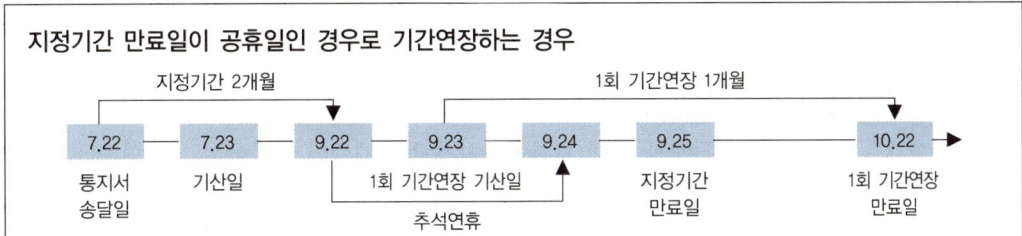

특허에 관한 절차에 있어서 기간의 마지막 날이 공휴일인 경우에는 기간은 그 다음 날로 만료한다. 따라서 상기 예에서 기간연장이 없었다면 기간은 9. 25로 만료된다. 그러나 기간의 기산일이 공휴일인 경우라도 기간의 기산일은 공휴일부터 시작된다. 따라서 기간연장의 만료일은 10. 22이 된다. 또한 상기 예에서 지정기간 만료일이 9. 25로 된 경우 9. 25까지 지정기간 연장 신청을 할 수 있으나 신청이 비록 9. 25에 있었다 하더라도 기간연장의 기산일은 9. 23이 되고 기간연장 만료일은 10. 22이 된다.

4. 기간의 연장 및 기일의 변경

(1) 기간의 연장

① 법정기간

특허청장 또는 특허심판원장은 청구에 따라 또는 직권으로 제132조의3에 따른 심판의 청구기간을 30일 이내에서 한 차례만 연장할 수 있다. 다만, 도서·벽지 등 교통이 불편한 지역에 있는 자의 경우에는 산업통상자원부령으로 정하는 바에 따라 그 횟수 및 기간을 추가로 연장할 수 있다(法 15①).

② 지정기간

「특허청장·특허심판원장·심판장 또는 심사관」은 특허에 관한 절차를 밟을 기간을 정한 때에는 청구에 따라 그 기간을 단축 또는 연장하거나 또는 직권으로 지정기간을 연장할 수 있다. 이 경우 특허청장은 해당 절차의 이해관계인의 이익이 부당하게 침해되지 않도록 단축 또는 연장 여부를 결정하여야 한다(法 15②). 이 규정은 종전 법과는 달리 2007년 7월 1일부터 시행된 개정법률에 의해 지정기간의 단축도 인정하고 있다. 예를 들어, 거절이유통지에 대한 의견제출기간은 2개월인데, 단순한 기재불비 등의 거절이유에 대해 2개월이 경과한 후에 심사관이 실체심사를 진행하는 것은 조기에 권리를 확보하고자 하는 출원인의 의사에 반하기 때문에 이 경우 출원인의 신청에 의해 의견제출기간을 단축할 수 있도록 하고 있다.

지정기간 중 실체심사와 관련된 지정기간은 2개월이나 최대 4개월까지 자동연장(총 6개월)할 수 있으며, 4개월을 초과하여 연장신청이 된 경우는 소명사항이 초과기간 인정사유에 해당하는지를 심사관이 판단하여 인정 여부를 결정하도록 하고 있다. 방식심사와 관련된 지정기간연장은 매회 1개월을 초과할 수 없고 2회까지 연장할 수 있음을 원칙으로 하고 있다.

③ **연장절차**

법정기간의 연장 또는 지정기간의 연장(단축)을 받고자 하는 자는 본래의 기간이 만료되기 이전에 특허법 시행규칙이 정하는 기간연장신청서 및 일정액의 수수료를 납부하여 특허청장 등에게 제출하여야 한다(施規 16②).

법정기간 또는 지정기간 경과 후에 기간연장신청서가 제출된 경우에는 기간연장을 승인하지 아니하고 반려한다. 이 경우 수수료는 반환한다.

■ 기간연장 및 기일변경의 비교

구 분		법정기간의 연장 (法 15①)	지정기간의 연장·단축 (法 15②)	지정기일의 변경 (法 15③)
성 격		재량행위		
요건	주체	• 특허청장, 심판원장 • 청구 또는 직권	• 특허청장, 특허심판원장, 심판장, 심사관 • 단축은 청구에 의하나, 연장은 청구 또는 직권에 의해 모두 가능	• 심판장, 심사관 • 청구 또는 직권
	대상	거절결정 또는 존속기간연장등록 거절결정불복심판청구기간(法 132의3)	모든 지정기간	모든 지정기일
효과		30일 이내 한 차례에 한해 기간의 연장(단, 도서·벽지 등 교통이 불편한 지역에 있는 자의 경우에는 산업통상자원부령으로 정하는 바에 따라 그 횟수 및 기간을 추가로 연장 가능)	기간의 단축 또는 연장 (단, 이해관계인의 이익이 부당하게 침해 되지 않도록 해야 함)	기일을 변경

(2) 기일의 변경

심판장 또는 심사관은 특허에 관한 절차를 밟을 기일을 정한 때에는 출원인, 청구인 등의 청구에 의하여 또는 직권으로 그 기일을 변경[38]할 수 있다(法 15③).

---

[38] 특허청장 또는 특허심판원장은 기일을 변경할 수 없다.

5. 기간의 해태와 절차의 추완

(1) 기간의 해태

① **기간의 해태에 대한 취급**

「기간의 해태」라 함은 당사자 기타 이해관계인이 소정의 절차를 밟지 아니하고 기간을 경과한 것, 즉 기간의 불준수를 의미한다. 특허에 관한 절차를 밟는 자가 기간을 해태한 경우에는 원칙적으로 그 절차를 밟을 수 없으며 그 절차를 해태함으로써 발생하는 불이익을 감수하여야 한다. 예를 들어, 특허청장 또는 심판원장의 보정명령을 받은 자가 지정된 기간 이내에 보정을 하지 아니한 경우에는 그 특허에 관한 절차를 무효로 할 수 있고, 심사관의 의견제출기회를 받은 출원인이 의견서를 제출하지 않는 경우 심사관은 출원에 대해 거절결정을 할 수 있으며, 법정기간을 경과하여 심판청구를 하는 경우 심판관합의체는 피청구인에게 답변서 제출기회도 주지 아니하고 심판청구를 심결로써 각하할 수 있다.

② **구제방법**

㉠ 무효처분의 취소

특허청장 또는 특허심판원장은 절차의 보정명령을 받은 자가 지정된 기간 내에 그 보정을 하지 아니하여 특허에 관한 절차가 무효로 된 경우로서 지정된 기간을 지키지 못한 것이 보정명령을 받은 자가 책임질 수 없는 사유[39]에 의한 것으로 인정되는 때에는 그 사유가 소멸한 날부터 2개월 이내에 보정명령을 받은 자의 청구에 의해 그 무효처분을 취소할 수 있다. 다만, 지정된 기간의 만료일부터 1년이 지났을 때에는 그러하지 아니하다(法 16②). 절차의 보정명령을 받은 자가 무효처분을 취소받고자 하는 경우에는 기간해태면제신청서에 해태사유를 증명할 수 있는 서류를 첨부하여 특허청장 또는 심판원장에게 제출하여야 한다(施規 17).

특허청장 또는 심판원장은 무효처분을 취소한 경우 보정명령을 받은 자에게 처분통지서를 송달하여야 한다(法 16③).

---

[39] '책임질 수 없는 사유'의 의미
책임질 수 없는 사유란 천재지변보다 더 넓은 개념으로 출원인이 일반적으로 하여야 할 주의를 다하였음에도 그 기간을 준수하지 못했던 경우를 포함하는 개념임(대법원 99다9622, 2005다14465, 특허법원 2006허978).
유사 입법례인 민사소송법의 관련 판례 등을 참고하면 책임질 수 없는 사유란
• 천재지변에 의한 교통·통신의 두절로 우편물의 배달지연
• 소송서류전달의 잘못(예 집배원으로부터 우편물의 전달을 부탁받은 자가 당사자에게 전달하지 않는 경우 등)
• 무권대리인이 소송을 수행하고 판결정본을 송달받는 때 등이 있음.

ⓛ 추후보완

「추후보완」이란 기간을 경과하여 절차를 밟았지만 기간 내의 절차를 밟은 것으로 간주해 주는 것을 말한다. 즉, 특허에 관한 절차를 밟은 자가 책임질 수 없는 사유로 인하여 제132조의3의 규정에 의한 특허거절결정, 또는 특허권 존속기간 연장등록출원의 거절결정에 대한 심판의 청구기간, 제180조 제1항의 규정에 의한 재심의 청구기간을 준수할 수 없을 때에 한하여 그 사유(천재 등)가 소멸한 날로부터 14일 이내에 지키지 못한 절차를 추완할 수 있다. 다만, 그 기간(심판의 청구기간 등)의 만료일로부터 1년이 지났을 때에는 그러하지 아니하다(法 187).

절차의 추완을 받고자 하는 자는 기간해태면제신청서에 그 사유를 증명하는 서류를 첨부하여 특허심판원장에게 제출하여야 한다(施規 17). 적법하게 추후보완을 하면 법정기간을 해태하지 않은 것과 같이 취급한다.

ⓒ 특허출원의 회복

ⓐ 특허출원인이 책임질 수 없는 사유로 다음의 어느 하나에 해당하는 기간을 지키지 못하여 특허출원이 취하되거나 특허거절결정이 확정된 것으로 인정되는 경우에는 그 사유가 소멸한 날부터 2개월 이내에 출원심사의 청구 또는 재심사의 청구를 할 수 있다. 다만, 그 기간의 만료일부터 1년이 지난 때에는 그러하지 아니하다(法 67의3①).

ⅰ) 법 제59조 제2항 또는 제3항에 따라 출원심사의 청구를 할 수 있는 기간

ⅱ) 법 제67조의2 제1항에 따라 재심사의 청구를 할 수 있는 기간

ⓑ 이와 같이, 출원심사의 청구나 재심사의 청구가 있는 경우에는 그 특허출원은 취하되지 아니한 것으로 보거나 특허거절결정이 확정되지 아니한 것으로 본다(法 67의3②).

Ⅳ 특허출원 등에 관한 절차일반

1. 특허에 관한 서류의 제출

(1) 의 의

특허출원인이나 대리인은 특허법에서 정하고 있는 형식에 맞추어 적절한 절차에 따라 모든 서류를 특허청에 제출해야 한다.

「서류제출방식」에는 서면에 의한 제출과 전자문서에 의한 제출이 있다. 다만, 전자문서에 의한 서류의 제출도 서면에 의한 서류의 제출과 동일한 효과가 발생하기 때문에 광의의 서면주의는 전자문서에 의한 제출까지 포함하는 개념이다.

특허에 관한 절차를 밟는 자는 특허청으로부터 고유의 식별번호, 즉 고유번호를 부여받아 제출하고자 하는 서류에 그 고유번호를 기재하고 날인(전자문서의 경우에는 전자서명을 말한다)하여야 한다. 다만, 고유번호가 없는 경우에는 출원인 또는 대리인의 주소(법인의 경우에는 그 명칭 및 영업소의 소재지)를 기재하고 서명 또는 날인하여야 한다(施規 2).

▶ 특허출원 포함한 특허에 관한 절차
고유번호 부여(法 28의2) ⇨ 서류작성 ⇨ 특허청에 서류 제출(法 28, 28의3, 28의4) ⇨ 방식심사(法 16, 施規 11) ⇨ 결과통보[송달](法 28의5, 218~220)

(2) 절차상의 일반원칙

① **서면주의**

특허 등의 산업재산권을 등록받기 위해서는 특허청에 권리를 취득하겠다는 의사표시를 하여야 한다. 이 경우에 의사표시는 구두가 아닌 서면으로 하여야 한다.

출원서, 명세서, 도면 등의 특허출원서류는 소정의 양식으로 작성한 서면에 의하지 않으면 안된다. 특히 1건 1통주의라 하여 특허청에 제출하는 모든 서류는 1건마다 별도의 서면으로 작성하여야 하며, 서면은 법령에서 정하는 양식에 따라 작성하여야 하는 양식주의를 취하고 있다. 서면주의는 발명이 갖는 기술적 사상의 명확한 구현과 권리 명확화에 유리하다는 판단에 따른 것이라 하겠다. 구두에 의한 설명이나 발명품 등의 제출에 의하여 서면의 제출을 생략하거나 할 수는 없다.

서면주의에 대한 예외도 있다. 미생물을 이용한 발명을 출원하고자 할 때에는 미생물을 기탁하고 명세서에 당해 미생물의 수탁번호, 기탁기관의 명칭, 수탁연월일을 기재하도록 하여 서면주의를 보완하고 있다. 또한 심사·심판의 심리에 참고하기 위하여 실물견본이나 모형을 제출하거나 심판에서의 구두심리도 서면주의에 대한 예외가 된다.

특허청 또는 특허심판원에 제출하는 서면은 법령에 특별한 규정이 있는 경우를 제외하고는 1건마다 작성하여야 한다. 또한 법령에 특별한 규정이 있는 경우를 제외하고는 특허청장 또는 특허심판원장을 수신인으로 하여 제출하여야 한다(施規 2, 3). 1건마다 작성되지 아니한 서류는 수리되지 않는다(施規 11①1).

② 국어주의

특허출원서 등 특허에 관한 절차서류는 국어로 작성하여야 한다. 국어로 기재되지 않은 특허출원서류 등은 수리되지 않는다(施規 11①4)(단, 외국어특허출원, 위임장, 국적증명서, 우선권 주장에 관한 서류는 제외).

③ 양식주의

특허출원은 특허법령이 정하는 양식(일정한 형식)에 따라야 한다. 특허출원시에 적용되는 양식은 특허법, 동법 시행령 및 동법 시행규칙 등에 구체적으로 규정되어 있다.

이러한 양식주의는 특허에 관한 절차 일반에 적용되는 원리도 된다. 특허법령상의 양식에 적합하지 않은 출원 등은 특허청장 등으로부터 보정지시를 받게 되며 불이행시 당해 절차가 무효 또는 각하될 수 있다(法 16, 141).

④ 수수료 납부주의

특허출원 등을 하는 자는 수수료(출원료, 심사청구료, 심판청구료, 보정료 등)를 내야 한다.[40]

출원료 등의 수수료, 특허료 및 등록료를 납부하고자 하는 자는 특허청으로부터 먼저 당해 서류에 대한 접수번호를 부여받은 후 그 접수번호를 「납부자 번호」로 하여 접수번호를 부여받은 날의 다음 날까지 해당 요금을 은행에 내야 한다(징수규칙 8①).

특허출원 등의 절차를 밟는 자가 해당 수수료를 납부하지 않거나, 부족납부한 경우에는 특허청장으로부터 보정명령을 받게 되며 이행하지 아니할 경우 당해 절차가 무효될 수 있다(法 16).

⑤ 도달주의

서류제출의 효력발생시기에 대하여서는 「도달주의」와 「발신주의」가 있다. 우리 특허법은 「도달주의」를 원칙으로 하고 있으며, 우편으로 출원서, 청구서 등을 제출할 경우에는 「발신주의」를 취하고 있다. 상세한 설명은 「서류제출의 효력발생시기」편에 설명토록 하겠다.

⑥ 1발명 1특허출원의 원칙

특허법 제45조 제1항에서는 "특허출원은 1발명을 1특허출원으로 한다. 다만, 하나의 총괄적 발명의 개념을 형성하는 1군의 발명에 대하여 1특허출원으로 할 수 있다"라고 규정하고 있다.

---

[40] 여기서 '수수료'란 특허에 관한 출원·청구 기타 절차를 밟는 자로부터 징수하는 것으로 국가의 서비스제공에 대한 반대급부 또는 보수를 말하며, 개개의 특정 이용자로부터 징수하는 것이 일반조세와 다른 점이다. 국가가 출원료, 심사청구료 등의 수수료를 징수하는 취지는 국가의 서비스제공에 대한 반대급부로서 수익자부담의 원칙에 의거하여 당해 업무의 난이도에 따라 징수하는 것이다.

(3) 서류제출절차
① 고유번호의 부여신청
㉠ 의 의
특허에 관하여 절차를 밟는 자는 특허청으로부터 고유의 식별번호, 즉 고유번호를 부여받게 되며, 이를 제출서류에 기재하면 주소를 기재하지 않아도 된다. 한편, 이러한 고유번호의 부여 및 기재는 전자문서에 의한 제출뿐만 아니라 서면에 의한 제출에도 적용된다. 이러한 '고유번호'는 동일인에 대하여 1개만 부여된다.
㉡ 고유번호의 부여방법
ⓐ 신청에 의한 부여
특허에 관한 절차를 밟는 자는 이미 고유번호를 부여받은 자를 제외하고는 특허청 또는 특허심판원에 자신의 고유번호의 부여를 신청하여야 한다(法 28의2①, 施規 9①). 이 경우 고유번호의 부여를 신청하고자 하는 자는 소정양식의 고유번호 부여신청서를 특허청장에게 제출하여야 한다(施規 9②). 특허청장 또는 심판원장은 고유번호 부여의 신청이 있는 경우에 신청인의 고유번호를 부여하고 이를 통지하여야 한다(法 28의2②).

▶ 특허에 관하여 절차를 밟는 자
1. 출원인
2. 특허를 받을 수 있는 권리의 승계인
3. 심사청구인
4. 정정청구인
5. 우선심사신청인
6. 특허출원에 대한 정보제공인
7. 심판청구인·심판피청구인 및 심판참가인
8. 특허권자
9. 전용실시권자 또는 통상실시권자
10. 질권자

ⓑ 직권에 의한 부여
특허청장 또는 특허심판원장은 특허에 관한 절차를 밟는 자가 고유번호의 부여신청을 아니하는 경우에는 직권으로 고유번호를 부여하고 이를 통지하여야 한다(法 28의2③).
② 전자문서에 의한 제출
㉠ 의 의
전자문서란 특허에 관한 절차를 밟는 자가 특허청 또는 국제사무국에서 제공하는 소프트웨어 또는 특허청 홈페이지를 이용하여 작성한 서류를 온라인 제출하거나 전자적 기록매체에 수록하여 제출하는 서류, 특허청장 또는 특허심판원장이 정보통신망을 이용하여 특허출원인·심판청구인, 그 밖에 특허에 관한 절차를 밟는 자에게 통지 또는 송달하는 서류를 말한다(施規 1의2).
이러한 전자문서의 이용은 특허청을 직접 왕래하지 아니하고 서류를 수발할 수 있다는 점에서 시간적·경제적 이익을 얻을 수 있으며, 종이 없는 행정이 가능하게 되었다.

ⓛ 전자문서로 제출할 수 있는 서류

특허청장 또는 특허심판원장에게 전자문서로 제출할 수 있는 서류는 전자문서 첨부서류 등 물건제출서, 특허증 정정발급신청서, 조약 제2조(ⅶ)의 규정에 따른 국제출원 관련서류 중 규칙 제9조의2 제1항 제5호에 규정된 서류, 법 제214조 제1항의 규정에 의한 결정신청서, 전자화내용 정정신청서를 제외한 서류가 해당된다(法 28의3④, 施規 9의2①).

다만, 특허법 시행령 제11조(국방관련 특허출원의 비밀분류기준)의 규정에 의하여 분류기준에 해당하는 국방관련 특허출원의 경우에는 보안유지 요청의 해제통지를 받거나 비밀에서의 해제통지를 받은 경우를 제외하고는 전자문서로 제출할 수 없다(施規 9의2③).

ⓒ 전자문서 이용절차

ⓐ 전자문서의 이용신고 및 전자서명

전자문서에 의하여 특허에 관한 절차를 밟고자 하는 자는 미리 특허청장 또는 특허심판원장에게 전자문서 이용신고를 하여야 하며, 특허청 또는 특허심판원에 제출하는 전자문서에 제출인을 식별할 수 있도록 전자서명을 하여야 한다(法 28의4①). 이 경우 제출된 당해 전자문서는 그 전자서명을 한 자가 제출한 것으로 본다(法 28의4②).

ⓑ 전자문서에 의한 출원의 종류

정보통신망을 이용하여 제출하는 온라인 출원과 전자적 기록매체에 수록하여 제출하는 전자적 기록매체를 이용한 출원이 있다.

ⅰ) 온라인(On-Line)에 의한 제출방법

전자문서는 특허청에서 제공하는 소프트웨어 또는 특허청 홈페이지를 이용하여 전자서명을 하여 제출하여야 한다. 다만, 국제출원의 경우에는 국제사무국에서 제공하는 소프트웨어를 이용하여 「특허협력조약 시행세칙」에 따른 전자서명을 하여 제출하여야 한다(施規 9의4①). 온라인 제출을 하려는 자는 전자서명에 필요한 인증서를 사용하여 제출하여야 한다(施規 9의6). 한편, 전자문서를 제출하고자 하는 자가 그 전자문서를 기한 전에 정보통신망을 이용하여 발송하였으나 정보통신망의 장애, 특허청이 사용하는 컴퓨터 또는 관련장치의 장애(정보통신망, 특허청이 사용하는 컴퓨터 또는 관련장치의 유지·보수를 위하여 그 사용을 일시 중단한 경우로서 특허청장이 사전에 공지한 경우에는 이를 장애로 보지 아니한다)로 인하여 기한 내에 제출할 수 없었던 경우에는 그 장애가 제거된 날의 다음 날에 그 기한이 도래한 것으로 본다(施規 9의4③).

ⅱ) 전자적 기록매체에 의한 제출방법

전자문서를 전자적 기록매체에 수록하여 제출하는 경우에는 「전자적 기록매체 제출서」와 전자문서를 수록한 「전자적 기록매체」를 함께 제출하여야 한다(施規 9의4②).

ⅲ) 첨부서류의 제출방법 등

특허에 관한 서류제출(국제출원에 관한 절차를 제외한다)을 온라인으로 하는 자가 온라인 제출시에 첨부하지 아니한 서류는 온라인 제출 접수번호를 확인한 날로부터 3일 이내에 「전자문서 첨부서류 제출서」에 이를 첨부하여 서면으로 제출하여야 한다(施規 9의5).[41]

서류제출을 「전자적 기록매체」에 의하여 하는 경우에 있어서는 전자적 기록매체에 수록하여 제출할 수 없었던 서류는 「전자적 기록매체 제출서」에 첨부하여 제출하여야 한다(施規 9의4②).

전자문서로 서류를 제출하는 첨부서류는 전자적 이미지로 작성(원본을 스캐닝한 것 등)하여 제출할 수 있다. 이 경우 제출된 전자적 이미지의 첨부서류가 판독이 곤란하여 내용확인이 필요하다고 인정되는 경우 특허청장·특허심판원장 또는 심판장은 출원인 등 또는 대리인에게 서면으로 제출하도록 명할 수 있다(施規 3의2).

ⓒ 동시제출의 특례

법령의 규정에 의하여 하도록 되어 있는 2 이상의 절차를 온라인제출로 하는 경우에는 연속하여 입력하여야 하고, 동시에 하도록 되어 있는 2 이상의 절차 중에 하나의 절차를 온라인 제출로 하고 나머지 절차를 전자적 기록매체 또는 서면으로 제출하는 경우에는 해당절차를 같은 날에 하여야 한다(施規 9의7).

ⓓ 수수료 등의 납부

특허료, 수수료 등은 그 접수번호를 부여받아 그 다음 날까지 내야 하며, 접수번호를 부여받은 다음 날이 경과하여 납부한 특허료 등은 반환되므로, 다시 접수번호를 부여받아 내야 한다(徵收規則 8).

㉣ 전자문서 출원의 효과

ⓐ 적법하게 제출된 전자문서의 효력

온라인이나 전자적 기록매체로 제출된 전자문서는 특허법에 의해 제출된 서류와 동일한 효력을 가지며(法 28의3②), 제출된 전자문서는 문서의 출원인이 전산망을 통하여 접수번호를 확인한 때에 특허청 또는 특허심판원에서 사용하는 접수용 전산정보처리조직의 파일에 기록된 내용으로 접수된 것으로 본다(法 28의3③).

ⓑ 부적법하게 제출된 전자문서의 효력

특허청장, 특허심판원장은 특허청에서 배포한 소프트웨어로 작성되지 않은 경우, 전산정보처리조직에서 처리가 불가능한 형태로 접수된 경우, 전자적 이미지의 첨부서류가 판독이 곤란하여 해당 서류를 서면으로 제출하라는 명령을 받고 이를 기간 내에 제출하지 아니한 경우에는 출원인 등에게 소명기회를 주고 소명하지 않거나 소명이 적법하지 않은 경우 불수리한다(施規 11).

---

41) 첨부서류의 유형으로는 다음과 같은 것이 있다[방식심사지침서, 특허청(2006), p.26~27].
- 승계인임을 증명하는 서류(施規 7①)
- 대리인의 선임 등(施規 5)
- 복수당사자의 대표자 선정신고(施規 6)
- 국적증명서(施規 8)
- 제3자의 허가 등에 관한 증명(施規 7②)
- 포괄위임(施規 5의2)
- 법인증명 또는 법인국적증명(施規 8①)
- 기타 첨부서류(施規 8②)

⑩ 정보통신망에 의한 통지 및 송달
　　　　ⓐ 대 상
　　　　　전자문서 이용신고를 한 자 중 전자문서로 통지 또는 송달을 받고자 하는 자에 대하여는 법령에 특별한 규정이 있는 경우를 제외하고 모든 서류를 온라인을 이용하여 통지 또는 송달할 수 있다(施規 9의8).
　　　　ⓑ 효 력
　　　　　특허청장·특허심판원장·심판장·심판관 또는 심사관은 제28조의4 제1항의 규정에 의하여 전자문서 이용신고를 한 자에게 서류의 통지 및 송달(이하 "통지 등"이라 한다)을 하고자 하는 경우에는 정보통신망을 이용하여 이를 행할 수 있는데, 서류의 통지 등은 서면으로 한 것과 동일한 효력이 있으며, 당해 통지 등을 받는 자가 사용하는 전산정보처리조직의 파일에 기록된 때에 특허청 또는 특허심판원에서 사용하는 발송용 전산정보처리조직의 파일에 기록된 내용으로 도달한 것으로 본다(法 28의5).

(4) 서류제출의 효력 발생시기

　① 도달주의
　　특허법령에 의하여 특허청에 제출하는 출원서·청구서 기타 서류(물건을 포함)는 특허청에 도달한 날로부터 그 효력을 발생한다(法 28①). 이른바 도달주의의 원칙을 취하고 있다.
　② 발신주의
　　㉠ 원 칙
　　　도달주의를 관철할 경우 특허청과 당사자와의 지리적 원근에 따라 불공평한 결과가 발생하게 되고, 더구나 제출서류에는 법정 또는 지정기간이 정해져 있기 때문에 더욱 그렇다. 따라서 특허법은 이를 바로잡기 위하여 우편으로 출원서·청구서 등을 제출할[42] 경우에는 실질적으로 발신주의를 취한다. 즉, 우편물의 통신일부인에 표시된 날을 특허청에 도달한 날로 보며, 그것이 불분명한 경우에는 우편물의 수령증에 의하여 증명된 우체국 제출일을 도달일로 본다(法 28②). 다만, 우편물의 통신 일부인이 불분명하거나 우편물의 수령증이 없는 경우는 도달한 날에 효력이 발생한다.
　　㉡ 발신주의의 예외
　　　특허권 및 특허에 관한 등록신청서류와 특허협력조약 제2조 (ⅶ)의 국제출원의 경우에 서류를 우편으로 제출하는 경우에는 예외의 예외를 인정함으로써 도달주의의 원칙을 택하고 있다(法 28② 단서). 그 이유를 살펴보면, 특허등록서류는 권리변동을 수반할 수 있기 때문에 등록의 순위를 명확히 하기 위한 것이고, 특허협력조약에 의한 국제출원의 경우는 기본적 요건이 충족되었음을 확인하는 것으로 그 수리일을 국제출원일로 인정하도록 규정(특허협력조약 제11조)하고 있기 때문이다. 그러나 이는 국제출원에 한하며 국제출원 후에 PCT 출원에 관한 번역문이나 의견서 등의 서류취급은 통상의 제출된 서류와 같이 발신주의를 적용한다.

---

42) 특허청에서 출원인 등에게 발송하는 '송달서류'는 도달주의를 취하고 있다.

③ 우편물 지연, 망실 및 우편업무 중단 등의 경우
  ㉠ 의 의
    PCT 조약에 의하면 정해진 기간이 우편업무의 중단 또는 우편물의 망실 등으로 인하여 준수되지 아니한 경우에는 일정한 조건하에서 그 기간을 준수한 것으로 보도록 규정하고 있다(PCT 48, PCT규칙 82).
  ㉡ 우편물의 지연 및 망실
    국제출원에 관한 서류로서 제출기간이 정하여져 있는 것을 등기우편에 의하여 제출한 경우에 우편물의 지연 또는 망실로 인하여 당해 서류가 제출기간 내에 도달되지 아니한 때에는 출원인은 당해 서류를 제출기간의 만료일 5일 전까지 우편으로 발송한 사실을 증명하는 증거 또는 망실한 서류를 대신하는 새로운 서류 및 새로운 서류가 망실한 서류와 동일하다는 것을 증명하는 증거를 특허청장에게 제출할 수가 있다(施規 86①, 87).
    이를 제출할 수 있는 기간은 서류의 도달지연 또는 망실을 알게 된 날 또는 상당한 주의를 했더라면 알 수 있었던 날부터 1개월 이내인데, 그 최대한의 기간은 서류의 제출기간의 만료일로부터 6개월 이내이다. 이와 같은 조건이 충족되면 서류가 제출기간 내에 도착한 것으로 본다. 그러나 항공우편으로 할 수 있음에도 불구하고 다른 방법으로 발송하여 도착하는 데 3일 이상이 소요되었다면 이는 제출기간 내에 도착한 것으로 보지 않는다(施規 86①).

(5) **서류의 열람, 원용 등**
  ① **서류의 열람**
    ㉠ 특허출원, 특허취소신청, 심판 등에 관한 증명, 서류의 등본 또는 초본의 발급, 특허원부 및 서류의 열람 또는 복사가 필요한 자는 특허청장 또는 특허심판원장에게 서류의 열람 등의 허가를 신청할 수 있다(法 216①).
    ㉡ 특허청장 또는 특허심판원장은 서류열람신청이 있더라도 아래의 어느 하나에 해당하는 서류를 비밀로 유지할 필요가 있다고 인정하는 경우에는 그 서류의 열람 또는 복사를 허가하지 아니할 수 있다(法 216②).
      ⓐ 출원공개 또는 설정등록되지 아니한 특허출원(제55조 제1항에 따른 우선권주장을 수반하는 특허출원이 출원공개 또는 설정등록된 경우에는 그 선출원은 제외한다)에 관한 서류 [위 괄호 안의 조항은 2017. 3. 1. 시행되는 개정법 조항으로 국내우선권주장출원시 설정등록(또는 출원공개) 되면 기초출원의 서류(우선권주장의 선출원서류)열람을 허용하게 함.]

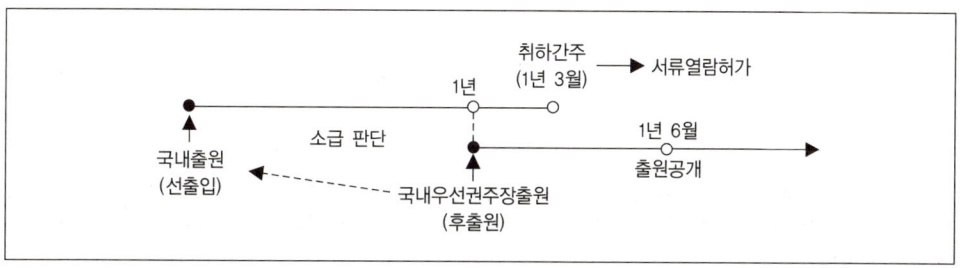

ⓑ 출원공개 또는 설정등록 되지 아니한 특허출원의 제132조의17에 따른 거절결정에 대한 심판에 관한 서류
ⓒ 공공의 질서 또는 선량한 풍속에 어긋나거나 공중의 위생을 해칠 우려가 있는 서류

② **특허출원서류 또는 특허원부의 반출과 공개금지**
㉠ 특허출원·심사·심판·재심서류 또는 특허원부는 이를 외부에 반출할 수 없다(法 217①).43)
㉡ 특허출원·심사·심판이나 재심으로 계속 중에 있는 사건의 내용 또는 결정·심결이나 결정의 내용에 관하여는 감정·증언 또는 질의에 응답할 수 없다(法 217②).

③ **서류의 원용**
㉠ **의 의**
서류의 원용이란 특허에 관한 절차를 밟는 자가 2 이상의 절차를 동시에 또는 순차로 밟을 때에 증명서의 내용이 동일한 경우에는 하나의 절차 또는 먼저 밟은 절차에 대하여만 증명서를 원본으로 제출하도록 하고, 나머지 절차 또는 이후에 밟는 절차에는 증명서의 사본을 제출하거나 그 사본의 제출을 생략할 수 있도록 하는 제도를 말한다.
㉡ **사본으로 제출할 수 있는 경우**
특허에 관한 둘 이상의 절차를 동시에 밟는 경우로서 위임장(法 7), 공지 등이 되지 아니한 발명으로 보는 증명서(法 30②), 조약우선권주장증명서(法 54④), 복수당사자 대표증명서(施規 6), 승계인 자격증명서 등(施規 7), 주민등록등초본 등 증명서류(施規 8), 출원인코드 부여증명서(施規 9)의 내용이 동일한 경우에는 그중 1건에 대해서만 「증명서원본」을 제출하고 다른 청구 등의 절차에 있어서는 원본을 원용한다는 취지를 기재하고 그 사본을 제출할 수 있다(施規 10①).
㉢ **사본조차 생략할 수 있는 경우**
특허에 관한 절차를 밟은 때에 이미 특허청 또는 특허심판원에 증명서를 제출한 자가 위 ㉡호에 규정된 증명서를 제출하여야 할 때는 그 증명서의 내용이 이미 제출된 증명서의 내용과 동일하여 이를 원용하고자 하는 경우에는 해당 서식의 첨부서류란에 그 취지를 명기함으로써 그 증명서에 갈음할 수 있다(즉, 그 증명서 사본의 제출을 생략할 수 있다)(施規 10②).
㉣ **대리권 증명서류의 제출을 생략할 수 있는 경우**
다음에 해당되는 경우에는 법 제7조의 규정에 의한 대리권을 증명하는 서류의 제출을 생략할 수 있다(施規 7①, 10③)
ⓐ 특허법 시행규칙 제5조 제2항의 규정에 의하여 대리인 선임신고를 한 대리인이 그 위임사항의 범위에서 특허에 관한 절차를 밟는 경우
ⓑ 특허법 시행규칙 제5조의2 제2항의 규정에 의하여 포괄위임등록을 한 대리인이 그 포괄위임의 범위에서 특허에 관한 절차를 밟는 경우

---

43) 다만, 선행기술조사의 외부용역 및 분류업무 외부용역을 위하여 출원서 등을 외부로 반출하거나, 특허문서 전자화업무의 위탁을 위하여 또는 온라인 원격근무를 위하여, 국제기구와 업무협약이행을 위하여 반출하는 경우에는 이를 적용하지 아니한다.

2. 절차의 무효와 서류의 반려

(1) 의 의

특허법상 절차의 무효라 함은 특허법에 관한 절차에 흠이 있는 경우에 특허청장 또는 특허심판원장이 보정명령을 발하였으나 그 보정명령에 불응하거나 또는 흠을 보정할 수 없는 경우에 절차의 효력을 처음부터 없었던 것으로 하는 처분을 말한다.

이는 당사자를 위한 것이라기보다는 오히려 행정의 편의 내지는 절차의 안정을 위하여 일정기간의 유예를 인정한 뒤에 행정절차의 신속한 결말을 위해 행정청에서 절차의 무효를 결정할 수 있도록 한 것이다.

절차의 무효와 서류의 반려란 특허에 관하여 제출된 서류나 절차진행자의 행위에 흠이 있는 경우 그 서류제출자 또는 행위자에 대하여 행하는 특허청장, 특허심판원장의 불이익 처분을 말한다.

(2) 절차의 무효

① 성 질

절차의 무효처분은 제출된 서류 또는 행위에 대한 흠이 보정기간 내에 치유되지 않는 경우라 하여 반드시 행해야 되는 것은 아니다. 특허법은 "… 특허에 관한 절차를 무효로 할 수 있다(法 10④, 16①)"라고 무효처분 여부에 대한 결정권을 특허청장, 특허심판원장 또는 심판장의 재량에 일임하고 있다. 따라서 절차를 행하는 자가 특허청장 등의 보정명령에 응하지 않는 경우 당해 절차를 즉시 무효로 할 것인지, 아니면 재차 보정을 명할 것인지, 또는 보정기간 경과 후 제출된 서류를 무효로 처리할 것인지의 여부는 특허청장 등이 판단하게 되나, 이 재량권의 행사는 합리적이고 공평한 범위 내에서 이루어져야 한다. 이러한 의미에서 다수설은 특허청장 등의 절차무효처분의 성질을 재량적 행정행위로 본다.[44]

② 무효사유

㉠ 보정명령에 불응

ⓐ 특허청장, 심판원장은 특허법 제46조의 규정에 위반된 경우 보정을 명하여야 하며 보정을 하지 아니하거나 보정을 할 수 없는 때에는 당해 특허에 관한 절차를 무효로 할 수 있는데(法 16①), 제46조의 규정은 다음과 같다.

> - 특허에 관한 절차에 있어서 특허법상의 행위제한능력자가 법정대리인에 의하지 않고 절차를 밟은 경우(法 3①)와 대리인의 특별히 권한을 위임 받을 사항을 위배한 경우(法 6)
> - 특허법 또는 명령이 정하는 방식에 위반된 경우(출원서의 양식, 위임장 등의 제출 등 특허법·특허법 시행령 등에 규정된 절차의 방식에 따르지 않았을 경우)
> - 특허에 관한 절차를 밟는 자가 수수료를 납부하지 않은 경우

---

44) 천효남, 전게서, p.146

ⓑ 제3자가 심사청구를 한 후 출원인의 보정에 의하여 청구항의 수가 증가한 때에는 그 증가한 청구항에 대한 심사청구료는 출원인이 내야 한다(法 82②). 그런데 출원인이 이 심사청구료를 납부하지 않으면, 보정을 명하여야 하며 이에 불응시에는 그 보정절차를 무효로 할 수 있다(法 16① 단서).

ⓒ 대리인의 선임·교체명령에 불응
특허청장 또는 심판장은「대리인의 선임 또는 교체명령을 한 경우 대리인의 선임 또는 교체명령을 하기 전」에 특허에 관한 절차를 밟는 자 또는 그 대리인이 특허청 또는 특허심판원에 대하여 한 특허에 관한 절차는 무효로 할 수 있다(法 10④).

ⓒ 국제출원에 대한 소정의 서류를 제출하지 아니한 경우
국제특허출원인이 법 제203조 제1항에 규정된 서면(국제특허출원서에 관한 사항)을 국내서면제출기간 내에 제출하지 아니하였거나, 제출된 서면이 법령의 방식에 위반되는 경우 특허청장은 기간을 정하여 보정을 명하여야 하며, 당해 보정을 지정된 기간 내에 이행하지 아니할 경우 국제특허출원을 무효로 할 수 있다(法 203).

③ **무효처분의 주체 및 객체**

㉠ 무효처분의 주체
특허청장 또는 특허심판원장이 할 수 있다.[45]

㉡ 무효처분의 대상
무효처분의 대상은 당해 보정을 명한 절차이다. 여기서「당해 보정을 명한 절차」란 특허출원절차뿐만 아니라 특허청장 등의 보정명령을 받은 당해 개별적 행위(심사청구, 보정 등)도 포함한다는 것이다. 예를 들어, 출원인이 아닌 자가 출원심사의 청구를 한 후 그 심사청구에 대한 심사청구료를 납부하지 않은 경우 특허청장은 보정명령 후 심사청구를 무효로 할 수 있다.

④ **무효처분의 절차**

㉠ 보정명령
특허청장 또는 특허심판원장은 무효처분 이전에 절차의 흠을 보정할 기회를 부여하고, 그 기간 내에 절차의 흠을 보정하지 아니하거나 보정은 하였지만 그 흠이 치유되지 않을 경우 비로소 무효처분을 하여야 한다. 당해 절차를 밟은 자에게 흠의 보정기회를 주지 않고 무효처분을 하는 것은 가혹하기 때문이며, 보정명령은 반드시 하여야 하는 기속적 행정행위이다.

㉡ 절차의 보정
절차의 보정명령을 받은 자는 특허청장 또는 특허심판원장이 정한 기간 내에 그 절차를 보정할 수 있다. 그러나 지정기간 경과 후 출원무효처분 통지서의 발송일(이하 "무효처분일"이라 한다) 전에 보정서가 제출되어 출원의 흠이 치유된 경우에는 무효처분을 하지 아니하고 보정서를 수리한다. 그러나 무효처분일 후에 제출된 보정서는 반려한다.

---

[45] 심사관은 무효처분권이 없다.

한편 무효처분통지서 발송일 이전에 우편 등을 통하여 제출되었으나, 무효처분 당시 보정내용의 제출사실을 알지 못하고 무효처분한 경우에는 보정내용을 검토하여 흠을 해소한 경우에는 무효처분을 취소하고 보정을 인정한다. 또한 무효처분통지서를 발송한 날에 제출된 보정도 동일하게 취급한다.

ⓒ 무효처분통지서의 송달

특허청장 등은 무효처분을 한 경우 그 보정명령을 받은 자에게 처분 통지서를 송달하여야 한다(法 16③). 다만, 특허청장 등은 보정서를 검토한 결과 무효사유가 해소되었다고 판단된 경우 소급효를 인정하여 보정된 내용대로 당해 보정을 명한 특허에 관한 절차의 서류를 수리한다.

⑤ **무효처분의 법적 효과**

㉠ 일반적인 경우

절차무효처분이 확정되면 출원절차 또는 당해 개별적 행위(심사청구, 대리인을 교체명령한 후의 종전 대리인의 행위)는 처음부터 없었던 것으로 본다.

㉡ 특허출원절차의 경우

ⓐ 출원계속의 종료

특허출원에 관한 절차가 무효로 되면 출원번호통지에 의해 발생하는 출원계속의 효과가 소급하여 소멸한다. 이는 특허청의 행위에 의한 출원계속의 종료원인 중 하나이다.

ⓑ 우선권주장

무효처분을 받은 특허출원에 근거하여「조약에 의한 우선권」주장을 할 수 있다(파리협약 4A.3). 조약에 의하여 우선권을 주장할 수 있는 기본출원은 정규의 국내출원이면 그 출원이 무효되더라도 문제가 되지 않기 때문이다. 다만, 무효처분을 받은 특허출원에 의하여 국내우선권(法 55)을 주장할 수 없다.「국내우선권주장」의 기본이 되는 선출원은 국내우선권주장시에 특허청에 계속 중인 출원이어야 하기 때문이다.

ⓒ 선출원의 지위 또는 확대된 선출원지위의 인정 여부

특허출원에 관한 절차가 무효로 확정되면 통상의 선출원의 지위는 상실된다. 따라서 신규성 등 다른 요건을 충족하는 한 누구든지 출원할 수 있으며, 원출원인도 물론 재출원할 수 있다. 다만, 특허출원에 관한 절차의 무효가 출원공개 후에 된 경우라면 절차무효에도 불구하고 확대된 선출원의 지위는 그대로 인정된다(法 29③).

ⓓ 보상금청구권의 불발생 의제

출원공개 후 특허출원이 무효로 된 때에는 보상금청구권은 처음부터 발생하지 아니한 것으로 본다(法 65⑥).[46]

---

[46] 특허출원공개 후 포기·무효·취하되거나, 특허등록된 후 특허무효심판에 의해 무효심결이 확정된 경우에는 보상금청구권이 처음부터 발생하지 아니한 것으로 본다(法 65⑥).

⑥ **무효처분에 대한 구제**

특허청장 또는 특허심판원장은 법 제16조 제1항의 규정에 의하여 특허에 관한 절차가 무효로 된 경우로서 지정된 기간을 지키지 못한 것이 보정명령을 받은 자가 책임질 수 없는 사유에 의한 것으로 인정되는 때에는 그 사유가 소멸한 날로부터 2개월 이내에 보정명령을 받은 자의 청구에 의하여 그 무효처분을 취소할 수 있다. 다만, 지정된 기간의 만료일부터 1년이 지났을 때에는 그러하지 아니하다(法 16②). 무효처분의 취소신청을 하고자 하는 자는 해태(懈怠)사유를 증명하는 서류, 대리인에 의하여 절차를 밟는 경우에는 그 대리권을 증명하는 서류를 특허청장 또는 특허심판원장에게 제출하여야 한다(施規 17).

특허에 관한 절차에 대하여 특허청장 등으로부터 무효처분을 받은 자는 그 무효처분에 대한 불복으로 행정심판을 청구하거나 행정법원에 소를 제기할 수 있다.

(3) 서류의 반려(불수리)

① **의 의**

서류의 반려(불수리)[47]란 출원인 또는 심판청구인이 특허청 또는 특허심판원에 제출한 서면이 부적법하거나 보정하기 어려운 중대한 하자가 있는 경우에 특허청장이나 특허심판원장이 그 출원서나 심판청구서 등을 수리하지 않고 반려하는 처분을 말한다(施規 11).

이는 특허법 시행규칙에 규정한 불수리에 한하므로 기속적 행정행위에 속한다.

② **서류의 반려(불수리) 사유**

㉠ 특허출원 또는 심판에 관한 서류 등의 경우

특허청장 또는 특허심판원장은 부적법한 출원 또는 심판에 관한 서류·견본 기타의 물건이 아래 사유에 해당하게 될 경우에는 이를 적법한 출원서류 등으로 보지 아니하고 그 출원인·심판청구인 또는 제출인에게 그 이유를 명시하여 반려하여야 한다.

ⓐ 1건마다 서면을 작성하지 아니한 경우

ⓑ 출원 또는 서류의 종류가 불명확한 것인 경우

ⓒ 특허에 관한 절차를 밟는 자의 성명(법인의 경우에는 명칭) 또는 출원인코드〔출원인코드가 없는 경우에는 성명·주소(법인의 경우에는 그 명칭 및 영업소의 소재)〕가 기재되지 아니한 경우

---

[47] "반려(불수리)"란 어떠한 행위를 할 권한이 있는 사인(私人)이 행정청에 대하여 행한 청구 또는 신청 등의 행위가 절차 또는 형식상으로 이를 보정하기 어려운 중대한 하자가 있을 경우 그 청구서·신청서 등을 수리하지 않기로 하는 행정청의 거부처분을 말한다. 과거 반려(불수리)는 특허법상의 근거 규정 없이 관행상 이루어졌다. 그러나 반려는 서류·견본 등의 수리 자체를 거부하는 것으로서 보정으로 그 하자를 치유할 수 없는 사항인 경우를 그 대상으로 하고 있는데 출원인 등에게 보정의 기회를 준 후에 그 절차를 무효로 하는 절차의 무효와는 그 대상이나 절차에서 구별된다. 특히 반려는 출원인 등에게 변명의 기회조차 주지 아니하고 절차를 밟을 기회를 박탈하는 것이므로 극히 제한적인 사항에 한하여야 할 것이다. 이에 현행 특허법 시행규칙(施規 11)은 특허출원 및 심판에 관한 서류·견본 등을 반려할 수 있는 경우를 명시하였으며, 특허청장 또는 특허심판원장이 특허관련서류를 반려를 하고자 하는 경우 당사자에게 소명의 기회를 주도록 하였다.

ⓓ 국어로 적지 아니한 경우(단, ⅰ) 외국어(영어)로 적은 명세서 및 도면, ⅱ) 위임장, 국적증명서류 및 우선권증명서류 등 외국어로 적은 서류는 제외한다.)
ⓔ 출원서에 명세서(명세서에 발명의 설명이 기재되어 있지 아니한 경우 포함)를 첨부하지 아니한 경우
ⓕ 청구범위를 적지 아니한 명세서를 특허출원서에 첨부하여 특허출원한 정당한 권리자의 출원으로서 그 특허출원 당시에 이미 출원일(우선권주장출원의 경우 최선출원일)로부터 1년 2개월이 경과한 경우(다만, 출원심사 청구의 취지를 통지(法 60③) 받은 경우에는 그 통지 받은 날로부터 3개월 되는 날 또는 출원일로부터 1년 2개월이 되는 날 중 빠른 날이 지났을 경우)
ⓖ 재외자가 특허관리인에 의하지 아니하고 제출한 출원서류 등인 경우
ⓗ 이 법 또는 이 법에 의한 명령이 정하는 기간 이내에 제출되지 아니한 서류인 경우(법정기간을 경과하여 제출된 서류를 말함)
ⓘ 이 법 또는 이 법에 의한 명령이 정하는 기간 중 연장이 허용되지 아니하는 기간에 대한 기간연장신청서인 경우: 법정기간 중 신청 또는 직권에 의해 연장이 허용되는 것은 「거절결정 등에 대한 심판(法 132의3)」 하나뿐이다.
ⓙ 거절결정불복심판의 청구기간(法 132의3) 또는 특허청장·특허심판원장·심판장 또는 심사관이 지정한 기간을 경과하여 제출된 기간연장신청서인 경우
ⓚ 특허에 관한 절차가 종료된 후 그 특허에 관한 절차와 관련하여 제출된 서류인 경우
ⓛ 당해 특허에 관한 절차를 밟을 권리가 없는 자가 그 절차와 관련하여 제출한 서류인 경우
ⓜ 포괄위임등록신청서, 포괄위임원용제한신고서, 포괄위임등록철회서, 포괄위임등록변경신청서, 출원인코드부여신청서 또는 직권으로 출원인코드를 부여하여야 하는 경우로서 당해 서류가 불명확하여 수리할 수 없는 경우
ⓝ 정보통신망이나 전자적 기록매체로 제출된 특허출원서 또는 기타의 서류가 특허청에서 제공하는 소프트웨어 또는 특허청 홈페이지를 이용하여 작성되지 아니하였거나 전자문서로 제출된 서류가 전산정보처리조직에서 처리가 불가능한 상태로 접수된 경우
ⓞ 전자적 이미지의 첨부서류가 판독이 곤란하여 해당 서류를 서면으로 제출하라는 명령을 받고 이를 기간 내에 제출하지 아니한 경우
ⓟ 전자적 이미지로 작성된 첨부서류 제출명령을 받은 서류를 기한 내 제출하지 아니한 경우
ⓠ 특허절차를 밟는 자의 국적·법인증명서류 등의 제출명령을 받고 소명기간 내에 제출하지 아니한 경우(施規 8)
ⓡ 특허출원인이 청구범위가 기재되지 아니한 명세서가 첨부된 특허출원에 대하여 출원심사청구서를 제출한 경우
ⓢ 청구범위가 기재되지 아니한 명세서를 첨부한 특허출원, 국어번역문을 제출하지 아니한 외국어특허출원, 등록공고를 한 특허에 대해 조기공개신청서를 제출한 경우

ⓣ 특허출원이 ⅰ) 분할출원 또는 변경출원인 경우, ⅱ) 특허출원에 대하여 우선심사결정을 한 경우, ⅲ) 특허락부결정의 보류신청이 있기 전에 이미 특허거절결정서 또는 특허결정서를 통지한 경우 중 어느 하나에 해당하여 특허락부결정을 보류할 수 없는 경우
　　ⓤ 특허출원이 ⅰ) 분할출원, 변경출원 또는 정당한 권리자의 출원인 경우, ⅱ) 특허출원에 대하여 우선심사결정을 한 경우, ⅲ) 특허출원심사의 유예신청이 있기 전에 이미 거절이유를 통지하거나 특허결정서를 통지한 경우 중 어느 하나에 해당하여 특허출원에 대한 심사를 유예할 수 없는 경우
　　ⓥ 특허출원서에 첨부된 명세서 또는 도면의 보정 없이 재심사를 청구하거나 재심사에 따른 거절결정이 있거나 거절결정불복심판이 있어 재심사를 청구할 수 없는 경우
　　ⓦ 법 제52조 제1항 단서에 따라 국어번역문이 제출되지 아니하거나 법 제53조 제1항 제2호, 법 제59조 제2항 제2호 또는 법 제64조 제2항 제2호에 해당하는 경우(즉, 번역문을 제때 제출하지 아니한 경우임)
　　ⓧ 동일한 출원인 등이 이미 제출한 서류와 중복되는 서류를 제출한 경우
　ⓛ 등록신청서류의 경우
　　특허등록령 제34조 각 호의 사항에 해당할 경우 특허청장은 등록의 신청을 수리하지 아니한다(특허등록령 세부내용 생략).

③ **반려(불수리) 절차**
　㉠ 소명기회 부여
　　특허청장 또는 심판원장은 부적법한 것으로 보이는 출원서류 등을 반려(불수리)하고자 하는 경우에는 출원서류 등을 제출한 출원인·심판청구인 또는 제출인(이하 "출원인 등"이라 한다)에 대하여 출원서류 등을 반려하겠다는 취지, 반려이유 및 소명기간을 적은 서면을 송부하여야 한다. 다만, 특허절차를 밟은 자가 국적·법인증명서류 등의 제출명령을 받고 소명기간 내에 제출하지 아니한 경우에는 반려이유를 고지하고 즉시 출원서류 등을 반려하여야 한다(施規 11②).
　㉡ 소명서 제출 또는 반려요청
　　반려취지 등을 서면으로 송부받은 출원인 등이 소명하고자 하는 경우에는 소명기간 내에 소명서를, 소명 없이 출원서류 등을 소명기간 이내에 반려받고자 하는 경우에는 반려요청서를 특허청장에게 제출하여야 한다(施規 11③).
　㉢ 서류의 반려
　　특허청장 또는 특허심판원장은 반려요청을 받은 때에는 즉시 출원서류 등을 반려하여야 한다. 한편, 특허청장은 출원인 등이 소명기간 이내에 소명서 또는 반려요청서를 제출하지 아니하거나 제출한 소명의 내용이 이유 없다고 인정되는 때에는 소명기간이 종료된 후 즉시 출원서류 등을 반려하여야 한다(施規 11④).

④ 반려(불수리)의 법적 효과
　㉠ 특허청장 또는 특허심판원장은 법에서 요구하는 요건 등을 갖추지 아니한 특허출원 또는 심판에 관한 서류·견본 기타의 물건이 불수리사유에 해당하는 경우에는 법령에 특별한 규정이 있는 경우를 제외하고는 이를 적법한 출원 또는 심판에 관한 서류·견본 기타의 물건으로 보지 아니한다.
　㉡ 따라서 불수리처분된 경우 해당 특허출원의 효과도 발생하지 않고 기타 당해 소명기회를 준 제반절차의 효과도 발생하지 않는 것으로 본다.[48]

⑤ 반려(불수리)처분에 대한 불복방법
　반려는 행정처분이므로 특허법상 특허심판의 대상이 되지 않고 행정심판 또는 행정소송의 대상이 된다. 따라서 반려에 대하여 불복하고자 하는 자는 행정심판 또는 행정소송으로 그 당부를 다투어야 한다. 행정심판 또는 행정소송에서 불복이유가 인정되면 반려는 취소되며 그 제출서류의 효력은 처음 제출한 날에 제출된 것으로 하여 발생한다.

3. 절차의 효력승계와 속행

(1) 절차의 효력승계

① 특허권 또는 특허에 관한 권리에 관하여 밟은 절차의 효력은 그 특허권 또는 특허에 관한 권리의 승계인에게 미친다(法 18). 이것은 특허권 등에 관한 절차를 거치는 중에 권리의 변동(이전 등)이 있는 경우 이미 밟은 절차를 승계인에게 미치게 함으로써 절차의 낭비와 번잡을 피하도록 하기 위함이다.

② 특허권 또는 특허에 관한 권리의 주체가 변경되었을 때 변경 이전에 이미 행한 절차의 효력에 관한 문제로, 예를 들면 원래의 특허에 관한 권리자가 거절이유 통지서 또는 기타의 통지서를 수령한 후 답변서 등의 제출 전에 특허에 관한 권리를 승계인에게 양도했을 때, 이미 특허청이 양도인에게 행한 절차의 효력은 당연히 승계인(양수인)에게 미친다. 즉, 승계인은 원권리자에게 이미 통보된 거절이유에 대한 의견서 제출 등의 절차를 수행하여야 한다는 의미이다. 반대로 원권리자가 특허청에 대하여 수행한 절차의 효력도 당연히 승계인에게 미친다.[49]

---

[48] 제출서류 등이 부적법하거나 보정을 할 수 없는 때에는 국내출원의 경우에는 불수리처분을 하나, PCT에 의한 국제출원인 경우에는 불수리처분이 아닌 보완명령을 하며 국제출원일을 인정하지 않는다(法 194).
또한, 부적합 심판청구로서 그 흠을 보정할 수 없는 때에는 피청구인에게 답변서 제출의 기회를 주지 아니하고 심판관 합의체가 심판청구를 심결각하할 수 있다(法 142).

[49] 승계인과 원발명자와의 관계에 있어서 발명자가 특허받을 수 있는 권리의 전부를 이전했다 하더라도 파리조약 제4조의3(발명자 게재권)의 규정에 따라 원발명자의 성명은 절차에 관한 제반서류나 특허증에 표시된다.

(2) 절차의 속행

① 특허청장 또는 심판장은 특허에 관한 절차가 특허청 또는 특허심판원에 계속 중에 특허권 또는 특허에 관한 권리의 이전이 있는 때에는 그 특허권 또는 특허에 관한 권리의 승계인에 대하여 그 절차를 속행하게 할 수 있다(法 19). 이는 재량행위이므로 반드시 그 절차의 속행을 명하여야 하는 것은 아니다.

② 특허청장 또는 심판장이 이와 같이 승계인에 대하여 출원·청구 기타의 절차를 속행하게 한 때에는 그 사실을 상대방(승계인 외의 당사자)에게 서면으로 통지하여야 한다(施規 18).

4. 절차의 정지

(1) 의 의

① 개 념

「절차의 정지」란 출원·청구 기타 특허에 관한 절차의 계속 중에 그 절차가 법률상 당해 절차를 진행할 수 없는 상태로 되는 것을 말한다. 따라서 ① 특허절차의 진행이 불가능하게 되거나 곤란하게 될 경우에도 특허청 또는 특허심판원이 특허절차를 진행시키는 경우 절차에 관여할 수 없는 당사자의 선의의 피해를 막고, ② 특허분쟁사건의 특수성에 따라 일정한 경우 특허절차의 정지를 통해 심사·심판 및 재판에 공정을 기하기 위해 본 제도를 두고 있다.

② 종 류

정지에는 「중단」과 「중지」가 있다. 양자 모두 당사자의 절차권을 보장하고 심사·심판 및 재판의 공정을 기하기 위한 제도라는 점에서는 공통되나, 「중단」은 당사자 일방에게 법에서 정한 절차수행 불능사유가 생긴 경우, 그 절차를 수행하는 자가 교체되는 것이고 「중지」는 특허청이나 당사자에게 생긴 중단사유 이외의 장애에 의하여 법률상 당연히 또는 특허청의 결정에 의하여 정지되는 것으로 절차를 수행하는 자가 교체되지 아니하는 것이라는 점에서 「중단」과 차이가 있다.

(2) 절차의 중단

① 개 념

절차의 중단이란 당사자 또는 절차수행자(법정대리인)에게 절차수행불능사유가 발생하였을 경우에 새로운 절차수행자가 나타나서 절차에 관여할 수 있을 때까지 법률상 당연히 절차의 진행이 정지되는 상태를 말한다(法 20). 즉, 당사자나 그 법정대리인 등 특허절차를 수행할 자에게 사망 등 절차수행을 할 수 없는 사유가 발생하였을 경우에 새로운 절차 수행자가 나타나 절차를 수행할 수 있을 때까지 절차의 진행을 법률상 당연히 정지하는 것을 말한다.

② 절차중단사유 및 수계를 할 수 있는 자

특허에 관한 절차가 특허청 또는 특허심판원에 계속 중인 때 절차의 중단사유가 발생했을 때에는 그 중단된 절차는 수계적격자가 수행하여야 한다.

㉠ 당사자가 사망한 경우(法 20.1, 法 21.1)
   당사자가 절차계속 중 사망 또는 실종선고에 의하여 사망한 것으로 간주된 경우에는 수계적격자가 절차를 이어받을 때까지 그 절차는 중단된다.[50]
㉡ 당사자의 법인이 합병에 따라 소멸한 경우(法 20.2, 法 21.2)
   합병에 의하여 설립되거나 합병 후 존속하는 법인이 수계할 수 있다.[51]
㉢ 당사자의 절차능력 상실 또는 법정대리인의 사망 또는 그 대리권 상실의 경우(法 20.3,4, 法 21.3)
   수계할 수 있는 자는 절차를 밟을 능력을 회복한 당사자 또는 새로운 법정대리인이 된 자이다.
㉣ 당사자의 신탁[52]에 의한 수탁자의 임무가 종료하여 절차가 중단된 경우(法 20.5, 法 21.5)
   새로운 수탁자가 수계할 수 있다.
㉤ 복수당사자의 대표자 사망 또는 그 자격상실의 경우(法 20.6, 法 21.5)
   수계할 수 있는 자는 새로운 대표자 또는 각 당사자이다.
㉥ 파산관재인 등 일정한 자격에 의하여 자기 이름으로 남을 위하여 당사자가 된 자가 그 자격을 잃거나 사망한 경우(法 20.7)
   파산관재인, 정리회사의 관리인, 유언집행자 등 일정한 자격에 의하여 자기 이름으로 남을 위하여 당사자가 된 사람이 그 자격을 잃거나 사망한 경우 절차는 중단된다. 이 경우 파산관재인 등의 자격과 같은 자격을 가진 자가 절차를 수계할 수 있다.

(3) 절차중단의 예외

절차의 중단사유가 발생되더라도 절차를 밟을 것을 위임받은 대리인이 있는 경우에는 그 절차는 중단되지 않는다(法 20 단서).

절차의 중단사유가 발생하여도 당사자의 대리인이 있으면 그 대리권이 계속 존재하여 대리인이 절차를 계속 진행할 수 있기 때문이며, 아울러 수계자를 위한 것이기 때문이다. 이때에 대리인은 수계절차를 밟지 않아도 새로운 절차수행자(당사자)의 대리인이 된다.

(4) 중단된 절차의 수계와 속행

중단된 특허에 관한 절차는 당사자의 수계 또는 특허청장 또는 특허심판원장의 수계명령에 의하여 다시 진행이 재개된다.

---

[50] 다만, 상속인은 상속을 포기할 수 있을 때까지 그 절차를 수계하지 못한다. 여기서, 상속인이 「상속을 포기할 수 있을 때」라 함은 민법 제1019조의 "상속인은 상속개시 있음을 안 날로부터 3개월 내에 포기할 수 있다"에 따라 상속인의 상속에 의한 의무를 승계하지 않을 권리를 보호하기 위한 것으로 「상속개시 있음을 안 날로부터 3개월」을 의미한다.

[51] 법인이 합병 이외의 사유로 해산된 때에는 청산법인으로 존속하기 때문에 중단하지 않으며, 단순히 당사자인 법인으로부터 영업양도를 받았다는 것만으로는 중단되지 않는다.

[52] 「신탁」이란 신탁설정자(위탁자)와 신탁을 인수하는 자(수탁자)가 특별한 신임관계에 기하여 위탁자가 특정의 재산권을 수탁자에게 이전하거나 기타의 처분을 하고 수탁자에게 일정한 자의 이익을 위하여 또는 특정의 목적을 위하여 그 재산권을 관리·처분하게 하는 법률관계를 말하며(信託法 1), 수탁자의 임무가 종료한 경우에는 이해관계인은 새로운 수탁자의 선임을 법원에 청구할 수 있다(信託法 17).

① 수계신청

수계신청은 새로운 수계자가 할 수 있다. 이 경우 그 상대방은 특허청장 또는 심판관에게 수계자에 대하여 수계신청 할 것을 명하도록 요청할 수 있다(法 22①). 특허청장 또는 심판원장은 중단된 절차에 관한 수계신청이 있는 때에는 이를 상대방에게 통지하여야 한다(法 22②). 특허청장 또는 심판원장은 수계신청이 있는 경우 그 적부와 이유의 유무는 직권조사사항이므로 상대방이 이의를 제기하지 않는 경우라도 수계신청의 이유가 타당하지 않으면 그 신청을 결정으로 기각하여야 한다(法 22③).

② 수계명령

특허청장 또는 심판관은 제21조의 절차를 수계하여야 할 자가 중단된 절차를 수계하지 아니하는 경우에는 직권으로 기간을 정하여 수계를 명하여야 한다. 수계를 명했음에도 불구하고 기간 내에 수계가 없으면 그 기간이 만료되는 날의 다음 날에 수계가 있는 것으로 본다. 이 경우에 특허청장 또는 심판장은 당사자에게 통지하여야 한다(法 22⑤⑥⑦).

(3) 절차의 중지

① 개 념

특허에 관한 절차의 중지라 함은 특허청 또는 특허심판원이나 당사자에게 절차의 진행을 할 수 없는 사실상의 장애가 생겼거나 절차진행이 곤란하거나 부정당한 사유가 발생한 경우, 법률상 당연히 또는 결정으로 특허에 관한 절차의 진행이 정지하는 것을 말한다.

절차의「중단」사유가 발생하면 절차진행자의 교체가 뒤따르지만 절차의「중지」는 교체가 수반되지 않는다.

② 중지사유

㉠ 당연중지사유

천재지변 기타 불가피한 사유로 인하여 특허청장 또는 심판관이 그 직무를 수행할 수 없을 때에는 절차중지의 결정이 필요 없이 절차중지사유가 소멸할 때까지 당연히 그 절차는 중지된다(法 23①). 이를 당연중지라고 한다. 따라서 직무집행 불능상태가 소멸함과 동시에 중지도 해소된다.

㉡ 결정중지사유

당사자에게 일정하지 아니한 기간 동안 특허청 또는 특허심판원에 계속 중인 절차를 속행할 수 없는 장애가 생긴 경우에는 결정으로 그 중지를 명할 수 있는데 이를 결정중지라 한다(法 23②). 여기서「당사자에게 일정하지 아니한 기간 동안 특허청 또는 특허심판원에 계속 중인 절차를 속행할 수 없는 장애사유가 생긴 경우」란 특허청은 직무를 수행할 수 있으나 당사자가 특허에 관한 절차를 밟을 수 없는 장애사유가 발생한 경우를 말한다.[53]

---

[53] 이를테면, 당사자가 거주하는 지역에 전쟁 또는 기타의 사유로 통신이 두절되어 당분간 회복될 전망이 보이지 않거나 또는 당사자가 급작스러운 중병 등으로 특허청과 연락 등을 할 수 없게 된 때이다.

ⓒ 타 절차와의 관계에서 절차가 중지되는 경우
특허법상 다른 절차와의 관계에서 절차의 속행이 부적당하기 때문에 절차가 중지되는 경우가 있다.
ⓐ 심사절차의 중지
심사관은 특허출원의 심사에 있어서 필요한 때에는 특허취소신청에 대한 심결이나 심결의 확정 또는 소송절차의 완결시까지 당해 심사의 절차를 중지할 수 있다(法 78①).
ⓑ 심판절차의 중지
심판장은 심판에 있어서 필요한 경우 직권 또는 당사자의 신청에 따라 특허취소신청에 대한 결정과 타 심판의 심결이 확정 또는 소송절차가 완결될 때까지 그 절차를 중지할 수 있다(法 164①).
ⓒ 소송절차의 중지
법원은 소송에 있어 필요한 경우 직권 또는 당사자의 신청에 따라 특허취소신청에 대한 결정이나 심결이 확정될 때까지 그 소송절차를 직권에 의하여 중지할 수 있다(法 78②, 164②).
ⓓ 제척·기피신청에 의한 중지
제척·기피신청이 있는 때에는 그 신청에 대한 결정이 있을 때까지 심사·심판절차를 중지하여야 한다. 다만, 긴급을 요하는 때에는 그러하지 아니한다(法 153).

③ **중지의 해소 및 통지**
㉠ 중지의 해소
당연중지의 경우에는 그 사유가 소멸함과 동시에, 결정중지의 경우에는 특허청장이나 심판관의 중지결정취소에 의해, 타 절차와의 관계에서 필요한 경우의 중지는 심사관·심판관·법원의 중지결정취소에 의해, 제척·기피 신청에 의한 중지는 제척·기피신청에 대한 결정에 의해 해소된다(法 23③).
㉡ 통 지
특허에 관한 절차가 중지되거나, 해소된 경우에는 이를 각각 당사자에게 통지하여야 한다(法 23④).

(4) 절차정지의 효과
① **일반적 효과**
㉠ 절차가 중지 또는 중단된 경우에는 특허에 관한 절차의 진행이 전면적으로 정지된다.
㉡ 특허에 관한 절차가 중단 또는 중지된 경우에는 그 기간의 진행은 정지되고 그 절차의 수계 통지를 하거나 그 절차를 속행한 때부터 다시 모든 기간이 진행된다(法 24).[54]

---

[54] 예를 들어, 특허청장이 특허법 제46조의 규정에 따라 1개월 내에 특허에 관한 절차를 보정할 것을 명하였으나 보정명령 후 15일 후에 특허에 관한 절차가 중단되었고 이후 수계되었다면, 수계 후 보정할 수 있는 기간은 잔존 기간이 아닌 모든 기간인 1개월이다.

② **기타의 경우**

심판절차에 있어서 공동심판청구인 또는 피청구인 중 1인에 관하여 심판절차의 정지원인이 있는 때에는 모두에 관하여 효력이 미치며(法 139④), 심판참가인에 대하여 정지원인이 생긴 때에는 피참가인에 대하여도 그 효력이 미친다(法 155⑤).

5. 송 달

(1) 의 의

송달이라 함은 특허출원인, 심판청구인 등에게 당해 사건에 관한 서류의 내용을 알리기 위하여 일정한 방식으로 서류를 발급하는 특허청의 행정작용을 말한다.

송달은 특허청이 당사자 기타 이해관계인에게 특허절차에 관한 서류의 내용을 알리기 위하여 법정의 방식에 따라 서류를 이들에게 발급하는 행위로서 기간계산의 효력이 생기는 기준이 되기도 한다.

이러한 송달은 절차의 안정성과 확실성을 담보하기 위하여 법령에서 정한 방식에 의하도록 하고 있는 점에서 방식에 구애됨이 없이 단순히 서류의 의사가 상대방에게 도달하기만 하면 족한 방법인 송부나 통지와 구별된다.[55]

(2) 송달대상서류

다음의 서류들은 특허법과 동법 시행령에서 이를 송달하도록 명문으로 규정하고 있다.

① 특허락부결정의 등본(法 67②)

② 재정청구서의 부본(法 108)

③ 재정서의 등본(法 111①)

④ 재정을 취소한 경우 그 취소처분의 내용을 적은 서면(法 114②)

⑤ 심판청구서의 부본(法 147①)

⑥ 심판청구서에 대한 피청구인의 답변서부본(法 147②)

⑦ 구술심리에 의하여 심판을 할 경우 그 취지를 적은 서면(法 154④)

⑧ 심판참가신청서의 부본(法 156②)

⑨ 심결 또는 결정의 등본(法 162⑥)

---

[55] ① 송부: 민사소송법상 송부라 함은 사건의 관할을 달리하는 경우 등의 필요에 따라 계속 중인 사건의 기록을 옮기는 절차를 말한다.
② 통지: 소송절차상 통지도 그 목적이나 법률적 효과의 발생에 있어서는 송달과 똑같다 하겠으나 무방식이라는 점에서 송달과 구별된다. 특허절차상 대부분의 경우 송달의 방법을 택하고 있는데 이는 특허행정의 확실성과 편리성을 담보하기 위해서이다.

(3) 송달방식

서류를 송달하는 방법에는 교부에 의한 송달, 우편에 의한 송달, 전자문서에 의한 송달 및 공시송달이 있으며 이들 서류의 송달방법은 특허법 시행령 제18조에 규정되어 있다.

① **교부송달**

교부송달은 송달을 받은 자에게 송달서류의 등본을 직접 발급하는 방법으로 송달하는 것을 말한다. 특허에 관한 서류의 송달은 특허청 또는 특허심판원에서 당사자 또는 그 대리인이 이를 직접 수령하는 경우를 제외하고는 등기우편으로 송달하여야 한다고 규정(施行令 18①)하여 교부송달을 인정하고 있다.

또한 교부송달의 경우에는 수령자로부터 그가 수령한 일자 및 성명을 기재·날인한 수령증을 받아 비치하여야 한다(施行令 18②). 다만, 문서발송대장 또는 문서교부대장의 해당란(설명란)에 수령자가 수령일자 및 성명을 기재 날인하는 경우에는 수령증의 비치로 갈음할 수 있다(특허청송달함설치운영규정 7).

② **우편에 의한 송달**

㉠ 개 념

이 송달은 특허청이 송달할 서류를 우편으로 송달하는 송달방법을 말하며, 특허청에서 출원인·청구인 등에게 송달할 모든 서류를 등기우편으로 발송하여야 한다(施行令 23①).

㉡ 송달할 장소

송달할 장소는 이를 받는 자의 주소 또는 영업소로 한다. 교도소 또는 구치소에 구속된 자에 대한 송달은 그 소장(所長), 경찰서에 유치된 자의 송달은 경찰서장에게 하여야 한다.

㉢ 특별송달

심판·재심·통상실시권 설정의 재정 및 특허권 취소에 관한 심결문 또는 결정문은 이를 우편법령에 의한 특별송달(우편법 시행규칙 제25조 제1항 제6호)방법에 의하여야 한다(施行令 18③). 특허법에서 이와 같이 특별송달을 따로이 규정한 것은 당해 서류의 송달을 확실히 함과 아울러 기간의 진행을 명확히 하고 심결의 확정 등 심판절차의 편의성을 기하기 위함이다.

㉣ 송달거부

송달을 받을 자가 정당한 사유 없이 송달받기를 거부함으로써 송달할 수 없게 된 때에는 발송한 날에 송달된 것으로 본다.

③ **정보통신망에 의한 송달**
　㉠ 이러한 일반적인 우편(서면)에 의한 송달의 예외로서 전자문서 이용신고를 한 자에 대해서는 정보통신망을 이용한 송달도 가능하다.
　㉡ 특허청장, 특허심판원장, 심판장, 심판관, 심사장 또는 심사관 등은 특허청에 전자문서 이용신고를 한 자에게 서류를 통지하고자 하는 경우에는 정보통신망을 이용하여 이를 행할 수 있으며, 정보통신망을 이용하여 행한 서류의 통지 등은 서면으로 한 것과 동일한 효력이 있다(法 28의5②). 한편, 이렇게 한 서류의 통지 등은 「당해 통지 등을 받는 자가 사용하는 전산정보처리조직의 파일에 기록된 때」에 특허청 또는 특허심판원에서 사용하는 발송용 전산정보처리조직의 파일에 기록된 내용으로 도달한 것으로 본다(法 28의5③).

④ **공시송달**
　㉠ **개 념**
　　공시송달은 송달받을 자의 주소나 영업소가 불분명하여 송달할 수 없을 때 그 송달할 서류, 송달받을 자 등을 특허공보에 게재하여 송달하는 방법을 말한다. 공시송달은 교부송달이나 우편송달에 대한 예외를 규정한 것으로 당사자의 권리를 보호하고 절차의 원활을 기하기 위하여 인정되는 것이며 다른 송달방법이 불가능한 경우에 최후적·보충적으로 인정되는 송달방법이다.
　㉡ **방 법**
　　공시송달은 당사자의 신청이나 직권으로 행하여지며, 송달할 서류를 특허청이 보관하고 그 송달 받을 자에게 어느 때라도 발급한다는 뜻을 특허공보에 게재한다(法 219②).
　㉢ **효력발생**
　　공시송달은 특허공보에 개재한 날로부터 2주일을 경과하면 그 효력이 발생한다. 다만, 동일 당사자에 대한 이후의 공시송달은 특허공보에 게재한 날의 다음 날부터 그 효력이 발생한다(法 219③). 「효력이 발생한다」 함은 송달에 따른 효력이 발생한다는 의미이다. 따라서 출원인 등에게 주어진 각종 기간은 공보게재한 날 2주일 후부터 기산된다.

⑤ **송달기관**
　㉠ 보정각하결정등본, 특허결정등본, 거절결정등본 등 출원 및 심사관련서류에 대한 송달은 특허청장이 한다.
　㉡ 특허취소결정등본의 송달은 심판장이 한다.
　㉢ 심판청구서부본, 참가신청서부본, 심결·결정의 등본 등 심판관련 서류에 대한 송달은 심판장이 이를 행한다.

⑥ **송달받을 자**
　㉠ **자연인**
　　ⓐ 행위제한능력자
　　　송달은 당사자를 송달받을 자로 하여 송달함이 원칙이나 송달받을 자가 미성년자, 피한정후견인 또는 피성년후견인인 경우에는 법정대리인에게 송달하여야 한다.

ⓑ 당사자가 수인인 경우

대리인 없이 출원인, 청구인 등 2인 이상이 공동으로 절차를 밟는 경우에는 법상 명문규정은 없으나 공동출원이나 공동심판에 따른 송달의 법률효과 등을 감안할 때 모두에게 송달하여야 할 것이다. 또한 2인 이상이 공동으로 절차를 밟는 경우 대표자를 선정하여 특허청에 신고한 경우는 대표자에게 송달한다(法 11).

ⓒ 대리인이 있는 경우

법정대리인·임의대리인이 있는 경우 법정대리인·임의대리인이 송달받을 자가 되며 임의대리인이 2인 이상이 있는 경우에는 그중 1인만을 송달받을 자로 하여도 된다(施行令 18⑥). 한편 임의대리인이 있는 경우 본인에게 송달하더라도 적절한 송달이라고 할 수 없겠으나 그 송달은 유효한 것으로 된다.

ⓛ 법 인

법인인 경우에는 그 대표자가 송달받을 자가 된다. 대표자가 2인 이상이 있는 경우에는 그 중 1인에게만 하면 된다.

ⓒ 법인이 아닌 단체·재단(법인격 없는 사단·재단)

법인이 아닌 단체·재단으로서 그 대표자나 관리인이 정해져 있는 경우에는 그 이름으로 당사자가 될 수 있으므로 그에 대한 송달은 대표자 또는 관리인을 송달받을 자로 하여야 한다.

ⓡ 재외자에 대한 송달

재외자로서 특허관리인이 있는 때에는 송달할 서류는 특허관리인에게 송달하여야 하며, 재외자에게 특허관리인이 없는 때에는 직접 재외자에게 항공우편으로 발송할 수 있다. 재외자에게 송달할 서류를 항공우편으로 발송한 때에는 그 발송을 한 날에 송달된 것으로 본다(法 220).

ⓜ 국가·지방자치단체

ⓐ 국 가

국가를 당사자로 하는 특허출원·심판 등에 있어서는 소송수행자·대리인이 있는 경우에는 소송수행자·대리인이 송달받을 자가 되고 대리인 등이 없는 경우에는 국가기관의 장이 송달받을 자가 된다. 특허청 심사관이 직권으로 특허무효심판을 청구하는 경우 「특허청 ○○심사본부 ○○○심사팀 ○○○심사관」이라고 표기하며 심사관의 이름을 기재하지 않아도 된다.

ⓑ 지방자치단체

서울특별시, 도, 시·군이 당사자인 때에는 서울특별시장, 도지사, 시장·군수가 송달받을 자가 된다.

⑦ **송달의 일시 및 효과**

㉠ 송달의 일시

송달한 서류를 당사자에게 교부송달한 경우에는 그 발급일이 송달일이 되며 우편송달(특별송달 포함)의 경우에는 우체국의 집배원이 송달할 서류를 당사자나 가족원, 동거자 또는 사무원, 고용원에게 발급한 때이다.[56]

과거에는 아파트 경비원, 수위 또는 건물관리인에게 우편물을 전달한 경우에는 원칙적으로 정당한 송달로 보지 아니하며 송달에 따른 각종 기간의 기산일은 본인이 실제 받은 날로 하였으나 최근의 판례는 이들에 대한 송달은 적법한 것으로 판시하였다.

한편, 전산망을 이용하여 통지 또는 송달하는 경우에는 송달할 서류가 송달받을 자의 전자계산조직의 파일에 기록된 때 송달한 것으로 본다.

㉡ 송달의 효과

송달할 서류가 당사자 또는 대리인에게 송달되면 법률이 정한 바에 따라 일정한 효과가 발생하는데 심판청구서의 송달이 있으면 심판계속의 효과가 발생하고 심결문등본의 송달이 있으면 기간의 진행을 개시하는 효과가 있다.

따라서 송달이 이루어지지 않거나 위법하게 한 경우에는 이러한 법률적 효과는 발생하지 않는다.

⑧ **송달에 하자가 있는 경우**

송달은 송달이 적법하게 행하여졌을 때 효과가 발생하므로 송달보고서가 작성되지 않았거나 그 기재가 불비한 경우, 거짓의 주소지에 한 송달, 제3자에게 한 송달 등 송달에 하자가 있는 경우에는 그 송달은 무효이다. 그러나 무효의 송달이라 하더라도 송달받을 자가 이의를 주장하지 않으면 유효한 것으로 보게 된다.

송달받을 자나 송달받을 자의 주소지 등을 잘못 기재하여 송달이 이루어지지 않은 경우에는 성명이나 주소지 등을 바로잡아서 다시 송달하여야 하며 송달의 효과는 재송달에 의하여 당사자가 서류를 받은 날부터 발생한다.

---

[56] ① 특허법은 '도달주의'를 원칙으로 하고(法 28) 예외적으로 출원서, 청구서 등의 서류를 특허청에 제출하는 경우에는 '발신주의'를 인정하고 있다. 단, 국제출원서류나 특허권 및 특허에 관한 권리의 등록신청서류의 경우에는 예외 없이 도달주의를 택한다.
② 또한 우편에 의한 송달(송달대상서류는 특허법령에 의해 명시되어 있음)의 경우에는 「발신주의」를 취하지 않고 「도달주의」를 취한다. 그러나 송달받을 자가 정당한 사유 없이 고의적으로 송달받기를 거부할 때에는 발송한 날에 송달된 것으로 본다(施行令 18⑩). 제외자도 발송한 날에 송달된 것으로 본다(法 220).
참고 '도달주의'와 '발신주의'는 일반 민원인에게 편리하도록 해 놓았다. 특허출원인이 특허청에 출원서를 우편으로 제출할 때는 '발신주의'를 택하여 지리적 원근에 따른 불공평을 해소해 주었고, 특허청에서 출원인에게 발송하는 '송달서류'는 일반적인 도달주의를 취하고 있다.

⑨ 통 지

특허법상 다음의 서류는 이를 통지할 것을 규정하고 있는데 대부분이 단순히 사실통지의 성격을 갖는다.
  ㉠ 고유번호 부여(法 28조의2②)
  ㉡ 특허출원번호통지(施規 24)
  ㉢ 거절이유통지(法 63)
  ㉣ 절차에 관한 수계신청(法 22②⑦)
  ㉤ 절차중지취소(法 23④)
  ㉥ 제3자에 의한 심사청구(法 60③)
  ㉦ 정당한 권리자에 대한 통지(施規 33)
  ㉧ 심판청구사실(法 133④)
  ㉨ 상고제기사실(法 188①)
  ㉩ 국제출원에 도면이 첨부되지 않은 경우(法 194③)
  ㉪ 국제출원의 취하 간주(法 196③)

6. 특허공보

(1) 의 의

특허공보란 특허와 관련된 사항을 일반인에게 알리기 위하여 특허청이 발행하는 관보를 말한다. 특허공보는 전자적 매체(CD-ROM 등)로 발행할 수 있으며, 전자적 매체로 특허공보를 발행하는 경우 특허청장은 전산망을 활용하여 특허공보의 발행사실·주요목록 및 공시송달에 관한 사항을 알려야 한다(法 221).

특허공보는 편철과 이용상의 편의를 고려하여 「등록공보용 특허공보」와 「공개용 특허공보」로 구분하여 발간한다(施行令 19).

(2) 등록공고용 특허공보

① 분류기호
② 법 제30조에 따른 공지 등이 되지 아니한 발명으로 보는 발명에 관한 사항
③ 특허출원서에 첨부된 명세서 및 도면(법 제87조 제2항에 따른 설정등록시에 첨부된 명세서 및 도면을 말한다)
④ 분할출원 또는 변경출원에 관한 사항
⑤ 우선권주장에 관한 사항
⑥ 출원공개번호 및 공개연월일
⑦ 법 제66조의2에 따른 직권보정에 관한 사항

⑧ 법 제132조의3, 제133조의2, 제136조 또는 제137조에 따라 정정된 내용

⑨ 그 밖에 특허청장이 필요하다고 인정하는 사항

(3) 공개용 특허공보

공개용 특허공보에는 다음의 사항을 게재한다(施行令 19③). 다만, 공공의 질서 또는 선량한 풍속을 어긋나게 하거나 공중의 위생을 해할 염려가 있다고 인정되는 사항은 게재하지 아니한다.

① 출원인의 성명 및 주소(법인인 경우에는 그 명칭·영업소의 소재지)

② 출원번호·분류기호 및 출원연월일

③ 발명자의 성명 및 주소

④ 출원공개번호 및 공개연월일

⑤ 특허출원서에 첨부된 명세서·도면 및 요약서

⑥ 우선권주장에 관한 사항

⑦ 변경출원 또는 분할출원에 관한 사항

⑧ 법 제60조 제2항의 규정에 의한 출원심사의 청구사실. 다만, 출원공개시에 그 사실이 게재되지 아니한 때에는 당해 출원의 공개번호·분류기호 및 출원번호를 그 심사청구 사실과 함께 추후 발행되는 공개용 특허공보에 게재하여야 한다.

⑨ 법 제63조의 규정에 의한 특허출원의 공개에 의하여 누구든지 그 특허출원이 특허될 수 없다는 취지의 정보를 증거와 함께 특허청장에게 제공할 수 있다는 취지

⑩ 기타 특허출원 공개에 관계되는 사항

(4) 특허공보게재의 효과

특허에 관한 사항이 특허공보에 게재되어 공포되면 일정한 효과가 발생하게 된다. 따라서 출원내용이 공개용 특허공보를 통하여 공포되면 출원발명과 동일한 발명을 무단으로 실시하는 자에게 적법한 경고를 한 경우에는 보상금청구권이 발생하며, 등록공고용 특허공보가 발행된 경우에는 일반인은 특허권의 설정등록 후 등록공고용 특허공보의 발행일로부터 3개월 내에는 누구든지 특허무효심판청구를 할 수 있다.

제3장

발명과 특허

제1절 특허받을 수 있는 발명
제2절 특허요건
제3절 특허를 받을 수 없는 발명
제4절 특허를 받을 수 있는 자
제5절 직무발명

Chapter 03 발명과 특허

제1절 특허받을 수 있는 발명

I 개 요

발명이 완성되면 특허청에 특허출원을 하게 된다. 특허출원된 발명이 심사 등을 거치고 하나의 완성된 권리를 획득하게 되면 이것을 「특허」라 한다. 즉, 모든 발명이 특허를 받을 수 있는 것은 아니다. 발명이 특허를 받을 수 있기 위해서는 그 발명은 「산업상 이용가능성」, 「신규성」, 「진보성」을 갖추어야 한다. 그러면 특허를 받기 이전의 단계인 발명은 어떤 요건을 갖추어야 특허를 받을 수 있는 발명이 되는지 아래에서 설명하겠다.

II 발명의 요건

우리나라 특허법에서 말하는 「발명」이라 함은 「자연의 법칙을 이용한 기술적 사상의 창작으로서 고도한 것을 말한다」라고 규정을 하고 있는데, 이것은 독일의 석학 코올러(Kŏhle, 1849~1919)교수의 발명의 개념에 기초를 두고 있는 것으로 보인다. 코올러는 "발명이라 함은 기술적으로 표시된 인간의 정신적 창작으로서 자연을 억제하고 자연력을 이용하여 일정의 효과를 발생시키는 것을 말한다"라고 정의한 바 있으며, 대다수 국가는 이 개념을 발명의 정의로 활용하고 있다.

1. 자연법칙의 이용

(1) 자연법칙

자연법칙이란 자연계에 존재하는 일정한 원리·원칙을 말한다. 이러한 자연법칙은 뉴턴의 만유인력의 법칙이나 가속도의 법칙과 같이 자연과학상 명명이 된 것 이외에도, 물이 높은 곳에서 낮은 곳으로 흐른다거나 통나무가 물에 뜨는 것과 같이 일정원인에 의해 일정결과가 생기는 경험칙과 우리에게 아직까지 알려지지 않았지만 자연계에 이미 존재하는 자연현상까지도 포함하는 의미이다.

그러나 사람의 감성·사고력·추리력 기타 정신적 기능을 전제로 하여 발견되고 도출된 암호작성법, 피타고라스의 정리, 광고방법, 속독법, 치료법, 최면술 등과 같은 것은 자연의 법칙이 아니다.

(2) 자연법칙의 이용

① 전체로서의 이용

자연의 법칙을 이용할 때는 전체로서의 이용이어야 한다. 일부에라도 자연법칙이 이용되지 않는 부분이 있을 때에는 그것은 발명이 아니다. 이와 같은 발명은 실시할 수가 없다. 자연법칙의 이용성 여부는 청구항 전체로 판단하여야 하며, 만일 청구항에 기재된 발명의 일부에 수학공식 등이 포함되어 있더라도 청구항을 전체로 파악했을 때 자연법칙을 이용하고 있으면 발명에 해당하는 것으로 본다.

② 동일결과의 반복가능성

발명이 되기 위해서는 일정의 확실성을 가지고 동일결과를 반복할 수 있게 함으로써 발명자 이외의 제3자라도 그것의 반복실시가 가능하도록 하여야 하는바, 발명이 출원 당시의 기술수준으로 보아 개시된 수단으로는 발명자가 얻은 성과와 동일결과의 확실성 또는 반복가능성이 의심스러운 발명은 완성된 발명으로 볼 수 없다.[57]

③ 발명자의 자연법칙 인식 여부

발명자가 이용하고 하는 자연법칙에 대한 정확하고도 완전한 인식을 가지고 있지 아니하여도, 결과적으로 자연법칙을 이용하고 있으면 발명으로 인정되며, 그 발명에 이용되고 있는 자연법칙에 대하여 입증하거나 정확하고 완전한 인식을 가질 필요는 없으며, 경험상 터득한 자연법칙을 결과로써 이용한 것이면 족하다. 즉, 일정의 수단에 의하여 일정의 목적을 달성하는 것이 확실히 증명될 수 있는 한 그 발명이 어떠한 이론에 의하여 효과를 초래하는가에 대한 설명이 없어도 관계없다.

2. 기술적 사상

(1) 기술이란

기술의 사전적 의미는 ① 공예의 재주, ② 기예 학문으로 배운 이론을 실제로 응용하는 재주, ③ 과학을 실제로 응용하여 인류가 자연을 인간에 유용하도록 개변(改變)하여 가공하는 재주, ④ 물건을 취급하거나 일을 처리하는 방법이나 수단, 솜씨를 말한다. 이러한 기술에는 자연과학 분야뿐만 아니라 인문사회과학 분야의 기술도 포함된다.

---

[57] 대법원 1994.12.27. 선고 93후1810 판결
특허를 받을 수 있는 발명은 완성된 것이어야 하고 완성된 발명이란 그 발명이 속하는 분야에서 통상의 지식을 가진 자가 반복 실시하여 목적하는 기술적 효과를 얻을 수 있을 정도까지 구체적, 객관적으로 구성되어 있는 발명으로 그 판단은 특허출원의 명세서에 기재된 발명의 목적, 구성 및 작용효과 등을 전체적으로 고려하여 출원 당시의 기술수준에 입각하여 판단하여야 할 것이다.

그러나 특허법상「기술」이란 자연법칙을 이용한 기술에 한정되며, 일정한 목적을 달성하기 위한 구체적 수단으로서, 실시가능성과 반복가능성이 있어야 한다. 이는 당해 기술분야에서 평균적 수준을 가진 제3자가 행하더라도 같은 결과에 도달할 수 있어야 함을 의미한다.

즉, 지식으로서 타인에게 전달될 수 있는 객관성이 결여된 것은 기능 또는 기예라고 한다. 따라서 제3자가 발명자가 전달해 준 대로 실시하여도 발명자와 동일한 목적을 달성할 수 없는 경우에는 기술의 객관성이 없기 때문에 특허법이 규정하는 발명이 될 수 없다. 기능, 기량(技倆), 연주기술, 스포츠에서의 각종 기술 등은 특허법상의 기술에 포함되지 않는다.

(2) 기술적 사상

일반적으로 말하는 기술과 기술적 사상은 무엇에 차이가 있을까? 발명에서 말하는 것은 기술이 아니고 기술적 사상이다. 즉, 발명이란「자연의 법칙을 이용한 기술적 사상의 창작으로서 고도한 것」을 말한다.

발명과 기술은 양자 공히 자연법칙을 이용하여 목적달성을 위한 구체적인 수단적 기능을 수행한다는 점에서는 공통점을 갖게 된다. 그러나 기술은 보다 구체적이고 산업상 실제로 이용할 수 있는 수단 그 자체임에 비하여, 발명(기술적 사상)은 그와 같은 단계에까지는 아직 도달하지 아니한 보다 추상적이고 개념적인 사상이란 점에서 양자는 구별된다. 특허법상 발명은 반드시 기술 그 자체일 필요는 없으며 기술적 사상이면 족하다.

(3) 기술적 사상의 실체

발명은 기술이 아니라 기술적 사상이므로 추상성을 가지며(발명의 추상성) 동시에 그 기술적 사상은 일정한 목적을 달성하기 위한 수단으로서의 사상이기 때문에 그 범위 안에서는 구체성 내지 실현가능성이 있어야 한다.

발명은「기술적 사상」이므로「기술」에 비하여는 추상성을 띠게 됨은 당연하다. 그러나 발명은 장래 기술로서의 소임을 수행해야 할 것이므로 다른 한편으로는 목적달성을 위한 수단으로서의 구체성은 기본적으로 갖추고 있어야 한다. 다시 말하면, 발명은 기술만큼 구체적이지는 아니하다 하더라도 적어도 장래 기술로써 이용될 수 있을 정도의 구체성은 갖추고 있어야 한다. 이러한 구체성(발명의 목적, 구성, 효과)이 결여되면 미완성 발명[58]으로 된다.

---

[58] 특허법원 2001.7.20. 선고 2000허7038 판결
발명의 완성 여부는 명세서 기재요건의 충족 여부와는 구별되어야 할 것인바, 완성된 발명에 이르지 못한 이른바 미완성 발명은 발명의 과제를 해결하기 위한 구체적인 수단이 결여되어 있거나, 또는 제시된 과제해결 수단만에 의하여는 과제의 해결이 명백하게 불가능한 것으로서, ① 발명이 복수의 구성요건을 필요로 할 경우에는 어느 구성요건을 결여한 경우, ② 해결하고자 하는 문제에 대한 인식은 있으나 그 해결수단을 제시하지 못한 경우, ③ 해결과제·해결수단이 제시되어 있어도 그 수단으로 실행하였을 때 효과가 없는 경우, ④ 용도를 밝히지 못한 경우, ⑤ 발명의 기술적 사상이 실현가능하도록 완성된 것이지만 그 실시의 결과가 사회적으로 용납되지 않는 위험한 상태로 방치되는 경우 등에 해당하면 일반적으로 그 발명은 미완성 발명으로 볼 것이며, 어떤 특허출원이 특허법 제42조 제3항에서 정한 명세서의 기재요건을 충족하지 못하였다고 하여 이를 미완성 발명이라고 단정할 수는 없다고 할 것이다.

(4) 미완성 발명(구체성이 결여된 발명)

미완성 발명은 구체성이 결여된 발명이지만 장차 구체성을 갖추면 실시 가능한 발명이 될 수 있다. 열역학 제2법칙에 위배되는 영구기관의 발명 같은 것은 실시 가능한 발명이 아니다. 예를 들어 외부의 에너지 공급 없이 급수조에서 낙하하는 물 전부를 폐수되는 물이 없이 보다 높은 위치의 양수조로 끌어올린다는 것은 에너지 보전 법칙에 위배되므로, 출원발명은 자연법칙에 어긋나는 발명으로서 특허법에서 규정한 발명의 요건을 충족하지 못한다.

아래와 같은 경우는 미완성 발명으로 취급한다.

① 목적달성을 위한 수단은 제시되어 있으나 자연법칙으로 보아 그 수단으로는 소기의 목적을 달성하기가 현저하게 의심스러운 발명

② 목적달성을 위한 수단이 완전하게 기재되어 있지 않고 목적으로서의 추상적 이론 혹은 희망적 사항을 열거한 데 불과한 발명

③ 단순한 문제(과제)의 제기와 착상의 제출에 그치고 어떻게 해서 이것이 실현되는가를 알 수 없는 발명

④ 해결수단이 제시되고 있지만 아주 막연한 제안에 불과하여 어떻게 해서 이를 구체화하는가에 대해 상세한 설명이 분명하지 않은 발명

⑤ 해결수단은 제시하고 있으나 그 수단으로는 목적달성을 할 수 없다고 인정되는 발명

⑥ 구성이 구체적으로 제시되어 있어도 그 구성을 해결수단으로서 인정하기 위해선 실험결과의 구체적 뒷받침이 요구됨에도 그 뒷받침이 없는 발명 등

3. 창작성

(1) 창작의 3요소

「창작」은 새롭게 만들어 낸다는 점에서 이전부터 존재하던 것을 찾아내는 「발견」과 구별되고, 인간의 인위적 정신활동에 의하여 새롭게 만들어 낸 것을 의미하며 창작성이 없는 것은 발명이 아니다.

이와 같이 인간의 인위적인 정신활동에 의하여 새로운 것, 만들어 낸 것, 자명하지 않을 것을 창작의 3요소라고 한다.

① 새로운 것일 것

새롭다는 것은 모방이 아니고 종전 것과는 다르다는 것이다. 특허법상 새롭다는 의미는 두 군데에서 언급하고 있는바, 첫 번째는 「발명의 성립요건」에서 창작성이고, 두 번째는 「특허요건」인 발명의 신규성이다.

발명의 성립요건으로서의 창작성은 발명시를 기준하여 행하고, 특허요건으로서의 신규성은 특허출원시를 기준하여 판단하는 것으로 생각될 수 있으나 이와 같이 번잡스럽게 이중적으로 창작성을 가릴 필요는 없다. 왜냐하면 창작시(발명시)에 새로움이 있는 발명이라 하더라도 특

허출원시까지 그 새로움이 신규성으로 유지되지 않는다면 그 발명은 비록 발명의 완성시에는 창작성이 있었다 하더라도 특허출원시에는 신규성을 상실하는 것이 되어 특허를 받을 수 없게 되기 때문이다.[59] 이러한 점에서 창작성과 신규성은 실무상 특허출원시를 기준으로 하여 판단한다.

즉, 현행 심사실무는 창작에 있어서 「새로운 것」인지 여부에 대한 판단은 따로 하지 않고 특허요건인 발명의 신규성 여부 판단시(특허출원시)에 함께하고 있다. 출원주의·서면심사주의를 채용하는 현행법하에서는 창작시점을 증명하는 서면의 제출을 의무화하지 않아 출원된 발명의 창작시점의 판단이 용이하지 않기 때문이다.

② **만들어 낸 것**

특허법상 발명이란 인간의 인위적 창작성을 요건으로 하고 있으며 창작은 「새로움」을 필요로 하는 동시에 그 행위가 새로운 무엇인가를 만들어 낸 것이어야 한다. 이러한 의미에서 발명은 이미 존재하는 사실을 새로이 찾아내는 데 불과한 발견과는 개념상 구별된다.

③ **자명하지 않을 것**

특허법상 발명의 창작은 단지 새로이 만들어 낸 것만으로는 부족하고 그것이 발명이 속하는 기술분야에 종사하는 통상의 지식을 가진 자, 즉 당업자를 기준으로 할 때 자명하지 않아야 한다.

이 경우 구체적으로 창작으로서 요구되는 「자명하지 않은 정도」는 어느 정도인가에 대해서는 논란이 있을 수 있으나, 당해 기술적 사상의 창작시 통상의 전문가인 당업자의 수준에서 「극히 용이하지 않은 정도」, 즉 실용신안법상 고안의 진보성에 준하여 판단하여야 할 것이다.

(2) **발명(Invention)과 발견(Disovery)과의 관계**

발명과 발견은 새로운 것을 소개하고 도입한다는 면에서는 공통점이 있지만, 발명은 새로운 것에 대한 창작인 반면, 발견이란 이전부터 존재하고 있던 것을 새로이 찾아내는 것이라는 면에서 본질적인 차이가 있다.

그러나 발견에 의하여 발명이 만들어지는 경우도 많으며, 발명에 의하여 새로운 발견을 촉진시키는 경우도 있으므로 양자의 관계는 극히 밀접하다 할 수 있다. 물질의 특정한 성질을 발견하고, 이 성질을 독점적으로 이용하는 발명을 용도발명이라고 한다. 용도발명이라 함은 주로 화학물질과 관련하여 행하여지는 것이 보통이다. 특정 화학물질의 용도를 한정하는 것, 즉 물(物) 또는 방법의 사용목적을 한정함으로써 물(物) 또는 방법을 특정화하는 것을 의미한다.

특허법상 발명은 "기술적 창작"이어야 한다. 그런데 용도발명은 엄밀한 의미에서 창작이 아니라 발견에 불과하나, 선행기술의 물(物) 또는 방법에서 특정 용도를 발견한 점에 대하여 발명으로 인정하고 있는 것이다.

---

[59] 천효남, 전게서, p.182

예를 들면, 화학물질이 고혈압 치료에 유효한 것을 알고 그 용도에 사용해 오던 중 그 약이 혈압조절기능보다는 발모기능이 더 뛰어남을 알게 되는 경우가 있다. 살충제로 널리 알려진 DDT도 사실은 뒤늦게 용도가 발견된 예이다. DDT를 염료로 사용하기 위해서 합성한 것이 1875년이며 그 후 DDT가 살충제로 알려진 것은 1938년이다.[60] 우리 특허법은 용도발명에 대하여 「특허」로써 보호하고 있다.

4. 고도성

특허법은 발명의 정의규정에서 "발명이란 자연법칙을 이용한 기술적 사상의 창작으로서 고도한 것을 말한다"라고 하여 고도성을 규정하고 있다. 발명의 고도성이라 함은 당해 발명이 속하는 기술분야의 통상의 지식을 가진 자에 대하여 자명하지 아니한 것으로 창작의 수준이 높은 것을 말한다.

다만, 실용신안법과의 관계에서 고안과 별개의 것으로 판단할 것인가에는 학설이 나누어지고 있다. 즉, 특허법상의 발명과 실용신안법상의 고안은 논리적으로 별개의 것이므로 고도성에 대해 그 의의를 고려하여야 한다는 해석(적극설)과 고도성은 특허법상과 실용신안법상의 제도적 구별에 불과하며 실체적으로는 차이가 없다(소극설)는 해석으로 나누어지고 있다. 발명자는 자신의 발명이 갖는 고도성에 대한 판단에서 실용신안으로 출원하기도 하며, 고도성에 대한 판단에도 불구하고 단지 출원의 용이(容易)를 이유로 실용신안법상의 보호를 받기도 한다. 따라서 발명의 고도성은 특허법상 발명과 실용신안법상 고안을 구별하기 위한 개념으로서 기술적 사상의 창작 중 비교적 기술의 정도가 높은 것을 발명으로, 그렇지 못한 것을 고안으로 본다는 소극설의 입장이 타당하다고 본다.

한편 창작의 고도성과 발명의 진보성과의 관계를 어떻게 보는가에 대하여는 학설상 객관설과 주관설이 나누어지기도 한다. 즉, 고도성은 발명의 성립요건이고, 진보성은 발명의 특허요건이지만, 양자는 판단하는 시점을 달리하는 데 불과하다고 해석하는 객관설과, 고도성은 실용신안법상의 고안과 정의상 구별하기 위한 것이고 그 이상의 의미는 없으며 창작자 스스로 고도라고 생각하면 고도라고 해석하는 주관설이 있다. 그러나 실무상 큰 차이가 발생하지 않는다는 점에서 실익이 없는 논의라 하겠다. 이와 같이 발명이 고도성을 결여한 경우에는 발명의 성립요건이 결여된 발명이 되며, 특허요건의 전제조건인 발명이 아니므로 당연히 거절할 수 있다. 다만, 발명의 고도성에 대한 기준설정은 매우 어려운 과제이며, 결국 심사관 등의 주관에 의한 자의적인 가치판단에 의지하지 않을 수 없다는 비판이 있다.

---

[60] DDT라는 화학물질은 염화벤졸과 클로랄(수면약)이 유산의 촉매반응에 의하여 얻어진 물질로서 1874년 독일학자에 의하여 합성되었다. 이 물질로부터 살충성분을 발견한 자는 섬유의 유충에 대한 살충제를 연구하던 뮬러박사(1938, 스위스 Geigy: 현 Novartis사)이다.

Ⅲ 발명의 성립성에 위반되는 유형

발명의 성립이 되지 않는 발명은 발명의 완성시점(실무상으로는 출원시점이 됨)에서 발명으로서 성립성을 인정받지 못하는 발명으로 「비발명」과 「미완성발명」이 있다.

1. 비발명

(1) 자연법칙 그 자체

자연법칙 자체는 이미 자연계에 존재하는 법칙이고, 발명은 자연계에 존재하는 자연법칙을 이용하여 주어진 과제를 해결하기 위한 기술적 사상을 창작하는 것이므로 만유인력의 법칙이나 열역학 제2법칙, 에너지 보존의 법칙, 가속도의 법칙 등과 같은 자연법칙 그 자체는 발명에 해당되지 않는다.

(2) 발 견

발견이란 자연계에 이미 존재하는 것을 단순히 찾아내는 것으로서 창작이 아니므로 발명에 해당되지 않는다. 천연물은 발견이나, 천연물에서 인위적으로 분리하는 방법을 개발한 경우 그 방법은 발명에 해당되며, 또 그 분리된 화학물질 또는 미생물 등도 발명에 해당된다.

(3) 자연법칙에 위배된 것

발명은 자연의 법칙을 이용하여야 하므로 자연법칙에 위배됨으로써 반복가능성이 없는 것, 즉 영구운동을 전제로 한 「영구기관에 관한 발명」이 있다. 이러한 발상은 에너지가 100% 변환전달된다는 오해에 기인한 것으로 이는 자연법칙에 의하여 실현될 수 없는 원리를 전제로 한 것이어서 특허법상의 발명으로서의 성립요건을 결하고 있다. 특허청구항에 기재된 발명의 일부라도 자연법칙에 위배된 부분이 있으면 발명에 해당되지 않는다.

(4) 자연법칙의 이용이 아닌 것

자연법칙 이외의 법칙, 즉 계산방법, 컴퓨터프로그램, 작도법, 암호작성방법, 과세방법, 최면술, 게임방법 또는 상품의 진열방법 등에 관한 새로운 창작은 인간의 순수한 지능적·정신적 활동 또는 인위적인 약속에 의하여 이루어진 수학상·논리학상(심리학상) 또는 경제학상의 원리에 불과할 뿐 자연법칙을 이용한 인간의 창작행위는 아니므로 이들은 특허법상의 발명이 될 수 없다. 그러나 이들 공식들이 포함되어 있더라도 특허청구항을 전체로 파악했을 때 자연의 법칙을 이용하고 있으면 발명에 해당된다.

(5) 기 능

기능은 개개인이 숙련에 의해 단련된 것으로 악기 연주방법, 볼을 손가락으로 잡는 방법과 투구방법 등 여러 가지가 있으며 이는 지식으로 제3자에게 전달될 수 있는 객관성이 결여되어 있다. 따라서 기능은 발명에 해당되지 않는다.

(6) 단순한 정보의 제시

정보의 제시가 신규한 기술적 특징을 가지고 있으면 정보제시의 그 자체, 정보제시의 수단, 정보제시 방법 등은 발명에 해당될 수 있다. 그러나 컴퓨터프로그램 리스트 자체나 녹음된 음악에만 특징이 있는 녹음된 CD, 자기테이프 등은 단순히 제시되는 정보이므로 발명에 해당되지 않는다.

(7) 미적 창작물

미적 창작물은 기술적인 면 이외의 면을 가지며 그 평가도 본질적으로 물품에 대하여 주관적으로 이루어지는 것이다. 따라서 미적 효과 그 자체는 특허성이 없으며, 발명에 해당하지 않는다. 그러나 미적 효과가 기술적 구성 혹은 다른 기술적 수단에 의하여 얻어지는 것일 경우 미적인 효과를 얻기 위한 수단은 발명에 해당될 수 있다.

(8) 컴퓨터 프로그램 언어 자체, 컴퓨터 프로그램 자체

컴퓨터 프로그램은 컴퓨터를 실행하는 명령에 불과한 것으로 컴퓨터 프로그램 자체는 발명이 될 수 없다.

(9) 반복하여 동일한 효과를 얻을 수 없는 것

발명의 목적을 달성하기 위한 수단이 형식적으로 제시되어 있으나 그 제시한 수단에 의하여 발명자가 얻은 성과와 객관적으로 동일한 결과를 얻을 수 없는 경우, 즉 반복하여 실시할 수 없는 것은 발명에 해당될 수 없다.

2. 미완성 발명

발명의 구체성이 결여되어 있거나 또는 제시된 과제 해결수단만으로는 과제의 해결이 명백하게 불가능한 것은 미완성 상태의 것으로서 발명에 해당되지 않는다. 미완성 발명의 구체적 판단기준에 대하여는 앞에서 이미 설명하였다.

Ⅳ 발명의 성립성이 문제되는 경우

1. 미생물발명 및 식물발명

미생물발명이란 미생물발명 또는 미생물에 관한 발명을 말한다. 미생물이란 곰팡이, 효모, 세균, 바이러스, 방선균, 원생동물, 단세포 등을 의미한다. 우리나라는 그간 「미생물」 자체의 특허를 인정하지 아니하였으나 1987년 7월 1일 물질 특허의 도입과 함께 미생물발명도 특허를 허용하고 있다.

미생물 관련발명은 일정한 확실성 및 반복가능성이 미약하기 때문에 발명의 성립성이 문제가 된다. 미생물 관련발명의 경우, 발명이 속하는 기술분야에서 통상의 지식을 가진 자가 미생물 등을 용이입수할 수 없는 경우에는 특허출원 전에 미생물 등의 기탁을 하여야 하며 기탁사실을 명세서에 기재하고 출원시 증명서류를 첨부한 경우에 한해 발명의 성립성이 인정된다.[61] 다만, 발명이 속하는 기술분야에서 통상의 지식을 가진 자가 미생물 등을 용이입수할 수 있는 경우에는 입수방법 등을 명세서에 기재하면 된다.

식물발명이란 기술사상이 식물과 관련하여 표현된 발명을 말한다. 우리나라 특허법은 식물발명 모두를 특허의 대상으로 하고 있으며(2006. 3. 3. 개정)[62], 식물발명의 경우 일정한 반복생산가능성을 위해 발명의 특성을 재현할 수 있는 육종경과를 상세히 기재하여야만 발명의 성립성이 인정된다.

특허법상 '식물발명'과 종자보호법상의 '식물의 품종' 보호를 비교해 보면 특허법상의 식물발명의 등록요건은 신규성, 진보성, 산업상 이용가능성, 반복가능성이고 종자산업법상 식물품종의 등록요건은 신규성, 구별성, 균일성, 안정성, 품종의 명칭이다.

이러한 특허제도(특허법)와 식물품종보호제도(종자산업법)는 보호대상, 등록요건 등이 서로 다른 상호 독립된 제도로서 일방의 제도가 적용되면 타방의 제도가 불필요한 것이 아니라 양 제도는 상호 보완의 관계가 있으며 식물품종보호제도는 각각의 식물품종 그 자체만이 해당되나, 유·무성 번식의 식물, 육종방법, 식물유전자 등의 식물관련 기술은 특허제도에 의해서만 보호될 수 있다.

---

61) 대법원 1997.3.25. 선고 96후658 판결
구 특허법 시행령(1987. 7. 1. 대통령령 제12199호로 개정되기 전의 것) 제1조 제3항의 규정 취지는 극미의 세계에 존재하는 미생물의 성질상 그 미생물의 현실적 존재가 확인되고 이를 재차 입수할 수 있다는 보장이 없는 한 그 발명을 산업상 이용할 수 있는 것이라 할 수 없기 때문에 신규의 미생물은 이를 출원시에 기탁하게 하고, 다만 그 존재가 확인되고 용이하게 입수할 수 있는 미생물은 기탁할 필요가 없게 한 것인바, 따라서 미생물을 이용한 발명의 출원에 있어서는 그 명세서에 관련 미생물을 용이하게 입수할 수 있음을 입증하거나, 또는 특허청장이 지정한 기탁기관에 관련 미생물을 기탁하였다는 서면을 첨부하여야 하고, 그렇지 아니한 경우에는 이 발명은 미완성 발명으로 인정될 뿐이므로 특허청장이 반드시 그 관련미생물의 기탁에 대하여 보정을 명하여야 하는 것은 아니다.
62) 구법 제31조에서는 「무성적으로 반복 생식할 수 있는 것」으로 규정되어 있다가 개정법(2006. 3. 3.)에서 삭제되었다. 현재는 유·무성 번식 식물에 대한 특허가 전부 가능하다.

2. 용도발명

앞의 "창작성" 편에서 "발명과 발견"과의 관계에서 설명한 바 있듯이 용도발명이란 특정의 물질 또는 화합물에 대하여 물질 자체가 지니는 특성(용도)을 발견하고 새로운 용도로의 이용과정에서 창작성 요소가 존재하는 것으로서, 원칙적으로는 발견이지만 창작성 요소가 특허법상 보호해 줄 가치가 있기 때문에 특허법상 발명의 성립성이 인정되고 있다.

3. 컴퓨터 프로그램 발명

컴퓨터 프로그램은 앞에서 설명한 자연법칙을 이용한 것이 아니다. 그러나 자연법칙을 이용한 컴퓨터(기계)와 컴퓨터 소프트웨어가 합해져서[63] 특정한 목적을 달성하는 경우에는 예외적으로 발명의 성립성을 인정하고 있다.

Ⅴ 발명과 노하우의 비교

1. 노하우(know-how)의 정의

노하우(know-how)란 비밀로 관리되는 기술적 지식이나 경험 등을 총칭하는 개념으로 발명보다 낮은 수준의 기술을 의미하는 것으로 사용되기도 하고, 특허출원 전의 발명을 말하기도 하며, 공개 안 된 특허출원 중인 특허(Patent Pending)를 말하기도 한다. 노하우는 기술적 노하우와 영업적 노하우로 구별되며 일반적으로 노하우라 함은 기술적 노하우를 말한다. 그러나 노하우는 계약 기타 법률관계에 있어 그 목적과 필요에 따라 그 의미 및 범위가 실제로 확정지워지는 것이므로 추상적으로 정의하는 것은 그다지 실익이 없다고 보여지지만, 대체로 노하우는 특허적격인 것을 포함해 특허를 부여받지 않은 발명, 기술제조방법, 판매방법, 경영방법과 비밀로 행하는 정보로서 일반적으로 특허발명보다 기술범위가 넓은 것으로 이해된다.

---

[63] 대법원 97후2507
출원발명이 기본워드에 서브워드를 부가하여 명령어를 이루는 제어입력포맷을 다양하게 하고 워드의 개수에 따라 조합되는 제어명령어의 수를 증가시켜 하드웨어인 수치제어장치를 제어하는 방법에 관한 것으로서, 결국 수치제어입력포맷을 사용하여 소프트웨어인 서브워드부가 가공프로그램을 구동시켜 하드웨어인 수치제어장치에 의하여 기계식별·제어·작동을 하게 하는 것일 뿐만 아니라 하드웨어 외부에서의 물리적 변환을 야기시켜 그 물리적 변환으로 인하여 실제적 이용가능성이 명세서에 개시되어 있다는 이유로 그 출원발명을 자연법칙을 이용하지 않은 순수한 인간의 정신적 활동에 의한 것이라 할 수는 없다.

2. 발명과 노하우의 차이

발명은 공개를 전제로 하여 독점배타적인 특허권을 부여하는 것이며, 노하우는 그 기술비결이 공개될 경우 생명력을 잃게 되므로 노하우는 비밀로서 관리되고 있을 때만 의미를 갖고 있다는 점에서 양자는 구별이 된다. 특허권의 경우 권리침해가 되면 특허법에 의거 민·형사적으로 보호를 받을 수 있지만 know-how의 소유자는 이러한 법적 보호수단을 이용할 수 없으며 자력으로 기술비결을 관리·이용하여야 한다. 다만, know-how를 종업원 등이 부정한 방법으로 외부에 누설할 경우라면 그 한도 내에서 법적 책임을 물을 수 있을 뿐이다.

이와 같이 특허의 대상인 발명과 기술비결인 know-how는 공개와 비공개(비밀성)라는 관리상의 본질적 차이로 인하여 다같은 지적재산이지만 양자는 배타성 유무라는 효력상의 근본적 차이를 갖게 된다.

노하우는 원래 특허법의 영역에는 존재하지 않지만 특허권과 같이 무체재산의 일종으로서 실시권 계약에 의해 특허권과 함께 혹은 특허권과 분리되어 독자적으로 거래의 대상이 되고 있다.[64]

▎특허권과 노하우의 비교

구 분	특허권	노하우
내용의 공개	공개필수	비밀유지필수
특허요건	신규성, 진보성 등 특허요건 구비 必要	특허요건 不要 (특허로 보호될 수 없는 기술이라도 노하우로 보호될 수 있음)
보호범위	청구범위 기재사항	불명확
보호기간	존속기간 중	비밀유지기간 중
독점배타성	有	無
보호방법	침해에 대하여 민사상, 형사상 구제조치 가능(일정한 경우를 제외하고 모든 자에 대하여 권리행사 가능)	계약내용에 따라 보호됨. (부정경쟁방지 및 영업비밀보호에 관한 법률에 의한 보호 가능. 단, 고용관계 또는 신뢰관계에 있는 자에게만 권리주장 가능)

---

64) UNCTAD, Restrictive Business Practice, New York, 1972, para 65

Ⅵ 발명의 종류

1. 의의

특허법은 발명이 어떠한 형태로 되어 있느냐에 따라 발명의 실체(카테고리: category)를 구분해 놓고 있다. 그 카테고리는 물건발명, 방법발명, 물건을 생산하는 방법의 발명 등 3가지로 구분하고 있는데 크게는 물건발명과 방법발명으로 나누어 볼 수 있다.

2. 발명의 종류

(Ⅰ) **내용상 분류**

① 물건의 발명과 방법의 발명

㉠ 개념

물건발명이라 함은 기술적 사상의 창작인 발명이 일정한 유체물인 물건이나 원재료인 물질에 나타나고 있는 경우를 말한다. 이러한 물건발명은 기계·기구·장치·시설과 같은 제품에 관한 발명인 "협의의 물건발명"과 화학물질이나 조성물과 같은 물질 자체의 발명인 "물질발명"으로 구분할 수 있다.

「방법의 발명」이란 기술적 사상이 일정의 방법으로 구체화되는 경우를 말한다. 이들 발명의 구별의 의의는 그 종류에 따라 발명의 내용과 특허권의 효력상에 차이가 있기 때문이다.

㉡ 물건의 발명과 방법의 발명 종류

「물건의 발명」에는 물질에 관한 발명이 포함되는 개념으로서 제품적인 물건(기계, 기구, 장치, 시설 등)발명, 재료적인 물질(화학물질, 조성물 등)발명, 물질의 특정성질을 이용한 물건발명(용도발명), 물건을 취급하는 물건발명 등이 있고 「방법의 발명」에는 통상의 방법(측정방법, 포장방법, 살충방법, 분석방법, 제어방법, 통신방법)발명, 물건(물질)을 생산하는 방법(나일론의 제조방법 등)발명이 있다.

㉢ 구별기준

물건발명이냐 방법발명이냐의 구체적 판단은 발명의 명칭이나 청구범위의 표현에 따라 결정되는 것이 아니라 발명의 실체에 의하여 정하여진다. 출원인이 물건의 발명이라고 표현하여 발명의 명칭 및 청구범위를 기재하더라도, 그 실체가 그 물건의 생산방법에 관한 발명인 경우에는 특허출원인의 선택 여부와는 관계없이 물건의 생산방법의 발명이라고 보아야 할 것이다. 즉, 방법의 발명이란 시간적 요소를 발명의 필수적 구성요건으로 하게 되며, 그렇지 않은 것은 물건의 발명이다.[65]

---

[65] "시간적 요소"란 시간의 경과에 따라 발명의 내용이 실현되는 것을 말한다. 예 $A+B \xrightarrow[\text{(시간경과 후)}]{} C$를 얻는 방법 등

ⓡ 변경출원

협의의 물건발명(물품의 형상·구조·조합에 관한 발명)의 경우 실용신안등록출원으로 변경출원할 수 있으나, 물질발명이나 방법발명의 경우에는 실용신안등록출원의 보호대상인 물품의 형상·구조 또는 조합이 아니기 때문에 변경출원할 수 없다.

ⓜ 물건의 생산방법의 발명과 생산방법의 추정66)

ⓐ 물건을 생산하는 방법의 발명에 관하여 특허가 된 경우에 그 물건과 동일한 물건(신규의 동일물)은 그 특허된 방법에 의하여 생산된 것으로 추정한다. 다만, 그 물건이 방법발명의 특허출원 전에 국내외에서 공지되었거나 공연히 실시된 물건, 방법발명의 특허출원 전에 국내 또는 국외에서 반포된 간행물에 게재되거나 전기통신회선을 통하여 공중이 이용가능한 물건인 경우에는 그러하지 아니하다(法 129).

ⓑ 특허법은 물건의 생산방법의 발명(제조방법발명)의 경우 그 특허권의 효력을 그 방법의 사용뿐 아니라 그 방법의 사용에 의하여 직접 생산된 제품에까지 미치도록 한 점(法 2.3)과, 신규의 동일물은 동일한 방법으로 생산되리라는 개연성이 높다는 경험칙에 따라 신규의 동일물인 경우 동일한 방법으로 생산된 것으로 법률상 추정케 함으로써 입증책임을 침해자에게 전환(法 130)시켜 특허권자를 입증의 곤란에서 구제하려는 점에 있어서는 의의가 있다고 할 것이다.

② **기본발명과 개량발명**

개량발명은 기본발명 또는 선행발명에 대한 기술적 흠을 해결한 발명을 말하며, 선행발명에 대해 새로 부가한 개량적 작용효과가 나타나는 구성에 대해서만 발명이 성립한다.

「기본발명」이란 그 발명이 속하는 분야에서의 기술문제를 최초로 해결한 발명을 말하며, 개척발명(pioneer invention)이라고도 한다. 기본발명은 그 속성상 발명에 따른 노력의 공헌도가 크므로 그만큼 기술적 보호범위를 넓게 인정받을 수 있다. 여기서 주의할 점은 개량발명이 기본발명보다 진보성이 인정되어 받은 발명, 즉 기본발명 A 위에 B를 추가하여 기능이 향상된 A+B라는 발명품이 나왔다면, 기본발명 A 부분을 제작할 때는 A 부분의 권리를 가지고 있는 선출원인에게 동의를 받아야만 당해 발명을 실시할 수 있다(法 98).67)

③ **결합발명과 비결합발명**

결합발명이라 함은 하나의 기술적 문제해결을 위하여 여러 개의 장치 또는 수단·방법 등 기술사상을 결합한 발명을 말하며, 비결합발명이란 장치 또는 수단·방법 등 기술사상을 결합하지 않은 발명을 말한다. 결합발명은 조합발명과 주합발명으로 구분된다. 결합되는 장치·수단·방법 등이 공지인 것이냐 아니냐에 관계없이 그 요소의 조합(combination)에 의해 상승적 효과가 나타나고, 그것이 신규의 양호한 효과를 발휘하는 조합발명은 특허성이 인정된다.

---

66) "그 물건을 생산하는 방법"이 아닌 "방법발명"인 경우는 그 방법을 사용하는 행위 자체만 침해대상이다.
67) 이러한 관계를 "이용관계"라 한다.

한편 주합발명이란 공지공용인 요소의 단순한 집합(aggregation)에 불과하여 상승적 효과가 없고, 각 요소의 작용효과를 단순히 합치는 데 지나지 아니한 발명을 말한다. 즉, 주합발명은 특허성이 인정되지 않는다.

(2) 주체상의 분류

① 직무발명과 자유발명

「직무발명」이란 사용자와 종업원과의 협력하에서 성립된 발명을 말하고(發振法 2.2), 「자유발명」이란 종업원이 한 발명이 사용자와 특별히 연관되지 아니하고 독자적으로 한 발명을 말한다.

② 단독발명과 공동발명

「단독발명」이란 발명의 완성자가 1인인 경우를 말하며, 「공동발명」이란 2인 이상이 공동으로 발명을 완성한 경우를 말한다(法 33②, 法 44).

(3) 컴퓨터프로그램 관련발명

① 의 의

특허법에서는 '컴퓨터프로그램'에 관하여 직접 정의를 내리지 않고 있으며 저작권법 제2조 제16호에 의하면 컴퓨터프로그램 저작물은 "특정한 결과를 얻기 위하여 컴퓨터 등 정보처리 능력을 가진 장치 내에서 직접 또는 간접으로 사용되는 일련의 지시·명령"으로 정의하고 있다. 그러나 컴퓨터프로그램[68] 관련발명은 두 가지 법에 의하여 보호를 받는다. '컴퓨터프로그램' 그 자체는 저작권법[69]에 의해 보호를 받고 있으며, 또한 컴퓨터프로그램이 어떤 장치나 시스템(컴퓨터 본체 등) 내에서 특정의 기술적 목적을 달성하는 기능실현의 수단으로 이용될 때는 「특허법상」 발명으로 보호해 주고 있다.[70]

② 컴퓨터프로그램 발명

컴퓨터는 하드웨어와 소프트웨어로 구성되어 있는바 여기서 컴퓨터프로그램이라 함은 본질적으로 그 형상이 없는 무형의 것으로 테이프·디스크·드럼 등의 유체물을 통하여 보관되며, 하드웨어의 도움 없이는 프로그램 자체만으로 독자적으로 작동하지 못하는 것을 말한다.

③ 컴퓨터 관련발명의 종류

컴퓨터 관련발명은 크게 컴퓨터 자체(기계장치 등)에 관한 발명, 컴퓨터프로그램 관련발명, 마이크로프로세서를 이용한 발명 등으로 구분되며, 여기서 문제가 되는 것은 컴퓨터프로그램 관련발명이다.

---

[68] 프로그램(program)과 소프트웨어(software)의 차이점은 소프트웨어는 프로그램을 작성하고 실행시키기 위한 시스템이라고 정의할 수 있고 여기에는 프로그램 이외에도 시스템 설계도, 순서도(flowchart), 매뉴얼(manual) 등도 포함되므로 프로그램보다는 더 넓은 의미의 용어라고 할 수 있다.

[69] 컴퓨터프로그램 자체는 1986년 12월 31일 제정된 「컴퓨터프로그램보호법」에 의해 보호되어 오다가 2009년 저작권법에 다시 편입되었다.

[70] 특허법상으로 우리나라는 1984년 12월부터 「컴퓨터 관련발명에 관한 심사기준」을 마련하여 시행 중에 있다.

④ **컴퓨터프로그램 관련발명의 성립성**
  ㉠ 원 칙
    컴퓨터프로그램 관련발명이 특허법상의 발명으로 인정되기 위한 요건은 컴퓨터프로그램에 의한 정보처리에 자연법칙이 이용되고 있어야 하고, 하드웨어인 컴퓨터가 이용되고 있어야 하며, 컴퓨터프로그램 관련발명이 산업상 실제로 이용할 수 있는 구체적 수단이어야 한다.

  ㉡ 컴퓨터프로그램 관련발명의 범주
    ⓐ 물건의 발명
      데이터 구조 또는 컴퓨터프로그램이 컴퓨터가 판독할 수 있는 매체에 기록된 경우에는 성립성이 인정된다. 이것은 데이터 구조 또는 컴퓨터프로그램과 그 매체 사이에 구조적 및 기능적 상호 관련 작용에 의하여 발명이 실현되기 때문에 적법한 특허대상이 된다.
      예 워드프로세싱 편집 방법을 기록한 ROM
      그러나 데이터 구조가 컴퓨터가 판독할 수 있는 기록매체에 저장된 경우이긴 하나 그 데이터와 컴퓨터에 의해 수행되는 아무런 기능적 상호 관련성이 없는 경우는 적법한 특허대상이 아니다. 예를 들면 음악 CD의 경우 CD는 단순히 어떤 자료 또는 데이터를 운반하는 용기에 지나지 않기 때문에 적법한 특허대상이 되지 않는다.

    ⓑ 방법의 발명
      컴퓨터프로그램이 방법발명 중에 청구되어 컴퓨터가 프로그램의 명령을 실행하는 경우에는 방법발명이 된다. 컴퓨터프로그램 관련발명이 시계열적으로 연결된 일련의 처리 또는 조작, 즉 절차로서 표현할 수 있을 때 그 절차를 반드시 특정하여야 「방법의 발명」이 된다.
      예 컴퓨터에 의한 화상처리방법
      그러나 청구된 방법의 동작이 숫자, 추상적인 아이디어 또는 이러한 것들을 표시하는 신호들만을 조작하는 경우에 그 동작은 특허의 대상으로 인정하지 않는다. 따라서 한 집합의 숫자들을 다른 집합의 숫자들로 변환하는 수학적 연산만으로 구성된 프로세스는 특허대상이 되지 않는다.
      예 십진수를 이진수로 전환하는 방법, 행렬을 계산하는 방법 등 단순한 계산방법

    ⓒ 프로그램기록매체
      「기록매체」란 컴퓨터가 읽어서 실행할 수 있는 형태로 기록된 소정의 매체를 말하며, 플로피디스크뿐만 아니라 CD-ROM 또는 컴퓨터의 메인보드에 장착된 ROM, RAM 등을 포함하여 널리 컴퓨터의 동작에 필요한 정보를 담을 수 있는 모든 것을 포함한다고 볼 수 있다. 컴퓨터프로그램을 기록한 컴퓨터로 읽을 수 있는 "기록매체"를 청구한 경우에 컴퓨터프로그램의 기능을 실현 가능하게 하는 매체와 컴퓨터프로그램 간의 구조적·기능적 상호관계를 정의하고 있으면 특허대상이 될 수 있다.

> **예1** 컴퓨터에 절차A, 절차B, 절차C를 실행하기 위한 프로그램을 기록한 컴퓨터로 읽을 수 있는 기록매체
> **예2** 컴퓨터에 수단A, 수단B, 수단C를 기능시키기 위한 프로그램을 기록한 컴퓨터로 읽을 수 있는 기록매체
> **예3** 컴퓨터에 기능A, 기능B, 기능C를 실행하기 위한 프로그램을 기록한 컴퓨터로 읽을 수 있는 기록매체
> **예4** A구조, B구조, C구조를 가지는 데이터가 기록한 컴퓨터로 읽을 수 있는 기록매체

이러한 기록매체는 「물건의 발명」에 해당된다. 컴퓨터프로그램에 관한 방법의 발명이나 데이터구조가 「기록매체」에 담겨져 불법복제, 판매가 되면 이는 기록매체 발명의 실시에 해당되어 특허권의 침해행위가 된다.

(4) 전자상거래 관련발명

① 의 의

「전자상거래 관련발명[Business Method(Model)]」이란 영업방법이 컴퓨터상에서 수행되도록 컴퓨터기술에 의해 구현된 발명을 말한다. 이들 발명은 컴퓨터에 의하여 구현되므로 넓게는 컴퓨터프로그램 관련발명에 속한다. 따라서 전자상거래 관련발명에 관한 출원의 심사를 할 때에는 전자상거래 관련발명에 대한 심사지침에서 별도로 언급한 사항 이외에는 컴퓨터프로그램 관련발명의 심사지침을 따른다.

② 특허요건

㉠ 발명의 성립

비즈니스 방법(business method) 발명이 성립하기 위해서는 컴퓨터상에서 소프트웨어에 의한 정보처리가 하드웨어를 이용하여 구체적으로 실현되고 있어야 하며[71], 여기에서 「소프트웨어에 의한 정보처리가 하드웨어를 이용하여 구체적으로 실현되고 있어야 한다」는 것은 소프트웨어가 컴퓨터에 의해 단순히 읽혀지는 것에 그치지 않고, 소프트웨어와 하드웨어가 구체적인 상호 협동 수단에 의하여 사용목적에 따른 정보의 연산 또는 가공을 실현함으로써 사용목적에 대응한 특유의 정보처리장치 또는 그 동작방법이 구축되는 것을 말한다.[72]

---

71) 특허법원 2002.3.22. 선고 2001허4586 판결: 일반적으로 비즈니스모델 발명이라 함은 정보 기술을 이용하여 실현한 새로운 비즈니스 시스템이나 방법에 관한 발명 내지는 영업을 행하는 방법을 말하고, 이러한 일반적인 비즈니스모델 발명에 속하기 위하여는 컴퓨터에서 소프트웨어에 의한 정보처리가 하드웨어를 이용하여 구체적으로 실현되고 있어야 하는데, 이 사건 출원발명 제1항에서는 소프트웨어와 하드웨어가 연계되는 시스템이 구체적으로 실현되고 있는 것도 아니므로, 이러한 일반적인 비즈니스모델 발명의 범주에 속하지 아니한다.

72) 대법원 2003.5.16. 선고 2001후3149 판결: 명칭을 "생활쓰레기 재활용 종합관리방법"으로 하는 출원발명은 전체적으로 보면 그 자체로는 실시할 수 없고 관련 법령 등이 구비되어야만 실시할 수 있는 것으로 관할 관청, 배출자, 수거자 간의 약속 등에 의하여 이루어지는 인위적 결정이거나 이에 따른 위 관할 관청 등의 정신적 판단 또는 인위적 결정에 불과하므로 자연법칙을 이용한 것이라고 할 수 없으며, 그 각 단계가 컴퓨터의 온라인(on-line)상에서 처리되는 것이 아니라 오프라인(off-line)상에서 처리되는 것이고, 소프트웨어와 하드웨어가 연계되는 시스템이 구체적으로 실현되고 있는 것도 아니어서 이른바 비즈니스모델 발명의 범주에 속하지도 아니하므로 이를 특허법 제29조 제1항 본문의 "산업상 이용할 수 있는 발명"이라고 할 수 없다.

그리고 비즈니스 방법발명이 발명으로서 완성되기 위해서는 청구범위의 기재가 단순한 아이디어를 제기하는 수준에 머물러서는 안 되고, 발명의 목적을 달성하기 위한 필수불가결한 모든 구성들이 구체적이고 명확하게 기재되어야 한다. 따라서 비즈니스방법(BM) 발명이 성립하려면, 전체로서 판단된 청구항이 사람의 정신활동 등을 이용한 것이거나 단순히 컴퓨터나 인터넷의 범용적인 기능을 이용하고 있는 것이어서는 안 되고, 컴퓨터 시스템상에서 소프트웨어와 하드웨어의 구체적인 상호 협동 수단에 의하여 특정한 목적 달성을 위한 정보의 처리를 구체적으로 수행하는 정보처리장치 또는 그 동작방법이 구축됨으로써 컴퓨터나 인터넷이 단순히 이용되는 것 이상의 새로운 효과를 발휘할 수 있는 것이어야 한다.[73]

아울러, 청구항에서 영업방법의 각 단계가 컴퓨터상에서 수행되게 하기 위한 구성을 한정하고 있다고 하더라도 수학적 알고리즘 자체 또는 산업상 이용가능성의 한정이 아닌 기재는 산업상 이용할 수 있는 구체적 수단이 아니므로 특허를 받을 수 없다.

ⓒ 신규성

영업방법상의 특징과 컴퓨터 기술 구성상의 특징이 결합되어 있으므로 출원발명과 인용발명이 동일한 영업방법상의 특징을 가지고 있더라도 그 컴퓨터 기술 구성상의 차이가 있으면 신규성이 있는 것으로 판단된다.

ⓒ 진보성

비즈니스 방법발명(business method)은 영업방법상의 특징과 컴퓨터기술 구성상의 특징이 결합되어 있는 발명으로서, 소프트웨어의 특허 중 그 내용이 영업발명과 관련 있는 것을 말한다. '영업방법'과 '컴퓨터소프트웨어'의 결합이라는 비즈니스 방법발명의 특성과 관련하여 ⓐ 진보성 있는 영업방법을 진보성 있는 소프트웨어로 구현하는 경우에 비즈니스 방법발명 전체의 진보성을 인정하는 것과 ⓑ 진보성 없는 영업방법을 종래의 소프트웨어로 구현하는 경우에 진보성을 부인하는 것에는 각 문제가 없다. 그러나 ⓒ 진보성 있는 영업방법을 종래의 소프트웨어로 구현하거나 ⓓ 종래의 영업방법을 진보성 있는 소프트웨어로 구현하는 경우에는 비즈니스 방법발명 전체의 진보성을 판단하는 것은 쉬운 일이 아니다.

비즈니스 방법발명의 본질이 어디까지나 컴퓨터프로그램 발명이라는 점을 강조하면 프로그램 자체에 대하여 진보성이 인정되는 ⓓ의 경우에 한하여 진보성을 인정하되, 다만 ⓒ의 경우에도 영업방법의 독창성이 매우 강한 경우에는 이를 구현하는 소프트웨어의 진보성이 다소 떨어지더라도 전체로서의 발명의 진보성을 인정하는 것이 논리적이라 할 것이며, 또한 비즈니스 방법발명이 다른 발명과는 달리 '자연법칙의 이용'이라는 물리적 측면보다는 '창조적인 아이디어' 자체에 발명성을 인정하는 면이 강하다는 점을 고려하면 ⓒ의 경우에도 진보성을 인정하기가 쉬울 것이다.[74]

---

[73] 특허법원 2005허11094 ; 2006허8910
[74] 한국특허학회, 특허판례연구(박영사), p.201

㉣ 기타 특허요건 만족

비즈니스 방법발명 또한 확대된 선출원의 지위(法 29③), 선출원주의(法 36) 등 법 제62조의 거절이유에 해당하지 않아야 한다.

■ 인터넷 관련발명의 유형

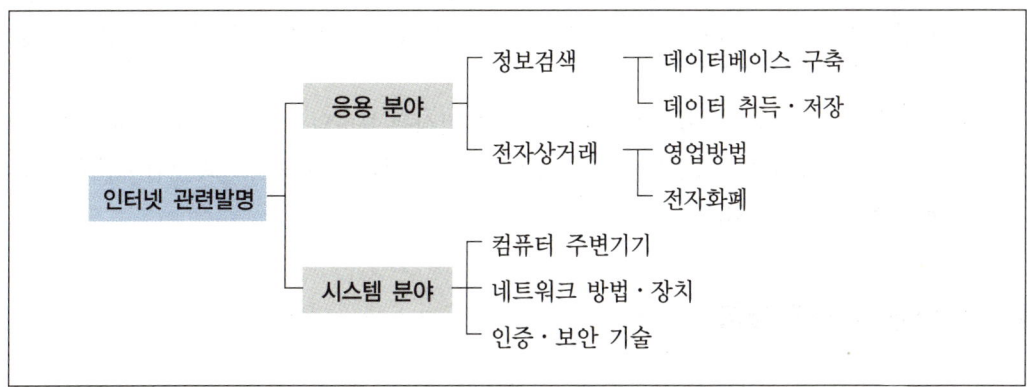

제2절 특허요건

발명이 완성되면 완성된 발명이 곧바로 특허를 받는 것은 아니며, 완성된 발명이 특허청에 특허출원되어 일정한 절차와 심사를 받아야만 특허가 된다.

즉, 발명은 특허되기 전 단계로서「자연의 법칙을 이용한 기술적 사상의 창작으로 고도한 것」이며 이러한 발명은 다시 특허요건을 충족해야 하고 특허요건은 산업상 이용가능성, 신규성, 진보성이다(法 29).

앞에서도 설명한 바 있지만 발명의 요건 중에서 창작성은 특허의 요건에서 신규성과 같은 맥락이고, 발명의 요건 중에서 고도성은 특허의 요건에서 진보성과 같은 맥락으로 생각하면 특허요건의 이해에 도움이 될 것이다.

I 산업상 이용가능성

1. 의 의

완성된 발명이 특허가 되기 위해서는 가장 먼저 산업상으로 이용가능성이 있어야 한다. 이는 특허법의 목적이 산업발전에 이바지하는 데 있음에 비추어 당연한 요건이라 할 수 있다. 아무리 획기적인 기술과 기발한 아이디어로 발생된 발명이라 해도 그것이 실제적으로 산업에 이용할 수 없는 대상이라든지 사회여건상 이용이 불가능한 것이라면 그 발명에 독점권을 부여할 이유가 없다. 미국법에 보면 유용성(Utility)이라는 것이 있는데, 이는 우리나라법의 산업상 이용가능성과 유사한 개념이라 하겠다. 우리나라법의 산업상 이용가능성과 미국법에서 요구하는 유용성은 서로 그 개념이 유사한 것이지만 구체적인 해석에 있어서는 약간 차이가 있다. 예를 들어 공서양속 등 공공의 이익에 반하는 발명은 우리나라 등 대륙법계 국가에서는 불특허대상으로 규정하고 있는 반면에 미국에서는 이를 유용성을 결여한 발명으로 보아 특허를 거절하고 있다. 미국 특허법은 계약법의 정신을 강하게 반영하고 있고 따라서 특허권은 그 발명이 공공의 이익의 증진에 기여를 한데 대한 반대급부라고 보고 있는바, 유용성이 없는 발명은 공공의 이익 증진에 아무런 기여를 한 것이 없으므로 반대급부인 특허권도 부여할 수 없다는 것이 그 논리이다.

2. 산업의 범위

산업의 범위를 어떻게 볼 것이냐가 관건이다. 산업재산권보호에 관한 파리협약 제1조 제3항에서는 산업재산권을 공업 및 상업뿐만 아니라, 농업과 채취산업, 그리고 모든 제조품 또는 천연산품까지 포함하는 최광의로 해석하고 있고, 특허협력조약 제33조 제4항에서도 "산업은 산업재산권 보호를 위한 파리협약에 있어서와 같이 최광의로 해석된다"라고 규정되어 있다. 따라서 특허법 제29조 제1항의 본문에서「산업」이란, 농업·목축업·임업·수산업·광업·공업 등 1차와 2차의 생산업 이외에 상업·금융업·운수업·서비스업 등의 제3차 산업도 포함한다고 해석하는 것이 일반적이다.

「산업」에서 자연법칙을 이용한 기술적 사상이 적다는 이유로 서비스업이 제외된다는 설이 있으나, 산업발전과 더불어 사업방법에까지 보호범위가 점점 넓혀져 가고 있는 현재 그 영역을 제한할 필요는 없다는 것이 일반적 견해이다. 그러나 의료업 분야의 발명[75]에 대하여서는 인체를 대상으로 한다는 특수한 분야이므로 달리 취급된다.

'산업상 이용할 수 있다'에서의 이용은 특허법 제2조 제3호에서의 실시를 의미하는 것으로 해석된다. 치료방법의 발명처럼 그것을 실시하는 것, 즉 사용하는 것이 의료업상의 이용에 그치는 것은 특허법상 산업이 아니라고 해석되는 이상, 산업상의 이용성이 결여되므로 특허의 대상으로 할 수 없다고 본다.

3. 이용의 시기

산업상 이용가능성의 시기는 언제로 보는 것일까? 현재의 시점에 있어서 이용할 수 있어야 하는가, 아니면 장래에 이용할 수 있는 가능성이 있으면 족한가? 일반적으로는 그 발명이 실제로 즉시 산업상 이용될 것을 필요로 하는 것은 아니고 장래에 이용될 가능성이 있으면 족하다고 해석한다. 출원시 또는 특허락부결정시에 산업에 이용되고 있지 않거나 가까운 시기에 이용될 성질의 발명이 아니라 하더라도 장래 이용가능성이 있다는 그것으로 산업성은 인정되어야 한다.[76]

---

[75] 산업상 이용할 수 있는 발명(대법원 1997.9.26. 선고 96후825 판결)
사람의 질병을 진단·치료·경감하고 예방하거나 건강을 증진시키는 의약이나 의약의 조제방법 및 의약을 사용한 의료행위에 관한 발명은 산업에 이용할 수 있는 발명이라 할 수 없으므로 특허를 받을 수 없는 것이나, 다만 동물용 의약이나 치료방법 등의 발명은 산업상 이용할 수 있는 발명으로서 특허의 대상이 될 수 있는바, 출원발명이 동물의 질병만이 아니라 사람의 질병에도 사용할 수 있는 의약이나 의료행위에 관한 발명에 해당하는 경우에도 그 청구범위의 기재에서 동물에만 한정하여 특허청구항을 명시하고 있다면 이는 산업상 이용할 수 있는 발명으로서 특허의 대상이 된다고 할 것이다.

[76] 산업상 이용가능성의 판단시기(대법원 2003.3.14. 선고 2001후2801 판결)
특허출원된 발명이 출원일 당시가 아니라 장래에 산업적으로 이용될 가능성이 있다 하더라도 특허법이 요구하는 산업상 이용가능성의 요건을 충족한다고 하는 법리는 해당 발명의 산업적 실시화가 장래에 있어도 좋다는 의미일 뿐 장래 관련 기술의 발전에 따라 기술적으로 보완되어 장래에 비로소 산업상 이용가능성이 생겨나는 경우까지 포함하는 것은 아니라 할 것인바, 원심도 인정한 바와 같이 이 사건 출원발명의 출원일 당시 수지상 세포는 혈액 단핵세포의 1.5% 미만으로 존재하고 분리된 후에는 수일 내로 사멸하기 때문에 연구하기가 쉽지 않아 혈액으로부터 충분한 양의 수지상 세포를 분리해 내는 것은 기술적으로 쉽지 않고, 출원일 이후 기술의 발전에 따라 사람의 혈액으로부터 수지상 세포를 추출하고 이를 이용하여 면역반응을 유발시키는 기술이 임상적으로 실시되고 있다는 것이므로, 결국 이 사건 출원발명의 출원일 당시를 기준으로 수지상 세포를 사람의 혈액으로부터 분리하여 이 사건 출원발명에 사용하는 기술이 장래에 산업상 이용가능성이 있다고 보기는 어렵다 할 것이다.

4. 이용가능성

산업상 이용가능성에 관하여서는 몇 가지 학설이 있는바, 경영적, 즉 반복 계속적으로 이용될 수 있는 것을 가리킨다고 하는 설, 어느 산업에 그 발명을 응용하는 것에 의해 새로운 가치를 창조하는 것으로 물건의 생산에 직접 관계가 있는 기술만을 가리킨다는 설, 학문적·실험적으로만 이용하는 것이 가능한 발명을 제외한 취지라는 설, 생산에 반복 이용할 수 있는 발명의 의미로 해석하는 설 등이 있으며 이러한 여러 가지 학설 중 발명의 산업상 이용가능성 여부는 발명이 내용적으로 산업현장에 실제 이용가능하지 않거나, 오로지 학술적·실험적으로만 이용될 수 있는 것을 제외하고는 산업성을 인정하는 것이 타당하다고 본다.

5. 의료업의 산업성

의료업은 위에서 말한 산업의 범주에 속할까? 인간의 의료치료·진단·예방 행위를 업으로 하는 것이 특허법상 산업을 구성하는가의 여부, 의료업이 산업의 일종인가의 여부가 문제된다. 의료업이 산업의 일종이라고 하면, 치료·진단·예방방법의 발명은 특허법상의 발명인 한 산업상의 이용가능성을 가진 발명으로 특허를 받을 수 있게 될 것이다. 그러나 그중에서 의약품과 의료기기에 대해서는 특허요건을 만족시키는 경우 특허를 받을 수 있으나, 인간을 대상으로 하는 의료방법에 대해서는 특허를 허락하지 않고 있다.[77]

즉, 인간 질병의 순수한 치료, 진단, 예방방법의 의료행위를 특정인에게 특허를 내어 준다면, 그 특허를 소유한 자만이 인간을 치료할 수 있게 되어 우리 인류는 발명으로 인하여 오히려 불행해질 것이다. 그러나 질병의 순수한 치료·진단·예방방법의 의료행위와는 구별되는 의료행위를 위한 기구·장비 등에 관한 발명은 당연히 산업상 이용가능하며 특허를 받을 수 있다.

---

[77] 산업상 이용할 수 없는 발명의 유형(특허청의 심사지침서)
① 인간을 수술하거나 또는 진단하는 방법의 발명, 즉 의료행위에 대해서는 산업상 이용할 수 있는 발명에 해당하지 않는 것으로 한다. 그러나 이들 발명에 사용하기 위한 생산물(의료기기, 의약품 등)은 산업상 이용할 수 있는 발명에 해당한다.
② 인간으로부터 채취한 것(혈액, 소변, 피부, 모발 등)을 처리하는 방법 또는 이들을 분석하여 각종 데이터를 수집하는 방법은 산업상 이용할 수 있는 발명에 해당한다. 그러나 이 경우에도 채취한 것을 채취한 자에게 치료를 위해 되돌려 줄 것을 전제로 하여 처리하는 방법(예 혈액투석방법)은 의료행위에 해당하므로 산업상 이용할 수 있는 발명에 해당되지 아니한다.
③ 일반적으로 인간을 수술, 치료, 진단하는 방법에 이용될 수 있는 방법이라도 그것이 인간 이외의 동물에만 한정된다는 사실이 청구범위에 명시되어 있으면 산업상 이용할 수 있는 발명으로 취급한다(대법원 1991.3.12. 선고 90후250 판결).

물론 인간을 위한 치료방법은 특허받을 수 없지만 동물을 위한 치료방법은 특허대상이 되고 있다.[78] 미국 특허법은 의료방법에 대하여 특허를 부여할 수 있는가의 문제를 산업상 이용가능성의 문제가 아닌 발명주제(subject matter)의 문제로 보고 있다.[79]

6. 기타 관련문제

(1) 발명의 경제성(채산성)

발명이 산업상 이용할 수 있다는 것은 발명을 실시하여 경제적으로 이익을 얻을 수 있다는 것과는 별개의 사안이다. 발명의 실시 결과로서의 경제성(채산성)은 발명의 기술적 가치(발명의 질)와는 직접 관련성이 없는 경우가 있으며, 경제적·사회적 여건에 따라 좌우되는 경우가 보편적이다. 따라서 산업상 이용가능성을 판단함에 있어서는 특별한 경우를 제외하고는 굳이 경제성(채산성)까지 고려할 필요는 없다.

(2) 안정성과의 관계

어떤 재료의 안정성을 특히 필요로 하는 발명에 있어서는 안정성 여부가 산업상 이용가능성의 요건이라고 볼 수 있다. 가령, 발화할 가능성이 높은 플러그라든가 독성이 강한 식료품 등에 관한 발명에 대하여는 산업상 이용할 수 없음이 명백할 정도로 위험한 것이므로 산업성이 없다고 볼 것이다.

(3) 발명과 그 결과물과의 관계

산업상 이용가능성은 발명 자체가 판단의 대상이 되므로 그 발명을 이용하여 생산된 결과물의 활용상태는 필요이상 고려하지 않아도 된다. 예를 들면, '전투용 기관총'에 있어서 그 발명품인 기관총은 전쟁용으로만 이용될 수 있고 일반산업용으로는 이용될 수 없는 것이지만, 군수물자를 생산하는 그 발명 자체는 군수산업에 이용가능한 것이므로 그 발명은 산업상 이용할 수 있는 발명에 속한다.

(4) 다른 법과의 관계

비록 특허발명이라 할지라도 그것을 이용한 제품을 실시하기 위해선 일정 행정기관의 인·허가를 받아야 할 경우가 있다. 이는 특허권 인정과 당해 특허발명제품의 실시에 관련한 행정기관 행위의 목적이 상이하기 때문이다. 따라서 산업상 이용가능성과 타 기관의 인·허가 문제는 별개의 문제이다.

---

[78] 대법원 선고 2001후2801 판결 참조
[79] Morton v. New York Eye Infirmary, 17 F. Cas. 879(C.C. S.D.N.Y. 1862)
이 사건의 원고인 Dr. William T.G. Morton은 일정량의 ether를 환자에게 주입시켜 환자를 마취시키는 의료방법에 대하여 방법특허를 출원하여 특허를 받았다. 그러나 미국법원은 이 특허의 무효를 선언하면서, 이는 인간을 비롯한 생명체의 자연적 기능(natural function)을 발견한 것에 지나지 않고, 발견은 그것이 아무리 탁월하고 유용하다고 하더라도 특허법이 보호하는 발명주제(subject matter)에는 해당하지 않는다고 판시하였다.

II 발명의 신규성(novelty)

1. 의 의

신규성이란 '새로운 것'이라는 의미로 특허법 제29조 제1항에 정의를 해 놓았으며 동 조항은 신규성의 정의를 내린 것이 아니라 신규성을 상실하는 이유 두 가지, 즉 국내외에서 공지·공용·문헌공지, 국내외에서 전기통신회선을 통한 공지에 해당하지 않으면 특허를 받을 수 있다(신규성이 있다)고 소극적으로 규정하고 있다. 특허제도는 발명자가 자신의 발명을 공개하는 대가로 특허권을 부여하는 제도이며, 그 기술이 공개가 되면 동일 기술에 대한 불필요한 이중투자를 방지하여 사회적·경제적 이익을 도모하고자 하는 취지이다. 따라서 특허권을 부여하기 위하여서는 그 발명이 공개됨으로써 사회가 그 공개된 기술로 인하여 일정한 정도의 이익을 얻을 것을 필요로 하며, 그러기 위하여서는 그 기술은 첫째, 기존에 존재하지 아니한 새로운 것이어야 하고, 둘째, 종래의 기술보다 개량 진보된 것이어야 한다. 이 첫 번째 요건을 신규성(novelty)이라고 하고 두 번째 요건을 진보성(Inventive step ; non-obviousness)이라고 하며(뒤에 후술토록 한다), 세 번째 요건은 산업상 이용가능성인데 앞에서 설명하였다.

2. 신규성 판단의 기준

(1) 시간적 기준

신규성 판단은 당해 발명의 특허출원시(時)를 기준으로 한다. 앞에서 기술한 발명의 성립요건으로서의 창작성 판단 시점은 성격상 발명의 완성시가 기준이 되지만, 특허요건인 객관적 신규성의 판단 시점은 특허출원시이다. 이때 특허출원시란 문자 그대로 출원시(시간)이며 출원일이 아니다.[80] 따라서 오전 중에 발표되어 공지된 발명을 같은 날 오후에 다른 사람이 출원하여도 그 출원은 신규성이 상실된다. 그러나 실무상 공지 여부를 정하는 데 공지일의 時가 문제가 되는 경우는 극히 드물다.

---

80) 그러나 선후출원관계는 日을 기준으로 판단한다(法 36).

(2) 장소적 기준

신규성을 판단하기 위한 지역적 범위를 정하는 원칙에는 국제주의·국내주의·절충주의가 있다. 우리 특허법은 2006년 10월 1일 개정법 이후부터는 국제주의를 채택하고 있으며 개정된 국내법은 해당 특허 출원 전 국내 또는 국외를 불문하고 공지되었거나 공연히 실시된 것, 간행물에 게재된 것, 전기회선을 통한 공지로서 외국의 정부·지방자치단체, 국·공립연구기관 또는 국제기구에 의하여 운영되는 인터넷에 기재됨으로써 공중이 이용가능하게 된 발명은 신규성이 없다(法 29①)고 규정하고 있다.

3. 신규성 상실 이유

(1) 공 지

법 제29조 제1항 제1호에 규정된 「공지」라 함은 불특정 다수의 일반 공중이 알거나 알 수 있는 상태에 있음을 뜻하는 것으로, 공지발명이란 비밀상태를 벗어난 발명을 의미한다. 따라서 비밀을 벗으면 충분하며 그것을 아는 사람의 다수와는 관계없다. 만일, 발명을 다른 사람에게 누설하더라도 그 사람이 비밀로 해야 할 관계가 있는 사람이라면 공지되지 않으나, 그 사람이 의무에 반하여 비밀로 해야 할 관계가 없는 제3자에게 누설시키면 공지가 될 수 있다. 또한 비밀로 해야 할 관계에 있는 사람이 후에 비밀을 지킬 의무가 해제되었을 때에는 그가 알고 있는 발명은 공지가 되며, 공지한 자가 그것을 실시하면 공연히 실시('공용'이라 함, 후술)한 발명이 되므로, 공지와 공용의 구별은 반드시 명확하지 않다.

또한 공지는 발명의 비밀상태가 벗겨져 있어서 공개적으로 불특정인에게 알려질 수 있는 상태면 족하고 불특정인이 현실적으로 그 기술적 사상을 인식하고 있을 것까지는 요하지 않는다.[81]

공지가 되기 위해서는 알려져 있을 필요가 있는 가 또는 알려져 있는 상태에 있으면 족한가라는 점에서 확실히 일치하지 않으나, 현실적으로 제3자에게 알려져 있다는 것을 입증하는 것이 곤란한 경우가 많으므로, 적어도 불특정다수인이 인식할 수 있는 상태에 놓여져 있는 상태를 가지고 공지라고 해야 할 것이다. 이에 대한 판례를 살펴보면, 논문의 경우에 논문의 내용이 논문심사 전후에 공개된 장소에서 발표되었다는 등의 특별한 사정이 없는 한, 인쇄시나 대학원 당국에 제출시 또는 논문심사 위원회에서의 인준시에 논문내용이 공지된다고 보기는 어렵고, 일반적으로는 논문이 일단 논문심사에 통과된 이후에 인쇄 등의 방법으로 복제된 다음 공공도서관 또는 대학도서관 등에 입고되거나 주위의 불특정 다수인에게 배포됨으로써 비로소 일반 공중이 그 기재내용을 인식할 수 있는 반포된 상태에 놓이게 되는 때에 공지되었다고 인정하고 있다.

---

81) 대법원 1983.2.8. 선고 81후64 판결 참조

(2) 공용(공연히 실시된 발명)

공용이란 공연히 실시된 발명을 말하며 이는 특허가 부여되지 않는다.「공연히 실시된 발명」이란 특허출원 전에 불특정인이 알 수 있는 상태에서 그 발명이 법 제2조 제3호의 형태로 공공연하게 실시된 경우를 의미한다. 따라서「물건의 발명」이라면 그 발명이 물건의 생산, 사용, 양도, 대여 등의 행위에 의하여 실시된 경우,「방법의 발명」이라면 그 방법이 사용된 경우 공연히 실시된 발명에 해당된 경우이다. 즉, 당해 기술분야에서 통상의 지식을 가진 자가 그 발명의 내용을 용이하게 알 수 있는 상태로 실시하는 것, 즉 그 기술사상을 보충 또는 부가하여 다시 발전시킴이 없이 그 실시된 바에 의하여 직접 쉽게 반복하여 실시할 수 있는 것임을 요한다.

(3) 문헌공지의 발명

법 제29조 제1항 제2호에는 특허출원 전에 국내 또는 국외에서 반포된 간행물에 게재된 발명은 신규성이 없어 특허를 받을 수 없다고 규정하고 있다.

① 간행물의 개념

특허의 무효사유, 거절사유의 대부분은 특허법 제29조 제2항 제2호의 간행물 게재(이를 '문헌의 공지'라 함)이다. 간행물이란 공개를 목적으로 복사된 문서 등의 정보전달 매체를 말하는 것으로 인쇄, 기타 기계적·화학적 방법에 의하여 복제된 공개적 성질을 갖는 문서나 도면을 의미하며, 따라서 일반 대중이 접할 수 있는 형태로 인쇄되어 배포된 모든 문서가 간행물에 해당한다. 간행물이라고 하여 반드시 전통적인 방식에 따라 인쇄된 것만을 말하는 것은 아니다. 오늘날 인쇄기술의 발달과 각종 매체의 출현으로 인하여 간행물의 형식적 제한은 점점 사라져 가는 추세이다. 즉, 복사본이나 마이크로필름, 컴퓨터 디스크, CD-ROM, 자기필름 등 현재 개발되었거나 개발될 매체들을 모두 포함한다고 해석되고 있다.

심사실무에서는 국내외 특허공보가 간행물의 주종을 이루고 있으나 일반적인 기술문헌, 각종 연구보고서, 상품카탈로그, 잡지 등도 간행물에 해당될 수 있다.

간행물은 복사기에 의한 복사물은 물론 기타 어떠한 복제수단에 의한 것도 포함한다. 따라서 내용을 손으로 쓰거나 타이프하고 이것을 기계·화학·전기적으로 복제하였을 경우의 복제물도 모두 간행물이 될 수 있다. 이러한 간행물은 공개를 목적으로 한 것이어야 한다. 따라서 내용에 비밀성이 있는 것, 소위 비밀출판물은 간행물이 아니다. 그러나 한정출판물이나 비매품으로 취급되는 출판물은 간행물이다. 또한 간행물은 공개성을 지님과 동시에 내용공개를 목적으로 하는 것인 이상, 내용 자체가 널리 제3자에게 정보로서 유통되어야 할 성질을 지닌 것이라야 한다. 즉, 아무리 그 자체가 공개되는 것일지라도 그 열람 또는 발급이 정보로서 유통되는 것을 목적으로 하지 않는 이상 그 복사물은 간행물이 아니다.

또한 학술회의 석상에서 한정된 몇 명의 전문가들에게만 배부된 보고서도 기밀유지가 없는 한 간행물로 된다. 그러나 회사 내부용 문서라든가 특정 조직원들 내부에서만 배포된 문서로서 기밀을 유지하도록 된 문서는 이에 해당하지 않는다.

② 반포(頒布)
　㉠ 의 의
　　간행물은 반포가 되어야 하는데 여기서 반포란 불특정 다수인이 열람할 수 있는 상태에 놓여져 있는 것을 의미한다. 즉, 당해 간행물이 불특정 다수인에 의하여 열람이 가능한 상태로 배포되는 것이다. 예를 들어 도서관에 문헌이 입수되어 공중의 열람이 가능하면 신규성을 상실했다고 말할 수 있다. 그러나 반포할 목적으로 인쇄·제본되었으나 아직 발행자의 손안에 있어서 반포에 이르지 못한 것이나, 반포를 위해 발송 중에 있는 간행물, 도서관 간행물이 도착은 되었으나 열람실에 비치되지 않은 경우 등은 반포되었다고 볼 수 없다. 여기서 '반포됨'은 '배포됨'을 의미한다. 반면 배포를 받은 자가 있는 이상 설령 그것이 한 사람에게 배포된 것일지라도 그 간행물은 반포된 것이며, 또한 배포를 받은 자가 이것을 구체적으로 읽었는가는 문제가 되지 않는다. 즉, 읽지 않았더라도 반포된 것으로 본다.
　　그리고 사본(복제물)이 아닌 원본 자체가 공표되어 공중의 자유로운 열람에 제공되고, 또한 공중의 요구에 따라 그 복제물이 지체 없이 발급될 수 있는 상태에 있다면 그 원본은 반포된 간행물로 보아도 좋을 것이다.
　　간행된 문서의 부수가 얼마나 되는지는 문제가 안 된다. 따라서 공공 도서관에 1부의 논문이 접수되어 분류 및 색인작업이 이루어졌다면 그것으로 일반 대중이 접할 수 있게 되었다고 보아야 한다. 그리고 간행물이 실제로 일반인이 열람하거나 열람할 수 있는 상태에 있어야만 하는 것은 아니다. 예컨대 물질특허에 관한 간행물이 실수로 서점이나 도서관의 문학작품 코너에 비치되어 있었다 하더라도 간행물 게재가 있다고 보아야 할 것이다.
　㉡ 반포의 시점
　　발명의 신규성 상실요건으로서 간행물이 사용되기 위하여서는 그 간행물이 당해 발명의 특허출원 전에 반포되어 있어야 한다. 발행연월일이 기재되지 않은 간행물의 반포시기를 추정하는 기준을 다음과 같이 제시하고 있다.[82]
　　ⓐ 간행물에 발행시기가 기재되는 경우
　　　ⅰ) 발행의 年만이 기재되어 있는 때에는 그 年의 마지막 날에 반포된 것으로 추정한다.
　　　ⅱ) 발행의 年月이 기재되어 있는 때에는 그 年月의 마지막 날에 반포된 것으로 추정한다.
　　　ⅲ) 발행연월일까지 기재되어 있는 때에는 그 연월일에 반포된 것으로 추정한다.
　　ⓑ 간행물에 발행시기가 기재되어 있지 않은 경우
　　　ⅰ) 외국간행물로서 국내에 입수된 시기가 분명한 때에는 그 입수된 시기에서 발행국으로부터 국내에 입수되는 데 소요되는 통상의 기간을 소급한 시기에 반포된 것으로 추정한다.
　　　ⅱ) 당해 간행물에 관하여 서평·발췌·카탈로그 등을 게재한 간행물이 있는 때에는 그 발행시기로부터 당해 간행물의 반포시기를 추정한다.

---

[82] 특허청 심사편람 참조

iii) 당해 간행물에 관하여 증판 또는 재판 등이 있고, 여기에 초판 발행시기가 기재되어 있는 때에는 그것을 반포시기로 추정한다.
　　　iv) 기타 적당한 근거가 있을 때에는 그것으로부터 반포시기를 추정한다.
　　ⓒ 출원일과 간행물의 발행일이 같은 날짜인 경우
　　　특허출원일과 간행물 발행일이 동일자인 경우에는 특허출원시점이 간행물의 발행시점보다 후인 것이 명백한 경우 외에는 신규성이 있다고 본다.
　　ⓓ 학회지 등의 원고의 접수와 발명의 공지 여부
　　　학회지 등의 원고의 경우 일반적으로 원고가 접수되어도 그 원고의 공표시까지는 원고 내용이 불특정인에게 알려진 상태에 놓여진 것은 아니므로 그 원고의 접수에 의하여 거기에 기재된 발명을 공지발명이라 할 수 없다.

　③ 게재된 발명
　게재된 발명이란 그 내용이 간행물에 게재되어 있는 발명, 예컨대 당해 기술분야에서 통상의 지식을 가진 자가 쉽게 실시할 수 있을 정도로 국어 또는 외국어로 게재되어 있는 발명을 말하므로, 발명이 간행물에 게재되어 있다고 하기 위해서는 적어도 발명이 어떤 구성을 가지고 있는가가 제시되어 있어야 할 것이고, 따라서 예건대 내부구조에 특징이 있는 발명에 대해 그 외형 사진만이 게재되어 있는 경우에는 그 발명의 내용을 인식할 수 있는 상태에 있었다고 볼 수 없으므로 그 발명은 게재된 것이 아니다.[83]

⑷ 전기통신회선을 통하여 공중이 이용할 수 있는 발명(인터넷 공지발명)[84]

　① 전기통신회선
　「전기통신회선(telecommunication line)」이란 인터넷은 물론 전기통신회선을 통한 공중게시판, 이메일 그룹 등이 포함되며, 앞으로 기술의 발달에 따라 새로이 나타날 수 있는 전기·자기적인 통신방법도 포함된다. 즉, 전기통신회선은 반드시 물리적 회선(line)을 필요로 하는 것은 아니며 유선은 물론 무선, 광선 및 기타의 전기·자기적 방식에 의하여 부호·문헌·음향 또는 영상을 송신하거나 수신할 수 있는 것이면 모두 포함된다(電氣通信基本法 2.1 참조).

---

[83] 특허법원 1998.9.18. 선고 98허1945 판결
[84] 2013년 2월 26일 개정법은 특허받을 수 없는 요건을 「대통령이 정하는 전기통신회선을 통하여 공중(公衆)이 이용할 수 있는 발명」에서 「대통령이 정하는」 부분을 삭제하여 모든 「전기통신회선을 통하여 공중이 이용할 수 있는 발명」으로 변경하였다. 이는 컴퓨터 등이 보편화됨에 따라 대다수의 기술공개가 네이버·다음 등의 인터넷 포탈과 같이 대통령이 정하지 않은 전기통신회선을 통해서 이루어지고 있는 현실과 심사실무에서 대통령이 정하지 않은 전기통신회선을 통해서 공중이 이용할 수 있는 발명을 현행법 제29조 제1항 제1호에 따라 공지된 발명이라는 이유로 특허거절하고 있는 실정을 고려한 것이다. 일본·미국 등 외국은 물론 우리의 디자인보호법에서도 모든 전기통신회선을 통해 공개된 발명은 간행물에 게재된 발명과 동일시하고 있다는 점을 고려할 때 개정안은 타당하다고 보인다(임병웅, 특허법, 제11판, 2013, p.198)

② 공중의 이용가능성

전기통신회선을 통하여 공개되었다 하더라도 공개된 발명에 대한 접근이 일반인에게 허용되지 않고 특정인에게만 접근이 허용된다면 그 발명은 공중, 즉 불특정인이 이용가능하게 된 발명이라고 볼 수 없다. 예를 들어, ㉠ 일반적인 검색엔진에 의해 접근이 불가능한 경우, ㉡ 암호를 부여하여 불특정 다수인의 접근이 불가능한 경우, ㉢ 접근을 위하여 과다한 요금을 요구하는 경우 등과 같이 공중의 이용가능성이 없는 경우를 사안별로 검토하여야 하며, 공중이 이용가능한 경우에만 신규성을 부정할 수 있다.

4. 신규성의 판단

(1) 주체적 기준

심사단계에서는 심사관이, 심판단계에서는 심판관합의체가, 특허법원에서는 법관이 심사한다.

(2) 객체적 기준

① 원 칙

청구항별로 청구범위에 기재된 발명을 법 제29조 제1항 각 호의 신규성 상실사유인 공지기술과 비교한다. 다만, 청구항에 기재된 용어의 의미·내용이 불명확한 경우에는 발명의 상세한 설명 또는 도면을 참작하여 발명을 인정하나 발명의 설명 또는 도면을 참작하여 해석하여도 청구항에 기재된 용어의 의미·내용이 불명확한 경우에는 발명을 인정하지 않는다. 이러한 경우에는 신규성에 대한 심사를 하지 않고 특허법 제42조 제4항(청구범위 기재방법) 위반으로 거절이유를 통지하게 된다.

② 공지기술과 관련하여 판단

신규성 판단시에는 하나의 공지기술(인용발명)과 대비하여야 하며 복수의 공지기술을 조합하여 청구항에 기재된 발명과 대비하여서는 안 된다. 출원기술의 신규성을 상실시키기 위해서는 하나의 선행기술에 출원기술의 모든 요소가 명시적으로 또는 본래적으로 포함되어 있을 것을 필요로 한다는 의미이다.[85] 복수의 공지기술의 조합에 의하여 특허성을 판단하는 것은 후술하는 진보성의 문제이고 신규성의 문제는 아니기 때문이다. 신규성을 상실케 하는 발명(인용발명 또는 선행기술)은 어떠한 요건을 갖추어야 하는가? 먼저 선행기술은 출원발명의 모든 요소를 포함하고 있어야 한다. 이를 미국 특허법에서는 Single Source Anticipation Rule이라고 하는데, 출원기술의 신규성을 상실시키기 위해서는 하나의 선행기술에 출원기술의 모든 요소가 명시적으로 또는 본래적으로 포함되어 있을 것을 필요로 한다는 의미이다.

---

[85] 특허법원 2000.6.15. 선고 99허70707 판결
이 사건 등록고안은 신규성을 상실하여 그 권리범위를 인정할 수 없다고 주장하나, 신규성 여부는 인용증거와 1대 1로 판단하여 하나의 인용증거가 등록고안의 구성요소 모두를 가지고 있을 때 신규성이 없다고 판단하여야 하는 것이므로 위와 같이 다수의 인용증거를 가지고 비교하여야 하는 경우에는 진보성이 문제될 뿐이어서 신규성이 없다는 피고의 주장은 그 자체로서 이유 없다.

이 원칙이 명백히 나타나 있는 판례로서 Structural Rubber Products Co. v. Park Rubber Co. 사건을 들 수 있다.

이 사건은 도로와 철로가 만나는 건널목에서 두 개의 선로 사이를 연결하는 방수덮개에 관한 것인데, 그 기본적인 구조는 길다란 직사각형의 튜브를 선로와 평행되게 여러개 붙여 늘어놓음으로써 양 선로 사이를 연결하는 것이다. 원고 Structural Rubber Products Co.는 splicer 수단을 요소로 하는 051호 특허와 이에 대한 개량발명인 tongue-in-groove joints를 요소로 하는 977호 특허 등 두 가지 특허를 가지고 있었다. 상대방인 Park Rubber Co.는 원고의 위 두 가지 특허가 Rennel가 권리자로 되어 있는 선행기술 079호 특허에 의하여 신규성을 상실하였다고 하면서, 079호 특허는 원고의 특허들이 요소로 하고 있는 splicer 수단을 포함하고 있지는 않지만, 그와 같은 차이는 사소한 것에 불과하며 당해 분야에서 통상의 기술을 가진 자라면 위 079호의 발명에 기초하여 용이하게 원고의 특허기술을 고안할 수 있다고 주장하였다.

이에 대하여 법원은 신규성 상실의 항변은 하나의 기존 선행기술이 출원기술의 모든 요소를 포함하고 있는 경우에만 성립할 수 있으며, 선행기술이 출원기술의 모든 요소를 포함하고 있지 않다면 통상의 기술을 가진 자가 선행기술로부터 용이하게 출원기술을 고안해 낼 수 있다거나 양 기술의 차이점이 사소한 것에 불과하다고 하여도 이는 진보성 항변의 이유로는 될 수 있을지언정 신규성 상실의 항변으로는 성립될 수 없다고 판단하였다. 그러나 이 원칙(Single Source Anticipation Rule)이 신규성 판단을 함에 있어 복수의 선행기술을 인용하는 것을 금지하는 것은 아니다. 문제로 된 선행기술의 해석을 위하여 그 밖의 다른 여러 개의 선행기술을 인용하는 것은 물론 가능하다.[86] 다만 복수의 선행기술을 인용하였다 하더라도 출원발명과 인용발명을 1 : 1로 대비하여야지[87], 출원발명이 A+B의 구성요소로 되어 있음에도 A라는 구성요소를 가진 발명과 B라는 구성요소를 가진 발명을 합해 1 : 2의 대비를 함으로써 출원발명의 신규성이 상실되었다고 판단하여서는 아니 된다.

(3) 시기적 기준

① 원 칙

출원시를 기준으로 판단한다. 「특허출원 전」이란 용어는 「특허출원일 전」의 개념이 아닌 특허출원의 시, 분까지도 고려한 의미이다.[88]

---

[86] 오승종 p.82~83

[87] 인용발명이 별개의 간행물 등을 인용하고 있는 경우(예 어떤 특징에 관하여 보다 상세한 정보를 제공하는 문헌)에는 별개의 간행물은 인용발명에 포함되는 것으로 취급하여 신규성 판단에 인용할 수 있다. 또한 인용발명에 사용된 특별한 용어를 해석할 목적으로 사전 또는 참고문헌을 인용하는 경우에도 사전 또는 참고문헌은 인용발명에 포함되는 것으로 취급하여 신규성 판단에 인용할 수 있다.

[88] 법 제29조 제1항 각 호 및 제2항에 보면 「특허출원 전」이란 용어가 나온다.
예 법 제29조 제1항 제1호 : 특허출원 전에 국내 또는 국외에서 공지되었거나 공연히 실시된 발명

② 예 외

무권리자의 특허출원·특허에 대한 정당권리자의 출원의 경우에는 무권리자의 출원일의 출원시(法 34, 35), 분할출원·변경출원의 경우에는 원출원일의 출원시(法 52②, 53②), 조약우선권주장출원(法 54①)과 국내우선권주장출원(法 53)은 선출원의 출원시를 기준으로 판단한다. 한편, 대한민국을 지정국으로 하는 국제출원(국제특허출원)은 국제출원일의 국제출원의 명세서, 청구의 범위 또는 도면(도면 중 설명부분에 한한다)에 기재된 발명에 대해서는 우선일의 출원시를 기준으로 판단한다.

(4) 지역적 기준

법 제29조 제1항 각 호의 공지기술인지 여부는 「국내 또는 국외」를 기준으로 판단한다. 즉, 국제주의를 채택하고 있는데, 이는 교통·통신의 발달과 무역의 활발화 및 국가경쟁력 강화 등을 고려한 것이다. 특히, 법 제29조 제1항 제1호의 공지·공연실시의 경우 기존에는 입증 및 판단의 어려움으로 인해 국내를 기준으로 판단하였다. 그러나 인터넷을 비롯한 정보통신의 발달로 외국에서 공지·공연실시된 발명을 쉽게 접할 수 있으며, 외국에서 자유롭게 실시할 수 있는 발명을 국내에서 특허로 보호해 주는 것은 제3자에게 불측의 손해를 발생시키고 나아가 국내산업의 기술경쟁력을 저해하는 요인으로 작용할 수 있어 2006년 개정법(2006. 3. 3. 공포, 2006. 10. 1. 시행)에서 공지·공연실시의 판단기준에 국내뿐만 아니라 국외를 포함시켰다.

(5) 판단방법

① 원 칙

발명의 동일성 판단방법에 의한다. 즉, 완성된 발명의 실체적 사상 및 카테고리를 고려하여, 청구범위에 기재된 발명과 공지기술의 구성을 중심으로, 명세서·도면을 참작하여 판단한다.

② 상·하위개념으로 표현된 경우의 동일성 판단

㉠ 공지기술이 하위개념이고 청구항에 기재된 발명이 상위개념인 경우

공지기술이 하위개념으로 표현되어 있고, 청구항에 기재된 발명이 상위개념으로 표현되어 있는 경우에는 청구항에 기재된 발명은 신규성이 없는 발명이다. 예를 들어, 청구항에 기재되어 있는 발명이 금속(상위개념)으로 기재되어 있고 공지기술이 구리(Cu ; 하위개념)로 기재되어 있는 경우 청구항에 기재된 발명은 신규성이 없는 발명이다.

여기에서 말하는 「상위개념」이란, 동족적(同族的) 또는 동류적(同類的) 사항의 집합의 총괄적 개념 또는 어떤 공통적인 성질에 의하여 복수의 사항을 총괄한 개념을 의미한다.

ⓒ 공지기술이 상위개념이고 청구항에 기재된 발명이 하위개념인 경우

공지기술이 상위개념으로 표현되어 있고, 청구항에 기재된 발명이 하위개념으로 표현되어 있는 경우에는 통상 청구항에 기재된 발명은 신규성이 있다. 예를 들어, 청구항에 리벳트에 관한 사항이 기재되어 있고 공지기술에는 체결구로만 기재되어 있는 경우, 공지기술의 체결구에 의해서 리벳트에 관한 청구항에 기재된 발명의 신규성이 상실되지 아니한다. 다만, 출원 당시의 기술상식을 참작하여 판단한 결과 상위개념으로 표현된 공지기술로부터 하위개념으로 표현된 발명이 도출될 수 있는 경우에는 청구항에 기재된 발명의 신규성이 없는 것으로 인정할 수 있다.

③ **기 타**

㉠ 독립항과 종속항의 관계

독립항이 신규성이 있는 경우 종속항은 당연히 신규성이 있다. 독립항이 신규성이 있다는 것은 공지기술보다 독립항이 하위개념이라는 것을 의미하는데 독립항은 종속항보다 상위개념이므로 종속항이 공지기술보다 하위개념이 되므로 신규성이 있다.

반대로 독립항이 신규성이 없는 경우 종속항은 개별적인 신규성 여부를 판단하여야 한다. 독립항이 공지기술보다 상위개념이라고 하더라도 종속항은 공지기술보다 하위개념일 수 있으므로 개별적으로 판단하여야 한다.

ⓒ 물건발명, 물건을 생산하는 방법의 발명 및 용도발명의 관계

물건발명으로 신규성이 있는 경우 물건을 생산하는 방법에 관한 발명 또는 용도발명은 당연히 신규성이 있다. 반면 물건발명이 신규성이 없는 경우 물건을 생산하는 방법에 관한 발명 또는 용도발명은 개별적인 신규성 여부를 판단하여야 한다. 하나의 물건을 만드는 "생산하는 발명에 관한 발명"이나 그 물건을 이용하는 용도발명은 수 없이 많이 있기 때문이다. 즉, 물건발명과 물건의 생산하는 방법에 관한 발명 또는 용도발명은 1대 多(1 : 多)의 관계에 있기 때문이다.

5. 공지(公知) 등이 되지 아니한 발명으로 보는 경우

(1) **의 의**

「공지 등이 되지 아니한 발명으로 보는 경우(이하에서는 "공지예외적용"이라 한다)」란 특허를 받을 수 있는 권리를 가진 자의 발명이 특허출원 전에 이미 공지 등이 된 것이라 하더라도 법 제30조 제1항 각 호의 법정사유에 해당되고 그 날부터 1년 이내에 특허출원을 하면 그 발명에 대하여 신규성(法 29①) 또는 진보성(法 29②)의 규정을 적용함에 있어서는 그 발명은 공지 등이 되지 아니한 것으로 보는 것을 말한다.[89)90)]

---

89) 종래(2006. 3. 3. 이전)에는 특허를 받을 수 있는 자가 시험, 간행물에 발표, 대통령령이 정하는 전기통신회선을 통한 발표, 산업통상자원부령이 정하는 학술단체에서의 서면 발표, 박람회 출품 등 공신력이 인정되는 특정한 공개를 통하여 자발적으로 공개한 경우에는 거절이유에서 제외하였다. 즉, 신규성을 인정하였다.

(2) 공지되지 아니한 발명으로 보는 경우
 ① 본인의 의사에 의한 공지
  ㉠ 적용범위
   특허를 받을 수 있는 권리를 가진 자가 한 행위로 인하여 그 발명이 법 제29조 제1항 각 호 중의 어느 하나의 공지사유에 해당하게 된 경우라도 그 발명은 공지예외 적용대상이 된다. 따라서 발명자가 특허출원 전에 그 발명을 간행물이나 전기통신회선(인터넷 등) 등에 의하여 공지시켰거나, 타인에게 발명내용을 알렸거나, 발명을 공연실시(발명품의 생산·양도 등) 등을 함으로써 공지의 상태로 놓이게 하였다 하더라도 법의 구제를 받을 수 있다(法 30①).[91]
  ㉡ 적용의 제외
   공지발명에 대한 공지예외적용은 매우 넓게 허용되지만, 그 발명이 조약 또는 법률에 의거 국내 또는 국외에서 출원공개 또는 등록공고되어 공지된 경우에는 공지예외적용을 인정받을 수 없다(法 30①1 단서).
   공지예외적용은 그 발명이 「특허를 받을 수 있는 권리를 가진 자」에 의하여 공지된 경우가 적용대상이 되므로, 본인의 의사가 아닌 조약(PCT 등)이나 특허법 절차에 의한 국제공개 또는 출원공개 등에 의하여 공지된 발명은 제외된다.
   따라서 국·내외에서 특허명세서 등에 기재되어 출원공개 또는 등록공고되어 공지된 발명은, 즉 그 공보책자 등이 발행된 후에는 12개월(1년) 이내에 우리나라에 출원하여도 공지예외적용은 인정되지 않는다.

그러나 개정법률(2006. 3. 3. 법률 제7871호)에서는 공개형태의 제한을 삭제하여 공지예외적용 범위를 확대하였다. 즉, 출원인이 특허출원 전 1년 이내에 하는 모든 공지행위를 거절이유에서 제외하여 시행하고 있다.
한편, 공지예외적용 기간도 기존의 6개월에서 12개월(법률 제11117호, 2011. 12. 2. 개정)로 확대되었다.
90) 학위논문 공지시점(대법원 95후19 판결)
특허를 받을 수 있는 권리를 가진 자가 특허출원 이전에 출원발명을 간행물에 발표한 경우에 구 특허법(1990. 1. 13. 법률 제4207호로 전문 개정되기 전의 것) 제7조 제1항 제1호의 신규성 의제 규정이 적용되기 위하여는 우선 위 간행물에의 발표로 인하여 출원발명이 국내에서 공지되었거나 국내 또는 국외에서 반포된 간행물에 기재된 발명으로 되어야 하고, 여기에서 '공지되었다'고 함은 반드시 불특정 다수인에게 인식되었을 필요는 없다 하더라도 적어도 불특정 다수인이 인식할 수 있는 상태에 놓여져 있음을 의미하여, '반포된 간행물'이라 함은 불특정 다수의 일반 공중이 그 기재내용을 인식할 수 있는 상태에 있는 간행물을 말한다.
박사학위논문은 논문심사 위원회에서 심사를 받기 위하여 일정한 부수를 인쇄 내지 복제하여 대학원 당국에 제출하는 것이 관례로 되어 있다고 하더라도 이는 논문심사를 위한 필요에서 심사에 관련된 한정된 범위의 사람들에게 배포하기 위한 것에 불과하므로, 그 내용이 논문심사 전후에 공개된 장소에서 발표되었다는 등의 특별한 사정이 없는 한, 인쇄나 대학원 당국에의 제출시 또는 논문심사 위원회에서의 인준시에 곧바로 반포된 상태에 놓이거나 논문내용이 공지된다고 보기는 어렵고, 일반적으로는 논문이 일단 논문심사에 통과된 이후에 인쇄 등의 방법으로 복제된 다음 공공도서관 또는 대학도서관 등에 입고되거나 주위의 불특정 다수인에게 배포됨으로써 비로소 일반 공중이 그 기재내용을 인식할 수 있는 반포된 상태에 놓이게 되거나 그 내용이 공지되는 것이라고 봄이 경험칙에 비추어 상당하다.
91) 종전과 달리 현행법이 공지예외적용 대상을 발명품의 생산·양도 등과 같은 공연실시행위에 대하여까지도 그 적용을 인정하는 것은 발명자의 자유로운 연구결실의 공개를 촉진하여 연구활동의 활성화 및 기술축적을 기할 수 있도록 하기 위함이다.

② 본인의 의사에 반한 공지
　㉠ 의 의
　　특허법은 "특허를 받을 수 있는 권리를 가진 자의 의사에 반하여 그 발명이 법 제29조 제1항 각 호의 어느 하나에 해당하게 된 경우 그 발명은 공지되지 아니한 것으로 본다"(法 30①2)고 규정하고 있어서 발명자는 특허출원 전에는 발명내용을 비밀로 하려고 하였음에도 불구하고 본인의 의사에 반하여 발명이 공지된 경우 그 발명은 공지 등이 되지 아니한 것으로 인정하여 주고 있다. 또한 출원인이 출원발명이 공개되기 직전에 자기의 출원을 취하하였는데도 불구하고 특허청이 착오로 공개공보를 발행한 경우도 본인의 의사에 반한 공지라 할 수 있다.
　㉡ 의사에 반한 공지로 볼 수 있는 경우
　　협박, 사기, 스파이 등에 의하는 경우가 대표적인 사유이며, 이외에도 발명의 고용인의 고의·과실이나 다른 사람의 사기·강박·도용 혹은 자금조달을 위하여 한정된 몇몇 사람에게 비밀유지를 약속하게 하고 발명을 알려주었으나 상대방이 멋대로 발명의 내용을 누설하여 버린 경우 등도 본인의 의사에 반한 경우라고 해야 할 것이다. 이 경우 입증책임은 물론 본인에게 있다.

(3) 법적 효력
① 신규성과의 관계
　해당발명이 공지 등이 된 발명과 동일한 경우에는 신규성이 인정된다.
② 진보성과의 관계
　해당 발명이 공지 등이 된 발명(A)과 다른(A+a) 경우, 그 발명이 속하는 기술분야에서 당업자가 쉽게 발명할 수 있는 경우에 해당되어도 선행기술로서 활용되지 아니한다. 즉, 개량발명은 자신의 공지발명에 의하여 진보성 판단시 불이익을 받지 아니하나 타인의 발명에 대하여서는 선행기술로 사용된다.

(4) 증명서류 제출 등
　해당 발명이 공지되지 아니한 발명으로 적용을 받고자 하는 자는 그 취지를 적은 서면을 특허출원과 동시에 특허청장에게 제출하고 이를 증명할 수 있는 서류를 산업통상자원부령이 정하는 방법에 따라 특허출원일부터 30일 이내에 특허청장에게 제출하여야 한다(法 30②).
　다만, 산업통상자원부령으로 정하는 보완수수료를 납부한 경우에는 다음 어느 하나에 해당하는 기간에 취지를 적은 서류 또는 이를 증명할 수 있는 서류를 제출할 수 있다(2015. 7. 29. 시행).
① 법 제47조 제1항에 따라 보정할 수 있는 기간
② 법 제66조에 따른 특허결정 또는 법 제176조 제1항에 따른 특허거절결정 취소심결(특허등록을 결정한 심결에 한정하되, 재심심결을 포함한다)의 등본을 송달받은 날부터 3개월 이내의 기간. 다만, 법 제79조에 따른 설정등록을 받으려는 날이 3개월보다 짧은 경우에는 그 날까지의 기간 (즉, 설정등록 이전까지의 기간)

법 제30조의 규정은 국내외에서 공지일로부터 1년 이내에 출원된 경우에만 적용을 할 수 있으므로, 외국에서 공지된 경우에 공지일로부터 1년 이내에 출원은 이루어져야 한다. 따라서 조약에 의한 우선권을 주장하면서 법 제30조의 적용을 받기 위해서는 제1국의 공지일로부터 1년 이내에 우리나라에 특허출원하여야 한다.

(5) 관련문제

공지예외적용은 선원주의 예외규정이 아니므로 출원일은 소급되지 않는다. 즉, 신규성 등 특허요건을 판단함에 있어 그 시점을 소급하여 판단하여 준다는 것이다.

따라서 갑(甲)이 공지예외적용을 받아 출원(A)을 1년 이내에 한 상태에서 을(乙)이 갑(甲)의 발명과 동일한 내용(모인출원 아님)을 출원(B)하였다면 갑(甲)과 을(乙)의 특허는 어떻게 될까?

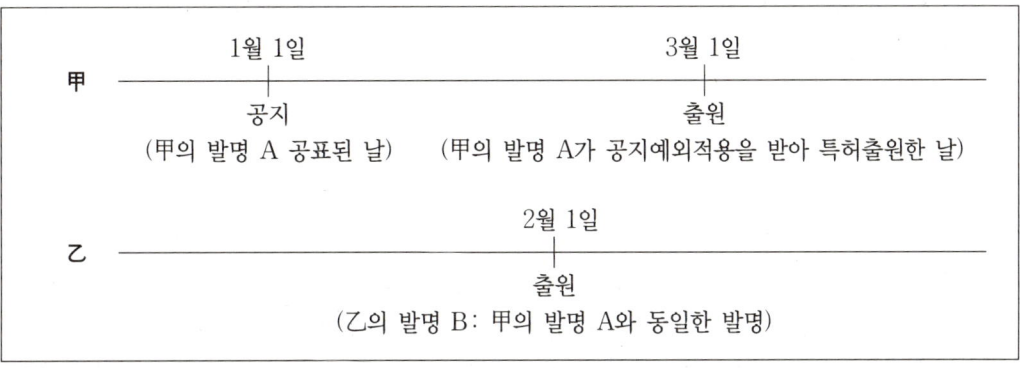

갑(甲), 을(乙) 특허 모두 거절된다. 甲의 특허출원은 3월 1일(출원일이 1월 1일로 소급 안 됨)이므로 법 제36조(선출원)에 의해 출원일이 乙보다 늦으므로 거절되고 乙의 특허출원은 법 제29조 제1항에 의해 신규성 상실로 특허를 받을 수 없다. 물론 乙의 출원 B가 모인특허라면 선출원의 지위가 인정되지 않아서 甲의 특허출원은 등록될 수 있다. 따라서 공지예외적용을 받아서 출원하려는 특허는 가급적 빨리 출원하는 것이 좋다.

출원일이 소급되지 않는 경우와 출원일이 소급되는 경우

출원일이 소급되지 않는 경우	출원일이 소급되는 경우
• 공지 등이 되지 아니한 발명으로 보는 경우(法 30) • 조약에 의한 우선권주장(法 54) • 국내우선권주장(法 55, 56) (위 모든 경우가 출원일 자체가 소급되는 것이 아니고 신규성 등 특허요건을 판단함에 있어 그 시점만 소급하여 줌)	• 분할출원(法 52) • 변경출원(法 53) • 정당한 권리자의 출원(法 34, 35)

III 발명의 진보성(Inventive Step ; Non-obviousness)

1. 의 의

진보성이란 당업자가 특허를 출원할 때의 기술수준에서 쉽게 발명할 수 없는 정도를 말한다. 따라서 신규성이 있는 발명으로서 당업자가 쉽게 발명할 수 있는 것을 「진보성 없는 발명」이라 하여 특허를 허락하지 아니하고 있다. 진보성(Inventive Step)이라는 용어를, 미국 특허법에서는 비자명성(Non-obviousness)이라는 용어를 사용하고 있지만, 그 기준은 사실상 동일하다고 볼 수 있다. 진보성의 개념에는 출원발명과 선행기술 간의 기술적 차이가 그 발명이 속하는 기술분야에서 통상의 지식을 가진 자(이를 일반적으로 '평균적 기술자' 또는 '당업자'라고 부른다)에게 자명한 경우에는 그 출원발명은 사회에 대하여 아무런 기여를 한 바 없기 때문에 특허권을 부여하여서는 아니 된다는 영미법상 계약법의 정신이 깔려 있다. 진보성은 현재 대부분의 국가에서 특허요건으로 되어 있다.

2. 법규정

특허법은 진보성[92]이란 용어를 직접적으로 사용하고 있지는 않다. 특허법 제29조 제2항에는 「특허출원 전에 그 발명이 속하는 기술분야로서 통상의 지식을 가진 자가 제29조 제1항 각 호의 어느 하나에 규정된 발명(공지공용발명)에 의하여 쉽게 발명할 수 있는 것일 때에는 그 발명에 대하여는 제1항의 규정에 불구하고 특허를 받을 수 없다」라고 규정되어 있다.

이때 제1항 각 호의 발명은 '특허출원 전에 국내외에서 공지되었거나 공연히 실시된 발명 및 국내 또는 국외에서 반포된 간행물에 게재되거나 전기통신회선을 통하여 공중이 이용가능한 발명'을 말한다. 그러므로 공지공용의 발명 또는 문헌공지의 발명과 동일한 발명은 신규성이 없어 특허거절될 것이고, 그러한 발명으로부터 당업자가 쉽게 발명할 수 있는 발명은 진보성이 없어 특허거절될 것이다.

이와 같이 신규성 판단의 기초대상과 진보성 판단의 기초대상은 공지·공용 또는 간행물이라는 점에서 서로 동일하며, 시간적 판단기준이나 지역적 판단기준도 동일하다.

---

[92] 우리나라 최초의 특허법에서는 발명의 진보성이라는 개념을 도입하지 않았고, 진보성을 신규성의 한 내용으로 보고 있었다. 그 후 1963. 3. 특허법의 개정으로 새롭게 진보성의 요건을 규정하게 되었는데, 이 조항 역시 '공지기술에 의하여 그와 다른 것을 극히 쉽게 발명하였을 때에는 그 발명은 신규의 발명으로 볼 수 없다'는 취지로 되어 있어서 조문의 내용과 용어에서 역시 진보성을 신규성의 내용 가운데 하나로 파악하고 있었다. 그러던 중 현행 특허법에서와 같이 발명의 신규성과 진보성을 구별하여 규정하게 된 것은 1973. 2. 8. 개정법부터이다.

3. 신규성과 진보성의 비교

발명의 신규성과 진보성은 모두 특허요건으로 규정되어 있으며, 신규성은 실질적인 동일성의 관점에서 선행기술을 조사하기 때문에 선행기술의 범위가 제한되지 않지만, 진보성은 가설적인 기준, 즉 당해 발명의 완성이 그 발명이 속한 기술분야에서 통상의 지식을 가진 자에게 자명한지의 관점에서 선행기술을 조사하기 때문에 선행기술의 범위가 해당기술분야 및 관련분야에 한정되고 있다.

또한 그 판단의 기초대상이 공지, 공용 또는 간행물이라는 점, 시간적 판단기준이 출원시(時)인 점, 지역적 판단기준이 공지, 공용 및 간행물 모두 국내외라는 점에서는 동일하나, 신규성 판단시에는 하나의 인용발명과 대비하여야 하고, 복수의 인용발명을 조합하여 특허요건을 판단하는 것은 진보성 판단시에 사용된다.

그리고 발명의 신규성은 이미 공개된 발명과 동일한지 여부를 판단하기 때문에 구체적 사실에 기초한 객관적 판단임에 비하여, 발명의 진보성은 어떠한 발명이 이미 공개된 선행기술로부터 용이하게 창작될 수 있는 것인지, 즉 새로운 발명이 발명되지 않았다고 가정하고 그러한 발명은 그 기술분야에서 통상의 지식을 가진 자가 쉽게 창작할 수 있는지의 여부에 관한 것이므로 이른바 가설적 판단이라고 할 수 있다. 따라서 진보성은 주관적 판단이 개입될 수 있는 여지가 상당히 많은 것이다.

이와 같이 그 판단이 주관에 흐를 염려가 많기 때문에 진보성의 판단은 '그 발명이 속하는 기술분야'[93]에서 통상의 지식을 가진 자를 기준으로 하도록 법이 특별히 규정하고 있다. 즉, 출원발명의 심사에 있어서 그 심사의 주체는 특허청 심사관이 될 수밖에 없는 것이라 할지라도 그 판단을 함에 있어서는 당업자의 기술상식에 입각하여 객관적으로 판단하도록 하고 있다.

4. 진보성의 판단방법

(1) 원 칙

진보성 판단은 특허출원 전에 당업자가 '청구항에 기재된 발명'을 특허법 제29조 제1항 각 호에 규정된 발명에 의하여 쉽게 발명할 수 있었는가에 대한 판단이다. 따라서 당업자가 '청구항에 기재된 발명'을 인용발명에 의하여 쉽게 발명할 수 있었던 경우에는 그 발명은 진보성이 없다. 이러한 진보성 판단의 대상이 되는 발명은 청구항에 기재된 발명이다. 청구항에 기재된 발명이 신규성이 없는 경우에는 그 사유만으로도 특허를 받을 수 없으므로 진보성에 대한 판단을 할 필요가 없다.

---

[93] 「그 발명이 속하는 기술분야」란 원칙적으로 당해 발명이 이용되는 산업분야를 말하는 것이나, 그 발명의 구성의 전부 또는 일부가 가지는 성질이나 기능으로부터 파악되는 기술분야도 포함이 되므로, 당해 발명이 속하는 기술분야란 명세서에 기재된 발명의 명칭에 의한 기술분야에 국한되지 않고, 그 발명의 구조, 방법, 기능, 물질 또는 이들의 결합관계를 종합적으로 고려하여 발명의 실체인 기술사상이 속하는 기술분야를 의미한다. 실무상으로는 통상 국제특허분류(IPC : International Patent Classification)의 해당 분류의 기술범위를 「그 발명이 속하는 기술분야」로 보고 있다.

청구범위에 2개 이상의 청구항이 있을 경우에는 각 청구항마다 진보성 유무를 판단한다. 여기서 「발명이 쉽다」라 함은 당해 분야에서 통상의 지식을 가진 자가 관련 공지기술을 충분히 이해하고 이들을 조합하여 출원발명을 구성하는 데 특별한 곤란함이 없이 실현할 수 있는 것, 즉 공지기술로부터 발명에 이를 수 있는 동기가 있는 것을 말한다. 「동기가 있는지 여부」는 청구범위에 기재된 발명을 특정하는 데 필요한 구조·방법·기능·물질 또는 이들의 결합관계(이하 "청구항에 적혀있는 사항"이라 함)를 중심으로 발명의 설명에 나타난 효과를 참작하여 판단한다. 대다수의 판례 역시 "진보성 유무를 가늠하는 창작의 난이도는 그 청구항에 적혀있는 사항의 차이와 작용효과를 고려하여 판단하여야 하는 것이므로, 특허된 기술의 청구항에 적혀있는 사항이 선행기술과 차이가 있을 뿐 아니라 그 작용효과에 있어서 선행기술에 비하여 현저하게 향상 진보된 것인 때에는, 기술의 진보발전을 도모하는 특허제도의 목적에 비추어 특허발명의 진보성을 인정하여야 한다"고 하여 청구항에 적혀있는 사항의 곤란성 또는 효과의 현저성에 따라 진보성을 판단하고 있다.

(2) 진보성 판단의 방법[94]

① 진보성의 판단과정

첫째, 청구항에 기재된 발명을 인정한다. 인정방법은 신규성 판단에서의 인정과 동일하다.

둘째, 인용발명을 인정한다. 인정방법은 신규성 판단에서의 인정방법과 동일하다.

셋째, 청구항에 기재된 발명과 인용발명을 대비하여 구조, 방법, 기능, 물질 또는 이들의 결합관계의 일치점과 차이점을 추출한다.

넷째, 청구항에 기재된 발명이 속하는 기술분야에서 출원시의 기술수준에 의하여 차이점을 극복하여 청구항에 기재된 발명에 이르게 되는 것이 자명한가에 대한 논리설정을 한다.

다섯째, 그 결과 논리설정이 된 경우에는 청구항에 기재된 발명의 진보성은 부정되나, 논리설정이 되지 않은 경우에는 그 발명의 진보성을 인정한다.

② 논리설정

청구항에 기재된 발명과 인용발명을 비교하여 구조, 방법, 기능, 물질 또는 이들의 결합관계의 일치점과 차이점을 분명히 한 뒤에, 그 차이점에 대하여 인용발명의 내용 중에 청구항에 기재된 발명에 대한 시사가 있는가의 여부, 과제가 공통되는가의 여부, 작용과 기능이 공통되는가의 여부 등이 동기설정의 주요관점이 될 수 있다. 또한, 청구항에 기재된 발명의 기술적 구조, 방법, 기능 등에 의하여 발생되는 효과가 인용발명의 효과에 비하여 상승된 효과가 있는가의 여부는 진보성 판단의 주요관점이 될 수 있다. 예를 들어 청구항에 기재된 발명이 복수의 인용발명의 조합에 의하여 당업자에게 용이한 경우라도 청구항에 기재된 발명이 예측되지 아니한 새로운 상승효과가 인정되는 경우에는 그 상승효과에 의하여 진보성이 인정될 수 있다.

---

[94] 국제지식재산연수원, 표준교재, 2007년, p.90~91

(3) 진보성 판단에서의 유의사항

진보성에 관하여 조문상의 판단기준은 당업자가 공지기술을 쉽게 발명할 수 있는가 아닌가 하는 것으로서 극히 추상적이므로, 객관적 타당성을 갖기 위해서는 다음 사항들에 대하여 유의를 할 필요가 있다.[95]

① 대부분의 발명은 개량발명으로서, 이미 공지된 요소들을 결합하여 추구하는 과제를 해결하거나, 새로운 상승효과를 얻고자 하는 것이므로 2개 이상의 문헌을 상호 조합시켜서 진보성을 판단하는 경우에는 그 구성요소가 이미 공지일지라도 그 조합의 기술적 곤란성의 유무를 검토하여야 한다.

② 청구항에 기재된 발명과 상이한 기술분야의 인용발명을 선행기술로 사용할 경우에는 양 기술분야의 관련성, 과제 해결의 공통성 및 기능의 동일성 등 객관적 타당성을 충분히 검토한다.

③ 주지·관용기술[96]이 거절의 주요 근거가 되는 경우 가능한 한 관련문헌을 제시할 필요가 있으며, 신규성 또는 진보성 판단에 제공되는 인용발명은 반드시 그 기술적 구성 전체가 명확하게 표현된 것뿐만 아니라, 미완성 발명 또는 자료의 부족으로 표현이 불충분한 것이라 하더라도 그 기술분야에서 통상의 지식을 가진 자가 경험칙에 의하여 쉽게 기술내용의 파악이 가능하다면 그 대상이 될 수 있다.[97]

④ 물 자체의 발명에 진보성이 있을 경우에는 그 물의 제조방법 및 그 물의 용도발명은 원칙적으로 진보성을 갖는다.

⑤ 청구항에 기재된 발명은 전체의 결합으로 판단하여야 한다. 개량발명 또는 이용발명의 구조, 방법, 기능 등의 요소들은 대부분 공지된 요소이므로, 각각이 공지되었다 하여 청구항에 기재된 발명의 진보성을 부정할 수는 없다.

그러나 발명의 구조, 방법, 기능 등 요소가 유기적으로 결합되어 있지 아니하고 단순한 조합에 불과할 경우에는 각 부분별로 비교하여 어느 부분에도 진보성이 없으면 청구항에 기재된 발명의 진보성은 부정된다.

⑥ 명세서에 발명의 유리한 효과가 명시적으로 기재되어 있지 않을 경우에는 원칙적으로 고려될 수 없다. 그러나 당업자가 발명의 목적 또는 구조, 방법, 기능 등의 기재로부터 그 효과를 용이하게 추론할 수 있을 경우에는 의견서 등의 효과에 관한 주장 및 증거자료(시험결과 또는 시험성적서)를 참작할 수 있다.

---

95) 국제지식재산연수원, 전게서, p.91~92
96) 「주지기술」이란 그 기술분야에서 일반적으로 알려져 있는 기술로서, 다수의 공지문헌이 존재하고 업계에 알려져 예시할 필요가 없을 정도로 잘 알려진 기술을 말한다. 「관용기술」이란 주지기술 중 잘 사용되고 있는 기술을 의미한다.
97) 대법원 1997.8.26. 선고 96후1514 판결

5. 진보성의 판단의 유형[98]

(1) 수집발명

대다수의 발명들이 속하는 수집발명은 복수의 공지된 기술의 수집에 의하여 구성되어 있는 발명으로, 수집발명 중 진보성이 부정되는 것을 「단순한 주합」 또는 주합(aggregation)이라고 하고, 진보성이 인정되는 것을 결합 또는 조합(combination)이라 한다.

예를 들어 甲이라는 발명가가 TV를 보면서 시간을 알 수 있도록 TV 수상기와 시계를 하나로 묶은 '시계를 내장한 TV' 또는 '시계 겸용 TV'를 고안했다고 가정하자. 甲의 고안은 종전의 TV 수상기가 가지는 작용효과와 종전의 시계가 가지는 작용효과를 단순히 주합 또는 수집해 놓은 것에 불과하다. 이것은 공지기술의 주합이다. 그러나 甲의 고안이 TV에 시계를 내장함으로써 TV와 시계라는 각각의 선행기술이 가지고 있지 않았던 타이머 기능이라는 새로운 작용효과를 가지게 된다면 이는 진보성 있는 결합에 해당한다고 볼 수 있을 것이다.

이와 관련된 대법원 판결에서 「특허발명이 공지공용의 기존기술을 수집종합하고 이를 개량하여 이루어진 경우에 있어서, 이를 종합하는 데 각별한 곤란성이 있다거나 이로 인한 작용효과가 공지된 선행기술로부터 예측되는 효과 이상의 새로운 상승효과가 있다고 인정되고, 그 분야에서 통상의 지식을 가진 자가 선행기술에 의하여 쉽게 발명할 수 없다고 보여지는 경우이거나 또는 새로운 기술적 방법을 추가하는 경우가 아니면 그 발명의 진보성은 인정될 수 없다」고 판시하였다.

(2) 치환·전용발명

치환발명이란 동일한 기술분야에서 공지발명의 특정한 구성요소를 다른 공지발명의 구성요소로 대체하여 구성된 발명을 의미한다. 또한 다른 기술분야에서 공지발명을 당해 기술분야로 대체하는 것을 전용발명이라 하며, 당업자의 입장에서 구조, 방법, 기능 등의 기술적 곤란성이 인정되거나 예측이 어려운 효과가 있는 것에 한하여 진보성이 인정된다.

(3) 용도발명

용도발명이란 "물(物)이 갖는 어떤 특정한 용도의 새로운 발견에 기이한 발명"이다. 따라서 그 용도가 신규한 것이고, 효과가 현저히 뛰어나며, 그 용도변경이 당업자에 의하여 용이하지 않을 경우에 진보성이 인정된다.

(4) 이용발명

이용발명이란 통설인 요지공통설에 의하면 선행발명이 특허가 되어 있는 경우 그 구성요소를 모두 가지고 있고 새로운 구성요소를 부가하여 특허가 허락된 경우를 말한다. 이용발명의 성립관계를 다른 판례에서 선행발명과 후행발명의 관계에 대하여 「선행발명과 후행발명이 소정의 이용관계가 있다고 인정되는 경우에는 후행발명은 선행발명특허의 권리범위에 속하게 되는 것이라 할 것이고, 이러한 이용관계는 기계, 장치 등에 관한 발명의 경우에 있어서는 후행발명이 선행발명의

---

[98] 국제지식재산연수원, 전게서, p.93

특허요지에 새로운 기술적 요소를 가하는 것으로서 후행발명이 선행발명의 요지를 전부 포함하고 이를 그대로 이용하게 되면 성립된다고 할 것이나, 방법의 발명, 특히 화학물질의 제법에 관한 발명에 있어서는 기계, 장치 등의 발명과 달라서 중간물질이나 촉매 등 어느 물질의 부가가 상호의 반응을 주목적으로 하는 경우가 많아 과정의 일시점을 잡아 선행방법에서 사용하는 물질이 상호반응 후에도 그대로의 형태로 존재하는 것을 입증하기 극히 곤란하여 기계, 장치 등에 관한 발명에 적용될 위 법리를 제법발명에 적용할 수는 없는 것이고, 화학물질의 제조과정(수단)에 있어서 촉매를 사용하는 것과 사용하지 않는 것은 그 기술사상을 현저히 달리하는 것이므로, 촉매사용에 대한 언급이 없는 특허제조방법과 촉매를 사용하여 행하는 제조방법은 비록 출발물질과 생성물질이 같다고 하더라도, 후자의 촉매사용이 작용효과상의 우월성을 얻기 위한 것이 아니라 무가치한 공정을 부가한 것에 지나지 않는다고 인정되는 경우를 제외하고는 후행발명이 선행발명을 이용하고 있다고 볼 수 없다」고 판시하고 있다.[99]

또한, 최근 선고된 대법원 판결과 특허법원 판결들은 균등물을 이용한 경우에도 이용발명이 성립될 수 있음을 판시하고 있다.

균등과 이용관계를 살펴보면, 균등이란 청구범위에 기재된 발명의 구조, 방법, 기능 등 요소 중에서 일부가 등가치의 다른 요소로 치환된 경우에 선행발명과 동일하다고 인정하는 것으로서 선행발명과 동일성의 문제에 관한 것인 반면, 이용발명이란 청구범위의 구조, 방법, 기능 등의 요소를 전부 포함하고 이에 새로운 구조, 방법, 기능 등의 요소를 결합시켜 특허받은 발명을 의미한다. 따라서 양자는 모두 선행발명의 권리범위에 속하는 점에서 공통이다.

(5) 선택발명

선택발명이란 화학분야에서 그 구성요소의 일부 또는 전부가 상위개념으로 표현된 공지발명에 구체적으로 개시되지 아니한 하위개념을 구성요건으로 선택한 발명을 의미한다. 이 경우 하위개념은 상위개념에 포함되는 것이므로 원칙적으로는 공지기술과 동일한 것이지만, 그 하위개념의 발명이 공지의 상위개념의 발명에서 구체적으로 개시되지 않은 경우 그 개시되지 않은 것을 골라 내어 그것을 결합함으로써 선행기술에서 예기치 못하였던 특별한 효과가 있는 경우에는 진보성이 인정될 수 있다.[100]

---

99) 대법원 1992.10.27. 선고 92다8330 판결

100) 대법원 2002.12.26. 선고 2001후2375 판결
선행 또는 공지의 발명에 구성요건이 상위개념으로 기재되어 있고 위 상위개념에 포함되는 하위개념으로 구성된 특허발명에 예측할 수 없는 현저한 효과가 있음을 인정하기 어려워 그 기술분야에서 통상의 지식을 가진 자가 공지의 발명으로부터 특허발명을 용이하게 발명해낼 수 있는 경우라 하더라도 선행발명에 특허발명을 구성하는 하위개념이 구체적으로 개시되어 있지 않았다면 원칙적으로 그 특허발명이 출원 전에 공지된 발명과 동일성이 있는 것이라고 할 수 없고(신규성이 있는 발명에 해당한다), 이러한 경우 그 특허가 무효심판절차를 거쳐 무효로 되지 않은 이상 다른 절차에서 당연히 그 권리범위를 부정할 수는 없다. 기록과 위 법리에 의하면, 인용발명에 이 사건 특허발명의 구성으로 되어 있는 "야자열매껍질을 가열하여 얻은 코코넛 셀 탄소분말"이나 "히코리나무를 건류하여 얻은 목초액"이 구체적으로 개시되어 있지 않음에도 불구하고 원심이 이 사건 특허발명과 같은 종류의 발명에 있어서 그 효과의 현저성이 없을 경우 신규성도 부인된다고 하면서 이 사건 특허발명의 권리범위 자체를 부인한 것은 특허발명의 권리범위에 법리를 오해한 위법이 있다.

선택발명은 상위개념으로 표현된 공지발명과 원칙적으로 기본적 과제 및 그 기술적 수단에서 공통적이고 단지 부차적인 과제에 있어서 차이가 있다는 점에서 이용발명의 범주에 포함될 수 있으나, 모든 선택발명이 이용관계를 가지는 것이 아니고 선원의 기술적 범위와 그 기술내용에 따라 이용관계가 판단되어야 한다.

(6) 수치·형상 등의 한정발명

공지기술에서 수치한정을 하거나 형상, 배열을 변경 또는 한정하여 구성한 발명으로, 그 변경, 한정에 기술적 곤란성이 없으며 그 변경 또는 한정에 의하여 얻은 효과에 현저성이 없는 경우에는 진보성이 부정된다.[101]

그중 수치한정발명은 발명의 구성요소의 길이, 무게, 온도, 각도, 배합비율 등에 관하여 그 수치를 특정함으로써 수량적으로 표현된 발명이다. 이 경우에 공지기술에서 제시한 구체적 수치 내의 범위일 경우에는 그 신규성이 부정되지만, 공지기술에서 그러한 수치가 제시되지 아니한 경우와 그것과 다른 범위의 수치가 제시된 경우의 진보성에 관하여 문제가 될 수 있다. 이러한 발명에 있어서 당업자가 공지기술을 실시하는 경우에는 당연히 최적조건을 설정하게 되므로 당연히 고려되는 범위로서 각별하게 특수한 것이 아닐 경우에는 당업자가 선정할 수 있을 정도의 것이 되어 진보성을 인정받을 수 없다. 특히 수치한정발명에서의 효과는 공지기술로부터 예기할 수 없는 것이어야 하므로 진보성이 인정되기 위해서는 그 수치의 특정에 기술적 의의가 있으며, 그 한정에 임계적 의의가 있어야 한다. 다만, 그 발명의 특정된 수치가 종래의 기술상식을 뛰어넘는 경우에는 반드시 각별한 임계적 의의가 요구되는 것은 아니다.

6. 참고적 판단자료(Secondary Considerations)

진보성의 판단은 아무리 객관적인 기준을 제시한다고 하더라도 앞서 설명한 바와 같이 판단자의 주관에 흐를 위험이 아주 많다. 이러한 위험을 가급적 제거하기 위하여 실제 심판이나 판결과정에서의 진보성 유무를 입증하기 위한 참고적 판단자료가 제시되는 경우가 자주 있게 되는바, 그 대표적인 것이 아래와 같은 것들이다.[102]

---

[101] 대법원 1987.3.24. 선고 84후34 판결 ; 1982.10.26. 선고 80후76 판결
실용신안등록을 받을 수 있는 고안은 물품의 형상, 구조 또는 조합에 대한 기술적 사상의 창작을 말하는 것이고, 그 기술적 사상창작의 정도는 특허법상의 발명에서와 같이 고도의 것을 요하지 않으므로 어떤 고안이 새로운 고안인가의 여부를 판단함에 있어서는 주로 그 물품의 외형적인 형상, 구조 또는 조합이 새로운 것인가의 여부에 그 판단기준을 둘 것이고, 기술적 사상의 창조 여부는 외형적인 형태에 직접 관련되는 범위에 국한하여 부차적으로 고려함에 그쳐야 할 것이기는 하나, 또 한편 고안은 오로지 물품의 외형만을 그 내용으로 하는 의장과 달라서 물품의 외형적 형상, 구조 또는 조합의 신규성에 의하여 이룩되는 산업상 이용될 수 있는 새로운 기술적 사상의 창작이 어느 정도는 존재해야만 하는 것이고, 공지공용의 고안에 다만 재료와 형태를 변경하는 정도에 불과하고 그 변경으로 인하여 아무런 작용, 효과상의 진보를 가져오지 않는 것이라면, 이를 가리켜 실용신안의 등록을 받을 수 있는 고안이라고 말할 수는 없다.
[102] 사법연수원, 특허법, 2006, p.104

(1) 상업적 성공(Commercial success)

그 발명품의 판매가 시장에서 종래의 동종제품을 누르고 상업적 성공을 거두고 있는 경우, 또는 이에 준하는 경우, 예컨대 종래품보다 우수하다는 평가를 사용자들로부터 받는다든가, 현저한 매상고를 올리고 있다든가 하는 사실은 그 발명에 진보성이 있음을 입증하는 참고적 자료가 될 수 있다.[103] 이 자료를 사용함에 있어 주의하여야 할 것은 그 상업적 성공이 해당 발명품 자체와 연관성이 있어야 한다는 점이다. 상업적 성공은 발명품이 가지는 우수성과 아무런 상관이 없이 시장의 판매여건이나 적극적인 광고전략, 판매자의 독점적 지위, 제조설비나 관련 작업자의 우수성 등에 의하여서도 달성될 수 있기 때문이다.[104]

(2) 수요자의 욕구(Long-felt need)

해당 기술분야에서 오랫동안 어떠한 문제를 해결하고자 하는 욕구와 노력이 있어 왔는데, 그 발명이 그러한 문제를 해결하였다면 이는 진보성이 있다고 볼 수 있는 유력한 자료가 된다. 이때 수요자의 욕구는 발명이 출원되어 공개되기 직전까지 지속되던 것이어야 한다.

(3) 모방품의 존재

모방품이 시장에 존재한다는 것, 특히 출원발명의 진보성을 다투는 경쟁업자가 그 발명품을 그대로 모방한 제품을 생산하고 있다는 것은 그 발명이 진보성이 있다는 것을 추정케 한다. 경쟁업자로서는 이미 공지된 선행기술을 모방할 수도 있었을 것임에도 굳이 특허침해의 위험을 무릅쓰고 출원발명을 모방하고 있다는 것은 출원발명이 선행기술에 비하여 기술적으로 우수한 것이라는 추정이 가능하기 때문이다.

■ 신규성 판단과 진보성 판단의 비교

구 분	신규성	진보성
판단방법	발명의 동일성 여부	발명의 용이성 여부
기술분야	모든 기술분야	당해 기술분야 및 관련 기술분야에 한정
공지기술의 수	1가지	1가지 이상도 가능
공지기술의 범위	• 특허출원 전 국내외에서 공지·공연실시된 발명 • 특허출원 전 국내외에서 반포된 간행물에 게재되거나 전기통신회선을 통하여 공중이 이용가능한 발명 • 미완성 발명·고문서도 공지기술에 포함	

---

103) 대법원 1995.11.28. 선고 94후1817 판결
104) 원고는 이 사건 특허발명이 상업적으로 성공하였으므로 진보성이 인정되어야 한다는 취지로도 주장하나, 발명품의 판매가 종래품을 누르고 상업적 성공을 거두거나 업계로부터의 호평, 기타 모방품의 출현 등은 일응 진보성이 있는 것으로 볼 자료가 될 수 있을지라도 그 자체로 진보성이 있다고 단정할 수는 없고, 진보성에 대한 판단은 우선적으로 명세서에 기재된 내용, 즉 발명의 목적, 구성 및 효과를 토대로 판단되어야 하는 것이며 아무리 우수한 발명이라도 발명이 갖고 있는 특징을 명세서에 적절히 기재하고 있지 못한다면 그 발명은 특허받을 수 없는 것이므로 위 주장은 이유 없다(대판 98후2726).

Ⅳ 확대된 선출원의 지위

1. 의 의

발명가가 특허출원을 할 때는 발명의 설명과 청구범위, 도면 등을 기재해야 되는데, 이 중 청구범위에는 권리자가 꼭 보호받고자 하는 사항을 기록하게 되며, 이때 발명의 설명은 청구범위를 뒷받침하기 위해 기재하고, 도면 또한 그리게 된다. 그런데 발명의 설명 또는 도면에 기재되는 내용이 청구범위를 상세하게 설명하는 부분 이외의 내용이 기재될 수가 있고 그 또한 내용이 공개(출원공개, 등록공고)되어진다. 이 경우 나중에 후출원한 어떤 출원인이 앞의 발명의 설명, 도면에 공개되어진 어떤 부분을 자기의 청구범위에 기재하여 출원하게 되면 앞의 출원과 동일한 발명으로 보아 거절된다. 단, 발명가가 동일인이거나 출원인이 동일인이면 거절되지 아니한다. 이를 소위 '확대된 선출원(선원)의 지위'라 하며 특허법 제29조 제3항에서는 "특허출원한 발명이 그 특허출원일 전에 특허출원 또는 실용신안등록출원을 하여 그 특허출원 후에 출원공개되거나 등록공고된 다른 특허출원 또는 등록공고된 실용신안등록출원의 출원서에 최초로 첨부된 명세서 또는 도면에 기재된 발명 또는 고안과 동일한 경우에 그 발명에 대하여는 특허를 받을 수 없다. 다만, 당해 특허출원의 발명자와 다른 특허출원의 발명자나 실용신안등록출원의 고안자가 동일한 경우 또는 당해 특허출원의 특허출원시의 특허출원인과 다른 특허출원이나 실용신안등록출원의 출원인이 동일한 경우에는 그러하지 아니하다"라고 규정하고 있다.

즉, 「확대된 선출원의 지위」란 강학상 용어로서 선출원으로서 후출원을 배제할 수 있는 범위가 출원공개 또는 등록공고를 요건으로 하여 후출원을 배제할 수 있는 범위를 "청구범위에서 출원서에 최초로 첨부된 명세서·도면 전체에 기재된 발명"으로 확대된 것을 의미한다.

2. 취 지

(1) **심사청구제도 및 출원공개제도 도입에 따른 선출원범위 확대**

심사청구제도 도입 이전의 특허법에서는 선출원의 청구범위에 기재되어 있는 발명과 동일한 후출원만이 거절되었지만, 심사청구제도와 출원공개제도가 도입되면서 선출원의 범위도 확대되었다. 즉, 심사청구제도 이전에는 선출원의 청구범위에만 후출원배척의 효력이 인정되어 선출원의 심사절차가 종료되지 않은 상태에서는 청구범위가 확정되지 않은 상태라 후출원을 배척하는 범위도 확정되지 않았다. 그러나 심사청구제도하에서는 원칙적으로 심사청구 순으로 심사가 행해지나 반드시 선출원이 먼저 심사된다고 할 수 없으므로 종래의 제도는 유지될 수 없게 되었다. 이에 출원공개제도를 도입하여 출원 후 1년 6개월이 지나면 모든 출원은 공개하고, 또한 특허법 제29조 제3항의 규정을 신설하여 후출원배척의 범위를 청구범위에서 명세서와 도면에까지 확대시켰다. 이로서 후출원배척의 범위는 심사와 분리되어 선출원의 청구범위가 확정되지 않고도 후출원배척의 범위가 확정되도록 하였다.

(2) 방어출원의 감소에 기여

종전의 특허법하에서는 선출원자는 독점하려는 의도가 없는 발명에 대해서까지 방어적으로 출원할 필요가 있었다. 즉, 청구범위에 기재되어 있지 않지만 명세서와 도면에 기재되어 있는 발명에 대해서도 방어출원하여 두지 않으면 후출원에 의하여 실시(實施)할 수 없는 사태도 생길 수 있었다. 그러나 소위 확대된 선출원의 지위를 인정하여(法 29③) 청구범위 이외의 부분(명세서, 도면)이라도 출원공개 또는 등록공고가 되었다면 명세서나 도면에 기재된 선출원의 지위를 인정하여 이후에 후출원이 비록 특허요건을 구비하고 있다 해도 거절시킬 수 있도록 하고 있으며, 이로써 필요 없는 방어출원을 억제할 수 있다는 효과도 기대할 수 있게 되었다.

3. 판단기준

(1) 원 칙

청구항별로 당해 특허출원의 청구범위에 기재된 발명과 다른 출원의 최초명세서·도면에 기재된 발명을 대비하여 판단한다. 「최초」란 출원할 때 처음으로 첨부된 것을 기준으로 한다는 의미이며, 보정을 했을 때 판단대상을 결정하는 기준이 된다. 구체적으로 보정에 의해 추가된 내용이라도 최초 명세서·도면에 기재되어 있지 않으면 확대된 선출원의 지위가 인정되지 않으며, 보정에 의해 삭제되었다 하더라도 최초 명세서·도면에 기재되어 있다면 확대된 선출원의 지위가 인정된다.[105]

> [참고] **미완성발명인 경우**: 미완성 발명은 구체성이 결여된 발명이므로 다른 출원의 지위가 없다.[106]

---

[105] 특허법원 1999.5.28. 선고 98허1778 판결
구 특허법 제29조 제3항은 "특허출원한 발명이 당해 출원을 한 날 전에 특허출원 또는 실용신안등록출원을 하여 당해 특허출원을 한 날 후에 출원공개 또는 출원공고된 다른 특허출원 또는 실용신안등록출원의 출원서에 최초로 첨부한 명세서 또는 도면에 기재된 발명 또는 고안과 동일한 경우에 그 발명에 대하여는 제1항의 규정에 불구하고 특허를 받을 수 없다"라고 규정하고 있는바, 위 규정의 취지는 구 특허법 제36조 소정의 선원주의가 특허청구의 범위에 기재된 발명만을 기준으로 선후원의 동일성 여부를 판단하므로, 선원의 청구범위에는 기재되지 아니하였으나 발명의 설명이나 도면에는 기재된 기술내용에 대하여 아무런 발명적 기여도 없는 제3자가 후출원으로 특허를 받을 수 있는 경우가 생길 수 있어 그러한 부분을 누구나 자유롭게 실시할 수 있는 공공의 영역으로 두려는 선원자의 의사에 반하여 부당하고, 출원공개기간이 길어짐으로써 발명적 업적이 없는 자가 특허를 받게 되는 불공평이 초래될 우려도 있으므로, 선원의 범위를 확대하여 선원이 출원공개 또는 출원공고된 경우 최초 명세서 및 도면에 기재된 발명내용 전부에 비추어 동일성이 있다고 판단되면 특허를 받을 수 없도록 한 것이다. 따라서 어떠한 발명이 구 특허법 제29조 제3항에 해당하는지를 판단하기 위하여는 그 전제로서 선원의 존재와 그 선원이 출원공개 또는 출원공고될 것이 요구되고, 그 경우 대비되는 발명은 후에 보정되었는지에 상관없이 선원의 최초 명세서 및 도면에 기재된 발명이다.

[106] 대판 91후1656
"최초 명세서 등의 기재라 함은 당해 명세서 등에 직접적으로 명확하게 기재되어 있는 사항 및 명시적으로는 기재되어 있지 않으나 그 발명이 속하는 기술분야에서 통상의 지식을 가진 자가 당해 출원시의 기술수준을 참작하여 명세서 등에 기재된 사항에 의하여 기술적 효과를 얻을 수 있을 정도까지 구체적, 객관적으로 개시되어 있는 「완성된 발명」을 말한다"라고 판시하여 미완성발명은 다른 출원의 지위가 없음을 밝히고 있다.

(2) 시기적 기준

① 당해 특허출원을 한 날 전에 다른 출원이 있어야 한다.

「당해 특허출원을 한 날 전」에 특허출원 또는 실용신안등록출원을 하여야 한다. 즉, 출원일을 기준으로 판단하여 당해 출원일 전에 다른 출원이 있어야 하며, 당해 출원의 출원일과 다른 출원의 출원일이 동일(同日)자 출원의 경우에는 본 규정이 적용되지 않는다.

② 당해 특허출원을 한 후 다른 출원의 공개가 있어야 한다.

㉠ 당해 특허출원을 한 후 출원공개되거나 등록공고된 다른 특허출원 또는 실용신안등록출원이 있어야 한다.

㉡ 본 규정은 「출원공개 또는 등록공고」를 적용요건으로 한다. 다른 출원이 출원공개 또는 등록공고가 되지 않는 경우 공중의 이용도모에 기여한 것이 아니기 때문에 당해 특허출원발명에 대해 본 규정을 적용할 수 없다. 예를 들어, 다른 출원이 공개 전 무효·취하·거절결정의 확정 또는 포기되었다면 본 규정이 적용되지 않으나 다른 출원이 무효·취하·거절결정의 확정 또는 포기되더라도 공개된 이후라면 본 규정이 적용된다.

한편, 일반적으로 출원공개가 등록공고보다 먼저 되기 때문에 등록공고를 요건으로 확대된 선출원의 지위가 적용되는 경우는 출원공개되지 않고 등록공고된 경우에 한한다.

(3) 지역적 기준

확대된 선출원의 지위 판단은 선출원주의 판단과 마찬가지로 특허독립의 원칙상 국내만을 고려하여 판단한다.

4. 확대된 선출원 적용시 발명의 동일성 판단방법

(1) 기본원칙

특허법 제29조 제3항·제4항의 적용에 대한 판단은 당해 출원의 「청구항에 기재된 발명」과 다른 출원의 최초 출원시 출원서에 첨부된 명세서 또는 도면에 기재된 발명 또는 고안(이하 "인용발명"이라 한다)이 동일한가에 대한 판단이다.

(2) 동일성 판단방법

① 당해 발명의 청구항에 기재된 발명의 인정

당해 발명의 청구항에 기재된 발명을 인정한다. 청구항에 기재된 발명의 인정은 청구항의 기재가 명확한 경우에는 청구항에 기재된 대로 발명을 인정하며, 청구항에 기재된 용어의 의미·내용이 불명확한 경우에는 발명의 설명 또는 도면을 참작하여 발명을 인정한다. 또한 발명의 설명 또는 도면을 참작하여 해석하여도 청구항에 기재된 용어의 의미·내용이 불명확한 경우에는 발명의 인정을 하지 않고 특허법 제42조 제4항 위반으로 거절이유를 통지한다.

② **다른 출원의 최초 명세서 등에 기재된 발명(인용발명)의 인정**

다른 출원의 최초 명세서 등에 기재된 발명을 인정해야 하는데, 다른 출원의 출원시의 기술상식을 참작하여 도출될 수 있는 사항도 인용발명의 범위에 포함될 수 있다.

③ **청구항에 기재된 발명과 인용발명의 대비**

청구항에 기재된 발명과 인용발명을 대비하여 구조, 방법, 기능 등의 일치점과 차이점을 명확히 한다. 이 경우에 2 이상의 인용발명을 조합하여 청구항에 기재된 발명과 대비해서는 안 된다.

④ **양 발명의 동일 여부의 판단**

㉠ 대비결과 청구항에 기재된 발명과 인용발명 간에 구조, 방법, 기능 등의 차이가 없으면 청구항에 기재된 발명과 인용발명은 동일하다. 이 경우의 동일은 실질적인 동일을 의미하며, 실질적 동일이란 양자의 구성에 차이가 있는 경우라도 그 차이가 발명의 과제해결을 위한 구체화수단에 있어서 미소한 차이(주지·관용기술의 부가, 삭제, 전환 등으로 새로운 효과의 발생이 없는 정도)에 불과한 것을 말한다.

㉡ 청구항에 기재된 발명과 인용발명이 각각 상·하위개념으로 표현된 경우에는 청구항에 기재된 발명이 상위개념으로 표현되어 있고 인용발명이 하위개념으로 표현되어 있는 경우에는 동일성이 있으며, 청구항에 기재된 발명이 하위개념으로 표현되어 있고 인용발명이 상위개념으로 표현되어 있는 경우에는 동일성이 없다. 다만, 출원 당시의 기술상식을 참작하여 판단한 결과 상위개념으로 표현된 인용발명으로부터 하위개념으로 표현된 발명이 도출될 수 있는 경우에는 동일성이 있다.

5. 확대된 선출원의 지위 위반효과

확대된 선출원의 지위를 위반하게 되면 등록 전에는 거절이유(法 62), 정보제공사유(法 63의2)에 해당되며, 등록 후에는 특허무효사유(法 133①)에 해당된다.

6. 적용의 예외

(1) **발명자가 동일한 경우**

당해 특허출원의 발명자와 다른 특허출원의 발명자나 실용신안등록출원의 고안자가 동일한 경우에는 확대된 선출원의 적용이 배제된다. 이는 선발명주의적 요소를 가미한 것으로, 발명자가 동일한 경우는 다른 출원의 출원서에 최초로 첨부한 발명의 설명 또는 도면에 기재된 발명의 발명자가 특허출원한 경우, 무권리자 출원 이후에 발명자 또는 승계인이 출원한 경우 등이 있다.

다만, 발명자가 동일하더라도 후출원은 선출원이 출원공개 또는 등록공고되기 전에 출원되어야 하며, 자기의 선출원이라 하더라도 이미 출원공개 또는 등록공고가 된 상태에서는 보호받을 수 없다.

여기서 「발명자가 동일한 경우」란 당해 특허출원 및 다른 출원의 발명자 모두가 표시상 완전히 일치할 것을 요하나, 표시상 완전히 일치하지 않는 경우에도 실질적으로 동일하다고 판단되면 발명자가 동일한 것으로 인정한다. 그러나 발명자가 표시상 완전히 동일하지 않을 경우에 출원인은 발명자가 동일하다는 사실을 뒷받침할 수 있는 증거에 의하여 입증하여야 한다.

(2) 출원인이 동일한 경우

당해 특허출원의 특허출원시의 특허출원인과 다른 특허출원이나 실용신안등록출원의 출원인이 동일한 경우에는 적용되지 아니한다. 이는 다른 출원의 출원서에 최초로 첨부한 발명의 설명 또는 도면에 기재된 발명을 보호받고자 하는 출원인의 이익을 위해서이다.

출원인은 발명자와는 달리 바뀔 수 있기 때문에 출원인의 동일은 「당해 특허출원의 출원시」를 기준으로 하고 있다는 점에서 주의하여야 한다. 그 결과 원래는 출원인이 서로 달랐지만 당해 특허출원 후에 출원인의 변경으로 인해 출원인이 동일하게 된 경우에는 확대된 선출원의 규정이 적용된다. 그러나 당해 특허출원의 출원시를 기준으로 볼 때에는 다른 출원과 당해 특허출원의 출원인이 동일하나, 추후 특허출원인의 변경에 의해 출원인이 다르게 된 경우에는 확대된 선출원의 규정이 적용되지 않는다.

7. 연관된 문제

(1) 다른 출원이 분할출원, 변경출원인 경우

원래 분할·변경출원의 출원일은 원출원일로 소급이 되나, 확대된 선출원의 지위에서는 다른 출원이 분할출원, 변경출원인 경우 출원일이 소급되지 않고 분할출원일·변경출원일을 기준으로 판단한다(法 52②1, 法 53②1). 분할출원·변경출원을 할 때 원출원의 최초 출원 당시에는 기재되지 않는 발명이라도 (즉, 분할출원·변경출원의 청구범위가 아닌) 분할·변경출원서의 발명의 설명 또는 도면에 포함될 수 있기 때문이다.107)

(2) 다른 출원이 조약우선권주장출원·국내우선권주장출원인 경우

① 조약우선권주장출원, 국내우선권주장출원의 선출원은 선출원의 지위, 확대된 선출원의 지위가 인정되지 않는다. 구체적으로 조약우선권주장출원은 선출원이 외국출원이기 때문에 속지주의 원칙상 선출원의 지위, 확대된 선출원의 지위가 인정되지 않으며, 국내 우선권주장출원의 선출원은 그 출원일로부터 1년 3개월을 지났을 때에 일반적으로 출원공개되지 않고 취하간주되기 때문에 선출원의 지위, 확대된 선출원의 지위가 인정되지 않는다. 또한 선출원이 국제특허출원인 경우도 기준일 또는 국제출원일로부터 1년 3개월 중 늦은 때 취하 간주된다(法 202③3).

---

107) 분할·변경출원의 청구범위에는 반드시 원출원서에 최초로 첨부된 명세서 또는 도면에 기재된 내용이 반드시 들어가야 하나, 분할변경출원의 명세서 또는 도면에는 원출원에 최초로 첨부된 명세서 또는 도면 이외의 사항이 추가되어도 상관이 없다. 이런 경우는 그 부분만 출원일이 소급되지 아니하고 분할·변경출원시 출원한 것으로 된다.

② 다른 출원이 조약우선권주장출원, 국내우선권주장을 수반하는 특허출원인 경우는 해당 우선권 주장의 기초가 된 선출원의 출원서에 최초로 첨부된 명세서 또는 도면에 기재된 발명과 같은 발명은 그 특허출원(우선권주장수반특허출원)이 출원공개되거나 등록공고가 되었을 때 해당 우선권주장의 기초가 된 선출원이 공개된 것으로 본다(法 55④).

③ 국내우선권주장출원의 선출원이 국내우선권주장 또는 파리조약에 의한 우선권주장을 수반하는 경우에는 그 선출원의 출원서에 최초로 첨부된 명세서 또는 도면에 기재된 발명 중 그 선출원에 관하여 우선권주장의 기초가 된 특허출원의 출원을 한 때에 명세서 또는 도면에 기재된 발명에 대하여는, 즉 이중우선의 경우에는 법 제29조 제3항, 제4항을 적용함에 있어서 판단시점의 소급효가 인정되지 않는다(法 55⑤). 이러한 경우에도 확대된 선출원의 지위의 소급효를 인정하는 것은 국내우선권주장을 2번 연속으로 주장한 것을 인정하는 것과 같기 때문이다.

(3) 다른 출원이 대한민국을 지정국으로 하는 국제출원(국제특허출원, 국제실용신안등록출원)인 경우

2014. 6. 11. 개정법에 의하면 국제특허출원(국제실용신안등록출원)에 확대된 선출원의 지위가 주어지는 시기는 국제출원일에 제출한 「발명의 설명 : 청구범위 또는 도면」에 기재된 발명 또는 고안이 「출원공개」되거나 또는 특허협력조약에 따라 「국제공개」된 때이다(法 29⑤, 法 200의2②). 즉, 기존의 국어번역문주의에서 원문(외국어)주의로 그 범위를 변경하였다. 개정법 이전에는 확대된 선출원의 지위를 국제출원일에 제출한 국제출원의 「명세서·청구범위 또는 도면의 원문과 그 출원번역문」에 다 같이 기재된 발명 또는 고안에 한하여 인정하였다.

다만, 출원인이 국내서면제출기간에 발명(고안)의 설명 및 청구범위의 국어번역문을 제출하지 아니하여 취하된 것으로 보는 국제특허출원(국제실용신안등록출원)은 확대된 선출원의 지위 적용 시 다른 출원의 지위를 갖지 아니한다(法 29⑦). 따라서 국제특허출원(국제실용신안등록출원)은 최종 국어번역문이 확정되기 전까지는 확대된 선출원의 지위 적용을 보류하여야 한다.

Ⅴ 선출원주의

1. 의 의

동일한 발명에 대하여 2 이상의 특허출원이 있는 때에는 가장 먼저 특허출원한 자에게 특허를 받을 수 있도록 한 제도가 「선출원주의」이다.

(1) **선발명주의와 선출원주의**

동일한 발명에 대하여 발명의 선후관계를 기준으로 하여 먼저 발명한 자에게 특허를 허락하는 것을 「선발명주의」 또는 「최선발명자 특허주의」라고 하며, 발명의 선후 여부에 관계없이 출원의 선후관계를 기준으로 하여 선출원자에게 특허를 허락하는 것을 「선출원주의」 또는 「최선출원자 특허주의」라고 한다.

선발명주의는 최선의 발명자를 보호하기 위한 것으로 발명을 장려하는 면에서는 이상적이나, 발명의 선후관계를 확인하는 것이 간단하지 아니하며, 발명이 완성된 후에도 자신의 이익을 위하여 장기간 비밀의 상태로 유지될 수 있고, 이에 따른 권리관계가 불안정할 수 있다.[108] 반면에, 선출원주의는 출원일의 선후에 의하여 권리가 형성되므로 권리관계가 안정이 되며, 선출원의 지위를 확보하기 위하여 출원을 장려하는 면에서 특허제도의 목적에 부합되나, 출원을 서둘러야 한다는 면에서 출원인에게 부담이 될 수 있다.

(2) **우리나라 특허법상 「선출원주의」**

선출원주의는 대부분의 국가가 채택하고 있는 제도이며 발명의 완성 선후에 관계없이 먼저 출원한 자에게 특허를 허락하는 제도로서, 자신의 발명을 누구보다도 먼저 사회에 공개하여 사회이익에 기여한 자에게 반대급부로서 독점권인 특허권을 부여한다는 취지에 입각한 제도이다. 우리나라 특허법은 선출원주의를 채택하고 있으며 선출원주의의 단점인 진정한 발명자 보호에 대한 미흡을 보완하기 위해 출원일 또는 판단시점의 소급효, 특허출원시부터 국내에 있던 물건(法 96①3)에 대한 특허권의 효력 제한, 선사용권(法 103)의 인정, 발명자 동일시 확대된 선출원지위 부적용(法 29③ 단서) 등 선발명주의적 요소를 가미하고 있다.

2. 선출원주의의 판단

(1) **시간적 기준**

① **원 칙**

출원시각을 증명하는 것이 어려울 뿐만 아니라 동일한 내용의 발명이 같은 날에 출원되는 경우가 드물다는 심사경험에 비추어 출원일을 기준으로 선·후출원을 판단한다. 출원일의 판단은 도달주의가 원칙이지만 우편으로 제출하는 경우 발신주의에 의한다. 온라인을 이용하여 제출된 전자문서는 당해 문서의 제출인이 전산망을 통하여 접수번호를 확인한 때에 특허청에서 사용하는 접수용 전산정보처리조직의 파일에 기록된 내용으로 접수된 것으로 본다(法 28의3 ③). 단, 국제특허출원에 관한 서류에 있어서는 우편의 경우에도 도달주의이다.

---

[108] 2011년 9월 8일 미국은 기존에 미국만이 채택하고 있었던 선발명주의를 포기하고 선출원주의를 도입하는 미국 발명법(America Invents Act)을 개정하였다. 미국의 선출원주의는 개정법 발효일로부터 18개월 이후인 2013년 3월 9일부터 시행되고 있다.

② 예 외

무권리자에 대한 정당권리자의 출원의 경우 무권리자의 출원일(法 34, 35), 분할출원(法 52②), 변경출원(法 53②)의 경우 원출원일로 소급하고 조약우선권주장출원(法 54①), 국내우선권주장출원(法 55③)의 경우는 출원일이 소급되는 것이 아니고 신규성, 진보성 판단시점만 원출원일로 소급된다.

(2) 지역적 기준

선출원주의 판단은 특허독립의 원칙상 국내만을 고려하여 판단한다. 예를 들어, 일본에서 선출원한 동일한 발명을 우리나라에서 후출원한다고 하더라도 일본출원과 우리나라 출원은 선출원주의가 적용되지 않는다. 단, 여기서 일본출원이 조약우선권주장을 하게 되면 신규성과 진보성의 판단시점을 일본출원시로 소급하여 판단해준다.

3. 선출원주의의 주요내용

(1) 출원일이 다른 날인 경우의 처리

동일한 발명에 대한 특허출원이 출원일을 달리하여 각각 된 경우에는 가장 먼저 출원한 자가 그 발명에 대하여 특허를 받을 수 있다(法 36①).
특허출원된 발명과 실용신안등록출원된 고안이 동일한 기술사상일 경우에도 위와 같다(法 36③). 발명과 고안은 같은 기술사상을 대상으로 하여 출원될 수도 있으므로 비록 출원의 형식을 달리하고 있다 하더라도 양 출원 간에는 선후출원관계의 조정이 필요하다.

(2) 출원일이 같은 날인 경우의 처리

① 처리기준

동일한 발명 또는 고안에 대한 특허출원 또는 실용신안등록출원이 출원일을 달리하여 제출된 경우에는 위 (1)에서 설명한 바와 같이 그중 최선출원인에게만 특허 또는 실용신안권을 허락하면 되지만, 같은 날짜에 경합하여 출원된 경우에는 이상의 기준만으로는 처리할 수가 없다. 그러나 동일자출원의 경우에 대하여도 중복특허금지의 원칙은 역시 적용되어야 한다.
따라서 특허법은 동일자출원이 경합되고 있는 경우에는 어느 출원을 대상으로 특허를 받을 것인지에 대한 선택의 기회를 본인들에게 부여하는 뜻에서 먼저 당사자 간에 협의할 수 있는 기회를 주고, 협의가 성립되지 않거나 협의를 할 수 없게 된 경우에 비로소 대상출원 모두를 공평하게 특허거절결정하는 소위 '협의제'를 채택하고 있다. 협의제의 운영절차는 다음과 같다.

② **구체적인 처리절차**
  ㉠ **협의명령**
  동일자의 경합출원인에 대하여 「특허청장(심사관이 아님)」은 기간을 정하여 협의의 결과에 대해 신고할 것을 명하고, 지정기간 내에 협의결과에 대한 신고가 있을 경우 그 협의에 의하여 특허받을 대상으로 정해진 출원에 대하여는 심사를 진행시키며, 다른 출원에 대하여는 특허법 제36조 제2항 또는 제3항의 규정에 의하여 특허거절결정을 한다.
  한편, 지정기간 내에 신고가 없을 때에는 협의가 성립되지 아니한 것으로 보고 「심사관」은 경합출원 모두를 거절결정한다(法 36②⑥).109)
  ㉡ **협의의 형태**
  협의는 보통 한쪽의 출원인이 자기의 출원을 취하하고 협의 결과 정해진 다른 쪽 출원의 공동출원인으로 되거나 또는 특허 후에 공유특허권자가 되는 등의 조정이 이루어진다.

(3) 동일인의 동일발명 등의 취급

중복특허금지의 원칙은 동일출원인의 동일발명에 대해서도 적용되어야 한다. 때문에 동일출원인이 동일발명(고안)에 대하여 각각 달리하여 또는 같은 날에 2 이상의 출원을 한 경우에는 출원인이 각각 다른 자일 때에 준하여 어느 하나의 출원에 대해서만 특허를 허락하여야 한다.

동일인의 동일발명에 대한 출원이 다른 날에 각각 출원된 경우에는 각 출원의 출원인이 다르다고 보고 최초 출원만을 특허하며, 같은 날에 각각 출원된 경우에는 그중 어느 하나만을 선택하도록 출원인에게 명령하고, 한쪽을 취하 또는 선택하지 아니할 때에는 모두 거절한다.

(4) 선출원의 지위가 없는 경우

선출원주의에서 선후출원의 판단은 선출원의 지위가 있음을 전제로 한다. 예를 들어, 甲이 A 발명을 먼저 출원하고, 乙이 A 발명을 나중에 출원했다고 하더라도 甲의 출원이 무효, 포기 등으로 선출원의 지위가 없어졌다면 乙의 출원은 선출원주의에 위반되지 않는다. 즉, ① 특허출원 또는 실용신안등록출원이 무효·취하 또는 포기되거나 거절결정이나 거절한다는 취지의 심결이 확정된 경우110)와 ② 발명자 또는 고안자가 아닌 자로서 특허를 받을 수 있는 권리 또는 실용신안등록

---

109) 상표법이 동일자 출원인 간의 협의불성립시 특허청장이 행하는 추첨에 의하여 상표등록을 받을 수 있는 자 1인을 결정하는 방식과는 다르다(상표법 8②).

110) 구법에서는 포기된 출원, 거절결정이 확정된 출원에 대해서 선출원의 지위가 인정되었다. 그러나 심사인력의 증원을 통해 심사기간을 10개월 내외로 단축할 경우 발생할 수 있는 문제점을 사전에 예방하기 위해 개정법(法 律 제7871호, 2006. 3. 3. 공포·시행)에서는 선출원의 지위를 인정하지 않고 있다. 구체적으로 공개 전 거절 또는 포기된 출원에 대하여 선출원의 지위를 부여할 경우에는 ① 실질적인 영업비밀 보호수단으로 작용하고, ② 제3자가 추후 선의로 그 기술을 발명하여 특허권을 획득할 수 있는 기회를 봉쇄하는 수단으로 작용하고, ③ 동일한 후발명에 대하여 포기 또는 거절된 발명을 인용문헌으로 의견제출통지서와 함께 출원인에게 송부하여야 하는데, 이 행위는 선출원 발명을 제3자에게 공개하는 행위로서 심사관의 비밀유지의무에 반하는 문제점이 있다. 한편, 거절 또는 포기되어 공개되지 아니한 발명은 보완하여 재출원 및 공개하도록 유도하는 것이 산업발전에의 이바지라는 특허법 목적에 부합하기도 한다(임병웅, 전게서, p.195).

을 받을 수 있는 권리의 승계인이 아닌 자가 한 특허출원 또는 실용신안등록출원의 경우에는 선출원의 지위가 없다(法 36④⑤).

그러나 동일자 출원에 대하여 법 제36조 제2항 또는 제3항에 의한 협의 불성립 등으로 거절결정이나 거절한다는 취지의 심결이 확정된 때에는 선출원의 지위가 있다(法 36④ 단서). 이는 협의 불성립 등으로 거절결정이 확정되었음에도 불구하고 그 일방 또는 제3자가 재출원하여 특허를 받을 수 있는 것은 타당하지 않기 때문이다.

4. 선출원주의 위반의 법적 효과

선출원규정에 위반된 출원은 거절이유(法 62) 및 정보제공이유(法 64②)에 해당되며, 착오로 특허된 경우라면 특허무효이유(法 133①)에 해당된다.

선출원규정에 위반되어 후출원이 특허등록되어 특허무효심결의 확정에 의하여 무효된 경우 선의의 발명실시자 등에 대하여는 소위 중용권이라는 법정통상실시권이 부여된다(法 104).

5. 연관된 문제

(1) 선출원주의의 보완

① 특허법상 보정(法 47), ② 선사용권(法 103), ③ 무권리자에 대한 정당권리자의 출원(法 34, 35) ④ 이용·저촉(法 98)에 의한 통상실시권 허락심판(法 138), ⑤ 확대된 선출원의 지위(法 29③), ⑥ 심사청구제도(法 59⑤), ⑦ 특허권의 효력이 미치지 아니하는 범위(法 96①3)에 관한 규정을 두어 선출원주의를 보완하고 있다.

(2) 선출원주의의 예외

무권리자에 대한 정당권리자의 출원(法 34, 35), 분할출원(法 52②), 변경출원(法 53②)의 경우에는 출원일이 소급되고, 조약우선권주장출원(法 54①), 국내우선권주장출원(法 55③)의 경우에는 신규성과 진보성의 판단시점이 소급(출원일은 소급 안 됨)되므로 선출원주의의 예외가 된다.

■ 선출원주의와 확대된 선출원 지위의 비교

구 분				선출원주의	확대된 선출원의 지위
서	의 의			동일한 발명에 대하여 2 이상의 특허출원이 있는 때에 가장 먼저 특허출원한 자에게 특허를 허락하는 주의를 말한다.	특허출원한 발명이 당해 특허출원을 한 날 전에 특허출원 또는 실용신안등록출원하여 당해 특허출원을 한 후에 출원공개되거나 등록공고된 다른 특허출원 또는 실용신안등록출원의 출원서에 최초로 첨부된 명세서 또는 도면에 기재된 발명 또는 고안과 동일한 경우에는 특허를 받을 수 없도록 선출원의 지위를 부여하는 것을 말한다.
	취 지			발명조기공개, 중복특허 금지, 권리의 안정성	선출원주의의 단점 보완, 출원공개제도와 심사청구제도의 효율적 운영, 방어출원의 감소
판단	기준	주체적	판단자	심사단계 ⇨ 심사관, 심판단계 ⇨ 심판관합의체, 특허법원 ⇨ 법관	
			발명자·출원인 동일	동일 여부에 관계없이 적용	발명자나 당해 출원시 출원인이 동일한 경우에는 부적용
		객체적	범위	청구항별로	
			대상	선·후출원의 청구범위	다른 (선)출원의 최초 명세서·도면과 당해 (후)출원의 청구범위
			보정 삭제	선출원의 지위 불인정	최초 명세서·도면에 기재되어 있으면 인정
			보정 추가	선출원의 지위 인정	최초 명세서·도면에 기재되어 있지 않으면 불인정
			분할·변경 출원	원출원일로 출원일이 소급	분할·변경출원이 다른 출원에 해당하는 경우 분할·변경출원일을 기준으로 확대된 선출원의 지위 인정
			무효·취하· 포기·거절 결정 확정	선출원의 지위 불인정 (단, 협의불성립 등으로 특허거절결정이 된 경우에는 선출원의 지위 인정)	무효·취하·포기·거절결정확정 전 출원공개·등록공고되었으면 확대된 선출원의 지위 인정
			무권리자		무권리자의 출원이 출원공개·등록공고되었으면 제3자에 대하여 확대된 선출원의 지위를 인정하나, 정당권리자에 대해서는 발명자가 동일하기 때문에 확대된 선출원의 지위를 불인정
		시기적	동일출원	협의제, 협의명령에 의하여 정하여진 하나의 출원인만이 특허 가능	적용하지 않음. (∵ 당해 특허출원을 한 날 전의 해석결과)
			출원공개· 등록공고	출원공개·등록공고 여부와 관계없이 적용	다른 출원이 출원공개·등록공고된 경우에 한해 확대된 선출원의 지위를 인정
	방 법			동일성 판단	
흠의 효과	등록 전			거절이유(法 62), 정보제공사유(法 63의2)	
	등록 후			특허무효사유(法 133①)	

■ 타 산업재산권법과의 비교(선출원주의)

구 분		특허법(제36조)	디자인보호법(제46조)	상표법(제35조)
타인 간 출원	다른 날	선출원자만 등록	선출원자만 등록	선출원자만 등록
	같은 날	협의 ⇨ 불성립시 모두 거절	협의 ⇨ 불성립시 모두 거절	협의 ⇨ 불성립시 추첨
동일인 출원		선출원만 등록	• 서로 동일한 경우 ⇨ 선출원만 등록 • 서로 유사한 경우 ⇨ 관련디자인출원으로 등록	• 서로 동일한 경우 ⇨ 선출원만 등록 • 서로 유사한 경우 ⇨ 모두 등록

Ⅵ 발명의 동일성

1. 서(序)

발명의 동일성이라 함은 대비되는 두 발명의 기술적 사상이 동일한 것을 말한다. 발명의 동일성은 신규성(法 29① 각 호), 선출원주의(法 36), 확대된 선출원주의(法 29③) 등 특허요건을 판단할 때 활용되며, 또한 무권리자의 특허출원·특허와 정당권리자의 보호(法 34, 35), 분할출원(法 52), 변경출원(法 53), 조약우선권주장출원(法 54), 국내우선권주장출원(法 55) 등에서도 발명의 동일성을 판단할 때 활용된다.

이러한 발명의 동일성 판단은 무엇보다도 특허법 제29조 제1항 각 호, 제29조 제3항, 제36조 제1항 내지 제3항 등을 적용하기 위한 것이라 할 것이다.

2. 발명의 동일성 판단기준

발명의 동일성 판단은 특허출원서에 첨부된 명세서의 청구범위에 기재된 발명이 간행물 기재 등에 의하여 공지된 발명 또는 선출원의 명세서·도면에 기재된 발명과 동일한지 여부를 판단하게 된다.

3. 발명의 동일성 형태

(1) 실질적 동일성

「실질적 동일성」이란 양자의 구성요소에 차이가 있는 경우라도 그 차이가 발명의 과제해결을 위한 구체화 수단에 있어서 미소한 차이에 불과한 것을 말한다. 구체적으로 ① 단순한 표현의 상이, ② 단순한 효과의 인식의 상이, ③ 단순한 목적의 상이, ④ 단순한 구성요소의 변경, ⑤ 단순한 용도의 상이 및 한정 등 발명의 사상으로서 실질적으로 아무런 영향을 미치지 않는 비본질적 사항(부수사항)에 차이가 있는 데 불과한 경우를 말한다.

(2) 내재적 동일성

「내재적 동일성」이란 양 발명의 청구범위에 기재된 구성요소의 비교에 의해서는 동일성이 있는지 여부의 직접적인 판단이 어려우나 발명의 설명에 기재된 실시예 등을 통해 간접적으로 기술적 사상의 동일성이 인지되는 것을 말한다. 내재적 동일성은 실질적 동일성의 변형에 불과하다.

(3) 부분적 동일성

「부분적 동일성」이란 양 발명이 일부 중복이 발생하는 것을 말하며, 발명의 대부분이 중복되거나 주요부분이 중복된다면 실질적 동일성의 개념에 포함된다고 본다. 즉, 출원된 발명이 동일하다 함은 그 기술적 구성요소가 전면적으로 일치하는 경우는 물론이고 부분적으로 일치하는 경우라도 그 일치하는 부분을 제외한 나머지만으로 별개의 발명을 이룬다거나 위 일치하는 부분의 발명이 신규의 발명과 유기적으로 연결되어 일체로서 새로운 발명으로 되는 등의 특별한 사정이 없는 한 양 발명은 동일하다 할 것이다.[111]

4. 발명의 동일성 판단방법

(1) 판단의 전제

① 발명의 완성

발명의 동일성 판단은 완성발명끼리의 판단이므로 미완성발명인 경우 발명의 동일성은 따지지 않는다.

② 발명사상(실체)의 파악

발명의 동일성 판단은 기술적 사상의 동일 여부에 관한 판단으로서 대비되는 양 발명의 실체를 정확히 파악하여야 한다. 이러한 발명사상의 파악은 청구범위에 적혀있는 사항에 의거하며 명세서 및 도면을 참작한다. 공지발명의 경우에도 이와 동일하게 하여야 한다.

---

111) 대판 90후1154 참조

③ 발명의 카테고리 파악

발명을 물건발명, 이용방법발명, 생산방법발명 등의 카테고리별로 분류하여, 비교되는 양 발명의 카테고리가 다르다면 원칙적으로 동일하지 않은 발명으로 취급한다. 다만, 발명의 내용이 실질적으로 동일한 경우에는 예외적으로 상이한 카테고리로 표현된 발명이라도 동일한 발명으로 취급한다.[112]

(2) 판단의 요소

① 구 성

발명에 있어서 구성이라 함은 발명이 해결하고자 하는 문제를 해결하기 위하여 제시된 수단방법을 말하며 발명의 동일성 여부는 무엇보다도 대비되는 두 발명의 구성요소(기술적 사상)가 동일한지 여부를 대비하여 판단한다.

② 목 적

이는 발명이 해결하고자 하는 과제, 문제점을 말하며 그 해결하고자 하는 과제, 문제점이 동일한지 여부도 발명의 동일 여부를 판단하는 데 있어서 중요한 사항이 된다.

③ 효 과

이는 기술적 과제를 해결하기 위해 연구된 구성과 작용이 가져오는 성과를 말한다.

5. 발명의 동일성 판단대상

(1) 신규성 판단시

출원발명이 ① 특허출원 전에 국내 또는 국외에서 공지되었거나 공연히 실시된 발명, ② 특허출원 전에 국내 또는 국외에서 반포된 간행물에 게재되거나 전기통신회선을 통하여 공중이 이용가능한 발명에 해당하게 된 경우 특허를 받을 수 없다. 즉, 출원발명의 청구범위에 기재된 발명과 법 제29조 제1항 각 호의 신규성 상실사유인 공지기술과 동일성이 있는 경우 신규성이 상실된다(法 29① 각 호).

---

112) 대법원 1990.2.27. 선고 89후148 판결
구 특허법(1980. 12. 31. 법률 제3325호로 개정되기 전의 것)상 출원발명이 선출원의 발명과 동일한 발명인지의 여부를 판단하기 위하여는 먼저 두 발명의 성격(물건에 관한 발명인지, 방법에 관한 발명인지)과 그 특허발명의 범위를 확정하여야 할 것이며 그중 하나가 물건(장치)에 관한 발명으로 되어 있고 다른 하나가 방법에 관한 발명으로 되어 있을 때에는 그 발명의 실체를 파악하여 동일한 발명인데 표현양식에 따른 차이가 있는 것에 지나지 아니하는 것인지, 아니면 장치와 방법 양자에 관하여 각각 별개의 발명이 있었는지 여부를 먼저 확정하여 설시(說示)하고 이에 터잡아 두 발명의 동일성 여부를 판단하여야 할 것이다.

(2) 확대된 선출원의 지위 판단시

특허출원한 발명이 당해 특허출원을 한 날 전에 특허출원 또는 실용신안등록출원을 하여 당해 특허출원을 한 후에 출원공개되거나 등록공고된 다른 특허출원 또는 실용신안등록출원의 출원서에 최초로 첨부된 명세서 또는 도면에 기재된 발명 또는 고안과 동일성이 있는 경우에는 확대된 선출원의 지위에 위반되어 특허를 받을 수 없다(法 29③).

(3) 선출원주의 판단시

후출원의 청구범위에 기재된 발명이 선출원의 청구범위에 기재된 발명과 동일성이 있는 경우 선출원주의에 위반되어 특허를 받을 수 없다(法 36).

(4) 조약우선권주장출원, 국내우선권주장출원시

선출원의 최초 명세서 또는 도면에 기재된 발명과 우선권주장출원의 청구범위에 기재된 발명의 동일성이 있어야 된다(法 54, 55).

(5) 분할출원, 변경출원시

원출원의 최초 명세서 또는 도면에 기재된 발명(고안)과 분할출원·변경출원의 명세서·도면에 기재된 발명의 동일성이 요구된다(法 52, 53).

(6) 무권리자의 특허출원·특허에 대한 정당권리자의 출원시

정당권리자가 출원한 발명의 청구범위에 기재된 발명이 무권리자의 특허출원·특허의 청구범위에 기재된 발명과 동일성이 있어야 한다(法 34, 35).

6. 발명의 동일성 판단효과

(1) 심사단계

특허가 허락되기 전인 심사단계에서 동일성을 판단한 결과 특허출원한 발명이 출원 전 공지·공연실시된 발명이나 출원 전 반포된 간행물에 기재된 발명과 동일성이 인정되는 경우에는 특허법 제29조 제1항 각 호의 규정에 의하여 신규성이 상실되며, 또 선·후출원관계에 있어서 선출원의 발명과 동일성이 있을 때에는 특허법 제29조 제3항과 제36조의 규정에 의하여 거절된다.

(2) 심판·침해소송 단계

발명에 특허가 부여되어 권리가 설정되면 특허분쟁의 경우에 발명의 동일성 문제가 야기된다. 이때 발명의 동일성은 특허발명과 침해로 취급되는 발명과의 동일성 판단으로서 이 경우 발명의 동일성은 권리범위확인심판이나 특허권침해소송에서 특허심판원이나 법원에 의하여 판단되어지며 특허발명과 이와 분쟁관계에 있는 발명이 동일한 것으로 인정되면 특허권침해로 취급된다.

제3절 특허를 받을 수 없는 발명

I 불특허발명

1. 의의

특허요건인 신규성·진보성·산업상 이용가능성을 구비한 발명이라도 불특허사유에 해당되면 특허를 받을 수 없게 된다. 불특허사유는 국가별로 상이하며 또한 시대흐름에 따라 변하고 있다. 후진국일수록 자국산업보호를 위해 불특허사유를 광범위하게 정하고 있다. 우리나라의 경우 불특허사유로는 공서양속(공공의 질서 또는 선량한 풍속)에 반하거나 공중의 위생을 해할 염려가 있는 발명만 불특허사유로 정하고 있다(法 32). 이는 1995년에 체결된 WIPO/TRIPs 조약의 내용을 담고 있다. 동 조약 제27조 제2항에 의하면 당사국은 원칙적으로 공서양속에 반하는 발명인 경우를 제외하고는 불특허사유로 규정할 수 없도록 하고 있다. 그러나 우리나라의 경우도 처음부터 이러한 불특허사유(공서양속, 공중위생)만 규정한 것이 아니었고 1987년 특허법 개정시에는 의약 또는 2 이상의 의약을 혼합하여 하나의 의약을 조제하는 방법발명, 화학물질발명 및 그 용도발명을, 1990년 특허법 개정시에는 음식물 또는 기호물의 발명을, 1995년 특허법 개정시에는 WTO/TRIPs 제27조 제1항을 반영하여 원자핵 변환방법에 의하여 제조될 수 있는 물질의 발명을 불특허사유에서 삭제하여 현재에 이르게 되었다.

2. 불특허발명의 내용

(1) 공서양속을 해할 염려가 있는 발명

공공의 질서, 선량한 풍속을 해할 염려가 있는 발명, 즉 소위 공서양속 위반의 발명은 특허를 인정하지 않는다. 여기서 「공공의 질서」는 국가사회의 일반적 이익을 의미하고, 「선량한 풍속」은 사회의 일반적·도덕적 관념을 의미한다.

공서양속 위반 우려가 있는 경우의 예로서는 ① 당해 발명이 본래 공서양속을 해칠 목적을 가진 경우뿐만 아니라, 당해 발명의 공개 또는 사용이 공서양속에 반하는 경우로 위조지폐제조기, 아편 흡입도구 등이 해당된다. ② 당해 발명이 어떤 유용한 효과가 인정되더라도 보통의 경우 이를 사용할 때 공서양속을 해할 염려가 있는 경우로서, 여체(女體)에 해를 끼칠 염려가 있는 피임기구 등도 여기에 해당된다. ③ 발명 본래의 목적은 공서양속을 해할 우려는 없다 하더라도 당해 발명의 목적과 구성으로 보아 누구라도 용이하게 공연성이 없는 방법으로 사용함으로써 공서양속을 해할 우려가 다분히 있는 발명은 여기에 포함된다고 볼 수 있지만, 발명 본래의 목적 이외에 부당하게 사용한 결과 공서양속을 해칠 염려가 있는 경우는 여기에 해당한다고 할 수 없을 것이다.[113]

---

113) 예를 들어 과일칼을 살상용으로 사용한 경우

(2) 공중위생을 해할 염려가 있는 발명

또한, 공서양속에 반하는 발명 이외에 공중의 위생을 해할 염려가 있는 발명에 대해서도 특허를 받을 수 없는 발명으로 규정하고 있다. 공중의 위생을 해할 염려가 있는 발명이란 본래의 사회통념에 맞게 발명하였으나 그 사용결과가 공중의 위생을 해하는 것이라면 이에 해당된다고 본다. 특히 제조방법인 경우에는 그 방법 자체가 공중의 위생을 해칠 염려가 있는지와 그 제조방법에 의한 생성물이 공중의 위생을 해칠 염려가 있는지 여부에 대해서도 고려하여야 한다. 또한 공중의 위생을 해칠 염려가 있는 발명의 경우에는 그 해를 제거하는 수단은 있는지 여부 및 그 효과의 유익성 여부 등을 비교 참작하여 판단하여야 한다.[114]

3. 불특허발명의 판단

(1) 판단시기

공서양속에 반한다고 할 때 그 판단시기는 어느 때가 타당할까? 신규성이나 진보성 판단시와 같이 특허출원시일까? 공서양속의 판단은 출원시가 아니라 「특허락부결정시」이다. 공서양속의 개념은 시대 및 사회변화에 따라 변화하는 동태적 개념이므로 비록 출원시에는 공서양속에 반하더라도 특허락부결정시에 사회 통념적 기준으로 공서양속에 반하지 않게 된 경우는 특허를 허락하는 것이 타당하다.

(2) 판단방법

① 심사절차 내에서 판단

공서양속 및 공중의 위생에 위반되었는지 여부는 특허출원에 대한 심사절차에서 판단하여야 한다. 따라서 타 법에 의해 인·허가 등을 받았다 하여 특허를 받을 수 있는 것은 아니다. 즉, 특허된 상품 또는 특허된 공정에 의하여 생산된 상품의 판매가 국내법으로 인한 계약이나 제한을 받고 있음을 근거로 하여 특허의 부여를 거절하거나 또는 무효로 할 수 없다(파리조약 4의4). 이는 현재 판매가 제한되어 있다고 하더라도 판매 제한품 등에 대한 사고방식의 변화로 인하여 향후에 판매 제한의 해제가 가능하기 때문이다.

---

[114] 대법원 1991.11.8. 선고 91후110 판결
철분이 30~50 중량% 함유되어 이것이 식품으로서 기능을 갖는다고 볼 수 없을 뿐만 아니라 복용량에 대한 구체적인 언급이 없으며 철분분말을 단독으로 배합하였고, 그 혼합비율 역시 너무 과다하여 인체에 유해한 결과를 초래하리라는 것을 일반적인 상식을 가진 자라면 예측할 수 있어서 안정성 시험성적표를 제시하여야 함에도 이를 제출하지 아니한 본원 발명은 공중의 위생을 해할 염려가 있는 발명으로 인정되고, 특정인 한 사람이 출원발명의 제품을 복용한 결과 아무런 위해가 없었다는 사실만으로 출원발명이 일반 공중의 위생을 해할 우려가 없다고 단정할 수는 없다. 또한 특허출원이 공중위생을 해할 우려가 있는지 여부는 특허절차에서 심리되어야 할 것이고 이것이 단순히 발명의 실시 단계에 있어 제품에 대한 식품위생법 등 관련제품 허가법규에서만 다룰 문제가 아니다.

② **의료업의 판단**[115]

인체를 구성요소로 하는 발명으로서 그 발명을 실행할 때 필연적으로 신체를 손상하거나, 신체의 자유를 비인도적으로 구속하는 발명은 법 제32조에 해당되어 특허가 부여되지 않지만[116], 사람의 피부 등을 일부 채취하여 환자의 상처를 치유하는 것[117]이나, 뼈의 이식[118] 등은 인체로부터 분리된 것을 처리하고, 발명을 실행할 때 반드시 신체를 손상하거나 신체의 자유를 비인도적으로 구속하는 것이 아니므로 공서양속에 반하는 발명에 해당되지 않는다.

한편, 인간의 질병치료에 긴급을 요하지도 않는 상황에서 보양을 위해 동물의 몸에 손상을 가하는 학대행위[119], 성문화를 문란하게 하는 성보조기[120] 등의 발명은 목적 자체가 국가사회의 일반적 이익 또는 도덕적 관념을 해할 우려가 있어 공서양속에 위반된 발명으로 본다.

---

115) 김준학, 특허를 받을 수 없는 발명, 지적재산21(2004년 9월호) / 임병웅, 전게서, p.213
116) 특허법원 2000허6387
117) 예를 들어, 사람의 혈액·태반을 원료로 하는 의약의 제법발명, 사람의 혈액·태반을 원료로 하는 화장재료는 공서양속 또는 선량한 풍속에 반하는 발명으로 취급되지 않는다. 그 이유로 태반의 예를 들자면, 태반은 임신에 의하여 새로 만들어지는 하나의 내분비 장기라 생각되지만 태반 자체는 그 기능을 끝낸 후 자연히 배출되는 것으로 이러한 자연배출 후의 것이라면 이것을 사용하여도 특별히 인간의 존엄성을 훼손하게 하는 것이라고는 보이지는 않기 때문이다.
118) 이 사건 출원발명의 구성요소인 인간의 뼈는 다른 물(物)의 제조를 위한 원료 등으로 사용되는 것이 아니라 인간에게 직접 이식되기 위해 사용되는 것이고 사람의 사후에 인체의 일부인 장기를 기증받아 타인에게 이식되는 것이 사회적으로 통상 행해지고 있는 상황에서 인체 조직의 일부인 뼈의 이식만이 다른 장기의 이식과 달리 공서양속에 위반된다고 할 수는 없다(심판번호 2000원917).
119) 인간의 보양을 위한 웅담의 채취구에 관한 고안으로 고안의 채취구는 담즙의 채취를 위해 살아있는 곰의 신체일부(간)에 직접 삽입되며, 일정기간 부착되어 있어야 하는 것인바, 인간의 질병치료 등에 특히 긴급을 요하지도 않는 상황에서 인간의 일정한 목적달성(간즙의 채취)을 위해 살아있는 동물의 생명을 그대로 유지한 채 몸체일부에 손상(시술 등)을 가하는 것은 비인간적 행위로 인정되고, 또한 곰의 생활에 아무런 도움이 되지 않는 물건을 일정기간 부착하도록 하여 활동에 불편 내지 고통을 주는 점 등도 동물의 학대행위와 관련하여 극히 우려되는 것으로서 선량한 풍속을 어긋나게 할 수 있는 고안이라 볼 수 있다. 다만, 이는 본 발명에 의하여 동물이 겪는 고통 및 환경에 대한 위험과 본 발명이 인간에게 주는 유용함을 비교하여 어느 것이 더 큰 무게를 갖느냐에 따라 결정되어야 할 것이다.
120) 고안의 상세한 설명에서 본원 고안은 혈액순환촉진, 살균 및 항균 치료효과를 가질 수 있게 한다고는 하나 비뇨생식기의 발기 및 성욕증진을 위해 남성의 성기에 끼워 사용되는 것이라고 기재하고 있을 뿐만 아니라 그 보조기구의 형상으로 보아 누구든지 쉽게 공서양속을 해칠 목적에 사용할 가능성이 있다고 보여지고, 또한 실제로 그 사용에 있어 은밀하게 그와 같이 사용될 우려가 다분히 있다. 또한 본원 고안이 성기능 장애자나 배설 장애자들의 치료를 위한 보조기구이므로 본원 고안이 성문화를 어긋나게 하거나 선량한 풍속을 어긋나게 할 고안이라고 단정할 수 없다고 주장하고 있으나, 그 고안의 이용분야 및 사용하게 되는 과정 등으로 미루어 보아 그 고안이 상업적으로 실시되어 일반 대중에게 공개되거나 판매될 경우 성기능 장애자뿐만 아니라 대부분의 건강한 사람에게 있어서도 필요 이상으로 호기심을 유발하게 하고 나아가 정신적으로나 도덕적으로 부자연스럽게 사용되어 선량한 풍속을 해할 염려가 다분히 있다고 할 것이므로, 이러한 것은 사회의 일반적 이익 또는 도덕적 관념을 해할 우려가 있는 발명에 해당한다.

4. 불특허발명의 법적 취급

(1) 출원공개

특허출원은 출원공개를 할 당시에 특허청에 출원 계속 중이어야 한다. 다만, 공서양속을 어긋나게 하거나 공중의 위생을 해할 염려가 있는 경우에는 특허출원이 출원계속 중이라 하더라도 출원공개가 되지 않는다(施行令 19③).

(2) 거절이유 등

불특허발명(法 32)에 해당되는 경우 등록 전에는 거절이유(法 62), 정보제공사유(法 63의2)에 해당하며, 등록 후에는 특허무효사유(法 133①)에 해당한다.

Ⅱ 국방상 필요한 발명

1. 의 의

국방상 필요한 발명은 필요시 특허를 하지 않을 수 있으며 전시·사변 또는 이에 준하는 비상시에 있어서는 특허를 받을 수 있는 권리를 수용할 수 있도록 하고 있다. 「국방상 필요한 발명」이란 국가안보와 관련되는 발명으로서 방위산업분야의 발명을 말한다. 정부는 국방상 필요한 발명의 경우에 외국에의 특허출원을 금지하거나 비밀취급명령을 할 수 있다.

이와 같은 제한은 헌법 제23조의 "국민의 재산권은 보장되나 그 재산권이 공공복리를 위하여 필요한 경우에는 법률에 의하여 수용·사용 또는 제한될 수 있다"에 기인한 것이라 할 수 있다.

2. 국방관련 특허출원의 비밀분류기준

특허법 시행령 제11조에 의하면 특허청장은 국방상 필요하여 비밀로 분류하여 취급하여야 하는 발명의 선별에 필요한 비밀분류기준을 방위사업청장과 협의하여 정하도록 규정하고 있다. 동 분류기준은 특허청훈령(제155호, 1991. 5. 1. 제정)으로 되어 있으며, 국제특허분류(IPC) 기준에 의하여 해당 출원대상이 규정되어 있다.

3. 비밀취급절차 및 해제

(1) 방위사업청장에게 조회

특허청장은 국내에 주소 또는 영업소를 가진 자의 특허출원이 비밀분류기준에 해당되는 경우에는 방위사업청장에게 비밀로 분류하여 취급할 필요가 있는지 여부를 조회하여야 하며(施行令 12①), 방위사업청장에게 조회한 경우에는 그 특허출원의 발명자·출원인·대리인 및 그 발명을 알고 있다고 인정하는 자(이하 "발명자 등"이라 함)에게 그 사실을 통지하고 보안을 유지하도록 요청해야 한다(施行令 12②).

(2) 조회에 대한 회신

방위사업청장은 특허청장으로부터 비밀취급 여부를 조회받은 경우에는 2개월 내에 회신하여야 하며, 비밀취급이 필요하다고 인정되는 경우에는 특허청장에게 비밀로 취급하도록 요청하여야 한다(施行令 12③).

(3) 비밀취급명령 또는 보안유지요청 해제통지

방위사업청장으로부터 비밀로 취급하여 줄 것을 요청받은 경우에는 특허청장은 지체 없이 보안업무규정에 따라 필요한 조치를 취하고 그 특허출원의 발명자 등에게 비밀로 분류하여 취급하도록 명하여야 하며, 비밀로 분류하여 취급할 것을 요청받지 아니한 경우에는 그 특허출원의 발명자 등에게는 보안유지 요청의 해제통지를 하여야 한다(施行令 12④⑤).

(4) 비밀에서의 해제 등

특허청장은 비밀로 분류하여 취급할 것을 명한 특허출원에 대하여는 비밀에서의 해제, 비밀보호기간의 연장 또는 비밀등급의 변경 여부를 연 2회 이상 방위사업청장과 협의하여 필요한 조치를 하여야 한다(施行令 13①). 한편, 비밀로 분류하여 취급할 것을 명령받은 발명자 등은 특허청장에게 비밀의 해제 또는 비밀 등급의 변경이나 특허출원된 발명의 일정범위의 공개 또는 실시의 허가를 청구할 수 있다(施行令 13②). 이 경우 특허청장은 방위사업청장과 협의 후에 비밀로 취급하고 있는 발명의 일정범위의 공개 또는 실시를 허가할 수 있다(施行令 16).

(5) 출원공개의 예외

비밀취급이 필요한 특허출원에 대하여는 비밀취급의 해제시까지 출원공개를 보류하며, 그 비밀취급이 해제된 때에는 지체 없이 출원공개(등록공고)를 한다(法 64③).

4. 외국에의 특허출원금지 및 수용

(1) 외국출원금지 및 허가

국내에 주소 또는 영업소를 가진 자의 특허출원발명이 특허청장으로부터 보안유지요청을 받거나, 비밀취급명령을 받은 경우에는 특허청장의 허가를 받은 경우에 한하여 외국에 특허출원을 할 수 있다(法 41①, 施行令 15①).

외국에의 특허출원허가를 신청하고자 하는 자는 산업통상자원부령이 정하는 신청서를 특허청장에게 제출하여야 한다(施行令 15②).

(2) 수 용

① **특허를 받을 수 있는 권리(출원 중인 발명)의 경우**

정부는 특허출원한 발명이 국방상 필요한 경우에는 특허를 하지 아니할 수 있으며, 전시·사변[121] 또는 이에 준하는 비상시에 있어서 국방상 필요한 경우에는 특허를 받을 수 있는 권리를 수용할 수 있다(法 41②).

② **특허권(등록된 발명)의 경우**

㉠ 정부는 특허발명이 전시·사변 또는 이에 준하는 비상시에 있어서 국방상 필요한 때에는 특허권을 수용할 수 있다(法 106①).
㉡ 특허권이 수용되는 때에는 그 특허발명에 관한 특허권 외의 권리는 소멸된다(法 106②). 「특허권 외의 권리」란 실시권·질권 등을 의미한다.

5. 보상금 지급

(1) 외국출원금지 또는 특허를 받을 수 있는 권리(출원 중인 발명)를 수용한 경우

외국에의 출원금지 또는 비밀취급에 따른 손실에 대하여는 정부는 정당한 보상금을 지급하여야 한다(法 41③). 특허출원인은 외국에의 특허출원이 금지됨에 따른 손실 또는 비밀로 취급됨에 따른 손실에 대한 보상금을 방위사업청장에게 청구할 수 있다. 이 경우 특허출원인은 보상금청구서와 손실을 입증할 수 있는 증거자료를 제출하여야 한다. 한편, 방위사업청장은 특허출원인으로부터 보상금청구를 받은 경우에는 보상액을 결정하여 지급하여야 하며, 필요한 경우 특허청장과 협의할 수 있다(施行令 14).

또한 정부는 특허를 하지 아니하거나 특허를 받을 수 있는 권리를 수용한 경우에는 정당한 보상금을 지급하여야 한다(法 41④).

---

[121] '사변(事變)'이란 천재나 그 밖의 변고, 경찰의 힘으로 막을 수 없는 병력을 사용하는 대란, 국가 간의 선전포고 없는 전쟁을 말한다.

(2) 특허권(등록된 발명)을 수용한 경우

정부는 특허권을 수용하는 경우에는 특허권자, 전용실시권자 또는 통상실시권자에 대하여 정당한 보상금을 지급하여야 한다(法 106③). 다만, 질권자는 물상대위(法 123)할 수 있기 때문에 보상금을 지급하지 않아도 된다.

6. 비밀취급명령 등 위반의 효과

외국에의 특허출원금지 또는 비밀취급명령을 위반한 경우에는 그 발명에 대한 특허를 받을 수 있는 권리를 포기한 것으로 보며(法 41⑤), 외국에의 특허출원금지 또는 비밀취급명령을 위반한 경우에는 비밀취급에 따른 손실보상금의 청구권을 포기한 것으로 본다(施行令 41⑥).

■ 국방상 필요한 발명 등의 취급

구 분	법규정	취 급	요 건	보 상	비 고
등록 전	法 41①	외국에의 출원금지	국방상 필요	法 41③	• 위반시 특허를 받을 수 있는 권리 포기 간주(法 41⑤) • 위반시 보상금청구권 포기 간주 (法 41⑥)
		비밀취급 명령			
	法 41②	불특허		法 41④	—
		수용	전시·사변 이에 준하는 비상시에 국방상 필요		
등록 후	法 106①	수용	전시·사변 이에 준하는 비상시에 국방상 필요	法 106③	• 특허권 이외의 권리 소멸(法 106②) • 질권자는 보상받지 못함. [∵물상대위 가능(法 123)]

Ⅲ 기타 발명

1. 식물발명[122]

식물발명은 현재 불특허사유가 아니다. 구법 제31조에서는 "무성적으로 반복생식할 수 있는 변종식물을 발명한 자는 그 발명에 대하여 특허를 받을 수 있다"라고 규정하는 한편, 종자산업법에 의해 식물품종을 보호하고 있었다. 이러한 구법 제31조에 의하더라도, 유·무성번식식물[123]의 유전자, 식물세포, 육종방법뿐만 아니라 무성번식방법만 기재하면 유성번식식물 자체의 보호도 가능하였으나[124] 법 제31조에서는 「무성적으로 반복생식할 수 있는」으로만 규정되어 있어 무성번식식물만 보호하는 것으로 오해할 수 있고, 현대 과학기술의 발달에 맞추어 유성적으로 반복생식할 수 있는 유성번식식물에 대해서도 보호할 필요가 있기 때문에 개정법(法律 제7871호, 2006. 3. 3. 공포, 2006. 10. 1. 시행)에서는 법 제31조를 삭제하였다.[125]

(1) 식물발명의 특허요건

식물발명이 특허를 받기 위해서는 일반적인 특허요건을 만족하여야 하며, 법 제62조의 거절이유에 해당하지 않아야 한다. 특히, 법 제29조 제1항의 산업상 이용할 수 있는 발명에 해당하기 위해서는 출원발명이 완성된 발명이어야 할 것이고, 발명으로서 완성되었다고 하려면 당업자가 명세서에 기재된 바에 따라 반복 실시하여 목적하는 기술적 효과를 얻을 수 있어야 할 것인바, 당업자가 이 사건 출원발명을 반복하여 실시할 수 있다는 의미는 당업자가 동일한 육종소재를 사용하여 동일한 육종과정을 반복하면 명확히 동일한 변종 식물을 재현시킬 수 있다는 것을 말한다.[126]

---

122) 임병웅, 전게서, p.78 참조
123) 유성번식이란 암수배우자가 합쳐서 새로운 개체를 만드는 생식방법이고, 무성번식이란 암수의 어울림 없이 그 자체에서 분열하거나, 싹이 나거나, 땅속 줄기에서 나와 두 개 이상의 새로운 개체를 이루는 것으로 주로 양치식물의 생물에서 생식하는 방법이다.
124) 구법 제31조가 유성번식식물의 특허를 제한하고 있지는 않다.
125) 구법은 식물의 품종을 보호하기 위하여 미국에서 특별법으로 규정하고 있던 식물특허법을 1946년 미군정시대에 우리 특허법에 도입한 후 계속 존치한 결과로서 당시 보호하고자 했던 사항은 무성번식식물의 품종이었고, 유성번식방법에 의한 유성번식식물은 당시 기술수준에서 고려대상이 아니었다. 그러나 현재는 과학기술의 발달과 특허제도의 발전으로 유성번식식물의 발명이 늘어나면서 미국, 유럽, 일본 등 대부분의 국가가 일반적인 특허요건만 갖출 경우 식물의 생식방법에 관계없이 모든 식물을 특허대상으로 인정하고 있기 때문에, 우리나라 역시 일반적인 특허요건만을 심사하고 유·무성에 관계없이 특허를 허락하여 국제적 조화를 꾀할 필요가 있어 개정법에서는 구법 제31조를 삭제하게 된 것이다.
126) 특허법원 2001허4722

한편, 식물발명이라 하여 그 결과물인 식물 또는 식물소재를 기탁함으로써 명세서의 기재를 보충하거나 그것을 대체할 수 없다.[127]

(2) UPOV 가입

우리나라는 2002년 1월 7일 50번째로 식품신품종보호에 관한 조약(International Union for the Protection of New Varieties of Plants : UPOV)에 가입하였다.

■ 식품발명의 특허법과 종자산업법상의 보호의 비교

구 분		특허법 개정법(법률 제7871호)	종자산업법
보호대상	유성번식식물	○	식물의 품종 ○
	무성번식식물	○	
	유전자	○	×
	식물세포	○	×
	육종방법	○	×
등록요건		신규성, 진보성, 반복 가능성, 산업상 이용가능성	신규성, 구별성, 균일성, 안정성, 품종의 명칭
보호시기		1946년부터	1997년부터
비 고		• 특허제도(특허법)와 식물품종보호제도(종자산업법)는 보호대상, 등록요건 등이 서로 다른 상호 독립된 제도로서 일방의 제도가 적용되면 타방의 제도가 불필요한 것이 아니라 양 제도는 상호 보완의 관계에 있음. • 식물품종보호제도는 각각의 식물품종 그 자체만이 해당되나, 일반적인 개념의 식물, 육종방법, 식물유전자 등의 식물관련 기술은 특허제도에 의해서만 보호될 수 있음.	

---

127) 96후2531 판결
배 신품종에 속하는 식물에 관한 출원발명을 실시하기 위해서는 반드시 출원발명에서와 같은 특징을 가진 돌연변이가 일어난 배나무가 있어야 하고 그 다음 그 배나무 가지 또는 배나무의 눈을 이용하여 아접에 의하여 육종함으로써 그 목적을 달성할 수 있는 것인바, 출원발명의 명세서에는 그 출발이 된 배나무와 같은 특징을 가지고 있는 배나무 가지를 돌연변이시키는 과정에 대한 기재가 없고, 또 자연 상태에서 그러한 돌연변이가 생길 가능성이 극히 희박하다는 점은 자명하므로, 그 다음의 과정인 아접에 의한 육종과정이 용이하게 실시할 수 있다고 하더라도 출원발명 전체는 그 기술분야에서 통상의 지식을 가진 자가 용이하게 재현할 수 있을 정도로 기재되었다고 할 수 없어 결국 출원발명은 그 명세서의 기재불비로 인하여 특허법 제42조 제3항에 의하여 특허를 받을 수 없다.

2. 동물발명

(1) 의 의

동물에 관한 발명에 대하여 특허를 인정할 것인지가 문제이다. 동물발명에 대해 특허를 허락할 것인지 여부에 대하여는 특허법상 규정이 없다. 세계적인 추세는 동물 자체에 대한 발명은 반복가능성이 없고 또한 이러한 발명은 윤리적 측면에서도 문제될 소지가 있다는 점에서 특허를 부정하는 경향도 있으나, 오늘날 유전공학의 발달추세를 고려할 때 인간의 사고로서 동물의 창조가 가능하므로 일률적으로 동물특허를 부정하기보다는 그것에 특허를 허락하는 것이 윤리적 측면에 반하게 되는 경우에는 공서양속(法 32)과 관련하여 특허를 거부하는 등 사안별로 선별운영하는 것이 합리적이다.

동물특허와 관련하여 문제가 되는 것은 위에서 본 바와 같이 동물 자체에 관한 발명이 특허의 대상이 되는지의 여부에 관한 것이므로, 동물의 사육방법에 관한 발명 또는 양식발명에 관한 발명과 같은 방법발명은 일반의 발명과 특히 다를 바가 없으므로 특허를 받을 수가 있다.

(2) 대 상

우리나라는 1998년 3월 1일부터 유용성이 밝혀진 유전자 DNA서열, 아미노산서열, 단세포생명체 또는 인간을 제외한 동물 및 동물의 수술치료 방법에 대하여 특허를 허용하기로 하였다. 이로써 산업적으로 유용한 형질전환동물, 복제동물 등에 대한 기술개발이 기대된다. 현재 동물특허를 허용하고 있는 국가로는 미국, 일본, 헝가리, 남아프리카공화국 등이 있다.

현재 우리나라는 공서양속(法 32)에 반하지 아니한 동물특허는 허용된다.

동물관련 발명에는 ① 동물 자체의 발명, ② 동물의 일부분에 관한 발명, ③ 동물을 만드는 방법의 발명, ④ 동물의 이용에 관한 발명이 포함된다. 그리고 여기서 말하는 동물이란 사람을 제외한 다세포동물을 의미한다.

제4절 특허를 받을 수 있는 자

I 특허를 받을 수 있는 권리

특허법 제33조에서는 "발명을 한 자 또는 그 승계인은 이 법에서 정하는 바에 의하여 특허를 받을 수 있는 권리를 가진다."라고 규정함으로써 발명자에게는 특허권 발생 이전에도 자기가 한 발명에 대한 법적 권리로서 특허를 받을 수 있는 권리를 인정하고 있다.

1. 특허를 받을 수 있는 권리의 성격

특허를 받을 수 있는 권리의 법적 성질에 관해서는 크게 공권설(특허부여청구권설)[128], 사권설(발명권설)[129], 절충설(병합설)[130]의 세 가지가 대립되고 있다. 이 중 절충설(병합설)이 통설이지만 어느 견해나 특허를 받을 수 있는 권리는 양도성이 있는 재산권이라는 점에서는 공통된다.

2. 특허를 받을 수 있는 권리의 내용

(1) 특허를 받을 수 있는 권리의 구체적 내용

「특허권」과 「특허를 받을 수 있는 권리」의 구분 시점은 특허등록 설정일을 시점으로 하여 특허등록 설정일 이전을 「특허를 받을 수 있는 권리」라 하고 그 이후에는 「특허권」이라고 부른다.

① 실시

발명을 한 자 또는 승계인은 그것이 특허를 받을 수 있는지 여부와는 관계없이 자신의 발명을 실시할 수 있다. 또한 특허출원 전에도 제3자에게 그 발명을 실시할 수 있도록 허락할 수 있다. 다만, 이러한 실시권의 인정이 대상 발명에 대한 독점적 실시를 보장하거나, 제3자의 행위를 금지시키는 것을 가능케 하는 것은 아니며, 나아가 당해 발명이 타인의 특허권과 저촉하는 경우에는 스스로도 실시할 수 없다. 즉, 특허를 받을 수 있는 권리를 가지고 있어도 실시에 관한 특별한 권리가 발생하는 것은 아니다.

---

[128] 「특허를 받을 수 있는 권리」는 국가에 대해 특허권의 부여라는 행정처분을 구하는 공법상의 청구권이며, 재산권으로서 이전성을 가진다는 견해이다. 공권설에 의하면 발명자가 스스로 발명을 실시할 수 있는 것은 반사적 이익에 지나지 않으므로, 제3자가 동일한 내용의 발명을 실시하더라도 발명자에게는 아무런 권리가 발생하지 않는다고 본다.

[129] 사권설은 발명자는 출원 전이라도 발명의 완성과 동시에 발명권이라는 권리를 원시적으로 가진다는 견해로서 발명자가 스스로 그 발명을 사용, 수익, 양도할 수 있는 특허를 받을 수 있는 권리의 재산적 측면을 중시하는 견해이다(中山, 364면). 이러한 사권설에 의하면 특허출원은 발명권이라는 사권을 실현하기 위한 행위라고 보기 때문에 특허부여청구권 역시 사권인 발명권의 내용의 한 측면에 지나지 않는다고 한다. 다만, 특허부여를 청구하는 행위가 형성적인 것인가, 확인적인 것인가 하는 점에서 견해가 대립하고 있다.

[130] 병합설(절충설)은 특허를 받을 수 있는 권리를 일면적으로만 보지 않고, 국가행정기관(특허청)에 대해 특허부여라는 행정처분을 청구할 수 있는 권리라는 점에서는 공권이지만, 한편 발명의 완성과 함께 발명권이라는 사권이 원시적으로 발생하므로 특허를 받을 수 있는 권리는 이러한 두 가지의 측면이 병합된 권리라는 견해이다(東京地判 昭和 30. 7. 5, 下民 6권 7호 1303은 발명권은 특허청구권임과 동시에 실시나 양도를 할 수 있는 실체상의 권리라고 하였다).

② **특허출원**

발명을 한 자는 자신의 발명에 대하여 특허를 받을 수 있는 권리, 즉 특허출원권을 갖는데 이 특허출원권은 특허등록이 되기 직전까지의 권리이다. 하지만 이러한 특허출원권이 가지는 성격이 어떤 것인지 검토해 볼 필요성이 있다.

㉠ 양도성

법 제37조에 의하면「특허를 받을 수 있는 권리」도 이전할 수 있도록 하였고, 다만 특허출원권에 있어서 권리의 양도는 양수인이 출원하지 않는 한 제3자에게 대항할 수 없다. 특허출원 후의 권리의 양도는 특허청에의 신고가 효력발생요건이다(法 38④).

특허를 받을 수 있는 권리가 공유인 경우에는 각 공유자는 다른 공유자의 동의를 얻지 아니하면 그 지분을 양도할 수 없다(法 37③).

㉡ 질권의 설정

특허법 제37조 제2항은「특허를 받을 수 있는 권리」는 질권(質權)의 목적으로 할 수 없도록 명문화하고 있다. 그러나 나중에 특허가 등록되면 그때는 질권의 설정이 가능하다. 특허를 받기전인 권리, 즉「특허를 받을 수 있는 권리」는 왜 질권설정을 못하게 하였을까? 이에 그 입법취지를 설명하려는 견해로는 다음과 같은 것이 있다.

ⓐ 특허를 받을 수 있는 권리가 확정적인 것이 아니어서 제3자에게 예측하지 못한 불이익을 줄 우려가 있다는 견해

ⓑ 특허를 받을 수 있는 권리는 불확정적인 것이므로 발명자는 그 발명을 싼 가격에 자본가에게 빼앗길 우려가 있다는 견해

ⓒ 질권의 실행에 있어서 경매에 의해 권리가 공개되어 권리 자체가 훼손된다는 견해

ⓓ 특허를 받을 수 있는 권리에 관하여는 공시방법이 없으며 또 특허출원 중의 명세서 또는 도면의 보정에 관하여서도 질권자의 승인을 필요로 하지만 이 경우에는 절차가 복잡해진다는 견해 등이 있다. 그러나 양도담보에 대하여서는 현행 특허법에 특별히 금지되어 있지 않다.

㉢ 저당권

특허를 받을 수 있는 권리의 저당권 설정에 대해서는 특허법은 어떠한 규정도 없고, 따라서 공시방법도 없으므로 저당권의 설정은 불가능하다고 본다.

㉣ 강제집행

특허를 받을 수 있는 권리는 질권의 목적이 될 수 없는 것과 같이 권리의 성질상 강제집행의 대상도 될 수 없다고 보여진다.

③ **발명자 인격권**

특허청이 발행한 특허증에는 반드시 발명자 성명이 기재되어 있다.[131] 특허출원인과 발명자는 동일한 경우가 대부분이지만 직무발명인 경우나 특허를 받을 수 있는 권리를 양도한 경우는 발명자와 출원인이 다를 수밖에 없다.

---

[131] 참고로 특허등록원부에는 출원인이 기재되어 있다.

발명은 발명자의 사상으로 여기에는 발명자의 인격이 포함되어 있다. 이러한 발명자인격권은 발명과 동시에 발명자에게 원시적으로 귀속되는 권리로 양도할 수 없다. 이는 발명자게재권(파리조약 제4의3), 출원인의 발명자 표시의무(法 42①5) 등과 같은 방법으로 구현된다. 비록 이는 특허청의 절차를 통하여 이루어지며 따라서 특허출원 전에 있어서는 구체적인 모습을 지니는 것은 아니나 발명자인격권 자체는 출원 전부터 존재한다고 볼 수 있다.

한편, 특허를 받을 권리를 승계한 자가 발명자라고 표시하여 특허받았을 경우 그것이 발명자의 의사에 반할 때에는 발명자는 발명자게재권을 주장할 수 있을 것이다. 다만, 그 구체적인 권리행사 방법에 대하여는 규정된 바가 없으나, 특허권자를 상대로 확인의 소를 제기하여 판결을 받으면 특허청에 대해 특허증의 정정을 청구할 수 있다고 본다.[132]

(2) 특허를 받을 수 있는 권리의 이전

특허를 받을 수 있는 권리의 이전 또는 승계라 함은 특허를 받을 수 있는 권리의 내용은 변동이 없이 그 주체가 변경되는 것을 말한다. 즉, 동일한 특허내용에 대한 승계인의 변경이라고 할 수 있겠다. 특허를 받을 수 있는 권리의 이전은 매매·증여·현물출자 등과 같은 특별승계와 상속, 법인의 합병 등과 같은 일반승계가 있다.

① 특허출원 전의 권리승계

특허출원 전에 특허를 받을 수 있는 권리가 양도된 경우에는 그 권리승계에 대하여 별다른 공시방법이 없으므로 그 승계인이 특허출원을 하여야만 제3자에게 대항할 수 있으므로(法 38①), 승계인에 의한 특허출원이 제3자에 대한 대항요건이다. 상속 기타 일반승계에 의한 승계도 승계인에 의한 특허출원이 제3자에 대한 대항요건이다. 또한 특허를 받을 수 있는 권리가 중복양도된 경우에는 선출원한 승계인이 특허를 받을 수 있다.

물론 특허출원 전의 권리승계의 효력발생은 특별승계시에는 계약시이고, 상속 등 일반승계시에는 상속(법인합병)시에 효력이 발생한다.

② 특허출원 후의 권리승계

㉠ 특허출원 후에 있어서 특허를 받을 수 있는 권리의 승계는 상속 기타 일반승계의 경우를 제외하고는 특허출원인변경신고를 하지 않으면 그 효력이 발생하지 않는다(法 38④). 따라서 특허를 받을 수 있는 권리를 특별승계한 자가 특허출원인변경신고를 하여야 효력이 발생하므로 특허출원인변경신고는 승계의 효력발생요건이다.[133]

---

132) 윤선희, 전게서, p.215
133) 만약 권리자가 이 신고에 협력하지 아니하면 승계인 등은 민사소송으로 명의변경절차의 이행청구를 할 수 있을 것이다.

ⓛ 특허를 받을 수 있는 권리의 상속 기타 일반승계가 있는 경우에는 승계인은 지체 없이 그 취지를 특허청장에게 신고하여야 한다(法 38⑤). 신고하지 않으면 권리를 처분할 수 없으나 신고시 제3자에게 대항할 수 있다.

ⓒ 특허출원 후 특허를 받을 수 있는 권리가 이전된 경우에는 이 권리를 가졌던 자가 밟은 절차 또는 특허청 및 제3자가 그에 대하여 밟은 절차의 효력은 특허를 받을 수 있는 권리의 승계인에 미치며, 특허청장 또는 심판장은 그 승계인에 대하여 그 절차를 속행하게 할 수 있다(法 18, 19).

③ **같은 날에 2 이상의 특허출원 또는 특허출원인변경신고가 있는 경우**

동일한 사람으로부터 승계한 동일한 특허를 받을 수 있는 권리에 대하여 같은 날에 2 이상의 출원이 있을 때에는 특허출원인의 협의에 의하여 정해진 자 외의 승계는 그 효력이 발생하지 아니한다(法 38②).

또한 동일인으로부터 승계한 동일한 특허를 받을 수 있는 권리의 승계에 관하여 같은 날에 2 이상의 특허출원인변경신고가 있을 때에는 신고를 한 자 간의 협의에 의하여 정한 자 외의 신고는 그 효력이 발생하지 아니한다(法 38⑥).

만약 특허청장의 협의명령에도 불구하고 그 기간 내에 신고가 없을 때에는 당사자 간에 협의가 성립되지 아니한 것으로 보고 특허출원 또는 출원인변경신고의 대상발명에 대해서는 누구도 특허를 받을 수 없는 것으로 한다(法 38⑦).

■ 특허를 받을 수 있는 권리의 승계

구 분	출원 전		출원 후	
	효력발생요건	제3자 대항요건	효력발생요건	제3자 대항요건
특별승계	계약시	출원	명의변경신고	명의변경신고
상속 기타 일반승계	상속시	출원	상속시	명의변경신고
기 타		동일자 경합시 협의명령		동일자 경합시 협의명령

(3) **특허를 받을 수 있는 권리의 소멸**

특허권의 설정등록, 특허거절결정의 확정 또는 특허거절결정불복심판에 의하여 특허할 수 없다는 심결이 확정되는 경우, 특허를 받을 수 있는 권리의 상속인이 없는 경우 및 당사자가 권리능력을 상실하는 경우에는 특허를 받을 수 있는 권리는 소멸한다. 또한 출원포기 또는 취하의 경우에도 특허를 받을 수 있는 권리는 소멸한다.

ΙΙ 권리의 주체

특허를 받을 수 있는 권리의 주체는 발명자 또는 승계인 둘 중의 하나이다. 이 중에 발명자는 반드시 자연인이어야 하고 행위능력이 없어도 상관없다(미성년자도 발명자는 될 수 있다).[134] 그러나 출원인은 자연인, 법인(法人) 모두 될 수 있다. 발명을 한 발명가가 출원인이 되는 것이 대부분이지만 발명을 한 사람과 그 발명의 특허출원을 별개로 하는 경우가 있는데 이런 경우는 앞에서 설명한 특허받을 수 있는 권리의 승계(특별승계, 일반승계)에 의해서 일어나는 경우가 있고, 또한 직무발명에 의해 생기는 경우가 있다. 직무발명을 하게 되면 발명자는 종업원이 되고 출원인은 그 회사명으로 되기 때문이다.

발명자는 반드시 특허증[135]에 발명자로서 게재될 권리를 가진다.

1. 발명자

(1) 발명자의 개념

발명자란 자연법칙을 이용한 기술적 사상을 창작한 자를 의미한다. 특허를 받을 수 있는 권리는 발명의 완성에 의해 발생되므로 완성된 발명에 대하여 특허를 받을 수 있는 자는 원래 진실로 발명을 한 자이다(法 33①). 따라서 진정한 발명자가 아닌 자(무권리자)에 대해 특허를 부여하는 것은 부당하므로, 특허법은 무권리자 등이 한 특허출원에 대해서는 선출원의 지위를 인정하지 않고(法 36⑤), 특허를 받을 수 없도록 거절이유(法 62②) 및 정보제공사유(法 63의2)에 명시하고 있고, 착오로 특허가 부여되더라도 특허무효사유(法 133①2)로 규정하여 특허를 취소하거나 무효로 하고 있으며, 정당한 권리자를 보호하기 위한 별도의 규정을 두고 있다(法 34, 35).

(2) 발명자게재권

① **의 의**

발명자는 자기가 한 발명에 대하여 특허를 받을 수 있는 권리를 가지는 이외에 그 발명이 특허된 경우 특허증에 발명자로서 게재될 권리를 가진다. 발명행위에는 그 발명자의 인격적 요소도 포함되고 있는바 그 자의 인격 또는 명예를 존중하는 뜻에서 발명자게재권을 인정한다.

② **발명자 표기의 정정 등**

이런 취지 아래 파리협약 및 특허법은 특허출원서에는 발명자의 표기를 하도록 하며(法 42①), 착오로 출원서에 발명자 중의 일부 발명자의 기재를 누락하였거나 오기를 한 때에는 그 특허락부결정 전까지 발명자의 추가 또는 정정을 허용한다(파리협약 4의3, 規則 28).

---

[134] 미성년자는 발명자는 될 수 있어도 스스로 특허출원절차는 밟지 못한다. 특허출원절차는 행위능력(절차능력)이 있어야 하며 미성년자가 특허출원을 할 경우에는 반드시 친권자 또는 후견인이 법정대리인이 되어야 한다.

[135] 특허증에는 반드시 '발명자(고안자)'가 기재되어 있으나, 특허등록원부에는 기재되어 있지 않다. 특허등록원부에는 '출원인'이 기재되어 있다.

③ 발명자의 표기가 잘못된 특허의 유효성 문제

발명자의 게재권은 특허락부결정 전까지만 정정할 수 있다. 다만, 발명자의 기재가 오기없이 명확한 경우에는 특허락부결정 이후에도 정정할 수 있다. 아울러 특허를 받을 수 있는 권리를 정당하게 승계한 자가 출원절차상 진정한 발명자의 표기를 누락 또는 오기하여 특허를 받은 경우 발명자게재권은 실현할 수 있는 시기가 이미 경과되고 있어 그 특허의 효력이 문제될 수 있으나, 이 경우는 특허를 받을 수 있는 권리자가 정당한 경우이므로 발명자의 표기에 흠이 있다하더라도 그 특허의 주체적 요건에 위반되는 것은 아니어서 특허의 유효성에는 문제될 바 없다.[136]

2. 공동발명자

발명을 한 자는 해당 발명에 대하여 특허를 받을 수 있는 권리를 갖게 되듯이 복수의 사람이 공동으로 발명을 한 경우에는 특허를 받을 수 있는 권리는 발명자 모두의 공유로 되고(法 33②), 공유자 모두가 공동으로 특허출원을 하여야 한다. 2013년 개정법에 의하면 공동발명자는 아니지만 지분양도 등에 따라 특허를 받을 수 있는 권리를 공유하게 된 경우에는 그 승계인도 공동발명자에 포함될 수 있다(法 44). 따라서 현행법상 공동발명자의 한 사람이라도 반대를 한다면 다른 공동발명자는 특허출원을 할 수 없으며, 공동발명자 중 일부의 명의로 특허출원을 한 경우에는 그 출원은 거절되거나, 특허가 허락된 후에는 취소 또는 무효사유가 된다.

공동발명자가 될 수 있기 위해서는 발명자가 될 수 있는 조건과 동일하며, 단순관리자·보조자·자금의 제공자 등은 공동발명자가 아니다.[137] 따라서 공동발명자가 되기 위해서는 기술사상의 구체적 착상 또는 완성에 직접 관여한 실질적 협력자이어야 한다.

이러한 공동발명의 경우 또 다른 현실적인 문제는 당해 발명에 구체화된 권리에 대한 배당(allocation)을 어떻게 하여야 하느냐이다. 특허법은 이 점에 관하여 아무런 기준을 제시하고 있지 않으므로 원칙적으로 공동발명자 간의 협의에 의하여 정하여지는 것이 원칙이라고 할 것이다. 그러나 공동발명자 사이에 아무런 특약이 없는 경우에는 민법의 일반원칙에 따라 공동발명자는 공동발명자의 수에 기초하여 균등한 지분을 가진다고 본다.

3. 승계인

(1) 승계인에 대하여서는 「특허를 받을 수 있는 권리의 이전(移轉)」에서 설명하였듯이 특허를 받을 수 있는 권리는 계약 또는 상속 기타의 일반승계에 의하여 이전할 수 있다(法 37조①). 이 권리는 일부만의 이전도 가능하다. 승계인은 재산권으로서 특허를 받을 수 있는 권리만을 승계하는 것이고 발명자의 명예권은 발명자에게 남기 때문에, 출원서에는 실제 발명자의 성명을 기재하여야 한다. 특허를 받을 수 있는 권리가 공유인 경우에는 각 공유자는 다른 공유자의 동의를 얻지 못하면 그 지분을 양도할 수 없다.

---

136) 천효남, 전게서, p.275
137) 단순관리자·보조자·자금제공자 등은 공동출원인이 될 수 있다.

(2) 특허에 관한 권리를 적법하게 승계한 경우 승계인이 외국에 특허출원을 할 수 있는 권리까지 함께 승계한 것으로 봐야 하는지 여부, 즉 승계인의 외국출원권 인정 여부에 대해 견해가 나뉜다. 특허를 받을 수 있는 권리의 승계인이 발명자의 창작품을 국내에서만 특허출원하여 실시할 것이냐, 아니면 아무런 제약이 없이 외국에 대해서도 특허출원하여 실시할 것이냐의 문제는 발명자의 입장에서나 승계인의 입장에서나 모두 중요한바, 이에 대하여는 당연히 승계인은 외국에 대한 특허출원권까지도 승계한 것이라고 보는 긍정설[138]과 승계인의 외국출원은 원권리자(발명자)의 명시적 동의가 없으면 불가능하다는 부정설[139], 그리고 절충설[140]이 대립되고 있다.

그러나 이들 중 명시적 계약이 없는 경우에는 특허독립의 원칙상 그 승계의 효력은 그 국가 내에서만 유효하다는 부정설이 유력하다.

4. 선출원자

특허를 받을 수 있는 자는 앞에서 설명한 바와 같이 「발명자」, 「공동발명자」 또는 「승계인」이지만, 이들이 모두 항상 특허를 받을 수 있는 것은 아니다. 특허권은 속성상 동일한 발명에 대한 특허출원이 2 이상 경합될 때에는 일정한 원칙하에서 이들 중 어느 하나의 출원인만이 특허를 받을 수 있는데, 이는 선출원주의하에서는 최초로 출원한 사람에게만 특허권이 부여되기 때문이다.

---

138) 긍정설: 본래 발명은 모든 국가에서 보호되고 이용되어야 하므로, 승계인이 모든 국가에 대하여 출원할 수 있는 권리를 당연히 누릴 수 있는 것이라 한다. 또 오늘날의 기업활동이 국제적이므로 발명 이용의 무대를 국내에 한정한다는 것은 사회통념상으로도 불합리하다는 것이다.

139) 부정설: 특허법은 국가마다 별개로 독립되어 있는 것이고 그 효력범위도 자기나라에만 국한하여 미치는 속지주의를 취하고 있어서 특허받을 수 있는 권리도 나라마다 별개의 것으로 이행되어야 한다는 것이다. 따라서 발명자와의 명시적 특약이 없는 한 승계인의 특허출원할 수 있는 권리는 그 나라에 국한된다. - 吉藤 p.232[황종환·김현호, 특허법(제11판) 한빛지적소유권센터, 전게서, p.186]

140) 절충설: 승계인의 외국출원권 인정 여부는 계약에 의한 승계와 상속 등의 일반승계, 직무발명에 의한 승계에 따라 구체적으로 판단해야 한다고 한다. 즉, 계약에 의한 승계의 경우 승계인이 외국에 대하여 특허출원을 하기 위해서는 원권리자의 동의를 구하여야 한다. 그러나 상속 등 일반승계와 직무발명에 의한 승계의 경우 승계인이 외국에 대하여 특허를 출원하는 데 있어서 원권리자의 동의나 별도의 특약 같은 것이 필요 없다고 본다. 상속 등 일반승계(합병)는 승계인이 외국에 특허출원을 하는 데 대하여 동의할 원권리자가 이미 사망(또는 소멸)하였으므로 당연히 승계인이 외국출원권까지도 향유한다고 볼 수 있기 때문이다. 또한 직무발명에 의한 승계의 경우에는 현대기업의 특성상 국내에만 제한한다는 것은 비현실적일 뿐 아니라 직무발명의 성격상 발명자나 승계인은 당연히 외국에 특허출원하는 것을 서로가 예상하고 있는 것이므로 양자 간에 특약이 없더라도 승계인은 당연히 외국특허출원을 향유하고 있다고 보아야 한다는 것이다. -이종일, p.110 이하(재인용, 황종환·김현호, 전게서, p.186)

5. 정당권리자

(1) 의 의

특허를 받을 수 있는 자는 발명자 또는 그 승계인이므로 발명자 또는 적법하게 승계받지 아니한 자는 당해 발명에 대하여 「무권리자」라 한다. 「무권리자」는 특허받을 권리를 정당하게 승계받지 못한 「모인자」와 「모인자」로부터 권리를 양도받은 「선의의 무권리자」로 구분할 수 있으나 특허법 제34조와 제35조에서의 「무권리자」는 양자를 포함한다.

무권리자의 출원은 거절·취소결정 또는 무효의 사유가 되나, 특허출원 사실은 존재하게 되어 정당권리자의 출원이 불이익을 받을 수 있다. 따라서 정당권리자의 출원을 보호하기 위하여 무권리자의 출원이 출원 중에 있을 때에는 정당권리자의 출원을 보호하며(法 34), 무권리자의 출원이 특허된 이후의 정당권리자의 출원을 보호하기 위한 규정(法 35)이 마련되어 있다.

(2) 정당권리자 출원의 출원일 소급요건

① 무권리자의 특허출원·특허가 있을 것

㉠ 특허출원·특허가 있을 것

무권리자의 특허출원이 있거나, 착오 등으로 인해 그에 대해 특허권의 설정등록이 있어야 한다.

㉡ 무권리자의 선의·악의 불문

무권리자는 그 선의·악의를 불문함이 원칙이나, 모인출원자와 같이 악의로 무권리자가 된 자와 선의로 무권리자가 된 자 사이에는 중용권(法 104)의 인정 여부에 있어 차이가 있다.

② 정당권리자의 주장 및 출원이 있을 것

무권리자가 한 특허출원임을 이유로 특허를 받지 못하게 된 경우에는 무권리자의 특허출원 후에 한 정당한 권리자의 특허출원은 무권리자가 특허출원한 때에 특허출원한 것으로 본다.

③ 양 발명의 동일성이 있을 것

정당권리자 출원의 청구범위에 기재된 발명이 무권리자 출원의 청구범위에 기재된 발명의 범위에 포함되어야 한다. 따라서 발명의 내용이 다르거나 진보된 발명 등의 경우에는 여기에 해당되지 아니한다.

④ 정당권리자의 출원은 일정기간 내일 것

정당권리자의 특허출원이 무권리자의 출원이 무권리자라는 이유로 특허를 받지 못하게 된 날로부터 또는 무권리자의 특허가 취소결정 또는 무효심결이 확정된 날로부터 30일 이내에 출원하여야 한다.

무권리자가 「특허를 받지 못하게 된 날」이란 특허거절결정등본을 송달받은 날인지 혹은 특허거절결정의 확정일인지 법문상으로 분명하지 않으나 특허법 제35조와의 균형 및 동 시행규칙 제33조의 규정으로 볼 때 「특허거절결정의 확정일」 또는 「특허거절결정불복심판에 대한 기각심결의 확정일」로 해석하여야 할 것이다.

왜냐하면 무권리자가 한 특허출원이라는 이유로 그 특허출원에 대하여 특허거절결정 또는 특허거절결정불복심판에 대한 기각심결 또는 특허무효심결의 확정이 있는 때에는 특허청장 또는 특허심판원장은 이를 정당한 권리자에게 서면으로 통지하여야 한다는 특허법 시행규칙 제33조의 규정을 유추해 볼 때에 그러하다.[141] 또한 정당한 권리자가 그 지위를 인정받기 위해서는 출원서를 작성하여 정당한 권리자임을 증명하는 서류를 첨부하여 출원을 하여야 한다.

(3) 정당권리자의 법적 취급

① 적법한 경우

㉠ 출원일의 소급효

출원일 소급요건을 만족한 정당권리자의 특허출원은 무권리자가 특허출원한 때에 특허출원한 것으로 본다.

이때, 정당권리자의 출원이 무권리자의 출원일로부터 3년이 경과된 경우에 심사청구할 수 있는지 문제가 된다. 실무에서는 정당한 권리자의 출원의 출원일이 무권리자가 출원한 날로부터 3년이 경과한 경우에도 정당한 권리자의 출원과 동시에 심사청구한 경우에는 그 심사청구는 유효한 것으로 인정된다는 입장이나 특허법에 명확한 규정을 두는 것이 필요하다고 할 것이다.[142]

㉡ 특허권의 존속기간

정당한 권리자의 특허출원에 대하여 제34조 및 제35조의 규정에 의하여 특허된 경우에는 특허권의 존속기간은 무권리자의 특허출원일의 다음 날부터 기산한다(法 88②).

㉢ 민·형사상 보호

무권리자의 고의 또는 과실에 의해 손해가 발생한 경우에는 민법상 무권리자에게 손해배상청구를 할 수 있으며, 형법상 절도죄, 거짓행위의 죄 등에 의한 보호를 받을 수 있다.

② 부적법한 경우

정당권리자 출원의 청구범위에 기재된 발명이 무권리자 출원의 청구범위에 기재된 발명과 다른 발명이 있는 경우(정당권리자 출원의 청구범위에 다수의 발명이 포함되어 있고 그 발명 중 일부의 발명만이 무권리자에 의하여 출원된 발명에 해당하는 경우) 정당권리자 출원의 출원일은 소급되지 않는다.

이 경우 심사관은 출원일 소급을 인정할 수 없고 다른 거절이유가 있는 경우에는 거절이유통지서에 출원일을 소급할 수 없다는 취지를 기재하여 함께 통지하여 출원을 분할하거나 보정할 수 있도록 기회를 부여하고, 다른 거절이유가 없는 경우에는 출원일을 소급할 수 없는 취지만을 통지한 후 결정한다.

---

[141] 황종환·김현호, 전게서, p.189
[142] 황종환·김현호, 전게서, p.190

⑷ **특허권의 이전청구**

① 2017. 3. 1.부터 시행되는 개정법에 의해 도입된 제도로서 발명을 한 사람 또는 그 승계인이 아닌 경우 또는 권리가 공유인 경우, 공유자 전원이 출원하지 아니한 경우에 특허를 받을 수 있는 권리를 가진 자는 법원에 해당 특허권의 이전(특허를 이전받을 권리가 공유인 경우에는 그 지분)을 청구할 수 있다(法 99의2①).

② 위의 청구에 의해 특허권이 이전등록된 경우에는 해당 특허권 및 출원보상금청구권, 국제출원 보상금청구권은 그 특허권이 설정등록된 날부터 이전등록을 받은 자에게 있는 것으로 본다(法 99의2②).

③ 위의 청구에 따라 공유인 특허권의 지분을 이전하는 경우에는 다른 공유자의 동의를 받지 아니하고 그 지분을 이전할 수 있다(法 99의2③).

④ 즉, 무권리자가 출원하여 특허받은 경우, 지금까지는 무권리자의 특허를 무효로 한다는 심결을 받은 후 정당한 권리자가 30일 이내에 별도로 출원하여 특허를 받을 수 있었으나 앞으로는 이에 덧붙여 정당한 권리자가 직접 무권리자에게 특허권의 이전을 청구하는 방법으로도 자신의 특허권을 반환받을 수 있도록 근거규정을 마련하였다.

⑤ 단, 특허권이전등록 전에 선의로 실시사업을 하였던 자에게는 통상실시권을 부여토록하고 이전등록된 특허권자에게 상당한 대가를 지급토록 하였다(法 103의2).

제5절 직무발명

I 서 설

1. 의 의

기존에는 직무발명 관련규정이 특허법과 발명진흥법에 산발적으로 규정되어 있어 직무발명의 개념, 직무발명 완성부터 사용자 승계까지의 절차 및 권리귀속관계, 보상 및 분쟁해결 등 직무발명 관련 프로세스를 체계적·통일적으로 규율하는 데 한계가 있었으나, 2006년 개정법(發振法 2006. 3. 3. 공포, 2006. 9. 3. 시행)에서 발명진흥법으로 직무발명법제를 단일화시켰다.

「직무발명」이란 종업원·법인의 임원 또는 공무원(이하 "종업원 등"이라 한다)이 그 직무에 관하여 발명한 것이 성질상 사용자·법인 또는 국가나 지방자치단체(이하 "사용자 등"이라 한다)의 업무범위에 속하고, 그 발명을 하게 된 행위가 종업원 등의 현재 또는 과거의 직무에 속하는 발명을 말한다(發振法 2②). 직무발명에 대해서는 원시적으로 발명자인 종업원에게 특허를 받을 수 있는 권리가 귀속한다고 하는 한편, 사용자에게는 그러한 종업원의 직무발명에 대한 법정실시권과 예약승계를 인정하고 있다.

2. 취 지

종업원 발명은 서로 대립되는 2개의 법 영역에 걸쳐 있는 소위 한계영역에 속하는 특수한 발명이다. 다시 말해 종업원 발명은 종업원에 의한 것이므로 노동법의 적용영역일 뿐만 아니라 발명이기 때문에 특허법의 적용영역이기도 한 것이다.

이 경우 직무발명의 귀속이 문제가 되는데 발명자 원칙을 채용하여 진실로 발명을 완성한 자에 대해서만 특허를 받을 수 있는 권리를 인정하고 있는 현행 특허법의 규정에 의하면 특허를 받을 수 있는 권리는 당연히 발명자인 종업원에게 원시적으로 귀속된다. 그러나 노동법에 의하면 노동의 성과는 모두 사용자에게 귀속되기 때문에 전자를 강조하면 발명은 종업원에게 귀속되며, 후자를 강조하면 발명은 사용자에게 귀속된다.[143]

---

[143] 임병웅, 전게서, p.239

이러한 연유에서 발명진흥법은 발명을 하도록 연구개발투자와 시설 등을 제공한 사용자와 창조적인 노력을 제공하여 발명을 한 종업원 사이에 합리적인 이익배분을 함으로써 사용자에게 보다 적극적인 투자를 하도록 유도하고 종업원에게는 보다 창조적인 발명을 할 인센티브를 제공하여 산업발전에 이바지하기 위해 직무발명에 관한 규정을 두어 사용자와 종업원 간의 관계를 법정하고 있다.144) 즉, 직무발명제도는 발명을 창출할 수 있는 기반, 즉 연구개발(R&D)투자와 시설 등을 제공한 사용자 등과 창조적인 노력으로 발명을 완성한 종업원 등 간의 이익을 합리적으로 조정함으로써, 사용자에게 보다 적극적인 투자를 하도록 유도하는 한편 사용자와 종업원 모두가 Win-Win 할 수 있게 하는 제도이다.

3. 종 류

일반적으로 종업원의 발명은 종업원 등의 직무 및 사용자 등의 업무범위에 속하는 직무발명, 사용자 등의 업무범위에만 속하는 업무발명, 종업원 등의 직무 및 사용자 등의 업무와 무관한 자유발명이 있다. 한편, 발명진흥법에서는 "개인 발명자란 직무발명 외의 발명을 한 자를 말한다(發振法 제2조 제3호)"라고 규정하여 직무발명 외의 발명인 업무발명과 자유발명에 대해서는 동일한 취급을 하고 있다.

▎종업원의 발명의 유형

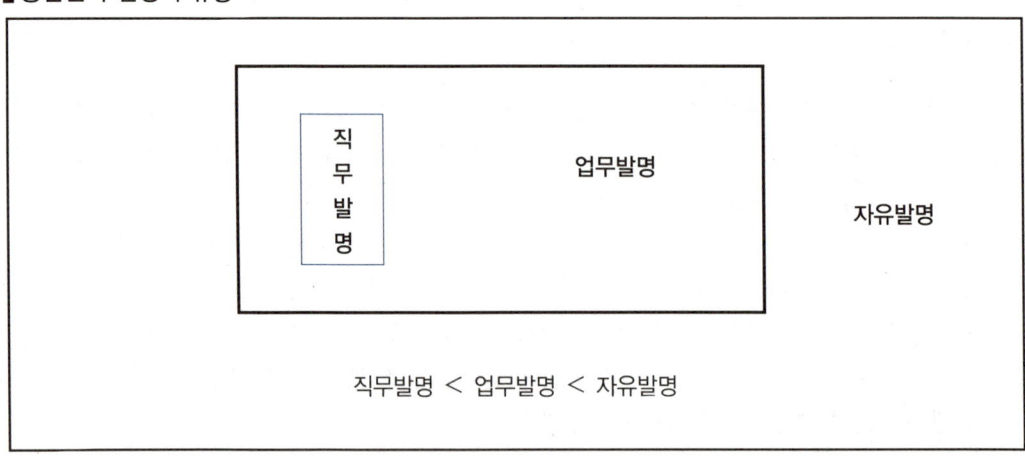

직무발명 < 업무발명 < 자유발명

＊ 발명진흥법에서 업무발명과 자유발명을 동일하게 취급하고 있으나 강학상으로는 위와 같이 구분하고 있다.

---

144) 따라서 직무발명의 규정은 발명진흥법 속에 녹아 있는 경제적 약자에 대한 보호규정이라 할 수 있으며, 민법상 고용관계의 일반원리(民法 655)에 대한 특별규정의 성격을 지닌다.

II 직무발명의 성립요건

1. 종업원 등이 발명하였을 것

(1) 종업원

특허법상 종업원 등이라고 말하는 자는 소위 기업 등의 종업원, 법인의 임원, 국가공무원 또는 지방공무원도 포함된다. 여기서 종업원을 보다 구체적으로 설명하면 종업원 등은 국가, 법인, 사장 등과 고용계약 및 기타의 관계에서 타인의 사무에 종사하는 자를 말하며, 민법상 고용계약[145]에 의한 종업원뿐만 아니라 사실상 타인(사용자)에게 노무를 제공한다는 객관적 사실만 있다면 그 타인(사용자)과 종업원의 관계가 성립한다.

따라서, 특허법에서의 종업원은 사용자에 대한 노무제공의 사실관계만 있으면 성립되므로 고용관계가 계속적이지 않고 일시적·임시적으로 고용(아르바이트, 파트타임)된 자, 촉탁이나 기능습득 중인 양성공 및 수습공을 포괄하며, 상근·비상근·보수지급 유무·근로기준법상의 최하 연령 등을 불문하고 사용자와 고용관계에 있는 한 종업원이다.

다만, 파견 종업원에 대해서는 기업 간 정해진 규칙에 따라 고려해야 할 문제가 있지만, 일반적으로는 급여를 파견지에서 받는가, 파견을 보낸 곳에서 받는가에 따라 정해야 할 것으로 본다. 즉, 파견기간 중, 파견된 기업의 종업원이 되어 그 회사에서 급여를 받고 있는 경우는 그곳의 종업원이고 그 반대인 경우는 파견을 보낸 곳의 종업원으로 보나, 연구개발의 지휘 내지 명령이 급여지급 측에 없는 특수한 경우는 이상과 달리 지휘 내지 명령측의 종업원이라고 본다.

(2) 법인의 임원

법인이란 일정한 목적을 달성하기 위한 사람 또는 재산의 결합으로 권리와 의무를 수행할 수 있는 법률상의 주체(공법인·사법인·영리법인·비영리법인 불문)를 말하고, 법인의 임원이란 법인의 업무를 운영·감독하는 자를 말하므로 일반적으로 이사급 이상의 직(법인의 대표자는 아님)에 있는 사람을 말한다.

(3) 공무원

직무발명에서의 공무원이란 국가 또는 지방자치단체의 공무에 종사하는 자로서 입법부 또는 사법부에 종사하는 자도 포함하는 넓은 의미의 공무원을 말한다. 따라서 국가공무원, 지방공무원을 불문하고 육·해·공군의 기술문관, 기계적·육체적 노무에 종사하는 공무원(고용직, 기능직 등)도 포함된다.[146]

---

145) 민법상 고용계약이란 당사자 일방이 상대방에 대하여 노무를 제공할 것을 약정하고 상대방이 이에 대하여 보수를 지급할 것을 약정하는 계약을 말한다(民法 655).
146) 직무발명제도, 특허청(2004), p.26~27

2. 사용자 등의 업무범위에 속할 것

(1) 사용자 등

「사용자 등」이란 사용자·법인 또는 국가나 지방자치단체 등을 의미한다. 개인회사의 경우에는 일률적으로 누가 사용자인지 단정할 수는 없으며, 개인회사가 법인이냐, 법인이 아니냐에 따라 판단하여야 할 것이다.[147]

(2) 업무범위

업무범위라 함은 법인의 경우, 법인 등의 정관에 정해진 목적의 범위 내의 업무 및 그 부대업무를 말한다. 일반적으로 정관에는 구체적인 사업내용을 적은 다음 기타 이에 부수하는 사업이라고 기재함이 통례이다.[148] 따라서 판례의 경우도 본래 업무수행에 직접 또는 간접적으로 기술적 문제를 해결하기 위해 이용되는 부수사업인 경우 법인의 업무범위에 속한다고 해석하고 있다.[149]

개인사업자의 경우, 법인과 같이 사업의 범위를 정하는 정관 등의 규정이 없으므로 개별적으로 실제 사용자가 현실적으로 운영하는 사업내용을 판단하여 그 업무범위를 파악하여야 한다. 다만, 개인사업자의 업무범위도 법인과 마찬가지로 본 사업내용 외에 그에 부수하는 사업도 개인사업자의 업무범위에 해당된다고 해석한다.

사용자가 「국가」일 경우에 업무범위를 기업 등 법인의 경우와 같이 해석하게 되면 전 국가의 업무가 모두 포함되기 때문에 불합리하게 된다. 따라서 발명을 한 공무원이 소속된 기관의 직제와 사무분장규칙에 정해진 업무범위로 한정하여 해석해야 한다.

---

[147] 예컨대, 법인격을 갖춘 개인회사인 경우에는 대표자(자연인)와 회사(법인)는 각각 법률상 별개의 인격체로서 대표자라 할지라도 사용자가 아니라고 보아야 하나, 법인격을 갖추지 못한 소규모의 개인회사의 경우에는 대표자가 당연히 사용자가 되어야 한다.

[148] 이에 반대하는 견해(정완섭 외)도 있다. 반대설의 요지는 회사의 정관목적에 기재되어 있지 않은 사업이라도 회사의 방침으로 진출하는 경우가 있을 수 있고 또 기술적으로 목표가 정해지고 나서 정관을 개정하는 경우도 있을 수 있으므로, 사용자의 업무범위란 정관과는 관계없이 사용자가 현재 행하고 있거나 또는 장래에 행할 수 있는 것이 구체적으로 예정되어 있는 업무를 말하는 것으로 해석해야 한다는 것이다.

[149] 대법원 판례(대판 1974.11.26, 74다310)에서는 "정관에서 정한 목적의 범위 내라 함은 이를 광의로 해석하여 정관에 열거된 목적과 그 외에 법인의 목적을 달성함에 필요한 범위를 지칭하는 것으로 해석함이 타당하다"라고 판시하고 있다.

3. 발명을 하게 된 행위가 종업원 등의 현재 또는 과거의 직무에 속할 것

(1) 발명을 하게 된 행위

발명을 하게 된 행위라 함은 발명을 착상하여 완성을 하기까지의 행위로서 사색적 행위(이론적 추구, 문헌 조사 등)뿐만 아니라 이것에 부수하는 육체적 활동(연구소에서의 실험, 공장에서의 제조 작업 등)도 포함하는 개념이다.

그리고 발명을 하게 된 행위는 반드시 근무시간 중에 이루어질 필요가 없으며, 발명한 장소(근무지 또는 가정)도 전혀 문제되지 않는다. 그 이유는 직무발명은 종업원 등이 담당한 직무와 관련된 발명이므로 비록 퇴근 후 가정에서 직무와 관련된 발명을 했더라도 직무에서 터득한 지식과 경험 및 발명완성시까지의 사용자의 지원(설비, 자원, 급여 등)을 부정할 수 없기 때문이다.

(2) 직 무

직무란 종업원 등이 사용자 등의 요구에 따라 사용자 등의 업무의 일부를 담당하는 것으로서, 발명을 하게 된 행위가 직무에 속하는지 아닌지에 관한 구체적 판단은 종업원의 직무내용 내지 책임범위를 참고로 하여 결정함이 편리하다. 종업원이 담당하는 직무내용과 책임범위로 보아 발명을 꾀하고 이를 수행하는 것이 당연히 예정되거나(연구소의 연구원, 설계부의 설계자 등) 또는 기대되는 경우[150](기술담당이사, 공장장, 감독기사 등)에는 발명을 하게 된 행위가 직무에 속한다고 볼 수 있다. 그리고 발명을 하게 된 행위가 종업원 등의 직무인 한 이들이 한 발명이 사용자 등으로부터 구체적인 과제를 부여받아서 한 경우이든, 발명을 의도하지 아니하고 직무수행의 결과 성립된 발명이든[151] 모두 직무발명에 해당된다.

---

[150] 【사례】 발명을 하게 된 행위가 당연히 예정되거나 기대되는 경우
악기 회사의 공작과 기능직 사원으로 입사하여 회사를 퇴직할 때까지 공작과 내 여러 부서에서 숙련공으로 근무하면서 금형제작, 센터핀 압입기제작, 치공구개발 등의 업무에 종사한 자가 피아노 부품의 하나인 플랜지의 구멍에 붓싱을 효과적으로 감입하는 장치를 고안한 경우, 위 사원은 근무기간 중 상기와 같은 고안을 시도하여 완성하려고 노력하는 것이 일반적으로 기대되므로 직무발명에 해당한다(대판 1991.12.27, 91후1113).

[151] 【사례】 종업원이 당해 발명에 관하여 사용자로부터 발명에 대한 명령을 받지 않거나 구체적 과제도 부여받지 않는 경우의 직무발명 성립 여부
종업원이 발명에 대한 구체적 과제를 부여받지 않았지만 그 종업원이 담당하도록 정해진 직무내용 또는 책임범위가 당연히 발명을 할 것으로 예정되거나 기대되는 경우에는 직무발명에 속한다.
발명의 완성 당시에 석탄질소 제조로에 관한 제조·판매를 업으로 하는 회사의 기술부문 담당 최고책임자의 지위(이사)에 있었고, 또 회사의 석탄질소 생산향상을 위하여 그 제조로의 개량 고안을 시도하고 그 효율을 높이도록 노력해야 할 임무를 부담하고 있다고 인정되는 경우에는 그 자가 한 석탄질소제조로에 관한 고안은 종업원으로서의 직무에 속한다(일본 최고재판 1968.12.13).

(3) 현재 또는 과거의 직무

종업원의 직무는 현재의 것뿐만 아니라 과거의 것도 포함한다. 따라서 현재는 관리직이지만 과거에는 연구직원으로서 전자계산기에 관한 연구에 종사하던 어느 관리자가 한 전자계산기에 관한 발명은 직무발명에 속한다.[152]

특히 문제로 되는 것은 퇴직 후의 발명이 재직 중의 직무에 속하는 것이다. 이에 관하여 명문의 규정은 없지만 발명진흥법 제2조 제2호의 문리해석상 현재에도 종업원으로서 고용관계가 있는 경우에 있어서의 과거의 직무만을 말하고 고용관계가 종료한 다음에는 과거의 직무가 아니라고 해석함이 타당할 것이다. 그러나 퇴직 전에 한 발명을 재직 중에는 숨기고 있다가 퇴직 후에 특허출원한 경우에는 퇴직 후의 발명으로 취급할 수 없다. 다만, 그것이 퇴직 전에 한 것이냐 후에 한 것이냐의 판단은 극히 곤란하므로 미리 이에 관한 대비책을 세워(예컨대 추적조항을 두는 것) 관리할 필요가 있다.[153] 퇴직 후 일정 기간 안에 이루어진 발명은 전 사용자에게 승계한다는 내용의 고용계약 규정, 이른바 추적조항(trailing clause)은 특히 공익에 어긋나지 아니하는 한 유효하다고 본다.

그리고 발명의 완성시기가 퇴직 전·후인지 여부가 입증이 곤란하기 때문에 사용자는 재직 중 입증자료를 확보하기 위하여 적절한 연구관리(연구일지를 작성케 하여 체크하는 등)를 할 필요가 있다 하겠다.

---

152) 과거의 직무에 속하는 발명
과거에 A전자회사의 TV영상회로 연구소에서 근무하던 자가 A전자회사 TV완성품 검사부서에 근무하면서 발명한 TV회로에 관한 발명과 TV의 품질검사를 자동으로 할 수 있는 방법에 관한 발명은 모두 직무발명에 속한다. 여기에서 TV회로에 관한 발명은 과거의 직무에 속하는 발명이고, TV의 품질검사를 자동으로 할 수 있는 방법에 관한 발명은 현재의 직무에 속하는 발명이다. 그러나 TV영업부에 근무하는 자가 발명한 새로운 TV회로는 직무발명이 아닌 자유발명이다.

153) 미국의 경우, 판례상 기업 내에서 이루어진 발명은 퇴직 후에도 공공의 질서에 반하지 않는 한도 내에서 해당 발명을 추적할 수 있다. 이와 같은 판례에 근거해서 사용자와 종업원의 계약에 이른바 추적조항(trailing clause)을 마련하는 것이 통례로 되어 있다. 추적조항은 퇴직 후 일정한 기간 내에 한 발명으로 전 사용자의 업무범위에 속하는 것은 전 사용자가 승계하도록 하는 특약조항이다. 그러나 이러한 추적조항은 종업원의 새로운 고용기회를 제한할 뿐만 아니라 자유발명을 직무발명으로 간주하는 등 종업원에게 불리하게 작용될 수 있어 남용되어서는 안 될 것이다 [직무발명제도(2004), 특허청].

Ⅲ 직무발명에 대한 법적 취급

앞에서 설명한 대로 직무발명이라 함은 일반적인 발명과는 달라서 발명을 하는 종업원은 「사용자 등」이 제공한 설비·자재·비용 등을 활용하여 발명한 것으로 노동법의 입장에서 보면 노동의 성과는 사용자에게 귀속되기 때문에 사용자에게 특허권이 귀속되고, 특허법의 입장에서 보면 진실로 발명을 한 자에게만 특허를 받을 수 있는 권리를 인정하고 있으므로 특허권은 종업원에게 귀속되어야 할 것이다.[154]

따라서 이러한 발명이 완성되기까지 들인 상호 노력 등을 고려하여 형평의 원리에 따라 권리관계가 적절히 조정되어야 한다. 이러한 점을 감안하여 법은 「사용자 등」과 「종업원 등」에게 직무발명과 관련하여 아래와 같은 법적 혜택을 발명진흥법에 의해 부여하고 있다.

1. 사용자 등의 통상실시권의 취득

사용자 등은 종업원 등 또는 그 승계인이 직무발명에 관하여 특허 등(특허·실용신안등록·디자인등록)을 받은 경우 대가 없이 그 특허발명을 당연히 실시할 권리를 가진다. 다만, 사용자 등이 「중소기업기본법」 제2조에 따른 중소기업이 아닌 대기업인 경우 이들에 대한 직무발명보상제도 도입을 적극 유도하기 위하여 직무발명에 대해 사전승계(또는 전용실시권 설정) 계약이나 근무규정을 체결 또는 작성하지 않은 경우 종업원이 발명한 해당 직무발명에 대해 법정통상실시권을 부여하지 않도록 2013. 7. 30. 개정법에서 명문화하였다(發振法 10① 각 호). 사용자 등의 통상실시권은 직무발명의 탄생에 대해 사용자 등이 기여한 부분을 인정하여 법이 정하고 있는 법정통상실시권이다(發振法 10①).

따라서 사용자 등은 통상실시권 설정 당시의 실시 또는 준비를 하고 있는 발명 및 사업의 목적범위에 국한되지 않고 당해 특허권의 소멸시까지 특허발명의 전체를 무상으로 실시할 수 있다.

한편, 직무발명에 대한 통상실시권을 취득하게 되는 사용자는 종업원이 직무발명을 완성할 당시의 사용자이고, 그에 따른 특허권의 등록이 그 이후에 이루어졌다고 하여 등록 당시의 사용자가 그 통상실시권을 취득하는 것은 아니다.[155]

---

154) 「발명자주의」와 「사용자주의」
- 발명자주의 : 발명자주의는 종업원의 직무발명에 대한 특허권은 원칙적으로 발명자에 귀속된다고 보는 주의이다. 현행 우리나라와 일본의 특허법 및 독일의 '종업원의 발명에 관한 법률'은 발명자주의를 채택하고 있다. 미국의 경우 성문법에 명문의 규정은 없으나 판례에 의해 이 원칙이 지켜지고 있으며, 영국의 경우 1977년 이전에는 이 원칙을 적용하였으나 1977년 특허법 전면개정시 사용자주의로 전환하였다.
- 사용자주의 : 직무발명에 대한 특허권은 원칙적으로 연구시설과 자금을 지원한 사용자에게 귀속된다고 보는 주의이다. 영국은 1977년 특허법 제39조 제1항에서 명문으로 이 원칙을 천명하고 있으며, 일본은 1909년(明治 42年) 구 특허법에서 이 원칙을 채택하였다가 1921년(大正 10年) 특허법 개정시 발명자주의로 전환하여 현재에 이르고 있다.

155) 대법원 1997.6.27. 선고 97도516 판결

이 통상실시권은 법률의 규정에 의하여 특허권의 설정등록시로부터 당연히 발생하는 법정실시권(發振法 10①)으로서, 등록하지 않아도 그 이후에 특허권 등을 취득한 자에 대하여도 효력을 가진다(法 118②).156) 즉, 제3자에게 대항할 수 있다. 한편, 실시사업과 함께 또는 상속 기타 일반승계의 경우 외에는 특허권자의 동의를 얻어야 이전할 수 있으며(法 102⑤), 이전 등에 대해서는 등록을 하지 아니하면 제3자에게 대항할 수 없다(法 118③).

2. 예약승계

(1) 의 의

직무발명에 대하여 사용자 등은 계약이나 근무규정에 의하여 특허 등을 받을 수 있는 권리 또는 특허권 등을 승계하거나 전용실시권을 설정할 수 있다(發振法 10③). 이 경우 예약승계를 받은 사용자 등은 발명을 한 종업원에게 정당한 보상을 하여야 한다(發振法 15①). 여기서 「예약승계」라 함은 발명의 완성 전을 의미하며 「직무발명 외의 종업원 등의 발명」이라 함은 자유발명(업무발명포함)을 의미한다. 즉, 발명 완성 전에는 사회적·경제적 약자인 종업원에게 계약이 불리하게 체결될 가능성이 많기 때문에 직무발명에 대해서만 사용자가 특허를 받을 수 있는 권리, 특허권을 승계취득하거나 전용실시권을 설정할 수 있도록 하여 사용자에 대하여 약한 입장에 있는 종업원의 이익을 보호하는 동시에 발명을 장려하고자 하는 점에 발명진흥법 제10조 제3항의 입법취지가 있다 할 것이다. 다만, 모든 발명에 대한 예약승계하기로 약정을 한 경우 자유발명에 대한 부분은 무효이지만 직무발명에 대한 부분은 유효하다 할 것이다.

한편, 직무발명이 아니라고 하더라도 발명 완성 후에는 그 발명에 대한 특허를 받을 수 있는 권리, 특허권의 양도, 전용실시권을 설정하기로 하는 계약은 가능하다. 또한, 발명 완성 전이라도 유상의 통상실시권을 가지도록 하는 계약이나 근무규정은 유효하다. 즉, 자유발명에 대하여도 사용자 등이 미리 계약 또는 근무 규정에 의하여 종업원 등으로 하여금 발명을 신고하게 하여 통상실시권을 허락받을 수는 있다.

---

156) 전용실시권은 특허청의 특허등록원부에 등록이 효력발생요건이고, 통상실시권은 특허등록원부에 등록하지 않고 계약만 하여도 효력이 발생한다. 단, 통상실시권을 등록하면 제3자에게 대항할 수 있으며(즉, 통상실시권을 등록한 때에는 그 등록 후에 특허권 또는 전용실시권을 취득한 자에 대하여도 그 효력이 발생한다는 뜻과 동일 개념임) 법정통상실시권(뒷편 논의)은 설정등록 없이도 제3자에게 대항이 가능하고, 참고로 강제실시권의 설정등록은 특허청장이 직권으로 등록하고 있다.

(2) 이중양도의 문제

종업원이 자기의 직무발명에 관하여 계약 또는 근무규정에 위반하여 타사에 특허를 받을 수 있는 권리를 양도하여 버리면 이른바 이중양도의 문제가 일어난다. 특허를 받을 수 있는 권리를 승계한 사용자가 특허출원을 하지 않으면 제3자에게 대항할 수 없으므로(法 38①) 출원 전에 제3자가 종업원으로부터 그 권리를 이중양도받아서 사용자보다 먼저 특허출원을 하면 사용자는 그 승계사실을 제3자에게 주장할 수 없게 된다. 이 경우 사용자는 단지 고용계약 위반을 이유로 종업원에 대해 징계처분 또는 해고 등을 하거나 민법상 채무불이행에 의한 손해배상을 청구하여 불이익을 회복할 수 있을 뿐이다.

한편, 종업원 등이 직무발명에 대해 특허를 받을 수 있는 권리를 사용자에게 양도한다는 예약승계 규정에 위반하여 스스로 출원한 경우에, 실무적으로는 발명자(종업원)가 특허를 받을 수 있는 권리를 제3자(사용자)에게 이전하고 발명자 스스로 출원한 경우 그 출원은 특허를 받을 수 있는 권리가 없는 자의 출원, 즉 무권리자의 출원으로 취급하여 법 제33조 제1항 본문 위반을 이유로 거절이유를 통지하고 있다.[157]

(3) 공동발명의 경우

종업원 등의 직무발명이 제3자(자연인 또는 다른 회사의 종업원)와 공동으로 행하여진 경우에도 사용자 등은 통상실시권을 가지며, 발명에 대한 권리를 승계한 때에는 그 발명에 대하여 종업원 등이 가지는 권리의 지분을 갖는다(發振法 14).

3. 종업원 등의 발명완성사실 통지 및 비밀준수의무

(1) 발명완성사실의 통지의무

종업원 등이 직무발명을 완성한 경우에는 지체 없이 그 사실을 사용자 등에게 문서로 통지(2인 이상의 종업원 등이 공동으로 직무발명을 완성한 경우에는 공동으로 통지)하여야 한다(發振法 12).[158]

---

[157] 법 제34조와 제36조 제5항에서는 무권리자를 「발명자가 아닌 자로서 특허를 받을 수 있는 권리의 승계인이 아닌 자」로 규정하고 있다. 그러나 무권리자의 정의를 이와 같이 형식논리적으로 접근하는 것은 타당하지 않으며, 무권리자란 「특허를 받을 수 있는 권리를 가지지 아니한 자」라 함이 타당하다. 즉, 발명자라고 하더라도 특허를 받을 수 있는 권리를 제3자에게 양도한 경우에는 무권리자로 취급해야 한다. 다만, 이중양도의 경우에는 발명자(甲)가 제3자(乙)에게 양도한 후 또 다른 제3자(丙)에게 양도한 경우 무권리자(甲)에 의한 다른 제3자(丙)에게로의 양도라 할 수 있지만, 특허를 받을 수 있는 권리의 양도에 실질적인 공시수단이 없으며, 점유가 불가능해 양도 여부를 파악하기 어렵기 때문에 거래안전을 보호하기 위해 법 제38조 제1항에 의한 대항요건으로 해결하고 있다(임병웅, 전게서, p.246 참조).

[158] 이와 같이 개정된 발명진흥법(法律 제7869호, 2006. 3. 3. 공포, 2006. 9. 4. 시행)에서 종업원 등에게 통지의무를 부과하는 것은 ① 직무발명관련 내부규정이 없는 기업의 경우 비록 종업원이 직무발명을 완성했다 하더라도 이를 사용자에게 통지할 의무가 없기 때문에 기술유출의 우려가 있으며, ② 직무발명관련 내부규정의 유무와 관계없이 직무발명에 대해 종업원 또는 승계인이 특허를 받은 경우 사용자에게 무상의 통상실시권이 인정되나 사용자가 통상실시권을 행사하기 위해서 종업원의 신고 등 협조가 필요함에도 불구하고 이를 강제할 수단이 없었기 때문이다.

종업원 등의 도덕적 해이로 완성된 직무발명의 외부유출을 막기 위하여 사용자에게 통지의무를 명시하고 있다.159)

(2) 비밀유지 의무 등

종업원 등은 예약승계계약이 체결된 경우에는 특허를 받을 수 있는 권리 등을 사용자 등에게 양도할 의무가 있는 것 이외에도 사용자 등이 직무발명을 출원할 때까지 그 발명내용에 대하여 비밀을 유지하여야 할 의무도 있다. 다만, 사용자 등이 승계하지 아니하기로 확정한 때에는 비밀유지 의무가 없다(發振法 19①).

또한, 법 제18조 제3항에 따라 자문위원으로 심의위원회에 참여하거나 참여하였던 사람은 직무상 알게 된 직무발명에 관한 내용을 다른 사람에게 누설하여서는 아니 된다(發振法 19②).

이를 위반하여 부정한 이익을 얻거나 사용자 등에게 손해를 줄 목적으로 직무발명을 공개한 자는 사용자 등의 고소가 있는 경우 3년 이하의 징역 또는 3천만원 이하의 벌금에 처한다(發振法 58).

4. 사용자 등의 승계 여부의 통지 의무

(1) 승계 여부 통지의 경우

① 발명진흥법은 종업원 등으로부터 발명의 완성사실을 통지받은 사용자 등(국가 또는 지방자치단체는 제외)은 대통령령이 정하는 기간(4개월) 이내에 그 발명에 대한 권리를 승계할 것인지 여부를 종업원 등에게 문서로 통지하여야 한다. 다만, 미리 사용자 등에게 발명에 대한 권리의 예약승계 계약이나 근무규정이 없는 경우에는 사용자 등이 종업원 등의 의사에 반하여 그 발명에 대한 권리의 승계를 주장할 수 없다(發振法 13①)고 규정하고 있다.160)

② 사용자 등이 그 발명에 대한 권리의 승계의사를 통지한 때에는 그때부터 발명에 대한 권리는 사용자 등에게 승계된 것으로 본다(發振法 13②). 이는 종업원이 신고한 직무발명에 대한 권리를 사용자가 승계하지 아니하면 그 발명에 대한 특허를 받을 수 있는 권리는 종업원에게 귀속되며, 여기서 「대통령령이 정하는 기간」은 발명완성사실의 통지를 받은 날로부터 4개월 이내를 말한다(發振法 施行令 5). 한편, 권리의 승계시점을 「승계의사를 통지」한 때로 명문화함으로써 승계시점을 둘러싼 사용자·종업원 간의 불필요한 분쟁을 사전에 차단하고 있다.

---

159) 여기서 「통지시점」은 통지서를 사용자에게 도달한 때를 의미하여, 「통지방법」은 문서주의로, 서면 또는 전자문서에 의한 통지가 모두 인정될 수 있다.

160) 종전에는 종업원의 직무발명에 대하여 사용자가 승계 여부를 통지하여 주도록 하는 규정이 없어 사용자의 승계결정 지연으로 그 권리관계에 대한 분쟁이 발생하는 등의 문제점이 있었다. 이에 2006년 개정 발명진흥법(법률 제7869호, 2006. 3. 3 공포, 2006. 9. 4. 시행)은 사용자의 성실한 통지의무 이행을 유도함으로써 종업원의 권익을 보호하고, 직무발명에 대한 종업원과 사용자 간의 권리귀속 및 승계시점이 명확하게 되었다.

(2) 승계 여부 미통지의 경우

사용자 등이 대통령령이 정한 기간(4개월) 이내에 승계 여부를 통지하지 아니한 경우에는 사용자 등은 그 발명에 대한 권리의 승계를 포기한 것으로 본다. 이 경우 사용자 등은 그 발명을 한 종업원 등의 동의를 얻지 아니하고는 통상실시권을 가질 수 없다(發振法 13③). 이는 사용자의 성실한 통지의무 이행을 유도하고, 통지의무를 이행치 않는 경우 제재(penalty)를 가한 것이라 할 수 있다. 따라서 사용자는 승계의사가 없는 경우에도 반드시 이를 종업원에게 통지하여야 한다.

■ 직무발명 절차 규정에 따른 권리관계

```
                                    ┌─────────────────────────┬─────────────────────────┐
                                    │   예약승계규정 有        │   예약승계규정 無        │
                                    │  〈사용자가 승계 여부    │  〈종업원이 양도 여부    │
                                    │      결정〉             │      결정〉             │
                                    └─────────────────────────┴─────────────────────────┘

    ┌─────────────┐                 ┌─────────────────────────┬─────────────────────────┐
    │   종업원    │                 │     승계의사 통지        │     양도의사 표시        │
    │ 직무발명 완성│                 ├─────────────────────────┼─────────────────────────┤
    └─────────────┘                 │ • 사용자                │ • 사용자                │
          ↓                         │   직무발명에 대한 권리승계│   직무발명에 대한 권리승계│
    ┌─────────────┐                 │   (發振法 13②)          │   (發振法 13②)          │
    │   종업원    │                 │ • 종업원                │ • 종업원                │
    │  직무발명   │                 │   정당한 보상금청구권 취득│   정당한 보상금청구권 취득│
    │ 완성사실의  │                 │   (發振法 15①)          │   (發振法 15①)          │
    │   통지      │                 └─────────────────────────┴─────────────────────────┘
    │ (發振法 12) │
    └─────────────┘                 ┌─────────────────────────┬─────────────────────────┐
                                    │     불승계의사 통지      │     불양도의사 표시      │
                                    ├─────────────────────────┼─────────────────────────┤
                                    │ • 사용자                │ • 사용자                │
                                    │   무상의 통상실시권 취득 │   무상의 통상실시권 취득 │
                                    │   (發振法 10①)          │   (發振法 10①)          │
                                    │ • 종업원                │ • 종업원                │
                                    │   직무발명에 대한 권리 귀속│ 직무발명에 대한 권리 귀속│
                                    │   (發振法 10①)          │   (發振法 10①)          │
                                    └─────────────────────────┴─────────────────────────┘

                                    ┌─────────────────────────┬─────────────────────────┐
                                    │     승계 여부 미통지     │     양도 여부 미표시     │
                                    ├─────────────────────────┼─────────────────────────┤
                                    │ • 사용자                │ • 사용자                │
                                    │   종업원 동의하에        │   무상의 통상실시권 취득 │
                                    │   통상실시권 취득        │   (發振法 10①)          │
                                    │   (發振法 13③)          │ • 종업원                │
                                    │ • 종업원                │   직무발명에 대한 권리 귀속│
                                    │   직무발명에 대한 권리 귀속│ (發振法 10①)          │
                                    │   (發振法 10①)          │                         │
                                    └─────────────────────────┴─────────────────────────┘
```

5. 종업원 등이 승계에 의한 정당한 보상받을 권리의 발생

(1) 의 의

종업원 등이 사용자 등에게 특허를 받을 수 있는 권리 또는 특허권을 승계하거나 전용실시권을 설정할 경우 종업원 등은 사용자 등으로부터 정당한 보상을 받을 권리를 가지게 된다(發振法 15①). 이는 경제적인 약자인 종업원 등을 보호하기 위한 강행규정으로서 사용자 등이 보상금 청구권을 부인하거나 보상금 지급을 거절하거나 유보시키는 계약을 할 경우 그 계약은 무효가 된다. 이러한 보상금청구권은 발명이 승계된 시점에 발생한다고 보아야 할 것이며, 보상금의 종류로는 출원보상금, 등록보상금, 실시보상금, 처분보상금 등이 있다. 즉, 보상금은 승계시에 확정된 일정금액이 분할 지급되는 방식으로 이해하여야 할 것이다. 특허를 받을 수 있는 권리가 불확정적인 것이고 실시가 되지 않는 한 사용자가 받을 이익을 산정하기 곤란하기 때문에 분할지급방식을 허용하는 것이 타당하다. 한편, 승계시에 발생한 보상금청구권은 특허법상 규정이 없으나 일반채권과 마찬가지로 10년간 행사하지 않으면 소멸시효가 완성된다고 본다.[161]

또한 이러한 보상금청구권의 권리는 노동의 대가인 임금과는 별도로 받을 수 있는 채권성 권리에 해당되므로 상속의 대상이 된다고 볼 수 있다.[162]

(2) 직무발명에 대한 보상

종전의 발명진흥법에서는 직무발명의 보상형태와 보상액을 결정하기 위한 기준을 정할 때 협의의 상황, 보상기준의 제시상황, 의견의 청취 등을 고려하여 합리적인 것으로 인정되면 정당한 보상으로 간주하였으나, 2013. 7. 30. 개정법에서는 직무발명의 보상규정을 새로 작성하거나 변경시에는 사용자와 종업원 등 간의 협의가 있어야 하며 종업원 등에게 불리하게 규정이 변경되는 경우에는 종업원 등의 과반수 동의를 받도록 명문화하는 등 직무발명에 대한 정당한 보상문화를 정착시키려고 노력하였다. 주요 내용은 다음과 같다.

① 보상형태, 보상액 등을 종업원 등에게 문서로 통지

사용자 등은 직무발명에 대한 보상에 대하여 보상의 형태와 보상액을 결정하기 위한 기준, 지급방법이 명시된 보상규정을 작성하고 종업원 등에게 문서로 알리도록 하였다(發振法 15②). 또한 사용자 등은 직무발명에 대한 보상을 받을 종업원 등에 대하여서도 보상규정에 따라 결정된 보상액 등 보상의 구체적 사항을 문서로 알리도록 하였다(發振法 15④). 즉, 종업원 등의 보상신청에 앞서 사용자 등이 적극적으로 그 근거를 밝혀 보상절차를 진행하도록 하였다.

---

161) 정진옥, 자유발명으로 의제된 직무발명, 한국상사판례학회 2003 / 황종환·김현호, 전게서, p.251
162) 천효남, 전게서, p.313

② 보상규정 작성·변경시 종업원 등과 협의 또는 종업원의 동의

사용자 등은 보상규정을 새로 작성하거나 변경하려는 보상규정의 적용을 받게 되는 종업원 등(변경 전부터 적용받고 있던 종업원 등 포함)의 과반수 이상과 협의하도록 하고, 보상규정이 종업원 등에게 불리하게 변경되는 경우에는 해당 계약 또는 규정의 적용을 받고 있는 종업원 등의 과반수 동의를 얻도록 규정하고 있다(發振法 15③⑤, 施行令 7의2①).

③ 보상규정 작성·변경시 종업원 등에게 사전 통지

사용자 등은 직무발명의 보상규정을 작성 또는 변경하려는 날의 15일 전까지 보상형태와 보상액을 결정하기 위한 기준, 지급 방법 등에 관하여 종업원 등에 통보하고, 협의하거나 동의를 받는 경우 성실한 자세로 임하여야 한다(發振法 施行令 7의2②③).

④ 정당한 보상범위 설정

직무발명에 대한 보상이 법률에서 규정한 절차에 의한 것으로 인정되는 경우에 한하여 그 보상이 법률이 인정한 정당한 보상으로 간주되도록 하였다. 즉, 사용자 등이 위 ①에서 ③까지의 규정에 따라 종업원 등에 보상한 경우에는 정당한 보상을 한 것으로 본다. 다만, 그 보상액이 직무발명에 의하여 사용자 등이 얻을 이익과 그 발명의 완성에 사용자 등과 종업원 등이 공헌한 정도를 고려하지 아니한 경우에는 그러하지 아니하다고 규정하고 있다(發振法 15⑥).

(3) 출원유보시 보상

사용자 등이 직무발명에 대한 권리를 승계한 후 특허출원을 하지 아니하거나 이미 한 출원을 포기 또는 취하할 경우에도 정당한 보상을 하여야 한다.

이 경우 보상액을 결정함에 있어서는 그 발명이 특허권으로 보호되었다면 종업원 등이 받을 수 있었던 경제적 이익을 고려하여야 한다(發振法 16).

한편, 사용자가 직무발명을 출원하지 않고 유보하여 영업비밀로써 보호하는 경우는 발명의 가치가 높은 경우가 다수이기 때문에 적극적인 보상이 이루어질 수 있도록 고려사항을 법률로써 규정하고 있다.[163]

---

[163] 발명이 특허요건을 갖춘 경우에도 출원을 하지 않고 비밀로 관리하여 영업비밀로서 「부정경쟁방지법」에 의해 보호받을 수도 있다. 특허출원을 하는 경우는 발명을 공개함으로써 잃은 손해보다 독점적 사용·실시권 허락·타인의 특허권에 대한 방어 특허권으로 취득하는 이익이 더 크다고 판단하기 때문인데 만약 공개시키지 않음으로써 얻는 이익이 특허권으로 보호받을 수 있는 이익보다 크다면 노하우로서 보호받는 것이 더 바람직하다. 대표적인 예로 코카콜라 제조기술은 특허로서가 아닌 노하우로서 보호되고 있다(손영식, 직무발명제도연구, 충남대학교 특허법무대학원 석사학위논문, p.44 참조 / 임병웅, 전게서, p.252)

IV 공무원의 직무발명의 취급

1. 권리의 귀속

공무원이 한 직무발명은 국가공무원의 경우에는 국가가, 지방공무원의 경우에는 지방자치단체가 각각 승계하며, 국가 또는 지방자치단체가 승계한 공무원의 직무발명에 대한 특허권은 국가의 경우에는 국유로, 지방자치단체의 경우에는 공유(公有)로 한다.

2. 국·공립학교 교직원의 발명

「고등교육법」 제2조의 규정에 의한 국·공립학교 교직원의 직무발명은 「기술의 이전 및 사업화 촉진에 관한 법률」 제11조 제1항 후단의 규정에 의한 전담조직이 승계하며, 전담조직이 승계한 국·공립학교 교직원의 직무발명에 대한 특허권은 전담조직의 소유로 한다(發振法 10② 단서). 이는 국·공립대학 교직원의 직무발명 창출의욕을 고취시키고, 특허권의 민간이전을 통해 산업경쟁력을 제고하자는 취지에서 국·공립대학 교직원의 직무발명에 대한 특허권을 국가가 아닌 당해 전담조직이 승계하도록 하고 있다. 따라서 국·공립대학 교직원은 공무원 직무발명의 처분·관리 및 보상 등에 관한 규정이 적용되지 아니한다.

여기서 전담조직은 권리능력 없는 국·공립대학이 스스로 특허출원인이 될 수 없다는 현실을 고려하여 특허업무를 전담하는 별도의 법인조직설립을 허용한 것이다. 따라서 국·공립대학 내에 특허전담조직으로서 설립된 법인이 있는 경우 해당 학교 교직원의 직무발명은 권리능력이 있는 전담조직 명의로 특허출원하여 특허권을 취득 활용할 수 있다.

3. 보상기준

공무원의 직무발명을 국가 또는 지방자치단체가 승계했을 때 국가 또는 지방자치단체는 당해 공무원에게 정당한 보상금을 지급하여야 하며, 보상금 지급에 필요한 구체적인 절차는 '국가'인 경우에는 「공무원 직무발명의 처분·관리 및 보상 등에 관한 규정」(대통령령)이, '지방자치단체'인 경우에는 「조례」에서, 국·공립대학의 발명에 대하여는 「전담조직의 규정」에서 정한다.

4. 국유특허권의 처분 및 관리

(1) 국유재산권에 관한 사무는 원래 기획재정부장관이 총괄하고, 각 중앙관서의 장은 그 소관에 속하는 국유재산을 관리한다(국유재산법 제8조). 그러나 국유재산인 특허권에 대하여는 그 권리의 특성을 고려하여 위 규정의 예외로서 특허청장이 처분·관리권을 갖는다.[164]

(2) 국·공립학교 교직원의 발명이 전담조직 소유로 된 경우 그 처분 및 관리는 위 (1)의 주체가 아닌 전담조직의 규정에 의해 처분·관리된다.

V 사립대학 교직원의 발명

사립대학 교수 등의 직무발명의 경우 교칙 또는 계약, 근무규정이나 기타 약정 등에 따라 상이할 수 있으나, 일반적으로 「산업교육진흥 및 산학연협력촉진에 관한 법률」 제25조에 따라 설립·운영하고 있는 "산학협력단"을 통하여 교수 등의 직무발명에 대한 권리를 승계하거나 특허권 등을 소유하도록 하고 있다. 또한 국·공립대학 교수 등의 직무발명과는 달리 법령상 당연히 승계되거나 귀속되는 것이 아니므로 계약, 근무규정 등에 규정된 사전예약승계규정에 따라 그 승계 내지 귀속 여부가 결정된다.

VI 대학교수의 발명

대학교수의 발명이 직무발명인지 여부가 문제가 되어 왔다. 이는 대학교수 직무의 본질에 학생의 교육 이외에 연구의무가 포함되어 있는지와 관련되어 있다. 연구를 대학교수의 본질적 직무로 본다면 직무발명이 될 가능성이 많고, 본질적 직무로 보지 않는다면 자유발명이 될 가능성이 많다. 일반적으로 사립대 교수의 직무발명은 관련 규정에 의하여 소속학교에 승계될 가능성이 많고, 국·공립대 교수의 직무발명은 대학 내의 전담조직의 소유로 되고, 자유발명은 교수 개인 소유로 된다는 점에서 대학교수 발명의 성격을 어떻게 규정할 것인가 하는 문제는 중요한 의미를 가진다.[165]

---

[164] 「공무원직무발명의 처분·관리 및 보상 등에 관한 규정」을 구체적으로 살펴보면 처리절차는 다음과 같다. 공무원의 발명신고 ⇨ 발명기관장의 국가승계 결정 ⇨ 발명기관장의 출원(발명기관의 장을 부기하여 대한민국 명의로 출원) ⇨ 등록결정(특허청) ⇨ 발명기관장의 국가승계 요청 ⇨ 국가명의로 등록(특허청)

[165] 손영식, 직무발명제도연구, 충남대학교 특허법무대학원 석사학위논문, p.47 / 임병웅, 전게서, p.254

대학의 목적은 기업과는 달리 자본을 투자하여 이익을 발생시키는 것이 아니고, 대학교수의 직무는 기업체의 연구원 등과는 달리 연구개발을 하는 것으로 볼 수 없기 때문에 직무발명에 관한 규정을 그대로 적용시킬 수는 없는 것으로 생각했다. 이러한 이유로 독일의 종업원발명법 제42조 제1항에서는 대학의 교원이 한 발명은 자유발명이라고 규정하고 있고, 지금까지 대부분의 학자들도 독일법의 사상을 따라 대학교수의 발명은 직무발명으로 보지 않는 것이 통설이었다.

하지만 고등교육법 제2조의 각 호의 학교는 동법 제3조에 따라 국립학교, 공립학교, 사립학교로 구분되어 있고 그 설립·경영주체가 각각 국가, 지방자치단체, (사립)학교법인이므로, 대학은 발명진흥법 제2조 제2호에서 규정하는 "사용자 등"에 해당함은 물론이며, 고등교육법 제14조에 따라 대학에 두게 되는 교수, 직원 및 조교 등과 대학 내 연구소의 연구원 등(이하 "교수 등"이라 함)은 당연히 "종업원 등"에 해당하기 때문에, 대학교수 등의 발명이 발명진흥법 제2조 제2호에서 규정된 요건에 해당하는 경우 계약, 근무규정이나 기타 약정에 따라 다르게 취급되는 경우를 제외하고는 원칙적으로 직무발명에 해당하는 것으로 보게 된다.

대학교수 등의 발명이 직무발명이 되기 위해서는, 교수 등이 그 직무에 관하여 발명한 것이 성질상 대학의 업무 범위에 속하고, 그 발명을 하게 된 행위가 교수 등의 현재 또는 과거의 직무에 속하는 발명이어야 하는데, 그 성립요건에 있어서 원칙적인 부분에서는 앞서 살펴 본 여타 종업원 등의 직무발명의 경우와 전혀 다르지 않지만, 교육·연구라는 대학의 본질과 조직적·인적 구성의 특수성 및 특히 교수에게 부여되는 교육·연구에 있어서의 광범한 재량 등을 고려해 볼 때 구체적인 경우로 나누어 살펴 볼 필요가 있겠다.

또한, 대학의 업무에 속하는지 여부에 대한 판단은 국·공립대학과 사립대학의 업무가 반드시 같다고 할 수 없고, 특히 사립대학의 경우 별도의 법인으로 각각의 정관에 따라 업무의 범위가 정해지기 때문에, 개별적 사정을 고려하지 아니하고 대학의 업무를 획일적으로 파악하는 것은 바람직하지 아니하다. 각 대학의 조직적·인적 구성의 특수성 등 구체적인 사정을 고려하여 유연하게 판단하되, 고등교육법 제28조에 규정된 바와 같이 "인격을 도야하고, 국가와 인류사회의 발전에 필요한 심오한 학술이론과 그 응용방법을 가르치고 연구하며, 국가와 인류사회에 이바지함을 목적으로 한다"는 점을 주요한 해석의 기준으로 삼을 수 있을 것이다.

그리고 대학교수의 직무는 임용계약서 또는 근로(고용)계약서, 근무규정 등에 따라서 개인별로 상이할 수밖에 없으나, 고등교육법 제15조는 교직원의 임무라는 표제하에 제2항 내지 제4항에서 교원, 행정직원 등 직원, 조교의 직무(임무)를 각각 규정하고 있으므로(① 교원은 학생을 교육·지도하고 학문을 연구하되, 필요한 경우 학칙 또는 정관으로 정하는 바에 따라 교육·지도, 학문연구 또는 「산업교육진흥 및 산학연협력촉진에 관한 법률」 제2조 제5호에 따른 산학협력만을 전담할 수 있으며, ② 행정직원 등 직원은 학교의 행정사무와 그 밖의 사무를 담당하고, ③ 조교는 교육·연구 및 학사에 관한 사무를 보조함), 대학교수 등의 직무를 판단함에 있어서는 임용계약서, 근무규정 등과 고등교육법 제15조의 규정을 고려하여 종합적으로 해석하여야 할 것이며, 지시·지휘·명령 등이 존재하였는지 여부 등 구체적인 경우에 따라 개별적으로 판단되어야 할 것이다.[166]

---

166) 직무발명제도, 특허청, 2011, p.51~53

다만, 교수가 대학으로부터 특정 연구비를 지원받았거나 특별한 연구목적을 위해서 설치된 연구설비를 사용하여 한 발명, 즉 대학의 자원을 특별히 이용한 경우에는 대학의 직무발명이라고 할 수 있으며 외부 기업체의 연구개발의뢰에 의하여 연구비를 지급받고 특정 연구과제(project)를 수행하여 발명을 완성한 경우나 외부 기업체의 기술고문으로 재직 중 그 기술분야의 발명을 완성한 경우에는 기업의 직무발명이라고 할 수 있다.

외국대학의 직무발명을 살펴보면 미국의 경우는 대학의 연구결과에 대한 사업화는 기초분야의 연구와 교육을 소홀히 할 수 있다는 우려의 목소리도 있지만, 대학발명은 사업화되어야 하며, 사업화를 통하여 대학 내의 연구시설을 확보할 뿐만 아니라 재정위기를 타파해야 한다는 사고방식이 미국에서 주류를 이루고 있다. 1980년 제정된 바이-돌법은 대학의 발명이 활성화될 수 있는 전기를 마련하였다.

바이돌법 제정 이전에는 연방정부의 지원으로 이루어진 연구결과물에 대한 모든 권리는 연방정부가 소유하게 되었으나, 동법의 제정으로 연구성과물을 대학 및 참여기관이 보유할 수 있게 됨에 따라 대학은 기업으로의 기술이전 및 특허 사업화를 활발하게 수행할 수 있게 되었다. 독일은 2002년 「종업원발명법」을 개정하기 전까지는 대학교수의 학문의 자유 및 교수(敎授)의 자유를 정부의 간섭 및 대학의 상업화로부터 지키기 위하여 대학발명은 자유발명으로 인정하여 사용자인 대학에는 아무런 권리를 부여하지 않았다. 그러나 대학 특허권 등의 사업화 및 대학의 경쟁력 확보라는 현실적 필요에 의해 대학교수의 발명은 직무발명이라는 전제하에 2002년 「종업원발명법」을 개정하여 학문의 자유와 대학발명의 사업화라는 두 가지의 가치를 조화시키고 있다.[167]

Ⅶ 기타 직무발명과 관련된 사항

1. 직무발명 심의위원회

(1) 사용자 등은 종업원의 직무발명에 관한 다음 각 호 사항을 심의하기 위하여 직무발명 심의위원회(이하 '심의위원회'라 한다)를 설치·운영할 수 있다(發振法 17①).

① 직무발명에 관한 규정의 작성·변경 및 운용에 관한 사항
② 직무발명에 대한 권리 및 보상 등에 관한 종업원 등과 사용자 등의 이견 조정에 관한 사항
③ 그 밖에 직무발명과 관련하여 필요한 사항

---

167) 직무발명제도, 특허청 2004, p.422

(2) 심의위원회 구성 및 운영방법(發振法 17③)

① 심의위원회 구성방법(發振法 施行令 7의3①~③)

심의위원회는 사용자 등과 종업원 등(법인의 임원은 제외한다)을 각각 대표하는 같은 수의 위원으로 구성하되(發振法 17②), 사용자 또는 법인의 대표자와 사용자 또는 법인의 대표자가 위촉하는 사용자 등을 대표하는 위원(사용자위원)과 종업원 등의 직접·비밀·무기명 투표로 선출된 종업원 등을 대표하는 위원(종업원위원) 및 필요시 양측의 합의로 위촉하는 자문위원으로 구성한다. 단, 법 제18조 제3항(사용자 등이 종업원 등으로부터 심의위원회 개최를 요구받는 경우)의 경우 심의위원회는 각 3명 이상의 사용자위원과 종업원위원으로 구성한다(다만, 상시 30명 미만의 종업원 등이 종업하는 경우에는 최소위원수의 제한을 두지 아니한다).

② 위원장의 선출과 역할(發振法 施行令 7의3④, 7의4①②)

심의위원회에는 위원장을 두며, 위원장은 사용자위원과 종업원위원 중에서 호선하되, 필요시 사용자위원과 종업원위원 중에서 각 1명을 공동위원장으로 선임 가능하도록 하였다. 위원장은 심의위원회의 회의를 소집하여 그 의장이 되며 회의 개최 15일 전에 회의 일시·장소·의제 등을 각 위원에게 통보하고 심의 관련 자료를 제공하여야 한다. 위원장은 필요하다고 인정하는 경우에는 위원이 아닌 자를 심의위원회에 참석하게 하여 의견을 청취할 수 있고, 다만 종업원 등이 법 제18조 제1항(종업원이 심의위원회 개최 요구)에 따라 심의를 요구한 경우에는 그 종업원의 의견을 청취하여야 한다.

③ 심의위원회의 운영(發振法 施行令 7의4③~⑥)

심의위원회 회의는 사용자위원과 종업원위원의 각 과반수를 출석으로 개의하고(법 제17조 제2항 및 제18조 제3항 후단에 따른 자문위원은 제외한다) 출석의원 과반수 찬성으로 의결한다. 심의위원회 회의는 공개를 원칙으로 하되, 필요시 비공개로 할 수도 있고 회의록은 3년간 보존하여야 한다. 다만 심의위원회가 활동종료 등으로 회의록을 보존할 수 없는 경우에는 사용자 또는 법인의 대표자가 회의록을 보존하여야 한다. 그 밖의 필요사항은 심의위원회의 의결을 거쳐 위원장이 정하도록 규정한다.

2. 직무발명 관련 분쟁 조정 등

(1) 종업원 등은 다음 각 호의 어느 하나에 해당하는 경우 사용자 등에게 심의위원회(직무발명 심의위원회)를 구성하여 심의하도록 요구할 수 있다(發振法 18①).

① 직무발명인지 여부에 관하여 사용자 등과 이견이 있는 경우

② 사용자 등이 제10조 제3항(특허권 승계 또는 전용실시권 설정 계약)을 위반하여 종업원 등의 의사와 다르게 직무발명에 대한 권리의 승계 또는 전용실시권의 설정을 주장하는 경우

③ 사용자 등이 제13조 제1항(직무발명에 대한 권리의 승계 여부)을 위반하여 종업원 등의 의사와 다르게 직무발명에 대한 권리의 승계 또는 전용실시권의 설정을 주장하는 경우

④ 사용자 등이 제10조 제1항 단서(사용자 등이 대기업인 경우) 또는 제13조 제3항(사용자 등이 4개월 이내에 승계 여부를 알리지 아니한 경우)을 위반하여 통상실시권을 주장하는 경우

⑤ 사용자 등이 제시한 보상규정에 이견이 있는 경우

⑥ 사용자 등과의 협의 또는 동의 절차에 이견이 있는 경우

⑦ 사용자 등이 제15조 제4항(보상액 등 구체적 사항을 문서로 알림)에 따라 통지한 보상액 등 보상의 구체적 사항에 이견이 있는 경우

⑧ 사용자 등이 제15조 제2항부터 제4항까지(직무발명에 대한 보상)의 규정에 따라 종업원 등에 보상하지 아니한 경우

⑨ 그 밖에 직무발명에 대한 권리 및 보상 등에 관하여 사용자 등과 종업원 등 간에 이견이 있는 경우

(2) 위 (1)항에 따른 권리는 (1)항의 각 사유가 발생한 날부터 30일 이내에 행사하여야 한다. 다만 (1)항 ⑦의 경우에는 종업원 등이 통지받은 날로부터 30일 이내에 행사하여야 한다(發振法 18②).

(3) 사용자 등은 (1)항의 요구를 받은 경우에 60일 이내에 심의위원회를 구성하여 심의하도록 하여야 한다. 이 경우 심의위원회에는 직무발명 관련 분야의 전문가인 자문위원이 1명 이상 포함되도록 하여야 한다(發振法 18③). 이때 자문위원은 사용자위원과 종업원위원이 합의하여 위촉한 사람으로 한다(發振法 施行令 7의3②)

(4) 위 (3)항에 따른 심의위원회는 심의의 결과를 사용자 등과 종업원 등에게 지체 없이 서면으로 통지하여야 한다(發振法 18④).

(5) 정부는 사용자 등의 요청에 따라 관련 분야 전문가를 위 (3)항에 따른 자문위원으로 파견할 수 있으며(發振法 18⑤), 정부에 자문위원 파견을 요청할 수 있는 기업은 중소기업으로 한정하고(發振法 施行令 7의5②), 파견절차로는 기업에서 요청서가 제출되면 특허청장은 요청서가 제출된 날부터 15일 이내에 자문위원 파견 여부를 결정하여 사용자 등에 통지하여야 한다(發振法 施行令 7의5③). 그 밖의 자문위원의 파견에 필요한 사항은 특허청 고시로 정한다(發振法 施行令 7의5④).

(6) 위 (3)항에 따른 심의위원회 심의결과에 불복하거나 직무발명과 관련하여 분쟁이 발생하는 경우 사용자 등 또는 종업원 등은 동법 제41조에 따른 산업재산권 분쟁조정위원회에 조정을 신청할 수 있다(發振法 18⑥).

3. 직무발명보상제도의 실시 및 지원시책

(1) 정부는 종업원 등의 직무발명을 장려하기 위하여 직무발명보상제도 등의 실시에 관한 지원시책을 수립·시행하여야 하며, 지원시책에는 다음의 내용이 포함되어야 한다(發振法 11①②).

① 표준이 되는 보상규정의 작성 및 보급
② 보상과 관련된 분쟁을 예방 및 해결하기 위한 합리적인 절차규정의 작성 및 보급
③ 직무발명보상제도의 실시·운영에 관한 상담 등의 지원

(2) 정부는 직무발명에 대한 보상을 실시하는 사용자 등에 대하여는 발명의 권리화 및 사업화를 촉진하기 위한 조치를 우선적으로 행하여야 한다(發振法 11③).

4. 직무발명보상 우수기업에 대한 지원

(1) 정부는 법 제11조 제1항(직무발명보상제도 실시 지원시책 수립)에 따른 직무발명보상 활성화를 위하여 직무발명보상 우수기업을 선정하고 필요한 지원을 할 수 있다(發振法 11의2①).

(2) **직무발명보상 우수기업의 선정기준 및 절차(發振法 11의2②)**

① 직무발명보상 우수기업이 되려는 기업은 특허청장에게 신청을 하여야 한다(發振法 施行令 6의3①).

② 특허청장은 위 ①항에 따라 신청한 기업이 다음 각 호의 기준을 모두 갖춘 경우에는 직무발명보상 우수기업으로 선정할 수 있다(發振法 施行令 6의3②).

> 1. 직무발명보상에 관한 계약 또는 근무규정을 체결 또는 작성하여 이를 이행·준수할 것. 이 경우 계약 또는 근무규정에는 다음 각 목의 사항이 모두 포함되어야 한다.
>   가. 직무발명에 대한 권리의 승계 절차
>   나. 직무발명에 대한 보상형태 및 보상액 결정기준 등 보상절차에 관한 사항
>   다. 직무발명에 대한 권리의 승계 및 보상에 관한 이의신청·심의·조정 또는 중재에 관한 사항
> 2. ①항에 따라 신청한 날부터 과거 2년 이내에 직무발명에 대하여 보상(비금전적 보상을 포함한다)을 한 사실이 있을 것
> 3. 「중소기업기본법」 제2조에 따른 중소기업 또는 「산업발전법」 제10조의2 제1항에 따른 중견기업에 해당할 것

③ 특허청장은 ②항에 따른 직무발명보상 우수기업 선정시 지식재산 관련 민간 전문가의 의견을 들을 수 있다.

④ 특허청장과 중앙행정기관의 장은 ②항에 따라 선정된 직무발명보상 우수기업에 대하여 다음 각 호의 지원(중앙행정기관의 장은 제3호의 지원만 해당한다)을 할 수 있다.

> 1. 「특허법」 제61조, 「실용신안법」 제15조 또는 「디자인보호법」 제25조의4에 따른 우선심사
> 2. 「특허법」 제79조, 「실용신안법」 제16조 또는 「디자인보호법」 제31조에 따른 특허료, 실용신안등록료 또는 디자인등록료의 감면
> 3. 그 밖에 직무발명보상제도의 활성화를 위하여 필요하다고 인정되는 행정적·재정적 지원 사업

⑤ 위 ①항부터 ④항까지에서 규정한 사항 외에 직무발명보상 우수기업의 신청, 선정 및 지원 등에 필요한 세부적인 사항은 특허청장이 정하여 고시한다.

5. 직무발명 관련 과태료에 관한 사항

법 제60조 제1항 제1호 및 제2호에 따라 심의위원회 미구성 및 직무발명 사항을 누설한 자문위원에 대한 과태료의 세부 처분기준은 다음과 같다(發振法 施行令 30 및 별표11).

▍직무발명 관련 과태료

위반행위	근거 법조문	과태료 금액		
		1차 위반	2차 위반	3차 이상 위반
가. 법 제18조 제3항을 위반하여 심의위원회를 구성하지 아니하거나 심의하도록 하지 아니한 자	법 제60조 제1항 제1호	500만원	750만원	1000만원
나. 제19조 제2항을 위반하여 자문위원으로 심의위원회에 참여하여 직무상 알게 된 직무발명에 관한 내용을 다른 사람에게 누설한 자	법 제60조 제1항 제2호	500만원	750만원	1000만원

The Patent Law

제4장

특허출원

제1절 특허출원 절차
제2절 출원보정
제3절 분할출원·변경출원
제4절 우선권제도

Chapter 04 특허출원

제1절 특허출원 절차

I 의 의

「특허출원」이라 함은 특허를 받을 수 있는 권리를 가진 자가 그 발명의 공개를 전제로 하여 특허청에 대하여 특허를 받고자 하는 의사를 객관적으로 표시하는 행위를 말하며, 특허절차는 출원으로부터 시작된다. 출원에 관한 사무는 확실 및 신속이 요청되므로 특허법은 이에 관하여 일정한 방식에 따라(요식주의) 서면에 의하도록 하며(서면주의, 施規 2), 다만, 서면주의의 예외로서 당업자가 용이입수 가능하지 않은 미생물 관련발명의 경우 출원서류와 함께 미생물을 기탁하도록 규정하고 있다.

II 특허출원서류

1. 특허출원서

특허를 받고자 하는 자는 규정양식(규칙 별지 제10호)의 특허출원서를 작성하여 필요한 서류를 첨부하여 특허청장에게 제출하여야 한다.

(1) **특허출원서 기재사항**

① 특허출원인의 성명 및 주소(법인인 경우에는 그 명칭 및 영업소의 소재지)

② 특허출원인의 대리인이 있는 경우에는 그 대리인의 성명 및 주소나 영업소의 소재지(대리인이 특허법인인 경우에는 그 명칭, 사무소의 소재지 및 지정된 변리사의 성명)

③ 발명의 명칭

④ 발명자의 성명 및 주소를 기재하여야 한다(法 42①).

또한, 특허출원인이 착오로 인하여 특허출원서에 발명자 중 일부의 발명자의 기재를 누락하거나 오기를 한 때에는 그 특허출원의 특허락부결정 전까지 추가 또는 정정할 수 있다. 다만, 발명자의 기재가 오기임이 명백한 경우에는 특허락부결정 이후에도 정정할 수 있다(施規 28). 한편, 특허출원인 또는 대리인은 특허출원서에 출원인코드 또는 대리인코드를 기재하여야 하며 출원인코드 또는 대리인코드를 적은 경우에는 주소를 기재하지 않을 수 있다.

이외에도 특허출원서에는 특허에 관한 절차에서 요구하는 사항도 특허출원시에 기재할 수 있는데 ㉠ 출원시 심사청구를 한 경우에는 심사청구사항, ㉡ 수수료 계산사항, ㉢ 공지예외적용 취지, ㉣ 신청에 의한 출원의 조기공개에 관한 취지에 대한 사항 등을 기재할 수 있다.

(2) 특허출원서 첨부서류

① 발명의 설명·청구범위를 적은 명세서와, 요약서, 그리고 도면

② 대리인에 의하여 절차를 밟는 경우에는 그 대리권을 증명하는 서류

③ **기타 법령의 규정에 의한 증명서류**: 공지예외적용의 증명서(法 30②③), 정당권리자의 증명서(施規 31②), 우선권증명서(施規 25), 미생물의 기탁 증명서(施行令 2) 등을 첨부하여 제출하여야 한다.

(3) 흠이 있을 시 법적 취급

① **불수리**

특허청장은 ㉠ 특허에 관한 절차를 밟는 자의 성명(법인의 경우에는 명칭) 또는 출원인코드[출원인코드가 없는 경우에는 성명·주소(법인의 경우에는 그 명칭 및 영업소의 소재지)]가 기재되지 아니한 경우, ㉡ 1건마다 서면을 작성하지 아니한 경우, ㉢ 국어로 기재되지 아니한 경우(施規 4① 각 호의 서류는 제외한다), ㉣ 출원 또는 서류의 종류가 불명확한 것인 경우에는 소명기회를 주고 소명이 적법하지 않거나 소명하지 않는 경우 출원을 불수리하여야 한다(施規 11).

② **절차의 무효**

특허청장 또는 심판원장은 절차의 보정명령(法 46)을 받은 자가 지정된 기간 내에 보정을 하지 아니하거나 심사청구료(法 82②)를 내지 아니하여 지정된 기간 내에 그 심사청구료를 내지 아니하면 그 절차 또는 보정은 무효로 할 수 있다(法 16).

2. 발명의 설명·청구범위를 적은 명세서(Specification)

「명세서」란 특허를 받고자하는 발명의 기술적인 내용을 문장을 통해 명확하고 상세하게 적은 서면을 말하는데, 출원인의 입장에서는 권리해설서로서 역할을 하고(法 42④1) 일반 공중의 입장에서 볼 때는 기술문헌으로서 역할을 하며(法 42③) 특허청 등의 입장에서는 심사·심판 대상을 특정하는 역할을 한다. 이 명세서에는 발명의 설명과 청구범위를 적도록 되어있다(法 42②). 발명의 설명 기재시에는 ① 그 발명이 속하는 기술 분야에서 통상의 지식을 가진 사람이(당업자) 그 발명을 쉽게 실시할 수 있도록 명확하고 상세하게 적도록 하였으며 ② 또한 그 발명의 배경이 되는 기술을 적도록 하였다(法 42③). 청구범위에는 보호 받으려하는 사항을 적은 항(이하 '청구항'이라 한다)이 하나 이상 있어야 하며, 그 청구항은 ① 발명의 설명에 의하여 뒷받침 될 것 ② 발명이 명확하고 간결하게 적혀있을 것의 요건을 모두 충족하여야 한다(法 42④). 또한 청구범위에는 보호받으려는 사항을 명확히 할 수 있도록 발명을 특정 하는데 필요하다고 인정되는 구조·방법·기능·물질 또는 이들의 결합관계 등을 적어야 한다(法 42⑥). 명세서에 대한 구체적인 내용은 「발명의 설명」부분과 「청구범위」부분으로 나누어 설명하겠다.

(1) 발명의 설명 부분

① 그 발명이 속하는 기술분야에서 통상의 지식을 가진 사람이 그 발명을 쉽게 실시할 수 있도록 명확하고 상세하게 적을 것(法 42③1)

발명의 설명은 그 발명이 속하는 기술분야에서 통상의 지식을 가진 사람이[168] 쉽게 실시할 수 있도록[169] 명확하고 상세하게 기재하여야 한다(法 42③)고 규정하고 있다.

즉, 발명의 설명은 청구범위에 기재된 발명의 해설서이며, 또한 출원발명의 기술문헌으로서의 기능을 가지고 있으므로, 그 출원발명이 속하는 기술분야에서 보통 정도의 기술적 이해력을 가진 자, 평균적 기술자가 당해 발명을 명세서 기재에 의하여 출원시의 기술수준으로 보아 특수한 지식을 부가하지 않고서도 정확하게 이해할 수 있고 동시에 재현할 수 있는 정도로 기재되어야 한다[170].

---

[168] 「통상의 지식을 가진 사람」이란 평균적 기술자로서, 출원시에 있어서 당해 기술분야의 기술상식을 보유하고 있고, 연구개발을 위하여 통상의 수단 및 능력을 자유롭게 구사할 수 있으며, 출원시의 기술수준에 있는 모든 것을 입수하여 자신의 지식으로 할 수 있고, 발명의 과제와 관련되는 기술분야의 지식을 자신의 지식으로 할 수 있다고 가정된 자이다(특허청 심사지침서).

[169] 「실시할 수 있을 정도」란 물건의 발명에서는 그 물건을 제조할 수 있고, 그 물건을 사용할 수 있어야 하며, 방법의 발명에 있어서는 그 방법을 사용할 수 있고, 물건을 생산하는 방법의 발명에 있어서는 그 방법에 의하여 그 물건을 제조할 수 있을 정도를 말한다. 또한 「실시할 수 있을 정도」의 대상이 되는 발명은 「청구항에 기재된 발명」에 한정된다. 또한 「쉽게 실시할 수 있을 정도」란 그 발명이 속하는 기술분야에서 통상의 지식을 가진 자가 과도한 시행착오나 복잡하고 고도한 실험 등을 거치지 아니하고 그 발명을 정확하게 이해할 수 있고 재현할 수 있을 정도를 의미한다(특허청 심사지침서). 여기서 말하는 「실시」의 의미는 법 제2조 제3호에서 규정하는 실시(생산, 사용, 양도, 대여, 수입, 청약 등)의 정의와 동일하다고 볼 수 없으며 생산(making) 또는 사용(using)에 한정되어야 할 것이다.

[170] 대법원 1999.12.10. 선고 97후2675 판결 참조

② 배경기술을 적을 것(法 42③2)

발명의 설명 부분에 반드시 기재할 내용은 배경기술이며 이를 의무화하고 있다. 이 배경기술은 특허협력조약(PCT) 규칙에서도 필수적 기재사항으로 규정하고 있다. 아울러 세계 각국은 발명의 설명 부분의 기재요건을 완화하고 있다.

이처럼 발명의 설명부분의 기재요건을 완화하는 것은 기술의 발달에 따라 IT, BT, NT[171]를 비롯한 새로운 기술분야가 등장하였고, 이러한 기술들이 기존의 기술들과 복합되어 발달되면서 발명(고안)의 내용을 종전의 출원서 형식에 맞출 수 없는 경우가 발생하고 있어 발명(고안)을 권리로 설정하는데 장애요인으로 작용하고 있음을 감안한 것이다.

현재 미국, 일본을 비롯한 특허선진국들과 특허협력조약(PCT)과 같은 국제적 조약들은 이러한 기술의 발달추세를 반영하여 발명의 기재에 있어 실시할 수 있을 정도로 명확하고 상세하게 기술할 것을 요구하고 있으므로 특허제도의 국제적 흐름에 맞게 발명(고안)의 상세한 설명의 기재요건을 완화할 경우 권리설정이 가능한 기술의 범위가 넓어져 출원인의 편익을 도모함과 동시에 기술의 발달에 도움이 될 수 있을 것이다.

■ 기재요건에 관한 외국의 입법 사례

구 분	내 용
미 국	발명의 상세한 설명에는 관련 기술분야의 당업자가 과도한 실험 없이 발명을 제조하고 사용할 수 있도록 발명이 적절하고 정확하게 표현될 수 있도록 기재할 것(U.S.C. 112)
일 본	그 발명이 속하는 기술분야에서 통상의 지식을 가진 자가 그 발명을 실시할 수 있을 정도로 명확하고 충분하게 기재할 것(특허법 36④)
유럽특허청 (EPO)	당해 분야에서 통상의 지식을 가진 자가 발명을 실시할 수 있도록 발명을 명확하고 구체적으로 기재할 것(EPC 83)
특허협력조약 (PCT)	명세서에는 당해 기술분야의 전문가가 동 발명을 실시할 수 있을 정도로 명확하고 또한 완벽하게 발명을 기술할 것(Article 5)

---

[171] IT : 정보통신기술, BT : 바이오 테크놀로지 또는 생명공학, NT : 나노기술

▌명세서 기재 양식(별지 제15호 서식)

【명세서】

【발명(고안)의 명칭】

【기술분야】

【발명(고안)의 배경이 되는 기술】

【배경기술】

(【선행기술문헌】)

　　(【특허문헌】)

　　(【비특허문헌】)

【발명(고안)의 내용】

　　【해결하고자 하는 과제】

　　【과제의 해결 수단】

　　【발명(고안)의 효과】

【도면의 간단한 설명】

【발명(고안)을 실시하기 위한 구체적인 내용】

　　(【실시예】)

(【산업상 이용가능성】)

(【부호의 설명】)

(【수탁번호】)

(【서열목록 자유텍스트】)

【특허(실용신안등록)청구범위】

　　【청구항 1】

(【서열목록】)

③ **발명의 설명의 구체적 기재방법**

발명의 설명은 원칙적으로 【발명의 명칭】, 【기술분야】, 【배경기술】, (【선행기술문헌】), 【발명의 내용】, 【발명의 실시를 위한 구체적 내용】, (【산업상 이용가능성】), (【부호의 설명】), (【수탁번호】) 및 (【서열목록 자유텍스트】)란으로 구분하여 기재하며, 그 내용은 그 발명이 속하는 기술분야에서 통상의 지식을 가진 사람이 그 발명을 쉽게 이해하고 실시할 수 있도록 명확하고 상세하게 기재해야 한다. 다만, 【발명의 명칭】, 【발명(고안)의 배경이 되는 기술】, 【발명의 실시를 위한 구체적인 내용】을 제외한 위 식별항목에 해당 사항이 없는 경우에는 작성하지 않을 수 있다.

㉠ 발명의 명칭

발명의 명칭은 해당 출원의 분류 및 조사 등을 쉽게 하기 위하여 기재하므로, 그 발명의 내용에 따라 다음과 같이 간단·명료하게 기재하여야 한다.

ⓐ 발명의 명칭은 너무 막연한 기대나 장황한 기재를 피하여 발명의 내용에 따라 간명하게 기재한다.

　예 「원심탈수기의 탈수통의 진동방지장치」라고 하여야 할 것을 단순히 「원심탈수기」 또는 「탈수통이 진동하지 않고 기동이 원활히 일어나게 한 원심탈수기」라고 하는 것은 부적당하다.

ⓑ 개인명, 상표명, 상품의 애칭, 극히 추상적인 성능만을 나타내는 표현 또는 「특허」라는 용어를 발명의 명칭에 포함하여서는 안 된다.

ⓒ 청구범위에 2 이상의 카테고리[172]의 청구항을 기재하는 경우에는 이들 복수의 카테고리를 모두 포함하는 간단·명료한 명칭으로 기재하여야 한다.

　예 「잉크, 그 제조방법 및 제조장치」

ⓓ 발명의 명칭은 청구범위의 청구항의 말미에 사용된 용어와 일치되도록 기재함을 원칙으로 한다.

　예 청구항의 말미가 「… 을 특징으로 하는 원심탈수기의 속도제어장치」인 경우 발명의 명칭은 「원심탈수기의 속도제어장치」로 기재하는 것이 적절하다.

ⓔ 발명의 명칭은 그 발명이 속하는 기술분야를 알 수 있도록 적는다.

　예 발명의 내용이 자동제어장치로서 여러 방면의 산업분야에 응용되는 경우에는 발명의 명칭을 「자동제어장치」로 기재하여도 무방하나, 온도제어에만 사용되는 경우에는 「자동온도제어장치」라고 기재하는 것이 적절하다.

ⓕ 보정에 의하여 청구범위의 카테고리가 변경된 경우에는 발명의 명칭도 이에 부합하도록 보정하여야 한다.

㉡ 기술분야

【기술분야】란에는 특허를 받고자 하는 발명의 기술분야를 명확하고 간결하게 기재해야 한다.

　예 「본 발명은 … 하기 위한 … 에 관한 ……것이다」와 같이 기재해야 한다.

㉢ 발명(고안)의 배경이 되는 기술

【배경기술】란에는 발명의 이해, 조사 및 심사에 유용하다고 생각되는 종래의 기술을 명시한다(반드시 기재해야 함, 위반시 거절결정).

㉣ 선행기술문헌

【선행기술문헌】란에는 【특허문헌】과 【비특허문헌】으로 구분하여 적되 문헌의 명칭, 발간일, 종래기술이 적혀있는 페이지 등의 정보를 아래의 예와 같이 적는다.

인용 정보 기재의 구체적인 예(WIPO 표준 ST.2의 규정)는 다음과 같다.

---

[172] 물건발명, 방법발명, 그 물건을 생산하는 방법 등 2 이상의 카테고리의 청구항을 갖는 경우이다. 이런 경우는 주로 일군(一群)의 발명일 것이다.

> 예1 【특허문헌의 경우】
> [문헌 1] US 5635683 A (MCDERMOTT, R. M.) 1997. 6. 3
> [문헌 2] JP 10-105775 A 1998. 4. 24, 5쪽, 3~15줄, 도면1
>
> 예2 【비특허문헌 - 논문의 경우】
> [문헌 3] WALTON, Herrmann. 초고주파 양자 이론. 런던: Sweet와 Maxwell, 1973, Vol.2, ISBN 5-1234-5678-9, 138~192쪽
>
> 예3 【비특허문헌 - 인터넷에서 검색한 문서의 경우】
> [문헌 4] 고성능 컴퓨터 아키텍처에 대한 제3차 국제심포지움 [on-line], 1997. 2.(검색일 : 1998. 5. 20)

㉤ 발명(고안)의 내용

【발명(고안)의 내용】란은 원칙적으로 【해결하고자 하는 과제】, 【과제 해결 수단】 및 【발명의 효과】란으로 구분하여 적는다. 다만, 구분하여 기재하기 어려운 경우에는 별도로 나누어 기재하지 않아도 된다.

【해결하고자 하는 과제】란에는 종래 기술의 문제점을 분석하여 그 문제점으로부터 발명이 해결하고자 하는 과제를 종래 기술과 관련하여 적는다.

【과제 해결 수단】란에는 청구항에 기재된 발명에 의하여 어떻게 해당 과제가 해결되었는지를 적는다. 일반적으로는 청구항에 기재된 발명이 해결 수단 그 자체가 되므로 청구항에 기재된 발명을 적으면 된다.

【발명(고안)의 효과】란에는 특허를 받고자 하는 발명이 종래의 기술과 관련하여 가지는 유리한 효과를 적는다.

㉥ 도면의 간단한 설명

ⓐ 특허출원에 있어서 도면은 필요적 선택사항이므로 「도면의 간단한 설명」은 출원서에 도면이 첨부되는 경우에만 적는다. 도면을 첨부한 경우에는 이 기재란을 만들고 각각의 도면에 대한 설명을 【도1】, 【도2】와 같이 구분하여 적되, 각 도면에 대한 설명은 줄을 바꾸어 적는다. 반면, 실용신안등록출원에는 물건만을 그 대상으로 하기 때문에 반드시 도면이 첨부되어야 하므로 이 부분은 필수적 기재사항이다.[173]

ⓑ 「도면의 간단한 설명」은 첨부한 도면 각각에 대하여 그림1은 평면도, 그림2는 단면도 등과 같이 각 도면이 무엇을 표시하는가를 간단히 기재하고 그 밑에 그림의 중요부분의 부호에 대한 명칭을 적는다.

---

173) 구체적인 예는 다음과 같다.
【도1】 전체를 조립한 평면도
【도2】 어느 부분을 보인 정면도
【도3】 어느 부분의 종단면도

ⓧ 발명(고안)을 실시하기 위한 구체적인 내용

【발명을 실시하기 위한 구체적인 내용】란에는 그 발명이 속하는 기술분야에서 통상의 지식을 가진 자가 그 발명이 어떻게 실시되는지를 쉽게 알 수 있도록 그 발명의 실시를 위한 구체적인 내용을 적어도 하나 이상, 가급적 여러 형태로 적는다. 필요한 경우에는 【실시예】란을 만들어 기재하고, 도면이 있으면 그 도면을 인용하여 적는다.

ⓞ 산업상 이용가능성

【산업상 이용가능성】란은 특허를 받고자 하는 발명이 산업상 이용가능한 것인지 여부가 불분명할 때 그 발명의 산업상 이용방법, 생산방법 또는 사용방법 등을 적는다. 다만, 산업상 이용가능성은 대부분 명세서의 다른 기재로부터 충분히 유추 가능하므로 별도의 기재를 하지 않아도 된다.

ⓩ 부호의 설명

【부호의 설명】란에는 도면의 주요 부분을 나타내는 부호들에 대한 설명을 적는다. 해당 부호들은 발명의 설명 및 도면에 같이 기재하여야 하며, 청구범위를 적을 경우에도 해당 부호를 병기할 수 있다.

ⓧ 수탁번호

【수탁번호】란은 명세서에 적혀있는 미생물들의 수탁번호들을 별도로 정리하려는 경우에 적는다.

㉠ 서열목록 자유텍스트

【서열목록 자유텍스트】란에는 명세서에 첨부된 서열목록에 적혀있는 자유텍스트를 필요에 따라 반복하여 적는다.

④ **특수한 발명의 기재방법**

발명의 설명의 기재에 있어서 유의할 점은 특수한 발명의 경우, 즉 미생물 관련 발명의 경우 당업자가 그 미생물 등을 용이하게 입수할 수 없는 경우에는 특허출원 전에 미생물 등의 기탁을 하여야 하며, 기탁사실을 명세서에 기재하고 출원시 증명서류를 첨부하여야 한다. 컴퓨터 관련발명의 경우 컴퓨터 프로그램 자체는 특허의 대상이 아니므로 컴퓨터 프로그램과 관련되는 장치나 관련물건과 결합하여 기재하여야 한다. 식물발명의 경우 반복생산가능성이 있어야 하므로 발명의 특성을 재현할 수 있는 육종경과를 상세히 기재하여야 한다.

(2) **청구범위부분**

① **의 의**

청구범위란 특허출원한 발명 중 보호받고자 하는 사항을 기록해 놓은 것으로 명세서 중에 가장 중요한 부분이다. 이러한 청구범위는 최초 특허출원시에 명세서에 적어서 제출할 수도 있으나 현행법은 청구범위 제출 유예제도를 두어서 특허출원인은 특허출원 당시에 청구범위를 적지 아니한 명세서를 특허출원서에 첨부할 수 있도록 하고 있다(法 42의2①). 이 경우 출원인은 출원일(우선권주장의 경우 최선일)로부터 1년 2개월이 되는 날까지 명세서에 청구범위를 적는 보정을 하여야 한다(法 42의2②)고 규정하여 특허출원할 때 청구범위의 기재를 유예[174]하여 출원인에게 신속한 출원을 할 수 있도록 하고 특허권 취득 후의 이용전략을 충분히 검토하여 효과적인 청구범위를 작성할 수 있는 기회를 주는 한편, 청구범위가 포함된 완벽한 상태로 공개되도록 함으로써 국제적인 공개제도와 조화를 꾀하고 있다.

출원일(우선권주장의 경우 최선일)로부터 1년 2개월 이전에 제3자의 심사청구가 있는 경우 출원인은 제3자의 출원심사청구에 따른 출원심사청구의 취지를 통지받은 날부터 3월이 되는 날 또는 출원일(우선권주장의 경우 최선일)로부터 1년 2개월이 되는 날 중 빠른 날까지 명세서에 청구범위를 적는 보정을 하여야 한다(法 42의2② 단서). 이는 출원공개 전이라도 심사청구하는 경우 심사청구순서에 따라 실체심사를 진행하기 때문이다.

물론 출원인의 경우 특허출원할 때 명세서에 청구범위를 적지 아니한 경우 청구범위가 기재된 명세서가 첨부된 때에 한하여 출원심사의 청구를 할 수 있다(法 59② 단서).

또한 특허법은 거절시에 청구항별 거절이유를 기재토록 하고있다(法 63②, 실용신안법 14②). 특허법 제62조(실용신안법 13)에 의하면 출원에 대하여 하나의 청구항이라도 거절이유가 있는 경우 해당출원 전체에 대하여 거절결정을 하도록 되어 있어, 관행적으로 거절이 용이한 청구항을 선택하여 거절통지하거나, 일부 청구항에 대해서만 구체적 이유를 통지함으로 인해 심사품질 및 고객만족도 저하 요인으로 작용되어 왔다.

또한, 분할·변경출원의 경우 특허출원서에 최초로 첨부한 명세서에 청구범위를 적지 아니한 분할·변경출원에 관하여는 출원일(우선권주장의 경우 최우선일)로부터 1년 2개월이 되는 날(다만, 기한 이전에 출원심사 청구의 취지를 통지(法 60③)받은 경우에는 그 통지를 받은 날부터 3개월이 되는 날 또는 출원일(우선권주장의 경우 최우선일)부터 1년 2개월이 되는 날 중 빠른 날)의 기한이 지난 후에도 분할·변경출원을 한 날부터 30일이 되는 날까지 명세서에 청구범위를 적는 보정을 할 수 있다(法 52⑥, 53⑧).

---

[174] 이와 유사한 제도로는 미국의 가출원제도(임시출원제도, provisional application)가 있다. 청구범위 제출 유예제도와 가출원제도를 비교하면 다음과 같다.

청구범위 유예제도	미국의 가출원제도
• 정규출원 • 1년 2개월 전까지 청구범위를 기재할 수 있음. • 완전한 형태로 발명의 설명 필요 • 국어 또는 영어로 출원	• 임시출원 • 1년 이내에 청구범위가 포함된 정규출원을 다시 제출해야 함. • 발명의 설명에 대한 형식·내용 제한 없음. • 언어에 제한 없음.

② **청구범위 기능**

청구범위는 출원발명이 특허된 경우 특허발명으로서 보호되는 「보호범위적 기능」과 발명을 구성하는 「구성요건적 기능」을 수행하는 부분이다. 따라서 청구범위에는 보호를 받고자 하는 사항을 명확히 할 수 있도록 발명을 특정하는 데 필요하다고 인정되는 구조·방법·기능·물질 또는 이들의 결합관계 등을 적어야 한다(法 42⑥). 따라서 발명의 설명에만 적고 청구범위에 적지 않은 발명은 보호되지 아니한다. 특허법은 발명을 보호받기 유리한 형태로 다양하게 표현할 수 있도록 하기 위하여 청구항을 표기함에 있어서 복수항의 기재를 허용하는 이른바 다항제를 채택하고 있다. 따라서 청구범위에는 보호를 받으려는 사항을 적은 항(이 항을 '청구항'이라 한다)을 1 또는 2 이상을 적을 수 있다.

그리고 청구범위는 반드시 발명의 설명에 의하여 뒷받침되어야 하고 발명이 명확하고 간결하게 적혀있어야 한다(法 42④).

③ **청구범위 작성**

㉠ 발명의 설명에 의해 뒷받침될 것(法 42④1)

ⓐ 의 미

만약 공개된 발명의 특허청구항이 그 발명에 속하는 기술분야에서 통상의 지식을 가진 자가 이해하지도 못하고 쉽게 실시할 수 있을 정도로 발명의 설명에 의해 뒷받침되어 있지 않다면 기재불비가 되고 법 제42조 제4항 제1호 또는 법 제42조 제3항 제1호 위반이 된다. 따라서 청구범위에 적혀있는 청구항은 발명의 설명에 의하여 뒷받침되어야 한다(法 42④1). 발명의 설명은 청구범위의 해설서적인 역할을 수행하므로 발명의 설명과 청구범위의 기재가 상호 모순되어서는 안 되기 때문이다. 또한, 발명의 설명은 기술 공개서로서의 역할을 하는바, 발명의 설명에 기재하지 않음에 따라 공개하지 않은 발명에 대하여 특허권이 부여되는 결과가 되기 때문이다.

청구범위가 발명의 설명에 의하여 뒷받침된다고 하기 위해서는 특허출원 당시의 기술수준을 기준으로 하여 당해 기술분야에서 통상의 지식을 가진 사람의 입장에서 볼 때 그 청구범위와 발명의 설명의 내용이 일치하여 그 명세서만으로 청구범위에 속한 기술구성이나 그 결합 및 작용효과를 일목요연하게 이해할 수 있어야 한다.

그렇다면 청구범위에는 적혀있지 아니하고 발명의 설명에만 적혀 있다면 이 발명은 보호받지 못한다. 그러나 이 경우 출원인은 발명의 설명에만 적힌 발명에 대해 별도의 신규출원, 보정(法 47), 분할출원(法 52), 국내우선권주장출원(法 55) 등을 통해 보호받을 수 있을 것이다.

ⓑ 발명의 설명에 의하여 뒷받침되지 않는 유형
　　아래와 같은 청구항은 발명의 설명에 의하여 뒷받침되지 않는 경우이다.
　ⅰ) 청구항에 적혀있는 사항과 대응되는 사항이 발명의 설명에 직접적으로 적혀있지 않고, 암시도 되어 있지 않는 경우

> **예1** 청구항에는 구성 A+B에 관해서 적혀있고, 발명의 설명에는 해결과제, 해결수단, 효과로 보아 구성 A+B+C의 발명만이 적혀있으며, 청구항에 적힌 구성 A+B에 대응하는 해결과제, 효과는 적혀있지 아니하고 또한 파악되지도 않는 경우
> **예2** 청구항에는 구체적인 수치한정을 하고 있으나 발명의 설명에는 그 수치에 대하여 전혀 적혀있지 않는 경우
> **예3** 청구항에는 초음파모터를 이용한 발명에 대해서만 적고 있으나 발명의 설명에는 초음파모터를 이용한 발명에 대해서는 전혀 적혀있지 않고 직류모터를 이용한 발명만이 적혀있는 경우. 다만, 발명의 설명에는 그 실시 예로 직류모터에 대해서 적고 있으나 직류모터만이 아니라 다른 모터도 이용할 수 있다는 기재가 있고 출원 당시의 기술상식에서 판단했을 때 초음파모터를 이용한 실시도 가능한 경우에는 발명의 설명에 의하여 뒷받침되는 것으로 인정할 수 있다.

　ⅱ) 발명의 설명과 청구항에 적혀있는 발명 상호간에 용어가 통일되어 있지 않아서 양자의 대응관계가 불명료한 경우
　ⅲ) 청구항에 적혀있는 사항이 특정 기능을 수행하기 위한 「수단(means)」 또는 「공정(step)」으로 적혀있으나 이들 수단 또는 공정에 대응하는 구체적인 내용이 발명의 상세한 설명에 적혀있지 않는 경우 등

ⓒ 발명이 명확하고 간결하게 적혀있을 것(法 42④2)
　ⓐ 의 미
　　청구범위에 기재된 청구항은 발명이 명확하고 간결하게 적혀있어야 한다(法 42④2). 청구항의 기재가 불명확하거나 그 기재내용이 간결하지 않는 발명은 특허요건 판단 등이 불가능하며 특허권이 부여되면 발명의 보호범위가 불명확하여 특허발명의 보호범위를 결정할 수 없기 때문이다. 다만, 발명이 간결하게 기재되어야 한다는 것은 청구항의 기재 그 자체가 간결하여야 한다는 것이며, 그 발명의 개념이 간결하여야 한다는 것은 아니다.
　ⓑ 발명이 명확하고 간결하게 적혀있지 아니한 유형
　　발명이 명확하고 간결하게 적혀있지 않는 유형으로는 다음과 같은 경우가 있다.
　　ⅰ) 청구항의 기재내용이 불명확한 경우[175]
　　ⅱ) 청구항에 각 구성요소가 단순히 나열되어 있을 뿐 그 결합관계가 적혀있지 않아서 발명이 불명확한 경우

---

[175] 다만, 불명확한 부분이 경미한 기재의 하자이며, 그 하자에 의해서는 그 발명이 속하는 기술분야에서 통상의 지식을 가진 자에게 발명이 불명확하지 않거나 또는 발명의 설명이나 도면, 출원시의 기술상식 등에 의하여 발명이 명확하게 파악될 수 있는 경우에는 발명이 불명확한 것으로 취급하지 않는다.

> - 틀린 예: 폐쇄부, 보조용기, 볼밸브, 덮개로 이루어진 보조용기가 부착된 잉크병
> - 바른 예: 병의 상부에 폐쇄부와 폐쇄부보다 약간 큰 보조용기를 일체로 형성하고 상기 폐쇄부에 볼밸브를 유동적으로 장치하고 덮개를 씌운 보조용기가 부착된 잉크병

iii) 청구항에 적힌 발명의 카테고리가 불명확한 경우
iv) 청구항의 기재가 너무 장황하여 보호받고자 하는 발명의 구성이 불명확한 경우[176]
v) 청구항에 발명의 구성을 불명확하게 하는 표현이 기재되어 있는 경우[다만, 이러한 표현을 사용하지 않고서는 당해 발명을 간단명료하게 나타낼 수 있는 적절한 표현이 없고 그 의미가 발명의 설명에 의해 명확히 뒷받침되며 발명의 특정(特定)에 문제가 없다고 인정되는 경우에는 허용할 수 있다]

> 예1 「소망에 따라」, 「필요에 따라」, 「특히」, 「예를 들어」, 「및 / 또는」 등의 자구(字句)와 함께 임의부가적 사항 또는 선택적 사항이 적힌 경우
> 예2 「주로」, 「주성분으로」, 「주공정으로」, 「적합한」, 「적량의」, 「많은」, 「높은」, 「대부분」, 「거의」, 「대략」, 「약」 등 비교의 기준이나 정도가 불명확한 표현이 사용된 경우
> 예3 「…을 제외하고」, 「…이 아닌」과 같은 부정적 표현이 사용된 경우
> 예4 수치한정발명에서 「… 이상」, 「… 이하」, 또는 「120~200℃, 바람직하게는 150~180℃」와 같이 하나의 청구항 내에서 이중으로 수치한정한 경우

vi) 지시의 대상이 불명확하여 발명의 구성이 불명확한 경우

> 예 청구항에 여러 가지 종류의 치차가 적혀있고 그중 어느 특정 치차를 지시할 때 「상기 평치차」, 「전기 우산치차」 등과 같이 지시의 대상을 명확히 적지 않고 「상기 치차」, 「전기 치차」 등과 같이 적은 결과 어느 치차를 지시하는지가 불명확한 경우

vii) 청구항에 서로 다른 기능을 수행하는 복수의 동일한 표현의 기술용어가 있을 경우에 각각의 기능을 한정하여 적거나, 또는 도면에 사용된 부호에 의하여 명확하게 구별되도록 적혀있지 않아서 보호를 받으려는 발명의 구성이 불명확한 경우

---

[176] 【판례】 동일한 발명사상의 내용이 청구항을 달리하여 중복하여 기재되어 있는 경우의 취급(대법원 1995.9.26. 선고 94후1558 판례)
【판결요지】 동일한 발명사상의 내용이 청구항을 달리하여 중복하여 기재되어 있다고 하더라도 특허청구의 범위가 명확하고 간결하게 기재되어 있어 당해 기술분야에서 통상의 지식을 가진 자가 그 내용을 명확하게 이해하고 인식하여 재현할 수 있다면 그 명세서의 기재는 적법하다.

ⓒ 구조·방법·기능·물질 또는 이들의 결합관계 등을 기재(法 42⑥)

특허법 제42조 제6항에 의하면 「청구범위를 적을 때에는 보호받고자 하는 사항을 명확히 할 수 있도록 발명을 특정하는 데 필요하다고 인정되는 구조·방법·기능·물질 또는 이들의 결합관계 등을 적어야 한다」고 규정하여 청구항의 구성을 다양한 형태로 기재할 수 있도록 허용하고 있다. 이에 따라 출원인은 스스로가 발명을 보호할 수 있는 가장 적절한 수단으로 청구범위를 작성할 수 있게 되었다.

즉, 청구범위 기재시 출원인의 의사에 따라 보호받고자 하는 청구범위의 구조(structure)를 알고 있는 경우에는 그 구조를[177] 적고, 그 구조는 모르고 그 구조가 갖는 기능(function)을 알고 있는 경우에는 그 기능을[178] 적고, 그 구조와 기능을 모르고 있지만 제조방법을 알고 있는 경우에는 그 제조방법을[179] 선택적으로 적을 수 있다.

참고로, 일본의 경우 각 청구항마다 특허출원인이 특허를 받고자 하는 발명을 특정하는 데 필요하다고 인정되는 사항의 모든 것을 적도록 요구하고 있으며(일본특허법 제36조 제5항), 그 위반을 이유로 특허출원을 거절하거나, 특허권이 설정된 후에 무효로 할 수 없도록 규정하고 있다. 이는 청구항에 적혀있는 사항이 발명을 특정하는 필수구성요소임을 명시적으로 정의하여 특허권의 보호범위를 명확히 하기 위한 선언적 규정이라 할 수 있다.[180]

우리나라도 청구항의 기재방법에 대해 기존법에서는(발명구성에서 없어서는 아니 되는 사항만 기재하는 부분) 위반시에 거절, 무효사유가 되었으나 개정법에서는 거절이유, 무효사유, 정보제공사유에서 제외하고 있다.

④ **청구범위 기재방법과 다항제(多項制)**

㉠ 다항제의 개념

다항제란 청구범위에 보호를 받으려는 사항을 기재한 청구항을 2 이상 기재하는 것을 말하며, 즉 청구범위에 발명을 표현함에 있어서 1 발명에 대하여 독립청구항(이하 '독립항'이라 한다)과 종속청구항(이하 '종속항'이라 한다)의 기재가 허용되는 청구항 기재원리를 말한다. 하나의 발명이라도 여러 제품과 단계가 얽혀져 있어서 상당수의 청구항(claim)이 없다면 발명보호는 충분히 이루어질 수 없다는 경우가 있다.

우리 특허법은 종래에는 하나의 청구항만을 기재하도록 하는 단항제를 채택하고 있었으나, 1981년 법률 제3325호부터 다항제를 도입하였다. 또한 청구항에는 「독립항」과 「종속항」이 있는데 「독립항」은 발명의 기본적인 청구항이므로 청구범위에 반드시 기재하여야 하는 필수적 청구항이지만, 「종속항」은 필요한 경우에만 기재하는 임의적 청구항이다.

---

[177] A의 일측에 B가 결합된 보드마카
[178] 필기수단 일측에 지지수단이 결합된 보드마카
[179] X 공정 후 Y 공정을 거치는 방법에 의하여 제조된 보드마카
[180] 임병웅, 특허법(제6판), 한빛지적소유권센터, 2007년, p.279

ⓒ 독립항 기재요령
ⓐ 「독립항(independent claim)이란 문제해결에 필요한 발명의 모든 구성요소를 적은 것으로서 원칙적으로 타 청구항을 인용하지 아니한 청구항을 말한다. 그러나 독립항의 경우에도 동일한 사항의 중복적 기재를 피하기 위하여는 발명이 명확하게 파악될 수 있는 범위 내에서 다른 청구항을 인용하는 형식으로 기재하는 경우가 있다.

> 예 1. 청구항 제○항의 방법으로 제조된 물건
> 2. 청구항 제○항의 물건을 제조하는 방법
> 3. 청구항 제○항의 방법으로 제조된 물건을 이용하여 … 하는 방법
> 4. 청구항 제○항의 장치로 제조된 물건

ⓑ 개조식으로 기재하는 것이 발명의 이해에 도움이 되는 경우에는 다음 예와 같이 기재할 수 있다.

> 예 개조식으로 기재하는 경우
> 다음의 각 공정으로 이루어지는 금속재료 가공방법
> 1. 금속재료를 800~850°C에서 가열하는 제1공정
> 2. 가열된 재료를 단조하는 제2공정
> 3. 단조된 재료를 600°C로 재가열하는 제3공정
> 4. 재가열된 재료를 소입 처리하는 제4공정

ⓒ 종속항 기재요령
ⓐ 종속항(dependent claim)이란 독립항을 한정하거나 부가하여 구체화[181]하는 청구항으로서 인용되는 항의 특징을 모두 포함하며 종속항은 필요한 때에는 그 종속항을 한정하거나 부가하여 구체화하는 다른 종속항의 형태로도 적을 수 있다.
ⓑ 다음과 같은 청구항은 종속항으로 보지 않고 독립항으로 취급한다.
  ⅰ) 인용되는 항의 구성요소를 감소시키는 형식으로 기재하는 경우
  ⅱ) 인용되는 항에 기재된 구성을 다른 구성으로 치환하는 형식으로 기재하는 경우

> 예 【청구항 1】 기어 전동기구를 구비한 …… 구조의 동력전달장치(독립항임)
> 【청구항 2】 청구항 1에 있어서, 기어 전동기구 대신 벨트전동기구를 구비한 동력전달장치(독립항임)

---

181) 여기서 「독립항을 한정하거나 부가하여 구체화한다」는 의미는 구성요소의 부가나 상위개념을 하위개념으로 한정함으로써 발명을 구체화하는 것을 말하며 「종속항」이란 의미는 당해 청구항의 발명의 내용이 다른 항에 종속된다는 의미로 다른 항의 내용변경에 따라 청구항의 발명의 내용이 변경되는 항을 말한다. 따라서 종속이란 의미는 인용이란 의미와 같으므로 종속항은 독립항 또는 타 종속항을 인용하여 한정하거나 부가하여 구체화하는 청구항을 의미한다.

ⓒ 종속항은 그 종속항과 카테고리가 상이한 독립항 또는 다른 종속항을 인용하여 기재하여서는 안 된다.

> 【청구항 1】 … 방법
> 【청구항 2】 제1항에 있어서, … 방법
> 【청구항 3】 제2항에 있어서, … 물건
> 【청구항 4】 제2항 또는 제3항에 있어서, … 방법(또는 물건)
> ※ 잘못된 항: 청구항 3 및 4
> 해설 | 종속항이 다른 카테고리에 속하는 청구항을 인용하는 경우에는 그 종속항이 종속항과 다른 카테고리에 속하는 청구항을 한정하거나 부가하여 구체화하는 것이 되므로 인정되지 아니한다.

㉣ 독립항과 종속항의 기재방법

위에서 설명한 「독립항 기재방법」과 「종속항 기재방법」에 의해 청구범위를 기재하지만 독립항과 종속항 간에도 미리 정해둔 일정한 원칙에 의해 기재되어야 한다. 그래서 특허법 시행령 제5조에서는 청구범위 기재요령을 아래와 같이 규정하고 있으며, 위반시 특허거절결정 사유가 된다.

ⓐ 청구범위의 청구항의 기재에 있어서는 독립청구항(독립항)을 기재하고, 그 독립항을 한정하거나 부가하여 구체화하는 종속청구항(종속항)으로 기재할 수 있다. 이 경우 필요한 때에는 그 종속항을 한정하거나 부가하여 구체화하는 다른 종속항을 기재할 수 있다.
ⓑ 청구항은 발명의 성질에 따라 적정한 수로 기재하여야 한다.
ⓒ 다른 청구항을 인용하는 청구항은 인용되는 항의 번호를 기재하여야 한다.
ⓓ 2 이상의 항을 인용하는 청구항은 인용되는 항의 번호를 택일적으로 기재하여야 한다.

> **택일적인 표현**
> 인용되는 2개 이상의 항이 동시에 그 청구항의 기술로 포함되어 존재하는 것으로 표현되어서는 안 되며, 2 이상의 청구항 중 어느 하나의 항 단위로 선택되어 기술적 해석이 가능할 수 있도록 청구항을 표현하여야 한다. 즉, 「A 또는 B, A or B, A · B · C 중에서 어느 하나」 등은 택일적 표현이며 「A 및 B, A and B」의 표현은 택일적 표현이 아니다.
> 1. 인용하는 청구항을 택일적으로 기재한 예
>   ① 청구항 1 또는 청구항 2에 있어서, … 장치
>   ② 청구항 1 내지 청구항 3 중 어느 하나의 항에 있어서, … 장치
>   ③ 청구항 1, 청구항 2 또는 청구항 3 중 어느 한 항에 있어서, … 장치
> 2. 인용되는 항의 번호를 택일적으로 기재하지 않은 예
>   ① 청구항 1, 청구항 2에 있어서, … 장치
>   ② 청구항 1 및 청구항 2 또는 청구항 3에 있어서, … 장치
>   ③ 청구항 1 및 청구항 2 또는 청구항 3 어느 한 항에 있어서, … 장치
>   ④ 청구항 1, 청구항 2 또는 청구항 3에 있어서, … 장치

ⓔ 2 이상의 항을 인용하는 청구항에서 그 청구항의 인용된 항은 다시 2 이상의 항을 인용하는 방식을 사용하여서는 아니 된다. 2 이상의 항을 인용하는 청구항에서 그 청구항의 인용된 항을 다시 하나의 항을 인용한 후에 그 하나의 항이 결과적으로 2 이상의 항을 인용하는 방식에 대하여도 또한 같다.

> **예1** 2 이상의 항을 인용하는 청구항이 2 이상의 항을 인용한 다른 청구항을 인용하고 있는 예
> 1. … 방법
> 2. 제1항에 있어서, … 방법
> 3. 제1항 또는 제2항에 있어서, … 방법
> 4. 제2항 또는 제3항의 방법으로 제조된 물건
> ※ 잘못된 항 : 여기서 제4항이 잘못된 항임. 청구항 4는 2 이상 인용하고 있는 독립항으로 2 이상의 항을 인용한 다른 청구항(제3항)을 인용하고 있음.
>
> **예2** 2 이상의 항을 인용하는 청구항에서 그 청구항의 인용된 항이 다시 하나의 항을 인용한 후에 그 하나의 항이 결과적으로 2이상의 항을 인용하고 있는 예
> 1. … 방법
> 2. 제1항에 있어서, … 방법
> 3. 제1항 또는 제2항에 있어서, … 방법(2 이상의 항을 인용하는 청구항)
> 4. 제3항 있어서, … 방법(그 청구항이 다시 하나의 항을 인용한 후에)
> 5. 제2항 또는 제4항의 방법으로 제조된 물건(그 하나의 항이 결과적으로 2 이상의 항을 인용함)
> ※ 잘못된 항 : 제5항이 잘못된 항임. 청구항 5는 2 이상의 항을 인용하는 독립항으로서, 2 이상의 항을 인용한 청구항 3을 인용하는 청구항 4를 인용하고 있음.

ⓕ 인용되는 청구항은 인용하는 청구항보다 먼저 기재하여야 한다.
ⓖ 각 청구항은 항마다 행을 바꾸어 기재하고, 그 기재하는 순서에 따라 아라비아숫자로 일련번호를 붙여야 한다.

⑤ 청구범위의 작성형태

㉠ **젭슨 청구항(Jepson Claim)**

이 청구항은 Jepson이란 자가 전기장치의 개량발명을 미국특허청에 출원하면서 사용한 기재방법이다. 원래 청구범위에는 신규의 사항만을 기재하여야 하지만, 개량발명에서 선행기술을 설명하지 않으면 그 발명은 신규한 내용을 명확히 기재할 수 없는 경우에는 공지된 구성부분을 청구항의 앞부분에 기재하고 그 공지기술에 대하여 당해 발명이 특징으로 하는 개량부분을 명확하게 하여 뒷부분에 표현하는 형식이다[예를 들면 "~(종래기술)에 있어서, ~하는 것을 특징으로 하는 ~(발명의 명칭)"]. 이러한 젭슨 청구항은 종래의 기술로부터 어떤 점이 개량되었는지를 나타냄으로써 공지의 자유기술영역으로부터 독점권이 허락될 발명의 기술영역을 명백히 하는 데 공헌하였다.

이러한 젭슨 청구항은 전제부(preamble)의 해석이 문제가 된다. 즉, 전제부에 기재된 구성요소는 출원인이 공지기술로 자백한 것으로 인정하여야 하는 것인지 아니면 새로운 기술로

주장하거나 특징부(body)와의 결합관계에 의해 신규성 등의 특허요건 등을 갖추었음을 주장한 것으로 볼 수 있는지 문제된다. 전제부는 목적 또는 사용분야를 기재하는 부분이므로, ⓐ 만약 특징부(body)에서 발명을 완전히 정의하고 있으면 전제부는 청구항의 해석에 영향을 미치지 않으나 ⓑ 전제부의 요소가 특징부의 요소와 결합되어 있으면 전제부는 청구항의 해석에 영향을 미친다고 해석해야 할 것이다.182)

한편, 특허법원 판례183)는 청구항이 단순히 젭슨 형식으로 기재되었다는 이유만으로, 전제부에 기재된 사항을 종래 기술이라고 볼 근거는 없다고 하고 있다.

실무적으로는 젭슨 청구항의 해석에 의해 전제부의 기재사항이 제한적으로 작용할 우려가 있으므로(예를 들어 등록 후 제3자의 실시에 대해 특허발명의 균등물임을 이유로 침해를 주장하는 경우 전제부는 발명의 본질적인 부분이 아님을 나타낸다), 전제부에 신규요소를 기재하지 않도록 주의하며 구성요소 및 한정사항을 가능한 줄임으로써 광범위하게 작성하도록 노력하여야 한다.184)

ⓛ product-by-process 청구항

「product-by-process 청구항」이란 어떤 물건이나 물질이 구조적 특성보다는 제조되는 방법에 의하여 한정되는 청구항을 의미한다. 이러한 타입의 청구항은 화학관계의 발명에 있어서 물건(product)과 제법(process)이 모두 신규한 경우에 사용되는 형식이다. 즉, 물건(product)은 신규하여 특허될 수 있으나 그것을 제조하는 제법(process)을 특정하지 않으면 그 물건도 한정할 수 없는 경우에 활용 가능한 형식이다. 이러한 청구항 기재방식은 그 발명된 물건(article)은 그 제조방법에 의하여 한정되기 때문에 순수한 물건 청구항(product claim)보다 권리범위가 좁아지는 특징이 있다.

즉, 특허의 보호범위를 해석함에 있어서는 생산방법에 의한 한정이 있는 것으로 함에 반하여, 특허를 허락받기 위한 특허성 판단에 있어서는 생산방법에 특허성이 있다고 하더라도 물질 그 자체가 특허성이 없다면 특허가 허락되지 않는다. 따라서 생산방법에 관계없이 물질 그 자체가 특허성이 있어서 특허를 받았음에도 불구하고 실제로 권리 행사를 함에 있어서는 특정 생산방법에 의하여 제조된 물질에 대해서만 권리를 행사하게 된다는 불합리한 결과를 가져오게 된다.

---

182) 황종환·김현호, 전게서, p.285
183) 특허법원 2000허2453
184) 임병웅, 전게서, p.287

한편, 특허법원 판례185)에 따르면, product-by-process 형태로 청구항을 작성하는 경우에는 권리자에게 매우 불리하다고 볼 수 있다.

ⓒ 마쿠쉬 청구항(Markush Claim)

「마쿠쉬 청구항」이란 「A, B, C 또는 D」, 「A, B, C 및 D로부터 구성된 군에서 선택한 …」의 형태로 표현되는 청구항을 말한다. 일반적으로 발명의 보호범위를 모호하게 만드는 선택적 청구범위는 인정되지 않지만, 발명이 2 이상의 병렬적 개념이고 이들을 총괄하는 발명의 개념이 없을 경우 마쿠쉬 청구항이 이용되고 있다. 즉, 마쿠쉬 청구항은 발명의 각각의 구성요소에 대하여 개별적으로 출원해야 하는 불합리를 방지하기 위해 인정된 것으로서 화학관련 발명에서 주로 사용되며, 극히 제한된 범위 내에서 운영되고 있다. 먼저 택일적 사항들이 「유사한 성질 또는 기능」을 갖는 경우에 한해 단일성의 요건이 만족된다. 특히 화합물질의 경우 모든 구성요소가 공통되는 성질 또는 활성을 가지며, 모든 구성요소가 중요한 화학구조요소를 공유하고 있거나, 또는 모든 구성요소가 그 발명이 속하는 기술분야에서 일군(一群)의 것으로 인식되는 화합물질군에 속할 것의 요건을 만족하는 경우에는 유사한 성질 또는 기능을 갖는 것으로 간주한다. 청구항에 기재된 발명이 마쿠쉬(Markush) 형식 등으로 기재된 경우에 그 선택요소 중 어느 하나를 선택하여 인용대상과 대비한 결과 진보성이 인정되지 않으면 그 청구항에 기재된 발명 전체에 대하여 진보성이 없는 것으로 인정한다.

ⓔ 개조식 청구항

일반적인 청구항과 달리 청구항의 구조를 바꾸어 발명의 명칭을 발명의 구성요소보다 먼저 기재한 청구항을 말한다. 발명의 이해에 도움이 되는 경우에는 청구항을 개조식으로 기재할 수 있다.

> **예** 다음의 각 공정으로 이루어지는 금속재료 가공방법
> 1. 금속재료를 800~850℃에서 가열하는 제1공정
> 2. 가열된 재료를 단조하는 제2공정
> 3. 단조된 재료를 600℃로 재가열하는 제3공정
> 4. 재가열된 재료를 소입 처리하는 제4공정

---

185) 대판 2004후3416
물건을 생산하는 방법을 포함하고 있는 청구항으로서 이른바 생산방법을 한정한 물건에 관한 청구항(product by process claim)도 그 권리범위를 확정함에 있어서는 물건의 생산방법에 관한 기재를 구성요소로 포함하여 청구항을 해석하여야 할 것이지만, 그 진보성 유무를 판단함에 있어서는 물건 그 자체로 해석되어야 할 것인데 생산방법에 관한 기재가 물건의 성질이나 특성, 혹은 구조 등을 간결하게 표현하기 위한 것이라는 점 등의 특별한 사정이 없는 한 비록 비교대상발명에 개시된 물건의 생산방법이 이러한 청구항에서 나타난 생산방법과는 다른 것이었다고 하더라도 그러한 이유만으로 진보성이 인정될 수 없는 것이다.

◎ 기능식 청구항(Means plus Function Claim)

「기능식 청구항(Means plus Function Claim)」이란 청구항에 발명의 구성요소를 기능적으로 기재한 청구항을 말하며, 이를테면 발명의 구성요소를 명확하게 구체화하는 것이 불필요하거나 또는 구성요소에 대한 적합한 일반명칭이 존재하지 않는 경우에 「…하는 수단」과 같이 기능(function)을 중점적으로 기재하는 청구항을 말한다. 특허법은 법 제42조 제6항에서 「청구범위를 기재할 때에는 보호받고자 하는 사항을 명확히 할 수 있도록 발명을 특정하는 데 필요하다고 인정되는 구조·방법·기능·물질 또는 이들의 결합관계 등을 기재하여야 한다」고 하여 기능을 기재하는 기능식 청구항을 허용하고 있다. 이러한 기능식 청구항은 권리범위가 과도하게 넓게 설정될 수 있고 이에 따라 그 권리범위를 명확히 판단하기가 어려운 경우가 발생될 수 있다.

따라서 기능적 표현에 의하더라도 발명의 구성이 전체로서 명료하게 인정되어야 하며[186] 기능적 표현에 의하더라도 발명의 구성이 전체로서 명료하다고 인정되는 경우라고 함은[187] 종래의 기술적 구성만으로는 발명의 기술적 사상을 명확하게 나타내기 어려운 사정이 있어 청구항을 기능적으로 표현하는 것이 필요한 경우(BM 발명이나 컴퓨터관련 발명 등 기술분야에 따라 발명의 특성상 청구범위를 구체적인 구조의 기재만으로 표현하기 어려운 경우가 있음), 발명의 설명과 도면의 기재에 의하여 기능적 표현의 의미 내용을 명확하게 확정할 수 있는 경우를 가리킨다.[188] 청구범위가 기능적 표현을 포함하는 경우, 심사관은 그 발명이 속하는 기술분야에서 통상의 지식을 가진 자의 입장에서 발명의 설명이나 도면 등의 기재와 출원 당시의 기술상식을 고려하여 청구범위에 적혀있는 사항으로부터 특허를 받고자 하는 사항을 명확하게 파악할 수 있는지를 판단하여 그렇지 않다고 인정되는 경우 특허법 제42조 제4항 제2호 위반(발명을 불명료하게 표현)으로 거절이유를 통지한다.[189]

(3) 흠이 있을시 법적 취급

① **불수리(반려)**

㉠ 출원서에 명세서(명세서에 발명의 설명을 적지 아니한 경우 포함)를 첨부하지 아니한 경우, ㉡ 청구범위를 적지 아니한 명세서를 특허출원서에 첨부하여 특허출원한 정당한 권리자의 출원으로서 그 특허출원 당시에 이미 출원일(우선권주장의 경우 최우선일)로부터 1년 2개월이 되는 날[다만, 기한 이전에 출원심사 청구의 취지를 통지(法 60③)받은 경우에는 그 통지를 받은 날부터 3개월이 되는 날 또는 출원일(우선권주장의 경우 최우선일)부터 1년 2개월이 되는 날 중 빠른 날]이 지났을 경우 ㉢ 명세서가 국어 또는 산업통상자원부령이 정하는 언어(영어)로 기재되지 아니한 경우(施規 11)

---

186) 대법원 1998.10.18. 선고 97후1344 참조
187) 특허청 심사지침서 4122~4
188) 특허법원 2006.11.23. 선고 2005허7354 참조
189) 대법원 2007.9.6. 선고 2005후1486 참조

② 취하간주

특허출원인이 명세서에 청구범위를 적지 아니하고 특허출원한 경우에 출원일(우선권주장의 경우 최우선일)로부터 1년 2개월 또는 제3자의 출원심사 청구의 취지를 통지받은 날부터 3개월이 되는 날 중 빠른 날까지 명세서에 청구범위를 적는 보정을 하지 아니하면 그 기한이 되는 날의 다음 날에 해당 특허출원을 취하한 것으로 본다(法 42의2③).

③ 거절이유 등

특허출원 중인 발명이 발명의 설명 기재방법(法 42③1)이나 청구범위 기재방법(法 42④)의 위반인 경우에는 거절이유(法 62), 정보제공사유(法 63의2), 특허무효사유(法 133①)에 해당하며, 발명의 설명 중 배경기술기재(法 42③2), 다항제기재방법(法 42⑧)의 경우에는 거절이유(法 62)가 된다.

(4) 기타 명세서의 기재불비시 법적 취급

다음은 기타 명세서의 기재불비시 법적 취급사항이다.[190]

① 명세서에 기재된 용어가 국어 또는 산업통상자원부령이 정하는 언어(영어)로 기재되어 있지 않아서 그 기재내용이 불명확한 경우 특허법 시행규칙 제11조 규정에 따라 소명의 기회를 부여한 후 반려하여야 한다. 다만, 출원서나 명세서의 일부가 국어와 외국어를 혼용하고 있고 이를 제외하고도 출원 내용을 이해하기에 어려움이 없는 경우에는 특허법 제46조 위반으로 보정을 명하도록 한다.

② 외국의 선출원을 기초로 한 우리나라 출원이 번역이 잘못되어 기술내용이 불명료한 경우, 외국어 출원을 국어로 출원하는 경우(파리협약에 의한 우선권주장 출원 등) 번역이 불비하여 제1국 출원의 내용과 다르거나 명세서의 기재내용이 불명확한 경우 번역이 잘못되었다는 이유로 거절이유를 통지하여서는 안 된다. 이 경우 심사관은 우리나라에 출원된 출원서의 명세서만으로 기재불비 여부를 판단하여 기재불비가 있는 경우 특허법 제42조 제3항 제1호 또는 제4항을 적용하여 거절이유를 통지한다.

③ 명세서 전체를 통하여 용어가 통일되어 있지 않은 경우

명세서 내의 용어가 통일되지 않은 경우에는 특허법 제42조 제3항 제1호 위반으로 거절이유를 통지하고 발명의 설명과 청구범위에 기재된 기술용어가 다르거나 청구범위에 기재된 기술용어가 서로 다른 경우 특허법 제42조 제4항 위반으로 거절이유를 통지한다.

---

[190] 특허청 심사지침서 2309 및 2310 참조(2011)

④ 관용적으로 사용되고 있지 않는 기술용어 등을 사용한 경우

관용적으로 사용되고 있지 않는 기술용어 또는 학술용어에 대하여 발명의 설명에서 정의하지 않고 사용하고 있어서 그 의미가 불명확한 경우 또는 한글로 이해하기 어려운 용어에 대해 (   ) 안에 한자 또는 원어를 병기하지 않아 발명을 명확하게 파악하기 곤란한 경우 특허법 제42조 제3항 제1호 위반으로 거절이유를 통지한다.

⑤ 명세서에 상표명을 기재한 경우 취급

명세서에 상표명을 기재하는 것은 원칙적으로 허용하지 않으나 상표명을 기재하더라도 그 상표명의 물건을 쉽게 입수할 수 있고, 그 상표명의 품질이나 조성 등의 변화로 발명의 내용이 변경될 가능성이 적으며, 그 상표명의 물건을 명확히 확정할 수 있는 경우에는 예외적으로 상표명을 기재할 수 있다.

3. 도 면

(1) 의 의

도면(drawing)은 발명의 내용을 쉽게 이해하기 위하여 발명을 도식화한 것으로서, 명세서의 보조자료로 활용된다. 어떤 경우에 도면이 필요한지에 대해서는 특허법에 규정이 없다. 실무상 협의의 물건발명을 물질발명이나 방법발명과 달리 발명의 특정을 위해 도면의 첨부가 반드시 요구되고 있다. 예를 들면, 실용신안등록출원서에는 반드시 도면이 있어야 한다.

(2) 기재방법

도면의 도시방법은 제도법에 따라 평면도·입면도를 흑백으로 선명하게 도시하여야 하고, 필요한 때에는 사시도, 단면도 및 일부절개도를 사용할 수 있으며, 도면의 번호를 Fig 1, Fig 2 등의 표시도 인정되므로 제1도, 제2도 등으로 보정할 필요가 없다. 도면은 출원서의 첨부서류 중 명세서 다음에 첨부되어야 하고, 요약서 및 명세서의 일련번호에 연속하여 일련번호를 붙여야 하며, 각 도면의 우측하단에 출원인의 성명을 기재하고 날인하여야 한다.

한편, 결정구조, 금속조직, 섬유의 형상, 입자의 구조, 생물의 형태, 오실로 파형 등과 같이 특허법 시행규칙 제63조의 제도법에 따라 작도하기가 극히 곤란한 경우에는 이들을 표현한 사진으로 도면을 대용할 수 있다. 이 경우, 사진은 명료한 것으로 공보에 개재할 수 있는 것에 한하여 인정하며, 칼라사진은 식물발명과 같이 필수적인 경우에 한하여 인정한다.

(3) 흠이 있을 시 법적 취급

출원된 내용과 상이하거나 다른 출원의 도면을 첨부하여 출원한 경우엔 법 제42조 제3항 위반으로 거절이유를 통지하여 의견제출기회를 준다. 다만, 의견제출기간 내에 도면을 새로이 제출하면 신규사항추가금지(法 47②)에 위반된 것으로 처리한다.

실용신안등록출원의 경우에는 물품의 형상·구조 또는 조합의 고안을 보호대상으로 하므로 반드시 도면을 첨부하여야 한다. 따라서 실용신안등록출원의 출원서에 도면이 첨부되어 있지 않을 때에는 이는 부적법한 출원서로 취급하여 출원인에게 불수리처분을 하여야 한다.

4. 요약서

(1) 의 의

요약서(abstract)는 기술정보로서의 용도로 사용되어야 하며, 특허발명의 보호범위를 정하는 데 사용할 수 없도록 하고 있다.[191] 출원 건수가 증가하는 오늘날 복잡한 명세서의 기재내용을 모두 읽고 관련 기술분야를 파악하기에는 많은 시간이 소요되어 불편하다. 이러한 불편을 해소하기 위하여는 특허정보의 효율적 이용 차원에서 발명내용을 요약 정리한 요약서를 별도로 제출하게 할 필요가 있고, 그것을 통하여 출원된 발명이 기술정보로서 쉽게 활용할 수 있게 된다. 이 요약서는 공개공보에 게재하여 공중이 이용할 수 있게 하였다.

(2) 요약의 내용

요약서는 「요약」란, 「대표도」란으로 구분하여 이 순서에 따라 작성하여야 한다.

① 「요약」란에는 발명의 내용을 쉽게 파악할 수 있도록 발명이 속한 기술분야, 해결하고자 하는 과제와 해결의 요점과 주요한 용도를 간결하게 10줄 내지 20줄 정도로 적어야 한다(法 42⑨).

② 「대표도」란에는 도면이 있는 경우에는 발명의 내용을 잘 요약 표현한 한 개의 '도'번호를 기재하여야 한다.

(3) 흠이 있을시 법적 취급

특허청장은 출원시 요약서가 기재방식에 위반되거나 제출되지 않는 경우 기간을 정하여 보정을 명하고 출원인이 기간 내 흠을 치유하지 못한 경우에는 출원을 무효로 할 수 있다(法 16).

5. 기타 첨부서류

특허출원서 및 명세서, 도면, 요약서 이외에도 대리인이 특허에 관한 절차를 밟는 경우에는 대리권을 증명할 수 있는 서류(위임장 등, 法 7), 법인이 출원한 경우에는 법인임을 증명하는 서류, 특허를 받을 수 있는 권리를 승계한 경우에는 출원인명의변경신고서, 상속인 경우에는 관련증명서, 공동발명의 경우 지분을 이전한 경우에는 타 공유자의 동의서, 유증을 받은 경우에는 유증증명서, 미생물에 관한 발명에 대한 특허출원인 경우 미생물을 기탁한 것을 증명하는 서면(施行令 2①) 등을 제출해야 한다.

---

[191] 또한 요약서는 명세서가 아니므로 요약서에만 기재되어 있는 사항은 소위 확대된 범위의 선출원의 지위(法 29③)도 인정될 수 없다.

6. 외국어특허출원의 경우

(1) 개 요

2014. 6. 11. 개정 특허법 이전에는 PCT 출원을 제외하고 우리나라에 직접 특허출원하는 서류는 국어로 작성하여야 한다는 '국어주의'를 고수하고 있어 특허제도의 국제추세에 부응하지 못하고 있었다.

반면에 미국, EPO, 일본은 이미 외국어로도 특허출원이 가능토록 하여 출원일을 선점하고 있는 실정이었다. 또한 국내 경우도 영어논문 등이 지속적으로 증가하고 있어 영어논문을 기초로 하여 **빠른 출원일**을 확보할 수 있는 제도적 장치 마련이 필요하여 개정법(2014. 6. 11. 개정, 2015. 1. 1. 시행)에서 이를 반영하여 법 제42조의3(외국어특허출원 등)을 신설하였다.

(2) 국어번역문제출

특허출원인이 특허출원서에 최초로 첨부한 명세서 및 도면을 법 제42조의3 제1항에 따른 국어가 아닌 언어(영어)로 적은 특허출원(이하 "외국어특허출원"이라 한다)을 한 경우에는 출원일(우선권주장의 경우 최우선일)로부터 1년 2개월이 되는 날까지 그 명세서 및 도면의 국어번역문을 산업통상자원부령으로 정하는 방법에 따라 제출하여야 한다. 다만, 본문에 따른 기한 이전에 법 제60조 제3항에 따른 출원심사 청구의 취지를 통지받은 경우에는 그 통지를 받은 날부터 3개월이 되는 날 또는 출원일(우선권주장의 경우 최우선일)부터 1년 2개월이 되는 날 중 **빠른 날**까지 제출하여야 한다(法 42의3②).

단, 분할·변경출원이 외국어특허출원(실용신안등록출원)인 경우에는 최우선일로부터 1년 2개월이 지난 후에도 분할·변경출원일로부터 30일 이내에 국어번역문을 제출할 수 있다(法 52⑤, 53⑦).

(3) 국어번역문의 교체

국어번역문을 제출한 특허출원인은 법 제42조의3 제2항에 따른 기한 이전에 그 국어번역문을 갈음하여 새로운 국어번역문을 제출할 수 있다. 위에 따라 국어번역문을 제출한 특허출원인은 위 기한 이전에 그 국어번역문을 갈음하여 새로운 국어번역문을 제출할 수 있다. 다만, 다음의 어느 하나에 해당하는 경우에는 그러하지 아니하다(法 42의3③).

① 명세서 또는 도면을 보정(법 제42조의3 제5항에 따라 보정한 것으로 보는 경우는 제외한다)한 경우

② 특허출원인이 출원심사의 청구를 한 경우

(4) 국어번역문을 제출한 경우 취급

① 특허출원인이 법 제42조의3 제2항에 따른 국어번역문 또는 법 제42조의3 제3항 본문에 따른 새로운 국어번역문을 제출한 경우에는 외국어특허출원의 특허출원서에 최초로 첨부한 명세서 및 도면을 그 국어번역문에 따라 보정한 것으로 본다(法 42의3⑤본문). 따라서 심사관은 국어번역문을 기초로 심사를 진행하는 한편, 외국어명세서 또는 도면에 없는 사항이 추가되면(法 47②전단) 이를 특허무효사유(法 133①각호)로 하고 있다.

② 다만, 법 제42조의3 제3항 본문에 따라 새로운 국어번역문을 제출한 경우에는 마지막 국어번역문(이하 이 조 및 법 제42조 제2항 후단에서 "최종 국어번역문"이라 한다) 전에 제출한 국어번역문에 따라 보정한 것으로 보는 모든 보정은 처음부터 없었던 것으로 본다(法 42의3⑤단서).

③ 특허출원인은 법 제47조 제1항에 따라 보정을 할 수 있는 기간에 최종 국어번역문의 잘못된 번역을 산업통상자원부령으로 정하는 방법에 따라 정정할 수 있다. 이 경우, 정정된 국어번역문에 관하여는 법 제42조의3 제5항을 적용하지 아니한다(法 42의3⑥). 즉, 정정된 국어번역문에 관하여는 보정된 것으로 보지 아니한다.

④ 위 ③의 전단에 따라 최초거절이유통지(法 47①1) 또는 최후거절이유통지(法 47①2)에 따른 기간에 정정을 하는 경우에는 마지막 정정 전에 한 모든 정정은 처음부터 없었던 것으로 본다(法 42의3⑦).

⑤ 아울러, 외국어특허출원은 국어번역문을 제출하기 전까지 명세서 보정, 분할・변경출원 및 심사청구를 할 수 없고 출원공개 되지 아니한다(法 47⑤, 52①단서, 53①②, 59②2, 64②2).

(5) 국어번역문을 제출하지 아니한 경우 취급

특허출원인이 법 제42조의3 제2항에 따른 명세서의 국어번역문을 제출하지 아니한 경우에는 법 제42조의3 제2항에 따른 기한이 되는 날의 다음 날에 해당 특허출원을 취하한 것으로 본다(法 42의3④).

7. 국제출원인 경우

국제출원의 경우 출원서류제출은 제5장 제3절의 「특허협력조약에 의한 국제특허」편의 '국제출원서류제출'을 참조하기 바란다.

Ⅲ 발명의 단일성(Unity of Invention)

1. 의 의

1특허출원의 범위란 하나의 출원에 기재할 수 있는 발명의 범위(발명의 수)를 말한다. 특허출원은 1발명에 대하여 1출원을 원칙으로 하나, 상호 기술적으로 밀접한 관계를 가지는 발명들일 경우에는 하나의 총괄적인 발명의 개념을 형성하는 1군의 발명(single general inventive concept) 차원에서 2 이상의 발명이라도 1특허출원으로 할 수 있다(法 45).

이를 발명의 단일성(unity of invention)이라고 하며, 심사관의 입장에서 보면 단순한 1발명 1출원보다도 복수발명의 범위인 1군의 발명이 심사상 더 불편하다 하겠다. 물론 1군의 발명내용이 아무렇게나 관련이 없는 것으로 되어 있으면 아니 되고, 2 이상의 발명이 서로 밀접한 경우에 한하여 1군(群)이 허용된다. 이러한 제도는 현재 미국, 일본, EPC 등의 특허법에서도 유사하게 규정되어 운영되고 있다.

2. 제도적 취지

여러 개의 서로 다른 발명을 청구범위에 기재하는 것을 허용한다면 심사시에는 심사관의 담당 기술분야에 대한 결정(즉, 출원의 분류)이 어려워서 심사의 적정성을 기대할 수 없고 등록 이후에는 특허권의 권리범위를 확정하기 곤란하다. 따라서 원칙적으로 이러한 행정절차의 간편 및 특허제도의 용이한 운영을 위해서 1발명 1출원주의를 채택하고 있다. 아울러 1군의 발명의 제도적 취지는 출원인과 일반공중의 편의성을 도모하기 위함이며 심사관의 입장에서는 심사업무의 부담 및 지연 등의 불편함을 줄여 주기 위함이다. 예를 들어 산업상 이용분야 및 해결과제가 동일하거나 산업상 이용분야 및 발명의 구성요건 등이 동일한 발명이 2 이상 있으면, 이것은 1군의 발명이고 1출원이 가능하다. 그렇지 않고 1발명 1출원주의만 고수한다면 이 발명은 2건으로 출원해야 하며 그렇게 되면 비용적인 측면에서도 2건의 출원이 되어 부담이 된다.

따라서 2 이상의 발명이라 하더라도 단일성을 만족하는 1군의 발명에 대해서는 1특허출원으로 할 수 있도록 하여 심사촉진에 기여하고, 관련기술을 하나의 출원에서 함께 공개하도록 함으로써 기술공개의 목적에도 부합하도록 하며, 출원인의 입장에서 비용이나 특허관리면에서 유리하도록 하고 있다.[192]

---

192) 【판례】 1군 발명의 의의(특허법원 2001.8.31. 선고 2001허1402 판결)
【판결요지】 특허법 제45조 소정의 1군의 발명이란, 출원인은 기재상의 중복을 피할 수 있어 명세서 작성이 수월해지고, 일반공중은 출원된 관련 발명을 쉽게 파악할 수 있으며, 특허청에서는 심사처리가 촉진될 수 있도록 하기 위하여 산업상 이용분야 및 해결과제가 동일한 경우이거나 산업상 이용분야 및 발명의 구성요건의 주요부가 동일한 경우 등과 같이 상호 관련된 복수의 발명을 1특허출원으로 가능하게 하는 것을 말한다. 이 사건 출원발명 제1항은 2가지 이상의 업종을 입점시켜 층별로 배치시킨 다층건물에 관한 것이고, 제7항은 "피부영양제" 자체 "피부영양제"의 이용방법에 관한 것으로서, 이 청구항들은 서로 기술적인 관련성이 없으며, 각각의 산업상 이용분야와 해결하고자 하는 기술적 과제가 전혀 다르다. 따라서 이 사건 1군의 발명에 포함될 수 없어 1특허출원으로 할 수 없는 것이므로 특허받을 수 없는 것이다.

3. 1군(群)의 발명

(1) 기본원칙

1군의 발명이란 둘 이상의 발명을 1개의 출원으로 하는 것으로 다음과 같은 요건을 갖추어야 한다. 즉, ① 청구항 발명 간에 기술적 상호관련성이 있고, ② 발명 전체로 보아 선행기술에 비하여 개선된 동일하거나 상응하는 기술적 특징을 가지고 있어야 한다.

(2) 1군의 발명 표현형태

1출원 내에 1군 발명은 카테고리가 동일한 다수의 독립항으로 표현되는 경우도 있고, 카테고리가 상이한 다수의 독립항으로 표현되는 경우도 있다. 그런가 하면, 하나의 청구항 내에도 1군 발명의 범위를 넘는 발명들이 포함되고 있어 발명의 단일성을 충족시키지 못하게 되는 경우도 있을 수 있다.

(3) 1군 요건 판단원칙

다항제[193)]의 속성상 청구항 발명들 간에 1군[194)] 요건이 충족되고 있는지의 여부판단은 독립항을 우선적으로 고려하여야 한다. 독립항 발명들이 단일성 요건을 만족할 경우에는 이들 독립항에 소속된 종속항은 역시 단일성이 충족된다.

(4) 1군 요건 판단순서

발명 간에 단일성을 충족하는지의 판단은 먼저, 제1발명(특정발명)을 정하고 제1발명과 관련되는 선행기술에 비하여 개선되는 데 실질적으로 작용하는「특별한 기술적인 특징」을 확정한다. 이 경우 제1발명은 주된 발명을 의미하며 청구항의 기재순서와는 관련이 없다.

다음에 제2발명에 제1발명과 동일하거나 상응하는「특별한 기술적 특징」이 존재하는지 여부를 판단하여 2개의 발명이 기술적으로 관련성이 있는지를 확정하며, 만약 2개의 발명 간에 동일하거나 상응하는「특별한 기술적인 특징」이 존재한다면 이들은 기술적 상호 관련성이 인정되어 하나의 총괄적 발명개념에 속하게 된다.

---

193) 다항제와 1특허출원범위의 구별
「다항제」란 보호받고자 하는 사항을 독립항과 종속항이라는 형식으로 기재하는 방법을 말하고, 「1특허출원의 범위」란 하나의 출원으로 할 수 있는 발명의 범위를 말하는 것으로서, 여러 발명이 다항제 기재방법을 만족하더라도 1군의 발명에 해당하지 않으면 1특허출원범위를 만족하지 않기 때문에 1특허출원을 할 수 없게 된다. 따라서 다항제와 1특허출원의 범위는 상호 독립적인 제도이지만 독립항만을 기준으로 1특허출원의 범위를 만족하는지 판단하게 됨으로써 판단의 효율성을 높일 수 있게 되므로 양 제도는 상호 보완적이라 할 수 있다.

194) 1발명과 1군 발명(single general inventive concept)의 구별
「1발명」이란 원칙적으로 카테고리와는 관계없이 하나의 청구항을 의미한다. 다만, 하나의 청구항이라도 마쿠쉬 타입(Markush type)으로 기재된 청구항 또는 2 이상의 항을 인용하는 청구항은 2 이상의 발명을 포함할 수 있다. 한편,「1군의 발명」이란 카테고리의 동일성 여부를 불문하고 복수의 발명으로서 하나의 청구범위에 표현될 수 있는 기술적 상호관련성이 있는 발명을 말한다.

(5) 구체적 판단방법

특허법 제45조 제1항에서 규정하고 있는 「하나의 총괄적 발명의 개념을 형성하는 1군의 발명(이하 "단일성"이라 한다)」에 해당되는가의 여부는 특허법 시행령 제6조에서 규정하는 각 청구항에 기재된 발명들 사이에 「청구된 발명 간에 기술적 특징」을 가지고 있는가에 달려 있다. 각각의 독립항이 공통적인 「기술적 특징」을 공유하고 있으면 단일성은 만족되며, 그 대표적인 예로 ① 콤비네이션과 서브 콤비네이션[195]의 관계에 있는 청구항, ② 서브 콤비네이션과 서브 콤비네이션의 관계에 있는 청구항, 또는 ③ 중간체와 최종생성물의 관계에 있는 청구항을 들 수 있다.

▌1특허출원범위 판단의 구체적인 예[196]

1특허출원범위를 만족하는 예	
예 시	단일성 유무
【청구항 1】 램프용 필라멘트 A 【청구항 2】 필라멘트 A가 있는 램프 B 【청구항 3】 필라멘트 A가 있는 램프 B와 회전체 C로 구성되는 서치라이트(searchlight)	상기 모든 청구항에 공통되는 「특별한 기술적 특징」은 필라멘트 A이다. 청구항 1, 2 및 3 사이에는 단일성이 존재한다.
【청구항 1】 영상신호의 시간축 신장기를 구비한 송신기 【청구항 2】 수신한 영상신호의 시간축 압축기를 구비한 수신기 【청구항 3】 영상신호의 시간축 신장기를 구비한 송신기와 수신한 영상신호의 시간축 압축기를 구비한 수신기로 이루어진 영상신호의 전송장치	청구항 1의 「특별한 기술적 특징」은 시간축 신장기에 있는 반면 청구항의 2의 「특별한 기술적인 특징」은 시간축 압축기에 있으며, 이들은 서로 대응하는 기술적 특징이다(소위 서브 콤비네이션과 서브 콤비네이션). 따라서 청구항 1과 청구항 2 사이에는 단일성이 존재한다. 청구항 3은 청구항 1 및 청구항 2의 「특별한 기술적 특징」들을 모두 포함하므로 청구항 1 및 청구항 2와 단일성이 있다(소위 콤비네이션과 서브 콤비네이션).
【청구항 1】 화합물군 A(a1, a2 a3, … 로 이루어짐)와 담체로 구성된 살충제 조성물 【청구항 2】 화합물 a1	청구항 2에서는 청구항 1의 화합물군 A 중 a1만을 청구하고 있다. 그러나 a1이 「살충효과」라는 「특별한 기술적인 특징」을 화합물군 A와 공유하고 있으므로 청구항 1과 청구항 2 사이에는 단일성이 존재한다.

---

195) 콤비네이션 청구항(combination claim)이란 청구항에서 복수의 요소가 상호 공동으로 작용하는 것으로서, 구성요소가 상호 조합된 형태로 표현된 청구항을 말한다. 서브 콤비네이션 청구항(sub-combination claim)이란, 청구항의 구성요소가 서로 공동으로 작용하지 않는 청구항을 말한다. 예를 들어, 특정 구조의 볼트와 너트의 결합에 의한 체결장치는 콤비네이션에 해당하며, 특정 구조의 볼트와 너트 각각은 서브 콤비네이션에 해당된다.
196) 특허청 심사지침서 4147 참조

| 1특허출원범위를 만족하지 않는 예 ||
예시	단일성 유무
【청구항 1】 직류모터용 제어회로 A 【청구항 2】 직류모터용 제어회로 B 【청구항 3】 제어회로 A가 있는 직류모터를 이용하는 장치 【청구항 4】 제어회로 B가 있는 직류모터를 이용하는 장치	제어회로 A는 하나의 「특별한 기술적 특징」이고, 제어회로 B는 제어회로 A와는 관련이 없는 또 다른 「특별한 기술적 특징」이다. 따라서 청구항 1과 청구항 3 사이 또는 청구항 2와 청구항 4 사이에는 단일성이 있으나, 청구항 1과 청구항 2 사이 또는 청구항 3과 청구항 4 사이에는 단일성이 없다.
【청구항 1】 특징 A를 갖는 컨베이어벨트 【청구항 2】 특징 B를 갖는 컨베이어벨트 【청구항 3】 특징 A 및 특징 B를 갖는 컨베이어벨트	특징 A는 하나의 「특별한 기술적인 특징」이고, 특징 B는 또 다른 하나의 「특별한 기술적인 특징」이다. 따라서 청구항 1과 청구항 3 사이 또는 청구항 2와 청구항 3 사이에는 단일성이 있으나, 청구항 1과 청구항 2 사이에는 단일성이 없다.
【청구항 1】 화합물 A 【청구항 2】 화합물 A로 제조된 중합체 B 【청구항 3】 화합물 B와 난연재(難燃材)로 구성된 난연성 조성물	청구항 1과 청구항 2 사이에는 화합물 A가 공통되는 「특별한 기술적인 특징」이고(소위 중간체와 최종생성물 관계), 청구항 2와 청구항 3 사이에는 중합체 B가 공통되는 「특별한 기술적인 특징」이다. 그러나 청구항 1과 청구항 3 사이에는 공통되는 「특별한 기술적인 특징」이 존재하지 않는다. 따라서 청구항 1과 청구항 2 사이 또는 청구항 2와 청구항 3 사이에는 단일성이 존재하지만, 청구항 1과 청구항 3 사이에는 단일성이 존재하지 않는다.

(6) 위반의 법적 효과

1특허출원의 위반 여부는 발명의 실체적 요건에 관한 것이 아니라 2 이상의 특허출원을 하나의 출원으로 한 출원절차상의 문제이므로, 이 규정에 위반된 출원은 거절이유(法 62)에 해당되나, 일단 특허가 된 경우에는 특허무효의 이유에 해당되지 아니한다. 또한 1특허출원의 위반을 이유로 거절이유의 통지를 받은 경우에 출원인은 보정할 수 있는 기간 내에 삭제보정을 하거나 분할출원을 할 수 있다.

(7) 1특허출원범위와 관련된 문제

복수의 발명(1군의 발명)을 1특허출원하는 경우에 유의할 점은 심사관이 심사시에 복수의 발명 중 어느 하나의 발명에 대하여 거절이유가 있으면 전체 발명이 거절되기 때문에 이 경우는 각각의 출원보다 등록받기가 어렵다.

또한 1군의 발명을 1출원하여 그 특허권이 등록된 경우에는 그 특허기술을 제3자에게 이전하여 로얄티를 받으려고 할 때는 1군의 발명으로 1출원된 전체의 특허권을 제3자에게 이전하여야 한다. 즉, 청구항별로 특허권의 이전이 허용되지 않음을 유의하여야 한다.

특허출원을 할 때 1특허출원의 범위에 해당되는 복수발명을 1군의 발명으로 묶어 1특허출원으로 할 것인지 아니면 발명단위로 수개의 출원으로 나누어 할 것인지는 권리의 취득, 권리의 행사, 권리의 이전 또는 수수료의 절감 등을 고려한 후 어느 것이 유리할 것인지를 출원인이 판단하여 선택할 문제이다. 1특허출원범위의 규정은 당해 요건에 해당되는 발명은 반드시 1특허출원으로 할 것을 강요하는 규정이 아니며 출원인의 편의를 고려한 규정일 뿐이기 때문이다.

2 이상의 발명을 1특허출원으로 할 경우에는 출원료·심사청구료 및 특허료는 절감된다. 복수발명을 개별출원으로 하면 매출원 건수마다 기본요금을 내야 하지만 이것을 1출원으로 하면 청구항의 증가분에 대한 가산료만 납부하면 된다.

이상에서 보듯이 기업의 입장에서 개별 특허출원과 1특허출원의 구분은「선택과 집중」의 문제라 할 수 있다. 즉, 제품에 구현되며 침해 여부의 판단이 쉬운 핵심발명의 경우에는 개별 출원함으로써 많은 특허권을 확보하여 다수의 기술장벽(Patent Wall)을 쌓아가는 것이 중요하지만, 비핵심 발명의 경우에는 비용절감 차원에서 1특허출원을 하는 것이 바람직할 것이다.[197]

또한 1출원된 1군의 발명이 보정에 의하여 그 기준이 되었던 특정 독립항이 삭제되거나 발명의 내용이 변경되면 단일성의 요건에 위배된다.

> 다음의 [예 1]에서 청구항 1이 신규성 위반으로 거절이유통지를 받고, [예 2]와 같이 청구항 1을 삭제한 경우에는 청구항 2와 청구항 3은 선행기술과 구별되는 기술적 특징을 공유하지 않기 때문에 단일성이 없게 된다.
>
> [예1] 【청구항 1】 A로 구성된 것을 특징으로 하는 X
>   　　 【청구항 2】 제1항에 있어서, B를 더 포함하는 것을 특징으로 하는 X
>   　　 【청구항 3】 A와 C로 구성된 것을 특징으로 하는 X
> [예2] 【청구항 1】 (삭제)
>   　　 【청구항 2】 A와 B로 구성된 것을 특징으로 하는 X
>   　　 【청구항 3】 A와 C로 구성된 것을 특징으로 하는 X

---

197) 임병웅, 전게서, p.296

Ⅳ 특허출원의 취하와 포기

1. 의 의

출원의 취하와 포기는 일정한 법정사유에 의하여 발생되는 경우와 본인의 의사에 의하여 이루어지는 경우가 있으며, 출원이 취하 또는 포기된 때에는 당해 출원절차는 그것으로 종료되지만 취하·포기된 발명과 동일한 타 출원의 발명에 대해서는 일정한 조건하에서 영향을 미치게 된다. 즉, 출원공개 후 취하와 포기는 선출원의 지위를 가지게 된다. 본인의 의사에 의하여 이루어진 경우 「출원의 취하」란 출원인의 의사에 의하여 출원을 소급적으로 철회시키는 것을 말하며, 「출원의 포기」란 출원인의 의사에 의하여 특허를 받을 수 있는 권리를 장래적으로 포기하는 법률행위를 뜻한다.

자신이 행한 법률행위를 처음부터 없었던 것으로 하고 싶을 때 행하는 법률상의 취하와 법률행위의 진행을 그 시점에서 중지시키는 법률상의 포기는 모두 계속 중인 법률행위를 조기에 종료시키는 효과가 있다. 특허출원도 종국적으로 특허락부결정에 의하여 그 절차가 종료되지만, 그 계속 중에 출원의 취하 또는 포기를 통하여 출원절차가 종료되기도 한다.

2. 필요성

출원을 취하하게 되면 그 출원시까지 거슬러 올라가 처음부터 출원이 없었던 것으로 되며, 출원을 포기하게 되면 그 출원은 장래에 향하여 없는 것으로 된다. 대체로 「출원의 취하」는 출원절차에 미비한 사항 또는 흠이 있는 경우 그 미비사항 등을 치유하여 완전한 상태로의 재출원을 하고자 하는 경우 이미 한 출원에 대한 선출원의 지위를 상실시키고자 할 때에 행하며, 「출원의 포기」는 출원인 스스로 그 발명에 대한 특허취득을 단념하고 동일한 발명에 대하여 타인에게의 권리발생을 금지시키고자 하는 방어적 의도로 행한다.

출원의 취하·포기 모두 출원공개 후 포기나 취하가 되면 선원(선출원)의 지위가 남아 동일발명의 후출원은 법 제29조 제3항에 의거 신규성 상실로 특허거절결정을 받게 되는데 문제는 현행법이 취하 또는 포기된 출원에 대하여서는 동일한 다른 출원에 대하여 모두 다 선출원의 지위를 인정하지 아니하고 있다는 점이다(法 36④).[198]

---

[198] 구법상에서는 공개되기 전이라도 거절결정확정 및 포기의 경우에는 선출원의 지위를 인정하였으나, 심사기간의 단축에 의해 출원공개가 되기 전에 거절결정이 확정되는 출원의 증가가 예상되고 이러한 경우에 출원인 또는 제3자에게 재출원의 기회를 부여하는 것이 타당하므로 2006년 개정법에서는 거절결정이 확정된 출원 및 포기된 출원을 선출원의 지위가 불인정되는 경우로 규정하였다. 본 규정은 2006년 3월 3일 후에 최초로 출원하는 특허출원부터 적용되었다(부칙 제2조).

3. 법률의 규정에 의한 취하와 포기

법률의 규정에 의한 취하·포기는 출원인의 의사와 관계없이 법률로서 취하·포기를 의제시키는 것으로 법률상 절차를 따르지 않은 때와 법률상 절차를 밟은 결과 출원의 중복을 정리하기 위하여 취하로 간주시켜 버리는 것 등 두 가지 형태가 있다.

(1) 출원이 취하로 간주되는 경우
① **법률상의 절차를 따르지 아니한 때**
  ㉠ 특허출원일로부터 3년 이내 출원심사의 청구가 없는 경우(法 59⑤)
  ㉡ 기한까지 청구범위를 기재하지 아니한 경우
    청구범위를 적지 아니한 명세서로 특허출원을 한 자가 법 제42조의2 제2항에 따라 명세서에 청구범위를 적는 보정을 하지 아니한 경우에는 해당 특허출원은 그 기한이 되는 다음 날에 취하된 것으로 본다(法 42의2③).
  ㉢ 국어번역문을 제출하지 아니한 경우
    국제특허출원의 발명의 설명 및 청구범위에 대한 번역문을 국내서면제출기간 내에 제출하지 아니한 때 국제특허출원은 취하로 간주된다(法 201④).
  ㉣ 특허관리인 선임신고를 하지 아니한 경우
    재외자인 국제특허출원인이 특허관리인에 의하지 아니하고 국제특허출원의 명세서 및 청구범위에 대한 번역문을 제출한 후 2개월 이내(施規 116)에 특허관리인의 선임신고가 없을 때에도 당해 국제특허출원은 취하된 것으로 간주된다(法 206③).
  ㉤ 국제출원에 대한 보정명령을 이행하지 아니한 경우 등
    ⓐ 법 제195조의 규정에 의한 보정명령을 받은 자가 지정된 기간 내에 보정을 하지 아니한 경우
    ⓑ 국제출원에 대한 수수료의 보정명령을 받은 날로부터 1개월 이내에 당해 수수료를 납부(施規 106①)하지 아니한 경우
    ⓒ 국제출원일이 인정된 국제출원에 관하여 법 제194조 제1항 단서(국제출원일 인정요건 위반)에 해당됨이 그 국제출원일로부터 4개월(施規 106②) 내에 발견된 경우에는 그 국제출원은 취하된 것으로 본다(法 196).
② **법률상의 특정절차를 밟은 결과 출원의 중복을 정리할 경우**
  국내우선권주장을 한 경우 국내우선권주장의 기초가 된 선출원은 그 출원일부터 1년 3개월을 지났을 때에는 출원의 중복을 정리하기 위하여 취하로 간주된다(法 56①).

(2) 출원이 포기로 간주되는 경우

① 국방상 필요한 발명으로서 외국에의 특허출원의 금지 또는 비밀취급명령을 위반한 경우에는 그 발명에 대하여 특허를 받을 수 있는 권리를 포기한 것으로 본다(法 41⑤).

② 특허결정서를 받은 자가 특허권의 설정등록료를 추가납부기간 내에 특허료를 추가납부하지 아니한 때에는 특허권의 설정등록을 받고자 하는 자의 특허출원은 이를 포기한 것으로 본다(法 81③).

4. 본인의 의사에 의한 취하와 포기

(1) 시 기

취하와 포기는 계속적인 법률행위를 조기에 종료시키는 행위이므로, 출원의 취하와 포기는 특허출원의 계속 중에 언제든지 할 수 있다.199)

(2) 주 체

① 특허출원인은 스스로 출원을 취하·포기할 수 있으며, 공동출원의 경우에는 공동출원인 모두의 동의를 필요로 한다. 그러나 공동출원인 중 1인이 자기의 지분을 포기하고자 할 때에는 다른 공유자의 동의 없이 가능하다.

② 임의대리인 또는 특허관리인이 출원의 취하·포기를 하는 경우에는 출원인으로부터 특별히 권한을 위임 받아야 한다(法 6, 法 5②).200)

③ 복수당사자의 대표자

2인 이상이 공동으로 특허출원을 하고 그중에서 특정인(복수라도 가능)을 대표자로 선정(이하 '대표자'라 한다)하여 특허청에 신고한 경우 그 대표자가 다른 공동출원인의 동의 없이도 출원의 취하·포기 등을 할 수 있을 것인지에 대하여는 견해가 갈린다(法 11). 즉, 대표자는 스스로 취하·포기를 할 수 있다고 보는 긍정설과, 대표자라 하더라도 취하·포기 등과 같은 다른 공유자에게의 불이익 행위에 대하여는 동의를 받아야 가능하다고 보는 부정설이 대립되고 있으나, 부정설이 설득력이 있다 하겠다.

---

199) 특허거절결정불복심판이 청구된 후라 하더라도 그 심결의 확정 전까지는 출원절차의 계속 중이어서 출원을 취하·포기할 수 있다. 특허거절결정불복심판 청구 중에 특허출원이 취하·포기되면 당해 출원절차가 종료되게 됨에 따라 심판은 대상을 잃게 되어 심결각하된다.

200)「법정대리인」은 특허취소신청(法132의 2)이나 상대방이 청구한 심판 또는 재심에 대하여 절차를 밟을 경우에는 후견감독인의 동의 없이 할 수 있다고 규정하고 있는 점으로 보아 그것 이외의 미성년자 등에게 불이익 행위인 출원의 취하·포기 등의 경우에 있어서는 민법이 정하는 바에 따른다(法 3②). 따라서 친권자 이외의 후견인은 후견감독인의 동의가 요구된다.

(3) 절 차

특허출원의 취하[201]·포기를 하고자 하는 자는 특허출원 취하서 또는 특허출원 포기서를 특허청에 제출하여야 하며, 대리인이 행하는 경우에는 위임장을 첨부하여야 한다.

2 이상의 청구항이 있는 특허출원에 대하여 특허결정등본을 받은 자가 일부 청구항을 포기하고 나머지 청구항을 설정등록받고자 하는 경우에는 설정등록납부서에 그 취지를 기재하고 특허권 설정등록을 받을 수 있다(法 215의2). 이 경우 출원인은 일부 청구항 포기서를 특허청장에게 제출하여야 한다(規則 9의2).[202]

5. 취하와 포기의 효과

출원의 취하는 출원을 그 출원시까지로 거슬러 올라가 출원이 없었던 상태로 소급적으로 종료시키는 반면, 출원의 포기는 장래를 향하여 출원을 종료시킨다는 점에서 양자의 효과상의 차이점이 있다.

(1) 출원계속의 종료

특허출원이 취하·포기되면 출원의 계속은 종료된다. 따라서 취하·포기 후에는 심사절차를 진행할 필요가 없으며, 공개 전이면 공개를 하지 않는다.

(2) 보상금청구권의 소멸

출원의 취하·포기에 따라 출원의 계속이 종료되면 특허권 발생을 전제로 인정된 출원공개의 효과인 보상금청구권은 소멸된다(法 65⑥).

(3) 조약에 의한 우선권주장 가능

출원이 취하·포기되더라도 일단 유효한 출원으로 인정된 이후에 취하·포기된 것이므로 그것에 근거한 조약상의 우선권주장은 가능하다(파리협약 제4조 A). 그러나 취하·포기된 출원에 기초하여 국내우선권은 주장할 수 없다(法 55①3).

---

201) 【판례】 특허출원의 일부 취하(특허법원 2001.2.9. 선고 99허3962 판결)
【판결요지】 특허법은 1개의 특허출원에 대하여 전부 취하를 예정하여 이에 관한 규정을 두고 있으나(제6조, 제11조, 제65조 제6항), 특허출원의 일부 취하에 대하여는 아무런 규정을 두지 않고 있다. 또한 특허출원의 일부 취하를 인정하는 경우에는 아무런 시기적 제한 없이 청구항의 일부를 삭제하는 보정을 별도로 허용하는 것이 되어 특허출원의 보정에 대하여 엄격한 시기적 제한을 가하는 특허법의 취지에 반한다. 따라서 현행 특허법상 특허출원의 일부 취하는 인정될 수 없다 할 것이다. 한편 원고의 이 사건 제18항 발명에 대한 출원취하는 사실상 특허출원의 보정에 해당하고 보정은 특허법 제47조의 규정에 따라 정해진 기간 내에 할 수 있다 할 것이나, 원고는 위 법에 정해진 기간을 도과한 이후에 출원 취하서를 제출하였음이 명백하다. 그러므로 특허청장의 위 반려처분은 정당하고 원고의 이 사건 제19항 발명에 대한 특허출원의 취하는 그 효력이 없다 할 것이다.
202) 일단 한번 제출되어 수리된 취하서 또는 포기서에 대하여서는 철회가 되지 아니한다.

⑷ 법 제29조 제3항(확대된 선출원의 지위)의 규정을 적용하는 경우

① 출원공개 전에 특허출원이 취하 또는 포기된 때에는 동일한 후출원 발명에 대하여 선원의 지위를 갖지 아니한다.

② 출원공개 후에 취하 또는 포기된 때에는 동일한 후출원 발명에 대하여 선원의 지위를 갖는다.

⑸ 법 제36조(선출원주의)를 적용하는 경우

취하·포기 모두 선원의 지위(선출원의 지위)를 인정하지 아니한다(法 36④).

⑹ 출원료 등의 반환

① 특허출원(분할·변경출원 및 우선심사 신청이 있는 특허출원은 제외) 후 1개월 이내에 그 출원을 취하 또는 포기한 경우에 이미 납부된 수수료 중 「특허출원료, 심사청구료 및 특허출원의 우선권주장 신청료」는 반환한다(法 84①④).

② 반환받고자 하는 자는 특허청장으로부터 그 사실을 통지받은 날로부터 3년 이내에 청구를 하여야 한다(法 84②③).

제2절 ▶ 출원보정

I 보정제도

1. 의 의

출원보정이란 특허출원서의 방식(형식)이나 출원명세서 또는 도면의 기재내용에 미비한 사항이 있는 경우 출원절차의 진행 중에 최초 출원의 동일성이 유지되는 범위 내에서 그것을 치유시키는 절차를 말한다. 보정이 적법한 경우 보정된 내용대로 특허출원이 된 것으로 간주된다. 선출원주의에서는 출원인이 선출원의 지위를 확보하기 위하여 출원을 서두르게 되므로 출원서의 명세서와 도면에 미비점이 발생하거나 예기치 못한 하자가 발생할 수 있으므로, 출원 후 일정범위 내에서 그 흠을 치유할 수 있는 기회를 부여함으로써 출원인의 권리를 보호하기 위하여 보정제도를 규정하고 있다.

이러한 보정제도는 출원시 미비점을 출원 후 치유토록 함으로써 발명을 보호하려는 의도이지만, 보정은 소급효가 인정되기 때문에 보정이 출원인의 임의에 따라 제한 없이 행해질 경우 제3자에게 주는 피해가 큰 것은 물론 행정절차(심사처리)의 지연 및 번잡을 초래하게 된다. 따라서 법은 특허출원 후의 보정은 인정하되 그 보정은 일정시기 이내에 하도록 하는 한편 내용적으로도 일정범위 내에서만 허용하는 소위 「시기적·내용적」으로 한정하는 보정제한주의를 채택하고 있다.

2. 보정의 종류

특허출원에 대한 보정은 절차(방식)보정과 실체보정이 있다.

(1) 절차(방식)보정

절차(방식)보정이란 특허출원서가 특허법령상의 방식(형식)에 적합하지 아니하게 작성된 경우 그것을 적법한 방식으로 일치시키기 위하여 하는 보정을 말한다. 방식보정은 특허출원에 대한 특허청장의 방식심사의 결과 지적에 의하여 행하는 경우와 출원인이 자발적으로 하는 경우가 있다(法 46).

(2) 실체보정

실체보정은 출원서의 방식에 관한 것이 아니라, 특허출원의 명세서 또는 도면의 기재내용에 하자가 있는 경우 그 흠을 치유하는 것을 말한다. 실체보정은 출원인의 자진보정과 특허청의 행정행위에 따라 행하여지는 보정이 있다(法 47). 특허청의 행정행위에 따라 행하여지는 보정이란 심사관으로부터 출원에 대한 거절이유통지(의견제출통지)를 받은 경우 행하여지는 보정을 말한다.

Ⅱ 보정대상 및 시기

1. 절차(방식)보정

(1) 대 상

특허법(法 46)에서 정하는 방식에 적합하지 않아 보정의 대상이 되는 것은 아래와 같으며 특허청장 또는 특허심판원장이 보정을 명하도록 되어 있다.

① 법 제3조 제1항의 행위능력이 없는 자가 특허에 관한 절차를 밟는 경우
② 법 제6조의 대리권의 범위를 초과하는 행위를 하는 경우
③ 법령이 정하는 방식에 위반된 경우
④ 법 제82조의 규정에 의하여 내야 할 수수료를 납부하지 아니한 경우

(2) 보정시기

절차보정은 그 시기를 제한하고 있지 아니하므로 특허청에 특허출원이 계속 중에는 시기적 제한 없이 보정할 수 있다. 그러나 특허청장이 보정명령을 하는 경우에는 지정기간 내에 보정을 하여야 하며, 그 기간을 경과하여 보정한 경우에는 특허청장은 당해 특허출원을 무효처분(절차의 무효)할 수 있다(法 16).

(3) 국제출원의 경우 보완과 보정

국제출원일의 인정과 관련하여 특허법은 보완이라는 용어를 사용하고 있다. 보완은 보정의 경우와 법률효과를 달리한다. 보완의 경우에는 보완에 관한 서류의 제출일이 국제출원일로 간주되므로 보완된 내용의 소급효과가 생기지 않지만, 보정은 일반적으로 소급효가 인정된다.

① 국제출원절차의 보완

특허청장은 국제출원이 ㉠ 출원인이 제192조(국제출원을 할 수 있는 자)에 규정된 요건을 충족시키지 못하는 경우, ㉡ 국제출원이 산업통상자원부령이 정하는 언어(국어, 영어 또는 일어)로 작성되지 아니한 경우, ㉢ 발명의 설명 및 청구의 범위가 제출되지 아니한 경우, ㉣ 특허협력조약에 의한 국제출원이라는 표시나 지정국의 지정이 없는 경우 및 출원인의 성명·명칭을 적지 아니한 경우에는 기간을 정하여 서면으로 절차를 보완할 것을 명하여야 하며(法 194②), 국제출원이 도면에 관하여 기재하고 있으나 그 출원에 도면이 포함되어 있지 아니한 경우에는 그 취지를 출원인에게 통지하여야 한다(法 194③).

특허청장은 절차의 보완명령을 받은 자가 지정기간 내에 적법한 보완을 한 경우에는 그 보완에 관계되는 서면의 도달일을 국제출원일로 인정하며, 국제출원 도면에 관하여 기재하고 있으나 그 도면이 없는 경우 산업통상자원부령이 정하는 기간 내에 도면을 제출한 경우에는 그 도면의 도달일을 국제출원일로 인정하여야 한다. 다만, 도면제출 통지를 받은 자가 산업통상자원부령이 정하는 기간 내에 도면을 제출하지 아니한 경우에는 그 도면에 관한 기재는 없는 것으로 본다(法 194④). 법 제194조 제4항에서 "산업통상자원부령이 정하는 기간"이라 함은 출원인에게 통지한 날로부터 2개월을 말한다(施規 99).

② 국제출원절차의 보정

㉠ 국제출원서의 보정

특허청장은 ⓐ 발명의 명칭이 적혀있지 아니한 경우, ⓑ 요약서가 제출되지 아니한 경우, ⓒ 제3조(미성년자 등의 행위능력) 또는 법 제197조 제3항(변리사 강제주의)의 규정에 위반된 경우, ⓓ 산업통상자원부령이 정하는 방식에 위반된 경우에는 일단 국제출원일은 인정하지만 기간을 정하여 보정을 명하여야 하며(法 195), 보정명령을 받은 자가 지정된 기간 내에 보정을 하지 아니한 경우에는 그 국제출원은 취하된 것으로 본다(法 196). 여기서 산업통상자원부령이 정하는 방식에 위반된 경우란 다음에 위반된 것을 의미한다(施規 101①).

> ⅰ) 출원인의 주소(법인의 경우에는 그 영업소의 소재지) 및 국적에 관한 기재가 있을 것
> ⅱ) 출원인 또는 대리인의 기명날인이 있을 것
> ⅲ) 국제출원의 출원서·발명의 설명·청구의 범위·도면 및 요약서가 지정 서식에 의하여 작성되어 있을 것

ⓛ 서면제출

국제특허출원의 출원인은 국내서면제출기간 내에 다음의 사항을 적은 서면을 특허청장에게 제출하여야 한다. 이 경우 국제특허출원을 외국어로 출원한 출원인은 법 제201조 제1항의 규정에 의한 번역문을 함께 제출하여야 한다(法 203①).

단, 국어번역문의 제출기한을 연장하여달라는 취지를 적어 제출하는 경우에는 국어번역문을 함께 제출하지 아니할 수 있다(法 203②).

ⓐ 출원인의 성명 및 주소(법인인 경우에는 그 명칭 및 영업소의 소재지)
ⓑ 출원인의 대리인이 있는 경우에는 그 대리인의 성명 및 주소나 영업소의 소재지(대리인이 특허법인인 경우에는 그 명칭, 사무소의 소재지 및 지정된 변리사의 성명)
ⓒ 발명의 명칭
ⓓ 발명자의 성명 및 주소나 영업소
ⓔ 국제출원일 및 국제출원번호

국제특허출원의 경우 명세서·도면 등의 번역문 제출을 의무화하고 있으나 특허출원서에 포함되어 있는 출원인의 성명, 주소, 발명의 명칭 등의 출원서 번역문은 제출하지 않기 때문에 특허법은 출원인의 주체나 대상을 확정하는 데 필요한 서지적 사항을 알기 위해서 출원서의 번역문에 갈음하는 위의 서면을 강제적으로 제출하도록 하고 있다. 이 서면을 제출해야 하는 자는 외국어로 국제특허출원을 한 출원인에 한하지 않는다.

특허청장은 위의 보정명령을 받은 국제특허출원의 출원인이 지정된 기간 내에 보정을 하지 아니한 경우 특허청장은 당해 국제특허출원을 무효로 할 수 있다(法 203②③).

2. 실체보정

(I) 보정의 시기

① **자진보정**

특허출원인은 법 제66조에 따른 특허결정등본을 송달하기 전까지 특허출원서에 첨부한 명세서 또는 도면을 자진하여 보정할 수 있다(法 47①본문). 다만, 법 제63조 제1항에 따른 거절이유통지를 받은 후에는 아래에서 정하는 기간에만 보정할 수 있다.

② **자진보정 이외의 보정**

㉠ 최초거절이유통지에 대한 의견서 제출기간

특허출원인은 최초거절이유통지를 받은 경우에는 당해 거절이유통지에 의한 의견서제출기간 내에 명세서 또는 도면에 대해 보정을 할 수 있다(法 47①1). 「최초거절이유통지」란 법 제63조의 규정에 의한 거절이유통지를 최초로 받거나 최후거절이유통지가 아닌 거절이유통지를 말한다. 「최후거절이유통지가 아닌 거절이유통지」란 특허출원한 발명에 원시적으로 거절이유가 존재하는데 심사관이 간과한 후 나중에 이를 발견한 경우에 당해 거절이유에 대해 심사관이 통지하는 것을 말한다. 즉,「최초거절이유통지」는 거절이유통지 전부터 원시적으로 존재하는 거절이유를 심사관이 발견한 경우에 행하는 것으로 심사관이 언제 발견했는지 여부는 무관하다.

여기서 거절이유통지에 대한 의견서 제출기간은 2개월 이내로 지정하되 이 기간은 지정기간이므로 출원인의 지정기간 연장신청이 있는 경우 횟수에 관계없이 연장이 가능하나(法 15②) 심사관은 필요한 경우 지정기간을 허용하지 않을 수 있다.[203]

ⓛ 최후거절이유통지에 대한 의견서 제출기간

특허출원인은 최후거절이유통지를 받은 경우에는 당해 거절이유통지에 의한 의견서 제출기간 내에 명세서 또는 도면에 대해 보정할 수 있다(法 47①2).「최후거절이유통지」란 최초거절이유통지에 대한 보정에 의하여 발생한 새로운 거절이유에 대한 거절이유통지를 말한다. 다만, 최후거절이유통지에 대한 의견서 제출기간 내 보정은 후술하는 바와 같이 보정범위가 더욱 제한된다는 점에서 최초거절이유통지에 대한 의견서 제출기간 내의 보정과 차이가 있다.

ⓒ 재심사를 청구할 때

특허출원인은 그 특허출원에 관하여 거절결정등본을 송달받은 날부터 30일(법 제15조 제1항에 따라 법 제132조의3에 따른 기간이 연장된 경우 그 연장된 기간을 말한다) 이내에 그 특허출원의 특허출원서에 첨부된 명세서 또는 도면을 보정하여 해당 특허출원에 관하여 재심사(이하 "재심사"라 한다)를 청구할 수 있다(法 67의2①). 즉, 출원인은 재심사를 청구할 때 명세서 또는 도면을 보정할 수 있다(法 47①3).

(2) 보정의 범위

① 자진보정 및 최초거절이유통지에 대한 보정(法 47①1)

㉠ 출원인은 심사관이 특허결정의 등본을 송달하기 전까지 또는 최초거절이유통지를 받은 경우 의견서 제출기간 내에서는 명세서 또는 도면의 보정은 특허출원서에 최초로 첨부된 명세서 또는 도면에 기재된 사항의 범위 이내에서 비교적 자유롭게 할 수 있다(法 47②). 여기서 "최초로 첨부된 명세서 또는 도면에 기재된 사항의 범위 이내"에서 보정할 수 있다는 것은 "신규사항의 추가"를 금지한다는 의미이다.

신규사항의 추가보정을 금지하는 것은 국제적인 추세로서 특허협력조약(PCT), 미국 및 일본 특허법 등에도 반영되고 있다.

---

203) 지정기간 중 실체심사와 관련된 지정기간은 2개월이나 최대 4개월(총 6개월)까지 자동연장할 수 있으며, 4개월을 초과하여 연장신청이 된 경우는 소명사항이 초과기간 인정사유에 해당하는지를 심사관이 판단하여 인정 여부를 결정하도록 하고 있다. 방식심사와 관련된 지정기간연장은 매회 1개월을 초과할 수 없고 2회까지 연장할 수 있음을 원칙으로 하고 있다.

ⓒ 신규사항 판단기준
　ⓐ 판단대상
　　신규사항 추가인지 여부는 보정된 명세서 또는 도면 전체와 출원서에 최초로 첨부된 명세서 또는 도면을 비교하여 판단한다.204)
　ⓑ 판단방법
　　명세서 또는 도면의 보정은 특허출원서에 최초로 첨부된 명세서 또는 도면에 기재된 사항의 범위에서 이를 할 수 있다(法 47②). 여기서「명세서 또는 도면에 기재된 사항의 범위」란 명세서 또는 도면에 기재된 사항에 의하여 판단한 결과 당업자에게 자명한 사항을 말한다.「자명한 사항」이란 그 사항 자체가 출원서에 최초로 첨부된 명세서 또는 도면에 직접적으로 기재된 사항을 포함하는 것은 물론 직접적으로 표현하는 기재는 없으나 당업자가 최초 명세서 등의 기재내용으로 보아 기재되어 있었던 것으로 인정할 수 있는 사항을 말한다.

---

204) 신규사항 추가의 구체적인 예, 심사지침서, 2011, 특허청, p.4042~4043
① 우선권주장의 기초가 된 제1국 출원 또는 선출원은 특허출원서에 최초로 첨부된 명세서 또는 도면에 해당되지 않으므로 신규사항의 추가 여부 판단의 기초로 사용할 수 없다.
② 요약서는 명세서 또는 도면에 해당하지 않으므로 신규사항 추가 여부를 판단하는 기준이 되는 최초 명세서 등에 포함되지 아니한다.
③ 미완성발명을 완성시키는 보정을 한 경우 그 보정은 신규사항을 추가한 것으로 된다.
④ 잘못된 기재를 정정하는 경우 또는 분명하지 아니한 기재를 명확하게 하는 경우, 최초 명세서 등에 기재된 사항의 범위 안의 것으로 인정되는 정도의 보정은 신규사항의 추가가 아니다.
⑤ 명세서 및 도면 중에 상충하는 2개 이상의 기재 중 어느 것이 올바른지가 최초 명세서 등의 기재로부터 당업자에게 자명한 경우에는 올바른 기재로 일치시키는 보정은 신규사항 추가가 아니다.
⑥ 도면이나 청구범위에 기재된 사항에 근거하여 발명의 설명을 보정한 사항이 당업자에게 자명한 사항인 경우에는 그 보정은 신규사항의 추가가 아니다.
⑦ 이른바 '제외클레임'으로 하는 보정은 신규사항 추가가 아닌 경우가 대부분이다. 의료행위 관련 발명의 대상이 사람인지 동물인지가 명시되어 있지 아니한 경우, 그 발명이 특정 동물만을 대상으로 하는 것이 아닌 것이 자명할 때 사람에 해당하는 부분을 삭제하기 위하여 한정하는 보정은 신규사항이 추가된 것으로 보지 않는다.
⑧ 수치한정의 범위를 변경하는 보정, 발명의 구성요소를 상위개념 또는 하위개념으로 변경하는 보정, 도면의 보정, 실시 예를 추가하는 보정, 발명의 목적이나 효과를 추가하거나 변경하는 보정 등으로서 그 보정된 사항이 최초로 출원된 명세서 등의 기재로부터 자명하지 않는 경우에는 신규사항의 추가이다.
⑨ 선행기술 문헌명을 명세서에 추가하는 보정은 신규사항 추가로 보지 않는다. 다만, 그 선행기술문헌에 포함된 사항에 근거한 보정이나, 당초 인용되어 있지만 그 문헌 중에만 기재되어 있고 최초 명세서에는 기재되어 있지 않았던 사항을 추가하는 보정은 그 보정된 사항이 최초로 출원된 명세서 등의 기재로부터 자명하게 도출할 수 없는 사항인 경우에는 신규사항의 추가로 인정된다.
⑩ 보정에 의해 추가된 사항이 주지관용기술이더라도 그것이 통상의 기술자가 최초 명세서 등에 기재되어 있는 것과 마찬가지라고 이해할 수 있는 사항이 아니라면, 이를 추가하는 보정은 최초 명세서 등에 기재된 사항의 범위를 벗어난 신규사항 추가에 해당한다.

ⓒ 신규대상판단시의 비교대상이 되는 기준명세서 등

보정은 출원서에 최초로 첨부된 명세서 또는 도면을 기준으로 하여 신규사항 추가 여부를 판단하는 것으로, 이 중 어떤 곳에도 신규사항을 추가하는 보정을 허용하지 아니한다. 국제출원의 경우 기존에는 실체심사가 번역문에 의하여 이루어졌으나, 2014. 6. 11. 개정법부터는 국제출원일까지 제출한 「발명의 설명, 청구범위 또는 도면」 범위 내에서 하여야 하고(法 208③), 최종국어번역문 또는 도면 내에서도 하여야 한다(法 208④)고 규정하여 실질적인 보정의 범위는 번역문이 아닌 원문주의로 전환하였다(후술).

> [참고] **신규사항을 추가하는 보정의 취급**
> 1. 자진보정기간 또는 최초거절이유통지에 대한 보정의 경우: 신규사항이 추가된 보정에 대하여 거절이유를 통지한다(法 47①1).
> 2. 최후거절이유통지에 대한 보정 또는 재심사청구시 보정의 경우(法 47②③): 신규사항이 추가된 보정에 대하여 보정각하를 한다(法 51①). 단, 재심사청구가 있는 경우, 재심사청구 이전에 한 보정이 새로운 거절이유가 있었음에도 불구하고 심사관이 이를 간과하여 보정각하결정하지 않고 추후 재심사단계에서 심사관이 발견한 경우에는 바로 보정각하를 하지 않고(法 51 단서) 최후거절이유를 통지한다.
> 3. 특허권설정등록 후 발견한 경우: 신규사항추가의 금지를 위반하는 보정이 특허권설정등록 후에 발견된 경우에는 무효심판을 청구할 수 있다(法 133).

② **최후거절이유통지 및 재심사청구시의 보정(法 47①2, 3)**
㉠ 청구범위 이외의 부분에 대한 보정

최후거절이유통지 후나 재심사청구시의 보정도 위에서 설명한 원칙의 범위 내에서 가능하다. 즉, 명세서에서 발명의 설명 또는 도면에 대한 보정은 특허출원서에 최초로 첨부된 명세서 또는 도면에 기재된 사항의 범위를 벗어나는 사항인 신규사항을 추가하는 보정은 금지하고 있다. 뿐만 아니라 아래의 설명과 같이 '청구범위'에 대한 보정을 엄격히 하고 있다.

㉡ 청구범위에 대한 보정
ⓐ 보정의 허용범위

최후거절이유통지(거절이유에 대한 보정에 의하여 발생된 새로운 거절이유를 대상으로 하여 다시 거절이유가 통지되는 경우) 후 및 재심사시에 하는 「청구범위」에 대한 보정은 ⅰ) 청구항을 한정 또는 삭제하거나 청구항에 부가하여 청구범위를 감축하는 경우, ⅱ) 잘못된 기재를 정정하는 경우, ⅲ) 분명하지 아니한 기재를 명확하게 하는 경우, ⅳ) 출원서에 최초로 첨부된 명세서 또는 도면에 기재된 사항의 범위를 벗어난 보정(신규사항추가한 보정)에 대하여 그 보정 전 청구범위로 되돌아가거나, 되돌아가면서 청구범위를 ⅰ)부터 ⅲ)까지 규정에 따라 보정하는 경우 중 어느 하나에 해당하는 경우에 한한다(法 47③).

ⓑ 보정의 허용범위 사례
  ⅰ) 청구범위를 감축하는 경우

> 1. 청구항의 삭제
>   청구항을 삭제하는 것은 청구범위의 감축에 해당되므로 적법한 보정으로 인정한다. 또한 청구항을 삭제한 후 삭제된 청구항을 인용하는 다른 청구항의 인용번호를 변경하거나 인용내용을 추가하는 보정은 잘못된 기재를 정정하는 것으로 보아 인정한다.
> 2. 택일적으로 기재된 요소의 삭제
>   다수의 구성요소가 택일적으로 기재된 경우 그중 일부를 삭제하는 보정은 청구범위의 감축에 해당되어 적법한 보정으로 인정된다.
>   예를 들면, 「A 또는 B」라고 하는 택일적 기재요소 중 A를 삭제하거나 B를 삭제하는 경우이다.
> 3. 상위개념의 기재로부터 하위개념의 기재로의 변경
>   예로서, 필기구를 만년필로 보정하는 경우이다.
> 4. 구성요소의 직렬적 부가
>   새로운 구성요소를 직렬적으로 부가함으로써 발명이 한정되는 경우이다. 예를 들면, "A에 B를 부착시킨 병따개"라는 기재를 "A에 B를 부착시키고 다시 B에 C를 부착시킨 병따개"로 하는 것과 같은 경우이다. 이때 C의 부가가 신규사항 추가금지에 저촉되지 않아야 함은 물론이다.205)
> 5. 다수항을 인용하는 청구항에서 인용항의 수를 감소
>   다수의 다른 항을 인용하는 청구항에서 인용의 일부를 삭제하는 것은 선택적 구성요소를 삭제하는 경우와 같이 청구범위를 감축하는 보정이다.
> 6. 수치범위의 축소
>   당초 청구항에 기재된 범위 내에서 수치한정의 범위를 축소하는 보정은 청구범위를 축소하는 경우이다.

  ⅱ) 잘못된 기재를 정정하는 경우
      정정 전의 기재내용과 정정 후의 기재내용이 동일함을 전제로, 명세서 또는 도면의 기재에 대한 오기가 명세서의 기재내용으로 보아 자명한 것으로 인정되거나, 주지의 사항 또는 경험칙으로 보아 명확한 경우에 그 오기를 정확한 내용의 자구나 어구로 고치는 것을 말한다.
  ⅲ) 분명하지 아니한 기재를 명확하게 하는 경우
      최후거절이유통지에서 심사관이 분명하지 않은 기재를 명확하게 하도록 지적한 경우에 한하여 그 지적한 사항을 보정하는 것은 허용된다.

---

205) 【비교】「병렬적 부가」의 예
"볼트"를 "볼트 또는 리벳"으로 하는 것으로 기재요소를 택일적으로 부가하는 것을 말하며, 이러한 보정은 청구범위를 확장하므로 허용되지 않는다.

iv) 신규사항추가한 보정에 대하여 보정 전 청구범위로 되돌아가거나, 되돌아가면서 청구범위를 법 제47조 제3항 제1호부터 제3호에 따라 보정하는 경우(法 47③4)

> 1. 최초거절이유통지에 대응하는 보정이 신규사항추가금지 규정(法 47②)에 해당하여 최후 거절이유가 통지된 경우, 당해 신규사항을 삭제하고 당초의 청구범위로 되돌아가는 보정을 허용하도록 하고 있다. 이는 출원인이 신규사항추가금지 규정(法 47②)에 위반되지 않을 것이라고 생각하고 보정을 했는데 신규사항추가금지 규정(法 47②)에 위반되어 새로운 거절이유가 생긴 경우 보정 전의 청구범위 상태에서 최초거절이유통지를 극복할 수 있는 기회를 줌이 타당하기 때문이다.
>   예 최초 청구항 A+B+C
>   【최초거절이유통지에 따른 보정에 의한 청구항】 A+B+C+D+E
>   【최후거절이유통지에 따른 보정에 의한 청구항】 A+B+C
> 2. 다만, 출원인이 최초거절이유통지를 극복하기 위하여 다시 보정을 하는 경우에는 청구범위에 대한 보정은 ① 청구항을 한정 또는 삭제하거나 청구항에 부가하여 청구범위를 감축하는 경우, ② 잘못된 기재를 정정하는 경우, ③ 분명하지 아니한 기재를 명확하게 하는 경우 중 어느 하나에 해당하여야 한다.

③ 직권에 의한 보정

이 제도는 2009. 7. 1.부터 시행한 개정법에 의해 도입된 제도로 종전에는 심사관이 명세서에 경미한 하자가 있어도 거절이유를 통지하여 출원인이 보정하도록 유도하였으나, 법 제66조의2를 아래와 같이 신설하여 명세서의 경미한 하자를 심사관이 직권으로 보정할 수 있도록 절차의 효율화를 도모하였다.

㉠ 심사관은 특허결정을 할 때에 특허출원서에 첨부된 명세서, 도면 또는 요약서에 적힌 사항이 명백히 잘못된 경우에는 직권으로 보정(이하 "직권보정"이라 한다)할 수 있다.

㉡ 제1항에 따라 심사관이 직권보정을 하려면 제67조 제2항에 따른 특허결정의 등본 송달과 함께 그 직권보정 사항을 특허출원인에게 알려야 한다.

㉢ 특허출원인은 직권보정 사항의 일부 또는 전부를 받아들일 수 없으면 제79조 제1항에 따라 특허료를 납부할 때까지 그 직권보정 사항에 대한 의견서를 특허청장에게 제출하여야 한다. 이 경우 특허결정도 함께 취소된 것으로 본다. 다만, 특허출원서에 첨부된 요약서에 관한 직권보정사항의 전부 또는 일부만 처음부터 없었던 것으로 보는 경우에는 그러하지 아니하다(法 66의2④). 한편, 재심사청구시 보정 또는 최후거절이유통지 후의 보정에 대해서도 직권보정이 가능하다.

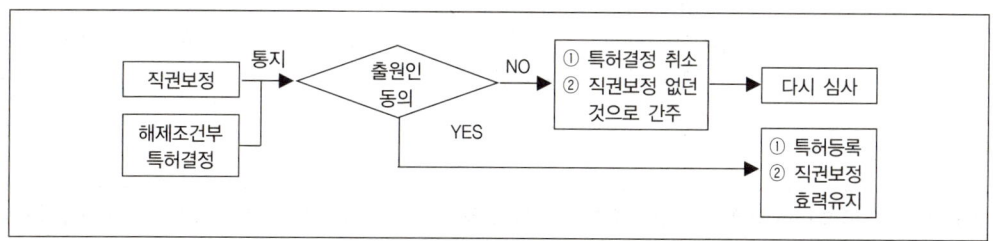

(3) 국제출원인 경우 실체보정
① 국제단계에서 보정
㉠ 국제조사보고서 작성 후의 보정(PCT 제19조 보정)
ⓐ 보정의 시기 및 대상

출원인은 국제조사보고서를 받은 후, 즉 국제조사기관이 국제사무국 및 출원인에게 국제조사보고서를 송부한 날로부터 2개월의 기간 또는 우선일로부터 16개월 중 늦게 만료하는 기간 내에 국제사무국에 보정서를 제출함으로써 국제출원의 청구범위에 대하여 1회에 한하여 보정할 수 있다.

ⓑ 보정서 및 설명서에 대한 번역문의 제출

> 1. 청구의 범위가 원문에 대한 번역문 제출 전에 보정된 경우
>   ① 국제특허출원을 외국어로 출원한 출원인이 국제조사보고서를 받은 후에 청구의 범위에 관한 보정(PCT 제19조 보정)을 한 때에는 원문에 대한 번역문의 제출시(국내서면 제출기간 내) 국제출원일에 제출한 청구의 범위에 대한 국어 번역문을 보정 후의 청구의 범위에 대한 국어 번역문으로 대체하여 제출할 수 있다(法 201②). 한편 보정 후의 청구의 범위에 대한 국어번역문만을 제출하는 경우에는 법 제204조 제1항과 제2항을 적용하지 아니한다(法 201⑧).
>
>   ② 법 제201조 제8항에서 「이 경우 법 제204조 제1항과 제2항은 적용하지 않는다」의 의미는 번역문을 두 번 제출할 필요가 없기 때문이다.
>   즉, 국제단계에서 국내단계로 넘어올 때 번역문을 제출해야 한다는 규정이 법 제201조(국제특허출원의 번역문)와 제204조(국제조사보고서를 받은 후의 보정)에 동시에 언급되어 있어, 국제조사보고서 작성 후의 보정된 번역문은 법 제201조에 의해 국내단계에 제출된 것으로 본다는 취지이다.
>
> 2. 청구의 범위가 원문에 대한 번역문 제출 후에 보정된 경우
>   ① 국제특허출원의 출원인은 「특허협력조약」 제19조(1)에 따라 국제조사보고서를 받은 후에 국제특허출원의 청구의 범위에 관하여 보정을 하거나 설명서를 국제사무국에 제출한 경우에는 기준일[206]까지(기준일이 출원심사의 청구일인 경우 출원심사의 청구를 한 때까지를 말한다. 이하 제204조 및 제205조에서 같다) 다음의 어느 하나에 해당하는 서류를 특허청장에게 제출하여야 한다(法 204①③). 여기서, 「기준일이 출원심사의 청구일인 경우에는 출원심사의 청구를 한 때까지를 말한다」라고 함은 국내서면 제출기간의 만료일(우선일로부터 31개월) 전에 심사청구를 한 경우에는 심사청구 이후에는 번역문을 제출할 수 없음을 의미한다.
>   ㉠ 외국어로 출원한 국제특허출원인 경우 그 보정서 또는 설명서의 국어 번역문
>   ㉡ 국어로 출원한 국제특허출원인 경우 그 보정서 또는 설명서의 사본(번역문 아님)

---

[206] 여기서 기준일이라 함은 국내서면 제출기간 만료일을 말한다. 우리나라 경우는 우선일로부터 31개월까지가 국내서면 제출기간 만료일이다.

② 보정서의 번역문 또는 사본이 제출된 때에는 그 보정서의 번역문 또는 사본에 따라 제47조 제1항에 따른 청구의 범위가 보정된 것으로 본다. 즉, 기준일 경과 전임에도 불구하고 국내법의 적용을 받는 보정으로 간주한다(法 204②).

③ 그러나 국제특허출원의 출원인이 기준일까지 번역문을 제출하지 아니한 경우 「특허협력조약」 제19조(1)에 따른 보정서 또는 설명서는 제출되지 아니한 것으로 본다. 다만, 국어로 출원한 국제특허출원인 경우로서 「특허협력조약」 제20조에 따라 기준일까지 그 보정서 또는 그 설명서가 특허청에 송달된 때에는 그러하지 아니하다(法 204④). 또한, 기준일 경과 후에 제출된 번역문은 불수리된다(施規 11).

ⓒ 국제예비심사보고서 작성 전의 보정(PCT 제34조 보정)209)

ⓐ 보정의 시기 및 대상

출원인은 국제예비심사보고서가 작성되기 전에 청구의 범위, 발명의 설명 및 도면을 횟수에 무관하게 보정하여 그 보정서를 국제예비심사기관에 제출할 수 있으나, 그 보정의 범위는 국제출원에 기술된 범위를 넘어서는 아니 된다(PCT 34(2)(b)). 구체적으로 명백한 착오의 정정을 제외하고, 청구범위의 취하, 명세서상의 일부 삭제 및 서면의 삭제를 포함한 청구범위, 발명의 설명 또는 도면에 대한 모든 변경은 보정으로 간주한다(PCT 규칙 66.5).

ⓑ 보정서에 대한 번역문의 제출207)

국제특허출원의 출원인은 「특허협력조약」 제34조(2)(b)에 따라 국제특허출원의 발명의 설명, 청구의 범위 및 도면에 대하여 보정을 한 경우 기준일까지 다음의 어느 하나에 해당하는 서류를 특허청장에게 제출하여야 한다(法 205①).

ⅰ) 외국어로 작성된 보정서인 경우 그 보정서의 국어 번역문

ⅱ) 국어로 작성된 보정서인 경우 그 보정서의 사본(번역문 아님)

보정서의 번역문 또는 사본이 제출된 때에는 그 보정서의 번역문 또는 사본에 따라 제47조 제1항에 따른 명세서 및 도면이 보정된 것으로 본다. 즉, 기준일 경과 전임에도 불구하고

207) PCT 제19조 보정과 PCT 제34조 보정의 비교

구 분	제19조 보정	제34조 보정
보정권자	국제조사보고서를 수령한 출원인	국제예비심사를 청구한 출원인
대상출원	국제조사보고서가 작성된 국제출원	국제예비심사를 청구한 국제출원
보정대상	청구범위	청구범위, 발명의 설명, 도면
제한위반	각국의 판단에 따름.	보정되지 않은 것으로 보고서 작성
보정시기	국제조사보고서 송부일로부터 2개월 또는 우선일로부터 16개월의 기간 중 늦게 만료하는 때	국제예비심사보고서 작성 전
보정횟수	1회	제한 없음.
제 출 처	국제사무국	국제예비심사기관
국제공개	공개대상	비공개대상

국내법의 적용을 받는 보정으로 간주한다. 다만, 「특허협력조약」 제36조(3)(a)[208]에 따라 기준일까지 그 보정서(국어로 출원한 국제특허출원인 경우에 한정한다)가 특허청에 송달된 때에는 그 보정서에 따라 보정된 것으로 본다(法 205②).

국제특허출원의 출원인이 기준일까지 번역문을 제출하지 아니한 경우 「특허협력조약」 제34조(2)(b)에 따른 보정서는 제출되지 아니한 것으로 본다. 다만, 「특허협력조약」 제36조(3)(a)에 따라 기준일까지 그 보정서(국어로 출원한 국제특허출원인 경우에 한정한다)가 특허청에 송달된 때에는 그러하지 아니하다(法 205③). 또한, 기준일 경과 후에 제출된 번역문은 불수리된다(施規 11).

② **국내단계에서의 보정(국제특허출원에 대한 보정의 특례)**

  ㉠ 보정시기의 제한

  국제출원은 국제단계에서 국제사무국 또는 국제예비심사기관에 대하여 보정을 할 수 있으나 국내단계에 있어서는 일정한 제한이 있다. 즉, 국제특허출원에 관하여는 다음의 요건을 모두 갖추지 아니하면 제47조 제1항에도 불구하고 보정(제204조 제2항 및 제205조 제2항에 따른 보정은 제외한다)을 할 수 없다(法 208①).

  ⓐ 제82조 제1항에 따른 수수료를 납부하고

  ⓑ 제201조 제1항에 따른 국어 번역문을 제출할 것. 다만, 국어로 출원된 국제특허출원인 경우는 그러하지 아니하다.

  ⓒ 기준일(기준일이 출원심사의 청구일인 경우 출원심사를 청구한 때를 말한다)이 지날 것 (기준일의 경과 전에는 국제단계에서 번역문 교체에 의해 실체보정을 할 수 있기 때문에 국내법에 의한 보정은 번역문이 확정된 이후에 허용하고자 함이다)

  그러나 국제사무국에 대한 보정 또는 국제예비심사기관에 대한 보정이 있은 후에 특허청에 제출된 번역문은 각각 법 제204조 제2항 또는 법 제205조 제2항의 규정에 의하여 그 번역문에 의하여 보정된 것으로 간주되므로 이 조의 적용을 받지 아니한다. 즉, 기준일 경과 전에 보정했음에도 불구하고 번역문을 제출한 경우 국내법의 적용을 받는 보정으로 간주한다는 의미이다.

  ㉡ 보정범위의 제한

  일반적인 출원의 경우 적법한 보정의 범위는 출원시 최초로 첨부한 명세서 또는 도면의 범위 내이다(法 47②). 그러나 외국어로 출원된 국제특허출원의 경우 개정전의 법에 의하면, 실제 심사에서는 국제출원시 제출한 원문이 아닌 번역문에 의해 심사를 하는 관계로 원활한 심사진행을 위해 허용되는 보정의 범위를 「국제출원일에 제출한 국제특허출원의 발명의 설명, 청구의 범위 또는 도면(도면 중 설명부분에 한한다)의 번역문」이나 「국제특허출원에 제출한 국제특허출원의 도면(도면 중 설명부분을 제외한다)」에 기재된 사항으로 하고 있다(구法 208③).

---

[208] 국제예비심사보고서는 소정의 번역문 및 원어로 된 부속서류와 함께 국제사무국이 각 선택관청에 송달한다.

그러나 개정법(2014. 6. 11. 개정, 2015. 1. 1. 시행)에서는 외국어출원인의 진정한 권리보호 강화 및 국제 추세에 따라 보정의 범위를 원문으로 전환하였다(法 208③). 보정의 범위를 원문으로 전환하고 보니 심사관의 심사 및 제3자의 권리 감시에 어려움이 발생할 것을 감안하여 명세서의 보정은 국어번역문의 범위(法 208④)에서 보정하도록 하고, 심사관은 국어번역문을 기준으로 보정의 적합성을 판단할 수 있도록 하여, 잘못된 국어번역문은 정정이 가능하도록 함으로써(法 201⑥) 실질적인 보정 가능 범위는 번역문이 아닌 원문으로 전환하였다. 이를 법 조항에 따라 다시 정리하면 법 제47조2항의 명세서 또는 도면의 보정은 ⓐ「특허출원서에 최초로 첨부한 명세서 또는 도면」에 기재된 사항의 범위에서 하여야 한다. 이 경우, 「외국어특허출원」에 대한 보정은 「최종 국어번역문(法 제42조의3 제6항 전단에 따른 정정이 있는 경우에는 정정된 국어번역문을 말한다) 또는 특허출원서에 최초로 첨부한 도면(도면 중 설명부분은 제외한다)」에 기재된 사항의 범위에서도 하여야 한다(法 47②).

ⓑ 그러나 외국어로 출원된 국제특허출원의 보정할 수 있는 범위에 관하여 법 제47조 제2항 전단을 적용할 때에는 「특허출원서에 최초로 첨부한 명세서 또는 도면」은 「국제출원일까지 제출한 발명의 설명, 청구범위 또는 도면」으로 되고(法 208③), 법 제47조 제2항 후단을 적용할 때에는 「외국어특허출원」은 「외국어로 출원된 국제특허출원」으로, 「최종 국어번역문(법 제42조의3 제6항 전단에 따른 정정이 있는 경우에는 정정된 국어번역문을 말한다) 또는 특허출원서에 최초로 첨부한 도면(도면 중 설명부분은 제외한다)」은 「법 제201조 제5항에 따른 최종 국어번역문(법 제201조 제6항 전단에 따른 정정이 있는 경우에는 정정된 국어번역문을 말한다) 또는 국제출원일까지 제출한 도면(도면 중 설명부분은 제외한다)」으로 된다(法 208④).

ⓒ 즉, 외국어로 출원된 국제특허출원의 경우 명세서 또는 도면의 보정은 「국제출원일까지 제출한 발명의 설명, 청구범위 또는 도면」에 기재된 사항의 범위에서 하여야 하고, 「법 제201조 제5항에 따른 최종 국어번역문(법 제201조 제6항 전단에 따른 정정이 있는 경우에는 정정된 국어번역문을 말한다) 또는 국제출원일까지 제출한 도면(도면 중 설명부분은 제외한다)」에 기재된 사항의 범위에서 하여야 한다. 아울러 법 제201조 제6항 전단에 따라 제47조 제1항 제1호(최초거절이유통지) 또는 제2호(최후거절이유통지)에 따른 기간에 정정을 하는 경우에는 마지막 정정 전에 한 모든 정정은 처음부터 없었던 것으로 본다(法 201⑦).

Ⅲ 보정의 절차

1. 보정서 제출

특허출원에 대하여 보정을 하고자 하는 자는 특허청에 계속 중에 있는 출원에 대하여 정해진 서식의 보정서에 보정내용을 증명할 수 있는 서류 1통을 첨부하여 특허청장에게 제출하여야 한다(施規 13).

2. 보정료 납부

특허청장의 보정명령(위임장 미첨부, 출원료 등의 수수료 불납 등)에 의하여 행하는 방식보정의 경우 및 명세서 또는 도면에 대한 내용보정서를 서면으로 제출하는 경우에는 일정액의 수수료를 내야 한다(징수규칙 2①10).

Ⅳ 보정의 효과

1. 적법한 경우의 효과

(1) 소급효

특허출원의 보정이 적법한 경우에 그 출원은 보정된 내용에 따라 소급하여 출원된 것으로 취급한다. 명문의 규정은 없으나 선출원의 지위를 인정하면서 하자를 치유할 수 있는 기회를 준다는 보정 제도의 취지에 비추어 볼 때 소급효가 인정됨이 타당하기 때문이다.

(2) 취하간주

2013. 2. 26. 개정법은 법 제47조 제4항에서 "최초거절이유통지에 대응한 의견서 제출기간 또는 최후거절이유통지에 대응한 의견서 제출기간에 보정을 하는 경우에는 각각의 보정절차에서 마지막 보정 전에 한 보정은 취하된 것으로 본다"라고 명문화하였다.

2. 부적법한 보정

보정이 부적법하게 되는 경우는 방식보정과 실체보정 모두에 발생된다.

(1) 방식보정

방식보정이 지적사항 또는 불비한 내용을 치유시키지 못하거나 특허청장 또는 특허심판원장의 보정명령기간 경과 후에 제출된 부적법한 것에 해당될 때에는 그 출원은 무효가 될 수 있다. 다만, 보정기간을 지키지 못한 것이 보정명령을 받은 자가 책임질 수 없는 사유에 의하여 무효처분을 받은 경우에는 그 기간(보정기간)이 만료된 날로부터 1년 이내로서 그 천재 등의 사유가 소멸한 날부터 2개월 이내에 그 무효처분의 취소를 청구할 수 있다(法 16②).

(2) 실체보정

① 기간이 경과되어 제출된 보정

명세서 또는 도면에 대한 보정이 보정할 수 있는 기간을 경과하여 제출된 경우에는 그 보정은 반려(불수리)된다(規則 11②7).

② **보정의 범위가 부적법한 경우**
　㉠ 자진(自進) 및 최초거절이유통지에 대한 보정의 경우(法 47①1)
　　신규사항추가금지(法 47②)는 거절이유 중 하나이다. 따라서 심사관은 법 제66조에 따른 특허결정등본을 송달하기 전(法 47①본문)의 자진보정이 신규사항추가금지(法 47②) 위반인 경우에는 최초거절이유통지를 하고, 최초거절이유통지에 따른 의견서 제출기간(法 47①1)에 보정이 신규사항추가금지(法 47②) 위반인 경우에는 최후거절이유통지를 한다.
　㉡ 최후거절이유통지 후의 보정 등의 경우(法 47①2,3)
　　ⓐ 심사단계에서 심사관은 최후거절이유통지에 따른 의견서 제출기간(法 47①1) 또는 재심사 청구를 할 때(法 47①3)(최후거절이유통지이후) 보정이 신규사항추가금지(法 47②) 또는 청구범위 보정범위제한(法 47③)을 위반하거나 그 보정(법 제47조 제3항 제1호 및 제4호에 따른 보정 중 청구항을 삭제하는 보정은 제외한다)에 따라 새로운 거절이유가 발생한 것으로 인정되면 서면으로 이유를 붙여서 보정에 대하여 직권으로 각하결정을 한다(法 51①②). 이때에는 의견서를 제출할 수 있는 기회를 주지 아니한다(法 63①단서, 174①준용, 51①).
　　ⓑ 출원인은 보정각하결정에 대해서는 별도로 불복할 수 없으며, 이후 특허거절결정에 대한 불복심판의 심리 중에 보정각하결정이 부당함을 함께 다툴 수 있다. 다만, 재심사나 직권재심사의 청구가 있는 경우, 그 청구 전에 한 각하결정은 거절결정불복심판에서 다툴 수 없다(法 51③). 왜냐하면, 재심사나 직권재심사의 청구가 있었다면 재심사(직권재심사) 단계에서 보정각하결정에 대해 충분히 다툴 수 있는 기회가 있다고 판단하기 때문이다.
　㉢ 착오로 등록된 경우
　　신규사항추가금지(法 47②) 또는 최후거절이유통지 이후(法 47①2, 3) 보정범위제한(法 47③)에 위반되었음에도 불구하고 착오로 등록된 경우에 문제이다. 신규사항추가금지(法 47②)에 위반된 경우에는 특허무효사유(法 133①)이다. 그러나 청구범위 보정범위제한(法 47③)에 위반된 경우에는 법 제47조 제3항이 심사의 신속성을 위해 둔 규정이기 때문에 형식적 하자에 불과하고, 신규사항추가금지(法 47②전단) 위반은 아닌데 법 제47조 제3항만 위반이라는 것은 자신의 최초 명세서 또는 도면의 범위를 벗어나지 않았기 때문에 일반인의 이익을 해하지 않으므로 별도의 제재조치를 취하지 않음이 원칙이다.[209] 그러나 보정에 따라 새로운 거절이유가 발생한 경우에는 새로운 거절이유를 이유로 특허무효사유(法 133①)이다. 예를 들면, 최후거절이유통지에 따른 보정 결과 진보성 위반이라는 새로운 거절이유가 발생하여 보정이 인정되어서는 아니 됨에도 불구하고 그대로 특허된 경우 진보성 위반(法 29②)으로 특허무효사유(法 133①)가 된다.

---

[209] 임병웅, 전게서, p.357

Ⅴ 외국어특허출원의 실체보정

1. 보정시기의 제한

특허출원인은 법 제66조에 따른 특허결정의 등본을 송달하기 전까지 특허출원서에 첨부한 명세서 또는 도면을 보정할 수 있다. 그러나 외국어특허출원인 경우에는 국어번역문을 제출한 경우(法 42의3②)에만 명세서 또는 도면을 보정할 수 있다(法 47⑤). 한편, 명세서 또는 도면을 보정한 경우 또는 출원심사청구를 한 경우에는 국어번역문을 교체할 수 없다(法 42의3③1). 정하여진 기한 내 명세서 교체가 아닌 도면의 보정이 이루어지면 법 제45조 제2항에 따라 최종국어번역문 또는 특허출원서에 최초로 첨부된 도면을 보정해야 하기 때문이다.

2. 신규사항 추가금지

법 제47조 제2항의 신규사항추가금지와 관련하여, 외국어특허출원에 대한 명세서 또는 도면의 보정은 특허출원서에 최초로 첨부한 명세서 또는 도면에 기재된 사항의 범위에서 하여야 한다. 또한, 보정은 최종 국어번역문(법 제42조의3 제6항 전단에 따른 정정이 있는 경우에는 정정된 국어번역문을 말한다) 또는 특허출원서에 최초로 첨부한 도면(도면 중 설명부분을 제외한다)에 기재된 사항의 범위에서도 하여야 한다(法 47②). 즉, 명세서 또는 도면의 보정은 원문(외국어)과 국어번역문 범위 내에 존재해야 한다는 뜻이다.

3. 신규사항 추가금지(法 47②) 위반시 취급

(1) 등록 전

① 심사관은 법 제66조에 따른 특허결정등본을 송달하기 전(法 47①본문)의 자진보정이 원문 및 국어번역문 중 어느 하나의 범위를 벗어난 신규사항추가금지(法 47②) 위반인 경우에는 최초거절이유통지를 하고, 최초거절이유통지에 따른 의견서 제출기간(法 47①1)에 보정이 신규사항추가금지(法 47②) 위반인 경우에는 최후거절이유통지를 한다.

② 또한, 심사관은 최후거절이유통지에 따른 의견서 제출기간(法 47①2) 또는 재심사를 청구할 때 (法 47①3)(최후거절이유통지 이후) 보정이 원문 및 국어번역문 중 어느 하나의 범위를 벗어나 신규사항추가금지(法 47②) 위반인 경우에는 서면으로 이유를 붙여서 보정에 대하여 직권으로 각하결정을 한다(法 51①2). 출원인은 보정각하결정에 대해서는 별도로 불복할 수 없으며, 이후 특허거절결정에 대한 불복심판의 심리 중에 보정각하결정이 부당함을 함께 다툴 수 있다. 다만, 재심사나 직권재심사의 청구가 있는 경우 그 청구 전에 한 각하결정은 거절결정불복심판에서 다툴 수 없다(法 51③).

(2) 등록 후

등록 후에는 원문(외국어)의 범위를 벗어난 보정(法 47②전단)의 경우에는 특허무효사유(法 133①)에 해당한다.

Ⅵ 보정각하

1. 의 의

보정각하란 보정을 인정하지 않는 행정처분을 말하는 것으로, 즉 명세서 또는 도면에 관한 최후거절이유통지(法 47①2) 또는 재심사를 청구할 때(法 47①3) 실체적 보정 등이 특허법의 허용범위를 위반한 경우에 심사관 등 권한 있는 자가 그 보정의 수리를 거부하는 처분을 말한다(法 51). 명세서나 도면 등에 관한 보정이 있게 되면 그 효과가 출원시점으로 소급되기 때문에 제출된 보정이 신규사항을 추가한다면, 선출원주의 원칙에 반하여 법적 안정성을 해칠 수 있으며, 심사·심판처리의 신속성을 저해하기 때문이다.

2. 보정각하의 대상 및 예외사항

보정각하는 최후거절이유통지[210]에 따른 의견서 제출기간(法 47①2) 또는 재심사를 청구할 때(法 47①3) 그 보정이 보정의 범위(法 47②③)를 벗어나거나[211] 그 보정에 따라 새로운 거절이유[212]가 발생된 것으로 인정되어 부적법한 경우에는 보정각하한다. 그러나 예외적으로 최후거절통지 이후에 한 보정이 보정시에 청구항을 한정 또는 삭제하거나 청구항에 부가하여 청구범위를 감축하는 경우(法 47③1) 및 신규사항을 추가한 보정에 대하여 그 보정 전 청구범위로 되돌아가거나, 되돌아가면서 청구범위를 법 제47조 제3항 제1호 내지 제3호에 따라 보정하는 경우(法 47③4)에 따른 보정 중 청구항을 삭제하는 보정의 경우에는 새로운 거절이유가 발생한 경우에도 보정을 각하하지 않고 최후거절이유통지를 할 수 있도록 하고 있다(法 51① 괄호 안 내용). 이는 청구항을 삭제하는 보정을 하면서 삭제된 청구항을 인용하는 청구항이 있는 경우에는 보정시 인용사항을 수정하여야 하나 이를 간과하고 보정서를 제출한 경우에는 새로운 거절이유(기재불비)가 발생하게 되는데, 이 경우 보정각하결정을 하지 않고 다시 거절이유를 통지하여 보정할 수 있도록 기회를 주기 위함이다.

---

[210] 최후거절이유통지 이전의 보정이 신규사항을 추가함으로써 법 제47조 제2항의 규정에 위반될 때에는 그 보정을 각하하는 것이 아니라, 잘못된 보정으로 인하여 그 특허출원이 법 제62조의 규정에 의한 거절이유에 해당되므로 보정과 관련된 출원 자체를 거절결정한다.
[211] 「보정의 범위를 벗어난 경우」란 신규사항추가금지(法 47②) 또는 청구범위 보정범위제한(法 47③)을 위반한 경우를 말한다.
[212] 「보정에 따라 새로운 거절이유가 발생한 경우」란 보정된 청구항에 기재된 사항에 대해 새로운 거절이유가 발생한 것을 의미한다.

> 예 청구항 1: A+B로 이루어진 장치
> 청구항 2: 청구항 1에 있어서, C를 부가한 장치
> 【최후거절이유통지】 청구항 1은 진보성 없음.
> 【최후보정 후의 명세서】 청구항 1: 삭제
> 청구항 2: 청구항 1에 있어서, C를 부가한 장치
> * 즉, 청구항을 삭제하면서 다항제 기재불비라는 새로운 거절이유가 생긴 경우 다시 최후거절이유통지를 함.

또한, 재심사의 청구 전 최후거절이유통지에 따른 의견서 제출기간(法 47①②)에 한 보정이 보정의 범위를 벗어나거나(法 47②③) 그 보정에 따라 새로운 거절이유가 발생했음에도 불구하고 일반심사단계에서 심사관이 이를 간과하여 보정각하결정을 하지 않고, 추후 재심사단계에서 심사관이 발견한 경우나 추후 직권재심사시 심사관이 발견한 경우, 추후 직권보정시 심사관이 발견한 경우에는 보정각하를 곧바로 하지 못하도록 하고 있다(法 51① 단서). 이 경우는 바로 보정각하 하지 않고 다시 한 번 최후거절이유를 통지하도록 하고 있다.

아울러, 같은 취지에서 심판청구 전 최후거절이유통지에 따른 의견서 제출기간 내(法 47①②) 또는 재심사를 청구할 때(法 47①③)의 보정이 보정의 범위(法 47②③)를 벗어나거나 그 보정에 따라 새로운 거절이유가 발생했음에도 불구하고 일반심사단계 또는 재심사단계에서 심사관이 이를 간과하여 보정각하결정을 하지 않고, 추후 거절결정에 대한 불복심판단계에서 심판관합의체가 발견한 경우에는 바로 보정각하를 하지 않고 최후거절이유통지를 한다(170① 괄호).

3. 보정각하의 시기 및 방식

(1) 보정각하의 시기

보정각하는 당해 특허출원의 계속 중에는 그 위반사실이 발견된 경우에 할 수 있으며, 재심사 또는 심판절차에서도 할 수 있다.

(2) 보정각하의 방식

보정의 각하결정은 다음의 사항을 기재한 서면으로 하여야 한다(施規 42). 즉, 보정각하는 출원인에게는 불이익한 행위이므로 출원인이 납득할 수 있도록 그 이유를 구체적으로 명시한 서면으로 하여야 한다(法 51②). 한편, 심사관·심판관이 보정각하를 할 때 의견서 제출기회를 주지 않는 것이 절차적 위법이 되는 것은 아니다(法 63① 단서).

① 특허출원번호
② 발명의 명칭
③ 특허출원인의 성명 및 주소(법인의 경우에는 그 명칭 및 영업소)
④ 특허출원인의 대리인이 있는 경우에는 그 대리인의 성명 및 주소나 영업소
⑤ 각하결정의 주문 및 이유
⑥ 각하결정의 연월일

4. 보정각하에 대한 불복

보정각하결정에 대하여는 독자적으로 불복할 수는 없다. 다만, 당해 특허출원이 보정각하 후 거절결정되어 그 거절결정에 불복하는 심판청구를 한 경우에는 그 심판절차에서 함께 보정각하의 적법 여부를 다툴 수 있다(法 51③).

보정각하에 대한 독립불복을 인정한다면, 심사관, 심판관합의체가 보정각하결정시 법률의 규정에 의하여 일정기간 결정을 보류하거나 심결 등의 확정 전까지 심사를 중지함으로 인하여 심사절차가 지연되는 문제점이 있었기 때문이다. 따라서 이를 방지하여 신속한 심사처리를 도모하고자 보정각하결정에 대해서는 단독으로 불복할 수 없도록 하고 특허거절결정불복심판에서 이를 다툴 수 있도록 하였다.

그러나 재심사나 직권재심사의 청구가 있는 경우 그 청구 전에 한 보정각하결정은 거절결정불복심판에서 다툴 수 없다(法 51③ 괄호). 이는 재심사나 직권재심사 청구가 있다면 재심사(직권재심사)단계에서 보정각하결정에 대해 충분히 다툴 수 있는 기회가 있다고 판단하기 때문이다.

5. 보정각하의 효과

(1) 보정의 불인정

보정각하를 한 경우 당해 보정은 없었던 상태로 되므로, 심사관 또는 심판관은 보정 전의 명세서 등을 기준으로 심사 또는 심판을 진행한다.

(2) 보정각하 후 절차진행

① **일반심사단계 또는 재심사단계**

보정이 각하될 경우 그 보정은 없는 것으로 간주되므로 보정 전의 명세서 등에 기초하여 심사 등의 절차를 진행한다. 이에 따라 원거절이유가 해소되지 못한 경우에는 거절이유를 통지하지 아니하고 바로 거절결정을 한다.

② **심판단계(특허거절결정불복심판단계)**

심판관은 보정 전의 명세서 또는 도면에 의해 특허거절결정이유가 해소되었는지 여부를 심리하여 원거절결정이유가 해소되지 아니한 경우 재차 거절결정을 하지 않고 기각심결을 하면 된다. 다만, 특허거절결정에 대한 불복심판단계에서 보정각하결정에 대하여 다투는 경우에 심판관합의체는 보정각하결정의 당부를 심리하여 그 심리사항을 특허거절결정불복심판의 심결의 이유에 기재하여야 한다.

제3절 분할출원·변경출원

I 분할출원

1. 의 의

분할출원이란 하나의 특허출원에 2 이상의 발명이 포함되고 있는 경우 그중 일부발명을 별개의 특허출원으로 분리하여 새로이 출원하는 것을 말한다(法 52). 이 경우 먼저의 출원을 「원출원」이라 하고, 새로이 분리된 출원을 「분할출원」이라 한다.

이러한 분할출원은 반드시 원출원의 출원서에 최초로 첨부된 명세서 또는 도면에 2 이상의 발명이 포함되어 있어야 하며, 분할출원할 경우 그 분할출원은 원특허출원한 때 출원한 것으로 본다.

2. 취 지

분할출원의 근본적 취지는 발명자의 권익을 보호하기 위함이다. 즉, 특허심사시 청구범위의 청구항 중 어느 하나의 청구항이라도 거절이유가 있으면 그 출원 전체가 거절이 된다.213) 이 경우엔 거절이유가 없는 청구항에 대하여 별도 분할출원을 하여 먼저 특허등록을 받고, 거절이유가 있는 나머지 청구항은 별도로 다툼으로써 출원 일체의 원칙으로 인한 불이익을 예방할 수가 있을 것이다.

다음은, 여러 개의 발명을 1출원했는데 이것이 1군의 발명에 해당되지 않을 경우엔 분할출원을 해야 할 것이다.

또한, 발명이 원출원의 출원 당시에는 청구범위에는 기재되어 있지 않고 발명의 설명 또는 도면에만 기재되어 있는 경우에는 분할출원하여 발명의 설명 또는 도면에 기재된 발명을 청구범위에 기재하여 그 발명을 보호받을 수 있을 것이다.

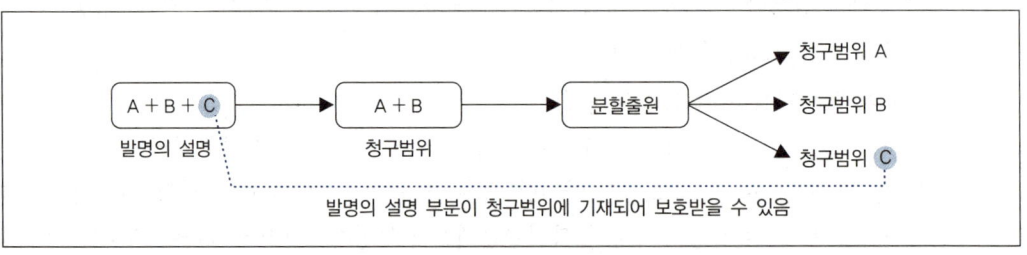

---

213) 심사관은 출원한 발명의 청구범위에 기재된 청구항별로 특허요건에 위반되는지 여부, 즉 거절이유에 해당하는지 여부를 심사하지만 하나의 청구항이라도 거절이유가 있는 경우 출원 전체를 거절결정하는데 이를 강학상 「출원일체의 원칙(All or Nothing rule)」이라고 한다.

3. 분할출원의 적법요건

(1) 원출원의 요건

① 원출원이 계속(繫屬) 중일 것

분할출원 당시 원출원은 특허청에서 유효한 출원으로서 계속되고 있어야 한다. 따라서 분할출원 당시 원출원이 거절결정이 확정되거나 무효, 포기, 취하되어 원출원의 절차가 종료된 때에는 분할출원을 할 수 없다. 그러나 분할출원이 행하여진 이후에 원출원이 무효, 포기, 취하되어 그 출원의 계속상태가 종료되어도 분할출원의 적법성에는 영향을 미치지 아니한다.214)

② 원출원인과 분할출원인은 동일성이 있을 것

분할출원 당시에 분할출원인은 원출원인과 동일인이거나 원출원에 대한 적법한 승계인이어야 하며, 분할출원 후에 원출원인과 분할출원인이 상이하여도 소급효에는 영향을 미치지 아니한다. 만일 원출원인의 승계인이 분할출원을 함으로써 분할출원시에 원출원인과 분할출원인이 상이하게 될 때에는 원출원에 대한 출원인 변경신고서를 분할출원과 동시에 제출하여 양 출원의 주체를 일치시켜야 한다.

분할출원 당시에 원출원인과 분할출원인이 다를 경우 출원인 보정은 상속 등 포괄 승계를 제외하고는 당초 표시에 오기가 있거나, 자명한 흠을 바로잡는 등의 보정을 제외하고는 인정되지 않는다.

③ 원출원발명과 분할출원발명은 동일성이 유지될 것

분할출원은 원출원의 명세서 또는 도면에 기재된 발명 중에서 분할되어야 하므로 분할출원의 발명은 원출원의 발명과 동일성이 유지되어야 한다.

발명의 동일성유지 범위 내에서라면 원출원에 둘 이상의 발명이 있을 경우 하나의 출원을 기초로 한 복수 개의 분할출원도 할 수 있다.215)

---

214) 다만, 원출원이 취하 또는 포기된 날과 같은 날에 분할출원이 있는 경우 그 분할출원은 원출원이 특허청에 계속 중인 때에 출원한 것으로 취급한다. 이는 원출원의 취하 또는 포기 등 출원의 절차를 종료하는 절차와 분할출원 절차가 같은 날에 이루어지는 경우에는 통상 동시에 절차를 밟게 되므로 원출원의 취하 또는 포기와 분할출원의 절차의 선후를 구분하기가 곤란하며, 또한 분할출원한다는 것은 원출원이 특허청에 계속하고 있다는 출원인의 인식하에 절차가 이루어진 것으로 생각하는 것이 타당하기 때문이다.

215) 【판례】분할출원의 실체적인 요건(대법원 1985.7.23. 선고 83후27 판결)
【판결요지】2 이상의 발명을 1출원으로 한 경우란 2 이상의 발명이 반드시 청구범위에 기재된 경우뿐만 아니라 발명의 상세한 설명이나 도면에 기재된 경우도 포함된다 할 것인바, 원출원 중 일부발명이 상세한 설명이나 도면에 기재된 경우에는 분할출원을 위하여 원출원을 하나의 발명에 대한 출원으로 정정할 필요가 없는 경우도 있을 수 있고, 이러한 경우에는 원출원을 정정함이 없이 신규출원만을 하더라도 분할출원으로서 적법하다고 보아야 할 것이다(대법원 1983.7.25. 선고 83후23 판결 참조). 이 사건에서 심판청구인은 이 사건 출원발명은 원출원 발명의 상세한 설명에 기재된 것으로서 분할출원을 위하여 원출원을 정정할 필요가 없는 경우에 해당한다고 주장하였음에 불구하고, 원심결은 여기에 대한 아무런 심리판단 없이 원출원의 조정이 없다는 이유로 위와 같이 판단하였음은 심리미진과 판단유탈 내지 분할출원에 대한 법리오해의 위법을 범하였다 할 것이다.

④ 분할 후 원출원과 분할출원은 동일하지 않을 것

분할 후 원출원의 청구범위에 기재된 발명과 분할출원의 청구범위에 기재된 발명은 동일하지 않아야 한다. 만일 양 출원의 청구범위에 기재된 발명이 동일하다면 이중특허가 발생하게 되어, 선출원주의 원칙에 위배되기 때문이다.

따라서 원출원 중의 청구범위에 기재된 발명 중에서 일부발명을 분할하는 경우에는 분할출원을 할 때에 원출원 명세서 중의 청구범위에서 분할되는 발명을 삭제하는 보정을 하여 양 출원의 발명이 일치되지 아니하도록 하여야 한다(施規 29③). 한편, 분할출원의 청구범위에는 분할대상발명 이외의 새로운 발명을 추가하여서는 안 된다. 만약, 분할출원이 원출원의 최초 첨부된 명세서 또는 도면의 이외의 사람이 추가되면 그 추가된 부분은 소급되지 않고 분할출원시 출원한 것으로 본다.

⑤ 분할출원 가능한 내에 할 것

특허출원인은 법 제47조 제1항의 규정에 의하여 보정을 할 수 있는 기간 또는 거절결정불복등본을 송달받은 후 거절결정불복심판을 청구할 수 있는 기간 이내에 분할출원을 할 수 있다(法 52①). 재심사청구가 있는 경우에는 재심사과정에서 거절이유통지에 따른 의견서 제출기간내에 다시 분할출원을 할 수 있다.

또한, 법 제66조에 따른 특허결정 또는 법 제176조 제1항에 따른 특허거절결정 취소심결(특허등록을 결정한 심결에 한정하되, 재심심결을 포함한다)의 등본을 송달받은 날부터 3개월 이내의 기간. 다만, 법 제79조에 따른 설정등록을 받으려는 날이 3개월보다 짧은 경우에는 그 날까지의 기간(즉, 설정등록 이전 기간)에 분할출원이 가능하다(法 52①③). 즉, 분할출원은 심사과정에서 거절통지 이후뿐만 아니라 특허결정통지 이후에도 가능하다 하겠다. 특허결정 이후 설정등록이전까지 산업계의 기술표준이나 모방제품이 출현하는 등 시장환경의 변화에 따라 추가로 권리화가 필요한 경우 분할출원을 통하여 출원인이 능동적으로 대처하도록 하고 있다.

⑥ 원출원의 최초명세서 또는 도면에 2 이상의 발명이 포함되어 있을 것

원출원의 청구범위에 2 이상의 발명이 기재되어 있는 경우뿐만 아니라 발명의 설명 또는 도면에 2 이상의 발명이 포함되어 있는 경우에도 분할출원을 할 수 있다.

(2) 분할출원의 요건

분할출원의 청구범위에는 원출원의 출원서에 최초로 첨부된 명세서 또는 도면에 기재된 사항의 범위 내에서 청구범위가 작성되어야 한다. 이렇게 작성된 청구범위는 원출원일까지 소급인정되며 이때 청구범위 이외의 사항이 명세서나 도면에 기재되었다면 그 부분은 원출원일까지 소급되지 아니한다. 한편 원출원의 최초 명세서 또는 도면에 포함되어 있던 발명이 분할 전의 보정에 의하여 삭제된 경우에도 그 삭제된 발명을 대상으로 한 분할출원이 허용된다.

4. 분할출원의 절차

분할출원은 새로운 특허출원이므로 원출원을 분할하고자 하는 자는 분할출원서를 따로 작성하여 제출하여야 한다(施規 29①). 분할출원으로 인하여 원특허출원의 내용을 보정할 필요가 있는 경우에는 분할출원과 동시에 원특허출원서에 첨부된 명세서·요약서 또는 도면을 보정하여야 한다(施規 29③).216) 분할출원의 경우에 원출원서에 첨부된 출원관련서류를 그 내용에 변화가 없이 분할출원에 대하여 적용하고자 하는 경우에는 분할출원서에 그 취지 및 분할의 기초가 된 특허출원의 표시를 기재하고 원본을 원용할 수 있다.

5. 분할출원의 효과

(1) 적법한 분할출원의 경우

① 출원일의 소급

분할출원의 요건을 만족하는 적법한 분할출원은 원칙적으로 원출원일로 소급된다(法 52②). 따라서 신규성·진보성의 특허요건, 선출원 등에 대해서는 원출원일을 기준으로 판단한다.

② 출원일의 소급의 예외

분할출원에 대하여 출원일을 소급함으로써 발생되는 불합리점을 고려하여 다음의 경우에는 출원일이 소급되지 아니하고 실제의 분할출원일이 출원일로 된다.

㉠ 확대된 선원(선출원)에 관한 규정(法 29③)에서 분할출원이 다른 출원에 해당되는 경우 분할출원이 법 제29조 제3항의 다른 특허출원에 해당되는 경우에는 분할출원은 원출원까지 소급적용되지 아니하며, 실제의 분할출원일이 그 출원일이 된다. 그 이유는 분할출원시에 원출원서의 일부발명을 분할출원의 청구범위에 기재하면서 구체적 설명을 위하여 분할출원서의 발명의 설명에 원출원서에 기재되지 않았던 신규 기술사항이 추가되는 경우가 있기 때문이다(확대된 선출원의 지위의 "연관된 문제" 참조).

또 다른 이유로는 아직 공개(공고)되기 전이라면 원출원과 분할출원 사이에 제3자가 한 다른 출원은 특허가 등록되어야 하기 때문이다. 확대된 선원(선출원)의 지위(法 29③)는 출원공개(또는 등록공고)를 조건으로 효력이 발생하기 때문이다.217)

---

216) 분할출원을 할 때 분할하고자 하는 부분은 청구범위나 발명의 설명 등 어느 부분에서나 분할이 가능하다. 이때 주의할 점은 청구범위에서 분할하게 되면 반드시 원출원을 보정해야 하고, 명세서 등에서 분할하면 원출원을 보정하지 않아도 된다.

217) 예를 들면, 甲의 특허출원 명세서 중 발명의 설명에는 A·B·C가, 그리고 청구범위에는 A가 기재된 원출원에 해당되는 특허출원이 있고, 이에 기초하여 발명의 설명에는 B·C가, 그리고 청구범위에는 B만 기재된 분할출원이 있을 때, 甲의 원출원일과 분할출원일 사이에 乙이 C를 청구범위로 한 특허출원을 하였다면 甲의 원출원이 乙의 특허출원일 후에 출원공개(등록공고)되지 아니하고 출원절차가 종료될 경우에는 비록 甲의 분할출원이 출원공개 등이 된다 하더라도 법 제29조 제3항의 규정을 적용함에 있어서는 그 분할출원일이 원출원일까지 소급 적용되지 아니하므로 특허출원은 법 제29조 제3항에 의하여 거절되지는 않는다. 여기서 주의할 점은 甲의 원출원이 공개되면 乙의 출원은 甲의 출원 때문에 법 제29조 제3항에 의해 거절된다.

㉡ 공지예외적용(신규성의제)을 적용하는 경우(法 제30②)
　　분할출원이 공지예외적용(신규성의제)을 수반하는 경우는 공지된 날로부터 1년간의 공지예외규정을 인정받아 출원일을 소급받을 수 없고, 분할출원일이 그 출원일이 된다.
　　분할출원이 공지예외적용주장을 수반하는 경우 공지예외적용의 취지 및 증명서류제출기간(法 30②③)이 원출원의 출원일로 소급효가 인정된다면 이론적으로 공지예외적용주장절차를 밟을 수 없기 때문에 현실의 분할출원일을 기준으로 한다.
　㉢ 조약우선권주장출원(法 54③) 및 국내우선권주장출원(法 55②)인 경우
　　분할출원이 조약우선권주장출원, 국내우선권주장출원을 수반하는 경우는 분할출원이라 하더라도 출원일이 소급되지 않는다. 분할출원이 우선권주장을 수반하는 경우 조약우선권주장출원의 취지(法 54③) 및 증명서류제출기간, 국내우선권주장출원의 취지(法 55②)의 경우에는 원출원일의 출원일로 소급효가 인정된다면 공지예외적용주장과 마찬가지로 당해 절차를 밟을 수 없기 때문에 현실의 분할출원일을 기준으로 한다.
　㉣ 등록지연에 따른 특허권 존속기간 연장(法 92의2①)시 특허출원의 기산일(法 52②단서, 99의2④)
　　등록지연에 따른 특허권 존속기간 연장시 "특허출원일로부터 4년"과 관련하여서는, 분할출원이 이루어진 경우에는 분할출원을 한 날을 특허출원일로 본다(法 92의2①④).

② **조약우선권주장의 증명서류 제출의 특례**

　조약우선권주장을 할 때 증명서류는 최우선일로부터 1년 4개월 이내에 제출하여야 한다(法 54⑤). 그러나 분할출원이 조약우선권주장을 수반하는 경우에는, 즉 조약우선권주장의 취지를 기재하면서 분할출원하는 경우에는 최우선일로부터 1년 4개월의 기간이 지난 후에도 분할출원을 한 날부터 3개월 이내에 특허청장에게 증명서류를 제출할 수 있다(法 52④).

③ **청구범위제출유예의 특례**

　특허출원서에 최초로 첨부한 명세서에 청구범위를 적지 아니한 분할출원에 관하여는 출원일(우선권주장의 경우 최우선일)로부터 1년 2개월이 되는 날(다만, 기한 이전에 출원 심사청구의 취지를 통지(法 60③)받은 경우에는 그 통지를 받은 날부터 3개월이 되는 날 또는 출원일(우선권주장의 경우 최우선일)부터 1년 2개월이 되는 날 중 **빠른 날**)의 기한이 지난 후에도 분할출원을 한 날부터 30일이 되는 날까지 명세서에 청구범위를 적는 보정을 할 수 있다(法 52⑥).

④ 심사청구의 특례

분할출원의 심사청구기간 3년은 원출원일로부터 기산된다. 그러나 분할출원이 원출원일로부터 5년이 경과한 후 분할출원된 경우에는 심사청구기간의 경과로 심사청구를 할 수 없는 문제를 해결하기 위하여, 분할출원이 원출원일로부터 5년이 경과한 경우에는 그 분할출원일로부터 30일 이내에 심사청구를 할 수 있도록 하였다(法 59③).[218]

⑤ 원출원과 분할출원의 관계

분할출원은 원출원서의 일부를 분할한 출원이지만, 원출원과는 별개의 새로운 출원이므로 원출원에 대하여 밟았던 절차는 분할출원에 그대로 승계되지 아니한다. 따라서 심사청구, 출원료 납부를 별도로 하여야 한다.[219]

(2) 부적법한 분할출원의 경우

① 부적법한 분할출원은 불수리(반려)된다.
  ㉠ 분할출원 당시 분할출원의 출원인이 원출원의 출원인과 일치하지 않는 경우(복수의 경우에는 모두 일치해야 함)
  ㉡ 분할출원서가 기간을 경과하여 제출된 경우
  ㉢ 원출원이 무효·취하 또는 거절결정 확정이 되어 원출원의 절차가 종료된 이후에 제출된 경우
  ㉣ 청구범위를 적지 아니한 명세서를 특허출원서에 첨부하여 특허출원한 분할출원으로서 그 특허출원 당시에 이미 출원일(우선권주장의 경우 최우선일)로부터 1년 2개월이 되는 날(다만, 기한 이전에 출원 심사 청구의 취지를 통지(法 60③)받은 경우에는 그 통지를 받은 날부터 3개월이 되는 날 또는 출원일(우선권주장의 경우 최우선일)부터 1년 2개월이 되는 날 중 빠른 날)과 분할출원의 출원일로부터 30일 중 늦은 날이 지났을 경우 중 어느 하나에 해당하는 경우에는 소명기회를 부여한 후 소명하지 못한 경우 분할출원서를 불수리하여야 한다(施規 11).

② 분할출원이 원출원의 최초 명세서 또는 도면에 기재된 범위 외의 사항을 요지로 하여 분할출원의 적법성을 인정할 수 없을 때에는 출원인에게 의견서 제출기회를 주어야 하며, 제출된 의견서에 의해서도 분할출원을 인정할 수 없을 때에는 분할출원 불인정통지를 한 후 분할출원일을 출원일로 하여 심사가 진행된다. 그러나 출원일 소급 불인정통지 후의 보정에 의하여 분할출원의 요지가 원출원서의 범위 내로 인정될 경우에는 다시 출원일이 소급된다. 반면, 적법하게 인정된 분할출원서의 보정은 분할출원시의 최초출원서의 명세서 또는 도면의 범위 내에서 행하여져야 한다.

---

[218] 심사청구는 특허출원일로부터 3년 이내(실용신안도 3년 이내)에 하지 아니하면 그 특허출원은 취하된 것으로 간주한다. 그러나 분할출원, 변경출원, 정당한 권리자에 의한 출원은 심사청구의 특례조항(法 59③)을 두어 3년이 경과하였더라도 심사청구를 할 수 있도록 하고 있다.

[219] 분할출원을 하게 되면 원출원은 취하되지 않으나, 변경출원을 하게 되면 원출원은 취하된 것으로 본다.

(3) **국제특허출원의 특례**

우리 특허법에서는 국제특허출원의 보정특례(法 208)와 같이 국제특허출원의 분할특례도 두어야 할 것으로 판단되지만 이와 관련한 규정은 두고 있지 않다. 그러나 분할출원은 보정할 수 있는 기간 내에 할 수 있기 때문에 국제특허출원의 보정의 기간을 적용한다면, 국제특허출원의 분할은 수수료의 납부·번역문의 제출(국어로 출원된 국제특허출원의 경우를 제외한다) 및 기준일(기준일이 출원심사의 청구일인 경우에는 출원심사의 청구 이후를 말한다)을 경과한 후에 분할출원을 할 수 있을 것이다.

6. 외국어특허출원의 경우

(1) **원출원이 외국어특허출원인 경우**

원출원이 외국어특허출원인 경우에는 그 특허출원에 대한 국어번역문(法 42의3②)이 제출된 경우에만 분할출원할 수 있다(法 52①단서).

(2) **분할출원이 외국어특허출원인 경우**

① 분할출원이 외국어특허출원인 경우에 특허출원인은 국어번역문(法 42의3②) 또는 새로운 국어번역문(法 42의3③본문)을 출원일(우선권주장의 경우 최우선일)로부터 1년 2개월이 되는 날(다만, 기한 이전에 출원 심사 청구의 취지를 통지(法 60③)받은 경우에는 그 통지를 받은 날부터 3개월이 되는 날 또는 출원일(우선권주장의 경우 최우선일)부터 1년 2개월이 되는 날 중 빠른 날)의 기한이 지난 후에도 분할출원을 한 날부터 30일이 되는 날까지는 제출할 수 있다(法 52⑤본문).

② 위에 따라 국어번역문을 제출한 특허출원인은 위 기한 이전에 그 국어번역문을 갈음하여 새로운 국어번역문을 제출할 수 있다. 다만, 다음의 어느 하나에 해당하는 경우에는 새로운 국어번역문을 제출할 수 없다(法 52⑤단서).
  ㉠ 명세서 또는 도면을 보정(法 42조의3⑤)에 따라 보정한 것으로 보는 경우는 제외한다)한 경우
  ㉡ 특허출원인이 출원심사의 청구를 한 경우

7. 국제특허출원의 경우

국제특허출원의 분할출원은 수수료의 납부, 국어번역문의 제출(국어로 출원된 국제특허출원의 경우를 제외한다) 및 기준일(기준일이 출원심사의 청구일은 경우에는 출원심사의 청구 이후를 말한다)을 지난 후에 분할출원을 할 수 있다(法 208①).

8. 분할출원과 관련된 문제

(1) 원출원에서 삭제된 사항을 분할의 대상으로 할 수 있는지 여부

원출원서의 최초 명세서 또는 도면에 기재되었던 발명이 분할출원 전의 보정에 의하여 삭제된 경우, 그 삭제된 발명을 대상으로 한 분할출원이 허용될 수 있을 것인지가 문제이나 분할출원의 시기가 원출원의 특허락부결정 전이라면 그 분할출원은 적법한 것으로 실무는 취급하고 있다.[220] 그 이유는 원출원의 최초 명세서 또는 도면에 기재된 발명이 비록 삭제되었다 하더라도 다시 보정에 의하여 원출원의 명세서 또는 도면에 기재할 수 있는 발명이라면 그 발명은 원출원에 관한 발명이 될 수 있기 때문이다.

(2) 분할출원을 기초로 한 분할출원

원출원(이하 "父출원"이라 한다)으로부터 분할출원(이하 "子출원"이라 한다)하고, 다시 子출원을 원출원으로 하여 분할출원(이하 "孫子출원"이라 한다)하였을 때 孫子출원이 子출원에 대하여 분할출원의 요건을 충족하고, 子출원이 父출원에 대하여 분할출원의 요건을 충족할 것을 만족하는 경우 孫子출원의 출원일은 父출원의 출원일로 소급한다.

이는 분할출원(子출원)을 원출원으로 하여 다시 분할출원(孫子출원)을 하는 것이 법문상 특히 금지되어 있지 않으며, 실질적으로 출원인이 차례대로 분할절차를 행하지 않을 수 없는 경우(예컨대 분할시기의 제한 때문에 父출원으로부터 출원의 분할을 할 수는 없으나, 子출원으로부터 출원의 분할이 가능한 경우 등)도 있을 것이기 때문이다.

(3) 원출원시 절차상의 흠이 분할출원절차에서 치유되는지 여부

원출원시에 공지예외규정(法 30)의 요건을 충족시키지 못한 발명을 그 공지일로부터 1년 이내에 당해 발명을 분할출원하여 공지예외규정 절차를 밟은 경우 그 분할출원 발명은 신규성을 구제받을 수 없다.

분할출원이 적용받을 수 있는 절차적 혜택(공지예외효과, 우선권주장효과 등)은 원출원시에 해당 절차를 정당하게 밟은 경우 분할출원이 그 절차를 유효하게 다시 밟아 승계할 수 있으므로 원출원을 할 때 누락한 절차라면 출원시에 해당 절차를 취하지 아니한 것이 되어 분할출원시 새롭게 밟아 이용할 수는 없다.

이러한 문제는 분할출원절차 이외에도 변경출원절차(法 53)에서도 같이 적용된다.

---

220) 천효남, 특허법(제13판), 법경사 21, 2007년, p.420

ⅠⅠ 변경출원

1. 의 의

「변경출원」이란 실용신안등록출원(이하 "원출원"이라 함)을 한 자가 실용신안등록출원에 관하여 최초의 거절결정등본을 송달받은 날부터 30일까지 그 실용신안등록출원의 출원서에 최초로 첨부된 명세서 또는 도면에 기재된 사항의 범위에서 그 실용신안등록출원을 특허출원으로 변경하는 것을 말하며, 변경출원을 한 경우 그 변경출원은 실용신안등록출원을 한 때에 출원된 것으로 본다. 즉, 변경출원이란 출원의 형식을 특허출원과 실용신안등록출원 상호간에 변경하는 것을 말한다.[221]

2. 취 지

특허출원의 대상인 발명과 실용신안등록출원의 대상인 고안은 모두 자연법칙을 이용한 기술적 사상의 창작으로서 양자의 차이는 고도성의 정도의 차이에 불과한데 출원인이 이를 정확히 판단하는 것은 매우 어려운 일이다. 그럼에도 불구하고 단순히 출원형식 선택의 과오를 이유로 거절하고 재출원하게 한다면, 우리 법제가 선출원주의를 채용하고 있음을 감안할 때 출원인에게 가혹하다 할 것이며 절차경제의 면에서도 바람직하지 않다. 따라서 특허법은 변경출원제도를 두어 이러한 폐해를 방지하고 있다.

특히, 변경출원제도는 특허출원에 대하여 진보성이 없다는 이유로 거절결정이 확정될 가능성이 있는 경우 이를 실용신안등록출원으로 변경출원할 때 그 의의가 크다고 할 것이다. 이는 실용신안법은 특허법보다 낮은 수준의 진보성인 「극히 용이」를 요구하고 있기 때문이다. 다만, 실용신안의 보호대상이 물품의 형상·구조·조합에 관한 고안이기 때문에 실용신안등록출원으로 변경출원하기 위해서는 물품성이 요구된다.

3. 종 류

실용신안등록출원을 기초로 특허출원하는 변경출원(法 53)과 특허출원을 기초로 실용신안등록출원하는 변경출원(實用 10)이 있다.

---

[221] 이 제도는 종래부터 존치되었던 제도로서 실용신안등록출원이 선등록제도로 전환된 1999. 7. 1.부터 폐지되었으나, 실용신안출원에 대하여 심사 후 등록제도로 환원됨에 따라 이중출원을 폐지하고 변경출원제도를 2006. 10. 1.부터 시행되는 개정법률(2006. 6. 3. 법률 제7871호)에서 다시 도입하게 되었다.

4. 변경출원의 적법요건

(1) 원출원의 계속 중에 변경출원을 할 것

변경출원은 실용신안등록출원(이하 "원출원"이라 한다)을 특허출원(이하 "변경출원"이라 한다)으로 형식을 변경하는 절차이므로 변경출원은 원출원이 유효한 출원으로 계속되고 있는 중에 하여야 한다. 원출원의 취하, 포기, 무효 등 출원계속이 종료된 상태하에서는 변경출원을 할 수 없다.

(2) 원출원인과 변경출원인은 동일성이 있을 것

변경출원은 원출원인과 동일인이거나 원출원의 적법한 승계인이어야 한다. 원출원의 승계인이 변경출원을 함으로써 원출원인과 변경출원인이 상이하게 될 경우에는 변경출원과 동시에 원출원의 명의를 변경출원인으로 일치시키는 출원인 변경신고서를 특허청장에게 제출하면 양 출원 간에 출원인이 동일하게 된다.

원출원인이 공동출원인 경우에는 출원인변경신고가 없는 한 변경출원 역시 공동출원이어야 한다. 한편, 「변경출원 당시」에만 동일인이면 족하고, 변경출원 이후에는 출원인이 달라지더라도 무방하다.

(3) 원출원과 변경출원 간에는 출원내용에 동일성이 있을 것

내용에 있어서 변경출원은 원출원인 실용신안등록출원서에 최초로 첨부된 명세서 또는 도면에 기재된 범위에서 변경출원이 가능하므로 양자는 동일성이 유지되어야 한다.

(4) 변경할 수 있는 기간 내의 출원일 것

원출원이 있은 후 변경출원을 할 수 있으나 최초의 거절결정등본을 송달받은 날부터 30일이 경과한 경우에는 변경출원을 할 수 없다(法 53①).[222]

한편, 원출원에 대하여 거절결정을 받은 자가 거절결정불복심판을 청구하는 경우 그 거절결정불복심판을 청구할 수 있는 기간이 연장된 때에는 그 연장된 기간 내에 변경출원을 할 수 있다(法 53①).

5. 변경출원의 절차

실용신안등록출원을 특허출원으로 변경출원을 하는 경우에는 그 취지 및 변경출원의 기초가 된 원출원의 표시를 한 변경출원서와 명세서, 필요한 도면 및 요약서를 특허청장에게 제출하여야 한다(法 53③).[223] 한편, 대리인에 의하여 절차를 밟는 경우에는 그 대리권을 증명하는 서류, 기타 법령의 규정에 의한 증명서류 등을 첨부하여야 한다(施規 30①). 또한 특허관리인을 제외한 임의대리인이 변경출원을 하고자 할 때에는 분할출원의 경우와는 달리 본인으로부터 특별히 권한을 위임받아야 한다(法 6).

---

[222] 분할출원은 「보정기간」 내에도 언제든지 분할출원할 수 있으며 거절결정 또는 특허결정 후에도 할 수 있다.
[223] 특허출원을 실용신안등록출원으로 변경출원하는 경우에는 반드시 도면을 첨부하여야 하며, 그렇지 않은 경우 불수리(반려)된다.

6. 변경출원의 효과

(1) 적법한 경우의 효과

① **출원일의 소급**[224]

변경출원이 적법할 경우 그 변경출원은 원출원일에 된 것으로 보는 출원일 소급효과가 생긴다. 따라서 변경출원에 대한 특허요건의 판단, 선원주의의 적용, 출원공개의 시기, 특허권의 존속기간 등은 원출원시 또는 원출원일을 기준하여 적용한다(法 53).

② **출원일 소급의 예외**

변경출원이 다음에 해당하는 경우에는 출원일이 소급되지 않고 실제 변경출원을 기준으로 한다(法 53② 단서). 이에 대한 구체적인 예는 분할출원에서 상술한 바와 같다.
  ㉠ 변경출원이 확대된 선출원에 관한 규정(法 29③)에서 다른 출원에 해당되는 경우
  ㉡ 변경출원이 공지예외규정(신규성의제)을 수반하는 경우(法 30②③)
  ㉢ 변경출원이 조약우선권주장출원(法 54③) 및 국내우선권주장출원을 수반하는 경우(法 55②)
  ㉣ 변경출원이 등록지연에 따른 특허권존속기간의 연장(法92의 2①)시 특허출원의 기산일(法 92의 2④)

③ **원출원의 취하 간주**

변경출원이 있는 경우에는 그 실용신안등록출원은 취하된 것으로 본다(法 53④). 변경출원은 원출원과 동일성을 유지하면서 그 출원의 형식만을 특허출원으로 변경하는 것이므로, 변경출원이 있을 때에는 변경의 기본이 되는 원출원은 동일대상에 대한 출원 중복을 방지하기 위하여 취하된 것으로 본다.

④ **조약우선권주장의 증명서류 제출의 특례**

조약우선권주장을 할 때 증명서류는 최우선일로부터 1년 4개월 이내에 제출하여야 한다(法 54⑤). 그러나 변경출원이 조약우선권주장을 수반하는 경우에는, 즉 조약우선권주장의 취지를 기재하면서 변경출원하는 경우에는 최우선일로부터 1년 4개월의 기간이 지난 후에도 변경출원을 한 날부터 3개월 이내에 특허청장에게 증명서류를 제출할 수 있다(法 53⑥).

---

[224] 출원일이 소급 안 되는 경우와 출원일이 소급되는 경우 정리

출원일이 소급 안 되는 경우	출원일이 소급되는 경우
• 공지 등이 되지 아니한 발명으로 보는 경우(法 30) • 조약에 의한 우선권주장(法 54) • 국내우선권주장(法 55, 56) (위 모든 경우가 출원일 자체가 소급되는 것이 아니고 신규성 등 특허요건을 판단함에 있어 그 시점만 소급하여 줌)	• 분할출원(法 52) • 변경출원(法 53) • 정당한 권리자의 출원(法 34, 35)

⑤ 청구범위제출유예의 특례

특허출원서에 최초로 첨부한 명세서에 청구범위를 적지 아니한 변경출원에 관하여는 출원일(우선권주장의 경우 최우선일)로부터 1년 2개월이 되는 날(다만, 기한 이전에 출원심사 청구의 취지를 통지(法 60③)받은 경우에는 그 통지를 받은 날부터 3개월이 되는 날 또는 출원일(우선권주장의 경우 최우선일)부터 1년 2개월이 되는 날 중 빠른 날)의 기한이 지난 후에도 변경출원을 한 날부터 30일이 되는 날까지 명세서에 청구범위를 적는 보정을 할 수 있다(法 53⑧).

⑥ 심사청구의 특례

심사청구는 출원일로부터 3년 이내에 할 수 있다(法 59②). 그러나 변경출원의 경우에는 변경출원시에 이미 심사청구기간이 경과한 상태의 발생을 가정하여 특허법은 예외적으로 실용신안등록출원을 특허출원으로 변경출원하는 경우 원출원일로부터 3년의 기간이 경과된 후라도 변경출원을 한 날부터 30일 이내에 심사청구를 할 수 있도록 하고 있다(法 59③).225) 또한 이 기간이 경과할 때까지 심사청구가 없을 때는 변경출원은 취하된 것으로 간주한다(法 59⑤).

⑦ 원출원과 변경출원의 관계

변경출원은 기본적으로 원출원에 근거하여 되고 있지만 원출원과 변경출원은 별개의 출원이다. 따라서 원출원에 대하여 밟는 절차가 변경출원에까지 당연히 승계되지 않음은 이미 설명한 분할출원의 경우와 같다. 그러므로 변경출원에 대하여는 원출원에서 밟는 절차와는 별도로 새로운 절차를 진행시켜야 한다. 즉, 출원공개·심사청구·수수료의 납부 등은 변경출원에 대하여 따로 한다.

(2) 부적법한 변경출원의 경우

① 부적법한 변경출원은 불수리(반려)된다.
  ㉠ 변경출원 당시 변경출원의 출원인이 원출원의 출원인과 일치하지 않는 경우(복수인 경우에는 모두 일치해야 함)
  ㉡ 변경출원서가 기간을 경과하여 제출되는 경우
  ㉢ 원출원이 무효·취하 또는 거절결정 확정이 되어 원출원의 절차가 종료된 이후에 제출된 경우
  ㉣ 청구범위를 적지 아니한 명세서를 특허출원서에 첨부하여 특허출원한 변경출원으로서 그 특허출원 당시에 이미 출원일(우선권주장의 경우 최우선일)로부터 1년 2개월이 되는 날(다만, 기한 이전에 출원심사 청구의 취지를 통지(法 60③)받은 경우에는 그 통지를 받은 날부터 3개월이 되는 날 또는 출원일(우선권주장의 경우 최우선일)부터 1년 2개월이 되는 날 중 빠른 날)과 변경출원의 출원일로부터 30일 중 늦은 날이 지났을 경우 어느 하나에 해당하는 경우에는 소명기회를 부여한 후 소명하지 못한 경우 출원서를 불수리226)하여야 한다(施規 11).

---

225) 특허출원을 실용신안등록출원으로 변경출원하는 경우도 원출원일로부터 5년의 기간이 경과된 후라도 변경출원을 한 날부터 30일 이내에 심사청구를 할 수 있다(實用 12③).

② 변경출원이 원출원의 최초 명세서 또는 도면에 기재된 범위 이외의 사항을 요지로 하여 변경출원의 적법성을 인정할 수 없을 때는 출원인에게 의견서 제출의 기회를 주어야 하며, 제출된 의견서에 의하여도 변경출원을 인정할 수 없을 때에는 변경 불인정통지를 한 후 변경출원일을 출원일로 하여 심사가 진행된다. 그러나 출원일 소급 불인정통지 후의 보정에 의하여 변경출원의 요지가 원출원서 범위 내로 인정될 경우에는 다시 출원일이 소급된다.

(3) 국제특허출원의 특례

실용신안법 제34조 제1항의 규정에 의하여 국제출원일에 출원된 실용신안등록출원으로 보는 국제출원을 기초로 하여 특허출원으로 변경출원을 하는 경우에는 실용신안법 제17조 제1항의 규정에 의한 수수료를 납부하고 동법 제35조 제1항의 규정에 의한 번역문(국어로 출원된 국제실용신안등록출원의 경우를 제외한다)을 제출한 후(실용신안법 제40조 제4항의 규정에 의하여 국제출원일로 인정할 수 있었던 날에 출원된 것으로 간주되는 국제출원을 기초로 하는 경우에는 동조 제4항의 규정에 의한 결정이 있은 후)에 비로소 변경출원을 할 수 있다(法 209).

7. 외국어특허출원의 경우

(1) 원출원이 외국어실용신안등록출원인 경우

원출원이 외국어실용신안등록출원인 경우에는 그 실용신안등록출원에 대한 국어번역문(法 42의3②)이 제출된 경우에만 변경출원할 수 있다(法 53①2).

(2) 변경출원이 외국어특허출원인 경우

① 변경출원이 외국어특허출원인 경우에 특허출원인은 국어번역문(法 42의3②) 또는 새로운 국어번역문(法 42의3③본문)을 출원일(우선권주장의 경우 최우선일)로부터 1년 2개월이 되는 날[다만, 기한 이전에 출원심사 청구의 취지를 통지(法 60③)받은 경우에는 그 통지를 받은 날부터 3개월이 되는 날 또는 출원일(우선권주장의 경우 최우선일)부터 1년 2개월이 되는 날 중 빠른 날]의 기한이 지난 후에도 변경출원을 한 날부터 30일이 되는 날까지는 제출할 수 있다(法 53⑦본문).

---

226) 무효(절차의 무효)처분 이전에는 보정의 기회를 부여하고, 불수리(반려)처분 이전에는 소명기회를 부여한다.

② 위에 따라 국어번역문을 제출한 특허출원인은 위 기한 이전에 그 국어번역문을 갈음하여 새로운 국어번역문을 제출할 수 있다. 다만, 다음의 어느 하나에 해당하는 경우에는 새로운 국어번역문을 제출할 수 없다(法 53⑦단서).
- ㉠ 명세서 또는 도면을 보정(法 42조의3⑤)에 따라 보정한 것으로 보는 경우는 제외한다)한 경우
- ㉡ 특허출원인이 출원심사의 청구를 한 경우

8. 국제특허출원의 경우

실용신안법 제34조 제1항에 따라 국제출원일에 출원된 실용신안등록출원으로 보는 국제출원을 기초로 하여 특허출원으로 변경출원을 하는 경우에는 이 법 제53조 제1항에도 불구하고 실용신안법 제17조 제1항에 따른 수수료를 내고 같은 법 제35조 제1항에 따른 국어번역문(국어로 출원된 국제실용신안등록출원의 경우는 제외한다)을 제출한 후 (실용신안법 제40조 제4항에 따라 국제출원일로 인정할 수 있었던 날에 출원된 것으로 보는 국제출원을 기초로 하는 경우에는 같은 항에 따른 결정이 있은 후)에만 변경출원을 할 수 있다(法 209).

9. 변경출원과 관련된 문제

(1) 변경출원의 재차 변경출원 가능 여부

실용신안등록출원을 특허출원으로 변경한 후 그 특허출원을 다시 실용신안등록출원으로의 재차 변경을 인정할 것인지가 문제이나, 이는 긍정하여도 좋을 것이다. 왜냐하면, 재차 변경출원을 금지하는 법상 명문규정이 없을 뿐만 아니라 착오로 변경대상을 잘못 특정한 경우 재변경이 필요하게 될 경우도 있을 것이므로 발명 등을 보호하는 견지에서 인정함이 타당하다.[227]

(2) 방식상의 흠이 있는 출원을 원출원으로 하는 변경출원의 취급

원출원에 방식상의 흠이 있고 그것이 아직 치유되지 않은 중에 원출원을 기초로 하여 된 변경출원이 가능할 것인지가 문제이다. 만일 이러한 변경출원을 수리하게 되면 수리와 동시에 원출원은 취하된 것으로 간주(法 53③)됨으로써 출원인이 원출원에 대한 방식상의 흠을 치유할 수 있는 기회를 잃게 되는 불합리가 생기는바 타당하지 않다. 따라서 이 경우의 변경출원은 불수리처분을 하고 원출원에 방식상의 흠을 치유하게 한 후 적법한 변경출원을 하게 함이 합리적이다.[228]

---

227) 천효남, 전게서, p.428 / 황종환·김현호, 전게서, p.356
228) 천효남, 전게서, p.430

분할출원과 변경출원의 비교 [229]

구 분		분할출원(法 52)	변경출원(法 53)
서	의 의	원특허출원에 2 이상의 발명이 포함된 경우 원출원의 출원서에 최초로 첨부된 명세서 또는 도면에 기재된 사항의 범위에서 보정할 수 있는 기간 또는 거절결정등본을 송달받은 날로부터 30일이내의 기간에 그 일부를 별개의 특허출원으로 분할하는 것을 말한다.	실용신안등록출원을 한 자가 실용신안등록출원에 관하여 최초의 거절결정등본을 송달받은 날부터 30일까지 그 실용신안등록출원의 출원서에 최초로 첨부된 명세서 또는 도면에 기재된 사항의 범위에서 그 실용신안등록출원을 특허출원으로 변경하는 것을 말한다.
	취 지	• 출원 일체의 원칙의 회피 • 발명의 설명 또는 도면에만 기재된 발명의 보호	• 출원형식선택의 과오 치유(실용신안을 특허출원으로 변경) • 진보성 위반 거절이유 극복(특허를 실용신안으로 변경)
요 건	주체적	• 분할·변경출원 당시 원출원인과 분할·변경출원인이 동일이거나 적법한 승계인 • 임의대리인이 변경출원하는 경우에는 특별히 권한을 위임 받아야 함	

	객체적	• 원출원의 요건
		  - 분할출원 당시 특허청에 적법하게 계속 중
		  - 원출원의 최초명세서·도면에 2 이상의 발명 포함
		• 분할출원의 요건
		  원출원의 최초명세서·도면 ≥ 분할출원의 명세서·도면
			• 원출원의 요건
			  변경출원 당시 특허청에 적법하게 계속 중
			• 변경출원의 요건
			  변경출원의 명세서 또는 도면이 원출원의 최초 명세서 또는 도면에 기재된 사항의 범위 내

	시기적	1. 보정을 할 수 있는 기간(法 47①) 2. 특허거절결정등본을 송달받은 날부터 30일(연장된 경우 그 기간)까지 3. 특허결정 또는 특허거절결정 취소심결등본 송달받은 날로부터 3개월 이내(즉, 설정등록 이전까지)	원출원이 있은 후 최초의 거절결정등본을 송달받은 날부터 30일(심판청구기간이 연장된 경우에는 연장된 기간)까지
절 차	출원서 제출	• 분할·변경출원과 동시에 취지 및 원출원 표시(法 52③·53③) • 다만, 분할출원의 경우 청구범위를 분할한 경우 삭제 보정서 제출(변경출원의 경우에는 변경출원시 원출원이 취하간주되기 때문에 필요 없음)	
효 과	적 법	1. 출원일의 소급효(예외 있음)(法 52②, 53②) 2. 조약우선권주장의 증명서류 제출의 특례(法 52④, 53⑥) – 최우선일로부터 1년 4개월 지난 후라도 분할·변경출원일로부터 3개월 이내 3. 청구범위제출유예의 특례(法 52⑥, 53⑧) – 청구범위제출유예기간(法 42의2②)이 지난 후라도 분할·변경출원일로부터 30일 이내 4. 심사청구의 특례 (法 59③) – 원출원일로부터 3년 지난 후라도 분할·변경출원일로부터 30일 이내 5. 원출원과의 독립성, 단 심사순서는 원출원의 심사청구순 6. 국내우선권주장출원과의 관계 → 분할·변경출원은 국내우선주장의 선출원×	
	부적법	1. 불수리 → 주체적 요건 위반 / 시기적 요건 위반 / 분할·변경출원 당시 원출원에 관한 절차가 종료된 경우 / 청구범위제출유예기간(法 42의2①)과 분할·변경출원일로부터 30일 중 늦은 날이 지나서 청구범위를 적지 아니한 명세서를 첨부하여 출원한 경우 2. 거절이유, 정보제공사유 및 특허무효사유 → 분할·변경출원의 범위를 벗어난 경우	
외국어 특허 출원	원출원	원출원이 외국어특허출원(실용신안등록출원)인 경우에는 국어번역문이 제출된 경우에만 분할·변경출원 가능	
	분할· 변경 출원	외국어특허출원의 국어번역문 제출의 특례(法 52⑤, 53⑦) – 국어번역문(새로운 국어번역문) 제출기간이 지난 후라도 분할·변경출원일로부터 30일 이내(다만, 보정하거나, 출원인이 심사청구한 경우는 새로운 국어번역문 제출 불가)	
국제특허 출원의 특례		수수료 납부+번역문 제출(단, 국어출원 제외)+기준일(기준일이 출원심사의 청구일인 경우에는 출원심사의 청구 이후를 말한다) 경과 후 (法 208①)	수수료 납부+번역문 제출 후 (法 209)

---

[229] 임병웅, 전게서, p.367

제4절 우선권제도

I 우선권제도의 총설

특허법상 우선권제도는 2가지가 있는바, 하나는 조약우선권제도이고 다른 하나는 국내우선권제도이다. 조약우선권제도는 1883년 3월 20일 산업재산권 보호를 국제적으로 실현하기 위하여 체결된 파리조약에 의한 우선권제도이고, 국내우선권제도는 1990년 9월 1일 국내 특허법에 도입한 것으로 기본정신은 조약우선권제도와 비슷하다. 차이점이라면 조약우선권제도는 국제적인 발명보호수단이고, 국내우선권제도는 국내의 발명보호수단이라는 점에서 상이하다.

II 조약에 의한 우선권

1. 의 의

조약우선권주장이라 함은 제1국에 출원한 자 또는 그 승계인이 그 출원과 동일한 발명을 다른 동맹국에 출원하여 우선권을 주장하는 경우에 그 출원일을 제1국의 최초 출원일에 출원한 것과 동일하게 취급하는 제도를 말하며, 이와 같은 제도를 우선권제도라 한다. 이 제도에 의하여 대한민국 국민에게 우선권을 인정하는 당사국 국민이 그 당사국 또는 다른 당사국에 출원을 한 후 동일대상에 대하여 우리나라에 출원하여 우선권을 주장하는 경우에는 그 당사국에 출원한 날을 대한민국에 출원한 날로 인정하여 주는 제도이다.

즉, 「조약우선권(right of priority)주장출원」이라 함은 조약에 의해 우리나라 국민에게 우선권을 인정하는 당사자 국민 또는 대한민국 국민이 조약 당사국 또는 다른 당사국에 특허출원(이하 "선출원"이라 함)을 한 후 1년 이내에 동일발명을 대한민국에 특허출원하여 우선권을 주장하는 때에는 제29조 및 제36조의 규정을 적용함에 있어서 그 당사국에 출원한 날을 대한민국에 특허출원한 날로 보는 출원을 말한다(法 54①).

2. 취 지

완성된 발명은 특허출원의 절차를 밟지 않으면 특허가 될 수 없다. 또한 이러한 발명을 세계 각국에 출원하여 특허를 취득하고자 하면, 속지주의 원칙에 의거 각국마다 개별 특허출원을 하여야 하는데 이 경우 시간, 거리, 비용 또는 절차상의 차이 등으로 여러 가지 어려움이 따른다.
이에 특허법은 선출원자의 지위를 보장하고 발명의 국제적 보호를 위해 조약우선권제도를 두고 있다. 이러한 조약에 의한 우선권제도는 파리조약상의 우선권제도가 기본적으로 적용이 되고 그 밖에 파리조약의 비동맹국이라 하더라도 우리나라와 조약[230])에 의하여 상호 우선권을 인정하기로 한 국가의 경우에도 적용이 되고 있다.

3. 조약우선권의 태양

조약우선권의 태양에는 복합우선과 부분우선이 있다. 「복합우선」이란 하나의 출원에 관하여 복수의 우선권(2 이상의 국가에서 한 출원을 포함)을 제2국에 주장하는 것을 말하며, 부분우선이란 제2국 출원내용이 최초출원(제1국)에는 없는 부분을 포함하고 있는 경우를 말한다.[231])

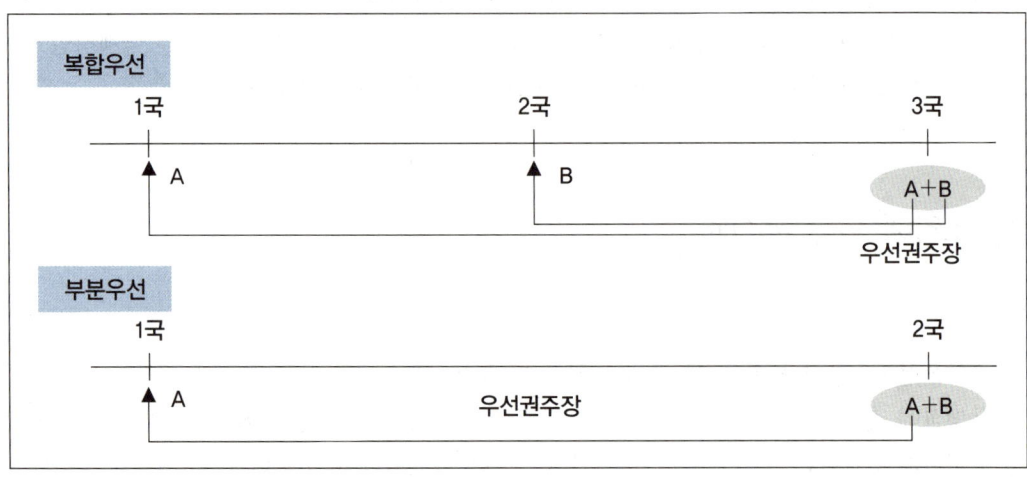

---

230) 조약이란 국가 간의 서면형식으로 체결하는 국제법의 한 형식이다. 헌법 제6조는 "헌법에 의하여 체결·공포된 조약과 일반적으로 승인된 국제법규는 국내법과 같은 효력을 가진다"라고 규정함으로써 조약이 국내법과 동일한 효력을 가지는 것으로 규정하고 있다.

231) 제1국에 포함되지 않는 발명이나 구성요소를 포함하는 부분우선권의 취급
우리나라에 출원한 특허출원이 파리조약에 따른 우선권주장의 기초가 되는 출원에 포함되어 있지 않은 발명(또는 구성요소)을 포함하는 경우에 특허법 제29조 및 동법 제36조를 적용함에 있어서 제1국 출원에 포함되어 있지 않은 발명에 대하여는 우리나라 출원일을 기준으로 심사하고, 제1국 출원에 포함된 발명에 대하여는 제1국 출원일을 기준으로 심사한다. 우선권주장출원에 제1국 출원에 포함되지 않은 발명이 있고 그 발명에 관하여 제1국출원일과 우선권주장출원일 사이에 선행기술이 있는 경우 해당 청구항에 대한 의견제출 통지시 우선권주장을 소급할 수 없는 이유와 함께 거절이유를 기재하여 발송한다.
【사례1】 우리나라에 특허출원된 발명이 「알콜의 탄소수가 1-10」인 것을 구성요건으로 하는 것임에 대하여 우선권주장의 기초가 되는 제1국 출원의 명세서에는 「알콜의 탄소수가 1-5」만이 기재되어 있는 경우에는 「알콜의 탄소수가 1-5」인 부분에 대해서는 우선권주장일을 기준으로 하고 「알콜의 탄소수가 6-10」인 부분에 대해서는 우리나라에 한 출원일을 기준으로 심사한다.
【사례2】 제1국 출원의 명세서에는 「크롬을 구성요건으로 하는 내식강」만 기재되어 있으나 우선권주장출원에는 ① 「크롬을 구성요건으로 하는 내식강」과 ② 「크롬 및 알루미늄을 병용한 것을 특징으로 하는 내식강」을 요지로 하는 경우 ① 「크롬을 구성요건으로 하는 내식강」에 대하여는 제1국 출원일을 기준으로 심사하고, ② 「크롬 및 알루미늄을 병용한 것을 특징으로 하는 내식강」에 대하여는 실제 우리나라 출원일을 기준으로 심사한다.
【사례3】 우선권주장출원은 「음극, 제어격자, 양극, 차폐격자와 양극과의 사이에 있고, 음극과 동전위로 유지되고 있는 제3의 격자를 갖고 있는 진공판」을 요지로 하는 것임에 대하여, 제1국 출원의 출원명세서 및 도면에는 「음극, 제어격자, 차폐격자, 양극을 갖고 있는 진공판」만이 기재되어 있는 경우에는 실제 출원일을 기준으로 심사한다.

4. 우선권의 성질

특허출원과 이에 의하여 발생된 우선권과의 관계에서 우선권의 성질로서는 독립성, 복수성, 잠재성, 부속성 및 한시성 등 다섯 가지를 들 수 있다.

(1) 독립성

우선권은 그 기초가 되는 특허출원으로부터 발생하지만 발생과 동시에 그 출원으로부터 분리되어 독립한 것으로 된다. 우선권의 이러한 속성에 의하여 그 기초가 되는 특허출원이 타인에게 승계된 경우에도 우선권은 당연 승계된 것이 아닌 것으로 해석된다. 이러한 독립성 때문에 우선권만의 양도가 가능하므로 제1국 출원의 승계인은 우선권을 별도로 승계하여야 한다. 또한 그 기초가 되는 특허출원의 운명에는 상관없이 우선기간 내에서는 권리로 존재하게 된다. 우선권의 독립성 성격으로 인해 제1국 출원은 '정규성'만 인정된다.

(2) 복수성

제1국 특허출원에 의하여 발생한 우선권은 하나의 동맹국에 대하여 선택적으로 발생하는 권리가 아니라, 그 제1국을 제외한 모든 동맹국에 대하여 동시에 발생하는 것이므로 복수의 권리의 집합이라고 할 수 있다.

(3) 잠재성

우선권은 위와 같이 복수성의 속성을 가졌으나, 그중 일부만이 행사될 수 있고, 또는 전혀 행사되지 못하고 소멸되는 경우도 있다. 따라서 우선권은 행사될 가능성을 가진 잠재적인 권리이다.

(4) 부속성

우선권은 그 기초가 되는 특허출원과 독립적인 권리이기는 하나, 제2국 출원의 기초로서 행사될 때에는 출원 후부터는 독립성을 잃고 그 출원의 부속물로 되어 제2국 출원과 운명을 같이한다.

(5) 한시성

우선권은 그 기초가 되는 출원이 계속 유지되더라도 우선기간이 종료함과 동시에 소멸되는 한시적 권리이다.

5. 우선권주장의 성립요건

(1) 우선권주장을 할 수 있는 자일 것

조약에 의한 우선권주장은 대한민국 국민, 동맹국 국민 및 파리조약의 동맹국 내에 주소나 영업소를 가지고 있는 비동맹국의 국민이 할 수 있다. 또한 우선권주장 출원인과 제1국의 출원인은 동일인이거나 그 승계인이어야 하며, 승계인의 경우에는 출원에 대한 권리만이 아니라 우선권에 대한 권리도 승계하여야 한다. 우선권의 독립성에 기인하여 승계인은 출원을 승계하였다 하더라도 우선권을 별도로 승계받아야 한다. 한편, 우선권은 각기 다른 승계인에게 이전할 수 있다.[232]

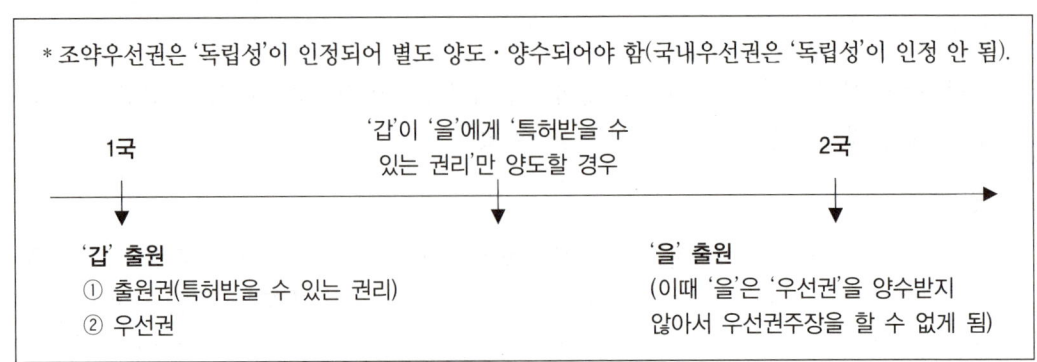

(2) 제1국의 정규 국내출원에 기초한 최초의 출원일 것

제1국의 정규 국내출원이란 출원의 결과 여하를 막론하고 당해국에 출원한 일자를 확정하기에 적절한 모든 출원을 말한다. 따라서 취하 또는 포기된 출원, 거절결정된 출원 또는 무효된 출원의 경우에도 출원일자가 확정될 수 있는 출원은 정규출원으로 인정된다.

정규인 것이냐의 여부는 각국의 국내법령에 따르는데, 당해 국가에서 적법·정식으로 수리되고 출원일자가 부여된 것이면 정규성이 있다. 일단 적법·정식으로 출원된 이상 그 후에 1국 출원이 무효, 취하, 포기, 거절결정되더라도 그 출원의 정규성을 해하지 않는다. 즉, 그 출원을 기초로 제2국에 우선권주장 출원을 할 수 있다.233)

또한 우선권주장의 기초가 되는 출원은 동맹 제1국의 최초의 출원이어야 한다[이를 출원의 최선성(最先性)이라 한다]. 만일 최초의 출원이 아닌 제2, 제3의 출원에 대해서도 이를 우선권주장의 기초로 할 수 있도록 한다면 우선기간이 연장되어 존속기간이 실질적으로 연장되는 결과가 되기 때문이다. 다만, 예외적으로 최선의 출원인의 의도를 반영하지 못하는 경우가 발생할 수 있기 때문에 다음과 같은 요건을 모두 만족하는 경우에는 후속출원을 기초로 우선권주장을 할 수 있다(파리조약 4C(4)).

① 후속출원이 같은 국가에서 같은 대상에 대하여 출원될 것
② 후속출원이 출원되기 전에 전출원이 취하, 포기 또는 거절되었을 것
③ 최선출원이 공개되지 않았을 것
④ 최선출원에 의해 어떠한 권리도 존속되지 않았을 것
⑤ 최선출원이 같은 국가 혹은 타국에서 아직 우선권주장의 기초로 되지 않았을 것

또한 제1국 출원은 특허출원, 실용신안등록출원뿐만 아니라 디자인등록출원, 상표등록출원(서비스마크 제외)도 가능하다(파리조약 4A(1)).

---

232) 국내우선권은 독립성이 없다. 즉, 국내우선권은 늘 1번 출원과 동반하여 움직인다.
233) 국내우선권의 경우는, 국내우선권주장의 기초가 되는 선출원은 정규성과 계속성이 다 갖추어져야 한다. 즉, 정규 특허출원(선출원)이 포기, 무효, 취하 또는 각하되어 있지 아니하여야 한다.

그리고 출원인이 재량으로 특허 또는 발명자증(inventor's certificate)[234] 중 어느 하나를 신청할 수 있는 국가에서 행하여진 발명자증의 출원을 기초로도 우선권주장을 할 수 있다(파리조약 1(1)). 다만, 상표출원 기초로 특허출원 또는 실용신안등록출원의 우선권을 주장하는 것은 성격상 부합하지 않는다.

> 우선권주장
> - 제1국(특허출원) ⇨ (제2국 실용신안 또는 디자인출원) - 가능
> - 제1국(상표출원) ⇨ (제2국 특허출원 또는 실용신안출원) - 불가능

(3) 우선권주장기간 내일 것

우선권주장을 하기 위해서는 제1국에서의 특허출원일로부터 특허·실용신안의 경우에는 1년, 디자인·상표의 경우에는 6개월 이내에 제2국에 출원이 되어야 한다. 우선권주장출원(제2국 출원)과 그 기초가 되는 제1국 출원이 상이한 종류(특허, 실용신안, 디자인, 상표 중 제1국과 제2국의 권리가 동일하지 아니한 경우)의 출원인 경우에는 우선권주장을 할 수 있는 기간은 제1국의 출원에 의한다(통설). 심사실무도 이에 따르고 있다.[235] 예를 들어 제1국에서 디자인등록출원을 한 후 이를 기초로 우리나라에 실용신안등록출원을 하는 경우에 우선권주장 출원기간은 제1국 출원일로부터 6개월이다. 즉, 제1국의 디자인을 기준(우선권주장기간 6개월)으로 한다. 그러나 실용신안출원에 근거하여 우선권주장을 하면서 제2국에 디자인출원을 하는 경우 그 우선기간은 디자인에 대하여 정하여진 기간으로(6개월) 규정하고 있는 파리조약 제4조 E(1)[236]은 원칙에 대한 예외규정으로 해석되어야 할 것이다.

(4) 제1국 출원과 우선권주장출원의 발명이 동일할 것

제1국 출원의 내용과 우선권주장출원(제2국 출원)의 내용은 동일성이 있어야 한다. 동일성은 우선권주장출원의 청구범위에 기재된 발명과 제1국 출원의 명세서 또는 도면 등 출원서류 전체로부터 파악되는 발명이 실질적으로 동일하면 된다.

---

234) 「발명자증」이란 발명과 관련된 권리를 국가에 귀속시키는 대신 발명자에게 일정한 보상을 주기 위한 제도를 말한다. 발명자증도 ① 발명의 보호를 내용으로 하고, ② 출원일의 특정이 가능하며, ③ 사회주의 국가의 동맹가입 촉진과 동서 기술교류 확대에 이바지하기 위해 파리조약에 의해 보호되고 있다. 발명자증이 보호되기 위해서는 자기의 선택에 의하여 특허 또는 발명자증 중의 어느 출원이라도 할 수 있는 동맹국(병유국)이어야 한다. 이는 발명자증이 특허보다 이용하기 어려운 경우가 많으므로 발명자증만을 인정하는 나라가 출현하는 것을 방지하기 위해 규정한 것이다.

235) 특허청, 심사지침서, 4415

236) 파리조약 제4조 E(1)항 : 어느 동맹국에 있어서 디자인이 실용신안의 출원을 근거로 하는 우선권에 기하여 출원된 경우에 그 우선기간은 디자인에 대하여 정하여진 것과 같은 기간으로 한다(파리조약에서는 이 역의 경우에 대하여는 규정하지 않고 있다).

6. 우선권주장의 절차

(1) 출원시 우선권주장

우선권주장기간은 각국에 따라 다르나, 우리나라 특허법은 법 제54조 제3항에서 「우선권주장을 하고자 하는 자는 특허출원시 출원서에 그 취지, 최초 출원국명 및 출원연월일을 기재하여야 한다」 고 하여 출원시에 우선권주장을 하도록 하고 있다.[237]

(2) 우선권증명서류의 제출

① 제출대상

특허출원시에 우선권을 주장한 자는 최초로 출원한 국가의 정부가 인정하는 서류로서 특허출원의 연월일을 기재한 서면, 발명의 명세서 및 도면의 등본(이하 "우선권증명서류"라 한다)을 특허청장에게 제출하여야 한다(法 54④1).

특허청장 또는 특허심판원장은 심사·심판을 위하여 필요한 경우 우선권주장을 한 자에 대하여 기간을 정하여 우선권증명서류에 대한 국어번역문을 제출하도록 명할 수 있다(施規 25③). 다만, 이 경우 우선권주장에 관한 서류 중 발명의 명세서 및 도면의 기재내용이 법 제42조 제2항의 규정에 의한 특허출원서에 첨부된 명세서 및 도면의 기재내용과 동일한 부분에 대하여는 그 취지를 기재하고 국어번역문의 제출을 생략할 수 있다(施規 25④).

특허청장 또는 특허심판원장은 번역문의 제출명령을 받은 자가 지정된 기간 내에 번역문을 제출하지 아니한 경우에는 그 우선권주장을 무효로 할 수 있다(施規 25⑤).

다만, 제1국 출원이 산업통상자원부령으로 정하는 국가인 경우에는 최초로 출원한 국가의 특허출원의 출원번호 및 그밖에 출원을 확인할 수 있는 정보 등 산업통상자원부령으로 정하는 사항을 적은 서면을 제출하면 된다(法 54④2). 이 경우에도 외국어로 기재된 우선권주장에 관한 서류를 국어로 번역한 번역문과 대리권 증명서등본을 첨부하여야 한다. 「산업통상자원부령이 정하는 국가」란 특허청과 외국의 특허업무를 담당하는 행정기관 간에 우선권증명서류를 전자적 매체에 의하여 교환할 수 있는 체제가 구축된 국가로서 특허청이 고시하는 국가를 말한다. 이에 따라 「우선권증명서류의 전자적 교환에 관한 고시」(특허청 고시 2013-31호)에 현재는 일본, 유럽특허청(EPO)[238], 미국[239], 중국 및 세계지식재산권기구(WIPO)의 전자적 접근 시스템(DAS ; Digital Access System)을 통하여 우선권증명서류를 전자적으로 송달하기로 합의한 국가[240]가 이에 해당한다(施規 25②).

---

237) 파리조약에서는 제2국에 출원할 수 있는 기간인 우선기간은 1년이라고 규정하고 있지만(파리조약 4C(1)), 제2국에 출원한 후 우선권주장을 할 수 있는 기간인 우선권주장기간은 동맹국의 자국법에 일임하고 있다(파리조약 4D(1)).
238) 우선권주장의 기초출원이 유럽특허청(EPO)에 출원된 경우에 한한다.
239) 미국은 전자적 교환 허가서(PTO/SB/39)가 제출되어야만 미공개된 우선권증명서류를 한국 특허청에 제공하므로 한국 특허청이 우선권증명서류 제출기간에 전자적 교환방법으로 해당 우선권증명서류를 제공받을 수 있는 상태였음을 확인할 수 있는 경우에 한정한다.
240) 제1국에서 DAS 이용신청이 사전에 이루어지는 등 한국 특허청에서 특허출원번호만으로 WIPO의 DAS로부터 해당 증빙서류를 입수할 수 있어야 하므로 한국 특허청이 우선권증명서류 제출기간 내에 전자적 교환방법으로 해당 우선권증명서류를 WIPO의 DAS로부터 제공받을 수 있는 상태였음을 확인할 수 있는 경우에 한정한다.

② **제출시기**

특허출원시 우선권을 주장한 자는 우선권증명서류를 다음에 해당하는 날 중 최선일(最先日)로부터 1년 4개월 이내에 특허청장에게 제출하여야 한다(法 54⑤).

㉠ 조약당사국에 최초로 출원한 출원일
㉡ 그 특허출원이 국내우선권주장을 수반하는 경우에는 그 우선권주장의 기초가 되는 출원의 출원일
㉢ 그 특허출원이 다른 조약우선권주장을 수반하는 경우에는 그 우선권주장의 기초가 되는 출원의 출원일

우선권주장증명서류가 제1국 출원일로부터 1년 4개월 이내에 제출되지 않은 경우 그 우선권주장절차는 효력을 상실한다(法 54⑥). 즉, 우선권주장증명서류가 1년 4개월을 경과하여 제출되거나 제출되지 않은 경우 별도의 무효처분 등을 하지 않더라도 그 우선권주장은 당연히 효력을 상실하게 된다. 여기서 우선권증명서류가 제출되지 않은 경우는 우선권증명서류 제출서만 제출하고 제1국 출원서를 제출하지 않은 경우를 포함한다.

다만, 분할·변경출원이 조약우선권주장을 하는 경우 분할·변경출원시 출원서에 그 취지를 기재하면 되며, 조약우선권에 관한 우선권증명서류는 1년 4개월이 지난 후에도 분할·변경출원을 한 날로부터 3개월 내에 제출하면 된다(法 52④, 53⑥).241)

(3) **외국의 심사결과제출명령**

① 2017. 3. 1.부터 시행되는 개정법에 의하면 심사관은 제54조에 따른 우선권주장을 수반한 특허출원의 심사에 필요한 경우에는 기간을 정하여 그 우선권주장의 기초가 되는 출원을 한 국가의 심사결과에 대한 자료(그 심사결과가 없는 경우에는 그 취지를 적은 의견서)를 산업통상자원부령으로 정하는 방법에 따라 제출할 것을 특허출원인에게 명할 수 있도록 하고 있다(法 63의3).

② 이 법 조항의 신설취지는 동일 기술의 복수국가 교차출원이 급증함에 따라 주요국 특허청 간 심사결과의 상호활용 필요성이 증대하였기 때문이다.

(4) **우선권주장의 보정 또는 추가**

① **우선권주장을 보정 또는 추가242)할 수 있는 출원**

우선권주장을 보정 또는 추가하기 위하여서는 출원시에 우선권주장을 하였어야 하며, 우선권주장의 기초가 되는 최초출원의 출원일로부터 1년 이내에 출원을 한 경우에 한한다. 또한, 우선권주장이 취하, 포기 또는 무효가 되었거나 후출원의 절차가 계속 중이 아닌 경우에는 우선권주장을 보정할 수 없다.

---

241) 국내우선권주장에 있어서는 우선권주장의 기초가 되는 선출원이 분할출원이거나 변경출원이 아니어야 한다. 즉, 분할·변경 출원을 기초로 하여 국내우선권주장을 할 수 없다. 우선권주장 후 분할·변경출원은 가능하다.
242) 2001. 2. 3. 전 특허법에서는 우선권주장의 기재가 명백한 오기로 판단되는 경우를 제외하고는 우선권주장의 보정이 허용되지 않았다. 이에 따라 우선권주장에 흠이 있는 경우 그 흠이 명백한 오기로 자명한 경우를 제외하고는 특허법 제29조 및 제36조의 규정을 적용함에 있어 출원일을 제1국 출원일로 소급받지 못하였다. 그러나 특허법조약(PLT) 제13조에는 출원 후에도 우선권주장의 보정이나 추가가 가능하도록 규정하고 있음을 감안하여 특허법에 제54조 제7항을 신설하여 출원시 우선권주장을 한 자는 최선일부터 1년 4개월 이내에 우선권주장을 보정하거나 추가할 수 있도록 하였다.

② 우선권주장을 보정 또는 추가할 수 있는 범위
  ㉠ 최선일로부터 1년 4개월 이내의 보정
    이 기간 중에는 우선권주장을 보정하거나 추가할 수 있다. 따라서 우선권주장의 전부 취하, 복합우선권주장에 있어서 일부 우선권주장의 취하, 우선권주장의 명백한 오기의 정정뿐만 아니라 우선권주장을 추가하는 보정도 허용된다(法 54⑦).
  ㉡ 최선일로부터 1년 4개월 이후의 보정
    최선일로부터 1년 4개월 이후의 보정은 우선권주장의 명백한 오기의 정정, 우선권주장의 취하와 같은 보정 등은 허용된다.

7. 우선권주장의 효과

(I) 적법한 우선권주장의 효과
  ① 판단시점의 소급효
    우선권이 인정되는 출원은 제29조(특허요건) 및 제36조(선출원주의)의 판단에 있어서만 제1국 출원일에 출원한 것과 동일한 효과를 부여받는다(法 54①).
    다만, 주의할 것은 이때 출원일 자체가 소급한다는 것은 아니며, 단지 신규성·선출원주의 등을 판단함에 있어서 소급적으로 판단해 준다는 것뿐이다. 즉, 이는 제1국과 제2국 출원 사이에 제3자의 어떠한 행위(출원, 공표, 실시 등)에 의해서도 불리한 취급을 받지 아니한다는 의미이며 또한 이들 제3자에게는 어떠한 권리도 인정하지 아니한다는 뜻이다(파리조약 제4조B 참조).
    따라서 2007년 8월 3일에 출원된 제1국의 A발명을 기초로 2007년 12월 20일 우리나라에 조약 우선권주장출원을 한 경우 특허요건의 판단시점은 2007년 8월 3일로 소급적용되므로 그 사이에 출원된 동일한 발명에 대한 타인의 출원은 후출원임을 이유로 거절된다. 다만, 분할 혹은 변경출원(출원일 자체가 소급됨)과 달리 조약우선권주장출원의 출원일은 우선권주장을 하는 실제의 제2국 출원일이며, 제1국 출원일로 소급간주되는 것은 아님을 유의하여야 한다.243)
  ② 소급효의 예외
    심사청구의 기산일(法 59②), 특허권의 존속기간 만료일(法 88), 재정의 기산일(法 107②) 등을 적용함에 있어서는 소급적용되지 않고 우선권주장출원일을 기준으로 한다. 즉, 출원인에게 유리하게 법을 적용하고 있다. 또한 등록지연에 따른 특허권존속기간연장(法 92의2①)시 특허출

---

243) 파리조약 규정에 따라 해석상 판단시점이 소급되는 경우
파리조약은 「적법하게 된 우선권주장출원은 제3자에 의해 그 사이에 이루어진 행위(출원, 당해 발명의 공개, 실시 등) 등에 의하여 불리한 취급을 받지 아니하며, 이 경우에 제3자는 선출원권 또는 선사용권 등 어떠한 권리도 인정되지 아니한다」고 규정하고 있다(파리조약 제4조B). 따라서 특허권의 효력이 미치지 아니하는 범위(法 96①), 이용·저촉관계(法 98), 선사용권(法 103), 디자인권존속기간 만료 후의 통상실시권(法 105), 생산방법의 추정(法 129), 정정심판(法 136), 출원공개의 기산일(法 64①) 및 실체보정기간(法 47) 등에 있어서도 판단시점이 소급적용된다.

원의 기산일 계산(法 52②단서, 92의2④)에 있어서 '특허출원일로부터 4년'과 관련하여서는 조약우선권주장출원(法 54)의 경우에도 조약우선권주장출원을 한 날을 특허출원일로 본다.
한편, 조약에 의한 우선권주장출원이 공지예외적용(신규성 의제)을 받고자 하면 "공지일로부터 1년 이내 특허출원"을 하여야 한다. 왜냐하면 특허법 제30조의 공지예외주장 출원에 관한 규정을 적용함에 있어 공지 후 제1국 출원 전 1년 이내에 우리나라에 우선권주장출원을 하지 않았다면 비록 제1국 출원일부터 1년 내에 우선권주장출원을 하였다 하더라도 자신이 공지한 발명에 의하여 신규성이 상실될 수 있다.[244] 또한 법 제30조 제2항의 우선권주장 증명서류제출도 출원인의 이익을 위하여 판단시점이 소급되지 아니하고 우선권주장출원일로부터 30일 이내에 특허청장에게 제출하면 된다(法 54①). 다만, 산업통상자원부령으로 정하는 보완수수료를 납부한 경우에는 보정할 수 있는 기간, 특허결정 또는 특허거절결정 취소심결의 등본을 송달받은 날로부터 3개월 이내의 기간(설정등록이전기간)까지 제출할 수 있다(法 30③). 그 증명서의 내용이 이미 제출한 증명서의 내용과 동일할 때에는 그 취지를 기재하고 이를 원용할 수 있다.

(2) 부적법한 우선권주장의 효과

① 우선권주장 절차를 무효시키는 경우

우선권주장의 절차를 무효시킬 수 있는 경우는 출원인의 동일성, 출원의 정규성, 출원의 최선성, 우선권주장기간의 준수, 우선권주장 신청 등의 요건을 충족하지 못한 경우, 특허청장은 특허법 제46조의 규정에 따라 보정을 명하여야 하며, 보정명령에도 불구하고 지정기간 이내에 우선권주장의 흠을 해소하지 못한 경우에는 그 우선권주장절차에 대하여 무효처분을 할 수 있다(法 16①).

여기서 유의할 사항은 무효처분이 될 경우 우선권주장 절차만 무효되는 것으로서 우선권주장을 수반했던 당초 출원은 우선권이 없는 일반출원이 되어 심사를 받게 된다는 것이다.

우선권주장이 복합우선권주장이고 그 우선권주장의 일부에 흠이 있는 경우 특허청장은 특허법 제46조 절차의 보정의 규정에 따라 흠이 있는 우선권주장에 대하여만 보정을 명하여야 하며, 보정명령에도 불구하고 지정기간 이내에 흠을 해소하지 못한 경우 우선권주장 전체를 무효처분하는 것이 아니고 흠을 치유하지 못한 일부 우선권주장만을 무효로 할 수 있다(法 16①). 이는 특허법 제16조 규정에 의한 무효처분의 대상은 특허에 관한 절차인바, 복합우선권주장의 절차는 여러 개의 우선권주장 절차를 출원인의 편의상 1건의 서류로 진행하도록 한 것이기 때문이다.[245]

② 판단시점 소급효를 불인정하는 경우

우선권주장 및 우선권주장의 보정에 대한 심사결과 우선권주장이 부적합하여 우선권주장을 무효처분한 경우 실제 출원한 제2국 출원일을 기준으로 심사한다.

---

244) 특허청, 심사지침서, 4426
245) 황종환·김현호, 전게서 p.370

8. 국제특허출원의 특례

국제특허협력조약(PCT)에 의한 국제출원으로 대한민국을 지정국으로 한 국제출원(국제특허출원)은 법 제54조의 조약우선권에 관한 규정을 적용하지 아니한다(法 199②). 출원인이 PCT의 규정에 의하여 조약우선권을 주장한 경우 절차는 PCT에 의하며(PCT 8(1)), 그 요건 및 효과는 「산업재산권의 보호를 위한 파리조약」의 스톡홀름의정서 제4조의 정하는 바에 의하기 때문이다(PCT 8(2)(a)). 한편, 파리조약 제4조는 법 제54조의 요건 및 효과와 다를 바가 없기 때문에 결국 법 제54조를 적용하지 않는다는 의미는 조약우선권주장의 절차를 제54조의 절차가 아니라 PCT의 규정에 의한 절차에 따른다는 의미이다.

파리조약에 의한 우선권제도는 출원인을 불리하게 취급하지 않는다는 것일 뿐, 다수국에 일일이 모두 출원해야 하는 불편이 있다. 한편, PCT는 출원과 심사에 있어 출원인 및 각 나라 특허청이 부담하는 중복노력을 국제협력을 통해 제거하고자 하는 목적으로 체결된 것으로서 하나의 국제출원을 어느 한 나라에 출원함으로써 각 지정국에서 출원한 것과 동일한 효과를 가지므로 파리조약상 우선권제도를 어느 정도 개선하고 있다.[246]

> [참고] **조약의 효력**
>
> 1. 헌법 제6조에 "헌법에 의하여 체결·공포된 조약과 일반적으로 승인된 국제법규는 국내법과 같은 효력을 가진다"라고 규정함으로써 조약이 국내법과 동일한 효력을 가지는 것으로 규정하고 있다.
>
> 2. 그러나 조약이 국내법과 충돌할 때에는 어떠한 효력을 가지는가에 대하여 학설 간 견해가 일치하지 않고 있다. 현재 우리나라가 특허제도와 관련하여 가입한 조약은 WIPO 설립협약('79. 3. 1.), 파리협약('80. 5. 4.), 특허협력조약(PCT)('84. 8. 10.), 미생물 기탁에 관한 부다페스트조약('88. 3. 28.), Strasbourg협정('99. 10. 8.) 등이며, 2000. 6. 1. 채택된 특허법조약(PLT)에의 가입을 검토 중에 있다.
>
> 3. 현행 우리나라가 가입한 특허관련 조약과 현행 특허법이 직접적으로 상충되는 경우는 거의 없으나 우리나라 특허법보다 조약에 보다 상세한 내용이 규정된 경우가 있으므로 심사시 조약을 참조할 필요가 있다. 예를 들면, 특허법 제54조에는 제1국 출원을 특허출원만 규정하고 있으나 파리협약에서는 제1국 출원이 특허, 실용신안, 디자인출원 및 발명자증일 경우도 당사국에 제2국 출원을 할 수 있도록 규정되어 있으므로 제1국 출원이 특허 외에 실용신안등록출원 등 다른 형태의 출원인 경우에도 우선권을 인정하여야 한다는 주장이 있다.[247]

---

246) 임병웅, 전게서, p.378~379
247) 황종환·김현호, 전게서, p.371~372

■ 우선권주장출원의 심사절차도

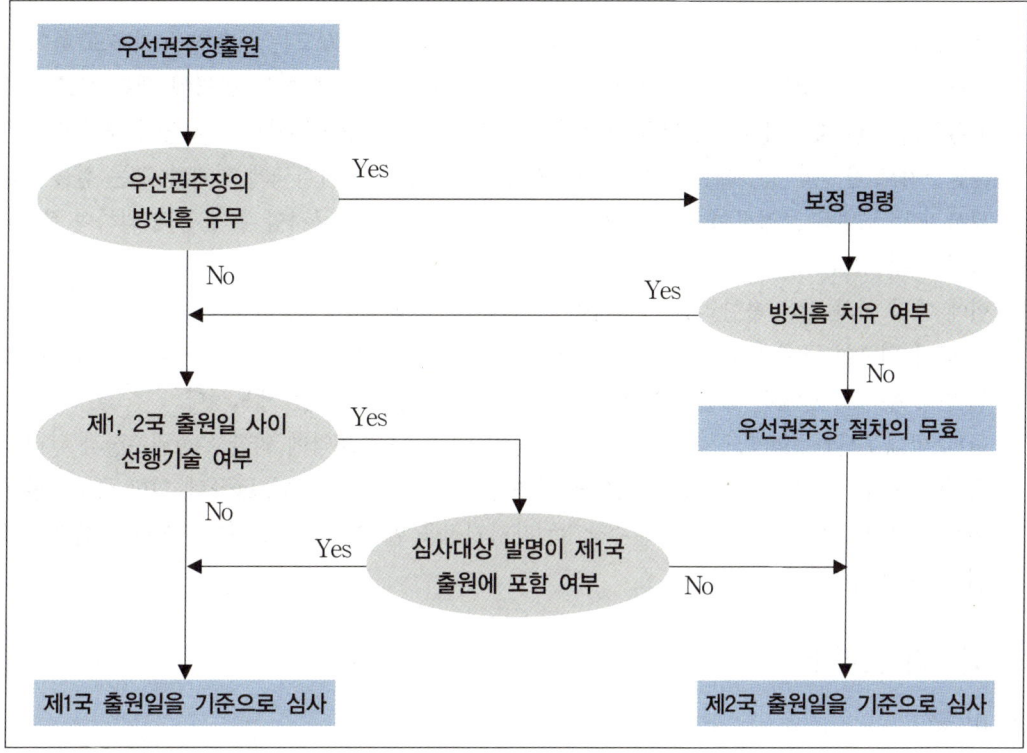

Ⅲ 국내우선권 제도

1. 의 의

국내우선권(internal priority rights)[248]이란 우리나라에 특허출원 또는 실용신안등록출원(이하 '선출원'이라 한다)을 한 자 또는 그 승계인이 개량발명 등을 하고 그 개량발명 등과 선출원 발명을 하나의 출원에 포함시켜 특허출원(이하 '후출원'이라 한다)을 하여 우선권주장을 한 경우, 후출원에 기재된 「선출원발명」에 대하여 특허요건의 판단 등 일정법규 적용을 선출원시까지 소급해 주는 제도[249]를 말한다.

---

[248] 특허법 제55조는 "특허출원 등을 기초로 한 우선권주장"이라고 하여 조약에 의한 우선권과 달리 규정하였는데, '국내우선권'이라는 용어는 조약우선권과 구별하기 위하여 실무상·강학상 사용하는 용어이다.

[249] 조약우선권과 국내우선권과의 비교: 조약우선권제도는 국제 간의 발명보호수단이므로 국가와 국가를 달리하는 출원 간에 활용되며, 국내우선권은 자국의 발명보호수단이므로 자국 내의 출원시에 활용된다. 즉, 전자는 타국출원을 선출원으로 하여 우리나라에의 출원(후출원)시에 주장되는 우선권제도인 반면, 후자는 우리나라의 선출원을 근거로 개량발명 등을 우리나라에 출원(후출원)할 경우 주장되는 우선권제도이다.

2. 취 지

특허출원 등에 의한 우선권주장(이하 "국내우선권"이라 한다)제도는 선출원을 기초로 하여 당해 선출원을 보다 구체화하거나 개량·추가하는 발명을 한 경우에 이들 발명에 대한 보호의 길을 마련하기 위한 제도이다. 즉, 이들 선출원을 구체화 또는 개량·추가하는 발명에 대하여, 통상의 출원절차로 출원할 경우에는 자신의 선출원과 동일발명으로 거절되게 되거나 또는 선출원의 명세서 또는 도면을 보정하여 이들 발명을 추가하는 경우에는 신규사항 추가 등에 의하여 특허거절결정될 수 있다.

이에 따라 이와 같은 불합리를 제거하여 기술개발의 성과물인 발명이 빠짐 없이 보호될 수 있도록 하기 위하여 국내우선권주장을 수반하는 출원은 선출원에 기재된 발명과 동일한 발명은 선출원일에, 추가된 발명은 후출원일에 출원한 것으로 인정하여 주는 제도이다.

한편, 국내우선권주장제도는 외국출원에 대해서만 인정되는 조약에 의한 우선권주장과 달리 국내출원에 대해서 인정되므로 내·외국인의 불평등을 해소할 수 있으며, PCT에 의한 국제출원에 있어서 대한민국을 지정하여 우선권주장, 즉 자기지정을 할 수 있으므로 PCT 이용의 활성화에 기여할 수 있다.[250]

3. 외국의 입법례

(1) 미 국

미국은 특허법에서 일부계속출원제도(continuation-in-part application ; CIP 출원)를 운영하고 있다. CIP 출원제도란 동일출원인에 의한 후출원이 선출원의 요부의 전부 또는 일부를 포함하고 있으며, 나아가 선출원에 없었던 새로운 사항(new matter)을 후출원에 추가한 출원을 말한다. 미국 특허법에서는 동일인에 의한 계속발명을 보호하기 위해 새로운 사항을 부가한 명세서를 일부계속출원으로 간주하여 선출원과의 공통된 사항에 대하여는 선출원의 출원일과 동일한 출원일을 인정하고 있다. 따라서 원출원 및 일부계속출원에 있어 공통되는 사항에 대하여는 원출원이「최초의 출원」이 된다.

(2) 일 본

일본의 국내우선권제도는 우리나라 국내우선권제도와 비슷하며, 일본은 미국의 일부계속출원 및 영국의 가명세서제도에 비해 상대적으로 불리했던 종래의 특허제도의 불균형을 바로잡기 위하여 1985년 11월 1일부터 국내우선권제도를 도입, 시행하였다.

---

[250] '자기지정'이란 우리나라에서 PCT조약에 의한 국제출원을 하는 경우 우리나라에 한 국내출원을 기초로 하여 우선권을 주장하여 출원하면서 우리나라를 지정국으로 지정하는 것을 말한다. 현행법이 국내우선권제도를 도입한 결과 우리나라의 출원에 기초하여 우선권을 주장하는 국제출원을 하면서 그 지정국에 우리나라를 포함시키는 자기지정에 의한 국내우선권주장이 국제출원으로도 가능하게 되어 하나의 출원으로서 외국과 국내에서의 권리취득이 용이한 PCT에 의한 국제출원의 촉진을 기대할 수 있다.

(3) 영 국

영국 특허법은 가명세서제도를 두고 있는데, 이는 출원인이 발명의 개요를 기재한 가명세서(provisional specification)를 제출하고, 그 후 일정기간(12개월) 내에 완전명세서(complete specification)를 제출할 수 있도록 하는 것이다.

이 경우 완전명세서에는 가명세서의 기재발명을 포함한 새로운 사항을 기재할 수 있으나, 출원일의 소급이 허용되는 것은 가명세서의 기재발명에 한한다.

4. 국내우선권의 이용 형태

(1) 실시 예 보충형

기본적인 발명을 먼저 출원하고 그 후 단계적으로 개발된 개량발명을 하나의 출원으로 모아 일련의 기술개발의 성과가 포괄적으로 보호받을 수 있도록 할 때 이용한다.

(2) 상위개념 추출형

완성된 발명별로 별도의 출원을 하고 이들을 기초로 하여 새로운 발명(상위개념)을 완성한 경우 개별출원의 발명과 상위개념적 발명을 모아 넓은 범위의 권리취득을 가능하게 하고자 할 때 이용한다. 즉, 아이디어가 탄생한 순서대로 그때마다 개별출원을 해두었다가 이들을 기초로 한 새로운 발명적 아이디어를 하나로 묶어 권리를 취득하는 것이다.

(3) 1군의 발명형

개별적으로 된 착상이 물건과 그 물건을 생산하는 방법 등과 같이 1특허출원의 요건(施行令 제6조)을 충족시키는 경우에는 우선권을 주장하여 1출원으로 모을 수 있다.

5. 국내우선권주장의 성립 요건

(1) 우선권주장을 할 수 있는 자일 것

국내우선권을 주장할 수 있는 자는 특허를 받으려고 하는 자로서 선출원의 출원인 또는 정당한 승계인[251]이다(法 55①). 따라서 선출원과 후출원의 출원인은 후출원의 출원시점에서 동일하여야 한다. 공동출원의 경우 모두가 함께 국내우선권주장을 하여야 하며[252], 특허관리인을 제외한 통상의 위임대리인의 경우 특별히 권한을 위임 받아야 한다.

---

[251] 조약우선권주장의 '우선권'은 우선권의 독립성에 기인하여 별도 승계를 받아야 하며 국내우선권주장의 '우선권'은 별도의 승계가 필요하지 않다. 왜냐하면 조약우선권은 제1국 출원을 기초로 제2국에 출원하는 것이므로 특허독립의 원칙에 따라 별도로 제2국에 우선권을 주장할 수 있는 권리가 필요한 반면, 국내우선권은 국내에서의 특허를 받을 수 있는 권리의 승계만 있으면 족하기 때문이다.

[252] 선출원인과 후출원인이 동일인임을 인정받기 위하여는 ① 출원인의 주소 또는 영업소가 일치될 것, ② 출원인의 성명 또는 명칭이 일치될 것, ③ 출원인의 인장이 일치될 것이 필요하다(특허청, 심사지침서).

(2) 선출원이 특허출원 또는 실용신안등록출원일 것

국내우선권의 인정취지가 기본발명의 개량기술의 복합출원인정에 있으므로 국내우선권의 선출원은 기술을 보호대상으로 하는 특허출원 및 실용신안등록출원으로 제한된다. 따라서 디자인등록출원을 선출원으로 하여 국내우선권주장출원을 할 수 없다.

디자인등록출원이 선출원의 대상으로 되지 않는 이유는, 첫째 국내우선권제도는 기술개발의 초기단계에서 순서대로 생기는 기본발명 및 그 개량발명을 수시로 출원하여 후에 이들을 하나의 출원으로 출원하는 것을 인정하지만 디자인등록출원은 기술개발의 최종단계에서 어느 제품의 제품화 개발에서 생긴 디자인을 대상으로 하고 있어 기본적으로 우선권제도에 익숙하지 않은 점, 둘째 디자인등록출원은 특허·실용신안등록출원과는 선·후출원 관계에 있지 않은 점 등을 들 수 있다.[253]

(3) 선출원이 분할출원이나 변경출원이 아닐 것

국내우선권주장의 선출원은 분할출원 또는 변경출원이 아니어야 한다(法 55①2).[254] 선출원이 분할출원 또는 변경출원인 경우 심사의 어려움을 줄이기 위해 우선권주장을 할 수 있는 출원에서 제외된다.

(4) 선출원이 우선권주장출원의 출원시에 특허청에 계속 중일 것

① 선출원이 우선권주장출원의 출원시에 포기·무효·취하 또는 각하[255]되지 않았어야 한다(法 55①3).

② 선출원이 우선권주장출원의 출원시에 특허락부결정, 실용신안등록 여부의 결정 또는 심결이 확정되어 있지 않아야 한다[256](法 55①4).

(5) 선출원과 후출원의 발명의 동일성

국내우선권을 주장한 출원의 청구범위에 기재된 발명과 선출원의 최초 첨부한 명세서 또는 도면에 기재된 발명 혹은 고안은 동일성이 있어야 한다.

이 경우 국내우선권주장출원의 경우 청구범위에는 선출원의 발명을 기초로 한 이용·개량발명을 포함하고 있는데, 이 중 선출원과 동일한 발명이 선출원일로 판단시점이 소급되는 것이고, 이용·개량발명은 현실의 국내우선권주장 출원일을 기준으로 특허요건 등을 판단하게 된다. 한편, 이용·개량발명은 특허법 제45조에서 규정한 1군(群)의 발명요건을 만족하는 것이어야 한다.

---

[253] 황종환·김현호, 전게서, p.374~375
[254] 우선권주장 후 분할, 변경출원은 가능하다.
[255] 조약에 의한 우선권주장의 경우는 일단 적법, 정식으로 출원된 이상 그 이후에 제1국 출원이 무효·취하·포기·거절결정되더라도 그 출원의 정규성을 해하지 않는다. 즉, 그 출원을 기초로 하여 제2국에 우선권주장출원을 할 수 있다.
[256] 선출원과 후출원이 합해져서 하나의 특허가 되는 국내우선권제도로 볼 때(조약우선권제도는 제2국 출원이 제1국 출원과 동일할 수도 있고, 복합우선·부분우선의 형태로 제2국에 출원될 수 있다), 만일 특허결정 또는 실용신안등록결정된 선출원을 기초로 하여 우선권주장이 인정된다면 특허권이 바뀌게 되어 제3자에게 불측의 손해를 줄 수 있으며, 행정절차의 복잡을 초래할 것이기 때문이다.

⑹ **우선기간 내의 출원일 것**

우선권주장을 수반하는 후출원은 선출원일로부터 1년이 경과되기 전에 되어야 한다(法 55①1).

6. 국내우선권주장 절차

⑴ **출원시 우선권주장**

국내우선권을 주장하고자 하는 자는 특허출원(후출원)시 특허출원서에 국내우선권주장의 취지 및 선출원의 표시를 하여야 한다(法 55②). 한편 조약에 의한 우선권을 주장하는 경우와는 달리 국내우선권주장의 절차에 있어서는 선출원이 출원계속 중이므로 우선권주장증명서류의 제출은 요하지 않는다. 우선권주장을 수반하는 특허출원에 대해서도 선출원시에 주장한 공지예외규정(法 30)의 규정을 적용받으려고 할 경우에는 그 취지를 기재한 서면을 그 출원과 동시에 특허청장에게 제출하고 또한 후출원일로부터 30일 이내에 특허법 제30조 제2항에서 규정하는 증명서류를 제출하여야 한다. 이 시기를 놓친 경우는 산업통상자원부령으로 정하는 보완수수료를 납부한 경우, 명세서 등 보정기간 및 특허결정등본, 특허거절결정취소심결등본을 송달받은 날부터 3개월(설정등록이전까지)까지 공지예외주장보완이 가능하다.

⑵ **우선권주장의 보정 또는 추가**

① 특허출원시에 국내우선권을 주장한 자는 그 우선권주장출원이 선출원과의 관계에 있어서 1년의 우선기간을 준수하고 선출원이 분할·변경출원이 아니며, 우선권주장시 선출원 절차가 계속 중에 있고 출원인의 동일성이 유지되는 등 우선권주장의 요건을 충족하고 있을 때에는 선출원일(선출원이 2 이상인 경우에는 최선출원일)부터 1년 4개월 이내에 당해 우선권주장을 추가하거나 보정할 수 있다(法 55⑦).

아울러, 우선권주장을 보정 또는 추가할 수 있는 기간을 경과하여 우선권주장의 보정 또는 추가서류를 제출한 경우 불수리된다.

② **우선권주장의 보정 또는 추가할 수 있는 범위**

㉠ 최선일로부터 1년 4개월 이내

선출원일로부터 1년 4개월 이내의 우선권주장을 추가할 수 있는 범위는 조약우선권제도와 유사하다. 즉, 이 기간 중에는 우선권주장의 취하, 복합우선권주장에 있어서 일부 우선권주장의 취하 및 우선권주장의 명백한 오기를 정정하는 보정은 물론 우선권주장을 추가하는 보정도 가능하며, 이 기간 중 우선권주장을 취하(일부취하 포함)하고 추가하는 보정을 하는 경우 출원인의 편의를 고려하여 취하서를 별도로 제출하지 않고 1건의 보정서에 기재하여 제출하여도 유효한 것으로 인정한다.

다만, 특허법 제56조 제2항에 의하여 선출원일부터 1년 3개월이 지났을 때에는 우선권주장을 취하할 수 없으며, 복합우선권주장에 있어서 선출원일부터 1년 3개월의 경과 여부는 각각의 선출원일부터 계산한다.257)

ⓒ 최선일로부터 1년 4개월 이후

최선일로부터 1년 4개월 후에 할 수 있는 국내우선권주장의 보정은 조약우선권제도와 같이 명백한 오기임이 자명한 것에 한한다.

7. 국내우선권주장의 취하 및 취하간주

(1) 선출원의 취하간주

국내우선권을 주장한 경우에는 우선권주장의 기초인 선출원과 우선권주장을 수반한 후출원과의 중복을 정리하기 위하여 선출원은 그 출원일로부터 1년 3개월을 지났을 때에 취하된 것으로 본다(法 56① 본문).

복수의 선출원을 기초로 하여 국내우선권주장을 한 경우에는 최선출원일로부터 1년 3개월을 경과한 때에 선출원은 일괄적으로 취하되는 것이 아니라, 우선권주장의 기초가 된 각각의 선출원일로부터 1년 3개월 경과시에 각각 취하간주된다. 따라서 취하간주되는 선출원은 출원의 계속이 종료됨으로써 출원공개도 되지 아니하며 또한 심사의 대상도 되지 않는다.

다만, 우선권주장의 기초인 선출원이 그 출원일로부터 1년 3개월이 경과되기 이전에 ① 포기·무효·취하되거나 특허락부(실용신안등록여부)결정 또는 심결이 확정된 경우, ② 당해 선출원을 기초로 한 우선권주장이 취하된 경우에는 간주취하 대상이 되지 않는다(法 56① 단서). 위 ①의 사유가 발생한 때에는 간주취하되기 이전에 선출원의 계속이 이미 종료되고 있는 상태이며, ②의 경우에는 우선권주장의 취하에 따라 선출원은 계속 존속할 수 있다.

(2) 우선권주장의 취하제한

① 우선권을 주장한 출원인은 선출원의 출원일로부터 1년 3개월이 경과된 후에는 우선권주장을 취하할 수 없다(法 56②). 왜냐하면 우선권주장의 기초가 되는 선출원은 그 출원일로부터 1년 3개월이 지나면 자동취하간주(法 56①)되기 때문에 그 이후 국내우선권주장 취하에는 실익이 없기 때문이다.

② 우선권주장을 취하하고자 하는 경우는 소정의 취하서를 특허청장에게 제출하여야 하며(規則 19②), 우선권주장이 취하되면 우선권주장 그 자체만 취하되는 것이므로 선출원은 계속 존속하게 된다.

---

257) 최선출원일로부터 1년 3개월이 지나면 일괄적으로 취하되는 것이 아니다.

8. 국내우선권주장의 효과

(1) 적법한 우선권주장의 경우

① **판단시점의 소급효**

국내우선권주장을 수반하는 특허출원된 발명 중 당해 우선권주장의 기초가 된 선출원의 최초 명세서 등에 기재되어 있는 발명에 관해서는 ㉠ 신규성 및 진보성(法 29①②), ㉡ 확대된 선출원의 지위(法 29③④ 각호 외의 부분 본문) ㉢ 공지예외적용발명(法 30①), ㉣ 선출원주의(法 36), ㉤ 특허출원시부터 국내에 있는 물건(法 96①③), ㉥ 타인의 특허발명, 등록실용신안, 등록디자인 등의 이용 또는 특허권과 디자인권과의 저촉의 관계(法 98), ㉦ 선사용에 의한 통상실시권(法 103), ㉧ 디자인권의 존속기간 만료 후의 통상실시권(法 105), ㉨ 생산방법의 추정(法 129), ㉩ 정정심판(法 136)의 규정 등을 적용함에 있어서 당해 후출원은 선출원시에 출원된 것으로 간주하여 취급한다(法 55③).

② **소급효의 예외**

㉠ 판단시점의 소급이 불리한 경우

다만, 판단시점이 소급되는 경우 오히려 국내우선권을 주장한 자에게 불리하게 되는 심사청구의 기산일(法 59②), 특허권의 존속기간 만료일의 기준일(法 88①), 재정에 있어서 출원일의 기산일(法 107②), 등록지연에 따른 특허권 존속기간의 연장시 특허출원일(法 92의2①)의 기산일(法 92의2④) 등을 적용함에 있어서는 소급적용되지 않고 우선권주장출원일을 기준으로 한다.

㉡ 이중우선의 경우

한편, 선출원이 국내우선권주장 또는 파리조약에 의한 우선권주장을 수반하는 경우에 그 주장의 기초가 된 출원에 출원시의 명세서 또는 도면에 기재된 발명에 관해서는 우선권의 효과를 인정하지 않고(法 55⑤), 선출원에 대하여 새로 추가된 사항에 대해서만 우선권의 효과를 인정한다.

이와 같이 누적적 후출원에 대해 우선권을 인정하지 않는 것을 중복소급효의 불인정이라 한다. 중복소급효의 불인정이라 함은 제1출원(외국출원)을 기초로 하여 1년 내에 우리나라에 조약우선권주장출원(제2출원)을 하고, 이러한 제2출원을 기초로 다시 국내우선권주장출원(제3출원)을 하는 경우, 혹은 국내의 선출원을 기초로 국내우선권주장을 하고 그 우선권주장출원을 기초로 또 다시 국내우선권주장출원을 한 경우에 세 출원에 모두 기재된 내용에 대해서는 국내우선권을 인정하지 않는 것을 말한다. 중복 불소급의 원칙이라고도 한다. 따라서 이와 같은 발명에 대하여 우선권주장의 효과를 가지기 위해서는 선출원의 기초출원을 복합적으로 우선권주장을 하여야 한다.

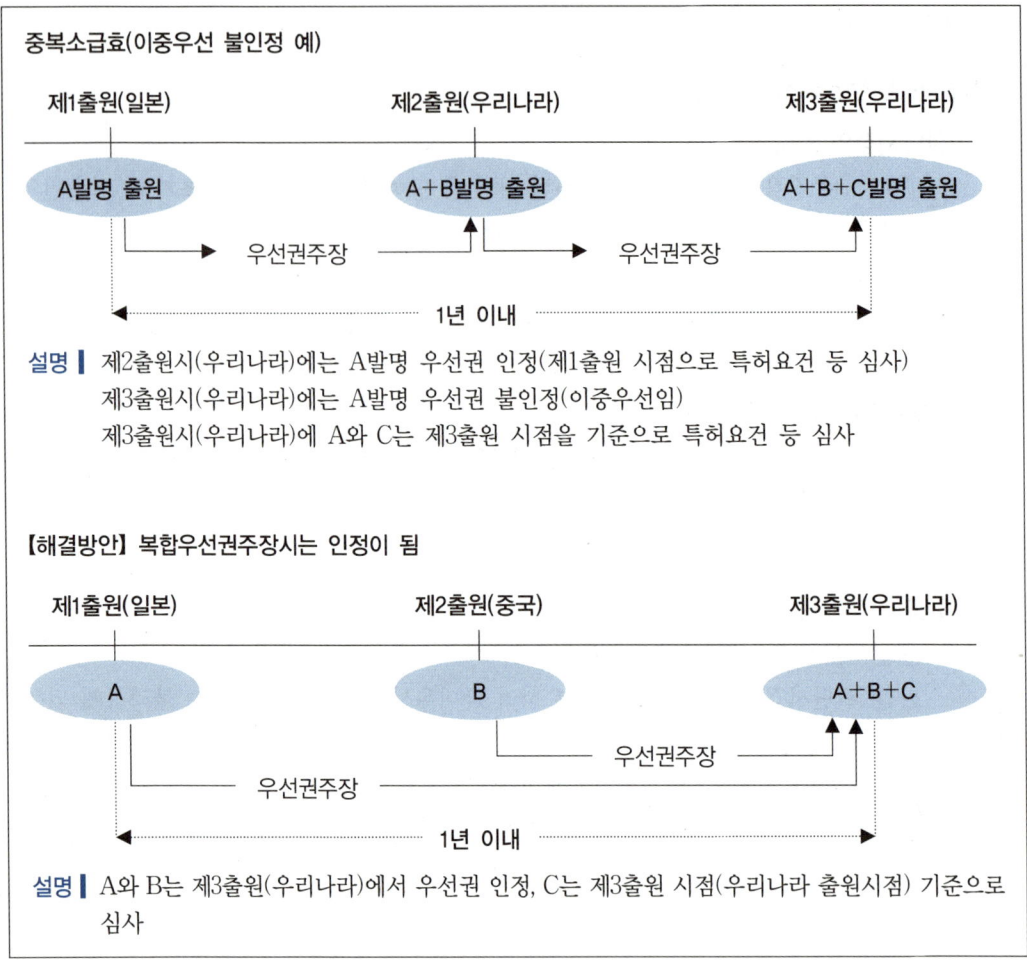

ⓒ 확대된 선원의 지위 적용

우선권주장의 기초인 선출원의 최초 명세서 또는 도면에 기재된 발명(고안)이 우선권주장을 한 후출원의 최초 명세서 또는 도면에 옮겨 기재된 때에는 후출원의 공개효과로서 법 제29조 제3항(확대된 선출원의 지위)의 규정을 적용할 수 있도록 하고 있다(法 55④). 이는 선출원된 기본발명이 우선권주장의 기초가 되는 선출원인 경우 당해 선출원의 출원공개 전에 취하된 것으로 보기 때문에(法 56①), 출원공개 또는 특허등록공고를 요건으로 하는 확대된 선출원의 지위를 인정받을 수 없기 때문이다.

한편, 선출원이 국제특허출원(실용신안등록출원)으로 국내서면제출기간 내에 발명(고안)의 설명, 청구범위의 국어번역문을 제출하지 아니하여 취하되어도 법 제55조 제4항에 따른 확대된 선출원의 지위를 적용하도록 하고 있다(法 55⑥). 그러나 선출원이 아닌 당해 국제특허출원(즉, 우선권주장을 수반하는 국제특허출원)은 국내서면제출기간 내에 번역문을 제출하지 아니하면 국제특허출원이 취하된 것으로 간주되어 확대된 선출원의 지위(法 55④)를 가지지 아니한다(法 202②단서).

(2) 부적법한 우선권주장의 경우

① 우선권주장 절차의 무효
국내우선권주장이 절차상 부적법한 경우[258]에는 특허청장은 보정명령을 하고 지정기간 내에 그 흠이 치유되지 아니한 때에는 우선권주장 절차를 무효처분한다(法 16①).

② 판단시점 소급효 불인정
우선권주장 및 우선권주장의 보정에 대한 심사결과 우선권주장이 부적합하여 우선권주장을 무효처분한 경우 실제 출원한 후출원일을 기준으로 심사한다.

9. 관련문제(선출원취하 여부)

파리조약에 의한 우선권주장의 경우에는 선출원이 취하간주되지 않지만, 국내우선권주장의 경우에는 선출원이 국내법(法 56①)에 의해 취하간주된다. 예컨대 선출원이 대한민국과 중국을 지정국으로 자동지정한 국제출원이고 이를 기초로 우선권주장을 하면서 국내(한국)출원을 한 경우에는 양 우선권(파리조약에 의한 우선권주장 또는 자기지정에 의한 국내우선권주장) 중 어느 하나를 출원인이 선택할 수 있는데, 이 경우 국내우선권주장을 하면 선출원은 국제출원일로부터 1년 3월 또는 기준일 중 늦은 때에 취하간주된다. 그러나 조약우선권주장을 하는 경우에는 선출원을 자발적으로 취하하여야 하며, 선출원을 취하하지 않으면 출원이 병합되어 선출원주의(法 36②)에 의해 거절이유가 통지된다.[259]

---

[258] 국내우선권주장이 절차상 부적합한 경우
① 선출원이 우선권주장의 기초출원으로 적합한가?
- 선출원의 출원일로부터 1년 이내에 출원될 것
- 선출원이 분할출원 또는 변경출원이 아닐 것
- 선출원이 후출원시 또는 우선권주장의 추가 또는 보정시 출원 계속 중일 것
- 선출원이 특허출원 또는 실용신안등록출원일 것(조약우선권의 경우 디자인이나 발명자증 출원에 기초하여 우선권주장을 할 수 있음)

② 선출원 표시가 정확한가?
- 선출원의 종류, 출원번호 및 출원일자의 기재

③ 출원인이 동일한가?
- 출원인의 주소, 성명(명칭) 및 인장의 일치 여부

④ 우선권주장의 취지가 정확히 기재되어 있는가?

[259] 자기가 출원한 특허가 서로 경합하여 선출원주의(法 36②)에 의해 거절된다.

10. 국제특허출원의 특례

(1) 국내우선권주장 법규정(法 55②, 法 56②) 미적용

국제특허출원[260]에 관하여서는 법 제55조 제2항(국내우선권주장의 취지와 선출원 표시) 및 법 제56조 제2항(출원일로부터 1년 3개월 이후는 국내우선권주장 취하가 안되는 규정) 규정을 적용하지 아니한다(法 202①).

이는 국제특허출원의 우선권주장은 PCT 조약 제8조에 의해 수리관청에서 행하는 것이므로 지정국 국내법인 법 제55조 제2항에 의한 우선권을 주장할 수는 없기 때문이다. 또한 PCT 조약에 의해 국제특허출원한 우선권은 우선일로부터 2년 7개월(31개월)이 경과하기 전 또는 국내서면제출기간의 경과 전과 국제출원인이 출원심사청구를 하기 전 중 빠른 날까지는 우선권주장의 일부 또는 전부를 취하할 수 있기 때문에 역시 우선권주장취하에 관한 국내법 제56조 제2항은 적용되지 않는다(施規 106의7).

(2) 우선권을 주장한 국제특허출원의 확대된 선출원의 지위

우선권주장을 수반하는 국제특허출원의 확대된 선출원의 지위는「국제출원일까지 제출된 발명의 설명, 청구범위 또는 도면」에 기재된 발명 중 해당 우선권주장의 기초가 된 선출원의 출원서에 최초로 첨부한 명세서 또는 도면에 기재된 발명과 같은 발명은 그「특허출원이 출원공개 또는「특허협력조약」제21조에 따라 국제공개되거나」특허가 등록공고되었을 때에 해당 우선권주장의 기초가 된 선출원에 관하여 출원공개가 된 것으로 보고 확대된 선출원의 지위를 적용한다(法 202②본문).

다만, 출원인이 국내서면제출기간에 발명의 설명 및 청구범위의 국어번역문을 제출하지 아니하여 그 국제특허출원(우선권주장을 수반한 국제특허출원)이 취하된 것으로 보는 경우에는 확대된 선출원의 지위(法 55④)를 적용하지 아니한다(法 202②단서).

그러나, 국제특허출원(우선권주장을 수반한 국제특허출원)의 선출원이 국내서면제출기간 내에 발명의 설명 및 청구범위의 국어번역문을 제출하지 아니하여 그 선출원이 취하된 경우에도 법 제55조 제4항에 따른 확대된 선출원의 지위는 인정하고 있다(法 55⑥).

(3) 국내우선권을 주장한 출원의 선출원이 국제특허출원인 경우

① 우선권을 주장할 수 있는 범위 및 판단시점의 소급효 범위

통상적으로 국내우선권주장의 기초가 된 선출원에서 우선권을 주장할 수 있는 발명으로서 일정한 판단시점이 선출원일로 소급되는 범위는 선출원의「출원서에 최초로 첨부한 명세서 또는 도면」에 기재된 발명이다(法 55①③⑤). 이에 따라 선출원이 국제특허출원인 경우에「출원서에 최초로 첨부한 명세서 또는 도면」은「국제출원일까지 제출된 국제출원의 발명의 설명, 청구범위 또는 도면」으로 본다(法 202③1).

---

[260]「국제특허출원」이라 함은 PCT 조약에 의하여 이루어진 국제출원이 대한민국을 지정국으로 한 국제출원을 말한다.

② 확대된 선출원의 규정
㉠ 국내우선권주장의 선출원이 국제특허출원일 때 법 제55조 제4항을 적용하는 경우 특례규정을 두고 있다. 법 제55조 제4항 중 「선출원의 출원서에 최초로 첨부한 명세서 또는 도면」은 「선출원의 국제출원일까지 제출된 국제출원의 발명의 설명, 청구범위 또는 도면」으로 보고, 「선출원에 관하여 출원공개」는 「선출원에 관하여 출원공개 또는 「특허협력조약」 제21조에 따른 국제공개」로 본다(法 202③②).
㉡ 즉, 우선권주장을 수반하는 특허출원의 출원서에 최초로 첨부한 명세서 또는 도면에 기재된 발명 중 해당 우선권주장의 기초가 된 「선출원의 국제출원일까지 제출된 국제출원의 발명의 설명, 청구범위 또는 도면」에 기재된 발명과 같은 발명은 그 특허출원이 출원공개 되거나 특허가 등록공고 되었을 때에 해당 우선권주장의 기초가 된 「선출원에 관하여 출원공개 또는 「특허협력조약」 제21조에 따른 국제공개」가 된 것으로 보고 확대된 선출원의 지위를 적용한다.

③ 선출원인 국제특허출원의 취하간주 시기
국내우선권주장의 선출원은 원칙적으로 그 출원일로부터 1년 3개월 경과시 취하간주된다(法 56①). 그러나 선출원이 국제특허출원인 경우에는 「기준일 또는 국제출원일로부터 1년 3개월 중 늦은 때」에 취하간주된다. 이 취하간주의 효과는 우리나라에서만 효력이 있으며, 다른 지정국에는 효력이 미치지 아니한다(法 202③③).

⑷ 국내우선권을 주장한 출원의 선출원이 결정에 의해 특허출원으로 보는 국제출원인 경우
기본적으로 국내우선권을 주장한 출원의 선출원이 국제특허출원인 경우와 동일하며 취하간주 시기는 「국제출원일로 인정할 수 있었던 날로부터 1년 3개월을 지났을 때 또는 특허청장이 결정을 한 때 중 늦은 때」이다(法 202④).

The Patent Law

제 5 장

특허심사

제1절 심사에 관한 제도
제2절 출원심사
제3절 특허협력조약에 의한 국제특허

Chapter 05 특허심사

제1절 심사에 관한 제도

I 심사주의와 무심사주의

1. 의 의

특허받은 발명에 대해 독점 배타적인 권리를 부여하기 위한 제도가 특허제도이며 독점 배타적인 권리를 특허권이라 하는데, 특허권을 보호받기 위해서는 특허법에서 정하는 절차와 방식에 의해 특허출원을 하여야 한다. 이렇게 특허출원된 발명에 대해 특허권을 부여할 것인가 아니면 특허권을 부여하지 않을 것인가를 결정하는 일련의 과정을 심사라 한다. 특허출원된 발명에 대해 어떠한 방식으로 심사를 진행할 것인가는 크게 심사주의와 무심사주의의 두 가지로 나누어질 수 있다. 심사주의와 무심사주의는 그 제도의 성격상 크게 차이가 있으므로 세계 각 나라는 자국의 형편에 따라 그 방식을 달리 채택하고 있다.

심사주의는 모든 출원에 대해 심사를 행하고, 무심사주의는 특허출원의 일정 요건만을 심사하며, 출원의 심사 전 공개를 전제로 심사청구된 건만을 심사하는 신심사주의가 있다. 우리나라의 심사주의는 이러한 신심사주의를 기본사상으로 하고 있으며 자세한 내용은 '신심사주의' 편에서 후술토록 한다.

2. 심사주의와 무심사주의의 비교

(1) 심사주의

심사주의는 특허청이 특허출원에 대해 그 출원서의 방식 및 절차의 적법 여부를 심사하는 방식심사(절차심사)뿐만 아니라, 그 특허출원에 기재된 발명이 실체적으로 특허를 받을 수 있는지 여부를 심사하는 실체심사도 함께 하여 그 결과에 따라 특허 여부를 결정하는 심사방식을 말한다. 따라서 방식심사만을 행하는 무심사주의에 비해 특허 여부를 판단할 때까지 장시간을 요하나, 일단 특허권이 발생한 후에는 그 특허권에 대해서는 어느 정도 법적 안정성이 보장된다.

(2) 무심사주의

무심사주의(無審査主義)는 특허를 받는 데 필요한 요건 가운데 비교적 간단히 심사할 수 있는 특허출원서의 방식이나 절차 등의 적법 여부에 대해서만 심사하여 일단 특허를 부여하고, 조사나 판단에 상당한 시간을 요하는 신규성, 진보성 등의 실질적 특허요건에 대하여는 특허에 관하여 분쟁이 발생한 때에 비로소 그 특허의 유·무효 여부를 법원에서 판단하는 방식심사이다. 따라서 무심사주의라 하더라도 최소한 행정절차에 필요한 출원서의 적법 여부 등에 대해서는 심사를 하고 있으며, 단지 특허 전에 실질적 특허요건을 심사하지 않을 뿐이다.

우리 특허법은 심사주의를 유지하고 있으나, 과거 실용신안법은 무심사주의[261]를 채택한 바 있다.

(3) 심사주의와 무심사주의 비교

심사주의(전통적 심사주의를 말함. 신심사주의는 후술함)는 특허에 대한 신뢰도, 특허권의 안정도가 높아서, 권리의 유·무효를 둘러싼 문제가 발생하는 경우가 상대적으로 적다. 그러나 심사주의는 특허청이 심사하는데 많은 인원과 경비가 들며, 특허출원의 증가에 따라 출원을 심사하는 데 상당한 시일이 걸려서 특허받기까지 기간이 길어지고 발명의 보호와 일반인에게 기술 내용의 공개가 늦어질 경우가 생기는 등의 결점이 있다.

이에 반하여, 무심사주의는 심사에 필요한 인원·경비·시간이 상대적으로 적게 들기 때문에 발명의 보호·출원의 조속한 공개에 따른 중복투자 방지 등에 있어서 유리한 면이 있는 반면, 특허에 대한 신뢰도, 특허권의 안정도가 낮아 권리의 유·무효를 둘러싼 문제가 상대적으로 자주 발생할 우려가 있다.

특허법은 산업발전을 궁극적인 목적으로 하는 산업입법이므로, 산업발전이라는 공익을 위해서는 법적 안정성이 보장된 확실한 권리를 설정하는 심사주의를 채택하는 것이 유리하다. 다만, 심사주의를 채택한 경우에 출원 중 발명에 대한 보호의 미흡, 권리화 기간의 장기간 소요, 기술공개의 지연으로 인한 중복투자 및 연구 등의 문제점이 있는데, 이러한 문제점들을 보완하기 위해 등장한 제도가 신심사주의이다.

3. 신심사주의

(1) 신심사주의의 출현

신심사주의는 전통적 심사주의를 수정한 것으로 전통적 심사주의에서 발생하는 문제점을 해결하기 위한 방안으로 채택한 신심사주의의 내용은 ① 무심사제도의 일종으로 출원발명의 조기공개[262]를 위한 출원공개제도, ② 출원과 심사를 분리하여 심사기간을 단축하기 위한 출원심사청구제도 등으로 구성된다. 이러한 출원공개제도와 심사청구제도는 종래의 전통적인 심사주의제도의

---

261) 실용신안 무심사제도는 우리나라에서 1999. 7. 1.부터 2006. 10. 1. 이전까지 시행하였다.
262) 여기서 말하는 '조기공개'라 함은 출원일로부터 1년 6개월 경과 후 출원내용을 공개하는 것을 말하며 출원인의 신청에 의한 조기공개제도가 아니므로 양자가 혼동되지 않도록 하여야 한다.

모순을 개선한 신심사주의하의 제도라고 말할 수 있으며 이는 무심사주의와 심사주의를 잘 조화시킨 제도라고도 할 수 있다. 자세한 내용은 아래의 '신심사주의 보완'편에서 상술하겠다.

(2) 신심사주의의 보완

전통적 심사주의를 보완한 신심사주의도 최근에 급증하고 있는 특허출원의 양적·질적 증가 앞에는 속수무책이어서 신심사주의를 보완하게 되는데 그 첫 번째로 출원공개제도를 보완하여 신청에 의한 출원공개제도를 도입하였으며, 두 번째로는 출원심사청구제도의 예외로서 출원인의 이익이나 공익상 필요한 경우로서 긴급한 처리가 필요한 출원에 대해서는 심사청구순서와 관계없이 먼저 심사할 수 있도록 하는 우선심사제도(法 61)를 도입하였다. 세 번째는 심판사건의 적체를 해소하고, 출원인의 입장에서 조속한 권리화를 도모하기 위해 거절결정등본 송달일로부터 30일 이내 명세서 또는 도면을 보정하면서 재심사를 청구한 경우에는 심판을 하기에 앞서 그 사건을 심사에 되돌려서 심사관에게 다시 심사토록 하는 제도인 재심사제도를 도입하였으며, 네 번째로는 부실권리의 생성을 방지하고 심사의 공정성 및 확정성을 위해 등록공고제도[263] 및 특허무효심판청구제도를 도입하여 운용하고 있다.[264]

4. 심사의 분류

(1) 특허에 관한 절차에 따른 분류

① 특허출원의 심사

특허출원의 심사는 그 내용에 따라 크게 방식심사와 실체심사로 나누어진다. 방식심사는 특허출원서류 등에 관한 방식이나 절차가 적법한지 여부에 대해 특허청장이 주체가 되어 심사하는 것을 말하며, 실체심사란 특허출원시 제출한 명세서 등에 기재된 발명의 내용이 특허를 받을 수 있는지 여부에 대해 심사관이 주체가 되어 심사하는 것을 말한다.

② 재심사

특허출원에 대해 심사관이 특허거절결정을 한 경우 출원인은 특허거절결정등본 송달일로부터 30일 이내에 특허거절결정에 대한 재심사를 청구할 수 있는데, 이때 일정한 범위(法 47③)에서 당해 출원명세서 및 도면을 보정할 수 있다. 이 경우 그 출원에 대하여 곧장 심판청구 없이

---

[263] 우리나라도 이전에는 '출원공고제도'와 '이의신청제도'가 운영되었던 적이 있다.
[264] 현행법상 심사촉진을 위한 제도
① 전통적 심사주의에서 문제점이 된 심사기간의 장기화에 대비하기 위한 것으로서 ㉠ 출원공개제도의 도입으로 인한 확대된 선출원제도, ㉡ 출원심사청구제도 등을 들 수 있다.
② 신심사주의하에서 심사를 촉진시키기 위해 도입한 것으로서 ㉠ 신청에 의한 출원공개제도, ㉡ 우선심사 신청제도, ㉢ 재심사제도, ㉣ 특허등록공고 및 무효심판청구제도, ㉤ 선행기술조사의뢰제도, ㉥ 정보제공제도 등을 들 수 있다.
③ 특허제도의 국제화를 위해 ㉠ 국제조사보고서 및 국제예비심사보고서도 심사에 활용할 수 있도록 하고 있으며, ㉡ 심사편의를 위해 IPC분류에 의한 출원분류제도 등을 도입하여 운용하고 있다.

그 특허거절결정을 한 심사관에 의해 다시 특허 여부를 심사하게 하는데 이를 재심사제도라고 한다. 이러한 재심사는 한번 심사하였던 심사관에게 다시 그 출원의 특허 여부를 심사하게 함으로써 심판절차의 진행에 따른 출원인의 비용 및 노력이 절감되는 효과가 있고 아울러 특허심판원의 입장에서도 심판건수가 감소되는 효과가 있다.

③ 특허권 존속기간 연장등록출원에 대한 심사

특허권 존속기간 연장등록제도란 ㉠ 특허발명을 실시하기 위하여 다른 법령의 규정 등에 의해 허가를 받거나 등록을 받아야 하고, 그 허가나 등록을 위해 필요한 유효성 및 안정성의 시험에 장기간이 소요되는 특허발명에 대해서는 그 실시할 수 없었던 기간(5년까지 한 차례)만큼 특허권의 존속기간을 연장해주거나 ㉡ 특허출원에 대하여 특허출원일로부터 4년과 출원심사청구일로부터 3년 중 늦은 날보다 지연되어 특허권설정등록이 이루어진 경우에는 그 지연된 기간만큼 존속기간을 연장해주는(法 98의2) 제도를 말한다. 특허권자가 이러한 특허권 존속기간 연장등록을 하려면 특허법에서 정한 바에 따라 특허권 존속기간 연장등록출원을 따로 하여야 하며, 심사관은 이러한 특허권 존속기간 연장등록출원이 특허법에서 정한 존속기간 연장등록 출원에 대한 거절이유에 해당되는지 여부를 심사하게 된다.

(2) 심사의 내용에 따른 분류

① 방식심사

방식심사라 함은 특허청장 등이 출원인이 제출한 특허출원서 등이 특허법령에서 정한 소정의 요건에 적합한지 여부를 심사하는 것을 말한다. 이와 같은 방식심사는 특허요건 등을 심사하는 실체심사와는 구분되는 개념으로 특허에 관한 제반절차에서 행해지는데, 이와 같은 출원인·청구인 등에게 일정한 방식에 의해 절차를 밟을 것을 요구하는 것은 특허에 관한 방식과 절차를 통일함으로써 특허행정의 원활한 수행을 기하기 위해서이다.[265]

② 실체심사

실체심사라 함은 심사관이 특허출원에 기재된 출원발명이 실체적인 특허요건, 즉 산업상 이용 가능성, 신규성, 진보성 등의 실질적으로 특허받을 수 있는지 여부에 대해 심사하는 것을 말한다.[266]

---

[265] 이러한 방식심사는 특별한 청구가 없어도 진행되며 출원단계에서는 특허청장이, 특허심판단계에서는 심판장이 행한다. '특허이의신청'에서는 심사장이 하였으나 2007. 7. 1. 이후 특허이의신청제도가 폐지되고, 특허이의신청제도를 특허무효심판제도로 통합하여 운영하고 있다.
왜냐하면 특허이의신청제도와 특허무효심판제도는 유사한 성격이어서 특허출원인의 권리확정이 지연되고 시간과 비용의 낭비를 초래하는 불편함이 있어 개정하였으며 특허등록공고 후 심사관 또는 이해관계인은 무효심판을 청구할 수 있도록 하였다.
[266] 특허출원에 대한 실체심사는 심사청구가 있는 경우에 한해 심사관이 행하며, 특허심판은 3인 또는 5인의 심판관 합의체가 행한다.

⏸ 출원공개제도

1. 의 의

출원공개제도라 함은 특허청에 출원계속 중인 모든 특허출원의 내용을 출원인의 신청 또는 특허출원 후 1년 6개월이 지났을 때에 일반 공중에게 공개하는 대신에 출원인에 대해서는 일정한 법률적 보호를 부여하는 제도를 말한다. 이러한 출원공개제도는 특허청에 출원계속 중인 특허출원인 경우 실체심사의 진행 여부와는 무관하게 적용되는 것으로 일종의 무심사주의의 도입이라고 볼 수 있다.

현행법은 출원일로부터 1년 6개월이 경과하기 전이라도 출원인의 신청이 있는 경우에는 당해 출원발명을 공개하는 신청에 의한 출원의 조기공개제도를 함께 운영하고 있다.[267] 현행법상으로 출원 후 일정기간이 지나면 출원계속 중인 발명의 내용을 일률적으로 공개하는 제도(강제공개제도)는 특허법과 실용신안법에서만 존속하고 있다.

2. 출원공개의 시기

특허청장은 특허출원일로부터 1년 6개월[268]이 지났을 때에는 그 출원에 관하여 출원공개를 하여야 한다(法 64①). 다만, 분할출원·변경출원의 경우 원출원일, 조약우선권주장을 수반하는 특허출원에 있어서는 그 우선권주장의 기초가 된 출원일, 국내우선권주장을 수반하는 특허출원에 있어서는 선출원의 출원일, 조약우선권 또는 국내우선권 규정에 의한 2 이상의 우선권주장을 수반하는 특허출원에 있어서는 해당 우선권주장의 기초가 된 출원일 중 최선일로부터 1년 6개월이 지났을 때 공개하여야 한다.

---

[267] 출원공개제도, 출원공고제도 및 등록공고제도의 차이
① 출원공개제도는 1980. 12. 31. 법률 제3325호에서 채택된 것으로서 모든 출원에 대하여 심사 여부에 관계없이 그 출원내용을 사회일반에게 조기에 공개함으로써 기술개발의 촉진을 도모하는 한편 그 출원에 대하여는 공개의 대가로 보상금청구권, 확대된 선원의 지위 등의 일정한 법률적 보호를 인정하는 제도이다. 다만 이러한 출원공개제도는 조기에 기술을 공개함에 따라 기술개발의 촉진과 중복연구, 중복투자 등의 폐단을 피할 수 있다 하겠으나 심사 자체의 촉진까지도 기대할 수 있는 것은 아니다.
② 출원공고제도란 심사관이 특허출원 내용을 심사한 결과, 거절할 만한 이유가 없을 때에는 그 내용을 특허공보에 게재하여 일반공중에게 알려 중복연구·중복투자 등을 하지 않도록 함과 동시에 심사의 공정성과 안정성을 확보하기 위한 제도이다. 이 제도는 구법(1997년 이전 법)에서 존재하였으나, 심사기간이 지연된다는 이유로 등록공고제도로 바뀌었다. 즉 이 제도의 도입으로 특허권을 먼저 등록한 다음에 특허등록공고와 특허무효심판제도를 운영함에 따라 모든 특허권은 적어도 2개월 이상 그 권리설정을 앞당길 수 있게 되었다. 다만 특허등록공고제도의 채택으로 권리설정기간은 다소 앞당길 수 있게 되었으나 심사촉진까지 기대할 수는 없다 하겠다.
[268] 출원공개시기를 출원일로부터 1년 6개월로 정한 이유는 우선권주장을 수반하는 출원에 대한 국내출원시기(우선일로부터 1년 이내)와 출원 후 우선권 증명서류의 제출기간(우선일로부터 1년 4개월) 및 출원의 공개를 위한 공개공보의 제작에 소요되는 기간 등을 감안하여 출원공개의 시기를 출원일(우선일)로부터 1년 6개월로 정한 것이다.

3. 출원공개의 대상

출원공개의 대상이 되는 출원은 출원공개를 할 당시에 특허청에 출원계속 중이어야 한다. 따라서 출원공개 전에 당해 특허출원이 취하·포기·무효로 되거나 특허거절결정이 확정된 경우 출원공개의 대상이 되지 않는다.

또한, 특허청에 출원계속 중인 특허출원이라 하더라도 ① 공공의 질서 또는 선량한 풍속을 어긋나게 하거나 공중의 위생을 해할 염려가 있는 경우(施行令 19③), ② 국방상 필요한 발명으로서 비밀취급명령을 받은 경우(法 64③ 준용, 法 87④), ③ 등록공고를 한 경우(法 64① 단서)에는 출원공개대상이 아니다.

4. 출원공개방법

(1) 전문공개

출원공개의 방법에는 출원의 중요한 부분만을 공개하는 방법(요부공개)과 출원내용의 전문을 공개하는 방법(전문공개)이 있는데, 현행 특허법은 특허출원의 서지적 사항과 명세서 또는 도면 전부를 특허공보에 게재하여 공개하는 전문공개방식을 취하고 있다.

(2) 공개용 특허공보의 발행

출원공개의 공개용 특허공보에 ① 출원인의 성명 및 주소(법인인 경우에는 그 명칭 및 영업소의 소재지), ② 출원번호·분류기호 및 출원연월일, ③ 발명자의 성명 및 주소, ④ 출원공개번호 및 공개연월일, ⑤ 특허출원서에 첨부된 명세서·도면 및 요약서, ⑥ 우선권주장에 관한 사항, ⑦ 변경출원 또는 분할출원에 관한 사항 등에 관한 사항을 게재함으로써 행해진다(施行令 19③). 이러한 특허공개공보는 전자적 매체(CD-ROM) 또는 인터넷으로도 공개할 수 있다.

5. 출원공개의 법적 효과

출원공개의 법적 효과는 일반공중에 대한 효과와 출원인 측에 대한 효과로 나누어 볼 수 있다. 일반공중에게는 기술문헌을 일반공중에게 제공한다는 효과와 공개된 출원에 대하여 심사에 참고될 만한 자료를 일반공중이 제공할 수 있는 기회를 부여함으로써 일반공중이 해당 출원에 대한 심사를 간접적으로 참여하도록 하는 효과가 나타난다.

출원인 측에게는 공개의 결과 제3자가 업으로서 실시함에 따른 손실을 보상받을 수 있는 보상금청구권과 출원에 대하여 선원의 범위가 확대되는 점 등이 공개의 효과로 나타난다.

(1) 경 고

특허출원인은 출원공개가 있은 후 그 특허출원된 발명을 업으로서 실시한 자에게 특허출원된 발명인 사실과 무단실시를 중지할 것을 서면으로 경고할 수 있다(法 65①). 이러한 경고는 반드시 서면에 의해서 하여야 하는데, 이러한 서면에 의한 경고는 특허출원된 발명임을 모르고 선의로 그 발명을 업으로서 실시한 자에 대해 보상금청구권을 발생시키기 위한 요건으로서의 의미가 있다. 이러한 경고는 사실의 통지이며, 통상적으로 내용증명우편으로 이루어진다. 선의의 실시자인 경우 이러한 보상금청구권은 반드시 경고가 선행되고 난 뒤에 발생하는 것이며 출원공개가 된 사실 자체만으로 발생되는 것은 아니다.

(2) 보상금청구권

보상금청구권도 반드시 출원공개가 되고 난 뒤에 행사할 수 있으며 앞에서 설명한 대로 서면경고 후, 경고시점부터 특허권설정등록 이전까지 그 발명을 업으로 실시한 자에게 합리적으로 받을 수 있는 금액에 상당하는 보상금을 청구할 수 있는 권리를 말한다(法 65②). 이러한 보상금청구권은 공개 후 서면경고하거나, 서면경고하지 않아도 그 발명을 업으로 실시한 자가 안 날로부터 발생하며 반드시 특허권의 설정등록 후에 행사할 수 있다. 자세한 내용은 뒤편에 후술토록 한다.

(3) 확대된 선원의 지위 발생

통상의 선출원주의에서는 선출원의 지위가 청구범위에 기재된 사항에 대해서만 인정되나, 특허법 제29조 제3항의 규정에 의하면 청구범위에 기재된 사항에만 한정되지 않고 출원공개에 의해 일반에 공표된 출원의 명세서 중 발명의 설명 및 도면에까지 선원의 지위를 인정하여 실질적으로 선원의 범위가 청구범위에서 발명의 설명 및 도면에 이르기까지 명세서 전체에 기재된 내용에 대해 인정된다.

(4) 우선심사의 신청

출원공개(조기공개 아님) 후 특허출원인이 아닌 자가 업으로서 특허출원된 발명을 실시하고 있다고 인정되는 경우 우선심사를 신청할 수 있다(法 61.1).

(5) 특허출원에 관한 서류의 열람 등의 신청

특허출원 등의 서류에 관한 열람 등을 필요로 하는 자는 당해 출원이 설정등록 또는 출원공개된 후에야 그 특허출원에 관한 서류의 열람 등을 특허청장에게 신청할 수 있다. 다만, 법 제55조 제1항에 따른 우선권주장을 수반하는 특허출원이 출원공개 또는 설정등록된 경우에는 그 선출원은 제외한다(法 216②).

(6) 기탁된 미생물 시료의 분양

미생물 관련 발명의 출원시에는 미생물을 기탁하여야 함을 원칙으로 한다. 따라서 시험 또는 연구를 위하여 기탁된 미생물 발명을 실시하려는 자는 그 미생물 관련 발명에 대한 특허출원이 공개된 후 기탁기관 등으로부터 그 미생물시료를 분양받을 수 있다(施行令 4①1).

(7) 정보의 제공

특허출원이 출원공개된 때에는 누구든지 당해 발명이 특허받을 수 없다는 취지의 정보를 증거와 함께 특허청장에게 제공할 수 있다. 물론 공개 이전에도 정보제공이 가능하다. 자세한 내용은 별도 후술토록 한다.

(8) 직무발명에 대한 종업원의 비밀유지의무 해제

종업원은 직무발명의 내용에 대하여 특허의 출원공개시까지 그 내용에 관한 비밀을 유지하여야 하는바 출원공개는 종업원의 비밀유지의무를 해제시키는 효과를 가진다.

(9) 자료조사의 의뢰

특허청장은 특허출원의 심사를 촉진하기 위하여 필요하다고 인정할 때에는 전문조사기관에 선행기술에 대하여 자료조사를 의뢰할 수 있다. 특허출원에 대해 특허청장은 출원공개 전에는 비밀상태를 유지시킬 의무가 있으므로 출원공개가 있은 후에야 비로소 자료조사를 의뢰할 수 있다.

(10) 기술문헌으로서의 공개

특허청장은 출원공개를 하는 경우에 당해 특허출원에 관한 전문을 출원공개공보에 게재하도록 한다.

6. 신청에 의한 출원의 조기공개제도

(1) 의 의

신청에 의한 조기공개라 함은 특허출원인이 필요하다고 인정되는 경우 특허출원일로부터 1년 6개월이 경과하기 전이라도 특허청장에게 신청에 의해 출원의 조기공개를 신청할 수 있는 제도로서, 특허청장은 조기공개신청이 있는 경우 산업통상자원부령이 정하는 바에 따라 그 특허출원에 관하여 특허공개공보에 게재하여 출원공개를 하여야 한다.

(2) 제도의 취지

신청에 의한 조기공개제도는 ① 출원일로부터 1년 6개월 전이라도 보상금청구권의 발생이 가능하도록 하여 출원의 보호에 충실하게 하고, ② 정당한 권원 없는 제3자의 무단실시의 경우에 우선심사청구를 할 수 있으며, ③ 출원 중인 발명에 대해 발명자 및 출원인의 보호를 강화하려는 국제적 추세에 부응하여 국제적 분쟁발생의 여지를 제거하려는 데 그 취지가 있다.

(3) 출원의 조기공개신청

① 신청인

출원발명을 조기에 공개시켜 줄 것을 특허청장에게 신청할 수 있는 자는 출원인 및 승계인이다. 공동출원을 한 경우에는 공동출원인 각자가 조기공개신청을 할 수 있다(法 11). 통상의 위임대리인 및 특허관리인의 경우 조기공개신청에 있어 특별히 권한을 위임 받을 것을 요하지 않는다(法 6).

② 조기공개신청서의 제출

출원인은 자신의 출원발명이 출원일로부터 1년 6개월이 경과하기 전에 출원공개될 필요가 있을 때에는 특허청장에게 그 취지를 기재한 신청서를 제출하여야 한다. 다만, 특허출원과 동시에 신청하는 경우 출원서에 그 취지를 기재함으로써 신청서의 제출에 갈음할 수 있다(施規 44①).

③ 조기공개의 시기

특허출원일로부터 1년 6개월 이전에 조기공개 신청이 가능하므로 출원과 동시에 조기공개를 신청할 수 있다.

④ 조기공개신청의 취하

조기공개신청 후 출원인이 조기공개신청을 취하할 수도 있다. 이때, 출원인이 조기공개신청을 취하하고자 하는 경우에는 조기공개신청서를 제출한 날로부터 10일 이내에 취하서를 제출하여야 한다(施規 44③).

(4) 조기공개의 효과

특허출원이 조기 공개된 경우에도 일반적인 공개와 동일한 효과가 그대로 발생한다. 신청에 의한 출원공개제도는 특허제도의 근간을 이루는 두 축인 발명의 보호와 이용 중 발명의 보호를 강조한 것으로서 특허권 부여 전에 발명자 및 출원인을 보호하기 위해 도입된 것이다. 다만, 일반공개보다 일찍 출원발명이 공개되므로 개량발명 등을 위해 확보할 수 있는 특허출원에 기한 우선권주장 기간이 단축되므로, 실질적으로 우선권 이용이 제한되는 단점이 있다.[269]

7. 보상금청구권

(1) 의 의

보상금청구권이라 함은 특허출원인이 출원공개 후 출원발명을 정당한 권원 없이 업으로서 실시한 자에게 경고를 한 경우에 경고 후 특허권 설정등록 전까지 그 발명을 업으로서 실시하거나, 경고를 하지 않은 경우에도 출원공개된 발명임을 안 때부터 특허권의 설정등록시까지 업으로서 그 발명을 실시한 경우 그 발명의 실시에 대해 합리적으로 받을 수 있는 금액에 상당하는 보상금을 청구할 수 있는 권리를 말한다(法 65②).

(2) 제도의 취지

출원공개에 의해 발명이 공표되면 사실상 제3자에 의한 모방이 가능하게 되어 출원인은 특허출원 공개일로부터 특허설정등록일까지 막대한 손해가 생길 염려가 있다. 그러나 심사를 거치지 않은 출원만을 가지고 특허침해금지청구를 인정하는 것은 법적 안정성이라는 관점에서 타당하지 않다. 이에 특허법(法 65)은 출원공개 후 타인이 무단으로 자신의 발명이 실시되는 상태를 구제하고, 타인의 실시가 없었다면 출원인이 더 많은 이익을 얻을 수 있었을 이익의 상실을 보상하기 위해 특허출원인에게 보상금청구권이라는 권리를 인정하고, 출원인에게 그 발명이 특허발명인 경우에는 합리적으로 받을 수 있는 금액의 보상금청구권을 인정한 것이다.

---

[269] 국제지식재산연수원, 전게서, p.185

(3) 보상금청구권의 법적 성질

보상금청구권은 출원공개 중에 있는 발명에 대한 제3자의 무단 실시가 없었다면 출원인이 그 발명을 실시하여 이익을 얻을 수 있었음에도 불구하고 제3자가 실시한 결과 출원인이 상대적으로 잃게 된 이익의 회복을 위해서 인정되는 청구권이다. 따라서 보상금청구권은 재산권인 특허권의 침해로부터 발생되는 손해의 보전수단으로서 인정되는 손해배상청구권과는 그 법적 성격을 달리한다. 이런 점에서 보상금청구권의 법적 성질을 불법행위에 대한 손해배상청구권으로 이해하기보다는 부당이득반환청구권에 유사한 성격으로 보는 견해가 유력하다.[270]

(4) 보상금청구권의 성립요건

① 특허출원의 공개가 있을 것

보상금은 출원공개 중의 발명 실시에 대하여 청구할 수 있다. 따라서 출원공개 전의 실시는 보상금청구대상이 아니다. 출원공개는 공개용 특허공보를 통하여 행하며 그 공보의 발행일이 출원공개일이 된다(施規 43).

국제특허출원은 국제공개 후에 국내법에 의한 출원공개가 되어야 보상금청구의 성립시기가 되나, 국어로 된 국제특허출원은 국내공개 이전에 특허협력조약 제21조에 따라 국제공개가 된 경우 그 국제공개시에 출원공개가 된 것으로 본다(法 207②).

② 서면경고할 것

출원인은 출원발명으로서 출원공개된 발명임을 서면으로 제시하여 경고하여야 한다.[271] 그러나 이미 출원공개된 발명임을 알고 그 특허출원된 발명을 업으로 실시하는 자에 대하여는 경고를 필요로 하지 아니한다. 다만, 이러한 악의의 입증은 출원인이 해야 한다. 따라서 대개는 예외없이 서면으로 경고를 하게 되며, 특히 추후 입증을 위해 내용증명우편으로 보내게 된다. 출원인이 서면으로 경고한 후에 청구범위를 보정하여 그 청구범위가 확장된 경우에는 그 확장된 내용에 대해 다시 경고를 해야 하나, 보정에 의해 청구범위가 축소된 경우는 재경고할 필요가 없다.[272]

③ 서면경고 후 특허권 설정등록까지 권한 없는 제3자가 실시할 것

보상금청구권의 대상이 되는 행위는 특허출원인이 출원발명임을 경고한 후 당해 출원발명에 대한 특허권 설정등록시까지 정당한 권한 없는 제3자가 업으로서 당해 출원발명을 실시한 경우이어야 한다.

---

270) 천효남, 전게서, p.484 재인용
271) 출원공개공보는 특허공보에 비하여 발행되는 양이 많고, 제3자가 이를 모두 조사하여 안다는 것은 사실상 불가능하기 때문이다. 따라서 특허법도 보상금청구권에 대해 특허권의 침해에 관한 추정 규정을 일부 준용하고 있음에도, 과실의 추정 규정(法 130)은 준용하지 않고 있다(法 65⑤)(황종환·김현호, 전게서, p.434).
272) 만약 제3자가 보정에 의해 청구범위가 축소되어 청구범위에 해당하지 않는 된 발명을 실시한 경우에는 아예 보상금청구권이 발생하지 않은 것으로 보아야 할 것이다(황종환·김현호, 전게서, p.435).

제3자가 출원공개된 발명임을 알고 업으로서 실시한 경우로서 특허출원인이 따로 경고를 하지 않은 경우에는 제3자가 출원공개 전부터 발명내용을 안 경우에는 출원공개시부터, 제3자가 출원공개 후 발명내용을 안 경우에는 출원공개된 발명임을 안 때로부터 특허권 설정등록시까지의 행위에 대해서 청구할 수 있다.

(5) 보상금청구권의 행사

① 행사시기

보상금청구권은 당해 특허출원에 대한 특허권의 설정등록이 있은 후가 아니면 이를 행사할 수 없다(法 65③). 설정등록 전에 보상금청구권에 의해 청구한 보상금을 지급받고 난 뒤 나중에 특허권이 설정등록되지 않았다면 다시 반환하여야 한다.

② 보상금액

출원인은 출원공개된 발명이 특허받은 후 그 특허발명의 실시에 대하여 합리적으로 받을 수 있는 실시료 상당액을 보상금으로 청구할 수 있다(法 65② 후문).

③ 보상금청구권 행사와 특허권의 관계

보상금청구권은 출원공개시부터 특허권 설정등록에 이르기까지의 제3자의 무단실시에 의하여 발생하는 것이므로 특허권의 행사에 영향을 미치지 아니한다(法 65④). 따라서 보상금을 지급한 후에 그 특허권이 등록되었다면 등록된 이후에는 별도의 실시계약을 하여야 한다. 즉, 출원 중일 때와 설정등록되고 난 뒤의 보호법익을 구분하여 단계별 권리행사를 인정하고 있다.

④ 보상금청구권 행사시 준용규정

㉠ 물건의 발명과 방법의 발명

물건의 발명과 방법의 발명의 침해는 법 제127조(침해로 보는 행위)를 준용한다. 즉, 출원공개된 발명이 물건의 발명인 경우에는 그 물건의 생산에만 사용하는 물건을 업으로서 생산·양도·대여 또는 수입하거나 그 물건의 양도 또는 대여의 청약을 하는 행위, 출원공개 발명이 방법의 발명인 경우에는 그 방법의 실시에만 사용하는 물건을 업으로서 생산·양도·대여 또는 수입하거나 그 물건의 양도 또는 대여의 청약을 하는 행위, 이러한 행위가 비록 당해 출원발명을 직접적으로 실시하는 것은 아니라 하더라도 보상금청구권의 발생을 인정하고 있다(法 65⑤ 준용, 法 127).

㉡ '물건을 생산하는 방법'에 관한 발명

또한 '물건을 생산하는 방법'에 관한 발명이 출원공개된 경우에는 그 물건이 특허출원 전에 국내에서 공지된 물건이 아닌 때에는 그 물건과 동일한 물건을 출원공개된 방법의 발명에 의하여 생산된 것으로 추정하는 규정을 준용하여 보상금청구권이 발생하도록 하고 있다. (法 65⑤ 준용, 法 129).

ⓒ 서류의 제출

또한 법 제132조(서류의 제출)를 준용하여 법원은 보상금청구권에 관한 소송에 있어 당사자의 신청에 의하여 타 당사자에 대해 당해 실시행위로 인한 손해계산을 하는데 필요한 서류의 제출을 명할 수 있다. 이는 보상금청구권에서 보상금액의 산정에 필요한 서류 등을 제출토록 하기 위한 것이다. 다만 그 서류의 소지자가 그 서류의 제출을 거절할 정당한 이유가 있을 때, 즉 제출명령을 받은 대상서류에 회사의 중요한 영업비밀이 기재되어 있는 등의 경우에는 예외이다(法 65⑤ 준용, 法 132).

ⓔ 공동불법행위자의 경우

공동불법행위자의 경우, 즉, 당해 출원발명을 2인 이상이 공동으로 실시한 경우는 민법 제760조(공동불법행위자 책임)를 준용하여 공동으로 실시하는 자 중 누구에 대해서도 보상금을 청구할 수 있다.

ⓜ 보상금청구권의 소멸시효

보상금청구권은 특허권설정등록 전까지의 임시적으로 보호하는 권리이므로 특허권의 설정등록 후가 아니면 이를 행사할 수 없으며, 특허권설정등록일로부터 3년 내 그리고 타인의 실시한 날로부터 10년 내에 행사하여야 한다(法 65⑤ 준용, 民法 766①②).

(6) 보상금청구권의 소멸

소멸시효 완성에 따른 소멸 외에 출원공개 후 특허출원이 포기·무효 또는 취하된 때, 특허거절결정이 확정된 때, 특허법 제132조의13 제1항에 따른 특허취소결정이 확정된 경우, 특허법 제133조의 규정에 의한 특허무효심판에서 특허를 무효로 한다는 심결이 확정(단, 후발적 무효사유 제외)된 때에는 보상금청구권은 처음부터 발생하지 아니한 것으로 본다(法 65⑥).

8. 정보제공제도

(1) 의 의

정보제공제도라 함은 특허출원이 있는 때에는 누구든지 그 발명의 배경이 되는 기술을 적지 않는 경우(法 42③2)와 청구범위의 다항제 기재방법이 잘못된 경우(法 42⑧), 1특허출원의 범위(法 45)를 제외한 거절이유에 해당되어 특허받을 수 없다는 취지의 정보를 증거와 함께 특허청장에게 제공할 수 있는 제도를 말한다(法 63의2). 참고로 구법하에서는 정보제공이 특허출원이 공개된 후에만 가능하였으나 2006년 개정법부터는 특허출원이 있을 때에는 출원공개 여부와 무관하게 정보제공이 가능토록 하였다.

(2) 제도적 취지

정보제공제도는 특허출원인의 이해관계 유무를 떠나서 공중에게 실체심사에 참여할 수 있는 기회를 주어 심사의 신속성, 정확성의 향상에 기여토록 함이 그 제도적 취지이다.

(3) 정보제공 요건

① 정보제공자
정보제공은 자연인 또는 법인인 경우에는 누구나 할 수 있다. 그러나 법인격이 없는 단체가 제출한 정보제공 서류, 정보제공자의 성명 등이 기재되지 않은 경우, 잘못 기재된 정보제공 서류는 적법한 정보제공 서류로 인정하지 않으나, 반려나 무효처분 등을 하지 않고 심사에 참고하고 있다.

② 정보제공 대상
정보제공은 당해 출원이 특허청에 계속 중인 출원에 한해서 할 수 있다.

③ 정보제공 이유 및 증거의 제출
정보제공을 하고자 하는 자는 당해 특허출원이 법 제62조의 거절이유에 해당되어 특허받을 수 없다는 취지의 정보를 증거와 함께 특허청장에게 제공할 수 있다. 다만, 그 발명의 배경기술을 적지 않는 경우(法 42③2), 청구범위의 다항제 기재방법(法 42⑧) 또는 1특허출원의 범위(法 45)에 위반의 경우는 제외된다. 출원발명에 대한 실체적인 특허요건이 아니라 절차적인 요건으로서 이에 대해서는 일반 공중보다 특허청(심사관)이 더욱 잘 파악할 수 있기 때문이다.

④ 제출 가능한 증거
정보제공자는 제공하고자 하는 정보가 타당한 정보라는 사실을 증명하기 위하여 필요한 증거를 제출할 수 있다. 일반적으로 정보제공시 제출되는 증거로는 간행물이나 그 사본 또는 출원명세서나 도면의 사본이 제출된다.

이상의 자료 이외에도 다음과 같은 것을 증거로 제출할 수 있다.

- ㉠ 대상출원이 공지된 발명이라는 정보와 함께 그 출원 전에 있었던 강연회, 연설회 등에 의하여 공지되었다는 것을 증명하기 위한 강연용 원고 등의 제출
- ㉡ 대상출원이 공연히 실시된 발명이라는 정보와 함께 출원 전에 공연히 알려진 상황 또는 공연히 알려질 우려가 있은 상황에서 실시된 사실을 증명할 수 있는 서류 등의 제출
- ㉢ 대상출원의 발명의 설명의 기재가 그 발명이 속하는 기술분야에서 통상의 지식을 가진 자가 쉽게 실시할 수 있을 정도로 기재되어 있지 않다는 정보와 함께 그 사실을 설명하기 위한 실험성적서 등의 제출
- ㉣ 대상출원이 출원 전에 반포된 간행물에 기재된 발명이라는 정보와 함께 그 사실을 설명하기 위한 간행물

(4) 제공된 정보에 의한 심사

제출된 증거가 반포된 간행물이나 그 사본 등의 경우처럼 별도의 증거조사 없이도 그 사실 확인이 가능한 것일 때에는 심사관은 그것에 의하여 거절이유를 통지한 후 거절결정을 할 수 있다. 반면, 제출된 증거에 의하여 거절이유를 통지한 경우 출원인이 의견서 등에서 그 사실의 존재를 부정하고 나아가 그 사실의 존재 여부에 대하여 별도의 증거조사를 하여야만 확인할 수 있는 경우에는 그것을 이유로 특허거절결정은 하지 않는다.

(5) 정보제공자에 대한 통지

정보제공자는 특허법상 당해 출원에 관한 당사자가 아닌 관계로 제공된 정보가 반영된 심사처리 결과에 대하여 법적으로 통보받을 권리는 없지만, 실무상으로는 정보제공된 출원에 대한 심사가 특허거절결정 또는 특허결정 등의 사유로 종결되는 때에는 그 결과 및 제출정보의 활용 여부를 정보제공자에게 통지한다.

다만, 정보제공을 할 수 없는 행위능력 또는 권리능력이 없는 자, 실존하지 않은 자 등이 정보제공을 한 경우 등에는 제공된 정보의 활용 여부를 통지하지 않을 수 있다.

9. 국제출원의 국제공개 및 국제출원의 국내공개

(1) 국제공개

① 의 의

국제사무국은 수리관청으로부터 국제출원에 관한 서류를 송부받아 국제공개를 행한다(PCT 21(1)). 「국제공개」는 출원공개에 대한 국내법상의 요청을 국제출원에 있어서도 만족시키고자 한 것으로서 새로운 기술정보의 확산을 조기에 달성하고자 한 것이다.

② 시 기

국제공개는 원칙적으로 우선일로부터 18개월이 경과한 후에 국제사무국에 의하여 행해진다. 그러나 국제사무국은 우선일로부터 18개월 전이라도 출원인이 조기공개신청을 하면 즉시 공개를 하여야 한다(PCT 21(2)(3)).

③ 내 용

국제공개는 전자적 형태로 공개되며, 출원서 자체를 제외한 출원인이 제출한 국제출원 전문이 공개되는데, 출원서의 서지적 사항과 요약서가 기재된 표지, 발명의 설명, 청구범위 및 도면, 제19조 보정서가 있는 경우에는 보정된 사항 및 설명서, 국제조사보고서 등을 포함한다(PCT 규칙 48.1, 48.2).

다만, 국제조사기관의 견해서 또는 국제예비심사보고서는 출원인의 요청이나 위임이 없는 경우 우선일로부터 30개월 만료 전에 어떠한 개인이나 기관에도 공개하지 않는다(PCT 규칙 44의3.1).

④ 언 어

국제공개언어로 출원된 경우에는 각각 이들 언어로 공개가 되는데, 국제공개언어는 영어, 일어, 불어, 독어, 러시아어, 스페인어, 중국어, 아랍어, 포르투갈어, 한국어가 지정되어 있다.[273]

---

[273] 2007년 10월, 한국어와 포르투갈어가 국제공개언어로 추가되었다(2009. 1. 1. 이후 국제출원부터 적용).

⑤ 효 과

국제공개는 원칙적으로 지정국의 국내공개에 관한 국내법상의 요건을 갖추고 있다는 면도 있으므로 각국의 국내공개와 같은 효과가 주어진다. 따라서 국제공개의 지정국에서의 효과는 그 지정국의 국내법령이 정하는 효과와 동일하지만(PCT 29(1)), 그 효과가 발생하는 시점에 대해서는 각 지정국의 선택으로서 정해진다(PCT 29(2)(3)(4)).

(2) 국내공개

국제출원의 국내(대한민국) 공개 시기는 통상 우선일로부터 2년 7개월(국내서면제출기간)이 경과한 때이며, 다만 국내서면제출기간 내에 출원인이 국내에 심사청구를 한 국제특허출원으로서 국제공개가 된 것은 우선일로부터 1년 6개월이 지났을 때 또는 국내의 출원심사청구일 중 늦은 때에 국내공개가 된다(法 207①). 또한, 우선일로부터 1년 6개월 전이라도 출원인이 번역문을 제출한 후라면 조기공개를 신청할 수 있다(施規 44②).

한편, 국어가 국제공개어로 채택됨에 따라 국어로 출원한 국제특허출원인 경우 출원공개(국내공개) 전에 이미 특허협력조약 제21조에 따라 국제공개가 된 경우 그 국제공개시에 출원공개가 된 것으로 본다(法 207②).

(3) 공개의 효과

① 보상금청구권 발생

국제특허출원의 출원인은 국제특허출원에 관하여 국내공개가 있은 후(국어로 출원한 국제특허출원의 경우는 국제공개가 있은 후) 국제특허출원된 발명을 업으로 실시한 자에게 국제특허출원된 발명인 것을 서면으로 경고한 때에는 그 경고 후부터 특허권의 설정등록 전에 그 발명을 업으로서 실시한 자에게 그 특허발명의 실시에 대하여 합리적으로 받을 수 있는 금액에 상당하는 보상금의 지급을 청구할 수 있으며, 경고를 하지 아니하는 경우에도 국내공개된 국제특허출원된 발명인 것을 알고 특허권의 설정등록 전에 업으로서 그 발명을 실시한 자에 대하여도 또한 같다. 다만, 그 청구권은 당해 특허출원이 특허권의 설정등록 후가 아니면 이를 행사할 수 없다(法 207③).

② 확대된 선원의 지위(法 29⑤)

㉠ 시 기

국제출원에 대한 법 제29조 제5항에서 규정하는 확대된 선원의 지위를 가지게 되는 시기는 '출원공개' 또는 특허협력조약 제21조에서 규정하는 '국제공개'된 때부터이다.

㉡ 범 위

국제출원이 확대된 선원의 지위를 가지게 되는 범위는 국제출원일에 제출한 「발명의 설명, 청구범위 또는 도면」에 기재된 발명이 「출원공개」되거나 또는 특허협력조약에 따라 「국제공개」된 때이다(法 29⑤, 200의2②).

Ⅲ 출원심사청구제도

1. 의 의

심사청구제도란 적법하게 특허출원된 모든 출원을 심사하던 기존의 심사주의를 수정한 새로운 심사주의로, 출원과 심사를 분리하여 일정 기간 내에 심사청구된 출원만 심사하는 제도를 말한다(法 59).

2. 제도적 취지

심사청구제도는 출원의 선후에 관계없이 심사청구 순서에 따라 심사를 처리하는 제도이다.
종래에는 특허출원인이 출원한 모든 출원을 방식심사와 실체심사를 행하여 권리를 부여하였지만, 과학기술의 발달과 기술경쟁의 심화로 특허출원이 급증함으로써 실체심사를 행하는 경우에는 많은 문제점이 대두되었다. 예를 들면 특허출원인이 특허출원에서 특허결정 여부를 판단을 받아 특허등록이 되기까지의 많은 심사인력과 시간이 소요되게 되었으나, 이에 따른 많은 문제들을 쉽게 해결하지 못함으로써 심사가 지연되어 왔다. 이에 특허법은 1961년 12월 31일부터 시행하던 특허법에서는 실체심사청구를 하지 않아도 특허청이 알아서 실체심사를 해주던 것을 1980년 특허법을 개정하면서 심사처리의 신속을 기하기 위하여 심사청구된 출원에 한하여서만 심사가 행하여지도록 하였다.

3. 내 용

(1) 심사청구의 대상

심사청구의 대상이 되는 출원은 특허청에 그 절차가 계속 중인 것이어야 한다. 즉, 출원이 취하·포기 또는 무효된 경우에는 심사청구의 대상이 될 수 없다.
다만, 분할출원, 변경출원, 국내우선권주장을 수반한 출원의 경우 비록 원출원이 심사청구되어 있더라도 다시 심사청구를 하여야 한다.[274]

(2) 심사청구인

심사청구는 특허출원인 또는 제3자가 할 수 있다. 즉, 특허법은 누구나 심사청구할 수 있도록 규정하고 있다. 따라서, 공동출원인이 있는 경우 심사청구는 각자가 할 수 있으며 위임대리인은 특별수권이 없어도 행할 수 있다. 또한 비법인 사단·재단이라도 그 대표자나 관리인이 정해져 있는 경우에는 일정한 특허에 관한 절차를 밟을 수 있는 절차능력이 인정되므로, 사단 또는 재단의 명의로 출원심사청구를 할 수 있다(法 4).

---

[274] 분할, 변경출원의 심사청구기간은 원출원일로 소급하여 3년간 기산하고, 우선권주장출원(조약, 국내포함)의 경우는 선출원일로 소급하여 기산하지 아니한다.

(3) 심사청구기간

심사청구는 출원일로부터 3년 이내에 할 수 있다(法 59②). 또한 출원과 동시에 심사청구를 할 수도 있다.

① 출원일이 소급적용되는 경우

㉠ 무권리자의 특허출원·특허에 대한 정당권리자의 출원

무권리자의 특허출원·특허에 대한 정당권리자의 출원의 경우 심사청구기간은 무권리자의 출원인의 다음 날부터 기산한다(法 34, 35). 다만, 정당권리자의 특허출원이 무권리자 특허출원일로부터 3년이 경과한 후라 하더라도 정당한 권리자가 특허출원을 한 날로부터 30일 이내에 출원심사의 청구를 할 수 있다(法 59③).

㉡ 분할출원·변경출원의 경우

분할출원이나 변경출원은 원출원일의 다음 날부터 기산한다(法 52②, 53②). 다만, 분할출원이나 변경출원에 관하여는 원출원일로부터 3년의 기간이 경과된 후라 하더라도 분할출원을 한 날 또는 변경출원을 한 날부터 30일 이내에 출원심사의 청구를 할 수 있다(法 59③).

② 출원일이 소급되지 않는 경우(신규성 판단 등 시점만 소급)

조약우선권주장출원, 국내우선권주장출원의 경우는 우선권주장출원일 다음 날부터 기산된다(法 54①, 55③).

③ 국제특허출원의 경우

국제특허출원의 경우 심사청구기간은 국제특허출원일의 다음 날부터 기산되고 국제특허출원의 출원인은 우선일로부터 2년 7개월 이내(이하 "국내서면제출기간"이라 한다)에 국제출원일에 제출한 발명의 설명·청구의 범위 등에 대한 번역문을 제출하고 수수료를 납부한 후에 국제특허출원의 출원인이 아닌 자는 국내서면제출기간의 만료일을 경과한 후이어야 국제특허출원에 관하여 출원심사청구를 할 수 있다(法 210). 즉, 출원인이 아닌 제3자는 국내서면제출기간 경과 후에 심사청구를 할 수 있다(국제출원일로부터 5년 이내).

통상적인 국내출원이 출원인 혹은 제3자를 구별하지 않고 일률적으로 출원심사청구 시기를 정하고 있음에 반해, 국제특허출원이 출원인 혹은 제3자를 구별하여 출원심사청구를 할 수 있는 시기에 차이를 두고 있는 이유는 국제특허출원에 대해서는 출원인의 명시적인 심사청구가 있는 경우를 제외하고는 우선일로부터 기준 경과 전까지 출원인은 이미 제출한 번역문에 갈음하여 새로운 번역문을 제출할 수 있으므로, 번역문이 확정(이하 이를 "출원번역문"이라 한다)되기 전까지 지정관청은 당해 국제출원에 대한 처리 또는 심사를 하여서는 안되기 때문이다(PCT 23(1)).

④ 특허출원의 회복기회 확대

2013. 2. 26. 개정법에서는 특허출원인이 책임질 수 없는 사유로 출원심사청구를 할 수 있는 기간을 지키지 못하여 특허출원이 취하된 것으로 인정되는 경우에는 그 사유가 소멸한 날부터 2개월 이내에 출원심사의 청구를 할 수 있고, 이 경우 그 특허출원은 취하되지 아니한 것으로

본다. 다만, 그 기간의 만료일로부터 1년이 지난 때에는 그러하지 아니하다(法 67의3)고 규정하여 출원인의 권리를 보호하는 한편 향후 가입할 특허법조약(PLT)과의 합치를 도모하기 위하여 이 규정을 신설하였다.

(4) 심사청구의 절차

① 심사청구방법

㉠ 특허출원과 동시에 하는 경우

특허출원과 동시에 특허출원심사의 청구를 하는 경우에는 출원서에 그 취지를 기재함으로써 그 심사청구서에 갈음할 수 있다(施規 37①).

㉡ 출원일 이후에 출원심사청구를 하는 경우

출원심사의 청구를 하고자 하는 자는 청구인의 성명 및 주소(법인의 경우에는 그 명칭·영업소 및 대표자의 성명) 및 출원심사의 청구대상이 되는 특허출원의 표시 등을 기재한 출원심사청구서를 특허청장에게 제출하여야 한다(法 60①).

출원인이나 대리인이 미리 전자문서 이용신고가 되어 있는 경우에는 출원인 또는 대리인은 출원심사청구서를 특허청장에게 전자문서로 제출할 수 있다(施規 9의2①).

② 심사청구료의 납부

심사청구시에는 청구료의 감면대상자를 제외하고는 심사청구료를 내야 하며, 출원보정에 의해 청구항이 증가된 경우의 심사청구료는 심사청구 당시의 청구범위를 기준으로 청구범위의 항이 제1항을 초과할 때마다 가산료를 납부하도록 하고 있다. 이때에 2 이상의 항을 인용한 항인 경우라 해도 이를 1개항으로 계산한다. 다만, 제3자의 심사청구에 대한 출원인의 보정으로 증가된 청구항에 대한 심사청구료는 심사청구인인 제3자가 아니라 출원인이 납부하여야 한다(法 82②). 이때, 특허청장은 보정명령을 받은 자가 지정된 기간 이내에 그 심사청구료를 납부하지 아니한 경우에 특허출원서에 첨부한 명세서에 관한 보정을 무효로 할 수 있다(法 16①단서).

③ 제3자에 의한 심사청구

특허출원인이 아닌 제3자에 의하여 출원의 심사청구가 있다면 특허청장은 그 사실을 출원인에게 통지하여야 한다(法 60③). 이는 제3자에 의한 심사청구의 사실을 출원인이 통지받아서 당해 출원에 대한 심사준비기간을 주기 위함이다.

4. 심사청구의 법적 효과

(1) 심사청구 사실의 게재

특허청장은 출원공개 전에 출원의 심사청구가 있는 때에는 출원공개시에, 출원공개 후에 심사청구가 있는 때에는 지체 없이 특허공보에 그 뜻을 게재하여야 한다(法 60②). 이는 무용한 심사청구의 중복을 방지하기 위한 것이다.

(2) 실체심사의 착수
　① 심사청구의 원칙
　　　특허출원에 대한 실체심사는 출원심사의 청구순위에 의한다(施規 38). 특허출원에 대한 방식심사는 출원시에 특허청장이 이의 적법 여부에 대해 판단한다. 그러나 실체심사는 방식심사와 관계없이 출원심사의 청구가 있는 특허출원에 한하여 심사청구 순위에 따라 착수하게 된다.
　② 심사순위의 예외
　　㉠ 분할·변경출원의 경우
　　　심사청구된 특허출원을 분할출원한 후 그 분할출원에 대하여 심사청구를 한 경우 또는 심사청구된 실용신안등록출원을 변경출원하여 심사청구를 한 경우에는 분할·변경 후의 심사청구 순위가 아니라 원출원의 심사청구 순위에 따라 심사한다(施規 38).
　　㉡ 우선심사청구의 경우
　　　특허출원의 심사는 심사청구된 출원에 대하여 그 심사청구를 한 순서대로 심사하는 것이 원칙이나, 특허청장은 일정한 경우에 다른 출원에 우선하여 심사하게 할 수 있다(法 61). 한편 우선심사제도는 심사청구가 되어 있는 출원일 것을 대상으로 한다.
　　㉢ 동일자에 심사청구된 다른 날 출원의 경우
　　　출원일을 달리하는 특허출원에 대한 심사청구가 동일자에 행해진 경우에는 선원주의에 의거 선출원부터 심사를 진행한다.

(3) 청구범위의 보정
　　청구범위를 적지 아니하고 출원을 한 경우 출원인은 출원일(우선권주장의 경우 최우선일)로부터 1년 2개월 이전에, 제3자의 출원심사청구가 있는 경우에는 제3자의 출원심사청구취지 통지를 받은 날로부터 3개월 이내 또는 출원일(우선권주장의 경우 최우선일)로부터 1년 2개월 되는 날 중 빠른 날까지 명세서의 청구범위를 보정해야 한다(法 42의2②단서). 그렇지 아니하면 그 출원은 그 기한이 되는 다음 날에 취하한 것으로 본다(法 42의2③).

(4) 출원심사청구의 취하 불가
　　심사청구는 누가 한 경우든 취하할 수 없다(法 59④). 심사청구가 됨에 따라 심사가 상당히 진행되고 있는 도중에 청구취하를 허용한다면 이미 행한 심사의 처리문제, 취하 후 재심사청구를 인정해야 될 것인지 등 업무상 번거로움이 생긴다. 따라서 절차적 낭비를 막고 법질서의 안정을 유지하기 위하여 심사청구의 취하는 허용하지 않는다.

(5) **국어번역문 제출**

외국어로 된 특허출원을 한 경우에 출원인은 출원일(우선권주장의 경우 최우선일)로부터 1년 2개월 되는 날 이전에 제3자의 출원심사청구가 있는 경우에는, 제3자의 출원심사청구취지를 통지받은 날로부터 3개월 이내 또는 출원일(우선권주장의 경우 최우선일)로부터 1년 2개월 되는 날 중 빠른 날까지 국어번역문을 제출하여야 한다(法 42의3②단서). 출원인이 국어번역문을 제출하지 아니하면 그 기한이 되는 다음날에 취하한 것으로 본다(法 42의3④).

(6) **국제특허출원에 관한 출원번역문의 확정**

국제특허출원의 출원인은 우선일로부터 2년 7개월 이내에 번역문을 제출하여야 하고 기준일이 경과하기 전까지는 제출한 번역문을 대신하여 새로운 번역문을 제출할 수 있으나, 출원인이 출원심사의 청구를 한 경우에는 제출된 번역문이 확정되어 더 이상 새로운 번역문을 제출할 수 없다(法 201⑤).

5. 출원심사청구가 없는 경우

(1) **출원의 취하간주**

출원심사의 청구를 할 수 있는 기간 내에 출원심사의 청구가 없는 때에는 그 특허출원은 취하된 것으로 본다(法 59⑤). 출원이 취하간주되면 선출원의 지위가 없게 된다(法 36④). 그러나 공개가 된 후 취하간주되면 후출원하는 동일한 발명은 신규성(法 29① 각호)이나 확대된 선출원의 지위(法 29③④) 위반으로 특허받지 못할 것이다.

(2) **불수리**

심사청구할 수 있는 기간을 경과하여 심사청구된 경우 특허청장은 소명기회를 주고 소명하지 않거나 소명이 적법하지 않은 경우 불수리한다(施規 11).

6. 출원공개제도와 심사청구제도(확대된 선출원의 지위와 관계)

(1) 특허출원에 대한 심사청구기간이 특허출원일로부터 3년이므로 늦게까지 심사청구가 없는 경우 오랫동안 출원내용이 공표되지 않아 이중투자·변경출원의 폐해가 생기기 때문에 출원공개제도를 도입하여 심사청구 여부와 관계없이 출원발명을 일정기간 경과 후에 공개시켜 상기 폐해를 막을 수 있도록 하고 있다(法 64①).

(2) 또한 확대된 선출원의 지위는 선출원의 심사청구가 지연되어도 선출원의 공개를 전제로 선출원의 범위를 명세서·도면의 범위로 확대하여 후출원의 심사를 신속히 진행시킴으로써 심사청구제도를 효율적으로 운용할 수 있도록 하고 있다(法 29③④).

Ⅳ 우선심사제도

1. 의 의

우선심사제도란 타 출원에 우선하여 심사를 하도록 하는 제도로서 특허법뿐만 아니라 디자인보호법, 상표법에도 이 제도를 시행하고 있다. 즉, 우선심사제도란 특허청장이 출원공개 후 특허출원인이 아닌 자가 업으로서 특허출원된 발명을 실시하고 있다고 인정되거나(法 61.1) 긴급처리가 필요하다고 인정되는 것으로서 대통령령이 정하는 특허출원(法 61.2)에 대하여는 심사관으로 하여금 다른 특허출원에 우선하여 심사하게 하는 제도를 말한다. 이러한 우선심사제도는 특정 출원을 심사청구순위와 무관하게 타 출원에 우선하여 심사하도록 하는 제도로서 출원심사청구제도의 예외라고 할 수 있다.

2. 제도적 취지

우선심사제도는 특허출원을 심사청구 순서대로 심사하는 원칙을 벗어나 시행하는 제도로서 가장 큰 제도적 취지는 발명가 보호이고 그 다음은 공공의 이익이라 할 수 있겠다. 발명가 보호측면에서는 출원공개에 따라 발생되는 보상금청구권의 행사 여부를 조기에 확정하기 위해서는 그 출원에 대한 심사를 다른 출원에 비하여 우선적으로 처리함으로써 특허등록 여부를 속히 결정되도록 하는 것이 특정인 간의 보상금청구권을 둘러싼 분쟁의 조기해결에 기여할 수 있고, 한편 공공의 이익을 위하여 긴급처리를 필요로 하는 출원발명은 다른 출원보다 우선적으로 심사하는 것이 공익상 유익하므로 우선심사제도를 두고 있다.

3. 우선심사의 내용

(1) **우선심사의 신청대상**

우선심사의 신청대상은 특허법 제61조(우선심사), 동법 시행령 제9조(우선심사의 대상), 동법 시행규칙과 특허청 고시에 근거하여 심사청구된 출원에 한하여 아래와 같이 시행한다.

① **출원공개 후 제3자의 무단실시의 경우(法 61.1)**

출원공개 후 특허출원인이 아닌 자가 업으로서 특허출원된 발명을 실시하고 있다고 인정되는 경우에는 우선심사를 신청할 수 있다. 여기서 「업」이란 개인적·가정적 실시를 제외한 실시를 말한다. 한편, 「실시」란 법 제2조 제3호의 실시로서 국내에서의 실시에 한정된다.

② **대통령령으로 정하는 특허출원으로 긴급하게 처리할 필요가 있다고 인정되는 경우(法 61.2)**
   ㉠ 방위산업분야의 특허출원
   ㉡ 녹색기술[온실가스 감축기술, 에너지 이용 효율화 기술, 청정생산기술, 청정에너지기술, 자원순환 및 친환경 기술(관련 융합기술을 포함한다) 등 사회·경제 활동의 전 과정에 걸쳐 에너지와 자원을 절약하고 효율적으로 사용하여 온실가스 및 오염물질의 배출을 최소화하는 기술을 말한다]과 직접 관련된 특허출원
   ㉢ 수출촉진에 직접 관련된 특허출원275)
   ㉣ 국가 또는 지방자치단체의 직무에 관한 출원(「고등교육법」에 따른 국·공립학교의 직무에 관한 출원으로서 「기술의 이전 및 사업화 촉진에 관한 법률」 제11조 제1항에 따라 국·공립학교 안에 설치된 기술이전·사업화 전담조직에 의한 출원을 포함한다)
   ㉤ 벤처기업의 특허출원
      벤처기업을 육성하기 위한 진흥책에 의해 「벤처기업육성에 관한 특별조치법」 제25조의 규정에 의하여 벤처기업의 확인을 받은 기업의 출원을 말한다.
   ㉥ 「중소기업기술혁신촉진법」 제15조에 따라 기술혁신형 중소기업으로 선정된 기업의 특허출원
   ㉦ 「발명진흥법」 제11조의2에 따라 직무발명보상 우수기업으로 선정된 기업의 특허출원
   ㉧ 국가의 신기술개발지원사업의 결과물에 관한 특허출원
   ㉨ 조약 우선권주장의 기초가 되는 특허출원
      조약에 의한 우선권주장의 기초가 되는 출원으로서 당해 출원을 기초로 하는 우선권주장에 의하여 외국특허청에서 특허에 관한 절차가 진행 중인 출원을 말한다.
   ㉩ 특허출원인이 업으로서 실시 중이거나 실시준비 중인 특허출원
   ㉪ 전자거래와 직접 관련된 출원
   ㉫ 특허청장이 외국특허청장과 우선심사하기로 합의한 특허출원276)으로서 다음 ⓐⓑ의 어느 하나에 해당하는 출원
      이를 「특허심사 하이웨이제도, Patent Prosecution Highway, PPH」라 부르며, 이는 특허출원인의 특허가 A국과 B국에 공통으로 출원된 경우 A국에서 특허가 가능하다는 결정이 내려지면, B국은 A국의 심사결과를 활용하여 해당 특허를 다른 특허출원에 비하여 신속하게 심사(우선심사)하는 제도이다.
   ㉬ 우선심사신청을 하려는 자가 특허출원 된 발명에 관하여 조사·분류 전문기관 중 특허청장이 정하여 고시한 전문기관에 선행기술의 조사를 의뢰한 경우로서 그 조사결과를 특허청장에게 통지하도록 해당 전문기관에 요청한 특허출원

---

275) 수출촉진에 간접적으로 연관된 출원은 우선심사대상에서 제외된다.
276) 실용신안등록출원은 대상이 아니다.

ⓗ 아래 어느 하나에 해당되는 사람이 한 특허출원
ⓐ 65세 이상인 사람
ⓑ 건강에 중대한 이상이 있어 우선심사를 받지 아니하면 특허결정 또는 특허거절결정까지 특허에 관한 절차를 밟을 수 없을 것으로 예상되는 사람
③ 대통령령으로 정하는 특허출원으로서 재난의 예방·대응·복구 등에 필요하다고 인정되는 경우

(2) 우선심사의 신청

① 우선심사를 신청할 수 있는 자
출원인은 물론 누구든지 우선심사를 신청할 수 있다. 다만, 「국가 또는 지방자치단체의 직무에 관한 출원」에 대해서는 국가 또는 지방자치단체(국·공립학교 안에 설치된 기술이전·사업화 전담조직 포함한다)만이 우선심사의 신청을 할 수 있다(특허청고시).

② 신청대상
우선심사를 신청한 발명은 청구범위의 청구항에 기재되어 있어야 하며, 다수의 청구항이 있고 그 청구항 중의 하나가 우선심사대상으로 인정되는 경우에는 출원 전체를 우선심사대상으로 인정한다. 우선심사 여부 결정은 우선심사결정시까지 보정된 청구항을 기준으로 판단한다.

③ 신청시기
우선심사를 신청하기 위해서는 심사청구가 전제되어야 한다(法 59①). 또한 법 제61조 제1호의 「출원공개 후 제3자 실시의 특허출원」은 법 제61조 제2호의 「대통령령이 정하는 특허출원으로서 긴급처리가 필요하다고 인정되는 특허출원」과는 달리 출원공개가 되어야만 우선심사를 신청할 수 있다. 한편, 출원인은 심사청구를 하면서 동시에 우선심사 신청을 할 수 있다. 다만, 법 제61조 제1호의 「출원공개 후 제3자 실시의 특허출원」은 우선심사 신청일 전에 당해 출원이 공개되어 있는 상태에서 제3자 실시가 있어야 하므로 조기공개신청과 동시에 우선심사를 신청할 수 없다.[277]

---

[277] 이 경우 '조기공개' 신청과 동시에 우선심사 신청을 하는 경우에는 우선심사 신청을 각하하지 않고 보류한 후 당해 출원이 정식으로 공개(1년 6개월)되면 우선심사결정을 하고 심사를 진행한다.

④ 우선심사 신청 및 증빙서류의 제출
  ㉠ 우선심사 신청서의 제출
    우선심사의 신청에 관한 증빙서류의 경우에는 우선심사 신청인이 특허법 시행규칙에서 정하고 있는 소정 양식의 우선심사 신청서에 우선심사의 신청에 관한 증빙서류를 첨부한 우선심사 신청 설명서 1통과 기타 법이 정한 서류와 함께 제출하여야 한다. 우선심사 신청서는 서면으로만 접수 가능하다.
  ㉡ 우선심사의 신청 설명서의 작성
    우선심사 신청 설명서에는 제3자가 출원발명을 업으로 실시하고 있는 출원에 대해 우선심사의 신청을 하는 자는 우선심사 신청 설명서에 출원된 발명을 실시한 상황을 구체적으로 기재하여야 하며, 그 외 대통령령이 정한 출원에 대하여 우선심사의 신청을 하는 자는 우선심사 신청 설명서에 우선심사의 신청이유를 구체적으로 기재하여야 한다.

(3) 우선심사 여부의 결정
  ① 방식심사 및 우선심사대상 적합 여부의 심사
    특허청장은 우선심사의 신청이 접수되면 방식심사를 하여 방식에 흠이 없는 경우 당해 출원발명의 기술분류를 파악하고 담당 심사국으로 서류를 이송한다. 해당 심사국의 담당심사관은 우선심사 대상 여부를 결정하여야 하는데(施行令 10), 이때 신청서류가 현저히 미비한 경우에는 1개월의 기간을 정하여 보완지시를 명할 수 있다(심사사무취급규정 60.61).
    우선심사를 하기로 결정한 출원에 대한 심사는 우선심사결정통지서 발송일로부터 2개월, 특허청장이 외국특허청장과 우선심사하기로 합의한 특허출원 또는 전문기관에 선행기술조사를 의뢰하여 우선심사하는 출원의 경우에는 4개월 이내에 착수하여야 하며, 최종처리결과를 우선심사 신청인 및 출원인에게 통지를 하여야 한다.

  ② 우선심사결정의 통보
    특허청은 우선심사보완 지시기간 경과 후 제출된 보완서류에 의하여도 보완사항을 해소하지 못한 경우에는 우선심사의 신청을 각하하고, 우선심사 신청인 및 출원인(출원인이 우선심사신청인이 아닌 경우에 한한다)에게 이를 통보하여야 한다(심사사무취급규정 62). 이 경우 심사관은 특허출원의 심사청구 순에 따라 당해 특허출원은 심사하면 된다.
    특허청장은 당해 출원이 우선심사의 대상에 해당하여 우선심사를 하기로 결정한 경우에는 즉시 우선심사 신청인 및 출원인에게 그 사실을 통보하여야 한다.

  ③ 수수료 반환
    우선심사 신청의 각하 또는 우선심사 신청이 방식심사 결과 무효처분되거나 불수리된 경우 우선심사신청료를 반환한다. 다만, 무효처분되거나 불수리된 경우에는 우선심사 신청료 전액을 반환하나 우선심사 신청이 각하된 경우에는 우선심사 신청료에서 우선심사 여부 결정비용을 제외한 금액을 반환한다.

■ 우선심사절차 흐름도

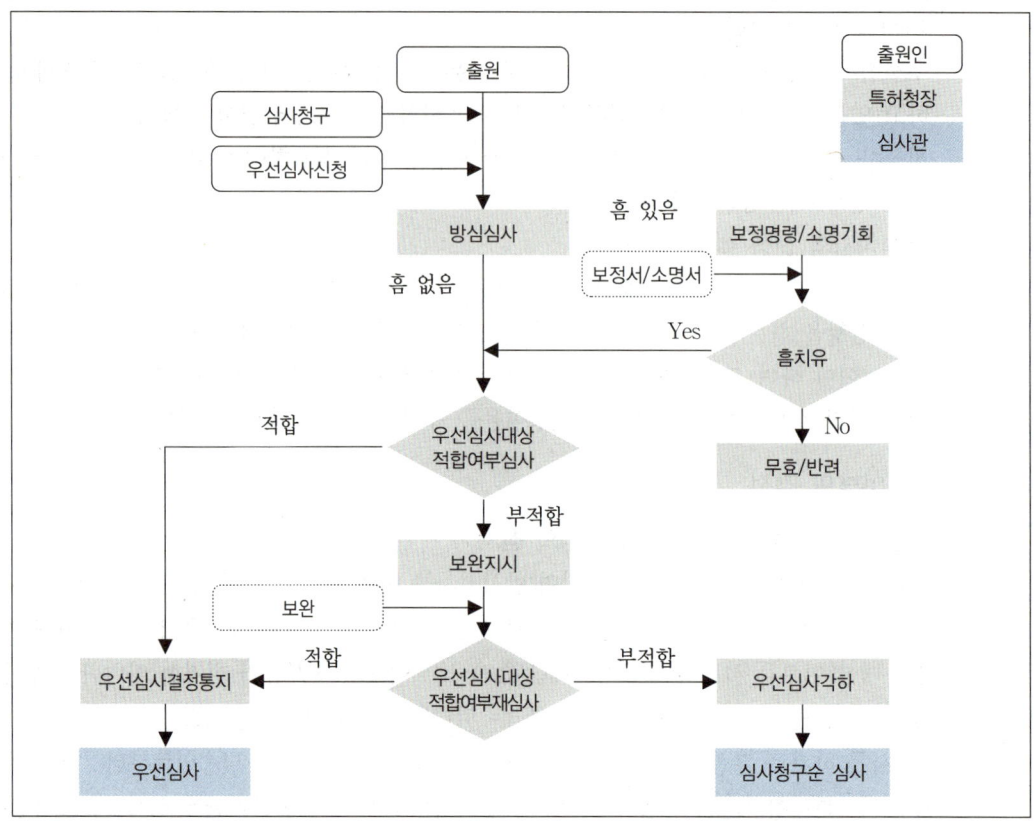

4. 관련문제

(1) 우선심사 신청 거부와 불복문제

우선심사 신청을 하였으나 우선심사의 대상이 아니라는 이유로 거부당한 경우 그 거부결정에 대하여 불복신청이 가능한지가 관건이다.

우선심사 여부에 대한 특허청장의 결정행위는 행정처분으로 본다면 그 거부처분에 대하여 불복이 가능하다고 볼 것이다. 그러나 우선심사 거부결정 그 자체는 심사를 거부하는 것이 아니라 심사순위의 조정에 관한 신청인의 사정을 받아들이지 않는 것일 뿐이므로 그 거부결정을 일반적 불이익처분으로 보는 것은 무리라는 전제하에 우선심사의 판단은 심사착수 순서상의 내부적인 사무관리 상의 문제로 보고 심사처리의 효율화 측면에서 특허청장에게 일임하여도 좋을 것이다는 입장이다. 따라서 이론도 있지만 그 거부결정에 대하여는 불복의 대상이 아닌 것으로 해석하고 있다.[278]

---

278) 재인용, 천효남, 전게서, p.509
【행정심판례】 특허출원 우선심사신청 거부처분 취소청구에 관한 심판[통상산업부 재결 국행심 97-6054(1997. 11. 24)]
【결정요지】 "특허법 제61조 및 동법 시행령 제9조에 의하면 피청구인은 출원공개 후 긴급처리가 필요하다"고 인정되는 것으로서 대통령령이 정하는 특허출원에 대하여는 심사관으로 하여금 다른 특허출원에 우선하여 심사하게 할

(2) 우선심사 신청된 출원의 분할출원 변경출원의 심사착수시기

특허출원에 대하여 심사청구가 있을 때에만 출원심사의 청구 순위에 따라 심사를 한다(法 59①, 施規 38①). 그러나 심사청구된 특허출원을 분할출원한 후 그 분할출원을 심사청구한 경우와 심사청구된 실용신안등록출원을 특허출원으로 변경한 후 그 변경출원을 심사청구한 경우는 원출원의 심사청구 순위에 의한다(施規 38②1). 아울러 특허청장이 특허출원의 심사에 필요한 선행기술조사를 전문기관에 의뢰한 경우는 특허청장이 정하는 기준에 따라 심사순위를 정한다(施規 38②2).

제2절 출원심사

I 심사

1. 의 의

완성된 발명이 특허출원되면 특허를 받을 수 있는 권리가 되고, 특허를 받을 수 있는 권리는 심사청구 순서에 따라 출원심사를 받게 된다. 출원심사는 산업상 이용가능성, 신규성, 진보성을 판단하여 특허 여부를 결정하는 실체심사와 출원서의 서지적사항 및 첨부서류 등의 완비 등을 검토하는 방식심사가 있다. 실체심사 결과는 특허결정 또는 거절결정이고, 방식심사 결과는 방식에 위배된 경우만 특허청장이 보정명령을 하게 된다. 이러한 실체심사와 방식심사의 개요는 앞에서 설명한 관계로 생략토록 한다.

2. 심사관의 자격

(1) **심사관의 법적 지위**

심사관이란 출원에 대한 심사를 담당하는 자를 말하며, 특허청장은 1인의 심사관에게 특허출원을 심사하게 한다(法 57①). 즉, 심사관의 지정은 특허청장이 한다. 따라서 심사관은 특허청장과 분리된 별도의 기관으로서 존재하는 것이 아니라 특허청장의 지휘감독을 받는 특허청장의 하부구조라고 볼 수 있다.

그러나 심사관의 자격은 대통령령에 별도로 규정되어 있고 심사관의 심사결과에 대하여 특허청장이 임의로 번복시킬 수 없고, 심판 및 소송에 의해서만 변경될 수 있는 등 심사관의 심사는 특허청장과 독립되어 있다.

수 있다고 규정하고 있으며, 긴급한 처리의 필요 여부에 대한 판단은 피청구인의 재량사항이라 할 것인바, 이건 발명보다 수년 전에 출원된 다수의 유사기술출원이 아직 심사를 기다리고 있는 점 등을 고려하여 행한 피청구인의 이건 처분이 재량을 일탈·남용하였거나 기타 부당하게 처리하였다고 인정되지 아니하므로 이건 처분이 위법·부당하다고 할 수 없다.

(2) **심사관의 자격**

심사관의 자격에 관하여 필요한 사항은 대통령령으로 정한다(法 57②). 구체적으로 심사관이 될 수 있는 자는 특허청 또는 그 소속 기관의 5급 이상의 일반직 국가공무원 또는 고위공무원단에 속하는 일반직공무원으로서 국제지식재산연수원에서 소정의 심사관 연수과정을 수료한 자로 한다(施行令 8①). 이외에도 심사관의 직급에 해당하는 공무원으로서 변리사의 자격이 있는 자는 국제특허연수원에서 심사관연수과정의 수료 없이도 심사관이 될 수 있다(施行令 8⑤).

3. 심사관의 제척

(1) **의의 및 취지**

「심사관의 제척」이란 법정사유에 해당하는 경우 법률상 당연히 심사관여로부터 배제되는 것을 말한다. 심사관이 심사하는 과정에서 외부의 간섭을 받는다면 심사의 공정을 기하기 어렵고, 특허권에 대한 불신을 초래할 염려가 있으므로, 특허법은 심사의 공정성과 객관성을 담보하기 위해 법관 또는 심판관에 준하여 심사관의 제척에 관한 규정을 두고 있다(法 68 준용, 法 148). 다만, 현행법은 심사관의 제척제도는 인정하나 심사관에 대한 기피(法 150)를 인정하고 있지 않는데, 이는 기피제도로 인한 심사업무의 지연 등을 고려한 것이다.[279]

(2) **제척사유**

당해 출원에 대한 심사관이 ① 심사관 또는 그 배우자나 배우자이었던 사람이 특허출원인인 경우, ② 심사관이 특허출원인과 친족의 관계가 있거나 이러한 관계가 있었던 때, ③ 심사관이 특허출원인의 법정대리인 또는 이러한 관계가 있었던 때, ④ 심사관이 특허출원에 대한 증인 또는 감정인으로 된 때 또는 감정인이었던 때, ⑤ 심사관이 특허출원인의 대리인인 때 또는 대리인이었던 때, ⑥ 심사관이 특허출원에 관여하여 직접 이해관계를 가질 때에 해당하는 경우 당해 출원에 대한 심사에서 제척된다.

다만, 주의할 점은 제척사유에 관한 법 제148조의 규정 중에 제6호의 전심관여(하급심에 관여하는 일)에 관한 규정을 준용하지 않고 있는데, 이는 심사관의 심사에 있어 전심관여라는 것은 있을 수 없기 때문이다.

(3) **제척의 효과**

심사관은 특허법 제68조의 제척사유에 해당되는 경우 당연히 당해 심사에서 제척된다. 제척원인이 있으면 심사관의 당해 사건의 인지 여부에 상관없이, 당사자의 주장이 있건 없건 그 사건에 관하여 어떠한 직무집행도 할 수 없기 때문이다. 제척원인이 있는 심사관이 행한 심사는 위법한 것으로서 그러한 심사관이 한 거절결정에 대해서는 불복할 수 있다.

---

[279] 제척은 법률에 의해 배제되는 것이고(심판관, 심사관 둘 다 해당됨) 기피는 결정에 의해서 직무에서 배제되는 것이며(심판관만 해당) 회피는 본인 스스로가 직무를 배제하는 것임(심판관만 해당).

II 출원심사의 진행

1. 출원서류의 접수 및 방식심사

특허출원서가 특허청에 접수되면 먼저 절차상으로 출원서류 등이 요식에 따라 적법하게 작성되었는지, 필요한 첨부서류를 모두 갖추었는지 여부를 심사한다. 방식심사는 심사청구 여부에 불구하고 먼저 하게 된다. 법령이 요구하는 방식을 갖추지 못하였거나 부적법한 출원인 경우에는 출원서류가 수리되지 아니(반려)하나(施規 11), 이는 본질적 요건을 구비하지 못한 경우엔 한정되어야 한다. 절차적 요건을 구비하지 못한 경우나 서류에 흠이 있는 때에는 보정의 기회가 주어지며 스스로 보정하지 아니한 경우에는 심사관 등은 기간을 정하여 흠을 보정하게 하고(法 46), 지정기간을 게을리(해태)한 경우에는 특허청장은 당해 출원절차를 무효[280]로 할 수 있다(法 16).

반면 특허출원서 등 특허출원에 관한 서류가 적법하다고 판단되는 경우에는 당해 출원에 대해서는 출원포대가 작성되고, 이후 해당 심사국으로 출원서류 및 출원포대를 목록과 함께 이송한다. 다만 출원인이 전자문서에 의해 출원을 하는 경우에는 따로 출원포대를 작성하지는 않고 전자포대를 작성하게 되는데, 이 경우에는 전산에 의해 자동으로 처리된다.

2. 특허출원의 분류

(1) 특허출원분류의 종류

특허출원이 된 경우 특허청은 당해 출원을 국제특허분류(International Patent Classification ; IPC)[281]에 따라 분류한다. 한편, 이러한 출원서류에 대한 분류는 ① 출원시 심사조정과에서 하는 가분류와, ② 담당심사관이 하는 확정분류가 있으며, 추후 확정분류된 출원에 대해서는 분류조정의 신청 또는 분류변경의 신청이 가능하다.

---

[280] 반려(불수리)와 절차의 무효 구별
반려(불수리)와 절차의 무효처분은 다르다. 반려(불수리는 보정명령을 내리기에는 하자가 너무 중대한 것으로 법(施規 11)에서 정해 놓고 있으며 반려(불수리) 이전에는 반드시 소명기회를 부여하고 있다. 이와 구별되는 절차의 무효처분은 처음부터 그 절차가 무효가 되는 것이 아니고, 절차적 요건을 구비 못한 경우나 서류에 흠이 있는 경우에 그 절차를 무효로 하는 것인데 절차의 무효처분 이전에 반드시 보정의 기회를 부여하고 있으며, 보정한 후에도 보정각하 되어 절차의 무효가 이루어지면 불복은 행정심판, 행정소송을 청구할 수 있다.

[281] IPC 분류는 스트라스부르그 협정(Strasbourg Agreement Concerning the International Patent Classification)에 의하여 특허나 실용신안에 대한 통일된 분류체계의 채택을 통해 산업재산권 분야에서 더욱 긴밀한 국제적 협력을 확인하고 이 분야에서 각국의 법령을 조화시키는 데 기여할 목적으로 채택되었다. 우리나라 특허청은 1948년부터 1979년까지는 일본특허분류를 참고한 한국특허분류(KPC : Korean Patent Classification)를 사용하여 오다가 1980년부터 국제특허분류(IPC : International Patent Classification) 제3판을 도입하여 사용하기 시작하여 2009년 1월부터는 IPC 제9판을 사용하고 있는데 이러한 IPC는 우리나라뿐만 아니라 100여 개국이 사용하고 있다. 2006년 1월 1일부터 시행되기 시작한 IPC 8판 이후의 주요 특징은 ① 기본레벨과 확장레벨로 분류체계를 이원화, ② IPC 입력 자리수의 변경, ③ 특허문헌상 IPC 표현양식의 변경, ④ 인덱싱 코드를 사용하는 복합분류체계(Hybrid System)의 개선, ⑤ MCD(Master Classification Database)의 생성, ⑥ X-기호 부여 폐지, ⑦ 풍부한 설명자료(분류정의 화학구조식 및 도해, 안내 참조) 도입으로 요약할 수 있다.

(2) **특허출원분류의 목적**

특허청이 특허출원분류를 하는 목적은 ① 출원된 발명이 속하는 기술분야를 명확히 하여 심사를 위한 선행기술조사를 쉽게 하며, ② 심사관의 심사담당분야를 정하는 기준을 제공함으로써 전문적인 심사를 가능하게 하고, ③ 특허문헌의 수집, 정리 및 검색의 수단으로 사용되어 특허문헌이 기술정보로 활용될 수 있게 하기 위함이다.

3. 실체심사의 절차

(1) **의 의**

실체심사는 일정한 요건을 갖춘 출원을 대상으로 심사를 착수하는 것을 말하며, 방식요건에 위배되지 아니한 특허출원에 대하여 실질적인 특허요건(신규성, 진보성, 산업상 이용가능성)을 갖추고 있는지 여부를 1인의 심사관에 의하여 판단하는 심사과정을 말한다.

(2) **심사의 착수**

① **심사착수 및 처리의 일반순서**

특허출원에 대한 심사는 심사청구가 있는 출원에 대해서만 하며 심사착수의 순서는 우선심사를 청구한 경우를 제외하고는 심사청구의 순위에 의한다. 심사청구일이 동일한 경우에는 출원일을 기준으로 한다. 다만, 심사청구된 출원을 분할출원·변경출원하여 심사청구한 경우에는 원출원의 심사청구순위에 따라 심사한다(施規 38①).

② **외국의 심사결과제출명령**

㉠ 2017. 3. 1.부터 시행되는 개정법에 의하면 심사관은 제54조에 따른 우선권주장을 수반한 특허출원의 심사에 필요한 경우에는 기간을 정하여 그 우선권주장의 기초가 되는 출원을 한 국가의 심사결과에 대한 자료(그 심사결과가 없는 경우에는 그 취지를 적은 의견서)를 산업통상자원부령으로 정하는 방법에 따라 제출할 것을 특허출원인에게 명할 수 있도록 하고 있다(法 63의3).

㉡ 이 법 조항의 신설취지는 동일 기술의 복수국가 교차출원이 급증함에 따라 주요국 특허청 간 심사결과의 상호활용 필요성이 증대하였기 때문이다.

③ **심사의 보류**

㉠ 동일발명에 대한 심사의 보류

동일한 발명에 대하여 2 이상의 특허출원이 있을 때에는 선출원이 처리되거나 출원공개 또는 등록공고될 때까지 후출원의 심사를 보류하여야 한다. 이는 후출원이 선출원에 의해 확대된 선출원의 지위에 위반되기 위해서는 선출원이 출원공개 또는 등록공고됨을 요건으로 하기 때문이다. 다만, 선출원을 거절할 이유와 동일한 이유에 의하여 후출원을 거절하는 경우에는 그러하지 아니하다(施規 40).

ⓛ 특허락부결정의 보류

과거 한때는 한국특허청의 심사속도가 빨라져서('07년 기준평균 9.8개월) 특허출원일로부터 1년(12개월)이 경과하기 전에 특허락부결정이 날 때가 있었다. 이런 경우에는 우선권주장에 문제가 생긴다. 조약우선권의 경우에는 문제가 없지만[282] 국내우선권주장의 경우에는 1년 이내에 선출원이 특허결정 또는 거절결정될 경우에는 선출원을 기초로 국내우선권주장을 할 수 없게 된다(法 55①4). 이에 따른 보완으로 특허법은 특허출원심사의 청구 후 출원인이 특허출원일로부터 6개월 이내에 결정보류신청서를 특허청장에게 제출하는 경우에는 특허출원일부터 12개월이 경과하기 전까지 특허락부결정을 보류할 수 있도록 하고 있다(施規 40의2① 본문).

다만, 특허출원이 분할출원, 변경출원 및 우선심사의 신청이 있는 특허출원이거나 특허락부결정의 보류신청이 있기 전에 이미 거절결정서 또는 특허결정서가 통지된 경우에는 특허락부결정을 보류할 수 없으며, 보류신청을 하는 경우 불수리된다(施規 11, 40의2① 단서).

ⓒ 특허출원심사의 유예

ⓐ 심사유예신청

특허락부결정 보류신청제도와는 달리, 심사유예제도는 출원공개 후에 심사를 받으려는 시점을 적은 신청서를 제출하는 제도이다.[283] 즉, 심사유예신청은 특허출원인이 출원심사의 청구를 한 경우로서 출원심사의 청구일부터 24개월이 지난 후에 특허출원에 대한 심사를 받으려면 출원심사의 청구일부터 9개월 이내에 심사를 받으려는 시점(출원일부터 5년 이내에 한정하며, 이하 "유예희망시점"이라 한다)을 적은 심사유예신청서를 특허청장에게 제출할 수 있다. 다만, 특허출원과 동시에 심사청구를 하면서 심사유예신청도 같이 하는 경우에는 출원서에 그 취지 및 유예희망시점을 적음으로써 그 신청서를 갈음할 수 있다(施規 40의3①).

ⓑ 변경 또는 취하

특허출원인이 심사유예신청을 취하하거나 유예희망시점을 변경하려면 심사유예신청서를 제출한 날부터 2개월 이내에 취하서 또는 보정서를 제출하여야 한다(施規 40의3②).

---

[282] 특허출원일로부터 12개월이 지나기 전 특허락부결정이 확정된 경우 출원인이 조약우선권 주장은 할 수 있지만 국내우선권 주장은 할 수 없기 때문이다(法 55①4).

[283] 이는 특허청의 맞춤형 심사처리제도 중 '늦은 심사' 신청에 해당되는 제도이다. 맞춤형 심사처리제도란 빠른 심사, 일반 심사, 늦은 심사의 세 가지 중 하나를 자신의 특허전략에 따라 선택하여 원하는 시기에 특허심사를 받을 수 있는 제도를 말한다. 구체적으로 살펴보면 다음과 같다.

① 빠른 심사 : 우선심사대상을 확대하여 전문기관에 선행기술조사를 의뢰하고 그 조사결과를 특허청에 통지하면 누구든지 우선심사를 받을 수 있도록 한다(신청 후 2~4개월 내 심사처리 예상).
② 일반 심사 : 심사청구일로부터 약 10개월 후 실체심사에 착수
③ 늦은 심사 : 심사청구를 하고 9개월 이내에 출원인이 심사유예신청(심사청구일로부터 24개월 이후 출원일로부터 5년 이내에서 유예희망시점 지정)을 하면, 유예희망시점에서 3개월 이내에 심사처리 예상. 심사유예신청을 하면 일반 심사보다 정확한 심사처리시점이 예측 가능하고, 심사청구시점을 별도로 관리하지 않아도 되는 장점이 있다.

ⓒ 결 정

심사관은 심사유예신청이 있으면 유예희망시점까지 특허출원에 대한 심사를 유예할 수 있다. 다만 특허출원이 분할출원, 변경출원 또는 정당한 권리자의 출원인 경우, 특허출원에 대하여 우선심사결정을 한 경우, 특허출원심사의 유예신청이 있기 전에 이미 거절이유를 통지하거나 특허결정서를 통지한 경우 중 어느 하나에 해당하는 경우에는 그러하지 아니하며, 유예 신청서를 제출한 경우 불수리된다(施規 11, 40의3③).

(3) 실체심사의 절차

① 실체심사절차 흐름도

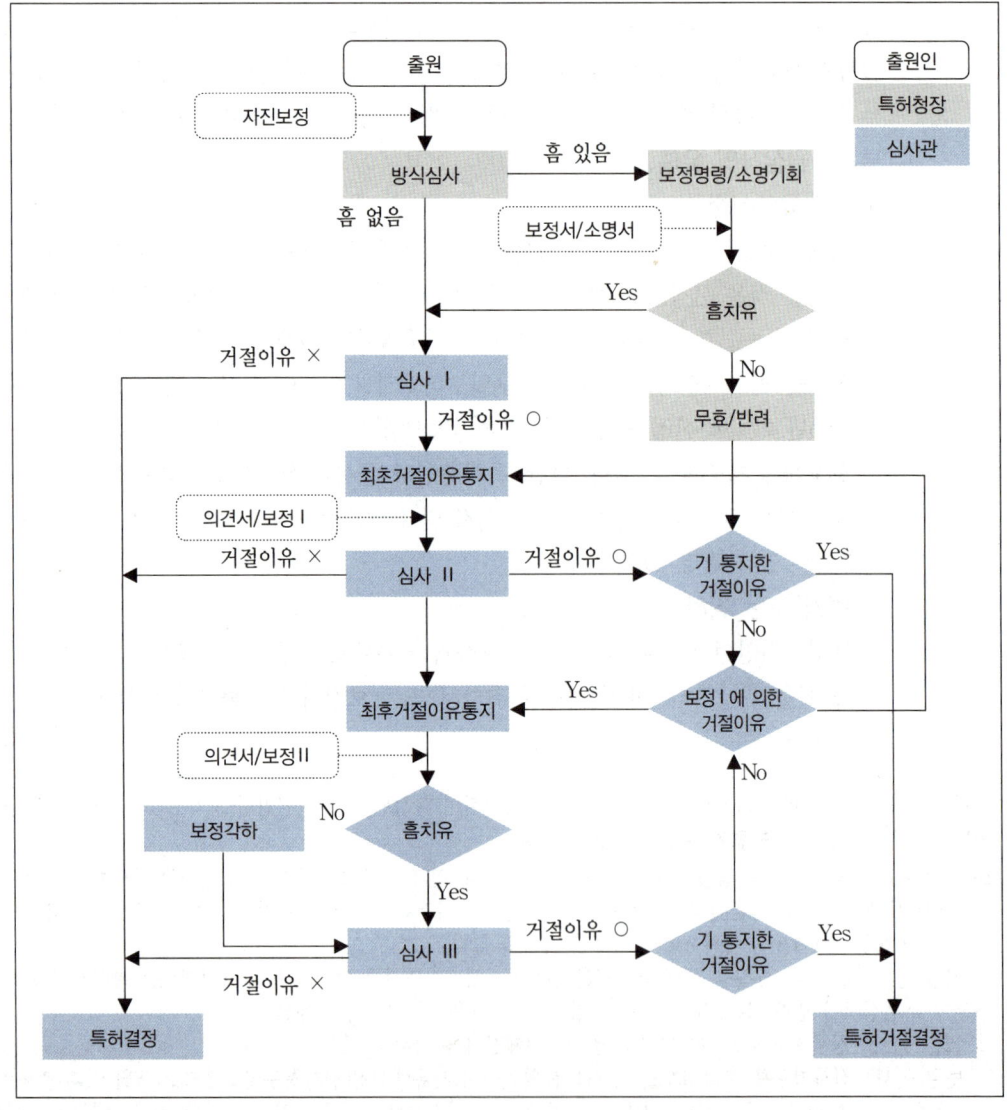

② **심사단계별 개요**
  ㉠ 자진보정
    출원인은 심사관이 특허결정의 등본을 송달하기 전과 최초 거절이유를 송달받기 전에 자진 보정할 수 있다.
  ㉡ 방식심사 및 심사대상 명세서의 확정
    ⓐ 특허출원 절차가 법령상의 방식에 적합한지 여부를 심사한 후 방식에 부적합한 경우 특허법 시행규칙 제11조의 규정에 따라 소명의 기회를 부여하거나 법 제46조의 규정에 의하여 절차의 보정을 명하고 지정된 기간 이내에 흠을 해소하지 못한 경우에는 제출된 서류를 반려하거나 당해 절차를 무효 처분한다.
    ⓑ 특허출원에 대한 실체심사는 이상의 방식심사의 결과 방식에 흠이 없거나, 보정명령 후 지정된 기간 이내에 흠이 치유된 출원에 대하여 심사를 진행한다.

③ **심사절차(앞의 흐름도 참조)**
  ㉠ 심사 I 단계
    심사대상 명세서가 확정된 후 출원을 심사하여 거절이유가 없는 경우에 특허결정을 하고, 거절이유를 발견한 경우에는 최초 거절이유를 통지한다.
  ㉡ 심사 II 단계(최초 거절이유 통지 이후)
    ⓐ 보정이 없는 경우
      ⅰ) 거절이유 없을 때
        보정이 없는 경우 의견서 등(보정서 아님)을 참조하여 최초 거절이유 통지서 발송시 심사한 명세서로 재심사한다. 거절이유가 없는 경우에는 특허결정한다.
      ⅱ) 거절이유 있을 때
        거절이유가 있는 경우 그 거절이유 중 하나라도 최초 거절이유 통지시 지적한 거절이유인 경우에는 거절이유를 해소하지 못하였으므로 그 출원은 거절결정하고, 그 거절이유가 최초 거절이유 통지시에도 있었으나 지적하지 않은 거절이유인 경우에는 거절이유를 다시 통지한다.
    ⓑ 보정이 있는 경우
      ⅰ) 거절이유 없을 때
        보정이 있는 경우에는 의견서 등을 참조하여 보정내용을 반영한 보정된 명세서로 재차 심사한다. 그 결과 거절이유가 없는 경우 특허결정한다.
      ⅱ) 거절이유 있을 때
        거절이유가 있는 경우 그 거절이유 중 하나라도 최초 거절이유 통지시 지적한 거절이유인 경우에는 거절이유를 해소하지 못한 것으로 하여 그 출원은 거절결정하고, 그 거절이유가 최초 거절이유 통지시에도 있었으나 지적하지 않은 거절이유가 있는 경우 또는 보정 I 에 의하여 발생한 거절이유와 최초 거절이유 통지시에 있었으나 지적하지 않은 거절이유가 동시에 있는 경우에는 최초 거절이유를 통지하며 그 거절이유가 보정 I 에 의하여 발생한 거절이유인 경우에는 최후 거절이유를 통지한다.
ⓒ 심사III단계(최후 거절이유통지 이후)
ⓐ 보정이 없는 경우
ⅰ) 거절이유 없을 때
최후 거절이유에 대응한 보정이 없는 경우에는 의견서 등(보정서 아님)을 참조하여 최후 거절이유 통지서 발송시 심사한 명세서로 재심사한다. 그 결과 거절이유가 없는 경우에는 특허결정한다.
ⅱ) 거절이유 있을 때
거절이유가 있는 경우에는 그 거절이유 중 하나라도 최초 거절이유 통지시 지적한 거절이유인 경우에는 거절이유를 해소하지 못하였으므로 거절결정하고, 그 거절이유가 최초 거절이유 통지시에도 있었으나 지적하지 않은 거절이유이거나, 보정 I 에 의하여 발생한 거절이유나 최후 거절이유 통지시 지적하지 않은 거절이유와 최초 거절이유 통지시에 있었으나 지적하지 않은 거절이유가 동시에 있는 경우에는 최초 거절이유를 통지하며, 그 거절이유가 보정 I 에 의하여 발생한 거절이유이나 최후 거절이유 통지시 지적하지 않은 거절이유인 경우에는 최후 거절이유를 통지한다.
ⓑ 보정이 있는 경우
ⅰ) 최후 거절이유 통지에 대응한 보정이 있는 경우에는 보정요건을 판단하여 보정요건을 충족한 경우 보정II를 반영한 보정서로 재심사하며, 심사절차는 보정이 없는 경우의 심사와 같다.
ⅱ) 보정요건을 만족하지 못한 경우에는 보정서를 각하한다. 보정각하 후 심사는 최후 거절이유 통지시 심사한 명세서로 심사하며, 심사절차는 보정이 없는 경우의 심사와 같다.

4. 거절이유 및 거절이유 통지

(1) 거절이유

심사관은 출원을 심사한 결과 그 출원이 다음에 해당되어 특허를 허락할 수 없는 것으로 인정되는 경우에는 그 출원에 대하여 특허거절결정을 하여야 하며, 특허거절결정을 하고자 하는 경우에는 출원인에게 거절이유를 통지하고 기간을 정하여 의견서를 제출할 수 있는 기회를 주어야 한다 (法 62, 63).

① 외국인으로서 특허에 관한 권리를 누릴 수 없는 자에게 특허가 부여된 경우(法 25)
② 무권리자(法 33① 본문) 또는 무권리자는 아니지만 특허를 받을 수 없는 자(法 33① 단서)가 출원한 경우
③ 특허받을 수 있는 권리가 공유인 경우에 공유자 모두가 공동으로 출원하지 않는 경우(法 44)

④ 특허요건(산업상 이용가능성, 신규성, 진보성, 소위 확대된 선출원의 지위)에 위반된 경우(法 29)
⑤ 불특허대상발명의 출원의 경우(法 32)
⑥ 선출원 규정(法 36①~③)을 위반한 경우
⑦ 발명의 설명의 기재불비의 경우(法 42③)
⑧ 청구범위 기재불비의 경우(法 42④)
⑨ 범위를 벗어난 보정인 경우(法 47②)
⑩ 범위를 벗어난 분할출원인 경우(法 52①)
⑪ 범위를 벗어난 변경출원인 경우(法 53①)
⑫ 청구범위 기재방법에 위반된 경우(法 42⑧)
⑬ 1특허출원의 범위(法 45)에 규정된 요건을 갖추지 아니한 경우
⑭ 조약에 위반된 경우(法 46)

위 ⑫번과 ⑬번은 특허거절이유 대상은 되지만 특허무효 이유는 되지 않는다.

(2) 거절이유통지

① 거절이유통지의 일반기준[284]

거절이유 통지시에는 모든 거절이유는 하나의 통지서에 일괄하여 지적하며 거절의 근거 법조문을 명시한다. 청구항이 2 이상인 경우 청구항별로 구분하여 거절이유를 명확하게 기재하며, 출원인이 이해하기 쉽도록 명확하고 간결하게 기재하되 거절이유 통지시에는 거절이유에 대한 출원인의 대응상의 편의도모를 위하여 보정 또는 분할출원 등에 대한 안내[285]를 할 수 있다.

② 거절이유통지

심사관은 특허출원이 거절이유를 포함하고 있어 특허거절결정을 하고자 할 때에는 그 결정 이전에 특허청장에게 보고하고 특허출원인에게 해당 거절이유를 통지하고 기간을 정하여 의견서의 제출기회를 주어야 한다(法 63, 施規 48).

이 경우 심사관이 부여하는 의견서 제출기간은 2개월 이내로 한다. 다만, 특허에 관한 절차와

---

[284] 일부청구항에 대한 거절이유가 잘못된 경우(특허법원 2001.9.13. 선고 2001허89 판결)
【판결요지】원고는 "이 사건 심결은 사건 출원발명의 청구항 제1항 내지 제40항에 대해서는 원 거절사정이 잘못된 것임을 인정하였음에도 불구하고 이를 파기하지 않은 잘못이 있다"라는 취지의 주장을 하므로 살피건대, 출원발명의 청구항이 둘 이상인 경우 하나의 청구항이라도 거절이유가 있는 경우에는 그 특허출원 전부가 거절되어야 하는 것이고, 이 사건에서와 같이 진보성이 없다고 판단된 다수의 청구항 가운데 일부의 청구항에 대해서 심결에서 진보성이 인정되었다고 하더라도 다른 청구항에 대하여 진보성이 없다고 한 거절사정의 판단이 옳다고 판단된 이상은 일부 청구항에 대한 거절이유가 잘못되었다는 사정만으로는 거절사정을 취소할 수 없는 법리라 할 것이므로 원고의 주장은 받아들일 수 없다.
[285] 거절이유 중에 「주지 또는 관용」 등의 어구를 사용하는 경우에 있어서 "주지"는 공지문헌이 상당수 있거나, 업계에 알려져 왔거나 또는 흔히 사용되고 있어서 예시할 필요가 없을 정도로 잘 알려져 있는 경우에 사용하고 "관용"은 흔히 사용되고 있을 때만 사용한다. 우연히 어떤 하나의 문헌에 기재되어 있는 경우에는 사용하여서는 안 된다(이와 같은 경우에는 공지에 해당됨).

관련된 시험 및 결과 측정에 시일을 요하는 때에는 그 지정기간은 당해 시험 및 결과측정에 소요되는 기간으로 한다(施規 16①).[286]

거절결정을 하기 전에 이러한 거절이유를 통지하여 의견서 제출기회를 주는 것은 강행규정이며 의견서 제출기회를 주지 않고 된 특허거절결정에 대해서 출원인은 이를 이유로 특허거절결정에 대한 불복심판을 청구할 수 있다.

다만, 최후 거절이유통지에 대한 보정이 신규사항을 추가하는 등 부적법한 보정에 해당되어 그 보정을 각하하고 출원을 거절하여야 할 경우에는 그 출원에 대한 재차 거절이유통지 없이 거절결정을 할 수 있다(法 63 단서).

5. 거절이유통지를 받은 출원인의 대응방안

(1) 거절이유가 타당하지 않는 경우

① 의견서 또는 보정서 제출

② **재심사 청구 또는 거절결정불복심판 청구**
거절결정등본 송달을 받은 날로부터 30일 이내

③ **불복의 소(訴) 제기**
거절결정불복심판에서 기각심결을 받은 경우, 심결등본송달을 받은 날로부터 30일 이내 심결취소의 소를 특허법원에 제기할 수 있으며, 심결취소의 소에서 기각판결을 받은 경우, 기각판결등본송달을 받은 날로부터 2주일 이내에 대법원에 상고할 수 있다.

(2) 거절이유가 타당한 경우

① **극복가능한 경우**
㉠ 무권리자 특허출원에 대한 정당한 권리자의 주장(法 34)
㉡ 분할, 변경출원(法 52, 53)
㉢ 조약우선권주장 또는 국내우선권주장출원(法 54, 55)
  심사관이 기재불비(法 42③④⑧) 등으로 거절이유를 통지한 경우, 출원일로부터 1년이 지나지 않았다면 조약우선권주장출원, 국내우선권주장출원 등을 고려해 볼 수 있다.

② **극복 불가능한 경우**
㉠ 취하 또는 포기
㉡ 대응하지 않고 그대로 방치

---

[286] 실체심사와 관련된 지정기간(의견서 제출기간)은 2개월이나 최대 4개월까지 연장(총 6개월)할 수 있으며 4개월을 초과하여 연장신청이 된 경우는 소명사항이 초과기간 인정사유에 해당되는지를 심사관이 판단하도록 하고 있다.

Ⅲ 심사의 종료

1. 의 의

특허출원의 특허락부결정이란 특허출원의 특허적격 여부에 관하여 심사관이 행하는 최종적 판단으로서의 행정처분을 말한다.

2. 법적 성격

심사관의 특허락부결정처분은 특허출원이 특허법상의 거절이유에 해당되는지의 여부를 확인하여 그 확인의 결과를 법규정에 따라 특허거절결정 또는 특허결정으로 확정시킨다. 따라서 심사관은 특허락부결정처분을 임의로 변경할 수 없으며, 그 특허락부결정처분에 불복하는 자는 특허법상의 불복절차를 통해서 다툴 수 있을 것이다.[287]

3. 종 류

(1) 거절결정

특허거절결정이란 심사관이 특허출원에 대하여 심사한 결과 법정거절이유를 발견한 경우 그 거절이유가 해소되지 아니하여 특허를 받을 수 없음을 확인하는 특허출원에 대한 심사의 종국적 처분을 말한다(法 62).

한편, 이러한 거절이유는 제한적 열거조항으로 심사관은 법 제62조 각 호의 거절이유에 명시되지 않은 사항을 이유로 거절결정을 할 수 없으며, 특허출원이 거절이유에 해당될 때에는 반드시 거절결정을 하여야 하며, 심사관의 재량은 인정되지 않는다.

(2) 특허결정

특허결정이란 심사관이 특허출원에 대하여 심사한 결과 법정거절이유(法 62)를 발견할 수 없을 때에 특허를 받을 수 있음을 확인하는 특허출원에 대한 심사의 종국적 처분이다.

---

[287] 특허락부결정은 특허출원이 특허요건을 구비하고 있는지에 대한 심사관의 판단작용으로서의 「확인행위」이다. 심사관의 특허락부결정처분은 특허출원이 거절이유에 해당되는지의 여부를 확인하여 특허거절결정(法 62) 또는 특허결정(法 66)으로 확인시킨다. 이와 같이 심사관의 특허락부결정처분은 특허출원에 대한 거절이유존부확인 그 자체일 뿐 그것으로서 특허권이 직접 발생되는 것은 아니다. 때문에 심사관의 특허락부결정행위는 일반의 행정처분(영업허가 등)처럼 행위자(행정기관)의 의사결정이 곧바로 그가 의욕하는 법률효과(권리·의무관계의 형성)의 발생을 초래하는 법률행위는 아니며 확인의 결과인 특허락부결정처분이 있게 되면 특허법상의 취지에 따른 법적 효과가 따로 발생되게 되므로 특허락부결정은 형성적인 법률행위가 아닌 확인행위로서의 준법률행위로 그 법적 성격을 이해하여야 할 것이다(천효남, 전게서, p.516).

4. 특허락부결정의 요건

(1) 주체 및 대상

특허거절결정 또는 특허결정은 원칙적으로 심사관에 의하여 행하여진다. 다만, 거절결정불복심판에서는 심판관합의체가 특허심결을 할 수 있다. 한편, 특허출원의 특허락부결정에 있어서 그 공정을 확보하기 위하여 심판관의 제척제도(단, 전심관여 제외)가 준용된다(法 68).

심사관이 특허락부결정이라는 행정처분을 할 수 있는 대상은 심사청구가 된 출원으로서 특허청에 출원계속 중인 특허출원이다. 심사청구를 하지 아니한 출원은 실체심사의 대상에서 제외되기 때문이며, 출원계속 중이 아닌 특허출원으로서 특허락부결정 전에 당해 출원이 취하·포기·무효가 되는 경우에는 그 대상이 없어지기 때문이다.

(2) 시 기

① **특허거절결정의 경우**

㉠ 거절이유의 통지(의견제출통지서의 송달)

ⓐ 심사관은 특허출원이 거절이유를 포함하고 있어 특허거절결정을 해야 하는 경우에는 특허거절결정을 하기 전에 일단 그 특허출원인에게 거절이유를 통지하고 기간을 정하여 의견서 제출의 기회를 주어야 한다(法 63① 본문).

ⓑ 거절결정을 하기 전에 이러한 의견서 제출 기회를 주는 것은 강행규정이며 의견서제출 기회를 주지 않고 된 특허거절결정에 대해서 출원인은 이를 이유로 특허거절결정에 대한 불복심판을 청구할 수 있다.

ⓒ 심사관은 청구범위에 2 이상의 청구항이 있는 특허출원에 대하여 거절이유를 통지할 때에는, 그 통지서에 거절되는 청구항을 명시하고 그 청구항별로 거절이유를 구체적으로 기재하여야 한다(法 63②).

㉡ 출원인의 의견서·보정서의 제출

출원인은 거절이유통지를 받은 경우에는 의견서 제출기간 내에 의견서 또는 보정서를 제출할 수 있다.

㉢ 특허거절결정을 하여야 하는 경우

심사관은 거절이유통지에 의하여 제출된 의견서·보정서에 의해서도 통지한 거절이유가 해소되지 않는 것으로 인정되는 경우에는 특허거절결정을 한다. 구체적으로, 거절이유가 동일한 경우에는 2번의 거절이유통지를 하지 아니하고 거절결정을 한다. 한편, 심사관은 특허출원에 있어서 청구범위에 2 이상의 청구항이 있고, 하나의 청구항이라도 거절이유가 해소되지 못한 경우에는 출원 전체를 특허거절결정해야 한다.

② **특허결정의 경우**

심사관이 특허출원을 심사한 결과 ㉠ 거절이유를 발견할 수 없는 경우, ㉡ 거절이유통지를 하고 그에 의하여 제출된 의견서 및 보정서에 의하여 재심사한 결과 거절이유통지서에 지적한 거절이유가 해소되고 그 이외의 새로운 거절이유를 발견할 수 없을 경우, ㉢ 재심사 또는 환송심결에 따라 심사국으로 이송된 출원을 심사한 결과 거절이유를 발견할 수 없을 경우에는 심사관은 특허결정을 한다. 한편 재심사의 경우에는 원결정을 취소하고 특허결정을 한다.

5. 특허락부결정의 절차

(1) 심사관의 결정

특허출원서는 특허청장에게 제출(法 42①)하지만 실질적인 심사는 심사관의 권한인바(法 57), 심사결과로서 행하는 특허락부결정은 심사관이 하며(法 62, 63), 이상의 특허락부결정은 심사청구(法 59)를 전제로 특허락부결정처분시점에 특허청에 계속 중인 특허출원을 대상으로 한다. 따라서 심사청구되지 아니한 특허출원, 심사청구 후 취하·포기·무효된 출원은 당연히 특허락부결정의 대상에서 제외된다.

(2) 방 식

특허락부결정은 서면으로 하여야 하며 그 이유를 붙여야 한다(法 67①). 구체적으로 특허락부결정서에는 다음의 사항을 기재하고 심사관은 이에 기명날인하여야 한다(施規 48②).

① 특허출원번호

② 발명의 명칭

③ 출원인의 성명 및 주소(법인의 경우에는 그 명칭 및 영업소)

④ 출원인의 대리인이 있는 경우에는 그 대리인의 성명 및 주소나 영업소의 소재지(대리인이 특허법인인 경우에는 그 명칭, 사무소의 소재지 및 지정된 변리사의 성명)

⑤ 거절이유통지 연월일(특허거절결정의 경우에 한한다)

⑥ 결정의 주문 및 그 이유(특허거절결정의 경우 청구범위의 청구항이 2 이상인 때에는 해당 청구항 및 그 거절결정의 이유를 기재하여야 한다)

⑦ 결정연월일

⑧ 직권보정사항이 있는 경우에는 그 직권보정사항(특허결정의 경우에 한한다)

(3) 송 달

특허청장은 특허락부결정이 있는 경우에는 그 결정의 등본을 특허출원인에게 송달하여야 한다(法 67②).

6. 효 과

(1) 특허거절결정의 경우

① 특허거절결정된 경우 출원인이 이에 대해 불복하는 경우에는 그 특허거절결정등본을 송달받은 날로부터 30일 이내에 특허거절결정불복심판을 청구할 수 있다.

② **재심사의 청구**

㉠ 의 의

재심사청구제도는 2009년 1월 3일자 개정법에 의해 도입된 제도이다(法 67의2①). 재심사청구는 특허출원인이 특허청으로부터 특허출원거절결정등본을 받은 후 30일 이내에 명세서나 도면을 정정하여 거절받은 특허출원에 대하여 다시 심사를 청구하는 제도이다. 이 제도는 종래의 거절결정불복심판을 청구한 후 30일 이내에 명세서나 도면을 보정한 경우의 심사전치제도를 폐지한 후 새로이 도입된 제도이다.

㉡ 취 지

이 제도는 종래의 심사전치주의를 대체한 제도로서 거절결정등본 송달일로부터 30일 이내에 거절결정불복심판청구와 재심사청구 중에서 출원인이 원하는 수단을 선택하게 함으로써, 이 중 출원인이 재심사청구를 하는 경우 심판청구를 하지 않더라도 심사관에게 다시 심사를 받을 수 있도록 하였다. 그 결과 재심사청구를 하면서 등록이 가능한 청구항만으로 보정을 하는 경우 심판청구를 하지 않더라도 즉시 특허결정이 가능하게 되어 특허절차가 간소화되고, 불필요한 심판청구 수수료를 납부할 필요가 없어졌다.[288]

㉢ 재심사청구의 요건

ⓐ 재심사청구는 특허청으로부터 거절결정등본을 송달받은 날로부터 30일 이내에 하여야 한다. 다만, 특허출원거절결정불복심판 청구기간(法 132의3)이 법 제15조 제1항에 따라 연장된 경우에는 그 기간 내에 재심사청구를 할 수 있다(法 67의2①). 또한, 재심사청구를 할 때에는 특허출원서에 첨부된 명세서 또는 도면에 대한 보정서를 제출하여야 하며, 이 경우의 보정은 법 제47조에 따른 보정의 범위 내에서 하여야 한다. 즉, 발명의 동일성을 유지하는 범위 내에서 하여야 한다.

다만, 재심사의 청구시에 재심사에 따른 특허거절결정이 있거나 거절결정불복심판청구가 있는 경우에는 그러하지 아니하다(法 67의2①단서). 즉, 이미 재심사청구를 하여 다시 특허거절결정이 된 경우에는 재심사 절차의 반복으로 인해 심사가 지연되는 것을 방지하기 위해 다시 재심사를 청구할 수 없고, 거절결정불복심판만 가능하다. 그리고 재심사를 청구하려는 자는 보정서에 그 취지를 적어 특허청장에게 제출하여야 한다(施規 37의 2①). 이때 출원인은 재심사청구와 함께 의견서를 제출할 수 있다(法 67의2②).

---

288) 기존의 「심사전치제도」는 거절결정불복심판청구를 한 후 30일 이내에 보정서를 제출하면 곧바로 심판을 하는 게 아니라 해당 심사관에게 보정된 출원에 대해 다시 한 번 심사하게 하는 제도이다. 이러한 심사전치제도는 반드시 거절결정불복심판청구를 한 이후에 절차가 개시되므로 심판청구 수수료를 납부했어야 했다.

ⓑ 거절결정불복심판청구와 재심사청구는 선택적 사항으로서 출원인은 최초거절결정등본 송달일로부터 30일 이내(연장된 경우에는 그 연장된 기간) 둘 중에 하나를 선택하여 거절결정에 대해 다툴 수 있다.

ⓔ 재심사청구의 효과

재심사청구가 있는 경우에는 원특허출원에 대하여 종전에 취해진 특허출원거절결정은 취소된 것으로 본다(法 67의2②). 따라서 재심사청구 결과에 따른 새로운 특허락부결정이 가능하게 된다.

다만, 재심사의 청구 전 최후거절이유통지에 따른 의견서 제출기간 내(法 47①2)에 한 보정이 보정의 범위를 벗어나거나(法 47②③) 그 보정에 따라 새로운 거절이유가 발생했음에도 불구하고 일반심사단계에서 심사관이 이를 간과하여 보정각하결정을 하지 않은 경우 추후 재심사단계에서 심사관이 발견한 경우에는 보정각하를 하지 않고 다시 한번 최후 거절이유통지를 한다(法 51① 단서).

ⓜ 부적법한 경우

재심사의 청구절차가 절차보정사유(法 46)에 해당하여 법 제16조 제1항에 따라 무효로 된 경우에는 특허거절결정은 취소되지 아니한 것으로 본다(法 67의2③단서). 또한 출원인이 ⓐ 특허출원서에 첨부한 명세서 또는 도면의 보정 없이 재심사를 청구하거나 ⓑ 재심사청구시 이미 재심사에 따른 거절결정이 있었거나 ⓒ 거절결정불복심판이 있어 재심사를 청구할 수 없는데 재심사를 청구하는 경우에는 재심사 청구서는 반려된다.[289]

ⓗ 재심사청구의 취하금지

재심사청구는 취하할 수 없다(法 67의2②). 이는 심사절차의 낭비제거를 위함이다. 따라서 특허거절결정을 받은 출원인은 재심사청구하기 전에 재심사청구를 할 것인가 또는 거절결정불복심판청구를 할 것인가를 신중히 판단하여 결정해야 할 것이다.

ⓢ 2013. 2. 26. 개정법에서는 특허출원인이 책임질 수 없는 사유로 재심사청구를 할 수 있는 기간을 지키지 못한 경우에는 그 사유가 소멸한 날부터 2개월 이내에 재심사의 청구를 할 수 있다. 다만, 그 기간의 만료일부터 1년이 지난 때에는 그러하지 아니하다(法 67의3)라고 규정하여 출원인의 권리를 보호하는 한편 향후 가입할 특허법조약(PLT)과의 합치를 도모하기 위하여 이 규정을 신설하였다.

③ 특허결정 이후 직권재심사

㉠ 의 의

심사관에 의한 직권재심사청구제도는 2017. 3. 1.부터 개정법에 의해 도입된 제도이다(法 66의3). 심사관이 특허결정 후에도 설정등록(특허권발생) 전까지 중대한 하자를 발견하면 직권으로 특허결정을 취소하고 다시 심사를 재개하는 제도이다.

---

[289] 특허청심사지침서(2011), 5042 및 5043

ⓛ 취 지
하자있는 특허가 등록되는 것을 미리 방지하기 위하여 특허결정 후에도 심사관이 명백한 거절이유를 발견하면 다시 심사하는 절차 마련이 필요하게 되었다. 즉, 다시 말해서 심사관이 특허결정 이후 3월 이내 특허료 납부기간까지 하자를 발견해도 다시 심사할 수 없어 무효가능성 있는 특허가 그대로 등록될 우려가 상존하여 동 제도를 도입하게 되었다.

ⓒ 직권에 의한 재심사
ⓐ 심사관은 특허결정된 특허출원에 관하여 명백한 거절이유를 발견한 경우에는 직권으로 특허결정을 취소하고 그 특허출원을 다시 심사(재심사)할 수 있다. 다만, 다음 아래의 어느 하나에 해당되는 경우는 그러하지 아니하다(法 66의3①).
i) 거절이유가 그 발명의 배경기술을 적지 아니하거나 특허청구범위 기재방법 위반, 1발명 1출원제도 위반인 경우
ii) 그 특허결정에 따라 특허권이 설정등록된 경우
iii) 그 특허출원이 취하나 포기된 경우
ⓑ 위에 따라 심사관이 재심사를 하려면 특허결정을 취소한다는 사실을 특허출원인에게 통지하여야 한다(法 66의3②).
ⓒ 특허출원인이 심사관으로부터 특허결정취소통지를 받기 전에 그 특허출원이 설정등록되거나 취하 또는 포기한 경우는 특허결정의 취소는 처음부터 없었던 것으로 본다(法 66의3③).

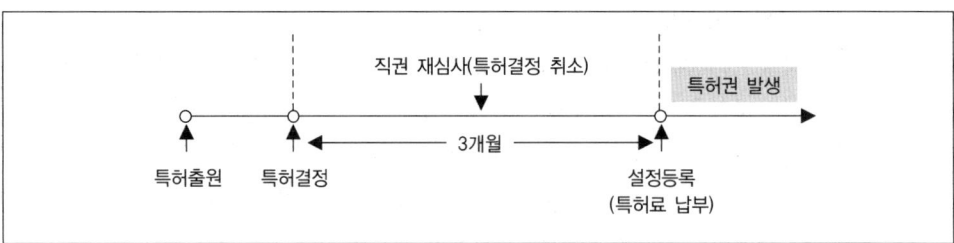

(2) 특허결정의 경우
특허결정이 있었다고 해서 바로 특허권이 발생하는 것은 아니며, 특허결정에 대한 등본을 출원인에게 송달한 때 당해 특허결정이 확정된다. 한편 특허거절결정과는 달리 특허결정에 대해서는 출원인은 불복을 할 수 없다.
한편, 특허청장은 출원인이 특허결정등본 송달일로부터 3개월 내에 최초 3년분의 특허료를 납부한 경우에 직권으로 특허등록을 하게 된다.

▎재심사청구시까지의 보정시기

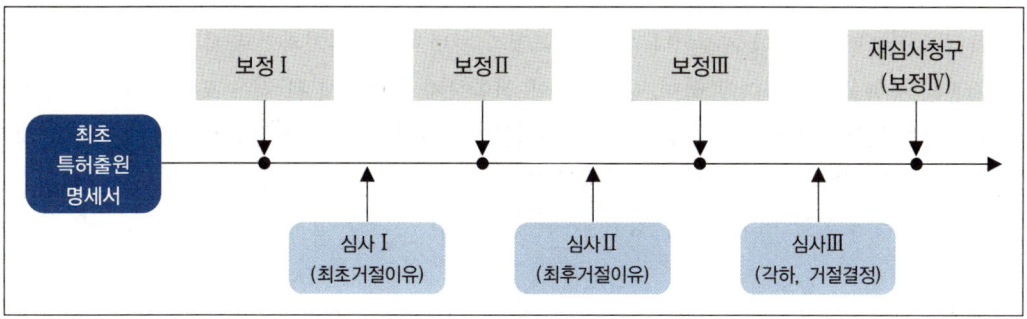

Ⅳ 전문기관에 의한 조사

1. 선행기술조사 등

(1) 특허청장은 특허출원인이 출원할 때 필요하거나 특허출원을 심사(국제출원에 대한 국제조사 및 국제예비심사를 포함한다) 할 때 필요하다고 인정하면 전문기관에 미생물의 기탁·분양, 선행기술의 조사, 특허분류의 부여, 그 밖의 대통령령으로 정하는 업무를 의뢰할 수 있다(法 58①). 이에 따라 특허청장이 의뢰하는 업무를 수행하려는 자는 특허청장에게 전문기관의 등록을 하여야 한다(法 58②).

(2) 특허청장은 전문기관등록 등의 업무를 효과적으로 수행하기 위하여 필요하다고 인정하는 경우에는 대통령령으로 정하는 전담기관으로 하여금 전문기관 업무에 대한 관리 및 평가에 관한 업무를 대행하게 할 수 있다.

(3) 특허청장은 특허출원의 심사에 필요하다고 인정하는 경우에는 관계 행정기관, 해당 기술분야의 전문기관 또는 특허에 관한 지식과 경험이 풍부한 사람에게 협조를 요청하거나 의견을 들을 수 있다. 이 경우 특허청장은 예산의 범위에서 수당 또는 비용을 지급할 수 있다.

(4) 전문기관의 등록기준 등 지정에 관하여 필요한 사항과 선행기술의 조사 또는 특허분류의 부여 등의 의뢰절차에 관하여 필요한 사항은 대통령령으로 정한다(法 58⑤).

2. 전문기관 등록의 취소 등

특허청장은 전문기관이 거짓이나 그 밖의 부정한 방법으로 전문기관의 등록을 받은 경우에는 전문기관의 등록을 취소하여야 하며, 등록기준에 적합하지 아니하게 된 경우 또는 전문기관 임직원이 특허출원 발명에 관하여 직무상 알게 된 비밀을 누설하거나 도용한 경우에는 그 등록을 취소하거나 6개월 이내의 기간을 정하여 업무의 전부 또는 일부의 정지를 명할 수 있다. 한편, 특허청장은 전문기관의 등록을 취소하거나 업무정지를 명하려면 청문을 실시하여야 한다(法 58의2①②).

제3절 특허협력조약에 의한 국제특허

I 의 의

국제간 특허출원을 하는 방법에는 크게 두가지가 있는바, 첫째는 종래방식대로 각 나라별로 각각 별도로 출원하는 방법이 있고 두 번째는 PCT조약(국제특허협력조약, Patent Cooperation Treaty)에 의한 국제특허출원이 있다.

PCT 출원은 출원인이 수리관청[290]에 하나의 국제출원서류를 제출하면서 다수의 체약국(Contracting States)이 지정되면, 지정된 모든 체약국은 출원인이 일정한 기간 내에 번역문을 제출할 것을 조건으로 국제출원서를 제출한 날에 지정관청[291]에 대해서도 직접 출원된 것과 동일한 효과를 인정해 주는 한편, 국제기관에 의한 관련 선행기술의 조사 및 특허성의 예비심사를 통하여 출원인이 각국에 본격적인 출원절차를 밟기 전에 자기 발명의 기술적, 상업적 가치를 재검토할 수 있도록 지원해 주는 제도이다. 국제간에 특허출원을 하고자 하는 자는 종래의 방식에 따라 출원절차를 밟거나, PCT에서 정한 방식과 절차에 따라 출원을 할 수 있는데 이와 같이 국제간에 출원을 함에 있어 종래의 출원방식인 각 나라마다 개별적으로 출원하는 방식을 택할 것인지 국제출원절차에 의할 것인지 여부는 출원인 자신이 결정할 문제다.

이하에서 설명되는 것은 특허협력조약(PCT조약)에 의해 출원되는 국제출원이 대한민국 특허청이 수리관청으로 되었을 때(法 192~法 198의2)와 대한민국이 지정국으로 되었을 때(法 199~法 214) 한국 특허법이 규정하고 있는 내용들이다. 이러한 한국 특허법의 규정은 특허협력조약(PCT조약)의 규정(본서 제10장 제2절 참조)을 대부분 그대로 적용하고 있으며 특히 대한민국이 지정국으로 되었을 때 한국 특허법의 규정(法 199~法 214)을 '국제특허출원의 특례규정'이라고 한다. 참고로 대한민국 특허청을 수리관청으로 하여 국제출원하게 되면 처음 출원단계에서는 한국 특

---

[290] 수리관청이라 함은 국제출원인이 제출한 국제출원을 접수하여 검토하고 처리하는 관청을 말하는데(PCT조약 제10조) 국제출원인의 국적국 또는 거주국의 특허청이 수리관청이 된다.
[291] 지정관청은 국제출원인이 특허를 받고자 지정한 국가의 특허청을 말한다.

허법 제192조에서 법 제198조의2까지가 적용되며, 이후 국제사무국 관계에 있어서는 PCT조약이 직접 적용되며, 나중에 대한민국이 지정국으로 하여 국내단계로 진입하면 국제특허출원의 특례규정인 한국특허법 제199조에서 법 제214조까지가 적용된다. 본 단원을 들어가기 전에 제10장 제2절(특허협력조약)을 필독하기를 권장한다.

■ 국제출원의 법적용

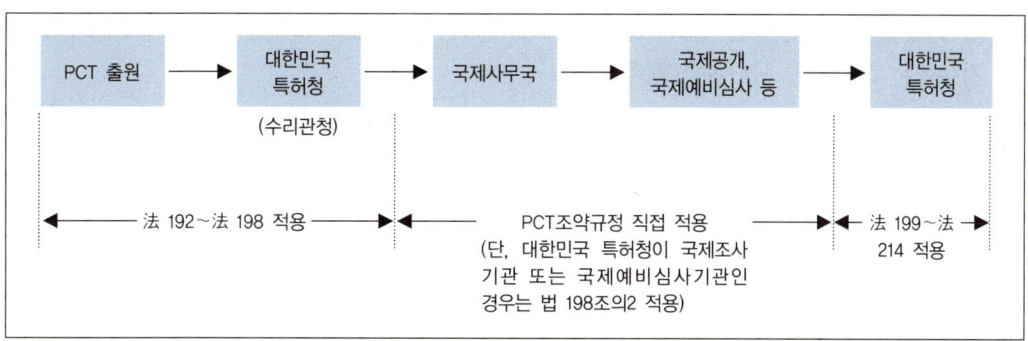

II 국제출원

1. 국제출원을 할 수 있는 자

(1) 출원인

PCT에 의한 국제출원을 할 수 있는 자는 원칙적으로 체약국의 거주자와 국민이다(PCT 9(1)). 체약국의 거주자라 함은 체약국에 진정하고 실효적인 공업상 또는 상업상의 영업소(주소)를 가진 자를 의미한다. 체약국의 거주자인가 아닌가의 문제는 체약국의 국적을 가진 자를 의미하며, 체약국의 법령에 따라 설립된 법인도 체약국의 국민으로 본다.

2인 이상의 출원인이 있는 경우, 출원인 중 적어도 1인이 국제출원을 할 수 있는 자일 때에는 국제출원을 할 수 있다(PCT규칙 18.3). 또한 PCT 총회는 PCT의 체약국은 아니지만 파리조약의 당사국인 어느 국가의 거주자와 국민이 국제출원을 하는 것을 인정하도록 결정할 수 있다(PCT 9(2)). 우리 특허법에서는 국제출원을 할 수 있는 자에 대하여 아래와 같이 규정하고 있다(法 192).

① 대한민국 국민

② 국내에 주소 또는 영업소를 가진 외국인

③ 상기 제1호 또는 제2호에 해당하는 자가 아닌 자로서 제1호 또는 제2호에 해당하는 자를 대표자로 하여 국제출원을 하는 자

④ 상기 제1호부터 제3호에 해당하는 자가 아닌 자로서 1인 이상의 대한민국 국민이나 국내에 주소 또는 영업소를 가진 외국인과 공동으로 출원하는 자(法 192, 施規 90)

(2) 대리인

PCT에 의한 국제출원인이 본인이 직접 출원하지 아니하고 임의대리인을 선임하는 경우에는 변리사를 대리인으로 선임하여야 한다(法 197③). 국제출원에 관한 절차를 밟는 자가 그 대리인 또는 대표자의 선임을 신고한 후에 새로운 대리인 또는 대표자의 선임을 신고하는 경우에는 PCT규칙 90.6의 규정에 의하여 먼저 선임된 대리인 또는 대표자는 해임된 것으로 본다. 다만, 신고서에 먼저 선임된 대리인 또는 대표자를 계속하여 대리인 또는 대표자로 한다는 취지가 기재되어 있는 경우에는 그러하지 아니한다(施規 78④).

(3) 대표자

2인 이상이 공동으로 국제출원을 하는 경우에 출원인의 대표자가 절차를 행할 수 있으며(法 197①), 출원인이 대표자를 정하지 아니한 때에는 대한민국 국민 또는 국내에 주소 또는 영업소를 가진 외국인 중 첫 번째로 기재되어 있는 자를 대표자로 지정할 수 있다(法 197②, 施規 106의4).

2. 국제출원언어

국제출원의 언어는 수리관청이 인정하는 언어로 제출하여야 하는데, 각 수리관청은 국제조사기관이 인정한 언어 또는 국제공개언어 중 적어도 하나를 국제출원언어로 인정하여야 한다[PCT 규칙 12.1(a)(b)]. 현재 각 체약국에 인정되고 있는 국제출원의 언어[292]로는 영어, 불어, 독어, 스페인어, 러시아어, 네델란드어, 덴마크어, 핀란드어, 스웨덴어, 노르웨이어, 일어, 중국어, 한국어 등이 있다. 한편, 출원서는 수리관청이 인정하는 국제공개언어로 제출되어야 한다(PCT 규칙 12.1(c)). 한편, 한국을 수리관청으로 하여 국제출원을 하는 자는 산업통상자원부령이 정하는 언어로 작성한 출원서류를 특허청장에게 제출하여야 한다(法 193①). 산업통상자원부령이 정하는 언어란 국어, 영어 또는 일어를 말한다.

3. 국제출원서류의 제출

국제출원을 하고자 하는 자는 산업통상자원부령이 정하는 언어로 작성한 출원서, 발명의 설명, 청구의 범위, 필요한 도면 및 요약서를 특허청장에게 제출하여야 한다(法 193①).

여기서, 「산업통상자원부령이 정하는 언어」란 국어, 영어 또는 일어를 말한다(施規 91). 한편, 국제출원에 관하여 특허청장에게 제출하는 서류는 국제출원의 발명의 설명 및 청구의 범위를 적은 언어(이하 "국제출원의 언어"라 한다)로 작성하여야 한다. 다만, 국적증명서, 법인증명서, 그 밖에 특허청장이 지정하는 서류는 그러하지 아니하다(施規 75).

---

[292] 국제출원언어와 국제공개언어
- 국제출원언어 : 영어, 불어, 독어, 스페인어, 러시아어, 네델란드어, 덴마크어, 핀란드어, 스웨덴어, 노르웨이어, 일어, 중국어, 한국어 - 총 13개 국어
- 국제공개언어 : 영어, 불어, 독어, 스페인어, 러시아어, 중국어, 아랍어, 일어, 포르투갈어 및 한국어(2009.1.1부터) - 총 10개 국어

⑴ 출원서
① 국제출원서에는 다음의 사항을 기재하여야 하며(法 193①②), 특허청장은 국제출원의 출원서에 기재사항 외의 사항이 기재되어 있는 경우에는 직권으로 그 사항의 기재를 말소하여야 한다(施規 95).
  ㉠ 당해 출원이 특허협력조약에 의한 국제출원이라는 표시
  ㉡ 당해 출원이 발명의 보호가 요구되는 특허협력조약 체약국의 지정
  ㉢ 지역특허를 받고자 하는 경우에는 그 취지
  ㉣ 출원인의 성명이나 명칭, 주소나 영업소 및 국적
  ㉤ 대리인이 있는 경우에는 그 대리인의 성명 및 주소나 영업소
  ㉥ 발명의 명칭
  ㉦ 발명자의 성명 및 주소나 영업소(지정국의 법령에 발명자에 관한 사항의 기재가 규정되어 있는 경우에 한한다)
② 국제출원의 출원서 등이 제출된 경우에는 다음의 사항이 행하여진 것으로 본다(施規 93의2).
  ㉠ 국제출원일에 조약에 구속되는 모든 체약국의 지정
  ㉡ 지정된 체약국(이하 "지정국"이라 한다) 중 조약 제43조 또는 제44조가 적용되는 각 지정국에서 얻을 수 있는 모든 종류의 권리를 위한 것이라는 표시
  ㉢ 조약 제45조(1)이 적용되는 각 지정국의 지역특허(조약 제2조(ⅳ)의 규정에 따른 특허를 말한다) 및 국내특허(조약 제45조(2)가 적용되는 경우를 제외한다)를 위한 것이라는 표시

⑵ 발명의 설명
국제출원서에 첨부하여야 할 명세서는 그 발명이 속하는 기술분야에서 통상의 지식을 가진 자가 쉽게 실시할 수 있도록 명확하고 상세하게 기재되어야 한다(法 193③).

⑶ 청구의 범위
국제출원서에 첨부될 청구의 범위는 보호를 받으려는 사항을 명확하고 간결하게 기재하여야 하며 명세서에 의하여 충분히 뒷받침되어야 한다(法 193④).

⑷ 국제출원에 기재하여서는 아니 되는 표현 등
국제출원에는 다음의 사항이 포함되어서는 아니된다(施規 77).
① 공공의 질서에 반하는 표현 또는 도면
② 선량한 풍속에 반하는 표현 또는 도면
③ 출원인 외의 특정인의 생산물·방법 또는 출원이나 특허의 이점 또는 유효성을 비방하는 내용
④ 국제출원에 기술된 사항과 관련성이 없거나 필요하지 아니한 내용

4. 국제출원일의 인정

(1) 의 의

국제출원이 수리관청으로부터 수리되면 그 수리일이 국제출원일로 인정되고(PCT 11(1)), 수리된 국제출원은 각 지정국에 있어서 정규의 국내출원으로서의 효과를 갖게 되는 한편, 국제출원일은 각 지정국에 있어서의「실체의 출원일」로 간주된다(PCT 11(3)(4)).

따라서 수리관청으로서의 특허청장이 행하는 국제출원일의 인정은 특허청장의 처분 중 가장 기본적이고도 중요한 행위라 할 수 있지만, 국제출원에 중대한 하자가 있을 때에는 그 출원일의 인정시기가 늦추어지는 경우도 있다.

(2) 중대한 하자가 있는 경우(보완)

① 하자의 내용

특허청장은 국제출원이 특허청에 도달한[293] 날을 국제출원일로 인정하지만, 국제출원에 법 제194조 제1항 각 호의 어느 하나에 해당되는 중대한 하자가 있을 때에는 국제출원일은 부여되지 않는다. 특허법상의 중대한 하자란 조약 제11조(1)의 규정과 같은 취지의 내용으로서 ㉠ 출원인이 국제출원을 할 수 있는 자의 요건을 충족하지 못한 경우(法 192), ㉡ 국제출원이 소정의 언어로 작성되지 아니한 경우(法 193①), ㉢ 국제출원의「발명의 설명 또는 청구범위」가 제출되지 아니한 경우(法 193①), ㉣ 출원인의 성명이나 명칭을 기재하지 아니한 경우 등이 해당된다.

② 보완명령

국제출원이 동 규정의 하자에 해당될 경우 특허청장은 기간을 정하여 절차의 보완[294]을 명하고, 출원인이 보완을 한 때에는 그 보완된 서면의 도달일이 국제출원일로 인정된다(法 194②④, PCT 11(2)). 즉, 국제출원일이 실제의 출원일보다 늦추어진다.

③ 누락부분에 대한 보완

㉠ 특허청장은 국제출원일을 인정할 때 누락 부분에 대한 보완사유에 해당하는 경우에는 2개월 이내에 누락된 부분을 제출하도록 보완명령을 해야하며(法 194③④, 施規 99의2①) 이때 출원인은 보완서나 의견서를 특허청장에게 제출할 수 있다(施規 99의2③④).

물론 출원인은 보완명령과 상관없이 접수일로부터 2개월 이내에 누락된 부분을 특허청장에게 제출할 수 있다(施規 99의2②③).

---

[293] 국제출원일의 인정과 도달주의 : 특허법은 국제출원에 대하여는 국제출원이 특허청에 도달된 날을 국제출원일로 인정한다(PCT 11(1)). 즉, 도달주의만을 채택하고 있다. 통상의 특허출원일의 인정에 있어서는 발신주의가 병행 적용(法 28②)되고 있는 점과 다르다.

[294] 보완과 보정 : 국제출원일의 인정과 관련하여 특허법은 보완이라는 용어를 사용하고 있다. 보완은 보정의 경우와 법률효과를 달리한다. 보완의 경우에는 보완에 관한 서류의 제출일이 국제출원일로 간주되므로 보완된 내용의 소급효과가 생기지 않지만, 보정은 일반적으로 소급효가 인정된다.

ⓛ 누락된 부분에 대한 보완서가 접수되면 그때부터 국제출원일이 인정되기 때문에 국제출원을 한 출원인은 국제출원일 통지일로부터 1개월 이내에 누락된 발명의 보완서류제출을 취하할 수 있다. 보완서류제출이 취하된 경우 누락된 부분의 보완서류가 접수된 때의 국제출원인 인정은 없었던 것으로 본다(施規 100의2).

(3) 중대하지 아니한 하자가 있는 경우(보정)

① 하자의 내용

국제출원의 하자가 상기와 같이 중대하지 않는 것으로서 법 제195조 중의 어느 하나에 해당될 때에는 특허청은 일단 국제출원을 수리하여 국제출원일을 인정한 후 보정을 명한다. 보정명령 사유는 PCT 제14조와 같은 취지의 내용으로서 ㉠ 발명의 명칭을 기재하지 아니한 경우, ㉡ 요약서가 제출되지 아니한 경우, ㉢ 출원절차가 행위능력 규정(法 3)에 위반되거나 법 제197조 제3항에 규정한 대리인이 변리사가 아닌 경우, ㉣ 산업통상자원부령으로 정하는 방식을 위반한 경우(施規 101)가 해당된다.

② 위반시의 효과

국제출원이 이상의 사유에 해당되어 특허청장으로부터 보정명령을 받았음에도 불구하고 보정명령에 따르지 않을 때에는 그 국제출원은 취하된 것으로 간주된다(法 196①1).

(4) 도면에 관한 하자

국제출원이 도면에 관하여 기재하고 있으나 그 출원에 도면이 포함되어 있지 아니한 경우에는 특허청장은 그 취지를 출원인에게 통지한다(도면이 없더라도 국제출원일은 인정됨).

이상의 통지를 받은 출원인이 통지일로부터 2개월 이내에 도면을 제출한 때에는 그 도면의 도달일을 국제출원일로 인정하며, 위 기간 내에 도면을 제출하지 아니하면 도면에 관한 기재는 없는 것으로 간주한다(法 194④, 施規 99, PCT 14(2)).295)

5. 국제출원의 취하

(1) 출원인에 의한 취하

국제출원의 출원인은 특허청장에 대하여 국제출원 · 지정국의 지정 · 우선권주장 · 국제예비심사의 청구 또는 선택국의 선택을 취하할 수 있다. 다만, 다음 각 호의 어느 하나에 해당하는 경우에는 그러하지 아니하다(施規 106의7).

---

295) 도면의 미첨부에 대하여 특허청장은 보완 또는 보정지시를 하지 아니하고 출원인의 행위결과에 따라 법적 효과를 달리 부여하는 이유는 수리관청은 국제출원에 대하여 국제단계에서는 보정이 요지변경에 해당되는지의 여부에 대한 실체적 판단을 할 수 없기 때문에 도면의 보완 등에 의하여 생길 수 있는 요지변경의 우려를 사전에 예방하기 위해서이다(천효남, 전게서, p.531 참조).

① 우선일로부터 2년 6월을 경과한 경우
② 조약 제23조(2) 또는 제40조(2)의 규정에 의한 청구(명시적 청구)를 한 경우(즉, 국내서면제출기간과 출원심사청구를 한 날 중 빠른 날이 경과한 경우)

(2) 법률에 의해 취하된 것으로 보는 국제출원

국제출원은 ① 특허청장의 보정명령을 받은 자가 지정기간 내에 보정을 하지 아니한 경우(法 196①1), ② 국제출원에 관한 소정의 수수료(송달료, 조사료 등)가 수수료 납부의 보정을 명받은 날로부터 1월 이내에 그 전부 또는 일부가 납부되지 아니한 경우(法 196①2, 196②, 施規 106①), ③ 국제출원일이 인정된 국제출원에 관하여 절차상의 중대한 하자(보완명령사유)가 국제출원일로부터 4월 이내에 발견된 경우(法 196①3, 施規 106②)에는 그 국제출원 또는 일부의 지정국의 지정은 취하된 것으로 보며, 취하간주 사실을 특허청장이 출원인에게 통지한다(法 196③). 이 경우 출원인은 통지일로부터 2개월 이내에 의견서를 특허청장에게 제출할 수 있다(施規 106의2).

취하효과는 지정국에 있어서의 국내출원에 대한 취하의 효과와 동일하다(PCT 24). 다만, 상기 간주취하된 국제출원 또는 지정국의 지정은 PCT 제25조의 규정(지정관청에 의한 검사)에 따라 각 지정국별로 구제받을 수 있다.

6. 지정(Designation)

자동지정제도의 도입으로 PCT 국제출원은 출원과 동시에 출원일의 모든 PCT 체약국은 자동적으로 지정되며, 자기지정제도[296] 운영국가인 한국, 독일, 러시아에 대해서는 PCT를 통하여 특허를 받지 않겠다는 의사표시를 할 수 있다.

즉, PCT 자동지정제도 도입 때문에 자기지정출원으로 선출원이 취하간주되는 국가는 해당 국가에 X표를 지정하여야만 선출원이 1년 3개월 경과될 때 취하가 된다.

예를 들어 우리나라 국내출원을 우선권주장하면서 지정국으로 KR(한국)을 지정할 경우(자기지정이 됨), 선출원(국내출원)은 그 선출원일로부터 1년 3개월(특허의 경우)이 경과하면 취하된 것으로 본다.

---

[296] 「자기지정」이란 어느 체약국에서 또는 어느 체약국에 대하여 행하여진 선출원에 의한 우선권주장을 수반하는 국제출원에는 당해 체약국의 지정을 포함하는 것을 말한다. 국제출원이 어느 지정국에서 또는 어느 지정국에 대하여 행하여진 국내출원에 의한 우선권주장을 수반하는 경우 또는 하나의 국가만의 지정을 포함한 국제출원에 의한 우선권주장을 수반하는 경우에는 당해 지정국에서의 조건 및 효과는 당해 지정국의 국내법령이 정하는 바에 의한다(PCT 8(2)(b)).

■ 자동지정제도와 자동선택제도

구 분	내 용
자동지정제도	• 국제출원할 때 모든 PCT 체약국이 자동적으로 지정된 것으로 보는 제도 • 자동지정의 도입으로 PCT 출원할 때 지정료가 출원료에 포함됨.
자동선택제도	• 국제예비심사를 청구할 때 PCT 제2장에 구속되고 지정이 이루어진 모든 PCT 체약국이 자동적으로 선택된 것으로 보는 제도 • PCT 제2장에 구속되는 PCT 체약국 : 국제예비심사를 허용하는 PCT체약국을 의미

7. 국제조사용 번역문의 제출

(1) 국제조사기관이 인정하지 아니하는 언어로 국제출원이 출원된 경우 출원인은 국제조사기관이 인정하는 언어로 된 번역문을 특허청장에게 제출하여야 한다. 특허청장은 출원인이 국제출원의 접수일로부터 1개월 이내에 번역문을 제출하지 아니하면 보정을 명한 날부터 1개월 이내에 번역문을 제출하도록 출원인에게 보정을 명해야 한다(施規 95의2①②).

(2) 출원인이 보정기간 내에 번역문을 제출하지 아니하거나 가산료를 내지 아니하면 조약규칙에 따라 그 출원은 취하된 것으로 본다. 이 경우 특허청장은 그 취지를 출원인에게 통지하여야 한다(施規 95의2③).

8. 수수료

국제출원을 하는 자는 송달료, 국제출원료, 조사료 등 일정액의 수수료를 내야 하며 수수료의 구체적인 금액 및 납부기간은 특허료 등의 징수규칙 제10조의 규정이 정하는 바에 의한다(法 198).

9. 우선권 서류의 제출 및 보정

(1) **우선권 서류의 제출**

① 조약에 따라 국제출원 또는 국내출원을 기초로 하여 조약우선권을 주장하고자 하는 자는 우선일로부터 1년 4개월 이내에 우선권서류 제출서에 그 국내출원 또는 국제출원을 수리한 관청이 인정하는 당해 국내출원 또는 국제출원의 등본을 첨부하여 특허청장에게 제출할 수 있다(施規 106의6). 제출된 우선권서류는 국제사무국으로 송부된다. 다만, 제출하지 않는 경우 이를 이유로 특허청장이 우선권을 부인하는 것은 아니며, 각 지정국 법령이 따르는 바에 따라 우선권서류 및 그 번역문을 제출하면 된다(施規 106의6①).

② 다만, 대한민국에 제출한 특허·실용신안등록출원 및 국제출원을 기초로 하여 우선권을 주장하는 경우에는 국제출원서에 우선권서류 송달신청취지를 적거나 우선일로부터 1년 4개월 이내에 우선권서류송달신청서를 특허청장에게 제출하여 우선권서류를 국제사무국에 송달할 것을 특허청장에게 요청할 수 있다(施規 106의6②).

(2) 우선권주장의 보정 또는 추가

① 출원인이 우선권주장을 보정 또는 추가하고자 하는 경우에는 우선일로부터 1년 4개월(우선권주장의 보정 또는 추가로 인하여 우선일이 변경되는 경우에는 변경된 우선일로부터 1년 4개월과 우선일로부터 1년 4개월 중 먼저 만료되는 날)과 국제출원일부터 4개월 중 늦게 만료되는 날 이내에 보정 또는 추가하여야 한다. 그리고 출원인이 조기국제공개를 신청한 후에 특허청장이 위 보정(추가)서를 수령한 경우에는 해당 서류는 제출되지 아니한 것으로 본다. 다만, 조기국제공개를 위한 기본적 준비가 완료되기 전에 당해 조기국제공개를 취하한 경우에는 당해 제출서류는 유효한 것으로 본다.

② 이 경우 우선권주장의 보정 또는 추가로 인하여 우선일이 변경된 경우에는 변경 전 우선일로부터 기산하여 만료되지 아니한 기간은 변경된 우선일로부터 기간을 기산하여야 한다(施規 102).

(3) 우선권주장에 대한 보정명령

특허청장은 ① 국제출원일이 우선일부터 1년 이내에 해당하지 아니하는 경우, ② 우선권주장이 조약규칙 4.10에서 정한 방식요건을 만족하지 못한 경우나, ③ 우선권주장에 관한 기재내용이 해당 우선권서류상의 기재내용과 일치하지 않는 경우에는 출원인에게 우선권주장에 대한 보정을 명하여야 한다. 이러한 우선권주장에 대한 보정명령을 받은 자가 우선권주장을 보정할 수 있는 기간 내에 보정을 하지 않는 경우에는 당해 우선권주장은 없는 것으로 보고 그 취지를 출원인에게 통지하여야 한다(施規 103①②③).

III 국제조사

1. 의 의

「국제조사」란 국제조사기관이 당해 국제출원과 관련이 있는 선행기술 발견과 신규성, 진보성 및 산업상 이용가능성 등의 특허성을 판단하는 것을 목적으로 한다(PCT 15(1)(2)). 국제조사결과는 국제조사보고서 및 견해서로 작성되어 출원인 및 국제사무국에 송부된다. 이 국제조사보고서 및 견해서는 출원인이나 지정관청을 구속하는 효과는 없으나 각 지정국에 대한 본격적인 출원절차를 개시하기 전에 출원인에게 자신의 출원과 관련된 관련 선행기술의 존재 또는 특허성에 대한 정보를 미리 알려주어, 출원인이 절차진행의 계속 여부를 결정하는데 참고자료로 활용할 수 있도록 하고 있다(세부내용 : 특허협력조약 참조).

대한민국 특허청과 특허협력조약 업무의 총괄기구인 국제사무국(WIPO) 간에 체결된 협정에 의하여 우리나라 특허청도 국제조사기관 및 국제예비심사기관으로 지정되어 동 업무 수행이 가능하게 되었다. 이에 따라 특허법 제198조의 2의 규정이 신설되었다. 한편, 현재 국제조사기관은 미국, 일본, 러시아, 스웨덴, 스페인, 오스트리아, 호주, 중국, 유럽특허청, 한국 등 10개국이며 우리나라 특허청을 수리관청으로 하여 수리된 국제출원에 대하여는 그 국제출원이 ① 국어로 된 경우에는 우리나라 특허청이 국제조사기관이 되어 국제조사를 하며, ② 영어로 된 출원인 경우에는 우리나라 특허청 또는 오스트리아, 호주 특허청에서, ③ 일어로 된 출원인 경우에는 일본 특허청에서 국제조사를 받을 수 있다. 또한 대한민국 특허청이 수리관청인 경우 국제조사기관으로 선택할 수 있는 국가는 대한민국, 오스트리아, 호주, 일본 특허청 중 선택할 수 있다.

2. 대한민국 특허청에서의 국제조사

한국의 특허청이 국제조사기관 및 국제예비심사기관으로 지정됨에 따라 한국의 특허청이 국제조사업무 및 국제예비심사 업무를 수행하게 되었다(法 198의 2 이하). 국제조사와 관련된 주요 업무는 다음과 같다.

(1) 조사용 사본 수령의 통지

국제조사기관은 수리관청에서 국제조사를 위해 보내온 조사용 사본의 접수사실 및 일자를 통지하여야 한다(PCT 규칙 23.1). 이에 따라 우리 특허법도 "특허청장은 송부된 조사용 사본을 수령한 때에는 그 수령사실 및 수령일을 출원인에게 즉시 통지하여야 한다(施規 106의10)"고 규정하고 있다.

(2) 국제조사대상 여부의 확인

모든 국제출원은 국제조사대상이다. 하지만 특허청장은 법 제194조의 규정에 의하여 국제출원일이 인정된 국제출원에 대하여 심사관에게 PCT 제18조(1)의 규정에 따른 국제조사보고서(이하 "국제조사보고서"라 한다) 및 PCT 규칙 43.1의 규정에 따른 견해서(이하 "국제조사기관의 견해서"라 한다)를 작성하게 하여야 한다. 다만, 출원인이 한국 특허청 외의 기관을 국제조사기관으로 지정한 경우에는 그러하지 아니한다(施規 106의11①).

① **국제조사보고서의 불작성**

국제출원의 청구의 범위 전부가 다음에 해당하는 경우에는 심사관은 국제조사보고서를 작성하지 아니한다(施規 106의11⑤).

㉠ 국제출원의 대상이 다음에 해당하는 경우
  ⓐ 과학 또는 수학의 이론
  ⓑ 단순히 발견한 동·식물의 종류
  ⓒ 사업활동, 순수한 정신적 행위의 수행 또는 유희에 관한 계획, 법칙 또는 방법
  ⓓ 수술 또는 치료에 의한 사람의 처치방법 및 진단방법
  ⓔ 정보의 단순한 제시
  ⓕ 심사관이 선행기술을 조사할 수 없는 컴퓨터프로그램

㉡ 발명의 설명·청구의 범위 또는 도면에 필요한 사항이 기재되어 있지 아니하거나 기재된 사항이 현저히 불명료하여 유효한 국제조사를 할 수 없는 경우

② 일부에 대해 국제조사를 하지 않는 경우

국제출원의 청구의 범위 일부가 국제조사보고서의 불작성사유에 해당하는 경우 또는 그에 기재된 종속항이 조약규칙 6.4(a)의 규정에 위반되는 경우에는 심사관은 국제조사보고서에 그 취지를 기재하고 당해 청구의 범위에 대하여는 국제조사를 하지 아니한다(施規 106의11⑥).

(3) 발명의 단일성 조사

국제조사기관은 국제출원이 규정에 정하는 발명의 단일성 요건을 충족하지 아니하다고 간주되는 경우에는 추가 수수료의 지불을 요구하도록 되어 있다(PCT 17⑶(a)). 따라서 우리나라 특허법도 아래와 같이 규정하고 있다.

① 단일성조사 및 추가수수료 납부의 요구

심사관은 국제출원이 조약 제17조⑶(a)의 규정에 의한 발명의 단일성 요건을 충족하지 아니하는 경우에는 기간을 정하여 추가수수료의 납부를 명하여야 한다. 이 경우 추가수수료의 납부명령을 받은 자가 지정된 기간 내에 추가수수료를 납부한 경우에는 당해 발명에 대하여 국제조사를 수행하여야 한다(施規 106의14②).

그러나 심사관은 추가수수료 납부명령을 받은 자가 지정된 기간 내에 추가수수료를 납부하지 아니한 경우에는 청구의 범위에 가장 먼저 기재된 1군의 발명(이하 "주발명"이라 한다)과 관련되는 국제출원부분에 한하여 국제조사보고서를 작성하여야 하며, 청구의 범위의 일부에 한하여 국제조사보고서를 작성하는 경우에는 국제조사기관의 견해서에 그 취지를 기재하고 당해 청구의 범위의 일부에 한하여 견해를 제시하여야 한다(施規 106의14④).

② 추가수수료에 대한 이의신청

㉠ 의 의

추가수수료의 납부명령을 받은 자는 ⓐ 국제출원이 조약 제17조⑶(a)의 규정에 의한 발명의 단일성요건을 충족하고 있는 경우, ⓑ 추가수수료의 납부명령을 받은 추가수수료 금액이 과다한 경우에는 그 이유를 기재한 진술서를 첨부하여 특허청장에게 추가수수료의 납부명령에 대한 이의신청(이하 "추가수수료 이의신청"이라 한다)을 할 수 있다(施規 106의15①).

㉡ 이의신청료의 납부

추가수수료 이의신청을 하는 경우 그 심사를 위한 수수료(이하 "추가수수료 이의신청료"라 한다)를 내야 하며, 기간 내에 추가수수료 이의신청료를 납부하지 아니하는 경우에는 추가수수료 이의신청은 처음부터 없었던 것으로 본다((施規 106의15①④).

㉢ 이의신청에 대한 결정

특허청장은 각 추가수수료 이의신청에 대하여 3인의 심사관합의체를 구성할 심사관을 지정하여야 한다. 또한, 특허청장은 지정된 심사관 중 1인을 심사장으로 지정하여야 한다(施規 106의16①③).

추가수수료 이의신청은 3인의 심사관합의체가 심사·결정하되, 결정서에는 다음의 사항을 기재하여야 하고 결정을 한 심사관은 이에 기명날인하여야 한다(施規 106의16①④).
ⓐ 추가수수료 이의신청사건의 번호
ⓑ 추가수수료 이의신청인의 성명 및 주소(법인인 경우에는 그 명칭 및 영업소의 소재지)
ⓒ 대리인이 있는 경우에는 그 대리인의 성명 및 주소 또는 영업소의 소재지(대리인이 특허법인인 경우에는 그 명칭, 사무소의 소재지 및 지정된 변리사의 성명)
ⓓ 결정내용 및 그 이유
ⓔ 결정연월일

특허청장은 납부된 추가수수료의 전부 또는 일부를 출원인에게 반환하여야 한다는 결정이 있는 때에는 당해 결정에 의한 금액을 출원인에게 반환하여야 한다. 이 경우 추가수수료의 전부를 반환하는 때에는 추가수수료 이의신청료도 함께 반환하여야 한다. 심사장은 추가수수료 이의신청에 대한 결정이 있는 때에는 그 취지를 출원인에게 통지하여야 한다(施規 106의16⑤⑥).

(4) 심사관에 의한 명칭 및 요약서 작성

① 심사관에 의한 발명의 명칭 결정[297]

심사관은 ㉠ 국제출원에 발명의 명칭이 기재되어 있지 아니하고 발명의 명칭에 관하여 조약규칙 37.2의 규정에 의한 통지를 받지 못한 경우, ㉡ 국제출원에 기재된 발명의 명칭이 조약규칙 4.3의 규정에 의한 요건을 충족하지 못하는 경우에는 발명의 명칭을 정하여야 한다. 심사관은 정한 발명의 명칭을 국제조사보고서에 기재하여야 한다(施規 106의17).

② 심사관에 의한 요약서의 작성

심사관은 ㉠ 국제출원에 요약서가 포함되어 있지 아니하고 요약서에 관하여 조약규칙 38.2의 규정에 의한 통지를 받지 못한 경우, ㉡ 국제출원에 포함된 요약서가 조약규칙 8의 규정에 의한 요건을 충족하지 못하는 경우에는 요약서를 작성하여야 한다.

특허청장은 심사관이 작성한 요약서를 국제조사보고서에 첨부하여 출원인에게 송부하여야 한다. 요약서가 국제조사보고서에 첨부되어 송부된 경우에는 출원인은 국제조사보고서의 송부일부터 1개월 이내에 특허청장에게 당해 요약서에 대한 의견을 진술하거나 심사관이 요약서를 새로 작성하지 아니한 경우에는 출원인이 작성한 요약서에 대하여 보정신청을 할 수 있다. 한편, 심사관은 보정신청 또는 의견진술이 있는 때에는 요약서의 보정 여부를 결정하여야 하며, 요약서를 보정한 때에는 국제사무국에 그 보정사실을 통지하여야 한다(施規 106의18).

---

[297] 국제출원이 발명의 명칭 또는 요약서를 포함하고 있지 아니하였으나 국제조사기관이 수리관청으로부터 출원인에게 발명의 명칭 또는 요약서를 제출하도록 통지하였다는 취지의 통지를 받지 못한 경우 국제조사기관이 직접 발명의 명칭을 부여하거나 요약서를 작성한다(PCT 규칙 37, 38).

(5) 핵산염기 서열목록의 제출

심사관은 핵산염기서열 또는 아미노산서열을 포함하는 국제출원이 소정의 서열목록(施規 106의 12) 또는 진술서가 제출되지 아니한 경우 기간을 정하여 그 서열목록 또는 진술서의 제출을 명할 수 있으며, 명세서의 서열목록이 조약규칙에서 규정한 요건을 갖추지 못한 경우에는 이에 대한 보정을 명하여야 한다(施規 106의13).

(6) 국제조사기관 보고서와 견해서의 작성 및 송부

종래의 국제조사기관의 주기능은 선행기술조사이고 국제예비심사의 주기능은 특허성 심사로 알려져 있다. 그러나 2004년도부터는 국제조사기관 견해서를 추가로 작성토록 하여 선행기술조사가 주기능이었던 국제조사기관의 기능이 대폭 확대되어 산업상 이용가능성·신규성·진보성이 있는 것으로 보이는지 여부, 그 국제출원이 국제조사기관의 판단에 따라 PCT와 PCT 규칙의 요건들을 충족하는지 여부에 대한 견해서를 국제조사보고서와 함께 작성하여야 한다(PCT 규칙 43의 2). 국제조사기관의 견해서는 국제예비심사기관의 견해서와 유사하나 국제예비심사기관의 견해서는 국제예비심사보고서 작성 전단계로서 특허성에 의문이 있는 경우 출원인에게 통보하여 출원인과 의견을 교환할 수 있는 수단으로 활용되고 있으나 국제조사기관의 견해서는 출원인과의 의견교환 없이 모든 국제출원 건에 대해서 작성된다는 차이점이 있다.

① 국제조사보고서 및 국제조사 견해서 작성

심사관은 국제출원언어로[298] 국제조사보고서[299]와 국제조사기관의 견해서를 작성하여야 하며, 국제조사보고서에는 다음의 사항을 기재하여야 한다(施規 106의19①③).

㉠ 국제출원번호
㉡ 국제출원일
㉢ 출원인의 성명 또는 명칭
㉣ 발명의 단일성에 관한 사항

---

[298] 2009. 1. 1.부터는 한국어로 한국특허청에 출원한 건은 한국어로 국제조사보고서 및 국제조사기관 견해서 작성이 가능하다.

[299] 국제조사보고서 받은 후 보정(PCT 제19조 보정)
• 보정의 시기 및 대상
출원인은 국제조사보고서를 받은 후, 즉 국제조사기관이 국제사무국 및 출원인에게 국제조사 보고서를 송부한 날로부터 2월의 기간 또는 우선일로부터 16월 중 늦게 만료하는 기간 내에 국제사무국에 보정서를 제출함으로써 국제출원의 청구범위에 대하여 1회에 한하여 보정할 수 있다. 동시에 출원인은 보정의 내용 및 동 보정이 명세서와 도면에 미칠 수 있는 영향에 대하여 PCT 규칙이 정하는 바에 따라 간단히 「설명서(Statement)」를 제출할 수 있다. 이 경우 보정은 출원시 국제출원의 개시된 범위를 넘어서는 아니되지만 지정국의 국내법령이 공개된 범위를 넘어서는 보정을 허용하고 있는 경우에는 당해 지정국에 있어서는 어떠한 영향도 미치지 아니한다(PCT 19).
• 보정서 및 설명서에 대한 번역문 또는 사본의 제출
각 지정국 법령에 따라 지정국에 보정서 및 설명서의 번역문 또는 사본을 제출해야 국제사무국에 대해 한 청구범위에 대한 보정서와 설명서의 제출이 각 지정국에서 인정받게 된다. 예를 들어, 우리나라를 지정국으로 하는 경우에는 번역문 또는 사본 제출과 관련하여 법 제201조 제1항 단서, 동조 제7항 및 제8항, 법 제204조가 적용된다.

ⓜ 발명의 명칭, 요약서 및 요약서와 함께 공개되는 도면의 번호에 관한 사항
ⓗ 발명이 속하는 분야의 국제특허분류기호
ⓢ 국제조사를 한 분야의 국제특허분류기호
ⓞ 관련기술에 관한 문헌
ⓩ 국제조사완료일
ⓒ 기타 필요한 사항

또한, 심사관은 견해서에 다음의 사항을 기재하여야 한다(施規 106의19②).
㉠ 국제출원번호
㉡ 국제출원일
㉢ 출원인의 성명 또는 명칭
㉣ 발명의 단일성에 관한 사항
㉤ 발명이 속하는 분야의 국제특허분류기호
㉥ 청구의 범위에 기재되어 있는 발명의 신규성, 진보성 또는 산업상 이용가능성에 관한 견해와 관련 문헌
㉦ 견해서 작성일
㉧ 그 밖에 심사관이 국제조사기관의 견해서의 작성에 필요하다고 인정하는 사항

② **국제조사보고서 받은 후 보정(PCT 제19조 보정)**
㉠ 보정의 시기 및 대상

출원인은 국제조사보고서를 받은 후, 즉 국제조사기관이 국제사무국 및 출원인에게 국제조사보고서를 송부한 날로부터 2개월의 기간 또는 우선일로부터 16개월 중 늦게 만료하는 기간 내에 국제사무국에 보정서를 제출함으로써 국제출원의 청구범위에 대하여 1회에 한하여 보정할 수 있다. 동시에 출원인은 보정의 내용 및 동 보정이 명세서와 도면에 미칠 수 있는 영향에 대하여 PCT 규칙이 정하는 바에 따라 간단히「설명서(Statement)」를 제출할 수 있다. 이 경우 보정은 출원시 국제출원의 개시된 범위를 넘어서는 아니 되지만 지정국의 국내법령이 공개된 범위를 넘어서는 보정을 허용하고 있는 경우에는 당해 지정국에 있어서는 어떠한 영향도 미치지 아니한다(PCT 19).

㉡ 보정서 및 설명서에 대한 번역문 또는 사본의 제출

각 지정국 법령에 따라 지정국에 보정서 및 설명서의 번역문 또는 사본을 제출해야 국제사무국에 대해 한 청구범위에 대한 보정서와 설명서의 제출이 각 지정국에서 인정받게 된다. 예를 들어, 우리나라를 지정국으로 하는 경우에는 번역문 또는 사본 제출과 관련하여 법 제201조 제2항, 동조 제7항, 법 제204조가 적용된다.

③ **국제조사보고서와 국제조사견해서 송부**

특허청장은 심사관이 국제조사보고서 및 국제조사기관의 견해서를 작성한 경우에는 이를 출원인에게 송부하여야 한다. 한편, 특허청장은 국제조사보고서를 작성하지 아니한 경우에는 그 취지 및 이유를 출원인에게 통지하여야 한다(施規 106의20).

④ **인용문헌사본의 발급신청**

국제출원에 관한 국제조사보고서에 인용된 문헌 사본의 발급을 필요로 하는 출원인은 국제출원일로부터 7년 이내에 특허청장에게 이를 신청할 수 있다(施規 106의21).

⑤ **조사료의 반환**

다른 국제출원을 기초로 하여 우선권을 주장한 국제출원에 대하여 심사관이 국제조사보고서를 작성함에 있어서 당해 우선권주장의 기초가 되는 국제출원(이하 "선국제출원"이라 한다)에 대한 국제조사보고서를 이용하는 경우 특허청장은 출원인의 청구에 의하여 납부된 조사료의 일부를 반환하여야 한다. 다만, 선국제출원의 국제조사보고서가 특허청(한국특허청)에서 작성되지 아니한 경우에는 그러하지 아니한다(施規 제106의22①).

또한, 출원인이 출원서에 국내출원에 대한 심사의 결과를 이용할 것을 기재하고, 심사관이 그 심사의 결과를 국제조사보고서의 작성에 이용하는 경우에는 특허청장은 출원인의 청구에 의하여 납부된 조사료를 일부를 반환하여야 한다(施規 제106의22②).

Ⅳ 국제예비심사

1. 의 의

국제예비심사는 출원인의 임의 선택적 절차로서, 국제출원의 청구범위에 기재된 발명의 특허성(patentability), 즉 신규성(novelty), 진보성(inventive step) 및 산업상 이용가능성(industrial applicability)에 관하여 심사한 후, 그에 대한 예비적이고 비구속적인 판단(preliminary anti-binding opinion)을 내리고, 이를 국제예비심사보고서로 작성하여 출원인 및 국제사무국에 송부하는 국제단계의 절차를 말한다(세부내용 : 특허협력조약 참조). 현재 국제예비심사를 하는 기관은 총 9개 기관(EPO, 미국, 일본, 스웨덴, 호주, 한국, 중국, 오스트리아, 러시아)이며 우리나라 특허청을 수리관청으로 하여 수리된 국제출원에 대하여는 그 국제출원이 국어로 된 경우에는 우리나라 특허청이 국제예비심사기관이 되어 국제예비심사를 하며 영어로 된 출원인 경우에는 우리나라 특허청 또는 오스트리아 특허청에서, 일어로 된 출원인 경우에는 일본 특허청에서 국제예비심사를 받을 수 있다.

한편, 대한민국 특허청이 수리관청인 경우 국제예비심사기관으로 선택할 수 있는 국가는 대한민국, 오스트리아, 일본 특허청 중 선택할 수 있다.

2. 대한민국 특허청에서의 국제예비심사

(1) 국제예비심사의 청구

① **국제예비심사를 청구할 수 있는 자**

출원인은 PCT 제31조(2)의 요건을 충족할 경우 국제예비심사청구를 할 수 있다. 즉, PCT 제31조(2)의 규정(PCT 제2장에 구속되는 체약국의 거주자 또는 국민 등)에 해당하는 출원인은 특허청장에게 국제출원에 대하여 국제예비심사를 청구할 수 있다(施規 106의23①). 한편, 특허청장은 조약규칙 54.4의 규정에 의하여 국제예비심사를 청구할 수 없는 출원인이 국제예비심사를 청구한 경우에는 당해 국제예비심사청구서는 제출되지 아니한 것으로 본다(施規 106의26).

② **국제예비심사 청구기간**

㉠ 국제예비심사청구를 하고자 하는 자는 국제조사보고서 및 국제조사기관의 견해서(또는 조약 제17조(2)(a)의 규정에 따라 국제조사보고서를 작성하지 아니한다는 취지의 통지)를 출원인에게 송부한 날로부터 3개월, 또는 우선일로부터 22개월 중 늦게 만료되는 날까지 국제예비심사청구서 2통을 특허청장에게 제출하여야 한다. 이 경우 국제출원에 관한 의견서 또는 보정서를 제출할 수 있다(規則 106의23②③).[300]

㉡ 위 ㉠의 기간 만료 후에 국제예비심사 청구서가 제출된 경우에는 당해 국제예비심사 청구서는 제출되지 아니한 것으로 본다. 이 경우 특허청장은 그 취지를 출원인에게 통지하여야 한다(規則 106의23⑤).

㉢ 위 ㉠의 기간 내에 국제예비심사청구서가 제출된 경우에는 조약 제2장의 효력이 미치는 모든 지정국이 선택된 것[301]으로 본다(規則 106의23④).

③ **국제예비심사청구서의 제출**

국제예비심사를 청구하고자 하는 자는 ㉠ 국제예비심사청구라는 표시, ㉡ 출원인에 관한 사항, ㉢ 대리인 또는 대표자가 있는 경우에는 그 대리인 또는 대표자에 관한 사항, ㉣ 국제예비심사청구에 관련된 국제출원에 관한 사항, ㉤ 보정에 관한 사항(PCT 규칙 53.9의 규정에 의한 기재 사항이 있는 경우에 한한다)을 기재한 국제예비심사청구서를 특허청장에게 제출하여야 한다. 국제예비심사청구서는 국제출원언어로 작성하여야 한다(2009. 1. 1.부터는 한국어로 출원한 건은 한국어로 국제예비심사청구 가능). 한편, 출원인·대리인 또는 대표자는 PCT 규칙 53.8의 규정에 의하여 국제예비심사청구서에 기명날인하여야 한다(施規 106의24).

④ **수수료의 납부**

국제예비심사를 청구하고자 하는 자는 수수료를 내야 한다(PCT 31(5), 施規 106의25).

---

300) 개정 전의 규정은 국제예비심사청구가 우선일로부터 19개월 내에 이루어지면, 각 선택국에 대한 국내단계(national phase)의 개시시기가 20개월에서 31개월로 연기가 되는 것으로 되어 있었으나, 현재는 국제조사보고 및 국제조사기관 견해서를 출원인에게 송부한 날로부터 3개월, 또는 우선일로부터 22개월의 기간 중 늦게 만료되는 날 이내에 심사청구서 2통을 국제예비심사기관에 제출하여야 하는 것으로 개정되었다.

301) 이를 자동선택제도라 한다(2003. 12. 31. 개정).

(2) 국제예비심사청구의 수리
① 방식심사
국제출원일의 인정과 관련하여 특허법은 보완이라는 용어를 사용하고 있다. 보완은 보정의 경우와 법률효과를 달리한다. 보완의 경우에는 보완에 관한 서류의 제출일이 국제출원일로 간주되므로 보완된 내용의 소급효과가 생기지 않지만, 보정은 일반적으로 소급효가 인정된다. 즉, 국제예비심사청구와 관련하여「보완」을 한 경우에는 그 보완서가 도달한 날에 국제예비심사가 청구된 것으로 보아 소급효를 인정하지 않고 있으며,「보정」을 한 경우에는 국제예비심사청구서 도달일(보정서 도달일 아님)에 국제예비심사청구서가 수리된 것으로 보아서 소급효를 인정하고 있다. 아래 내용은 국제예비심사청구서 수리시에 절차의 보완과 절차의 보정을 기술하고 있다.

㉠ 절차의 보완

특허청장은 국제예비심사청구서에 국제예비심사청구의 대상인 국제출원이 특정되지 아니한 경우에는 기간을 정하여 보완을 명하여야 한다. 특허청장은 보완명령을 받은 자가 지정된 기간 내에 보완을 한 경우에는 그 보완서의 도달일에 국제예비심사청구서가 수리된 것으로 보며, 지정된 기간 내에 보완을 하지 아니한 경우에는 그 국제예비심사청구서는 제출되지 아니한 것으로 본다. 한편, 특허청장은 국제예비심사청구서가 제출되지 아니한 것으로 보기 전까지는 출원인의 신청에 의하여 보완할 수 있는 기간을 연장할 수 있다(施規 106의27).

㉡ 절차의 보정

ⓐ 특허청장은 다음의 경우에는 기간을 정하여 보정을 명하여야 한다(施規 106의29①).

ⅰ) 국제예비심사청구서 2통을 제출하지 않은 경우

ⅱ) 국제예비심사청구라는 표시, 출원인에 관한 사항, 대리인 또는 대표자가 있는 경우에는 그 대리인 또는 대표자에 관한 사항, 국제예비심사청구에 관련된 국제출원에 관한 사항을 표시하지 않은 경우(다만, 출원인이 2인 이상인 경우 출원인에 관한 표시는 국제예비심사를 청구할 수 있는 출원인 중 최소 1인에 관하여 기재된 경우를 제외한다)

ⅲ) 국제예비심사청구서를 국제출원언어로 작성하지 않거나 출원인·대리인 또는 대표자는 PCT 규칙 53.8의 규정에 의하여 국제예비심사청구서에 기명날인하지 않은 경우 [다만, 출원인이 2인 이상이거나 대리인이 2인 이상인 경우 그들 중 최소 1인의 기명날인이 있는 경우를 제외하고, 대리인이 기명날인한 경우에는 출원인(출원인이 2인 이상인 경우에는 모든 출원인)이 기명날인한 위임장이 첨부되어야 한다]

ⓑ 특허청장은 제1항의 규정에 의한 보정명령을 받은 자가 지정된 기간 내에 보정을 한 경우에는 국제예비심사청구서의 도달일(보정서 도달일 아님)에 국제예비심사청구서가 수리된 것으로 보며, 지정된 기간 내에 보정을 하지 아니한 경우에는 그 국제예비심사청구서는 제출되지 아니한 것으로 본다. 한편, 특허청장은 국제예비심사청구서가 제출되지 아니한 것으로 보기 전까지는 출원인의 신청에 의하여 보정 기간을 연장할 수 있다(施規 106의29③④⑤).

ⓒ **수수료 미납부에 대한 보정**
특허청장은 국제예비심사를 청구한 자가 국제예비심사수수료를 국제예비심사청구서 제출일부터 1개월 또는 우선일로부터 22개월 중 늦게 만료되는 날 이내(다만, 국제예비심사청구서가 관할 국제예비심사기관에 제출되지 아니한 경우 또는 국제조사와 국제예비심사를 동시에 수행하는 경우에는 PCT 규칙 57.3(b) 또는 (c)의 규정에 따른다)에 납부하지 아니한 경우에는 PCT 규칙 제58.1조(a)의 규정에 의하여 1개월 이내에 당해 수수료 및 가산료를 납부할 것을 명하여야 한다(施規 106의30①).

특허청장은 보정명령을 받은 자가 지정된 기간 내에 당해 수수료 및 가산료를 납부하지 아니한 경우에는 당해 국제예비심사청구서는 제출되지 아니한 것으로 본다(施規 106의30③).

② **수리일의 통지**
특허청장은 국제예비심사청구서를 받았을 때에는 그 수리일을 출원인에게 즉시 통지하여야 한다(施規 106의28). 한편, 특허청장은 국제예비심사청구서가 제출되지 아니한 것으로 보는 경우에는 그 취지 및 이유를 출원인에게 통지하여야 한다(施規 106의31).

(3) **국제예비심사의 진행**

① **국제예비심사의 개시**
출원인 PCT 규칙 69.1(d)의 규정에 의하여 국제예비심사에 관하여 조약 제19조의 규정에 의한 보정을 하지 아니한다는 취지를 기재한 신청서를 특허청장에게 제출한 경우에는 심사관은 국제예비심사를 개시한다(施規 106의34).[302]

---

[302] 국제예비심사는 국제조사보고서가 입수되기 전까지는 개시되지 않고, 국제예비심사보고서는 우선일로부터 28개월 만료 전에는 작성되어야 하므로, 국제예비심사에 활용될 수 있는 시간은 국제조사보고서를 받은 후 얼마나 빨리 국제예비심사청구를 하느냐에 달려 있다. 국제예비심사기간이 길수록 심사의 질이 높아진다는 것은 자명하므로, 국제조사보고서를 받고 나서 국제출원을 계속 진행해야 하겠다는 판단이 서면 되도록 빨리 국제예비심사를 청구하는 것이 좋다.

■ 국제출원 절차도

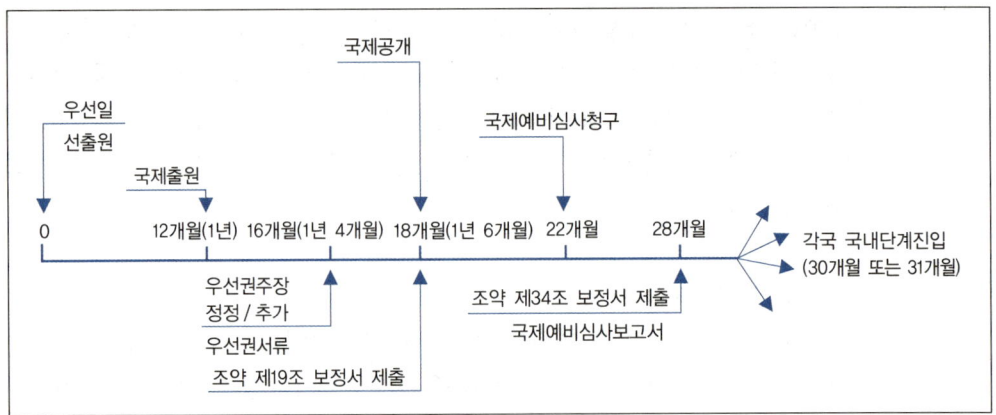

② **국제예비심사 대상 여부의 확인**

특허청장은 제106조의23의 규정에 의하여 국제예비심사가 청구된 국제출원에 대하여 심사관으로 하여금 국제예비심사를 하게 한다. 그러나 다음의 경우는 그러하지 아니한다.

㉠ 청구범위 전부가 국제예비심사대상이 아닌 경우

국제출원 청구 범위의 전부가 다음의 사항에 해당하는 경우에는 심사관은 국제예비심사를 하지 아니한다는 취지를 PCT 제34조(2)(c)의 규정에 따른 견해서(이하 "국제예비심사기관의 견해서"라 한다) 또는 국제예비심사보고서에 기재하여야 한다.

ⓐ 특허법 시행규칙 제106조의11 제1항에 규정된 국제조사보고서를 작성하지 않는 대상에 해당하는 경우

ⓑ 발명의 설명·청구의 범위 또는 도면에 기재된 사항이 현저히 불명료하거나 청구의 범위가 명세서에 의하여 충분히 뒷받침되어 있지 아니하여 PCT 제33조의 규정에 의한 신규성·진보성 또는 산업상 이용가능성에 대하여 유효한 견해를 제시할 수 없는 경우

ⓒ 국제조사보고서가 작성되지 아니하여 심사관이 국제예비심사를 하지 아니한다고 결정한 경우

㉡ 청구범위 일부가 국제예비심사대상이 아닌 경우

국제출원의 청구의 범위의 일부가 상기 사유에 해당하는 경우 또는 청구의 범위에 기재된 종속항이 PCT 규칙 66.2(a)의 규정에 위반되는 경우에는 심사관은 견해서 또는 국제예비심사보고서에 그 취지를 기재하고 당해 청구의 범위에 대하여는 국제예비심사를 하지 아니한다.

③ **발명의 단일성 조사**

국제출원이 조약 제34조(3)(a)의 규정에 의한 발명의 단일성요건을 충족하지 아니하는 경우에는 기간을 정하여 청구범위의 감축 또는 추가수수료의 납부를 명할 수 있다(規則 106의39①). 위의 명령을 받은 자가 지정된 기간 내에 청구범위의 감축 없이 추가수수료를 납부하지 아니한 경우에는 청구범위에 가장 먼저 기재된 발명 또는 1군의 발명과 관련되는 국제출원 부분에

한하여 예비심사를 하고 그 취지를 국제예비심사보고서에 기재한다. 지정기간 내에 청구범위를 감축하였으나 발명의 단일성요건을 충족하지 아니한 경우에도 위와 같이 취급한다(規則 106의39②③).

한편, 국제조사의 추가수수료 이의신청(施規 106의15), 추가수수료 이의신청에 대한 결정(施規 106의16)은 국제예비심사에 관한 발명의 단일성에 관하여 이를 준용한다(施規 106의39④).

④ **특허성 여부 판단**

심사관은 출원시의 국제출원에 기초를 두고 PCT 제19조 보정서, 제34조 보정서 및 국제조사보고서에 인용된 문헌을 참고하여 청구범위에 기재된 발명이 신규성, 진보성 및 산업상의 이용가능성을 가지는지 여부에 대하여 판단한다.

한편, 이러한 특허요건을 판단하기 위해서는 우선권주장의 적법성을 검토해야 하기 때문에 특허청장은 우선권주장의 기초가 되는 선출원이 국어 또는 영어 외의 언어로 기재되어 있는 경우에는 기간을 정하여 국어에 의한 번역문을 제출할 것을 출원인에게 명할 수 있다. 위의 번역문의 제출명령을 받은 자가 기간 내에 번역문을 제출하지 아니한 경우에는 당해 국제출원에 대하여 우선권주장은 없는 것으로 보고 국제예비심사보고서를 작성할 수 있다(施規 106의35).

⑤ **견해서의 작성**

견해서(written opinion)는 본래 국제예비심사기관에서 특허성에 관한 견해서를 작성해 왔으나 2004년 1월 1일부터는 국제조사기관에서도 특허성에 대하여 작성하고 있다. 그래서 이러한 견해서는 2004년 1월 1일 이후 출원된 국제출원에 대하여서는 '국제조사기관의 견해서'를 '국제예비심사기관의 견해서'로 간주303)하여, 국제예비심사보고서를 작성하게 된다.304)

㉠ 국제조사기관의 견해서를 1차 견해서로 간주

국제예비심사가 청구된 경우 국제조사기관의 견해서는 당해 국제출원에 대한 국제예비심사기관의 견해서로 본다(施規 106의40①).

㉡ 국제예비심사기관의 견해서 작성

국제조사기관의 견해서를 국제예비심사기관의 1차 견해서로 봄에도 불구하고 국제출원이 다음에 해당하는 경우에는 심사관은 국제예비심사보고서의 작성 전에 국제예비심사기관의 견해서를 추가로 작성하여 송부하고 기간을 정하여 출원인에게 의견서 및 보정서를 제출할 수 있는 기회를 줄 수 있다(施規 106의40②).

---

303) 예외적으로 국제예비심사기관은 특정 국제조사기관이 작성한 견해서를 국제예비심사기관의 견해서로 간주하지 않는 것으로 결정할 수 있으며 EPO가 여기에 해당된다.
304) 참고로 2003년 12월 31일 이전에 출원한 국제출원에 대하여서는 국제예비심사보고서 작성 전에 국제출원에 대하여 부정적인 의견이 있을 경우에만 국제예비심사기관이 작성한다. 예를 들면, 청구범위의 발명이 신규성, 진보성, 산업상 이용가능성이 결여된 경우 또는 형식상의 문제가 있는 경우 등이다. 이 견해서는 출원인에게만 송부되며, 출원인은 견해서에 기재된 지정기한까지 보정 또는 답변할 수 있다.

ⓐ 특허법 시행령 제106조의36 제2항(국제출원의 보정)의 규정의 국제예비심사보고서 작성 개시 전까지의 보정의 범위에 위반되는 경우
　　ⓑ 특허법 시행령 제106조의37 제2항(국제예비심사의 대상)의 국제예비심사를 하지 않는 경우 또는 동조 제3항의 규정에 해당하는 경우
　　ⓒ 특허법 시행령 제106조의38의 규정에 의한 제출명령을 받은 자가 서열목록 등을 제출하지 아니하여 유효한 국제예비심사를 할 수 없는 경우
　　ⓓ 청구의 범위에 기재되어 있는 발명이 PCT 제33조의 규정에 의한 신규성·진보성 또는 산업상 이용가능성의 요건을 충족하지 아니하는 경우
　　ⓔ 국제출원의 형식 또는 내용이 PCT 및 PCT 규칙에서 정하고 있는 요건을 충족하지 아니하는 경우
　　ⓕ 기타 PCT 및 PCT 규칙에 의하여 국제예비심사기관의 견해서 작성이 필요한 경우
　　이 경우 심사관은 정하여진 기간 내에 출원인의 신청이 있는 경우에는 그 기간을 연장할 수 있으며, 출원인의 신청이 있는 경우 기간을 정하여 출원인에게 국제출원에 관한 의견서 및 보정서를 제출할 수 있는 기회를 추가로 줄 수 있다(施規 106의40③④).

(4) 국제예비심사보고서 작성 전의 보정(PCT 제34조 보정)

① 보정의 시기 및 범위

국제예비심사를 청구한 출원인은 국제예비심사보고서의 작성개시 전까지 횟수에 무관하게 명세서·청구범위 또는 도면에 대하여 보정할 수 있다. 이 경우 보정은 최초로 국제출원을 한 때의 국제출원에 기재된 범위 내이어야 하며 보정서는 국제출원언어로 작성하여 특허청장에게 제출하여야 한다. 한편, 반드시 견해서를 송부받은 이후에만 가능한 것은 아니다(施規 106의36).

② 누락된 보정서의 제출명령

특허청장은 국제예비심사청구서에 국제예비심사청구와 동시에 조약 제34조(2)(b)의 규정에 의한 보정서를 제출한다는 취지가 기재되어 있음에도 불구하고 그 보정서가 첨부되어 있지 아니한 경우에는 기간을 정하여 당해 보정서의 제출을 명하여야 한다(施規 106의33).

③ 보정서에 대한 번역문제출

각 지정국의 법령에 의한다. 다만, 우리나라를 지정국으로 한 경우 법 제205조에 의한다.

(5) 국제예비심사보고서 작성 및 송부

① 국제예비심사보고서 작성

국제예비심사보고서는 IPRP(chapter Ⅱ)라고 하며, 앞에서 설명하였듯이 국제예비심사를 신청한 출원인에 한하여 작성되어진다. 국제예비심사를 신청하지 아니한 출원인은 '국제조사기관견해서'를 '국제예비보고서[IPRP(chapter Ⅰ)]'이라는 명칭으로 받아 보게 된다.

국제예비심사보고서[IPRP(chapter Ⅱ)]를 작성시에 심사관은 다음의 사항을 기재하되 이를 국제출원언어[305]로 작성하여야 한다(施規 106의41).

㉠ 국제출원번호
㉡ 국제출원일
㉢ 발명이 속하는 분야의 국제특허분류기호
㉣ 출원인의 성명 또는 명칭
㉤ 발명의 단일성에 관한 사항
㉥ 청구의 범위에 기재되어 있는 발명의 신규성·진보성 또는 산업상 이용가능성에 관한 견해
㉦ 위 제6항의 견해에 관련되는 문헌
㉧ 국제예비심사청구서 제출일
㉨ 국제예비심사보고서 작성일
㉩ 기타 필요한 사항

② 국제예비심사보고서 등의 송부

특허청장은 심사관이 국제예비심사보고서를 작성한 때에는 당해 국제예비심사보고서 및 그 부속서류를 출원인 및 선택관청에 송부하여야 한다.

(6) 기타 절차

① 인용문헌 사본의 발급신청

국제조사보고서에 인용되지 아니하였으나 국제예비심사보고서에 인용된 문헌의 사본 발급을 필요로 하는 출원인은 국제출원일부터 7년 이내에 특허청장에게 이를 신청할 수 있다(施規 106의43).

② 서류사본의 발급신청

국제예비심사를 청구한 출원인 또는 그 출원인의 승낙을 얻은 자는 특허청장에 대하여 당해 국제출원에 관한 서류의 사본의 발급을 신청할 수 있다(施規 106의44).

---

305) 2009. 1. 1.부터는 한국특허청에 출원한 건은 한국어로 작성한다.

③ 예비심사료 등의 반환
　㉠ 특허청장은 PCT 규칙 제58조의 규정에 의한 예비심사료가 ⓐ 특허법 시행령 제106조의23 제5항·특허법 시행령 제106조의26·특허법 시행령 제106조의27 제4항·특허법 시행령 제106조의29 제4항 또는 특허법 시행령 제106조의30 제3항의 규정에 의하여 국제예비심사청구서가 제출되지 아니한 것으로 보는 경우, ⓑ 국제예비심사의 개시 전에 국제출원 또는 국제예비심사청구가 취하된 경우에는 출원인의 청구에 의하여 이를 반환하여야 한다(施規 106의45①).
　㉡ 특허청장은 PCT 규칙 제57조의 규정에 의한 취급료가 ⓐ 국제예비심사청구서를 국제사무국에 송부하기 전에 국제예비심사청구가 취하된 경우, ⓑ 특허법 시행령 제106조의23 제5항 또는 특허법 시행령 제106조의26의 규정에 의하여 국제예비심사청구서가 제출되지 아니한 것으로 보는 경우에는 출원인의 청구에 의하여 이를 반환하여야 한다(施規 106의45②).

PCT 제19조 보정과 PCT 제34조 보정의 비교

구 분	제19조 보정	제34조 보정
보정권자	국제조사보고서를 수령한 출원인	국제예비심사를 청구한 출원인
대상출원	국제조사보고서가 작성된 국제출원	국제예비심사를 청구한 국제출원
보정대상	청구범위	청구범위, 발명의 설명, 도면
제한위반	각국의 판단에 따름.	보정되지 않은 것으로 보고서 작성
보정시기	국제조사보고서 송부일로부터 2개월 또는 우선일로부터 16개월의 기간 중 늦게 만료하는 때	국제예비심사보고서 작성 전
보정회수	1회	제한 없음
제출처	국제사무국	국제예비심사기관
국제공개	공개대상	비공개대상

■ 국제조사와 국제예비심사의 비교

구 분	국제조사	국제예비심사
목 적	• 국제조사기관이 국제출원과 관련된 최소한의 선행기술의 존재 여부의 발견 • 국제조사기관이 신규성, 진보성 및 산업상 이용가능성의 인정 여부에 대해 예비적이고 구속력이 없는 견해를 표시	국제예비심사기관이 신규성, 진보성 및 산업상 이용가능성 인정 여부에 대해 예비적이며 구속력이 없는 견해를 표시
대 상	모든 국제출원이 국제조사의 대상	국제조사와는 달리 출원인의 선택에 의한 임의적 절차로 국제출원의 청구의 범위에 기재되어 있는 발명
범 위	명세서, 도면에 타당한 고려를 하여 청구범위를 기초	청구범위와 발명의 설명·도면을 기초
이용할 수 있는 자	국제출원을 할 수 있는 자	PCT 제2장 규정에 구속된 체약국의 거주자 또는 국민으로서 그러한 체약국을 위해 행동하는 수리관청에 출원한 경우
지정/선택	출원서 제출로 출원일의 모든 체약국의 지정을 구성	청구서 제출로 조약 제2장에 구속되는 모든 지정국의 선택을 구성
의견교환	국제조사기관과 출원인 간의 의견교환 불허용	국제예비심사기관과 출원인 간의 구두 또는 서면에 의한 의견교환 허용
보정의 범위	국제조사보고서를 송달받은 경우 국제사무국에 대하여 1회에 한해 청구범위에 대하여 보정(PCT 19)	국제예비심사 보고서가 작성될 때까지 국제예비심사기관에 대하여 청구의 범위, 발명의 설명 및 도면에 대하여 횟수의 제한 없이 보정(PCT 34)
발명의 단일성	• 추가수수료의 납부를 요구 • 주발명에 관계되는 국제출원 부분과 추가수수료가 소정의 기간 내에 지불된 발명에 관계되는 국제출원 부분에 관하여 국제조사보고서를 작성	• 출원인에게 그의 선택에 의하여 요건을 충족하도록 청구의 범위를 제한하거나 추가수수료를 납부할 것을 요구 • 주발명에 관계되는 국제출원 부분과 추가수수료가 소정의 기간 내에 지불된 발명에 관계되는 국제출원 부분에 관하여 국제예비심사보고서를 작성
공개 여부	• 국제조사보고서는 국제출원의 공개시에 팸플릿에 포함되어 국제공개 • 견해서는 비공개	국제예비심사보고서는 비공개
보 고	국제조사보고서는 국제사무국 책임하에 영어로 번역해서 지정관청에 송달	국제예비심사보고서는 국제사무국 책임하에 공개언어로 번역해서 원어(原語)의 부속서류도 함께 선택관청에 송달
종료형식	국제조사보고서의 작성 또는 국제조사보고서를 작성하지 않는다는 선언 / 견해서의 작성	국제예비심사보고서의 작성

■ 국제조사와 국제예비심사의 비교

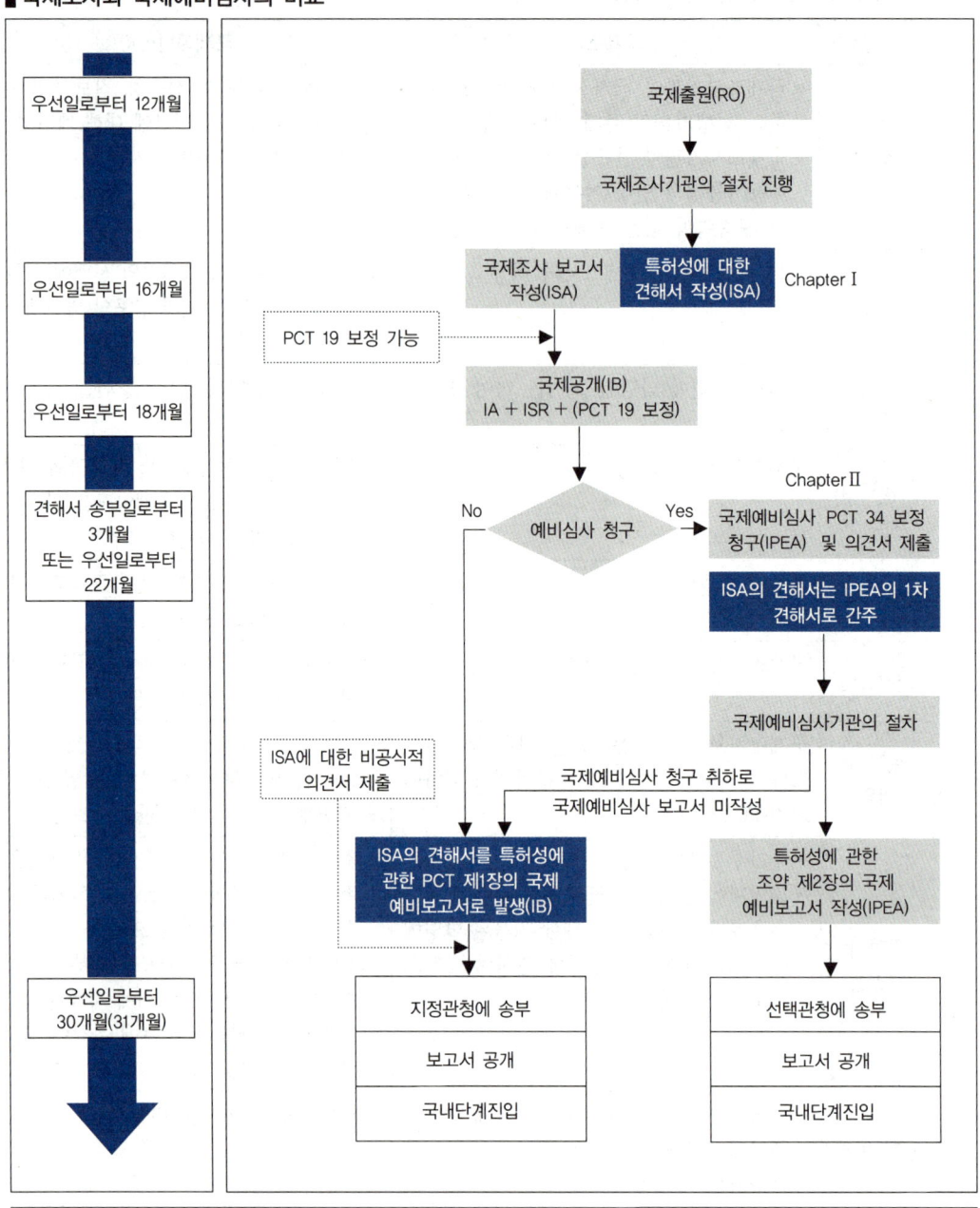

Ⅴ 우리나라를 지정국으로 하는 경우 국제특허출원의 특례 규정

1. 서 설

「국제특허출원」이란 특허협력조약에 따라 국제출원일이 인정된 국제출원으로서 특허를 받기 위하여 대한민국을 지정국으로 지정한 국제출원을 말하며 「특례」란 대한민국 진입시 취급을 말한다.

2. 국제특허출원일의 인정

특허협력조약(PCT)에 의해 우리나라가 아닌 국가에서 출원한 국제출원이 그 지정국을 우리나라(대한민국)로 하였다고 했을 때, 이 특허출원은 실제 우리나라에 특허출원된 것으로 본다. 즉, 적법한 국제특허출원의 출원일은 지정국인 우리나라에 국제출원에 관한 서류가 송달되어 온 날을 특허출원일로 보는 것이 아니라, 수리관청에 국제출원이 도달한 날인 국제출원일을 우리나라에 특허출원한 날로 본다(法 199①).

여기서 말하는 「특례」라는 표현은 국내단계의 진입시 취급을 말한다. 즉, 「국제특허출원의 특례」란 대한민국을 지정국으로 지정한 국제출원이 국내단계로 진입시 국내법과의 관계에서 어떤 취급을 받는지에 대한 것이다.

3. 국제특허출원의 출원서 등

(1) 이 조항은 2014. 6. 11. 신설된 조항으로 국제특허가 국내단계로 진입하게 되면 기존의 국제특허출원의 심사는 번역문을 기준으로 하였으나 2015. 1. 1.부터는 국제출원일까지 제출한 원문(발명의 설명, 청구범위, 도면)을 특허출원서에 최초로 첨부한 명세서, 도면으로 본다고 규정하였다(法 200의2①②). 즉, 국제특허출원 심사기준이 번역문주의에서 원문주의로 전환되었음을 의미한다. 따라서 국제특허출원인은 원문에 기재된 발명의 범위 내에서 분할·변경출원, 또는 국내우선권주장출원을 할 수 있다.

(2) 국제특허출원에 대해서는 다음의 요약서 또는 국어번역문을 법 제42조 제2항에 따른 요약서로 본다(法 200의2③). 즉, 요약서는 특허정보의 효율적 이용을 위한 것이기 때문에 국어로 기재될 것을 요구하고 있다.

① 국제특허출원의 요약서를 국어로 적은 경우에는 국제특허출원의 요약서

② 국제특허출원의 요약서를 외국어로 적은 경우에는 법 제201조 제1항에 따라 제출된 국제특허출원의 요약서의 국어번역문(법 제201조 제3항 본문에 따라 새로운 국어번역문을 제출한 경우에는 마지막에 제출한 국제특허출원의 요약서의 국어번역문을 말한다)

4. 국제특허출원의 번역문 제출

(I) 국제특허출원의 번역문 제출

① 번역문 제출

국제특허출원을 외국어로 출원한 출원인은 우선일[306]부터 2년 7개월(31개월)[307](이하 "국내서면제출기간"이라 한다) 이내에 국제출원일에 제출한 발명의 설명·청구의 범위·도면(도면 중 설명부분에 한한다) 및 요약서의 국어 번역문을 특허청장에게 제출하여야 한다(法 201①본문). 다만, 국어번역문의 제출기간을 연장하여 달라는 취지를 국내진입의사표시서면(法 203①)에 적어 국내서면제출기간 만료일 전 1개월부터 그 만료일까지 제출한 경우(그 서면을 제출하기 전에 국어번역문을 제출한 경우는 제외한다)에는 국내서면제출기간 만료일부터 1개월이 되는 날까지 국어번역문을 제출할 수 있다(法 201①단서).

② 새로운 번역문의 제출

국내서면제출기간 내[2년 7개월(31개월)] 국어번역문을 제출한 출원인은 새로운 번역문을 제출(법 제201조 단서에 따라 서면 제출기간이 연장된 경우는 연장된 기간까지)할 수 있고, 이 경우 번역문의 교체는 번역문 전체를 교체하는 것으로 일부만의 교체는 인정되지 않는다. 주의할 점은 출원인이 국내서면제출기간 내에 번역문을 제출하고 난 뒤에 그 기간 중에 심사청구를 해 버리면 이후 새로운 번역문을 제출할 수 없다(法 201③). 왜냐하면 새로운 번역문의 교체기준일은 국내서면제출기간 만료일 또는 심사청구일 중 빠른 날이 되기 때문이다.[308]

③ 출원번역문의 확정

기준일이 경과한 경우에는 더 이상 새로운 번역문을 제출할 수 없으므로 번역문이 확정된다(法 201④). 이를 「최종 국어번역문」이라 한다(法 201⑤). 기준일이란 국제특허출원에 대한 국내법에 의한 처리기준 시점을 말하는 것으로서 번역문 확정의 기준일은 국내서면제출기간의 만료일이나 심사청구일 중 빠른 날을 말한다.

④ 번역문 제출의 효과

㉠ 특허출원인이 기준일까지 법 제201조 제1항에 따라 발명의 설명, 청구범위 및 도면(도면 중 설명부분에 한정한다)의 국어번역문(같은 조 제3항 본문에 따라 새로운 국어번역문을 제출한 경우에는 마지막에 제출한 국어번역문을 말한다)을 제출한 경우에는 국제출원일까지 제출한 발명의 설명, 청구범위 및 도면(도면 중 설명부분에 한정한다)을 최종 국어번역문에 따라 국제출원일에 법 제47조 제1항에 따른 보정을 한 것으로 본다(法 201⑤).

---

[306] 우선일이라 함은 기간의 계산상 다음을 의미한다(PCT 2(x)).
① 국제출원이 우선권주장을 수반하는 경우에는 동 우선권이 주장되는 출원의 선출원일
② 국제출원이 두 개 이상의 우선권의 주장을 수반하는 경우에는 우선권을 가장 먼저 주장한 출원의 출원일
③ 국제출원이 우선권의 주장을 수반하지 아니하는 경우에는 동 국제출원의 출원일

[307] PCT 39(1)(b)에 의하면 국내법령은 우선일로부터 30개월보다 나중에 만료되는 기간을 정할 수 있다고 되어 있어서 우리나라의 경우는 30개월이 아닌 31개월(2년 7개월)로 하고 있다.

[308] 따라서 심사청구를 한 당일에도 번역문을 제출할 수 없다.

ⓒ 특허출원인은 법 제47조 제1항 및 법 제208조 제1항에 따라 보정을 할 수 있는 기간에 최종 국어번역문의 잘못된 번역을 산업통상자원부령으로 정하는 방법에 따라 정정할 수 있다. 이 경우 정정된 국어번역문에 관하여는 법 제201조 제5항을 적용하지 아니한다(法 201⑥). 즉, 정정된 국어번역문에 관하여는 발명의 설명 및 청구범위를 보정한 것으로 보지 아니한다. 아울러 법 제201조 제6항 전단에 따라 제47조 제1항 제1호(최초거절이유통지) 또는 제2호(최후거절이유통지)에 따른 기간에 정정을 하는 경우에는 마지막 정정 전에 한 모든 정정은 처음부터 없었던 것으로 본다(法 201⑦).

⑤ 번역문 부(不)제출의 효과

국내서면제출기간 내에 명세서 및 청구의 범위의 번역문이 제출되지 않은 경우에는 그 국제특허출원은 취하된 것으로 본다(法 201④). 한편, 우선일로부터 2년 7개월(국내서면제출기간)을 경과하여 번역문을 제출한 경우 제출된 번역문은 불수리된다(施規 11).

(2) 국내단계에서 보정에 의한 번역문 제출

① 국제조사보고서 작성 후의 보정에 대한 번역문[309]

국제특허출원의 출원은 PCT 제19조(1)규정에 의해 국제조사보고서를 받은 후에 청구의 범위를 보정하거나 설명서를 국제사무국에 제출한 경우에는 그 보정서 또는 설명문의 국어번역문을 기준일(국내서면 제출기간 만료일 또는 심사청구일 중 빠른 날)까지 특허청장에게 제출하여야 한다(法 204①). 그 번역문을 제출한 경우에는 그 보정서의 번역문에 의해 법 제47조 제1항의 규정에 의한 청구의 범위가 보정된 것으로 본다.

그러나 기간 내에 번역문을 제출하지 않은 경우 우리나라에서는 당해 보정서 또는 설명서는 제출하지 않은 것으로 본다(法 204④). 또한, 기준일(국내서면 제출기간 만료일 또는 심사청구일중 빠른 날) 경과 후에 제출된 보정서는 불수리된다(施規 11).

[세부사항: 제4장 제2절(출원보정)의 국제출원인 경우 실체보정 참조]

② 국제예비심사보고서 작성 전의 보정에 대한 번역문

국제특허출원의 출원인은 PCT 제34조(2)(b)규정에 의해 국제예비심사보고서 작성 전에 국제특허출원의 발명의 설명, 청구의 범위 및 도면에 대하여 보정을 한 경우에는 기준일까지 당해 보정서의 국어번역문을 제출하여야 하는데, 이러한 국어번역문이 제출된 경우에는 그 보정서의 번역문에 의하여 특허법 제47조 제1항의 규정에 의한 명세서 및 도면이 보정된 것으로 본다(法 205①②). 그러나 기준일까지(기준일이 출원심사의 청구일인 경우에는 출원심사의 청구를 한 때까지) 국어번역문을 제출하지 않은 경우에는 당해 보정서는 제출되지 않은 것으로 본다(法 205③). 또한 기준일 경과 후에 제출된 보정서는 불수리된다(施規 11).

[세부사항: 제4장 제2절(출원보정)의 국제출원인 경우 실체보정 참조]

---

[309] PCT 제19조에 의한 보정(국제조사보고서를 수령한 후 보정)은 청구범위에 한해서 보정이 가능하고 PCT 제34조에 의한 보정(국제예비심사보고서 작성 전의 보정)은 청구범위 발명의 설명, 도면에 대해 보정이 가능하다.

⑶ 우선권 증명서류에 대한 번역문의 제출

① 국제출원시 우선권 증명서류를 제출한 경우

먼저 앞에서 상술한 우선권주장에 대하여 요약해 보면 국내우선권주장의 경우는 증명서 제출기한이 선출원일로부터 1년 4개월 이내에는 당해 우선권주장의 보정 또는 추가가 가능하고, 조약우선권주장의 경우는 증명서 제출기간이 최선일로부터 1년 4개월 이내에 증명서류의 제출 및 보정 또는 추가가 가능하다. 이때 자기지정(한국 국내우선권을 주장하면서 한국을 지정국으로 할 경우)을 하게 되면 국내우선권주장의 경우 선출원은 1년 3개월이 되면 자동으로 취하 간주된다.

이 중에서 국제출원의 경우는 해당국의 국내단계에서 우선권주장 증명서류의 번역문을 제출하여야 한다. 즉, 국제출원시 우선권을 주장하고 우선권서류를 제출한 경우 당해 우선권서류의 사본은 국제사무국을 통해 지정국에 송부된다. 한편, 특허청장 또는 특허심판원장은 심사·심판을 위하여 필요한 경우 우선권주장을 한 자에 대하여 기간을 정하여 우선권 증명서류에 대한 국어번역문을 제출하도록 명할 수 있으며, 제출명령을 받은 자가 지정된 기간 내에 번역문을 제출하지 아니한 경우에는 그 우선권주장을 무효로 할 수 있다. 다만, 우선권주장에 관한 서류 중 발명의 명세서 및 도면의 기재내용이 특허출원서에 첨부된 명세서 및 도면의 기재내용과 동일한 부분에 대하여는 그 취지를 기재하고 국어번역문의 제출을 생략할 수 있다(施規 113).

② 국제출원시 우선권 증명서류를 제출하지 않는 경우

국제출원시 우선권주장을 선언하였음에도 불구하고 수리관청에 우선권 증명서류를 제출하지 않는 경우 특허청장은 기간을 정하여 우선권 증명서류를 제출할 것을 명하여야 하며, 제출명령을 받은 자가 그 기간 내에 우선권 증명서류를 제출하지 아니한 경우에는 우선권주장은 효력을 상실한다(施規 113의2). 한편, 특허청장 또는 특허심판원장은 심사·심판을 위하여 필요한 경우 우선권주장을 한 자에 대하여 기간을 정하여 우선권 증명서류에 대한 국어번역문을 제출하도록 명할 수 있으며, 제출명령을 받은 자가 지정된 기간 내에 번역문을 제출하지 아니한 경우에는 그 우선권주장을 무효로 할 수 있다. 다만, 우선권주장에 관한 서류 중 발명의 명세서 및 도면의 기재내용이 특허출원서에 첨부된 명세서 및 도면의 기재내용과 동일한 부분에 대하여는 그 취지를 기재하고 국어번역문의 제출을 생략할 수 있다(施規 113).

⑷ 국내수수료의 납부

국내수수료라 함은 특허료 등 징수규칙에 따른 통상의 특허출원의 경우의 출원료로서 국내출원인 경우에는 출원시에 내야 하나 국제출원인 경우에는 번역문 제출시에 납부하도록 하고 있다(징수규칙 8). 납부하지 아니한 경우에는 특허청장은 절차보정을 명하며, 불응시 당해 국제특허출원은 절차무효처분의 대상이 된다.

(5) 서면의 제출

① 국제특허출원의 출원인은 국내서면제출기간 내에 ㉠ 출원인의 성명 및 주소(법인인 경우에는 그 명칭 및 영업소의 소재지), ㉡ 출원인의 대리인이 있는 경우에는 그 대리인의 성명 및 주소나 영업소의 소재지(대리인이 특허법인인 경우에는 그 명칭, 사무소의 소재지 및 지정된 변리사의 성명), ㉢ 발명의 명칭, ㉣ 발명자의 성명 및 주소나 영업소, ㉤ 국제출원일 및 국제출원번호 등을 기재한 서면을 특허청장에게 제출하여야 한다. 이 경우 국제특허출원을 외국어로 출원한 출원인은 법 제201조 제1항의 규정에 의한 번역문을 함께 제출하여야 한다(法 203①).310) 다만, 국어번역문의 제출기간을 연장하여 달라는 취지를 적어 서면을 제출하는 경우에는 국어번역문을 함께 제출하지 아니할 수 있다(法 203②).

② 특허청장은 ㉠ 국제출원시 법 제203조 제1항의 전단의 규정에 해당하는 서면을 국내 서면제출기간 내에 제출하지 아니하거나, ㉡ 당해 서면이 이 법 또는 이 법에 의한 명령이 정하는 방식에 위반된 경우에 보정을 명하여야 한다(法 203③). 보정명령을 받은 국제특허출원의 출원인이 지정된 기간 내에 보정을 하지 아니할 경우 특허청장은 당해 국제특허출원을 무효로 할 수 있다(法 203④).

5. 국제특허출원의 특례 규정

(1) 국제출원일 인정의 특례

① 공지예외적용의 특례(신규성의제 특례)

국내출원에 있어서 신규성 상실의 예외규정을 적용받고자 하는 자는 법 제30조 제2항의 경우 그 취지를 기재한 서면을 특허출원과 동시에 특허청장에게 제출하고, 이를 증명할 수 있는 서류를 특허출원일로부터 30일 이내에 특허청장에게 제출하여야 한다(단, 보완수수료를 납부한 경우 보정할 수 있는 기간, 특허결정 또는 특허거절결정 취소심결등본 송달일로부터 3개월 이내 증명서 제출이 가능함). 그러나 국제특허출원에 있어서는 이에 대한 특례규정을 두어 위의 서면 및 서류를 기준일(번역문 제출기간 또는 심사청구일 중 빠른 날) 경과 후 30일 이내에 제출할 수 있도록 하여, 위의 서면 및 서류의 제출을 국내절차가 개시된 후로 조정하였다(法 200, 施規111).

---

310) 국제특허출원의 경우 출원서의 번역문은 제출하지 않기 때문에, 특허법은 출원인의 주체나 대상을 확정하는데 필요한 서지적 사항을 알기 위해서 출원서의 번역문에 갈음하는 서면을 강제적으로 제출하도록 하고 있다(명세서, 청구범위 등은 법 201조에 의해서 번역문이 제출됨).

② **국내우선권주장의 기초가 된 선출원이 국제특허출원인 경우의 선출원 취하의 특례**

국내우선권주장의 기초가 된 선출원은 "출원일로부터 1년 3개월이 지났을 때에" 취하한 것으로 본다. 이 규정을 그 선출원이 국제출원인 경우에도 그대로 적용하면, 국제출원일로부터 1년 3개월이 경과하는 때에 취하된 것으로 보아야 한다.

그러나 PCT 제23조 및 제40조에 의하면 각 지정관청은 기준일까지는 국내심사를 비롯한 모든 국내단계의 절차를 연기해야 할 의무를 가진다. 이를 고려하여, 특허법은 국내우선권주장의 기초가 된 선출원의 취하간주 시기를 "기준일(번역문 제출기간 또는 심사청구일) 또는 국제출원일로부터 1년 3개월 중 늦게 만료하는 때"로 하는 특례규정을 두고 있다(法 202③③).

③ **국내단계에서의 보정의 특례**

통상의 출원에 있어서 출원인은 심사관이 우선일(우선권주장이 없는 경우는 출원일)로부터 특허결정을 송달하기 전까지 명세서 또는 도면을 자유로이 보정할 수 있으나, 국제특허출원의 경우에는 국제단계를 마치고 국내단계에서 보정이 필요한 경우는 국내단계가 확정된 이후에만 보정을 할 수 있도록 규정하고 있다.[311] 따라서 적법한 국내단계를 밟은 국제특허출원인이 국내단계에서 자진보정을 할 수 있는 시기는 출원심사 청구 이후(당일 포함)이다(法 208①).[312]

외국어로 출원한 국제특허출원의 보정범위는 국제출원일까지 제출한 발명의 설명, 청구범위, 또는 도면 내에서 허용된다(法 208③). 즉, 개정법(2014. 6. 11. 개정, 2015. 1. 1. 시행)에서는 외국어출원인의 진정한 권리보호 강화 및 국제추세에 따라 보정의 범위를 원문으로 전환하였다(法 208③). 보정의 범위를 원문으로 전환하고 보니 심사관의 심사 및 제3자의 권리 감시에 어려움이 발생할 것을 감안하여 명세서의 보정은 국어번역문의 범위(法 208④)에서 보정하도록 하고, 심사관은 국어번역문을 기준으로 보정의 적합성을 판단할 수 있도록 하되, 잘못된 국어번역문을 정정이 가능하도록 함으로써(法 201⑥) 실질적인 보정가능범위는 번역문이 아닌 원문으로 전환하였다. 아울러 법 제201조 제6항 전단에 따라 제47조 제1항 제1호(최초거절이유통지) 또는 제2호(최후거절이유통지)에 따른 기간에 정정을 하는 경우에는 마지막 정정 전에 한 모든 정정은 처음부터 없었던 것으로 본다(法 201⑦).

④ **출원공개시기 및 효과의 특례**

국제특허출원에 대해서는 PCT 규정에 의한 국제공개 외에 우리 특허법에 의한 출원공개가 별도로 행하여진다. 통상의 출원공개는 우선일로부터 1년 6개월 경과 후에 하나, 국제출원의 국내공개는 번역문 제출기간 경과 후(번역문 제출기간이 연장된 경우는 연장된 기간)에 하도록 규정하고 있다. 다만, 국내서면제출기간 내에 출원인이 심사청구를 한 국제특허출원으로서

---

[311] 물론 국내단계에 진입하기 전에도 국제단계에서 PCT 제19조에 의한 보정(국제조사보고서 수령한 후 보정)과 PCT 제34조에 의한 보정(국제예비심사보고서 작성 전 보정)이 있다.

[312] 기타 통상의 국내출원과 같이 다음과 같은 경우에는 보정할 수 있다.
① 타인의 심사청구가 있어 특허청장으로부터 통지를 받은 날로부터 3개월 이내
② 거절이유통지에 의한 의견서 제출기간 내
③ 거절결정등본 송달일로부터 30일 이내 재심사청구한 때

국제공개가 이루어진 것은 우선일로부터 1년 6개월이 지났을 때 또는 출원심사청구일 중 늦은 때 공개하도록 하고 있다. 공개로 인한 보상금 청구권은 국내공개일을 기준으로 하여 이루어진다(단, 국어로 출원한 국제출원은 국제공개시부터 보상금청구권이 발생한다)(法 207③). 물론, 우선일로부터 1년 6개월이 지나기 전이라도 출원인이 국어번역문을 제출한 후라면 조기공개신청을 할 수 있다(施規 44②).

⑤ 변경출원시기의 제한

국제실용신안출원을 특허출원으로 변경하기 위해서는 국내출원이 국내단계로의 이행절차가 확정되기 전에는 사실상 불가능하다. 따라서 특허법은 특례규정을 두어 국제출원의 경우에는 국내수수료를 납부하고 번역문을 제출한 후가 아니면 변경출원을 하지 못하도록 하고 있다(法 209).

⑥ 출원심사청구 시기의 제한

국제특허출원에 대한 심사청구는 통상의 출원에 대한 심사청구와 크게 두 가지 점에서 상이하다. 첫째는 국제출원에 있어서는 출원인의 경우에는 번역문을 제출하고 필요한 수수료를 납부한 후라야만 출원심사를 청구할 수 있다(法 210①). 심사청구 후에는 더 이상의 번역문 교체가 불가능하다.

둘째는 출원인이 하는 경우와 타인이 하는 경우에 있어서 그 시기가 상이하다. "출원인"은 번역문과 국내수수료를 납부하는 조건에서라면 국내서면제출기간 이내라도 심사청구가 가능하다. 그러나 "타인"은 국내서면제출기간(국어번역문 제출 기간을 연장한 경우는 연장된 기간까지)이 경과된 후에만 심사청구가 가능하다. 물론 국제출원일로부터 5년 이내의 기간이어야 한다(法 210②).

(2) 확대된 선출원의 특례

확대된 선출원의 지위란 어떤 발명 또는 고안이 출원공개 또는 등록공고된 선출원의 명세서 또는 도면에 기재되어 있는 한, 이것(명세서 또는 도면에 기재된 내용)을 청구범위로 하는 후출원은 원칙적으로 거절하도록 한 것을 말한다.

① 대한민국을 지정관청으로 하는 국제출원(국제특허출원)

2014. 6. 11. 개정법에 의하면 국제특허출원(국제실용신안등록출원)이 확대된 선출원의 지위가 주어지는 시기는 국제출원일에 제출한 「발명의 설명, 청구범위 또는 도면」에 기재된 발명 또는 고안이 「출원공개」되거나 또는 특허협력조약에 따라 「국제공개」된 때이다(法 29⑤, 200의2 ②). 즉, 기존의 국어번역문주의에서 원문(외국어)주의로 그 범위를 변경하였다. 개정법 이전에는 확대된 선출원의 지위를 국제출원일에 제출한 국제출원의 「명세서, 청구범위 또는 도면의 원문과 그 출원번역문」에 다 같이 기재된 발명 또는 고안에 한하며 인정하였다. 다만, 출원인이 국내서면제출기간에 발명(고안)의 설명 및 청구범위의 국어번역문을 제출하지 아니하여 취하된 것으로 보는 국제특허출원(국제실용신안등록출원)은 확대된 선출원의 지위 적용시 다른 출원의 지위를 갖지 아니한다(法 29⑦). 따라서 국제특허출원(국제실용신안등록출원)은 최종 국어번역문이 확정되기 전까지는 확대된 선출원의 지위 적용을 보류하여야 한다.

② 조약우선권주장출원, 국내우선권주장출원의 선출원과 확대된 선출원의 지위

조약우선권주장출원, 국내우선권주장출원의 선출원은 선출원의 지위, 확대된 선출원의 지위가 인정되지 않는다. 구체적으로 조약우선권주장출원은 선출원이 외국출원이기 때문에 속지주의 원칙상 선출원의 지위, 확대된 선출원의 지위가 인정되지 않으며, 국내 우선권주장출원의 선출원은 그 출원일로부터 1년 3개월이 지났을 때에 일반적으로 출원공개되지 않고 취하간주되기 때문에(法 56①) 선출원의 지위, 확대된 선출원의 지위가 인정되지 않는다.

또한 선출원이 국제특허출원인 경우의 선출원도 기준일 또는 국제출원일로부터 1년 3개월 중 늦은 때 취하 간주된다(法 202③③). 여기서 기준일이라 함은 국내서면제출기간 만료일(2년 7개월)을 말한다. 물론 이 취하 간주의 효과는 우리나라에만 효과가 있으며 다른 지전국에도 미치는 것은 아니다.

(3) 국제특허출원의 심사에 관한 특례

국제특허출원에 관한 심사에 있어 해당 국제특허출원이 국제공개되지 아니하여 특허청장이 조약 제2조(xv)에 따른 수리관청 또는 국제사무국에 제출된 서류(특허청장에게 제출된 서류는 제외한다)의 확인이 곤란한 경우에는 해당 서류의 사본을 제출하게 할 수 있으며, 해당 서류의 사본을 특허청장에게 제출하지 아니하면 그 국제특허출원의「국제공개일까지 그 국제특허출원에 대한 심사를 보류할 수 있다(施規 116의2).」이는 국제특허출원에 대한 방식 심사시 국제공개가 이루어지지 아니한 경우 국제사무국에 제출한 출원서류를 전산상으로 열람할 수 없어 해당 출원서류와 국내 진입시 제출한 서면·번역문간의 대비판단이 곤란한 문제가 발생함을 방지하기 위함이다.[313]

(4) 기타 특례

① PCT 제19조 및 제34조 보정의 특례

PCT 제19조의 보정이 있는 경우 보정서 및 보정에 따른 설명서의 번역문을 기준일까지 제출하면 특허법 제47조에 의한 보정이 이루어진 것으로 인정된다. 또한 PCT 제34조의 보정이 있은 경우 그 보정서의 번역문을 기준일까지 제출하면 특허법 제47조에 의한 보정이 이루어진 것으로 인정된다. 이는 국제단계에서 이루어진 보정이 우리나라에서 효력을 가지기 위한 요건을 정하고 있는 것이다.

② 재외자의 특허관리인의 특례

국내출원에 있어서 재외자는 특허관리인에 의하지 아니하고는 특허에 관한 절차를 밟을 수 없다. 국제특허출원에 대해서는 이 원칙에 대한 예외가 인정된다.

국제특허출원에 있어서는 기준일까지 특허관리인에 의하지 아니하고 번역문 제출 등의 특허에 관한 절차를 밟을 수 있다(法 206①).[314] 다만, 번역문 제출 후에는 기준일로부터 2개월 내에 특허관리인 선임신고를 하여야 하며(法 206②), 그렇지 않은 경우 그 국제특허출원은 취하된 것으로 본다(法 206③).

---

313) 임변웅 전게서, p.687
314) 이때 특허관리인(대리인)을 선임한다면 반드시 변리사를 선임해야 함(施規 197③).

이러한 특례규정은 국제특허출원에 있어서 재외자에게 번역문 제출 전에 특허관리인을 선임토록 하는 것은 출원인에게 지나친 부담을 줄 뿐만 아니라 조약 제27(1)의 규정에 비추어 보아도 타당하지 않다는 인식에 바탕을 둔 것이다.

6. 결정에 의한 특허출원으로 되는 국제출원

(1) 의 의

수리관청에서 국제출원일을 인정하지 않아 국제조사나 국제공개가 이루어지지 않는 국제출원이라 할지라도 그 수리관청의 국제출원일 인정 거부 등에 잘못이 있는 경우 대한민국에서 일정한 절차 및 특허청장의 결정을 거쳐 국내법상의 특허출원으로 구제할 수 있도록 규정하고 있다(法 214). 이러한 특허청장의 결정에 의한 구제된 국제특허출원은 더 이상 통상의 국제출원이 아니며, 단지 그러한 거부 등이 없었다면 국제출원일로 인정할 수 있었던 날에 대한민국에 출원한 특허출원으로 간주한다.

(2) 대 상

다음 사항 중 어느 하나에 해당되는 것으로 대한민국을 지정국에 포함한 국제출원을 대상으로 한다(法 214①).

① 수리관청에 의해 국제출원일 인정이 거부된 경우
② 수리관청에 의해 국제출원 취하간주 선언된 경우
③ 국제사무국에 의해 소정기간 내 기록원본의 불수리가 인정된 경우

(3) 신청 및 번역문 제출

이때 국제출원의 출원인은 거부·선언 또는 인정이 통지된 날부터 2개월 이내에 국내수수료를 납부하고, 발명의 설명·청구의 범위 또는 도면(도면 중 설명부분에 한함), 기타 산업통상자원부령이 정하는 국제출원에 관한 서류의 번역문을 특허청장에게 제출하여야 한다(法 214②).

(4) 결 정

특허청장은 위의 신청이 있는 때에는 그 신청에 관한 거부·선언 또는 인정이 특허협력조약 및 같은 조약의 규칙에 따라 정당하게 된 것인지에 관하여 결정하여야 한다(法 214③).

(5) 결정의 효과

특허청장은 그 거부·선언 또는 인정이 특허협력조약 및 동 규칙의 규정에 따라 정당하게 된 것이 아니라고 결정을 한 때에는 그 결정에 관한 국제출원은 그 국제출원에 대하여 거부·선언 또는 인정이 없었다면 국제출원일로 인정할 수 있었던 날에 출원된 특허출원으로 본다(法 214④).

The Patent Law

제6장

특허권

제1절 특허권

제2절 특허권의 효력

제3절 특허권의 이전 및 공유

제4절 특허권의 존속기간

제5절 특허권의 소멸

제6절 실시권

제7절 특허법상 질권

제8절 등 록

제9절 특허권 침해와 구제

제10절 특허권자의 의무

Chapter 06 특허권

제1절 특허권

Ⅰ 특허권의 성질

1. 의 의

완성된 발명이 특허출원되면 '특허를 받을 수 있는 권리'가 되고 특허를 받을 수 있는 권리가 심사를 받아 특허요건에 해당되면 '특허결정'을 한다. 특허결정 후 특허료를 납부하면 비로소 '특허권 설정등록'이 된다. 이때부터 '특허권'이라 한다.

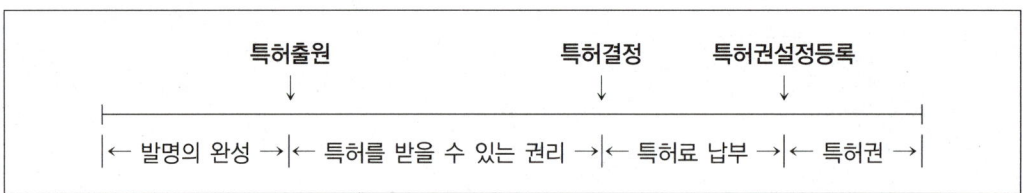

2. 학 설

특허권의 성질에 대해서는 다음과 같은 몇 가지 학설이 있다.

(1) 인격권설

발명자가 정신적 산물인 발명에 대해 갖는 권리는 창조자인 발명자로부터 분리할 수 없는 인격권이므로, 인격과 구별하여 존재할 수 없다고 해석하는 설이다. 현행 특허법에는 출원서류, 특허증에 발명자의 성명을 게재하도록 규정함으로써 특허권에는 인격권적인 요소가 존재한다고 할 수 있다.
그러나 인격권설에 대하여는, 특허권은 발명자의 일신전속적인 권리가 아니고 타인에게 이전될 수 있는 재산권이라는 점에서 비판이 있다.

(2) 소유권설

17세기경 새로 제창된 학설로서 18·19세기에 걸쳐 대륙법학을 지배하던 학설이다. 소유권설은 자연법 학설에 근거를 두고, 유체물을 제작한 노동자가 유체물에 대해 소유권을 취득한 것과 같이 발명자가 정신적 노고의 결과 산출한 발명에 대해 소유권을 인정해야 한다는 것이다. 그러나 소유권설에 대하여는, 실제 소유할 수 없고 관념상으로만 지배가능한 무체재산에 대한 지배권을 유체물에 대한 지배권인 소유권의 개념으로 이해하는 것은 특허권의 본질을 외면하는 것이라는 비판이 있다.

(3) 무체재산권설

무체재산권설은 소유권설을 비판, 발전시킨 견해로 19세기 독일의 콜러(Kohler)교수가 발표한 학설로서, 무체물 위에 존재하는 권리를 소유권의 일종으로 보는 것은 잘못된 것으로 무체재산권으로 파악하여야 한다는 학설이다. 즉, 발명이라는 정신적 산물을 무형의 재산으로 보고, 그 무형의 재화에 대한 권리는 소유권이나 인격권이 아니라 새로운 개념의 무체재산권이다. 콜러가 특허권을 무체재산권으로 이해하여 소유권과 구별하는 근거는 ① 특허권은 소유권과 달리 권리의 존속기간이 유한하며, ② 국가마다 별도의 독립된 권리를 획득해야 하고, ③ 무형의 권리이므로 점유가 불가능하다는 점을 들고 있다. 그러나 무체재산권설에 대하여는 특허권을 소유권과 구별하기 위하여 지나치게 형식에 치우치고 있다는 비판이 있으나, 오늘날 통설로 되어 있다.

3. 특허권과 소유권의 비교

특허권은 소유권과 유사한 물권적 권리로 일컬어지고 있으나, 특허권의 대상인 발명의 성질은 소유권의 대상인 물건의 성질과 다르며, 특허법과 물권법의 존재이유도 다르다.

소유권이란 물건에 대한 절대적인 지배권원을 말하며, 여기서 '물건'이라 함은 유체물 및 관리가능한 자연력을 말한다(民法 98). 따라서 소유권의 대상은 유체물이며, 소유권 침해에 대한 원상회복으로서의 수단은 반환청구가 된다. 그러나 특허권은 발명이란 지식창작에 대한 독점적 실시권원이고, 특허침해에 대한 원상회복은 실시의 금지가 된다. 특허권의 대상인 발명에는 점유라는 개념을 생각할 수 없으며, 물건의 경우와는 달리 반환청구권은 문제가 되지 아니한다. 또한 소유권은 기한이 없어 영구히 존재할 수 있지만 특허권은 특허법에 규정된 기한의 제한을 받으며, 소유권은 무주물선점·가공·부합·취득시효 등에 의하여 원시적으로 취득할 수 있지만 특허권은 특허청의 처분에 의하여 발생한다.

이와 같은 차이들이 발생하는 것은 특허권이 소유권과는 달리 산업정책적인 이유에서 기인하였기 때문이다. 즉, 연혁적으로 특허권은 발명의 보호를 통하여 산업발전에 이바지하고자 하는 정책적 판단에서 마련되었으며, 따라서 그 권능들에 있어 소유권적인 법적 구성을 차용하였을지라도 실제 특허권의 대상·보호범위·존속기간 등은 소유권이 갖지 않는 산업정책적 요소를 갖는다. 또한 특허권에는 인격권적인 요소도 존재한다. 즉, 발명자는 출원서류·특허증에 발명자로서 성명을 게재할 수 있는 권리를 갖는다.

특허권의 공유에는 먼저 특허법이 적용되고, 특허법에 규정이 없는 경우에는 민법의 적용을 받게 되므로 특허권과 소유권은 공유에 대한 규정에 있어서도 현저한 차이가 있다.

첫째, 특허권의 각 공유자는 특약이 없는 한 공유자 자신의 지분에 관계없이 특허발명을 실시할 수 있는 반면, 소유권의 공유자는 지분의 비율에 따라 사용·수익할 수 있다.

둘째, 특허권의 공유자는 다른 공유자의 동의가 없으면 그 지분의 양도 및 질권설정, 전용 및 통상실시권 설정을 할 수 없으나 소유권의 공유지분에 관해서는 각 공유자는 다른 공유자의 동의 없이도 그 지분에 따라 사용·수익·처분할 수 있으며(民法 263), 그 지분에 대해 자유롭게 양도할 수 있다.

4. 특허권의 성질

특허권은 무체재산권으로서 독점배타성, 총괄적·전면적 지배성, 탄력성, 유한성, 제한성 등의 성질을 갖고 있다.

(1) 독점배타성

특허권자는 업으로서 그 특허발명을 독점적으로 실시(法 94)할 수 있는 한편, 타인의 무단실시에 대하여는 배타권을 행사할 수 있다(法 126). 그러한 점에서 특허권은 특정인을 의무자로 하여 권리주장이 가능한 상대권으로서의 대인권이 아니라, 일반인을 의무자로 하여 권리 주장이 가능한 절대권으로서의 대세권이며, 물권적인 성질의 것이라고도 설명할 수 있겠다.

(2) 총괄적·전면적 지배성

특허권자는 특허발명에 대한 이용과 사용가치의 전부에 대한 포괄적 지배권을 갖는다. 즉 실시권이 제한된 범위 내에서만 객체를 지배할 수 있는 것에 반하여 특허권은 특허발명의 전 범위에 걸쳐 지배할 수 있으며, 이러한 특허권자의 발명 전부에 대한 사용·수익·처분 권능을 특허권의 총괄적·전면적 지배성이라 한다.

(3) 탄력성

특허권자는 특허권의 총괄적·전면적 지배성에 의하여 자신이 직접 특허발명을 사용·수익·처분할 수 있을 뿐만 아니라 타인으로 하여금 이를 사용·수익케 할 수 있다. 따라서 특허권은 이와 같은 권리를 타인이 사용하면 그만큼 제한을 받지만 이러한 제한이 소멸되면 특허권은 당연히 원권리상태로 복귀하는데, 이를 특허권의 탄력성이라 한다.

(4) 유한성(有限性)

특허권은 발명을 지배하는 권리이다. 이러한 발명은 그 속성상 기술수준의 변화를 요구하고 있으므로 기술적 가치의 보호기간으로서의 시간적 한계를 두는 것이 타당하다. 이는 특허법이 특허권을 일정기간 인정하면 발명의 공개에 대한 보상이 충분하다고 보기 때문이며, 또한 일정기간이 지난 후에는 이를 만인의 공유재산으로 하도록 하고 있다. 즉, 그 객체가 존재하는 한 영구적으로 존속되는 소유권과는 달리 특허권은 일정기간 내에서만 권리를 누릴 수 있는 유한적(한시적) 권리이다.

(5) 제한성

특허권은 산업정책상 또는 공익상의 이유로 다른 재산권에 비하여 그 권리의 이용과 행사 등에 있어 많은 제약이 부과되는 특성이 있다. 즉, 특허법은 특허권의 효력이 미치지 아니하는 범위 규정(法 96), 법정실시권의 규정(法 103) 등의 규정을 두어 특허권의 공공성을 강조하고 있다.

II 특허권의 발생

1. 특허료 및 수수료

(1) 의 의

「특허료」란 특허권의 설정등록을 받는 자 또는 특허권자가 국가에 내야하는 일정금액을 말한다(法 79). 즉, 특허료라 함은 발명에 대한 독점배타권을 부여하는 데 대한 대가라 할 수 있는데 특허권의 설정등록을 받고자 하는 자 또는 특허권자는 특허권설정등록이나 특허권의 유지를 위하여 특허료[315]를 내야 한다. 한편, 수수료는 특허에 관한 절차를 밟는 자가 그 절차에서 행정서비스를 받는 대가로 내는 요금을 말한다.

(2) 특허료의 법적 성질

① 수수료설

수수료설은 영국의 은혜주의에서 유래하는 것으로서 국가가 특별한 사람에 대하여 특별한 행위를 한 것에 대한 대가 또는 보수로서 징수하는 것이라는 설이다.

② 조세설

이 설은 특허료를 재산적 성질을 갖는 조세라고 보는 설이다.

③ 특허료설

이는 특허료가 발명에 대한 독점권을 준 데 대한 대가라는 설로서 특허료의 성질에 가장 가까운 이론이라 할 수 있다.

---

315) 이 경우 특허권의 설정등록을 받으려는 자가 내는 특허료를 「설정등록료」라 하며 특허권자가 내는 특허료를 「특허유지료」라 한다. 즉, 특허권자는 최초 3년 이후 4년째부터는 매년 1년분씩 「특허유지료」를 그 전년도에 내야 한다.

2. 특허료 및 수수료의 납부

(1) 납부자

특허료를 내야 하는 자는 특허권설정등록을 받고자 하는 자 또는 특허권자이다(法 78①). 또한 이해관계인은 납부하여야 할 자의 의사에 불구하고 특허료를 낼 수 있다. 이때 특허료를 낸 이해관계인은 특허료를 내야 할 자가 현재 이익을 받는 한도 내에서 그 비용의 상환을 청구할 수 있다(法 80②).

(2) 특허료액

내야 할 특허료는 특허료 등의 징수규칙에 규정되어 있는데 이와 같은 특허료는 제4년 이후부터는 그 금액이 누증되는 것이 특징이며 청구항이 2 이상 있는 특허권인 경우는 초과하는 1항마다 가산료가 붙는다.

(3) 납부기간 및 방법

① 특허권설정등록시

특허권의 설정등록을 받고자 하는 자는 특허결정 또는 심결등본을 받은 날로부터 3개월 내에 최초 3년분을 일시에 내야 하며, 특허료 전액을 일시에 낼 수도 있다. 제4년분부터의 특허료는 이를 일시에 또는 1년분씩 연차적으로 낼 수 있다.

② 특허권설정등록 후

특허권자는 제4년분부터의 특허료는 매년 1년분씩 당해 존속기간 기산일을 기준하여 그 전년도에 내야 한다.

③ 추가납부기간 및 방법

특허권의 설정등록을 받고자 하는 자 또는 특허권자(등록된 지 3년 이후 되는 자)는 특허료 납부기간(法 79③)이 경과한 후에도 6개월 이내에 특허료를 추가납부할 수 있다. 다만, 특허료를 추가납부할 때에는 내야 할 특허료의 2배의 범위 내에서 산업통상자원부령이 정한 금액을 납부하여야 한다(法 81①②).

④ 보전기간 및 방법

㉠ 보전명령 및 보전기간

특허청장은 특허권의 설정등록을 받고자 하는 자 또는 특허권자가 납부기간(法 79③) 또는 추가납부기간(法 81①)의 규정에 의한 기간 이내에 특허료의 일부를 내지 아니한 경우에는 특허료의 보전을 명하여야 하며, 보전명령을 받은 자는 그 보전명령을 받은 날로부터 1개월 이내에 특허료를 보전(부족액을 보충하는 것)할 수 있다(法 81의2①②).

㉡ 보전금액

특허료를 보전하는 자는 내지 아니한 금액의 2배 이내의 범위에서 산업통상자원부령으로 정한 금액을 납부하여야 한다(法 81의2③).

(4) 특허료 불납의 효과

추가납부기간 내에 특허료를 내지 아니한 때(추가납부기간이 끝나더라도 보전기간이 만료되지 아니한 경우에는 그 보전기간 이내에 보전하지 아니한 때)는 특허권의 설정등록을 받고자 하는 자의 특허출원은 이를 포기한 것으로 보며, 특허권자의 특허권은 제79조 제1항 또는 제2항에 따라 납부된 특허료에 해당하는 기간이 만료되는 다음 날로부터 소급하여 소멸된 것으로 본다(法 81③).

(5) 특허료의 추가납부 또는 보전에 의한 특허출원 또는 특허권의 회복

① 서 설

설정등록을 받고자 하는 자 또는 특허권자가 책임질 수 없는 사유로 인하여 특허료를 내지 못하거나 보전하지 못하여 특허출원이 포기간주되거나 특허권이 소멸간주되는 경우 또는 책임질 수 없는 사유가 아니더라도 특허료 납부 의사가 있음에도 불구하고 특허권자가 부지(不知)나 실수로 인해 실시 중인 특허발명의 특허권이 소멸되는 경우는 너무 가혹하기 때문에 일정요건하에서 회복할 수 있는 기회를 주고 있다.

② 요 건

㉠ 책임질 수 없는 사유로 납부 또는 보전하지 못한 경우

특허권의 설정등록을 받고자 하는 자 또는 특허권자(등록된 지 3년 이후 되는 자, 즉 4년차 이후분의 특허등록료를 납부해야 하는 자)가 책임질 수 없는 사유로 말미암아 추가납부기간 이내에 특허료를 내지 아니하였거나 보전기간 이내에 보전하지 아니한 경우에는 그 사유가 소멸된 날로부터 2개월 이내에 그 특허료를 내거나 보전할 수 있다. 다만, 추가납부기간의 만료일 또는 보전기간의 만료일 중 늦은 날로부터 1년이 지났을 때는 그러하지 아니하다(法 81의3①). 「책임질 수 없는 사유」란 천재지변 기타 불가피한 경우 및 사회생활상 요구되는 상당한 주의를 기울였음에도 특허료를 추가납부할 수 없었던 경우를 말한다.

㉡ 특허권자의 부지(不知) 등으로 납부 또는 보전하지 못한 경우

추가납부기간 이내에 특허료를 내지 아니하였거나 보전기간 이내에 보전하지 아니하여 특허발명(이 경우는 최초 설정등록을 받고자 하는 자는 아님)의 특허권이 소멸한 경우 그 특허권자는 추가납부기간 또는 보전기간 만료일부터 3개월 이내에 제79조의 규정에 따른 특허료의 2배를 내고 그 소멸한 권리의 회복을 신청할 수 있다(法 81의3③).

③ 절 차

특허료를 추가납부 또는 보전하고자 하는 자는 설정특허료 납부서 또는 연차특허료 납부서 또는 특허료 보전서에 그 취지를 기재하고 ① 특허출원인 또는 특허권자가 책임질 수 없는 사유로 납부기간 이내에 납부하지 아니하였음을 증명하는 서류 1통, ② 대리인에 의하여 절차를 밟는 경우에는 그 대리권을 증명하는 서류 1통을 첨부하여 특허청장에게 제출하여야 한다(施規 55의2).

④ 효 과
  ㉠ 특허출원 또는 특허권의 회복
     특허료를 내거나 보전한 경우 그 특허출원은 포기하지 아니한 것으로 보며, 그 특허권은 계속하여 존속하고 있던 것으로 본다(法 81의3②③). 그 특허출원을 포기하지 아니한 것으로 보는 경우 특허청장은 특허권을 설정하기 위한 등록을 하여야 하며, 설정등록에 의해 특허권이 발생한다(法 87①②).
  ㉡ 효력의 제한
     회복된 특허출원 또는 특허권의 효력은 특허료 추가납부기간이 경과한 날부터 납부하거나 보전한 날까지의 기간(이하 "효력제한기간"이라 한다) 중에 다른 사람이 특허발명을 실시한 행위에 대하여는 그 효력이 미치지 아니한다(法 81의3④). 특허료 추가납부기간 또는 보전기간 경과 후 특허권 회복등록 전에 특허권 등이 소멸된 것으로 신뢰하고, 그 특허발명을 실시한 제3자를 보호하기 위한 취지이다.
  ㉢ 법정실시권의 발생
     효력제한기간 중 국내에서 선의로 특허출원된 발명 또는 특허권에 대하여 그 발명의 실시사업을 하거나 그 사업의 준비를 하고 있는 자는 그 실시 또는 준비를 하고 있는 발명 또는 사업의 목적의 범위에서 그 특허출원된 발명에 대한 특허권에 대하여 통상실시권을 가진다. 이 경우 통상실시권을 가진 자는 특허권자 또는 전용실시권자에게 상당한 대가를 지급하여야 한다(法 81의3⑤⑥).

(6) 특허료, 수수료의 면제 및 감면
  ① 특허료, 수수료의 면제
    ㉠ 다음의 경우 특허료 및 수수료는 이를 면제한다(法 83①).
      ⓐ 국가에 속하는 특허출원 또는 특허권에 관한 수수료나 특허료
      ⓑ 심사관의 무효심판청구에 대한 수수료
    ㉡ 국가와 국가 이외의 자가 공동으로 특허권의 설정등록을 받고자 하거나 이들이 공유특허권자인 경우에, 국가는 특허료를 면제받더라도 국가 이외의 자는 자기의 권리의 발생 및 존속을 위해 자기의 지분 범위 내에서 자기의 특허료를 납부해야 할 것이며 지방자치단체에 속하는 특허출원이나 특허권에 관한 수수료나 특허료는 면제되지 않는다.

  ② 특허료 및 수수료의 감면
    ㉠ 다음에 해당하는 자(발명자·고안자 또는 창작자와 출원인이 같은 경우에 해당)는 특허, 실용신안, 디자인별로 연간 10건에 한하여 그 출원에 대한 출원료, 심사청구료, 최초 3년분의 특허료를 면제한다(징수규칙 7①).

ⓐ 「국민기초생활 보장법」 제2조 제2호의 규정에 따른 수급자

ⓑ 국가유공자와 유족 및 가족(국가유공자 등 예우 및 지원에 관한 법률 제4조, 제5조)

ⓒ 5·18민주유공자와 유족 및 가족(5·18민주유공자예우에 관한 법률 제4조, 제5조)

ⓓ 고엽제휴유증환자·고엽제후유의증환자 및 고엽제후유증 2세환자(고엽제후유의증 등 환자지원 및 단체설립에 관한 법률 제4조, 제7조)

ⓔ 특수임무수행자와 유족 등(특수임무수행자 지원 및 단체설립에 관한 법률 제3조, 제4조)

ⓕ 「독립유공자 예우에 관한 법률」 제4조에 따른 독립유공자 및 같은 법 제5조에 따른 유족 또는 가족

ⓖ 「참전유공자 예우 및 단체설립에 관한 법률」 제5조에 따른 참전유공자

ⓗ 장애인(장애인복지법 제32조 제1항)

ⓘ 「초·중등교육법」 제2조에 따른 학교의 재학생(즉, 초·중고등학생)

ⓙ 만 6세 이상 만 19세 미만의자

ⓚ 의무복무병(兵)(일반사병, 공익근무요원 전투경찰대원, 의무소방대원 및 전환복무자 : 병역법)

ⓒ 다음에 해당하는 자는 소정 금액을 감면한다. 이 경우 100원 미만의 금액은 감면액에 포함하지 아니한다(징수규칙 7②).

ⓐ 소기업 또는 중기업(중소기업기본법 제2조)과 대기업이 계약에 따라 공동연구를 수행하고 그 연구결과물에 대하여 공동으로 출원하는 경우 특허·실용신안의 출원료 또는 심사청구료의 50% 감면

ⓑ 개인(발명자와 출원인이 동일한 경우), 소기업 또는 중기업의 경우에는 출원료, 심사청구료, 최초 3년분의 특허료, 실용신안, 디자인 등록료의 70% 감면

ⓒ 공공연구기관 또는 전담조직(기술의 이전 및 사업화 촉진에 관한 법률 제2조 제6호, 제11조 제1항)의 경우에는 출원료, 심사청구료, 최초 3년분의 특허료, 실용신안, 디자인 등록료의 50% 감면

ⓓ 개인, 소기업 또는 중소기업이 자신의 특허권·실용신안권 또는 디자인권에 대하여 권리범위확인심판을 청구하는 경우 심판청구료의 70% 감면

ⓔ 전담조직이 자신의 특허권·실용신안권 또는 디자인권에 대하여 권리범위확인심판을 청구하는 경우 심판청구료의 50% 감면

ⓕ 지방자치단체(지방자치법 제2조 제1항)의 출원료, 심사청구료, 최초 3년분 특허료, 실용신안등록료, 디자인등록료의 50% 감면

ⓖ 중견기업(중견기업 성장촉진 및 경쟁력 강화에 관한 특별법 제2조 제1호)의 출원료, 심사청구료, 최초의 3년분 특허료, 실용신안등록료, 디자인등록료의 30% 감면

ⓗ 개인 중 만19세 이상인 사람부터 만30세 미만인 사람까지와 만65세 이상인 사람의 경우에는 출원료, 심사청구료, 최초 3년분의 특허료·실용신안등록료 및 디자인등록료의 100분의 85

ⓘ 개인, 소기업, 중기업, 공공연구기관, 전담조직 및 중견기업의 경우에는 4년분부터 6년분까지의 특허료·실용신안등록료 및 디자인등록료의 100분의 30

ⓒ 제2항 제9호에도 불구하고 「발명진흥법」 제11조의2에 따라 직무발명보상 우수기업으로 선정된 소기업, 중기업 및 중견기업에 대하여 2016년 2월 29일까지는 4년분부터 6년분까지의 특허료·실용신안등록료 및 디자인등록료를 각각 100분의 50까지 감면할 수 있다.

ⓔ 국·공립학교 교직원이 발명, 고안 또는 창작하고 국·공립학교 교직원, 국가 또는 지방자치단체가 소유하고 있는 특허권, 특허를 받을 수 있는 권리, 실용신안권, 실용신안등록을 받을 수 있는 권리, 디자인권 또는 디자인등록을 받을 수 있는 권리를 전담조직으로 이전하는 경우에는 이전등록료 또는 출원인변경신고료를 면제한다(징수규칙 7③).

(7) 특허료 및 수수료의 반환

① 반환대상

납부된 특허료는 특허권이 도중에 소멸되더라도 사무의 번잡을 피하기 위해 원칙적으로 이를 반환하지 아니한다. 다만, 다음 중 어느 하나에 해당하는 경우에는 납부한 자의 청구에 의하여 이를 반환한다(法 84①).

㉠ 잘못 납부된 특허료

㉡ 특허를 무효로 한다는 심결이 확정된 연도의 다음 연도부터의 특허료 해당분

㉢ 특허권의 존속기간의 연장등록을 무효로 한다는 심결이 확정된 연도의 다음 연도부터의 특허료 해당분

㉣ 특허출원(분할출원, 변경출원 및 우선심사의 신청이 있는 특허출원 제외) 후 1개월 이내에 특허출원을 포기한 경우에 이미 납부한 특허출원료 및 심사청구료 및 특허출원의 우선권주장 신청료

㉤ 출원심사의 청구를 한 이후 다음 각 사항 중 어느 하나가 있기 전까지 특허출원을 취하(제53조 제4항 또는 제56조 제1항 본문에 따라 취하된 것으로 보는 경우를 포함한다)하거나 포기한 경우 이미 낸 심사청구료

ⓐ 제36조 제6항에 따른 협의결과신고명령(동일인에 의한 특허출원에 한정한다)
ⓑ 제58조 제1항에 따라 의뢰된 선행기술의 조사업무에 대한 결과 통지
ⓒ 제63조에 따른 거절이유통지
ⓓ 제67조 제2항에 따른 특허결정의 등본송달

ⓑ 특허권을 포기한 해의 다음 해부터의 특허료 해당분

ⓢ 제176조 제1항에 따라 특허거절결정 또는 특허권의 존속기간의 연장등록거절결정이 취소된 경우(제184조에 따라 재심의 절차에서 준용되는 경우를 포함하되, 심판 또는 재심 중 제170조 제1항에 따라 준용되는 제47조 제1항 제1호 또는 제2호에 따른 보정이 있는 경우는 제외한다)에 이미 낸 수수료 중 심판청구료(재심의 경우에는 재심청구료를 말한다.

ⓞ 심판청구가 제141조 제2항에 따라 결정으로 각하되고 그 결정이 확정된 경우(제184조에 따라 재심의 절차에서 준용되는 경우를 포함한다)에 이미 낸 심판청구료의 2분의 1에 해당하는 금액

ⓩ 심리의 종결을 통지받기 전까지 제155조 제1항에 따른 참가신청을 취하한 경우(제184조에 따라 재심의 절차에서 준용되는 경우를 포함한다)에 이미 낸 수수료 중 참가신청료의 2분의 1에 해당하는 금액

ⓧ 제155조 제1항에 따른 참가신청이 결정으로 거부된 경우(제184조에 따라 재심의 절차에서 준용되는 경우를 포함한다)에 이미 낸 수수료 중 참가신청료의 2분의 1에 해당하는 금액

ⓚ 심리의 종결을 통지받기 전까지 심판청구를 취하한 경우(제184조에 따라 재심의 절차에서 준용되는 경우를 포함한다)에 이미 낸 수수료 중 심판청구료의 2분의 1에 해당하는 금액

② **통지 및 반환 청구**

특허청장 또는 심판원장은 법 제84조 제1항 단서의 반환대상에 해당하는 경우 이를 납부한 자에게 통지하여야 하며, 당해 통지를 받은 자는 통지를 받은 날로부터 3년이 되는 날까지 납부된 특허료에 대한 반환을 청구할 수 있다(法 84②③).

특허료 납부 절차

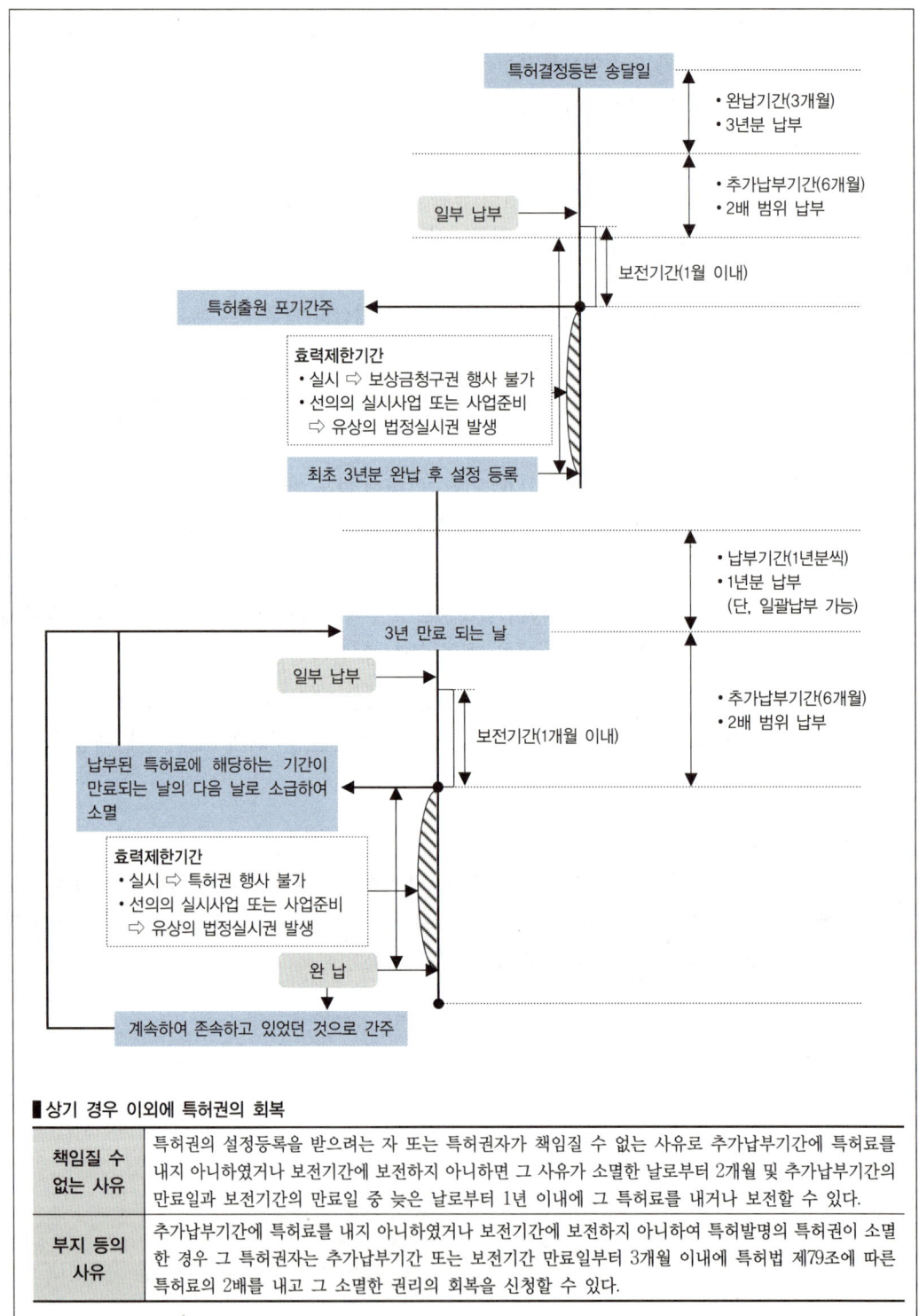

상기 경우 이외에 특허권의 회복

책임질 수 없는 사유	특허권의 설정등록을 받으려는 자 또는 특허권자가 책임질 수 없는 사유로 추가납부기간에 특허료를 내지 아니하였거나 보전기간에 보전하지 아니하면 그 사유가 소멸한 날로부터 2개월 및 추가납부기간의 만료일과 보전기간의 만료일 중 늦은 날로부터 1년 이내에 그 특허료를 내거나 보전할 수 있다.
부지 등의 사유	추가납부기간에 특허료를 내지 아니하였거나 보전기간에 보전하지 아니하여 특허발명의 특허권이 소멸한 경우 그 특허권자는 추가납부기간 또는 보전기간 만료일부터 3개월 이내에 특허법 제79조에 따른 특허료의 2배를 내고 그 소멸한 권리의 회복을 신청할 수 있다.

3. 특허증의 발급

특허청장은 특허권의 설정등록을 한 때에는 산업통상자원부령으로 정하는 바에 따라 특허권자에게 특허증을 발급하여야 한다. 발급된 특허증이 특허원부 기타 서류와 부합되지 아니한 때에는 신청에 의하여 또는 직권으로 특허증을 정정 발급하거나 새로운 특허증을 발급하여야 한다. 한편 정정심판청구에 대한 정정심결에 의하여 특허증의 발급이 필요한 때에는 특허청장은 직권으로 새로운 특허증을 발급하여야 한다(法 86).

특허증과 다음에 설명되는 특허원부는 다르다. 특허증에는 특허발명이 특허법에 의하여 등록되었음을 확인하기 위하여 특허번호, 발명의 명칭, 특허권자, 발명자가 기재된다(施規 50). 특허증의 발행은 확인행위에 불과하다.

특허증의 법률상 성질은 부동산과 비교하면 부동산등기법의 권리증과 비슷하고, 특허원부 중에 특허등록원부는 부동산의 경우 등기부와 비슷하다고 생각하면 된다. 특허증이 없는 경우라도 특허권자라는 것을 주장할 수 없는 것도 아니고 특허증을 양도하는 것이 특허권을 양도하는 것은 더더욱 아니기 때문이다. 즉, 권리의 존부는 특허원부 중의 하나인 특허등록원부의 등록을 통해서만이 정하여지는 것이고 특허증의 존부와는 관계가 없다. 따라서 특허권의 이전, 실시권의 설정 등의 등록신청시 특허증은 특허청에 제출할 필요가 없다.

특허증을 가진 자를 착오로 특허권자로 믿고 거래를 하였다고 하더라도 법률상 특별한 보호를 받는 것도 아니다.316)

4. 특허원부

우리가 흔히 쓰는 용어인 특허등록원부는 특허원부 중의 하나이며 「특허등록원부」란 특허권 또는 그에 관한 권리관계가 기록된 공적 장부를 말하고, 「특허등록」이란 특허청장(특허청장의 위임을 받은 등록공무원)이 법정절차에 따라 공적 장부인 특허원부에 특허권의 설정·이전·소멸·회복 또는 권리의 처분의 제한에 관한 사항 등을 기록하는 것을 말한다.

특허원부의 유형으로는 특허등록원부와 특허신탁원부가 있다(特許登錄令 8①). 제8조 제4항은 특허를 받은 발명의 명세서 및 도면 기타 대통령령이 정하는 서류(特許登錄令 8③)도 특허원부의 일부로 보고 있다. 이 외에도 특허등록령 제12조에서 규정하고 있는 폐쇄특허원부가 있다.

특허등록원부는 물적 편성주의에 입각하여 1개의 권리에 1개의 등록번호가 부여되어 작성된다. 이는 특허권자를 기준으로 하여 편성하는 인적 편성주의나 권리변동을 기재한 서면을 연대적 순서에 따라서 편성하는 연대적 편성주의와 구별되는 방식이다.

---

316) 「특허증」이란 특허권이 설정등록되었다는 하나의 증표로서 특허청장이 특허원부에 등록된 사항을 특허증 서식(특허법 시행규칙 별지 서식)에 해당 사항을 기재하여 특허권자에게 발급하는 공적 증서를 말한다. 특허증의 교부는 특허제도가 생긴 이래 계속 되어 온 역사적·전통적 산물로서 국가가 발명자의 발명에 따른 노고에 대한 보상적 성격의 일환에서 비롯된 것이라고 할 수 있다. 다시 말해서 국가가 발명자의 명예를 기리기 위해서 특허를 받았다는 증표를 수여하는 것이 특허증의 발급이다.

부동산등기와 마찬가지로 특허등록에 있어서도 등록의 공신력을 인정하고 있지 않고 공시력을 인정하고 있기 때문에 특허등록원부에 기재되어 있지 않는 사항(권리자 등)은 효력이 부인될 수 있으므로, 부동산등기부등본과 같은 특허등록원부를 잘 확인하고 양도양수계약 등을 체결하여야 할 것이다.

특허권의 설정등록은 물론 권리의 존속·소멸 기타 권리의 변동사항 등을 일반공중에 공표함으로써 거래의 안전을 도모하고 선의의 제3자에 대한 불측의 손해를 미연에 방지하기 위하여 등록제도를 채택하고 있으며, 누구나 소정의 수수료만 납부하면 특허청에 비치된 원부의 열람 및 복사 신청이 가능하도록 하고 있다.

「특허법」은 특허권에 관한 등록제도를 효율적으로 운영하기 위하여 법에 등록에 관한 기본규정을 두는 이외에 등록에 관한 세부사항 및 구체적 절차에 대하여는 이를 대통령령(「特許登錄令」)에 위임하고 있다[상세한 설명 제8절 (등록)편].

제2절 특허권의 효력

I 의 의

법 제87조에 의하면 특허권은 설정등록에 의하여 그 효력이 발생이 된다고 규정하고 있다. 특허권의 설정등록은 특허청에 비치되어 있는 특허등록원부에 기재함과 동시에 효력이 발생한다. 물론 이러한 효력은 속지주의 원칙에 따라 국내에 한한다. 특허권의 효력은 적극적 효력과 소극적 효력이 있다. 전자는 특허권자가 독점적으로 실시할 수 있는 효력을 말하며, 그 미치는 범위를 효력범위(내용)라고 하고, 후자는 타인의 실시를 배제할 수 있는 효력을 말하며 그 미치는 범위를 보호범위라 한다. 현행 특허법에는 법 제94조에 '특허권자는 업으로서 그 특허발명을 실시할 권리를 독점한다'고 규정하여 특허권의 적극적 효력을 밝히고 있으며, 그 소극적 효력에 관하여서는 법 제97조에 '특허발명의 보호범위는 청구범위에 적혀있는 사항에 의하여 정하여진다'라고 규정하고 있으며, 또한 그 독점권에 대한 예외로서 효력제한 규정을 두고 있다.

II 효력의 범위

1. 지역적 범위

특허권의 효력이 미치는 지역적 범위는 산업재산권 보호를 국제적으로 실현하기 위하여 파리에서 조인된 파리협약에 의하여 국제적으로 「속지주의 원칙」이 적용되어 특허권은 그 권리를 부여한 국가의 영토에서만 효력을 갖는다.

모든 국내법은 속지주의 원칙에 따라 우리나라의 영토 내에서만 효력이 미치는바, 특허법에 의한 특허권의 효력 역시 우리나라 영역 내에 한한다. 우리나라 헌법 제3조에는 「한반도와 그 부속도서」로 규정하고 있으나, 현실적으로 북한지역에 적용하는 것이 어려워 실제 적용은 되지 않고 있다. 특히 산업재산권의 하나로서의 특허권은 한 국가의 산업정책과 밀접하므로 각국은 그 산업정책상 자국에서 부여하는 권리를 보호하는 것이기 때문에 특허권의 성립·이전·소멸 등은 각국의 특허법이 별도로 정하여 그에 따르게 하고 있다.

2. 시간적 범위

특허권의 존속기간은 법률(法 88①)로 규정하고 있으며 그 기간이 경과되면 당연히 소멸된다. 즉, 특허권은 다른 소유권과 달리 한시적인 권리이므로 그 존속기간 중에만 효력이 인정되며, 그 존속기간(설정등록일부터 출원일 후 20년)이 만료되거나 특허료 불납으로 특허권이 소멸된 때에는 그 때부터 특허권의 효력도 상실된다. 한편 특허무효심판에 의하여 특허권이 소멸된 때에는 당해 특허권은 처음부터 없었던 것이 되므로 특허권의 효력도 처음부터 없었던 것으로 본다.

특허권은 동일성 있는 기술의 실시 그 자체를 금할 수 있는 권원이므로 특허권이 영구히 존속한다면 도리어 사회 전체의 이익에 반하게 될 수 있으므로, 전세계적으로 발명자에게는 연구개발비와 적당한 이윤을 획득하기에 충분한 기간만 독점권을 인정하고 있다.[317]

---

[317] 국제지식재산연수원, 전게서, p.237

III 효력의 내용

1. 적극적 효력

특허법 제94조에 의하면 '특허권자는 업으로서 그 특허발명을 실시할 권리를 독점한다'고 특허권의 효력을 규정하고 있는데 이를 적극적 효력이라 하며 주요 내용은 다음과 같다.

(1) 「업으로서」의 의미

특허권의 효력이 미치는 범위는 「업으로서 실시」에 한정한다. 이러한 제한은 특허법의 목적이 「산업발전에 이바지함」이라는 취지에서 볼 때 개인적 또는 가정 내에서의 실시를 규제하지 않는 것이 타당하다.

업의 의미에 대해서는 법에 특별히 규정되어 있지 아니하며, 업으로서의 실시 여부가 쟁점이 된 판결이 없어 그 개념이 명확히 정립되어 있지 않다. 학설상 견해로서 「업으로서」의 해석에는 여러 가지 견해가 존재하지만[318], 현재는 개인적 내지는 가정적인 실시 이외의 것을 가리킨다는 해석이 다수설이다. 여기에서 '업으로서의 실시' 행위는 영리적 행위인지 비영리적 행위인지 명확하지 않다.

예컨대, 특허품인 전기세탁기를 세탁소에서 세탁업자가 사용하는 것(비영리적으로 사용하더라도)은 그 사용횟수에 관계없이 업으로서 실시이지만(개인적 가정적 실시가 아님), 가정에서 가정주부가 사용할 경우에는 그것은 반복적 사용이라 하더라도 업으로서의 실시는 아니다(가정에서 가정주부가 사용하는 것은 영리적 행위는 물론 아님).

(2) 특허발명

'특허발명'이란 발명자가 발명을 완성한 후 특허청에 특허출원하여 모든 심사절차를 걸쳐 거절결정이 되지 아니하고 특허결정된 후 소정의 절차를 거쳐 특허청이 특허등록원부 설정등록함과 더불어 출원인에 특허증을 발급한 발명을 말한다(法 2.2).

(3) 실 시

① 실시의 개념

특허권자는 업으로서 그 특허발명을 실시할 권리를 독점한다(法 94). 이때 '실시'는 특허법 제2조 제3호에 정의된 '실시'를 의미하며, 이러한, 실시에는 '물건발명의 실시', '방법발명의 실시' 및 '물건을 생산하는 방법발명'의 실시로 나눌 수 있겠다.

㉠ 「물건의 발명」의 실시

그 물건을 생산·사용·양도·대여 또는 수입하거나 그 물건의 양도 또는 대여의 청약(양도 또는 대여를 위한 전시를 포함)을 하는 행위

---

[318] 학설상 견해로서의 '업'이란 ① 가정적·개인적인 실시 이외의 것을 가리킨다는 설, ② 널리 사업으로서의 반복·계속적인 실시를 말한다는 설, ③ 직·간접적으로 불특정인의 수요 또는 편의제공을 목적으로 실시함을 가리킨다는 설, ④ 계속적 의사로서 행하는 경제활동을 가리킨다는 설, ⑤ 업을 「사업적 의미」로 해석하는 설 등이 있다.

ⓒ 「방법의 발명」의 실시
방법의 발명에서 '실시'란 그 방법을 사용하는 행위 또는 그 방법의 사용을 청약하는 행위를 말한다. 즉 기계, 설비, 장치 등의 사용방법과 측정방법 등의 사용행위가 이에 해당된다. 물건에 대한 발명의 경우와 마찬가지로 그러한 방법발명의 본래 목적을 달성하기 위한 방법의 사용만이 실시로 여겨진다. 또한 2020년 개정법에서는 방법의 사용을 청약하는 행위를 발명의 실시에 포함하도록 규정하였다. 이는 컴퓨터 프로그램 전송행위를 막는 명문의 규정을 신설하여 컴퓨터 개발자들의 창작의욕을 고취시키기 위함이다. 아울러 특허발명의 실시가 방법의 사용을 청약하는 행위인 경우 특허권의 효력은 그 방법의 사용이 특허권 또는 전용실시권을 침해한다는 것을 알면서 그 방법의 사용을 청약하는 행위에만 미친다.

ⓒ 물건을 생산하는 방법발명의 실시
물건을 생산하는 방법의 발명은 물건의 발명과 방법의 발명이라는 양면성을 겸비하고 있다. 따라서 물건을 생산하는 방법발명(예 보리차의 제조방법)에서 '실시'란 방법의 발명 외에 그 방법에 의하여 생산한 물건을 사용·양도·대여 또는 수입하거나 그 물건의 양도 또는 대여의 청약을 하는 행위를 말한다(法 2.3).

② 실시행위의 내용
㉠ 생 산
생산은 특허발명을 이용하여 동일한 물건을 만들어 내는 일체의 행위로 반드시 기술을 사용하여 물건을 만들어내는 것을 의미한다. 따라서 생산은 물건의 발명 이외의 방법 발명의 실시행위에는 해당되지 않는다. 생산은 반드시 완성행위일 것을 요하지 않으며, 건조(建造)·구축·착수 등의 행위를 포함한다. 부품과 부품의 결합도 생산에 해당되며, 중요 부분의 수리나 개조도 생산에 해당되는 것으로 해석된다. 그러나 모형의 제작, 설계도의 작성과 같은 생산의 준비행위는 포함되지 않는다. 또, 폐기용품의 재사용은 특허법상의 실시의 생산에 해당되는지 의문이 있으나, 중요 부분의 재사용은 특허권의 침해에 해당될 것이다.[319]

㉡ 사 용
「사용」이라 함은 발명이 추구하는 본래의 목적을 달성하거나 작용·효과를 나타내도록 그 발명을 이용하는 것을 말한다. 그러나 특허된 내용과 목적, 효과가 다르게 사용되는 것은 여기에서의 사용이라고 할 수 없다. 예컨대 특허품인 경주용 오토바이를 실내장식용으로 사용한 경우는 특허법상 사용이라 할 수 없다.

ⓒ 양 도[320]
양도라 함은 생산된 발명품의 소유권을 의사표시에 의하여 타인에게 유상 또는 무상으로 이전하는 것을 말한다. 이때 유상으로 양도하는 경우에는 매매가 되며, 무상의 경우에는 증여가 된다. 직접 해외로 수출만을 하는 행위는 여기서의 양도행위에 포함되지 않는다. 다만, 수출행위의 전제로서 생산 또는 양도행위가 반드시 존재하게 되며, 이것이 실시에 해당된다.

---

319) 윤선희, 특허법(제3판), 법문사, 2007, p.624 참조.
320) '실시'에서 말하는 양도는 권리의 양도(이전)가 아닌 물건(발명품)의 양도(매매 등)를 말한다.

ⓔ 대 여

대여라 함은 특허권자가 발명품을 유상 또는 무상으로 일정한 시기에 반환할 것을 조건으로 타인에게 빌려주는 것을 말하며, 제3자가 특허품을 구입 후 타인에게 대여하는 경우는 포함되지 않는다. 대여는 유상 또는 무상을 불문하며 유상인 경우에는 임대차, 무상인 경우에는 사용대차가 된다.

ⓜ 수 입

수입은 외국에서 생산된 특허품을 국내시장에 반입하는 행위를 말한다. 따라서 단순히 보세지역 내에 있는 물건은 수입물건이라 할 수 없으며, 단순한 인보이스(invoice) 도착만으로 수입행위가 행해졌다고 할 수 없다. 한편 '수출'은 실시에 해당되지 않는다. 특허권은 국내에서만 효력을 가지며 그 효력이 외국까지는 미치지 않기 때문에 수출에 특허권의 효력은 미치지 않으나, 통상적으로 수출하기 전에 생산·판매 혹은 양도가 이루어지므로 수출 자체를 금지할 수 없다고 하더라도 문제가 된다고는 할 수 없겠다.

ⓗ 청 약

청약(offering for sale)321)이란 특허발명과 관련하여 특허권자가 양도 또는 대여를 목적으로 하는 일방적·확정적 의사표시이다. 그러므로 청약에 대하여 그에 응하는 승낙만 있으면 곧 계약이 성립하게 된다.

즉, 청약이란 특허권자가 특허제품을 판매 또는 대여하기 위하여 특허품의 특징, 가격, 내용 등을 카탈로그나 팸플릿 등에 게재하여 배포하는 행위 등을 말한다. 즉, 특허 또는 실용신안 제품을 국내에서 직접 판매하지 않는 경우에도 카탈로그에 의한 권유, 팸플릿의 배포, 상품판매의 광고, 상품의 진열 등에 의해서 특허 및 실용신안 제품의 판매를 유도하는 행위 자체는 청약의 유인행위이나 이러한 유인행위는 특허제품을 판매하기 위한 행위이므로「물건의 양도 또는 대여의 청약」에 포함시켜야 할 것이다. 여기서 '물건의 양도'란 유·무상에 관계없으며(예를 들면 무상으로 시작품을 배포하는 행위도 특허법상의 실시가 된다), '대여의 청약'이란 리스의 청약과 같이 대여를 목적으로 청약하는 행위를 말한다.

ⓢ 전 시

전시(展示)는 발명을 양도하거나 대여할 목적으로 불특정다수인이 인식할 수 있는 상태로 두는 것을 말하며, 양도나 대여의 목적이 아닌 단순한 전시는 특허법상의 실시에 해당하지 않는다.

---

321) 청약과 관련된 특허발명의 실시는 특허권자를 보호하기 위해 WTO/TRIPs 제28조에 근거하여 1996. 7. 1. 시행법에 도입하였다.

③ 실시와 관련된 문제
　㉠ 수 출
　　특허권은 속지주의의 원칙상 국내에서만 독점적으로 특허발명을 실시할 수 있는 권리이다. 따라서 우리나라의 영토 밖에 있는 물건에는 특허권의 효력이 미치지 아니하며 수출은 실시행위로 보지 않는다. 그러나 수출을 위한 전제행위로서의 국내에서의 생산·사용·양도 행위 등은 특허권의 실시행위에 해당되므로 특허권의 침해 여부는 수출을 위한 전 단계의 행위에 의하여 판단하여야 할 것이다.
　㉡ 소지, 구입, 보관
　　물건의 소지행위는 특허법상 실시행위가 아니므로 소지 그 자체가 특허권의 침해라고 볼 수 없다. 마찬가지 관점에서 특허침해품의 단순구입·보관행위도 특허법상 실시에 해당하는 행위로 볼 수 없다.
　　그러나 소지자, 구입자 또는 보관자가 판매업자인 경우라면 특허품이 판매될 개연성이 높다고 할 수 있으므로 침해행위 예방을 청구할 수 있다고 보아야 할 것이다(法 126).
　㉢ 수리, 개조
　　「수리」란 물건이 갖는 최초의 기능을 유지시키기 위하여 또는 상실된 성능을 회복시키기 위하여 행하는 일정행위를 말하며, 「개조」란 수리와는 달리 물건의 구조 변화를 가하는 일정행위를 말한다. 이상의 수리와 개조는 특허법상의 실시는 아니다. 그러나 특허품에 대한 물건의 수리 또는 개조는 그 행위의 내용(정도)에 따라 특허권의 침해를 구성하게 되는 경우도 있다. 즉, 특허품에 대한 수리·개조가 특허품의 재생산에 해당되는 것으로 인정될 때에는 침해 등의 문제가 생긴다.

(4) 실시행위의 독립성

「실시행위의 독립성」이란 법 제2조 제3호에서 규정하고 있는 실시행위, 즉 생산, 사용, 양도, 대여, 수입, 청약 등의 행위는 서로 독립적이므로 침해 여부 역시 서로 독립적으로 판단하여야 한다는 것을 말한다.

즉, 법 제2조 제3호에서 규정한 각각의 실시행위는 특허권의 효력상 독립적이며 어느 하나의 실시행위는 다른 실시행위에 영향을 미치지 아니하기 때문에 한 단계의 실시행위가 적법하다고 하여 다른 단계의 행위까지도 적법하게 되는 것은 아니다.

예를 들어 특허권자로부터 물건발명의 실시행위 중 「생산, 양도」행위에 대하여 실시허락을 받은 자가 다른 실시행위 「수입」행위를 할 경우에는 그 자는 허락받은 범위 이외의 실시행위를 한 것에 해당되므로 수입행위는 특허권의 침해가 된다. 또한 甲이 불법으로 특허품을 업으로서 생산한 경우에는 그것을 양도했는지의 여부를 물을 필요도 없이 그 자체가 특허권의 침해가 되며, 乙이 甲으로부터 침해품을 구입하여 업[322]으로 사용할 경우 乙의 구입이 설령 선의라 하더라도 역시 특허권의 침해가 된다.

---

322) 물론, 이 경우도 업(業)으로 사용하지 않았다면 침해는 아니다.

(5) 특허품 구입 후 행위의 적법성

① 국내에서의 경우

특허권자 또는 적법한 제조·판매권을 갖는 자가 판매한 특허품을 적법하게 구입한 경우에, 구입한 자(양수인)가 그것을 스스로 사용하거나 타인에게 전매해도 특허권의 침해가 되지 않는다. 이것은 상식적으로 당연하다고 할 수 있으나, 이러한 행위가 특허권의 침해를 구성하지 않는다고 보는 이론은 다음과 같은 것들이 있다.

㉠ 소유권이전설

타인이 적법하게 특허품의 소유권을 취득한 이상, 특허권자는 권리범위에서 벗어나게 되어, 그 이후의 실시행위는 특허권의 침해가 되지 않는다는 견해이다. 그러나 이 견해는 특허권과 소유권을 혼동하고 있으며, 또한 특허침해품을 적법하게 구입하여 사용하고 있더라도 특허권의 침해가 됨을 설명할 수 없다는 비판을 받고 있다.

㉡ 묵시적 실시허락설

특허권자 등이 특허품을 판매할 때 양수인에게 묵시적으로 실시의 허락을 한 것이므로, 그 이후의 실시행위는 특허권의 침해가 되지 않는다는 견해로서 영·미법계 국가에서 한때 유력하였다.

㉢ 소모이론(용진설 : first-sale doctrine)

특허품의 판매가 적법하게 이루어진 후에는 특허권은 이미 사용되어 버린 것(exhausted)이므로 동일물에 대해 다시 특허권을 주장할 수 없다는 견해이다. 이 견해는 독일·일본·우리나라에서 유력한 설로서 지지받고 있으며 국제적으로도 정설로 되어 있다.

② 국제적인 경우(진정상품의 병행수입인 경우)

「진정상품(genuine goods)」이란 외국에서 적법하게 발명을 실시할 수 있는 자(예를 들어, 외국의 특허권자, 전용실시권자 또는 통상실시권자)에 의하여 생산되어 유통된 상품을 말한다. 「병행수입(parallel import)」이란 상품을 국내로 수입할 수 있는 정당한 권원을 가진 자(예를 들어, 국내의 특허권자, 전용실시권자 또는 통상실시권자) 이외의 제3자가 진정상품을 수입하는 것을 말한다.

예를 들어, A국의 甲이란 회사는 A국 및 B국에서 동일한 발명에 대하여 특허권을 가지고 있는데, 甲은 B국의 乙에게 전용실시권을 주고 있었다. 그래서 乙은 B국에서 甲회사의 제품(진정상품)을 팔고 있었다. 그러던 중 어느 날 A국의 甲으로부터, B국의 국내로 수입할 수 있는 정당한 권원을 가진 자 이외의 수입업자(병행수입업자) 丙이 나타나 B국에서 동일한 발명품(甲의 발명품)을 팔고 있었다. 이렇게 되면 기존의 乙이 팔던 발명품보다 丙이 파는 발명품이 더 잘 팔리게 된다. 왜냐하면, 기존의 乙은 甲으로부터 전용실시권에 대한 로열티를 지불하는 관계로 직수입하고 있는 丙보다 물건 값이 비싸기 때문이다. 이 경우, B국의 乙(전용실시권자)은 丙의 B국으로의 수입을 특허침해행위로 보고 소를 제기할 것이다.

이 경우, A국의 권리가 소진되었다고 보면 병행수입이 인정되어 丙(병행수입업자)이 이길 것이고, 권리가 소진되지 않았다고 보면 전용실시권자인 乙이 이길 것이다. 이러한 경우 상당수가 국제적 권리 소진론을 인정하지 않아 乙(전용실시권자)이 승소를 하고 있으나 그렇지 않은 경우(국제적 권리소진론 인정)도 있다.323)

예를 들어, 일본에서는 상표에 대하여는 국제소진론(병행수입)을 인정하여 왔으나324), 특허제품에 있어서는 특허권의 속지주의와 특허독립의 원칙에 의해325) 국제소진론을 부정하여 왔다. 그런데 BBS사건에서 제1심인 동경지방재판소에서는 국제소진을 부정하였으나, 제2심인 동경고등재판소에서는 특허도 상표와 같이 국제적으로 소진한다고 인정하였다.326) 일본 최고재판소도 '각국 특허독립의 원칙'은 국제적 소진론을 부정하는 근거가 될 수 없고, 일정한 조건하에서만 병행수입을 금지할 수 있다고 판결하였다.327)

우리나라는 제한적으로 진정상품의 병행수입을 허용하도록 하는 관세청 고시(지적재산권보호를 위한 수출입통관사무처리에 관한 고시)를 시행하고 있다.

동 고시는 특허권을 제외한 상표권과 저작권 관련 물품의 수출입통관사무처리 지침으로서, 동 고시에 의하면 '세관장에게 상표권 보호신청을 한 상표와 동일한 상표가 부착된 물품을 당해 상표에 대한 권리가 없는 자가 수입신고한 물품으로서 당해 상표가 외국에서 적법하게 사용할 수 있는 권리가 있는 자에 의하여 부착되고 국내외 상표권자가 동일인이거나 계열회사 관계(주식의 30% 이상을 소유하면서 최다 출자자인 경우), 수입대리점 관계 등 동일인으로 볼 수 있는 관계가 있는 경우(이하 "동일인 관계"라 한다), 외국의 상표권자와 동일인 관계에 있는 국내 상표권자로부터 전용사용권을 설정받은 경우(다만, 국내 전용사용권자가 당해 상표가 부착된 물품을 제조·판매만 하는 경우에는 국내 전용사용권자와 외국의 상표권자가 동일인 관계에 있는 경우에 한한다)에는 상표권을 침해하지 아니하는 것으로 본다'라고 규정함으로써 제한된 범위 내에서 진정상품의 병행수입을 허용하고 있다.

---

323) 병행수입을 법적으로 규제하는 문제에 관하여는 WTO/TRIPs 협상에서 남북문제(선후진국 문제)로 대두되어 선진국과 개발도상국 간에 있어서 상당한 논의가 있었으나 합의점을 끌어내지는 못하였다. 권리자의 보호에 비중을 두는 선진국은 국제적 소모이론(worldwide exhaustion)의 적용을 반대하는 입장이고, 중개무역에 의한 이익을 중요시하는 국가(홍콩, 싱가포르 등)와 첨단기술제품의 자유수입의 확대를 기대하는 개발도상국은 대체로 찬성하는 입장이다(천효남, 전게서, p.584).

324) 大阪地裁 昭和14. 2. 27. 無体集 2卷, 71頁(Parker 事件)

325) 東京地裁 平成6. 7. 22. (判例時報 1501号, 70頁)

326) 東京高裁 平成7. 3. 23. 判決 (判例時報 1524号, 3頁)

327) 日本最高裁 平成9. 7. 1. 宣告 (判例時報 1612号, 160頁)

- BBS사건의 개요: 자동차의 부품인 알루미늄호일을 생산하는 독일회사인 BBS사가 독일 및 일본에서 동일발명에 대한 특허권을 가지고 있었지만, 제3자가 이 상품을 독일에서 구입하여 일본에 수입한 것에 대하여 BBS사가 특허권 침해를 근거로 하여 병행수입업자를 상대로 제소한 사건이다.
- 판시사항: 독일의 특허권과 일본의 특허권은 별개의 권리이므로 특허권자가 병행특허권에 관한 발명에 대해 일본의 특허권에 의거하여 권리를 행사하여도 이를 가지고 즉각 이중이득을 얻는 것이라고는 할 수 없으나, 국제무역이 매우 광범위하게 또한 고도로 진전된 현상을 고려하면, 수입을 포함한 상품의 유통의 자유는 최대한 존중되어야 하므로 일정한 조건하에서만 병행수입을 금지할 수 있다.

(6) 독 점

실시의 독점이란 타인을 배제하고 특허권자만이 독점적으로 그 발명을 실시할 수 있는 권리를 갖는다는 의미이다. 따라서 타인이 정당한 권원 없이 특허발명을 실시하는 경우에는 특허권을 침해하는 것이 되어 특허권자는 침해자에게 그 실시의 중지를 청구할 수 있으며, 침해행위로 인하여 손해가 발생한 경우에는 손해배상 등을 청구할 수 있다.

2. 소극적 효력

(1) 의 의

특허권의 소극적 효력이란 법 제97조에 의해 '특허발명의 보호범위는 청구범위에 기재된 사항에 의하여 정하여진다.'라고 규정하고 있으며 정당한 권원이 없는 제3자가 특허발명을 실시하지 못하도록 하는 것을 말한다. 이때 정당한 권원이 없는 제3자의 실시는 특허권의 침해가 된다. 이러한 침해에는 직접침해[328]와 간접침해[329]가 있다.

(2) 침해에 대한 구제방법

① 민사상 구제방법

㉠ 침해금지청구권

특허권이 침해되거나 침해될 우려가 있을 때에는 특허권자는 자기의 권리를 침해한 자 또는 침해할 우려가 있는 자에 대하여 그 침해의 금지 또는 예방을 청구할 수 있으며 그 침해행위를 조성한 물건의 폐기나 설비의 제거행위 기타 침해예방에 필요한 행위를 청구할 수 있다(法 126). 특허권 또는 전용실시권 침해소송에서 특허권자 또는 전용실시권자가 주장하는 침해행위의 구체적 행위태양을 부인하는 당사자는 자기의 구체적 행위태양을 제시하여야 하며(法 126의2①) 당사자가 자기의 구체적 행위태양을 제시할 수 없는 정당한 이유가 있다고 주장하는 경우에는 그 주장의 당부를 판단하기 위하여 그 당사자에게 자료의 제출을 명할 수 있다. 다만, 그 자료의 소지자가 그 자료의 제출을 거절할 정당한 이유가 있으면 그러하지 아니하다(法 126의2②). 자료제출명령에 관하여는 제132조 제2항 및 제3항을 준용한다. 이 경우 제132조 제3항 중 "침해의 증명 또는 손해액의 산정에 반드시 필요한 때"를

---

[328] 직접침해란 제3자가 특허발명의 보호범위에 속하는 발명을 실시하는 것을 말한다. 직접침해가 성립하기 위해서는 ① 특허권이 유효하게 존속해야 하며, ② 특허발명의 보호범위 내의 실시이어야 하며, ③ 특허발명을 실시할 정당 권원이 없는 자의 실시이어야 하며, ④ 업으로서의 실시이어야 한다. 참고로, 이용·저촉관계인 발명의 실시도 직접침해에 해당한다.

[329] 간접침해란 침해의 전 단계에 있어 그대로 방치할 경우 침해의 개연성이 높기 때문에 법률상 특허권의 침해로 간주하는 예지적 행위를 말한다. 특허법은 타인의 행위가 특허발명 그 자체의 실시에는 해당되지 않으나 특허발명의 실시에 직접 기여한다고 인정되는 행위로서 이를 방치한다면 앞으로 특허발명을 실시할 우려가 있는 경우에는 특허권의 소극적 효력을 확장하여 이와 같은 예비행위도 위법한 침해로 간주하고 있다.

"구체적 행위태양을 제시할 수 없는 정당한 이유의 유무 판단에 반드시 필요한 때"로 한다(法 126의2③).

당사자가 정당한 이유 없이 자기의 구체적 행위태양을 제시하지 않는 경우에는 법원은 특허권자 또는 전용실시권자가 주장하는 침해행위의 구체적 행위태양을 진실한 것으로 인정할 수 있다(法 126의2④).

ⓒ 손해배상청구권

특허권이 고의 또는 과실에 의하여 침해되었을 경우에는 특허권자는 자기의 권리를 침해한 자에 대하여 손해배상을 청구할 수 있다. 이 손해배상청구권은 민법 제750조에 의거 행사할 수 있으며 특허법에서는 제128조에서 손해액의 추정규정만을 두고 있다. 이와 같은 손해배상청구권은 침해금지청구의 경우와는 달리 특허권소멸 후에도 행사할 수 있다.

ⓒ 신용회복조치청구권

특허권자는 타인이 특허발명을 침해하여 업무상의 신용을 실추케 한 때에는 법원에 신용회복조치를 청구할 수 있으며 법원은 손해배상에 갈음하거나 손해배상과 함께 신용회복을 위하여 필요한 조치를 명할 수 있다(法 131).

신용회복조치는 침해자의 고의·과실을 요건으로 하므로 침해행위가 선의무과실일 경우에는 특허권자는 이와 같은 청구를 할 수 없다.

ⓒ 부당이득반환청구권

현행 특허법상 특허권침해에 대한 구제수단으로서 부당이득반환청구권은 규정되어 있지 아니하나 손해배상과 경합되지 않는 범위 내로서 민법 제741조를 충족시키는 한도 내에서 부당이득반환청구권의 행사는 가능하다 할 것이다.

② **형사적 구제방법**

㉠ 고 소

특허권의 침해가 고의에 의한 침해인 경우에는 특허권자는 그 침해자를 상대로 그 침해책임을 추궁할 수 있다. 특허법은 이에 대하여 벌칙규정 등을 마련하고 있는데 특허법에 특별히 규정한 경우를 제외하고는 형법총칙의 규정이 그대로 적용되며(刑法 8) 간접침해행위도 특허권 침해죄를 구성한다.

특허권 침해죄는 2020년 10월 20일부터 반의사불벌죄로 바뀌어 특허권자의 고소가 없어도 직권수사가 가능하며(法 225②), 특허법에서는 특허권 또는 전용실시권을 침해한 자에 대하여 7년 이하의 징역 또는 1억원 이하의 벌금에 처하도록 규정하고 있다(法 225①).

㉡ 몰 수

법원은 특허권침해행위를 조성한 물건 또는 그 행위로부터 생긴 물건은 이를 몰수하거나 피해자의 청구에 의하여 그 물건을 피해자에게 교부할 것을 선고하여야 한다(法 231).

Ⅳ 효력의 제한

1. 의 의

특허권은 설정등록되고 난 뒤부터는 독점배타적으로 그 권리를 누릴 수 있게 된다. 이러한 독점배타적인 권리일수록 그 권리의 행사가 공익을 해칠 우려가 있으므로 그 효력에 상당한 제한을 둘 필요가 있다. 예를 들어 특허법 제96조(특허권의 효력이 미치지 않는 범위), 동법 제98조의 이용저촉 관계에 있어서 제한, 타인의 실시권 관계에 의한 제한(약정실시권, 법정실시권) 등에서 특허권의 효력에 대한 제한을 두고 있다. 이러한 제한의 내용은 아래와 같이 여러 가지 측면에서 설명될 수 있다.

2. 내 용

(1) **지역적 · 시간적 · 내용적 제한**

① **지역적 제한**

모든 국내법은 속지주의 원칙에 따라 우리나라의 영토 내에서만 효력이 미친다. 따라서 특허법에 의하여 그 권능이 주어지는 특허권도 국내에서만 그 효력이 주어진다.

② **시간적 제한**

특허권은 존속기간 중에만 그 효력이 인정되는 것이다. 따라서 특허권의 존속기간이 만료되거나 특허료 불납으로 특허권이 소멸된 때에는 그때부터 특허권의 효력도 상실된다.

③ **내용적 제한**

특허권의 효력은 특허발명에만 미치며, 특허권의 효력이 미치는 발명은 특허출원서에 첨부한 명세서의 청구범위에 기재된 발명에 한한다.

(2) **공익, 산업정책적 이유에서 제한**

① **개인적 · 가정적인 실시(法 94)**

특허발명을 개인적 · 가정적으로 실시하는 경우에는 특허권의 효력이 미치지 아니하는데, 이는 특허법 제94조에서 「특허권자는 업으로서 특허발명을 실시할 권리를 독점한다」고 규정하고 있어 개인적 · 가정적으로 특허발명을 실시하는 것은 「업으로서의 실시」로 해석되지 않기 때문이다.

② **특허권의 효력이 미치지 아니하는 범위**

㉠ 연구 또는 시험(「약사법」에 따른 의약품의 품목허가 · 품목신고 및 「농약관리법」에 따른 농약의 등록을 위한 연구 또는 시험을 포함한다)을 하기 위한 실시(法 96①1)

특허발명의 기술적 효과의 확인 등을 위한 추가시험을 위하여 연구소 등에서 타인의 특허발명을 업으로서 실시하는 경우가 있다. 이와 같은 실시는 기술의 발전을 통한 산업발전에 기여하여 특허법의 목적에 부합된다 할 것이므로 특허발명에 대한 타인의 실시 행위가 연구 또는 시험을 목적으로서 행해지고 있는 경우에는 특허권의 효력이 미치지 않는다고 규정하고 있다. 여기서의 시험·연구는 학술적 시험·연구뿐만 아니라 공업적 시험·연구도 포함되며 허가·등록을 받기 위한 활성·안전성 시험이나 타인의 특허발명의 성공 여부 확인을 위한 시험도 여기에 해당된다.

ⓒ 국내를 통과하는 데 불과한 선박, 항공기, 차량 또는 이에 사용되는 기계, 기구, 장치 기타의 물건(法 96①2)

이는 파리협약 제5조의3 규정에 따른 것으로서, 단지 국내를 통과하는 데 불과한 선박이나 항공기·차량 또는 그 장치 등은 그 용도가 국내통과라는 목적에 한정되므로 특허권자에게는 아무런 손해를 끼치지 않을 뿐만 아니라 이를 제한하게 되면 국제간 교통장애를 일으키기 때문이다.

특허권의 효력이 제한되는 것은 선박·항공기·차량뿐만 아니라 이들의 운행을 위하여 필요한 기계·기구·장치 등 일체의 물건이다.

ⓒ 특허출원 당시부터 국내에 있던 물건(法 96①3)

특허출원시에 국내에 비장(秘藏)되었던 물건뿐만 아니라 공연히 존재하는 물건도 포함된다. 이와 같이 특허출원시부터 국내에 있던 물건에 대하여는 특허권의 효력이 미치지 아니하므로 특허출원한 발명이 특허된 그 물건을 사용하거나 양도·대여하는 행위에 대하여 특허권의 효력은 미치지 않는다.

이는 선사용에 의한 통상실시권(法 103)과 유사한 취지의 규정으로, 특허출원시 이미 국내에 존재하고 있는 물건에까지 특허권의 효력이 미친다고 하는 것은 법적 안정성을 현저하게 해칠 뿐만 아니라 그로 인하여 특허권자의 이익을 특별히 해친다고 보기 어려우므로 기존상태를 보호하려는 데 그 의의가 있다. 다만, 선사용권은 통상실시권으로서 구성되어 있음에 대하여 이 규정은 출원시에 현존하는 물품을 특허권의 효력범위 밖으로 보는 규정이다. 따라서 특허출원시 이미 존재하고 있던 물건이 없어지면 그것으로 끝난다. 동일한 물품을 새로 만든다면 그것은 특허권의 침해가 된다.

여기서 꼭 주의해야 할 점은, 출원시부터 이미 비장하고 있는 물건이 있으면 그 물건을 가지고 출원된 특허를 거절 또는 무효시킬 수 있고, 또한 선사용권을 주장하여 법정통상실시권을 가질 수 있을 것이다.

이러한 의미에서 본다면 위의 규정이 실제로 적용될 수 있는 경우는 매우 드물 것이며 만약에 있다면 그 물건이 비밀상태에 있어 물건의 특허를 거절 또는 무효로 시킬 수 없는 사정이 있거나 선사용 요건에도 해당되지 않는 경우인지도 모를 것이다.

ⓒ 약사법에 의한 조제행위와 그 조제에 의한 의약(法 96②)

2 이상의 의약을 혼합함으로써 제조되는 의약의 발명 또는 2 이상의 의약을 혼합하여 의약을 제조하는 방법의 발명에 관한 특허권의 효력은 약사법에 의한 조제행위와 조제에 의한 의약에는 미치지 아니한다.

이는 사람의 질병의 진단, 치료 또는 예방을 위한 의사의 처방전이나 약사의 조제행위를 보호하기 위한 것이다.

따라서 사람의 질병치료나 예방을 위한 것이 아닌 동물치료를 위한 의약의 조제행위나 그 조제의약에는 특허권의 효력이 미치며, 또한 혼합의약이 아닌 단일물질로 된 의약이나 약사법에서 정한 이외의 조제행위에는 특허권의 효력이 미친다.

③ **이용·저촉관계에 의한 제한(法 98)**
　㉠ **의 의**

　　이용관계란 특허발명이 그 출원일 이전에 출원된 타인의 특허발명, 등록실용신안, 등록디자인(관련디자인)을 이용하는 것을 말하고, 저촉관계란 특허발명(등록실용신안)이 그 출원일 이전에 출원된 타인의 등록디자인권 또는 상표권과 저촉되는 경우를 말한다.

　　이러한 이용관계, 저촉관계 모두 선권리자의 동의를 얻거나, 통상실시권(法 138, 통상실시권 허락심판)을 얻지 아니하고는 특허발명을 업으로 실시할 수 없다.

▮ 이용·저촉관계

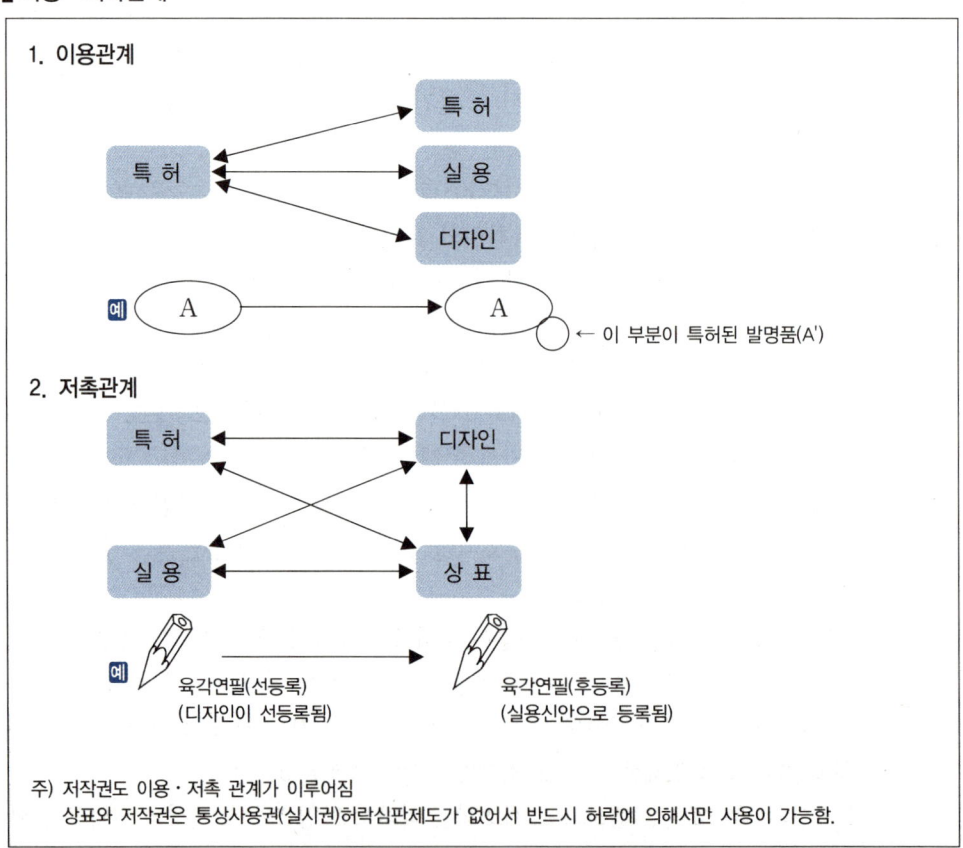

ⓒ 이용·저촉관계 조정
  ⓐ 협 의
    선·후출원 간에 이용·저촉관계가 성립될 때에는 후출원인은 선출원인의 동의 없이 당해 권리를 실시할 경우 선출원권리의 침해가 된다. 따라서 후출원자는 이런 경우 자기의 특허발명의 실시를 위해서는 먼저 선출원권리자인 특허권자 등에게 실시상의 허락에 대한 협의를 구하여야 한다.
  ⓑ 통상실시권 허락심판
    후출원자가 선출원자에 대하여 실시상의 협의를 구하였으나 그 협의가 성립되지 아니하거나 협의를 할 수 없을 때에는 후출원자는 선출원자를 상대로 통상실시권 허락심판을 청구할 수 있으며330), 이 심판에 의하여 강제실시권이 허락된다.
  ⓒ 법정실시권
    특허출원일 이전 또는 같은 날짜331)에 출원하여 등록된 디자인권이 저촉관계에 있는 특허권보다 존속기간 만료에 의하여 먼저 소멸될 경우 원디자인권자는 법정통상실시권을 가지며(法 105), 반대의 경우에는 원특허권자가 법정실시권을 갖는다(디자인 52).
    상표등록출원일 이전 또는 같은 날짜에 출원한 특허권이 상표권과 저촉되고 특허권의 존속기간 만료로 소멸될 경우 원특허권자는 상표권에 대하여 법정통상사용권을 가진다(商標 57의2).

④ 각종 실시권 존재에 따른 제한
  ㉠ 허락실시권의 존재로 인한 제한
    허락에 의한 전용실시권 또는 통상실시권이 있는 경우에는 그 허락한 실시권의 범위 내에서 특허권의 효력이 제한된다. 또한 명세서·도면의 정정심판을 청구하거나 특허권을 포기하는 경우에도 이들의 동의를 얻어야 한다(法 136⑧, 法 119①).
  ㉡ 법정실시권의 존재로 인한 제한
    법정실시권이란 특허권자의 의사와 무관하게 법률상 당연히 발생하는 통상실시권인데, 그 설정된 범위 내에서 특허권의 소극적 효력이 제한된다.

    현행법상 인정되는 법정실시권에 의한 제한은 다음과 같다.
    ⓐ 직무발명의 경우의 사용자의 통상실시권에 의한 제한(發振法 10①)
    ⓑ 선사용권에 의한 제한(法 103)
    ⓒ 무효심판청구등록 전 권리자에 의한 통상실시권에 의한 제한(法 104)
    ⓓ 디자인권의 존속기간 만료 후의 통상실시권에 의한 제한(法 105)

---

330) 이때 후출원발명이 선출원발명에 비해 상당한 경제적 가치가 있는 중요한 기술적 진보를 가져올 수 있어야 한다.
331) 「이용저촉관계」 발생은 그 특허발명 출원 이전에 타인의 권리(특허, 실용신안, 디자인)로 규정하고 있고(法 98), 「디자인권 존속기간 만료 후 법정통상실시권」은 그 특허출원일 이전 또는 같은 날에 출원된 권리로 되어 있음(法 105)에 유의하여야 한다(상표 경우도 동일).

ⓔ 질권경락 후의 원특허권자의 실시권에 의한 제한(法 122)
ⓕ 재심에 의하여 회복한 선사용권자의 통상실시권에 의한 제한(法 183)
ⓖ 재심에 의하여 통상실시권을 상실한 원권리자의 통상실시권에 의한 제한(法 182)
ⓗ 특허료 추가납부기간 경과 후에 회복한 특허권의 통상실시권(法 81의3)
ⓘ 특허권의 이전청구에 따른 이전등록 전의 실시에 의한 통상실시권(法 103의2)

ⓒ 강제실시권에 의한 제한

강제실시권이라 함은 국가비상사태 등에 의한 경우라든가 특허권의 불실시 혹은 불충분한 실시 등과 같은 경우에 공익적인 차원에서 인정되는 통상실시권인데, 그 설정범위 내에서 특허권의 소극적 효력이 제한된다.

현행법상 강제실시권은 ⓐ 국가비상사태 등에 의한 통상실시권(法 106의2), ⓑ 재정에 의한 통상실시권(法 107), ⓒ 통상실시권 허락심판에 의한 통상실시권(法 138)이 있다.

⑤ **특허권공유로 인한 제한**

특허권이 공유인 경우 각 공유특허권자는 계약으로 특별히 약정한 경우를 제외하고는 다른 공유자의 동의를 얻지 아니하고 그 특허발명을 자신이 실시할 수 있으나 그 지분을 양도하거나 그 지분을 목적으로 하는 질권을 설정하거나 전용실시권이나 통상실시권을 설정하는 경우에는 반드시 다른 공유자의 동의를 얻어야 한다(法 99②③④).

⑥ **질권설정에 따른 제한**

특허권에 질권이 설정되어 있는 경우 특허권자는 질권자의 동의 없이 특허권을 포기하거나 정정심판을 청구할 수 없다(法 119①, 136⑧).

제3절 특허권의 이전 및 공유

I 특허권의 이전

1. 의 의

특허권의 이전이란 특허권의 주체가 변경되는 것으로, 특허권을 남에게 넘겨 주는 것을 말하며 이러한 특허권은 재산권으로서 담보권 또는 용익권의 대상이 되기도 한다.

이러한 특허권은 이전시에 특허권 내용의 변경은 없이 권리주체만 변경되며 상속 기타 일반승계를 제외하고는 특허청 등록원부에 등록하지 않으면 그 효력이 발생하지 아니한다(法 101①).[332]

---

332) 이전: 특별승계(계약 등에 의한 권리이전) - 일부양도, 전부양도
    일반승계 - 상속, 합병(회사합병) 등

(1) 양 도

양도라 함은 권리, 재산이나 법률상의 지위를 남에게 넘겨주는 것을 말하는데 특허권은 특허권자 개인에게 주어진 사권(私權)이므로 특허권자의 의사표시에 의하여 이를 타인에게 자유로이 양도할 수 있다. 특허권의 양도에는 전부양도와 일부양도가 있는데, 일부양도의 경우에는 특허권을 공유하게 된다.

(2) 상속 기타 일반승계

특허권은 상속 기타 일반승계에 의하여도 이전되는데 이때는 등록이 없어도 상속 또는 일반승계의 개시와 동시에 효력이 발생한다(法 101①). 그러나 특허권의 처분을 위해서는 등록을 한 후 처분하여야 한다.

일반승계라 함은 권리의무의 이전에 따라 특허권도 같이 이전하는 경우로서 상속·포괄유증·회사의 합병 등의 경우를 말한다.

(3) 질권행사로 인한 이전

특허권은 이를 질권의 목적으로 할 수 있는데 질권이 설정된 특허권이 경매 등에 의하여 이전되었을 경우 그 특허권은 경락자에게 이전한다. 이 경우 특허권자는 특허권을 목적으로 하는 질권설정 이전에 그 특허발명을 실시하고 있는 경우에는 그 특허권이 경매 등에 의하여 이전되더라도 그 특허발명에 대하여 법정통상실시권을 가진다. 물론 특허권자는 경매 등에 의하여 특허권을 이전받은 자(경락자)에게 상당한 대가를 지급하여야 한다(法 122).

(4) 강제집행

특허권은 강제집행절차에 의하여 타인에게 이전된다. 특허권이 강제집행의 대상이 되느냐의 여부에 대하여는 특허법에는 명문규정이 없지만 특허권이 이전성이 있는 재산권이고 또 파산재단(채무자 회생 및 파산에 관한 법률 382)에 속하는 점 등으로 미루어 보아 강제집행의 대상이 되는 것으로 보아야 할 것이다.

(5) 판 결

특허권을 타인에게 이전하라는 법원의 확정판결이 있으면 특허권은 이전되는 것으로 보며 이 경우에는 이전등록이 없어도 그 효력이 발생하는 것으로 본다(民法 187).

(6) 신 탁

특허권은 신탁법에 의하여 신탁의 대상으로 할 수 있다. 이때 특허권자가 위탁자가 되어 수탁자에게 특허권을 이전하고 그 수탁자에게 일정한 목적을 가지고 선량한 관리자의 주의를 가지고 특허권을 관리하게 할 수 있다.

특허권의 신탁에 대하여는 특허신탁원부에 이를 등록하지 아니하면 그 효력이 생기지 않으며 또 제3자에게 대항할 수 없다(信託法 3).

(7) 수 용

특허발명이 전시·사변 또는 이에 준하는 비상시에 있어서 국방상 필요한 때에는 특허권을 정부에서 수용할 수 있는데(法 106), 특허권이 수용되는 경우에는 특허권이 피수용자로부터 수용자에게 이전된다. 이것은 법률의 규정에 의한 특허권의 취득이므로 등록을 하지 않아도 효력이 발생하는 것으로 본다.333)

2. 이전의 효력발생

특허권의 이전은 이를 등록하지 아니하면 그 효력이 발생하지 않는데 특허권 이전은 그 등록을 효력발생요건으로 하고 있다. 다만, 상속 기타 일반승계의 경우는 등록하지 않아도 그 효력이 발생하며 그와 같은 사실을 특허청장에게 지체 없이 신고토록 규정하고 있다(法 101②).

또한 특허권 또는 특허에 관한 권리에 관하여 밟은 절차의 효력은 그 특허권 또는 특허에 관한 권리의 승계인에게 미친다(法 18).

특허청장 또는 심판장은 특허에 관한 절차가 특허청 또는 특허심판원에 계속 중에 특허권 또는 특허에 관한 권리의 이전이 있을 때에는 그 특허권 또는 특허에 관한 권리의 승계인에 대하여 그 절차를 속행하게 할 수 있다(法 19).

3. 이전절차

(1) 신청에 의한 이전등록

① 공동신청의 원칙
특허권을 이전하고자 하는 자는 이전등록신청서를 특허청장에게 제출하여야 하며(登錄令 24①), 이전등록신청은 등록권리자(양수인)와 등록의무자(양도인)가 공동으로 신청함을 원칙으로 한다(登錄令 15①).

② 단독신청의 경우
등록의무자의 승낙서를 첨부하거나(登錄令 15②), 판결 또는 상속 기타 일반승계의 경우에는 등록권리자만으로 이전등록신청을 할 수 있다(登錄令 15③).

③ 구비서류
위의 이전등록신청서에는 등록의 원인을 증명하는 서류, 대리인에 의한 경우에는 그 대리권을 증명하는 서류 및 기타 필요한 서류를 첨부하여야 한다(登錄令 22). 기타 필요한 서류란, 예를 들면 외국인의 경우에 인감증명에 준하는 서류, 국적증명서 또는 법인증명서, 공유의 경우에는 공유자의 동의서, 상속의 경우에는 그 증명서, 합병의 경우에는 법인등기부 등본, 판결의 경우에는 판결문 정본 등을 말한다. 이전등록시에는 일정액의 등록료(징수규칙 2)도 내야 한다.

---

333) 특허권을 수용한 때에는 특허청장이 직권으로 등록한다(登錄令 14).

(2) 정당한 권리자가 무권리자에 대한 특허권이전청구

① 2017. 3. 1.부터 시행되는 개정법에 의해 도입된 제도로서 발명을 한 사람 또는 그 승계인이 아닌 경우 또는 권리가 공유인 경우, 공유자 전원이 출원하지 아니한 경우에 특허를 받을 수 있는 권리를 가진 자는 법원에 해당 특허권의 이전(특허를 이전받을 권리가 공유인 경우에는 그 지분)을 청구할 수 있다(法 99의2①).

② 위의 청구에 의해 특허권이 이전등록된 경우에는 해당 특허권 및 출원보상금청구권, 국제출원 보상금청구권은 그 특허권이 설정등록된 날부터 이전등록을 받은 자에게 있는 것으로 본다(法 99의2②).

③ 위의 청구에 따라 공유인 특허권의 지분을 이전하는 경우에는 다른 공유자의 동의를 받지 아니하고 그 지분을 이전할 수 있다(法 99의2③).

④ 즉, 무권리자가 출원하여 특허받은 경우, 2017년 3월 1일 이전까지는 무권리자의 특허를 무효로 한다는 심결을 받은 후 정당한 권리자가 30일 이내에 별도로 출원하여 특허를 받을 수 있었으나 이제는 이에 덧붙여 정당한 권리자가 직접 무권리자에게 특허권의 이전을 청구하는 방법으로도 자신의 특허권을 반환받을 수 있도록 근거규정을 마련하였다.

⑤ 단, 특허권이전등록 전에 선의로 실시사업을 하였던 자에게는 통상실시권을 부여토록 하고 이전등록된 특허권자에게 상당한 대가를 지급토록 하였다(法 103의2).

(3) 직권 또는 촉탁에 의한 등록

특허권을 수용한 때에는 특허청장이 직권으로 등록한다(登錄令 14). 또한 「경매」에 의할 경우에는 법원의 촉탁등록(民事執行法) 등에 의하여 촉탁등록된 후 신청에 의하여 이전등록이 된다.

4. 이전과 관련된 문제

(1) 특허권 이전과 동시에 부수하여 이전되는 권리

특허권이 이전된 때에는 당해 권리에 부수적으로 등록된 실시권, 질권 등도 특허권에 부속하여 이전한다. 다만, 특허권이 수용된 경우에는 그에 부수적인 권리는 모두 소멸한다(法 106②).

(2) 질권행사로 인한 특허권의 이전에 따른 통상실시권

앞에서 설명한 대로 특허권자는 특허권을 목적으로 하는 질권설정 이전에 그 특허발명을 실시하고 있는 경우에는 그 특허권이 경매 등에 의하여 이전되더라도 그 특허발명에 대하여 통상실시권을 가진다. 이 경우에 특허권자는 경매 등에 의하여 특허권을 이전받은 자에게 상당한 대가를 지급하여야 한다(法 122).

(3) 특허권 이전과 청구항별 이전문제

청구범위가 다항으로 되어 있는 경우 그중 일부인 어느 하나의 항만을 이전할 수 있는지에 대하여 논란이 있으나 특허법상 특허권의 대상은 복수의 청구항 모두를 일체로 하여 특허권이 부여되는 것이며 또 특허권은 소유권이 가지는 전면성이 인정되고 특허권 공유에 따른 지분은 1개의 소유권의 분량적 일부분으로 해석함이 우리나라에서의 통설·판례의 입장이다(곽윤직 저, 물권법 참조). 또 특허법 제215조에서 법 제99조 제1항을 준용하고 있지 않음에 비추어 일부 청구항의 이전을 인정한다면 실시상의 권리충돌로 인하여 법적 안정성을 해치게 되며, 실무상으로도 특허권의 설정등록 후에는 정정청구의 대상이 되는 외에 분할 및 보정이 인정되지 않으므로, 일부 청구항의 이전은 인정되지 않는다고 보아야 할 것이다.

II 특허권의 공유

1. 의 의

특허권의 공유라 함은 하나의 특허권을 2 이상의 지분에 의하여 공동으로 소유하는 것을 말한다. 민법상 공유라 함은 물건이 지분(持分)에 의하여 수인(數人)의 소유로 된 것을 말하며 공유자의 지분은 균등한 것으로 추정하고 있다(民法 262). 다수인들 사이에 물건을 공동으로 소유한다는 점 외에 공동의 목적을 위한 결합관계가 존재하지 않는 이른바 지분적 조합의 소유형태가 공유이다. 개인주의적 공동소유형태인 공유에 있어서 물건에 대한 지배권능이 수인의 공유자에게 "지분"이라는 형태로 분속(分屬)되지만, 각 공유자가 가지는 물건에 대한 지배권능은 완전히 상호독립적이다. 따라서 각자는 자기 지분을 자유롭게 처분할 수 있고, 물건의 분할을 청구할 수 있다. 그러나 특허권이 공유인 경우에 각 공유자는 다른 공유자의 동의를 받아야만 그 지분을 양도하거나 그 지분을 목적으로 하는 질권을 설정할 수 있고 그 특허권에 대하여 전용실시권 또는 통상실시권을 설정할 수도 있는 등 일정한 제약을 받아 그 범위에서 민법상 합유와 유사한 성질을 가지고 있다.[334)]

여기서 민법상 합유(合有)라 함은 법률의 규정 또는 계약에 의하여 여러 사람이 조합체로서 물건을 소유하는 것을 말하며 합유자의 권리는 합유물 전부에 미친다(民法 271①). 조합의 소유형태가 합유며(民法 271) 합유에 있어서도 조합의 구성원은 조합재산에 대한 "지분"을 가지지만, 수인의 조합원은 공동의 목적하에 결합되어 있기 때문에 지분의 양도가 제한되고, 조합관계가 종료할 때까지 분할 청구를 할 수 없도록 하고 있다. 따라서 특허법상 공유는 민법상의 공유와는 그 내용이 다르다.

---

334) 대판 2002후567. 기존의 대판 87후111, 97다41298에서는 "특허권이 공유인 경우에 각 공유자는 다른 공유자의 동의없이 그 지분을 양도 또는 그 지분을 목적으로 하는 질권을 설정할 수 없으며 그 특허권에 대하여 전용실시권 또는 통상실시권을 허락할 수 없다고 규정하고 있으므로 특허의 공유관계는 민법 제293조에 규정된 합유에 준하는 것이라 할 것이다"라고 판시하고 있다.

2. 법적 성격

특허법상의 공유(共有)의 법적 성격은 민법상의 재산권 공동소유형태인 공유(民法 262), 합유(民法 271), 총유335)(民法 275) 중 공유와 합유의 특성이 혼합된 공동소유형태로 법적 성격을 이해하여야 할 것이다. 민법상 공유, 합유, 특허법상 공유(공동발명자) 간의 권리관계는 다음과 같다.336)

민법상 공유·합유, 특허법상 공유 비교

구 분	민법상 공유	민법상 합유	특허법상 공유
인적 결합 형태	공유자 간 특별한 인적 결합 관계 필요치 않음.	조합체(民法 271)	공동발명자 간 계약에 의함.
지분의 처분	지분 처분의 자유	지분의 처분제한(民法 273①)	다른 공동발명자 모두의 동의 없이는 지분처분 금지 (法 37③, 99②)
분할청구	분할청구를 통한 공유관계의 청산 가능	분할청구 불가능(民法 273②)	분할청구 가능337)
공유물의 처분·변경	공유자 모두의 동의 필요 (民法 264)	합유자 모두의 동의 필요 (民法 272)	공동발명자 모두의 동의 필요 (法 44, 99②④, 139③)
사 용	지분비율로 사용	조합계약 기타 규정의 정함에 따름.	공동발명자는 다른 발명자의 동의 없이 발명의 실시 가능(法 99③)
등기방식	공유자 모두의 명의로 등기하되 그 지분을 기재	합유자 모두의 명의로 등기하되 합유의 취지를 기재	공동발명자 모두의 명의로 등록하되 그 지분을 기재 (登錄令 29①)

---

335) 다수인이 권리능력 없는 사단을 이루어 물건을 소유하는 형태가 총유(總有)이다(民法 275). 그런데 권리능력 없는 사단의 본질은 조합이 아니라 사단이므로 조합에서와 달리 단체로서의 단일성이 전면으로 나타나고 개개 구성원의 개성은 뒤로 물러난다. 이러한 특성이 물권의 귀속관계에 반영된 것이 바로 총유이다. 다만, 사단법인에서와 달리 단체 자신이 권리능력을 가지고 있지 않기 때문에 물건에 대한 지배권능이 단체의 성원인 개인과 그 단체에 분속된다. 즉, 구성원의 총합체로서 단체가 물건의 관리·처분에 관한 권능을 가지며, 단체의 구성원은 이를 사용·수익할 수 있는 권능만 가진다(윤선희, 전게서, p.643 재인용).

336) 임병웅, 전게서, p.728 재인용

337) 민법상 공유물을 분할하는 방법은 ① 현물분할, ② 대금분할 및 ③ 가격분할이 있다. 그러나 유형의 물건이 아닌 무체재산권인 특허권은 현물분할이 불가능하므로 결국 대금분할과 가격분할만 가능하다. 만약, 공동특허권자가 분할에 협의가 된다면 소송 외에서 특허권을 제3자에게 처분하여 그 지분 비율로 나누거나(상기 ② 방법), 특허권의 가치를 협상하여 협상된 가격을 일부 공유자가 보상하고 다른 공유자의 지분을 취득하면 되고(③의 방법), 만일, 분할협의가 되지 않는다면 재판상 분할에 의하게 되는데, 이 때 법원은 특허권의 경매를 통하여 그 대금을 지분씩 나누게 되거나(②의 방법), 특허권의 시가를 감정하여 그 감정가격 중 상대방의 지분에 해당하는 금전의 지급을 명하는 방법(③의 방법)으로 판결을 하게 된다. 그러므로 특허권의 분할은 충분히 가능한 것이다(공동발명자 결정방법 및 권리의 연구, 정차호, 이문옥, 지식재산논단).

3. 공유특허권의 지분

지분이란 공유자가 특허권에 대하여 갖는 소유의 비율을 말한다.

(1) 지분의 비율

특허권이 공유인 경우 그 공유자의 특허권 지분비율은 공유관계의 발생원인에 따라 정해지는데 법률에 의하여 발생하는 때에는 법률의 규정에 따르며, 당사자의 의사에 의하여 발생하는 경우에는 공유자와의 약정에 따른다. 공유자 간에 지분에 대한 별도의 약정이 없는 경우에는 그 지분의 비율은 균등한 것으로 추정된다(民法 262②).

(2) 지분의 양도

특허권이 공유인 경우 그 공유자의 특허권 지분은 이를 타인에게 양도할 수 있는데 상속 기타 일반승계의 경우를 제외하고는 다른 공유자의 동의를 얻어야만 한다(法 99).

(3) 지분의 포기, 집중, 소멸

① 포 기

공유자 중 1인이 그 지분을 포기한 경우 포기된 지분은 다른 공유자의 지분비율에 따라 귀속된다(民法 267). 지분권자가 상속인 없이 사망한 경우에도 같다. 공유자 간에 지분의 비율에 관하여 정하고 있지 않는 경우에는 공유자 간의 지분은 균등한 것으로 추정되는바(民法 262②), 지분에 관한 사항을 정하고 있을 때에는 그것을 특허원부에 등록하여야 한다(登錄令 29①). 따라서 공유자 중 1인만이 남고 다른 공유자가 지분을 포기할 경우 공유관계는 소멸된다.

② 집 중

공유자 중의 한 사람이 다른 공유자의 지분을 전부 양수한 때 지분의 1인에게로의 집중에 의하여 공유관계는 소멸된다. 넓게는 상술한 지분의 포기 또는 상속인이 없는 사망의 경우도 지분의 집중에 해당된다.

4. 공유특허권의 효력 및 제한

(1) 공유특허권의 효력

① 실 시

특허권이 공유인 경우 각 공유자는 계약으로 특별히 약정한 경우를 제외하고는 다른 공유자의 동의를 얻지 아니하고 그 특허발명을 자신이 실시할 수 있다(法 99③). 즉, 공유특허권자는 그 특허발명에 대하여 특별한 약정이 없는 한 그 지분에 관계없이 다른 공유자의 동의를 얻지 아니하고 전 범위, 전 기간, 전 지역에 걸쳐서 실시할 수 있어 특허발명 전체에 대하여 실시하는 결과가 된다.

② **실시권, 질권의 설정**

특허권을 공유하는 자는 다른 공유자의 동의를 얻어 그 특허권에 대하여 전용실시권·통상실시권을 설정하거나 그 지분을 목적으로 하는 질권을 설정할 수 있다(法 99②④).

다른 공유자의 동의를 얻지 아니한 실시권은 무효이므로 무효인 실시권에 기한 실시는 정당권원 없는 자의 실시가 되고, 따라서 특허권의 침해를 구성한다고 본다.

③ **공유특허권의 행사**

공유특허권자는 특허권이 침해되는 경우 각자가 단독으로 침해금지청구권, 손해배상청구권을 행사할 수 있다.

㉠ 침해금지청구권

제3자가 특허권을 침해하는 때에는, 각 공유자는 자기 지분권에 기하여 단독으로 특허권 전체에 대하여 침해금지청구권(法 126)을 행사할 수 있다. 지분은 특허권의 수량적 일부분이지만 특허발명 전체에 미치는 하나의 특허권과 같은 성질을 가지기 때문이다.

㉡ 손해배상청구권

특허권의 침해가 있을 때에 손해가 있으면 각 공유자는 손해배상청구를 할 수 있다(民法 750). 이때 불가분채권(民法 409)의 법리에 따라 공유자 중의 1인이 단독으로 손해액 전부에 대한 배상청구를 할 수 있다는 견해가 있는가 하면, 손해배상청구권은 가분채권이므로 각 공유자는 자기의 지분의 비율에 따른 손해액의 청구만을 인정해야 된다는 견해가 있다. 만일 상기의 불가분채권의 법리에 따라 공유자 중의 1인에게 손해액 전부에 대한 배상청구권을 인정하게 된다면 공유자 중의 1인이 손해배상금을 지급받은 경우에 있어서 그 후의 공유자 간의 관계는 내부적 문제로서 처리해야 된다는 복잡한 법률관계가 생기게 되어 오히려 다른 공유자에게 불리하게 된다. 또한 손해배상청구권은 금전채권이므로 굳이 불가분채권의 법리를 내세울 필요도 없다는 점에서 공유자 각자의 지분비율에 따라 손해배상청구를 할 수 있다고 보는 후자의 견해가 타당하다.[338]

(2) **공유특허권에 대한 제한**

① **지분양도 및 질권설정의 제한**

특허권이 공유인 때에는 공유자는 다른 공유자의 동의 없이는 그 지분을 양도할 수 없고, 그 지분을 목적으로 한 질권을 설정할 수도 없다(法 99②).

특허발명의 실시는 다른 유체물의 사용의 경우와 다르고 또한 투하하는 자본과 특허발명을 실시하는 자의 기술력 여하에 따라 효과가 현저하게 달라지게 되어 다른 공유자 지분의 경제적 가치도 변동을 가져오게 되므로 지분의 자유양도에 의한 공유자가 바뀌는 것을 금지하고 있다.

---

[338] 황종환·김현호, 전게서, p.558 / 박희섭·김원오, 전게서 p.505 참조

② **실시권 설정의 제한**

특허권이 공유인 경우에는 각 공유자는 다른 공유자의 동의를 받아야만 그 특허권에 대하여 전용실시권을 설정하거나 통상실시권을 허락할 수 있다(法 99④). 이는 특허권의 지분의 양도 또는 특허권의 지분에 대한 질권의 설정과 같이 새로운 실시권자의 자본력·기술력·신용력 여하에 따라 다른 공유자의 이해관계에 영향을 미치기 때문이다. 이러한 제한에 위반된 실시권은 무효이므로 무효인 실시권에 기한 실시는 정당한 권원이 없는 자의 실시가 되고, 따라서 특허권의 침해를 구성한다고 본다.

③ **심판청구의 제한**

공유인 특허권의 특허권자에 대하여 심판을 청구하는 때에는 공유자 전원을 피청구인으로 하여 청구하여야 하며(고유필요적 공동소송과 유사), 특허권 또는 특허를 받을 수 있는 권리의 공유자가 그 공유인 권리에 관하여 심판을 청구하는 때에는 공유자 전원이 공동으로 청구하여야 한다(法 139②③). 이에 위반된 경우 부적법한 심판청구로서 심판관합의체는 피청구인에게 답변서 제출의 기회를 주지 아니하고 심결로써 이를 각하할 수 있다(法 142).

5. 각자대표의 원칙과 예외

(1) 각자대표의 원칙의 예외

특허권이 공유인 경우에는 특허에 관한 절차를 밟음에 있어 각자가 모두를 대표함이 원칙이나 아래의 경우(法 11①)에는 다른 공유인에게 중요한 득실이 있기 때문에 모두가 공동으로 절차를 밟아야 한다.

① 특허출원의 변경, 포기, 취하 또는 특허권 존속기간의 연장등록출원의 취하

② 신청의 취하, 국내우선권주장 또는 그 취하

③ 청구의 취하

④ 특허거절결정에 대한 심판청구

그러나 대표자를 선정하여 서면으로 신고한 때에는 그 대표자 단독으로 그 절차를 밟을 수 있다. 이와 같은 규정은 법 제9조의 개별대리 규정의 취지와 마찬가지로 신속한 특허절차를 확보하기 위한 것이다.

(2) 특허권의 관리·보존·부담행위

특허법에는 특허권의 관리·보존 등 일반적인 사항에 대한 규정이 없어 민법의 규정을 유추해석할 수밖에 없다 할 것이므로(民法 278), 공유특허권의 관리·보존행위는 각자가 할 수 있다고 해석된다.

6. 관련문제

(1) 공유자 자기 실시 범위

공유자 중의 1인이 공유특허발명을 스스로 실시하지 아니하고 물건의 제작에 관하여 타인에게 하청을 주거나 외주를 의뢰한 경우에 하청 등을 받은 자의 실시행위를 하청을 준 공유자 중 1인의 실시행위로 간주할 수 있을 것인지가 문제이다.

이 문제는 양자 간(하청을 준 공유자와 하청을 받은 타인)에 1기관의 관계가 성립되고 있는가 여부에 따라 판단된다. 하청 등을 받은 자의 공유특허발명의 실시행위가 하청을 준 공유특허권자 중 1인의 실시행위, 즉 대행기관의 행위로서 인정될 수 있기 위해서는 양자간에 최소한

① 공유자 중 1인이 하청업자에게 보수를 지급하여 물건을 제작시키는 계약이 존재하여야 하고 (납품계약의 존재)

② 하청업자는 물건의 제작에 있어 원료의 구입·제품의 모양 및 품질 등에 대하여 공유자 중 1인의 지휘·감독을 받는 관계에 있어야 하며(지휘·감독관계)

③ 하청업자가 제작한 물건이 공유자에게 전부 인도되고 하청업자는 다른 판매행위 등을 하지 않아야 한다(전부 인도)고 하며, 실제 일본에서는 이와 관련된 판례가 많다.

제4절 특허권의 존속기간

I 의 의

특허권의 존속기간이란 특허권자가 특허발명을 독점배타적으로 실시할 수 있는 기간으로 우리나라는 「특허권의 설정등록이 있는 날로부터 출원일 후 20년이 되는 날」까지로 규정하고 있다(法 88①). 이는 무역관련지적재산권협정(WTO/TRIPs) 제33조에서 특허권의 존속기간은 최소한 출원일로부터 20년으로 하도록 규정하고 있는 점을 고려한 결과이다.

따라서 특허권의 존속기간은 각 나라별로 다르며, 대체로 선진국은 그 존속기간이 다소 길고, 개발도상국은 대체로 짧은 편이다. 특허권의 존속기간 결정은 각국의 발명자 보호와 산업정책적인 측면이 함께 고려가 되기 때문이다.

따라서 존속기간을 너무 길게 하면 특정의 기술에 대한 독점상태가 오래 계속되어 산업정책상 부당한 경우가 있으며, 존속기간을 너무 짧게 하면 기술의 공개에 대한 충분한 보상을 받기 전에 권리가 소멸하여 버려 발명의욕을 감퇴시킬 염려가 있으므로 존속기간을 어떻게 정할 것인가는 특허정책상 중요한 문제 중의 하나라고 할 것이다.

II 특허권의 존속기간

1. 원 칙

특허권의 존속기간은 특허권의 설정등록이 있는 날로부터 특허출원일 후 20년이 되는 날까지이다(法 88①). 특허권은 설정등록에 의하여 발생(法 87①)하므로 특허권의 존속기간은 설정등록일부터 시작되어 존속기간의 만료일은 출원일로부터 20년이 되는 날까지이며 그 이후에는 특허권이 소멸된다. 따라서 심사처리가 신속히 이루어지면 특허권 실질적인 존속기간은 더 길어지는 효과가 있다.

2. 예 외

(1) 출원일이 소급되는 경우

① 정당한 권리자의 특허권 존속기간

무권리자의 특허출원이 거절이유에 해당되어 특허를 받지 못하게 되거나, 무권리자의 특허가 무효사유에 해당되어 취소결정 또는 무효심결이 확정된 경우에 정당한 권리자의 특허는 무권리자의 출원시에 특허출원한 것으로 보는데(法 34, 35), 이때 정당한 권리자의 특허권의 존속기간은 무권리자의 특허출원일의 다음 날부터 기산한다(法 88②).

② **분할출원의 특허권 존속기간**

분할출원은 원출원일로 출원일이 소급되며, 존속기간은 원출원일의 다음 날부터 기산한다(法 52②).

③ **변경출원의 특허권 존속기간**

변경출원의 특허권 존속기간도 분할출원의 경우와 마찬가지로 출원일이 원출원일로 소급되며, 존속기간은 원출원일의 다음 날부터 기산한다(法 53②).

(2) **출원일이 소급되지 않는 경우**

조약 및 국내우선권주장출원의 존속기간(法 54①)은 조약 및 국내우선권주장을 한 특허출원의 기초인 원출원일까지 출원일이 소급되지 아니하고 우선권주장출원(즉, 후출원)의 다음 날부터 존속기간을 기산한다(法 54①, 55③)(우선권주장출원의 경우 출원일 자체를 소급하여 주는 것이 아니고 신규성 등 특허요건을 판단함에 있어 그 시점만 소급하여 줌에 유의). 또한 공지 등이 되지 아니한 발명으로 보는 경우(法 30)도 출원일이 소급되지 아니하고 신규성 등 특허요건 판단 시점만 소급하여 준다.

(3) **국제특허출원의 경우**

국제특허출원의 경우는 국제특허출원일 다음부터 존속기간을 기산한다.

3. 존속기간 만료일이 공휴일인 경우

특허권의 존속기간은 존속기간의 만료일이 공휴일이면 그날(공휴일)로 존속기간은 만료한다. 그러나 존속기간 이외의 일반적 절차적인 기간은 기간의 만료일이 공휴일(근로자의 날 제정에 관한 법률에 의한 근로자의 날 및 토요일을 포함한다)에 해당하는 때에는 기간은 그 다음 날로 만료한다(法 14④).

III 특허권 존속기간의 연장

1. 의 의

특허권의 존속기간은 법으로 정해져 있으나(法 88) 특허를 부여받고도 ① 특허발명의 실시를 위하여 다른 법령(특허법을 제외한 다른 법령을 말한다)에 의한 허가·등록이 필요한 관계로 그 허가·등록상 소요된 기간으로 인하여 특허발명을 실시하지 못한 경우 실제 실시하지 못한 기간에 대해 권리존속기간을 연장하여 주는 경우와, ② 심사 등이 지연되어 특허권의 설정등록이 이루어지는 경우, 해당 특허권의 존속기간을 연장할 수 있는 제도를 말한다.

2. 허가 등에 따른 특허권 존속기간 연장등록제도

(1) 연장등록출원의 대상

특허권의 존속기간을 연장받기 위해서는 법 제89조(특허권 존속기간의 연장)에서 정한 바에 따라 발명의 실시를 위해 다른 법령의 규정에 의하여 허가를 받거나 등록 등을 하여야 하고, 그 허가 또는 등록 등을 위하여 필요한 유효성·안정성 등의 시험으로 인하여 장기간이 소요되며, 대통령령이 정하는 발명이어야 한다.

대통령령이 정하는 발명이란 특허법 시행령 제7조(특허권 존속기간의 연장등록출원 대상발명)에 규정하고 있는 것으로, 약사법 제31조 제2항, 제3항 또는 제42조 제1항[339]의 규정에 의하여 품목허가를 받아야 하는 의약발명품과 농약관리법 제8조 제1항·제16조 제1항 및 제17조 제1항[340]의 규정에 의하여 등록을 받아야 하는 농약 또는 농약원제의 발명을 말한다.

---

339) 약사법 제31조【제조업의 허가 등】① 의약품 제조를 업(業)으로 하려는 자는 대통령령으로 정하는 시설기준에 따라 필요한 시설을 갖추고 보건복지부령으로 정하는 바에 따라 식품의약품안전청장의 허가를 받아야 한다.
② 제1항에 따른 제조업자가 그 제조(다른 제조업자에게 제조를 위탁하는 경우를 포함한다)한 의약품을 판매하려는 경우에는 보건복지부령으로 정하는 바에 따라 품목별로 식품의약품안전청장의 제조판매품목허가(이하 "품목허가"라 한다)를 받거나 제조판매품목 신고(이하 "품목신고"라 한다)를 하여야 한다.
③ 제1항에 따른 제조업자 외의 자가 제34조 제1항에 따라 임상시험계획의 승인을 받아 임상시험을 실시한 의약품을 제조업자에게 위탁제조하여 판매하려는 경우에는 보건복지부령으로 정하는 바에 따라 식품의약품안전청장에게 위탁제조판매업신고를 하여야 하며, 품목별로 품목허가를 받아야 한다.

약사법 제42조【의약품등의 수입허가 등】① 의약품 등을 수입하려는 자(이하 "수입자"라 한다)는 보건복지부령으로 정하는 바에 따라 품목마다 식품의약품안전청장의 허가를 받거나 신고를 하여야 한다. 허가받은 사항 또는 신고한 사항을 변경하려는 경우에도 또한 같다.

340) 농약관리법 제8조【국내제조품목의 등록】① 제조업자가 농약을 국내에서 제조하여 판매하고자 할 때에는 품목별로 농촌진흥청장에게 등록하여야 한다.

농약관리법 제16조【원제의 등록】① 원제업자가 원제를 생산하여 판매하고자 할 때에는 종류별로 농촌진흥청장에게 등록하여야 한다.

농약관리법 제17조【수입농약등의 등록】① 수입업자는 농약 또는 원제를 수입하여 판매하고자 할 때에는 농약의 품목 또는 원제의 종류별로 농촌진흥청장에게 등록하여야 한다.

(2) 연장기간 및 회수

① 연장가능 기간

특허권을 연장할 수 있는 기간은 연장등록출원대상 발명을 실시할 수 없었던 기간[341]에 대하여 5년의 기간까지 한 차례만 연장할 수 있다. 따라서 특허권의 존속기간은 최대한 연장하여도 특허출원일로부터 25년을 초과할 수 없다. 또한 허가 등을 받은 자에게 책임 있는 사유로 소요된 기간은 "실시할 수 없었던 기간"에 포함되지 아니한다.

② 연장가능 횟수

㉠ 하나의 특허에 포함된 유효성분에 대하여 복수의 허가가 있는 경우에는 그중 하나의 허가만 존속기간이 연장된다.

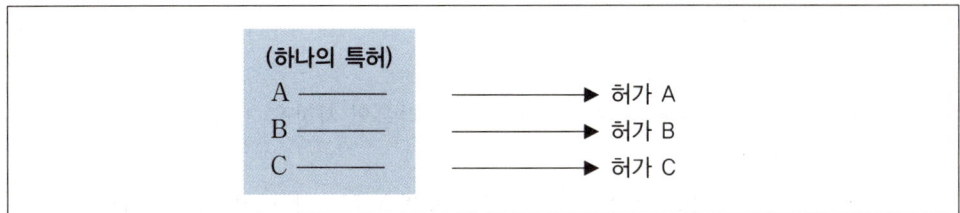

즉, 하나의 특허에 포함된 복수의 유효성분에 대하여 복수의 허가가 있는 경우에는 이 중 하나(허가 A 또는 허가 B 또는 허가 C)를 선택하여 1회에 한하여 존속기간이 연장된다.

㉡ 그러나 하나의 허가에 대해 복수의 특허가 있는 경우에는 각각 특허에 대해 존속기간이 연장된다.

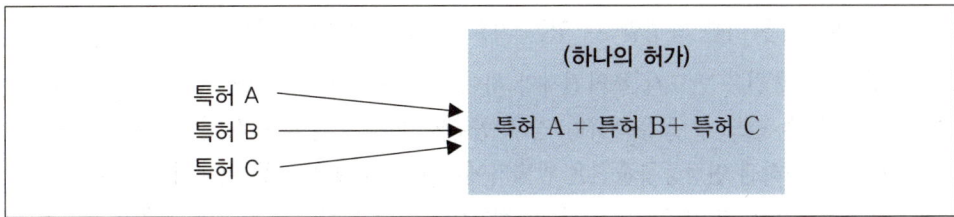

하나의 허가에 대하여 복수의 특허 A, B, C가 관련된 경우에는 특허 A, B, C 각각에 대해 존속기간 연장이 가능하다.

---

341) 연장등록대상 발명에 대한 연장요건, 연장기간, 심사나 그 밖의 필요한 사항은 「특허권존속기간의 연장제도 운용에 관한 규정」이 특허청 고시에 마련되어 있다.

ⓒ 하나의 특허에 포함된 동일유효성분에 대하여 복수의 허가가 있는 경우에는 최초의 허가에 한해 존속기간이 연장된다.

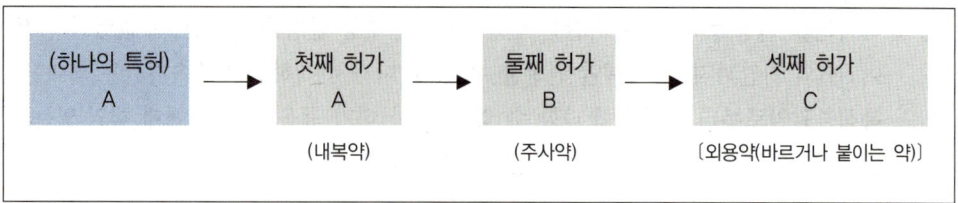

하나의 특허에 포함된 동일유효성분에 대하여 복수의 허가 A, B, C가 있는 경우에는 A, B, C 중 최초의 허가인 A에 한해 존속기간 연장이 가능하다.

(3) 연장등록의 출원

① 연장등록출원서의 제출

존속기간 연장등록출원을 하고자 하는 자는 다음의 사항을 기재한 출원서를 특허청장에게 제출하여야 한다(法 90①).

㉠ 연장등록출원인의 성명 및 주소(법인인 경우에는 그 명칭 및 영업소의 소재지)
㉡ 대리인이 있는 경우에는 그 대리인의 성명 및 주소나 영업소의 소재지〔대리인이 특허법인, 특허법인(유한)인 경우에는 그 명칭, 사무소의 소재지 및 지정된 변리사의 성명〕
㉢ 연장등록 특허권의 특허번호 및 연장대상 청구범위의 표시
㉣ 연장신청의 기간
㉤ 제89조의 허가 등의 내용
㉥ 연장이유(이를 증명할 수 있는 자료를 첨부하여야 한다)

연장등록출원은 반드시 특허권자가 하여야 하며(法 91①4) 전용실시권자 등 다른 실시권자는 출원할 수 없으며, 공유특허인 경우 공유자 모두가 공동으로 연장등록출원하여야 한다.
이러한 특허권 연장등록출원은 발명가에게 유익한 행위일 뿐 아니라 허가받은 날로부터 3개월이라는 제한된 기간 안에만 가능한 절차이고 공유특허이기 때문에 공유자 모두가 함께 출원하여야 하는 것이 불합리하다는 견해가 있다.342)

② 출원기간

존속기간 연장등록출원은 그 발명을 실시하기 위하여 허가(약사법 31②~③)나 등록(농약관리법 8①, 16①)을 받은 날부터 3개월 이내에 출원하여야 한다. 다만, 특허권 존속기간의 만료 전 6개월 이후에는 연장등록출원을 할 수 없다(法 90②).
위 기간을 경과하여 존속기간 연장등록출원을 하면 부적법한 출원에 해당하여 출원서류가 반려된다(施規 11).

---

342) 황종환·김현호, 전게서, p.543

③ **연장등록출원서의 보정**

연장등록출원인은 연장등록여부결정등본을 송달하기 전 연장등록출원서에 기재된 사항 중 ㉠ 연장대상 청구범위의 표시, ㉡ 연장신청의 기간, ㉢ 특허법 제89조의 허가 등의 내용, ㉣ 산업통상자원부령이 정하는 연장이유 등 절차적 사항에 한하여 보정할 수 있다(法 90⑥). 다만, 특허권의 설정등록 후에 연장등록출원을 하는 것이기 때문에 명세서 등의 보정과 같은 실체보정은 허용되지 않으며, 절차보정이라도 연장등록출원인의 보정 및 연장대상 특허권의 특허번호의 변경 등 요지를 변경하는 것은 허용되지 않는다.

④ **연장등록출원의 효과**

㉠ 존속기간의 연장 간주

특허권의 존속기간의 연장등록출원이 있는 때에는 그 존속기간은 연장된 것으로 간주된다. 연장등록출원에 대한 심사가 본래의 존속기간 만료 후에 되는 경우 특허권의 소멸에 따른 효력상실을 방지하기 위하여 연장등록출원이 되면 일단은 당해 특허권의 존속기간은 연장된 것으로 간주한다. 그러나 연장등록출원에 대한 심사의 결과 거절결정이 확정된 때에는 연장간주의 효과는 소급하여 소멸된다(法 90④). 따라서 원 존속기간의 만료일 후 연장등록출원의 거절결정 확정일 사이에 특허권을 행사하여 손해를 끼쳤다면 특허권자는 그에 대한 배상을 하여야 한다.

㉡ 공보게재

특허청장은 특허권의 존속기간의 연장등록출원이 있는 때에는 연장등록 출원서에 기재된 사항을 특허공보에 게재하여야 한다(法 90⑤).

(4) **존속기간 연장등록출원의 심사**

① **거절결정 및 불복**

㉠ 심사관은 특허권의 존속기간의 연장등록출원이 다음에 해당하는 경우에는 그 출원에 대하여 연장등록거절결정을 하여야 한다(法 91).

ⓐ 그 특허발명의 실시가 법 제89조 제1항의 규정에 의한 허가 등을 받을 필요가 있는 것으로 인정되지 아니하는 경우

ⓑ 그 특허권자 또는 그 특허권의 전용실시권이나 등록된 통상실시권을 가진 자가 제89조 제1항의 규정에 의한 허가 등을 받지 아니한 경우

ⓒ 연장신청의 기간이 제89조에 따라 인정되는 그 특허발명을 실시할 수 없었던 기간을 초과하는 경우

ⓓ 연장등록출원인이 당해 특허권자가 아닌 경우[343]

ⓔ 특허권이 공유인 경우 공유자 모두가 연장등록출원을 하지 않는 경우

---

[343] 여기서, 존속기간 연장등록출원은 특허권자만이 할 수 있다(法 91①4).

ⓛ 연장등록거절결정을 받은 자는 그 결정등본을 송달받은 날로부터 30일 이내에 불복심판을 청구할 수 있다(法 132의3).

② 등록결정 및 특허공보 게재

심사관은 특허권의 존속기간의 연장등록출원에 대하여 거절이유를 발견할 수 없는 때에는 연장등록결정을 하여야 한다. 특허청장은 연장등록결정이 있는 때에는 특허권의 존속기간의 연장을 직권으로 특허원부에 등록하고 특허공보에 게재하여야 한다(法 92).[344]

③ 특허료 납부

특허권자 등은 직권에 의하여 존속기간의 연장등록이 된 경우 연장된 기간에 대해 특허료는 본래의 특허료납부요령에 따라 연장된 기간별로 당해 연도의 실시 전에 납부하면 되며, 연장등록결정서를 받은 날로부터 일정기간 내에 전(全) 연장기간분을 일시에 납부할 필요는 없다. 즉, 특허유지료를 납부하는 경우와 같이 존속기간 기산일을 기준하여 그 전 해에 납부하면 된다.

④ 심사・심판 절차의 준용

연장등록출원이 있는 경우 특허청장은 심사관에게 연장등록출원을 심사하게 한다(法 93 준용 57①). 이때 심사관은 심판관의 제척・기피 사유 중 전심관여를 제외하고 제척사유를 준용한다(法 93 준용 148.1 내지 5, 7). 한편, 심사관은 연장등록출원의 거절이유가 발견된 경우 거절결정하기 전에 출원인에게 의견제출통지를 하여 의견제출기회를 주어야 한다(法 93 준용 63). 연장등록출원에 대한 등록결정 및 거절결정은 서면으로 이유를 붙여서 하여야 하며, 특허청장은 등록결정 또는 거절결정이 있는 경우 그 결정의 등본을 존속기간 연장등록출원인에게 송달하여야 한다(法 93 준용 67).

다만, 존속기간 연장등록출원절차에는 성격상 심사청구제도, 출원공개제도 및 정보제공제도는 준용되지 않는다.

---

344) 존속기간 연장등록출원 관련 특허공보의 게재는 총 2회이다. 첫 번째는 연장등록출원시이고(法 90⑤), 두 번째는 연장등록결정시이다(法 92③). 존속기간 연장등록이 된 때에 특허공보에 기재될 사항으로는 ① 특허권자의 성명 및 주소, ② 특허번호, ③ 연장등록의 연월일, 연장의 기간, ④ 법 제89조의 규정에 의한 허가 등이다.

(5) 연장된 특허권의 효력

특허권의 존속기간이 연장된 경우 그 특허권은 연장된 범위 내에서 존속기간이 연장되며, 연장된 특허권의 효력은 그 연장등록의 이유가 된 허가 등의 대상물건에 관한 그 특허발명의 실시행위 이외의 행위에는 미치지 아니한다(法 95). 즉, 그 허가 등에 있어 물건이 특정 용도가 정해져 있는 경우에는 그 용도에 사용되는 물건의 실시에만 그 효력이 미친다. 이를테면 의약 등의 경우에는 특허권의 효력이 「물건」 외의 「용도」를 갖게 되는 경우가 있다. 예를 들어 니트로글리세린은 혈관을 확장시켜 심장의 부담을 줄임으로써 혈압을 낮추는 작용이 있으므로 협심증의 특효약인 의약품으로서 식약청의 승인을 받아 니트로글리세린에 관한 물질특허가 존속기간이 연장되었다 하여도 「니트로글리세린」과 「협심증」에 한하여 특허권의 효력이 미치고 「니트로글리세린」이 다이나마이트의 원료로 사용되는 경우에는 효력이 미치지 않게 된다.[345]

---

[345] 대법원 2019. 1. 17. 선고 2017다245798 판결
대법원은 염 변경 의약품이 신약허가에 기초하여 존속기간이 연장된 신규 화합물 발명에 관한 특허권(이하 "연장특허권")의 효력범위에 속한다고 판결하였다.
특허법 제95조가 "그 연장등록의 이유가 된 허가의 대상물건(그 허가에 있어 물건에 대하여 특정의 용도가 정하여져 있는 경우에는 그 용도에 사용되는 물건)에 관한 그 특허발명의 실시행위"에만 미치는 것으로 규정하고 있다. 특허법 제95조에 의할 때 신규 화합물 발명에 관한 연장특허권의 효력이 염 변경 후발 의약품에 미치는지가 쟁점이 되었다. 의약품의 경우는 염을 변경해서 약품을 제조하여도 그 효능은 거의 동등한 경우가 많기 때문이다. 서울중앙지방법원과 특허법원은 이 사건 연장특허권의 효력이 염을 변경해서 만든 피고 의약품에는 미치지 않는다고 판단하였다. 즉, 서울중앙지방법원에서는 특허법 제95조의 "연장등록의 이유가 된 허가의 대상물건"은 원고들이 활성·안전성 등의 시험을 실시하고 품목허가를 받은 "솔리페나신 숙신산염"(베시케어정)이므로, 이와 염이 다른 "솔리페나신 푸마르산염"(피고 의약품)에 관한 실시행위에는 이 사건 연장특허권의 효력이 미치지 않는다고 판단하였다. 그러나 대법원은 하급심들과는 달리 이 사건 연장특허권의 효력이 피고 의약품에 미친다고 판단하였다. 피고 제품은 베시케어정과 염에서 차이가 나지만 첫째, 통상의 기술자가 그 변경된 염을 쉽게 선택할 수 있고 둘째, 인체에 흡수되는 유효성분에 의한 치료효과도 실질적으로 동일하므로, 피고 의약품은 이 사건 연장특허권의 효력범위에 속한다고 판단하였다. 즉, ① 피고 제품은 「베시케어정과 화학적으로 기본골격이 동일하고 효능, 효과, 용법, 용량, 부작용, 약리작용 등이 거의 동등하다고 추정되며 경구 투여제로서 소화기관 내에서 반드시 분해되어 베시케어정과 동일한 성분으로 되어 흡수되는 것이 명확한 것으로서, 그 염류 등이 의약품으로 자주 사용되는 것에 해당 된다」는 이유로, 품목허가 신청시 '베시케어정'에 대한 다수의 안전성·유효성 자료를 원용함으로써 그 자료들의 제출을 면제받았고, 생물학적 동등성 시험자료를 제출하여 품목허가를 받았고, ② 일반적으로 약물의 염은 약물의 용해도와 흡수율을 높이기 위해 유리염기 형태의 화학물과 결합시키는 것으로서, 이들 제품은 체내에 투여된 후 솔리페나신만 흡수되어 약리효과를 발휘하게 되므로, 푸르마산염과 숙신산염의 성질(융점, 물에서의 용해도 등)이나 투여용량의 미세한 차이만으로는 인체에 흡수되는 유효성분의 약리작용에 의해 나타나는 치료효과가 다르다고 볼 수 없다고 판단하였다.

(6) 존속기간 연장등록의 무효심판

이해관계인 또는 심사관은 특허권의 존속기간이 연장등록된 특허권에 관하여 당해 연장등록에 무효사유가 있을 때에는 연장등록의 무효심판을 청구할 수 있다(法 134).

이해관계인 또는 심사관은 존속기간의 연장등록 후 연장된 특허권이 소멸하더라도(法 134②) 연장등록 자체에 대하여 존속기간 연장등록무효심판을 청구할 수 있다.

존속기간의 연장등록을 무효로 한다는 심결이 확정된 때에는 그 존속기간의 연장은 처음부터 없었던 것으로 본다. 다만, 연장등록이 그 특허발명을 실시할 수 없었던 기간을 초과하여 연장된 것에 해당하여 무효로 된 경우에는 그 특허발명을 실시할 수 없었던 기간을 초과하여 연장된 기간에 대해서만 연장이 없었던 것으로 본다(法 134③).

3. 등록지연에 따른 특허권 존속기간 연장등록제도

(1) 연장등록출원의 대상

등록지연에 따른 특허권의 존속기간 연장을 받기 위해서는 법 제92조의2(등록지연에 따른 특허권의 존속기간 연장)에서 정한 바에 따라 "특허출원에 대하여 특허출원일로부터 4년과 출원심사청구일로부터 3년 중 늦은 날(이하 '연장기준일'이라 함)보다 지연되어 특허권이 설정 등록"되어야 한다(法 92의2①). 여기서 특허출원일로부터 4년을 기산할 때에는 ① 제34조 또는 제35조에 따른 정당한 권리자의 특허출원의 경우에는 정당한 권리자가 출원을 한 날, ② 제52조에 따른 분할출원의 경우에는 분할출원을 한 날, ③ 제53조에 따른 변경출원의 경우에는 변경출원을 한 날, ④ 제199조 제1항에 따라 특허출원으로 보는 국제출원의 경우에는 제203조 제1항 각 호의 사항을 기재한 서면을 제출한 날, ⑤ 제214조에 따라 특허출원으로 보는 국제출원의 경우에는 국제출원의 출원인이 제214조 제1항에 따라 결정을 신청한 날, ⑥ 제1호부터 제5호까지의 규정 중 어느 하나에 해당되지 아니하는 특허출원에 대하여는 그 특허출원일에 해당하는 날을 특허출원일로 본다(法 92의2④).

(2) 연장기간

존속기간을 연장등록할 수 있는 기간은 지연된 기간(연장기준일로부터 설정등록일까지의 기간) 이내이어야 한다(法 92의2①, 92의4.1). 다만, 출원인으로 인하여 지연된 기간은 특허권의 존속기간의 연장에서 제외된다(대통령령으로 정함)(法 92의2②③).

(3) 연장등록출원

① 연장등록출원서의 제출

등록지연에 따른 특허권의 존속기간 연장등록출원을 하려는 연장등록출원인은 다음의 사항을 기재한 출원서를 특허청장에게 제출하여야 한다(法 92의3①).

㉠ 연장등록출원인의 성명 및 주소(법인인 경우에는 그 명칭 및 영업소의 소재지)
㉡ 연장등록출원인의 대리인이 있는 경우에는 그 대리인의 성명 및 주소나 영업소의 소재지 [대리인이 특허법인, 특허법인(유한)인 경우에는 그 명칭, 사무소의 소재지 및 지정된 변리사의 성명]
㉢ 연장대상 특허권의 특허번호
㉣ 연장신청의 기간
㉤ 산업통상자원부령이 정하는 연장이유(이를 증명할 수 있는 자료를 첨부하여야 한다)

존속기간 연장등록출원은 특허권자만이 할 수 있으며(法 92의4.2), 특허권이 공유인 경우에는 모두가 공동으로 출원하여야 한다(法 92의3③, 92의4.3). 한편, 존속기간 연장등록출원은 연장등록출원의 취하와 같이 특별히 권한을 위임 받을 사항이 아니므로 통상의 위임대리인이더라도 일반수권에 의해 대리행위가 가능하다.

② **출원기간**

등록지연에 따른 특허권의 존속기간의 연장등록출원은 특허권의 설정등록일로부터 3개월 이내에 출원하여야 한다(法 92의3②). 한편, 기간을 경과하여 존속기간 연장등록출원을 하면 부적법한 출원에 해당하여 출원서류가 반려된다(施規 11).

③ **연장등록출원시의 보정**

연장등록출원인은 심사관이 특허권의 존속기간의 연장등록 여부결정 전까지 보정할 수 있다. 다만, 심사관으로부터 거절이유(法 92의4)에 해당한다는 이유로 거절이유통지를 받은 후에는 해당 거절이유통지에 따른 의견서 제출기간에만 보정할 수 있다(法 92의3④ 단서).

또한, 연장등록출원인은 연장등록출원서에 기재된 사항 중 ㉠ 연장신청의 기간, ㉡ 산업통상자원부령이 정하는 연장이유 등 절차적 사항에 대하여 보정할 수 있다(法 92의3④ 본문). 다만, 절차보정이라도 ㉠ 연장등록출원인의 보정, ㉡ 연장대상 특허권의 특허번호의 변경 등은 오기를 바로잡는 보정과 같이 자명한 사항이 아닌 경우 요지를 변경하는 보정이기 때문에 허용되지 않는다.

④ **연장등록출원의 효과 건**
　㉠ 존속기간 연장간주 건
　　등록지연에 따른 특허권 존속기간 연장등록출원이 있는 경우에는 그 존속기간이 연장된 것으로 보지 아니한다[허가 등에 따른 특허권 존속기간 연장등록출원이 있는 경우에는 (일단) 그 존속기간이 연장된 것으로 간주한다(法 90④)]. 왜냐하면 허가 등에 따른 특허권 존속기간 연장등록출원기간은 허가받은 날로부터 3개월 이내이지만, 등록지연에 따른 특허권 연장등록출원기간은 특허권 설정등록일로부터 3개월이기 때문에 존속기간 연장등록출원 심사 중에 특허권 존속기간이 만료되는 경우가 없기 때문이다.
　㉡ 공보게재 건
　　등록지연에 따른 특허권 존속기간 연장등록출원이 있는 때는 공보에 게재하지 아니한다(연장등록 결정된 때에 공보게재함).

(4) 존속기간 연장등록출원의 심사
  ① 거절결정 및 불복
    ㉠ 심사관은 등록지연에 따른 특허권의 존속기간의 연장등록출원이 다음에 해당하는 경우에는 그 출원에 대하여 연장등록거절결정을 하여야 한다(法 92의4).
      ⓐ 연장신청의 기간이 제92조의2에 따라 인정되는 연장의 기간을 초과한 경우
      ⓑ 연장등록출원인이 해당 특허권자가 아닌 경우
      ⓒ 특허권이 공유인 경우 공유자 모두가 연장등록출원을 하지 않은 경우
    ㉡ 연장등록거절결정을 받은 자는 그 결정등본을 송달받은 날로부터 30일 이내에 불복심판을 청구할 수 있다(法 132의3).

  ② 등록결정 및 특허공보게재
    심사관은 등록지연에 따른 특허권의 존속기간의 연장등록출원에 대하여 거절이유를 발견할 수 없는 경우에는 연장등록결정을 하여야 한다. 특허청장은 연장등록결정이 있는 때에는 특허권의 존속기간의 연장등록출원서에 기재된 사항을 특허공보에 게재하여야 한다(法 92의5).

  ③ 심사·심판 절차의 준용
    연장등록출원이 있는 경우 특허청장은 심사관에게 연장등록출원을 심사하게 한다(法 93 준용, 57①). 이때 심사관은 심판관의 제척·기피 사유 중 전심관여를 제외하고 제척사유를 준용한다(法 93 준용, 148.1 내지 5, 7). 한편, 심사관은 연장등록출원의 거절이유가 발견된 경우 거절결정하기 전에 출원인에게 거절이유통지를 하여 의견제출기회를 주어야 한다(法 93 준용, 63). 연장등록출원에 대한 등록결정 및 거절결정은 서면으로 이유를 붙여서 하여야 하며, 특허청장은 등록결정 또는 거절결정이 있는 경우 그 결정의 등본을 존속기간 연장등록출원인에게 송달하여야 한다(法 93 준용, 67).

(5) 연장된 특허권의 효력
  등록지연에 따른 특허권의 존속기간이 연장된 특허권의 효력은 법 제94조의 적용을 받는다. 즉, 특허권자는 연장된 존속기간 동안 업으로서 그 특허발명을 실시한 권리를 독점한다(法 94).

제5절 특허권의 소멸

I 의 의

특허권의 소멸이란 유효하게 발생한 특허권이 일정한 법정사유에 의해 장래를 향하여 효력을 상실하거나, 소급하여 처음부터 없었던 것으로 보는 것을 말한다. 특허권의 소멸원인에는 존속기간의 만료, 특허료 불납, 상속인의 부재, 특허권의 포기, 특허권의 무효 등이 있다. 특허권이 소멸된 이후는 누구나 그 발명을 실시할 수 있다.

II 특허권의 소멸사유

1. 장래를 향하여 소멸하는 경우

(1) 특허권 존속기간의 만료

특허권의 존속기간은 특허권의 설정등록이 있는 날부터 특허출원일 후 20년이 되는 날까지로 하며(法 88①), 일정한 경우에는 연장할 수 있다(法 89, 法 92의2).

특허권의 존속기간은 동산이나 부동산같이 무한하게 존속하는 것이 아니고 일정한 기간을 한정하여 특허권자의 사익과 일반공중의 공익을 조화시켜 적절한 기간동안 특허권을 인정하고, 그 기간이 경과하면 특허권을 소멸시켜 일반공중이 자유롭게 실시할 수 있도록 한 것이 특징이다. 특허는 산업발전에 기여하도록 일정의 기간에 있어 독점성을 보장하고, 그 후는 누구나 실시(實施)하도록 하여 보다 나은 기술을 기대하기 위한 제도이기 때문이다.

(2) 특허료의 불납

특허권자는 소정 기간 내에 일정한 특허료를 납부할 의무를 지며 이를 태만히 한 때에는 특허권이 소멸된다. 추가납부기간에 특허료를 납부하지 아니한 때(추가납부기간이 끝나더라도 보전기간이 만료되지 아니한 경우에는 그 보전기간 이내에 보전하지 아니한 때)는 특허권의 설정등록을 받고자 하는 자의 특허출원은 이를 포기한 것으로 보며, 특허권자의 특허권은 제79조 제1항 또는 제2항에 따라 납부된 특허료에 해당되는 기간이 만료되는 다음 날로 소급하여 소멸된 것으로 본다(法 81③).

(3) 상속인의 부존재

① 특허권은 상속이 개시된 후 상속인이 없으면 소멸된다(法 124). 공유특허권에 있어서는 공유자 중의 1인이 사망하고 그 상속인이 없을 때에는 그 지분은 다른 공유자에게 귀속되지만 특허권자에게 상속인이 없으면 특허권은 소멸된다. 특허권자가 법인인 경우는 법인의 소멸[346]에 의하

---

[346] 법인이 소멸하는 경우로는 법인의 해산과 청산이 있는데, 법인의 해산은 법인이 본래의 권리능력을 잃고 다만 재산관계를 정리하는 범위 내에서만 존속하게 되는 상태를 말하며, 청산목적의 범위 내에서 법인으로서의 권리능력이

여 그 권리가 소멸한다. 따라서 청산절차가 진행 중인 법인의 특허권은 법인의 청산종결등기일(청산종결등기가 되었더라도 청산사무가 사실상 끝나지 아니한 경우에는 청산사무가 사실상 끝난 날과 청산종결등기일부터 6개월이 지난 날 중 빠른 날)까지 그 특허권이전등록을 하지 아니한 경우에는 청산종결등기일의 다음 날에 소멸한다(法 214②). 이 경우 특허청장은 그 취지를 특허공보에 공고하여야 한다(施規 55).

② 민법은 상속인 부존재시 그 재산을 국가에 귀속시키고 있으나(民法 1058), 특허법은 민법과는 달리 상속인 부존재시 특허권을 오히려 소멸시키고 있다. 이것은 국가가 특허권을 소유하는 것보다는 특허권을 소멸시켜 발명의 자유실시를 허용함으로써 산업발전을 유도하자는 의도에서이다.

(4) 특허권의 포기

① 의 의

특허권의 포기란 본인(특허권자)의 의사에 의하여 더 이상 특허권을 등록유지할 필요가 없다고 판단할 경우 특허권을 장래에 향하여 소멸시키는 것을 말한다.

② 포기의 대상

특허권자는 특허권 자체를 포기할 수도 있고, 청구범위에 2 이상의 청구항이 기재되고 있는 경우에는 각 청구항별로 포기할 수도 있다(法 215).

③ 포기절차

특허권을 포기하고자 하는 자는 특허권 소멸등록 신청서를 특허청장에게 제출하여야 한다. 소멸등록신청서에는 등록원인을 증명하는 서류로서 포기서 및 인감증명서를 첨부하여야 한다(登錄令 43). 다만, 특허권자는 전용실시권자·질권자·직무발명에 의한 통상실시권자·허락에 의한 통상실시권자의 동의를 받아야만 특허권을 포기할 수 있다(法 119①).

④ 포기의 효과

특허권의 포기는 특허원부에 말소등록이 됨으로써 특허권 소멸 효력이 발생한다. 즉, 포기의 의사를 표명하더라도 포기에 따른 특허권 말소등록이 되지 않으면 특허권은 소멸되지 않는다(法 101①). 특허권의 포기가 있는 때에는 특허권의 포기등록시점부터 권리가 소멸된 것으로 본다.

2. 소급하여 소멸하는 경우

(1) 특허권의 무효

특허권의 무효란 일단 유효하게 설정 등록된 권리가 일정한 무효사유(法 133①)에 해당되어 이해관계인 또는 심사관의 청구에 의해 심판이나 판결이 확정된 때에는 특허권의 효력을 소급하여 처음부터 없었던 것으로 보는 것을 말한다.

존속하게 된다. 한편 법인의 청산은 법인의 재산관계를 정리하는 절차를 말하는데, 법인의 청산은 파산의 경우에는 채무자회생 및 파산에 관한 법률이 정하는 절차에 따라 파산관재인이 하고 그 외에는 민법이 정하는 청산절차에 따라 청산인이 하며, 이 범위 내에서 법인은 권리능력이 존속한다.

이러한 특허권은 무효사유가 존재한다고 해서 당연히 무효가 되는 것이 아니고 이해관계인 또는 심사관(특허권의 설정등록이 있는 날부터 등록공고일 후 3개월 이내에는 누구든지)의 무효심판청구에 의해 특허심판원의 심결이나 특허법원의 판결에 의해서만 무효가 될 수 있다. 그리고 심결이나 판결에 의하여 무효로 확정된 때에는 그 특허권은 처음부터 없었던 것으로 본다. 그러나 그 특허권자가 외국인으로서의 권리능력을 상실하였거나 또는 그 특허가 조약에 위반하게 되었을 때는 그러한 사유가 발생된 때부터 특허권은 소멸한다(法 133①4, ③).

또한 특허존속기간의 연장이 잘못된 경우에는 그 연장등록의 무효심판을 청구할 수 있다. 심판에 의해서 연장등록을 무효로 하는 심결이 확정된 때에는 그 연장등록에 의한 존속기간의 연장은 처음부터 없었던 것으로 본다. 따라서 특허권의 존속기간은 만료시에 만료된 것으로 본다(法 134③).

(2) 특허의 정정·정정심판에 의한 청구항의 삭제

특허의 정정·정정심판에 의하여 청구항을 삭제하는 경우에 삭제된 청구항은 설정등록되지 않은 것으로 보기 때문에 소급하여 소멸된다고 할 수 있다.

(3) 특허권의 소멸에 부수하여 소멸되는 권리

특허권에 전용실시권 또는 통상실시권이 존재하거나 질권이 설정되고 있는 경우에 있어서 당해 특허권이 소멸하면 특허권에 부수하는 이들 권리도 같이 소멸된다.

■ 특허권의 포기·무효 비교

구 분	포 기	무 효
청구인(신청인)	특허권자	• 이해관계인 • 심사관
이 유	특허권자의 의사	法 133①
기 간	특허권 존속 중	특허권 존속 중은 물론 특허권 소멸 후도 가능
처분의 주체	특허권자	심판관
청구(신청) 대상	• 특허권 • 청구항별	• 특허권 • 청구항별
불복방법	×	특허소송
효력상실 시기	포기등록시부터 장래를 향하여	설정등록시까지 소급 - 후발적 무효사유 해당시는 예외[347]
등록절차	신청에 의한 등록	직권등록

---

[347] 특허권자가 외국인으로서 권리능력을 상실하게 되거나 특허가 조약에 위반하게 된 때는 그때부터 없었던 것으로 본다(法 133③ 단서).

제6절 실시권

I 실시권

1. 의 의

특허권자는 특허발명을 권리의 존속기간 내에 독점배타적으로 향유, 실시할 수 있는 권리를 가진다. 실시권이란 특허권자 이외의 자가 특허발명을 업으로 실시할 수 있는 권리를 말한다.

즉, 발명자(권리자) 스스로가 그 발명을 실시하기가 힘든 경우에 제3자에게 특허발명을 실시할 수 있는 기회를 부여함이 개인뿐만 아니라 국가산업발전에 도움을 주기 때문이다. 여기서 실시라 함은 법 제2조 제3호의 각 목의 1에 해당하는 행위로 다음과 같다.

(1) 특허발명이 물건에 관한 발명일 경우에는 그 물건의 생산, 사용, 양도, 대여 또는 수입하거나 그 물건의 양도 또는 대여의 청약을 하는 행위

(2) 특허발명이 방법의 발명일 경우에는 그 방법을 사용하는 행위 또는 그 방법의 사용을 청약하는 행위

(3) 특허발명이 물건을 생산하는 방법의 발명인 경우에는 그 방법을 사용하는 행위 외에 그 방법에 의하여 생산한 물건을 사용, 양도, 대여 또는 수입하거나 그 물건의 양도 또는 대여의 청약을 하는 행위

특허권자가 특허발명을 실시할 독점적인 권리를 가진다 하더라도 특허권자의 필요에 의해 또는 공중의 이익을 위해 제3자에게 특허권의 실시를 허락하는 것이 유리한 경우가 있으며, 이 경우 특허권 전체를 이전시키지 않더라도 제3자에게 특허발명의 실시를 허락할 수 있는 권리가 필요하게 되며, 특허권과는 분리하여 실시권이 필요하게 된다.

실시권은 효력에 따라 독점적인 「전용실시권」과 비독점적인 「통상실시권」으로 대별되며, 통상실시권은 그 발생원인에 따라 실시허락에 의하여 발생하는 「허락통상실시권」, 특허권의 공익적 성격에 기초하여 허락되는 「강제통상실시권」 및 제3자와의 공평성 및 산업시설의 보호를 위하여 인정되는 「법정통상실시권」으로 구분될 수 있다.

2. 실시권의 범위

특허권자는 그 권리의 전부 또는 일부에 대해 제3자에게 계약에 의해 실시를 허락할 수 있으며, 계약에 의해 실시권의 장소, 기간, 내용을 제한할 수 있다.

(1) **기 간**

특허권 실시계약에서 특별한 언급이 없는 경우 존속기간 동안 실시를 허락한 것으로 볼 수 있지만, 특허권자는 계약일로부터 일정기간을 정하여 특허발명을 실시를 허락할 수 있다.

(2) **지 역**

특허권자는 실시계약을 함에 있어 그 실시지역을 전국단위 또는 지역단위로 한정할 수 있다. 예를 들어 동일 특허권을 甲에게는 서울지역만, 乙에게는 강원도지역, 丙에게는 경상도지역만으로 분할하여 실시권을 허락할 수 있다.

(3) **내 용**

특허발명의 실시대상(法 2·3호)을 생산, 사용, 양도(판매) 등으로 한정하거나 발명 중 어느 하나의 발명(방법과 장치의 발명 중 장치만을 생산하게 하는 경우)만을 실시하도록 한정하여 실시권을 설정할 수 있다.

(4) **기타 사용제한**

실시허락된 특허발명 또는 제품의 사용분야를 제한하는 경우가 있다. 예컨대 실시허락된 특허발명이 공작기계·섬유기계·전기기계 등의 어느 제조에나 적용되나 경우에 그 하나의 업종 또는 제조에 한정한다거나, 특허발명에 의해 생산되는 제품의 분야가 많을 경우에는 그 하나의 분야로 한정할 수 있다.

(5) **청구항별 실시 허락 가능 여부**

2 이상의 청구항이 있는 특허권에 있어서는 청구항별로의 실시 허락이 가능할 것인지가 문제시되나, 독립항과 종속항의 발명들은 하나의 발명집단에 속하게 된다는 다항제의 속성 및 법 제215조의 규정과 관련해 볼 때 청구항별 실시권 허락은 이론상의 결함이 있어 허락대상이 아니라고 봄이 타당하다.[348]

3. 실시권의 종류

(1) **효력에 의한 분류**

특허발명을 실시할 수 있는 권리는 일정범위 내에서 업으로서 독점적으로 실시할 수 있는 전용실시권(專用實施權)과 독점적인 실시권능은 없이 특허발명을 단순히 실시만 할 수 있는 통상실시권(通常實施權)으로 구분된다.

---

[348] 천효남, 전게서, p.640

(2) 발생원인을 기준으로 한 분류

실시권은 발생원인에 따라 당사자 간의 계약에 의해 발생하는 허락실시권, 의사에 무관하게 법률의 규정에 의하여 발생하는 법정실시권, 의사에 불구하고 특허심판원의 심판 또는 특허청장의 결정에 의하여 발생하는 강제실시권으로 구분된다.

① 허락실시권

특허권자와 특허발명을 실시하려는 자 간에 계약(約定)에 의하여 발생하는 실시권을 말하는데 이 실시권은 서면계약에 의하여 발생함은 물론 구두로도 성립하며 묵시계약에 의하여도 성립한다(낙성, 불요식 계약).

② 법정실시권

법정실시권은 모두 통상실시권이며 전용실시권은 없다. 특허법 및 발명진흥법에서 인정하는 법정통상실시권은 8종류이며 다음과 같다.

㉠ 직무발명에 대한 사용자 등의 통상실시권(發振法 10)
㉡ 특허료의 추가납부기간경과 후에 회복한 특허권에 대한 통상실시권(法 81의3⑤)
㉢ 선사용에 의한 통상실시권(法 103)(선사용권)
㉣ 무효심판청구등록 전의 실시에 의한 통상실시권(法 104)(중용권)
㉤ 디자인권의 존속기간 만료 후의 통상실시권(法 105)
㉥ 질권행사로 인한 특허권의 이전에 따른 통상실시권(法 122)
㉦ 재심에 의하여 회복한 특허권에 대한 선사용자의 통상실시권(法 182)(후용권)
㉧ 재심에 의하여 통상실시권을 상실한 원권리자의 통상실시권(法 183)
㉨ 특허권의 이전청구에 따른 이전등록 전의 실시에 의한 통상실시권

③ 강제실시권

강제실시권은 모두 3가지이며 이 또한 모두 통상실시권이다.

㉠ 국가비상사태 등에 의하여 허락되는 실시권(法 106의2)
㉡ 심판에 의한 통상실시권(法 138)
㉢ 재정에 의한 통상실시권(法 107)

실시권의 종류

효력 \ 발생원인	허락실시권	법정실시권	강제실시권
전용실시권	○	×	×
통상실시권	○	○	○

II 전용실시권

1. 의 의

「전용실시권(Exclusive license)」이란 특허권자 이외의 자가 설정행위로 정한 범위 내에서 업으로서 독점·배타적으로 특허발명을 실시할 수 있는 권리를 말한다(法 100②).

이러한 전용실시권은 그 권리 성격상 하나의 특허권을 대상으로 하여 동일한 조건의 전용실시권을 중복적으로 허락할 수는 없다. 전용실시권의 중복이란 기간·지역·내용이 완전 일치하게 되는 경우를 말한다. 따라서 실시기간과 실시내용이 같다 하더라도 그 실시지역이 다르면 중복문제는 생기지 않는다.

또한 전용실시권이 설정된 범위 내에서 타인이 그 특허발명을 실시하면 전용실시권의 침해가 된다. 따라서, 특허권자 역시 전용실시권을 설정한 범위 내에서는 전용실시권자의 허락 없이 업으로서 특허발명을 실시할 수 없다(法 94 단서).

이러한 전용실시권은 독점적 권리이므로 물권적 권리라 할 수 있으며 등록이 효력발생의 요건이므로 등록되지 아니한 전용실시권은 효력이 없다(法 101①2).

2. 전용실시권의 발생

전용실시권은 특허권자와 실시권자 간의 설정계약에 의하여 발생한다. 즉, 전용실시권은 허락에 의한 실시권이다. 통상실시권의 경우와는 달리 특허권자의 의사에 반하여 법률의 규정에 의하여 발생하거나 특허심판원의 심판 또는 특허청장의 결정에 의하여 강제적으로 발생하는 경우는 없다. 이러한 전용실시권은 당사자 간의 계약서 자체만으로는 그 효력이 발생하지 않고 특허청 등록원부에 설정등록을 함으로써 그 효력이 발생한다(法 101①).

3. 전용실시권의 내용

(1) 전용실시권의 효력

전용실시권자는 설정행위로 정한 범위 내에서 특허발명을 업으로서 실시할 권리를 독점한다. 비록 특허권자라 하더라도 전용실시권자의 허락 없이 특허발명을 실시하면 전용실시권자의 권리를 침해하는 것이 된다.

또한 전용실시권은 대세적인 효력이 있다. 따라서 전용실시권이 침해된 경우 전용실시권자는 특허권자처럼 그 침해자에 대하여 권리구제의 수단으로서 특허권 침해의 경우에 대하여 적용되는 민사적·형사적 책임을 추궁할 수가 있다(法 126~132, 225).

즉, 전용실시권자는 그 권리를 침해당하였을 경우 스스로 그 침해 금지 또는 예방을 청구하거나 손해배상을 청구하는 등의 조치를 강구할 수 있는 소권(訴權)이 있다.

아울러 전용실시권이 공유인 경우에 특허발명의 실시, 지분의 양도, 질권의 설정 및 통상실시권의 허락에 대하여 특허권의 공유 규정이 준용된다(法 100⑤).

즉, 전용실시권이 공유인 경우에는 특허권의 공유와 같이 공유자 간에 특허발명의 실시에 대하여 특별 약정을 한 경우가 아니면 다른 공유자의 동의 없이 각 공유자는 스스로 특허발명을 실시할 수 있다.

(2) 전용실시권의 범위

앞에서 설명한 대로 모든 실시권(전용, 통상실시권 등)의 범위는 기간, 지역, 내용 기타 사용제한 사항 등이 포함될 수 있다. 전용실시권에 대해 다시 한 번 설명하면 다음과 같다.

① 시간적 범위

전용실시권은 특허권의 존속기간 내에서 일정한 기간(예컨대, 1년 또는 5년)을 정하여 설정할 수 있다.

② 지역적 범위

특허권의 효력은 원칙적으로 국내에만 미치므로(속지주의), 전용실시권도 그 범위 내에서 대한민국 전 지역 또는 국내 일부지역(예컨대, 경상도)으로 한정하여 설정할 수 있다.

③ 내용적 범위

특허발명의 실시태양을 생산·판매 또는 사용 등으로 한정하거나 특허발명 중 어느 하나의 발명(방법과 장치의 발명 중 장치만을 생산하게 하는 경우)만을 실시토록 한정하는 것을 말한다.

(3) 전용실시권 등록 및 이전

전용실시권의 효력발생 요건은 등록이다. 따라서 전용실시권의 설정, 이전, 변경, 소멸, 전용실시권을 목적으로 하는 질권의 설정, 이전, 변경, 소멸, 처분의 제한 등은 등록하지 않으면 그 효력이 발생하지 아니한다.

전용실시권은 독립적인 재산권이므로 이를 타인에게 양도할 수 있지만 이를 위해서는 특허권자의 동의를 받아야 한다(法 100③). 이는 특허권이 누구에 의해 어떻게 실시되는가에 따라 특허권의 가치가 크게 달라질 수 있기 때문이다. 그러나 상속 기타 일반승계에 의한 이전이나 전용실시권이 실시사업과 함께 이전되는 경우에는 특허권자의 동의가 필요 없고(法 100③), 그 취지를 특허청장에게 신고하면 된다. 전용실시권이 공유인 경우 그 권리의 설정이나 변경은 공유자 모두의 동의에 의해 이루어져야 한다(法 100⑤).

4. 특허권자와 전용실시권자의 관계

(1) 특허권자의 의무 및 권리

특허권자는 전용실시권을 설정해 준 경우 전용실시권자가 특허발명을 독점적으로 실시할 수 있도록 보장해 주어야 할 의무가 있다. 이를 위해 특허권자는 계약 내용을 이행해야 할 의무 외에도 설정등록에 협조하여야 하며, 특허권을 포기(抛棄)할 경우 또는 정정심판(訂正審判) 등을 청구할 경우에 전용실시권자의 동의를 받아야 하고, 특허권이 소멸되지 않도록 특허료를 내야 한다.[349]

전용실시권이 설정되더라도 특허권자는 그 특허권자라는 명예 외에도 자신의 특허권을 보호할 권리를 가지게 되며, 제3자가 특허권을 침해할 경우 전용실시권자의 동의 없이도 침해행위를 금지시키거나 손해배상 청구 등의 구제수단을 행할 수 있다.

(2) 전용실시권자의 의무 및 권리

① 전용실시권은 특허발명의 실시에 대하여 독점배타성을 갖게 되지만, 그 권리는 기본적으로 특허권에 부수되는 권리이므로 특허법상 특허권자가 부담하는 의무에 대하여는 전용실시권자 역시 부담하여야 한다. 그러므로 특허권의 효력이 미치지 않는 범위(法 96 등)에 대하여는 전용실시권의 효력도 미치지 아니하며, 법정실시권(法 103 등)에 대하여는 전용실시권자도 그 실시권을 인정해야 하며, 전용실시권의 대상인 특허발명이 이용발명인 경우에는 선원자의 허락(法 98)을 받아 실시하여야 하는 등 권리행사상 제약이 따른다.

② 전용실시권자는 전용실시권의 이전, 전용실시권 설정범위 내에서의 통상실시권의 설정, 전용실시권을 목적으로 하는 질권의 설정에 대하여 특허권자의 동의를 구하여야 한다. 또한 통상실시권 또는 질권을 설정하여 준 경우 전용실시권의 포기를 위해서는 통상실시권자 또는 질권자의 동의를 필요로 한다.

전용실시권자는 특허발명을 업으로서 독점적으로 실시할 권리를 가질 뿐만 아니라 제3자가 이를 허락 없이 업으로서 실시할 경우 자신의 권리를 보호하기 위해 침해금지 청구, 손해배상 청구 등 각종 구제행위를 취할 수 있는 권리가 있다.

③ 전용실시권 설정 후 특허권을 포기하거나 정정심판을 청구하고자 할 때에는 특허권자는 전용실시권자의 동의를 받아야 한다(法 119①, 136⑧).

④ 전용실시권자는 특허권자의 의사에 불구하고 특허료를 납부할 수 있다. 특허료의 납부는 원칙적으로 특허권자의 의무이나 특허권자의 특허료불납으로 인하여 특허권이 소멸될 경우 전용실시권도 함께 소멸되는바 이해관계인의 입장에서 전용실시권자의 특허료 대납을 허용한다.

⑤ 전용실시권은 등록이 효력발생요건이기 때문에 특허권자가 전용실시권의 등록에 협조하지 않는 경우에 전용실시권자는 특허권자에게 등록청구권을 행사할 수 있을 것이다. 그러나 통상실시권은 등록이 대항요건이기 때문에 계약상의 특약이 없는 한 통상실시권자에게는 등록청구권이 인정되지 않는다고 할 것이다.

---

[349] 물론, 전용실시권자(이해관계인)도 특허료 대납이 가능하다.

5. 전용실시권의 소멸

전용실시권은 특허권의 소멸, 설정기간의 만료, 계약의 해제 또는 취소, 포기, 혼동[350], 상속인의 부재, 특허권 수용 등에 의해 소멸된다. 특히 전용실시권 설정기간의 만료, 계약의 해제 또는 취소, 포기는 등록을 해야 그 효력이 발생한다.

소멸사유 중 전용실시권의 포기의 경우에는 통상실시권자 또는 질권자가 있을 때에는 그들의 동의를 받아야 한다(法 119②).

III 통상실시권

1. 의 의

「통상실시권(Non-exclusive license)」이란 특허권자 이외의 자가 이 법의 규정에 의하여 또는 설정행위로 정한 범위에서 업으로서 그 특허발명을 실시할 수 있는 권리를 말한다(法 102②). 이와 같은 통상실시권은 특허권자와의 실시계약이나 법률 또는 행정기관의 처분에 의하여 발생한다. 통상실시권은 전용실시권처럼 특허발명을 독점적으로 실시할 수 있는 권리는 아니므로 배타성을 갖지 않기 때문에 특허권자는 다수의 제3자에게 동일내용의 통상실시권을 겹쳐서 허락할 수 있으며 또한 특허권자 자신도 실시할 수 있다.

2. 종 류

통상실시권은 발생원인에 따라 특허권자(또는 전용실시권자)와 특허발명을 실시하려는 자와의 계약에 의하여 발생하는 허락에 의한 통상실시권, 특허권자(또는 전용실시권자)의 의사에 관계없이 법률의 규정에 의하여 발생하는 법정실시권, 특허권자의 의사에 불구하고 특허청장의 결정 또는 특허심판원의 심판등 행정처분에 의해 발생하는 강제실시권으로 구분된다.

---

[350] 혼동 : ① 서로 대립되는 두 개의 법률상의 지위 또는 자격이 동일인에게 귀속될 경우 한쪽의 권리가 다른 쪽 권리에 흡수되는 것이 혼동이론이다. 그러나 흡수 소멸될 권리가 제3자의 권리의 목적물인 때에는 혼동사유가 발생되었다 하더라도 그 사유가 해소될 때까지는 그 전용실시권은 소멸하지 아니한다(法 191). 예컨대, 전용실시권자가 특허권을 양수한 경우에는 전용실시권은 특허권과의 혼동에 의하여 소멸되지만, 전용실시권에 질권자가 있을 때에는 질권자의 이익을 위하여 그 한도 내에서의 전용실시권은 소멸되지 않는다.
② 혼동에 의한 권리소멸은 그 사유발생에 의하여 당연히 소멸되므로 등기를 소멸의 효력발생요건으로 하지 않는다(民法 187). 다만, 권리소멸관계의 명확성을 기하기 위하여 특허법은 혼동에 의한 권리소멸은 직권등록사항으로 하고 있을 뿐이다(登錄令 14.9).

3. 허락에 의한 통상실시권

(1) 의 의

「허락에 의한 통상실시권」이란 특허권자 또는 전용실시권자와 특허발명을 실시하려는 자와의 계약에 의하여 발생하는 통상실시권을 말한다(法 102①, 100④).

통상실시권은 독점적인 권리가 아니라 허락된 범위 내에서 특허발명을 단지 실시할 수 있을 뿐이기 때문에 채권적 권리이며 제3자가 권리를 침해한다 하여도 스스로 이를 배척할 수 없고 특허권자 또는 전용실시권자를 통해 간접적으로 구제행위를 취할 수 있다.

(2) 발 생

허락에 의한 통상실시권은 특허권자(또는 전용실시권자)와의 계약에 의해 발생하며(전용실시권은 특허청 특허원부에 등록하여야만 효력이 발생함) 통상실시권을 등록한 때는 그 등록 후 특허권 또는 전용실시권을 취득한 자에 대하여서도 효력이 발생한다(法 118①). 즉, 통상실시권의 설정등록은 제3자에 대한 대항요건이다. 통상실시권의 이전, 변경, 소멸 또는 처분의 제한, 질권의 설정 등도 등록하여야만 제3자에 대항할 수 있다.

(3) 통상실시권의 범위

허락에 의한 통상실시권의 범위는 당사자 간의 계약에 의하여 정해진다. 따라서 전용실시권의 경우와 같이 「실시기간, 실시지역, 실시의 내용」 등을 명시함으로써 그 범위를 구체적으로 특정할 수 있다.

(4) 통상실시권의 내용

① 효 력

통상실시권자는 통상실시권 설정범위 내에서 특허발명을 업으로 실시할 수 있는 권리로서 전용실시권과 다른 점은 전용실시권이 독점적 권리인 데 비해 통상실시권은 단지 특허발명을 업으로 실시할 수 있을 뿐 독점성이 없기 때문(法 102②)에 다수의 통상실시권이 존재할 수 있다. 또한, 허락에 의한 통상실시권은 특허권 또는 전용실시권에 부수적인 권리이므로 특허권 또는 전용실시권의 효력이 제한되는 일정한 경우에는 허락에 의한 통상실시권의 효력도 제한된다.

② 이 전

허락에 의한 통상실시권자는 실시사업과 같이 이전하는 경우 또는 상속 기타 일반승계의 경우를 제외하고는 특허권자(전용실시권에 관한 통상실시권에 있어서는 특허권자 및 전용실시권자)의 동의를 받아야만 그 허락에 의한 통상실시권을 이전할 수 있다(法 102⑤). 한편, 허락에 의한 통상실시권이 공유인 경우에는 다른 공유자의 동의를 얻어야 그 지분을 양도할 수 있다(法 102⑦).

③ 질권의 설정 및 실시권 포기

허락에 의한 통상실시권자는 특허권자(또는 전용실시권자)의 동의를 받아야만 그 통상실시권을 목적으로 하는 질권을 설정할 수 있다(法 102⑥). 한편, 허락에 의한 통상실시권이 공유인 때에는 다른 공유자의 동의를 얻어야 그 지분에 대한 질권을 설정할 수 있다(法 102⑦).

한편, 허락에 의한 통상실시권자는 통상실시권을 목적으로 하는 질권이 설정되어 있는 경우 질권자의 동의를 받아야만 통상실시권을 포기할 수 있다(法 119③).

④ 특허권, 전용실시권 포기에 대한 동의

특허권자는 허락에 의한 통상실시권자, 전용실시권자가 허락한 통상실시권자의 동의를 얻지 아니하면 특허권을 포기할 수 없으며(法 119①), 전용실시권자는 전용실시권자가 허락한 통상실시권자의 동의를 받아야만 전용실시권을 포기할 수 있다(法 119②).

⑤ 정정심판 청구의 동의

특허권자가 법 제136조에 의한 정정심판을 청구하는 경우 허락에 의한 통상실시권자, 전용실시권자가 허락한 통상실시권자의 동의를 받아야만 정정심판을 청구할 수 있다(法 36⑦).

(5) 소 멸

허락에 의한 통상실시권은 특허권(전용실시권에 관한 통상실시권에 있어서는 특허권자 또는 전용실시권)에 부수적인 권리이므로 특허권(전용실시권에 관한 통상실시권에 있어서는 특허권 또는 전용실시권)이 소멸되면 당연히 소멸하며, 특허권이 수용되는 경우에도 소멸한다(法 106②). 한편, 이외에도 통상실시권의 포기, 혼동, 설정계약의 해제, 무효, 취소, 설정기간의 만료 등으로 허락에 의한 통상실시권은 소멸한다.

(6) 독점적 통상실시권

① 의 의

일반적으로 허락에 의한 통상실시권을 설정하는 경우에는 하나의 특허권에 대해 동일범위 내의 중복적 통상실시권 존재가 가능하나, 이러한 성격과는 다르게 당해 통상실시권자 이외의 자에게는 전용실시권이나 통상실시권을 허락하지 아니할 것을 내용으로 하는 약정을 하는 통상실시권이 있는데 이를 독점적 통상실시권이라고 한다. 이는 현행법상 인정되지 않고 있으나[351], 계약상 이루어지고 있다.

② 내 용

독점적 통상실시권은 일반적인 통상실시권과는 달리 통상실시권이면서도 타인에게는 실시권을 허락하지 아니할 것을 조건으로 하여 특허권자와 통상실시권자만 당해 발명을 실시할 수 있도록 하는 통상실시권을 말한다. 이는 「특허권자와 통상실시권자」가 당해 발명을 실시하고자 할 경우 실시권자 입장에서 경쟁업자를 배제하기 위한 수단으로서 활용하기 위함이다(특히 외국인과의 설정계약시 많이 활용함).

---

[351] 황종환·김현호, 전게서, p.571

③ **등록 여부**

독점적 통상실시권도 통상실시권의 일종이며 전용실시권처럼 대세적 효력을 갖는 것이 아니다. 따라서 독점적 통상실시권을 허락한 특허권자가 약속을 어기고 제3자에게 실시권을 허락하였더라도 제3자의 실시행위를 법적으로 제재할 방법이 없다. 단지 독점적 통상실시권자는 특허권자에 대해서 채무불이행 등의 책임을 물을 수밖에 없을 것이다.

4. 법정실시권

(1) 의 의

법정실시권이란 특허권자 또는 전용실시권자의 의사에 관계없이 법률의 규정에 의해 발생하는 통상실시권을 말한다. 따라서 이러한 법정실시권은 계약에 의해서 성립하는 허락실시권이나, 재정·심판 등에 의해 성립하는 강제실시권과는 그 효력이나 성립요건 등에서 차이가 있다.

(2) 종 류

법정실시권은 앞에서 설명한 대로 모두 통상실시권으로(전용실시권은 없음) 총 8종류가 있다.

① 직무발명에 의한 통상실시권(發振法 10①)
② 특허료의 추가납부기간 경과 후에 회복한 특허권 등에 대한 통상실시권(法 81의3)
③ 선사용에 의한 통상실시권(法 103)(선사용권)
④ 무효심판청구등록 전에 실시에 의한 통상실시권(法 104)(중용권)
⑤ 디자인권의 존속기간 만료 후의 통상실시권(法 105)
⑥ 질권 행사로 인한 특허권의 이전에 따른 통상실시권(法 122)
⑦ 재심에 의하여 회복한 특허권에 대한 선사용자의 통상실시권(法 182)(후용권)
⑧ 재심에 의하여 통상실시권을 상실한 원권리자의 통상실시권(法 183)
⑨ 특허권의 이전청구에 따른 이전등록 전의 실시에 의한 통상실시권

(3) 발 생

법정실시권은 법률에서 규정하는 실시권의 성립요건이 완성한 때 효력이 발생한다. 다만, 실시권의 성립요건을 완성했음은 당해 실시권자가 입증하여야 한다. 한편, 법정실시권은 설정등록이 없더라도 제3자 대항요건을 구비한다.352)

(4) 법정실시권의 범위

① **일반적인 경우**

법률의 규정에 정해진 범위 내에서 특허발명을 업으로 실시할 수 있는데 다음의 경우는 실시 또는 준비하고 있는 발명 및 사업의 목적 범위 내에서만 업으로 실시할 수 있다.

---

352) 그러나 이러한 법정실시권은 실시권의 이전, 처분시에는 등록하지 않으면 제3자에게 대항할 수 없다(法 118③).

㉠ 선사용에 대한 통상실시권(法 103)(선사용권)
　　　㉡ 무효심판청구등록 전의 실시에 의한 통상실시권(法 104)(중용권)
　　　㉢ 재심에 의하여 회복한 특허권에 대한 선사용자의 통상실시권(法 182)(후용권)
　　　㉣ 재심에 의하여 통상실시권을 상실한 원권리자의 통상실시권(法 183)
　　　㉤ 특허료 추가납부기간 경과 후에 회복한 특허권의 통상실시권(法 81의3)
　　　㉥ 특허권의 이전청구에 따른 이전등록 전의 실시에 의한 통상실시권

　② 범위에 따라 다른 경우
　　　㉠ 직무발명에 대한 사용자 등의 통상실시권(發振法 10①)의 경우 사용자 등은 특허발명 전체에 대해, ㉡ 디자인권의 존속기간 만료 후의 통상실시권(法 105)의 경우 디자인권자는 원디자인권 범위 내에서, 디자인권에 대한 실시권자는 원실시권의 범위 내에서, ㉢ 질권행사로 인한 특허권의 이전에 따른 통상실시권(法 122)의 경우 그 특허권자는 특허발명의 전 범위 내에서 효력을 갖는다.

(5) 법정실시권의 내용
　① 효 력
　　법정실시권자는 법률의 규정에 의하여 정해진 범위에서 업(業)으로 그 특허발명을 실시할 수 있는 권리를 가지는데(法 102②) 이러한 법정통상실시권도 실시권자 자신이 특허발명을 업으로서 실시할 수 있는 적극적 효력이 있지만, 정당한 권원 없이 실시하는 제3자를 배제할 수 있는 소극적 효력은 없다. 한편, 특허권 또는 전용실시권을 기초로 하는 권리이므로, 특허권 또는 전용실시권의 적극적 효력이 제한되는 일정한 경우에는 통상실시권의 효력도 역시 제한된다. 이와 같은 경우로는 ㉠ 통상실시권의 공유에 의한 제한(法 102⑦), ㉡ 통상실시권의 포기의 제한(法 119③), ㉢ 이용·저촉관계에 따른 제한(法 98) 등이 있다.

　② 이 전
　　법정실시권은 특허권자의 동의를 얻거나 특허권자의 동의가 없더라도 실시사업과 함께 이전하는 경우 또는 상속 기타 일반승계의 경우에는 이전할 수 있다(法 102⑤). 또한 실시권이 공유인 경우에는 다른 공유자의 동의를 얻어야 한다.

　③ 질권의 설정 및 실시권 포기
　　법정실시권자는 특허권자의 동의를 얻어 법정실시권을 목적으로 하는 질권을 설정할 수 있다(法 102⑥). 한편, 법정실시권자는 질권이 설정되어 있는 경우 질권자의 동의를 얻지 않고 법정실시권을 포기할 수 없다.

　④ 특허권 포기, 정정, 정정심판에 대한 동의
　　법정실시권은 허락에 의한 실시권과는 달리, 특허권자는 원칙적으로 법정실시권자의 동의를 받지 않고 특허권의 포기, 정정청구, 정정심판청구를 할 수 있다. 그러나 직무발명에 대해서는 법정통상실시권자의 동의를 받아야만 특허권을 포기하거나(法 119①), 정정청구 또는 정정심판을 청구할 수 있다(法 133의2④, 136⑧, 137④).

(6) 법정실시권의 소멸

법정실시권은 ① 특허권의 소멸, ② 법정실시권의 포기, ③ 특허권의 수용, ④ 혼동의 경우 법정실시권이 소멸되며, ⑤ 실시 또는 준비를 하고 있는 발명 및 사업목적의 범위 내에서 실시 가능한 법정실시권은 실시사업이 폐지된 경우 소멸된다.

(7) 대 가

직무발명에 의한 통상실시권(發振法 10①), 선사용에 의한 통상실시권(法 103), 디자인권의 존속기간 만료 후의 원디자인권자의 통상실시권(法 105), 재심에 의하여 회복한 특허권에 대한 선사용자의 통상실시권(法 182)을 제외하고는 법정실시권자는 특허권자 또는 전용실시권자에 대하여 대가를 지불하여야 한다.

(8) 법정실시권 등록의 효력

법정실시권은 등록하지 않아도 효력이 발생되며, 또한 허락에 의한 통상실시권과는 달리 등록이 없더라도 그 후에 새로이 특허권 또는 전용실시권을 취득한 자에게도 그 효력을 주장할 수 있다(法 118②).

다만, 법정실시권의 효력은 등록이 없더라도 발생하나 법정실시권의 이전·변경·소멸 또는 처분의 제한, 법정실시권을 목적으로 하는 질권의 설정·이전·변경·소멸 또는 처분의 제한은 이를 등록하지 아니하면 제3자에게 대항할 수 없다(法 118③).

참고로, 강제실시권의 경우(국가비상사태 등에 의한 통상실시권, 재정에 의한 통상실시권, 통상실시권 허락심판에 의한 통상실시권)도 등록하지 않아도 효력이 발생하나 등록하지 아니하면 사후에 새로이 특허권을 취득한 자나 전용실시권을 취득한 자에 대해 대항할 수 없다. 그러나 강제실시권의 경우는 특허청장에 의한 직권등록사항으로 실제 등록이 되지 않아 문제가 되는 경우는 거의 없다(登錄令 14).

5. 강제실시권

(1) 의 의

강제실시권(Compulsory license)이란 특허권자의 의사와 상관없이 국가기관이 적법절차를 거쳐 다른 사람에게 강제적으로 설정해 주는 실시권이다. 특허권자는 자기의 특허발명을 스스로 실시하거나 그렇지 못할 경우 타인으로 하여금 실시케 할 의무가 있다. 그런데 특허권자가 자신의 특허발명을 정당한 사유 없이 실시하지 않고 사장시키거나 특허권을 남용하는 경우 또는 국방상, 공익상 필요가 있는 경우에도 그 특허발명의 실시 여부를 오로지 특허권자에게만 맡기는 것은 공익에 반함은 물론 국가산업정책적 이유에서도 바람직하지 못하다. 이에 특허법은 일정한 경우 제3자에게 당해 특허발명을 실시할 수 있도록 함으로써 특허제도 본래의 목적을 달성하고자 강제실시권제도를 두고 있다.

(2) 종 류

강제실시권은 국가비상사태 등에 의한 통상실시권(法 106의2), 재정에 의한 통상실시권(法 107), 통상실시권 허락심판에 의한 통상실시권(法 138)의 3종류가 있다.

(3) 강제실시권의 발생

국가비상사태 등에 의한 실시권 및 재정에 의한 실시권은 결정서 또는 재정서의 등본이 송달된 때 효력이 발생하지만, 통상실시권 허락심판에 의한 실시권은 심결이 확정된 때 그 효력이 발생한다.

(4) 강제실시권의 내용

① 효 력

강제실시권자는 결정, 재정, 심판에서 정해진 범위 내에서 업(業)으로서 그 특허발명을 실시할 수 있는 권리를 가지며(法 102②), 이러한 강제실시권도 실시권자 자신이 특허발명을 업으로서 실시할 수 있는 적극적 효력이 있지만, 정당한 권원 없이 실시하는 제3자를 배제할 수 있는 소극적 효력은 없다. 한편, 특허권 또는 전용실시권을 기초로 하는 권리이므로, 특허권 또는 전용실시권의 적극적 효력이 제한되는 일정한 경우에는 통상실시권의 효력도 역시 제한된다.

② 이 전

통상실시권 허락심판에 의한 통상실시권은(法 138) 실시권의 원인이 된 원권리와 함께하는 경우에 한하여 이전할 수 있다. 이 실시권은 이용·저촉관계에 의한 강제실시권인 관계로 원권리에 종속하기 때문이다. 따라서 특허법도 통상실시권 허락심판에 의한 통상실시권은 그 통상실시권자의 당해 특허권과 함께 이전되고 소멸된다(法 102④)고 규정하고 있다. 재정에 의한 통상실시권도 실시사업과 같이 이전하는 경우에 한하여 이전할 수 있다(法 102③).

국가비상사태 등에 의한 통상실시권의 경우에는 특허법에 명문의 규정이 없으나, 공익을 위하여 인정되는 강제실시권의 취지상 실시사업과 같이 이전하는 경우에 한하여 이전할 수 있다고 해석함이 타당할 것이다.

③ 질권설정 및 실시권 포기

㉠ 재정에 의한 통상실시권(法 107), 통상실시권 허락심판에 의한 통상실시권(法 138)은 통상실시권을 목적으로 하는 질권을 설정할 수 없다(法 102⑥). 한편, 국가비상사태 등에 의한 통상실시권(法 106의2)은 법 제102조 제6항의 반대해석상 질권을 설정할 수 있다. 그러나 국가비상사태 등에 의해 인정되는 강제실시권의 취지에 비추어 볼 때 강제실시권에 의해 수익행위를 하는 것은 타당하지 않기 때문에 질권을 설정할 수 없는 것으로 해석함이 타당하다.

㉡ 재정에 의한 통상실시권 및 통상실시권 허락심판에 의한 통상실시권은 질권을 설정할 수 없기 때문에 자유롭게 포기할 수 있다.

(5) 강제실시권의 소멸

강제실시권은 일반적으로 ① 특허권의 소멸, ② 강제실시권의 포기, ③ 특허권의 수용, ④ 혼동 등으로 소멸한다. 그 밖에 ① 국가비상사태 등에 의한 통상실시권(法 106의2)의 결정의 취소에 의해, ② 재정에 의한 통상실시권(法 107)은 재정의 실효(失效)(法 113)나 재정의 취소(法 114)에 의해, ③ 통상실시권 허락심판에 의한 통상실시권(法 138)은 원권리의 소멸에 의해 소멸한다.

(6) 대 가

강제실시권은 국가산업의 발전과 공익증진에 그 목적이 있으므로 이에 부합하는 경우 사유재산권을 일정부분 제한할 수는 있으나 권리자에게 적절한 보상이 이루어져야 한다. 이와 같은 보상금이나 대가는 특허청장의 결정이나 재정 또는 심판에 의하여 정하여진다.

(7) 강제실시권 등록의 효력

강제실시권은 등록이 없더라도 효력이 발생하나 등록이 없으면 그 후에 새로이 특허권을 취득한 자나 전용실시권을 취득한 자에 대하여 대항할 수 없다(法 118②). 다만, 강제실시권의 설정등록은 특허청장에 의한 직권등록사항으로서 실제 등록이 되지 않아 문제가 되는 경우는 거의 없다고 해도 무방하다(登錄令 14).

또한 강제실시권의 이전·변경 소멸 또는 처분의 제한, 강제실시권을 목적으로 하는 질권의 설정·이전·변경·소멸 또는 처분의 제한 역시 등록하지 아니하면 제3자에게 대항할 수 없다(法 118③).

Ⅳ 법정실시권의 구체적 내용

1. 직무발명에 대한 사용자의 통상실시권

(1) 의 의

「직무발명에 대한 통상실시권」이란 종업원 등이 그 직무에 관하여 발명한 것이 성질상 사용자 등의 업무범위에 속하고, 그 발명을 하게 된 행위가 종업원 등의 현재 또는 과거의 직무에 속하는 발명에 대하여 종업원 등이 특허를 받았거나 특허를 받을 수 있는 권리를 승계한 자가 특허를 받았을 때에 사용자 등에게 그 특허권에 대하여 인정되는 통상실시권을 말한다(發振法 10①).

(2) 취 지

직무발명의 경우 그 발명을 완성함에 있어서는 종업원 등의 연구노력이 있어야 함은 물론이거니와 사용자 등도 자금이나 설비, 인력 등의 지원도 필요하다. 이와 같이 발명이 완성된 경우에는 발명자와 사용자의 정신적·물질적 희생에 기인한 것이기 때문에 형평의 이론을 적용한 것이다.[353]

---
[353] 그리하여 직무발명에 대한 통상실시권은 그 특허발명을 실시함에 따른 대가를 지불하지 않는다.

특허법은 종업원 발명에 관해 노사간의 역학관계에 기초하여 종업원의 입장에서 발명은 원시적으로 발명자인 종업원에게 귀속한다고 하는 한편 사용자의 입장에서는 사용자 등이 그 직무발명의 탄생에 기여한 점을 인정하여 직무발명에 대한 통상실시권을 인정하고 있다.

(3) 성립요건

① 발명이 종업원 등의 직무에 관한 것일 것
특허발명은 종업원 등의 직무에 관한 것이어야 하며 종업원 등의 직무와 무관한 것일 때에는 직무발명이 아니므로 사용자 등에게 실시권이 인정되지 아니한다.

② 발명이 사용자 등의 사업범위에 속하는 것일 것
업무범위라 함은 사용자가 실질적으로 집행하고 있는 업무로서 법인의 경우 정관에서 정해진 사업목적의 범위와 이에 부대하는 사업을 포함하는 것으로 해석하고 있으며 개인기업의 경우에는 사업자등록증에 나타나는 업종 등을 기준으로 하여 판단한다.

③ 종업원 등의 현재 또는 과거의 직무에 속하는 것일 것
「현재 또는 과거의 업무」라 함은 종업원 등이 종업원 등의 지위에서 현재 담당하고 있는 직무 또는 과거에 담당했던 직무에 관련된 발명을 한 경우를 말하며, 퇴직 후의 발명은 여기에 해당되지 아니함이 원칙이다.

④ 특허를 받았을 것
직무발명에 대한 사용자의 통상실시권은 종업원이 특허를 받았거나 또는 종업원으로부터 특허 받을 수 있는 권리를 승계한 자가 특허를 받았을 때 발생하며, 따라서 직무발명이 특허를 받지 못하였을 때에는 직무발명에 대한 통상실시권은 발생하지 않는다.

(4) 범 위
통상실시권의 효력발생 당시의 실시 또는 준비를 하고 있는 발명 및 사업의 목적범위에 한정되지 않고 특허발명 전체에 대해 사용자 등이 통상실시권을 실시할 수 있다.

(5) 실시권의 내용

① 효 력
직무발명에 대한 통상실시권의 효력은 특허권 설정등록이 있는 때부터 발생한다.

② 이 전
직무발명에 대한 통상실시권은 ㉠ 실시사업과 같이 이전하거나, ㉡ 상속 기타 일반승계의 경우, ㉢ 특허권자의 동의를 얻은 경우에 이전할 수 있다(法 102⑤). 실시권이 공유인 경우 다른 공유자의 동의를 얻어야 한다(法 102⑦).

③ 질권의 설정 및 실시권 포기

직무발명에 대한 통상실시권자는 특허권자의 동의를 얻은 경우 통상실시권을 목적으로 하는 질권을 설정할 수 있으며(法 102⑥) 실시권이 공유인 경우에는 다른 공유자의 동의를 얻어야 한다(法 102⑦). 직무발명에 대한 통상실시권은 이를 포기할 수 있으며 당해 실시권에 질권이 설정되어 있는 경우에는 질권자의 동의를 받아야만 그 실시권을 포기할 수 있다(法 119③).

④ 특허권 포기에 대한 동의

특허권자는 직무발명에 대한 통상실시권자의 동의를 받아야만 특허권을 포기할 수 있다(法 119①).

⑤ 정정심판청구에 대한 동의

특허권자는 법 제136조에 의한 정정심판을 청구함에 있어 직무발명에 대한 통상실시권자의 동의를 받아야만 정정심판을 청구할 수 있다(法 136⑧).[354]

(6) 대 가

직무발명에 대한 통상실시권은 그 특허발명을 실시함에 따른 대가를 지급하지 아니한다. 이는 직무발명의 완성에 사용자 등의 공헌을 감안한 입법상의 조치이다.

2. 선사용에 의한 통상실시권

(1) 의 의

「선사용에 의한 통상실시권」이란 특허출원시에 그 특허출원된 발명의 내용을 알지 못하고 그 발명을 하거나 그 발명을 한 자로부터 지득(知得)하여 국내에서 그 발명의 실시사업 또는 그 사업준비를 하고 있는 자에게 그 실시 또는 준비를 하고 있는 발명 및 사업목적의 범위에서 그 특허출원된 발명에 대한 특허권에 대하여 인정되는 통상실시권을 말한다(法 103).[355]

(2) 취 지

특허출원 당시에 선의로 국내에서 이미 그와 같은 발명을 사업으로서 실시하거나 사업설비를 하고 있는 자에게는 그 특허발명에 대하여 발명 및 사업목적의 범위에서 계속 실시할 수 있도록 법적으로 보장함으로써 최선발명자와 선원자간의 권리관계를 균형 있게 조정함은 물론 기존의 산업질서를 그대로 유지하고자 함에 그 취지가 있다 하겠다.[356]

---

[354] 법정실시권 8가지 중 유일하게 직무발명에 의한 통상실시권에 있어서만 특허권자가 본인의 특허권을 포기, 정정심판청구할 경우엔 통상실시권자의 동의를 얻어야 한다.

[355] 선사용권(先使用權)이란 용어는 법률상 용어가 아니며 강학상 용어이다.

[356] 선사용권을 인정하는 근거에 대해서는 ① 획일적인 선출원주의의 원칙을 관철함으로써 발생하는 불합리를 시정하고, 선발명자와 선출원자간의 보호의 균형을 위한 것이라는 선발명자보호설, ② 특허출원시에 이미 실시하거나 또는 실시준비를 하고 있는 선의의 사업자가 그 후에 설정등록된 특허권 때문에 실시를 계속할 수 없게 되는 것은 선의의 선사용자를 희생시키고 특허권자를 지나치게 보호하는 것이 되어 현저하게 공평에 반한다는 공평설, ③ 특허

(3) 성립요건

① 특허출원시에 사업실시나 준비를 하고 있을 것

「사업실시」란 발명의 실시를 의미하는 것으로서 이와 같은 사업실시는 출원 당시에 하고 있으면 충분하며 그 후에 사업실시나 준비를 일시중지한 경우에도 인정된다. 그러나 일시적으로 사업을 실시한바 있다거나 실시사업을 폐지 또는 포기한 경우에는 인정되지 않는다.

「사업의 준비」라 함은 사업을 개시(開始)하기 위한 예비행위를 말하며 사업설비를 갖춘 경우 등이 여기에 해당된다고 할 수 있는데 이같은 준비는 객관적으로 인정되는 것이어야 한다.357)

② 사업의 실시나 준비가 선의일 것

여기서의 사업의 실시나 사업의 준비는 선의일 것을 요하는데, 선의는 타인의 특허출원에 관한 발명의 내용을 모르고 스스로 발명을 하거나358) 그 발명을 한 자로부터 지득(知得)하여 발명의 실시사업 또는 준비를 한 경우를 말한다. 이때 타인으로부터의 발명의 지득은 그 발명이 특허출원에 관계되는 발명인지를 모르고 그 발명자로부터 지득하는 것을 말한다.359)

③ 그 실시나 준비가 국내에서 이루어진 것일 것

발명의 실시사업이나 준비는 국내에서 이루어진 것이어야 하는데 이는 특허권의 효력이 국내에만 미치기 때문이다.

출원시에 이미 실시하고 있거나 실시준비를 하고 있는 사업의 계속을 불가능하게 하는 것은 선의의 사업자에게 지나치게 가혹할 뿐만 아니라 산업정책상 바람직하지 않다는 경제설, ④ 발명자는 국민의 교사라는 이론적 배경하에서 선사용자는 특허권자의 발명으로부터 가르침을 받는 것이 아니므로 특허권에 복종할 필요가 없다는 교사설(敎師說), ⑤ 노하우에 대해서도 특허법상 보호가 필요하며 선사용권은 그러한 의지의 표현이라는 노하우보호설 등이 있다. 이 중에서 공평설과 경제설이 선사용권을 인정하는 통설로 인정받고 있다.

357) 「사업준비」에 대한 사실입증은 주로 기술개발 계획서, 개발회의 회의록, 개발명령서, 당해 발명의 제조 또는 그 방법실시에 꼭 필요한 재료를 구입한 것을 증명하는 문서, 실험계획서, 개발을 위한 실험 데이터, 기기의 설계도면, 신제품 매출을 위한 견적서, 관공서에의 사업 신고·신청서, 신제품 개발의 신문발표, 발명자의 연구논문, 거래처·하청공장 등 제3자의 증명서, 진술서 등의 여러 자료를 모아서 입증한다. 구체적으로는 개별적으로 주문에 따라 생산되는 공업용 가열로(加熱爐)와 같은 제품의 견적사양서 등이 거래를 하는 상대방에게 제출되거나, 제조용봉의 전개도를 하청업자에게 교부하고 이 하청업자가 현장용 도면을 작성하여 필요한 도구나 기구를 구입해 제조설비를 갖추는 행위 등은 실시준비단계로 인정된다.

그러나 물건 선전용 팸플릿은 일반적으로 과장이 심하고 물건의 완성이나 사업 준비단계 전에 미리 주문을 받는 경우가 있을 수 있으므로 기타 여러 상황을 감안하여 종합적으로 판단한다(지식재산연수원, 전게서, p.257).

358) 이는 타인이 특허출원한 발명인지를 모르고 스스로 발명한 것이 타인의 출원한 발명과 동일하게 된 경우로서 특허출원 이전에 발명이 완성되어 있어야 한다.

359) 따라서 타인의 발명을 절취, 모방하거나 강박에 의한 것일 때에는 여기에 해당되지 않는다. 한편 타인으로부터 발명을 지득한 경우 그것이 선의인 한 그 발명의 루트는 문제되지 않는다고 해석된다. 그러나 여기서 보호대상으로 하는 것은 선사용에 관계되는 발명을 보호하기 위한 것이므로 특허출원한 발명자로부터 발명을 지득한 경우는 여기서 제외되는 것으로 해석함이 일반적이다(이인종, 전게서, p.344, 대구고법 92라7).

(4) 범 위

① 발명의 범위
발명의 범위는 선사용자가 특허출원시 실시하였거나 실시준비를 하고 있는 발명의 범위 내를 말하며 특허발명의 전 범위가 아니다.

② 사업목적의 범위
이는 선사용자가 특허출원시에 목적으로 하였던 사업목적의 범위 내로서 발명의 실시가 사업의 목적범위 내이면 그 실시규모는 문제되지 않는다. 여기서 사업의 목적범위 내라고 하면, 예를 들어 가성소다 제조를 위하여 당해 발명을 실시하고 있던 경우는 그 가성소다 제조업의 범위에서 통상실시권을 가지는 것이고 당해 설비를 제철사업에 사용하는 경우까지 통상실시권을 가지는 것은 아니다라고 하는 취지이다. 다만, 질소 제조업에 사용하는 한에서는 그 제조규모를 확대하는 것도 허락된다.[360]

(5) 실시권의 내용

① 효 력
선사용에 의한 통상실시권은 법정요건을 충족한 때 효력이 발생하며 등록하지 아니하여도 그 후에 특허권·전용실시권을 취득한 특허권자·전용실시권자 또는 특허권·전용실시권을 목적으로 하는 질권을 설정한 질권자에 대하여도 효력이 있다.

그러나 등록하지 아니한 경우에는 통상실시권의 이전·변경·소멸 또는 처분의 제한, 통상실시권을 목적으로 하는 질권의 설정·이전·변경·소멸 또는 처분의 제한은 이를 제3자에게 대항할 수 없다(法 118③).

② 이 전
선사용에 의한 통상실시권은 실시사업과 같이 이전하거나 상속 기타 일반승계의 경우 이외에는 특허권자의 동의를 얻어야만 이전할 수 있다(法 102⑤). 실시권이 공유인 경우에는 다른 공유자의 동의를 얻어야 한다(法 102⑦).

③ 질권의 설정 및 실시권 포기
선사용에 의한 통상실시권은 특허권자의 동의를 얻은 경우 통상실시권을 목적으로 하는 질권을 설정할 수 있다(法 102⑥). 실시권이 공유인 경우 다른 공유자의 동의를 얻어야 함은 물론이다(法 102⑦). 선사용에 의한 법정통상실시권자도 실시권을 포기할 수 있으나, 동 실시권에 질권이 설정되어 있는 경우는 질권자의 동의를 얻지 않고는 실시권을 포기할 수 없다(法 119③).

---

[360] 대판 1984.4.26, 83가합7487(선사용자의 통상실시권 인정 예)
피고가 본 건 디자인(의장)등록출원 이전에 다른 회사로부터 납품의뢰를 받고 그 회사로부터 교부받은 제작도면에 의거하여 본 건 제품을 제조납품하였고 한편 위 회사가 교부한 제작도면은 그 소속 직원이 유사한 외국제품을 모방하여 만든 것이라면 피고는 본 건 디자인(의장)등록 출원 당시에 선의로 국내에서 그 디자인(의장)의 실시사업을 한 자라고 할 것이므로 그 사업의 목적범위 내에서는 통상실시권을 가진다.

(6) 대 가

통상실시권자는 특허권자에게 무상으로 특허발명을 실시할 수 있다.

(7) 법 제96조 제1항 제3호(특허출원 당시부터 국내에 있던 물건)와 법 제103조(선사용권)와의 관계

특허출원 당시부터 국내에 있는 물건에 대해서는 전술한 특허권 "효력의 제한"에서 설명한 바 있으나, 법 제96조 제1항 제3호는 "특허출원시부터 국내에 있었던 물건에 대하여서는 특허권 효력이 미치지 않는다"고 하고 있고, 법 제103호는 당해 특허출원 전에 타인이 선의로 발명을 실시하고 있는 경우는 무상으로 통상실시권(선사용권)을 주도록 하고 있다.

특허출원시부터 국내에 있던 물건의 경우는 그 물건을 가지고 특허무효심판을 청구하여 특허권을 처음부터 존재하지 않았던 걸로 무효화시킬 수가 있을 것이고, 또한 특허출원 전에 타인이 선의로 발명을 실시하고 있었던 경우도 선의로 발명을 실시하고 있었던 자의 입증자료에 의해 특허권을 무효시킬 수 있을 것이다. 하지만 위의 두 가지 경우(法 96①3, 法 103)는 특허권을 무효시키지 아니하고 생존시키면서 취할 수 있는 방법이라고 할 수 있겠다.

특허출원시부터 국내에 있던 물건(法 96①3)은 그 물건이 멸실되면 그것으로 끝난다(즉, 동 규정이 적용되지 않는다). 멸실된 물건과 똑같은 동일 물건을 특허출원 이후부터 새로 만들면 그때부터 특허권의 침해가 된다. 이에 반해 선사용권(法 103)은 특허출원시 실시하였거나 실시준비하고 있는 발명의 범위 및 사업목적 범위 내에서 계속 실시할 수가 있다. 따라서 특허출원시부터 국내에 있는 물건(法 96①3)은 단지 기존의 물건상태를 보호한다는 것이 그 목적이라면, 선사용권(法 103)은 특허출원시 존재하는 기존의 사업설비를 보호한다는 것에 그 목적이 있다.

3. 무효심판청구등록 전의 실시에 의한 통상실시권(중용권)

(1) 의 의

「무효심판청구등록 전의 실시에 의한 통상실시권」이란 특허 또는 실용신안등록에 대한 무효심판청구의 등록 전에 자기의 특허발명 또는 등록실용신안이 무효사유에 해당되는 것을 알지 못하고 국내에서 그 발명 또는 고안의 실시사업을 하거나 그 사업의 준비를 하고 있는 자에게 그 실시 또는 준비를 하고 있는 발명 또는 고안 및 사업목적의 범위에서 그 특허권 또는 그 특허나 실용신안등록이 무효로 된 당시에 존재하는 특허권에 대하여 허락되는 통상실시권을 말한다(法 104①).[361]

---

[361] 이를 강학상 중용권(中用權)이라고 한다.

(2) 취 지

실시사업을 하거나 사업준비를 하고 있는 경우, 그 특허나 실용신안등록이 무효되었다 하여 기존의 실시사업을 못하게 한다는 것은 산업발전에 도움이 되지 않을 뿐만 아니라 개인적으로도 손해가 막대하다. 따라서 특허법은 이미 벌여놓은 사업을 계속할 수 있도록 하게 함으로써 산업발전에 기여함은 물론 선의의 실시자를 보호하고자 본 제도를 마련한 것이다. 얼핏 생각하면 무효심판심결이 확정되어 특허가 무효로 되면 그 무효로 된 특허권은 누구나 사용 가능하기 때문에 이러한 제도가 필요없다고 생각할지 모른다. 그러나 이 경우는 한쪽 특허가 무효가 되더라도 다른 특허가 유효하게 존재하는 경우에 적용되는 경우이다. 즉, 이러한 경우는 대부분 법 제29조 제1항 제1·2호, 제29조 제3항, 제36조에 위반하여 중복적으로 특허가 된 경우에 한쪽 특허만 무효가 되는 경우라 할 수 있겠다.

(3) 성립요건

① 사업의 실시나 준비가 무효심판청구등록 전일 것

「무효심판청구등록 전」이라 함은 무효심판청구에 대한 예고등록을 말하며 발명 또는 고안에 대한 실시사업 또는 사업준비는 무효심판청구등록 전에 이미 그와 같은 사실이 객관적으로 인정되어야 한다.

② 무효사유가 있음을 알지 못할 것(선의일 것)

이는 무효로 된 특허 또는 고안의 특허권자나 실용신안권자가 자기의 특허 또는 고안에 무효사유가 있는 것을 모르고 그 권리의 정당성을 믿고 실시사업을 하는 경우를 말한다.

③ 무효심판에 의하여 무효가 되었을 것

법 제104조에 의하여 통상실시권이 인정되는 경우는 당해 특허 또는 등록실용신안이 무효심판에 의하여 무효된 경우에 한한다.

④ 국내에서 실시사업 또는 사업준비를 하고 있을 것

특허권은 그 효력이 국내에만 미치므로 사업실시나 사업준비도 국내에서 행해져야 한다.

(4) 실시권을 갖는 자(주체)

① 원특허권자(또는 원실용신안권자)

통상실시권을 갖는 자는 동일 발명에 대한 특허 중 그 하나를 무효로 한 경우 무효된 특허의 특허권자이다(이때 무효가 되는 경우는 주로 법 제29조 제1항 제1·2호, 제29조 제3항, 제36조에 위반하여 중복 특허된 경우이다).

② 무권리자로부터 선의로 승계 취득한 자

무권리자의 특허·등록실용신안을 무효로 하고 동일한 발명 또는 고안에 관하여 정당한 권리자에게 특허를 부여한 경우 무권리자로부터 선의로 승계 취득한 자(원특허권자라 함)에 대하여도 통상실시권이 주어진다.

이때 원특허권자(원실용신안권자)는 무권리자로부터 선의로 권리를 취득한 자를 말하며 당해 특허권·등록실용신안권에 무효사유가 있음을 알지 못함이 전제된다.

③ 전용실시권자, 통상실시권자

무효로 된 특허권 또는 실용신안권에 대하여 무효심판청구등록 당시에 이미 전용실시권이나 통상실시권 또는 전용실시권에 대한 통상실시권을 취득하고 그 등록을 받은 자(法 104①⑤)는 통상실시권이 주어진다. 따라서 전용실시권, 통상실시권에 관하여 등록을 하지 아니한 경우에는 중용권이 발생하지 아니한다.

(5) 범 위

실시권자는 무효심판청구등록 당시에 실시하고 있거나 준비를 하고 있는 발명 및 사업목적의 범위 내에서 실시할 수 있으며 특허발명의 전 범위에 대하여 실시할 수 있는 것은 아니다.

(6) 실시권의 내용

① 효 력

무효심판청구등록 전의 실시에 의한 통상실시권(중용권)도 법정요건이 충족한 때 효력이 발생하기 때문에 특허청 등록원부에 등록을 하지 아니하여도 효력이 발생하나(法 118②) 등록을 하지 아니한 경우에는 실시권의 이전·변경·소멸 또는 처분의 제한, 실시권을 목적으로 하는 질권의 이전·변경·소멸 또는 처분의 제한(전용실시권에 대한 통상실시권에 있어서는 특허권자 또는 전용실시권자)은 이를 제3자에게 대항할 수 없다(法 118③).

② 이 전

무효심판청구등록 전의 실시에 의한 실시권은 사업과 같이 이전하거나 상속 기타 일반승계의 경우, 특허권자(전용실시권에 대한 통상실시권에 있어서는 특허권자 또는 전용실시권자)의 동의를 얻은 경우에 이전할 수 있으며(法 102⑤) 실시권이 공유인 경우 다른 공유자의 동의를 얻어야 한다(法 102⑦).

③ 질권의 설정 및 실시권의 포기

실시권자는 특허권자의 동의를 얻은 경우 통상실시권을 목적으로 하는 질권을 설정할 수 있으며(法 102⑥) 그 실시권이 공유인 경우에는 다른 공유자의 동의를 얻어야 한다(法 102⑦). 무효심판청구등록전의 실시에 의한 법정통상실시권자도 실시권을 포기할 수 있으나 그 실시권에 질권이 설정되어 있는 경우에는 질권자의 동의를 받아야만 포기할 수 있다(法 119③).

(7) 대 가

무효심판청구등록 전의 실시에 의한 통상실시권을 가진 자는 특허권자 또는 전용실시권자에게 상당한 대가를 지급하여야 한다(法 104②).

4. 디자인권 존속기간 만료 후의 통상실시권

(1) 의 의

「디자인권 존속기간 만료 후의 통상실시권」이란 특허출원일 전 또는 특허출원일과 같은 날[362)]에 출원되어 등록된 디자인권이 그 특허권과 저촉되는 경우 그 디자인권의 존속기간이 만료되는 때에는 그 원디자인권자에게 원디자인권의 범위에서, 디자인권에 대한 전용실시권자 또는 그 디자인권이나 전용실시권에 관한 등록된 통상실시권을 가진 자에게 원권리의 범위에서 당해 특허권 또는 그 디자인권의 존속기간이 만료되는 당시에 존재하는 전용실시권에 대하여 인정되는 통상실시권을 말한다(法 105).

(2) 취 지

특허권과 디자인권은 그 보호대상을 달리하고 있어 특허출원과 디자인출원 간의 선후출원심사는 행하여지지 않는다. 그래서 서로 같은 물건에 대해서 특허와 디자인으로 각각 등록이 가능하다. 이처럼 동일 물건에 대하여 디자인과 특허가 동시에 등록되어 있는 경우에는 나중에 등록된 권리자가 하루라도 먼저 등록된 권리자에게 허락을 얻어야만 실시가 가능하다. 이러한 경우를 저촉관계라 하고(法 98) 앞에서 설명한 바 있다. 저촉관계의 예를 들면 예컨대 자동차 타이어의 홈과 관련하여 이는 미끄럼 방지라는 기술적 관점에서 특허권의 대상이 될 수 있으며, 타이어의 디자인이라는 관점에서 디자인권의 대상이 될 수도 있다. 이와 같이 특허권과 디자인권이 저촉하는 경우에 있어 디자인등록출원이 특허출원보다 먼저인 경우 디자인권자는 특허권자로부터 제약을 받지 않고 자유로이 자기의 등록디자인을 실시할 수 있다. 그러나 특허권자가 실시하려면 디자인권자의 허락을 얻어서 실시하여야 한다. 즉, 특허출원일 전에 출원되어 특허권과 저촉되는 디자인권의 경우 디자인권자는 특허권에 구속되지 않고 자유로이 등록디자인을 실시할 수 있으며, 특허권자는 특허발명을 실시하기 위해서는 디자인권자의 허락을 얻거나 통상실시권 허락심판을 청구하여야 한다. 한편, 특허출원일과 같은 날에 출원되어 특허권과 저촉되는 디자인권의 경우에는 법 제98조가 적용되지 않기 때문에 양자 모두 자유롭게 등록디자인과 특허발명을 실시할 수 있다. 그런데, 문제는 디자인권은 특허권에 비하여 그 존속기간이 짧아 디자인권의 존속기간은 만료되고 특허권은 존속하고 있는 때에는 그 디자인권자였던 자는 자기 자신이 실시하던 디자인을 실시할 수 없게 된다. 그래서 특허법은 특허출원일 전 또는 특허출원일과 같은 날에 출원된 특허권과 저촉되는 디자인권이 존속기간 만료로 먼저 소멸하더라도 디자인권자에게 법정실시권을 인정하여 계속 등록디자인을 실시할 수 있도록 함으로써 선출원 권리자인 디자인권자를 보호하는 한편, 그 디자인권자가 갖추어 놓은 산업설비를 보호해 주고 있다. 이러한 실시권을 「디자인권 존속기간 만료 후」의 통상실시권이라 한다.

---

362) 이용저촉관계의 발생은 그 특허발명 특허출원일 전에 출원된 타인의 권리(법 제98조)가 해당되지만 「디자인권 존속기간 만료 후 통상실시권」은 특허출원일 전 또는 특허출원일과 같은 날에 출원된 권리까지 포함된다. 즉, 특허와 디자인, 상표는 같은 날에 출원되어 서로 모두 등록되어도 자유롭게 실시할 수 있다.

(3) 성립요건

① **특허출원일 전 또는 특허출원일과 같은 날에 출원되어 디자인권이 등록될 것**
디자인출원일이 특허출원일보다 선출원이거나 최소한 같은 날의 출원이어야 한다. 디자인등록출원이 저촉되는 특허권의 특허출원보다 후출원인 경우에는 디자인권자는 디자인권의 존속기간 중에는 물론 디자인권이 존속기간 만료로 소멸하더라도 선출원 특허권자의 동의 등이 있어야만 등록디자인을 실시할 수 있다.

② **등록된 디자인권이 특허권과 저촉될 것**
디자인권이 특허권과 저촉관계에 있어야 한다. 「저촉」이란 디자인권을 실시하면 특허권을 침해하는 것이 되고 특허권을 실시하면 디자인권을 침해하게 되는 쌍방적 충돌관계를 의미한다.

③ **디자인권이 반드시 존속기간 만료로 소멸할 것**
디자인권이 존속기간의 만료로 소멸한 경우에 한한다. 따라서 등록료의 불납, 디자인권의 포기 또는 특허무효심판 등의 사유로 소멸된 경우에는 법정실시권이 인정되지 않는다.

(4) 범 위

디자인권자가 가지는 통상실시권은 「원디자인권의 범위」 내이다. 그러므로 실시기간은 특허권의 존속기간의 전 기간을 의미하고 특별한 실시태양 등의 제한도 없다고 할 것이다.

한편, 디자인권의 존속기간 만료 당시의 전용실시권자 등이 가지는 본조의 통상실시권 역시 「원디자인권(또는 원실시권)의 범위」 내에서 인정된다.

(5) 대 가

① **원디자인권자는 무상**
원디자인권자는 대가의 지급 없이 무상으로 통상실시권을 가진다. 원디자인권자에게 법정실시권을 인정하는 이유가 권리의 공평을 기하기 위해서이기 때문이다.

② **그 디자인권에 존재하는 등록된 실시권을 가지는 자는 유상**
그 디자인권에 존재하는 「전용실시권」 또는 「등록한 통상실시권자」는 특허권자 또는 전용실시권자에게 상당한 대가를 지급하여야 한다(法 105③).

5. 질권행사로 인한 특허권의 이전에 따른 통상실시권

(1) 의 의

「질권행사로 인한 특허권의 이전에 따른 통상실시권」이란 특허권을 목적으로 하는 질권설정 이전에 특허권자가 특허발명을 실시하고 있는 경우에는 그 특허권이 경매 등에 의하여 타인에게 이전되더라도 그 특허발명에 대하여 특허권자에게 부여하는 통상실시권을 말한다(法 122).

(2) 취 지

특허권은 약정담보물권의 일종인 질권의 목적물이 될 수 있는데, 특허권자는 특허권을 목적으로 하는 질권설정 이전에 그 특허발명을 실시하고 있는 경우에는 그 특허권이 경매 등에 의하여 이전되더라도 그 특허발명에 대하여 통상실시권을 갖도록 한 것을 말한다.

특허권자가 채무불이행으로 질권이 실행되어 그 특허권이 경락, 이전되면 특허권자는 그 발명의 실시권을 상실하게 되어 그동안 자본과 노력을 투하하여 설치한 사업설비 등을 폐기할 수밖에 없고, 특허권의 경락인은 발명의 실시를 위하여 새로이 생산설비를 갖추어야 한다. 이는 사회경제적으로 손실일 뿐만 아니라 특허권의 경락인이 발명을 실시할 준비를 갖출 때까지 발명의 실시가 중단되는 문제가 발생하며, 또한 발명을 실시 중이던 특허권자에게는 매우 가혹한 결과라 하겠으며 국민경제상에도 유익하지 않다.

따라서 이러한 경우 특허법은 특허권자의 실시상태를 계속 유지시키는 것이 국가산업발전에 유리하다고 판단하여 특허권자에게 법정통상실시권을 인정하고 있다.

(3) 성립요건

① 특허권을 목적으로 하는 질권이 설정되었을 것

② 질권설정 이전에 특허발명을 실시 중일 것

질권설정 이후에는 특허발명을 실시 중이라도 법정실시권이 발생하지 않는다. 한편, 질권설정 이전이라도 실제로 특허발명을 실시하고 있어야 하며, 단지 실시사업을 준비하고 있던 경우에는 이에 해당하지 않는다.

③ 특허권이 경매 등에 의하여 이전되었을 것

특허권이 경매 등에 의하여 타인에게 이전되어야 한다.

(4) 범 위

법정실시권자의 범위는 원특허권자이며 그 특허권에 존재하는 전용실시권자 등은 해당되지 않는다. 또한 통상실시권의 실시범위에 관해서는 특허권자가 질권설정 이전에 실시하고 있던 실시범위로 한정되어야 한다는 견해(제한설)와 실시범위에 제한이 없다는 견해(무제한설)가 대립하고 있다. 제한설의 주장은 질권설정 전 자신의 특허발명을 실시하고 있는 것이 실시권 발생의 요건이므로 실시권의 범위도 이에 한정되어야 한다는 것이며, 무제한설의 주장은 실시권의 범위에 대하여 특허법상 특별한 제한을 두고 있지 않다는 점, 원래 특허권자였다는 점, 그리고 상당한 대가를 지불한다는 점 등을 들고 있다. 현재는 무제한설이 다수설이다.

(5) 대 가

이전된 특허권자에 대해 통상실시권을 갖는 전 특허권자는 경매 등에 의하여 특허권을 이전받은 자에게 상당한 대가를 지급하여야 한다(法 122).

6. 특허료 추가납부기간 경과 후에 회복한 특허권 등에 대한 통상실시권[363]

(1) 의 의

특허권이 특허료를 납부하지 아니하여 소멸한 후 특허료 추가납부 또는 보전에 의하여 특허권이 회복한 경우 그 특허료 추납기간이 경과한 날부터 납부한 날까지 또는 보전한 날까지 선의로 특허발명의 실시사업을 하거나 그 사업의 준비를 한 자는 그 실시 또는 준비를 하고 있는 발명 또는 사업목적의 범위에서 통상실시권을 가진다(法 81의3⑤). 즉, 특허료 불납으로 소멸된 특허권이 추가납부에 의하여 회복한 경우, 특허료 납부기간이 지났을 때로 소급하여 특허권이 존속하게 되지만, 그 사이의 당해 발명을 실시한 선의의 자를 보호하기 위한 규정이다.

(2) 취 지

특허권의 설정등록을 받고자 하는 자 또는 특허권자가 추가납부기간(추가납부기간이 만료되더라도 보전기간이 만료되지 아니한 경우에는 그 보전기간 이내에 보전하지 아니한 때를 말한다)에 특허료를 납부하지 않거나 보전하지 아니한 경우에는 특허권의 설정등록을 받고자 하는 자의 특허출원은 포기된 것으로 보며, 특허권자의 특허권은 제79조 제1항 또는 제2항에 따라 납부된 특허료에 해당되는 기간이 만료되는 날 다음 날로 소급하여 특허권이 소멸된 것으로 본다(法 81③)고 규정하고 있어서 선의의 제3자가 특허료의 불납 또는 미납에 의해 특허출원이 포기되거나, 특허권이 소멸한 것으로 확신하고 실시한 선의의 실시자를 보호하기 위함이다.[364]

(3) 성립요건

① 회복한 특허출원 또는 특허권의 효력제한기간[365] 중의 실시일 것

특허권의 설정등록을 받고자 하는 자 또는 특허권자는 특허료 납부기간이 경과한 후에도 6개월 이내에 특허료를 추가납부할 수 있고 특허청장의 보전명령이 있는 경우에는 그때로부터 1개월 이내에 특허료를 보전할 수 있다. 이렇게 추가납부기간 이내에 특허료를 납부하지 않거나 보전기간 동안 특허료를 보전하지 않은 경우에는 특허출원의 포기간주 또는 특허권의 소멸의 효과가 발생한다. 다만 추가납부를 하지 못하거나 특허료 보전을 하지 못한 것이 특허권자 등이 책임질 수 없는 사유로 인한 것인 경우에는 그 사유가 소멸한 날로부터 2개월 이내 그 특허료를 납부하거나 보전할 수 있는데, 추가납부기간(6개월)의 만료일 또는 보전기간(1개월)의 만료일 중 늦은 날로부터 1년(12개월)이 경과하지 않아야 한다(法 81③1).[366]

---

363) 「특허권 효력제한기간 중의 실시에 의한 통상실시권」이라고도 한다.
364) 파리협약 제5조의2 제2항은 "동맹국은 요금의 불납에 의해 효력을 상실한 특허의 회복에 대해서 정하는 것이 가능하다"고 규정하고 있고, 또 미국, 일본 등 여러 국가에서도 이 규정에 상당하는 특허료 불납에 의해 실효한 특허권의 회복을 인정하는 제도가 마련되어 있다.
365) 「효력제한기간」이란 특허료 추가납부기간이 경과한 날로부터 납부하거나 보전한 날까지의 기간을 의미한다.
366) 그러나 단순히 납부기한을 착오하여 납부기간을 경과한 경우에는 추가납부할 수 없다.

다음은 이미 등록된 특허발명(설정등록된 지 최소 3년이 경과한 특허발명)의 경우에 한하여, 추가납부기간 이내에 특허료를 납부하지 아니하였거나 보전기간 이내에 보전하지 아니하여 특허발명의 특허권이 소멸하였다면 추가납부기간 또는 보전기간 만료일부터 3월 이내에 특허료의 2배를 납부하고 그 소멸한 권리의 회복을 신청하여 특허권을 회복시킬 수 있다(法 81의3③).

② **선의일 것**

「선의」라 함은 특허출원 또는 특허권이 소멸되었음을 신뢰하고 특허발명을 실시한 자를 말한다.

③ **국내일 것**

실시사업 또는 사업준비는 국내에서 이루어져야 한다. 이는 특허권의 효력이 국내에만 미치며, 가급적 국내투자를 장려하기 위함이다.

④ **실시사업 또는 사업준비를 하고 있을 것**

그 발명의 실시사업 또는 사업준비를 하고 있어야 한다. 「실시사업」이란 사용자가 계속의 의사를 가지고 발명을 실시하는 것을 의미하며, 「사업준비」란 사업을 개시하기 위한 예비행위로서 객관적으로 인정되는 것이어야 한다.

(4) **범 위**

특허료 추가납부기간 경과 후에 납부 또는 보전에 의하여 회복한 특허권 등에 대한 통상실시권자는 「실시 또는 준비를 하고 있는 발명 또는[367] 사업의 목적의 범위」 안에서만 통상실시권을 가진다(法 81의3⑤).

(5) **대 가**

이러한 경우 법정통상실시권자는 특허권자 또는 전용실시권자에게 상당한 대가를 지급하여야 한다(法 81의3⑥).

7. 재심에 의하여 회복한 특허권에 대한 선사용자의 통상실시권(후용권)

(1) **의 의**

특허권이 무효로 확정되거나 거절결정된 발명은 누구라도 실시할 수 있다. 이러한 상태에서 어떠한 자가 선의로 당해 발명을 실시한 경우 그 특허권 등이 재심에 의하여 회복되면 위의 선의의 실시는 특허권의 침해로 된다. 그러나 특허의 무효가 확정됨으로써 자유롭게 그 발명을 실시할 수 있다고 믿고 실시한 자가 소급해서 침해자가 되는 현상이 발생된다. 이에 따라 법 제182조에서는 재심에 의해서 회복한 특허권은 이러한 실시자에게는 그 효력이 미치지 않도록 규정하고 있다. 이를 강학상 후용권(後用權)이라 한다.[368]

---

[367] 발명 또는 사업 목적의 범위로 해석하는 경우 법정실시권의 효력범위가 너무 넓으며 다른 법정실시권자와의 형평성 도모 측면을 고려할 때 실시 또는 준비를 하고 있는 발명 및 사업목적의 범위로 해석함이 타당하다 하겠다(임병웅, 전게서, p.805).

[368] 「선사용권」이 출원 전의 사실에 기초해서 발생하는 것이고 「중용권」이 출원하고 특허권이 발생한 후에 생긴 사유에 의해 발생한 것인 데 반해, 후용권은 특허권이 소멸한 후에 일정한 사유에 의해 발생한 것을 말한다.

(2) 취 지

특허심판원의 확정된 심결이라는 공권적 판단을 신뢰한 선의의 실시자를 보호하는 한편, 그 실시를 통하여 갖추어진 산업설비가 산업발전에 이바지한다는 법 목적에 비추어 보호해 줄 가치가 있기 때문에 법정실시권을 인정하고 있다.

(3) 성립요건

① 해당심결이 확정된 후 재심에 의하여 이와 상반된 심결이 확정될 것(法 181① 각 호)
㉠ 무효로 된 특허권 또는 존속기간의 연장등록의 특허권이 재심에 의해서 회복된 경우, ㉡ 특허권의 권리범위에 속하지 아니한다는 심결이 확정된 후 재심에 의하여 이와 상반되는 심결이 확정된 경우, ㉢ 거절한 것이라는 심결이 있었던 특허출원 또는 특허권의 존속기간의 연장등록출원에 대하여 재심에 의하여 특허권의 설정등록 또는 특허권의 존속기간의 연장등록이 있는 경우, ㉣ 취소된 특허권이 재심에 의하여 회복된 경우 등 이들 중 어느 하나에 해당하는 경우에 당해 심결이 확정된 후 재심청구의 등록 전에 선의로 국내에서 그 발명의 실시사업을 하고 있는 자 또는 그 사업의 준비를 하고 있는 자는 그 실시 또는 준비를 하고 있는 발명 및 사업의 목적의 범위에서 그 특허권에 관하여 통상실시권을 갖는다.

② 선의일 것
「선의」라 함은 당해 심결에 재심사유가 있음을 알지 못하는 것을 의미한다.

③ 국내에서 실시사업 또는 사업준비를 하고 있을 것
국내에서 그 발명의 실시사업 또는 사업준비를 하고 있어야 한다.

(4) 범 위

이러한 법정통상실시권자는 실시 또는 준비를 하고 있는 발명 및 사업의 목적의 범위에서만 통상실시권을 가진다.

(5) 대 가

이러한 경우 법정통상실시권자는 대가의 지급 없이 무상으로 특허발명을 실시할 수 있다.

8. 재심에 의하여 통상실시권을 상실한 원권리자의 통상실시권

(1) 의 의

선, 후권리가 이용, 저촉관계에 있는 경우에 후출원의 권리자가 자신의 특허발명을 실시하기 위해서는 선출원의 권리자에게 동의를 구해야 한다. 선출원의 권리자가 동의를 하지 않으면 특허청에 심판을 청구하여 당해 권리에 대해 통상실시권을 허락받아야(강제실시권) 자신의 특허발명을 유효하게 실시할 수 있다. 만약 동의를 얻지 못하거나 심판에 의해서 실시허락을 받지 않고 자신의 특허발명을 업으로 실시하면 선권리자의 권리를 침해하는 것이 된다. 즉, 「재심에 의하여 통상실시권을 상실한 원권리자의 통상실시권」이란 통상실시권 허락심판(法 138)에 의하여 통상실시권을 허락한다는 심결이 확정된 후 재심에 의하여 이에 상반되는 심결이 확정된 경우에, 재심청구등록 전에 선의로 국내에서 그 발명의 실시사업 또는 사업의 준비를 하고 있는 자(후권리자)에게 원통상실시권의 사업의 목적 및 발명의 범위에서 그 특허권 또는 재심의 심결이 확정된 당시에 존재하는 전용실시권에 대하여 통상실시권을 갖는다(法 183). 이것은 기존의 강제실시권이 법정실시권으로 전환되는 경우이다.

(2) 취 지

통상실시권을 허락한다는 확정된 심결을 신뢰한 선의의 실시자를 보호하는 한편, 그 실시를 통하여 갖추어진 산업설비가 산업발전에 이바지한다는 법 목적에 비추어 보호해 줄 가치가 있기 때문에 법정실시권을 인정하고 있다.

(3) 성립요건

① **통상실시권을 허락한다는 심결(法 138① 또는 ③)이 확정된 후 재심에 의하여 이에 상반되는 심결의 확정이 있는 경우에 재심청구등록 전의 실시일 것**
　통상실시권을 허락한다는 심결이 확정된 후 재심에 의하여 상반되는 심결이 확정되어야 하고 재심청구등록 전[369]에 발명의 실시사업 등을 하고 있어야 한다.

② **선의일 것**
　「선의」라 함은 당해 통상실시권허락심결에 재심사유가 있음을 알지 못하는 것을 말한다.

③ **국내에서 실시사업 또는 사업준비를 하고 있을 것**
　국내에서 그 발명의 실시사업 또는 사업준비를 하고 있어야 한다.

(4) 범 위

원통상실시권자의 사업목적의 범위 및 발명의 범위에서만 통상실시권을 가진다. 즉, 통상실시권의 범위는 원래의 통상실시권 허락심판에 의해서 허락된 통상실시권의 범위로 한정된다.

(5) 대 가

통상실시권자는 특허권자 또는 전용실시권자에게 상당한 대가를 지급하여야 한다(法 183②).

---

[369] 재심청구등록이란 재심청구예고등록을 말한다.

9. 특허권의 이전청구에 따른 이전등록 전의 실시에 의한 통상실시권

(1) 의 의

무권리자의 특허출원을 정당한 권리자가 직접 무권리자에게 해당 특허권을 법원에 청구하여 이전받은 경우에 이전등록된 특허의 원(原) 특허권자나 이전등록된 특허에 대하여 이전등록 당시에 이미 전용실시권이나 통상실시권 또는 그 전용실시권에 대한 통상실시권을 취득하고 등록을 받은 자에게 부여하는 통상실시권을 말한다(法 103의2).

(2) 취 지

이 실시권은 2017. 3. 1. 시행되는 개정법에 의해 도입된 제도이다. 이 법 시행 이전에는 무권리자가 출원하여 특허를 받은 경우 그 특허를 무효로 한다는 심결을 받은 후에만 정당한 권리자가 별도로 출원하여 특허를 받을 수 있었다(法 35). 이 법이 시행된 이후로는 위 방법 이외에 덧붙여 정당한 권리자가 직접 무권리자에게 해당 특허권 이전을 법원에 청구하여 자신의 특허권을 반환받을 수 있도록 하였다(法 99의2).

(3) 성립요건

다음 각 호의 어느 하나에 해당하는 자가 특허권이전청구(法 99의2②)에 따른 특허권의 이전등록이 있기 전에 해당 특허가 특허를 받을 수 있는 권리를 가진 자의 권리가 아니거나 공유특허인 경우 공유자가 공동으로 특허출원을 하지 않은 사실을 알지 못하고(法 133①2 본문) 국내에서 해당 발명의 실시사업을 하거나 이를 준비하고 있는 경우(法 103의2)

> 1. 이전등록된 특허의 원(原) 권리자
> 2. 이전등록된 특허권에 대하여 이전등록 당시에 이미 전용실시권이나 통상실시권 또는 그 전용실시권에 대한 통상실시권을 취득하고 등록을 받은 자. 다만, 제118조 제2항에 따른 통상실시권을 취득한 자는 등록을 필요로 하지 아니한다.

(4) 범 위

특허권의 이전청구에 따른 이전등록 전의 실시에 의한 통상실시권의 범위는 실시하거나 준비하고 있는 발명 및 사업목적범위에서 통상실시권을 갖는다(法 103의2).

(5) 대 가

위에 따라 통상실시권을 가지는 자는 이전등록된 특허권자에게 상당한 대가를 지급하여야 한다(法 103의2②).

법정실시권 요약정리[370]

법규정		發振法 제10조 제1항	法 제81조의3 제5항	法 제103조	法 제104조
명 칭		직무발명에 대한 사용자 등의 통상실시권	특허료 추가납부기간 경과 후에 회복한 특허권 등에 대한 통상실시권(특허권 효력제한기간 중의 실시에 의한 통상실시권)	선사용에 의한 통상실시권(선사용권)	무효심판청구등록 전의 실시에 의한 통상실시권(중용권)
의 의		종업원 등이 그 직무에 관하여 발명한 것이 성질상 사용자 등의 업무범위에 속하고 그 발명을 하게 된 행위가 종업원 등의 현재 또는 과거의 직무에 속하는 발명에 대하여 종업원 등이 특허를 받았거나 특허를 받을 수 있는 권리를 승계한 자가 특허를 받았을 때에는 사용자 등에게 인정되는 전 범위에 대한 통상실시권을 말한다.	특허료의 추가납부기간 경과 후 납부 또는 보전에 의하여 회복한 특허권의 효력제한기간 중 국내에서 선의로 그 발명의 실시사업을 하거나 그 사업을 준비하고 있는 자에게 그 실시 또는 준비하고 있는 발명 또는 사업목적의 범위에서 인정되는 통상실시권을 말한다.	특허출원시에 그 특허출원된 발명의 내용을 알지 못하고 그 발명을 하거나 그 발명을 한 자로부터 지득하여 국내에서 그 발명의 실시사업을 하거나 그 사업의 준비를 하고 있는 자에게 그 실시 또는 준비를 하고 있는 발명 및 사업의 목적의 범위에서 인정되는 통상실시권을 말한다.	특허 또는 실용신안에 대한 무효심판청구등록 전에 자기의 특허발명 또는 등록실용신안이 무효사유에 있다는 것을 알지 못하고 국내에서 그 발명 또는 고안의 실시사업을 하거나 그 준비를 하고 있는 자에게 그 실시 또는 준비를 하고 있는 발명 또는 고안 및 사업목적의 범위에서 인정되는 통상실시권을 말한다.
성립요건	주체적	• 종업원 등이 직무에 관해 발명 • 사용자 등의 업무범위에 속할 것	선의 ⇨ 특허출원 또는 특허권이 소멸되었음을 신뢰하고 특허발명을 실시한 자	선의 ⇨ 특허출원된 발명의 내용을 알지 못하고 그 발명을 하거나 그 발명을 한 자로부터 지득	• 선의 자기의 특허발명 또는 등록실용신안이 무효사유에 해당하는 것을 알지 못할 것 • 취득할 수 있는 자 원특허권자 및 원실용신안권자, 무권리자로부터 선의취득자, 등록된 실시권자(단, 법정실시권자는 등록 불요)
	객체적	발명을 하게 된 행위가 종업원 등의 현재 또는 과거의 직무에 속할 것	그 발명의 실시사업을 하거나 그 사업의 준비		
	시기적	종업원 등이 특허를 받았거나 특허를 받을 수 있는 권리를 승계한 자가 특허를 받을 것	효력제한기간 중	특허출원시	• 무효심판청구등록 전 • 무효사유 ⇨ 29①, 29③, 36, 33① 불문
	지역적	국내			
효력	발생	법률의 규정을 만족하면 발생(등록하지 않아도 대항 가능 ⇨ 단지 입증책임의 문제)			
	범위	특허발명의 범위 내	그 실시 또는 준비를 하고 있는 발명 및 사업목적의 범위 내		
	실시금지효	없음			
변동	실시권설정	설정불가			
	질권설정	특허권자의 동의			
	이 전	특허권자의 동의, 사업과 함께, 상속 기타 일반 승계			
	특허권포기	직무발명에 대한 통상실시권자의 경우만 통상실시권자(사용자 등)의 동의 얻어야 포기 가능			
	실시권포기	질권자의 동의			
소 멸		특허권의 소멸, 실시권의 포기, 특허권의 수용, 혼동, 실시사업 폐지(단, 발명진흥법 제10조 제외)			
대 가		無	有	無	有
설정등록 효과		등록 없이도 제3자에게 대항 가능. 그러나 통상실시권의 변동은 등록이 대항요건(法 118)			

---

[370] 임병웅, 전게서, p.777~778 참조

법규정		法 제105조	法 제122조	法 제182조	法 제183조	法 103의2
명 칭		디자인권 존속기간 만료 후 통상실시권	질권 행사로 인한 특허권의 이전에 따른 통상실시권	재심에 의하여 회복한 특허권에 대한 선사용자의 통상실시권(후용권)	재심에 의하여 통상실시권을 상실한 원권리자의 통상실시권	특허권의 이전청구에 따른 이전등록 전의 실시에 의한 통상실시권
의 의		특허출원일 전 또는 같은 날에 출원되어 등록된 디자인권이 특허권과 저촉되는 경우 그 디자인권의 존속기간이 만료되는 때에 그 디자인권자 및 그 디자인권의 전용실시권자, 등록된 통상실시권자에게 원디자인권 또는 원실시권의 범위에서 인정되는 통상실시권을 말한다.	특허권자가 질권설정 이전에 그 특허발명을 실시하고 있는 경우에는 그 특허권이 경매 등에 의해 이전되더라도 그 특허발명에 대하여 인정되는 통상실시권을 말한다.	심결이 확정된 후 재심청구등록 전에 선의로 국내에서 그 발명의 실시사업을 하거나 그 사업의 준비를 하고 있는 자에게 그 실시 또는 준비를 하고 있는 발명 및 사업목적의 범위에서 인정되는 통상실시권을 말한다.	통상실시권 허락심결이 확정된 후 재심에 의하여 이와 상반되는 심결이 있는 경우, 재심청구등록 전에 선의로 국내에서 그 발명의 실시사업을 하거나 그 사업의 준비를 하고 있는 자에게 원통상실시권의 사업목적 및 발명의 범위에서 인정되는 통상실시권을 말한다.	무권리자의 특허출원을 정당한 권리자가 직접 무권리자에게 해당 특허권을 법원에 청구하여 이전받은 경우에 이전등록된 특허의 원(原)특허권자나 이전등록된 특허에 대하여 이전등록 당시에 이미 전용실시권이나 통상실시권을 취득한 자에게 실시하거나 준비하고 있는 발명 및 사업목적 범위에서 인정되는 통상실시권을 말한다.
성립요건	주체적	• 원디자인권자 • 등록된 실시권자 (단, 법정실시권자는 등록 불요)	전특허권자	선의 ⇨ 재심사유를 알지 못함	선의 ⇨ 재심사유를 알지 못함	선의 ⇨ 이전청구를 알지 못함
	객체적	• 특허권과 저촉 • 존속기간 만료로 소멸	질권설정 이전에 그 특허발명을 실시	실시사업을 하고 있는 자 또는 그 사업의 준비		
	시기적	특허출원일 전 또는 특허출원일과 같은 날에 출원되어 등록	질권설정되어 특허권이 경매 등에 의해 이전	특허권·존속기간 연장등록의 무효 심결/권리범위에 속하지 아니한다는 심결/특허출원·존속기간 연장등록출원의 거절심결확정된 후 재심에 의하여 이에 상반되는 심결 확정이 있는 경우에 심결확정 후 재심청구등록 전	통상실시권을 허락한다는 심결이 확정된 후 재심에 의하여 이에 상반되는 심결의 확정이 있는 경우에 심결확정 후 재심청구등록 전	이전등록 전의 실시
	지역적	국내				
발 생		법률의 규정을 만족하면 발생(등록하지 않아도 대항 가능 ⇨ 단지 입증책임의 문제)				
효력	범위	• 디자인권자 디자인권의 범위 내 • 원실시권자 원실시권 범위 내	특허발명 전체(무제한설이 통설)	그 실시 또는 준비를 하고 있는 발명 및 사업의 목적범위 내	원통상실시권의 사업의 목적 및 발명의 범위 내	그 실시 또는 준비를 하고 있는 발명 및 사업의 목적 범위 내
	실시금지효	없음				
변동	실시권설정	설정불가				
	질권설정	특허권자의 동의				
	이 전	특허권자의 동의, 사업과 함께, 상속 기타 일반 승계				
	특허권포기	없음				
	실시권포기	질권자의 동의				
소 멸		특허권의 소멸, 실시권의 포기, 특허권의 수용, 혼동, 실시사업 폐지(法 105, 法 122 제외)				
대 가		• 디자인권자 ⇨ 無 • 원실시권자 ⇨ 有	有	無	有	有
설정등록 효과		등록 없이도 제3자에게 대항 가능. 그러나 통상실시권의 변동은 등록이 대항요건(法 118)				

Ⅴ 강제실시권의 구체적 내용

1. 국가비상사태 등에 의한 통상실시권

(1) 의 의

이 규정은 종전에는「국방상 필요 등에 의한 통상실시권」으로 정부에 의한 특허권의 수용과 특허발명의 정부실시를 동시에 언급하고 있었다. 그러나 2010년 1월 27일 개정법에서는 정부에 의한 특허권수용(法 106)과 특허발명의 정부실시(法 106의2 신설)에 관한 사항을 분리규정하여 정부의 특허발명실시의 요건을 세계무역기구(WTO) 무역관련 지적재산권협정(TRIPs)과 동일하게 하여 국가비상사태, 극도의 긴급상황 또는 공공의 이익을 위하여 비상업적으로 실시할 필요가 인정되는 경우로 완화[371]하여 규정하였다.

즉,「국가 비상사태 등에 의한 통상실시권」이란 특허발명이 국가 비상사태, 극도의 긴급상황 또는 공공의 이익을 위하여 비상업적으로 실시할 필요가 있다고 인정되는 때에 정부가 특허발명을 실시하거나 정부 외의 자에게 실시하게 할 수 있는 통상실시권을 말한다고 규정하고 있다(法 106의2①).

(2) 취 지

국가안보에 중요한 영향을 미치는 국가비상사태와 극도의 긴급상황 또는 공공의 이익을 위하여 비상업적으로 실시할 필요가 있는 경우 정부 등이 통상실시권을 실시할 수 있도록 함에 있다. 물론 법 제107조의 재정에 의한 통상실시권으로 동 취지를 해결할 수도 있겠지만 재정에 의한 통상실시권은 ① 재정청구에 의할 경우 긴급사태라 하더라도 재정에 시간이 많이 소요될 수 있기 때문이며, ② 재정에 의한 강제실시권은 이전이 금지되어 있으므로 정부에 생산시설이 없는 경우 활용할 수 없는 문제점이 있기 때문이다.[372]

(3) 성립요건

① 국가비상사태

② 극도의 긴급상황

③ 공공의 이익을 위하여 비상업적으로 실시할 필요가 있다고 인정될 때

(4) 범 위

특허청장의 결정에 의해 정해진 범위 내에서 정부는 직접 실시하거나 정부 외의 자에게 실시하게 할 수 있다.

---

[371] 기존의「국방상 필요 등에 의한 통상실시권」규정이 WTO/TRIPs에 비해 엄격하게 제한하여 규정하고 있어서 정부실시 관련 규정을 동 협정에 맞추어 정비한 것이다.

[372] 임병웅, 전게서, p.821 참조

(5) 절 차
  ① 처분의 신청
   특허발명이 ㉠ 국가비상사태, ㉡ 극도의 긴급상황 또는 ㉢ 공공의 이익을 위하여 비상업적으로 실시할 필요가 있다고 인정되는 경우 주무부처장관은 특허청장에게 특허법 제106조의2 제1항의 규정에 의한 처분을 신청할 수 있으며 이러한 처분의 신청이 있는 경우 특허청장은 특허권자, 전용실시권자 등에게 그 부본을 송달하고 기간을 정하여 의견서 제출의 기회를 주어야 한다(특허권의 수용·실시 등에 관한 규정 2, 3).
  ② 부본의 송달
   ㉠ 특허권자 등으로부터 의견서 제출이 있는 때에는 그 의견서 부본을 신청인(주무부처장관)에게 송달하여야 한다(특허권의 수용·실시 등에 관한 규정 4①②).
   ㉡ 또한 특허청장은 주무부처장관으로부터 위의 신청서를 받은 때에는 그 뜻을 특허공보에 게재하여야 한다. 다만 특허발명이 국방상 비밀을 요하는 때에는 이를 공고하지 아니할 수 있다(특허권의 수용·실시 등에 관한 규정 4③).
   ㉢ 결정
   특허청장은 의견서 제출기간이 경과한 후에 특허발명의 실시에 관한 신청에 대하여 처분을 하여야 하며(특허권의 수용·실시 등에 관한 규정 5①), 이 경우 특허청장은 보상금이나 대가를 결정하기 위하여 필요하다고 인정할 때에는 「발명진흥법」 제41조에 따른 산업재산권분쟁조정위원회 및 관계 중앙행정기관의 장의 의견을 들을 수 있고, 보상금이나 대가의 결정에 그 의견을 고려할 수 있다(동 규정 5④).

(6) 실시권의 효력
 이 실시권은 특허청장의 처분의 결정등본이 송달된 때 그 효력이 발생하는데 통상실시권자는 특허청장이 결정한 범위 내에서 당해 특허발명을 실시할 수 있다.

(7) 불 복
 결정불복시에는 결정등본을 송달받은 날로부터 30일 이내에 민사법원에 소송을 제기할 수 있다. 이때 보상금을 지급할 관서 또는 출원인 등을 피고로 하여야 한다(法 190, 191).

(8) 보상금
 정부 또는 정부 외의 자는 특허발명을 실시하는 경우에는 특허권자에 대하여 정당한 보상금을 지급하여야 한다(法 106의2③). 특허청장은 특허권의 강제실시권 설정의 처분을 할 때에는 그 처분에 대한 보상금 및 대가의 액도 함께 결정하여야 하며 보상금을 결정할 때에는 신청인·특허출원인 또는 특허권자·전용실시권자·통상실시권자·질권자의 의견을 참작하여야 한다(특허권의 수용·실시 등에 관한 규정 5).

2. 재정에 의한 통상실시권

(1) 의 의

「재정(adjudication)에 의한 통상실시권」이란 ① 특허권자가 정당한 이유 없이 특허발명을 실시하지 않거나, ② 불충분하게 실시하는 경우, ③ 공공의 이익을 위하여 특히 실시할 필요가 있는 경우, ④ 사법적·행정적 절차에 의하여 불공정 거래행위로 판정된 사항을 바로잡기 위한 경우 또는 ⑤ 수입국에 의약품을 수출할 수 있도록 특허발명을 실시할 필요가 있는 경우에 이를 실시하려는 자의 청구와 특허청장의 재정(裁定)에 의해 업으로서 그 특허발명을 실시할 수 있는 통상실시권을 말한다(法 107①).

(2) 취 지

이 제도는 물질특허의 도입에 따라 채택된 제도(1986. 12. 31. 법률 제3891호)로서 전형적인 강제실시권으로 볼 수 있는데, 공익상 특허발명의 실시가 필요하지만 정당한 이유 없이 불실시 등 특허권의 남용이 있는 경우에 특허권자에 대한 제재로서의 기능을 하고 있는 제도라고 할 수 있다. 또한 이 제도의 도입으로 외국인이 국내에 갖고 있는 특허권에 대한 국내기업의 실시를 용이하게 하려는 취지라 하겠다. 또한 1996년 7. 1. 시행한 개정법에서는 재정실시권의 요건을 강화하였는데 이는 WTO/TRIPs 협정을 준수하기 위한 조치이다.

(3) 조약과의 관계

① 파리조약

우리 특허법에서 특허발명의 불실시나 상당한 영업적 규모로 실시하지 않는데 따른 규제조치로서 재정제도를 둔 것은 파리조약 제5조 A의 규정에 따른 것이다. 파리조약 제5조 A 2·3에 따르면 「각 동맹국은 불실시와 같은 특허에 의하여 부여되는 배타적 권리의 행사로부터 발생할 수 있는 남용을 방지하기 위하여 강제실시권의 부여를 규정하는 입법조치를 취할 수 있으며, 강제실시권의 부여가 그러한 남용을 방지하기에 충분하지 아니한 경우를 제외하고는 특허의 몰수 또는 철회를 규정할 수 없으며 최초의 강제실시권 부여일로부터 2년이 만료되기 전에는 특허의 몰수 또는 철회를 위한 절차를 진행시킬 수 없다」고 규정하고 있다.

② WTO/TRIPs

재정실시권에 관하여 국내법은 파리조약 제5조 A 2·3에 그 기초를 두고 있는데 파리조약에서 규정하고 있는 강제실시권에 대한 규정은 선진국에게 불리하게 작용하여 개발도상국이나 후진국들은 각 나라마다 동협약에 근거하여 국내법에 강제실시권에 관한 규정을 마련하여 선진국에 대한 국내산업보호의 수단으로 삼았다. 따라서 선진국들은 이러한 불리한 점을 극복하고자 재정실시권의 설정조건에 국내수요를 위한 공급을 주목적으로 실시되어야 함을 조건으로 부과하는 등 재정실시권 설정의 요건을 강화하는 내용을 WTO/TRIPs 협정에 포함시키게 되었다.

(4) 재정의 대상

① 불실시 또는 불충분한 실시의 경우

㉠ 의 의

특허발명이 천재·지변 기타 불가항력[373] 또는 대통령령이 정하는 정당한 이유 없이 계속하여 3년 이상 국내에서 실시되고 있지 아니한 경우 또는 특허발명이 정당한 이유 없이 계속하여 3년 이상 국내에서 상당한 영업적 규모로 실시되지 아니하거나 적당한 정도와 조건으로 국내수요를 충족시키지 못한 경우이어야 한다(法 107①).

여기서 「대통령령이 정하는 정당한 이유」란 특허권의 수용·실시 등에 관한 규정 제6조에서 열거하고 있는 다음의 사유에 해당하는 경우를 말한다.
ⓐ 특허권자가 심신장애로 인한 활동불능의 경우(의료기관장이 증명한 경우에 한함)
ⓑ 특허발명의 실시에 필요한 정부기관이나 타인의 인·허가, 동의 또는 승낙을 받지 못한 경우
ⓒ 특허발명의 실시가 법령으로 금지 또는 제한된 경우
ⓓ 특허발명의 실시에 필요한 원료 또는 시설이 국내에 없거나 수입이 금지된 경우
ⓔ 물건의 수요가 없거나 그 수요가 적어 이를 영업적 규모로 실시할 수 없는 경우

계속하여 3년 이상 국내에서 실시하지 아니한 경우와 관련하여, 「계속하여」 3년 이상 실시되고 있지 아니하여야 하며, 불실시기간의 총합계가 3년 이상이라는 의미가 아니다. 특허권의 설정등록 후 계속하여 3년 이상 실시하지 아니함은 물론 일정기간 실시하다가 그 실시를 중단한 후 계속하여 3년 이상 실시하지 아니한 경우도 포함한다. 그러나 3년 이상 불실시의 경우에도 그 후 다시 실시를 개시하였을 경우에는 여기에 해당되지 않는다.

또한, 외국에서 실시 중이라도 국내에서 실시하지 아니하면 재정청구의 대상이 된다. 다만, 특허권자가 외국에서 제조된 물건을 수입만을 하고 다른 실시행위를 하지 않더라도 불실시라 할 수 없다(파리조약 5A(1)).

「특허발명이 실시되고 있지 아니한 경우」란 특허발명의 실시에 착수하지 아니한 상태를 의미한다(특허권의 수용·실시 등에 관한 규정 6②). 특허발명의 실시가 착수하지 아니한 상태란 단순한 모형의 제작 또는 청사진의 설계만을 한 상태를 말하며, 구체적으로 부품의 주문발주·공장계약 등의 상태여야 착수한 상태로 본다.

---

[373] 「천재·지변」이란 산사태로 인한 산업설비의 파손 등과 같이 인위적인 행위가 개입되지 않는 상태에서 발생하는 사태를 말하며, 「불가항력」이란 타인의 협박 등과 같이 인위적인 행위가 가미된 상태에서 본인이 극복하지 못할 상태를 말한다. 「천재·지변 기타 불가항력」의 요건은 객관적인 상태일 것을 요하며, 특허권자 또는 전용실시권자의 여행·질병 등과 같은 주관적인 상태를 가리키는 것은 아님에 주의하여야 한다.

ⓛ 협 의
이 경우 강제실시권의 재정대상은 반드시 협의과정을 거쳐야 한다. 즉, 특허발명을 실시하고자 하는 자는 먼저 특허권자나 전용실시권자와 통상실시권 허락에 관한 협의를 하여야 하고, 주소불명 또는 해외출장 등으로 협의를 할 수 없거나 협의결과 조건이 맞지 않는 등의 이유로 합의가 이루어지지 아니한 경우에 한하여 특허청장에게 통상실시권의 설정을 요구하는 재정을 청구할 수 있다(法 107①).

ⓒ 기간의 경과
강제실시권의 재정은 당해 특허발명이 특허출원일로부터 4년이 경과되어야 한다(法 107②).

② **공익상 특히 필요하거나 사법적·행정적 절차에 의하여 불공정거래행위의 시정의 경우**

㉠ 의 의
특허발명의 실시가 공공의 이익[374]을 위하여 특히 필요한 경우 또는 사법적·행정적 절차에 의하여 불공정거래행위로 판정된 사항을 바로잡기 위하여 특허발명을 실시할 필요가 있는 경우를 말한다(法 107①3, 4).

사법적·행정적 절차에 의하여 불공정거래행위라고 판정된 경우란 반경쟁적인 관행을 바로잡고 거래질서를 확립하기 위하여 특허발명을 실시할 필요가 있는 경우를 말한다.

특허권자 등 권리자의 권리남용으로 인하여 불공정한 거래행위가 발생했을 경우 이를 구제하기 위해 강제실시권을 설정할 수 있으며, 이는 WIPO/TRIPs 제31조(k)의 규정을 반영한 것이다.

불공정 거래행위를 바로잡기 위한 재정의 청구는 사법적 절차 또는 행정적 절차에 의해 불공정한 거래행위로 인정된 사항이 있어야 하며, 권리자와의 사전협의 없이 재정청구의 시기에 제한받지 않고 청구 가능하다.

불공정한 거래행위에 대해서는 독점규제 및 공정거래에 관한 법률에서 규정하고 있는데, 동법 제59조에서 특허법에 의한 권리행사로 인정되는 행위에 대해서는 적용하지 않도록 규정하고 있다. 그러나 이러한 특허권도 시장질서를 왜곡하지 않는 범위 내에서 정당하게 행사되어야 하며, 특허권을 남용하여 관련 기술의 이용과 새로운 혁신기술을 부당하게 저해하는 행위, 공정거래를 저해하는 행위 등은 특허권의 정당한 권리범위를 벗어난 것으로 판단할 수 있다.

예를 들어 실시허락의 경우 부당하게 거래 상대방에 따라 실시료를 차별적으로 부과하는 행위, 부당하게 실시허락된 기술을 사용하지 않는 부분까지 포함하여 실시료를 부과하는 행위, 부당하게 특허권 소멸 후의 기간까지 포함하여 실시료를 부과하는 행위 등은 특허권의 정당한 권리범위를 벗어난 것으로 판단할 수 있다.[375]

---

[374] 「공공의 이익」이란 국민의 생명, 건강, 재산의 보전, 공공시설의 건축 등 국민생활에 직접 관계가 있는 소위 공공적 산업분야에 속하고 해당 발명을 긴급하고 널리 실시할 필요가 높은 경우(예를 들어, 전염병의 예방 또는 치료를 위하여 특허받은 의약품이 단기간 내에 국내에서 대량 필요한 경우)를 말한다.

[375] 지식재산권의 부당한 행사에 대한 심사지침(공정거래위원회 예규 제80호, 개정 2010. 3. 31.) 참조

ⓒ 협의
　　공공의 이익을 위하여 비상업적으로 실시하려는 경우와 불공정 거래행위로 판정된 사항을 바로잡기 위한 경우는 협의를 하지 아니하고 재정을 청구할 수 있다(法 107①). 즉, 상업적 실시를 위해서는 특허권자와 협의를 해야 한다.
　ⓒ 기간의 경과
　　출원일로부터 4년이 경과되지 않아도 재정청구 가능하다(法 107②).

②-1 반도체 기술에 대한 통상실시권 재정 청구
　㉠ 의 의
　　반도체기술의 경우는 일반 특허발명과는 달리 ⓐ 공공의 이익을 위하여 비상업적으로 실시할 필요가 있거나, 또는 ⓑ 사법적 절차 또는 행정적 절차에 의하여 불공정거래행위로 판정된 사항을 바로잡기 위하여 실시할 필요가 있는 경우에 한하여 재정실시권을 청구할 수 있다(法 107⑥). 즉 반도체기술에 대하여는 공공의 이익을 위한 비상업적 실시나 사법적·행정적 절차에 의하여 불공정거래행위로 판정된 사항을 시정하고자 하는 경우에 한하여 재정실시권이 인정되며, 그 외 불실시만을 이유로는 재정의 대상이 되지 않는다.
　ⓒ 협의
　　공공의 이익을 위하여 비상업적으로 실시하려는 경우와 불공정 거래행위로 판정된 사항을 바로잡기 위한 경우는 협의를 하지 아니하고 재정을 청구할 수 있다(法 107①). 즉, 상업적 실시를 위해서는 특허권자와 협의를 해야 한다.
　ⓒ 기간의 경과
　　출원일로부터 4년이 경과되지 않아도 재정청구 가능하다(法 107②).

③ 자국민 다수의 보건을 위협하는 질병을 치료하기 위하여 의약품을 수입하고자 하는 국가에 그 의약품을 수출할 수 있도록 특허발명을 실시할 필요가 있는 경우
　㉠ 배 경
　　에이즈나 결핵, 말라리아와 같은 질병으로 심각한 국가적 위기를 당한 개발도상국에서는 90년대 말부터 의약품의 접근성 보장을 위해 특허권을 제한할 필요성을 강하게 주장하였는데, 이는 국내수요를 주목적으로 하도록 규정되어 있는 TRIPs 협정 제31조(f)에 반하여 문제가 되었다. 세계무역기구(World Trade Organization ; 이하 WTO라 함)에서는 이를 해결하기 위하여 2001년 11월 카타르 도하(Doha)에서 개최된 제4차 WTO 각료회의에서 "TRIPs 협정과 공중보건에 관한 도하선언문"을 채택하여 WTO 일반이사회에 해결책을 강구하도록 하였으며, 그 결과로 나온 WTO 결정문은 TRIPs 협정 제31조(f) 규정이 후진국의 공중보건문제 해결을 위한 의약품의 수출, 수입에 적용될 경우 효력을 일정부분 유보하도록 하였다. 이에 따라 우리나라도 이를 신속히 반영하여 건강권과 같은 보편적 인권을 지키려는 국제사회의 인도주의적 조치에 능동적으로 참여함과 동시에 국가 이미지를 제고하고 간접적으로 국내 제약산업의 발전에 기여하고자 2005년 12월 1일부터 개정법(法律 제7554호, 2005. 5. 31. 공포)에 의해 시행하고 있다.

ⓛ 의 의
자국민376) 다수의 보건을 위협하는 질병을 치료하기 위하여 의약품(의약품 생산에 필요한 유효성분, 의약품 사용에 필요한 진단키트를 포함한다)을 수입하고자 하는 국가(이하 이 조에서 "수입국"377)이라 한다)에 그 의약품을 수출할 수 있도록 특허발명을 실시할 필요가 있는 경우를 말한다(法 107⑮).

ⓒ 협 의
이 경우 강제실시권의 재정대상은 반드시 협의과정을 거쳐야 한다. 즉, 특허발명을 실시하고자 하는 자는 먼저 특허권자나 전용실시권자와 통상실시권 허락에 관한 협의를 하여야 하고, 주소불명 또는 해외출장 등으로 협의할 수 없거나 협의결과 조건이 맞지 않는 등의 이유로 합의가 이루어지지 아니한 경우에 한하여 특허청장에게 통상실시권의 설정을 요구하는 재정을 청구할 수 있다(法 107①).

ⓔ 기간의 경과
출원일로부터 4년이 경과하지 않아도 재정청구 가능하다(法 107②).

---

376) 여기서 '자국민'이란 의약품을 수입하고자 하는 국가의 자국민을 말한다.
377) 「수입국」은 WTO 회원국 중 WTO에 다음의 사항을 통지한 국가 또는 WTO 회원국이 아닌 국가 중 대통령령이 정하는 국가로서 다음의 사항을 대한민국 정부에 통지한 국가에 한한다(法 107⑦).
① 수입국이 필요로 하는 의약품의 명칭과 수량
② 국제연합총회의 결의에 따른 최빈개발도상국이 아닌 경우 당해 의약품의 생산을 위한 제조능력이 없거나 부족하다는 수입국의 확인
③ 수입국에서 당해 의약품이 특허된 경우 강제적인 실시를 허락하였거나 허락할 의사가 있다는 그 국가의 확인

한편, 「의약품」은 다음의 어느 하나에 해당하는 것을 말한다(法 107⑧).
① 특허된 의약품
② 특허된 제조방법으로 생산된 의약품
③ 의약품 생산에 필요한 특허된 유효성분
④ 의약품 사용에 필요한 특허된 진단키트

■ 약품 수출을 위한 강제실시 절차[378]

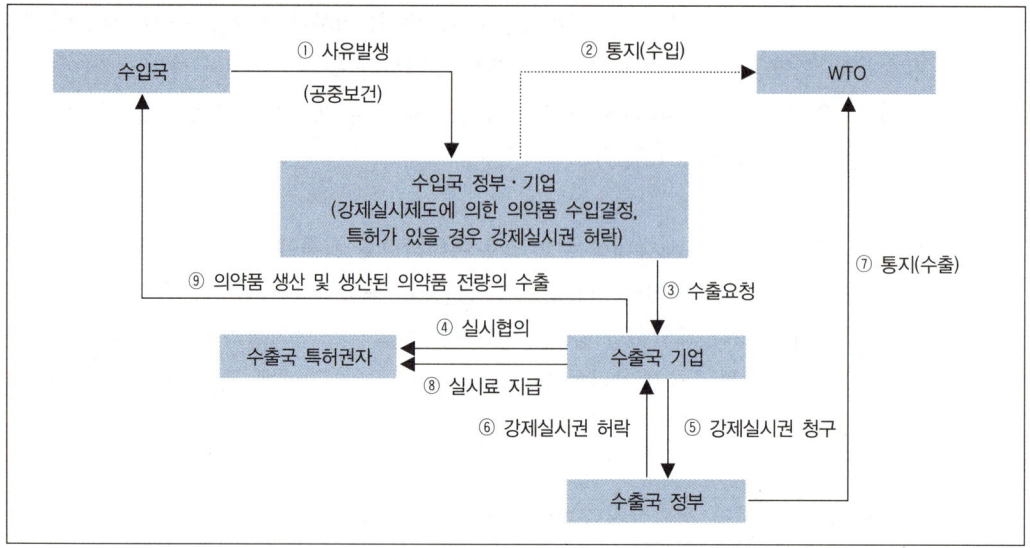

(5) 재정의 청구

① **재정의 청구**

㉠ 청구할 수 있는 자

당해 특허발명을 실시하려는 자는 누구든지 재정을 청구할 수 있다.

㉡ 피청구인

이때 재정의 피청구인은 특허권자가 되며 당해 특허권에 전용실시권이 설정되어 있는 경우에는 특허권자와 전용실시권자를 피청구인으로 하여야 한다.

㉢ 재정청구가 있는 경우에 특허청장은 직권으로 예고등록을 하고(登錄令 3), 특허공보에 게재하여야 한다. 다만 특허발명이 국방상 비밀을 요하는 때에는 이를 공고하지 아니할 수 있다(특허권의 수용·실시 등에 관한 규정 4③).

② **부본송달 및 답변서의 제출**

특허청장은 재정의 청구가 있는 경우에는 청구서의 부본을 그 청구에 관련된 특허권자·전용실시권자 기타 그 특허에 관하여 등록을 한 권리를 가지는 자에게 송달하고, 기간을 정하여 답변서를 제출할 수 있는 기회를 주어야 한다(法 108). 답변서의 제출이 있으면 청구인에게 그 부본을 송달하여야 한다(특허권의 수용·실시 등에 관한 규정 4②).

---

[378] 임병웅, 전게서, p.792

③ 산업재산권분쟁조정위원회 등의 의견청취

특허청장은 재정을 할 때 필요하다고 인정하는 경우에는 「발명진흥법」 제41조의 규정에 따른 산업재산권분쟁조정위원회[379] 및 관계부처의 장의 의견을 들을 수 있고,[380] 관계 행정기관이나 관계인에게 협조를 요청할 수 있다(法 109).

(6) 재 정

① 재정청구의 검토

특허청장은 재정을 할 때는 매 청구별로 통상실시권 설정의 필요성을 검토하여야 하며(法 107 ③), 재정청구가 있더라도 재정 전에 특허권자가 적당한 실시를 개시했을 때는 재정청구는 기각된다. 이 경우는 재정이 목적하는 바를 이미 달성했다고 판단되기 때문이다.

② 재정의 방식

재정은 그 이유를 기재한 서면으로 하되 ㉠ 통상실시권의 범위 및 기간, ㉡ 대가와 그 지급방법 및 지급시기, ㉢ 의약품 수출에 필요한 재정의 경우에는 그 특허발명의 특허권자·전용실시권자 또는 통상실시권자(재정에 의한 경우를 제외한다)가 공급하는 의약품과 외관상 구분할 수 있는 포장·표시 및 재정에서 정한 사항을 공시할 인터넷 주소, ㉣ 그 밖에 재정을 받은 자가 그 특허발명을 실시함에 있어 법령 또는 조약에 규정된 내용을 이행하기 위하여 필요한 준수사항을 기재하고, 그 이유를 구체적으로 적어야 한다(法 110①②).

③ 조건부과

특허청장은 불실시, 불충분실시 또는 공중의 이익을 위하여 강제실시가 필요한 경우에는 그 통상실시권이 국내수요를 위한 공급을 주목적으로 실시되어야 함을 조건으로 부과하여야 한다. 아울러, 수입국으로 의약품 수출에 필요한 경우에는 생산된 의약품 전량을 수입국에 수출하여야 함을 조건으로 부과하여야 한다(法 107④).

④ 대가결정시 고려(참작)사항

불공정거래행위의 시정을 위한 경우에는 불공정거래행위를 바로잡기 위한 취지를 대가 결정에 참작할 수 있으며, 의약품 수출에 필요한 경우에는 당해 특허발명을 실시함으로써 발생하는 수입국에서의 경제적 가치를 대가결정에 참작할 수 있다(法 107⑤).

---

[379] 산업재산권분쟁조정위원회는 특허청에 두고 있으며 위원은 특허청 공무원·판사·검사·변호사 또는 변리사 등 산업재산권에 관한 전문지식과 경험이 풍부한 자 중에서 특허청장이 위촉하며 위원장은 위원 중에서 특허청장이 지정한다(발명진흥법 41).

[380] 구 특허법 제109조는 특허청장이 산업재산권분쟁조정위원회의 의견을 청취하여 재정에 관한 결정을 하도록 규정하였으나, 동 위원회는 산업재산권에 대한 사인 간의 분쟁이 있을 때 이를 조정하는 것을 주된 임무로 하기 때문에 강제실시의 허락과 같은 고도의 정책적 판단을 수행할만한 기관으로 보기는 어렵다는 점이 지적되었다. 이에 2005년 개정법에서는 산업재산권분쟁조정위원회의 필요적 의견청취절차를 삭제한 것이다.
또한 본래 강제실시는 국가 정책적 판단에 기초하므로, 관련 부처의 의견을 존중할 필요가 있다는 점을 고려하여 관련 부처의 장의 의견청취절차를 도입하였으며, 재정처분의 필요성을 판단함에 있어서 전문성을 기하기 위해 관계 행정기관이나 관계인에게 협조를 요청할 수 있도록 규정하였다(황종환·김현호, 전게서, p.165).

⑤ 재정결정
　㉠ 특허청장은 정당한 사유381)가 있는 경우를 제외하고는 재정 청구일로부터 6개월 이내에 재정에 관한 결정을 하여야 한다(法 110③).
　㉡ 특허청장은 정당한 사유가 있는 경우를 제외하고는 법 제107조 제1항 제5호(의약품수출)에 따른 재정청구가 같은 조 제7항부터 제9항까지의 요건을 충족할 때에는 통상실시권 설정의 재정을 하여야 한다(法 110④).

⑥ 재정서 등본의 송달
　특허청장은 재정을 한 때에는 당사자 및 그 특허에 관하여 등록한 권리를 가지는 자에게 재정서등본을 송달하여야 한다. 재정서 등본이 송달되면 재정서에 명시된 내용대로 당사자 간에 협의가 성립된 것으로 간주된다.

⑦ 재정서의 변경
　의약품 수출을 위한 재정을 받은 자는 재정서에 명시된 법 제110조 제2항 제3호의 사항(의약품의 포장·표시·방법 및 재정에서 정한 사항을 공시할 인터넷주소)에 관하여 변경이 필요한 경우 그 청구서에 그 원인을 증명하는 서류와 대통령령(특허권수용실시규정)에 규정된 사항을 첨부하여 특허청장에게 그 변경을 청구할 수 있으며, 특허청장은 그 청구가 이유 있다고 인정되는 경우 이해관계인의 의견을 들어 재정서에 명시된 사항을 변경할 수 있다(法 111의2 ①②). 이는 재정 이후 사정변경에 따라 의약품의 포장이나 표시 등의 변경이 필요한 경우 이를 허용하고자 하는 것이지만, 이로 인하여 특허권자 등의 진정상품과 오인을 일으킨다거나 또는 이해관계인의 변경을 거부하는 타당한 이유가 있을 때에는 허락하지 아니할 수 있다.382)
　특허청장이 재정서의 변경을 허락한 경우에는 변경된 재정서 등본이 송달된 때에 변경된 재정서에 명시된 바에 따라 재정이 허락된 것으로 본다(法 111의2③).

⑧ 재정에 대한 불복
　재정은 특허청장의 행정처분으로서 이에 대한 불복은 행정심판법에 의하여 행정심판을 제기하거나 행정소송법에 의하여 취소소송을 제기하여 다툴 수 있는데, 이 경우에 재정으로 정한 대가만을 불복이유로 할 수 없다(法 115). 대가만의 불복을 하고자 할 때는 법원에 소송을 제기하여야 한다(法 190, 191).

(7) 재정의 효과

① 협의성립 간주
　재정서등본이 송달된 때에는 재정서에 명시된 바에 따라 당사자 사이의 협의가 성립된 것으로 본다(法 111②). 따라서 재정서등본이 송달된 때부터 재정에 의한 통상실시권의 효력은 발생하는 것이다.

---

381) 여기의 「정당한 사유」란 강제실시권 청구와 관련하여 국제적인 분쟁, 특허무효심판 등 분쟁이 발생되거나 또는 기타 불가피한 사유로 절차지연이 예상되는 경우 등이 해당될 수 있으며, 이런 사유 발생시에는 6개월의 기간이 경과될 수 있다.
382) 천효남, 전게서, p.678 참조

② 대가의 지급
재정을 받은 자는 법 제112조(대가의 공탁) 각 호에서 정한 경우를 제외하고는 재정에서 정한 바에 따라 특허권자 등에게 그 대가를 지급하여야 한다.

③ 업으로서의 실시
재정에 의한 통상실시권자는 재정에서 정해진 바에 따라 그 특허발명을 업으로서 실시할 수 있다.

(8) 대가의 공탁과 재정의 실효

① 대가의 공탁
재정을 받은 자는 재정에서 정한 바에 따라 그 대가를 지급하여야 하나 다음의 경우에는 그 대가를 공탁하고 특허발명을 실시할 수 있다(法 112).
㉠ 대가를 받을 자가 수령을 거부하거나 수령할 수 없는 경우
㉡ 대가에 대한 불복을 이유로 하여 법원에 소송이 제기된 경우
㉢ 당해 특허권 또는 전용실시권을 목적으로 하는 질권이 설정되어 있는 경우. 다만, 질권자의 동의를 얻은 때에는 그러하지 아니하다.[383]

② 재정의 실효(효력상실)
재정을 받은 자가 재정서에 기재된 바와 같이 대가를 지급하지 아니하거나 공탁을 하지 아니한 경우에는 그 재정은 효력을 상실한다(法 113).

(9) 재정의 취소

① 의 의
특허청장은 재정을 받은 자가 그 특허발명을 재정의 목적에 적합하지 않게 실시하는 경우에는 직권으로 또는 이해관계인의 신청에 의하여 재정을 취소할 수 있다. 이때 재정의 취소를 함에 있어서는 재정절차인 답변서제출, 산업재산권분쟁조정위원회 의견청취, 재정의 방식, 재정권의 송달에 관한 규정이 준용되며, 재정의 취소가 있는 때에는 통상실시권은 그때부터 소멸한다(法 114).

② 재정취소의 요건
㉠ 재정을 받은 목적에 적합하도록 그 특허발명을 실시하지 아니한 경우
이때는 재정실시권자가 특허발명을 실시하지 않는 경우뿐만 아니라 그 실시가 재정의 목적에 부합하여 국내수요를 충족시키지 못하는 경우, 수출용으로 생산된 의약품을 전량 수입국에 수출하지 아니하고 다른 용도로 사용하는 경우를 포함한다.

---

383) 질권이 설정되어 있는 경우에는 질권자에게 물상대위할 수 있는 기회를 주기 위함이므로 질권자가 물상대위하지 않겠다는 의미로 동의를 한 경우에는 대가를 공탁할 필요가 없다.

ⓒ 통상실시권을 재정한 사유가 없어지고 그 사유가 다시 발생하지 아니할 것이라고 인정되며 통상실시권자의 정당한 이익이 보호될 수 있는 경우

　　　이 경우는 특허권자 등이 재정사유인 불실시 또는 불충분한 실시(상당한 영업적 규모로 실시되지 못하여 국내수요를 충족시키지 못하는 경우)를 해소하거나 불공정거래행위를 종료하고 그러한 행위를 재발할 우려가 없다고 인정되는 경우 또는 의약품 수입국에서 자체 생산 등의 이유로 수입 의사를 철회하는 경우를 의미한다. 이러한 사유의 발생은 재정실시권자의 귀책사유로 인한 것이 아니므로 재정실시권자의 정당한 이익이 보호될 수 있는 경우에 한하여 취소할 수 있는 것으로 규정되어 있다(法 114① 단서).

　　ⓒ 정당한 사유 없이 재정서에 명시된 다음의 사항을 위반하였을 경우

　　　ⓐ 수입국에 그 의약품을 수출할 수 있도록 특허발명을 실시할 필요가 있는 경우에 따른 재정의 경우에는 그 특허발명의 특허권자·전용실시권자 또는 통상실시권자(재정에 의한 경우를 제외한다)가 공급하는 의약품과 외관상 구분할 수 있는 포장·표시 및 재정에서 정한 사항을 공시할 인터넷 주소(이 경우는 수출용 의약품에 구분 포장이나 표시를 하지 않거나 소정의 인터넷 주소에 재정에서 정한 사항을 공시하지 않는 경우를 말한다)

　　　ⓑ 그 밖에 재정을 받은 자가 그 특허발명을 실시함에 있어 법령 또는 조약에 규정된 내용을 이행하기 위하여 필요한 준수사항

③ **재정취소의 절차**

　재정의 취소 절차에는 신중을 기하기 위하여 답변서 제출(法 108), 산업재산권분쟁조정위원회 및 관계 부처의 장의 의견청취(法 109), 재정의 방식(法 110①), 재정서 등본의 송달(法 111①) 등 재정절차의 규정이 준용된다(法 114②).

④ **재정의 취소 효과**

　재정의 취소가 있는 때에는 통상실시권은 그때부터 소멸된다(法 114③). 즉, 재정이 있는 때로 소급하여 소멸되지 않는다.

3. 통상실시권 허락심판에 의한 통상실시권

(1) 의 의

　특허발명이 선출원된 타인의 특허발명·등록실용신안 또는 등록디자인을 이용하거나 특허권이 선출원된 타인의 디자인권 또는 상표권과 저촉되는 경우에는 그 특허권자·실용신안권자·디자인권자 또는 상표권자의 동의를 얻지 아니하고는 자기의 특허발명이라도 이를 실시할 수 없다(法 98). 따라서 이 실시권은 선출원특허출원의 특허권자 등이 정당한 이유 없이 실시를 허락하지 아니하거나 실시허락을 받을 수 없는 경우 자기의 특허발명의 실시에 필요한 범위에서 통상실시권 허락심판을 청구할 수 있는데(法 138①), 이때 심판에 의하여 허락되는 실시권을 말한다.

(2) 취 지

선·후출원특허발명 간에 이용관계가 있을 경우 이를 심판에 의하여 해결함으로써 당사자 간의 권리관계를 조정하고 나아가서는 선출원발명을 기초로 한 이용발명의 탄생을 촉진하고자 마련된 제도가 본 제도이다.

(3) 요 건

① 이용·저촉관계가 있을 것

특허발명이 그 특허발명의 특허출원일 전에 출원된 타인의 특허발명·등록실용신안 또는 등록디자인을 이용하거나 특허권이 그 특허발명의 특허출원일 전에 출원된 디자인권 또는 상표권과 저촉관계가 있어야 한다.

「이용관계」란 후출원발명이 선출원발명의 모든 구성요소를 포함하고 있음으로써 후출원발명을 실시하는 경우 선출원발명의 전부를 실시하게 되는 경우를 말하며, 「저촉관계」란 어느 한쪽의 권리를 실시할 경우 다른 한쪽의 권리를 그대로 실시하는 것과 같게 되는 소위 권리 간의 충돌관계가 성립되는 경우를 말한다.

② 정당한 이유 없이 실시허락을 아니하거나 실시허락을 받을 수 없을 것

"정당한 이유"란 제3자가 납득할 수 있을 정도의 충분하고 객관적인 이유를 말하며 "실시허락을 받을 수 없을 때"라 함은 선원의 특허권자·실용신안권자·디자인권자 또는 각 공유자의 동의를 얻을 수 없거나 권리자의 소재가 불명하여 실시허락을 받을 수 없는 경우를 말한다.[384]

③ 선출원된 타인의 특허발명 또는 등록실용신안에 비하여 상당한 경제적 가치가 있는 중요한 기술상의 진보[385]가 있을 것

통상실시권을 허락하기 위하여는 그 특허발명이 타인의 특허발명·등록실용신안보다 경제적 가치가 있고 또 중요한 기술상의 진보를 가져오는 것이 아니면 안 된다.[386]

(4) 절 차

① 협 의

후출원특허권자는 먼저 선출원특허권자 등에게 자기의 특허발명을 실시하기 위한 협의를 구해야 한다. 이러한 협의절차를 거치지 아니한 통상실시권 허락심판의 청구는 부적법한 청구로서 각하된다(法 142).

---

[384] 또한 「정당한 이유 없이 허락하지 아니하는 경우」란 특별한 이유 없이 협의에 불응하는 경우 이외에도 실시권의 허락에 따라 예상되는 독점적 이익의 감소보다 지나치게 많은 실시료를 요구함으로써 협의가 결렬되는 경우 등도 포함될 것이다(조문별 특허법 해설, 특허청, 2007. p.335).

[385] 여기서의 「중요한 기술상의 진보」는 법 제29조 제2항에서 규정한 진보성과는 별개의 문제라 할 것이며 이용발명의 개념으로 볼 수도 없다. 다만, 통상실시권을 허락하기 위한 하나의 요건일 뿐이다(이인종, 전게서, p.339).

[386] 예를 들어, 물질특허를 이용한 제법발명에 대한 후특허권자는 경제적 가치 및 기술상 진보에 관하여, 기존 제조방법들에 비하여 그의 제조방법이 제조공정수가 현격하게 감소되었다든가 아니면 수율이 현격하게 증가함으로써 경제적으로 큰 이익이 발생하였다는 증거 등을 제시하여야 할 것이고, 또한 기술 자체에 있어서도 단순히 제법특허를 받았다는 수준에 그치는 것이 아니라 이전의 제조방법과 비교하여 전혀 예상하지 못하였던 새로운 방법에 의하여 특허를 받았음을 보이는 등 이전의 특허와 현격히 차별화된 특허임을 보이는 것이 필요하다(임병웅, 전게서, p.805 참조)

② 심판의 청구
   ㉠ 청구인
   특허발명이 타인의 특허발명·등록실용신안·등록디자인과 이용관계 또는 특허권이 디자인권·상표권과 저촉관계에 있는 특허권자·전용실시권자·통상실시권자이다.
   ㉡ 청구기간
   통상실시권 허락심판은 선출원특허권의 존속기간 중에만 청구할 수 있다.
   ㉢ 청구의 범위
   이 실시권에 관한 심판의 청구는 자기의 특허발명을 실시하기에 필요한 범위 내에서 청구할 수 있다. 이는 그 범위를 벗어나는 부분에 대해 실시권을 요청하게 하는 것은 이용·저촉관계의 조정이라는 심판의 본래 취지에 어긋나기 때문이다.

③ 심 리
통상실시권 허락심판을 심리함에 있어서 심판관은 그 특허발명이 타인의 선출원의 특허발명과 이용 또는 저촉관계가 있는지, 선출원의 특허발명에 비하여 상당한 경제적 가치가 있는 중요한 기술적 진보가 있는지 여부를 판단하여야 하며 통상실시권 설정의 범위, 통상실시권 허락에 따른 대가, 그 대가의 지불방법·지불시기에 대하여도 심리하여야 한다.

④ 심 결
심판청구의 이유가 타당하지 않다고 인정된 때에는 기각심결을 하며, 심판청구의 이유가 타당하다고 인정된 때에는 심결의 주문에 통상실시권의 범위, 기간 및 대가를 구체적으로 명시하여 인용심결을 하여야 한다.

(5) 대가지급

통상실시권 허락심판에 의하여 실시허락을 받은 통상실시권자는 선출원특허권자 등에 대하여 대가를 지급하여야 한다(法 138④).
대가의 액, 지급시기 및 지급방법은 심결에서 정한 바에 따라야 하며 이때 대가만에 대하여 불복이 있을 때에는 심결문등본을 송달받은 날로부터 30일 내에 관할 법원에 소를 제기할 수 있다(法 190①). 통상실시권자는 그 대가를 지급하지 아니하거나 공탁을 하지 아니하면 그 특허발명을 실시할 수 없으며(法 138⑤), 자기에게 귀책할 수 없는 사유에 의하여 대가를 지급할 수 없을 때에는 공탁을 하고 그 특허발명을 실시할 수 있다(法 138④).

(6) 크로스라이선스

통상실시권 허락심판에 의하여 통상실시권을 허락한 선출원특허권자 등은 후출원특허발명을 실시하고자 하는 경우 반대로 통상실시권을 허락받은 후출원특허권자에 대하여 통상실시권 허락심판을 청구할 수 있다(法 138③). 특허법에서 이와 같이 선출원특허권자가 후출원특허권자에 대하여 크로스라이선스를 구할 수 있도록 한 것은 선출원특허권자가 받을 수 있는 불이익을 경감시키고 선출원특허권자와 후출원특허권자 간의 이익을 조정하기 위함이다.

강제실시권의 비교[387]

법규정		法 제106조의2	法 제107조	法 제138조
명칭		국가비상사태 등에 의한 통상실시권	재정에 의한 통상실시권	통상실시권 허락심판에 의한 통상실시권
의의		특허발명이 ① 국가비상사태 ② 극도의 긴급상황 또는 ③ 공공의 이익을 위하여 비상업적으로 실시할 필요가 있다고 인정되는 때에 정부가 특허발명을 실시하거나 정부 외의 자에게 실시하게 할 수 있는 통상실시권을 말한다(法 106의2①).	특허권자가 정당한 이유 없이 특허발명을 실시하지 않거나, 불충분하게 실시하는 경우, 공공의 이익을 위하여 특허 필요한 경우, 사법적·행정적 절차에 의하여 불공정 거래행위로 판정된 사항을 바로잡기 위한 경우 또는 수입국에 의약품을 수출할 수 있도록 특허발명을 실시할 필요가 있는 경우 특허청장의 재정에 의하여 업으로서 그 특허발명을 실시할 수 있는 실시권을 말한다.	특허발명이 이용·저촉관계에 해당하여 통상실시권의 허락을 받고자 하는 경우에 그 타인이 정당한 이유 없이 허락을 하지 아니하거나 그 타인의 허락을 받을 수 없는 때에는 자기의 특허발명의 실시에 필요한 범위 내에서 통상실시권 허락심판을 청구할 수 있으며 상기 심판에 의하여 허락되는 실시권을 말한다.
성립요건	주체적	정부 또는 정부 외의 자	불실시·불충분실시·공공의 이익을 위하여 특허 필요한 경우(공공의 이익을 위하여 비상업적 실시인 경우는 특허권자 등과 협의 불요)·수입국에 의약품을 수출할 수 있도록 특허발명을 실시할 필요가 있는 경우 특허권 등과 협의 불성립	일반적 통상실시권 허락심판청구인은 이용·저촉관계의 후출원특허권자, 전용실시권자, 통상실시권자이며 피청구청구인은 선출원특허권자, 전용실시권자, 실용신안권자 또는 디자인권자, 상표권자
	객체적	① 국가비상사태 ② 극도의 긴급상황 ③ 공공의 이익을 위하여 비상업적으로 실시할 필요	• 불실시·불충분 실시 • 공익을 위하여 특허 필요, 불공정거래행위 시정 ▷ 반도체 기술은 이 경우에만 해당(단, 상업적 실시는 제외) • 수입국에 의약품을 수출할 수 있도록 특허발명을 실시할 필요	• 이용·저촉관계(法 98) • 협의 불성립 ▷ 위반된 경심결 각하 • 상당한 경제적 가치가 있는 중요한 기술상의 진보(法 138②) • 크로스 라이선스의 경우(法 138③)
	시기적	—	불실시·불충분실시의 경우 특허발명이 출원일로부터 4년 경과	타방 권리의 존속 중
	지역적	국내		
절차		• 처분의 신청 • 부본의 송달 • 처분 및 보상금액의 결정 • 등본의 송달 및 공고 • 불복	• 청구 • 부본송달 및 답변서 제출 • 의견청취 • 재정 • 등본의 송달 • 불복	• 청구 • 부본송달 및 답변서 제출 • 심리 • 심결 • 등본의 송달 • 불복
효력	발생	결정서 등본의 송달	재정서 등본 송달	심결확정
	범위	특허청장의 결정범위	재정에서 정한 바	자기의 특허발명의 실시에 필요한 범위
	실시금지효	없음		
변동	실시권설정	설정불가		
	질권설정	학설의 대립	질권설정 불가	
	이전	학설의 대립	실시사업과 함께	실시권의 허락원인이 되는 원권리와 함께
	특허권포기	동의 불가		
	실시권포기	질권설정 가능한 경우 동의	자유롭게 포기 가능	
소멸		특허권의 소멸, 실시권의 포기, 특허권의 수용, 혼동, 정부의 실시허가의 취소(法 106의2), 재정의 취소(法 114) 및 실효(法 113), 원권리소멸(法 138)		
대가		有	• 有 • 다만, 예외적인 경우 공탁	• 有 • 다만, 예외적인 경우 공탁

---

387) 임병웅, 전게서, p.808 참조

제7절 특허법상 질권

I 서 설

질권[388]은 민법상의 약정 담보물권의 일종으로 양도할 수 있는 동산(動産)을 목적으로 하는 동산질권(民法 331)과 양도할 수 있는 재산권을 목적으로 하는 권리질권(民法 345·355)이 있다. 동산질권에 대한 공시 수단은 점유·인도이며 권리질권은 권리 양도이다. 즉, 권리질권은 양도할 수 있는 「재산권」을 목적으로 하는데(民法 345·355), 그 대상이 물건이 아닌 권리라는 점에서, 그 '권리의 양도' 방식으로써 공시방법으로 삼는다(民法 346). 권리질권에도 증서의 점유를 통해 유치적 효력이 인정되기는 하지만(民法 355·제335), 동산질권에서처럼 물건의 사용가치를 빼앗아 변제를 심리적으로 강제하는 것과는 차이가 있다. 그런데 담보물권은 우선변제를 받는 것이 주목적인데, 권리질권에서는 질권자가 직접 채권을 청구하는 방법으로 간편하게 이를 실현할 수 있는 점에서 오히려 동산질권에 비해 유용한 것으로 평가되고 있다.[389] 특허권(전용실시권)을 목적으로 하는 질권의 설정은 등록하지 아니하면 효력이 발생하지 아니한다(法 101①3).

II 질권의 설정 및 제한

1. 질권의 설정

특허권, 전용실시권, 허락(약정)에 의한 통상실시권 및 법정실시권이 질권의 대상이 된다. 또한, 각각의 권리가 공유인 경우에는 그 지분도 질권의 대상이 될 수 있다. 또한 강제실시권 중 타인의 특허발명 등과 이용, 저촉관계에 해당되어(法 98) 「통상실시권 허락심판청구」에 의하여 통상실시권이 허락된 경우(法 138)와 재정에 의한 통상실시권(法 107)은 질권을 설정할 수 없다(法 102⑥). 또한 국가비상사태 등에 의한 통상실시권(法 106의2)도 질권의 대상이 될 수 없다 할 것이다.

---

[388] 질권은 질권을 취득하려는 채권자와 설정자 사이의 질권설정의 합의를 통해 성립하는 점에서 법정담보물권인 유치권과는 다르다. 한편 약정담보물권인 점에서는 저당권과 같지만, 그 목적물을 달리하는 점에서 그 내용을 달리한다. 즉, 저당권은 부동산을 목적으로 하고, 그래서 저당권자는 등기를 통해 우선변제권을 가질 뿐이며 점유의 이전이 없다(民法 356)(설정자가 종전대로 점유를 하고 사용·수익을 한다). 이에 대해 질권은 동산(또는 재산권)을 목적으로 하고, 그래서 질권자는 그 동산을 인도받아 점유하고 또 그 동산에 대해 우선변제권을 가진다(民法 329, 355). 즉, 질권에는 우선변제권 외에 유치권에서와 같은 유치적 효력이 아울러 인정되는 점에서 저당권과 차이가 있다.

[389] 민법강의, 김준호, 법문사(신정 4판), p.748

2. 질권설정의 제한

전용실시권자는 특허권자의 동의를 얻지 않고는 전용실시권을 목적으로 하는 질권을 설정할 수 없다(法 100④). 또한, 통상실시권자는 특허권자 또는 전용실시권자의 동의를 얻지 않고는 통상실시권을 목적으로 하는 질권을 설정할 수 없다(法 102⑥).

특허권, 전용실시권 및 통상실시권이 공유인 경우 다른 공유자의 동의를 얻지 않고는 질권을 설정할 수 없다(法 99②, 100⑤, 102⑦).

Ⅲ 질권자의 지위

질권자는 질권 설정을 통해 채무 변제를 간접적으로 강제하고, 채무 변제가 이루어지지 않으면 질권을 행사하여 특허권을 경매 등을 통하여 타인에게 이전시킴으로써 경매된 가액으로 채무를 우선 변제받을 수 있다.

앞에서 설명한 대로 특허권의 질권은 「권리질권」이므로 질권행사 방법은 권리의 양도(이전)에 의한 경매 등의 방법으로 우선변제를 받을 수 있다.

특허권·전용실시권 또는 통상실시권을 목적으로 하는 질권을 설정한 때에는 질권자는 계약으로 특별히 약정한 경우를 제외하고는 당해 특허발명을 실시할 수 없다(法 121).

질권은 특허법에 의한 보상금 또는 특허발명의 실시에 대하여 받을 대가나 물건에 대하여도 이를 행사할 수 있다. 다만, 그 지급 또는 인도 전에 이를 압류하여야 한다(法 123). 이를 「물상대위(物上代位)」라 하며, 물상대위란 담보물권의 목적물의 멸실·훼손·공용징수에 의하여 그 물건의 소유자가 금전 기타의 물건을 받을 청구권을 취득한 경우에 그 담보물권이 이 청구권위에 효력이 있는 것을 말한다.

특허권자는 질권자의 동의를 얻지 아니하고는 특허권의 포기(法 119①), 특허의 정정 및 정정심판의 청구(法 136⑧)를 할 수 없다. 한편, 전용실시권자 및 통상실시권자는 질권자의 동의를 얻지 않고는 당해 전용실시권 및 통상실시권을 포기할 수 없다(法 119②③).

특허무효심판, 존속기간 연장등록의 무효심판, 정정무효심판이 청구된 경우 등록된 질권자는 심판에 참가할 수 있다(法 133④, 134②, 137②).

Ⅳ 질권행사로 인한 특허권 이전에 따른 통상실시권

특허권자는 특허권을 목적으로 하는 질권 설정 이전에 그 특허발명을 실시하고 있는 경우에는 그 특허권이 경매 등에 의하여 이전되더라도 그 특허발명에 대하여 통상실시권을 가진다. 이 경우에는 특허권자는 경매 등에 의하여 특허권을 이전받은 자에게 상당한 대가를 지급하여야 한다(法 122).

Ⅴ 질권의 소멸

질권은 채무의 변제, 설정계약의 해제, 특허권의 존속기간의 만료, 상속인의 부존재 등에 의해 소멸한다.

제8절 등 록

Ⅰ 의 의

특허등록이란 특허에 관한 권리의 발생, 변경, 소멸, 기타 특허권에 대한 일정한 사항을 특허청장의 직권, 당사자의 신청 또는 법원 등 국가기관의 촉탁에 의하여 특허청에 비치한 특허(등록)원부에 기재하는 행위를 말하며, 특허법이 특허권에 관한 각종 권리나 법률관계를 특허원부라는 공부(公簿)에 기재하도록 한 이유는, 특허권을 부동산등기와 같이 권리의 발생·변경·소멸을 공시함으로써 거래안전을 도모할 필요가 있기 때문이다.

Ⅱ 특허원부와 특허등록원부

1. 특허원부

특허등록원부도 특허원부 중의 하나이며, 특허발명의 명세서, 도면 기타 대통령령이 정하는 서류도 특허원부의 일부이다(法 85④).
「대통령령이 정하는 서류」란 특허등록원부와 특허신탁원부를 말하며, 이외에도 폐쇄특허원부가 있다(登錄令 8, 12).

2. 특허등록원부

특허원부 중 특허등록원부에는 아래의 사항이 기록된다.

(1) **특허법상 등록해야 할 사항(法 85①)**

　① 특허권의 설정, 이전, 소멸, 처분의 제한, 또는 존속기간의 연장
　② 전용실시권 또는 통상실시권의 설정·보존[390]·이전·변경·소멸 또는 처분의 제한
　③ 특허권·전용실시권 또는 통상실시권을 목적으로 하는 질권의 설정·이전·변경·소멸 또는 처분의 제한

(2) **등록령상 등록할 사항(法 85③)**

　① 특허권의 수용·실시, 취소, 심판, 재심, 특허법원, 대법원 판결 등
　② 가등록에 관한 사항
　③ 예고등록에 관한 사항
　④ 부기등록에 관한 사항

III 특허등록의 분류

특허등록의 분류는 그 분류 방식에 따라 다양한 분류 방법이 존재하나, 여기서는 법령에 의한 분류, 내용에 의한 종류, 형식(방법)에 의한 분류, 효력에 의한 분류 등으로 나누어 설명하기로 한다.

1. 법령에 의한 분류

(1) **직권에 의한 등록**

직권에 의한 등록이란 일정 원인이 생긴 경우 특허청장이 직권으로 행하는 등록을 말한다. 등록은 신청에 의해 행하여지는 것이 원칙이지만 특허원부의 기술적 정비를 위한 등록 외에 재정, 재정의 취소, 심결 등 특허청의 처분에 기한 등록의 경우도 포함하여 매우 광범위하게 직권에 의한 등록이 이루어지고 있다.

재정에 의한 통상실시권의 설정 또는 그 취소에 의한 통상실시권의 소멸을 직권등록사항으로 한 것은 특허청의 처분에 의해 권리변동을 일으키는 경우 굳이 등록신청을 기다릴 필요가 없다는 이유에서이다.[391] 직권 등록사항은 다음과 같으며 여기서 ④부터 ⑧까지의 사유는 특허심판원장의 통지가 있는 경우에 한해 특허청장이 직권으로 등록한다(登錄令 14).

---

390) 실시권의 보존 등록은 법정통상실시권을 대상으로 한다. 법령의 규정에 의한 통상실시권은 등록을 하지 않아도 특허권자 또는 전용실시권자에 대하여는 대항할 수 있으나, 법정통상실시권의 이전·질권의 설정 등은 등록하지 않으면 제3자에게 대항할 수 없다. 따라서 법정통상실시권을 이전하거나 이에 대하여 질권을 설정함에 있어서 대항요건을 구비하기 위해서는 법정통상실시권 자체가 미등록인 상태로는 불가하므로 먼저 보존등록을 하게 된다.
391) 국제지식재산연수원, 전게서, p.274

① 특허권의 설정·소멸(포기로 인한 것을 제외한다), 존속기간의 연장
② 특허법 제106조 제1항 및 제106조의2 제1항의 규정에 의한 특허권의 수용·실시
③ 특허법 제107조 제1항의 규정에 의한 통상실시권 설정의 재정, 특허법 제114조 제1항의 규정에 의한 재정의 취소
④ 특허거절결정에 대한 심판·특허무효심판·특허권 존속기간 연장등록의 무효심판·권리범위 확인심판·정정심판·정정무효심판·통상실시권 허락심판 등의 확정심결
⑤ 특허법 제178조 제1항의 규정에 의한 재심의 확정심결
⑥ 특허법 제186조 제1항의 규정에 의한 특허법원의 확정판결
⑦ 특허법 제186조 제8항의 규정에 의한 대법원의 판결
⑧ 심판 또는 재심에 의한 명세서나 도면의 정정 또는 정정의 무효나 재심에 의한 정정의 회복
⑨ 혼동으로 인한 전용실시권·통상실시권 또는 질권의 소멸
⑩ 권리의 이전등록시, 말소등록시 및 전용실시권·통상실시권 설정등록시 등록의무자의 주소의 변경(그 권리이전등록시, 말소등록시 및 전용실시권·통상실시권 설정등록시 제출한 시·군·구·읍·면·동 또는 등기 관련 기관의 장이 증명하는 서면에 의하거나 전자정부법 제21조 제1항에 따른 행정정보의 공동이용을 통하여 특허청장이 등록의무자의 특허등록원부상의 주소가 권리이전등록신청서, 말소등록신청서 및 전용실시권·통상실시권 설정등록 신청서상의 주소로 변경된 사실을 확인할 수 있는 경우로 한정한다.

(2) 촉탁에 의한 등록

「촉탁에 의한 등록」이란 당사자 이외의 법원 또는 관공서 등의 촉탁에 의해서 행해지는 등록을 말하는 것으로서 다음의 사항이 있다.

① 특허권 또는 특허에 관한 권리의 처분의 제한 또는 그 제한의 해제 등의 촉탁등록(登錄令 17①)
② 특허권 양도 등의 등록원인의 무효나 취소로 인한 등록의 말소 또는 회복의 소가 법원에 제기된 경우의 예고등록의 촉탁(登錄令 19)
③ 특허신탁원부에의 등록촉탁(登錄令 57), 신탁재산관리방법의 변경으로 인한 등록의 촉탁(登錄令 58)

(3) 신청에 의한 등록

「신청에 의한 등록」이란 당사자의 신청에 의하여 행해지는 등록을 말하며 대부분은 신청에 의하여 행해진다. 특허권의 이전·전용실시권·통상실시권 및 질권의 설정 등이 신청에 의해 등록되는 경우라고 할 수 있다.

신청에 의한 등록은 법령에 특별한 규정이 있는 경우를 제외하고는 등록의무자와 등록권리자의 공동신청에 의함이 원칙이고 예외적으로 등록권리자의 단독신청이 가능한 경우가 있다.

2. 내용에 의한 분류

(1) 신규(또는 기입) 등록

새로운 등록원인의 발생에 기초하여 법령에 규정한 등록사항을 새로이 등록원부로 작성하거나, 기존의 등록원부에 기록하여 등록하는 것을 말하며 특허권, 전용(통상)실시(사용)권, 질권의 설정 등록 등이 이에 해당된다.

(2) 변경등록

이미 등록된 사항이 그 후의 후발적인 사유에 의하여 등록내용과 권리의 실체와의 관계가 불일치한 경우 이들 불일치를 바로잡기 위하여 등록내용의 일부를 변경하는 등록으로서 권리의 주체변경에 관한 등록과 권리의 내용(상태)변경에 관한 등록이 있다.

(3) 경정등록

등록된 내용과 실체관계가 불일치한 것을 바로잡기 위한 것이라는 점에서는 변경등록과 같으나 등록과 실체관계의 불일치가 착오나 누락에 의하여 원시적으로 발생한 경우라는 점에서 구별된다. 경정등록은 등록권리자의 신청이나 특허청장의 직권에 의하여 행하여진다.

(4) 말소등록

이미 등록되어 있는 등록의 실체가 소멸된 경우 또는 당사자의 의사에 의하여 특허권, 실시권 등을 법률적으로 소멸시키고자 하는 경우 그 등록 상태의 말소를 목적으로 하여 행하는 등록을 말한다.

(5) 회복등록

권리의 실체관계가 존재하고 있음에도 부당하게 당해 등록이 멸실 또는 말소된 경우에 그 등록을 회복시키기 위한 등록으로서, 등록원부의 일부 또는 전부가 화재 등의 사고에 의하여 물리적으로 소멸된 경우 소멸된 등록상태를 회복하기 위하여 하는 멸실회복등록(登錄令 11)과 기존의 등록의 전부 또는 일부가 불법 또는 착오로 말소된 경우 말소 전의 등록을 회복하기 위하여 하는 말소회복등록(登錄令 27)이 있다.

3. 형식에 의한 분류

(1) 주등록

주등록이라 함은 등록사항에 있어서 주(主)가 되는 등록을 말하며 부기등록에 대비되는 등록으로 특허등록원부 중의 권리란, 특허권자란 등의 등록사항란의 순위번호란에 기존등록의 순위번호에 계속하여 새로운 독립의 번호를 부여하는 것으로 등록순위는 등록의 전후에 의한다(登錄令 5).

(2) 부기등록

① 부기등록이라 함은 주등록과 동일성을 유지하고자 하는 경우와 주등록과 동일한 순위를 갖게 함을 명백히 하고자 하는 경우에 당해 주등록사항에 관련하여 등록하는 것을 말하며 부기등록 사항은 다음과 같다(登錄令 7).
   ㉠ 등록명의인 표시변경
   ㉡ 질권의 이전
   ㉢ 일부가 말소된 등록의 회복 등
② 부기등록은 주등록의 동일성을 유지하면서 행하는 부기적 등록이어야 하므로 부기등록이 가능한 사항은 주등록과의 동일성을 표시하는 경우로 한정된다.

4. 효력에 의한 분류

(1) 본등록(종국등록)

권리의 보전을 목적으로 하는 가등록·예고등록 등의 예비등록에 상대되는 개념으로 특허법상의 등록 본래의 효력을 완전하게 발생하게 하는 등록을 말하는 것으로 특허권의 이전, 전용실시권·통상실시권 또는 질권의 설정등록 등이 본등록에 속한다.

(2) 예비등록

권리변동의 효력발생 등을 초래하지 않으며 장래의 본등록을 예상하여 미리하는 가등록이나 단순히 일정한 사실을 기입하는 예고등록을 말한다.

① **가등록**

등록의 순위를 보전하기 위한 등록으로서 후일 가등록에 기하여 본등록을 한 때에는 가등록의 순위가 바로 본등록의 순위가 된다. 가등록은 다음의 경우에 할 수 있다(登錄令 8).
   ㉠ 등록신청에 필요한 절차상의 요건이 구비되지 아니한 경우
   ㉡ 특허권, 전용실시권 및 통상실시권과 이를 목적으로 하는 질권의 설정·이전·변경 또는 소멸에 관하여 청구권을 보전하고자 하는 경우
   ㉢ 위 ㉡의 청구권이 시기부(始期附)이거나 정지조건부(停止條件附)인 경우, 기타 장래에 있어서 확정될 것인 경우

② **예고등록**

예고등록은 등록 본래의 효력발생요건이나 제3자의 대항요건에 직접 관계가 없는 등록으로 특허권 등에 분쟁의 제기가 있었다는 사실을 제3자에게 공시하여 제3자에게 경고를 주는 사실상의 효과를 가지는 것 외에는 등록의 효력이 존재하지 않는 일종의 특별한 등록이다(登錄令 6).

Ⅳ 등록절차

1. 등록신청

특허등록은 법령에 의하여 특허청장이 직권으로 하는 경우 이외에는 신청 또는 촉탁에 의하지 아니하고는 이를 할 수 없다(登錄令 13). 신청에 의한 등록은 법령에 특별한 규정이 있는 경우를 제외하고는 등록권리자 및 등록의무자가 공동으로 신청하여야 한다(登錄令 15). 다만, 신청서에 등록의무자의 승낙서를 첨부한 경우 또는 상속 기타 일반승계에 의한 등록은 등록권리자만으로 신청할 수 있으며, 판결에 의한 등록은 승소한 등록권리자 또는 등록의무자만으로 신청할 수 있다(登錄令 15).

2. 등록순서

특허등록의 순서는 신청에 의한 등록은 접수순서에 따라 하여야 하며, 직권에 의한 등록은 등록원인이 생긴 순서에 따라 하여야 한다. 특허권의 설정등록은 특허료를 납부한 납부서가 접수된 순서에 따라 등록하여야 한다. 다만, 특허청장이 부여한 납부자번호로 특허료를 납부하는 경우는 특허료 수납정보와 특허청 전산정보처리조직의 파일에 기록되는 순서에 따라 등록하여야 한다(登錄令 28).

3. 등록신청서의 불수리(반려)

특허청장은 등록신청서가 일정사유에 해당하는 경우에는 이를 수리하지 아니한다. 다만, 신청의 흠이 보정될 수 있는 경우에 신청인이 등록신청을 한 날에 이를 보정한 때에는 수리한다(登錄令 29).

4. 등 록

등록신청을 심사한 결과 불수리 사유에 해당하지 않는 경우에는 신청에 근거하여 등록한다. 신청에 의한 등록을 완료한 경우에는 접수연월일·접수번호·특허번호·등록연월일 및 그 취지를 기재한 등록필통지서를 신청인에게 송부하여야 한다(등록령 시행규칙 56①).

Ⅴ 등록의 효력

1. 권리의 발생

특허권은 설정등록에 의해 효력이 발생하므로(法 87①), 특허등록원부에 소정의 사항을 기재하면 특허권은 발생된다. 다만, 이러한 설정등록은 특허권의 발생요건이지 존속요건이 아니다. 물론 설정등록에 의해 특허권이 발생되기 위해서는 특허결정과 특허등록료의 납부가 선행되어야 한다.

2. 권리의 변동

특허권의 이전 또는 전용실시권의 설정 및 이전 등은 등록하지 아니하면 그 효력이 발생하지 않는다. 이와 같이 등록을 하여야만 권리변동의 효력이 발생하게 되므로 등록은 권리변동의 효력발생요건이라 말한다.

특허법 제101조는 상속 기타 일반승계를 제외한 특허권의 이전이나 포기에 의한 특허권의 소멸 또는 특허권의 처분의 제한이나 전용실시권의 이전, 변경, 처분의 제한 등에 대해서는 등록을 하여야 그 효력이 발생한다고 규정하고 있는데, 이는 우리나라 특허법이 등록주의·객관주의를 채택하고 있기 때문이다. 이는 특허권과 전용실시권은 독점배타권으로서 물권적 권리이므로 이들 권리의 변동은 이를 공시해야 할 필요성이 있다고 보기 때문이다. 따라서 당사자 간의 계약이나 합의에 의하여 사실상 권리변동의 법률행위가 성립되었다 하더라도 이를 등록하지 아니하면 효력이 발생하지 않는 것으로 취급된다. 한편, 전용실시권 또는 질권이 혼동[392]에 의해 소멸한 경우에는 특허청장이 직권으로 소멸등록을 한다(登錄令 14).

다만, 특허법은 특허권, 전용실시권 또는 그 질권의 이전에 대해 상속 기타 일반승계의 경우에는 등록이 없이도 권리변동의 효력이 발생한다는 취지의 단서를 규정하고 있는데, 그 이유는 상속의 경우 사망과 상속인의 등록 사이에 권리의 공백상태의 발생을 방지하기 위함이고, 또한 승계 전후의 사이에 권리내용의 변동이 없이 권리·의무가 포괄적으로 이전되는 것이므로 등록이 없어도 제3자에게 영향을 미치지 않기 때문이다.

3. 대항력

전용실시권이 물권적 성격의 권리라면 채권적 권리인 통상실시권은 계약과 동시에 효력이 발생하며, 특허청의 등록원부에 등록 없이도 효력이 발생한다. 그러나 이러한 계약이나 허락에 의한 통상실시권은 제3자에게 대항하려면 등록을 하여야 한다.

---

[392] 혼동(混同)이란 서로 대립하는 두 개의 법률상 지위가 동일인에게 귀속되는 것으로 예컨대 채무자가 채권을 양수받거나 전세권자가 가옥의 소유권을 취득한 경우에 혼동이 일어난다. 혼동이 있게 되면 권리(채권 또는 전세권 등)는 원칙적으로 소멸한다. 자기에 대하여 채권을 가지거나, 자기의 소유물에 전세권을 가진다는 것은 무의미하기 때문이다. 그러나 그 권리를 특히 존속시킬 법률상의 의미가 있는 경우에는, 그 권리는 소멸하지 않는다. 예컨대 채권이 타인의 질권의 목적이 되어 있거나, 전세권이 타인의 저당권의 목적이 되어 있는 경우와 같다. 민법은 '채권과 채무가 동일한 주체에 귀속하는 때에는 소멸한다. 그러나 그 채권이 제3자의 권리의 목적인 때에는 그러하지 아니하다'고 규정하고 있다(民法 507).
지시채권·무기명채권·사채권(社債券) 등과 같이 증권화한 채권은 독립한 유가물(有價物)로서 거래되는 까닭에 혼동에 의하여 소멸하지 않는다(民法 509, 어음법 11③, 수표법 14③).

Ⅵ 특허권 설정 등록 및 등록공고

1. 서(序)

(1) 의 의

특허권은 설정등록에 의하여 발생한다(法 87①). 「특허권의 설정등록」이란 특허출원에 대한 심사관의 특허결정 후에 특허청장이 직권으로 특허원부에 소정의 사항을 기재하는 절차를 말한다.

(2) 취 지

특허권설정등록의 취지는 권리의 안전성을 도모하고, 권리의 분쟁을 미연에 방지하는 한편 권리분쟁시에는 신속한 처리를 하기 위해 특허결정된 특허발명에 대해 설정등록을 하도록 하고 있다.

2. 설정등록요건

(1) 특허결정

① **특허결정**

심사관은 거절이유를 발견할 수 없을 때에는 특허결정을 해야 한다(法 66). 즉, 특허설정등록의 요건은 첫째는 특허결정이고, 둘째는 특허료의 납부이다.

② **특허료의 납부**

특허결정등본을 송달받은 날부터 3월 이내에 최초 3년분의 특허료를 일시에 내야 한다. 특허청장은 다음의 어느 하나에 해당하는 경우에는 직권으로 특허권의 설정등록을 하여야 한다(法 87②).

㉠ 납부기간 내에 특허료를 납부한 때(法 79①)

㉡ 추납기간 내에 특허료를 납부한 때(法 81①)

㉢ 특허료를 보전한 때(法 81의2②)

㉣ 추납기간 경과 후에 특허료를 납부하거나 보전한 때(法 81의3①)

㉤ 납부의 면제(法 83①1, 2)가 있는 때

3. 설정등록의 절차

(1) 특허청장의 직권등록

특허청장은 특허료의 납부 또는 면제시에는 특허청에 비치된 특허원부에 특허권의 설정등록을 해야 한다(法 85①, 87②). 특허권의 설정등록은 특허청장의 직권사항이며 이해관계인의 별도의 신청절차가 필요 없다.

(2) 등록공고

① 의 의

「등록공고」란 심사를 거쳐 특허가 확정된 발명의 내용을 일반에게 공표하여 침해하지 않도록 유도함으로써 특허분쟁을 미연에 방지하기 위한 절차를 말한다. 이런 점에서 등록공고는 출원발명의 조기공표를 목적으로 행하는 출원공개와는 그 제도적 취지를 달리한다. 그러나 출원공개 이전에 등록공고가 선행될 경우에는 등록공고는 출원공개의 발명 공표적 기능까지를 대행하기 때문에 출원공개를 다시 할 필요가 없다.

② 등록공고대상

특허청장은 특허권 설정등록이 있는 때에는 그 특허에 관하여 특허공보에 게재하여 등록공고를 하여야 한다. 다만, 특허청장은 국방상 필요한 발명으로서 비밀취급이 필요한 특허발명에 대하여는 비밀취급의 해제시까지 등록공고를 보류하여야 하며, 그 비밀취급이 해제된 때에는 지체 없이 등록공고를 하여야 한다(法 87③④).

③ 등록공고절차

특허등록공고용 특허공보에는 다음의 사항을 게재함으로써 행해진다(法 87, 施行令 19②). 이러한 등록공고공보는 전자적 매체(CD-ROM)로도 발행할 수 있다.
㉠ 특허권자의 성명 및 주소(법인인 경우에는 그 명칭·영업소의 소재지)
㉡ 출원번호·분류기호 및 출원연월일
㉢ 발명자의 성명 및 주소
㉣ 특허출원서에 첨부된 요약서
㉤ 특허번호 및 설정등록연월일
㉥ 등록공고연월일
㉦ 제63조 제1항 각 호 외의 부분 본문에 따라 통지한 거절이유에 선행기술에 관한 정보(선행기술이 적혀있는 간행물의 명칭과 그 밖에 선행기술에 관한 정보의 소재지를 말한다)가 포함된 경우 그 정보
㉧ 그 밖에 대통령령으로 정하는 사항

4. 설정등록 및 등록공고의 효과

(1) 설정등록의 효과

① **특허권의 발생**

특허권은 설정등록에 의하여 발생한다(法 87①)고 하여 특허권은 특허원부에 설정등록하는 것에 의하여 비로소 발생된다.

② **특허증의 발급**

특허청장은 특허권의 설정등록이 있는 때에는 특허권자에게 특허증을 발급하여야 한다(法 86①). 한편, 특허증의 내용이 특허원부 및 기타 서류와 부합되지 않는 경우 특허청장은 신청 또는 직권으로서 특허증을 회수하여 정정발급하거나 정정된 새로운 특허증[393]을 발급하여야 하며(法 86②), 특허권이 이전등록된 경우(法 99의2②)와 정정심판의 심결이 확정된 때에는 그 심결에 따라 새로운 특허증을 발급하여야 한다(法 86③).

③ **특허표시**

특허권자, 전용실시권자 또는 통상실시권자는 물건의 특허발명에 있어서는 그 물건, 물건을 생산하는 방법의 특허발명에 있어서는 그 방법에 의하여 생산한 물건에 특허표시를 할 수 있다(法 223). 다만, 이는 권장사항이고 의무사항은 아니다.

이를 구체적으로 설명하면 물건의 특허발명에 있어서는 그 물건에 "특허"라는 문자와 그 특허를 표시하면 되고, 물건을 생산하는 방법의 특허발명에서는 그 방법에 의하여 생산된 물건에 "방법특허"라는 문자와 그 특허번호를 표시한다(法 223①1,2). 그러나 특허출원 중인 특허인 경우는, 물건의 특허출원에 있어서는 그 물건에 "특허출원(심사중)"이라는 문자와 그 출원번호를 표시하고, 물건을 생산하는 방법의 특허출원에 있어서는 그 방법에 의하여 생산된 물건에 "방법특허출원(심사중)"이라는 문자와 그 출원번호를 표시한다. 다만, 특허출원표시를 할 수 없는 경우에는 그 물건의 용기 또는 포장에 할 수 있다(法 223①3,4).

또한 특허번호 또는 특허출원번호를 표시하는 것에 갈음하여 특허번호 또는 특허출원번호를 게재한 인터넷 주소를 표시할 수도 있고(施規 121①), 구체적인 방법은 특허청장이 고시한다(施規 121②).

---

[393] 「특허증」이란 특허권이 설정등록되었다는 하나의 증표로서 특허청장이 특허원부에 등록된 사항을 특허증 서식에 기재하여 특허권자에게 발급하는 공적 증서를 말한다. 파리조약 제4조의3에서는 "발명자는 특허에 발명자로서 명시될 권리를 갖는다"고 규정함으로써 발명자의 보호에 앞장서고 있다. 결국, 특허증의 발급은 역사적·전통적 산물임과 동시에 발명자의 명예를 표시하기 위한 것이라고 할 수 있다. 따라서 특허증이 없는 경우라도 특허권자라는 것을 주장할 수 없는 것은 아니고 특허증을 양도하는 것이 특허권을 양도하는 것은 더더욱 아니다. 즉, 특허증은 특허등록된 권리관계를 공적으로 확인하는 증표 이상의 의미를 갖지 않는바, 특허증의 이전이나 유실 여부가 특허권에 영향을 미치는 것은 아니다.

④ 보상금청구권의 행사

특허권자는 특허권이 설정등록된 후에는 출원 중인 발명을 업으로 실시한 제3자에 대하여 특허권과는 별개로 보상금청구권을 행사할 수 있다(法 65③④). 다만, 등록 후 3년을 경과한 후에는 보상금청구권을 행사할 수 없다(法 65⑤). 이때, 물론 보상금지급청구를 할 수 있는 기간은 출원공개 이후부터이고 보상금청구권 행사는 특허권 설정등록 이후에 하여야 한다.

⑤ 공지기술로서의 이용

설정등록 또는 출원공개된 후에는 신청에 의해 서류를 열람할 수 있다. 다만, 법 제55조 제1항에 따른 우선권주장을 수반하는 특허출원이 출원공개 또는 설정등록된 경우에는 그 선출원은 제외한다(法 216②). 그 결과 제3자는 공개된 발명을 기술정보로서 이용하여 중복투자 및 중복연구를 방지할 수 있으며, 심사관은 후출원발명에 대해 신규성(法 29① 각 호), 진보성(法 29②) 등의 거절이유의 인용발명으로 활용할 수 있다.

⑥ 등록의 추정적 효력

특허원부에 등록된 사항은 진정한 것으로 보아 원부상의 권리가 실제 존재하는 것으로 추정되며, 다만 이것은 반증에 의하여 번복될 수 있지만 이때의 입증책임은 이를 주장하는 자가 진다. 한편, 특허권의 설정등록은 공시의 효과만 있을 뿐 공신력이 있는 것은 아니다.[394] 이것은 거래의 안전보다는 진정한 권리자를 보호하기 위함이다.

(2) 등록공고의 효과

① 확대된 선출원의 지위 발생

특허출원이 공개가 되지 않고 특허등록이 되어 등록공고된 경우 특허출원일 후 등록공고 전에 출원된 다른 사람의 출원에 대하여 확대된 선출원의 지위가 인정된다(法 29③). 즉, 특허출원된 발명이 출원공개되고 특허등록이 되어 등록공고된 경우에는 특허출원일 후 출원공개 전에 출원된 다른 사람의 출원에 대하여 확대된 선출원의 지위가 적용되나 출원공개되지 않고 등록공고된 경우는 등록공고 전의 출원에 대해 확대된 선출원의 지위가 인정된다.

② 출원서류 등의 열람을 위한 제공

특허청장은 등록공고일로부터 3개월간 출원서류 및 그 부속물건을 공중의 열람에 제공하여야 한다.(法 87⑤).「등록공고일」이라 함은 특허공보가 발행된 날을 말하며(施行規則 43),「부속물건」이라 함은 출원서와 명세서 외에, 보정서, 의견서, 우선권증명서류 등을 말한다. 공중의 열람에 제공하는 이유는 제3자에게 특허무효심판을 청구할 수 있도록 유도하기 위함이다.

---

[394] 절취한 서류를 이용하여 실용신안권에 관하여 피고명의로 권리이전등록절차를 마쳤다면 피고명의의 권리이전등록은 원인 없이 마쳐진 권리로서 무효이므로 피고는 이를 말소할 의무가 있다(대판 78가합1610).

출원공개제도와 등록공고제도의 비교

구 분			출원공개제도	등록공고제도
서	의 의		특허출원된 내용에 대하여 심사청구의 유무에 관계없이 일정기간이 경과하면 그 출원내용을 공보에 게재하여 사회일반에 공표하는 것을 말한다.	심사를 거쳐 특허가 확정된 발명의 내용을 공보에 게재하여 일반에게 공표하는 제도를 말한다.
	취 지		• 출원인 ⇨ 보상금청구권 발생 • 제3자 ⇨ 중복투자 및 중복연구 방지 • 특허청 ⇨ 심사청구제도 효율적 운영	특허권을 침해하지 않도록 유도하여 특허분쟁을 미연에 방지
요 건	주체적		특허청장에 의한 강제공개, 신청에 의한 조기공개	출원인의 신청 유무와 관계없이 특허청장이 등록공고
	객 체 적	원 칙	특허청에 출원계속 중인 모든 특허출원	출원인의 특허료 납부 등에 의하여 특허권 설정등록이 된 발명
		예 외	• 이미 등록공고된 경우 • 청구범위가 기재되지 아니한 명세서를 첨부한 특허출원의 경우 • 공서양속에 위반되거나 공중의 위생을 해할 염려가 있는 발명 • 비밀취급이 필요한 국방상 필요한 발명 • 외국어특허출원으로 국어번역문을 제출하지 아니한 경우	공익상 비밀취급이 필요한 특허발명에 대하여는 비밀취급의 해제시까지 등록공고를 보류하여야 하며, 비밀취급이 해제된 때에 지체 없이 그 명세서 및 도면을 특허공보에 게재
	시 기 적	원 칙	• 강제공개: 출원일로부터 1년 6개월 경과시 • 조기공개: 1년 6개월 전이라도 가능	특허권의 설정등록이 있는 때
		예 외	• 정당권리자(法 34·35) ⇨ 무권리자 출원일 • 분할·변경(法 52②·53②) ⇨ 원출원일 • 조약·국내우선권주장(法 54①·55③) ⇨ 최우선일	
절 차			출원공개용 특허공보에 전문공개, CD-ROM	특허등록공고용 특허공보에 전문공개, CD-ROM
효 과			• 경고(法 65①) • 보상금청구권의 발생(法 65) • 우선심사(法 61·1) • 특허출원에 관한 서류의 열람 등의 신청(法 216②) • 기탁된 미생물시료의 분양(施行令 4①1) • 공지기술로서의 이용(法 29① 각 호·法 29②) • 확대된 선출원의 지위(法 29③)	• 공중의 열람에 제공(法 87⑤) • 확대된 선출원의 지위(法 29③) • 3개월 이내 누구든지 무효심판청구 가능(法 133① 단서)

제9절 특허권 침해와 구제

I 특허권의 침해

1. 의 의

특허권은 그 객체인 특허발명을 독점적으로 지배할 수 있는 권리로서 특허권자만이 특허발명을 실시할 권리를 독점한다. 따라서 타인이 특허발명을 정당한 권한 없이 업[395]으로서 실시하면 특허권침해가 된다.

이와 같은 특허권침해는 발명의 동일성과 업으로서의 실시가 전제된다 할 것이나 특허발명과 동일한 발명을 실시하더라도 그것이 정당한 권한에 의한 실시이거나 업으로서의 실시가 아닌 경우에는 특허권침해가 되지 아니한다.

특허권의 침해가 있으면 특허권자는 특허의 소극적 효력, 즉 대외적 효력에 의하여 민사 및 형사적 구제조치를 취할 수 있다. 특허법에 규정되지 아니한 민형사적 사항은 민법 및 형법의 일반원칙이 보충적으로 적용된다.

2. 침해의 성립요건

특허권의 침해란 특허발명을 업으로서 실시할 권원이 없는 자가 그 발명을 업으로서 실시함으로써 성립되며, 침해자의 고의·과실과 관계없다. 불법행위가 '과실'에 의할 때에는 민사적 책임에 머물지만, '고의성'이 있을 때에는 민사적 책임 이외에 형사적 책임까지 부과된다.

「고의」란 자신의 행위가 일정의 결과를 초래할 것임을 인식하면서도 오히려 그러한 행위를 하는 심리상태를 말하며, 「과실」이란 자신의 행위가 일정결과를 초래함을 인식하였어야 함에도 불구하고 부주의로 알지 못하고 그러한 행위를 하는 심리상태를 말하지만 불법행위의 성립에 양자를 구별할 실익은 없다.

(1) **특허권의 존속**

특허권의 침해가 성립하기 위해서는 먼저 특허권의 존속 중에 실시되어야 한다. 그러므로 특허출원중의 실시 또는 존속기간의 만료, 특허료의 불납, 특허권의 포기 등으로 인해 특허권의 소멸된 후의 실시는 특허권의 침해가 아니다.

만약 당해 특허권이 특허무효심판에 의하여 무효심결이 확정된 상태라 하더라도 특허원부에 소멸등록되기 전까지는 존속 중인 특허로 본다.

---

[395] 「업으로서」는 사업적 목적을 가지는 것으로 해석되므로, 반드시 영리를 목적으로 하는 경우를 의미하는 것은 아니다. 현재의 다수설은 개인적 내지는 가정적 실시 이외의 것을 가리킨다. 따라서 사업적 목적의 실시가 아닌 개인적 또는 가정에서의 일상적인 실시는 「업으로서」에 해당되지 아니한다고 할 것이다. 즉, 세탁소에서 전기세탁기를 사용하는 것은 「업으로서」이나 전기세탁기를 가정의 주부가 사용하는 것은 「업으로서」에 해당하지 아니한다.

(2) 청구범위에 기재된 발명의 실시

특허법 제97조에 의해 특허발명의 보호범위는 청구범위에 적혀있는 사항에 의하여 정해진다. 상세한 설명 또는 도면 등의 기재는 청구범위를 해석하여 권리범위를 정하기 위해 참고할 수는 있지만 청구범위에 기재되지 않고 발명의 설명 등에만 기재된 발명은 보호받을 수 없으며, 침해가 성립되지 않는다.

(3) 업으로서의 실시

특허권의 침해 행위는 당해 특허발명을 업으로서 실시하고 있는 것을 필요로 한다. '업으로서'라고 하기 위해서는 그 영리성 여부와 상관없이 적어도 직업 또는 영업적으로 타인의 수요에 응하여 특허발명을 실시함을 의미한다. 따라서 업으로서의 실시가 아닌 가정적·개인적 사용을 목적으로 한 실시나 시험·연구를 위한 실시는 특허권을 침해하지 않는 것으로 된다. 일반적으로 업으로서의 실시행위는 그 반복을 수반하나 반드시 그러한 것은 아니므로, 1회적 실시라도 업으로서 실시가 될 수 있다.

(4) 무권리자에 의한 위법한 실시

특허권의 침해가 성립하려면 무권리자(정당한 권원이 없는 자)가 특허발명을 실시해야 한다. 특허권자 이외의 자라도 특허권자로부터 실시허락을 받아서 실시하거나 법정에 의하여 실시하는 자, 즉 그 특허발명의 실시에 대하여 정당한 지위를 갖는 자의 실시행위는 특허권의 침해행위를 구성하지 않는다. 따라서 실시권의 취득이나 혼동과 같은 특허권의 승계가 있는 경우에는 타인의 침해가 되지 않는다.

■ 청구범위의 해석

1. 청구범위의 역사

청구범위제도는 미국에서 1799년에 처음 시행되고, 오늘과 같은 특허청구항(Claim)은 1807년 Fulton의 증기선에 관한 특허에서부터였다고 한다.

이러한 청구범위제도는 이른바 토지경계침범(Trespass) 이론이 특허법에 적용됨에 따라 도입되었다고 보는 것이 일반적이다. 특허출원에 청구범위가 기재되지 않고 발명의 설명에 의하여서만 특허권이 부여되던 시절에는 제3자의 특허권 침해에 대하여 법원에서 침해 여부를 명확하게 확정하는 것이 곤란했었다. 마치 일정구역의 토지가 특정인의 소유에 속하고 있다 하더라도 현실적인 울타리가 세워져 있지 않으면 그 토지의 경계는 지적도상에만 나타날 뿐 제3자는 그 경계를 인식할 수 없고, 설사 인식하고 있는 상태에서 경계 안으로 들어간 경우라 하여도 이를 무단침입으로 처벌할 수 없는 것과 마찬가지라고 할 수 있다. 그러므로 토지소유자는 자신의 토지영역을 확정하고 제3자의 무단침입을 배제하기 위하여 자신의 토지경계를 따라 울타리를 쌓아야 하고, 그 울타리로 경계 지어진 영역 안으로 제3자가 무단침입 하였을 경우에만 법으로 그 침해를 배제할 수 있는 것이다. 침해의 판정을 용이하게 하기 위한 제도적 장치로서 이러한 Trespass 이론을 특허법에 적용하여 청구범위제도가 채택되었다는 것이다.396)

2. 청구범위의 해석

(1) 명세서주의

미국의 초기 특허실무에서는 출원을 함에 있어서 청구범위를 기재하여야 한다는 요건이 존재하지 아니하였다. 여기에서 특허는 특허권자(Patentee)와 일반공중 사이의 계약의 하나라고 여겨졌고, 그 계약의 내용을 특정하는 수단으로서 일종의 계약서와 같은 역할을 하는 것이 명세서(Specification)라고 이해되었다. 따라서 특허의 범위 및 그 침해판단은 계약법의 원칙에 따라 명세서의 기재에 기초하여 행하여질 수밖에 없었는데, 이러한 관행은 19세기 초까지도 지속되었다. 그러나 그 후 산업이 발달하고 기술이 다양화되면서 청구범위가 없는 명세서 기재만에 의하여 발명의 범위를 해석하는 것은 점점 곤란하게 되었고, 이에 따라 출원에 있어서 청구범위의 기재를 필수적으로 요구하는 청구범위(Claims) 제도가 생겨나게 되었다. 청구범위의 기재가 법규정에 의하여 명문화된 것은 미국에서는 1836년 법부터이고, 영국에 있어서는 1883년 법부터이다.

청구범위의 기재가 명세서의 필수요건으로 추가됨에 따라 그 운용을 둘러싸고 두 가지 대립되는 방식이 나타나게 되었는데, 그것이 중심한정주의와 주변한정주의이다. 일반적으로 중심한정주의는 대륙법 계통의 법체계에서 채택되고 있는 반면, 주변한정주의는 영미법계 국가, 그중에서도 현재로서는 미국에서 채택되고 있는 제도라고 말하여지지만 그러한 구별이 반드시 명확한 것은 아니다. 중심한정주의니 주변한정주의니 하는 개념들은 법문상이 아니라 실무상 나타난 개념들로서 어느 나라가 중심한정주의를 채택하고 있는지 아니면 주변한정주의를 채택하고 있는지는 그 나라의 특허실무를 종합적으로 관찰하여야만 알 수 있을 뿐만 아니라, 그 특허실무라는 것도 시대와 상황에 따라서 그때그때 변화하기 때문이다.397)

(2) 중심한정주의(Central Limitation System)

① 의 의

중심한정주의는 대륙법계통의 직권주의적 성격이 강조된 해석방식으로 특허발명의 보호범위를 해석함에 있어서 청구범위의 기재사항에 구애받지 않고 그곳에 표현된 "실질적인 발명사상"을 보호하려는 것으로서, 청구범위와 명세서 전체를 일체로 하여 발명사상의 핵심을 파악한 후 이에 상응하는 범위까지 보호범위를 인정하는 해석방법을 말한다.

---

396) 이종일, 특허법, 한빛지적소유권센터(1996), 359면, 사법연수원, 전게서, p.377
397) 사법연수원, 전게서, p.383

이는 보호범위를 확장 해석하는 입장이며 균등물은 모두 특허발명의 보호범위에 속한다고 본다. 독일이 대표적 국가이며, 이는 법원이 기술내용에 대하여 상당한 자신감을 가지고 청구범위를 해석하는 입장으로, 발명자가 자신이 발명한 것을 조악하게나마 청구범위에 기재하여 놓으면 법원이 적극적으로 그 기술적 보호범위를 해석하여 준다는 입장이다.

따라서, 중심한정주의는 선원주의를 취하는 법제하에서 채택될 수 있는 제도이며, 선출원주의하에서는 비록 발명을 먼저 했다 하더라도 한시라고 빨리 출원하지 않으면 다른 선출원에 의하여 특허권을 부여받지 못하는 결과가 생길 수 있으므로 출원을 서두를 수밖에 없고, 따라서 출원시 출원신청서에 특허의 권리범위를 완벽하게 기재할 것을 기대하기가 어렵다. 그러므로 나중에 특허침해소송이 제기되면 그 권리범위를 해석함에 있어 출원신청서에 기재된 문언에 구애받지 아니하고 가급적 넓게 해석하여 줄 필요가 있게 되는데, 이러한 필요성에 부합하는 것이 청구범위의 해석에 있어서 중심한정주의라는 것이다.[398]

미국은 당초에는 중심한정주의를 취하다가 나중에 주변한정주의로 돌아서게 되었다.[399]

② **장단점**

중심한정주의에서는 실시예를 청구범위에 일일이 기재하지 않아도 보호되며 출원자의 과오로 발명의 내용을 협소하게 기재한 경우에도 보호된다. 그러므로 발명보호에 충실하다는 장점이 있으나 일반 제3자가 명세서의 문언을 통하여 특허발명의 보호범위를 정확하게 판단하기 곤란하다는 단점이 있다.

(3) 주변한정주의(Peripheral Definition System)

① **의 의**

주변한정주의는 계약법적 성격이 강한 영미법 계통에서 발달된 해석방식으로 특허발명의 보호범위는 "청구범위에 적혀있는 사항"의 문언적 의미로만 해석하여야 하고, 그 이외의 기재사항 즉, 발명의 설명에 의한 확장해석은 인정되지 않는다는 해석방법을 말한다. 그러므로 청구범위의 기재를 조금이라도 벗어나는 것은 보호범위에 속하지 않는다고 본다. 이는 발명자가 그 보호를 요구하지 않는 부분(청구범위에 적혀있는 사항 이외의 부분)은 보호하여 줄 필요가 없다는 것을 근거로 하며, 특허발명의 보호범위를 축소해석하는 입장이며 미국이 대표적 국가이다.

따라서 주변한정주의는 과거의 미국법과 같은 선발명주의 법제하에서 채택될 수 있는 해석방식이라고 설명되기도 한다. 과거의 미국식 선발명주의하에서는 발명일에서 앞서면 비록 출원일자에서 늦었다 하더라도 특허권을 부여받을 수 있으므로 출원을 급하게 서두를 필요가 없고, 따라서 발명 이후 충분한 시간을 투자하여 완벽한 청구범위를 기재하는 것이 비교적 용이하기 때문이다.

---

[398] 사법연수원, 전게서, p.384
[399] 미국은 1836년 처음 청구범위제도를 시행하면서 중심한정주의가 실무의 주류를 이루었으나, 그 후 1870년 특허법을 개정하면서부터 주변한정주의가 주류를 이루게 되었다.

그러므로 특허침해소송에서도 당사자가 출원시 작성, 제출한 청구범위의 기재가 완벽한 것이라는 전제하에 청구범위의 문언을 중시하여 그 기재된 바에 따라 특허의 권리범위를 가급적 한정적으로 해석함으로써 제3자 내지는 일반 공중의 이익을 보호하게 되는데, 이러한 점이 청구범위의 해석에 있어서의 주변한정주의와 부합하는 것이다.[400]

② **장단점**
주변한정주의는 특허발명의 보호범위가 명확하고 그 이해가 용이한 장점이 있으나 청구범위의 문언 외의 균등범위에는 당해 특허권을 주로 침해하는 대부분의 침해자로부터 특허권자가 보호되지 못하는 단점이 있다.[401]

(4) 우리나라에서 청구범위의 해석

우리나라 및 일본의 경우는 대륙법계 전통 및 선원주의를 채택하고 있는 관계로 당연히 중심한정주의를 취한다고 생각할 수도 있다. 하지만 최근 우리나라를 포함한 모든 주변국의 경향은 주변한정주의를 취하고 있다. 특히, 우리나라의 경우 이전의 판례를 보면 "특허발명의 범위는 청구범위에 기재된 구체적인 문언의 범위뿐만 아니라 발명의 설명과 도면의 간단한 설명의 기재 전체를 일체로 하여 그 발명의 성질과 목적을 밝히고 이를 참작하여 그 발명의 범위를 실질적으로 판단하여야 할 것이요, 청구범위에 관한 기재에만 구애될 수 없다"고 하여 중심한정주의적 입장을 취하고 있었다.[402]

그러나 이러한 중심한정주의적 판례가 근래에 와서는 "특허권의 권리범위에 내지 실질적 보호범위는 특허출원서에 첨부한 명세서의 청구범위에 적혀있는 사항에 의하여 정하여지는 것이 원칙이고, 다만 그 기재만으로 특허의 기술적 구성을 알 수 없거나 알 수 있더라도 기술적 범위를 확정할 수 없는 경우에는 명세서의 다른 기재에 의한 보충을 할 수가 있는데, 이 경우에도 명세서의 다른 기재에 의하여 특허범위의 확장해석이 허용되지 아니함은 물론 청구범위의 기재만으로 기술적 범위가 명백한 경우에 명세서의 다른 기재에 의하여 청구범위의 기재를 제한해석할 수는 없다"[403]고 하여, 판례의 대부분이 주변한정주의적 판례로 변경되었다.

---

400) 사법연수원, 전게서, p.386
401) 주변한정주의를 취하는 경우와 중심한정주의를 취하는 경우의 실무상 차이점을 예를 들어 설명해 보면 다음과 같다. 예컨대, 甲이라는 발명가가 담배 재떨이의 한쪽면 상단에 피우던 담배를 걸쳐놓을 수 있는 반원형 홈을 가지는 재떨이를 처음으로 고안했다고 가정한다. 甲은 실용신안을 출원하면서 청구범위를, '한쪽면 상단에, 반원형 홈을 형성한 담배재떨이'라고 작성했다. 그러나 담배를 걸쳐놓을 수 있는 홈은 반드시 한쪽 면에만 있을 필요는 없는 것이고, 그 홈의 형태도 반드시 반원형이 아니라 V자 형이거나 ⊔형이라도 소기의 목적을 달성할 수 있을 것이다(물론 그 작용효과는 차이가 날 수 있다). 이 경우 중심한정주의에 의한다면, 고안자인 甲으로서는 자신이 청구범위에서 청구한 형태는 물론, 재떨이의 한쪽면 이상의 면에 홈이 형성되어 있거나 그 홈의 형태가 V자 형 또는 ⊔형인 경우까지도 자신의 발명으로 보호받을 수 있을 것이지만, 주변한정주의의 아래에서는 균등론이 적용되지 않는 한 자신이 청구범위에서 기재한 한도 내에서만 보호를 받을 수 있을 것이다.
402) 대판 72후4 ; 72후42 ; 72후43 등
403) 대판 96후1118 ; 98후2351 등

(5) 검 토

특허발명의 보호범위에 관한 해석에 대하여는 종래에 특허발명의 보호범위를 널리 해석하고자 하는 독일을 중심으로 한 대륙법계의 국가가 채용해 왔던 중심한정주의적 해석방법과 자유경쟁의 입장에서 특허발명의 보호범위를 좁게 해석하고자 하는 미국을 중심으로 한 영미법계의 국가가 채용해 왔던 주변한정주의적 해석방법으로 나뉘어져 왔다. 그러나 특허제도의 국제화 경향에 맞추어, 주변한정주의의 해석방법을 취하던 미국은 최근 균등론을 도입하여 중심한정주의적 요소를 대폭 취하였으며(확대해석 인정), 중심한정주의의 해석방법을 취하던 독일도 최근 청구범위에 대한 금반언의 원칙을 도입하여 주변한정주의적 요소를 취하고 있다(확대해석 제한). 그 결과 현재는 대륙법계, 영미법계 모두 비슷하게 청구범위를 해석하고 있으며, 주변한정주의와 중심한정주의는 전통적인 해석방법으로서의 연혁상의 구별의 의의가 있을 뿐이다.[404]

▎주변한정주의와 중심한정주의의 비교[405]

구 분	주변한정주의	중심한정주의
의 의	청구항에 기재된 구성요소 전체에 의해 해석하되, 명세서·도면은 필요한 경우 참작	청구항에 기재된 구성요소에서 발명의 핵심사상을 추출하여 확장 해석
판단의 용이성	○	×
특허권자의 보호	×	○
우리나라 판례 및 특허법의 태도	1. 판례의 태도: 1990년대 초반까지 중심한정주의 입장에 있었으나 1990년대 후반 이후 주변한정주의로 변화 2. 보완(특허권자의 보호) ① 다항제(法 42⑧) ② 간접침해(法 127) ③ 균등론(판례가 인정) ④ 생략침해, 불완전이용침해 이론(판례는 불인정)	

3. 특허보호범위 해석을 위한 일반적인 원칙

(1) 청구범위기준의 원칙

특허권의 보호범위는 청구범위에 적혀있는 사항에 의하여 정하여지며, 발명의 설명이나 도면에 적혀있는 사항을 보호범위로 인정할 수 없다.

이와 같이 발명의 보호범위는 청구범위에 '적혀있는' 사항을 중심으로 결정된다. 이처럼 청구범위의 해석에 있어서 무엇보다도 그 문언기재 내용을 중심으로 하여야 한다는 입장을 문언 중심의 원칙 또는 '용어책임론(Patentee as Lexicographer)'이라고 부르기도 한다.

---

[404] 임병웅, 전게서, p.653
[405] 임병웅, 전게서, p.653

즉, 특허출원인은 출원서류, 다시 말해 명세서를 작성함에 있어서 사전편집자와 같이 용어의 선택을 신중히 하여야 할 책임을 부담하며, 부적절하거나 명료하지 아니한 용어의 선택으로 말미암은 불이익은 원칙적으로 출원인에게 돌아가야 한다는 것이다.

우리 법원의 판례는 이러한 문언중심의 원칙에 상당히 충실한 편이며 예컨대 대법원은 '특허권의 권리범위 내지 실질적인 보호범위는 특허명세서의 여러 기재내용 중 특허청구의 범위에 기재된 사항에 의하여 정하여지는 것이 원칙이고, 그 기재만으로는 특허의 기술구성을 알 수 없거나 알 수는 있더라도 그 기술적 범위를 확정할 수 없는 경우에는 특허청구의 범위에 발명의 설명이나 도면 등 명세서의 다른 기재부분을 보충하여 명세서 전체로서 특허의 기술적 범위 내지 권리범위를 확정하여야 하는 것이지만, 그 경우에도 명세서 중의 다른 기재에 의하여 청구범위를 확장해석하는 것은 특허권을 확장해석하는 것이어서 허용될 수 없다'고 판시한 바 있다.[406]

또한 우리나라 법원은 청구범위의 오류나 오기에 대하여서도 엄격한 입장을 취한다.[407]

결론적으로 청구범위의 문언적 기재내용은 청구범위를 해석함에 있어서 최우선적으로 고려되어야 하고, 청구범위의 문언기재와 발명의 설명이나 도면 등 명세서의 기타 부분이 서로 모순될 때에는 청구범위의 문언기재가 우선한다. 그러나 현실적으로 청구범위는 발명의 설명에 의하여 지지되지 않으면 아니되는 까닭에, 비록 문언상으로는 청구범위에 기재되어 있는 기술사상이라 할지라도 명세서에 개시되어 있지 않은 것, 발명의 설명의 항에서 제한 또는 배제되어 있는 부분 등은 모두 기술적 보호범위에서 제외된다.

(2) 발명의 설명참작의 원칙

① 의 의

발명의 설명 참작의 원칙이란, 청구범위는 명세서에 기재된 사항 중 보호받고자 하는 사항을 기재한 것이므로(法 42④) 청구범위의 보호범위 해석에 있어서 청구범위의 기재사항 외에 발명의 설명을 참작하여야 한다는 원칙을 말한다. 왜냐하면 청구범위에 기재된 사항이 발명의 설명을 참작하지 않고는 그 기술적인 의미가 이해될 수 없는 경우가 있기 때문이다.

---

[406] 대법원 1992.6.23. 선고 91후1809 판결 ; 대법원 1991.11.26. 선고 90후1499 판결
[407] 디코드회로를 기술사상으로 하는 발명의 출원명세서 중 청구범위의 기재를 잘못하여 소오스 전극과 드레인 전극에 연결되는 제1전원 전압과 출력버퍼 증폭기가 서로 정반대로 연결되는 것으로 기재되어 있고, 그 기재대로라면 소정의 작용효과를 얻을 수 없는 사안에 관하여 대법원은, '이와 같은 명세서 기재의 오류는 당해 분야에서 통상의 지식을 가진 자가 극히 용이하게 알 수 있는 것이어서 그 오기에도 불구하고 평균적 기술자라면 누구나 이 사건 발명을 정정된 내용에 따라 명확하게 이해하고 재현할 수 있는 정도에 불과한 것이라고 하더라도, 이를 가리켜 명세서의 기재불비가 아니라고 할 수 없다'고 판시하여 원심의 거절결정을 유지하였다(대법원 1996.6.14. 선고 95후1159 판결, 사법연수원, 전게서, p.389).

② 구체적 내용

발명의 설명 참작을 구체적으로 보면 다음과 같다.

첫째, 청구범위에 기재된 사항이라고 하더라도 발명의 설명의 기재에 의하여 뒷받침되고 있지 않다면 특허발명의 보호범위에 속할 수가 없다.

둘째, 발명의 설명에만 기재되어 있고 청구범위에는 기재되어 있지 않은 사항은 청구범위기준의 원칙상 특허발명의 보호범위에는 포함되지 않는다.

셋째, 청구범위와 발명의 설명의 양자에 모두 명료하게 기재되어 있으나, 사용된 학술언어 또는 보통의 언어만으로는 특허발명이 나타내는 기술적인 의미가 분명히 파악되지 않는 경우에 기술적인 의미를 파악하기 위한 용어사전으로서의 기능을 수행하기 위하여 발명의 설명이 참작되어야 한다는 점이다.[408]

(3) 공지기술 참작 및 제외의 원칙

① 의 의

공지기술 참작의 원칙이란 특허권은 출원시의 공지기술에 비하여 개량 진보를 가져와 산업의 발전에 기여한 것에 대한 대가로 부여되는 것이기 때문에 출원시의 기술수준 내지는 그 개량의 정도를 고려하여 특허발명의 보호범위를 결정하는 것은 지극히 당연한 것인바, 이를 「공지기술 참작의 원칙」이라 한다. 공지기술 참작의 원칙에 의할 경우 개량 진보의 정도가 큰 발명의 보호범위는 넓게 해석하고 반대로 개량 진보의 정도가 작은 발명은 좁게 해석된다.

이는 이른바 「작은 특허에는 작은 보호범위, 큰 특허에는 큰 보호범위」라는 해석원칙으로서, 이것은 출원시의 기술수준이 참작된 결과인 동시에 발명의 기여력(寄與力)의 측정이라고 하는 관점이 적용된 결과이기도 하다.[409]

대법원도 특허권의 권리범위를 정함에 있어서는 출원 당시의 기술수준을 고려하고 그 작용, 효과도 살펴보아야 한다고 판시[410]함으로써 공지기술 참작의 원칙을 분명히 하고 있다.

그러나, 이러한 공지기술 참작의 원칙과 표리관계를 이루는 것이 공지기술 제외 원칙인바, 이는 특허발명이 공지기술과 비교하여 개량·진보되지 않는 경우, 즉 특허발명이 공지기술과 동일한 경우에는 보호범위를 인정할 수 없다는 원칙이다. 공지기술 참작의 원칙이 청구범위의 해석을 위한 원칙이라고 한다면, 공지기술 제외의 원칙은 발명의 기술적 보호범위를 결정하기 위한 원칙이다.

---

408) 이수완, 월간공업소유권 제32호, p.103 참조
409) 이수완, "청구범위의 해석에 관한 소고", 특허법의 제문제(상), 한빛지적소유권센터(1993), p.22
410) 대법원 1991.12.27. 선고 90후1857 판결(공1992, 785) 참조 - 동 판결은, '권리범위확인청구 사건에 있어 양 발명을 비교함에 있어서는 발명의 전 과정을 비교, 관찰하여야 하지만, 전체적으로 4개의 공정으로 이루어진 특허발명 중 제2, 3공정은 위 특허출원 전에 공지된 기술이어서 양 발명 중에서 전체 공정 가운데 제2,3공정을 제외한 그 나머지 공정만을 비교, 관찰하여도 양 발명을 전체적으로 비교한 것이 되어 적법하다'고 판시하고 있다(사법연수원, 전게서, p.396).

② 공지기술참작
　㉠ 문제의 소재
　　출원발명의 특허부여를 청구하는 범위 속에 공지부분이 있을 때에는 신규성이 없어 거절결정되어야 할 것이나 그것이 간과된 채 그대로 특허등록 되는 경우가 있을 수 있는데 이처럼 등록된 특허발명 가운데 공지사유, 즉 공지기술이 포함되어 있는 경우, 그 공지부분에 대한 특허무효심판이 확정되지 않은 상태에서 그 발명의 보호범위를 정함에 있어 공지기술 부분을 제외하여야 할 것인가, 아니면 공지기술까지를 포함한 전체를 보호범위로 인정하여야 할 것인가가 문제가 된다.
　　여기서 주의하여야 할 것은 등록된 특허발명 가운데에 공지기술이 포함되어 있다는 것과 발명이 공지기술로 구성되어 있다는 것은 서로 구분되어야 할 개념이라는 점이다. 발명의 구성요소가 모두 공지의 요소라 하더라도 그 공지의 요소들이 어떻게 결합되었는가, 또는 어떤 공지기술들이 채택되었는가의 여부에 따라 특허요건인 신규성이나 진보성을 갖추게 되는 것이며, 특히 발명의 진보성은 대부분 구성요소 간의 '채택 및 결합의 곤란성'에서 찾게 되는 것이다. 예를 들어 A + B + C + D로 구성된 발명이 있다고 할 때, A, B, C, D의 각 요소는 공지의 기술이라 하더라도 A라는 공지의 기술에 특별히 B라는 공지기술이 채택되어 결합되었다는 점에 발명사상이 존재하는 것이며[411], 이 경우 출원인이 특허부여를 청구하는 것은 결국 공지요소들의 특별한 선택 내지는 결합에 있는 것이지 그 구성요건인 개개의 공지요소(A,B,C,D)에 있는 것은 아니다. 본 항에서 공지기술 부분을 특허권리범위에서 제외할 것인가 아닌가를 논하는 것은, 발명의 구성요소가 공지기술로 되어 있는 경우가 아니라 특허등록된 발명 중 일부분 또는 전부에 신규성이 없는 공지사유가 포함되어 있는 경우에 관한 것이다.[412]
　　원칙적으로 특허출원된 발명의 기술적 범위에 신규성이 없는 부분, 즉 공지의 기술부분이 있는 경우에는 그 공지의 기술부분이 삭제, 보정되지 않는 이상 신규성이 없는 발명으로 전체가 거절결정되어야 한다.[413]

---

[411] 예를 들어 甲이라는 발명가가 모세관 현상을 이용한 홈(slit)을 가진 펜촉을 처음으로 발명하였다고 하자. 이 발명은 공지기술인 종전의 펜촉(A, 홈을 가지지 아니한)에 홈이라는 구성요소(B)를 부가한 것으로, 그 구성은 A + B라고 할 수 있을 것이다. 이때 홈(B) 자체는 신규의 기술이 아니고 공지의 기술이다. 甲의 발명이 특허성을 가지는 이유는 공지기술인 홈(B)의 형성이 특별히 펜촉(A)과 결합하였기 때문이다. 구성요소 B 자체가 신규의 기술이고 공지기술이 아닌 경우로서는 B가 물질특허에서의 신물질인 경우 또는 B를 발명한 甲이 B 자체로서가 아니라 특별히 B와 A를 결합하여 출원한 경우 등을 생각해 볼 수 있을 것이다. 예를 들어 신물질 B를 개발하여 B에 대하여 제법특허를 출원하면서, 아울러 공지의 재료 A와 신물질 B를 결합한 새로운 물질 C를 출원하는 경우 등이다.
[412] 사법연수원, 전게서, p.396~397
[413] 대법원 1995.12.26. 선고 94후203 판결(공1996상, 555) ; 대법원 1993.9.14. 선고 92후1615 판결 참조 - 우리나라 특허실무는 발명 중 일부가 신규성이 없다는 등의 이유로 거절사유가 있는 경우 출원 전체를 거절결정한다.

그러나 그러한 발명이라도 출원되어 거절결정 없이 일단 설정 등록되면, 이는 이른바 행정청의 권리설정행위에 의하여 설정 등록된 것으로서 특허법이 특별히 규정하고 있는 특허무효심결 등의 절차에 의하여 무효로 되지 않는 한 유효한 권리로 취급되어야 하고, 따라서 이미 설정 등록된 청구범위에 공지부분이 있는 경우 또는 청구범위 전부가 공지인 경우 그 보호범위를 법원이 어떻게 해석할 것인가가 문제로 된다.[414]

ⓒ 특허발명의 일부가 공지기술인 경우

특허발명의 일부가 공지기술인 경우 그 공지기술 부분을 제외하고 발명의 보호범위를 정하여야 한다는 견해와 공지기술까지를 포함한 전체로서 발명의 보호범위를 정하여야 한다는 견해로 나뉘어진다.

우리나라 대법원은 1964.10.22. 선고 63후45 전원합의체 판결에서 '청구범위의 일부에 공지사유가 있는 경우 그 공지부분이 신규의 발명과 유기적으로 결합되어 있는 때에는 그 공지부분에까지 권리범위가 미치고, 신규의 발명에 유기적으로 결합된 것으로 볼 수 없는 공지사유에 대하여까지 그 권리범위를 확장할 수 없다'고 판시한 이래,[415] 신규의 발명과의 유기적 결합 여부에 따라 보호범위의 확장 여부를 구별하는 이른바 절충설을 취하고 있다.[416]

ⓒ 특허발명 전부가 공지기술인 경우

발명의 전부가 공지기술임에도 이러한 점이 간과되어 그대로 특허등록된 경우 특허무효심판 유무에 불구하고 그 권리범위를 인정할 수 없다는 견해와, 특허청과 법원 간의 권한배분 원칙에 충실하게 특허무효심판에서 무효로 되기 전까지는 일응 유효하다고 보아야 한다는 견해로[417] 나누어진다.

그러나 판례의 경우로 보면, 종전 우리나라 판례는 특히 특허발명의 전부가 공지기술인 경우, 특허의 권리범위를 정함에 있어서는 무효심결이 확정될 때까지 당해 특허는 일응 유효하다고 보아야 한다는 것이 주류였다.[418]

---

414) 사법연수원, 전게서, p.396
415) 대법원 1964.10.22. 선고 63후45 전원합의체 판결(집12-2, 행44) - 이 판결 이후 같은 취지의 판결로서 1977.12.27. 선고 74다1574 판결(공1978, 10554) ; 1987.9.8. 선고 86후99 판결(공1987, 1572) ; 1990.8.28. 선고 89후2120 판결(공1990, 2028) ; 1990.9.28. 선고 89후1851 판결(공1990, 2165) 등 다수의 대법원 판결이 있다.
416) 사법연수원, 전게서, p.398
417) 송영식, "공지공용부분을 포함하는 특허의 권리범위의 해석", 민사판례연구 제7집(1985), p.251, 사법연수원, 전게서 재인용
418) 대법원 1970.7.24. 선고 70후19 판결(집18-2, 행62) ; 대법원 1974.7.23. 선고 73후66 판결(공1974, 7961) 등

그러다가 대법원은 1983.7.26. 선고 81후56 전원합의체 판결로, '등록된 특허의 일부에 그 발명의 기술적 효과발생에 유기적으로 결합된 것이 아닌 공지사유가 포함되어 있는 경우, 공지부분에까지 권리범위가 확장되는 것이 아닌 이상 그 등록된 특허발명의 전부가 출원 당시 공지, 공용의 것이었다면 그러한 경우에도 특허무효의 심결 유무에 관계없이 그 권리범위를 인정할 근거가 상실된다는 것은 논리상 당연한 이치라고 보지 않을 수 없고, 이를 구별하여 그 일부에 공지사유가 있는 경우에는 권리범위가 미치지 아니하고, 전부가 공지사유에 해당하는 경우에는 그 권리범위에 속한다고 해석하여야 할 근거도 찾아볼 수 없으며, 특허권은 신규의 발명에 대하여 부여되는 것이고 그 권리를 정함에 있어서는 출원 당시의 기술수준이 무효심판의 유무에 관계없이 고려되어야 한다'고 공지제외설에 입각하여 판시하면서, 이와 배치되는, 등록된 기술적 고안의 일부가 아닌 전부가 공지공용에 속하는 경우에는 그 무효심결이 없는 한 무효를 주장할 수 없다고 한 종전 판례들을 폐기[419]하고 있다. 즉, 특허무효심판을 기다릴 필요도 없이 기술적 보호범위가 미치지 않음을 분명히 하고 있다.[420]

(4) 출원서류 금반언의 원칙(File Wrapper Estoppel)

① 의 의

출원서류 금반언의 원칙(또는 포대금반언의 원칙, 또는 출원경과 참작의 원칙이라고도 함)이란 특허소송에 있어서 출원인이 출원심사과정에서 본인이 수행한 행위와 모순되는 주장을 하는 것을 금지하는 원칙으로, 전통적인 형평법상의 금반언(estoppel)의 개념이 특허법에 수용된 것이며 주로 영미법 계통에서 발달하여 왔다. 이 원칙은 미국 특허실무에 있어서는 균등론과 거의 동일한 비중을 차지하고 있으며, 현재 우리나라의 실무에 있어서도 적극적으로 적용되고 있다.[421]

특허출원 후 보정시에는 선행기술에 의한 거절결정을 피하기 위하여 넓은 범위로 작성된 청구범위를 감축하여 좁은 범위의 청구범위로 보정하는 것은 출원절차에서 통상 일어나는 일이다. 이와 같이 하여 특허를 얻은 좁은 범위의 청구항에 관하여 그 후의 침해소송에서 원래의 넓은 범위의 청구범위를 포함하도록 확장해석을 주장하는 것은 먼저의 보정행위와 명백히 모순된다. 이러한 모순을 해소하기 위해, 거절을 피하기 위하여 이미 한 보정행위에 대해 구속력을 부여하여 감축된 부분에 관하여는 권리주장을 못하도록 하여야 하고, 이러한 필요성에 의하여 인정된 것이 출원서류 금반언의 원칙이다.[422]

---

419) 이 전원합의체 판결이 폐기하고 있는 종전 판례들 중에는, 특허발명의 일부에만 공지기술이 포함되어 있는 경우 그 공지기술은 특허권의 기술적 범위를 확정함에 있어 아무런 영향이 없다고 한 대법원 1970.5.26. 선고 69후5 판결(판결집18-2, 행10)도 포함되어 있다.
420) 사법연수원, 전게서, p.400
421) 사법연수원, 전게서, p.447 참조
422) 이종일, 전게서, p.753 / 사법연수원, 전게서, p.447

일반적으로 균등론이 청구범위를 확장 해석한다면, 출원서류 금반언의 원칙은 균등론에 맞서 청구범위 확장을 억제하기 위한 이론으로 발전하였고 이 원칙은 청구범위를 해석함에 있어서 출원심사과정을 단순히 참고함에 그치는 것이 아니라, 그 과정에서 행한 출원인의 행위와 모순되는 행위를 하지 못하도록 구속력을 인정한다는 점에 의의가 있다.[423]

② **이론적 근거**

출원서류 금반언의 원칙은 전통적인 형평법상의 금반언 개념이 특허법에 수용된 것이며 주로 영미법 계통에서 발달하여 왔으며 몇 가지 대표적 학설이 있다.

㉠ 금반언(Estoppel)설

이 학설은 출원서류 금반언원칙의 이론적 근거를 전통적인 민사법상의 금반언 논리에서 찾는 것이다. 즉, 민사법상의 금반언 원칙은 한쪽 당사자의 행위를 상대방 당사자가 신뢰한 데 대하여 그 신뢰를 보호하는 것이므로 상대방이 신뢰를 가지고 있었는가의 여부가 중요한 요소이다. 그런데 특허출원은 출원인이 특허를 얻는 과정에서 제3자와 신뢰관계에 놓여 있는 것이 아니므로 민사법상 금반언의 원칙을 특허법상의 출원서류 금반언의 원칙의 이론적인 근거로 보기에는 적당하지 아니하다.

㉡ 권리포기설

권리포기설의 논리는, 새로운 보정서의 제출은 구체적인 행위로 보정 전에 포기하겠다는 의사가 내재하는 것으로 판단하여 출원서류 금반언을 인정하려고 하는 것이다. 즉, 출원서류 금반언 원칙의 근거를 '권리의 포기'에서 찾는 이론이다. 그러나 출원서류 금반언의 원칙을 적용함에 있어서는 특허권자에게 권리의 포기의사가 있었는지의 여부를 불문하고 있지만, 이 설은 포기행위와 포기 의사 두 가지가 존재할 것이 요구되므로 이론적 근거로 하기에는 어려운 점이 있다.

㉢ 권리소멸설

권리소멸설은 명세서의 보정서에 의하여 특허를 받은 이상, 그 전에 취해진 행정적 절차행위가 포기된 것으로 보고 출원서류 금반언의 원리를 인정할 수 있다는 학설이다. 출원인이 특정한 청구항에 관한 심사과정에서 스스로 청구범위를 감축 또는 한정하는 보정을 하였다면, 그 청구항의 심사에 관한 사항을 쟁점으로 할 수 있는 권리는 소멸한다는 이론이다, 즉, 출원인으로서는 심사관의 거절이유가 부당하다고 생각되면 보정을 하지 아니하고 심판 등 다른 절차에 의하여 다투는 길이 있는데, 이러한 방식을 취하지 아니하고 스스로 감축 또는 제한하는 보정을 함으로써 특허를 받은 이상 보정의 부당성을 다툴 수 있는 절차적 권리는 이미 소멸하고, 특허분쟁에 있어서 보정에 의하여 감축한 사항에까지 청구범위의 확장해석을 주장할 수는 없다는 것으로, 이 설이 일반적으로 통설로 인식되고 있다.

---

[423] 사법연수원, 전게서, p.448 참조

③ 출원서류 금반언의 원칙 적용범위

㉠ 선행기술 존재에 따른 보정시

선행기술로 인한 거절결정을 피하기 위하여 출원서류를 보정하는 경우로서 청구범위를 감축하는 보정과, 발명의 구성과 관계없는 청구항을 삭제하는 보정이 있다.

그러나 이러한 발명의 특허성과는 무관한 감축보정의 경우에도 출원서류 금반언의 원칙이 적용된다고 보아야 할 것인지가 문제된다.

어느 경우에나 감축보정을 한 이상 출원서류 금반언의 원칙이 적용되어야 한다는 주장도 있으나, 발명의 특허성과 무관한 감축보정에는 이 원칙이 적용되지 않는다고 보아야 할 것이다.424)

㉡ 심사관의 오판에 의해 보정을 한 경우

심사관이 선행기술 등과 관련하여 오판을 함으로써 보정명령을 발하고 그에 따라 출원인이 보정을 한 경우에도 출원서류 금반언 원칙이 적용된다고 하면 특허권자에게 가혹하지 않은가 하는 의문이 있을 수 있다.

그러나 출원서류 금반언 원칙이 진정한 의미를 갖는 것은 심사관의 보정명령에 오류 내지는 오판이 있는 경우이고, 그러한 명령에 따라 출원인이 보정을 한 이상 이 원칙에 의한 구속을 받는 것은 당연하다고 하겠다.425)

---

424) 사례 : 미국연방대법원(Warner Jenkinson 사건)
이 사건은 원고인 Hilton Davis와 피고인 Warner Jenkinson은 모두 염색업에 종사하는 회사들인데, 원고는 염색시 불순물을 제거하는 '초여과법(ultrafiltration)'이라는 것을 개발하여 특허출원하였다. 원고는 심사과정에서 위 초여과법은 ph농도 6.0 내지 9.0에서 작용하는 것이라고 청구범위를 보정하였는데, 원고가 ph농도의 상한을 9.0으로 기재한 것은 종전에 다른 사람이 개발한 ph농도 11, 13에서 작용하는 초여과법이 공지기술로 존재하고 있었기 때문에 그로 인한 거절결정을 피하기 위하여 보정한 것이었지만, 그 하한을 6.0이라고 기재한 것은 발명의 효과와는 아무런 관련이 없는 무의미한 것임이 밝혀졌고 사실상 원고가 개발한 초여과법은 ph농도 6.0이하에서도 작용이 가능하였다. 그런데 피고는 독자적으로 같은 방식의 초여과법을 개발한 후 원고의 특허침해를 회피하기 위하여 ph농도 5.0에서 위 초여과법을 실시하였다. 이에 원고가 피고를 상대로 피고의 실시는 원고 특허의 균등범위 내에 있다는 이유로 특허침해소송을 제기하자, 피고는 원고가 출원단계에서 거절결정을 피하기 위하여 청구범위를 ph농도 6.0 내지 9.0에서 작용하는 것으로 스스로 보정하였으면서 이제 와서 그 보정된 범위 밖인 ph농도 5.0에서의 실시를 균등론을 원용하여 문제삼는 것은 출원서류금반언의 원칙에 위배되어 부당하다고 항변하였다. 그러나 법원은 이 사건에서 '발명의 특허성, 즉 신규성이나 진보성의 판단과 무관한 보정은 출원서류금반언 원칙의 적용대상이 아니며, 원고가 ph농도의 하한을 6.0이라고 기재한 것은 원고 발명의 특허성과는 아무런 관련이 없는 것임이 밝혀졌으므로 본 건에서는 출원서류금반언의 원칙이 적용되지 않고, 따라서 피고의 실시가 원고 발명의 균등범위 내에 있는 이상 피고는 특허침해의 책임을 피할 수 없다'고 판시하였다(사법연수원, 전게서, p.451~452 참조).

425) 사법연수원, 전게서, p.452 참조

④ **균등론과의 관계**

㉠ 적용의 우선순위

균등론은 일반적으로 청구범위를 확장하는 방향으로 작용하고, 반대로 출원서류 금반언의 원칙은 청구범위를 축소하는 방향으로 작용한다. 여기서 어떤 청구범위의 해석과 관련하여 균등론과 출원서류 금반언 원칙이 모두 적용될 수 있는 경우 어느 쪽이 우선되어야 하는지가 문제된다.

결론적으로는 출원서류 금반언의 원칙이 우선한다고 해석된다.[426] 그 이유는 다음과 같다. 균등론은 극히 상대적인 이론으로서, 예를 들면 '못'과 '나사' 또는 'V벨트'와 '체인'이 균등물인지의 여부에 대한 절대적인 판정은 불가능하며, 관련 기술분야, 기종, 선행기술과의 관계, 그 밖의 여러 가지 상황에 따라 개별적으로 판정되어야 하는데 반하여, 출원서류 금반언 원칙은 절대적인 기준으로 나타난다.

예컨대, 구성요소 A, B, C로 구성된 청구범위를 A, B, C'로 보정하여 특허를 받은 후에 다시 A, B, C로 구성된 대상물에 관하여 권리를 주장하는 것은 절대적으로 허용되지 않으며 상황에 따라 다른 결론이 나올 수 없다. 따라서 절대적 원칙은 출원서류 금반언 원칙이 상대적 원칙인 균등론에 우선한다는 것이다.[427]

㉡ 판단순서(시간상)

그러나 출원서류 금반언 원칙이 우선 적용된다는 것은 청구범위를 해석하는 판단과정에 있어서 균등론보다 위 원칙을 시간적으로 먼저 판단하여야 한다는 의미이다. 일반적으로 청구범위를 해석함에 있어서 먼저 청구항의 문언기재의 의미를 명확히 하고, 그에 따라 구성요건 완비의 원칙을 적용하여 특허발명의 요소 중 침해혐의물이 결여하고 있는 요소가 있는가를 판단한 후 결여된 요소가 있으면 다시 균등론을 적용하여 그 결여된 요소와 균등의 물이 혐의물에 존재하는지 여부를 판단한다. 판단 결과 균등물이 없다고 인정되면 여기에서 침해판단은 종료되고 출원서류 금반언의 원칙을 따질 것도 없이 침해는 부정된다. 그러나 균등물이 존재한다고 인정되면 다시 출원서류 금반언 원칙을 적용하여 균등물이 출원심사과정에서 감축된 요소가 아닌지를 판단하게 되므로, 결국 청구범위 해석 판단과정의 시간적 선후에 있어서는 균등론이 출원서류 금반언의 원칙에 앞서서 적용된다.[428]

---

426) 이종일, 전게서, p.753~754 참조
427) 사법연수원, 전게서, p.449
428) 사법연수원, 전게서, p.450

4. 특허침해의 판단방법

특허침해의 판단은 청구범위의 해석을 통하여 특허발명의 보호범위를 명확히 한 후 침해대상물과의 대비를 통하여 그 대상물이 특허발명의 보호범위에 속하는지를 판단하는 것으로서, 구성요소완비의 원칙(All Element Rule), 균등론(Doctrine of Equivalents), 출원서류 금반언의 원칙(File Wrapper Estoppel)을 단계적으로 적용하고 있다.

(1) 구성요소완비의 원칙(All Element Rule) - 전요소주의

① 의의

구성요소완비의 원칙은 복수의 구성요소를 가지는 특허침해를 판단함에 있어서 청구범위에 기재된 구성요소(Element) 전부를 실시하는 경우만을 특허권의 침해로 인정한다는 원칙이다. 이러한 의미에서 이 원칙을 전요소주의라고도 한다. 구성요소완비의 원칙은 청구범위 해석의 가장 기본적인 원칙으로서 주변한정주의를 배경으로 탄생하여 발전하였다.[429]

이 원칙에 따르면, 예를 들어 $A + B + C + D$ 라는 요소로 구성된 청구항을 가진 발명이 있다고 가정할 때 $A + B + C$ 로 구성된 실시태양은 D라는 요소를 결여하고 있기 때문에 침해가 아니고, 나아가 $A + B + C + D'$로 구성된 실시태양도 D'가 D의 균등물이라고 인정되는 경우와 같이 특별한 사정이 있는 경우를 제외하고는 침해로 되지 않는다.

② 주요내용

㉠ 부가의 법칙

부가의 원칙이란 청구범위의 청구항에 기재된 구성요소를 모두 포함하고 있는 한 다른 구성요소를 더 포함하고 있다 하더라도 여전히 당해 청구항의 기술적 범위에 속한다고 할 수 있는 것을 말한다. 예를 들어, 특허발명의 구성요소가 "$a + b + c$"인데, 제3자가 "$a + b + c + d$"를 실시하고 있다면 기술적 범위에 속하게 된다.

㉡ 생략의 법칙

생략의 법칙이란 청구범위의 청구항의 구성요소 중 적어도 어느 하나가 생략되거나 다른 것으로 대체되어 있다면 당해 청구항의 기술적 범위에 속한다고 할 수 없는 것을 말한다. 예를 들어, 특허발명의 구성요소가 "$a + b + c + d$"인데, 제3자가 "$a + b + c$"를 실시하고 있다면 기술적 범위에 속하지 않게 된다.

㉢ 구성요소완비의 원칙의 예외

구성요소완비의 원칙을 너무 엄격하게 적용하면 ⓐ 미세한 설계변경, ⓑ 중요도가 매우 낮거나 본질적 기능과는 무관한 요소(非要部)만이 결여되고 다른 모든 요소가 실시되고 있는 경우에 특허발명의 보호범위에 포함되지 않는 문제가 발생된다.

---

[429] 이종일, 특허법, 한빛지적소유권센터(1996), p.749 / 사법연수원, 전게서, p.406

상기와 같은 경우 특허권의 효력은 유명무실하게 되기 때문에 청구항에 기재된 구성요소와 실질적으로 동일한 것의 실시도 침해로 보아야 하는 필요성에서 균등론이 발전되었으며, 생략의 법칙의 예외로서 간접침해에 관한 규정을 두고 있다.

③ **적용방법**: 구성요소완비의 원칙(All Element Rule)에서는 대응요소의 존재 여부와 청구범위 구성요소의 문언상 최대 허용범위에 속하는 지를 판단하는 것으로, 대응요소가 존재하고 또한 청구범위 구성요소의 문언상의 최대 허용범위에 드는 경우에는 그 다음 단계로서 균등론과 출원서류 금반언의 원칙을 적용하여 침해 여부를 판단한다. 따라서 구성요소완비의 원칙(All Element Rule)의 적용에 의한 판단은 잠정적이며 그 다음의 단계에서 조정된다.

(2) **균등론(Doctrine of Equivalents)**

① 의 의

균등론이란 침해대상물의 구성요소의 일부가 특허발명에 대응되는 구성요소와 문언상은 동일하지 않더라도 서로 등가관계에 있는 구성요소인 경우에는 침해대상물이 특허발명의 보호범위에 속한다고 해석하는 설이다. 균등론은 초기의 중심한정주의에서 특허권자의 권리를 강화하기 위하여 전개되었으나, 현재의 주변한정주의에서도 청구범위 해석에 적용되고 있다.

출원 당시 발명의 모든 기술적 사상을 빠뜨리지 않고 청구범위에 문언의 형식으로 기재하는 것은 출원인에게 매우 어렵다고 하는 사실이 균등의 개념을 도입하여야 하는 첫째의 이유라고 할 수 있다. 구성요건을 그대로 모방하여 침해하는 경우도 있지만 많은 경우에 있어서 특허권의 침해자는 발명의 구성 중 비교적 경미한 구성에 변환을 가하는 것에 의하여 특허의 기술적 범위로부터 쉽게 비켜가게 될 것이다.

그런데 이와 같이 변환을 가하는 행위형태를 모두 예측하여 청구범위의 문언을 기재하도록 출원인에게 요구하는 것은 무리한 일이고[430], 또한 청구범위를 엄격하게 문언에만 한정하여 해석하게 되면 발명의 구성요소를 사소하게 변경하여 실시하는 교묘한 침해자들에 의하여 특허권은 가치가 없어질 우려가 있다.

균등론은 성문법상의 명문규정을 통하여 확립된 원칙이 아니라 법원의 실무, 특히 특허침해소송에서 경험적으로 발전되어 온 이론이다. 일찍이 미국의 법원은 청구범위 우선의 원칙에 입각하여 청구항의 기재내용을 중시하면서도, 특허의 보호범위를 문언적 기재에만 엄격하게 한정함으로써 특허권의 보호가 형해화하는 것을 방지하기 위하여 균등론을 발전시켜 특허권자를 보호하였다. 이와 같이 균등론은 다른 나라보다 미국에서 가장 오랜 역사를 가지고 발달하여 온 이론으로 미국에는 이에 관한 많은 판례가 집적되어 있으며, 한편 유럽, 일본은 물론 우리나라에서도 균등론은 판례에 의하여 받아들여지고 있다.[431]

---

430) 이수완, 전게서, p.26 / 사법연수원, 전게서, p.412
431) 사법연수원, 전게서, p.412

② 균등론 적용 요건

균등론의 적용에 있어서, 특허발명과 대상발명을 비교할 때 '요소 대 요소(element by element) 대비방식'을 취할 것인지 아니면 '발명 전체(invention as a whole) 대비방식'을 취할 것인지가 문제이다.

구성요건 완비의 원칙에 의하면 마땅히 요소 대 요소 대비방식을 취하여야 할 것이나, 이 방식을 채택하게 되면 어떤 경우에는 실질적인 침해행위를 규제할 수 없게 된다. 미국에서는 이에 대하여 많은 논란이 있은 후 법적 안정성을 중시하여 지금은 판례에 의하여 '요소 대 요소 대비원칙'이 확립된 상태이다. 우리 법원도 요소 대 요소의 대비방식에 의하여 균등론을 적용하고 있다.[432]

㉠ 치환 가능성

(가)호 발명의 구성요소를 다른 요소로 치환하더라도 그 치환된 구성요소가 특허발명의 구성요소와 실질적으로 동일한 기능을 실질적으로 동일한 방법으로 수행하여 실질적으로 동일한 작용효과를 나타내어야 한다. 두 발명의 대비되는 구성요소가 실질적으로 동일한 '기능(function)'을 동일한 '방법(way)'으로 수행하여, 그로 인하여 동일한 '결과(results)'를 달성할 수 있는 경우에만 두 요소를 균등물로 인정한다. 이 원칙은 미국의 판례에 의하여 확립된 원칙이지만, 전세계적으로 침해판단시 보편적으로 채용하고 있는 원칙으로, 이 원칙에 입각한 균등물 여부에 관한 판단방법을 실무상 "기능 - 방법 - 결과(function-way-results) 3단계 테스트"로 칭한다.[433]

㉡ 치환 용이성

치환하는 것 자체가 그 발명이 속하는 기술분야에서 통상의 지식을 가진 자이면 쉽게 생각해 낼 수 있을 정도로 자명한 것이어야 한다.

치환용이성의 판단시점을 발명시, 출원시, 등록시 그리고 침해시 중 어느 시점을 기준으로 하여야 할 것인지가 문제인데, 균등론은 특허부여 여부를 판단하는 특허심사에서 적용되는 이론이 아니라 특허침해소송에서 적용되는 이론이므로 침해행위의 개시시점이 기준이 되어야 할 것으로 생각되며, 판례도 이와 같다.[434]

일본의 학설은 세 가지로 나누어져 있으며, 선출원주의하에서는 출원시의 기술수준에 의해 특허발명의 보호범위를 결정해야 한다는 출원시설이 통설이고, 기술의 자연적 진보에 의한 발명의 도용가능성을 배제하기 위해 침해시점으로 본다는 침해시설과 침해시에 치환용이성이 있는 때는 특허발명의 구성요건을 포함한 발명으로서 이용발명으로 보아 침해를 구성한다는 이용발명설이 있다. 종래의 판례는 출원시를 기준으로 판단해 왔으나, 최근에 볼 스프라인 베어링 사건에서 일본의 최고재판소는 침해시를 기준으로 판단하였다.[435]

---

432) 박희섭·김원오, 특허법원론(제4판, 2009, 세창출판사), p.458 참조
433) 박희섭·김원오, 상게서, p.455 참조
434) 박희섭·김원오, 상게서, p.455 참조
435) 국제지식재산연수원, 전게서, p.290 참조

ⓒ 확인대상 발명이 비공지 기술 영역일 것

공지기술에 속하는 발명에는 당연히 균등론이 적용되지 않는다. 발명을 보호하는 것은 기술발전에 기여한 보상이므로 기술발전에 기여도가 없는 발명은 보호가치가 없으며 여기에까지 특허권을 확장시킬 수는 없는 것이다.

"(가)호 발명이 특허발명의 출원시에 이미 공지된 기술이거나 그로부터 당업자가 쉽게 도출해 낼 수 있는 것이 아닐 것"이 최근의 판례에서 요구하는 균등론 적용의 조건 중의 하나이다.

ⓔ 의식적 제외분이 아닐 것

"당해 특허발명의 출원절차를 통하여 (가)호 발명의 치환된 구성요소가 청구범위로부터 의식적으로 제외되지 아니할 것" 역시 최근 판례에서 균등론의 적용요건 중의 하나로 보고 있다. 즉, 청구범위가 A + B + C라 하면 이 중 B를 B′로 치환하면 같은 목적이 달성될 때 치환된 구성요소 B′를 청구범위에서 의식적으로 제외하면 균등침해로 보지 않는다.

③ 역균등론

역균등론이란 문언상으로는 청구범위에 기재된 구성요건이 모두 포함되어 있으나 실질적으로는 상이(相異)한 방법으로 기능을 수행할 정도로(기술적 사상의 원리) 변경이 크게 이루어진 경우 균등론의 적용을 역으로 하여 당해 특허권의 범위를 제한하는 이론이다.[436]

역균등론은 균등론이 항상 특허권자에게만 유리하게 적용되는 것이 아니라는 것을 보여주는 것으로 때로는 특허권자에게 불리하게 적용될 수 있음을 의미하는 것이다.

④ 균등론과 관련된 최근의 판례

㉠ 우리나라 특허법원과 대법원 판례

ⓐ 특허법원 1998.9.17 선고 98허2160호 판결

권리범위확인사건에서 (가)호 발명(확인대상발명)이 청구범위에 기재된 기술적 구성요소를 모두 포함하고 있으면 특허발명의 권리범위에 속하는 것으로 되고 기술적 구성요소를 하나라도 결여하고 있으면 특허발명의 권리범위에 속하지 않는 것으로 되지만, 더 나아가 형식적으로는 청구범위의 기재를 벗어나 특허발명의 기술적 구성요소를 결여하고 있는 것으로 보이더라도 그 결여된 구성요소 대신에 등가관계에 있는 다른 구성요소를 사용함으로써 실질적으로 당해 발명의 요지를 그대로 이용하고 있는 경우에는 예외적으로 균등론을 적용하여 침해를 인정하여야 할 것이며, 균등침해를 인정하기 위해서는 (가)호 발명이 특허발명의 구성요소를 다른 요소로 치환하더라도 그 치환된 구성요소가 특허발명의 구성요소와 실질적으로 동일한 기능을 실질적으로 동일한 방법으로 수행

---

[436] 예를 들어 발명의 설명에는 구리(Cu)만 기재되고 있으나 청구범위에는 금속으로 기재되어 있는 경우, 제3자의 실시가 철(Fe)인 경우 문언적으로는 특허발명의 침해가 되나 실질적으로는 기술적 원리를 달리하는 경우로서 실질적인 침해로는 되지 않는 경우에 해당된다.

하여 실질적으로 동일한 작용효과를 가져오고, 그러한 치환을 당해 발명이 속하는 기술분야에 있어서 통상의 지식을 가진 자가 (가)호 발명의 제조 시점에 있어서 용이하게 창작해 낼 수 있었던 것으로서 (가)호 발명이 당해 특허발명의 출원시점에 있어서 공지된 기술과 동일하거나 그로부터 그 출원시에 당업자가 쉽게 창작해 낼 수 있었던 것이 아니며, 나아가 당해 특허발명의 출원절차를 통하여 (가)호 발명에서 치환된 구성요소가 특허청구의 범위로부터 의식적으로 제외된 사정이 없어야 할 것의 요건이 충족되어야 한다.

ⓑ 대법원 2001.9.7. 선고 2001후393 판결

(가)호 고안이 등록고안의 권리범위에 속한다고 할 수 있기 위하여는 등록고안의 각 구성요소와 구성요소 간의 유기적 결합관계가 (가)호 고안에 그대로 포함되어 있어야 하고, 다만 (가)호 고안에서 구성요소의 치환 내지 변경이 있더라도 양 고안에서 과제의 해결원리가 동일하며, 그러한 치환에 의하더라도 등록고안에서와 같은 목적을 달성할 수 있고 실질적으로 동일한 작용효과를 나타내고, 그와 같이 치환하는 것을 그 고안이 속하는 기술분야에서 통상의 지식을 가진 자(당업자)가 극히 쉽게 생각해낼 수 있을 정도로 자명하다면, (가)호 고안이 등록고안의 출원시에 이미 공지된 기술 내지 공지기술로부터 당업자가 극히 쉽게 고안할 수 있었던 기술에 해당하거나, 등록고안의 출원절차를 통하여 (가)호 고안의 치환된 구성요소가 등록청구범위로부터 의식적으로 제외된 것에 해당하는 등의 특별한 사정이 없는 한, (가)호 고안의 치환된 구성요소는 등록고안의 대응되는 구성요소와 균등관계에 있는 것으로 보아 (가)호 고안은 여전히 등록고안의 권리범위에 속한다고 보아야 한다.

ⓛ 일본의 균등론 관련 최근 판례[437]

일본은 판례상으로 균등론을 적용하고 있다. 청구범위의 균등 범위에까지 보호가 미칠지의 여부에 대해서는 이전부터 논의가 되어 왔다. 법률학자 중에는 균등론에 찬성하는 쪽이 많았으나, 재판소는 균등론의 채용에 신중한 태도를 유지해 왔다. 그러나 미국, 유럽 등의 여러 나라에 의해 이의가 제기되고 또한 나름대로 산업의 발달에 의해 최근에는 균등론의 적용이 많이 완화된 모습을 보이고 있다.

일본 최고재판소 1998.2.24. 선고 평성 6년(才)1083 판결[438]에서는 균등 성립의 요건을 다음과

---

437) 국제지식재산연수원, 전게서, p.292

438) 일본 최고재판소 1998.2.24. 선고 평성 6년 (才)1083 : 특허권 침해소송에 있어서 상대방의 (가)호 제품(또는 방법)이 본 건 발명의 기술적 범위에 속하는가를 판단함에 있어서 원서에 첨부한 명세서의 청구범위의 기재에 의하여 특허발명의 기술적 범위를 확정하지 않으면 안 되며, 청구범위에 기재된 구성 중에 (가)호 제품 등과 다른 부분이 존재하는 경우에는 상기 (가)호 제품 등은 특허발명의 기술적 범위에 속한다고 할 수 없다. 그러나 청구범위에 기재된 구성 중에 (가)호 제품 등과 다른 부분이 존재하는 경우라고 해도,
(1) 상기 부분이 특허발명의 본질적 부분이 아니고,
(2) 상기 부분을 (가)호 제품에 있는 것으로 치환하여도, 특허발명의 목적을 달성할 수 있고 동일한 작용효과를 발휘하는 것으로서,

같이 명확히 하고 있다. 즉, 청구범위에 기재된 구성에 대상 제품과 다른 부분이 존재하더라도 다음의 다섯 가지 조건을 만족할 경우 침해에 해당한다고 설시하고 있다.

ⓐ 그 부분이 특허발명의 본질적 부분이 아닐 것
ⓑ 그 부분을 대상 제품의 대응부분과 치환하여도 특허발명의 목적을 달성할 수 있어 동일한 작용효과를 이룰 것
ⓒ 그렇게 치환하는 것이 해당 발명이 속하는 기술분야에서 통상의 지식을 가진 자가 대상 제품의 제조 시점에서 쉽게 생각해 낼 수 있을 것
ⓓ 대상 제품이 특허발명의 특허출원시에 공지기술과 동일하거나 또는 당업자가 이것들로부터 쉽게 추고(推考)할 수 있었던 것이 아닐 것
ⓔ 대상 제품이 특허발명의 특허출원 절차에 있어서 청구범위로부터 의식적으로 제외된 것이 아닐 것

---

(3) 상기와 같이 치환하는 것이 당해 발명이 속하는 기술분야에 있어 통상의 지식을 자진 자(소위 당업자)가 (가)호 제품의 제조 등의 시점에 있어서 쉽게 생각이 미칠 수 있는 것이고,
(4) (가)호 제품이 특허발명의 특허 출원시에 있어서 공지기술과 동일 또는 당업자가 이것으로부터 상기 출원시에 용이하게 추고할 수 있는 것이 아니고 동시에
(5) (가)호 제품이 특허발명의 특허출원 수속에 있어서 청구범위로부터 의식적으로 제외된 것에 해당하는 등 특단의 사정도 없을 때에는 상기 제품 등은 청구범위에 기재된 구성과 균등의 것으로서 특허발명의 기술적 범위에 속한다고 할 것이다.
이는, (A) 특허출원시에 장래에 있을 모든 침해 형태를 예상해서 명세서의 청구범위를 기재하는 것은 극히 곤란하고 상대방에 있어서 청구범위에 기재된 구성의 일부를 특허출원 후에 명백하게 된 물질, 기술 등에 치환하는 것에 의해 특허권자에 의한 침해금지 등의 권리행사를 용이하게 피할 수 있도록 한다면 사회일반의 발명 의욕을 감쇄하는 것이 되어, 발명의 보호, 장려를 통해서 산업의 발달에 기여한다고 하는 특허법의 목적에 반할 뿐만 아니라 사회정의에 반하며, 형평의 이념에 어긋나는 결과로 되는 것이고, (B) 이러한 점을 고려하면 특허발명의 실질적 가치는 제3자가 청구범위에 기재된 구성으로부터 그것과 실질적으로 동일한 것으로서 용이하게 생각할 수 있는 기술에 미치고, 제3자는 그것을 예기할 수 있는 것이라고 해석하는 것이 타당하고, (C) 한편, 특허발명의 특허 출원 시에 있어서 공지였던 기술 및 당업자가 그것으로부터 출원시에 용이하게 추고할 수 있었던 기술에 대해서는, 원래 누구도 특허를 받을 수 있는 것이 아니므로, 특허발명의 기술적 범위에 속하는 것이라고 말할 수 없고, (D) 또한, 특허출원 절차에 있어서 출원인이 청구범위로부터 의식적으로 제외하는 등 특허권자 측에서 일단 특허발명의 기술적 범위에 속하지 않는다는 것을 승인하든가, 또는 외형적으로 이와 같이 해석되어지는 행동을 취한 것에 대하여는 특허권자가 뒤에 그것과 반하는 주장을 하는 것은 금반언의 법리에 비추어 허락되지 않기 때문이다.
원심은 오로지 본 건 발명과 상고인 제품의 구성 간에 치환가능성 및 치환용이성을 인정할 것인가라는 점에 대해서만 검토한 것으로 상고인 제품과 본 건 발명의 출원시에 있어서 공지기술과의 관계에 대하여 아무런 검토함이 없이 그냥 상고인 제품이 본 건 명세서의 청구범위에 기재된 구성과 균등이고 본 건 발명의 기술적 범위에 속한다고 판단한 것이다. 원심의 상기 판단은 치환가능성 치환 용이성 등의 균등 이외의 요건에 대하여 판단의 당부를 검토할 필요 없이 특허법의 해석적용을 잘못한 것이다.

5. 기능식 청구항 해석

(1) 의 의

「기능식 청구항(Means Plus Function Claim)」이란 발명의 구성요소(structural element)를 명확하게 구체화하는 것이 불필요하거나 또는 구성요소(structural element)에 대한 적합한 일반명칭이 존재하지 않는 경우에 「… 하는 수단」과 같이 기능(function)을 중점적으로 기재하는 청구항을 말한다.[439] 기능의 본질은 작동(Action)으로서, 일정한 결과를 유도하는 작용을 의미하는 것으로, 청구항을 기능적 표현을 사용하여 기재함으로써 어떤 특정한 과제를 해결하기 위한 수단을 모두 포함하는 것이 문언상 가능하게 되므로 문언상 범위가 넓게 되는 것이 일반적이다. 따라서 발명에 대하여 가능한 한 넓은 권리를 획득하기 위하여 발명을 구체적 실시 예에 한정시키기보다는 기능적 표현에 의하여 청구범위를 넓게 작성하려는 경향이 증가하고 있다.

(2) 기능식 청구항 성립 요건

우리나라에 출원된 특허도 상당부분 기능적으로 표현된 청구항을 포함하고 있다. 특히 컴퓨터 소프트웨어 관련 발명이 증가하고 있어 앞으로 이러한 기능식 청구항을 이용한 출원은 더욱 늘어날 것으로 예상되며 여기에서는 기능식 청구항을 특허법에서 명문화하고 판례로서 해석 이론이 정립되고 있는 미국의 경우를 중심으로 살펴보겠다.

미국 특허법 제112조 제6단[440]에는 「조합 청구항 중의 요소는 그 구조, 물질 또는 작용에 대한 서술 없이 특정 기능을 수행하기 위한 수단 또는 공정으로 표현될 수 있다. 이러한 청구항들은 명세서 및 이와 등가의 것에서 개시되고 있는 요소의 구조, 물질 또는 작용에 대응되는 사항을 포함하는 것으로 해석되어야 한다」고 규정하여 두 개 이상의 구성요소를 가지는 발명은 적어도 하나의 구성요소를 기능식으로 표현할 수 있음을 규정하고 있다. 즉, 미국 특허법에 의하면, 기능식 청구항의 여부를 결정하는 4가지 요소로는 ① 조합(combination)청구항, ② 수단(means or step for)이라는 용어의 사용, ③ 기능(function)의 존재, ④ 상응하는 구조의 미기재(non-recitation of corresponding structure)가 있다. 이와 같은 기능식 청구항을 결정하는 요소를 고려할 때, 「기능식 청구항」이란 발명의 구성 요소에 구조의 기재를 생략하고, 기능을 포함하는 조합수단을 기재하는 청구항이라고 정의할 수 있을 것이다.

---

[439] 기능식 특허청구항이란 "원격전송된 제1신호에 응답하여 소정의 온도 및 습도를 조절하는 수단" 등과 같이 다른 기술적 특징이 기재됨이 없이 전적으로 당해 구성요소가 기능에 의해서만 한정된 청구항의 형태를 말한다.

[440] 미국 특허법 제112조 제6단(An element in a claim for a combination may be expressed as a means or step for performing a specified function without the recital of structure, material, or acts in support thereof, and such claim shall be construed to cover the corresponding structure, material, or acts described in the specification and equivalents thereof.) - 원래 미국 연방대법원은 1946년 기능 및 수단 청구항은 권리범위의 한정이 불명료하다는 이유로 무효라고 판시하였으나 이를 계기로 1952년의 특허법 개정(당초는 제112조 제3단)에서 기능 및 수단 청구항을 명문으로 도입하였다. 이에 의하면, 청구범위의 권리범위는 문자 그대로 기능만으로 한정되므로 그 기능을 갖추기만 하면 특허침해가 성립될 것이지만, 동 조항의 하단은 나아가 이러한 기능 표현의 청구항은 그 기능을 전부를 포함하는 것이 아니라 발명의 설명의 실시예와 등가인 것만을 한정하여 포함한다는 취지이다. 즉, (가)호 발명이 특허발명과 같은 기능을 가지고 있어도 명세서 중에 기재된 실시예와 균등인 구성을 갖추고 있지 않는 경우에는 침해가 성립되지 않는다고 보는 것이 법적 취지이며 또한 미국의 판례의 흐름이다(윤선희, 전게서, p.787 참조).

(3) 기능식 청구항의 해석

① 해석의 광협

청구범위의 구성요소가 기능적으로만 한정되어 있는 경우에 문언적 해석에 의하면, 당해 구성요소는 동일한 기능을 행하는 모든 기술수단을 포함하게 되어 넓은 의미의 해석이 가능하다. 최근 국내외의 특허출원에는 보호범위를 확대하려고 기능식 청구범위의 표현을 사용하고 있다. 이와 같은 특허발명은 기능적 표현만에 의한 구성요소를 한정하고 있으므로 종종 지나치게 넓은 보호범위 또는 청구범위의 명확성에 관련된 문제를 일으키고 있지만, 기능적 표현 자체가 문제가 되는 것은 아니다. 다만, 보호범위의 광협은 신규성 및 진보성의 판단을 근거로 조율되어야 하고, 명확성은 당해 구성요소가 채택된 근거가 구성요소의 기능이 아닌 다른 기술적 특징을 결합관계에서 종합적으로 해석하여야 할 것이다.

그러나 대다수의 특허권자는 특허침해사건에서 기능적 표현이 기술발전과 설계변경을 포함할 수 있으리라는 기대를 하지만, 그러한 기대와는 달리 기능식 청구항은 오히려 출원인의 예상보다는 좁게 해석될 수 있는 가능성도 있다. 특히, 기능적 표현의 청구항을 폭넓게 인정하고 있는 미국은 "means for function" 형태로 구성요소를 한정하는 클레임의 경우, 당해 수단은 동일한 기능을 수행하는 발명의 설명에 기재된 구조와 그의 균등물을 포함하는 것으로 해석하고 있다.

이는 문언침해를 탐구하는 단계에서 수행되고 있으므로, 결국은 기능적 표현의 청구항은 발명의 설명에 기재된 실시예에 한정되어 해석되고 있다.[441]

② 해석 기법

미국에서 유효하다고 판단된 기능식 청구항을 근거로 침해의 여부를 판단하는 작업은 세 단계의 절차를 거친다. 청구항에서 말한 기능과 침해의 의심을 받는 제품의 기능을 비교하는 제1단계, 명세서에서 직접적으로 연결, 관련시킨 상응하는 구조와 침해의 의심을 받는 제품의 구조를 비교하는 제2단계, 균등의 개념으로 상기 상응하는 구조의 범위를 넓혀서 비교하는 제3단계가 있다.

㉠ 동일한 기능(The same function)인지 확인

양자가 동일한 기능이라고 하기 위한 조건은 균등론의 기능의 동일과 달리, 기능식 청구항의 기능과 피고의 실시제품의 기능이 완전히(exactly) 동일하여야 한다. 즉, 균등론에서는 침해의 판단시 침해판단의 대상이 되는 제품이 청구범위의 기능과 '실질적으로 동일한 기능'(substantially the same function)을 가질 것을 요구한다. 여기서 실질적으로의 의미는 완전히 동일한 기능을 가질 필요는 없고 동일한 범주에 속하는 동일한 정도에 해당하면 침해하였다고 판단하고 있는 것이지만, 기능식 청구항에서는 피고의 실시제품의 기능과 완전히 동일하여야 침해로 보고 있다.

---

[441] 윤선희, 전게서, p.785

ⓛ 상응하는 구조(Corresponding Structure)인지 확인

양자가 서로 상응하는 구조를 가지고 있는 경우에 한해 특허침해가 인정되고 있다. 즉 청구범위의 기재된 광범위한 기능적 표현은 발명의 설명에 기재된 실시 예에 한정하여 해석되어야 하기 때문에 발명의 설명에 기재된 실시 예에 해당되는 피고의 침해제품이 있는지를 판단하여야 한다.[442]

ⓒ 균등물(Equivalents)인지 확인

명세서에서 기재된 상응하는 구조와 침해의 의심을 받는 제품의 구조를 비교하여 두 구조가 동일하면 당연히 문언적인(literal) 침해의 판정을 받지만, 보통의 경우는 약간이나마 차이가 있게 마련이다. 이 경우 동 제품의 구조가 명세서의 상응하는 구조와 균등한지를 따지게 된다.

미국특허법 제112조 제6단에서의 균등은 법정 청구범위 해석방법이고 문언적인 침해의 판단이며, 또한 출원 당시의 시점을 기준으로 균등의 여부를 판단한다. 일반 균등론은 판사의 판결에 의해 형성된 청구범위해석방법이고 문언적인 침해판단의 후에 특허권자의 권리를 정당하게 보호하기 위해 하는 판단이며, 또한 침해 당시의 시점을 기준으로 균등의 여부를 판단한다. 이 부분은 약간의 이견이 존재하는 부분이기도 해서 어떤 사건에서는 제112조 제6단의 균등과 일반 균등론을 분리하여 순차적으로 판단하기도 하고 또 어떤 사건에서는 제112조 제6단의 균등과 일반 균등론의 해석이 다르지 않다고 판단하기도 하였다.

일반 균등론은 발명가가 미래의 변화를 예측할 수 없어 변화를 가한 제3자의 제품이 청구항의 문리적 범위에 포함되지 않음으로 인하여 발명가의 권리를 제대로 보호하지 못할 수 있다는 점에 그 논리적인 근거가 있는 반면, 제112조 제6단의 균등은 출원 당시의 시점에 발명가가 기능식 청구항에서 말한 기능을 수행하는 구조를 명세서에서 명확히 연결, 관련시키는 것이 언어의 표현의 한계로 인하여 어려운 점을 고려하여 명확히 연결, 관련시키려고 노력한 그 상응하는 구조의 범위를 약간 넓게 보겠다는 것이다.

---

[442] 즉, 특허발명의 청구항에 "재료 A와 소스 C를 소정의 비율로 배합하는 수단, 재료 B와 소스 C를 소정의 비율로 배합하는 수단, 재료 A와 재료 B를 소스 C로 배합하여 연질의 음식을 제조하는 수단"을 기재하고 있고, 발명의 상세한 설명에는 실시예로서 소스 C는 소고기소스로 기재되어 있는 경우는 소위 기능적 표현으로 기재되어 있다고 할 수 있고, 또 그 해석에도 수단에 대응되는 구조를 어떻게 판단하는 것인가에 따라 달라질 수 있다. 만약 피고의 (가)호 제품이 소스 C를 소고기 소스가 아니라 생선소스라고 한 경우, 본원발명의 청구범위에는 소스 C로 기재하고 있으므로 문언해석에 의해서는 소고기소스와 생선소스는 서로 상이하므로 비침해라고 할 수 있지만, 소위 균등론에 의하여 소고기소스와 생선소스는 실질적으로 동일한 목적과 효과를 얻어지는 균등물이라고 하여 침해로 인정할 수 있다. 그러나, 본원발명의 청구범위가 소위 말하는 기능적 표현의 청구항인 경우에는 다른 결과를 얻을 수 있다. 즉, 기능적 표현의 청구항 해석은 기본적으로 발명의 상세한 설명에 기재된 실시예에 한정하여 해석되어야 하기 때문에 소고기소스와 생선소스가 비록 실질적으로 동일한 물질이라고 하여도 본원발명의 설명에는 소고기소스를 매체로 하는 수단을 클레임화하고 있으므로, 이는 피고의 생선소스로 하는 수단과 상응하는 구조라고 볼 수 없다. 바꾸어 말하면, 본원발명이 기능적 표현의 청구항으로 기재되어 있지 않으면, 당연히 일반적 균등론에 의해 침해로 인정된다고 해석될 수 있지만, 본원발명은 기능적 표현의 청구항으로 실시예의 소고기소스를 한정하고 있으므로, 피고의 (가)호 제품에는 이에 상응하는 기술수단이 없는 것으로 판단할 수 있다.

그러므로 만약 제3자의 제품이 출원 이전 혹은 출원 당시의 수준에서 볼 때 균등의 범주에 포함될 수 있다면 바로 제112조 제6단의 문리적인 해석에 의하여 침해의 판정을 받을 수 있고 출원 당시의 수준에서 볼 때는 균등의 범주에 포함되기 어렵지만 그 후의 기술적 변화를 반영하여 침해 당시의 수준에서 볼 때 손쉽게 대체 가능한 정도에 불과하면 일반 균등론에 의하여 침해의 판정을 받는 것이다.443)

③ **우리나라에서 기능식 청구항**

우리나라 특허법은 2007년 1월 3일 법개정을 통하여 법 제42조 제6항에서 「청구범위를 기재할 때에는 보호받고자 하는 사항을 명확히 할 수 있도록 발명을 특정하는 데 필요하다고 인정되는 구조·방법·기능·물질 또는 이들의 결합관계 등을 기재하여야 한다」고 하여 기능을 기재하는 기능식 청구항을 허용하고 있다. 또한 대법원 2007.9.6. 선고 2005후1486 판결 역시, "청구범위가 기능, 효과, 성질 등에 의한 물건의 특정을 포함하는 경우 그 발명이 속하는 기술분야에서 통상의 지식을 가진 자가 발명의 설명이나 도면 등의 기재와 출원 당시의 기술상식을 고려하여 청구범위에 기재된 사항으로부터 특허를 받고자 하는 발명을 명확하게 파악할 수 있다면 그 청구범위의 기재는 적법하다"고 판시하여, 기능식 청구항이 허용됨을 밝히고 있다.

III 특허침해의 형태

1. 직접침해

(1) **의 의**

직접침해란 침해자 자신이 특허발명을 권원 없이 직접 실시하는 것을 말한다. 특허권의 직접침해에 대해 우리특허법에서 따로 규정을 두고 있지 않으나, 특허법 제94조에서 특허권자는 업으로서 발명을 실시할 권리를 독점한다고 규정하고 있기 때문에 제3자가 정당한 권리 없이 특허권을 업으로 실시한다면 직접침해로 볼 수 있다. 여기서 실시는 특허법 제2조 제3호에서 규정하고 있는 것으로

① 물건의 특허발명인 경우 그 물건의 생산, 사용, 양도, 대여 또는 수입하거나 그 물건의 양도 또는 대여의 청약을 하는 행위

② 방법의 특허발명인 경우에는 그 방법을 사용하는 행위 또는 그 방법의 사용을 청약하는 행위

③ 물건을 생산하는 방법의 특허발명인 경우에는 그 방법을 사용하는 행위 외에 그 방법에 의하여 생산된 물건을 사용, 양도, 대여 또는 수입하거나 그 물건의 양도 또는 대여의 청약을 하는 행위를 말한다.444)

---

443) 국제지식재산연수원, 전게서, p.296

(2) 유 형

① **문언침해**

「문언침해」란 확인대상발명이 청구범위에 기재된 구성요소 전부를 실시하는 경우를 말한다. 문언침해인지 여부는 구성요소완비의 원칙(All Elements Rule : AER)에 따라 판단한다. 즉, 특허발명의 청구항이 복수의 구성요소로 되어 있는 경우에는 그 각 구성요소가 유기적으로 결합한 전체로서의 기술사상이 보호되는 것이지 각 구성요소가 독립하여 보호되는 것은 아니므로, 특허발명과 대비되는 확인대상발명이 특허발명의 청구항에 기재된 필수적 구성요소들 중의 일부만을 갖추고 있고 나머지 구성요소가 결여된 경우에는 원칙적으로 그 확인대상발명은 특허발명의 권리범위에 속하지 않는다. 예를 들어 특허발명의 구성요소가 「A + B + C」인데, 제3자가 「A + B + C + D」를 실시하고 있다면 침해이지만 제3자가 「A + B」를 실시하고 있다면 침해가 아니다.

② **균등침해**

㉠ 「균등침해」란 침해대상물의 구성요소의 일부가 특허발명의 대응되는 구성요소와 문언상은 동일하지 않더라도 서로 등가관계에 있다면 침해대상물이 특허발명의 침해에 해당한다는 것을 말한다. 발명이라는 기술적 사상을 빠뜨리지 않고 특허청구의 범위에 문언의 형식으로 기재하는 것은 출원인에게 매우 어렵고, 침해자는 청구범위의 구성요소를 그대로 모방하여 침해하는 경우도 있지만, 많은 경우에 발명의 구성 중 비교적 경미한 부분에 변환을 가하여 그 기술적 범위로부터 일탈을 시도하고자 한다. 그런데 출원인이 이와 같이 변환을 가하는 모든 경우를 예측하여 이를 포괄할 수 있도록 청구범위의 문언을 기재하는 것은 어렵거나 불가능한 일이므로 균등침해를 인정하여 출원인을 보호하여야 한다.

㉡ 균등침해가 성립하기 위해서는 양 발명에서 과제의 해결원리가 동일하며, 그러한 치환에 의하더라도 특허발명에서와 같은 목적을 달성할 수 있고 실질적으로 동일한 작용효과를 나타내야 한다. 또한 그와 같이 치환하는 것을 당업자가 제조시에 쉽게 생각해 낼 수 있을 정도로 자명해야 하며, 확인대상발명이 특허발명의 출원시에 이미 공지된 기술 내지 공지기술로부터 당업자가 쉽게 발명할 수 있었던 기술에 해당되지 않아야 하며, 특허발명의 출원절차를 통하여 확인대상발명의 치환된 구성요소가 청구범위로부터 의식적으로 제외된 것이 아니어야 한다.

---

444) 물건을 생산하는 방법에 의해 생산된 물건을 타인에게 양도(즉, 판매)하였을 때는 특허권의 침해가 추정되나, 어떤 물건의 제조장치(예 연필 만드는 기계)에 관한 특허발명이 있을 경우 이 제조장치에 의해 생산된 물건(예 연필)의 양도(즉, 판매)는 특허권의 침해가 추정되지 않는다. 즉, 연필 만드는 기계를 만들어 팔아야 침해가 된다.

③ 이용・저촉침해
  ㉠ 「이용」이란 후출원 권리자가 자기의 특허발명을 실시하면 선출원 권리를 침해하게 되나, 선출원 권리자가 자기의 특허발명을 실시하는 경우에는 후출원 특허권의 침해가 되지 않는 일방적 충돌관계를 말하며, 「이용발명」이란 통설인 그대로설에 의하면, 기본발명의 구성요소에 새로운 기술적 요소를 부가하여 특허성을 취득한 것으로서 그 실시가 당연히 선행발명의 실시를 수반하는 것을 말한다. 이 설에 의할 경우 이용발명의 요건으로서는 선행발명의 구성요소 또는 그 균등물을 그대로 포함할 것, 선행발명에 별도의 기술적 요소의 부가가 있을 것, 이용발명에 있어서 선행발명이 그 일체성을 가진 형태로 존재할 것을 만족하여야 한다. 한편, 선출원되어 등록된 물건발명과 후출원되어 등록된 그 물건의 제법발명, 용도발명은 실시불가피설에 의한 이용관계가 성립한다.
  ㉡ 「저촉」이란 특허발명이 타인의 권리와 완전히 동일한 것으로서, 두 개의 권리가 중복되어 있어 그 어느 쪽을 실시해도 타방의 권리를 침해하게 되는 쌍방적 충돌관계를 말하며, 「저촉발명」이란 이러한 저촉관계가 성립되는 발명을 말한다. 저촉관계는 특허권과 디자인권, 특허권과 상표권 간에 발생한다. 한편, 특허권 상호간 또는 특허권과 실용신안권이 동일한 발명임에도 불구하고 양자 모두 등록된 경우에는 부적법한 저촉관계로서 선출원주의가 적용되어 특허무효사유(法 133①)에 해당된다.

④ 불완전이용침해

  불완전이용발명이라 함은 특허발명의 구성요건 일부를 생략 내지는 결여한 것으로 용어상으로는 불완전실시론, 개악실시론, 생략발명론, 개악발명론이라고도 한다.
  이러한 불완전이용발명은 특허발명의 구성요소 중 비교적 중요성이 낮은 구성요소를 생략하여 이미 등록된 특허발명의 작용효과보다 열악하거나 동일한 효과를 가져 오게 된다. 문제는 이러한 불완전이용발명이 특허권을 침해하는지가 문제이다. 이와 같은 불완전이용발명론은 「구성요소완비의 원칙」에 의하면 침해가 아니다. 그렇다고 해서 이를 인정할 경우 특허발명의 모방을 시도하는 자가 특허발명을 그대로 실시하거나 일부 구성요소의 단순 치환을 시도하는 것보다는 구성요소의 일부를 생략하는 방법으로 특허침해를 회피하려는 경향이 있는 경우가 많기 때문이다.
  이에 따라 오래 전부터 일본에서 그 수용 여부에 대하여 많은 논란이 있어 왔으나, 현재 대부분의 판결은 불완전발명의 성립 자체를 부정하고 있다. 그러나 아직도 불완전이용발명을 인정하는 판결이 간간이 등장하고 있으므로 그 논란이 완전히 종식된 것은 아니다.[445]

---

445) 박희섭・김원오, 전게서, p.461

우리나라 최근의 대법원 판례446)는 「구성요소완비의 원칙」에 의한 입장이 대부분이어서 이러한 판례의 입장에 따르면 불완전이용발명은 침해가 아니라고 할 것이나, 이와 반대되는 판결을 하여 침해로 인정한 경우도 있다.447)

⑤ **선택침해**

「선택발명」이란 화학분야에서 선행발명을 상위개념으로 할 때 하위개념의 관계에 있고, 선행발명의 명세서에 구체적으로 개시되어 있지 않아 선행발명이 인식하지 못하였으며, 선행발명이 지적한 효과에 비하여 우수한 작용효과를 가져오는 발명을 말한다. 예를 들어, 선행발명 A의 명세서 본문에는 a1, a2에 대하여만 개시되어 있었는데, 후에 A의 개념에 포함되는 a3을 선택하여 a1이나 a2에 비하여 뛰어난 작용효과를 달성하였을 때 a3의 발명을 선택발명이라 한다. 이와 관련하여 대법원 판례448)는 선택발명이 현저히 향상된 작용효과가 있어 등록된 경우 침해가 아니라고 판시하였으나, 선택발명이 그 기본이 되는 특허발명의 기술사상을 그대로 이용하고 있다면 특허발명의 침해로 볼 것이다.

⑥ **우회침해**

우회발명이라 함은 특허발명의 구성요건 중 출발요소와 최종요소는 동일하게 하면서도 그 중간에 객관적으로 보아 무용하면서도 용이한 요건을 실시한 것, 즉 특허에 저촉하는 것을 피하기 위하여 불필요한 부가 또는 변경을 하여 일부러 우회의 길을 가는 것으로서, 결국 발명으로서는 동일한 것으로 귀착되는 관계에 있는 것을 말한다. 예를 들어 청구범위에 기재된 구성요소 중 최초의 요소와 최종의 요소를 동일하게 하고 그 중간에 객관적으로 보아 무용하거나 용이한 요소를 덧붙인 것으로서 특허발명이 "A ⇨ B"의 공정의 경우 "A ⇨ A′ ⇨ B" 또는 "A ⇨ B′ ⇨ B" 또는 "A ⇨ A′ ⇨ B′ ⇨ B"의 단계를 거치는 것이 전형적인 우회발명이라 할 수 있다. 이와 관련하여, 판례449)는 "확인대상발명은 그 출발물질, 반응물질(피페라진) 및 목적물질이 이 사건 특허발명과 동일하고 그 제조방법도 반응물질인 피페라진을 출발물질의 C-7 위치에 결합시켜 목적물질을 만드는 이 사건 특허발명의 주반응의 반응기전(reaction mechanism)을 그대로 이용한다는 점에서 그 기술적 사상과 핵심적인 구성이 동일하며, 다만 확인대상발명이 출발물질에 알루미늄클로라이드를 반응시켜 중간체를 거치는 구성을 부가한 차이가 있기는 하지만,

---

446) 불완전 이용, 생략발명 관련 : 대법원 2003.2.11. 선고 2001후2573 판결
【판결요지】 이 사건 등록고안의 등록청구범위에는 몸체부(10)와 거름망부재(20), 지지부재(30), 전등부재(40)를 구성요소로 하는 고안이 기재되어 있고, 거름망부재(20), 지지부재(30), 전등부재(40)가 형성되어 있어 화분 내부의 흙이 노출되지 않고 화분 내의 수분 증발이 최소화되며, 화분의 관리 및 취급이 용이하게 되는 등의 작용효과가 나타나므로, 이러한 구성요소들은 몸체부(10)와 유기적인 결합관계를 가지면서 이 사건 등록고안의 목적을 달성하기 위한 필수구성요소에 해당하고, 따라서 이러한 필수구성요소들이 없는 (가)호 고안을 이 사건 등록고안의 생략고안 또는 불완전이용고안에 해당한다고 볼 수도 없다는 취지로 판단하였는바, 기록에 비추어 살펴보면, 이러한 원심의 판단은 정당하고, 거기에 생략고안 또는 불완전이용고안에 관한 법리오해 등의 위법이 없다.
447) 대법원 1998.1.23. 선고 97후2330, 대법원 1997.4.11. 선고 96후146
448) 대판 90후960
449) 대판 97후2194

이 부가공정은 이 사건 양 발명이 속하는 기술분야에서 통상의 지식을 가진 자라면 주지된 관용기술(보호기의 사용)에 의하여 쉽게 부가시킬 수 있는 공정에 불과하다고 보여지고, 그 작용효과 역시 주지된 관용기술을 부가함으로 인한 효과 이상으로 우월하거나 현저하게 향상되었다고 보기 어려우므로, 확인대상발명은 이 사건 특허발명과 상이한 발명이라고 볼 수 없어 이 사건 특허발명의 권리범위에 속한다고 보아야 한다"고 하여 우회침해를 인정하고 있다.

2. 간접침해

(1) 의 의

간접침해는 직접침해는 아니지만 특허권을 실질적으로 침해할 가능성이 높은 행위를 특허권의 침해로 의제된 실시행위이다. 따라서 간접침해는 제3자의 일정행위가 특허발명의 직접적이고도 전체적인 실시에는 해당되지 아니하나, 발명을 구성하는 일부 물품 또는 특허발명의 실시에 이용되는 특정 물건의 생산 등의 행위를 하는 경우 그 행위를 침해로 보는 것을 말한다. 특허법 제127조에서는 다음 각 호의 어느 하나에 해당하는 행위를 업으로 하는 경우 간접침해[450]로 보고 있다.

① 특허가 물건의 발명인 경우에는 그 물건의 생산에만 사용하는 물건을 생산, 양도, 대여 또는 수입하거나 그 물건의 양도 또는 대여의 청약을 하는 행위

② 특허가 방법의 발명인 경우에는 그 방법의 실시에만 사용하는 물건을 생산, 양도, 대여 또는 수입하거나 그 물건의 양도 또는 대여의 청약을 하는 행위

(2) 취 지

현재 특허권을 침해하고 있지는 않으나 그대로 방치하면 침해로 이어질 개연성이 높은 예비적 행위나, 특허발명의 구성부품만을 업으로서 판매하는 최종조립에 의한 특허발명의 실시를 개인적·가정적으로 유도하는 행위 등에 대해서는 실질적으로 특허발명이 실현하고 있는 기술적 사상을 이용하여 이익을 올리고 특허권자에게 손해를 미칠 우려가 존재함에도 불구하고 구성요소 완비의 원칙에 의한 직접침해만을 고수한다면 이 자에게 책임을 물을 수 없는 문제점이 생긴다, 이는 특허권의 효력을 현저히 감소시켜 특허제도의 목적에 반하게 된다.[451] 따라서 특허권의 실효성을 실질적으로 확보하기 위하여 현재 특허권을 직접적으로 침해하고 있지는 않으나 방치하면 직접침해로 이어질 개연성이 큰 일정한 예비적 행위를 직접적 침해행위와 동일한 침해행위로 간주한 것이다.

---

[450] 「간접침해」는 강학상의 용어로서 우리 특허법에서는 法 제127조 「침해로 보는 행위」에 규정되어 있다.
[451] 이종일, 전게서, p.808 참조 / 임병웅, 전게서, p.710

(3) 간접침해 성립요건

① 물건의 발명인 경우

특허가 물건의 발명에 관한 것일 때에는「그 물건의 생산에만」사용하는 물건을 생산·양도·대여 또는 수입하거나 그 물건의 양도 또는 대여의 청약을 하는 행위(法 127①)이어야 한다. 예를 들어 텔레비전 수상기의 완성품에 대하여 특허가 부여되어 있는 경우에 그 텔레비전 수상기의 조립에만 필요한 일정한 물건을 세트로 판매하는 경우가 있다. 텔레비전 수상기의 조립세트는 텔레비전 그 자체는 아니므로 특허발명품이라고 하기는 곤란하며 그것을 판매하여도 바로 특허권 침해라고는 할 수 없다. 그러나 그 텔레비전 수상기의 조립세트가 해당 텔레비전의 조립 이외의 용도에 사용될 것으로 생각할 수 없는 경우에는 언젠가는 그 텔레비전 조립세트에 의하여 해당 텔레비전의 완성품에 대한 특허권을 침해할 것으로 예상할 수 있으므로, 침해행위의 전 단계에 있는 조립세트의 판매행위를 침해행위로 보아서 사전에 침해행위의 금지를 도모하는 것이다.

다만, 실무상 완구용 세트와 같은 경우에는 유의할 점이 있다. 즉, 완구의 완성품 형태의 유통과 완구용 세트형태의 유통을 동일하게 보는 업계에서는 완구용 세트형태의 실시행위는 간접침해가 아닌 직접침해행위로 취급하고 있는 것이 일본과 우리나라의 입장이다.[452]

② 방법의 발명인 경우

특허가 방법의 발명에 관한 것일 때에는「그 방법의 실시에만」사용하는 물건을 생산·양도·대여 또는 수입하거나 그 물건의 양도 또는 대여의 청약을 하는 행위(法 127②)이어야 한다. 예를 들면 용도발명인 특정의 농약(DDT)을 살충제로서 사용하는 방법에 특허권이 부여되어 있고 또한 그 농약이 살충제로서만 사용되는 경우인데, 그 농약을 살충제로서 사용하면 당연히 침해행위가 되지만 그 농약을 생산·양도하는 단계에서는 침해행위가 있다고 할 수 없다. 그러나 특허권의 보호를 위하여 농약을 살충제로 사용하기 전 단계인 그 농약의 생산·양도행위를 특허권의 침해로 간주한다.

③ (~에만)의 해석

㉠ (~에만)이란「당해 발명 A에 있어서 사용하는 물건 B가 당해 발명 이외의 다른 용도를 갖고 있지 않다는 것」을 의미한다. (~에만 사용)이 무엇인가에 대하여는 여러 가지 학설이 있지만, 다른 용도로 사용될 가능성을 실험 또는 학술적으로 입증하는 것으로는 부족하고 적어도 상업적·경제적 내지 실용적으로 다른 용도로 사용하고 있어야 한다는 경제적·상업적·실용적 사용사실설이 타당하다고 본다. 다만, 다른 용도가 없음은 특허권자가 주장입증하여야 한다.

---

[452] 황종환·김현호, 전게서, p.650

ⓒ (~에만)의 판단시점은 침해시가 아니라 구두변론종결시이다. A발명에 사용되는 B가 특허를 받는 시점에는 다른 용도로 발견되지 않았으나 추후 다른 용도로 발견되는 여지가 있고 이때 다른 용도가 있으면 다른 용도사용을 금지해서는 아니될 것이다. 따라서 (~에만) 사용(다른 용도 사용)의 유무 판단시점은 출원시나 침해시가 아닌 구두변론 종결시가 타당하다 할 것이다.

④ **공지된 「물건」을 제조판매하는 경우**

특허된 물건의 생산에만 사용하거나 실시에만 사용하는 「물건」이 그 전부터 공지되어 있는 경우는 간접침해가 성립되지 아니한다.[453]

(4) 직접침해와 간접침해의 관계

간접침해가 성립하기 위해서 직접침해가 존재해야 하는가에 대해서는 직접침해가 반드시 존재해야 한다는 종속설과 직접침해가 없더라도 간접침해가 성립한다는 독립설이 대립되고 있다.

예를 들면 甲이 A + B라는 제품에만 사용되는 A라는 부품을 업으로서 생산하는 "乙"이라는 회사에 판매한 경우, 甲 또는 乙에게 직접침해는 발생하지 않고 있다. 이 경우 간접침해가 성립하는가는 종속설을 따를 경우 직접침해가 없으므로 간접침해도 존재하지 않게 되며, 독립설을 따를 경우 간접침해가 존재하게 된다.

미국은 간접침해가 성립하기 위해서는 직접침해가 반드시 존재해야 한다는 종속설을 따르고 있고, 일본은 종속설과 독립설이 대립하는 가운데 80년대 이후 독립설을 취하는 경향이며, 독일은 독립설을 따르고 있다.

우리나라에서는 판례가 정립되지 않고 있는 실정이며, 특허법상에 직접침해에 대한 명문규정이 없고, 예방적 차원에서 권리자를 신속하게 보호하고자 하는 간접침해 규정의 취지에 비추어, 간접침해행위만으로도 침해가 성립한다고 보는 독립설이 통설로 인정되고 있다.[454]

---

453) 일면에 접착제가 도포되어 롤에 감겨 있는 합성수지필름이 이 사건 특허발명에 있어 증명서의 피복재로 없어서는 안될 소모품으로서 열융착시 증명서와 접합되는 물건이라는 점만 알 수 있을 뿐, 나아가 위 합성수지 접착필름이 오로지 이 사건 특허발명의 증명서 자동피복장치의 생산에만 사용되는 물건이라고 인정할 만한 자료를 찾아볼 수 없고, 오히려 이 사건 특허발명의 출원 전에 반포된 일본국 실용신안공보 소(昭)61-26036호(을 제18호증)를 보면 위 합성수지 접착필름은 이미 이 사건 특허발명의 출원 전에 공지된 것임을 알 수 있는바, 사정이 이와 같다면 위 합성수지 접착필름은 이 사건 특허발명의 증명서 자동피복장치의 생산에만 사용되는 물건이라고 보기 어렵다 할 것이므로, 피고가 이를 제작·판매하는 행위가 이 사건 특허발명의 간접침해에 해당한다고 볼 수 없을 것이다(대판 2000다27602).

454) 이종일, 전게서, p.816 / 국제지식재산연수원, 전게서, p.301

Ⅳ 특허권 침해에 대한 구제

1. 의 의

특허권은 첫째, 권리자가 스스로 특허발명을 독점적으로 실시할 수 있는 권리와, 둘째, 제3자가 권원없이 특허발명을 무단으로 실시하는 것을 배제할 수 있는 배타권이 있다. 배타권으로서의 특허권은 그 침해에 대하여 민법의 일반원칙에 따라 그 침해의 제거 및 예방청구를 할 수 있으며 손해배상, 부당이득반환청구를 할 수 있다.

그러나 특허권은 다른 물권적 권리와 달리 무형의 재산권이기 때문에 이를 실질적으로 점유할 수 없으며 제3자가 침해하기도 용이한 반면, 침해 여부를 판단하기 곤란하며 이를 입증하는 것도 용이하지 않다. 이를 감안하여 특허법에서는 과실추정(法 130), 손해액추정(法 128), 생산방법추정(法 129), 서류제출명령(法 132)과 같은 규정을 두어 권리자의 입증책임을 경감시키고 있고, 민법상의 규정과는 별도로 특허법 자체에 침해금지청구권, 신용회복청구권 등 민사적 구제수단을 규정하고 있다. 또한 침해자는 반의사불벌죄로 특허권자의 고소가 없어도 직권수사할 수 있도록 하여 형사적 구제수단을 마련하고 있다.

2. 특허권자 보호를 위한 특별규정

(1) 과실의 추정

일반적으로 재산권의 침해를 이유로 민법의 규정(民法 750)에 의하여 손해배상 등을 청구할 경우 청구인은 상대방의 침해행위에 과실이 있음을 입증하여야 한다.

그러나 특허법 제130조에서는 타인의 특허권 또는 전용실시권을 침해한 자는 그 침해행위에 대하여 과실이 있는 것으로 추정한다. 민법에서는 손해배상 등을 청구할 경우 청구인이 상대방의 침해행위에 대하여 과실이 있음을 입증하여야 하지만 특허권 침해행위는 이를 입증하는 것이 쉽지 않기 때문에 특허권자의 권리보호를 강화하기 위하여 과실의 입증책임을 전환하고 있다. 즉, 침해자는 무과실이라는 것을 입증하여야만 추정으로부터 벗어날 수 있다. 과실추정을 인정하는 또 다른 이유는 특허발명이 공개되어 있어서 당업자가 관심을 기울인다면 쉽게 특허등록 여부를 확인할 수 있기 때문에 침해자의 주의소홀에 대하여는 과실이 있는 것으로 추정[455]하여도 무방하다고 보고 있기 때문이다.

---

[455] 추정(推定 Vermutung)이란 일반적으로 명확하지 않은 사실을 일단 있었던 것으로 정하여 법률효과를 발생시키는 것, 즉 어느 사실에서 다른 사실을 추인하는 것을 말한다. 법에는 사실상의 추정과 법률상의 추정이 있다. 사실상의 추정은 법관이 자유심증(自由心證)의 과정에서 이른바 징빙(徵憑)에 의하여 주요 사실을 추측하는 것을 말한다. 예를 들면 수술 후에 환자의 증상이 악화된 사실로 미루어 보아 의사의 과실을 추정하는 것 등이다. 이에 대하여 법률상의 추정은, 예를 들면 각 공유자의 지분(持分)을 균등한 것으로 추정하는 경우가 그것이다(民法 262②).
법률상의 추정은 다시 사실추정과 권리추정으로 나눈다. "갑의 사실(前提事實)이 있을 때에는 을의 사실(推定事實)이 있는 것으로 추정한다"고 규정된 경우가 법률상의 사실추정이다. 이에 대하여 "갑의 사실이 있을 때에는 을의 권리가 있는 것으로 추정한다"고 규정한 경우가 법률상의 권리추정이다. 추정규정이 있는 경우에는, 입증책임이 있는 경우에는 입증책임을 부담하는 자는 을의 사실을 바로 입증할 수도 있으나 보통은 그보다도 입증이 용이한 갑의 사실의

(2) 생산방법의 추정

동일한 물건이라도 그 물건의 생산방법은 다양할 수 있다. 때문에 「물건을 생산하는 방법발명」에 대한 특허권자는 그 방법특허에 의하여 생산된 물건과 동일한 물건에 대하여도 그 생산방법이 다르면 특허권을 행사할 수가 없다. 따라서 방법발명의 특허권자가 그 방법발명에 의하여 생산된 물건과 동일한 물건을 생산·판매 등 실시행위를 하는 자에 대하여 특허권 침해를 주장하기 위해서는 그 물건이 자기의 방법특허와 동일한 기술에 의하여 생산된 것인지에 대하여 확인하지 않으면 안 되는 부담이 생긴다.

특허법은 이러한 점을 감안하여 「물건을 생산하는 방법발명」에 대한 특허권자의 보호수단으로 생산방법의 추정(法 129) 규정을 두고 있다. 즉, 물건을 생산하는 방법의 발명에 관하여 특허가 된 경우에 그 물건과 동일한 물건은 그 특허된 방법에 의하여 생산된 것으로 추정한다. 다만, 그 물건이 ① 특허출원 전에 국내에서 공지되었거나 공연히 실시된 물건[456], ② 특허출원 전에 국내 또는 국외에서 반포된 간행물에 게재되거나 전기통신회선을 통하여 공중이 이용가능한 물건인 경우에는 그러하지 아니하다(法 129)고 규정하고 있다. 이는 방법특허권자가 침해자가 물건을 생산하는 방법을 확인하고 입증하기가 현실적으로 용이하지 않기 때문에 권리자의 입증책임을 경감시키기 위한 것이며, 특허권자는 침해품이 특허방법에 의하여 생산된 물품과 동일하다는 사실만 입증하면 된다.

(3) 손해액추정(法 128)과 서류제출명령(法 132)

손해액추정과 서류제출명령은 다음에 기술되는 「민사상 구제방법」의 (2) 손해배상청구권에서 별도 후술토록 한다.

(4) 징벌적 손해배상제도(法 128⑧)

징벌적 손해배상제도도 다음에 기술되는 「민사상 구제방법」 (2) 손해배상청구권에서 별도 후술토록 한다.

입증으로 이에 갈음하게 되며 이는 곧 증명주제의 선택이 허용된다는 결론이 된다(이상경, 지식재산권법, 육법사 (1998), p.211~212 / 윤선희, 전게서, p.744).
그러나 당사자는 반증(反證)을 들어서 그 추정을 전복시킬수 있다. 즉, 전례에 있어서 당사자가 각 공유자의 지분이 균등하지 않았다고 반대의 사실을 입증하면 추정의 효과는 발생하지 않는다. 이 점에서 법률상의 "본다"와 구별된다. 즉 "본다"의 경우는 반증을 들어도 일단 발생한 법률효과는 전복되지 아니하나, 추정의 경우는 반증에 의하여 일단 발생한 법률효과도 전복된다.

456) 원고가 신규개발, 그 제조방법에 관하여 특허등록을 마친 「케토코나졸」로 불리는 화합물을 피고가 원료로 수입, 케토나졸 제품을 제조·판매하였다면, 위 물질이 원고의 특허출원 당시 국내에서 공지된 물건이라는 점에 대한 주장 입증이 없는 한, 피고가 수입 사용한 위 케토카나졸 원료는 특허법 제129조에 의하여 원고의 위 특허된 방법에 의하여 생산된 것으로 추정되고, 나아가 피고가 위 원료를 사용한 제품을 제조·판매하는 행위는 원고의 특허권을 침해하는 것으로 추정된다(서울고법 91나53298).

3. 민사상 구제방법

특허권자 또는 전용실시권자는 해당 특허권이 침해되었거나 침해될 우려가 있을 때에는 먼저 특허권 침해자 또는 침해의 우려가 있는 자에게 서면으로 경고[457](특허등록번호, 권리내용, 침해사실 등을 구체적으로 기재)할 수 있으며, 또 이에 응하지 않을 때에는 민사적 구제방안으로서 침해금지 및 예방청구권, 손해배상청구권, 침해금지가처분신청, 신용회복조치청구권, 부당이익반환청구권 등을 행사할 수 있다.

(1) 침해금지 및 예방청구권

① 의 의

특허권자 또는 전용실시권자는 자기의 권리를 침해한 자 또는 침해할 우려가 있는 자에 대하여 그 침해의 금지 및 예방을 청구할 수 있다(法 126①). 특허권 또는 전용실시권은 물권에 준하는 권리이므로, 특허권자 또는 전용실시권자는 특허발명을 독점·배타적으로 지배할 수 있다. 따라서 그 원활한 지배상태가 침해당한 때에는 침해행위를 금지시키기 위하여 물권적 청구권(소유물 방해제거 및 방해예방청구권과 유사)과 같은 권리가 인정된다. 한편, 특허권 또는 전용실시권이 공유인 경우에는 각 공유자는 단독으로 침해금지청구권을 행사할 수 있다. 이는 침해금지 및 예방청구권의 행사가 보존행위이기 때문이다.

이러한 침해금지 및 예방청구권은 현재 또는 장래의 침해에 대하여 행사하는 점에서, 과거의 침해에 대하여 행사하는 손해배상, 부당이득반환 등의 청구권과 다르고 특허권 침해에 대한 구제수단으로서 가장 유효하고 직접적인 것이다.[458]

② 금지청구권 행사요건

침해금지청구권은 특허권 또는 전용실시권이 현재 침해되고 있거나 객관적 정황으로 보아 장래에 침해될 우려가 있는 경우 행사할 수 있으며, 고의 또는 과실이 없는 자의 침해에 대해서도 청구할 수 있다는 점에서 손해배상청구권과 다르다.

특허권이 침해될 우려가 있다는 것은 객관적으로 보았을 때 침해가 발생할 개연성이 높은 경우로 침해예비행위에 대한 객관적 기준에 의거 판단해야 된다는 객관설이 통설로 인정받고 있다.[459]

---

457) 「경고」는 특허권자 또는 전용실시권자가 특허발명을 무단실시하고 있는 자에게 특허권이 있음을 인식시켜 더 이상 침해행위를 중지할 것을 알리는 행위이다. 이러한 경고는 고의를 입증하여 민·형사상 조치를 취하는 데 유력한 증거가 될 수 있다. 특히 과실범은 처벌하지 않고 고의범만을 처벌하는 형사상 조치를 취하는 데 있어 경고의 실효성이 있다고 할 수 있다.

458) 이종일, 전게서, p.819 / 임병웅, 전게서, p.697~698

459) 주관설은 침해우려 판단에 있어 침해품을 제조 또는 판매할 의도가 인정될 때 침해우려가 있다고 해석하는 것으로 주관적 요소를 판단기준으로 사용함으로써 판단이 불확실하다는 비판을 받고 있다(국제지식재산연수원, 전게서, p.303).

따라서 단지 과거에 침해한 사실이 있었다거나 침해품을 단순히 소지하고 있는 것만으로는 침해의 우려가 있다고 할 수는 없으며, 적어도 현재에 침해제품을 제조준비 중인 경우, 계절품이기 때문에 현재에는 생산하지 않더라도 생산의 재개가 확실한 경우, 침해품을 판매할 목적으로 소지한 경우, 판매준비를 위항 침해품의 목록을 반포하고 있는 경우 등과 같이 침해의 준비행위나 예비행위가 객관적으로 완성되어 있을 것을 요한다.

특허침해금지청구소송에 있어서 권리자는 ㉠ 본인이 정당한 권리자인 것, ㉡ 피고가 일정한 물건 또는 방법을 업으로 실시하고 있는 것, ㉢ 피고가 실시하는 대상물은 원고의 권리를 침해한 것이라는 사실을 주장·입증하여야 한다.

의약품, 농약 등 그 제품의 생산 또는 수입을 위해 관련 기관에 등록이 필요한 경우 우리나라 판례에서는 그 등록만으로 침해의 우려가 있다고 판단하지 않고 있으며[460], 등록과 함께 특허출원, 권리범위확인심판 등의 행위를 함께 한 경우 침해의 우려가 있다고 인정하고 있다.[461]

2019년 개정법은 특허권 또는 전용실시권 침해소송에서 특허권자 또는 전용실시권자가 주장하는 침해행위의 구체적 행위태양을 부인하는 당사자는 자기의 구체적 행위태양을 제시하여야 하며 당사자가 자기의 구체적 행위태양을 제시할 수 없는 정당한 이유가 있다고 주장하는 경우에는 그 주장의 당부를 판단하기 위하여 그 당사자에게 자료의 제출을 명할 수 있다. 다만, 그 자료의 소지자가 그 자료의 제출을 거절할 정당한 이유가 있으면 그러하지 아니하다. 자료제출명령에 관하여는 제132조 제2항 및 제3항을 준용한다. 이 경우 제132조 제3항 중 "침해의 증명 또는 손해액의 산정에 반드시 필요한 때"를 "구체적 행위태양을 제시할 수 없는 정당한 이유의 유무 판단에 반드시 필요한 때"로 한다.

당사자가 정당한 이유 없이 자기의 구체적 행위태양을 제시하지 않는 경우에는 법원은 특허권자 또는 전용실시권자가 주장하는 침해행위의 구체적 행위태양을 진실한 것으로 인정할 수 있다.

---

[460] 서울고등법원 1988.7.4 선고 88나7745
원고가 그 제조방법에 관하여 특허권을 보유한 농약원제 메타실에 대하여 피고명의로 농수산부에 메타실수입원제등록 및 메타실수화제 제조품목 등록이 되어 있고 피고가 발행, 배포한 농약안내서에 메타실수화제에 관한 소개가 되어 있다 하더라도, 피고가 실제로 메타실원제를 수입한 일도 없고, 또 그 수입절차를 취한 일도 없다면, 위와 같은 사유만으로 피고가 원고들의 특허권리를 침해하고 있다거나 침해할 우려가 있다고 단정할 수 없다.

[461] 서울지방법원 1993.5.21 선고 89가합25890
의료약품 및 동 원료의 제조업을 주목적으로 하는 피고가 특허발명과 동일한 방법으로 목적물질인 시프로플록사신 등을 생산하여 판매할 것을 전제로 하여, 보건사회부로부터 제조허가를 받았고, 특허청에 발명특허출원을 하였으나, 한편으로는 특허청에 권리범위확인심판을 청구한 점 등에 비추어 볼 때 비록 이후에 피고가 보건사회부로부터 받은 염산 시프로플록사신에 대한 제조품목 허가를 취하하고 현재 제품을 생산하지 않고 있다 하더라도 언제든지 다시 기회가 허락되면 이를 생산함으로써 원고의 특허발명에 관한 권리를 침해할 가능성이 극히 높다.

③ **침해금지청구권자**

청구권자는 특허권에 대해 독점권을 갖는 특허권자 또는 전용실시권자가 된다. 특허권이 공유인 경우 각 공유자가 금지청구권을 행사할 수 있으며, 특허권에 대해 전용실시권을 설정하여 주었더라도 특허권자는 금지청구권을 행사할 수 있다. 통상실시권자는 독점권을 갖지 아니하므로 금지청구권을 행사할 수 없다.

④ **침해물의 폐기 및 설비제거청구**

침해금지청구권의 내용은 침해행위의 중지 또는 예방을 청구하는 것인데 특허법은 특허권자의 보호를 강화하기 위해 침해행위를 조성한 물건(물건을 생산하는 방법의 발명인 경우에는 침해행위로 생긴 물건을 포함한다)의 폐기, 침해행위에 제공된 설비의 제거, 기타 침해의 예방에 필요한 행위를 청구할 수 있도록 규정하고 있다(法 126②). 이러한 청구권이 바로 침해물에 대한 폐기·제거 청구권이다.

침해행위를 조성한 물건[462]과 침해의 행위에 제공된 설비[463]를 소지하는 것 자체는 특허권침해는 아니다. 그러나 그것을 그대로 두게 되면 다시 그것으로 인하여 침해행위를 할 우려가 극히 높고 또한 그것을 방치하면 침해행위를 할 경우에 권리자는 금지청구의 실효를 거둘 수 없다. 이에 특허법은 특허권자 또는 전용실시권자는 침해행위를 조성한 물건의 폐기, 침해행위에 제공된 설비의 제거 기타 침해의 예방에 필요한 행위를 청구할 수 있도록 하고 있다. 이러한 폐기 및 제거청구권은 다시 침해할 우려가 있는 행위를 사전에 예방하기 위한 예방청구권이며, 침해금지청구권과 독립하여 행사할 수 없고 침해금지 및 예방청구를 할 때 또는 제기후에 행사할 수 있는 권리이므로 부대(附帶)청구권이다.

---

[462] "침해행위를 조성한 물건"이란 침해행위의 필연적 내용을 이루는 물건을 말한다. 예를 들면 가성소다에 관한 특허가 된 경우에 가성소다 만드는 기계를 사용하여 가성소다를 제조하여 타인의 특허권을 침해한 경우는 그 기계는 침해행위를 한 조성한 물건이 된다. 즉, 물건에 관한 특허발명이 있을 때 이 물건을 제조하는 기계 등이 이에 해당된다. 뿐만 아니라 의약에 대하여 특허된 경우에는 그 의약, 의약의 제조방법에 대하여 특허된 경우 그 제조방법에 의하여 생산된 의약을 말한다. 또한 의약의 제조에만 사용되는 원료나 의약의 제조방법에만 사용되는 제조·설비 등도 여기에 해당된다. 한편 "침해행위로 생긴 물건"은 예를 들면 가성소다의 제조방법에 특허가 되어 있는 경우 그 제조방법으로 제조된 물건이 된다(윤선희, 전게서, p.794).

[463] "침해행위에 제공된 설비"란 침해행위를 실시하기 위해 편의적으로 제공된 물건으로써, 예를 들면 물건의 발명과 물건을 생산하는 방법의 발명의 경우 이를 실시하기 위해 사용된 물건인 금형·촉매·설비 등이 침해행위에 제공된 설비가 된다. 즉, 특허품을 생산하는 데만 필요한 설비를 의미한다. 다시 말해 의약에 대해 특허된 경우에는 그 의약의 제조설비·장치를 말한다. 장래에 발생할 침해의 예방이므로 폐기·제거의 범위도 예방에 필요한 범위 내이어야 한다. 따라서 구체적 사정에 따라서는 침해조성물, 침해에 제공된 설비의 제거의 필요성이 없는 경우도 발생할 수 있다(윤선희, 전게서, p.794).

⑤ 특허권 침해금지 가처분신청
  ㉠ 침해품의 현 상태를 미리 확보하여 두지 못하면 본안소송에서 승소하더라도 그 실효성을 거둘 수 없게 되는 경우가 있다. 그러므로 침해금지청구소송의 확정을 기다려 침해의 금지 등의 조치를 취하기에는 장기간이 소요되고 그 사이 침해품에 대한 증거인멸의 우려가 있을 때 침해물건의 처분을 금지시키는 신속한 조치로서 특허권자 등은 공탁금의 부담을 전제로 침해품에 대한 처분금지 가처분신청을 할 수 있다(民事執行法 300). 이러한 가처분신청은 침해금지청구소송의 전(前)이나 후(後)에도 가능하며, 간단한 소명(疏明 : 즉시 심리할 수 있는 증거)에 의하여 신속하고 편리하게 권리보전의 목적을 달성할 수 있어서 매우 효과적이고 실무적으로 많이 이용하고 있다.464)
  ㉡ 이러한 가처분제도는 특허법에 명시하고 있지 않아, 특허법 제126조의 규정이 금지 또는 예방청구권이 물권에 의한 방해배제 및 예방청구와 궤를 같이 하는 것이라 민사소송을 제기한 원고로서는 본안의 관할 법원에 물건의 제조 및 판매금지 등의 가처분을 신청할 수 있다. 그러나 특허무효심판사건 등은 특허심판원에서 심리 결정하는 것이므로 이를 본안으로 하는 가처분도 특허심판원에 신청하여야 하는데 특허법에는 특허심판원이 이러한 가처분을 할 수 있다는 규정이 없다. 그러나 무효의 특허권 때문에 정상적인 업무수행이나 권리행사의 제약으로 현저한 손해가 발생한다면 이러한 행위를 방지할 필요가 있어 일반 민사상의 가처분에 의한 보호를 법원에 청구하는 것은 일반 원칙에 따라 당연히 허용되는 것으로 본다.465)
  ㉢ 가처분명령에 대하여는 이의를 제기할 수 있으며, 또 명령의 취소를 청구할 수 있다. 그 취소에는 본안의 소의 불제기에 의한 취소, 사정변경에 의한 취소, 특별한 사정에 의한 취소가 있다. 이의의 신청이나 취소의 결정에 대한 불복이 있는 채권자는 항고할 수 있다.

---

464) 보전소송 일반이론
1. 보전처분의 의의 및 종류
민사소송에서 보전소송이라 함은 광의로는 본안절차의 심리의 지연으로 인하여 생기는 위험을 피하기 위하여 간이 신속하게 가구제 내지 처분을 청구하기 위한 절차를 말하고, 협의로는 민사소송법 제696조 내지 제723조에 규정되어 있는 가압류와 가처분을 지칭하는 것이다.
이 중에서 가처분은 계쟁물에 관한 가처분(민집 300①)과 임시 지위를 정하는 가처분(민집 300②)으로 나눌 수 있고 전자의 예로는 특허권을 양수하였다고 주장하는 자가 등록명의인에 대하여 그 특허권의 처분금지를 구하는 경우나, 통상실시권의 허락을 받았다고 주장하는 자가 특허권자 또는 전용실시권자를 상대방으로 하여 그 특허권 또는 전용실시권의 처분금지를 구하는 경우 등이 있다.
임시의 지위를 구하는 가처분으로서는 특허권자가 특허발명의 무단실시자에 대하여 그 실시행위의 금지를 구하는 경우, 반대로 특허권자로부터 침해행위를 하고 있다고 지목된 자가 특허권자에 대하여 금지청구권의 부존재를 주장하여 거래선에서의 경고 등 업무방해의 금지를 구하는 경우 등이 있다.
2. 보전처분의 요건
보전처분을 하기 위하여는 보전하여야 할 실체법상의 권리가 있고, 그와 같은 권리를 미리 보전하여야 할 필요성이 있어야 한다. 전자를 '피보전권리'라고 하고, 후자를 '보전의 필요성'이라고 한다(윤선희, 전게서, p.798).
465) 법원행정처, 특허소송실무(1998), p.244 / 윤선희, 전게서, p.798

(2) 손해배상청구권

① 의 의

특허권자는 「고의 또는 과실」에 의하여 특허권 또는 전용실시권을 침해한 자에 대하여 이로 인해 입은 손해에 대해 배상을 청구할 수 있다.

다만, 특허법에서는 제128조에서 손해액의 추정만을 규정하고 있으므로 손해배상청구권의 행사는 민법 제750조(불법행위)[466]의 규정에 의한다. 이 경우 손해액의 입증책임은 손해배상 청구권자인 특허권자에게 있어야 마땅하나, 특허권 침해에 있어서는 침해행위와 인과관계가 있는 손해액의 입증이 곤란한 경우가 많다. 예를 들면 특허권자의 매상감소, 특허품의 가격하락 또는 실시료 수입의 감소가 침해행위에 의해서만 발생한 것이라는 점의 입증은 통상적으로 상당히 어렵다. 이와 같은 사정을 감안하여 손해액 입증의 용이화를 위해 특허권 침해에 관한 손해액의 추정 규정을 두고 있다.

이와 같은 손해배상청구권은 침해금지의 경우와는 달리 특허권침해로 인하여 손해가 발생하였을 때만 청구할 수 있는 권리로서 특허권 소멸 후에도 행사할 수 있다. 다만, 특허를 무효로 한다는 심결이 확정되었을 때에는 특허권은 처음부터 존재하지 않았던 것이 되므로 손해배상 청구권도 소급적으로 소멸한다.

특허권이 공유인 경우에는 각 공유자는 침해자에 대하여 각자가 자기가 입은 손해배상을 청구할 수 있는데, 특허권의 각 공유자는 지분에 따라 단독으로 행할 수 있으나, 그 액수는 자기 지분에 맞는 액수만큼 청구할 수 있으며, 손해액의 전액을 청구할 수는 없다. 만약 지분이 등록되지 않아 지분이 불명확할 경우에는 각 공유자의 지분이 균등한 것으로 추정한다. 즉, 공유자인 경우 손해배상청구는 공유지분에 따라 그 액수만큼 청구할 수 있으나, 침해금지 및 예방청구는 각자가 전체 지분에 대하여 행할 수 있다.

② 성립요건

민법상의 불법행위 일반 원칙에 따르기 때문에 침해자에게 고의 또는 과실이 있을 것, 침해행위가 있을 것, 침해행위로 인해 손해가 발생하였을 것, 침해행위와 손해발생 사이에 인과관계가 있을 것이 요구된다.

㉠ 침해자에게 고의 또는 과실이 있을 것 : 고의란 침해가 발생할 것을 알면서 특허권의 침해행위를 용인하는 심리상태를 의미하며, 과실은 부주의로서 특허침해의 결과를 인식하지 못하고 어떤 행위를 하는 심리상태를 의미한다. 손해배상을 청구하는 경우에는 일반적으로 청구인이 상대방의 고의 또는 과실을 입증하지 않으면 안 된다. 그러나 특허권의 대상인 발명은 무형의 것으로 물리적 관리가 곤란하기 때문에 그 침해와 관련하여서도 고의·과실을 입증하는 것이 곤란하다. 이에 특허법은 특허공개공보, 특허공보, 특허등록원부 등에 의하여 특허발명을 공시하고 침해자의 침해행위가 있을 때에는 과실이 있는 것으로 추정하도록 규정

---

[466] 민법 제750조 【불법행위의 내용】 고의 또는 과실로 인한 위법행위로 타인에게 손해를 가한 자는 그 손해를 배상할 책임이 있다.

(法 130)하여 과실의 입증책임을 침해자에게 전환하고 있다. 즉 특허권자는 아무런 입증을 하지 않아도 침해자는 침해행위에 관하여 과실이 있었던 것으로 추정되며(입증책임의 전환), 침해자는 과실이 없음을 입증하지 않으면 그 책임을 벗어날 수 없다.

ⓒ 침해행위가 있을 것 : 침해에 의한 손해배상청구권이 발생하기 위하여서는 침해행위가 있어야 한다. 따라서 특허권자와 전용실시권자는 위법한 실시가 있으면 특허발명의 실시를 독점하는 권리(法 94)가 침해받게 되는 것이므로 그 침해행위에 대한 주장을 하게 된다. 여기에서 위법한 실시란 특허발명을 업으로 실시하는 자가 그 실시에 대한 정당한 권리를 가지고 있지 않다는 것을 의미한다. 또한 일반적인 통상실시권자에 대하여서는 침해행위에 대하여 손해배상권은 인정되지 않는다고 본다.

ⓒ 침해행위로 손해가 발생하였을 것 : 침해에 의한 손해배상청구권이 발생하기 위하여서는 침해행위로 손해가 발생하여야 한다. 손해발생은 침해행위로 인한 재산의 감소뿐만 아니라 취득할 이익이 상실되는 경우도 포함된다.

또한 특허권침해로 인하여 정신적 고통을 받은 경우 정신적 손해배상도 청구의 대상이 된다 하겠으나, 판례는 특별한 사정이 있는 경우에만 이를 인정하고 있다. 따라서 정신적 손해의 배상을 청구하기 위해서는 재산 이외의 손해가 발생하였다는 것을 주장, 입증해야 한다.[467]

ⓔ 침해행위와 손해발생사이에 인과관계가 있을 것 : 특허권침해행위로 인하여 손해가 발생하여야 하는데, 이와 같은 손해발생과 침해행위 사이에는 인과관계가 있어야 한다.

③ 손해배상청구권의 행사

ⓒ 손해배상청구권자

특허권침해로 인하여 손해배상청구권이 발생된 경우, 특허권자 또는 전용실시권자는 손해배상을 청구할 수 있다. 그러나 통상실시권자는 단순히 기술적 범위에 속하는 물건 또는 방법을 실시할 권리밖에 없기 때문에 원칙적으로 통상실시권자에 대하여 손해배상청구권은 인정되지 않는다고 본다. 즉, 통상실시권자는 채권으로서 본래 자기 스스로 실시할 권리가 있지만 실시할 권리를 독점하는 것은 아니다.

---

467) 정신적 손해 : 서울민사지법 1995.12.12. 94가합60818
원고는 피고의 불법행위로 이하여 원고가 입은 정신적 손해에 대하여도 피고가 배상할 책임을 진다고 주장하나 타인의 불법행위에 의하여 재산권이 침해된 경우에는 그 재산적 손해의 배상에 의하여 정신적 고통도 회복된다고 보아야 할 것이므로 재산적 손해배상에 의하여 회복할 수 없는 정신적 손해가 발생하였다면 이는 특별한 사정으로 인한 손해로서 원고는 피고들이 그러한 사정을 알았거나 알 수 있었음을 주장, 입증하여야 할 것인데 이에 대한 아무런 주장, 입증이 없으므로 원고의 이 부분 위자료 청구는 이유 없다.

ⓒ 자료제출명령
   ⓐ 제출명령대상 및 범위
      법원은 특허권 또는 전용실시권 침해소송에서 당사자468)의 신청에 의하여 상대방 당사자에게 해당 침해의 증명 또는 침해로 인한 손해액의 산정이 필요한 자료469)의 제출을 명할 수 있다(法 132①본문). 개정법은 제출명령대상을 시대적 환경 및 기술의 발달 등을 고려하여 서류에서 자료로 변경하였고, 제출명령범위를 손해액 산정 이외에 침해의 증명에 필요한 자료까지 확대하였다. 특히, 제출명령범위를 침해의 증명이 필요한 자료까지 확대한 것은 침해자인 피고에게 입증책임을 전환하는 것으로서, 신속하고 실체적 진실에 부합하는 재판을 진행하고자 하는 공익적 목적이라 할 수 있다.
   ⓑ 정당한 이유가 있는 경우
      그 자료의 소지자가 그 자료의 제출을 거절할 정당한 이유가 있으면 그 자료를 제출하지 아니할 수 있다(法 132①단서). 법원은 자료의 소지자가 제출을 거부할 정당한 이유가 있다고 주장하는 경우에는 그 주장의 당부를 판단하기 위하여 자료의 제시를 명할 수 있다. 이 경우 법원은 그 자료를 다른 사람이 보게 하여서는 아니 된다(法 132②).
   ⓒ 영업비밀이 포함된 경우
      제출되어야 할 자료가 영업비밀(「부정경쟁방지 및 영업비밀보호에 관한 법률」 제2조 제2호에 따른 영업비밀을 말한다. 이하 같다)에 해당하거나 침해의 증명 또는 손해액의 산정에 반드시 필요한 때에는 그 자료의 제출을 거절할 정당한 이유로 보지 아니한다. 이 경우 법원은 제출명령의 목적 내에서 열람할 수 있는 범위 또는 열람할 수 있는 사람을 지정하여야 한다(法 132③). 한편, 자료를 제출하는 당사자는 그 자료에 영업비밀이 포함된 경우 열람범위와 열람자의 제한 또는 비밀유지명령제도(法 224의3)를 통해 충분히 보호를 받을 수 있다.
   ⓓ 자료제출명령에 따르지 아니한 경우
      당사자가 정당한 이유 없이 자료제출명령에 따르지 아니한 때에는 법원은 자료의 기재에 대한 상대방의 주장을 진실한 것으로 인정할 수 있다. 이 경우 자료의 제출을 신청한 당사자가 자료의 기재에 관하여 구체적으로 주장하기에 현저히 곤란한 사정이 있고 자료로 증명할 사실을 다른 증거로 증명하는 것을 기대하기도 어려운 때에는 법원은 그 당사자가 자료의 기재에 의하여 증명하고자 하는 사실에 관한 주장을 진실한 것으로 인정할 수 있다(法 132④⑤).

---

468) 당사자란 손해액의 계산을 위한 서류는 특허권자뿐만 아니라 침해자에게도 필요한 경우가 있으므로 자료제출명령은 특허권자 외에 침해자도 신청할 수 있다.
469) 예를 들면, 매상장부, 경비지출장부, 대차대조표, 손익계산서, 납품서 등이 이에 해당한다.

ⓒ **공동불법행위 배상책임**

여러 사람(數人)이 공동으로 특허권을 침해하여 특허권자에게 손해를 주었을 때에는 각자 연대하여 배상할 책임이 있다(民法 760①). 공동행위자 중 누구의 행위에 의해서 그 손해가 발생했는지 모를 때에도 각자가 연대책임을 진다.

ⓓ **소멸시효**

특허권 침해에 대한 손해배상 청구권의 소멸시효는 민법상 불법행위에 의한 손해배상청구권의 소멸시효(民法 제766조)와 같다. 즉, 특허권자가 그 손해 및 침해자를 안 날로부터 3년 간 이를 행사하지 않으면 소멸하고 불법행위(침해행위)를 한 날로부터 10년을 경과하면 시효는 소멸한다. 그러나, 특허권 침해행위가 계속되어 손해가 계속적으로 발생하는 경우 그에 따른 소멸시효는 각각 별개로 진행하며[470] 손해액도 가산된다.

④ **손해액의 추정**[471]

민법에서는 손해배상청구소송에서 손해액의 입증은 청구자가 하여야 한다. 그러나 특허권 침해소송에서는 손해액이 산정 및 입증이 용이하지 않으므로 특허법 제128조(손해배상청구권 등)에서는 다음과 같은 손해액 추정규정을 두어 특허권자를 보호하고 있다.

㉠ 손해액의 산정(法 128①~②)

ⓐ 조문 : ① 특허권자 또는 전용실시권자는 고의 또는 과실로 자기의 특허권 또는 전용실시권을 침해한 자에 대하여 침해로 인하여 입은 손해의 배상을 청구할 수 있다. ② 제1항에 따라 손해배상을 청구하는 경우 그 권리를 침해한 자가 그 침해행위를 하게 한 물건을 양도하였을 때에는 다음 각 호에 해당하는 금액의 합계액을 특허권자 또는 전용실시권자가 입은 손해액으로 할 수 있다.

1. 그 물건의 양도수량(특허권자 또는 전용실시권자가 그 침해행위 외의 사유로 판매할 수 없었던 수량을 뺀 수량) 중 특허권자 또는 전용실시권자가 생산할 수 있었던 물건의 수량에서 실제 판매한 물건의 수량을 뺀 수량을 넘지 않는 수량에 특허권자 또는 전용실시권자가 그 침해행위가 없었다면 판매할 수 있었던 물건의 단위수량당 이익액을 곱한 금액

2. 그 물건의 양도수량 중 특허권자 또는 전용실시권자가 생산할 수 있었던 물건의 수량에서 실제 판매한 물건의 수량을 뺀 수량을 넘는 수량 또는 그 침해행위 외의 사유로 판매할 수 없었던 수량이 있는 경우 이들 수량(특허권자 또는 전용실시권자가 그 특허권자의 특허권에 대한 전용실시권의 설정, 통상실시권의 허락 또는 그 전용실시권자의 전용실시권에 대한 통상실시권의 허락을 할 수 있었다고 인정되지 않는 경우에는 해당 수량을 뺀 수량)에 대해서는 특허발명의 실시에 대하여 합리적으로 받을 수 있는 금액

---

[470] 대법원 1966.6.9. 선고 66다615 판결
[471] 추정(推定)규정으로 특허침해에 대한 특허권자의 보호의 특허법상 특별규정에는 손해액추정(法 128), 생산방법 추정(法 129), 과실추정(法 130)이 있다.

ⓑ 의미 : 제128조 제2항 제1호의 규정은 특허권자 등이 침해자가 판매한 수량만 확인하면 침해자의 단위 이익액을 알 수 없다고 하더라도 특허권자 등의 단위이익을 계산할 수 있으므로 계산이 용이하여 특허권자 등을 충분히 보호할 수 있다는 데 그 의의가 있다 할 것이다. 즉, 특허법 제128조 제1항 전문은 특허권자의 일실이익(逸失利益)[472], 즉 특허침해가 없었다면 얻을 수 있었던 특허권자의 이익액을 산정하는 구체적인 방법을 규정한 것이다.

그러나 침해자가 특허권자의 생산능력을 초과하여 생산한 물건에까지 특허권자가 생산하여 판매할 수 있었다고 가정하여 특허권자의 일실이익으로 간주하는 것은 경험칙에 전혀 부합하지 않으므로, 손해액은 특허권자가 생산할 수 있었던 물건의 수량에서 실제 판매한 물건의 수량을 뺀 수량에 단위 수량당 이익액을 곱한 금액을 한도로 하는 것으로 규정하였다. 또한 특허권자가 침해행위 외의 사유로 판매할 수 없었던 사정이 있는 경우 그 수량에 따른 금액을 손해액에서 감해야 하는 것으로 규정하였다.

한편, 「침해행위 외의 사유로 판매할 수 없었던 사정」은 판매된 침해품이 침해자의 시장 개발노력, 침해품의 품질의 우수성 등의 요인에 의해 판매된 것이어서 특허권자가 생산하여 판매할 수 있었던 것으로 볼 수 없는 사정을 의미한다. 이 사정의 입증책임은 침해자에게 있다.

제128조 제2항 제2호의 규정은 제1호의 규정에 더하여 특허권자(전용실시권자)의 생산능력 초과분의 판매수량도 합리적인 실시료를 받을 수 있도록 한 규정이다. 즉 특허권자가 생산능력이 한계에 있더라도 제3자에게 전용실시권이나 통상실시권 허여 실시료를 받을 수 있다는 의미이다. 침해자의 침해행위 이외의 사유로 판매할 수 없었던 수량도 마찬가지이다.

제128조 제2항을 실례로 들어보면, 특허권자의 특허제품 생산능력이 100개인 경우 제2항 제1호에서는 침해자가 1,000개를 판매했어도 100개를 초과하는 900개에 대해서는 손해를 인정 받을 수 없다. 그럼에도 불구하고 제2항 제2호에서는 특허권자의 생산능력을 초과하는 900개에 대해서도 합리적인 실시료로서 손해액을 인정받을 수 있게 되었다.[473]

---

472) 「일실이익」이라 함은 상실수익이라고도 하며, 교통사고 등으로 인하여 사망하거나 후유장해가 잔존하게 되는 경우에 피해자 본인이 사망 또는 후유장해로 인하여 노동능력을 상실함으로써 발행하는 소득의 상실 부분을 산정한 금액을 의미하는 것으로 일실이익은 향후 매월 순차적으로 발생할 소득을 사고일시를 기준으로 소급하여 일시에 지급하는 것이므로 장차 매월 발생할 소득에 대하여 미리 소급하여 지급하는 기간 동안의 이자를 공제하여 산정한다. 일실이익의 책정 방법에는 '가동능력상실설'과 '소득상실설'이 있다.
473) 2019년 7월부터 손해액 산정은 (제128조 제2항 제1호 : 특허권자 생산능력 한도 × 단위수량이익액) + (제128조 제2항 제2호 : 생산능력 초과 판매수량 × 합리적인 실시료)이다. 미국은 이러한 산정방식을 1940년대부터 사용하고 있고 일본도 시행중에 있다. 이러한 증액배상제도와 징벌적 손해배상제도를 동시에 운영하고 있는 나라는 미국에 이어 한국이 두 번째이다.

ⓛ 이익액의 손해액 추정(法 128④)
  ⓐ 조문 : 제1항에 따라 손해배상액을 청구하는 경우 특허권 또는 전용실시권을 침해한 자가 그 침해행위로 인하여 얻은 이익액을 특허권자 또는 전용실시권자가 입은 손해액으로 추정한다.
  ⓑ 의미 : 특허권자는 자신의 손해액을 입증하는 것보다는 침해자의 이익액을 입증하는 것이 용이한 경우가 적지 않으므로 특허권자의 입증상 편의를 위해 이 규정을 두게 된 것이다. 따라서 특허권자가 침해자의 이익액을 입증하면 입증책임이 전환되어 침해자가 자신의 이익액이 특허권자의 손해액에 미치지 않음을 입증하여야 한다.
  '침해행위에 의해 받은 이익액'은 침해사실이 없었다고 가정한 경우의 침해자 재산총액과 침해사실이 발생한 후의 현실의 재산총액과의 차이다. 이 규정에서의 손해는 "매상감소에 의한 일실이익(逸失利益)"이기 때문에 특허권자 또는 전용실시권자가 스스로 실시하고 있지 않는 경우는 추정의 전제인 손해의 발생 자체를 관념할 수 없으므로 추정규정은 적용되지 않는다.
ⓒ 통상실시료의 손해액 간주(法 128⑤)
  ⓐ 조문 : 제1항에 따라 손해배상을 청구하는 경우 그 특허발명의 실시에 대하여 합리적으로 받을 수 있는 금액에 상당하는 액을 특허권자 또는 전용실시권자가 입은 손해의 액으로 하여 그 손해배상을 청구할 수 있다.
  ⓑ 의미 : 이 규정은 침해행위로 손해가 발생한 경우 그「손해의 하한액」을 정한 것이다. 특허권자는 제3자가 특허권을 침해하더라도 제3자가 항상 이익을 보는 것은 아니기 때문에 제3자가 특허권을 침해하여 많은 이익을 얻은 경우에는 침해자가 얻은 이익액을 손해액으로 추정하여 손해배상을 청구하는 한편, 제3자가 얻은 이익액이 미비하거나 침해로 인한 손해가 발생하였다고 하더라도 실시에 대하여 합리적으로 받을 수 있는 금액에 상당하는 액을 최소한의 손해액으로 하여 손해배상을 청구할 수 있다는 것이다.
  또한, 이 규정은 손해액의 추정 규정(法 128②)과는 달리 특허권자가 특허발명을 실시하고 있지 않아 일실이익(逸失利益)이 없는 경우에도 적용된다는 점에 그 의의가 있다. 특허권자는 손해발생에 대하여 주장·입증을 할 필요가 없고, 권리침해사실과 실시료 상당액을 주장·입증하면 족하며, 권리의 대항을 받는 자는 손해발생이 없음을 주장·입증하여 손해배상책임을 면하게 된다.[474]
ⓓ 손해액(통상실시료)의 초과 청구(法 128⑥)
  ⓐ 조문 : 제5항의 규정에 불구하고 손해의 액이 같은 항에 따른 금액을 초과하는 경우에는 그 초과액에 대해서 손해배상을 청구할 수 있다. 이 경우 특허권 또는 전용실시권을 침해한 자에게 고의 또는 중대한 과실이 없을 때에는 법원은 손해배상을 산정할 때 그 사실을 고려할 수 있다.

---

474) 임병웅, 전게서, p.701 참조

ⓑ 의미: 이 규정은, 상기 제128조 제5항에서 말하는 통상의 실시료 상당액은 최저의 배상액을 규정한 것에 불과하기 때문에 실제 손해가 이를 초과하는 것을 입증하면 그 초과액에 대해서도 손해배상을 청구할 수 있음을 명확히 한 규정이다.

다만, 통상실시료 상당액을 초과하여 실제의 손해액을 배상 청구한 경우에 있어서 당해 침해행위가 경과실에 의하여 이루어진 때에는 법원이 손해배상액을 산정함에 있어서 그 사실을 참작할 수 있다는 것이다. 손해액이 극히 큰 경우 경과실밖에 없는 침해자에게 이를 모두 배상하게 하는 것은 가혹하다는 취지에서 마련된 규정이다.

"고려할 수 있다"는 것은 입증된 실제 손해액보다 경감하여 손해배상액을 정할 수 있다는 것이고 경감의 여부 및 경감의 정도는 법원의 재량에 속한다. 다만, 경감한다고 해서 손해배상액을 통상 실시료 이하로 경감할 수는 없다.

ⓜ 성질상 입증곤란한 손해액의 인정(法 128⑦)
　ⓐ 조문: 법원은 특허권 또는 전용실시권의 침해에 관한 소송에 있어서 손해가 발생된 것은 인정되나 그 손해액을 증명하기 위하여 필요한 사실을 증명하는 것이 해당 사실의 성질상 극히 곤란한 경우에는 제2항부터 제6항까지의 규정에 불구하고 변론 전체의 취지와 증거조사의 결과에 기초하여 상당한 손해액을 인정할 수 있다.
　ⓑ 의미: 손해가 발생하는 것은 인정하나 손해액을 증명하는 것이 성질상 극히 어려운 경우(예를 들면, 침해자가 매입·매출관계서류를 전혀 작성하지 않거나 폐기한 경우 등)에는 변론 전체의 취지와 증거조사의 결과에 기초하여 상당한 손해액을 인정할 수 있다는 의미이다.475)

ⓗ 징벌적 손해배상제도(法 128⑧)
　ⓐ 조문: 법원은 타인의 특허권 또는 전용실시권을 침해한 행위가 고의적인 것으로 인정되는 경우에는 제1항에도 불구하고 제2항부터 제7항까지의 규정에 따라 손해로 인정된 금액의 3배를 넘지 아니하는 범위에서 배상액을 정할 수 있다.
　ⓑ 의미: 이를 징벌적 손해배상제도라고 하며 가해자가 피해자에게 고의적으로 불법행위를 한 경우, 민사재판에서 가해자에게 징벌을 가할 목적으로 부과하는 손해배상으로, 실제 손해액을 훨씬 넘어선 많은 액수를 부과하는 제도이다. 즉 가해자의 비도덕적·반사회적인 행위에 대하여 일반적 손해배상을 넘어선 제재를 가함으로써 형벌적 성격을 띠고 있다고 볼 수 있다.

---

475) 특허침해로 손해가 발생된 것은 인정되나 특허침해의 규모를 알 수 있는 자료가 모두 폐기되어 그 손해액을 입증하기 위하여 필요한 사실을 증명하는 것이 어렵게 된 경우에는 특허법 제128조 제7항을 적용하여 상당한 손해액을 결정할 수 있고, 이 경우에는 그 기간 동안의 침해자의 자본, 설비 등을 고려하여 평균적인 제조수량이나 판매수량을 가늠하여 이를 기초로 삼을 수 있다고 할 것이며, 특허침해가 이루어진 기간의 일부에 대해서만 손해액을 입증하기 어려운 경우 반드시 손해액을 입증할 수 있는 기간에 대하여 채택된 손해액 산정 방법이나 그와 유사한 방법으로만 상당한 손해액을 산정하여야만 하는 것은 아니고, 자유로이 합리적인 방법을 채택하여 변론 전체의 취지와 증거조사의 결과에 기초하여 상당한 손해액을 산정할 수 있다(대판 2003다15006).

손해액수만을 보상하게 하는 전보적 손해배상(보상적 손해배상, compensatory damages) 만으로는 예방적 효과가 충분하지 않기 때문에 고액의 배상을 치르게 함으로써 장래에 가해자가 똑같은 불법행위를 반복하지 못하도록 막는 동시에 다른 사람 또는 기업 및 단체가 유사한 부당행위를 저지르지 않도록 예방하는 데에 주된 목적이 있다.

Ⓐ 징벌적 손해배상제도 판단시 고려사항(法 128⑨)

제8항에 따른 배상액을 판단할 때에는 다음 각 호의 사항을 고려하여야 한다.
1. 침해행위를 한 자의 우월적 지위 여부
2. 고의 또는 손해 발생의 우려를 인식한 정도
3. 침해행위로 인하여 특허권자 및 전용실시권자가 입은 피해규모
4. 침해행위로 인하여 침해자가 얻은 경제적 이익
5. 침해행위의 기간·횟수 등
6. 침해행위에 따른 벌금
7. 침해행위를 한 자의 재산상태
8. 침해행위를 한 자의 피해구제 노력의 정도

(3) 신용회복청구권

① 의 의

특허권 또는 전용실시권이 「고의·과실」에 의하여 침해되고 그 침해의 결과 특허권자 등의 업무상의 신용이 실추된 경우에 있어서 특허권자 등은 법원에 손해배상에 갈음하거나 또는 손해배상과 함께 업무상의 신용회복을 위하여 필요한 조치를 청구할 수 있다(法 131). 이것은 민법 제764조(명예훼손의 경우의 특칙)[476]와 같은 취지의 규정이다.[477]

② 요 건

신용회복조치청구권이 성립되기 위해서는 침해자에게 고의나 과실이 있어야 하며, 권리침해로 인하여 업무상의 신용이 실추되어야 한다. 업무상 신용의 실추란 침해자가 조악품을 생산·판매 등을 함으로써 특허권자 등의 제품도 그러할 것이라는 나쁜 평판을 심을 정도의 결과를 말한다. 따라서 침해자의 제품의 품질이 특허권자 등의 제품과 동등하다거나 더 나은 품질이라면 비록 특허권 등의 침해가 있었다 하더라도 신용회복조치의 청구는 할 수 없을 것이다.

신용회복조치가 인정되기 위해서는 신용훼손의 상황이 재판시에 현존하여야만 한다. 즉 과거에 신용이 침해되었지만 구두변론종결 당시에 이미 회복되었다고 인정된다면 회복조치로서의 성격을 갖는 신용회복조치청구는 인정할 여지가 없다.

---

476) 불법행위로 타인의 명예를 훼손한 경우의 명예회복조치청구에 대해서는 민법 제764조에 규정이 있지만 여기에서의 인격적 가치는 사회적 승인 내지 평가이며, 그에 대한 특칙으로서 특허법 제131조에서는 업무상의 신용이 실추된 경우 그 회복조치를 청구할 수 있도록 하고 있다.

477) 유사한 규정으로 부정경쟁방지 및 영업비밀보호에 관한 법률 제6조에서는 부정경쟁행위로 타인의 영업상의 신용을 실추하게 한 경우 신용회복조치를 명할 수 있도록 규정하고 있다.

③ 방 법

신용회복에 필요한 조치로서 종래에는 일반적으로 신문지상에 사죄광고를 게재하는 방법이 행해져 왔다.478)

그러나 근래에 헌법재판소는 특허권의 침해소송에 대한 사건은 아니지만, 민법상의 명예훼손에 대한 신용회복조치청구소송에서 사죄광고명령에 대하여 헌법상의 양심의 자유에 반한다는 것을 이유로 헌법불합치결정을 하였다.479)

그러나, 침해자의 비용으로 패소한 민사손해배상판결, 형사명예훼손죄의 유죄판결 등을 신문·잡지 등에 게재하게 하거나, 명예훼손 기사의 취소광고 등의 조치를 하게 하는 것은 가능하다.

(4) 부당이득반환 청구권

① 의 의

부당이득반환청구권이란 법률상 정당한 원인 없이 타인의 재산 또는 노무로 인하여 이익을 얻고 이로 인하여 타인에게 손해를 가한 자에 대하여 그 이득의 반환을 청구할 수 있는 권리를 말한다. 민법은 공평의 이념에 입각한 당사자 간의 이익 조절이라는 관점에서 이를 규정하고 있다.480) 특허권과 관련하여서도 비록 특허법은 부당이득에 관한 규정을 두고 있지 않으나, 민법의 부당이득반환청구제도가 그대로 준용된다.

② 요 건

특허권침해에 대한 부당이득반환청구권이 발생하기 위해서는 법률상 원인 없이 이득을 얻고, 특허권자에게 손해가 생겼으며, 이득과 손해 사이에 인과관계가 있어야 한다.

---

478) 업무상의 신용회복수단은 구체적 사안에 따라 필요 충분한 방법이 채택되어야 하고, 이것을 위해서는 매체의 전달능력, 전달대상을 고려하여 적절한 사용매체를 결정하여야 한다. 이에 구체적 사안에 있어서 필요한 것이라면 특정의 장소에서 사과문 게시, 거래관계자에게 사죄장의 송부도 가능하다. 그러나 신용회복조치는 침해자의 보호법익도 고려되어야 하기 때문에 그 내용 및 수단에 있어서 신용회복에 필요한 한도에 그쳐야 한다. 또한 사죄문 중에 권리자의 선전 등과 같은 문언의 삽입은 허용되지 않는다.

479) 헌재 1991.4.1. 선고 89헌마60 결정
- 사건명: 민법 제764조의 위헌 여부에 관한 헌법소원
- 판시사항: 민법 제764조와 양심의 자유 및 인격권의 침해 여부, 민법 제764조의 해석과 '질적일부위헌'의 주문이 채택된 사례
- 결정요지: 국가가 본인의 의사에 반하여 사죄광고를 직접 강요하는 것은 부당하며, 명예회복의 방법으로서 법원은 피고에게 명예훼손에 따른 손해배상청구소송의 패소판결내용을 신문지상에 게재하도록 명령하는 것은 가능하다.

480) 민법 제741조【부당이득의 내용】 법률상 원인 없이 타인의 재산 또는 노무로 인하여 이익을 얻고 이로 인하여 타인에게 손해를 가한 자는 그 이익을 반환하여야 한다.

③ 손해배상청구권과 비교
　㉠ 손해배상청구권제도는 피해자에게 생긴 손해를 가해자에게 배상케 하여 피해자의 재산상태를 회복하려는 제도로서, 손해배상청구권은 불법행위를 근거로 하여 피해자의 손해전보가 그 목적이나, 부당이득은 수익자의 이득반환에 그 목적이 있다는 점에 양자의 본질적인 차이가 있다.
　㉡ 또한 손해배상청구권은 가해자의 고의·과실·책임능력을 그 요건으로 하나, 부당이득반환청구권은 수익자에게 그와 같은 요건을 인정하지 않는 것이 차이점이다.
　㉢ 따라서 특허권침해행위로 침해자가 그 이득을 얻고 그 행위에 고의 또는 과실이 있는 경우 특허권자는 손해배상청구권과 부당이득반환청구 중 어느 것이든지 선택해서 청구할 수 있을 것이다. 또한 부당이득반환청구권은 특허권 침해가 고의 또는 과실에 의한 침해가 아닌 경우에도 그 부당이득의 반환을 청구할 수 있으며, 손해배상청구권의 소멸시효가 완성된 경우에도 행사할 수 있다는 점에서 그 실익이 있다 하겠다.
　㉣ 소멸시효 비교
　　손해배상청구권은 단기소멸시효(民法 766)에 걸리고 상계금지(民法 496)에 관한 규정이 적용되나, 부당이득반환청구권은 그와 같은 규정이 없다. 따라서 손해배상청구권의 소멸시효는 가해자를 안 날로부터 3년, 불법행위를 한 날로부터 10년이나, 부당이득의 소멸시효는 일반채권이나 채무불이행에 기한 손해배상청구권과 같이 10년이다. 그러므로 불법행위로 인한 손해배상청구권이 3년의 단기시효로 소멸된 후에도 부당이득의 요건이 충족되는 경우에는 부당이득반환을 청구할 수 있게 된다.

④ **부당이득의 반환**
특허권침해행위로 인하여 부당이득을 얻은 자는 손실자에게 이득을 반환하여야 하는데, 이때 현물을 반환하는 것이 원칙이지만 이것이 곤란한 경우에는 금전으로 환산하여 반환해야 한다. 이때 반환할 이득의 범위는 현실적으로 발생한 침해자의 이득이 원칙이겠으나, 피해자의 손실 범위를 넘지 못한다. 한편 구체적 부당이득 반환액을 얼마로 산정할 것인지에 대하여 특허법에서 따로 규정하고 있지 아니하므로 민법 제747조의 규정이 적용된다 하겠다.
그러나 침해자의 이득은 단순히 특허권에 의해서만 얻어지는 것이 아니고 여러 요소가 관계하고 있기 때문에 그 인과관계의 입증이 곤란한 경우가 많다. 따라서 부당이득의 반환청구에 있어서도 현실적으로는 실시료 상당액을 청구하는 경우가 많다. 즉, 침해자는 본래 지불하여야만 하는 실시료의 지불을 면하게 되었기 때문에 그만큼의 손실이 있었던 것이 되어 원칙적으로 양자 사이에는 인과관계가 볼 수 있기 때문이다. 다만, 여기서의 실시료 상당액은 민법에서의 부당이득론에 의하여 인정되는 것이므로 특허법 제128조 제3항을 유추적용할 필요는 없다.[481]

---

[481] 윤선희, 전게서, p.820

(5) 기타의 조치

위 조치와는 별도로 침해자에게 경고 또는 증거 보존 조치를 취할 수 있다.

① 경 고

경고란 특허권 또는 전용실시권을 침해하고 있는 자에 대하여 그 침해를 중지시키고, 계속적인 침해시에는 법적조치를 강구하겠다는 뜻을 알리는 통지행위로서 그 내용의 명확성을 위하여 본인의 권리내용, 상대방의 침해사실 등을 구체적으로 예시한 「경고장」을 작성하여 내용증명우편으로 송달하고, 상대방의 답신을 요구함이 일반적이다.

경고는 그 자체로서 특별한 법적 효과를 발생시키지 아니하나 경고를 함으로써 소송에 미리 대비할 수 있으며, 추후의 침해소송에서 상대방의 고의·과실을 주장함에 유리하다.

② 증거보존

미리 증거조사를 하여 두지 아니하면 그 증거가 망실의 우려가 있는 등에는 당사자가 통상의 소송절차와는 별도로 특허권의 침해소송의 제기 전후에 관계없이 법원에 대하여 증거보존신청을 할 수 있다(民訴法 제346조). 증거보존신청은 소제기 전에는 검증목적물의 소재지를 관할하는 지방법원에, 소제기 후에는 그 증거를 사용할 심급의 법원에 한다(民訴法 제347조).

특허권침해에 따른 민사적 구제조치

구 분	내 용

침해금지 및 예방청구권	1. 의 의
	   특허권자 또는 전용실시권자는 자기의 권리를 침해한 자 또는 침해할 우려가 있는 자에 대하여 그 침해의 금지 및 예방을 청구할 수 있다. 고의·과실 유무를 불문한다(法 126①).
	2. 폐기·제거청구(法 126②) : 반드시 침해금지소송과 함께만 제기 가능
	  ① 침해행위를 조성한 물건의 폐기
	  ② 침해행위에 제공된 설비의 제거
	  ③ 기타 침해 예방에 필요한 행위
	3. 침해금지가처분신청 ⇨ 본안소송 확정 전 긴급한 행위가 필요한 경우

손해배상 청구권	1. 의 의
	   특허권자 또는 전용실시권자가 고의 또는 과실에 의해 자기의 권리를 침해한 자에 대해 손해의 배상을 청구할 수 있는 권리를 말한다. 이는 民法 제750조 규정에 의거해 행사할 수 있으며, 특허법은 사실이나 손해액의 증명곤란을 고려하여 별도의 규정을 두고 있다.
	2. 손해액의 산정(法 128①~②)
	  ① 손해액의 산정방법 : 양도수량 × 단위수량당 이익액
	  ② 손해액의 한도 : {(생산수량 − 판매수량) × 단위수량당 이익액} + (생산능력초과 판매수량 × 합리적인 실시료)
	  ③ 고려하여야 할 사항 : 손해액의 한도 − 귀책사유로 인한 금액
	3. 이익액의 손해액 추정(法 128④) : 침해행위로 인한 이익액
	4. 통상실시료의 손해액 간주(法 128⑤) : 실시에 대하여 합리적으로 받을 수 있는 금액에 상당하는 액
	5. 손해액의 초과청구(法 128⑥) : 손해액 의제 초과액에 대해서도 청구 가능, 고의·중과실이 없으면 참작
	6. 성질상 입증곤란한 손해액의 인정(法 128⑦) : 변론 전체의 취지 및 증거조사의 결과
	7. 과실의 추정(法 130)
	8. 징벌적 손해배상제도(法 128⑧)
	9. 자료의 제출(法 132)

신용회복 청구권	1. 의 의
	   특허권자 또는 전용실시권자가 고의 또는 과실에 의해 자기의 권리를 침해함으로써 업무상의 신용을 실추케 한 자에 대해 손해배상을 갈음하거나 손해배상과 함께 업무상 신용회복을 위해 필요한 조치를 명할 수 있다(法 131).
	2. 법원의 조치
	   손해배상에 갈음하거나 손해배상과 함께 신용회복에 필요한 조치(사죄광고명령 ×)

부당이득 반환청구권	1. 의 의
	   특허권자 또는 전용실시권자는 법률상 원인 없이 특허권을 침해하여 이익을 얻고 그로 인하여 손해를 끼친 자에 대하여 부당이득반환청구권을 행사할 수 있다(民法 741 준용).
	2. 선의·악의 불문
	3. 실효성
	  ① 고의·과실에 관계없이 행사 가능
	  ② 단기소멸시효의 적용 ×

기 타	1. 경고 : 특허권 침해에 관한 분쟁시 고의를 입증하는 데 유력한 증거로 활용 2. 증거보전 : 증거인멸 또는 훼손의 우려 3. 침해금지가처분 신청 : 본안소송확정 전 긴급한 행위를 요하는 경우, 침해금지청구권을 피보전권리

4. 형사적 구제방법

(1) 의 의

특허법은 특허법상 권리와 이익보호를 위하여 민사적 구제수단 외에도 형사적 구제수단에 의하여 보호되고 있다. 즉, 특허법은 형법의 특별법으로서 특허권 침해에 대한 침해죄(法 225), 위증죄(法 227), 거짓행위의 죄(法 229), 비밀누설죄(法 226), 허위표시죄(法 228), 비밀유지명령위반죄(法 229의2) 등과 행정법상의 질서벌로 과태료(法 232)에 관한 규정을 두고 있다.

(2) 형사적 구제 내용

① 침해죄

㉠ 의 의

특허권 또는 전용실시권을 침해한 자는 7년 이하의 징역 또는 1억원 이하의 벌금에 처한다고 규정하고 있으며, 이러한 침해죄는 특허권자의 고소가 없어도 직권수사가 가능한 반의사불벌죄이다(法 225②).[482] 특허법에 특별히 규정된 것을 제외하고는 형법이 적용된다. 따라서 특허권 침해죄는 특별히 과실범 처벌규정을 두고 있지 않는바 고의범(故意犯)만 처벌한다.

㉡ 요 건

침해가 성립하기 위해서는, 범죄구성요건에 해당하는 것(대상물이 특허발명의 기술적 범위에 속할 것 등), 행위가 위법일 것, 행위자에 책임이 있을 것이 필요하다. 이 중 한 가지라도 결여된 때에는 범죄는 성립하지 않는다.

ⓐ 범죄구성요건에 해당할 것

특허권의 침해가 범죄의 구성요건에 해당하기 위하여서는 그 실시발명이 특허발명과 동일하거나 특허권의 권리범위에 속하여야 하고, 그 침해(실시)가 고의임을 필요로 하며, 또한 특허발명과 동일한 발명을 실시한 사실이 있어야 한다.

간접침해행위에 대해서도 침해죄를 적용할 수 있는지에 대해서는 침해행위에 포함된다고 보는 학설이 통설로 인정되고 있으나, 대법원 판례에서는 간접침해에 대하여서는 형사처벌을 부정하고 있다.[483]

---

[482] 반의사불벌죄란 피해자의 고소가 없이도 특허권 침해행위에 대한 처벌을 할 수 있도록 하는 제도이다. 지금까지는 특허권자의 고소가 있어야만 특허권 침해수사가 가능한 '친고죄'이었으나 2022년 10월 22일부터는 특허권자의 고소가 없어도 직권수사가 가능한 '반의사불벌죄'로 개정하여 특허권 보호를 한층 강화했다. 앞으로 특허권자는 고소기간(6개월)에 얽매이지 않고 형사고소를 할 수 있게 되었다.
* 반의사불벌죄 : 권리자가 침해자의 처벌을 원하지 않으면 기소 불가
[483] 대판 1993.2.23. 92도3350 (간접침해)
구 특허법(1990. 1. 13 법률 제4207호로 개정되기 전의 것) 제64조 소정의 '침해로 보는 행위(강학상의 간접침해)'에 대하여 특허권 침해의 민사책임을 부과하는 외에 같은 법 제158조 제1항 제1호에 의한 형사처벌까지 가능한가가 문제될 수 있는데, 확장해석을 금하는 죄형법정주의의 원칙이나 미수범에 대한 처벌규정이 없어 특허권 직접침해의 미수범은 처벌되지 아니함에도, 특허권 직접침해의 예비단계에 불과한 간접침해행위를 특허권 직접침해의 기수범과 같은

ⓑ 위법성이 있을 것
　　　　특허침해에서 위법성이란 정당한 권한이 없이 특허발명을 실시하는 경우를 말한다.
　　　ⓒ 행위자에게 책임능력이 있을 것
　　　　행위자에게 책임능력이 있다 함은 형사책임능력이 있음을 말한다. 따라서 행위제한능력자인 형사미성년자나 심신상실자의 행위는 범죄가 되지 않는다.
　ⓒ 내 용
　　ⓐ 반의사불벌죄
　　　특허권 침해죄는 반의사불벌죄로 피해자의 고소가 없어도 소추(訴追)할 수 있다[상표권 침해죄(商標法 93)는 비친고죄이다].
　　ⓑ 몰 수
　　　몰수란 형법상의 형(刑法 41)의 일종으로 범죄행위와 관련된 재산의 박탈을 내용으로 하는 재산형을 말한다. 형법상의 몰수는 부가형(刑法 49)으로 되어 있어 다른 형벌을 선고하는 경우에 한하여 이와 함께 과할 수 있다. 다만, 행위자에게 유죄의 판결을 아니할 때에도 몰수의 요건이 있을 때에는 몰수만을 선고할 수 있다(刑法 49).
　　　특허법은 특허권 침해의 죄에 해당하는 행위를 조성한 물건 또는 그 행위로부터 생긴 물건은 이를 몰수하거나 피해자의 청구에 의하여 그 물건을 피해자에게 교부할 것을 선고하여야 한다(法 231①)고 규정하여 몰수에 관한 규정(刑法 48)에 대한 특별규정을 두고 있다. 한편 피해자는 위 규정에 의한 물건의 교부를 받은 경우에는 그 물건의 가액을 초과하는 손해의 액에 한하여 배상의 청구를 할 수 있다(法 231②)고 규정하고 있다.
　　ⓒ 양벌규정의 적용
　　　침해죄는 양벌규정이 적용되므로 법인의 대표자 또는 법인이나 자연인의 대리인·사용인 기타 종업원이 법인 또는 자연인의 업무에 관하여 위 죄를 범하였을 때에는 행위자를 처벌하는 외에 그 법인 또는 자연인에 대하여도 3억원 이하의 벌금형에 처할 수 있다. 다만, 법인 또는 개인이 그 위반행위를 방지하기 위해 해당 업무에 관하여 상당한 주의와 감독을 게을리하지 아니한 경우에는 그러하지 아니하다(法 230). 양벌규정에 대해서는 후술하기로 한다.

벌칙에 의하여 처벌할 때 초래되는 형벌의 불균형성 등에 비추어 볼 때, 제64조의 규정은 특허권자 등을 보호하기 위하여 특허권의 간접침해자에게도 민사책임을 부과시키는 정책적 규정일 뿐, 이를 특허권 침해행위를 처벌하는 형벌법규의 구성요건으로서까지 규정한 취지는 아니다.

② **위증죄**

　㉠ **의 의**

　　여기서 말하는 위증죄는 「특허심판원」의 적정한 행사를 보장하기 위한 것으로 이 법의 규정에 의하여 선서484)한 증인485)·감정인486) 또는 통역인487)이 특허심판원에 대하여 허위의 진술·감정 또는 통역을 한 때에는 5년 이하의 징역 또는 1천만원 이하의 벌금에 처한다(法 227①). 위증죄의 주체는 「선서」한 증인·감정인 또는 통역인으로서 진정신분범(眞正身分犯)이며, 범죄행위는 특허심판원에 대하여 거짓의 진술·감정·통역을 하는 것으로서 거동범(擧動犯)488)이다.

　㉡ **내 용**

　　위증죄는 비친고죄이며, 양벌규정이 적용되지 않는다. 법정형은 5년 이하의 징역 또는 5천만원 이하의 벌금이다. 다만, 위증죄를 범한 자가 그 사건의 특허취소신청에 대한 결정 또는 심결의 확정 전에 자수한 때에는 그 형을 경감 또는 면제할 수 있다(法 227②).

　㉢ **형법과의 차이**

　　특허심판원의 '심결'은 형법 제152조(위증죄)에 해당되지 않기 때문에 형법에서 처리할 수 없어 특허법 제227조에 특별한 규정을 둔 것이다.489) 그러나 형법상의 위증죄490)(형법 152)는

---

484) '선서'란 특허에 관한 절차를 수행함에 있어서, 증인·감정인이 진술을 하고 통역인이 통역을 할 때 각자의 양심에 따라 진실을 말하고 성실하게 감정·통역할 것을 맹세하는 것을 말한다.
485) '증인'이라 함은 자기의 경험에 의하여 알게 된 구체적인 사실에 대하여 심문에 응하여 진술하도록 특허심판원 등으로부터 명을 받은 제3자를 말한다.
486) '감정인'이란 심판관의 판단능력을 보조하기 위하여 특별한 학식과 경험을 가진 자에게 지식 또는 그 지식을 이용한 판단을 보고할 경우에 있어서 그 학식과 경험을 가진 자를 말한다.
487) '통역인'이란 특허심판원에 있어서의 사용언어가 한글이기 때문에 외국인 등의 진술을 용이하게 하기 위하여 두는 제3자를 말한다. 다만 민사소송법은 "변론에 참여하는 자가 국어에 통하지 못하거나 또는 농자(聾者)나 아자(啞者)인 때에는 통역인으로 하여금 통역하게 하여야 한다"고 규정하고 있어(民訴法 43①) 통역인은 반드시 외국인인 경우에만 사용되는 것으로 한정하지 않는다.
488) '거동범(擧動犯)'이란 구성요건상 단순한 행위, 즉 작위 또는 부작위만으로서 규정된 범죄이며 외부적인 결과의 발생은 필요로 하지 않는 범죄이다. 단순행위범이라고도 하며 결과범에 대응되는 말이다. 예를 들면 주거침입죄, 퇴거불응죄, 다중불해산죄, 아편 등의 소지죄 등이 여기에 속한다.
489) 윤선희, 전게서, p.826
490) 위증죄 성립요건
① 위증죄는 법률에 의하여 선서한 증인이 '자기의 기억에 반하는' 사실을 진술함으로써 성립하는 것이므로 그 진술이 객관적 사실과 부합하지 않는다고 하여 그 증언이 곧바로 위증이라고 단정할 수는 없다(대법원 1996.8.23. 선고 95도192 판결).
② 증인의 증언이 기억에 반하는 허위진술인지 여부는 그 증언의 단편적인 구절에 구애될 것이 아니라 당해 신문절차에 있어서 증언 전체를 일체로 파악하여 판단하여야 할 것이고, 증언의 전체적 취지가 객관적 사실과 일치되고 그것이 기억에 반하는 공술이 아니라면 사소한 부분에 관하여 기억과 불일치하더라도 그것이 신문취지의 몰이해 또는 착오에 의한 것이라면 위증이 될 수 없다(대법원 1996.3.12. 선고 99도2864 판결).
③ 증인의 증언은 그 전부를 일체로 관찰 판단하는 것이므로 선서한 증인이 일단 기억에 반하는 허위의 진술을 하였더라도 그 신문이 끝나기 전에 그 진술을 철회·시정한 경우 위증이 되지 아니한다(대법원 1993.12.7. 선고 93도2510 판결).

「재판 또는 징계처분이 확정되기 전에 자백 또는 자수한 때에는 그 형을 감경 또는 면제한다」고 하여 필요적 감면으로 하고 있으나, 특허법상의 위증죄는 「심결의 확정 전에 자백한 때에는 그 형을 감경 또는 면제할 수 있다」고 하여 임의적 감면으로 하고 있다.[491]

③ **허위표시죄**

 ㉠ 의 의

  허위표시의 금지(法 224) 규정에 위반한 자는 3년 이하의 징역 또는 3천만원 이하의 벌금에 처한다(法 228)고 하여 권한이 없는 자가 특허에 관계되는 것이 아닌데도 그 물건이나 포장에 특허표시 또는 그와 혼동되기 쉬운 표시를 하는 행위는 허위표시로 금지하고 있다.

 ㉡ 허위표시의 유형

  ⓐ 특허법에 규정된 허위표시의 유형은 다음 각 호와 같다(法 224).

   ⅰ) 특허된 것이 아닌 물건, 특허출원 중이 아닌 물건, 특허된 것이 아닌 방법이나 특허출원 중이 아닌 방법에 의하여 생산한 물건 또는 그 물건의 용기나 포장에 특허표시 또는 특허출원표시를 하거나 이와 혼동하기 쉬운 표시를 하는 행위

   ⅱ) 제1호의 표시를 한 것을 양도·대여 또는 전시하는 행위

   ⅲ) 제1호의 물건을 생산·사용·양도 또는 대여하기 위하여 광고·간판 또는 표찰에 그 물건이 특허나 특허출원된 것 또는 특허된 방법이나 특허출원 중인 방법에 의하여 생산한 것으로 표시하거나 이와 혼동하기 쉬운 표시를 하는 행위

   ⅳ) 특허된 것이 아닌 방법이나 특허출원 중이 아닌 방법을 사용·양도 또는 대여하기 위하여 광고·간판 또는 표찰에 그 방법이 특허 또는 특허출원된 것으로 표시하거나 이와 혼동하기 쉬운 표시를 하는 행위

  ⓑ 특허법(法 224)에 규정한 허위표시 이외의 허위표시 유형

   ⅰ) 번호를 생략한 특허표시: 출원번호 표기도 없이 단순히 '특허품' 표시

   ⅱ) 특허권 소멸 후의 특허표시 또는 거절결정된 후의 특허표시

   ⅲ) 출원 중인 것을 '특허'로 표시: 특허출원(심사중)이라는 문자와 함께 출원번호를 ○○○○○○ 라고 표시해야 하는 것을 특허 제○○○○○○ 호로 표시하는 것

   ⅳ) 실용신안, 디자인등록을 특허등록으로 표시: 단, 실용특허, 디자인특허 등을 사용한 경우는 거래관행을 참작할 때 허위표시로 되지 않는다.

   ⅴ) 외국특허표시: 단, 국산의 특허품에 대하여, 예컨대 PAT No. ○○○과 같이 표시하는 것은 허위표시로는 되지 아니한다.

---

④ 증인의 진술이 경험한 사실에 대한 법률적 평가이거나 단순한 의견에 지나지 아니하는 경우에는 위증죄에서 말하는 허위의 공술이라고 할 수 있다(대법원 1996.2.9. 선고 95도1797 판결 / 윤선희, 전게서 p.826).

491) 황종환, 김현호, 전게서, p.673~674 참조

vi) 침해자가 침해품에 특허표시를 하는 행위: 침해품이라도 그것이 특허발명을 이용하여 생산된 것이라면 특허품이므로 침해품에 특허표시를 하는 것은 허위표시에 해당하지 아니한다는 견해도 있다.

ⓒ 내 용

본 죄는 비친고죄이며, 양벌규정(法 230)이 적용된다. 법정형은 3년 이하의 징역 또는 3천만원 이하의 벌금이다(法 228).

④ **거짓행위의 죄**

㉠ 의 의

거짓이나 그 밖의 부정한 행위로 특허, 특허권존속기간 연장등록 또는 심결을 받은 자는 3년 이하의 징역 또는 2천만원 이하의 벌금에 처하도록 규정하고 있다(法 229). 이는 심사 또는 심판과정에서 허위자료나 조작된 자료를 제출하여 유리한 결정을 받은 자를 처벌하고자 하는 것으로, 국가의 기능을 저해하는 행위이기 때문에 피해자의 고소가 없더라도 비친고죄로 처벌할 수 있다. 그러나 거짓행위의 죄가 성립된다 하더라도 그 행위 자체를 이유로 하여 특허권이 무효가 되는 것은 아니다.

㉡ 거짓행위의 의미

「거짓행위」라 함은 심사 또는 심판의 과정에서 거짓의 자료나 위조된 자료를 제출하여 심사관 또는 심판관을 착오에 빠뜨려 특허요건을 결한 발명에 대하여 특허권을 받거나 자기에게 유리한 심결을 받는 행위를 말한다. 사기에 한하지 않고 부정행위 일체를 포함한다. 거짓의 방법은 허위자료의 제출 등 적극적인 행위를 필요로 한다는 견해도 있으나 부작위의 경우까지를 포함한다고 봄이 일반적 견해이다.

ⓒ 내 용

거짓행위는 국가의 권위 또는 기능을 저해하는 국가적 법익을 침해하는 것이므로, 본 죄는 비친고죄이며 양벌규정(法 230)이 적용된다. 법정형은 3년 이하의 징역 또는 2천만원 이하의 벌금이다(法 229).

⑤ **비밀누설죄**

㉠ 의의: 특허청 직원·특허심판원 직원 또는 그 직(職)에 있던 자가 그 직무상[492] 지득한 특허출원 중의 발명(국제출원 중의 발명을 포함한다)에 관하여 비밀[493]을 누설[494]하거나 도용[495]한 때에는 5년 이하의 징역 또는 5천만원 이하의 벌금에 처한다(法 226). 법 제58조 제1항의 규정에 따른 전문기관[496] 또는 특허문서전자화기관[497]의 임원·직원 또는 그 직

---

492) '직무상'이란 특허청 직원 등이 그 직위에 기초하여 수행하는 일체의 공무집행을 의미하는 것으로 작위·부작위뿐만 아니라 직무와 밀접한 관계가 있는 모든 행위를 포함한다.
493) '비밀'이란 일반에게 알려지지 않은 사실로서 출원 중의 발명을 말한다.
494) '누설'이라 함은 특정 또는 불특정의 제3자에게 비밀을 알리는 것이며 알리는 방법에는 제한이 없다.
495) '도용'이라 함은 직무상 지득한 특허출원 중의 발명을 업으로써 실시하거나 그 발명에 관련된 이용발명 등을 하고 이에 의하여 특허출원하는 것을 말한다.

(職)에 있었던 자는 법 제226조의 규정을 적용함에 있어서 특허청 직원 또는 그 직(職)에 있었던 자로 본다(法 226의2)고 특허법에 규정하고 있다. 물론, 특허청 직원·특허심판원 직원 또는 그 직에 있었던 자는 공무원으로서 직무상 알게 된 비밀을 엄수할 의무가 있으며, 그 비밀을 누설한 때는 국가공무원법 제60조 위반이 되고, 동법 제78조에 의하여 징계를 받도록 되어 있다. 그러나 특허출원이 출원공개 또는 등록공고 전에 그 출원발명에 대한 비밀유지는 출원인의 이익을 위해서는 물론 특허행정의 질서 및 특허제도의 신뢰를 유지하기 위하여 더욱 요망되므로 이를 보장하기 위하여 규정한 것이다.[498]

ⓒ 내용: 이 죄는 비친고죄이며, 양벌규정이 적용되지 않는다. 법정형(法定刑)은 5년 이하의 징역 또는 5천만원 이하의 벌금이다. 앞에서 설명한 대로 국가공무원은 재직 중은 물론 퇴직 후에도 직무상 지득한 비밀을 엄수해야 한다는 비밀엄수의무규정이 있으며, 직무상 알게 된 비밀을 누설하는 경우에는 형법에 의하여도 처벌되나(刑法 127), 특허에 관한 경우는 더욱 무겁게 처벌한다는 내용이다.

⑥ **비밀유지명령 위반죄**

국내외에서 정당한 사유 없이 법 제224의3 제1항에 따른 비밀유지명령을 위반한 자는 5년 이하의 징역 또는 5천만원 이하의 벌금에 처한다. 비밀유지명령 위반죄는 비밀유지명령을 신청한 자의 고소가 없으면 공소를 제기할 수 없다(法 229의2). 이는 민사소송절차에서 생산되거나 교환된 비밀정보의 보호에 관한 사법명령의 위반에 대하여 사법당국이 제재를 부과할 수 있는 권한을 규정한 「대한민국과 미합중국 간의 자유무역협정 및 대한민국과 미합중국 간의 자유무역협정에 관한 서한교환」을 반영한 것이다.

⑦ **양벌(兩罰)규정**

법인의 대표자나 법인 또는 개인의 대리인·사용자 기타 종업원이 그 법인 또는 개인의 업무에 관하여 제225조 제1항(침해죄), 제228조(허위표시죄) 또는 제229조(거짓행위죄)의 위반행위를 한 때에는 행위자를 벌하는 외에 그 법인에 대하여는 다음 각 호의 어느 하나에 해당하는 벌금형을, 그 개인에 대하여는 각 해당 조의 벌금형을 과한다. 다만, 법인 또는 개인이 그 위반행위를 방지하기 위해 해당 업무에 관하여 상당한 주의와 감독을 게을리하지 아니한 경우에는 그러하지 아니하다(法 230).

㉠ 제225조 제1항의 경우: 3억원 이하의 벌금
㉡ 제228조 또는 제229조의 경우: 6천만원 이하의 벌금

---

[496] '전문기관'이라 함은 특허청장이 특허출원의 심사를 촉진하기 위하여 필요하다고 인정하여 특허법 제58조 제4항의 규정에 의하여 특허관련 선행기술의 조사에 필요한 문헌·인력 및 장비 등을 보유하고 있는 법인을 동조 제2항의 규정에 의한 「전문기관」으로 등록한 기관을 말한다.
[497] 특허문서전자화기관이라 함은 특허청장이 특허출원 중의 발명에 관한 비밀유지 및 특허문서전자화업무의 효율적인 수행을 위하여 필요한 경우에 동 업무를 위탁한 기관을 말한다.
[498] 윤선희, 전게서, p.830

▎벌칙의 구별[499]

죄 명	구성요건	처벌		친고죄	양벌규정	비 고
		징역	벌금			
침해죄 (法 225)	특허권 또는 전용실시권을 침해한 자	7년 이하	1억 이하	×	○	반의사 불벌죄
비밀누설의 죄 (法 226, 226의2)	특허청 직원·특허심판원 직원 또는 그 직에 있었던 자(전문기관 또는 특허문서전자화기관의 임원·직원 또는 그 직에 있었던 자도 포함)가 그 직무상 지득한 특허출원 중의 발명에 관하여 비밀을 누설하거나 도용한 때	5년 이하	5천만원 이하	×	×	
위증죄 (法 227)	이 법의 규정에 의하여 선서한 증인·감정인 또는 통역인이 특허심판원에 대하여 거짓의 진술·감정 또는 통역을 한 때	5년 이하	5천만원 이하	×	×	결정 또는 심결확정 전 자수시 감경
허위표시의 죄 (法 228)	허위표시의 금지(法 224)의 규정에 위반한 자	3년 이하	3천만원 이하	×	○	
거짓행위의 죄 (法 229)	거짓이나 그 밖의 부정한 행위로써 특허, 특허권의 존속기간의 연장등록 또는 심결을 받은 자	3년 이하	3천만원 이하	×	○	
비밀유지명령 위반죄 (法 229의2)	국내외에서 정당한 사유 없이 법 제224조의3 제1항에 따른 비밀유지명령을 위반한 자	5년 이하	5천만원 이하	○	×	

5. 행정상 과태료

(1) 의 의

「과태료」는 행정상의 질서위반자에 대하여 과하는 행정벌(行政罰)이며 형법상의 형벌은 아니다. 그 절차는 법령에 특별한 규정이 없으면 비송사건절차법에 의한다. 특허법은 일정한 행위를 한 자에게 과태료를 부과하도록 하고 있다(法 232).

---

499) 임병웅, 전게서, p.726

(2) 대 상

다음 각 호에 해당하는 자는 50만원 이하의 과태료를 부과한다(法 232①).

① 민사소송법 제229조 제2항[500] 및 동법 제367조[501]의 규정에 의하여 선서를 한 자로서 특허심판원에 대하여 거짓의 진술을 한 자

② 특허심판원으로부터 증거조사 또는 증거보전에 관하여 서류 기타 물건의 제출 또는 제시의 명령을 받은 자로서 정당한 이유 없이 그 명령에 응하지 아니한 자

③ 특허심판원으로부터 증인·감정인 또는 통역인으로 소환된 자로서 정당한 이유 없이 소환에 응하지 아니하거나 선서·진술·증언·감정 또는 통역을 거부한 자

(3) 과태료 부과 및 징수

과태료는 대통령령이 정하는 바에 의하여 특허청장이 부과·징수한다(法 232②).

6. 기타의 방법에 의한 구제

(1) 화해, 중재에 의한 구제

특허권자 등은 침해소송이 계속 중인 경우에 원만한 해결로서 화해·중재제도를 이용할 수 있다. 화해에는 소송 전 화해(민소법 385)와 소송 후 화해(민소법 225①)가 있는데 화해조서가 작성되면 그 조서는 확정판결과 동일한 효력을 갖는다. 중재란 분쟁해결을 법원의 판결에 의하지 아니하고 당사자 합의로서 해결하는 것으로서 제3자인 중재인이 판정하며 중재인이 판정한 사건에 대해서는 법원의 확정판결과 동일한 효과를 갖는다.

(2) 알선·조정에 의한 구제

특허권자 등은 타인이 자기의 특허권·실용신안권을 침해하는 경우 민사적·형사적 구제수단을 강구하기에 앞서 특허청장에 대하여 분쟁의 해결을 목적으로 하는 알선·조정을 요청할 수 있으며 이러한 특허청장의 알선·조정은 전문가로 구성된 산업재산권 분쟁조정위원회(發振法 41①)[502] 에서 알선·조정을 담당하므로 보다 신속하고 적정한 분쟁해결을 도모할 수 있다 할 것이며, 당사자가 조정위원회의 판단을 존중하는 경우 효율적이고 적절한 분쟁해결수단이 될 것이다.

---

500) 제299조【소명의 방법】① 소명은 즉시 조사할 수 있는 증거에 의하여야 한다.
② 법원은 당사자 또는 법정대리인으로 하여금 보증금을 공탁하게 하거나, 그 주장이 진실하다는 것을 선서하게 하여 소명에 갈음할 수 있다.
③ 제2항의 선서에는 제320조, 제321조 제1항·제3항·제4항 및 제322조의 규정을 준용한다.
501) 제367조【당사자신문】법원은 직권으로 또는 당사자의 신청에 따라 당사자 본인을 신문할 수 있다. 이 경우 당사자에게 선서를 하게 하여야 한다.
502) 여기에서 조정이 성립되어 조정조서가 작성되는 경우에도 재판상 화해와 동일한 효력을 갖는다(發振法 46). 조정은 소송에 비하여 비용이 저렴하고 간이, 신속하게 처리될 수 있는 이점이 있으며 일도양단적인 분쟁해결이 아니라 당사자의 양보와 합의를 필요로 한다는 점에서 소송과 다른 특성이 있다.

Ⅴ 침해주장에 대한 대응

1. 의 의

특허권자 또는 전용실시권자로부터 특허침해의 주장을 받은 경우 먼저 상대방이 정당한 권리자인가, 유효한 권리인가, 권리범위에 포함되는가, 상대방 특허가 특허출원 전에 공지기술이 아니었는지 등을 조사하여 권리행사의 절차 및 내용이 적법한지를 판단하고 이에 따라 적절한 대응책을 수립하여야 한다.

2. 침해의 주장이 정당할 때

침해를 했다고 하는 상대방의 주장이 정당할 때는 이를 시인하고 상대방의 권리자와 적절히 타협을 모색하는 것이 분쟁을 예방하는 수단이 된다. 이러한 타협의 방안으로는 실시권 설정계약, 특허권 양수, 특허청 산업재산권 분쟁조정위원회 조정, 화해 등이 있다.

3. 침해의 주장이 부당할 때

침해를 했다고 하는 상대방의 주장이 위법·부당할 때는 적절한 법적 수단을 강구할 수 있으며 이러한 대응 수단으로서는 소극적 권리범위확인심판(권리범위에 속하지 않는다는 취지의 권리범위확인심판), 무효심판청구, 정당한 권한의 주장(법정실시권 등), 확인의 소 제기(선사용존재 확인의 소, 침해금지청구권 부존재 확인의 소, 손해배상채무 부존재 확인의 소 등), 소송절차 중지 신청(특허무효심판을 청구한 경우 심결이 확정될 때까지 침해소송 절차를 중지해 줄 것을 법원에 신청하는 것 등), 다만, 「권리남용의 항변(民法 2)」[503]과 「실효이론」[504]은 우리 특허법에 적용되지 않는다고 본다.

---

[503] 소위 권리남용의 항변이란 무효사유를 안고 있는 특허권에 기한 권리의 행사는 권리남용이라는 주장으로서, 대법원은 당해 특허에 무효사유가 있는 것이 분명한 때에는 그 특허권에 기초한 금지와 손해배상 등의 청구는 특별한 사정이 없는 한 권리남용에 해당하여 허용되지 아니한다고 판시하였다. 다만 권리남용의 해당 여부를 판단하기 위해서는 법원이 현존하는 특허권에 대한 무효사유를 판단하여야 하는바, 대법원은 또한 동일한 판례에서 특허의 무효심결이 확정되기 이전이라고 하더라도 특허권 침해소송을 심리하는 법원은 특허에 무효사유가 있는 것이 명백한지 여부에 대하여 판단할 수 있다고 하였다(2000다69194).

[504] 실효의 항변이라 함은 어떤 자가 자기가 가지고 있는 권리를 장기간 행사하지 않고 있기 때문에 그 자가 그 권리를 행사하지 않을 것이라는 정당한 기대를 상대방이 갖게 된 경우에는, 신의성실의 원칙에 비추어 그 자의 권리는 실효되었으므로 행사할 수 없고, 따라서 상대방은 그 권리의 행사에 대하여 실효의 항변으로 대항할 수 있다고 하는 이론이다. 이 이론은 독일의 판례 중심으로 하여 발달하였으나, 우리나라·일본 판례는 아직 이 이론을 적용하고 있지 않다(황종환·김현호, 전게서, p.680).

제10절 특허권자의 의무

I 의 의

특허법은 특허권자에게 특허발명을 독점적으로 실시할 권리를 부여하는 한편, 특허법의 다른 목적달성을 위하여 일정한 의무도 부과하고 있다. 특허법상 부과되고 있는 의무사항에는 「특허발명의 실시」, 「특허료 납부」, 「국방상 필요에 의한 비밀유지의무」 등 여러 가지가 있으며 「특허실시보고」 및 「특허표시」는 현행법상 의무는 아니다.

II 실시의무

특허법은 새로운 발명을 공개한 자에게 그 보상으로서 발명을 독점적으로 실시할 수 있는 특허권을 주어 발명자를 보호하는 대신, 보호의 대상으로서 공개된 발명의 적절한 실시를 통하여 산업발전에 기여하려고 한다. 따라서 특허권자는 권리를 부여받음으로써 상대적으로 특허발명을 스스로 성실하게 실시할 의무가 부과되며, 필요한 경우에는 타인의 실시에 협조도 하여야 한다.

그럼에도 불구하고 특허권자가 정당한 이유 없이 특허발명을 실시하지 않거나, 특허발명을 성실하지 아니하게 실시되고 있을 때는 이해관계인의 신청에 의해 재정에 의한 통상실시권(法 107)을 강제 실시할 수 있으며, 특허발명이 선출원하여 등록된 타인의 특허권 등과 이용·저촉관계에 있어 특허발명의 자유 실시가 제한을 받고 있으나 그 타인이 정당한 이유 없이 이용발명 등의 실시에 대한 동의를 거부함으로써 이용발명 등이 실시할 수 없게 될 때 이용·저촉관계의 조정을 위하여 통상실시권 허락심판(法 138)에 의한 강제실시를 할 수 있도록 규정하고 있다.

III 특허료납부의무

「특허권의 설정등록을 받고자 하는 자」 또는 「특허권자」는 특허료를 내야 한다. 특허료를 납부하지 아니할 경우에는 특허결정을 받았다 하더라도 특허권이 발생되지 아니하며, 또한 설정등록된 특허권이라 하더라도 특허료를 납부하지 아니하고 일정기간 경과 후에는 그 특허권은 소멸된다. 따라서 특허료의 납부는 출원인 및 특허권자에게는 특허권의 발생 및 존속을 위하여 이행하여야 할 일종의 의무이다.

특허법은 특허료의 금액, 그 납부방법 및 납부기간 등에 관한 구체적 사항에 대하여는 「특허료 등의 징수규칙」에서 따로 정하고 있다(法 79).

Ⅳ 국방상 필요에 의한 비밀유지 의무

국방상 필요에 의해 특허청장은 외국에의 출원을 금지하거나 비밀취급을 명할 수 있으며, 이에 의해 손실이 발생할 경우 정당한 보상금을 지급하여야 한다. 그러나 이 규정에 의해 외국에의 출원금지 또는 비밀명령취급을 위반한 경우는 그 발명에 대한 특허를 받을 수 있는 권리를 포기한 것으로 보며, 비밀취급명령을 위반한 경우는 비밀취급에 따른 손실보상금의 청구권을 포기한 것으로 본다(法 41).

Ⅴ 특허문헌 제출 의무

특허청장 또는 심사관은 당사자에 대하여 특허취소신청, 심판 또는 재심에 관한 절차 외의 절차를 처리하기 위하여 필요한 서류 기타의 물건의 제출을 명할 수 있으며(法 222), 특허청장은 국제출원의 출원인에 대하여 기간을 정하여 국제조사보고서 또는 국제예비심사보고서에 기재된 문헌의 사본을 제출하도록 명할 수 있다(法 211). 다만, 이에 불응하는 경우 특별한 제재 규정을 두고 있지 않으므로 상기 문헌제출을 하지 않는 경우 심사 또는 심판절차상의 불이익을 지는 데 그친다고 해석된다.[505]

Ⅵ 수수료 납부의 의무

수수료라 함은 특허출원·심사청구·심판청구 등 국가기관인 특허청의 특허 등에 관한 공적 서비스에 대한 보상으로 납부하는 요금을 말한다. 특허권자가 부담하는 수수료 납부의무의 법적 성질 역시 특허료 납부의 경우와 같이 법적 의무가 아니라 책무 또는 간접의무이다. 수수료를 납부하지 않은 경우 특허청장 등은 보정명령을 하여야 하고(法 46), 보정명령에도 불구하고 보정을 하지 않거나 보정할 수 없는 경우 특허청장 등은 당해 절차를 무효로 할 수 있다(法 16①).

---

505) 임병웅, 전게서, p.817

Ⅶ 기 타

1. 특허권 실시 보고

특허청장은 특허권자·전용실시권자 또는 통상실시권자에게 특허발명의 실시 여부 및 그 규모 등에 관하여 보고하게 할 수 있다(法 125). 특허발명의 실시상태를 참작함으로써 특허행정의 정책 수립상 필요한 경우 등에 있어서 보고를 명할 수 있다.

종전에는 보고명령을 받은 특허권자 등이 정당한 이유 없이 이에 응하지 않을 경우 특허청장은 50만원 이하의 과태료를 부과하도록 되어 있었으나, 현행법하에서는 특허발명의 실시 등을 보고하게 하는 목적 및 요건이 모호할뿐더러 과도한 행정규제라는 지적이 있어 과태료 부과대상에서 제외하고 있다. 따라서 특허발명의 실시상태 보고문제는 불이행의 경우라도 어떤 제재가 적용되지 아니하므로 특허권자의 의무로 보기는 어렵다.[506]

2. 권장사항으로서 특허권의 표시

특허권자·전용실시권자 또는 통상실시권자는 물건의 특허발명에 있어서는 그 물건에, 물건을 생산하는 특허발명에 있어서는 그 방법에 의하여 생산된 물건에 특허표시를 할 수 있으며, 물건에 특허표시를 할 수 없는 경우에는 그 물건의 용기나 포장에 특허표시를 할 수 있다(法 223). 특허표시는 의무사항이 아닌 임의규정으로 파리조약 제5조 D에서 상품에 특허표시 등을 할 것을 요구할 수 없도록 규정하고 있기 때문에 이전의 법에서 의무규정으로 두고 있던 것을 완화한 것이다. 다만, 특허를 표시할 경우에는 허위표시를 금지하고 있으며(法 224), 이를 위반한 자는 허위표시의 죄에 해당되어 형사책임을 지게 된다(法 228).

---

506) 천효남, 전게서, p.614

The Patent Law

제7장

특허의 취소

제1절 특허취소제도
제2절 특허취소신청, 심리·결정

Chapter 07 특허의 취소

제1절 특허취소제도

I 의 의

특허취소제도는 2017. 3. 1.부터 시행되는 제도로서 특허권설정등록후 등록공고일로부터 6개월 이내에 누구나 특허취소이유를 제공하면 심판관(심사관이 아님)이 등록특허를 재검증하여 조기에 부실특허를 취소하는 제도를 말한다. 즉 공중의 참여로 등록특허를 조기에 재검증하여 부실특허를 취소함으로써 시장의 혼란과 기업의 부담을 최소화 할 필요가 있기 때문이다.

이는 심사처리기간의 단축으로 출원공개 전의 특허결정비율이 급증하여 발명 공개 후 공중이 특허심사에 참여하는 기회가 축소되어 신 공중심사제도 마련의 필요성이 제기되었기 때문이다.

II 특허무효심판제도와 차이점

특허법은 부실특허제거라는 측면에서 특허무효심판제도를 운영 중이나 이는 당사자 간 분쟁 해결을 위한 심리이며, 공중심사에 의한 결정계 특허취소제도와는 그 성격을 달리 한다. 특허무효심판은 특허취소이유정보제공에 비해 무효사유에 대한 주장과 입증 등의 절차가 불편한 면이 있는 반면 특허취소신청은 간단한 절차로서 특허등록 초기에 재검증이 가능하다는 특징이 있다.

특허취소신청제도와 특허무효심판제도 비교

구 분	특허취소신청제도	특허무효심판제도
제도취지	특허심사결과의 재검토	당사자 간 분쟁해결
제도성격	공중심사, 결정계	당사자계
신청시기	등록일부터 6일	언제라도 가능
신청이유	특허문헌 등에 근거한 신규성·진보성 등	모든 무효 사유
심리방식	서면심리(신속·간편 절차)	구술심리 원칙
소송수행	특허청이 수행(책임행정)	당사자가 수행
비 용	저비용	고비용

제2절 특허취소신청, 심리·결정

I 특허취소의 신청 및 정정

1. 특허취소신청

(1) 특허취소신청은 누구든지 특허권의 설정등록일부터 등록공고일 6개월이 되는 날까지 그 특허가 아래의 어느 하나에 해당하는 경우에는 특허심판원장에게 특허취소신청을 할 수 있다. 이 경우 청구범위의 청구항이 둘 이상인 경우에는 청구항마다 특허취소신청을 할 수 있다(法 132조의2①).

① 특허의 요건(法 29)에 위반된 경우(단, 같은 조 제1항 제1호 제외)
  ㉠ 신규성 위반
  ㉡ 진보성 위반
  ㉢ 확대된 선출원 위반(단, 특허출원일 전에 국내 또는 국외에서 공지되거나 공연히 실시된 발명은 제외)
② 선출원 규정(法 36①~②)에 위반된 경우

(2) 위 규정에도 불구하고 거절이유통지시 포함된 선행기술에 기초한 이유로는 취소신청이 불가능하다(法 132조의2②).

2. 특허취소신청절차에서의 특허의 정정

(1) 특허취소신청절차가 진행 중인 특허에 대해 특허권자는 청구범위를 감축하거나 잘못된 기재사항을 정정하거나 분명하지 아니하게 기재된 사항을 명확히 하는 경우에 한하여 지정된 기간에 특허발명의 명세서 또는 도면에 대하여 정정청구를 할 수 있다(法 132조의3①). 이 경우에는 이 정정청구 전에 한 정정청구는 취하된 것으로 본다(法 132조의3②).

(2) 위 특허취소신청의 정정은 다음의 경우 어느 하나에 해당하는 기간에만 취하할 수 있다(法 132조의3④).
① 정정청구에 따라 정정을 할 수 있도록 지정된 기간과 그 기간 만료일로부터 1개월 이내의 기간
② 특허취소정정청구가 아래의 어느 하나에 해당되는 의견서제출기간
  ㉠ 청구범위감축, 잘못된 기재사항 정정, 분명하지 아니하게 기재된 사항을 명확히 하는 경우에 해당하지 아니한 경우
  ㉡ 특허발명의 명세서 또는 도면에 기재된 사항을 벗어난 경우
  ㉢ 정정이 청구범위를 실질적으로 확장하거나 변경한 경우 또는 정정 후의 청구범위에 적혀 있는 사항이 특허출원 하였을 때 특허를 받을 수 있는 것이 아닌 것인 경우

(3) 특허취소신청의 방식 등

① 취소신청

특허취소신청을 하려는 자는 다음 각 호의 사항을 적은 특허취소신청서를 특허심판원장에게 제출하여야 한다(法 132의4①).
  ㉠ 신청인의 성명 및 주소(법인인 경우에는 그 명칭 및 영업소의 소재지)
  ㉡ 대리인이 있는 경우에는 그 대리인의 성명 및 주소나 영업소의 소재지[대리인이 특허법인·특허법인(유한)인 경우에는 그 명칭, 사무소의 소재지 및 지정된 변리사의 성명]
  ㉢ 특허취소신청의 대상이 되는 특허의 표시
  ㉣ 특허취소신청의 이유 및 증거의 표시

② 심판장은 특허취소신청이 있으면 그 신청서 부분을 특허권자에게 송달하여야 한다(法 132의4③).

③ 심판장은 특허취소신청이 있으면 그 사실을 해당 특허권의 전용실시권자나 그 밖에 그 특허에 관하여 등록을 한 권리를 가지는 자에게 알려야 한다(法 132의4④).

(4) 특허취소신청의 보정 및 보정각하

① 특허취소신청서의 보정은 그 요지를 변경할 수 없다. 다만, 특허취소신청가능기간에 특허취소신청의 이유 및 증거의 표시 보정시에는 그 요지를 변경할 수 있다(法 132의4②).

② 심판장은 다음 각 호의 어느 하나에 해당하는 경우에는 그 기간을 정하여 보정을 명하여야 한다(法 132의5①).
  ㉠ 특허취소신청서가 특허취소신청방식을 위반한 경우
  ㉡ 특허취소신청 절차가 아래의 어느 하나에 해당하는 경우
     ⓐ 미성년자, 피한정후견인, 피성년후견인이 법정 대리인에 의하지 아니하고 취소신청하거나 위임받은 대리인이 대리권의 범위를 위반한 경우
     ⓑ 이 법 또는 이 법에 따른 명령으로 정하는 방식을 위반한 경우
     ⓒ 특허에 관한 절차를 밟은 자가 수수료를 내지 아니한 경우

③ 심판장은 보정명령을 받은 자가 지정된 기간에 보정을 하지 아니하거나 보정한 사항이 요지를 변경한 경우에는 특허취소신청서 또는 해당 절차와 관련된 청구 또는 신청 등을 결정으로 각하하여야 한다(法 132의5②).

④ 위 각하결정은 서면으로 하여야 하며, 그 이유를 붙여야 한다.

⑤ 심판관 합의체는 부적법한 취소신청으로서 그 흠을 보정할 수 없을 때에는 특허권자에게 특허취소신청의 부본을 송달하지 아니하고, 결정으로 그 특허취소신청을 각하할 수 있다(法 132의6①). 이 경우 각하결정에 대해서는 불복할 수 없다(法 132의6②).

❚❚ 특허취소신청의 심리·결정

1. 특허취소신청의 심리

(1) 특허취소신청의 합의체
특허취소신청은 3명 또는 5명의 심판관으로 구성되는 합의체가 심리하여 결정한다(法 132의7).

(2) 심리의 방식
특허취소에 관한 심리는 서면으로 하며, 공유인 특허권의 특허권자 중 1인에게 특허취소신청절차의 중단 또는 중지의 원인이 있으면 모두에게 그 효력이 발생한다(法 132의8).

(3) 심리참가
특허권에 관하여 권리를 가진 자 또는 이해관계를 가진 자는 특허취소신청에 대한 결정이 있을 때까지 특허권자를 보조하기 위하여 그 심리에 참가할 수 있다. 이때 심리참가와 관련된 사항은 특허심판의 참가, 심판참가의 신청 및 결정의 규정을 준용한다(法 132의9②).

(4) 직권심리
심판관은 특허취소신청에 관하여 특허취소신청인, 특허권자 또는 참가인이 제출하지 아니한 이유에 대해서도 심리할 수 있다(法 132의10①). 그러나, 심판관은 특허취소신청인이 신청하지 아니한 청구항에 대해서는 심리할 수 없다(法 132의10②).

(5) 신청의 병합 또는 분리
① 심판관합의체는 하나의 특허권에 관한 둘 이상의 특허취소신청에 대해서는 특별한 사정이 있을 경우를 제외하고는 그 심리를 병합하여 결정하여야 한다(法 132의11①).
② 심판관합의체는 필요하다고 인정하는 경우에는 위의 병합된 심리를 분리할 수 있다(法 132의11②).

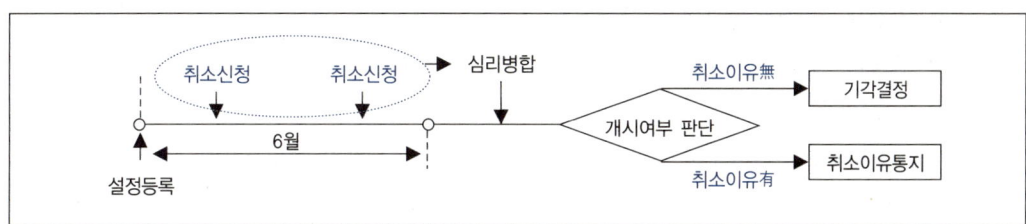

(6) 특허취소신청의 취하
① 특허취소신청은 특허취소결정등본이 송달되기 전까지만 취하할 수 있다. 다만, 특허권자 및 참가인에게 특허의 취소이유가 통지된 후에는 취하할 수 없다(法 132의12①).
② 둘 이상의 청구항에 관하여 특허취소신청이 있는 경우에는 청구항마다 취하할 수 있다(法 132의12②).

③ 특허취소신청의 취하가 있으면 그 특허신청취소 또는 그 청구항에 대한 특허취소신청은 처음부터 없었던 것으로 본다(法 132의12③).

2. 특허취소신청의 결정 등

(1) 특허취소신청에 대한 결정
① 심판관합의체는 특허취소신청이 이유있다고 인정되는 때에는 그 특허를 취소한다는 취지의 결정(이하 "특허취소결정"이라 한다)을 하여야 한다(法 132의13①).
② 심판장은 특허취소결정을 하려는 때에는 특허권자 및 참가인에게 특허의 취소이유를 통지하고 기간을 정하여 의견서를 제출할 기회를 주어야 한다(法 132의13②).
③ 특허취소결정이 확정된 때에는 그 특허권은 처음부터 없었던 것으로 본다(法 132의13③).
④ 심판관합의체는 특허취소신청이 특허취소신청 요건(法 132의2)에 해당하지 아니하거나 위반한 것으로 인정되는 경우에는 결정으로 그 특허권취소신청을 기각하여야 하며 이 기각결정에 대하여서는 불복할 수 없다(法 132의13④⑤).

(2) 특허취소신청의 결정방식
① 특허취소신청에 대한 결정은 다음 각 항의 사항을 적은 서면으로 하여야 하며, 결정을 한 심판관은 그 서면에 기명날인 하여야 한다(法 132의14①).
　㉠ 특허취소신청 사건번호
　㉡ 특허취소신청인, 특허권자 및 참가인의 성명 및 주소(법인인 경우에는 그 명칭 및 영업소의 소재지)
　㉢ 대리인이 있는 경우에는 그 대리인의 성명 및 주소나 영업소의 소재[대리인이 특허법인·특허법인(유한)인 경우에는 그 명칭, 사무소의 소재지 및 지정된 변리사의 성명]
　㉣ 결정에 관련된 특허의 표시
　㉤ 결정의 결론 및 이유
　㉥ 결정연월일
② 심판장은 특허취소신청에 대한 결정이 있는 때에는 그 결정의 등본을 특허취소신청인, 특허권자, 참가인 및 그 특허취소신청에 대한 심리에 참가를 신청하였으나 그 신청이 거부된 자에게 송달하여야 한다(法 132의14②).

(3) 심판규정의 준용
특허취소신청의 심리·결정에 관하여는 제147조 제3항(당사자심문), 제157조(증거조사 및 증거보전), 제158조(심판의 진행), 제165조 제3항부터 제6항(심판의 비용)까지 및 제166조(심판용액 또는 대가에 대한 집행권원)를 준용한다.

제8장

특허심판

제1절 특허심판제도
제2절 특허심판의 절차
제3절 특허심판의 종류

Chapter 08 특허심판

제1절 특허심판제도

I 의 의

특허심판이라 함은 특허부여절차에 있어서 심사관이 행한 최종처분 또는 특허권의 효력 등을 둘러싼 분쟁을 해결하기 위하여 직권행사의 독립성이 보장된 특허심판원의 심판관 합의체의 준사법적 절차에 의하여 행하여지는 행정심판을 말한다.

재산권을 둘러싼 분쟁이 있을 경우에는 법관에 의한 재판으로 다루어져야 할 것이나, 특허 등의 산업재산권은 무형의 기술적 사상을 대상으로 하는 것이므로 이에 대한 분쟁은 특별한 전문적인 지식과 경험을 구비한 특허심판원의 심판관에 의한 심판으로 다루도록 하고 있다.

그러나 심판의 객관성과 공정성을 담보하기 위하여 심판절차는 민사소송법상의 재판절차를 대부분 준용하고 있다.

한편, 심결이 확정되었다 하더라도 확정된 심결이 법정의 중대한 하자가 있을 경우에는 이를 이유로 하여 그 심결의 취소와 재심판을 구하는 비상의 불복신청수단인 '재심'을 청구할 수 있다(法 178). 여기에서 유의할 점은 특허에 관한 처분에 대해 불복사항이 있으면 모두가 특허심판절차에 따르는 것이 아니고 기간연장(法 15), 절차무효(法 16①), 불수리처분(施規 11) 등에 대한 불복은 일반행정쟁송절차인 행정심판, 행정소송 절차에 의한다.

II 특허심판의 법적 성질

1. 행정심판

특허심판은 최종심인 대법원과 제1심인 특허법원의 전심(前審)으로서 특허법상의 쟁송을 심리 및 판단하는 특별행정심판이다. 일반행정심판과는 달리 특허분쟁에 관하여는 반드시 특허심판을 거친 후에 특허소송을 제기할 수 있다(行訴法 18).

2. 준사법적 행정행위

특허심판은 행정기관에 의하여 이루어지는 것이므로 행정행위이기는 하나, 민사소송법상의 재판절차에 준하는 절차를 거쳐 분쟁을 심리·판단한다는 점에 있어서는 사법행위의 성격도 가지고 있다. 이러한 이유로 특허심판을 준사법적 행정행위로 본다.

III 특허심판원

1. 조직과 구성

(1) 조 직

① 특허심판원에는 원장과 심판관을 둔다(法 132의2②). 특허심판원의 조직과 정원 및 운영에 관하여 필요한 사항은 대통령령으로 정한다(法 132의2③). 「대통령령」이란 「특허청과 그 소속기관 직제」를 말하며 이하 산업통상자원부령인 「특허청과 그 소속기관 직제 시행규칙」이 있다.

② 「특허심판원」은 행정관청인 특허청의 소속기관이며 특허분쟁에 관한 특허심판사무를 담당하는 심판기관이다. 특허심판원은 특허·실용신안·디자인 및 상표에 관한 심판과 재심 및 이에 관한 조사·연구에 관한 사무를 관장한다(法 132의2①).

(2) 구 성

① **특허심판원장**

특허심판원에 원장 1인을 두되, 원장은 관리관으로 보한다. 원장은 심판관의 자격이 있는 자로서 특허청장의 명을 받아 심판행정사무를 통할하고 소속공무원을 지휘·감독하며, 특히 중요하다고 인정되는 사건에 대하여는 특허심판원장 스스로 법 제145조의 규정에 의한 심판장이 될 수 있다(施行令 8④, 특허청과 그 소속기관 직제 21).

② **심판장 및 심판관**

특허심판원에 심판장 11명과 심판관 95명을 두고 있다(특허청과 그 소속기관 직제 23①).

③ **심판정책과 및 송무팀**

특허심판원에 심판정책과 및 송무팀을 두되, 심판정책과는 일반행정업무, 심판지원업무를 하며 송무팀은 소송수행업무를 수행한다(특허청과 그 소속기관 직제 시행규칙 16).

2. 심판의 분류

(1) 심판의 성격에 따른 분류

특허심판은 심판의 성격에 따라 청구인과 피청구인으로 이루어진 당사자계 심판과, 심판청구인이 특허청장을 상대로 행하는 결정계심판으로 구분된다.

① 「결정계 심판」[511]이란 독립적 심판 중 심판당사자로서 청구인과 피청구인의 대립구조를 취하지 않고 청구인만 존재하는 심판을 말한다. 특허거절결정 또는 특허권 존속기간연장등록거절결정에 대한 불복심판(法 132의17), 정정심판(法 136)이 여기에 속한다.

② 「당사자계 심판」이란 독립적 심판 중 당사자로서 청구인과 피청구인이 존재하고 그 당사자가 서로 대립구조를 취하는 심판을 말한다. 특허무효심판(法 133), 권리범위확인심판(法 135), 통상실시권 허락심판(法 138), 정정무효심판(法 137), 특허권의 존속기간 연장등록무효심판(法 134)이 여기에 속한다.

당사자계 심판에 있어서는 '심판참가'가 인정되며 심판비용은 통상실시권 허락심판을 제외하고는 패심자가 부담한다(통상실시권 허락심판의 심판비용은 청구인이 부담한다).

(2) 심판의 독립성에 따른 분류

심판청구가 독립적으로 진행되는 「독립적 심판」과 계속 중인 다른 심판에 부수되는 「부수적 심판」으로 구분할 수 있다.

① 「독립적 심판」이라 함은 다른 심판의 존재 여부에 상관없이 독립적으로 진행, 종결되는 심판을 말한다. 이에 해당하는 심판으로는 위에서 설명한 결정계 심판 및 당사자계 심판 모두가 해당된다. 특허거절결정 등에 대한 불복심판(法 132의17), 특허무효심판(法 133), 특허권의 존속기간 연장등록의 무효심판(法 134), 권리범위확인심판(法 135), 정정심판(法 136), 정정의 무효심판(法 137), 통상실시권 허락심판(法 138) 등이 여기에 속한다.

② 「부수적 심판」[512]이란 그 자체만으로는 독립해서 심판의 대상이 되지 못하고 독립된 본안심판의 청구사항에 부수하거나 본안심판의 청구를 전제로 하는 심판을 말한다. 이러한 부수적 심판에는 심판관의 제척·기피심판(法 152①), 참가심판(法 156③), 증거보전심판(法 157), 심판비용심판(法 165) 등이 속한다.

---

[511] 구 특허법에는 「보정각하결정불복심판」 제도가 있었으나 2001. 7. 1.부터 특허, 실용신안에 대한 보정각하결정불복심판은 폐지되고 보정각하결정에 대한 불복은 거절결정불복심판에서 다루도록 하고 있다.

[512] 독립적 심판에 대해서는 독립적인 심결이라는 형식으로 판단되기 때문에 독립하여 불복할 수 있으나, 부수적 심판에 대해서는 독립적 심판의 심결이유에서 판단되며, 독립하여 불복할 수 없다.

3. 특허법원과의 관계

(1) 특허법 제186조(심결 등에 관한 소)에서 보듯이 심급의 구조가 「특허심판원 - 특허법원 - 대법원」으로 되어 있어 특허심판원의 심결을 거치지 않고는 특허법원의 소를 제기할 수 없도록 하여 심결취소소송에서 사실상의 1심의 기능을 담당하고 있으며, 또한 특허법원은 소의 제기가 있을 때에는 지체 없이 그 취지를 특허심판원장에게 통지하도록 되어 있다.

(2) 또한 심판에 있어서는 필요한 때에는 직권 또는 당사자의 신청에 따라 그 심판사건과 관련되는 특허취소신청에 대한 결정 또는 소송절차가 완결될 때까지 그 절차를 중지할 수 있으며, 소송절차에 있어서 필요하다고 인정된 때에는 법원은 직권 또는 당사자의 신청에 따라 특허취소신청에 대한 결정이나 특허에 관한 심결이 확정될 때까지 그 소송절차를 중지할 수 있다.

(3) 특허심판과 침해소송과 관련하여서는 법원은 특허권 또는 전용실시권의 침해에 관한 소가 제기된 경우 또는 소송절차가 종료된 때에는 그 취지를 특허심판원장에게 통보하여야 하며, 특허심판원장은 특허권 또는 전용실시권의 침해에 관한 소에 대응하여 그 특허권에 관한 무효심판 등이 청구된 경우에는 그 취지를 해당하는 법원에 통보하여야 한다. 그 심판청구서의 각하결정·심결 또는 청구의 취하가 있는 때에도 또한 같다.

Ⅳ 심판관의 자격

1. 심판의 합의체

특허심판원장은 심판청구가 있는 때에는 심판관으로 하여금 이를 심판하게 하며, 각 심판사건에 대하여 합의체를 구성할 심판관을 지정 또는 변경하고, 지정된 심판관 중에서 1인을 심판장으로 지정하여, 심판장이 그 심판사건에 관한 사무를 총괄하도록 한다. 각 심판은 3인 또는 5인의 심판관으로 구성되는 합의체가 이를 행하며, 합의체의 합의는 과반수에 의하여 이를 결정하고, 심판의 합의는 공개하지 아니한다. 현재 특허심판원에는 11부가 있으며, 심판장은 고위공무원단에 속하는 일반직공무원으로 보하되, 그 직위의 직무등급은 나등급으로 하고 있다(특허청과 그 소속기관 직제 시행규칙 제16조).

2. 심판관·심판장의 자격

(1) **심판관의 자격**

심판관 및 심판장의 자격에 대해서는 특허법 시행령 제8조(심사관 등의 자격)에서 다음과 같이 그 요건을 규정하고 있다.

심판관이 될 수 있는 사람은 특허청 또는 그 소속기관의 4급 이상의 일반직 국가공무원 또는 고위공무원단에 속하는 일반직공무원 중 다음 각 호의 어느 하나에 해당하는 사람으로서 국제지식재산연수원에서 소정의 심판관 연수과정을 수료한 사람으로 한다. 다만, 「국가공무원법」 제28조의4 제1항에 따른 개방형 직위로 지정된 심판관으로 임용될 수 있는 사람은 아래의 직무수행요건을 갖춘 사람으로 하고, 같은 법 제28조의5 제1항에 따른 공모 직위로 지정된 심판관으로 임용될 수 있는 사람은 아래의 직무수행요건을 갖춘 사람으로 한다.

① 특허청에서 2년 이상 심사관으로 재직한 사람
② 특허청에서 심사관으로 재직한 기간과 5급 이상의 일반직국가공무원 또는 고위공무원단에 속하는 일반직공무원으로서 특허심판원에서 심판업무에 직접 종사한 기간 및 특허법원에서 기술심리관으로 재직한 기간을 통산하여 2년 이상인 사람

(2) 심판장의 자격

특허심판원장은 지정된 심판관 중에서 1인을 심판장으로 지정하여야 한다. 심판장이 될 수 있는 사람은 특허청 또는 그 소속기관의 3급 일반직국가공무원 또는 고위공무원단에 속하는 일반직공무원으로서 다음 각 호의 어느 하나에 해당하는 사람으로 한다. 다만, 「국가공무원법」 제28조의4 제1항에 따른 개방형 직위로 지정된 심판장으로 임용될 수 있는 사람은 아래의 직무수행요건을 갖춘 사람으로 하고, 같은 법 제28조의5 제1항에 따른 공모 직위로 지정된 심판장으로 임용될 수 있는 사람은 직무수행요건을 갖춘 사람으로 한다.

① 특허심판원에서 2년 이상 심판관으로 재직한 사람
② 제2항에 따른 심판관의 자격을 갖춘 사람으로서 3년 이상 특허청 또는 그 소속기관에서 심사 또는 심판사무에 종사한 사람

3. 직무의 독립성

심판관은 특허청 또는 그 소속기관의 공무원이지만, 그 자격은 특허법 시행령 제8조(심사관 등의 자격)에 규정되어 있으며, 직무에 관해서는 법 제143조 제3항의 규정에 따라 특허청장 또는 특허심판원장의 지휘감독을 받지 아니하고 독립하여 심판하며, 법 제217조 제2항에는 특허출원·심사·심판이나 재심으로 계속 중에 있는 사건의 내용 또는 특허락부결정·심결이나 결정의 내용에 관하여서는 감정·증언 또는 질의에 응답할 수 없도록 규정되어 있다.

또한 심판의 공정성을 기하기 위하여 법에 규정된 사유에 의하여 당연히 직무집행에서 제외시키는 제척과 결정에 의하여 직무집행에서 배제시키는 기피 및 심판관 스스로 직무집행에서 회피할 수 있는 회피규정이 있다.

심판의 분류[513]

심판의 독립성	독립적	종류	결정계	의의	심판의 청구취지가 독립되어 있는 심판으로서 심결이라는 형식으로 판단하는 심판
					1. 의의 　당사자로서 청구인과 피청구인의 대립구조를 취하지 아니하고 청구인만 존재하는 심판 2. 종류 　① 특허거절결정 또는 특허권 존속기간 연장등록 거절결정에 대한 불복심판(法 132의17) 　② 정정심판(法 136) 3. 실익 　① 참가제도 인정 × 　② 심판비용은 청구인이 부담(法 165③) 　③ 일사부재리 적용 × (단, 정정심판의 경우 학설 대립) 　④ 부본 송달 및 답변서 제출(法 147①②) × 　⑤ 인용심결에 대한 불복 ×, 등본송달과 동시에 확정
			당사자계		1. 의의 　당사자로서 청구인과 피청구인이 존재하고 그 당사자가 서로 대립구조를 취하는 심판 2. 종류 　① 특허무효심판(法 133) 　② 특허권의 존속기간 연장등록의 무효심판(法 134) 　③ 권리범위확인심판(法 135) 　④ 정정의 무효심판(法 137) 　⑤ 통상실시권 허락심판(法 138) 3. 실익 　① 참가제도 인정 ○ 　　(단, 통상실시권 허락심판은 보조참가만 허용된다는 것이 통설) 　② 심판비용은 통상실시권 허락심판(청구인 부담)을 제외하고는 패심자가 부담 　③ 일사부재리 적용 ○ 　④ 부본 송달 및 답변서 제출 ○ 　⑤ 인용심결에 대한 불복 ○, 등본송달일로부터 30일 경과 후 확정
		실익			독립하여 불복 허용
	부수적	의의			그 자체만으로는 독립해서 심판의 대상이 되지 못하고 독립된 본안심판의 청구사항에 부수하거나 본안심판의 청구를 전제로 하는 심판
		종류			1. 심판관의 제척·기피심판(法 152①)　2. 참가심판(法 156③) 3. 증거보전심판(法 157)　4. 심판비용심판(法 165) 등
		실익			독립하여 불복 불허

---

513) 임병웅, 전게서, p.823 참조

제2절 특허심판의 절차

I 심판의 청구

1. 심판청구서의 제출

심판을 청구하고자 하는 자는 심판청구서를 특허심판원장에게 제출하여야 한다. 특허심판원장은 심판청구가 있는 때에는 합의체를 구성할 심판관 및 심판장을 지정하여 합의체로 하여금 심판하게 한다(法 144부터 146). 특허심판원장은 심판청구서를 받았을 때에는 심판번호를 부여하고 그 사건에 대한 합의체를 구성할 심판관을 지정하여야 하며, 심판관을 지정하거나 지정된 심판관의 변경이 있는 때에는 그 사실을 당사자에게 통지하여야 한다(施規 58).

심판장은 심판의 청구가 있는 때에는 당사자계 심판의 경우 청구서의 부본을 피청구인에게 송달하고 기간을 정하여 답변서를 제출할 기회를 주어야 하며, 피청구인으로부터 답변서를 받았을 때에는 그 부본을 청구인에게 송달하여야 한다. 그리고 심판에 관하여 당사자를 심문[514]할 수도 있다(法 147).

2. 심판청구서의 기재사항

(1) 일반적 기재사항

심판을 청구하고자 하는 자는 다음의 사항을 기재한 심판청구서를 특허심판원장에게 제출하여야 한다(法 140①).

① 당사자의 성명 및 주소(법인인 경우에는 그 명칭 및 영업소의 소재지)

② 대리인이 있는 경우에는 그 대리인의 성명 및 주소나 영업소의 소재지(대리인이 특허법인인 경우에는 그 명칭, 사무소의 소재지 및 지정된 변리사의 성명)

③ 심판사건의 표시[515]

④ 청구의 취지[516] 및 그 이유[517]

---

[514] 심문(審問)이란 일반적으로 어떤 사항 또는 문제에 관하여 진술하게 하는 것으로 질문과 같은 의미이며, 특히 납득할 수 있도록 상세하게 진술하도록 하는 의미가 포함되어 있다[심판편람(2004), 37.02]. 심문은 청구의 적법요건 구비에 대하여 사실관계를 분명히 하기 위하여 또는 심판청구서 등의 표시를 정확하게 하였는지 확인하기 위하여 또는 본안심리 후 사실관계를 명확하게 할 필요가 있는 때에 심판장이 행한다[심판편람(2004), 21.02].

[515] 구체적으로 권리번호와 심판의 종류를 표시한다. 예를 들면 「특허 제○○○호의 등록무효심판」, 「특허 제○○○호의 권리범위확인심판」 등과 같이 기재한다.

[516] 청구의 취지는 청구인이 어떠한 내용과 종류의 심결을 구하는가를 밝히는 심판의 결론부분으로, 심판은 여기에 구속되어 심리를 한다. 따라서 청구취지에는 청구인이 바라는 심결주문을 적게 되어 있으며, 이를 간결 명료하게 표시하여야 한다. 또한 청구취지란에는 심판비용에 관하여 기재한다. 예를 들어, 특허무효심판의 경우에는 「특허 제○○○호 발명은 이를 무효로 한다. 심판비용은 피청구인의 부담으로 한다」라고 기재한다.

[517] 청구의 취지와 같은 심결이 있어야 하는 구체적인 이유를 기재한다. 심판청구인으로서 이해관계가 있어야 하는 경우에는 이해관계가 있음을 함께 기재하며, 통상 청구의 이유를 뒷받침하기 위한 증거가 첨부된다.

(2) 추가적 기재사항 및 첨부사항

① 권리범위확인심판의 경우
권리범위확인심판을 청구할 때에는 특허발명과 대비될 수 있는 설명서 및 필요한 도면을 첨부하여야 한다(法 140③).

② 통상실시권 허락심판의 경우
통상실시권 허락심판의 심판청구서에는 일반적 기재사항 외에 다음의 사항을 기재하여야 한다(法 140④).
- ㉠ 실시를 요하는 자기의 특허의 번호 및 명칭
- ㉡ 실시되어야 할 타인의 특허발명·등록실용신안이나 등록디자인의 번호·명칭 및 특허나 등록의 연월일
- ㉢ 특허발명, 등록실용신안 또는 등록디자인의 통상실시권의 범위·기간 및 대가에 관한 사항

③ 정정심판의 경우
정정심판을 청구할 때에는 심판청구서에 정정한 명세서 또는 도면을 첨부하여야 하며(法 140⑤), 전용실시권자, 질권자 또는 통상실시권자의 동의서를 제출하여야 한다(施規 57②4).

④ 특허거절결정불복심판의 경우
특허거절결정불복심판의 심판청구서에는 보통의 심판의 경우와는 달리 다음 사항을 기재하여야 한다(法 140의2①).
- ㉠ 청구인의 성명 및 주소(법인인 경우에는 그 명칭 및 소재지)
- ㉡ 대리인이 있는 경우에는 그 대리인의 성명 및 주소나 영업소의 소재지[대리인이 특허법인, 특허법인(유한)인 경우에는 그 명칭, 사무소의 소재지 및 지정된 변리사의 성명]
- ㉢ 출원일자 및 출원번호
- ㉣ 발명의 명칭
- ㉤ 특허거절결정일자
- ㉥ 심판사건의 표시
- ㉦ 청구의 취지 및 이유

3. 심판청구서의 보정과 요지변경

(1) 보정의 원칙

심판을 청구하는 자는 심판청구방식의 불비 또는 기재사항의 오기 등이 있을 때에 심판청구서를 보정할 수 있다. 다만, 요지변경이 되지 않는 범위 내에서만 가능하다(法 140②본문). 여기서 변경할 수 없는「요지」라 함은 청구의 취지 및 이유 등 심판청구서 전체의 취지를 살펴보아 등록된 권리를 중심으로 하여 적어도 그 동일성을 해하지 아니하는 범위 내의 것을 말한다.

(2) 예 외

① **당사자 중 특허권자의 기재를 바로잡기 위한 보정(특허권자를 추가하는 것을 포함하되, 청구인이 특허권자인 경우에는 추가되는 특허권자의 동의가 있는 경우로 한정한다)**

심판청구인의 실수로 인해 심판이 각하되는 사례를 방지하기 위해 당사자계 심판의 특허권자의 기재에 대한 보정을 자유롭게 허용하고 있다(法 140②1). 다만, 특허권이 공유인데 능동적으로 심판을 청구하는 경우에는 일부 특허권자에 의한 심판의 결과가 다른 공유자에게도 영향을 미치므로 다른 특허권자의 동의 받아야만 추가할 수 있도록 제한하고 있다.

② **거절결정불복심판의 청구인의 기재를 바로잡기 위한 보정(청구인을 추가하는 것을 포함하되, 그 청구인의 동의가 있는 경우로 한정한다)**

심판청구인의 실수로 인해 심판이 각하되는 사례를 방지하기 위해 거절결정불복심판의 청구인 기재에 대한 보정을 자유롭게 허용하고 있다(法 140의2②1).

③ **심판청구이유의 보정**

심판청구서의 기재사항 중 청구이유의 보정은 요지변경이 되더라도 상관없다(法 140②2, 140의2②2). 심판청구이유에 대해서는 심판청구인이 기재한 범위에 한정되지 않고 직권심리하기 때문에(法 159①), 변경을 자유롭게 허용하고 있다. 단, 청구의 취지 보정은 요지변경이 허용되지 않는다.

④ **적극적 권리범위확인심판에서 확인대상발명의 보정**

적극적 권리범위확인심판에서 심판청구서의 확인대상발명(청구인이 주장하는 피청구인의 발명을 말한다)의 설명서 및 도면에 대하여 피청구인이 자신이 실제로 실시하고 있는 발명(실시주장발명)과 비교하여 다르다고 주장[518]하는 경우에 청구인이 피청구인의 실시 발명과 동일하게 하기 위하여 심판청구서의 확인대상발명의 설명서 및 도면을 보정하는 경우에는 요지변경이 되더라도 상관없다(法 140②3).

---

[518] 적극적 권리범위확인심판청구시 청구인이 확인대상발명을 잘못 특정한 경우, 구법에서는 이에 대한 보정을 요지변경되지 않는 범위 내에서 엄격히 제한하고 있어 동일한 사안에 대해 다시 심판을 청구해야 하는데, 이는 소송경제에 반하고 심판사건 처리는 지연되는 문제가 있었다. 따라서 개정법(法律 제8197호, 2007. 1. 3. 공포, 2007. 7. 1. 시행)에서는 확인대상발명에 대한 보정을 자유롭게 허용함으로써 신속한 분쟁해결이 이루어지도록 하고 있다.

4. 요지변경으로 보는 사례

(1) 당사자 등의 보정

당사자 중 특허권자의 기재를 바로잡기 위한 보정 또는 추가(法 140②1), 거절결정불복심판에서 청구인의 기재를 바로잡기 위한 보정 또는 추가(法 140의2②1) 이외의 당사자에 대한 보정은 오기의 정정과 같이 청구인의 동일성을 잃지 않는 경우를 제외하고는 요지변경이다.[519]

(2) 사건의 표시 및 청구의 취지의 보정

① **출원번호 및 등록번호의 보정**

출원번호 또는 등록번호의 표시에 잘못이 있어 이것을 보정한 때는 그 잘못이 단순히 오기 등과 같이 그 보정에 의하여 심판청구의 대상의 동일성을 잃지 아니하는 경우에 한하여 요지변경으로 하지 아니한다. 그 외는 요지변경이다.

② **청구의 취지의 변경**

「청구의 취지」라 함은 심판청구인이 특허청에 어떠한 심결을 구하는가를 특정하여 요구하는 것을 말한다 하겠고 이를 변경하게 되면 청구 자체를 변경하는 것이 되어 이는 허용될 수 없다. 예를 들어 특허무효심판의 대상 중 청구항을 변경시키는 보정 역시 요지변경이다. 특허무효심판은 청구항을 달리 하면 청구취지를 달리하기 때문이다. 다만, 여러 청구항의 무효를 구하다가 그중 일부항만 무효를 구하는 것은 청구취지의 감축으로 허용된다. 한편, 정정무효심판의 청구를 특허무효심판의 청구로 하는 보정도 요지변경이다.

5. 중복심판청구의 금지

심판원에 계속되어 있는 사건에 대하여 당사자는 다시 심판을 청구하지 못한다(法 154⑧ 준용 民訴法 259).

6. 국선대리인

특허심판원장은 산업통상자원부령으로 정하는 요건을 갖춘 심판 당사자의 신청에 따라 대리인(이하 "국선대리인"이라 한다)을 선임하여 줄 수 있도록 하고 있다. 다만, 심판청구가 이유 없음이 명백하거나 권리의 남용이라고 인정되는 경우에는 그러하지 아니하다.

국선대리인이 선임된 당사자에 대하여 심판절차와 관련된 수수료를 감면할 수 있도록 하였고 국선대리인의 신청절차 및 수수료 감면 등 국선대리인 운영에 필요한 사항은 산업자원통상자원부령으로 정하고 있다(法 139의2).

---

[519] 아래의 경우는 요지변경이 아니다.
① 법인의 대표자 당사자가 법인으로서 청구서에 그 대표자명이 없는 것을 보충하거나 또는 표시되어 있는 대표자명을 변경하는 보정은 요지변경으로 하지 아니한다.
② 대리인이 대리인의 성명의 오기를 보정하는 것은 요지변경이 아니다. 또한 변리사의 경우 주소의 보정은 요지변경으로 하지 아니한다.

▌Ⅱ▐ 당사자

심판 또는 재심에서 당사자라 함은 자기의 이름으로 권리보호를 요구하는 자와 그 상대방을 말하며, 각각 청구인과 피청구인이라 칭한다. 이러한 당사자는 실재하여야 하며, 당사자능력·절차능력·당사자 적격 등의 요건을 구비하여야 한다.

1. 당사자 능력

「당사자 능력」이라 함은 일반적인 심판 절차의 주체가 될 수 있는 능력이고, 원칙적으로 권리능력을 가진 자는 당사자 능력이 있다(民訴法 51). 다만, 권리능력을 갖지 아니한 사단 또는 재단으로서 대표자 또는 관리인이 정하여진 경우에는 출원심사청구, 심판청구 등 일정한 절차에 한하여 당사자 능력을 인정하고 있다(法 4). 또한 법인의 지사무소는 독립하여 당사자 능력이 인정되지 않는다.[520] 또한, 외국인에 대하여는 법 제25조 각 호[521]에 해당하는 경우를 제외하고는 권리능력이 인정되지 않는다.

2. 절차능력

절차능력이라 함은 당사자가 스스로 절차를 밟는 데 필요한 능력이다. 특허법에는 미성년자, 피한정후견인, 피성년후견인, 재외자 등에 대하여는 절차능력(행위능력)을 제한하고 있다. 심판장은 절차를 밟는 자가 그 절차를 밟는 데 적당하지 아니하다고 인정되는 때에는 대리인으로 하여금 절차를 밟도록 명할 수 있다(法 10). 즉, 당사자 중 미성년자, 피한정후견인, 피성년후견인 재외자 등의 절차능력이 없는 자는 심판청구 등 절차를 밟지 못한다.

---

520) 특허법원 2000.8.13. 선고 2000허1412 판결 : 법인인 농업협동조합중앙회가 당사자 능력이 있을 뿐 농업협동조합 충남지역본부는 구 농업협동조합법상 농업협동조합중앙회의 지사무소에 불과한 것으로 독립하여 당사자능력이 인정되지 않는다 할 것이다.
521) 법 제25조에 규정된 외국은 우리나라에 의하여 외교상 승인된 국가만을 지칭하는 것으로 해석하는 것은 상당하지 아니하다. 그 나라가 국가로서의 실질적 요건을 구비하고 우리 국민에 대하여도 특허권 및 특허에 관한 권리의 향유를 보장하는데 족한 법질서가 형성되어 있는 경우에는 설사 미승인국이라 하더라도 상호주의가 적용되는 것이라고 하여야 할 것이다(심판편람, 22.01.5).

3. 당사자 적격

당사자 적격이라 함은 청구로서 주장된 특정 권리관계에 대하여 당사자로서 절차를 밟고, 심결을 받는 데 필요한 자격을 말하며, '법률상 이해관계를 가진 자'가 정당한 당사자이다.

당사자 적격은 누가 정당한 당사자로서 본안심결을 받기에 적합한 자격이 있는가의 문제로서, 현재 계속되어 있는 심판에서 누가 당사자인가를 가리는 당사자의 확정[522]문제와는 다르다.

(1) 결정계 심판에서 당사자 적격

결정계 심판은 두 종류가 있으며 ① 거절결정불복심판(法 132의3)에서 당사자 적격을 가지는 자는 특허거절결정을 받은 출원인(존속기간 연장등록출원의 경우 특허권자)이며, ② 정정심판(法 136)에서의 당사자 적격을 가지는 자는 특허권자이다.

(2) 당사자계 심판의 당사자 적격

당사자계 심판은 총 5종류가 있으며 무효심판과 관련되는 것이 3종류(특허무효심판, 존속기간 연장등록무효심판, 정정무효심판)이고 이외에 권리범위확인심판과 통상실시권 허락심판이 있다.

① 무효심판

㉠ 청구인

ⓐ 무효심판(法 133, 134, 137)의 청구인은 이해관계인[523] 또는 심사관이다. 무효심판에서 이해관계인 외에 '심사관'에게 청구인 적격을 인정하는 이유는 무효사유가 있는 특허권이 존재함으로 인하여 공공의 이익을 해할 염려가 있는 경우에 공익의 대표자로서 심사관으로 하여금 무효심판을 청구할 수 있도록 한 것이다. 심사관이 무효심판을 청구하는 경우 우선심판의 대상이 되며, 심판청구료는 면제이다.

ⓑ 또한 특허이의신청제도가 없어지고 그 기능을 특허무효심판제도가 수행하고 있는바, 이러한 특허무효심판(法 133)의 경우에는 특허권의 설정등록이 있는 날로부터 등록공고일 후 심사관 또는 이해관계인이 그 심판을 청구할 수 있다.

㉡ 무효심판의 피청구인은 특허권자이다. 특허권자는 현재 특허등록원부에 특허권자로 등록되어 있는 자이어야 한다.

---

522) 현실적으로 계속되어 있는 심판사건에서 청구인이 누구이고 피청구인이 누구인가를 명확히 하는 것을 당사자의 확정이라고 한다. 이는 심결을 누구에 대하여 할 것인가를 식별하는 것뿐만 아니라, 심판관의 제척(法 148), 기피(法 150), 회피(法 153의2), 심판절차의 중단 또는 중지(法 20부터 24), 송달 등의 기준이 되며 당사자의 능력이나 당사자적격의 유무 판정에 앞서 선행되어야 한다. 당사자의 확정은 심판청구서의 당사자 표시(法 140①, 140의2①)를 기준으로 하나, 거기에 기재된 당사자 표시만이 유일한 자료는 아니고, 심판청구서의 전 취지를 보아 판단하여야 한다[심판편람(2004), 22.01].

523) 「이해관계인」이라 함은 당해 특허발명과 동종의 물품을 제조·판매하거나 제조·판매할 업자로서 당해 특허발명의 권리존속으로 인하여 그 권리자로부터 권리의 대항을 받거나 받을 염려가 있어 그 피해를 받는 직접적이고도 현실적인 이해관계가 있는 사람을 말하나, 이에는 장차 제조 판매할 것을 현실로 희망하는 자도 포함된다고 할 것이다.

② **권리범위확인심판**

권리범위확인심판이라 함은 특허권자, 전용실시권자 또는 이해관계인이 특정의 기술이 특허발명의 보호범위에 속하는지의 여부를 확인하기 위하여 청구하는 심판을 말한다(法 135). 이에는 특허권자가 타인의 실시기술 또는 실시하려는 기술이 자신의 특허발명의 보호범위에 속한다는 것을 확인하기 위하여 청구하는 '적극적 권리범위확인심판'과 이해관계인이 자신의 실시기술 또는 실시하려는 기술이 대상이 되는 특허권의 보호범위에 속하지 아니하는 것을 확인하기 위하여 청구하는 '소극적 권리범위확인심판'이 있다.

㉠ 적극적 권리범위확인심판

적극적 권리범위확인심판(法 135)은 특허권자, 전용실시권자[524]가 청구인이며, 해당 특허발명을 실시하고 있는 이해관계인이 피청구인이다. 피청구인이 실시하지 않고 있는 물품을 대상으로 한 적극적 권리범위확인심판청구는 확인의 이익이 없어 부적법하다.[525]

㉡ 소극적 권리범위확인심판

소극적 권리범위확인심판에서는 현실적으로 확인대상발명을 실시하고 있거나 실시하고 있지 않다고 하더라도 실시할 예정이 있는 이해관계인이 청구인이 되고 특허권자가 피청구인이 된다.

③ **통상실시권 허락심판**

㉠ 일반적인 통상실시권 허락심판(法 138①②)은 이용·저촉관계에 있는 후출원 특허권자, 전용실시권자 또는 통상실시권자가 청구인이며, 선출원 특허권자, 전용실시권자, 실용신안권자 또는 디자인권자가 피청구인이다.

㉡ 크로스라이선스(法 138③)는 통상실시권을 허락한 선출원 권리자가 청구인이며, 통상실시권을 허락받은 후출원 권리자가 피청구인이다.

---

[524] 구법에서는 권리범위확인심판의 청구인으로서 특허권자 또는 이해관계인만을 규정하였기 때문에 전용실시권자는 청구인 적격이 있는지가 논란이 되어 왔다. 2006년 개정법에서는 법리상 청구인 적격이 있음이 분명한 전용실시권자를 법률로 명시함으로써 이러한 논란이 종식되게 되었다.

[525] 실용신안권자가 어떤 물품이 자신의 등록실용신안권의 권리범위에 속한다는 내용의 적극적 권리범위확인심판을 청구한 경우, 그 심판청구인이 특정한 물품과 피심판청구인이 실시하고 있는 물품 사이에 동일성이 인정되지 아니하면, 피심판청구인이 실시하지도 않는 물품이 등록고안의 권리범위에 속한다는 심결이 확정된다고 하더라도 그 심결은 심판청구인이 특정한 물품에 대하여만 효력을 미칠 뿐 실제 피심판청구인이 실시하고 있는 물품에 대하여는 아무런 효력이 없으므로, 피심판청구인이 실시하지 않고 있는 물품을 대상으로 한 적극적 권리범위확인심판청구는 확인의 이익이 없어 부적법하다고 할 것이어서 각하되어야 한다(대판 200후81 ; 2002후2419).

▌심판의 당사자

구 분		청구인	피청구인
거절결정불복심판 (法 132의3)		출원인	—
정정심판(法 136)		특허권자	—
무효심판 (法 133, 134, 137)		이해관계인 또는 심사관	특허권자
권리범위 확인심판 (法 135)	적극적	특허권자, 전용실시권자	확인대상발명을 실시하고 있는 이해관계인
	소극적	확인대상을 실시하고 있거나 실시할 예정이 있는 이해관계인	특허권자
통상실시권 허락심판 (法 138)	일반적	후출원 특허권자(전용실시권자 또는 통상실시권자 포함)	선출원 특허권자(전용실시권자 포함), 실용신안권자 또는 디자인권자, 통상실시권자 ×
	Cross- License	선출원 특허권자(전용실시권자 포함), 실용신안권자 또는 디자인권자	후출원 특허권자(전용실시권자 포함), 통상실시권자 ×

4. 이해관계인

(1) 의 의

「이해관계인」이라 함은 법률상 이해관계가 있는 자를 의미하며, 권리의 존부로 말미암아 이득을 보거나 손해를 면할 위치에 있는 자를 말한다.

(2) 취 지

특허법은 심판청구는 난립 방지, 심판사건의 적체 해소, 산업질서의 안정화를 도모하기 위해 이해관계인만이 심판청구할 수 있도록 하고 있으며, 이는 민사소송법의 「이익없으면 소권 없다」라는 원칙과 연결된다.

(3) 이해관계인의 범위

① 이해관계가 인정되는 경우

㉠ 원래 무효이어야 할 발명이 특허등록되어 보호를 받음으로써 불이익을 받을 염려가 있는 자, ㉡ 침해와 관련하여 소송관계에 들어갈 우려가 있는 자, ㉢ 동종업자, ㉣ 특허권자로부터 침해의 경고를 받은 자, ㉤ 당해 특허발명을 실시하고 있거나 실시할 예정이 있는 자, ㉥ 당해 특허발명을 이용하는 특허발명의 특허권자 또는 특허권의 전용실시권자, 통상실시권자 또는 당해 특허권과 저촉되는 디자인권 또는 상표권을 가진 자 또는 그 디자인권 또는 상표권의 전용실시권자, 통상실시권자 등은 이해관계가 인정된다.

② **이해관계가 인정되지 않는 경우**

㉠ 권리가 혼동된 경우, ㉡ 법인과 법인대표자 등 관계526), ㉢ 심사관, ㉣ 재판상 화해된 경우 등은 이해관계가 인정되지 않는다.

이렇게 이해관계가 인정되지 않을 때에는 설령 심판청구의 당부가 명백하다 할지라도 본안의 심결을 하지 아니하고, 그 심판청구는 부적법한 것으로 심결로서 각하한다(法 142).

③ **「무효심판청구」에서 「실시권자」가 「이해관계인」에 포함되는지 여부**

「특허무효심판청구」에서 청구인은 「이해관계인」과 심사관이다. 이때 이해관계인에 특허권의 실시권자(전용실시권, 통상실시권)가 포함되느냐 여부이다.527) 대법원 판례에 의하면 특별한 사정이 없는 한 실시권자는 특허를 무효로 할 구체적 이익이 없다거나 실시권자는 그 허락기간 내에는 그 권리의 대항을 받을 염려가 없으므로 업무상 손해를 받거나 받을 염려가 없어 이해관계인이 아니라고 하고528) 있지만, 실시계약 후 무효사유를 발견한 경우에 통상실시권에 대가의 지급조건이 붙어 있어 그 의무의 이행을 해야 한다면 특허를 무효로 함으로써 실시료의 지급의무가 면제되는 이익을 가지므로 이해관계가 소멸되지 아니한 것이라고 판시한 것도 있다.529)

(4) **이해관계인의 판단시점**

심결시를 기준으로 이해관계의 존부를 판단한다. 따라서 심판청구 당시에는 이해관계가 없는 경우라도 「심결시」에 이해관계가 있으면 적법한 심판청구로 인정되며, 심판청구시에는 이해관계가 성립되었던 심판청구도 그 심결시 이해관계가 소멸된 경우에는 부적법한 심판청구로서 심결각하된다. 예를 들어, 심판계속 중에 당사자의 합의가 있거나 화해를 한 경우 또는 청구인이 심판의 대상인 권리를 양도받음으로써 혼동이 있는 경우에는 이해관계가 소멸된 것으로 본다.

그런데 당사자 사이에 합의가 있다고 하더라도 그 합의의 내용이 무엇인지 정확히 파악할 필요가 있다. 이와 관련하여 권리자(甲)로부터 침해 주장을 받은 자(乙)가 "그 권리를 인정하고 그 권리에 위반되는 행위를 하지 않는다는 약정"을 한 경우에 문언상으로는 그 합의의 취지를 乙이 甲의 정당한 권리를 인정하고 그 권리에 위반되는 행위를 하지 아니한 것으로 볼 수 있을 뿐이어서, 그 합의로서 乙이 자신의 실시 발명이 甲의 권리범위에 속하는 것을 인정하거나 권리범위확인심판의 청구권까지 포기한 것으로 볼 수는 없다는 판례530)가 있다.

---

526) 법인의 대표자 개인이 개인명의로 심판을 청구하고 그 법인이 특허권과 동종의 물품을 생산·판매하는 등의 이유로 이해관계를 주장할 경우 법인으로서는 그 영업내용상 이해관계가 있다고 하더라도 그 법인의 대표자는 대표자로서 그 법인의 영업에 관여하고 있는 것이지 개인으로서 관여하는 것이 아니므로 그 대표자 개인은 이해관계가 없다. 그 법인의 종업원의 경우도 동일하다[심판편람(2004), 31.04].

527) 특허법은 특허무효심판(法 133), 특허권 존속기간 연장등록무효심판(法 134), 정정무효심판(法 137), 권리범위확인심판(法 135)의 당사자 적격으로서 이해관계인일 것을 요구하고 있다.

528) 대판 80후77

529) 대판 79후74 ; 82후30

530) 대판 1996.12.6. 선고 95후1050 판결 참조

(5) 이해관계인 제도폐지 논의

특허심판청구에서 「이해관계인제도」를 폐지하여야 한다는 견해가 다수 있다.[531] 심판청구인의 적격을 이해관계인으로 제한함으로써 이해관계 존부의 증명과 판단을 위한 시간과 노력이 낭비되고 심판절차가 지연된다는 문제점이 제기되고 있을 뿐만 아니라, 특허제도를 채택하고 있는 대부분의 선진국에서는 심판청구에 있어서 이해관계인만이 청구할 수 있도록 명시하고 있지도 아니하며, 또한 현실적으로 이해관계가 없는 자가 심판을 청구하는 사례가 드물다는 것이다.

이러한 가운데 우선 무효심판만이라도 이해관계인만이 청구할 수 있도록 한 현행법은 개정해야 한다는 의견[532]에 전적으로 동의한다(우리나라와 특허법 체계가 유사한 일본의 경우도 무효심판의 청구인은 이해관계인이어야 한다는 규정을 1964년도에 삭제하였다).

5. 공동심판에서 당사자 적격

(1) 의 의

「공동심판」이란 하나의 심판사건에 대하여 심판청구인 또는 심판피청구인이 2인 이상이거나 쌍방이 다같이 2인 이상인 심판을 말한다.

(2) 유 형

① 동일한 특허권에 관하여 심판을 청구할 자가 2인 이상[533] 있을 때에는(유사필요적 공동소송) 전원이 공동으로 심판을 청구할 수도 있고 각자가 개별적으로 심판을 청구할 수 있다(法 139①). 다만, 공동으로 심판을 청구하는 경우에는 청구 취지가 동일해야 한다. 예를 들어, 특허의 무효심판은 청구항별로 무효심판을 청구할 수 있으므로 동일한 특허권에 관하여 甲이라는 자가 청구범위 제1항이 무효임을 주장하고, 乙이라는 자는 청구범위 제2항이 무효임을 주장하는 경우에는 소송물을 합일적으로 확정할 수 없는 경우이므로 공동심판청구는 불가능하다.[534]

② 공유인 특허권에 대하여 심판을 청구하는 때(고유필요적 공동소송)에는 공유특허권자 모두를 피청구인으로 하여야 한다(法 139②).

③ 특허권 또는 특허를 받을 권리를 공유하는 자가 심판을 청구하는 경우에는 공유자 모두가 공동으로 심판청구를 하여야 하며, 공유인 특허권의 특허권자에 대하여 심판을 청구하는 경우에는 공유자 모두를 피청구인으로 하여야 한다(法 139②). 따라서 공유자 1인만이 심판청구를 하는 경우에는 특허법 제142조에 의하여 부적법한 심판청구로 인정되어 그 흠을 보정할 수가 없어서 각하된다.

④ 위의 공동심판청구인이나 공동심판피청구인 중 1인에 관하여 심판절차의 중단 또는 중지의 원인이 있는 때에는 모두에 관하여 그 효력이 발생한다(法 139④).

---

531) 박희섭·김원오, 전게서, p.571 / 황종환·김현호, 전게서, p.707 / 임병웅, 전게서, p.842
532) 박희섭·김원오, 전게서, p.571
533) 여기서 2인 이상의 청구자라 함은 공유특허권자의 개념이 아니다. 즉, 동일한 A라는 특허권에 대하여 '갑'도 특허무효심판청구, '을'도 특허무효심판청구를 하는 경우이다.
534) 심판편람(2006), p.125

6. 흠의 효과

심판청구요건에 흠이 있고, 그 흠을 보정할 수 없는 경우 심판관합의체는 심판청구를 심결각하하여야 한다(法 142).

III 심판관의 제척·기피·회피[535]

심판의 공정성을 유지하기 위하여 담당하는 구체적 사건과 인적·물적으로 특수한 관계에 있는 경우에 그 사건의 직무집행에서 배제되는 제도로서, 특허법에는 민사소송법의 규정과 같은 심판관의 제척·기피·회피에 관한 규정을 두고 있다. 이는 심판의 독립성과 중립성을 그 기조로 하여 직무의 공정성을 보장하기 위한 제도이다.

1. 제 척

(1) 의 의

심판관의 제척이란 심판관이 구체적인 사건에 대하여 법률에서 정한 특수한 관계에 있을 때에 사건의 공정한 처리를 위하여 법률에 의하여 당연히 그 사건에 관한 직무집행을 못하게 되는 경우를 말한다.

심판관의 제척사유로 7가지를 규정하고 있는데, 제1호·제2호·제3호·제5호의 사유는 사건의 당사자와 관계되는 경우이고, 제4호·제6호의 사유는 사건의 심리에 깊이 관여된 경우이며, 제7호의 사유는 사건에 관하여 직접 이해관계를 가진 경우이다.

심판관에게 제척사유가 있는 경우에 당사자 또는 참가인은 제척신청을 할 수 있으나, 그 제척신청의 유·무와 관계없이 심판관은 법률상 당연히 직무에서 제척되어야 하며, 제척사유가 있는 심판관의 직무집행은 위법이다. 당사자 또는 참가인의 제척신청이 있을 때에는 심판에 의하여 결정되나, 그것은 단지 확인적인(선언적 의미) 것에 불과하다.

(2) 제척사유(法 148)

① 심판관 또는 그 배우자나 배우자였던 자가 사건의 당사자, 참가인 또는 특허취소신청인인 경우
여기에서 배우자라 함은 현재와 과거를 포함한 법률상의 배우자를 가리키며 사실혼이나 약혼관계는 포함하지 아니한다. 사실혼이나 약혼관계는 기피 사유에 포함된다.

② 심판관이 사건의 당사자 또는 참가인 또는 특허취소신청인의 친족의 관계가 있거나 이러한 관계가 있었던 경우

---

[535] 심판의 공정성을 기하기 위하여 「제척」은 법률에 의하여 당연히 제외되는 것이고, 「기피」는 결정에 의하여 직무에서 배제시키는 것이며, 「회피」는 심판관 스스로가 직무에서 회피할 수 있는 규정이다.

③ 심판관이 사건의 당사자 또는 참가인 또는 특허취소신청인의 법정대리인 또는 이러한 관계가 있었던 경우
④ 심판관이 사건에 대한 증인·감정인으로 된 경우 또는 감정인이었던 경우
⑤ 심판관이 사건의 당사자 또는 참가인 또는 특허취소신청인의 대리인인 경우 또는 이러한 관계가 있었던 경우
⑥ 심판관이 사건에 대하여 심사관 또는 심판관으로서 특허락부결정 또는 심결에 관여한 경우
이러한 경우를 전심관여(前審關與)라고 하며 예단(豫斷)을 배제하여 심판의 공정성을 유지하고 원래 심급제도의 실효성을 확보하기 위한 것이다. 여기서 「사건」이라 함은 동일사건을 의미한다 할 것이다. 예를 들어, 거절결정불복심판사건에 관여한 심판관은 그 후의 특허무효심판사건에 제척되어야 한다.[536] 그러나 특허에 대한 무효심판과 특허에 대한 정정심판은 서로 동일사건이라 할 수 없으므로 정정심판에 관여한 심판관이 같은 특허에 대한 무효심판에 관여하였다 하더라도 제척원인에 해당한다고 할 수 없다.[537]
또한, 특허락부결정 또는 심결에 「관여」한 경우란 최종처분인 특허락부결정, 심결의 합의, 심결의 작성 등 깊이 있게 관여한 경우를 말한다.[538]
⑦ 심판관이 사건에 관하여 직접 이해관계를 가진 경우
직접적인 이해관계란 법률상의 이해관계를 가리키는 것으로서, 심판관이 특허권자, 전용실시권자, 통상실시권자 또는 질권자 등인 경우를 말한다.

(3) 제척의 효과

제척원인이 있는 심판관(이 경우에는 제척결정을 기다릴 필요 없이 당연히 제척된다)은 법률상 당연히 그 사건에 대해 직무를 집행할 수 없다. 제척원인이 있는 심판관이 관여한 심리는 절차상 무효가 되어야 하는 것이므로 심결 전이라면 다시 심리하여야 한다. 심결 후라면 상급심에서의 취소이유가 되고 심결확정 후에는 재심사유[539]가 된다(法 178).
다만, 제척신청이 있고 이에 대한 결정이 있는 때에는 이를 이유로 하여 불복신청을 할 수 없으며, 재심의 사유도 되지 아니한다.

---

[536] 특허법원 2000허3463 : 거절불복심판에 관여한 심판관이 무효심판에 관여한 것은 위법이다.
[537] 특허법원 98허1822 : 정정심판과 무효심판은 동일사건이 아니므로 심판관 제척사유에 해당되지 아니한다.
[538] 최종처분이 되기 전 단계의 심사, 증거조사 또는 심판절차의 일부에만 관여한 경우 등은 최종결정에 관여한 것이 아니므로 제척원인이 되지 않는다(대판 96다56115). 이와 관련된 대법원 판례(대판 79후3)는 "심판관이 심판관여로부터 제척되는 결정에 관여한 때라고 함은 심사관으로서 직접 결정을 담당하는 경우를 말하는 것이므로 거절의 예고통지를 하는 데 관여하였을 뿐이라면 전심의 거절결정에 관여하였다고 할 수 없다"라고 판시한 바 있다.
[539] 재심청구기간 : 심결확정 후 재심사유를 안 날로부터 30일 이내. 단, 심결확정 후 3년을 초과한 때는 재심을 신청할 수 없다.

2. 기 피

(1) 의 의

기피란 법률상 정하여진 제척원인 이외에 심판의 공정을 기대하기 어려운 사정이 있는 경우에 당사자 또는 참가인의 신청에 의하여 심판의 결정에 의하여 심판관이 해당 사건에서 배제되는 것을 말한다. 심판에 의한 기피결정은 제척과는 달리 형성적이며, 이는 제척제도를 보충하여 심판의 공정을 보다 철저히 보장하기 위함이다.

(2) 기피사유

당사자 또는 참가인은 「심판관에게 심판의 공정을 기대하기 어려운 사정이 있을 때」 이를 기피할 수 있다(法 150①). 따라서 기피사유는 제척사유에 해당하는 법률에 정한 특수한 관계 이외에, 통상인의 판단에 의하여 심판관이 그 사건과 관계가 있어 심판의 공정성을 해할 객관적 우려가 있는 경우를 말한다.

따라서 당사자 측에서 품는 불공정한 심판을 받을지도 모른다는 주관적인 의혹만으로는 기피원인에 해당되지 않는다. 기피의 원인이 될 수 있는 구체적인 예를 들면, 당사자와 심판관이 약혼관계, 내연관계, 사실혼관계, 친밀한 우정관계, 원한관계, 그리고 심판관이 당해 사건에 대하여 경제적으로 특별한 이해관계를 가지고 있을 때 등이다.

(3) 기피의 효과

기피원인이 있는 심판관은 제척원인이 있는 심판관과는 달리 기피결정에 의하여 비로소 직무집행에서 배제된다.

3. 제척·기피 절차

(1) 신 청

제척 및 기피신청을 하고자 하는 자는 그 원인을 기재한 서면을 특허심판원장에게 제출하여야 한다. 다만, 구술심리에 있어서는 구술로 할 수 있다(法 151①). 또한 제척 또는 기피의 원인은 신청한 날로부터 3일 이내에 소명[540]하여야 한다.

기피의 경우에, 기피원인이 있음을 알고서도 당사자 또는 참가인이 사건에 대하여 심판관에게 서면 또는 구두로 진술을 한 후에는 심판관을 기피할 수 없다. 다만, 진술한 자가 진술 당시에 기피의 원인이 있는 것을 알지 못한 때 또는 기피의 원인이 그 후에 발생한 때에는 그러하지 아니하다 (法 150②).

---

[540] 「소명」이란 심판관의 확신을 요하는 증명과는 달리 증명보다 낮은 정도의 개연성, 즉 심판관이 일응 확실할 것이라는 추측을 얻은 상태 또는 그와 같은 상태에 이르도록 증거를 제출하는 당사자의 노력을 말한다.

(2) 결 정

제척 또는 기피신청이 있는 때에는 심판에 의하여 이를 서면으로 결정하여야 하며, 그 결정에 대하여 불복할 수 없다. 제척 또는 기피의 신청을 당한 심판관은 그 제척 또는 기피에 대한 심판에 관여할 수 없다. 다만, 의견은 진술할 수 있다. 한편, 제척·기피의 결정은 서면으로 하되 이유를 붙여야 하며, 이 결정에 대하여 신청인은 불복할 수 없다(法 152).541)

(3) 심판절차의 중지

제척·기피의 신청이 있는 때에는 그 신청에 대한 결정이 있을 때까지 심판절차를 중지하여야 한다. 다만, 긴급을 요하는 때에는 그러하지 아니하다(法 153). 예를 들어, ① 증인을 긴급히 신문하지 않는다면 외국으로 출발한다든가 사망할 우려가 있을 때, ② 긴급히 검증을 하지 아니하면 목적물이 변화, 소멸하는 때에는 예외적으로 절차의 진행을 중지하지 않을 수 있다.

4. 회 피

심판관은 제척·기피원인에 해당하는 경우에는 특허심판원장의 허가를 얻어 당해 사건에 대한 심판을 회피할 수 있다(法 153의2). 즉, 민사소송법상의 법관의 회피, 특허소송에 있어서의 기술심리관의 회피제도와 같이, 회피란 심판관이 스스로 제척 또는 기피의 사유가 있다고 인정하여 자발적으로 직무집행을 피하는 것을 말한다. 이 경우에 특허심판원장의 허가를 받아 스스로 당해 사건에 대한 심판을 회피하고, 심판관의 지정변경을 한다. 제척이나 기피의 신청이 있는 경우에 그 결정에 앞서 심판관이 회피542)를 하면 그 신청은 목적을 상실하였으므로 그에 대한 결정(심판에 의한 결정)을 필요로 하지 않는다.

Ⅳ 심 리

1. 의 의

「심리」라 함은 심판청구에 대하여 심결을 하기 위해 그 기초가 될 심판자료, 즉 사실과 증거를 수집하는 것을 말한다. 심리방식으로는 구술심리와 서면심리가 있는데, 구술심리는 당사자 및 심판관의 특허심판사건에 대한 심판행위, 즉 변론 및 증거조사가 구술로써 진행되는 것을 말하고, 서면심리란 그 심판행위가 서면에 의하여 진행되는 것을 말한다.

---

541) 그 결정은 「부수적 심판」이기 때문에 불복할 수 없다.
542) '회피'에 관하여 그동안 특허법상의 명문규정은 없었으나 심판실무상 이를 인정하여 오다가 2001년 개정법에서 이를 명문화하였다.

특허심판은 당사자만을 구속하는 민사소송과는 달리 심결의 효력이 당사자뿐만 아니라 제3자에게도 효력이 미치는 대세효가 있으므로, 심리과정에서 민사소송과는 달리 당사자주의적 요소 이외에 심판관은 심판의 주도권을 갖는 직권주의적 요소를 가미하고 있다.

2. 방식심리와 적법성심리

(1) 방식심리

① 의 의

「방식심리」란 심판장의 심판청구서에 대한 적식심리, 즉 심판청구서가 법령에 정한 방식에 적합한지 여부를 심리하는 것을 말한다. 심판청구서는 특허심판원장에게 제출하여야 하고, 그 심판청구서가 방식에 위반된 경우에는 특허심판원장이 보정(法 46)을 명할 수 있다. 그러나 특허심판원장이 그 심판사건을 심리할 합의체로서 심판관 및 심판장을 지정하게 되면, 그 사건은 특허심판원장으로부터 심판장에게 이관되고 심판장에 의해 방식심리가 이루어진다.

② 방식심리의 대상

심판장은 다음의 사항에 위반된 경우에는 기간을 정하여 그 흠의 보정을 명하여야 한다(法 141①).
㉠ 심판청구서가 기재방식에 위반된 경우(法 140①③④⑤, 140의2①).
㉡ 행위능력 없는 자가 절차를 밟거나(法 3①) 특별히 권한을 위임 받을 사항이 없는 임의대리인이 절차를 밟는 경우(法 6)
㉢ 납부하여야 할 수수료를 내지 아니한 경우(法 82)
㉣ 이 법 또는 이 법에 의한 명령이 정하는 방식에 위반된 경우

③ 심판장의 결정 각하

심판장은 보정명령을 받은 자가 지정된 기간 내에 보정을 하지 아니한 경우나 보정한 사항이 요지변경인 경우에는 결정으로 심판청구서를 각하하여야 한다. 이 결정은 서면으로 하여야 하며 그 이유를 붙여야 한다(法 141②③). 심판청구의 심결각하와는 달리 심판청구서의 결정각하는 방식요건의 위반사항 등과 같은 비교적 경미한 것이어서 심판장의 독자적인 판단에 맡기더라도 무리가 아닐 것이므로 심판장의 단독결정으로 처리하게 한다.[543]

④ 불복방법

특허취소신청서, 심판장의 심판청구서에 대한 결정각하에 대하여 불복하고자 하는 자는 결정등본을 송달받은 날로부터 30일 이내에 특허법원에 소를 제기할 수 있다(法 186). 이 경우 특허청장을 피고로 하여야 한다.

---

543) 천효남, 전게서, p.752

(2) 적법성심리
① 의 의
「적법성심리」란 심판관합의체가 심판청구 자체의 적법성 여부를 심리하는 것을 말한다. 즉 심판청구가 적법해지기 위해 갖추어야 할 요건인 심판청구요건 내지 적법요건에 대한 심리를 말한다. 이러한 심판청구요건의 흠이 있으면 심판관합의체는 본안심리를 하여서는 안 된다. 즉, '심판청구서'의 방식이 법령이 정한 바에 위반되지 아니한 경우라도, 그 '심판청구'가 부적법한 심판청구로서 그 흠을 보정할 수 없는 때에는 피청구인에게 답변서 제출의 기회를 주지 아니하고 심결로써 이를 각하할 수 있다(法 142). 그러나 부적법한 청구라 하더라도 그것이 보정가능한 것이라면 심판청구인에게 보정을 명한 후가 아니면 각하할 수 없다.

② 적법성심리의 대상
심판청구요건 내지 적법요건의 흠으로 인한 심판청구가 부적법해지는 경우로서, 다음과 같은 사항 등은 심결각하[544]의 대상이 되는 예시이다.
㉠ 특허심판사항이 아닌 심판청구
㉡ 실존하지 않는 자를 당사자로 하는 심판청구
㉢ 당사자 능력이 없는 자의 심판청구
㉣ 당사자 적격이 없는 자의 심판청구, 즉 공유자 등의 일부만을 심판의 당사자로 하거나 이해관계 없는 자가 한 심판청구
㉤ 일사부재리의 원칙에 위반된 심판청구
㉥ 심판청구시에는 적법한 심판청구였으나 심판청구 후 대상출원이 취하·포기된 경우
㉦ 심판청구기간 경과 후의 심판청구
㉧ 심결확정 전에 재심이 청구되었거나 재심사유가 아닌 것을 이유로 하여 재심이 청구된 경우
㉨ 동일한 심판이 중복하여 청구된 경우

③ 심판관 합의체의 심결 각하
적법성심리의 결과 그 심판청구가 부적법하고 그 부적법한 흠이 보정할 수 없는 것일 때에는 피청구인에게 그 심판청구에 대하여 답변서 제출의 기회를 주지 아니하고 심판관은 심결(합의체의 심리)로써 이를 각하할 수 있다(法 142).
예를 들면, 실존하지 않는 자를 심판의 당사자로 하고 있는 경우, 공유자 중의 일부만을 심판의 당사자로 정한 경우, 일사부재리의 원칙에 위반된 심판청구인 경우, 이해관계 없는 자가 한 심판청구 등이 심결각하의 대상이 된다.
한편, 부적법한 심판청구이더라도 그것이 보정가능한 것이라면 심판청구인에게 보정을 명한 후가 아니면 각하할 수 없다.

---

[544] 이러한 '심결각하'는 심결(심판관 합의체 심리)에 의한다는 점에서 심판장 단독 판단에 의한 '결정각하'와는 차이가 있다.

④ **불복방법**

심판관합의체의 심결각하에 대하여는 심결등본을 송달받은 날로부터 30일 이내에 특허법원에 소를 제기할 수 있다(法 186). 이 경우 결정계 심판은 특허청장, 당사자계 심판은 원심판의 피청구인을 피고로 하여야 한다.

■ 방식심리와 적법성심리의 비교

구 분		방식심리(法 141)	적법성심리(法 142)
의 의		심판장의 심판청구서에 대한 적식심리, 즉 심판청구서가 법령에 정한 방식에 적합한지 여부를 심리하는 것을 말한다.	심판관합의체가 심판청구 자체의 적법성 여부를 심리하는 것을 말한다.
요 건	주 체	심판장	심판관합의체

	대 상	1. 심판청구서 기재방식 위반
		  ① 法 140①③④⑤
		  ② 法 140의2①
		2. 심판에 관한 절차가 다음에 해당하는 경우
		  ① 행위능력(法 3) 위반
		  ② 대리권범위(法 6) 위반
		  ③ 수수료 불납
		  ④ 이 법에서 정한 방식 위반
			부적법한 심판청구로서 흠을 보정할 수 없는 경우. 구체적인 예를 들면 다음과 같다.
			1. 실존하지 않는 자를 당사자로 하는 심판청구
			2. 심판청구기간 경과 후의 심판청구
			3. 이해관계 없는 자의 무효심판청구
			4. 일사부재리에 위반된 경우
			5. 기타 부적법한 심판청구로서 그 흠을 보정할 수 없는 경우

절 차		보정기회 부여	피청구인에게 답변서 제출기회(재량)
효 과		심판청구서 결정각하	심판청구 심결각하
불 복		각하결정등본을 송달받은 날로부터 30일 이내에 특허법원에 소 제기	심결등본을 송달받은 날로부터 30일 이내에 특허법원에 소 제기

■ 결정각하 사례 - 「수수료 불납의 경우의 청구서 각하 결정문」 기재 예

주 문　이건 심판청구서를 각하한다.
　　　　심판비용은 청구인의 부담으로 한다.
이 유　청구인은 이건 심판청구를 함에 있어 소정의 수수료를 납부하지 아니하여 심판장은 기간을 정하여 그 부족수수료의 납부를 명하였음에도 불구하고 지정된 기간 내에 이를 납부하지 아니하였음이 명백하다.

　　　　그러므로 특허법 제141조 제2항의 규정에 의하여 이건 심판청구를 각하하기로 하여 주문과 같이 결정한다.

　　　　　　　　　　　　심판장　　　　　㊞

■ 심결각하 사례 − 「이해관계가 소멸된 경우의 각하 심결문」 기재 예

> 주 문 이건 심판청구를 각하한다.
>   심판비용은 청구인의 부담으로 한다.
> 이 유 [(직권으로) 이건 심판청구의 적법 여부를 살핀다]
>   청구인은 이건 심판청구 당시에는 이해관계인이었음을 갑제○○호증(경고장 사본)의 기재에 의하여 인정할 수 있으나, 그 후 심판계속 중 청구인이 이건 특허의 실시권자로 등록된 사실을 그 등록원부의 기재에 의하여 인정할 수 있다.
>   그렇다면 이건 심판청구는 이해관계의 소멸로 인하여 부적법한 청구로 귀결되고 그 흠을 보정할 수 없는 것이다.
>   그러므로 특허법 제142조 규정에 의하여 이건 심판청구를 각하하고, 심판비용은 청구인의 부담으로 하여 주문과 같이 심결한다.
>
>   심판장 심판관   ㊞
>   주 심 심판관   ㊞
>   심판관   ㊞

3. 심리방식

(1) 의 의

특허심판에 있어서의 심리는 '구술심리 또는 서면심리'에 의한다. 다만, 당사자가 구술심리를 신청한 때에는 서면심리만으로 결정을 할 수 있는 경우를 제외하고는 구술심리를 하여야 하며(法 154①), 이 경우 구술심리는 국어를 사용하여야 한다(施規 65).

심판의 심리절차는 민사소송의 심리절차를 대부분 준용하나(法 154⑧), 재판의 결과가 당사자 간에만 미치는 민사소송사건과 달리 특허심판의 결과는 당사자뿐만 아니라 널리 제3자의 이해에도 영향을 미치기 때문에 대세적 효력을 꾀할 필요가 있어 직권주의적 요소가 강화되어 있다.

(2) 심리방식의 선택

① 서면심리

「서면심리」라 함은 심판을 서면에 의하여 진행시키는 방식으로 그 내용이 명확하고 이해하기 쉬우며, 일단 제출된 서류는 그대로 보존되기 때문에 언제라도 다시 확인할 수 있으며, 심판정에 나가야 하는 번거로움을 피할 수 있는 장점이 있다. 그러나 서면심리는 서류가 많아지고 서면작성 등에 많은 시간이 소요되는 등의 단점이 있다.

② 구두심리

「구두심리」라 함은 당사자가 구술로써 진술한 것만이 심판에 참작되는 방식으로 심리가 활기를 띠고 의문점을 즉시 석명하여 쟁점을 발견, 정리하기가 용이한 장점이 있다.

그러나 구술심리는 진술이 탈락되기 쉽고 심판정에 나가야 하는 번거로움이 있을 뿐 아니라 복잡한 사실관계는 구술설명만으로는 이해하기 어렵다는 단점이 있다.

③ 우리 특허법의 경우

우리 특허법(法 154①)은 "심판은 구술심리 또는 서면심리로 한다. 다만, 당사자가 구술심리를 신청한 때에는 서면심리만으로 결정할 수 있다고 인정되는 경우 외에는 구술심리를 하여야 한다"고 하여 서면 또는 구술에 의해 심리하도록 하였다. 다만, 당사자가 구술심리를 신청한 때에는 특별한 사정이 없는 한 구술심리를 열도록 하고 있다.

우리나라 특허심판의 경우는 민사소송에 비하여, 서면심리를 많이 사용하고 있으며, 이 밖에 심리진행에 필요한 사항은 민사소송법 제143조·제259조·제299조 및 동법 제367조의 규정을 준용545)하고 있다(法 154⑧). 아울러 최근 구술심리 개최 건수가 증가함에 따라 카메라 녹화 등 방청객에 의한 방해 사례가 발생함에 따라 심판정 내의 질서유지를 위한 규정을 마련하여 「심판장은 구술심리 중 심판정 내 질서를 유지한다(法 154⑨)」는 규정을 신설하였다.

(3) 구술심리의 진행

① 구술심리의 신청

구술심리를 하고자 하는 심판의 당사자는 구술심리 신청서를 특허심판원장 또는 심판장에게 제출하여야 한다. 한편, 구술심리에 있어서는 국어를 사용하여야 한다(施規 65).

② 기일의 지정 또는 변경

심판장은 구술심리에 의한 심판을 할 경우에는 그 기일 및 장소를 정하고 그 취지를 기재한 서면을 당사자 및 참가인에게 송달하여야 한다. 다만, 당해 사건에 출석한 당사자 및 참가인에게 알린 때에는 그러하지 아니하다(法 154④). 한편, 심판장은 당사자의 신청 또는 직권으로 기일을 변경할 수 있다(法 15③).

③ 구술심리의 방식

구술심리는 이를 공개하여야 한다. 다만, 공공의 질서 또는 선량한 풍속을 어긋나게 할 염려가 있을 때에는 그러하지 아니하다(法 154③).

---

545) 민사소송법 관련 조항
제143조【통역】① 변론에 참여하는 사람이 우리말을 하지 못하거나, 듣거나 말하는데 장애가 있으면 통역인에게 통역하게 하여야 한다. 다만, 위와 같은 장애가 있는 사람에게는 문자로 질문하거나 진술하게 할 수 있다.
② 통역인에게는 이 법의 감정인에 관한 규정을 준용한다.
제259조【중복된 소제기의 금지】법원에 계속되어 있는 사건에 대하여는 당사자는 다시 소를 제기하지 못한다.
제299조【소명의 방법】① 소명은 즉시 조사할 수 있는 증거에 의하여야 한다.
② 법원은 당사자 또는 법정대리인으로 하여금 보증금을 공탁하게 하거나, 그 주장이 진실하다는 것을 선서하게 하여 소명에 갈음할 수 있다.
③ 제2항의 선서에는 제320조, 제321조 제1항·제3항·제4항 및 제322조의 규정을 준용한다.
제367조【당사자 신문】법원은 직권으로 또는 당사자의 신청에 따라 당사자 본인을 신문할 수 있다. 이 경우 당사자에게 선서를 하게 하여야 한다.

④ **구술심리조서의 작성**

심판장은 구술심리에 의한 심판을 할 경우에는 특허심판원장이 지정한 직원에게 기일마다 심리의 요지 기타 필요한 사항을 적은 를 작성하게 하여야 한다(法 154⑤). 이 경우 조서에는 심판의 심판장 및 조서를 작성한 직원이 기명날인하여야 한다(法 154⑥). 또한 조서에 관하여는 민사소송법 제153조·제154조 및 동법 제156조부터 제160조의 규정이 준용546)된다(法 154⑦). 특허청 실무에서는 서면심리를 원칙으로 하고 구술심리는 보충적으로 실시하고 있다.

---

546) 민사소송법 관련 조항
제153조 【형식적 기재사항】 조서에는 법원사무관 등이 다음 각 호의 사항을 적고, 재판장과 법원사무관 등이 기명날인한다. 다만, 재판장이 기명날인할 수 없는 사유가 있는 때에는 합의부원이 그 사유를 적은 뒤에 기명날인하며, 법관 모두가 기명날인할 수 없는 사유가 있는 때에는 법원사무관 등이 그 사유를 적는다.
1. 사건의 표시
2. 법관과 법원사무원 등의 성명
3. 출석한 검사의 성명
4. 출석한 당사자·대리인·통역인과 출석하지 아니한 당사자의 성명
5. 변론의 날짜와 장소
6. 변론의 공개 여부와 공개하지 아니한 경우에는 그 이유
제154조 【실질적 기재사항】 조서에는 변론의 요지를 적되, 특히 다음 각 호의 사항을 분명히 하여야 한다.
1. 화해, 청구의 포기·인낙, 소의 취하와 자백
2. 증인·감정인의 선서와 진술
3. 검증의 결과
4. 재판장이 적도록 명한 사항과 당사자의 청구에 따라 적는 것을 허락한 사항
5. 서면으로 작성되지 아니한 재판
6. 재판의 선고
제156조 【서면 등의 인용·첨부】 조서에는 서면, 사진, 그 밖에 법원이 적당하다고 인정한 것을 인용하고 소송기록에 붙여 이를 조서의 일부로 삼을 수 있다.
제157조 【관계인의 조서낭독 등 청구권】 조서는 관계인이 신청하면 그에게 읽어 주거나 보여주어야 한다.
제158조 【조서의 증명력】 변론방식에 관한 규정이 지켜졌다는 것은 조서로만 증명할 수 있다. 다만, 조서가 없어진 때에는 그러하지 아니한다.
제159조 【변론의 속기와 녹음】 ① 법원이 필요하다고 인정하는 경우에는 변론의 전부 또는 일부를 녹음하거나, 속기자로 하여금 받아 적도록 명할 수 있으며, 당사자 녹음 또는 속기를 신청하면 특별한 사유가 없는 한 이를 명하여야 한다.
② 제1항의 녹음테이프와 속기록은 조서의 일부로 삼는다.
③ 제1항 및 제2항의 규정에 따라 녹음테이프 또는 속기록으로 조서의 기재를 대신한 경우에, 소송이 완결되기 전까지 당사자가 신청하거나 그 밖에 대법원규칙이 정하는 때에는 녹음테이프나 속기록의 요지를 정리하여 조서를 작성하여야 한다.
④ 제3항의 규정에 따라 조서가 작성된 경우에는 재판이 확정되거나, 양쪽 당사자 동의가 있으면 법원은 녹음테이프와 속기록을 폐기할 수 있다. 이 경우 당사자가 녹음테이프와 속기록을 폐기한다는 통지를 받은 날부터 2주 이내에 이의를 제기하지 아니하면 폐기에 대하여 동의한 것으로 본다.
제160조 【다른 조서에 준용하는 규정】 법원·수명법관 또는 수탁판사의 신문(訊問) 또는 심문과 증거조사에는 제152조 내지 제159조의 규정을 준용한다.

4. 직권주의에 의한 심리원칙

(1) 의 의

당사자주의에 의한 민사소송과는 달리, 특허심판은 심리진행과정에서 심판관이 적극적으로 심판에 개입하여 심판을 진행시키는 직권주의를 채택하고 있다. 이는 민사소송은 당사자 간의 분쟁해결이 목적이므로 당사자의 의사가 최대한 존중되어야 하지만, 특허심판은 공익적·국가산업정책적인 관점에서 대세적 해결을 필요로 하기 때문이다. 심판에서의 직권주의는 심판절차의 진행면에서 강조되는 직권진행주의와 실체적 심리면에서 요구되는 직권탐지주의로 구분된다.

(2) 직권진행주의

① 의 의

「직권진행주의」란 심판절차의 진행에 있어 당사자가 아닌 심판관이 직권에 의해 심판절차의 주도권을 가지는 것을 말한다.

② 내 용

㉠ 심리의 진행

심판장은 당사자 또는 참가인이 법정기간 또는 지정기간 내에 절차를 밟지 아니하거나 구두심리기일에 출석하지 아니하여도 심판을 진행할 수 있다(法 158). 민사소송에서는 당사자 중 일방이 불출석한 경우에는 당사자주의에 입각하여 다시 변론기일을 정하는 경우가 많으나, 특허심판에서는 이러한 당사자주의적 요소를 상당부분 배제하고 있다. 이는 심판의 신속·원활을 기함과 동시에, 심결이 당사자뿐만 아니라 제3자에도 영향을 미치게 됨을 고려한 것이다.

㉡ 심리·심결의 분리 또는 병합

심판관은 당사자 쌍방 또는 일방의 동일한 2 이상의 심판에 대하여 심리 또는 심결을 병합하거나 분리할 수 있다(法 160). 이는 동일한 쟁점이 있는 수 개의 심판사건을 사건마다 별도로 심판하여야 하는 번거로움을 피하고, 사건마다 별도로 심판함으로써 야기될 수 있는 심판의 모순 및 충돌을 피하기 위함이다. 다만, 현재 심판사건이 다른 심판사건과 관련성이 없다고 인정되어 동일한 절차로 심판할 필요가 없을 뿐 아니라, 심리의 복잡화 및 지연의 원인이 되고 있다고 인정되는 경우에는 심리를 분리하여 각각 별개의 절차에 의해 심리를 할 수 있고, 또한 구술심리를 할 것인지 서면심리를 할 것인지도 직권으로 결정할 수 있다(法 154①). 병합의 요건은 ⓐ 당사자의 쌍방 또는 일방이 동일할 것, ⓑ 2 이상의 심판이 동일 종류일 것, ⓒ 심리종결 전일 것을 필요로 한다.

㉢ 기일의 지정·변경 등

그 밖에 심판장은 기일을 지정한 때에는 직권 또는 청구에 의하여 그 기일을 변경할 수 있으며, 지정기간을 연장할 수도 있다(法 15②③, 154④). 또한 심판관은 심판절차의 중지 또는 중단된 절차 등의 수계를 명할 수도 있다(法 22, 23).

(3) 직권탐지주의

① 의 의

「직권탐지주의」란 심판관이 당사자의 주장에 구속되지 않고 심판에 있어서 필요한 사실을 적극적으로 탐지할 수 있는 것을 말한다.

즉, 직권탐지주의란 당사자의 주장사실에 구속되지 아니하고 심판자료의 수집과 증거조사 등을 심판기관에 일임하는 원칙을 말하며 민사소송법상의 변론주의에 대비된다. 직권탐지주의는 공익적인 성격이 강하며 객관적인 진실발견이 필요하다고 인정되는 경우와 심결의 효력이 제3자에게도 미치는 특허심판업무 등에 필요한 원칙이다.

② 내 용

직권탐지의 내용에는 「직권심리」와 「증거조사·증거보전」이 있다.

㉠ 직권심리

ⓐ 당사자 또는 참가인이 신청하지 아니한 이유 또는 취하한 이유에 대하여도 이를 심리할 수 있다. 예를 들어 특허무효심판에 있어서 심판청구인이 신규성(法 29①)에 위반됨을 이유로 심판청구를 한 경우 심리과정에서 진보성(法 29②)에 위반됨을 이유로 무효심결을 할 수 있다.[547] 다만, 이 경우 당사자 및 참가인에게 기간을 정하여 그 이유에 대하여 의견을 진술할 수 있는 기회를 주어야 한다(法 159①).

ⓑ 한편, 심판에서는 청구인이 신청하지 아니한 청구의 취지에 대하여는 심리할 수 없다. 예를 들어, 소극적 권리범위확인심판청구가 이유가 없으면 그 청구를 배척함에 그쳐야 하고 나아가 적극적으로 그것이 권리범위에 속한다는 내용의 심결을 하는 것은 위법이다. 또한, 여러 항의 청구항 중 하나의 청구항에 대해서 특허무효심판이 청구된 경우 다른 청구항에 대해서 특허무효의 이유가 발견되었다고 하더라도 심판관이 이를 심리할 수는 없다. 특허무효심판의 경우 청구항을 달리하면 청구취지를 달리 하기 때문이다. 이는 소송법이 강조하는 「소(訴) 없으면 재판(裁判) 없다」는 불고불리(不告不理)의 원칙과 일맥상통한다.[548]

㉡ 증거조사 및 증거 보전

ⓐ 의 의

「증거조사」란 심판관의 심증형성을 위하여 심판정의 절차에 따라 인적·물적 증거의 내용을 오관의 작용에 의하여 지각하는 심판원의 소송행위를 말하며, 「증거보전」이란 심판계속 전 또는 심판계속 중에 특정의 증거를 미리 조사해 두었다가 본 심판에서 사실인정에 쓰기 위한 증거조사방법으로, 본 심판에서 정상적인 증거조사를 할 때까지 기다리고 있다가는 조사가 불가능하게 되거나 곤란하게 될 염려가 있는 증거를 미리 조사하여 그 결과를 보전하여 두려는 별도의 부수절차이다.

---

[547] 물론, 이 경우도 무효심판청구된 동일한 청구항 중에서 진보성의 위반됨을 발견한 경우이다. 무효심판의 경우 청구항이 바뀌면 청구취지를 달리하기 때문이다.
[548] 천효남, 전게서, p.757 참조

특허심판의 증거조사 및 증거보전에 대해서는 민사소송법 중 증거조사 및 증거보전에 관한 규정을 준용한다. 다만, 심판관은 과태료의 결정을 하거나 구인을 명하거나 보증금을 공탁하게 하지 못한다(法 157②). 이는 법관의 전권사항이기 때문이다.

ⓑ 내 용

ⅰ) 증거조사

심판에서는 당사자·참가인 또는 이해관계인의 신청에 의하여 또는 직권으로 증거조사를 할 수 있다(法 157①). 증거조사 신청에 대해 증거조사를 하여야 한다고 판단될 때에는 증거조사를 한다는 취지의 결정을 하며, 이에 대해서는 부수적 심판이므로 불복할 수 없다. 한편, 심판장은 직권으로 증거조사를 한 때에는 그 결과를 당사자·참가인 또는 이해관계인에게 송달하고 기간을 정하여 의견서를 제출할 수 있는 기회를 주어야 한다(法 157⑤). 이는 심판의 적정을 기하여 심판제도의 신용을 유지하기 위하여 준수하여야 하는 공익상의 요구에 기대한 강행규정이다.

증거조사의 방법은 민사소송법을 준용한다(法 157②). 구체적으로는 증인신문, 감정, 서증, 검증, 당사자신문 등이 있다.

> • 증인신문
> 심판관은 증인을 신문하여 증거조사를 할 수 있으며, 이때 증인은 제3자임을 요한다.
> • 감 정
> 감정이라 함은 특별한 학식과 경험을 가진 자가 사건에 관하여 자신의 의견을 밝힌 것을 말하며, 심판관은 이를 통하여 판단능력을 보충할 수 있다. 감정절차는 증인신문의 규정이 준용된다.
> • 서 증
> 서증(書證)이라 함은 문자 또는 기타의 부호로써 사상을 표시한 문서의 기재내용을 통하여 요증사실을 증명하려는 증거방법을 말한다. 문서의 증거력이 인정되기 위해서는 문서가 작성자의 의사에 기초하여 진정하게 작성된 것으로 위조된 것이 아님과 동시에, 문서가 요증사실(要證事實)을 증명하기에 적합한 가치를 가져야 한다.
> • 검 증
> 검증이라 함은 심판관이 직접 자기의 오관의 작용에 의하여 물체의 성상, 사건의 현상을 검열하여 행하는 증거조사이다.
> • 당사자신문
> 당사자신문이라 함은 당사자 또는 그 법정대리인으로 하여금 증인과 동일한 증거방법으로 사실을 진술케 하여 증거자료를 수집하는 것을 말한다. 이 증거방법은 다른 증거조사에 의하여 심증을 얻지 못하였을 경우에 한하여 허용된다.

ⅱ) 증거보전

증거보전이란 미리 증거조사를 행하지 아니하면 증거인멸, 증인의 사망 등의 이유로 그 증거방법의 조사가 불가능하거나 또는 곤란하게 될 사정이 있는 경우에 당사자·참가인 또는 이해관계인의 신청에 의하거나 직권으로 본안의 소송절차와는 별도로 미리 증거조사를 행하여 그 결과를 확보하는 것을 말한다.

증거보전신청은 심판청구 전에도 할 수 있으며, 심판청구 전에는 특허심판원장에게, 심판계속 중에는 그 사건의 심판장에게 하여야 한다(法 157③). 직권으로 증거보전을 한 경우에는 심판장은 그 결과를 당사자·참가인 또는 이해관계인에게 송달하고 기간을 정하여 의견서를 제출할 수 있는 기회를 주어야 한다(法 157⑤).

V 심판참가

1. 의 의

심판참가라 함은 심판계속 중에 이해관계가 있는 제3자가 그 심판의 당사자 한쪽에 가담하여 그 심판절차를 수행하는 것을 말한다(法 155). 특허심판중 참가가 허용되는 심판은 당사자계 심판이며, 특허거절결정불복심판, 특허권 존속기간 연장등록거절결정 등과 같이 피청구인이 존재하지 아니하는 결정계 심판에는 허용되지 않는다(法 171②). 정정심판[549]의 경우는 결정계 심판에 속하는 것이기는 하나 참가를 인정하여야 할 것인지에 대하여 논란이 있다. 실무상 특허심판원에서는 참가를 허용하지 아니하고 있으며, 특허법원에서는 정정허가심판에 대한 심결취소소송에서 피고인 특허청장을 보조하는 참가를 허용하고 있다.[550]

2. 취 지

심판의 당사자들과 제3자가 당사자와 어떤 법률적 관계가 있을 경우 또는 심결의 효력이 그 제3자에게 미치게 될 경우에는 그 심판을 당사자에게만 맡기고 방관하게 되면 그 결과에 따라서 제3자는 법률상 불측의 손해를 입을 염려가 있다. 또한 이미 타인의 심판청구에 의하여 심판이 계속 중임을 이유로 공동으로 심판을 청구할 수 있는 자가 별도의 심판을 다시 청구하도록 하는 것은 소송경제상 반하는 일이다.

이러한 사태의 발생을 방지하기 위하여 제3자가 별도의 새로운 심판절차를 밟지 않고 자기의 법률상의 이익을 보호하기 위하여 타인 간에 계속 중인 심판에 개입하여 일방 당사자가 승소할 수 있도록 보조하거나 또는 자기 스스로 청구인으로서 일방의 당사자에 참여하여 타방의 당사자를 상대로 자기의 청구의 취지를 주장하여 심판절차를 수행할 수 있도록 한 것이다.

---

[549] 현행법 제171조에서는 "제147조 제1항·제2항 제155조 및 제156조의 규정은 특허거절결정, 특허권의 존속기간 연장등록거절결정에 대한 심판에는 이를 적용하지 아니한다"라고 규정하고 있으므로 참가의 대상이 되지 아니하는 심판에는 정정심판은 포함되어 있지 아니하다.

[550] 박희섭·김원오, 전게서, p.574 참조

3. 참가의 종류

(1) 당사자참가(공동소송적 당사자참가)

당사자참가란 동일한 특허권에 대하여 특허무효심판, 존속기간 연장등록의 무효심판, 정정무효심판 또는 권리범위확인심판을 당사자로서 독자적으로 청구할 수 있는 자(법 제139조 제1항의 규정에 의하여 심판을 청구할 수 있는 자)가 2인 이상[551] 있을 때 그중 일부의 자가 심판청구를 한 경우 그 계속 중인 심판에 참가하는 형태를 말한다(法 155①).[552] 즉, 당사자참가는 심판청구인 측에만 참가할 수 있다.

즉, 이러한 심판을 청구한 자가 2인 이상이 있는 때에 모두가 공동으로 심판을 청구할 수도 있으나, 일부만이 심판을 청구할 수도 있다. 이 경우(일부만 심판청구할 경우)에 당사자 적격이 있는 나머지 사람은 당사자로서 그 심판에 참가할 수 있다.

이러한 당사자참가는 참가인이 피참가인(본래의 심판청구인)의 이익을 위하여 심판에 참가하는 것은 아니며 자기의 이익을 위하여 참가하는 것이므로 참가인은 피참가인과 대등한 법적 지위를 유지하면서 심판절차를 수행할 수 있다. 예컨대, 특허권자로부터 경고장을 받은 자가 이미 계속 중인 특허무효심판에 참가하는 경우이다.

(2) 보조참가(공동소송적 보조참가)

보조참가란 심판의 결과에 대하여 이해관계를 가진 자가 당사자의 어느 일방을 보조하기 위하여 심판에 참가하는 형태를 말한다. 때문에 앞의 당사자참가와는 달리 보조참가는 당사자 중(청구인, 피청구인)의 어느 쪽에도 참가할 수 있다.

보조참가는 이처럼 일방당사자에 의지하여서만 참가가 허용되므로 참가인의 법적 지위는 자연히 피참가인에게 종속되게 된다(法 155③). 예컨대, 특허무효심판에 있어서 실시권자 또는 질권자 등이 특허권자(피청구인)를 보조하기 위하여 또는 권리범위확인심판에 있어서 피청구인으로부터 물품을 공급받는 자가 피청구인을 보조하기 위하여 심판에 참가하는 경우 등이다.

4. 참가의 요건

(1) 참가의 이익이 있을 것

심판에 참가할 수 있기 위해서는 참가에 대한 법률상의 이해관계가 있어야 한다. 당사자 참가의 경우는 법 제139조 제1항에 의해 공동으로 심판을 청구할 수 있는 당사자적 지위에 상응하는 이해관계가, 보조참가의 경우는 그 심판의 결과에 대해 받을 구체적 이해관계가 요구된다.

---

551) 이해관계인이 2인 이상이란 의미이며 권리의 공유자 관계는 아니다.
552) 당사자참가는 소송법상의 유사필요적 공동소송에 흡사한 형태로 심판에 관여한 결과가 되며, 일반적으로 당사자참가는 심판청구인 측에 공동심판청구인으로 참가하는 절차이다.

(2) 타인 간에 심판이 계속되고 있을 것

참가란 계속 중인 심판에 제3자가 관여하는 절차이므로 심판참가는 타인 간의 심판이 계속 중일 때에 가능하다. 심판의 계속이란 심판의 청구로부터 그 종료까지를 뜻한다.

(3) 절차능력이 있을 것

특허에 관한 절차수행자에게 요구되는 행위능력(法 3)은 심판참가인에게도 적용된다. 따라서 행위제한능력자가 심판참가를 할 경우에는 법정대리인 등에 의하여야 한다. 그리고 대표자나 관리인이 정해져 있는 비법인사단 또는 재단은 그 이름으로 심판의 청구인 또는 피청구인이 될 수 있는 등 제한된 범위의 절차능력이 인정되는바, 이 자들도 참가인이 될 수 있다(法 4).

(4) 심리종결 전일 것

심판의 참가는 심판이 계속 중임과 동시에 심리가 종결되기 전에만 허용된다(法 155①③). 심리가 종결된 후 참가를 허용하게 되면 절차가 지연되는 문제점이 발생하기 때문이다.

(5) 대상물이 동일할 것

심판참가의 성격상 당연한 것으로 참가의 대상물과 심판의 대상물이 동일하여야 한다. 무효심판의 경우를 예로 들면, 청구항 1항이 무효심판의 대상이 되어 심판이 진행되고 있는 중에 심판에 참가하면서 1항 외의 나머지 항에 대한 무효를 주장하면서 참가를 신청할 수는 없다.

5. 참가절차

(1) 참가신청

심판에 참가하고자 하는 자는 참가신청서를 심판장에게 제출하여야 한다(法 156①). 참가신청이 있는 경우 심판장은 당사자 및 다른 참가인에게 부본을 송달하고 기간을 정하여 의견서 제출의 기회를 주어야 한다(法 156②).

(2) 참가허부의 결정

참가의 요건은 직권조사사항이다. 참가허부결정시에는 참가신청의 이유와 이것에 대한 의견서 내용을 검토한다. 구체적으로 이해관계가 있는지 여부는 심결 전에 참가허부의 결정이 되어야 하는 것으로 보아 참가허부의 결정시를 기준으로 판단한다.

민사소송법상의 참가신청에 대하여는 당사자가 이의를 제기한 때 및 법원이 직권으로 참가인에게 참가의 이유를 소명하도록 한 후 그 허부를 결정하지만(民訴法 73), 특허심판에 있어서는 참가신청이 있는 경우에는 심판장이 참가신청서의 부본을 당사자 및 다른 참가인에게 송달하고 기간을 정하여 의견서를 제출할 수 있는 기회를 준 다음, 심판에 의하여 참가의 여부를 결정한다(法 156②③). 참가허부의 결정은 서면으로 하여야 하며 그 이유를 붙여야 한다(法 156③④). 한편, 참가허부결정은 부수적 심판이기 때문에 이 결정에 대해서는 독립하여 불복할 수 없다(法 156⑤).

「참가허부 결정문」 기재 예

> 주 문　이건 참가를 허가한다.
> 　　　　참가신청에 의하여 생긴 비용은 참가신청인의 부담으로 한다.
> 이 유　심판 참가신청인은 이건 특허 제○○○○○○호의 등록은 무효가 되어야 한다는 입장에서 이 건 심판에 참가신청을 하면서 (병)제1호증 내지 (병)제5호증을 제출하였다.
> 　　　　이건 참가신청에 대하여 살펴보면, ~ 중략 ~ 이건 참가신청은 이해관계인에 의한 적법한 신청이라고 판단된다.
> 　　　　그러므로 특허법 제155조 제1항 및 같은 법 제156조의 규정에 의하여 이건 심판참가를 허가하기로 하여 주문과 같이 결정한다.
>
> 　　　　　　　　　심판장　　심판관　　㊞
> 　　　　　　　　　　주 심　　심판관　　㊞
> 　　　　　　　　　　　　　　 심판관　　㊞

6. 참가의 효과

(1) 참가인의 법적지위

① 당사자참가(공동소송적 당사자참가)

참가인은 피참가인(본래의 심판청구인)과 대등한 법적 지위를 가지므로 참가 후 피참가인이 그 심판청구를 취하하더라도 참가인은 당사자로서 심판절차를 계속 수행할 수 있다(法 155②). 또한 참가인은 피참가인의 의사에 상관없이 자신에게 유리한 증거를 독자적으로 제출할 수 있음은 물론, 불복도 단독으로 할 수 있다. 불복은 그 등본송달일로부터 30일 이내에 특허법원에 제기할 수 있다(法 186②). 심판참가신청을 하였으나 그 신청이 거부된 자는 그 결정에 대하여 불복할 수는 없다(法 156⑤). 그러나, 심결이 종료된 후에는 참가신청 거부된 자도 심결등본을 받아볼 수 있고(法 162⑥) 불복하여 특허법원에 심결취소소송을 제기할 수 있다(法 186②).

② 보조참가(공동소송적 보조참가)

당사자참가와의 차이점은 피참가인이 심판청구를 취하한 경우에는 더 이상 심판절차를 수행할 수 없다는 점(法 155②의 반대해석)과 불복을 단독으로 할 수 없다는 점이다. 심판이 취하되지 않는 상태에서는 보조참가인도 당사자참가인과 마찬가지로 일체의 심판절차를 행할 수 있으나(法 155④), 공격과 방어방법에 있어서는 피참가인의 이익에 반하는 것도 허용되어야 한다는 긍정설[553]과 허용되지 않아야 한다는 부정설[554]이 대립되고 있다.

긍정설의 논거는 심결이 확정되면 일사부재리의 효력을 가지는 특허심판의 특성상 심결의 효력은 참가인에게도 미치므로 피참가인의 이익에 반하는 공방도 허용되어야 한다는 것이고,

---

553) 이종일, 송영식 외, 천효남
554) 이인종, 박희섭, 김원오

부정설의 논거는 보조참가인은 피참가인의 승소를 위하여 참가한 자이므로 "참가인의 소송행위가 피참가인의 소송행위와 저촉되는 때에는 그 효력이 없다"는 민사소송법 제76조 제2항의 규정을 유추적용하여 특허심판에서도 피참가인의 이익에 반하는 공방은 허용될 수 없다는 것이다. 심판실무는 부정설의 입장을 취하고 있다.[555]

(2) 절차의 정지

참가인에 대하여 심판절차의 중단 또는 중지의 원인이 있는 때에는 그 중단 또는 중지는 피참가인에 대하여도 그 효력이 발생한다(法 155⑤).

(3) 참가신청의 취하

① 취하의 요건

참가신청의 취하는 심결확정 전까지 할 수 있다(참가신청은 심리종결 전까지 할 수 있다). 또한 피참가인의 이익을 해하는 것이 아니므로 피참가인의 동의를 필요로 하지 않는다. 다만 당사자참가시 심판청구인(피참가인)의 심판청구 취하에 의해 참가인만이 심판절차를 밟게 되는 경우, 참가인이 홀로 남아서 심판청구인의 지위에 있기 때문에 법 제161조 제1항의 심판청구의 취하를 유추적용하여 피청구인(심판참가인)의 답변서 제출이 있을 때는 피청구인의 동의를 얻어야 취하할 수 있다.

② 취하의 절차

심판참가인이 그 참가를 취하하고자 하는 경우에는 심판참가 취하서를 특허심판원장 또는 심판장에게 제출하여야 한다(施規 69③).

③ 취하의 효과

참가신청이 취하되면 참가신청은 없었던 것으로 간주된다.

(4) 심결의 효력

심결이 있는 때는 심결의 효력은 참가인에게도 미친다. 심판장은 심결이 있는 경우 당사자, 참가인뿐만 아니라 참가신청을 하였으나 참가가 거부된 자에게도 심결등본을 송달해 주어야 한다(法 162②). 이 경우 참가자 또는 참가가 거부된 자는 당해 심결에 대해 특허법원에 심결취소소송을 제기할 수 있다(法 186②). 본래 참가신청의 결정에 대하여서는 불복할 수 없도록(法 156⑤) 하고 있지만(심판의 지연을 방지하기 위한 정책적인 이유임), 그러나 심결이 종료된 후에는 참가인이 직접 특허법원에 소를 제기하여 법원에서 「이해관계」를 인정받는 경우에는 본안까지도 다툴 수 있게 하여 우회적으로 참가거절신청의 불복을 인정하고 있음을 알 수 있다.

---

555) 심판편람, 57.04

■ 심판의 일반적인 절차[556]

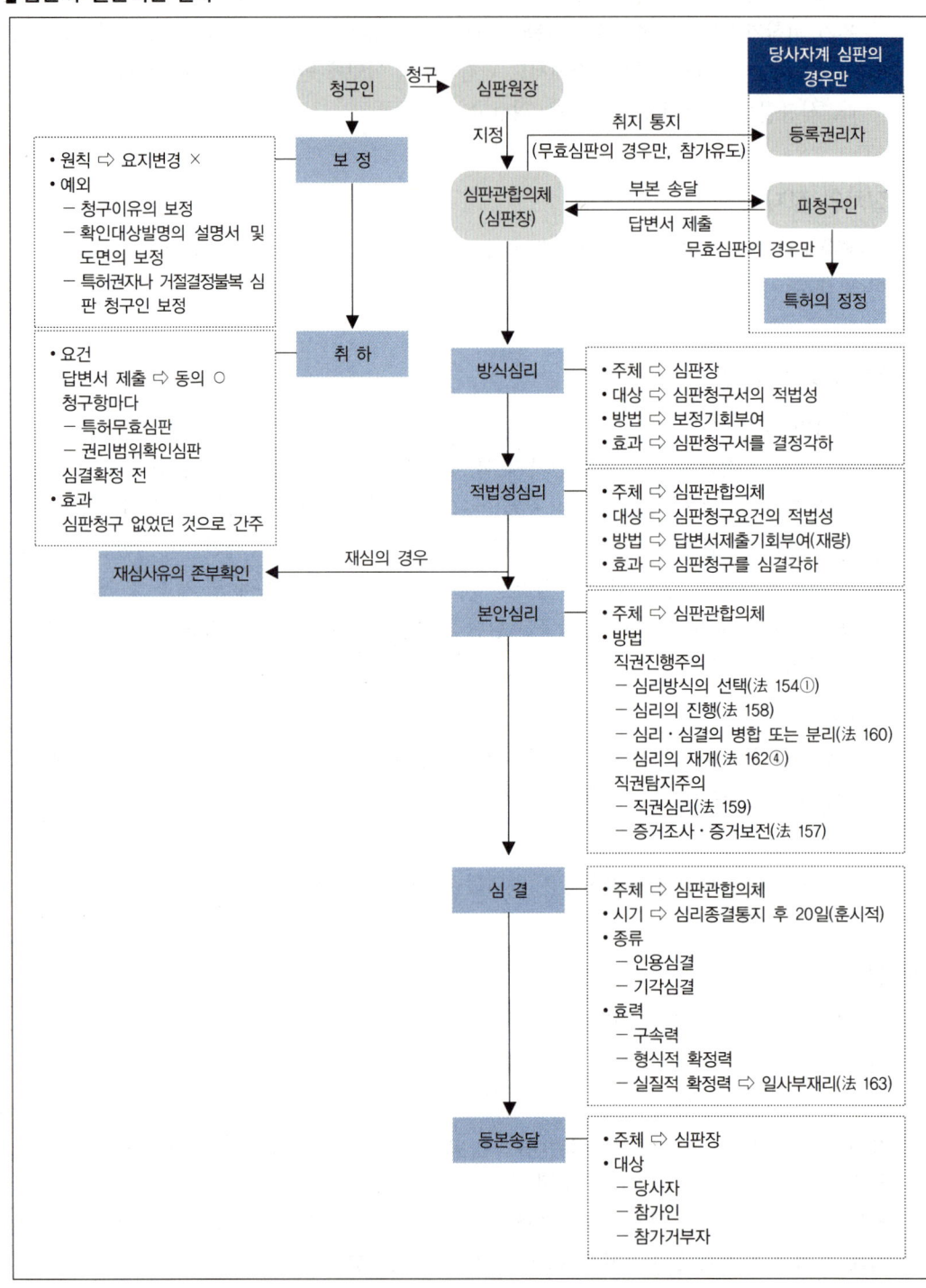

---

556) 임병웅, 전게서, p.910

Ⅵ 심결

1. 의의

「심결」이란 합의체 심판관이 내리는 심판청구에 대한 최종판단을 말하며, 이러한 심결의 종류는 부적법한 심판청구에 대한 각하심결(심결각하)이 있고, 본안 심리를 거친 심결로는 청구취지를 인용하는 '인용심결'과 이를 배척하는 '기각심결'이 있다. 심판은 청구의 취하 등 특별한 규정이 있는 경우를 제외하고는 심결로써 종결된다(法 162①).

2. 종류

(1) 각하심결

「각하심결」이라 함은 심판청구요건의 불비를 이유로 그 심판청구를 부적법 각하하는 심결을 말한다. 심판청구가 부적법하고 그 흠이 보정될 수 없는 것일 때에는 피청구인에게 답변서 제출의 기회를 주지 아니하고 심결로써 이를 각하할 수 있다(法 142). 예를 들어, 특허거절결정에 대한 불복심판 계속 중에 출원의 포기나 취하가 있는 경우에 그 심판청구는 목적물이 없는 부적법한 것으로서 심결로써 각하한다.

(2) 본안심결

「본안심결」이라 함은 청구의 당부에 대한 판단, 즉 심판청구취지에 대한 심결을 말한다. 본안심결은 다시 청구인의 주장이 인용되는 「인용심결」과, 청구인의 주장이 배척되는 「기각심결」로 나뉜다.

3. 심결의 절차

(1) 심리종결 통지 및 심리의 재개

심판청구가 보정불능한 부적법한 것이어서 심결각하(法 142)하는 경우를 제외하고 본안심결을 함에 있어서는 아래와 같은 일정의 과정을 거치게 된다. 심리의 결과 심판사건이 심결을 하기에 성숙한 상태에 이른 때에는 심판장은 심결 전에 심리의 종결을 당사자 및 참가인에게 통지하여야 한다(法 162③).

이미 심리가 종결된 이후에 불필요한 서류제출 등을 금하도록 당사자에게 알리기 위한 절차이다. 만일, 심리종결을 통지한 후에 당사자 또는 참가인이 제출한 서류는 이를 심결에 참작하지 아니하며 그 서류는 신청이 있는 경우에 한하여 당사자 또는 참가인에게 반환한다(施規 66). 그러나 심판장은 심리종결통지 후에도 심판관의 일부의 변경이 있는 등 필요한 경우에는 당사자 또는 참가인의 신청이나 직권으로 심리를 재개할 수도 있다(法 162④).

심리재개를 신청하고자 하는 당사자 또는 참가인은 심리재개신청서를 특허심판원장 또는 심판장에게 제출하여야 한다(施規 66의2).

(2) 심결의 시기

심결은 심리종결통지를 한 날로부터 20일 이내에 함을 원칙으로 한다(法 162⑤). 심리종결통지란 당사자 등이 새로이 공격방어를 위한 자료 및 서류를 제출할 수 없을 뿐만 아니라 이해관계인도 새로이 심판에 참가할 수 없다는 것을 나타내기 위한 것으로 심판장에 의한 심판절차종료의 선언을 의미한다.

다만, 이 규정은 심리종결 후의 조속한 심결을 촉구하는 훈시적 규정에 불과하므로 심리종결통지를 하지 않아도 위법이 아니다.[557] 또한, 심리종결통지 후 20일의 기간을 경과하여도 위법한 심결이 되는 것은 아니며[558], 심리종결통지를 발한 즉일 심결을 하였다거나 심리종결통지서와 심결문 등본을 동시에 송달하였다 하여도 그 심결을 위법이라 할 수 없다.[559]

(3) 심결문 등본의 송달

심결이 있는 때에는 심판장은 그 등본을 당사자, 참가인 및 심판에 참가신청을 하였으나 그 신청이 거부된 자에게 송달하여야 한다(法 162②).

(4) 심결의 방식

① 심결문 기재사항

심결은 심판기관의 심판청구에 대한 종국적 판단이므로 그 내용은 명확해야 한다. 따라서 심결은 일정사항을 기재한 서면(심결문)으로 하여야 하며, 동 심결문에는

㉠ 심판번호
㉡ 당사자·참가인 및 대리인의 성명 및 주소나 영업소의 소재지[대리인이 특허법인, 특허법인(유한)인 경우에는 그 명칭, 사무소의 소재지 및 지정된 변리사의 성명]
㉢ 심판사건의 표시
㉣ 심결의 결론부분인「심결의 주문」
㉤ 심판기관이 이러한 결론에 이르게 된 사실상 및 법률상의 근거를 나타내는 부분인「심결의 이유」[560] 및 심결 연·월·일을 기재하고 심결한 심판관이 이에 기명날인함으로써 성립된다(法 162②). 이때 통상실시권 허락심판청구에 대한 심결에 있어서는 위 ㉣의 주문에「통상실시권의 범위·기간 및 대가」를 구체적으로 적어야 하며, 심판비용의 부담이 요구되는 심결에 대하여는 당사자 중 심판비용부담자도 주문에 함께 기재한다.

---

557) 대판 83후71
558) 대판 79후35 ; 76후6
559) 대판 63후25
560) 심결의 이유는 심결의 주문이 정당하다는 것을 인정할 수 있을 정도로 청구의 취지 외에 그 이유의 요지를 기재하면 충분하고, 더 나아가 민사소송에서와 같이 반드시 당사자의 주장, 그 밖의 공격·방어방법에 관한 판단이 표시되어야 하는 것은 아니다(특허법원 2009.4.30. 선고 2008허6482).

② **심결주문의 기재예시**

심결주문의 기재예를 예시하면 다음과 같다. 부적법한 심판청구에 대하여는 「이건 심판청구는 각하한다. 심판비용은 청구인의 부담으로 한다」고 기재하고, 특허무효심판청구를 인용할 경우에는 「특허 제○○○호는 이를 무효로 한다. 심판비용은 피청구인의 부담으로 한다」로 표기하며, 무효심판청구를 배척할 경우에는 「이건 심판청구를 기각한다. 심판비용은 청구인의 부담으로 한다」로 적는다.

심결문 기재 예

특 허 심 판 원
제 10 부
심 결

심 판 번 호 2002 당 370
사건의 표시 등록 제○○○○○○호 실용신안의 권리범위확인심판(적)
청 구 인 ○○○
            부산시 금정구 남산동
            대리인 변리사 ○○○
            서울 강남구 테헤란로
피 청 구 인 ○○○
            대구시 북구 관음동 1370 한양수정아파트
            대리인 변리사 ○○○
            서울 강남구 테헤란로

주 문
1. 이건 심판청구를 기각한다.
2. 심판비용은 청구인의 부담으로 한다.

청구의 취지
1. (가)호 고안은 제○○○○○○호 실용신안등록 권리범위에 속한다.
2. 심판비용은 피청구인의 부담으로 한다.

이 유
....
....
.... 주문과 같이 심결한다.
                    2002. 7. 20.
        심 판 장   심 판 관   ○○○
        주   심   심 판 관   ○○○
                    심 판 관   ○○○

별첨 : (가)호 설명서와 (가)호 도면

③ **심결의 병합**

심판관은 당사자 쌍방 또는 일방의 동일한 2 이상의 심판에 대하여 심결을 병합하거나 분리하여 할 수 있다(法 160).

4. 심결의 효력

소송당사자인 원고와 피고에게만 미치는 민사소송의 판결의 효력과는 달리 당사자뿐만 아니라 심판과 관련이 없는 일반공중에게도 대세효를 갖는 심결에 있어서는 법적안정성과 신뢰보호를 위하여 법에서 일정한 효력을 인정한다. 이러한 법적 효력에는 특허심판원에 대한 관계에서 발생하는 심결의 구속력(기속력), 심결의 확정에 의하여 생기는 당사자에 대한 관계에서 발생하는 형식적 확정력과 특허심판원·당사자 및 일반대중과의 관계에서 발생하는 실질적 확정력이 있다.

(1) **구속력(또는 기속력)**

법적안정성과 심판의 신뢰성을 유지하기 위하여 심결등본이 당사자에게 송달된 후에는 심결한 심판관도 스스로 그 내용을 철회하거나 변경하는 것이 허용되지 않는다. 이를 심결의 구속력이라 한다. 이는 심판의 신뢰를 통하여 법적안정성을 유지하기 위함이다. 그러나 심결의 내용을 실질적으로 변경함 없이 단순한 표기의 오류 등을 정정하는 심결의 경정561)을 판례에서는 인정하고 있다.

(2) **형식적 확정력**

법정기간 내에 당사자가 불복신청을 하지 않거나, 불복을 하더라도 종국적으로 그 심결이 지지되어 통상의 불복절차로는 더 이상 다툴 수 없게 된 상태를 심결이 형식적으로 확정되었다고 하며, 이 취소불가능성을 형식적 확정력이라 한다. 심결에 불복하는 자는 심결등본을 받은 날로부터 30일 이내에 특허법원에 취소소송을 제기할 수 있으며, 그 기간이 도과하면 심결은 확정되어 재심의 사유가 없는 한 심결은 취소변경할 수 없다.

(3) **실질적 확정력**

심결이 형식적으로 확정되어 재심사유가 없는 한 그 심결의 내용에 대하여 더 이상 다툴 수 없게 되는 것을 실질적 확정력이라 하며, 특허법에서는 일사부재리의 원칙으로 표현되고 있다.

(4) **일사부재리의 원칙**

① **의 의**

특허법에서는 일사부재리의 원칙이란 특허법에 의한 심판의 심결이 확정된 때에는 그 사건에 대하여 누구든지 동일사실 및 동일증거에 의하여 동일심판을 청구할 수 없다는 것이다(法 163). 다만, 확정심결이 각하심결인 경우에는 예외로 한다.

---

561) 심결의 경정: 민사소송법 제197조 제1항에는 판결의 오기 기타 이에 준하는 유사한 오류가 있는 것이 명백할 때에는 법원은 직권 또는 당사자의 신청에 의하여 경정결정을 할 수 있도록 규정되어 있으나 특허법에는 이와 같은 명문상 규정은 없고 판례는 그 오류가 명백한 경우에는 심결을 경정할 수 있는 것으로 하고 있다. 심결의 경정은 그 내용을 실질적으로 변경하지 않는 범위 내에서 표현상의 기재 잘못이나 그 오류가 명백한 경우에 한다.

일사부재리의 효력을 인정하는 근거는 첫째, 서로 모순·저촉되는 심결이나 판결이 발생되는 것을 방지함으로써 동일한 확정심결이나 판결의 신뢰성과 권위를 유지하도록 한다는 점과 둘째, 소의 남발을 방지하여 심판절차의 경제성을 도모하기 위함이다.

② 취 지

「일사부재리의 원칙」이란 원래 형사소송법상 판결의 기판력의 효력으로서 유죄, 무죄의 판결 또는 면소의 판결이 있었을 때에는 동일사건에 관하여 공소가 제기되면 이미 내려진 확정판결이 있으므로 이를 이유로 하여 면소의 판결을 하여야 한다는 원칙(刑訴法 326.1)[562]을 말한다. 이러한 원칙은 헌법 제13조에 그 근거를 두고 있다.

그런데 민사소송법에서는 형사소송에서와 같은 엄격한 의미의 일사부재리의 적용이 없다고 보는 것이 통설이며 명문의 규정도 없다. 그 이유는 사법상의 법률상태는 시간의 경과와 더불어 변하는 것이기 때문에 엄격한 의미의 동일사건이라는 것을 생각할 수 없기 때문이다. 예컨대 이행판결을 받은 채무자가 채무부존재확인의 청구를 하는 경우에, 전 판결의 변론종결 후에 채무자에게 채무소멸원인이 발생할 수도 있는 것이므로 채무소멸원인이 입증되면 이에 인용판결을 하여야 할 것이고 입증되지 못하면 청구기각판결을 할 수는 있으나 일사부재리의 원칙을 적용하여 청구각하판결을 하여서는 안된다. 이러한 경우에는 전 판결과 동일한 소송물이라고 볼 수 없기 때문이다.

특허심판은 당사자의 청구에 의하여 심판이 개시되기는 하나 그 사건의 이해관계자는 상당히 많을 수 있고, 구체적이고 직접적인 이해관계를 가지고 심판에 참여하는 경우가 아니더라도 심판의 결과가 국민경제의 어느 부분에 포괄적으로 영향을 미치는 경우가 많다. 따라서 특허심판은 공익성이 강조되어 심판의 진행과 당사자의 주장이나 이유의 조사·확인에 있어서도 직권진행주의와 직권탐지주의가 적용되는 소위 직권심리주의를 채택하고 있다. 이러한 특허심판의 특수한 사정으로 인하여 특허심판에 있어서 그 기판력의 효력은 광범하고 대세적이며 소송물의 동일성 여부가 명료하기 때문에 소송경제의 관점에서 무용한 심판청구의 남발을 방지하고 확정심결에 대한 신뢰와 법적 안정을 기하기 위하여 민사소송과는 달리 일사부재리의 원칙을 명문으로 규정하고 있다.[563]

---

[562] 형소법 제326조 【면소의 판결】 다음 경우에는 판결로써 면소의 선고를 하여야 한다.
1. 확정판결이 있은 때
2. 사면이 있은 때
3. 공소의 시효가 완성되었을 때
4. 범죄 후의 법령개폐로 형이 폐지되었을 때
[563] 조문별 특허법해설, 전게서, p.382

③ **적용요건**
　㉠ 특허심판의 본안심결이 확정되었을 것
　　ⓐ 본안심결
　　　일사부재리의 원칙은 「본안심결」이 확정된 경우에만 적용되며 각하심결이 확정된 경우에는 적용되지 아니한다(法 163).
　　ⓑ 확 정
　　　심결에 대하여 통상의 불복방법으로서 더 이상 다툴 수 없는 상태, 즉 형식적으로 「확정」되어야 한다. 심결은 심결등본을 송달받은 날로부터 일정한 기간 내에 소를 제기하지 않거나 제기하더라도 종국적으로 그 심결이 지지되어 통상의 불복신청방법으로는 취소할 수 없는 상태로 된 때에 확정된다.
　㉡ 누구든지
　　일사부재리의 원칙의 적용요건에 해당되는 때에는 「누구든지 … 그 심판을 청구할 수 없다」고 규정하고 있다. 즉, 일사부재리의 효력은 심판의 당사자뿐만 아니라 제3자에 대하여도 인정된다. 즉, 일사부재리의 원칙을 규정한 특허법 제163조는 특허심결의 대세적 효력이 인정되는 실정법상의 근거규정이 된다.
　㉢ 동일사실
　　「동일사실」이란 청구취지를 이유 있게 하는 구체적 사실의 동일성을 의미한다. 즉, 동일권리에 대하여 동일한 원인을 이유로 하는 특정한 사실이 동일함을 의미한다. 예를 들어, 같은 무효의 효과를 발생시키는 사유라도 신규성의 흠, 진보성의 결여, 산업상 이용가능성의 결여 등은 각각 별개의 사실을 구성한다. 따라서 확정심결이 이건 특허발명은 간행물기재발명과 동일하다는 이유로 신규성 상실[564]에 기한 특허무효심판청구에 대한 심결이 내려진 후, 다시 이건 특허발명과 같은 간행물 기재 발명으로부터 쉽게 발명할 수 있다는 진보성 상실을 이유로 들어 무효심판청구를 하는 것은 다른 사실에 의한 심판청구이므로 허용될 수 있다.
　㉣ 동일증거
　　동일증거라 함은 동일성이 있는 증거를 말한다. 따라서 증거 자체는 다르더라도 내용이 실질적으로 동일한 경우에는 동일증거라고 볼 수 있다. 따라서 전에 확정된 심결의 증거와 동일한 증거뿐만 아니라 그 확정된 심결을 번복할 수 있을 정도로 유력하지 아니한 증거가 부가되는 것도 동일증거에 포함된다.[565]
　　동일사실에 의한 심판청구라도 다른 증거에 의한 경우나, 동일한 증거에 의한 것이라도 다른 사실에 관하여 새로운 심판청구를 하는 것은 허용된다.

---

[564] 특허무효심판에 있어서 무효의 효과를 발생시키는 사유로서 특허법 제29조 소정의 '공지, 공연실시 및 반포된 간행물 기재'는 동일한 신규성의 흠이라는 원인을 이유로 하는 것이므로 이들 모두는 동일사실에 해당된다.
[565] 대판 96후1840

㉣ 동일심판

동일심판이란 심판청구 취지에서 대상으로 하고 있는 권리가 같고 그 종류가 동일한 경우에 해당된다. 이런 점에서 확인대상발명이 동일한 권리범위확인심판의 경우 적극적 권리범위와 소극적 권리범위확인심판은 동일심판으로 본다고 하는 판례가 있다.[566] 또한 전부무효심판과 일부무효심판의 경우도 동일심판으로 취급된다.

④ **적용대상이 되는 심결**

특허법상으로는 일사부재리의 적용대상이 되는 심결에 대해 명시하고 있지는 아니하나,

㉠ 결정계 심판의 경우

특허거절결정에 대한 불복심판은 그 거절결정등본을 송달받은 날부터 30일 내에 청구하여야 하므로(法 132의 3) 동 심판에 대한 심결이 확정된 후에는 다시 동일한 심판을 청구할 수 없다. 따라서 일사부재리의 원칙이 적용될 여지가 없다[567]할 것이고, 정정심판(法 136)도 특허권자만이 청구할 수 있으므로 이에 관한 심결에 대하여 특허권자가 동일하게 정정한 명세서 또는 도면을 가지고 다시 심판을 청구하는 일도 없을 것이며, 정정한 명세서 또는 도면을 동일사실로 보기 어려우므로 일사부재리가 적용되지 않는다고 봄이 타당할 것이다.[568]

㉡ 당사자계 심판의 경우

동일사실 및 동일증거인 경우에 적용되는 원칙이므로 증거가 필수적으로 요구되는 특허무효심판, 정정무효심판, 존속기간 연장등록무효심판 등의 무효심판은 분명히 대상이 되고, 권리범위확인심판[569]은 판결로 인정된 바 있으며, 통상실시권 허락심판의 경우도 일사부재리원칙이 적용되는 심결이라고 판단된다.

따라서 결정계 심판의 경우는 일사부재리 원칙이 적용되지 않는다 할 것이고 당사자계 심판의 경우는 일사부재리 원칙이 적용된다 할 것이다.

⑤ **적용시점**

일사부재리의 적용시점은 심판청구시가 아닌「심결시」를 기준으로 판단한다. 따라서 심판청구시에는 일사부재리에 해당되지 않으나 심결시를 기준으로 이에 해당하는 경우에는 일사부재리가 적용된다. 다만, 2건의 동일한 심판청구가 있고 그 어떤 사건에 대하여도 심결이 행해지지 아니한 때에는 양 사건의 심리 또는 심결의 병합도 가능하다.

---

566) 본건의 심판청구는 소극적 권리범위확인심판이고 전의 사건은 적극적 권리범위확인심판이기는 하나 양자는 본건 고안에 대한 동일한 확인대상 도면과의 확인심판사건이므로 양자는 동일한 사건과 동일증거에 의한 청구로 귀결되는 것이다(대판 75후18).

567) 일사부재리의 원칙은 등록이 무효 또는 취소 혹은 그 권리범위확인에 관한 확정심결 또는 판결에 한하여 인정되는 것이고 사정사건에 대한 항고심결에는 인정될 수 없는 것이다(대판 70후13).

568) 임병웅, 전게서, p.880 참조

569) 대법원 1976.6.8. 선고 75후18 판결: 일사부재리의 원칙의 규정에 있어 동일사실 및 동일증거라 함은 당해 등록권과의 관계에 있어 확정이 요구되는 구체적 사실이고, 그 사실과 관련성을 가진 증거를 말하며 양 사건은 위 양자(본건고안과 (가)호)의 기술적 고안이 유사한가 상이한가에 관한 동일한 사실이며 그 유사 또는 상이함을 판단하는 자료인 등록고안의 도면 및 설명서와 (가)호 도면 및 그 설명서는 동일한 증거라 할 것이므로 본건고안이 신규성이 없는 무효의 것이라는 소위 갑 각 호증의 존재는 사건 권리범위에 있어서 일사부재리 원칙의 적용에 관한 한 아무런 지장이 없는 것이다.

⑥ 효력

심결이 확정된 경우에는 누구든지 동일사실 및 동일증거에 의하여 다시 동일한 심판을 청구할 수 없다. 따라서 일사부재리에 위반하여 동일심판이 청구된 경우에는 부적법한 심판청구로서 심결각하의 대상이 된다(法 142).

■「동일사실 동일증거에 의한(일사부재리 원칙) 심판청구의 경우 각하심결문」 기재 예

주 문	이건 심판청구를 각하한다. 심판 비용은 청구인의 부담으로 한다.
이 유	(이건 심판청구의 적법 여부를 살핀다) 이건 심판사건은 이건 심판청구 이전에 청구인이 동일한 인용발명을 증거로 하여 이건 특허의 무효심판을 청구한 심판사건과 동일사건으로서 그 심판사건은 2000. 5. 1. 자료 청구기간 심결이 확정등록된 사실을 그 심결정본 및 등록원부의 기재에 의하여 알 수 있다. 그렇다면 이건 심판청구는 동일사실 및 동일증거에 의하여 동일심판을 청구한 부적법한 청구로 귀결되고, 그 흠을 보정할 수 없는 것이다. 그러므로 제163조 및 제142조의 규정에 의하여 이건 심판청구를 각하하고, 심판비용은 청구인의 부담으로 하기로 하여 주문과 같이 심결한다.

심판장　심판관　　㊞
주 심　심판관　　㊞
　　　　심판관　　㊞

⑦ 일사부재리의 원칙과 유사한 제도

㉠ 재 심

「재심」은 확정된 심결에 대해서 그 심결에 이르는 과정에서 중대한 절차상의 하자가 있다거나 심결이 불공정한 상태에서 확정되었다는 이유를 들어 확정된 심결의 취소를 구하는 심판이다. 재심의 청구는 확정된 심결을 그 전제로 하고 있는 점과 새로운 이유나 증거가 아닌 당해 확정심결의 범위에서 이루어진다는 점에서 일사부재리의 원칙과 공통되나 양자는 심판청구의 이유가 다르다.

㉡ 중복심판청구의 금지

특허심판원에 계속되어 있는 사건에 대하여 당사자는 다시 심판을 청구하지 못한다(法 154 ⑧ 준용, 民訴法 259). 이는 이미 계속되고 있는 사건에 대하여 다시 심판청구를 허용함은 심판제도의 남용으로서, 심판원이나 당사자에게 시간·노력·비용을 이중으로 낭비시키는 것이어서 심판경제상 바람직하지 않고, 심결이 서로 모순·저촉될 염려가 있기 때문이다. 중복심판청구는 전 심판이 계속 중이라는 점에서 일사부재리의 원칙과 다르다.

㉢ 재소금지의 원칙

「재소금지」란 본안에 대한 종국판결이 있은 뒤에 소를 취하한 자는 다시 동일한 소를 제기할 수 없다(民訴法 267②)는 민사소송법상의 원칙이다. 재소금지 원칙의 제도적 취지는 종국판결이 있는데도 원고가 스스로 소를 취하한 경우 그 자에게 더 이상 심판의 기회를 줄 필요가 없다는 제재적인 의미의 원칙이다. 그러므로 일사부재리의 원칙과는 다르다.

ⓔ 민사소송에서 「기판력」과 특허심판에서 「일사부재리 원칙」의 차이점

「기판력」이란 확정판결에 의해 한번 재판받은 사항에 대하여 후에 다른 법원에 다시 제소되더라도 전(前)의 재판내용과 모순되는 판단을 할 수 없도록 구속하는 효력을 말한다. 그리고 「일사부재리의 원칙」이란 원래 형사소송법상 판결의 기판력의 효력이다. 그래서 민사소송법에는 「일사부재리의 원칙」이 적용되지 않는다는 것이 통설이고 명문의 법 규정도 없다. 그러나 민사소송에서는 확정판결에 대한 기판력은 있다.

따라서 이러한 민소법상의 기판력과 특허심판에서 적용되는 일사부재리 원칙의 차이점은 다음과 같다.

민사소송의 기판력과 특허심판의 일사부재리는 심결이나 판결의 모순·저촉을 방지한다는 점에서 공통점이 있으나 ① 일사부재리의 원칙이 대세효가 있는 데 반해, 기판력은 당사자 사이에만 미친다는 점, ② 일사부재리는 동일사실 및 동일증거에 기하여 다시 심판청구를 금지하기 때문에 사실 또는 증거 중 어느 하나가 다르다면 재차 심판청구가 가능하나, 기판력은 소송물이 같은 한 다른 증거에 기한 경우라도 재차 소송을 제기할 수 없는 점에서 차이가 있다.

Ⅶ 심판청구의 취하

1. 의 의

「심판청구의 취하」란 심판청구인이 심판청구의 전부 또는 일부를 철회하는 특허심판원에 대한 단독적 의사표시이다. 심판청구가 취하되면 그 심판청구 또는 그 청구항에 대한 심판청구는 처음부터 없었던 것으로 본다.

2. 취하의 요건

(1) 취하의 대상

심판청구의 전부를 취하의 대상으로 할 수 있음은 물론이고 특허무효심판(法 133) 또는 권리범위확인심판(法 135)의 경우에는 일부취하도 가능하다. 즉, 청구범위에 기재된 2 이상의 청구항에 관한 특허무효심판 또는 권리범위확인심판청구는 청구항마다 취하할 수 있다(法 161②). 특허무효심판 및 권리범위확인심판 이외에는 심판청구의 일부취하가 인정되지 않는다.

(2) 취하의 시기

심판청구는 심결이 확정될 때까지 취하할 수 있다(法 161①). 따라서 심결 후 특허법원 또는 대법원에 당해 심판에 관한 소송이 계속 중인 경우에도 심결이 확정되기 전까지는 심판청구를 취하할 수 있다.

(3) 상대방(피고)의 동의

심판청구의 취하는 상대방의 답변서 제출이 없는 경우에는 상대방의 동의 없이도 취하할 수 있으나 상대방으로부터 답변서의 제출이 있는 때에는 그의 동의를 얻어야 한다(法 161①). 이는 피청구인이 답변서를 제출함으로써 피청구인에게도 심판을 유지하는 데 이해관계가 생겼기 때문이다. 따라서 피청구인의 동의에 의하여 취하는 확정적으로 효과가 생기나 동의를 거절하면 취하의 효과는 발생하지 않는다. 그러나 일부철회의 경우에는 어느 때나 피청구인의 동의를 필요로 하지 아니한다.

3. 취하의 방법

심판청구를 취하하고자 하는 자는 심판청구 취하서에 상대방의 동의가 필요한 경우 동의를 증명하는 서류를 첨부하여 특허심판원장 또는 심판장에게 제출하여야 한다. 심판청구의 취하가 있는 때에는 이를 당사자, 참가인 또는 참가신청을 하였으나 그 신청이 거부된 자에게 서면으로 통지하여야 한다(施規 69①②). 이는 상대방 등에 취하된 사실을 알림으로써 불필요한 심판절차를 진행하지 않도록 함과 동시에 심판청구의 취하에 대한 동의 여부에 관하여 판단할 기회를 주기 위함이다.

4. 취하의 효과

(1) 심판절차의 종료

심판청구가 취하되면 그 심판청구 또는 그 청구항에 대한 심판청구는 처음부터 없었던 것으로 본다(法 161③). 따라서 심판은 그 이상 진행할 수도 없고, 심판의 계속을 전제로 한 모든 심판에 관한 절차행위는 실효된다.

다만, 당사자참가(法 155①)가 있는 경우에는 피참가인이 심판청구를 취하하더라도 당해 심판청구는 종료되지 아니하고 참가인에게 절차의 속행권이 부여된다(法 155②).

(2) 취하 후 동일내용에 대한 재심판 청구 가능 여부

심판청구가 취하되면 그 심판은 처음부터 없었던 것으로 간주된다. 그러므로 청구인은 취하 후에도 동일내용에 대하여 다시 심판을 청구할 수 있다.

그러나 심판청구 취하시 당사자 간에 재심판 청구금지 약정 등을 체결한 경우에는 다시 심판을 청구하여도 이를 증거로 하여 이해관계가 소멸된 것으로 인정되므로 심판청구는 부적법한 청구인 관계로 심결로써 각하된다.

특허법과 달리 민소법은 본안에 대한 종국판결이 있은 후 소를 취하한 자는 동일한 소를 제기하지 못하도록 하는 금지규정(재소금지)을 두고 있다(民訴法 267②).

(3) 취하의 취소

심판청구 취하는 수리와 동시에 취하의 효력이 생기므로 착오 등을 이유로 하더라도 심판청구 취하의 취소를 할 수 없다.

Ⅷ 심판비용

1. 의 의

심판비용이라 함은 심판을 하기 위하여 당사자 및 심판기관이 지출한 비용을 말하며, 이러한 심판비용은 민사소송법상의 소송비용에 관한 규정을 준용하여(法 165) 패소자 부담의 원칙(民訴法 98)을 따르되, 이에 대한 예외(民訴法 99)를 인정하고 있다.

2. 심판비용의 범위

심판비용의 범위·금액·납부 등에 대하여는 민사소송비용법의 해당 규정을 준용한다(法 165⑥). 당사자가 심판과정에서 지출한 모든 비용이 법률상의 심판비용은 아니다.

심판비용의 범위를 정하고 있는 기준(특허청고시)에 의하면 심판의 청구료, 변리사 보수, 심판서류 작성료(1면당 ○○○원), 증인·감정인·통역인 등의 숙박료 또는 여비(공무원여비규정준용), 현지 검증에 소요되는 일당·숙박료 또는 여비(공무원여비규정준용) 등이 심판비용에 해당될 뿐이다. 다만, 심판의 대리인인 변리사에게 당사자가 지급하였거나 지급할 보수는 특허청장이 정하는 금액의 범위(심판청구료 상당액) 안에서 심판비용으로 계산하며, 이 경우 수인의 변리사가 심판의 대리를 한 경우라도 1인의 변리사가 심판을 대리한 것으로 본다(法 165⑥⑦).

3. 비용의 부담원칙

(1) 일반적 원칙

당사자계 심판에 있어서 심판비용의 부담은 심판이 심결에 의하여 종결된 때에는 그 「심결」로써, 심판이 심결에 의하지 아니하고 종결될 때(심판청구서의 결정각하 등)에는 「결정」으로 정한다(法 165①). 심판비용은 사건을 완결하는 각 심급에서 그 심급의 심판비용 전부에 대하여 심판한다. 따라서 특허심판원에서는 심판비용을 정하고, 특허법원 및 대법원에서는 소송비용의 부담을 별도로 정한다.

(2) 비용부담의 원칙

① 패소자 부담의 원칙

당사자계 심판에 있어서는 심판비용은 패소자가 부담함을 원칙으로 하나 아래와 같은 예외가 적용되는 경우도 있다. 따라서 특허무효심판, 정정무효심판, 권리범위확인심판 등에 있어서의 심판비용은 원칙적으로 패소자가 부담한다.

일부패소의 경우[3개의 청구항에 대한 무효심판 중 1개항은 무효가 되고 다른 2개항은 기각(유효)된 경우]에는 청구인·피청구인에게 함께 부담시키며[570], 심판청구를 취하한 경우에는 취하하는 자가 부담한다.

---

[570] 청구항이 3개인 특허가 1항은 무효, 2항 및 3항은 기각(유효)인 경우에는 무효심판의 청구인은 2/3, 피청구인은 1/3을 부담한다.

② 패소자 부담원칙에 대한 예외

통상실시권 허락심판의 경우 심판비용은 심판청구인이 부담한다(法 165③). 이용저촉관계에 있는 권리자 측에서 본인의 권리를 실시하기 위하여 청구하는 경우이므로 청구인 본인에게 부담시킨다.

소극적 권리범위확인심판청구에 대하여 피청구인(특허권자)의 답변서 제출 없이 심판청구가 인용되어 청구인이 소기의 목적을 달성한 경우에 있어서의 심판비용은 심판청구인이 스스로 부담한다. 심판청구가 당사자 간의 화해, 청구인에게 권리이전 또는 실시권 설정 등이 됨에 따라 이해관계의 소멸로 심결각하된 경우 심판비용은 각자 부담한다.

결정계 심판인 특허거절결정 또는 특허권 존속기간 연장등록출원의 거절결정에 대한 불복심판의 경우에는 행정처분의 취소를 구하는 심판청구인이 부담하여야 한다. 또한 결정계 심판인 정정심판청구의 경우에도 피청구인이 없으므로 심판청구인이 부담하여야 한다(法 165③).

(3) 공동심판의 경우

공동당사자가 패소한 경우 공동당사자는 심판비용을 균등하게 부담하나, 사정에 따라 공동당사자에게 연대하여 부담시킬 수도 있다(民訴法 102).

청구인인 '갑·을'에 의한 공동심판청구에 대하여 '갑'이 이해관계가 없어 '갑'의 심판청구가 각하되었으나, '을'의 심판청구가 성립된 경우에는 '갑'과 피청구인 간에 생긴 비용은 '갑'의 부담으로 하고 그 외의 비용은 패소자가 부담한다.

(4) 참가의 경우

참가신청에 대하여 당사자로부터 이의신청이 있어 참가허부결정이 있는 경우 참가신청인과 이의를 신청한 당사자 간에 그로 인하여 생긴 비용을 부담시키는 경우에도 패소자 부담원칙을 적용한다.

(5) 대리인의 비용부담

무권대리인의 심판청구에 대한 비용은 그 심판행위를 한 대리인이 부담한다(民訴法 108).

4. 비용의 예납

심판 또는 재심에서 비용을 요하는 행위를 함에 있어서 필요한 경우 해당 비용을 당사자에게 예납하게 할 수 있다(法 165②, 民訴法 116). 예납금 대상비용은 증인·감정인·통역인·번역인에 대한 여비, 감정인·통역인에 대한 감정료·통역료와 관련 비용, 감정의 촉탁을 한 경우 그에 필요한 비용, 현장검증 등 행위를 수행하기 위하여 심판관 및 참여 공무원에게 지급되는 여비가 대상이다. 비용의 예납을 명하였음에도 불구하고 예납을 하지 아니한 때에는 심판에서는 그 행위(증거조사 등)를 하지 아니할 수 있다.

5. 심판비용액의 결정 및 집행권원

(1) 심판비용액의 결정

「심판비용액」은 심결 또는 결정이 확정된 후 당사자의 청구에 의하여 특허심판원장이 이를 결정한다(法 165⑤). 심결이나 결정이 확정됨으로써 심결 이후의 송달비용 등 그때까지 지출한 비용이 특정되기 때문이다. 이때 상대방에게 비용액 결정에 대한 참여절차를 허용하고(法 165②, 民訴法 111), 부담비용이 상계되는 것으로 보는 경우도 있다(法 165②, 民訴法 112).

심판 또는 재심에 관한 비용의 금액결정을 청구하고자 하는 자는 심판비용액 청구서에 비용계산서 및 그 증빙서류를 첨부하여 특허심판원장에게 제출하여야 한다(施規 68). 심판비용액 청구서가 방식에 위반된 경우에 특허심판원장은 기간을 정하여 보정을 명하고, 청구서의 흠이 없거나 치유된 경우에는 피청구인에게 비용계산서 부본을 첨부한 최고서를 송달하고 기간을 정하여 의견서 제출기회를 준다. 특허심판원장은 의견서 등을 참작하여 구체적인 비용액을 결정하고 그 등본을 당사자에게 송달하여야 한다.

(2) 집행권원

「집행권원」이란 강제집행에 의해 실현되어야 할 급부청구권의 존재와 범위를 명확히 하여 집행기관에 의한 강제집행의 기본이 되는 문서를 지칭한다.[571] 특허심판원장이 정한 심판비용액 또는 심판관이 정한 대가에 관하여 확정된 결정은 집행력 있는 집행권원과 동일한 효력을 가진다. 이 경우 집행력 있는 정본은 특허심판원 공무원이 이를 부여한다(法 166). 이 규정의 취지는 심판비용액의 결정에 대하여 당시 집행을 위한 법원의 확인을 거치지 않고 신속·간결하게 강제집행을 실현할 수 있게 하기 위함이다.

6. 불 복

심판비용 부담의 심결이나 결정에 대하여는 심결이나 결정에 대한 불복과 함께 그 취소소송을 제기하여 불복할 수 있으나, 독립하여 제186조 제1항의 규정에 의해 특허법원에 소를 제기할 수는 없다(法 186⑦)·한편, 심판비용액에 대한 특허심판원장의 결정에 대해서는 행정처분에 대한 행정심판 또는 행정소송으로써 불복할 수 있다.

---

[571] 즉, 집행권원이란 '채무명의'와 같은 의미로 사법상의 이행의무와 존재를 증명하고, 법률에 따른 강제집행력이 부여된 공증문서를 말한다.

Ⅸ 우선심판

1. 의 의

심판청구에 대한 심리의 순서는 청구일을 기준으로 하여 심리·처리함을 원칙으로 하지만, 특히 우선심판의 필요가 있다고 인정되는 심판청구에 대하여는 다른 청구에 비하여 우선하여 심판할 수 있다. 이러한 우선심판 규정은 특허법상 명문규정이 있는 것이 아니고 그 필요성이 인정되어 심판사무취급규정에서 규정하고 있으나 우선심사제도와 같이 특허법에 법률로 규정하는 것도 검토할 필요성이 있다 하겠다.[572]

2. 우선심판의 대상

(1) 심결취소소송에서 취소된 사건

(2) 심사관이 직권으로 무효심판을 청구한 사건

(3) 특허법 제164조 제3항의 규정에 의거하여 법원이 통보한 침해소송 사건과 관련된 심판으로 심리 종결되지 아니한 사건

(4) 지식재산권 분쟁으로 법원에 계류 중이거나 경찰 또는 검찰에 입건된 사건과 관련된 사건으로서 당사자의 또는 관련기관으로부터 우선심판요청이 있는 경우

(5) 지식재산권 분쟁으로 사회적인 물의를 일으키고 있는 사건으로서 당사자의 신청 또는 관련기관의 요청이 있는 경우

(6) 국제간에 지식재산권 분쟁이 야기된 사건으로 당사자가 속한 국가기관으로부터 요청이 있는 경우

(7) 국민경제상 긴급한 처리가 필요한 사건 및 군수품 등 전쟁수행에 필요한 심판사건으로서 당사자의 신청 또는 관련기관의 요청이 있는 경우

(8) 권리범위확인심판 사건. 이 경우, 심판관은 동 사건과 함께 계류 중인 무효심판·정정심판사건에 대해 필요하다고 인정하는 경우 이들 사건을 권리범위확인심판사건과 함께 우선심판할 수 있다.

(9) 우선심사한 출원에 대한 거절결정불복사건

(10) 특허/실용신안심판 재거절결정 건

(11) 의약품 허가 - 특허 연계제도 관련사건

---

[572] 同旨, 박희섭·김원오, 전게서, p.579

3. 우선심판 절차

(1) 우선심판을 신청하고자 하는 자는 우선심판신청서에 그 사실을 증명하는 서류를 첨부하여 제출하여야 한다.

(2) 우선심판이 접수되면 우선심판처리대장에 기록하고 주심심판관에게 인계한다.

(3) 우선심판의 신청이 있는 경우 심판장은 주심심판관과 협의하여 우선심판신청서를 인계받은 날로부터 15일 이내에 우선심판대상의 해당 여부를 결정하고, 당사자에게 통보한다.

(4) 주심심판관은 우선심판대상으로 결정된 심판사건에 대하여는 구술심리·증거조사·검증 또는 면담 등을 활용하여 사건의 조기 성숙을 유도하고, 우선심판결정일로부터 3개월 이내에 처리함을 원칙으로 한다.

(5) 우선심판 부적합결정을 하였을 경우에는 일반절차에 따라 처리한다.

4. 불복 여부

우선심판은 본안심리와 무관한 심판의 순서에 관한 것이므로 우선심판의 결정에 대하여 당사자는 이를 다툴 수 없다.

제3절 특허심판의 종류

I 거절결정 등에 대한 불복심판

1. 의 의

「거절결정 등에 대한 불복심판」이란 특허출원에 대하여 거절결정(法 62)을 받거나, 특허권의 존속기간 연장등록출원에 대하여 거절결정(法 91, 92의4)을 받은 자가 이에 불복하여 그 거절결정을 취소하여 줄 것을 요구하는 심판을 말한다(法 132의3).

여기서 설명하는 두 종류의 불복심판 대상은 그 심판의 구조가 흡사하므로 함께 설명하도록 한다.

2. 취 지

특허법은 당사자에게는 권리구제의 기회를 주는 한편 특허청에는 자기시정의 기회를 부여함으로써 심사관이 하는 행정처분의 적정성과 공정성을 확보하기 위해 거절결정불복심판제도를 두고 있다.

3. 법적 성질

특허출원에 대한 심사절차와 심판절차는 별개의 절차이다. 그러나 특허출원에 대한 심사에서 밟는 특허에 관한 절차는 특허거절결정, 특허권의 존속기간의 연장등록출원의 거절결정불복심판에서도 그 효력이 있기 때문에(法 172), 특허거절결정, 특허권의 존속기간의 연장등록출원의 거절결정불복심판은 심사에 대한 속심적 성격을 갖는다고 할 수 있다. 즉, 심판부는 심판청구인이 원거절결정의 부당함을 새로운 이유와 증거방법을 들어 주장한 경우 그 주장뿐만 아니라 심사에서 한 절차를 토대로 해서 원결정의 당부를 판단할 수 있다.

4. 절 차

(1) 청구기간

심판을 청구할 수 있는 기간은 결정등본을 송달받은 날로부터 30일 이내이다(法 132의3). 이 기간은 법정기간이지만 특허심판원장은 청구에 의하여 또는 직권으로 심판의 청구기간을 1회에 한하여 30일 이내에서 연장할 수 있다. 다만, 도서·벽지 등 교통이 불편한 지역에 있는 자의 경우에는 그 횟수 및 기간을 추가로 연장할 수 있다(法 15①). 또한, 책임질 수 없는 사유로 인하여 청구기간을 준수할 수 없을 때에는 그 사유가 소멸한 날로부터 14일 이내에 지키지 못한 절차를 추후 보완할 수 있다. 다만, 그 기간의 만료일부터 1년이 지났을 때에는 그러하지 아니하다(法 17).

이와 같은 법정기간 동안 심판청구가 없으면 거절결정은 확정되며 그 이후로는 불복방법이 없다.

(2) 청구인

특허거절결정불복심판청구의 경우에는 특허출원인, 특허권 존속기간 연장등록거절결정불복심판의 경우에는 특허권자가 청구인이 되며, 공동출원 또는 특허권이 공유인 경우에는 공유자 모두가 청구하여야 한다(法 139③). 임의대리인은 특별히 권한을 위임 받는 것이 필요하다(法 6).

(3) 청구대상

거절결정을 받은 특허출원, 거절결정을 받은 존속기간 연장등록출원을 그 대상으로 한다. 한편, 최후거절이유통지에 따른 보정 또는 재심사를 청구할 때 보정이 부적법하여 보정각하되었고, 당해 보정각하에 대해 불복하고자 하는 경우에는 심판청구이유에 이를 기재하여야 한다. 심판관은 심판청구이유에 기재하지 않는 경우 심사관의 보정각하결정이 정당한 것으로 인정하고 보정 전의 명세서 또는 도면에 의하여 심판을 진행하게 된다.

(4) 심판청구서의 제출

심판청구인은 수수료를 납부하고 법정사항을 기재한 심판청구서를 특허심판원장에게 제출하여야 한다(法 140의2①).

(5) 심사관에게 의견 진술 기회부여

특허심판원장은 거절결정불복심판의 청구가 있을 때에는 특허청장에게 당해 심판청구서의 부본을 송부하여 관계 심사관에게 이에 대한 의견을 제출하게 할 수 있다(施規 64).

5. 심리 및 심결

(1) 심 리

① 거절결정 타당 여부 심리

심판관은 거절결정처분의 당부, 즉 심판청구인이 원결정의 부당성을 지적하는 새로운 이유나 추가하는 증거방법의 타당성 여부를 포함하여 심사절차에서의 거절이유의 적정성 여부를 심리한다. 또한, 원결정의 거절이유에 한정되지 않고 당해 특허출원이 법 제62조 각 호 또는 제91조 각 호(제92조의4 각 호)의 다른 거절이유에 해당하는지 여부 등을 전면적으로 재심리한다.

② 보정각하결정에 불복하는 경우

최후거절이유통지에 따른 보정 또는 재심사를 청구할 때 보정이 부적합하다는 이유로 보정이 각하된 경우 그 각하결정에 대하여는 독립적으로 불복할 수 없지만, 그 출원이 거절결정되어 불복심판청구를 한 경우에는 심판절차에서 다툴 수 있다(法 51③).

다만, 재심사나 직권재심사의 청구가 있는 경우 재심사의 청구 전에 한 보정각하결정에 대해서는 다툴 수 없다(法 51③ 괄호). 왜냐하면 재심사나 직권재심사의 청구가 있었다면 재심사(직권재심사) 단계에서 보정각하결정에 대해 충분히 다툴 수 있는 기회가 있었다고 판단하기 때문이다.

③ 심사절차규정의 준용 및 보정각하

심판관은 원거절이유에 대해서는 심판청구인에게 다시 거절이유를 통지하지 않고, 새로이 다른 거절이유를 발견한 경우에 한하여 심판청구인에게 거절이유를 통지하고 기간을 정하여 의견서 제출 기회를 주어야 한다(法 170②, 法 170① 준용, 法 63①). 구체적으로 거절이유가 다른지 여부에 대한 판단은 법조문을 달리하면 거절이유를 달리하며, 법조문을 같이 하더라도 사실을 달리한다면 거절이유를 달리한다. 예를 들어, 원거절결정에서 인용례를 표시하고 신규성이 없다는 이유로 거절결정한 출원에 대한 불복심판에서, 동일한 인용례에 의하여 진보성 위반을 적용하고자 할 때에는 원거절결정이유와 다른 거절이유를 발견한 것이므로 심판관은 다시 거절이유를 통지하여야 한다.

한편, 심판청구인은 이 기간 내에 보정할 수 있으며, 최초거절이유통지에 대응한 보정에 의해 다시 새로운 거절이유가 발생한 경우에는 최후거절이유를 통지한다(法 170① 준용, 法 47①1, 2). 심판관은 심판단계에서 최후거절이유에 대한 보정이 부적법한 경우에는 보정각하결정을 하여야 한다(法 170① 준용, 法 51①). 한편, 보정각하를 함으로써 거절이유를 해소할 수 없게 되는 경우 심판관은 다시 거절이유를 통지할 필요는 없으며 기각심결을 한다.

한편, 심판청구 전 최후거절이유통지에 따른 의견서 제출기간 내(法 47①2) 또는 재심사를 청구할 때(法 47①3) 보정이 보정의 범위(法 47②③)를 벗어나거나 그 보정에 따라 새로운 거절이유가 발생했음에도 불구하고 일반심사단계 또는 재심사단계에서 심사관이 이를 간과하여 보정각하결정을 하지 않고 추후 거절결정에 대한 불복심판단계에서 심판관합의체가 발견한 경우에는 바로 보정각하를 하지 않고 최후거절이유통지를 한다(法 170① 괄호).

④ 특허출원에 관하여 누구든지 그 특허출원이 거절이유(단, 法 42③2, 42⑧, 45제외)에 해당하여 특허될 수 없다는 취지의 정보를 증거와 함께 특허심판원장에게 제공할 수 있다(法 170준용, 法 63의2). 이 규정은 2014. 6. 11. 개정법에 반영된 것으로서 정보제공이 심사단계 뿐만 아니라 특허거절결정불복심판 중에서도 제3자에 의한 정보제공이 가능하도록 하였다.

(2) 심 결

심결의 종류는 3가지가 있으며, 각하심결, 기각심결, 인용심결(취소심결)이 그것이다.

① 각하심결
심판청구서의 방식 등에 위반하지 않으면서 부적법한 심판청구로서 그 흠을 보정할 수 없을 때에는 피청구인에게 답변서 제출기회를 주지 아니하고 심결로써 이를 각하한다.

② 기각심결
심판청구가 타당하지 아니하고 원결정이 타당하다고 인정될 때는 기각심결을 한다.

③ 인용심결(취소심결)
㉠ 원결정이 위법·부당하여 심판청구가 이유 있다고 인정되는 때에는 심결로써 특허거절결정·존속기간 연장등록거절결정을 취소하여야 한다. 이때 심판관은 당해 사건을 자판(스스로 심판)하여 특허심결하거나 또는 심사에 붙일 것이라는 심결을 할 수 있다(法 176①②).

ⓐ 자판의 경우
심사에 붙일 것이라는 심결, 즉 심사국으로의 환송은 심판에서 행할 수 있는 판단 및 절차를 심사에서 행하는 것이 되어 행정경제상 바람직하지 않으므로 스스로 심판하여 심리한다(심판편람).

ⓑ 환송의 경우
다음의 경우에는 자판하는 것이 타당하지 아니하므로 원결정을 취소하고 특허청 심사국으로 환송한다(심판편람).
ⅰ) 발명에 대한 실질적 판단이 심사에서 행하여지지 아니하거나, 형식적 이유로 거절된 경우
ⅱ) 인용례의 표시에 잘못이 있고 올바른 인용례가 불명인 경우
ⅲ) 의견제출의 기회를 주지 아니하고 거절결정을 한 경우

㉡ 심판에 의해 심사국으로 환송할 경우 심결에 있어서 취소의 기본이 된 이유는 그 사건에 대하여 심사관을 기속한다(法 176③). 기속력은 취소심결의 실효성을 도모하기 위하여 인정된 효력이므로 심결의 주문 및 그 전제로 된 요건사실의 인정과 효력의 판단에만 미치고 심결의 결론과 직접 관계없는 방론이나 간접사실의 판단에는 미치지 아니한다.

즉, 특허거절결정 등의 취소심결에 있어서 취소의 기본이 된 이유는 그 사건에 대하여 심사관을 기속하므로 심사관은 취소심결에 원칙적으로 기속되지만, 특허거절결정 등의 이유와 다른 새로이 발견한 이유에 의하여 특허거절결정을 다시 할 수 있다.

(3) 불복

기각심결에 대해서 특허출원인이 불복할 경우에는 심판장으로부터 심결등본을 송달받은 날로부터 30일 이내에 특허법원에 심결취소소송을 제기할 수 있다(法 186①③). 다만, 특허심결 또는 환송에 의한 재심사결과 심사관의 특허결정이 확정된 경우에는 그 특허심결 또는 특허결정의 당부를 다툴 수 없다.

II 특허무효심판

1. 의 의

특허의 무효심판이라 함은 특허권에 하자가 있다고 인정할 경우 그 등록의 무효를 구하는 심판을 말한다(法 133).

특허는 심사관에 의한 심사에 의하여 등록이 결정되고 유지되는 것이다. 그러나 이와 같은 단계에 의하여도 때로는 특허요건을 구비하지 못한 발명이 특허결정되고 유지되는 경우가 발생하게 된다.

이러한 특허에 무효사유가 존재한다 하더라도 특허가 당연히 무효로 간주되는 것은 아니며 심판에 의하여 무효로 확정되기 이전까지는 그 권리는 일단 유효한 것으로 인정된다. 따라서 특허의 무효는 특허권 침해소송시에 특허권의 무효를 선언할 수는 없으며 반드시 무효심판에 의하여 행해져야 한다(法 133).

2. 취 지

심사절차를 거친 이후에도 출원의 하자를 발견하지 못하거나 특허권 설정등록 후에 발생한 새로운 사유로 인하여 부실특허가 존재하는 경우, 이러한 하자 있는 특허권을 그대로 존속시키는 것은 특허권자를 부당하게 보호하고 산업발전을 저해시키는 결과를 초래하게 된다. 그러므로 특허법은 공중의 피해방지와 행정처분의 적정성과 공정성을 확보하기 위해 특허무효심판제도를 두고 있다. 다만, 특허권의 설정등록이 있는 날부터 등록공고일 후 심사관 또는 이해관계인은 법 제133조 제1항 각 호의 무효사유(제2호를 제외한다)에 해당한다는 이유로 무효심판을 청구할 수 있다(法 133)[573].

---

[573] 2006년 개정법(법률 제7871호, 2006. 10. 1. 시행)에서는 이의신청제도를 폐지하면서 그 대신 특허설정등록이 있는 날로부터 등록공고일 후 심사관 또는 이해관계인이 특허무효심판을 청구할 수 있도록 함으로써 특허무효심판에 공중심사기능을 포함시켰다.

3. 특허무효사유

(1) 무효사유의 내용

특허무효사유는 법 제133조 제1항에 열거된 것이며, 이것은 권리의 존부 또는 변동에 관계되는 규정이므로 제한적 열거규정[574]이다. 따라서 이 이외의 것을 사유로 하여 무효심판을 청구할 수는 없다. 특허무효의 사유는 특허출원에 대한 거절이유와 거의 같으나, 거절이유는 되지만 무효사유는 되지 않는 것 등(후술)이 있다.

(2) 무효사유의 구체적 내용

① 제25조(외국인의 권리능력), 제29조(특허요건), 제32조(특허를 받을 수 없는 발명), 제36조(선출원) 제1항부터 제3항(선출원 관련 내용), 제42조 제3항 제1호(당업자 기준 발명의 설명 기재) 또는 제4항(청구범위 기재)의 각 규정에 위반되는 경우

② 제33조(특허를 받을 수 있는 자) 제1항 본문의 규정에 의한 특허를 받을 수 있는 권리를 가지지 아니하거나 제44조(공동출원)의 규정에 위반된 경우(이 경우는 특허를 받을 수 있는 권리를 가진 자만 해당). 다만 법 제99조의2 제2항에 따라 이전등록된 경우는 제외.

③ 제33조 제1항 단서(특허청직원 등)의 규정에 의하여 특허를 받을 수 없는 경우

④ 특허된 후 그 특허권자가 제25조(외국인의 권리능력)의 규정에 의하여 특허권을 누릴 수 없는 자로 되거나 그 특허가 조약에 위반된 경우

⑤ 조약의 규정에 위반되어 특허를 받을 수 없는 경우

⑥ 제47조 제2항(특허출원보정범위)의 규정에 의한 범위를 벗어난 보정인 경우

⑦ 제52조 제1항(특허분할출원범위, 기간)의 규정에 의한 범위를 벗어난 분할출원인 경우

⑧ 제53조 제1항(특허변경출원범위, 기간)의 규정에 의한 범위를 벗어난 변경출원인 경우

위의 무효사유 중 ④는 소위 후발적 무효사유로서 특허가 이 사유에 의하여 무효된 경우에도 이 사유에 해당되기 전까지는 유효한 것으로 본다(法 133③ 단서).

(3) 국제특허출원 고유의 무효사유

① 명세서 또는 도면의 보정은 특허출원서에 최초로 첨부한 명세서 또는 도면에 기재된 사항의 범위에서 하여야 한다. 이 경우, 외국어특허출원에 대한 보정은 최종 국어번역문(법 제42조의3 제6항 전단에 따른 정정이 있는 경우에는 정정된 국어번역문을 말한다) 또는 특허출원서에 최초로 첨부한 도면(도면 중 설명부분은 제외한다)에 기재된 사항의 범위에서도 하여야 한다(法 47②). 그렇지 않으면 무효사유에 해당된다.

---

[574] 이와 반대되는 개념으로 '예시적 열거규정'이 있다.

② 외국어특허출원(외국어국제특허출원 포함)은 원문(외국어명세서 또는 도면)과 국어번역문 중 어느 하나의 범위를 벗어난 보정을 하면 거절이유와 정보제공사유로 규정하고 있다. 다만 특허등록 후에는 원문의 범위를 벗어난 보정만 특허무효사유에 해당한다(法 133①6).

(4) 특허거절이유와 무효사유와 차이

제42조 제3항(당업자기준 발명의 설명 기재, 발명의 배경기술기재)·제4항(청구범위 기재)·제8항(청구범위의 기재방법) 또는 제45조(1특허출원의 범위)에 규정된 요건을 갖추지 아니한 경우는 거절이유는 되지만 특허무효사유에는 해당되지 아니한다. 이러한 것들은 단순한 형식상의 잘못이기 때문이다. 그리고 특허무효사유에는 해당되지만 거절이유에는 해당되지 아니하는 것은 후발적 무효사유에 의한 것뿐이다.

(5) 다항특허의 무효심판 청구

특허무효심판은 특허전부를 대상으로 청구할 수 있고, 청구항이 2 이상인 특허에 대하여는 각 청구항마다 특허권이 있는 것으로 보므로(法 215), 각 청구항 별로도 무효심판을 청구할 수 있다(法 133①).

4. 무효심판청구 요건 및 절차

(1) 청구인

무효심판을 청구할 수 있는 자는 이해관계인 또는 심사관이다(法 133①). 이해관계가 없을 경우에는 그 청구는 부적법한 것으로 각하되며, 이해관계에 대한 판단기준은 심결시이다. 동일한 특허권에 대하여 무효심판을 청구하는 자가 2인 이상 있을 때에는 그 모두가 공동으로 심판을 청구할 수 있다(法 139①). 그리고 특허권 설정등록이 있는 날부터 등록공고일 후 심사관 또는 이해관계인이 무효심판을 청구할 수 있다. 법인이 아닌 사단 또는 재단이라도 대표자 또는 관리인이 정하여져 있는 경우에는 당사자능력이 인정되어 심판청구인이 될 수 있다(法 4).

또한 특허권자로부터 그 특허권의 실시를 허락받은 자(전용실시권자, 통상실시권자 등), 즉 실시권자의 경우 무효심판의 이해관계인에 포함되는지의 여부가 문제가 될 수 있다. 우리나라의 대법원 판례는 이를 긍정하는 긍정설의 입장을 취한 것[575]과 부정하는 부정설의 입장을 취한 것[576]이 모두 존재하며, 긍정설의 근거는 실시권자도 특허무효를 통하여 실시료 지불의 의무를 면할 수 있는 이익이 있기 때문에 실시권을 부여받은 사실만으로는 이해관계가 상실되었다고 볼 수 없다는 것이고, 부정설의 근거는 실시권자는 특허권자로부터 실시권을 허락받은 기간 중에는 권리대항을 받을 염려가 없으므로 그 특허에 관하여 무효를 구할 이해관계가 없다는 것이다. 이에 대한 통설은 없으며 우리나라 판례 또한 일치하지 않고 있다.[577]

---

575) 대법원 1980.5.19. 선고 79후74 판결 ; 1980.5.25. 선고 79후78 판결
576) 대법원 1979.4.10. 선고 77후49 판결 ; 1981.7.28. 선고 80후77 판결
577) 실시권자의 이해관계인 인정 여부

(2) 피청구인

① 피청구인의 요건

㉠ 무효심판의 피청구인은 특허권자이다. 전용실시권이 설정된 경우라 하더라도 전용실시권자가 피청구인이 될 수는 없다. 전용실시권자는 피청구인인 특허권자를 보조하기 위하여 그 심판에 참가할 수는 있다. 때문에 전용실시권 등이 존재하는 특허권에 대하여 무효심판이 청구된 경우 심판장은 그 사실을 전용실시권자 등에게 통지하도록 하고 있다(法 133④).

㉡ 피청구인으로서의 특허권자는 무효심판청구 당시 특허등록원부상의 특허권자이어야 한다. 과거의 특허권자를 피청구인으로 한 후 현재의 특허권자로 보정하는 것은 심판청구의 요지변경이 되므로 허용될 수 없다. 따라서 특허권소멸 후의 무효심판 청구시에는 소멸시의 특허권자가 피청구인이 되어야 한다.

㉢ 특허권이 공유일 경우에는 공유자 모두를 피청구인으로 하여 심판을 청구하여야 한다(法 139②).

㉣ 신탁법에 의하여 신탁재산에 속하는 특허권이 신탁등록된 경우에는 수탁자도 피청구인이 될 수 있다.

② 피청구인의 지위승계

무효심판의 계속 중에 특허권의 이전이 있는 경우에는 그 승계인에게 심판절차를 속행하게 할 수도 있고(法 19), 권리이전 전의 피청구인이 당사자의 지위에서 계속 심판절차를 수행할 수도 있다.

다만, 승계인에게 속행하게 하는 것은 심판관의 재량행위이므로 반드시 절차의 속행을 명하여야 하는 것은 아니다. 심판이 종결의 단계에 이르러 권리승계인을 절차에 관여시킬 구체적인 필요성이 거의 없거나, 권리의 특정승계의 신고에 관하여 방식심사가 끝나지 않아 구 권리자로 하여금 그대로 절차를 수행하게 하는 것이 적당한 경우 등 당해 사건에 대한 심판의 상황에 비추어 적당하다고 인정하는 때에는 종전의 당사자에게 절차를 수행하게 할 수 있다.

---

1. 이해관계를 인정하는 판례
특허무효심판 청구인이 특허청으로부터 본건 특허의 통상실시권을 허락받았다 하여도 동 특허처분에 제품순판매액의 3퍼센트에 해당하는 대가의 지불조건이 붙어 있어 통상실시권에 수반하는 업무이행을 하여야 한다면 위 실시권 허락 자체만으로 당사자 간의 모든 이해관계가 소멸되었다고 볼 수 없으니 특허무효심판을 구할 이해관계가 있다(대법원 84.5.28. 선고 82후30 특허무효).

2. 이해관계를 부정하는 판례
① 특허권자로부터 특허발명의 실시를 허락받은 자는 어느 특별한 사정이 있어서 그 특허를 무효로 하지 않으면 안될 정당한 이유가 있는 경우(실시권등록말소청구소송이 계속되고 있을 때 등)는 모르되 일반적으로는 그 특허를 무효로 하여야 할 구체적인 이익이 있다고 할 수 없다(대법원 1979.4.10. 선고 77후49 특허무효).
② 특허권자로부터 실시권을 허락받은 자는 그 허락기간 내에는 권리대항을 받을 염려가 없어 업무상 손해를 받거나 받을 염려가 없으므로 그 기간 중에는 그 특허에 관하여 무효확인을 구할 이해관계가 없다고 해석된다(대법원 1981.7.28. 선고 80후77 특허무효).

(3) 청구기간

① 특허권의 존속기간 중에는 물론 특허권이 소멸된 후에도 청구의 이익이 있는 한 특허무효심판을 청구할 수 있다(法 133②). 특허권이 소멸된 후라도 소멸되기 전의 제3자의 실시에 대해서는 특허권자가 손해배상청구를 할 수 있기 때문에 특허를 무효로 만들 실익이 있다.

② 특허권이 무효심결확정에 의하여 소급하여 소멸한 경우에는 특허무효심판을 청구할 실익이 없으며 청구한 무효심판은 심결각하된다. 한편, 후발적 사유에 의하여 무효가 된 경우에는 그 이전의 것에 대해서는 무효심판을 청구할 수 있다.

(4) 심판청구서의 제출

심판청구인은 수수료를 납부하고 법정사항을 기재한 심판청구서를 특허심판원장에게 제출한다(法 140①).

(5) 부본송달 및 답변서 제출

심판장은 심판청구가 있는 때에는 청구서 부본을 피청구인에게 송달하고 기간을 정하여 답변서 제출기회를 주어야 하며(法 147①), 그 취지를 당해 특허권의 전용실시권자 기타 특허에 관하여 등록을 한 권리를 가지는 자에게 통지하여야 한다(法 133④).

5. 심리 및 심결

(1) 심 리

직권주의가 적용되므로 청구인이 신청한 청구취지의 범위 내에서는 당사자 또는 참가인이 신청하지 아니한 이유에 대하여도 이를 심리할 수 있다. 예를 들어, 특허무효심판청구인이 청구항 1부터 청구항 3이 신규성에 위반되어 무효로 되어야 한다는 취지의 무효심판을 청구한 경우 심판관은 신청하지 아니한 청구취지인 청구항 4에 대해서는 직권으로 심리할 수 없지만 청구항 1부터 청구항 3이 신규성 위반이 아닌 진보성 위반이라고 할 수 있다. 다만, 당사자 또는 참가인이 신청하지 아니한 이유에 대해서도 심리하는 경우에는 당사자 및 참가인에게 기간을 정하여 그 이유에 대하여 의견을 진술할 수 있는 기회를 주어야 한다(法 159①).

(2) 심 결

심판관은 ① 특허무효사유에 해당되지 않아 심판청구의 이유가 타당하지 않다고 인정된 때에는 기각심결을 하며, ② 특허무효사유에 해당되어 심판청구의 이유가 타당하다고 인정된 때에는 인용심결을 하여야 한다. 한편, 심판관은 특허무효심판을 청구한 여러 청구항 중 일부 청구항에 대해서만 특허무효사유가 있는 경우 일부인용·일부기각심결을 할 수 있다.

특허출원에 있어 청구범위가 여러 개의 청구항으로 되어 있는 경우 그 하나의 항이라도 거절이유가 있는 때에는 그 출원은 전부 거절되어야 하나, 특허무효심판에 있어서는 청구항마다 무효사유의 유무를 판단하여야 하는바, 청구범위가 2개의 독립항으로 되어 있는 특허발명의 무효심판에 있어서 제1항이 무효라고 하여 제2항도 무효라고 할 수 없다.[578]

(3) **심결에 대한 불복**

심판의 당사자는 심판장으로부터 심결등본을 송달받은 날로부터 30일 이내에 특허법원에 심결취소소송을 제기할 수 있다(法 186①).

6. 특허권 무효의 효과

(1) **특허권의 소급적 소멸**

특허를 무효로 한다는 심결이 확정된 때에는 그 특허권은 처음부터 없었던 것으로 본다(法 133① 본문). 따라서 보상금청구권도 처음부터 발생하지 아니한 것으로 보며(法 65⑤), 전용실시권 등 특허권에 부수하는 모든 권리도 소멸하게 된다. 한편, 일부인용·일부기각심결이 확정된 경우에는 인용심결된 부분의 청구항만이 소급하여 소멸한다.

그러나 후발적 무효사유, 즉 특허된 후에는 특허권자가 제25조(외국인의 권리능력)의 규정에 의하여 특허권을 누릴 수 없는 자가 되거나 그 특허가 조약에 위반되어 무효심결이 확정된 경우에는 소급효가 인정되지 않고, 특허권은 그 특허가 무효사유에 해당하게 된 때부터 없었던 것으로 본다(法 133③ 단서).

한편, 일사부재리 원칙에 따라 특허무효심결이 확정된 때에는 그 사건에 대하여는 누구든지 동일사실 및 동일증거에 의하여 다시 심판을 청구할 수 없다(法 163). 한편, 전부무효심판과 일부무효심판은 동일한 심판으로 본다는 것에 주의하여야 한다.

(2) **권리행사로 끼친 손해배상 문제**

특허권자가 금지청구권 등(法 126)을 행사하여 타인에게 제품의 제조 또는 판매 등을 금지시킴으로써 손해를 준 경우에 그 손해에 대한 배상책임이 있느냐의 여부도 문제인데, 타인에게 손해를 끼친 것이 고의나 과실에 의할 때는 특허권자가 그 타인에게 손해를 배상할 책임이 있다고 해석하는 것이 일반적이다. 고의 또는 과실에 의하지 아니한 경우에도 부당이득은 반환하여야 할 것이다. 특허권자가 상대방에게 특허권 침해를 이유로 손해배상금을 지급받았을 경우에 그 손해배상금은 마땅히 반환되어야 할 것이다.

(3) **무효심판청구 등록 전의 실시에 의한 통상실시권(중용권)의 발생**

「무효심판청구등록 전의 실시에 의한 통상실시권」이란 특허 또는 실용신안등록에 대한 무효심판청구의 등록 전에 자기의 특허발명 또는 등록실용신안이 무효사유에 해당되는 것을 알지 못하고 국내에서 그 발명 또는 고안의 실시사업을 하거나 그 사업의 준비를 하고 있는 자에게 그 실시 또는 준비를 하고 있는 발명 또는 고안 및 사업목적의 범위에서 그 특허권 또는 그 특허나 실용신안등록이 무효로 된 당시에 존재하는 특허권에 대한 전용실시권에 대하여 인정되는 유상의 통상실시권(강학상 중용권이라 함)을 말한다(法 104①).

---

578) 대판 99후2181

(4) 재심에 의하여 회복한 특허권에 대한 선사용자의 통상실시권(후용권) 발생

특허무효심결이 확정된 특허권이 재심에 의하여 회복된 경우에 당해 심결확정 후 재심청구등록 전에 선의로 수입 또는 국내에서 생산하거나 취득한 물건, 당해 발명의 선의의 실시, 선의의 간접침해행위에 대하여는 특허권의 효력이 미치지 아니한다(法 181). 한편, 특허무효심결이 확정된 특허권이 재심에 의하여 회복된 경우에 당해 심결확정 후 재심청구등록 전에 선의로 국내에서 그 발명의 실시사업을 하고 있는 자 또는 그 사업의 준비를 하고 있는 자는 그 실시 또는 준비를 하고 있는 발명 및 사업의 목적의 범위에서 그 특허권에 관하여 무상의 통상실시권(강학상 후용권이라 함)을 갖는다(法 182).

(5) 무권리자 특허에 대한 정당권리자의 출원

무권리자의 특허가 무효심결이 확정된 경우 그 날로부터 30일 이내 정당권리자의 출원이 있는 경우 정당권리자의 출원일은 무권리자의 출원일로 소급한다(法 35).

(6) 실시료 반환 여부

실시권 설정계약내용에 특허가 무효된 경우 이미 지급한 실시료를 반환한다는 특약이 있다면 계약의 내용에 따라 특허권자는 이행의무가 있으므로 상대방으로부터 받은 실시료를 반환하여야 할 것이다. 그러나 이러한 특약이 없는 경우라면 특허무효심결이 확정된 경우 실시권자로부터 이미 받은 실시료를 반환하여야 하는지 문제된다. 실시권자는 무효된 특허로부터 보호되어 사실상의 이익을 얻고 있었으므로 계약시 특별한 약정이 없다면 실시료를 반환할 필요는 없다고 보는 견해[579]와 실시권자가 발명의 실시로 인해 얻은 이익은 누구나 실시할 수 있는 자유기술영역(public domain)의 실시로 인해 얻은 이익이므로, 이는 부당이득에 해당되어 반환해야 한다는 견해가 있었으나[580] 최근 판례[581]는 특허발명 실시계약 체결 이후에 특허가 무효로 확정되었더라도 특허발명 실시계약이 원시적으로 이행불능 상태에 있었다거나 그 밖에 특허발명 실시계약 자체에 별도의 무효사유가 없는 한 특허권자가 특허발명 실시계약에 따라 실시권자로부터 이미 지급받은 특허실시료 중 특허발명 실시계약이 유효하게 존재하는 기간에 상응하는 부분을 실시권자에게 부당이득으로 반환할 의무가 있다고 할 수 없다고 하여 특별한 사정이 없는 한 부당이득의 반환 의무를 부정하였다.

---

579) 지현수, 특허법강의(전정2판), 한국특허아카데미, 2009년, p.575 / 천효남, 전게서, p.808
580) 박희섭·김원오, 전게서, p.622 참조 / 임병웅, 전게서 p.902
581) 대법원 2014.11.13, 선고 2012다42666 판결 : 특허발명 실시계약에 의하여 특허권자는 실시권자의 특허발명 실시에 대하여 특허권 침해로 인한 손해배상이나 그 금지 등을 청구할 수 없게 될 뿐만 아니라 특허가 무효로 확정되기 이전에 존재하는 특허권의 독점적·배타적 효력에 의하여 제3자의 특허발명 실시가 금지되는 점에 비추어 보면, 특허발명 실시계약의 목적이 된 특허발명의 실시가 불가능한 경우가 아닌한 특허무효의 소급효에도 불구하고 그와 같은 특허를 대상으로 하여 체결된 특허발명 실시계약이 그 계약의 체결 당시부터 원시적으로 이행불능 상태에 있었다고 볼 수는 없고, 다만 특허무효가 확정되면 그때부터 특허발명 실시계약은 이행불능 상태에 빠지게 된다고 보아야 한다.

(7) 특허료 반환

특허무효심결이 확정되면 특허료를 납부한 자의 청구에 의해 무효심결이 확정된 연도의 다음 연도부터의 특허료 해당분을 반환한다(法 84①). 다만, 반환대상에 해당함을 통지받은 날로부터 3년이 지났을 때에는 청구할 수 없다(法 84③).

■ 정보제공과 특허무효심판의 비교 [582]

구 분			정보제공(法 63의2)	특허무효심판(法 133)
서	의 의		특허출원이 있는 때에는 누구든지 당해 발명이 法 제62조 각 호(단, 法 42③2, 42⑧, 45 제외) 규정에 해당되어 특허될 수 없다는 취지의 정보를 증거와 함께 특허청장에게 제공할 수 있는 제도를 말한다.	유효하게 설정등록된 특허권이 법 제133조 제1항 각 호의 무효사유에 해당하는 경우 이해관계인 또는 심사관의 심판청구에 의한 심판절차에 의하여 그 특허권의 효력을 소급적으로 또는 장래를 향하여 소멸시킬 수 있는 제도를 말한다. 특허권의 설정등록이 있는 날부터 등록공고일 후 심사관 또는 이해관계인이 법 제133조 제1항 각 호의 무효사유에 해당한다는 이유로 무효심판을 청구할 수 있다(法 133).
	취 지		심사관에 의한 심사의 신속성 및 정확성을 높여 심사의 질적 향상에 기여	하자 있는 권리를 소멸시켜 공중의 피해방지와 행정처분의 적정성과 공정성을 확보
요 건	주 체		누구든지	이해관계인 또는 심사관
	시 기		출원 후 특허락부결정 확정 전(거절결정불복심판단계에서도 가능)	특허권의 존속기간 중에는 물론 특허권이 장래를 향해 소멸된 후라도 가능
	대 상		출원된 발명	설정등록된 특허발명
	사 유	공통점	• 주체적 사유 외국인의 권리능력(法 25), 특허를 받을 수 있는 권리를 가지는 자(法 33① 본문), 특허를 받을 수 없는 자(法 33① 단서), 공동출원(法 44) • 실체적 사유 산업상 이용가능성(法 29① 본문), 신규성(法 29① 각 호), 진보성(法 29②), 확대된 선출원의 지위(法 29③), 불특허발명(法 32), 선출원주의(法 36), 발명의 설명기재(法 42③), 청구범위 기재(法 42④), 신규사항추가금지(원문의 범위를 벗어난 경우)(法 47② 전단), 분할출원의 범위를 벗어난 경우(法 52①), 변경출원의 범위를 벗어난 경우(法 51①) • 조약에 위반한 경우	
		차이점	신규사항추가금지(외국어특허출원, 외국어국제특허출원의 번역문의 범위를 벗어난 경우)(法 47② 후단)	후발적 무효사유(法 133①4)
효 과	심사(심리) 주체		심사관이 단독으로 참고	3인 또는 5인의 심판관합의체가 심리
	심사(심리) 구조		당사자적인 지위 ×, 제공 자료를 심사에 활용해야 한다는 의무 ×	특허무효심판청구인과 특허권자의 대립구조
	제3자의 지위		법률상 응답할 의무 ×, 제공 자료를 심사에 활용해야 한다는 의무 ×	결정 또는 심결로 응답
	불 복		불복불가	심결(결정)등본 송달받은 날로부터 30일 이내 특허법원에 심결취소소송 제기하여 불복 가능

---

[582] 임병웅, 전게서, p.903

7. 특허의 정정청구

(1) 의 의

「특허의 정정청구」란 특허권자가 특허무효심판 또는 정정무효심판에 대한 답변서 제출기간(특허무효심판의 경우 답변서 제출기간 경과 후에도 청구인의 증거서류의 제출로 인하여 정정의 청구를 허용할 필요가 있다고 인정되는 경우에 심판장이 정한 기간) 또는 심판관의 직권심리에 의한 의견서 제출기간 내에 일정범위 내에서 특허발명의 명세서 또는 도면의 정정을 청구하는 것을 말한다. 여기서 정정청구는 法 제136조의 규정에 의한 정정심판과는 별개의 절차이나 그 범위와 효과는 정정심판의 경우와 흡사하다.

(2) 취 지

특허법은 ① 일반공중에게 특허무효심판 또는 정정무효심판의 기회를 부여함으로써 부실특허를 소멸시켜 권리의 안정성을 도모하는 한편, ② 특허권자에게는 명세서 또는 도면을 정정할 수 있는 방어적 기회를 줌으로써 양자의 형평성을 도모하기 위해 본 규정을 두고 있다.

특허정정청구와 특허정정심판청구제도 비교[583]

구 분	독립적 청구	독립적 처분	독립적 불복
특허정정심판의 청구 (독립제도)	○	○	○
특허의 정정청구 (기생제도)	×(특허무효심판·정정무효심판에 기생)	×(심결문의 이유란에 기재)	×(불복의 대상이 없기 때문)

(3) 정정청구의 요건

① 정정청구를 할 수 있는 자

특허권자만이 정정을 청구할 수 있으며, 특허권이 공유인 경우에는 공유자 모두가 공동으로 하여야 한다(法 133의2④ 준용, 139③, 137④ 준용, 133의2④). 또한 특허권자는 전용실시권자, 허락에 의한 통상실시권자, 직무발명에 의한 통상실시권자, 질권자의 동의를 얻지 않으면 정정을 청구할 수 없다(法 133의2④ 준용, 136⑧, 137④ 준용, 133의2④).

② 정정청구의 대상

명세서 또는 도면의 정정은 특허발명의 명세서 또는 도면에 기재된 사항의 범위 내에서 할 수 있다. 다만, 잘못된 기재를 정정하는 경우에는 출원서에 최초로 첨부된 명세서 또는 도면에 기재된 사항의 범위 내에서 가능하다(法 133의2④ 준용, 136③, 137④ 준용, 133의2④).

---

[583] 임병웅, 전게서, p.905

③ 정정청구의 범위
　㉠ 의 의
　　특허권자는 청구범위를 감축하는 경우, 잘못 기재된 것을 정정하는 경우, 분명하지 아니하게 기재된 것을 명확하게 하는 경우 중 어느 하나에 해당하는 경우에 한하여 특허발명의 명세서 또는 도면에 대하여 정정을 청구할 수 있다(法 133의2①, 137③).

　㉡ 청구범위의 감축
　　청구범위의 감축에 해당하는 경우는 다음과 같은 예를 들 수 있다.
　　ⓐ 택일적으로 기재된 선택요소의 삭제
　　ⓑ 상위개념의 기재로부터 하위개념의 기재로의 변경
　　ⓒ 구성요소의 직렬적 부가
　　ⓓ 청구항의 삭제
　　ⓔ 다수항을 인용하는 종속항에서 인용항 수의 감소
　　ⓕ n항 인용형식 종속항을 n-1 이하의 종속항으로 변경

　㉢ 잘못 기재된 것의 정정
　　잘못기재된 것의 정정은 특허발명의 명세서 또는 도면 중 오기를 명확한 내용의 자구(字句)나 어구(語句)로 고치는 것을 말한다.

　㉣ 분명하지 아니하게 기재된 것의 명확화
　　분명하지 아니하게 기재된 것을 명확하게 하는 경우란 다음의 사항과 같은 경우를 말한다.
　　ⓐ 문리(文理)상 의미가 명확하지 않는 기재를 바로잡는 경우
　　ⓑ 그 자체의 기재내용이 다른 부분의 기재와 관련하여 불합리한 관계를 바로잡는 경우
　　ⓒ 발명의 신규성, 진보성을 명확히 하기에 불충분한 기재를 정정하여 특허결정시의 명세서 또는 도면에 기재된 사항의 범위 내에서 명확히 하는 경우

(4) 정정청구기간

특허무효심판 또는 정정무효심판의 피청구인(특허권자)은 무효심판에 대한「답변서 제출기간 내」또는 직권심리결과에 대한「의견서 제출기간 내」에 정정을 청구할 수 있다.

다만, 위 기간 후에도 청구인이 증거를 제출하거나 새로운 무효사유 주장으로 인하여 정정청구를 허용할 필요가 있다고 인정하는 경우에 심판장은 기간을 정하여 정정청구를 하게 할 수 있으며, 정정청구의 횟수에 대해서는 제한규정이 없으므로 이 기간 내에는 몇 번이고 정정청구를 할 수 있다. 이 경우 해당 무효심판절차에서 그 정정청구 전에 한 정정청구는 취하된 것으로 본다(法 133의2①②).

(5) 정정청구의 절차

① 특허권자는 전용실시권자, 질권자 또는 발명진흥법 제10조 제1항(사용자의 법정 통상실시권), 특허법 제100조 제4항(전용실시권자는 특허권자 동의 얻어 통상실시권 허락) 및 제102조 제1항(통상실시권 허락)의 규정에 의한 통상실시권자의 동의를 얻은 후에 특허발명의 명세서 또는 도면의 정정을 청구할 수 있다. 다만, 특허권자가 정정심판을 청구하기 위하여 동의받아야 하는 자가 무효심판을 청구한 경우에는 그러하지 아니하다(法 133의2④ 준용, 136⑧).

② 특허권이 공유인 경우에는 공유자 모두가 공동으로 청구하여야 한다(法 133의2④ 준용, 139③).

③ 특허발명의 명세서 또는 도면의 정정을 청구하고자 하는 아래 사항을 기재한 정정청구서를 특허청장에게 제출하여야 한다(法 133의2④ 준용, 140①).
  ㉠ 당사자의 성명 및 주소(법인의 경우에는 그 명칭, 영업소의 소재지)
  ㉡ 대리인이 있는 경우에는 그 대리인의 성명 및 주소나 영업소의 소재지[대리인이 특허법인·특허법인(유한)인 경우에는 그 명칭, 사무소의 소재지 및 지정된 변리사의 성명]
  ㉢ 특허무효심판사건의 표시
  ㉣ 청구의 취지 및 이유

④ 정정을 청구할 때에는 정정청구서에 정정한 명세서 및 도면을 첨부하여야 하며(法 133의2④ 준용, 140⑤), 명세서 정정시에는 명세서 전문을 첨부하여야 한다.

(6) 정정청구에 대한 심리

① 정정청구가 있는 때에는 당해 정정청구가 법 제133조의2의 정정요건에 적합한지의 여부를 심리하며, 적합한 경우에는 정정된 명세서 및 도면을 기준으로 무효심판에 대한 심리를 진행한다.

② 정정청구가 요건에 부합되지 아니할 경우에는 청구인에게 정정불인정 이유를 통지하고 기간을 정하여 의견서를 제출할 수 있는 기회를 주어야 한다(法 133의2④ 준용, 136⑥). 정정 후의 청구항에 특허무효사유가 있다고 하더라도 특허권자에게 그 이유를 통지하고 의견서를 제출할 수 있는 기회를 주어야 하며, 이와 같은 기회를 박탈하는 것은 위법이다.[584]

③ 특허권자는 정정불인정 이유 통지에 대하여 의견서를 제출할 수 있으며, 특허권자가 제출한 의견서에 의하여도 정정청구를 인정할 수 없는 경우에는 특허무효심판의 무효심결문에서 정정청구를 인정할 수 없는 이유를 기재하고 정정청구를 채택하지 않는다.

④ 정정청구가 있는 경우 정정의 인정 여부는 무효심판절차에서 함께 심리되는 것이므로, 독립된 정정심판청구의 경우와 달리 정정만이 따로 확정되는 것이 아니라 무효심판의 심결이 확정되는 때에 함께 확정된다.[585]

---

[584] 대법원 2003.11.13. 선고 2003후83 판결
[585] 대법원 2008.6.26. 선고 2006후2929 판결

(7) 특허무효심판에서 정정청구취하

① 개 요

이는 2017. 3. 1. 시행되는 개정법에 의해 도입된 제도이다. 특허무효심판이 청구된 경우 특허권자는 이에 대응하기 위하여 특허발명의 명세서 또는 도면의 정정을 청구할 수 있도록 하고 있으나 그 정정청구의 취하 가능 시기에 대해서는 규정이 미비하여 특허무효심판심결이 확정되기 전까지는 언제든지 정정청구의 취하가 가능하여, 심리가 지연되는 등의 문제점이 발생하고 있어 이를 개선하기 위하여 특허무효심판절차에서 정정을 청구할 수 있는 기간 또는 정정에 대한 보정이 가능한 기간에만 정정청구를 취하할 수 있도록 명문화하였다.

② 특허무효심판절차에서 정정청구의 취하는 아래의 어느 하나에 해당하는 기간에만 할 수 있다.

㉠ 법 제133조의2 제1항에 따라 정정을 청구할 수 있도록 지정된 기간과 그 기간 만료일부터 1개월 이내의 기간(즉, 특허무효심판절차에서 정정을 할 수 있는 기간)

㉡ 법 제136조 제6항에 따라 지정된 기간(즉, 정정에 대한 보정이 가능한 기간)

(8) 정정의 효과

① 적법한 경우

정정청구가 적법하여 인정된 경우에는 그 특허는 정정 후의 명세서 또는 도면에 의하여 특허출원, 출원공개, 특허결정 또는 심결 및 특허권의 설정등록이 된 것으로 본다(法 133의2④ 준용, 136⑩, 137③ 준용, 133의2④).

특허발명의 명세서 또는 도면에 대한 정정을 한다는 심결이 있는 경우에 특허심판원장은 그 내용을 특허청장에게 통보하여야 하며, 특허청장은 통보가 있는 때에는 이를 특허공보에 게재하여야 한다(法 133의2④ 준용, 136⑫⑬, 137③ 준용, 133의2④). 정정에 의하여 권리범위가 변동한 것을 공중에게 알리기 위함이다.

② 부적법한 경우

무효사유를 해소하기 위하여 정정이 있었고, 그 정정이 부적합한 것으로 인정된 경우에는 청구인에게 그 이유를 통지하고 기간을 정하여 의견서를 제출할 수 있는 기회를 주어야 하며(法 133의2④ 준용, 136⑥), 청구인은 정정불인정 이유통지에 대하여 의견서를 제출할 수 있으며, 정정청구서에 첨부된 정정한 명세서 또는 도면에 대하여 보정할 수 있다(法 133의2④ 준용, 136⑪, 133의2④ 후단).

특허권자가 제출한 의견서나 명세서 또는 도면의 보정에 의하여도 정정청구를 인정할 수 없는 경우에는 별도의 각하결정은 하지 아니하고 심결 이유란에 정정청구를 채택할 수 없는 이유를 기재하고 정정청구를 채택하지 아니한다. 정정청구가 채택되지 아니하는 경우에는 특허무효심결로 일단락된다. 그러나 착오로 부적법한 정정이 인용되고 정정된 내용으로 특허가 유지되는 경우도 간혹 발생할 수 있다. 이 경우 그 정정은 법 제137조 제1항에 의한 정정의 무효심판의 대상이 된다. 아울러, 피청구인은 정정의 무효심판절차의 계속 중에 별도의 심판청구 없이도 법 제47조 제3항 각 호의 어느 하나(청구범위 보정)에 해당하는 경우에 한하여 부적법한 정정을 시정할 수 있도록 하고 있다(法 137③).

③ **일사부재리**

무효심판절차 중에 정정청구를 인용하는 심결이 확정된 경우, 당해 정정의 가부판단에 대해서도 일사부재리(法 163)를 적용하고, 동일사실·동일증거를 근거로 정정이 부적법하다는 취지를 주장하는 정정무효심판(法 137)은 청구할 수 없는 것으로 하여, 당해 청구가 있는 경우에는 심결각하한다.

Ⅲ 특허권 존속기간 연장등록의 무효심판

1. 의 의

특허발명을 실시하기 위하여 첫째, 다른 법령의 규정에 의하여 허가를 받거나 등록을 받기 위하여 장기간이 소요되는 발명에 대하여 5년의 기간 내에서 특허권의 존속을 연장할 수 있으며 둘째는, 심사지연 등으로 등록지연에 따른 특허권 존속기간 연장등록이 가능하다. 그러나 연장등록될 수 없는 특허권이 연장등록된 경우에는 특허권자의 부당한 보호로 특허제도의 취지에 반하게 된다. 즉, 특허권존속기간 연장등록의 무효심판이라 함은 존속기간 연장등록출원에 따라 발생한 특허권의 존속기간의 연장등록에 대하여 무효를 구하는 심판을 말한다(法 134).

특허무효심판은 특허권 자체의 무효를 청구하는 심판이지만, 특허권의 존속기간 연장등록 무효심판은 원래의 특허권의 존속기간은 인정하되 연장된 존속기간만을 무효시키는 점에서 차이가 있다.

2. 취 지

특허권의 존속기간 연장등록의 무효심판제도는 존속기간 연장등록출원심사의 완전·공정성에 대한 사후적 보장제도로서, 선의의 제3자 보호와 산업발전이라는 특허제도의 목적에 따라 부당한 연장등록을 규제 및 정리하기 위한 것이다.

3. 연장등록의 무효사유

특허권의 존속기간 연장등록의 무효사유(法 134①)는 연장등록출원의 거절이유(法 91, 92의4)와 실질적으로 동일하며, 다음에 열거된 사항에 한한다.

(1) 허가 등에 따른 특허권의 존속기간의 연장등록의 무효사유(法 134①)

① 그 특허발명을 실시하기 위하여 법 제89조에 따른허가 등을 받을 필요가 없는 출원에 대하여 연장등록이 된 경우

② 그 특허권자 또는 그 특허권의 전용실시권 또는 등록된 통상실시권을 가진 자가 법 제89조에 따른 허가 등을 받지 아니한 출원에 대하여 연장등록이 된 경우

③ 연장등록에 따라 연장된 기간이 그 특허발명을 실시할 수 없었던 기간을 초과하는 경우

④ 특허권자가 아닌 자의 출원에 대하여 연장등록이 된 경우

⑤ 법 제90조 제3항(특허권이 공유인 경우 공유자 모두가 출원)의 규정을 위반한 출원에 대하여 연장등록이 된 경우

(2) 등록지연에 따른 특허권의 존속기간 연장등록의 무효사유(法 134②)

① 연장등록에 따라 연장된 기간이 법 제92조의2에 따라 인정되는 연장의 기간을 초과한 경우
② 특허권자가 아닌 자의 출원에 대하여 연장등록이 된 경우
③ 법 제92조의3 제3항(특허권이 공유인 경우 공유자 모두가 출원)을 위반한 출원에 대하여 연장등록이 된 경우

4. 당사자

(1) 청구인

특허권의 존속기간 연장등록 무효심판을 청구할 수 있는 자는 이해관계인 또는 심사관이 청구할 수 있다(法 133①).

(2) 피청구인

연장등록 무효심판의 피청구인은 특허권자이다. 특허권자는 현재 특허등록원부에 특허권자로 등록되어 있는 자이어야 한다.

(3) 청구대상

특허무효심판은 청구범위의 청구항이 2 이상인 때에는 청구항마다 청구할 수 있으나(法 133① 단서), 특허권의 존속기간 연장등록 무효심판의 청구대상은 「연장등록」 자체이다.

5. 청구기간

연장등록의 무효심판청구는 특허무효심판의 경우와 같이 당해 특허권의 존속기간 중에는 물론 특허권의 소멸 후에도 할 수 있다(法 134③ 준용, 133②).

연장된 존속기간 중의 특허권 침해를 이유로 손해배상청구권이 행사될 수 있으므로 그 권리대항을 받을 우려가 있는 자(특허권 침해자)는 특허권 소멸 후에도 존속기간 연장등록을 무효시킬 실익이 있다.

6. 심판청구서의 제출

심판청구인은 수수료를 납부하고 법정사항을 기재한 심판청구서를 특허심판원장에게 제출한다(法 140①).

7. 부본송달 및 답변서 제출

심판장은 심판청구가 있는 때에는 청구서 부본을 특허권자에게 송달하고 기간을 정하여 답변서 제출기회를 주어야 하며(法 147①), 그 취지를 당해 특허권의 전용실시권자 기타 특허에 관하여 등록을 한 권리를 가지는 자에게 통지하여야 한다(法 134③ 준용, 133④). 이것은 이러한 자들에게 미리 알려 참가의 기회를 주는 등 등록권리자를 보호하기 위한 규정이다.

8. 심리 및 심결

(1) 심 리

특허권의 존속기간 연장등록 무효심판에 대한 심리는 구술심리 또는 서면심리로 한다. 다만, 당사자가 구술심리를 신청한 때에는 서면심리만으로 결정할 수 있다고 인정되는 경우 외에는 구술심리를 하여야 한다(法 154①). 구체적인 내용은 특허무효심판의 경우와 동일하다.

(2) 심 결

심판관은 ① 특허권의 존속기간 연장등록 무효사유에 해당되지 않아 심판청구의 이유가 타당하지 않는다고 인정된 때에는 기각심결을 하며, ② 특허권의 존속기간 연장등록 무효사유에 해당되어 심판청구의 이유가 타당하다고 인정된 때에는 인용심결을 하여야 한다.

9. 심리확정의 효력

(1) 인용심결 확정시

연장등록을 무효로 한다는 심결이 확정된 때에는 그 연장등록에 따른 존속기간의 연장은 처음부터 없었던 것으로 본다. 다만, 다음의 어느 하나에 해당하는 경우에는 그 해당하는 기간에 대하여만 연장이 없었던 것으로 본다(法 134④).

① 허가 등에 따라 특허권의 존속기간이 연장등록되고 난 뒤 연장등록에 따라 연장된 기간이 그 실시할 수 없었던 기간을 초과하여 무효로 된 경우에는 그 특허발명을 실시할 수 없었던 기간을 초과하여 연장된 기간

② 등록지연에 따라 특허권의 존속기간이 연장등록되고 난 뒤 연장등록에 따라 연장된 기간이 법 제92조의2에 따라 인정되는 연장의 기간(지연된 기간)을 초과하여 무효로 된 경우에는 법 제92조의2에 따라 인정되는 연장의 기간을 초과하여 연장된 기간

(2) 기각심결 확정시

기각심결이 확정된 경우에 연장등록된 특허권은 유지된다. 이 경우 누구든지 동일사실 및 동일증거에 의해 동일한 특허권의 존속기간 연장등록 무효심판을 청구할 수 없으며 동일한 특허권의 존속기간 연장등록 무효심판을 청구한 경우 심결각하된다(法 163).

10. 불 복

심판의 당사자는 심판장으로부터 심결등본을 송달받은 날로부터 30일 이내에 특허법원에 심결취소소송을 제기할 수 있다(法 186①).

Ⅳ 권리범위확인심판

1. 의 의

「특허권의 권리범위확인심판」이란 특허발명의 보호범위, 즉 확인대상발명(청구인이 주장하는 피청구인의 발명을 말한다. '가'호발명이라고도 함)과의 관계에서 특허권의 효력이 미치는 범위를 확인하기 위하여 청구하는 심판을 말한다(法 135).

2. 취 지

권리범위확인심판의 제도적 취지는 심판의 청구에 의하여 많은 경험과 전문적인 기술적 지식을 구비한 심판관이 특정 형태의 실시기술 또는 실시하려는 기술이 대상이 되는 특허발명의 보호범위에 속하는지의 여부를 판단하게 하여 소송비용을 절감하고 본격적인 특허분쟁의 발생이 미연에 방지되도록 함과 동시에, 침해소송에서 법원에 판단의 기준을 제공함으로써 법관이 기술적 측면의 심리에 소요되는 부담을 경감시키고자 함이다.

3. 법적 성질

권리범위확인심판의 법적 성질에 관하여는 확인행위설과 형성행위설이 존재한다. 「확인행위설」은 권리범위확인심판이란 계쟁대상물이 특허발명의 권리범위에 속하는지를 확인하는 심판으로 보며, 「형성행위설」은 권리범위확인심판의 심결이 확정됨에 따라 특허발명의 권리범위가 형성된다고 본다. 두 가지 설을 검토하여 보면 결론적으로 권리범위확인심판이란 이미 부여된 특허발명의 보호범위를 구체적인 사실과의 관계에서 확인하고자 하는 것이지, 권리범위확인심결의 확정에 의하여 새로운 권리관계를 형성시키려는 것은 아니므로 그 법적 성격은 '확인행위설'이 타당하다고 본다.

4. 권리범위확인심판의 분류

권리범위확인심판은 심판청구의 주체에 의하여 분류하면 적극적 권리범위확인심판과 소극적 권리범위확인심판으로 구분할 수 있으며, 그 대상에 있어서 적극적 권리범위확인심판은 (가)호발명[586]이 피청구인이 실시하였거나 실시하고 있는 것이어야 하나, 소극적 권리범위확인심판은 피청구인이 실시하였거나 실시하고 있는 것뿐만 아니라, 미래에 실시하려는 (가)호발명을 대상으로 할 수 있다는 점에 차이가 있다.

---

[586] 권리범위확인심판에 있어서 「(가)호발명」이란 이해관계인이 구체적으로 실시하고 있거나 실시하려는 기술로서 특허발명에 대비되는 기술을 말한다

(1) 적극적 권리범위확인심판

적극적 권리범위확인심판이란 특허권자가 「(가)호발명」의 이해관계인을 상대로 하여 청구하는 심판으로, 심판청구의 취지는 「(가)호발명은 특허 제○○○호의 권리범위에 속한다」라는 심결을 구하는 것이다.

(2) 소극적 권리범위확인심판

소극적 권리범위확인심판이란 (가)호발명의 이해관계인이 특허권자를 상대로 하여 청구하는 심판으로, 심판청구인의 취지는 「(가)호발명은 특허 제○○○호의 권리범위에 속하지 아니한다」라는 심결을 구하는 것이다.

5. 당사자

(1) 이해관계인

권리범위확인심판을 청구할 수 있는 자는 「특허권자·전용실시권자」 또는 「이해관계인」이다(法 135①②). 이해관계인은 타인의 특허발명의 보호범위를 확인하기 위하여 특허권의 권리범위확인심판을 청구할 수 있다(法 135②).

(2) 당사자 구조

① **청구인**: 누가 심판청구인이 될 것인지는 상기한 심판청구의 유형에 따라 정해진다. 적극적 권리범위확인심판의 경우에는 권리자, 전용실시권자가, 소극적 권리범위확인심판의 경우에는 "확인대상 발명"의 실시자가 청구인이 된다.

② **피청구인**: 권리범위확인심판청구에 있어 피청구인 역시 심판청구의 유형에 따라 정해진다. 「적극적 권리범위확인심판」에 있어서는 확인대상 발명의 실시자가, 「소극적 권리범위확인심판」에 있어서는 권리자가 피청구인이 된다.

6. 청구범위

(1) 특허권의 권리범위확인심판을 청구하는 경우에 청구범위의 청구항이 2 이상인 때에는 청구항마다 청구할 수 있다(法 135③).

(2) 확인의 대상물이 여러 개인 것으로 인정되는 때(예를 들면, (가)호 도면 또는 (나)호 도면과 같이 기재함으로써 확인의 대상물이 형식상 여러 개인 경우 및 (가)호 도면으로만 기재되어 있으나 실제 (가)호 도면에서는 여러 개의 대상물이 여러 개의 도면으로 나누어져 기재되어 있는 경우)에는 보정할 수 있는 흠이 있는 것으로 인정하여 그 보정을 명하고 그 보정명령에 응하지 아니할 때에는 심결로써 그 청구를 각하한다.[587]

---

[587] 심판편람

7. 청구기간

권리범위확인심판의 청구는 특허권의 존속기간 중에만 허용될 것인지, 아니면 권리소멸 후에도 가능할 것인지에 대하여는 판례와 학설상 견해가 갈린다.

학설은 특허권 소멸전의 침해에 대하여 침해자에 대한 손해배상청구는 민법 제766조의 소멸시효가 완성되지 아니하면, 특허권 소멸 후에도 가능하므로, 권리범위 확인심판은 권리소멸 후에도 청구의 이익이 있으면 인정하여야 한다고 주장하는 반면, 판례는 특허권의 권리범위확인청구는 현존하는 특허권의 범위를 확정하는 것이므로, 적법하게 발생한 특허권이라 할지라도 일단 소멸된 이후에는 그 권리에 관하여 권리범위확인의 심판을 청구할 수 없을 뿐만 아니라 그 확인의 이익이 없다고 하고 있다.[588] 그러나 권리범위확인심판은 특허권의 권리·의무 관계를 확정해주는 역할을 하므로 비록 특허권이 소멸된 후라도 권리범위확인의 이익을 얻을 수 있기 때문에 판례의 태도는 적절하지 아니하다는 판단이 든다.

8. 심판청구서의 제출 등

(1) 심판청구서의 제출

심판청구인은 수수료를 납부하고 법정사항을 기재한 심판청구서를 특허심판원장에게 제출한다(法 140①). 이때 특허발명과 대비될 수 있는 확인대상발명의 설명서 및 필요한 도면을 첨부하여 특허심판원장에게 제출하여야 한다(法 140③). 한편, 특허권자 또는 전용실시권자가 청구인으로서 청구한 권리범위 확인심판에서 심판청구서의 확인대상발명의 설명서 및 도면에 대하여 피청구인이 자신이 실제로 실시하고 있는 발명(실시주장발명)과 비교하여 다르다고 주장하는 경우에 청구인이 피청구인의 실시 발명과 동일하게 하기 위하여 심판청구서의 확인대상 발명의 설명서 및 도면을 보정하는 경우에는 요지변경이 되더라도 상관없다(法 140②③).

(2) 확인대상발명의 특정

① 적극적 권리범위확인심판인 경우

적극적 권리범위확인심판청구에 있어서 "확인대상발명"을 상대방(피청구인)이 실시하고 있다고 권리자(청구인)가 주장한 것에 대해 피청구인이 자기의 실시발명은 확인대상발명이 아니라

---

[588] 1996.9.10. 선고 94후2223 판결: 특허권의 권리범위확인의 심판청구는 현존하는 특허권의 범위를 확정하는 것을 목적으로 하는 것이므로, 일단 적법하게 발생한 특허권이라 할지라도 그 특허권이 소멸되었을 경우에는 그 소멸 이후에는 특허권리범위확인의 이익이 없다 할 것이다. 기록과 관련 법규에 의하면 이 사건 특허발명(특허등록 제19985호)은 상고심 계속 중인 1994. 12. 5. 그 존속기간이 만료되어 소멸하였으므로 이 사건은 확인의 이익이 없게 되어 부적법하게 되었다고 할 것이다.

"실시주장 발명"[589]이라 반박한 경우, 피청구인의 실시발명이 "실시주장발명"이 아니고 "확인대상발명"임을 청구인이 입증하지 못하거나 적법한 대상으로 보정하지 아니하면 피청구인이 실시하지 아니한 발명을 대상으로 한 부적법심판청구에 해당되어 그 심판청구는 심결각하된다.[590]

② 소극적 권리범위확인심판인 경우

소극적 권리범위확인심판에서는 청구인이 실제로 실시하고 있지 아니한 발명도 확인대상발명이 될 수 있다. 따라서 청구인이 실제로 실시하고 있는 발명과 다른 발명(장래 실시하고자 하는 발명)을 확인대상발명으로 하여 소극적 권리범위확인심판을 청구하더라도 확인대상발명은 심판의 대상이 되므로 각하할 수 없다. 다만, 확인대상발명을 실시한 바도 없고 앞으로 실시하지도 아니할 것이라면 이에 대한 소극적 권리범위확인심판청구는 확인의 이익이 없으므로 부적법하여 각하되어야 한다.[591]

(3) 확인대상발명 미첨부시 효과

권리범위확인심판청구를 함에 있어서 특허발명과 대비될 수 있는 '설명서 및 필요한 도면'이 첨부되고 있지 않을 때에는 심판장은 기간을 정하여 보정을 명하고, 그 기간 내에 흠이 보정되지 아니할 경우에는 심판장은 당해 심판청구서를 결정으로 각하하여야 한다(法 141②).

(4) 부본송달 및 답변서 제출

심판장은 심판청구가 있는 때에는 청구서 부본을 피청구인에게 송달하고 기간을 정하여 답변서 제출기회를 주어야 한다(法 147①).

9. 심리 및 심결

(1) 심 리

심리는 사실관계를 기초로 확인대상발명이 특허발명의 보호범위에 속하는가 여부를 결정해야 한다. 구체적으로 특허발명의 기술적 범위를 특정하고, 구성요소완비의 원칙, 균등론 등에 의해 확인대상발명이 특허발명의 보호범위에 속하는지 여부를 판단한다.

---

[589] 실시주장발명이란 확인대상발명과 다른 발명의 의미로 사용되는 용어로 종래에는 (나)호발명이라 칭하였다.
[590] 대법원 2003.6.10. 선고 200후2419 : 실용신안권자가 어떤 물품이 자신의 등록실용신안권의 권리범위에 속한다는 내용의 적극적 권리범위확인심판을 청구한 경우, 그 심판청구인이 특정한 물품과 피심판청구인이 실시하고 있는 물품 사이에 동일성이 인정되지 아니하면, 피심판청구인이 실시하지도 않는 물품이 등록고안의 권리범위에 속한다는 심결이 확정된다고 하더라도 그 심결은 심판청구인이 특정한 물품에 대하여만 효력을 미칠 뿐 실제 피심판청구인이 실시하고 있는 물품에 대하여는 아무런 효력이 없으므로, 피심판청구인이 실시하지 않고 있는 물품을 대상으로 한 적극적 권리범위확인 심판청구는 확인의 이익이 없어 부적법하고 각하되어야 한다.
[591] 대법원 2005.10.14. 선고 2004후1663 판결

(2) 심 결

① 심결내용

권리범위확인심판의 심결이 확정되면 확인대상발명이 특허발명의 권리범위에 속하는지 여부가 확인된다. 따라서 '권리범위에 속한다'라는 취지의 심결이 확정되면 확인대상발명의 실시는 특허권의 침해에 해당된다고 볼 수 있으며, '권리범위에 속하지 아니 한다'라는 취지의 심결이 확정되면 "확인대상발명"의 실시는 특허권의 침해가 되지 않는 것으로 일응 판단될 수 있을 것이나, 여기의 권리범위확인은 침해 여부를 확정하는 사법적 판단이 아닌 기술적 판단 그 자체이며, 향후 사법적 판단시 법원에서 권리범위확인심판 결과와 상반되는 판결이 나올 수 있다.

② 불 복

심판의 당사자는 심판장으로부터 심결등본을 송달받은 날로부터 30일 이내에 특허법원에 심결취소소송을 제기할 수 있다(法 186①).

10. 심결확정의 효과

(1) 확인심결 확정 효과

① 권리범위확인심판의 심결이 확정되면 (가)호발명이 특허발명의 권리범위에 속하는 지의 여부가 확인된다. 따라서 "권리범위에 속한다"는 취지의 심결이 확정되면 (가)호발명의 실시는 특허권의 침해에 해당된다고 볼 수 있으며, "권리범위에 속하지 아니하다"라는 취지의 심결이 확정되면, (가)호발명의 실시는 특허권의 침해가 되지 않는 것으로 판단할 수 있으나, 확정된 권리범위확인심결이 민·형사상 사건에서 법원을 구속할 힘은 없으므로, 그 판단은 단지 기술적 판단에 해당한다 할 것이다.

즉, 법원은 권리범위확인심판의 심결에 구속되지 않는다는 입장이다. 즉, 권리범위에 속한다(또는 속하지 않는다)는 권리범위확인심판의 심결이 확정된 후 법원에서 침해가 아니다(또는 침해이다)라고 판결하여도 위법한 판결이 아닌 것으로 보고 있다.[592] 따라서 권리범위확인심판은 분쟁의 근본적 해결수단이 되지 못하고, 침해관련소송에 있어서 감정의 역할 정도에 그치고 있다.

② 현행법에서 특허권 침해와 관련된 분쟁을 해결하기 위해서는 특허심판원에 권리범위확인심판을 청구하는 방법과 법원에 특허권 침해소송을 제기하는 방법이 있다. 그러나 일반적으로 법원이 확정된 권리범위확인심결을 재판에서 참작대상으로 간주하고 있는 상황에서는 권리범위확인심판의 본래의 기능을 수행하는 데 문제점으로 지적되고 있다.[593]

---

[592] 민사재판에 있어서 이와 관련된 다른 권리범위확인심판사건 등의 확정심결에서 인정된 사실은 특별한 사정이 없는 한 유력한 증거자료가 되는 것이나, 당해 민사재판에서 제출된 다른 증거내용에 비추어 관련 권리범위확인심판사건 등의 확정심결에서의 사실판단을 그대로 채용하기 어렵다고 인정될 경우에는 이를 배척할 수 있다(대판 99다59320).
[593] 국제지식재산연수원, 전게서, p.369

③ 일본에서는 이러한 법적 효력의 모호성으로 인하여 권리범위확인심판제도를 폐지하고 대신에 판정(判定)제도를 도입하였다. 심판관의 판정에 대하여는 불복을 허용하지 않음과 동시에 판정이 법적 구속력을 가지지 아니하는 공적 기관의 감정에 머물도록 한 것이다.[594]

(2) 기각심결 효과

권리범위확인심판의 심결이 확정되면 일사부재리의 원칙이 적용된다. 즉, 기각심결이 확정되면 누구든지 동일사실 및 동일증거에 의해 동일심판을 청구할 수 없다. 이에 위반하면 부적법한 심판청구를 이유로 심결각하된다. 한편, 적극적 권리범위확인심판이 청구되어 그 기각심결이 확정된 이후 소극적 권리범위확인심판을 청구한 경우에도 실질적으로 동일한 심결을 구하는 것으로 보아 일사부재리의 원칙이 적용된다(法 163).

11. 관련문제

(1) 권리 대 권리의 권리범위확인심판 가부

① 문제의 소재

권리범위확인심판은 권리(특허권) 대(對) 비권리(확인대상발명)의 대립구조로 되어 있는 것이 일반적이다. 그런데 특허권 대 특허권 상호간에 권리범위에 대해서 다툼이 발생되는 경우가 있다. 이때 일방의 권리가 타방의 권리에 속하는지의 여부를 확인하는 소위 특허권(실용신안권) 상호간의 권리 대 권리의 권리범위확인심판이 허용되는지 문제가 된다.

② 판례의 태도

대법원 판례는 권리 대 권리의 소극적 권리범위확인심판과 관련하여, 일방의 특허권이 다른 특허권의 권리범위에 속하지 아니한다는 취지의 심결을 하면 그 심결의 결과는 어느 한쪽의 권리도 부정하는 것이 아니므로 부적법한 것이 아니라고 판시한 바 있다.[595]

---

594) 일본과 독일은 권리범위확인심판에 갈음하여 다음과 같은 제도를 두고 있다(임병웅, 전게서, p.927).
① 일본에서의 판정제도
일본의 경우 어떤 기술이 특허발명의 기술적 범위에 속하는가 여부에 관하여 다툼이 있는 경우에 특허부여의 전문기관인 특허청에 대하여 공평한 입장에서 감정을 하여 달라고 청구하는 이른바 판정제도를 마련하고 있다. 일본의 경우에도 우리나라처럼 과거의 권리범위확인심판제도가 있었지만 그 법적 성격이 애매하여 1959년 이를 폐지하고 판정제도를 두게 되었다(일본특허법 71). 판정은 특허청이 행하는 감정이며 법적 구속력이 없고 따라서 판정에 대하여 불복을 신청할 수도 없다(最判 1968.4.18). 또한 법원에서 판정과 다른 판단을 하는 것도 자유이다.
② 독일에서의 특허해석
독일에 있어서 특허는 행정처분에 의한 사권의 창설로서 특허의 부여는 창설적 행정행위에 근거하는 것이며 특허청의 관할에 속한다고 보고, 특허권리범위의 해석은 법원의 고유의 관할에 속한다는 권한분배의 원리를 대전제로 한다. 그러므로 특허청은 권리범위확정에 대하여 법원에 관여할 수 없고, 마찬가지로 법원은 특허청의 특허부여, 즉 신규성, 진보성에 대한 새로운 심사로서 이에 관여할 수 없다. 즉, 특허청은 발명을 확정하고 법원은 보호범위를 결정한다.
595) 대판 84후19 ; 95후1920 등

다만, 권리 대 권리 간의 적극적 권리범위확인심판과 관련하여, 대법원 판례는 저촉관계를 확인하는 인용심결을 하는 경우 타방의 권리를 부정하게 되어 확인의 성격을 벗어나기 때문에 타당하지 않으며, 이것은 무효심판의 전권사항을 권리범위확인심판이 하는 것과 같게 되는 것이어서 인정될 수 없다고 판시하고 있다.596)

이용관계의 확인은 상대방의 권리의 존부에 어떤 변동을 가져오는 것이 아니며, 그 심판결과가 양 등록 권리 사이에 통상실시권 허락 및 실시료 지급 등의 문제해결을 위한 전제가 될 수 있으므로, 확인의 이익이 있는 것이어서 적법한 것이라는 것이 최근의 특허법원 판결597) 및 대법원 판결이다.598)

(2) 카테고리가 다른 확인대상 발명의 특징

물건발명과 방법발명은 실시의 태양이 달라짐에 따라 특허권의 효력범위에 차이가 있을 뿐 서로 대비할 수 없는 별개의 발명이라 할 수 없다. 구체적으로, 물건발명의 권리범위 내에서는 그 물건에 관련된 방법발명(예컨대 제조방법발명, 사용방법발명)이 포함되고, 제조방법발명의 권리범위는 그 제조방법에 의해 생산된 물건에까지 미치므로, 결국 양 발명은 그 효력범위의 광협(廣狹)에 있어 차이가 있는 것에 불과하다.

따라서 (가)호발명이 '물건의 발명'이기는 하지만 실시발명의 설명서에 그 생산방법을 구체적으로 특정하고 있는 경우, '방법의 발명'인 특허발명을 대상으로 권리범위확인심판을 청구한 경우가 문제인데, 판례는 카테고리는 다르지만 대비가 가능하다고 판단하였다.599)

(3) 간접침해의 경우

간접침해의 경우는 특허발명의 기술적 범위에 포함되지 아니하는 것이므로 권리범위확인심판에서 간접침해 여부의 확인을 구하는 것이 적법한지 의문이 있을 수 있다.

최근 판례는 간접침해 물건에 대하여서도 권리범위확인심판청구가 타당함을 판시하였다.600)

---

596) 대판 83후107 ; 95후1920 등
597) 특허법원 1999.9.2. 선고 99허1720
598) 후출원에 의하여 등록된 고안을 확인대상 고안으로 하여 선출원에 의한 등록고안의 권리범위에 속한다는 확인을 구하는 적극적 권리범위확인심판은 후등록된 권리에 대한 무효심판의 확정 전에 그 권리의 효력을 부정하는 결과로 되어 원칙적으로 허용되지 아니하고, 다만 예외적으로 양 고안이 구 실용신안법(1990. 1. 13. 법률) 제11조 제3항에서 규정하는 이용관계에 있어 확인대상 고안의 등록의 효력을 부정하지 않고 권리범위의 확인을 구할 수 있는 경우에는 권리 대 권리 간의 적극적 권리범위확인심판의 청구가 허용된다(대판 99후2433).
599) 대법원 2004.10.14. 선고 2003후2164 판결
600) 대법원 2001.1.30. 선고 98후2580 판결 : 특허발명의 대상이거나 그와 관련된 물건을 자주 교체해 주어야 하는 소모품일지라도, 특허발명의 본질적인 구성요소에 해당하고 다른 용도로 사용되지 아니하며 일반적으로 널리 쉽게 구할 수 없는 물품으로서 당해 발명에 관한 물건의 구입시에 이미 그러한 교체가 예정되어 있었고 특허권자 측에 의하여 그러한 부품이 따로 제조, 판매되고 있다면, 그러한 물건은 특허권에 대한 이른바 간접침해에서 말하는 '특허물건의 생산에만 사용하는 물건'에 해당한다는 점은 특허권자가 주장, 입증하여야 한다.

Ⅴ 정정심판

1. 의 의

정정심판이란 특허권자가 특허발명의 명세서 또는 도면에 하자가 있을 경우 그 하자를 치유하기 위하여 청구하는 심판이다(法 136). 이는 특허권 설정 이후에 발견되는 명세서와 도면의 하자에 대하여 치유기회를 제공함으로써 특허권자를 보호할 수 있으며, 불명료한 권리의 존재로 인한 제3자의 피해도 방지하기 위함이다. 그러나 정정심판은 특허권이 발생된 이후에 명세서 또는 도면을 정정하는 것이므로 안정성 측면에서 정정의 범위를 매우 제한적으로 인정하고 있으며, 특허의 무효심판 또는 정정무효심판이 특허심판원에 계속되고 있는 경우에는 정정심판을 청구할 수 없다.[601] 아울러 특허취소신청이 특허심판원에 계속되고 있는 경우도 정정심판을 청구할 수 없다(法 136②). 그러나 특허무효심판 또는 정정무효심판이 특허무효심결취소소송으로 이어져 특허법원이나 대법원에 계속 중인 경우에는 정정심판을 청구할 수 있다.

2. 제도적 취지

현행법상 명세서에 대한 흠은 출원절차 중 보정에 의해서도 치유될 수 있으나 출원단계에서 치유되지 않는 미비점들이 특허 후 발견되는 경우가 있다. 이들 흠은 특허발명의 보호범위 해석에 중대한 영향을 미칠 수 있고, 그로 인하여 하자 없는 부분을 포함한 특허발명 전체가 무효로 될 우려도 있으므로 이들에 대한 치유기회를 특허권자에게 부여함으로써 특허권자를 보호하고자 특허명세서 또는 도면의 정정수단으로서 정정심판제도를 두고 있다.

3. 심판청구의 요건 및 절차

(1) 청구인

특허권자만이 정정심판을 청구할 수 있으며, 특허권이 공유인 경우에는 공유자 모두가 공동으로 청구하여야 한다(法 139③). 또한 특허권자는 전용실시권자, 허락에 의한 통상실시권자, 직무발명에 의한 통상실시권자, 질권자의 동의를 얻지 않으면 특허의 정정심판의 청구를 할 수 없다(法 136⑧).

(2) 정정의 대상

명세서 또는 도면의 정정은 특허발명의 명세서 또는 도면에 기재된 사항의 범위 내에서 할 수 있다. 즉, 출원서에 최초로 첨부된 명세서 또는 도면이 아니라 특허결정등본 송달 전에 최종적으로 제출된 명세서·도면을 말한다.[602] 또한, 당해 정정심판의 심결 전에 다른 정정심판의 심결 또는 특허의 정정이 확정된 경우에는 그 정정된 명세서 또는 도면이 정정심판의 대상이 된다. 한편, 특허권이 소멸된 후에도 심판청구의 대상이 되지만, 특허취소심결이 확정되거나 심결에 의하여 특허가 무효로 된 후에는 그러하지 아니하다(法 136⑦).

---

601) 이 경우 「정정심판」청구는 불가능하지만 심판이 아닌 「특허정정」청구는 가능하다.
602) 다만, 잘못된 기재를 정정하는 경우에는 출원서에 최초로 첨부된 명세서 또는 도면에 기재된 사항의 범위 내에서 가능하다(法 136③).

(3) 정정의 범위

권리서(權利書)에 해당되는 명세서 또는 도면이 정정에 의하여 확장 또는 변경된다면 제3자에게 불측의 손해를 주게 되므로 정정의 범위는 특허권자의 방어적 기능을 달성하는 데 필요한 최소한에 그쳐야 하며, 정정의 범위에 대하여서는 아래와 같이 규정하고 있다(法 136①).

① 청구범위를 감축하는 경우
② 잘못된 기재를 정정하는 경우
③ 분명하지 아니한 기재를 명확하게 하는 경우

위의 명세서 또는 도면의 정정은 특허발명의 명세서 또는 도면에 기재된 사항의 범위 이내에서 할 수 있다. 다만, "잘못된 기재를 정정하는 경우"에는 출원서에 최초로 첨부된 명세서 또는 도면에 기재된 사항의 범위로 한다(法 136③).

(4) 정정의 한계

① 명세서 또는 도면의 정정은 청구범위를 실질적으로 확장하거나 변경[603]할 수 없으며(法 136④), 청구범위를 감축하거나 잘못 기재된 것을 정정하는 경우에는 정정 후의 청구범위에 적혀 있는 사항이 특허출원을 한 때에 특허를 받을 수 있는 것이어야 한다(法 136⑤).

② 청구범위의 확장이란 택일적으로 기재된 구성요소의 추가, 인용항의 추가, 직렬적 구성요소의 삭제[604], 하위개념에서 상위개념으로의 변경 또는 실시예의 추가 등이 해당되며, 청구범위의 변경에는 카테고리의 변경[605], 대상의 변경 등이 해당된다. 청구범위를 정정하는 것이 청구범위를 확장하거나 변경하는 경우에 해당하는지 여부를 판단함에 있어서 청구범위 자체의 형식적인 기재만을 가지고 대비할 것이 아니라 발명의 설명을 포함하여 명세서 전체 내용과 관련하여 실질적으로 대비하여 그 확장이나 변경에 해당하는지 여부를 판단하여야 한다. 따라서, 상위개념으로부터 하위개념으로의 변경, 구성요소의 직렬적 부가 등은 일반적으로 청구범위의 감축이라고 인정될 수 있으나, 정정 전의 발명에 구성요소를 추가함[606]으로써 표면상으로는 마치 청구범위가 감축된 것에 불과한 것처럼 보이지만 실질적으로는 발명의 구체적인 목적이나 특허권의 효력이 미치는 범위가 정정 전과 정정 후에 변경되어 다른 발명이 되는 경우는 청구범위의 실질적 변경에 해당한다고 보아야 한다.

---

[603] 명세서 또는 도면의 정정은 청구범위를 실질적으로 확장하거나 변경할 수 없다(法 136④). 예컨대, 청구범위에 기재된 "가열함에 있어서"를 "100℃ 이하의 온도에 있어서"로 정정하는 것은 분명하지 아니한 기재를 명확하게 한 경우에는 해당될 수 있겠으나, 정정에 의하여 전혀 가열하지 않는 경우도 포함되므로 사실상의 확장이라 할 것이다. 또한, 청구범위 중에 기재된 "화씨 3 내지 5도"를 "섭씨 3 내지 5도"로 변경하는 것은 오기의 정정에는 해당될 수 있겠으나 이로 인하여 사실상 온도가 바뀌게 되므로 청구범위가 실질적으로 변경되었다 할 것이다.
[604] 청구범위가 A + B + C ⇨ A + B로 되어 청구범위가 확장되는 경우
[605] 예를 들면, '방법의 발명 ⇨ 물건의 발명' 등이다.
[606] 청구범위가 A + B ⇨ A + B + C로 C가 추가되어 구체화(하위개념으로) 되는 경우

(5) 청구기간

정정심판은 동일 권리에 대하여 청구횟수에 제한이 없으며 특허권 존속 중에는 물론 특허권이 소멸된 후에도 청구할 수 있다. 다만, 특허취소심결이 확정되거나 심결에 의해 특허가 무효가 된 경우(후발적 무효사유 제외)에는 그러하지 아니한다(法 136⑦).

또한 특허무효심판 또는 정정무효심판이 특허심판원에 계속 중인 경우에는 정정심판을 청구할 수 없다(法 136②). 절차의 신속한 진행을 위하여 당해 절차 내에서 특허의 정정은 가능하다. 그러나 특허법원 또는 대법원에 계속되어 있는 경우에는 정정심판을 청구할 수 있다. 이는 특허법원의 심리범위는 원칙적으로 무제한설을 채택하고 있기 때문에 무효심판청구인은 소송단계에서 그 전에 제출하였던 증거보다 더 확실한 새로운 증거를 제출할 수 있으므로 특허권자에게도 그 새로운 증거에 대한 대응방법으로서 정정심판을 제기할 수 있도록 한 것이다.[607]

(6) 심판청구서의 제출

정정심판의 청구방식은 법 제140조 제1항에서 규정하고 있는 통상의 심판청구서에 '정정한 명세서 또는 도면'을 첨부하여야 한다(法 140⑤). 이 경우 명세서를 정정할 때에는 명세서 전문을 첨부하여야 한다. 그리고 명세서만을 정정할 경우에는 도면을 첨부할 필요가 없으며, 도면만을 정정할 경우에는 명세서의 첨부는 필요 없다.

이러한 방식에 위반되는 경우에는 심판장은 기간을 정하여 그 흠의 보정을 명하여야 하며, 지정된 기간 내에 청구인이 그 흠을 보정하지 아니하거나 그 보정한 사람이 요지변경(법 제104조 제2항 또는 제140조의2 제2항 위반)한 경우에는 결정으로 심판청구서를 각하하여야 한다(法 141②).

4. 심리 및 심결

(1) 심 리

① 의견서 제출기회의 부여

정정심판은 구술심리 또는 서면심리로 한다. 다만, 당사자가 구술심리를 신청한 때에는 서면심리만으로 결정할 수 있다고 인정되는 경우 외에는 구술심리를 하여야 한다(法 154①). 심판관은 심리결과 정정심판청구의 내용이 청구범위의 감축, 잘못된 기재의 정정, 분명하지 아니하게 기재된 것을 명확하게 한 경우(法 136①)에 해당되지 않거나, 특허발명의 명세서 또는 도면에 기재된 사항의 범위(法 136③)를 벗어나거나, 청구범위를 실질적으로 확장 또는 변경하거나(法 136④), 정정 후의 청구범위에 기재된 사항이 특허출원시 특허를 받을 수 없는 것일 때(法 136⑤)에는 청구인에게 그 이유를 통지하고 기간을 정하여 의견서를 제출할 수 있는 기회를 주어야 한다(法 136⑥).

---

[607] 조문별 특허법해설, 전게서, p.328

② 명세서 또는 도면의 보정

청구인은 심리종결의 통지가 있기 전까지 심판청구서에 첨부된 정정한 명세서 또는 도면에 대하여 보정할 수 있다(法 136⑪).608)

(2) 심 결

① 기각심결

지정기간 내에 의견서가 제출되지 아니하거나, 제출된 의견서가 채택될 수 없을 때 심판관은 당해 심판청구를 기각한다.

② 정정심결

심판관은 정정심판의 청구가 제반 요건에 적합한 경우에는 특허발명의 명세서 또는 도면을 정정한다는 심결을 하게 되며 이로써 심판은 종결된다.

③ 일부인용 일부기각심결 가능 여부

정정심판청구사항 중 일부는 적법하고 일부는 부적법할 경우 적법한 부분만을 인용하고, 부적법한 사항은 기각하는 소위 일부인용 또는 일부기각심결이 가능할 것인지가 문제이다.

일부견해는 정정심판청구의 각 사항이 실질상 일체불가분의 관계에 있는 경우를 제외하고는 정정을 구하는 일부사항이 부적법하다는 이유만으로 심판청구 전체를 배척할 법률상의 근거가 없다는 이유에서 일부인용·일부기각심결을 인정해야 한다는 긍정적 견해가 있는가 하면, 다른 견해는 정정심판을 청구한다는 것은 일체불가분의 1개의 정정사항으로 하여 정정심판을 청구하는 것으로 본다. 그러므로 명세서의 일부에 대해 정정을 인정하거나 불인정하는 것은 결국 1개의 기술적 사상인 발명을 분리하여 판단하는 것이 되며, 이는 청구인이 신청하지 않는 청구의 취지에 대하여 심리하는 결과가 되어 부당하다는 견해이다. 긍정설(전자)과 부정설(후자)을 비교하여 볼 때 양설 중 부정설이 더 타당하며 심판편람도 같은 입장을 취하고 있고, 판례609) 또한 복수항에 걸친 정정청구에 있어서 그 일부항에 정정불허사유가 존재하는 한 특허발명의 정정은 전체로서 허용될 수 없다고 판시하고 있다.

④ 공보게재

명세서 또는 도면을 정정한다는 심결이 있는 때에는 특허심판원장은 그 내용을 특허청장에게 통보하여야 하며, 특허청장은 이를 특허공보에 게재하여야 한다(法 136⑬). 이는 정정된 특허권의 내용을 공시하기 위한 것이다.610)

---

608) 즉, 심판관에게 의견서를 제출할 수 있는 기간 이외라도 심리종결의 통지가 있기 전까지는 명세서 또는 도면을 보정할 수 있다.

609) 특허법원 2001허2894 ; 99허2174 등

610) 구법에서는 정정심결 이전에 공중에게 그 내용을 알리고 그 정정대상에 대하여 이의가 있는 자는 이의신청을 할 수 있도록 하기 위하여 청구공고를 하고(구법 136⑤), 청구공고가 있는 때에는 누구든지 그 날로부터 2개월 이내에 정정이의신청을 할 수 있도록 하였으나(구법 136⑥), 2001년 개정법부터는 심판처리의 신속화를 위해 정정청구공고 및 이에 대한 이의신청에 관한 규정을 삭제하였다. 정정이의신청제도가 폐지되어도 이해관계인은 정정무효심판을 통하여 정정의 부당성을 주장할 수 있다.

⑤ **불 복**

기각심결에 대해서 특허권자가 불복할 경우에는 심판장으로부터 심결등본을 송달받은 날로부터 30일 이내에 특허법원에 심결취소소송을 제기할 수 있다(法 186①③). 다만, 인용심결은 불복할 수 없기 때문에 등본송달시 확정된다. 이 경우 인용심결에 대해 불만이 있는 이해관계인 또는 심사관은 정정무효심판을 청구할 수 있다(法 137①).

5. 심결확정의 효과

(1) 소급효

특허발명의 명세서 또는 도면에 대하여 정정을 한다는 심결이 확정된 때에는 그 정정 후의 명세서 또는 도면에 의하여 특허출원, 출원공개, 특허결정 또는 심결 및 특허권의 설정등록이 된 것으로 본다(法 136⑩).

이와 같은 소급효과에 따라 정정 전의 명세서 또는 도면에 의거하여 행하여진 심판은 취소되는 것으로 되며, 또한 이 심판은 이를 이유로 한 재심의 대상이 될 수 있다.[611] 정정 전의 특허를 근거로 하여 특허권침해금지청구 등의 권리행사를 한 경우에 정정에 의하여 권리범위가 축소되어 상대방의 실시형태가 권리범위에 속하지 아니하게 되었다면 특허권자는 권리행사에 있어서 고의 또는 과실이 있는 경우에 상대방에게 권리행사에 따른 손해배상책임을 져야 한다. 즉, 무과실 배상책임은 아니다.

(2) 새로운 특허증의 발급

특허청장은 특허권이 이전등록된 경우(法 99의2②)와 정정심판의 심결이 확정된 때에는 그 심결에 대하여 새로운 특허증을 발급하여야 한다(法 86③).

(3) 정정무효심판의 대상

정정심결이 확정되었으나 정정무효사유에 해당하는 경우에는 이해관계인 또는 심사관은 정정무효심판을 청구할 수 있다(法 137①).

---

[611] 심판편람

6. 관련문제

(1) 정정심판과 특허무효심판과의 관계

① 정정심판과 특허무효심판이 동시에 계속 중인 경우

특허무효심판이 심판원에 계속되고 있는 때는 정정심판을 청구할 수 없지만(法 136②), 특허무효심판이 청구되기 전에 정정심판이 청구된 때는 무효심판과 정정심판이 심판원에서 동시에 계속된다. 또한, 등록무효심결에 대한 취소소송이 법원(특허법원이나 대법원)에 계속 중인 경우 독립하여 그 정정심판을 특허심판원에 청구할 수 있다.

한편, 동일한 특허발명에 대하여 동시에 특허심판원에 계속 중인 특허무효심판과 특허정정심판의 심리·판단 순서에 관하여 대법원은, "정정심판제도의 취지상 정정심판을 특허무효심판에 우선하여 심리·판단하는 것이 바람직하나, 그렇다고 하여 반드시 정정심판을 먼저 심리·판단하여야 하는 것은 아니고, 또 특허무효심판을 먼저 심리하는 경우에도 그 판단대상은 정정심판 청구 전 특허발명이며, 이러한 법리는 특허무효심판과 정정심판의 심결에 대한 취소소송이 특허법원에 동시에 계속되고 있는 경우에도 적용된다"고 판시하고 있다.[612]

② 특허무효심판 계속 중에 정정심판을 인정하는 심결이 확정된 경우

㉠ 특허무효심판이 특허무효심결취소소송으로 「대법원」에 계속 중인 경우

특허무효심판이 심판원에 계속 중인 경우에는 정정심판을 청구할 수 없지만, 특허무효심판이 심결취소소송으로 특허법원 또는 대법원에 계속 중인 경우에는 특허심판원에 정정심판을 청구할 수 있다. 이 경우 정정심판에 의해 정정을 허락하는 인용심결이 특허심판원에서 확정되었을 때 특허무효심판 심결취소소송의 취급이 문제된다. 즉, 무효심결에 대한 심결취소소송에 있어 특허법원의 변론종결 후, 상고심 계속 중에 정정에 대한 심결이 확정된 경우에는 파기 환송한다.[613] 이에 대한 법률근거는 민사소송법 제451조(재심사유) 제1항 제8호(판결에 기초가 된 민사나 형사의 판결, 그 밖의 재판 또는 행정처분이 다른 재판이나 행정처분에 따라 바뀐 때)이다.

㉡ 특허무효심판이 특허무효심결취소소송으로 「특허법원」에 계속 중인 경우

특허법원에 등록무효심결취소소송이 계속 중일 때 특허심판원에 특허에 정정심판이 청구된 경우의 특허법원의 실무[614]는 정정심판사건이 특허심판원에 계속 중일 때에는, 정정심결이 확정되거나 정정심결취소소송이 특허법원에 제기될 때까지 등록무효심결취소사건의

---

612) 대법원 2002.8.23. 선고 2001후713 판결

613) 대법원 2001.9.7. 선고 99후437 판결: 등록고안의 명세서가 정정이 되면 그 실용신안권은 정정 후의 명세서에 의하여 등록출원이 되어 설정등록된 것으로 보게 되므로, 정정되기 전의 것을 대상으로 무효 여부를 심리하여 판단한 원심판결은 결과적으로 등록고안의 요지를 잘못 인정하여 결론에 영향을 미친 위법을 저지른 것으로 되어 그대로 유지될 수 없다.

614) 특허재판실무편람, p.139~140 / 박희섭·김원오, 전게서, p.612

재판기일을 추정하여 두는 경우도 있고, 그 정정 내용을 검토하여 정정 대상이 특허발명의 요지와 무관한 것이거나 정정이 허용될 가능성이 극히 낮다고 보일 때에는 소송 지연을 피하기 위하여 등록무효심결취소소송의 심리를 진행하는 경우도 있다. 정정 사건이 확정되기 전에 등록무효사건에 대한 판결을 하는 경우, 일단 등록된 특허의 내용에 따라 등록무효 사유에 해당하는지 여부를 판단한다.615)

그러나 특허법원에 무효심결에 대한 심결취소소송의 계속 중에 특허심판원에서 정정심결이 확정된 경우에 특허법원은 법률심이 아닌 사실심이기 때문에 심리범위에 제한을 받지 않고 정정된 청구범위를 기준으로 특허무효사유가 있는지 여부를 판단하여 그에 따라 심결의 적법성 여부를 판단하면 된다.616)

다만, 청구항을 삭제하는 정정심결이 확정된 경우에는 정정된 내용대로 소급효가 인정되므로 심결취소소송을 구할 실익이 없어져 소가 각하된다.

③ **정정심판 계속 중에 특허무효심판에 대한 인용심결이 확정된 경우**

특허발명의 전체 청구항에 대한 무효심결이 확정된 경우, 정정을 구하는 정정심판은 그 정정의 대상이 없어지게 되어 그 정정심판을 구할 이익도 없게 되고, 특허발명이 소급적으로 무효로 된 이상, 정정심결의 취소를 구할 법률상의 이익도 없게 되기 때문에 심결취소소송의 소는 각하된다.617)

(2) 침해죄 성립 여부

청구범위 정정심결이 확정되면, 그 정정 후의 명세서 또는 도면에 의하여 특허권이 설정등록된 것으로 보아 소급효가 발생된다(法 136⑩). 이때 민사적으로는 앞에서 설명한 대로 정정 전의 특허를 근거로 하여 특허권 침해금지청구 등의 권리행사를 한 경우에 정정에 의하여 권리범위가 축소되어 상대방의 실시형태가 권리범위에 속하지 아니하게 된다면 특허권자는 권리행사에 있어서 고의 또는 과실이 있는 경우에 상대방에게 권리행사에 따른 손해배상책임을 져야 한다. 그러나 이 경우 형사적인 침해죄의 적용 여부는 어떻게 될까.

청구범위에 하자가 있어 권리범위를 인정할 수 없었던 특허발명에 대하여 그 청구범위를 정정하는 심결이 확정된 경우, 정정 전에 행하여진 피고인의 제품 제조, 판매행위가 특허권 침해죄에 해당하는지 여부를 판단함에 있어서는 정정 전의 청구범위를 침해대상 특허발명으로 하여야 한다. 이는 헌법 제13조 제1항, 형법 제1조 제1항의 입법 취지 및 특허발명의 청구범위는 특허권자가 독점하여 실시할 수 있는 영역과 제3자가 침해해서는 아니 되는 영역을 객관적으로 확정하여

---

615) 대법원 1991.10.8. 선고 90후1055 판결
616) 특허법원 2000.11.16. 선고 99허7971 판결
617) 특허법원 2007허11586

대외적으로 공시하는 규범적 효력이 있는 점에 비추어 보면, 피고인의 행위가 특허권 침해죄에 해당하는지 여부를 판단함에 있어 정정 후의 청구범위를 침해대상 특허발명으로 삼는 것이 피고인에게 불리한 결과를 가져오는 경우까지도 정정의 소급적 효력이 당연히 미친다고 할 수는 없기 때문이다.[618]

또한 형사벌은 고의가 있어야 성립되는바, 등록된 청구범위를 신뢰하고 실시한 자는 침해죄가 성립되기 위한 고의가 있다고 말할 수 없기 때문이다.

(3) 다항제에 있어서의 정정심판

다항제하의 정정심판은 아래의 기준에 따라 청구 또는 심리한다.[619]

① 청구범위의 정정

특허법 제136조 제1항의 규정에 의한 정정은 청구범위의 각 청구항의 어느 부분에 대해서도 기술적 사항의 확장이나 변경이 있어서는 아니 된다. 따라서 청구항의 확장, 추가는 인정되지 아니한다. 실질적으로 청구범위를 변경하는 것으로 해석되지 않는 청구항의 삭제는 가능하다.

② 청구항을 삭제하는 경우의 정정심판의 청구방식

다른 종속항의 인용의 기초가 된 청구항을 삭제하고자 하는 정정심판이 청구되었을 때는 청구범위의 나머지 부분을 고쳐서 독립항과 종속항으로 정리한 정정명세서를 청구서에 첨부하여야 한다.

③ 독립항에 종속하는 2 이상의 종속항이 있는 경우에 무효원인이 있는 독립항을 정정심판으로 삭제하는 것에 대한 취급

남아 있는 종속항으로부터 파악되는 기술적 사상이 특허출원시에 하나의 발명을 구성하는 것일 때에는 그 종속항에 기재되어 있는 사항을 독립항으로 하는 것을 인정한다. 남아 있는 종속항으로부터 파악되는 기술적 사상이 특허출원시에 2 이상의 발명을 구성하는 것일 경우에는 이들 종속항을 독립형식으로 정정하여 2 이상의 독립항으로 정리하는 것을 인정하며, 이 경우는 증가한 독립항의 수만큼 청구가 증가한 것으로 하여 증가된 청구항에 대한 특허료를 제1년분부터 소급하여 추가 징수한다.

---

618) 대판 2005도1262, 임병웅, 전게서, p.937 참조
619) 심판편람

■ 특허의 정정과 정정심판의 비교[620]

구 분			특허의 정정	정정심판
의 의			특허의 정정이란 특허권자가 특허무효심판 및 정정무효심판에 대한 답변서 제출기간 또는 심사관·심판관의 직권에 의한 의견서 제출기간 내에 일정범위 내에서 특허발명의 명세서 또는 도면의 정정을 청구하는 것을 말한다.	정정심판이란 특허권자가 특허권이 설정 등록된 후에 특허발명의 명세서 또는 도면의 내용을 정정하는 심판을 말한다.
요건	주체적		1. 특허권자만이 할 수 있으며, 특허권이 공유인 경우 공유자 모두가 해야 함. 2. 전용실시권자, 직무발명 통상실시권자, 허락에 의한 통상실시권자, 질권자의 동의 要	
	시기적		1. 답변서 제출기간 내(특허무효심판의 경우 답변서 제출기간 경과 후에도 청구인의 증거서류의 제출로 인하여 정정의 청구를 허용할 필요가 있다고 인정되는 경우에 심판장이 정한 기간) 2. 직권심리에 대한 의견서 제출기간 내(특허취소신청의 경우는 취소결정 하려고 취소이유통지하고 의견서 제출기간을 준 경우 이 기간에만)	1. 원칙 : 특허권 소멸 후에도 가능 2. 예외 ① 심결에 의한 특허가 무효된 경우 ② 특허취소신청이 특허심판원에 계속 중인 때부터 그 결정이 확정될 때까지의 기간[다만, 무효심판의 심결에 대한 소가 특허법원에 계속 중인 경우에는 특허법원에서 변론이 종결(변론 없이 한 판결의 경우에는 판결의 선고를 말한다)된 날까지 정정심판을 청구 가능] ③ 특허취소신청, 특허무효심판 또는 정정무효심판이 특허심판원에 계속되고 있는 경우
	객체적		1. 청구범위의 감축, 잘못 기재된 것의 정정, 분명하지 아니하게 기재된 것을 명확하게 하는 경우 2. 특허발명의 명세서·도면의 범위 이내이어야 하며, 잘못된 기재를 정정하는 경우 출원서에 최초로 첨부된 명세서 또는 도면에 기재된 사항의 범위 내일 것 3. 명세서 또는 도면의 정정은 청구범위의 실질적 확장·변경 × 4. 청구범위의 감축, 잘못된 기재의 정정의 경우 정정 후의 청구범위 기재사항이 특허출원을 할 때 특허받을 수 있을 것(단, 특허무효심판에 대한 정정청구에 있어서 특허무효심판이 청구된 청구항을 정정하는 경우에는 판단 ×)	
절차	부본송달		무효심판절차에서 청구인에게 송달(취소신청은 제외)	
	정정명세서 등의 보정		정정청구를 할 수 있는 기간 또는 정정청구의 직권심리에 의한 의견서 제출기간에 보정가능	심리종결통지 전에 보정가능
	취 하		i) 정정청구를 할 수 있는 기간(法 132의3①, 133의2①, 137③)과 그 기간의 만료일로부터 1개월 이내의 기간, ii) 정정청구의 직권심리에 의한 의견서 제출기간 중 어느 하나에 해당하는 기간	심결확정 전
효과	적법	원칙	정정한 명세서 또는 도면에 의하여 심판청구에 대한 심리를 진행하게 되며, 최종적으로 심결문의 주문 및 이유란에 기재	인용심결
		소급효	정정된 내용으로 특허출원, 출원공개, 특허결정 또는 심결 및 특허권이 설정등록된 것으로 간주	
		특허공보에 게재	특허의 정정 또는 적법한 정정심판에 대하여는 특허발명의 명세서 또는 도면에 대한 정정을 한다는 심결이 있는 경우에 특허심판원장은 그 내용을 특허청장에게 통보하여야 하며 특허청장은 통보가 있는 때에는 이를 특허공보에 게재	
	부적법	기간	불수리	심판청구를 심결각하
		범위 원칙	별도의 각하결정 없이 심결의「이유란」에 특허의 정정 불채택 이유 기재	기각심결
		범위 간과	정정무효사유에 해당	
		불복	독립하여 불복 ×	특허법원에 기각심결에 대하여 불복

[620] 임병웅, 전게서, p.938

Ⅵ 정정무효심판

1. 의 의

「정정무효심판」이란 특허발명의 명세서 또는 도면에 대한 정정(특허무효심판절차에서의 정정, 정정무효심판절차에서의 정정, 정정심판에 의한 정정)이 부적법한 경우에 그 정정을 무효로 하는 심판을 말한다(法 137①).

2. 취 지

정정무효심판제도는 정정되어서는 안 될 사항이 정정되어 출원시까지 소급하여 유효한 특허가 됨에 따라 선의의 제3자가 입게 될 불측의 피해를 방지하고자 함에 있다. 즉, 부적법하게 정정된 특허가 출원시까지 그 효력이 소급되어 유지됨에 따라 제3자가 입게 되는 손해를 방지함에 의의가 있다.

3. 정정무효사유

정정의 무효사유는 당해 정정이 법 제136조 제1항 각 호의 어느 하나 또는 제136조 제3항부터 제5항까지의 규정에 위반된 경우이다(法 137①).

(1) 명세서 등에 대한 정정이 청구범위의 감축·잘못된 기재의 정정 또는 분명하지 아니한 기재를 명확히 하는 것이 아닌 경우(法 136① 각 호)

(2) 정정이 특허권설정등록시의 명세서 또는 도면(잘못된 기재를 정정하는 경우에는 출원서에 최초로 첨부된 명세서 또는 도면)의 범위를 벗어난 경우(法 136③)

(3) 정정의 결과 청구범위가 실질적으로 확장 또는 변경인 경우(法 136④)

(4) 정정 후의 청구범위에 기재된 사항이 특허출원시에 특허를 받을 수 없는 것인 경우 그 정정은 무효사유에 해당된다(法 136⑤).

4. 청구요건 및 절차

(1) **청구인, 피청구인**

정정무효심판은 이해관계인 또는 심사관이 청구할 수 있으며, 특허권자가 피청구인이다. 한편, 특허권이 공유인 경우에는 공유자 모두를 피청구인으로 하여야 한다(法 139③).

(2) **청구대상**

특허무효심판 또는 정정무효심판에서의 특허의 정정(法 133의2)과 정정심판에서의 정정(法 136) 세 가지뿐이다.

(3) 청구시기

① 정정의 무효심판은 특허권의 존속 중에는 물론 특허권이 소멸된 후에도 청구할 수 있다(法 137② 준용, 133②).

② 명세서 또는 도면에 대한 정정이 인정된 후 그 특허가 무효가 된 경우에는 대상물이 소멸되었으므로 정정무효심판은 청구할 수 없다.

(4) 심판청구서의 제출

심판청구인은 수수료를 납부하고 법정사항을 기재한 심판청구서를 특허심판원장에게 제출한다(法 140①).

(5) 부본송달 및 답변서 제출

심판장은 심판청구가 있는 때에는 청구서 부본을 피청구인에게 송달하고 기간을 정하여 답변서 제출기회를 주어야 하며(法 147①), 그 취지를 당해 특허권의 전용실시권자 기타 특허에 관하여 등록을 한 권리를 가지는 자에게 통지하여야 한다(法 134②).

(6) 특허의 정정청구 가능

정정무효심판절차에서도 특허무효심판의 경우와 같이 피청구인(특허권자)은 심판장이 부여한 답변서 제출기간 내(法 147①) 또는 직권심리에 대한 의견진술기간 내(法 159①)에 특허발명의 명세서 또는 도면의 정정을 청구할 수 있으며, 아울러 2017. 3. 1. 시행되는 개정법부터는 피청구인(특허권자)은 심판장이 부여한 답변서 제출기간(法 147①) 이후에도 청구인이 증거를 제출하거나 새로운 무효사유를 주장함으로 인하여 정정의 청구를 허용할 필요가 있다고 인정하는 경우에는 기간을 정하여 정정청구를 할 수 있게 하고 있다(法 137③), 주요 내용으로는 ① 특허발명의 명세서 또는 도면에 기재된 사항의 범위 이내에서 할 수 있으며, 잘못된 기재를 정정하는 경우에는 출원서에 최초로 첨부된 명세서 또는 도면에 기재된 사항의 범위 이내에서 정정이 가능하고, ② 청구범위의 감축, 잘못된 기재의 정정, 분명하지 아니한 기재를 명확히 하는 경우와 ③ 명세서 또는 도면의 정정은 청구범위를 실질적으로 확장하거나 변경하지 않으며 청구범위의 감축, 잘못된 기재의 정정의 경우 정정 후의 청구범위에 기재된 사항이 특허출원을 한 때에 특허를 받을 수 있을 것에 해당하는 경우에 한하여 특허발명의 명세서 또는 도면의 정정을 청구하는 것을 말한다(法 137③④).

5. 심리 및 심결

(1) 심 리

정정무효심판은 구술심리 또는 서면심리로 한다. 다만, 당사자 구술심리를 신청한 때에는 서면심리만으로 결정할 수 있다고 인정되는 경우 외에는 구술심리를 하여야 한다(法 154①).

(2) 심 결

① 심결내용
심판청구의 이유가 타당하지 않다고 인정된 때에는 기각심결을 하며, 심판청구의 이유가 타당하다고 인정된 때에는 인용심결을 하여야 한다.

② 불 복
심판장으로부터 심결등본을 송달받은 날로부터 30일 이내에 특허법원에 심결취소소송을 제기할 수 있다(法 186①).

6. 심결확정의 효과

(1) 인용심결 확정의 효과
정정을 무효로 한다는 심결이 확정된 때에는 그 특허발명의 명세서 또는 도면의 정정은 처음부터 없었던 것으로 본다(法 137② 준용, 133③).

(2) 기각심결 확정의 효과
기각심결이 확정된 경우에 정정은 유지된다. 이 경우 누구든지 동일사실 및 동일증거에 의해 동일한 무효심판을 청구할 수 없으며 동일한 무효심판을 청구한 경우 심결각하된다(法 163).

Ⅶ 통상실시권 허락심판

「통상실시권 허락심판」이란 특허발명이 선출원된 타인의 특허발명·등록실용신안·등록디자인 또는 이와 유사한 디자인을 이용하거나 특허권이 선출원된 타인의 디자인권 또는 상표권과 저촉되는 경우에, 그 타인이 실시에 대한 허락을 하지 않는 때에 한하여 강제적으로 특허발명을 실시할 수 있는 통상실시권을 허락하는 심판을 말하며(法 138①), 제6장 제6절의 Ⅴ(강제실시권의 구체적 내용)의 3. 통상실시권 허락심판에 의한 통상실시권 편에 상술하였기에 여기서는 생략토록 한다.

심판각론의 비교 (I)[621]

구 분		거절결정불복심판	정정심판	권리범위확인심판
요건	청구인	출원인	특허권자	1. 적극적 - 특허권자 또는 전용실시권자 2. 소극적 - 실시하고 있거나 예정이 있는 이해관계인
	피청구인	×	×	1. 적극적 - 실시하고 있는 이해관계인 2. 소극적 - 특허권자
	대상	거절결정	1. 특허발명의 명세서·도면(단, 잘못 기재된 것의 정정은 최초 명세서·도면) 2. 청구범위의 감축, 잘못 기재된 것의 정정, 분명하지 아니하게 기재된 것의 명확화 중 어느 하나 3. 청구범위를 실질적으로 확장하거나 변경하지 말 것 4. 청구범위의 감축, 잘못 기재된 것의 정정은 정정 후의 청구범위에 기재된 사항이 특허출원시 특허를 받을 수 있을 것	청구항마다 가능
	시기	등본송달받은 날로부터 30일 이내(연장, 추후보완 가능)	1. 존속기간 중은 물론 장래를 향해 소멸한 경우도 가능 2. 특허무효심판이 특허심판원에 계속 중인 경우 불가	특허권 존속기간 중에만 가능
청 구		-	정정한 명세서 또는 도면의 첨부	1. 확인대상발명의 설명서 또는 도면의 첨부(본질적 차이가 드러날 정도로 특정) 2. 부본송달 및 답변서 제출 기회 부여
심 리		1. 보정각하도 함께 불복한 경우 심리 범위 포함 2. 심사에서 밟은 절차의 효력이 심판에도 미침. 3. 거절이유 판단	1. 정정이 적법한지 직권심리 후 의견서 제출기회 부여 2. 심리종결통지 전까지 정정명세서 또는 도면의 보정	확인대상발명이 특허발명의 권리범위에 속하는지 판단
심결	인용	1. 원거절결정을 취소하고 자판(특허심결) 또는 환송 2. 환송한 경우 심사관의 기속	1. 정정된 내용대로 출원·공개·결정·심결·등록된 것으로 간주 2. 심판원장이 특허청장에게 통보하면, 특허청장이 특허공보에 게재	1. 적극적 - 확인대상발명이 특허발명의 권리범위에 속함. 2. 소극적 - 확인대상발명이 특허발명의 권리범위에 속하지 않음. 3. 단, 법원의 기속력 불인정
	기각	기각심결이 확정된 경우 거절결정도 확정	확정된 경우 정정의 불인정	기각한다 또는 배척한다고 해야 되며, 청구취지에 반하는 심결을 해서는 안 됨.
심판비용		청구인		패심자
일사부재리		부적용		적용(적극적 권리범위확인심판과 소극적 권리범위확인 심판)
참가 여부		불허(단, 정보제공가능)		허용
비 고		-	1. 일부인용·일부기각 불가 2. 정정심판과 특허취소신청/특허무효심판의 관계 3. 정정심판과 침해죄/과실추정	권리 대 권리 간의 권리범위확인심판의 경우 적극적인 이용관계 확인과 소극적 인정

---

621) 임병웅, 전게서, p.952~953

심판각론의 비교 (2)

구 분		특허무효심판	연장등록무효심판	정정무효심판	통상실시권 허락심판
요건	청구인	1. 이해관계인 또는 심사관 2. 설정등록이 있는 날로부터 등록공고일 후 심사관 또는 이해관계인	이해관계인 또는 심사관		1. 일반적 - 후출원 특허권자, 전용실시권자, 통상실시권자 2. cross license - 통상실시권을 허락한 선출원 권리자
	피청구인	특허권자			1. 일반적 - 선출원 특허권자, 전용실시권자, 실용신안권자, 디자인권자 2. cross license - 통상실시권을 허락받은 후출원 특허권자, 전용권자
	대상	1. 청구항마다 법 133① 각 호에 위반됨을 이유로 청구 가능 2. 누구든지 청구하는 경우에는 법 133① 각 호 중 법 33①1 본문, 44 위반 제외	연장등록 자체를 무효의 대상으로 함.	특허무효심판에서의 정정, 정정심판에서의 정정이 부적법한데 간과된 경우	1. 이용·저촉관계 2. 실시허락 × 3. 선출원된 타인의 특허발명 또는 등록실용신안에 비하여 기술상의 진보가 있을 것
	시기	존속기간 중은 물론 장래를 향해 소멸한 경우도 가능			특허권 존속 중에만 가능
청구		1. 부본송달 및 답변서 제출기회 부여 2. 이해관계인에게 취지 통지			1. 청구서에 자기의 권리, 타인의 권리 특정과 범위, 기간·대가의 지정 2. 부본송달 및 답변서 제출기회 부여
심리		신청한 청구항에 대해서 특허무효사유가 있는지 판단	연장등록무효사유(거절이유와 동일)가 있는지 판단	정정이 적법한지 검토	이용·저촉관계에 있는지, 기술적 진보 여부, 범위·기간·대가·지급시기·지급방법 등에 관해 심리
심결	인용	1. 확정된 경우 특허권이 소급 소멸(단, 후발적 무효 사유는 장래효) 2. 중용권 인정	확정된 경우 연장등록이 처음부터 없었던 것으로 간주(단, 불실시기간을 초과하여 등록된 경우에는 초과된 기간에 대해서만 연장등록 불인정)	확정된 경우 특허발명의 명세서 또는 도면의 정정은 없었던 것으로 간주	1. 확정되면 통상실시권 허락 2. 실시권은 당해 특허권과 함께 이전하며, 함께 소멸 3. 대가 지급하지 않거나 공탁하지 않으면 실시불가
	기각	확정된 경우 특허권의 유지	확정된 경우 연장된 특허권의 효력 유지	확정된 경우 정정이 유지	확정되면 통상실시권 불허
심판비용		패심자			청구인
일사부재리		적용(전부무효심판과 일부무효심판)	적용		
참가 여부		허용			보조참가만이 허용됨이 타당
비고		1. 특허무효심판이 심판원에 계속 중 정정청구 가능 2. 일부인용·기각 가능		정정무효심판이 심판원에 계속 중 정정청구 가능	cross license 요건 - 통상실시권 허락심판에 의해 실시권 허락 - 후출원 권리자가 실시허락 ×

제 9 장

재 심

제1절 서(序)
제2절 재심사유
제3절 재심의 청구기간
제4절 재심의 청구절차 및 심리
제5절 재심의 효과

Chapter 09 재 심

제1절 서(序)

I 의 의

「재심」이란 확정된 심결에 재심사유에 해당하는 중대한 하자가 있는 경우 그 심결 등의 취소와 그 사건의 재심판을 구하는 비상의 불복신청방법을 말한다.

「재심」은 확정된 심결에 대하여 다투는 청구이므로 미확정심결에 대하여 다투는 통상의 불복절차와는 상이하며, 재심은 확정된 심결의 취소를 전제로 그 심결과 다른 새로운 심판을 구함으로써 기존 권리관계의 변화를 초래하게 되는바 일종의 소송상의 「형성의 소」[622]와 같다. 이러한 재심은 원심판결이 종결된 후 동일사건에 대한 심리가 다시 이루어진다는 점에서 「부수적 심판」[623]으로서의 성질을 갖는다.

II 취 지

특허취소결정 또는 심결이 확정되면 그 확정된 특허취소결정이나 심결은 '법적 안정성'을 위하여 그 효력이 존중되어야 하므로 일반적인 이유로는 불복이 허용되지 아니한다. 그러나 사유가 특히 중대하여 '구체적 타당성'을 크게 결한 경우를 법으로 정하고 확정된 특허취소결정이나 확정된 심결이 이 경우에 해당되면 재심을 청구할 수 있도록 한 것이다. 따라서 이러한 법적 안정성을 바탕으로 하여 재심제도를 운영하고 있다.

---

[622] 「형성의 소」란 기존 법률관계의 변경 또는 새로운 법률관계의 발생을 선언하는 판결의 청구로서 혼인의 취소나 상속인의 폐제(廢除), 회사 설립 무효의 소 따위가 있다.
[623] 윤선희, 전게서, p.858

제2절 재심사유

특허법상의 재심사유에는 민사소송법의 재심사유를 준용하는 일반 재심사유와 특허법 특유의 재심사유(사해심결에 대한 재심사유)가 있다.

I 일반재심사유

(1) 일반의 재심사유란 특허법이 준용하는 민사소송법 제451조 제1항의 재심사유를 말한다(法 178②).
① 법률에 의하여 심판기관을 구성하지 아니한 때(심리에 관여하지 아니한 심판관이 심결을 한 때, 심판관 정족수 부족 등)
② 법률상 그 심판에 관여하지 못할 심판관이 심판에 관여한 때(제척·기피 원인이 있는 심판관이 심결에 관여한 때 등)
③ 법정대리권 또는 대리인이 대리행위를 함에 필요한 수권의 흠이 있을 때. 다만, 당사자나 법정대리인의 추인이 있는 경우에는 예외이다.
④ 심판에 관여한 심판관이 그 사건에 관하여 직무에 관한 죄를 범한 때(예를 들어, 수뢰죄)
⑤ 형사상 처벌을 받을 타인의 행위로 인하여 자백을 하였거나 심결에 영향을 미칠 공격 또는 방어방법의 제출이 방해된 때(예를 들어 형법상 협박 또는 강요된 행위에 의한 경우)
⑥ 심결의 증거로 된 문서 또는 기타의 물건이 위조나 변조된 것인 때
⑦ 증인, 감정인, 통역인 또는 선서한 당사자나 법정대리인의 허위진술이 심결의 증거로 된 때
⑧ 심결의 기초로 된 민사나 형사의 판결 기타 재판 또는 행정처분이 다른 재판이나 행정처분에 의하여 변경된 때
⑨ 심결에 영향을 미칠 중요한 사항에 관하여 판단을 누락한 때(판단누락이란 당사자가 주장한 공격 또는 방어방법 등의 판단을 심결이유 중에 명시하지 아니하고 그 때문에 심결에 영향이 있는 경우)
⑩ 재심을 재기할 심결이 전에 심결한 확정심결과 저촉된 때(재심을 청구한 심결의 효력과 전에 심결하여 확정된 심결의 효력과의 충돌을 피하기 위한 것)
⑪ 당사자가 상대방의 주소 또는 영업소를 알고 있었음에도 불구하고 소재 불명 또는 거짓의 주소나 영업소로 하여 심판을 청구한 때

이상 11가지의 재심사유는 각기 독립한 청구원인이 된다. 각각의 재심사유마다 청구는 별개이므로 어느 한 가지 재심사유를 들어 재심을 청구하였다가 그것이 기각되었다 하더라도 다른 재심사유가 있으면 그 사유로 다시 재심을 청구할 수 있다. 여기서 위 ④~⑦ 경우는 처벌받을 행위에 대하여 유죄의 판결이나 과태료부과의 재판이 확정된 때 또는 증거부족 이외의 이유로 유죄의

확정판결이나 과태료부과의 확정재판을 할 수 없을 때만 재심의 소를 제기할 수 있다(法 178 준용, 民訴法 451②).

(2) 특허법은 일반재심사유에 대하여 민사소송법 제451조를 준용하고 있다. 동법을 살펴보면, "다음 중 어느 하나에 해당하면 확정된 종국심결에 대하여 재심의 소를 제기할 수 있다. 다만, 당사자가 상소에 의하여 그 사유를 주장하였거나, 이를 알고도 주장하지 아니한 때에는 그러하지 아니하다 (法 178 준용, 民訴法 451①)"고 되어 있다. 여기에서 「이를 알고 주장하지 아니한 때」라 함은 당사자가 재심사유의 존재를 알았음에도 불구하고 특허소송의 제기시 이를 특허소송에서 주장하지 아니한 경우뿐만 아니라, 특허소송을 제기하지 아니하여 심결을 확정시킨 경우도 포함된다.[624]

II 사해심결에 대한 재심사유

심판의 당사자가 공모하여 제3자의 권리 또는 이익을 사해할 목적으로 심결을 하게 한 때에는 제3자는 그 확정된 심결에 대하여 재심을 청구할 수 있다(法 179①).

III 재심청구요건 및 절차

1. 청구인, 피청구인

(1) **일반재심의 경우**

① 심결의 확정에 의하여 불이익을 받는 자가 청구인이 된다. 따라서 결정계 심판의 심결에 대한 재심에 있어서는 심판청구인이 재심청구인이 된다.

② 재심은 원칙적으로 확정심결의 당사자, 즉 당해 심판의 청구인 또는 피청구인이 재심의 청구인이 된다. 법인이 아닌 사단 또는 재단으로서 대표자 또는 관리자가 정하여져 있는 경우에는 그 사단 또는 재단의 이름으로 당사자계심판의 확정심결에 대하여 재심의 청구인 또는 피청구인이 될 수 있다(法 4).

(2) **사해심결에 대한 재심의 경우**

확정심결에 의하여 권리 또는 이익의 침해를 받는 제3자가 청구인이 되며, 심판의 당사자가 공동피청구인이 된다(法 179①②). 예를 들면, 특허권자 甲이 자신의 특허권에 관하여 乙에게 질권을 설정하고 그 후 丙이 무효심판을 청구하였을 때, 특허권자 甲이 丙과 공모하여 거짓의 진술 또는 자료로써 심판관을 기망하여 특허를 무효로 하는 취지의 심결을 얻어 확정되었을 경우, 질권자 乙의 이익이 침해된다. 이와 같은 경우 乙은 甲과 丙을 공동피청구인으로 하여 재심을 청구할 수 있다.

---

[624] 대법원 1985.10.22. 선고 84후68 판결

2. 재심의 대상

재심청구의 대상은 확정된 종국심결이다. 그러므로 미확정심결은 재심의 대상이 될 수 없다. 적법한 송달이 없는 심결은 확정된 것이 아니므로 재심의 대상이 되지 아니하며, 사자(死者)를 상대로 한 심결은 무효이므로 이에 대하여 재심을 청구할 필요가 없다.

제3절 재심의 청구기간

1. 원 칙

당사자는 특허취소결정 또는 심결 확정 후 재심의 사유를 안 날부터 30일 이내 및 심결확정 후 3년 이내에 재심을 청구해야 한다(法 180①③). 재심청구인이 책임질 수 없는 사유로 인하여 30일의 재심의 청구기간을 준수할 수 없을 때에는 그 사유가 소멸한 날부터 14일 이내에 지키지 못한 절차를 추후보완할 수 있다. 다만, 그 기간의 만료일부터 1년이 지났을 때에는 그러하지 아니하다(法 17).

2. 예 외

(1) 대리권에 흠이 있는 경우

재심청구인은 대리권의 흠을 이유로 하여 재심을 청구하는 경우에「안 날로부터 30일」은 청구인 또는 법정대리인이 심결등본의 송달에 의하여 심결이 있는 것을 안 날의 다음 날부터 기산한다(法 180②). 청구인이나 법정대리인이 이 재심의 사유가 있었다는 것을 안 날은 무권대리인에게 송달된 날이 아니라 그 심결등본의 송달에 의하여 심결이 있는 것을 안 날을 기준으로 하여야 한다.625)

(2) 재심사유가 심결 확정 후에 생긴 경우

재심사유가 심결 확정 후에 생긴 때에는 3년의 기간은 그 사유가 발생한 날의 다음 날부터 이를 기산한다(法 180④).626)

---

625) 심결이 있는 것을「안 날로부터 기산」한다고 하면 기간의 계산에 있어서 첫날을 계산에 넣지 않기 때문에「안 날의 다음 날」이 기산일이 된다. 한편,「안 날의 다음 날부터 기산」한다고 하면 안 날의 다음 날은 오전 0시부터 시작하기 때문에 역시「안 날의 다음 날」이 기산일이 된다. 따라서「심결이 있는 것을 안 날부터 기산한다」고 하는 것이나「심결이 있는 것을 안 날의 다음 날부터 기산한다」고 하는 것이나 기산일은 다같이「안 날의 다음 날」이다(이종완, 전게서, p.934 / 임병웅, 전게서, p.947).

626) 예를 들어 심결의 확정 후에 그 심판에 관하여 심판관에 대해 수뢰죄의 판결이 확정된 경우가 있다.

(3) 전의 확정심결과 저촉되는 경우

당해 심결 이전에 행하여진 확정심결과 저촉한다는 이유로 재심을 청구하는 경우에는 기간의 제한이 없다(法 180⑤). 이는 심결의 통일을 확보하기 위하여 특례를 규정한 것이다.

제4절 재심의 청구절차 및 심리

I 재심의 청구 및 관할

1. 재심의 청구

재심을 청구하려는 자는 법령에 정하는 필요적 기재사항을 기재한 재심청구서에 일정액의 수수료를 납부하여 특허심판원장에게 제출하여야 한다.

즉, 재심청구인은 당사자와 대리인, 재심을 할 심결의 표시와 그 심결에 대하여 재심을 구하는 취지와 재심의 이유로 기재한 재심청구서를 특허심판원장에게 제출하여야 한다. 한편, 재심청구서에서 주장한 재심이유는 후에 변경할 수 없는 것으로 해석된다. 이는 법 제185조에서는 민사소송법 제459조 제1항은 준용하나 제2항은 준용하지 않기 때문이다.[627]

2. 관 할

재심의 청구가 있을 때에는 특허심판원장은 심판관을 지정하여야 한다. 재심은 재심청구대상이 되는 심결을 한 기관의 전속관할이다. 따라서 특허심판의 확정심결에 대한 재심청구는 특허심판원에 청구하여야 한다(法 178② 준용, 民訴法 453).[628]

---

[627] 재심의 심리범위는 「본안의 변론과 재판은 재심청구이유의 범위 내에서 하여야 한다」는 민소법 제429조 제1항의 규정을 준용하므로, 재심청구의 이유 범위 내로 한정된다. 또한 특허법은 「재심의 이유는 변경할 수 있다」는 민소법 제429조 제2항을 준용하지 아니하므로 특허심판에 관한 재심청구에서 재심의 이유를 변경할 수 없다고 본다.

[628] 민사소송법 제453조 【재심관할법원】 ① 재심은 재심을 제기할 판결을 한 법원의 전속관할로 한다.
② 심급을 달리하는 법원이 같은 사건에 대하여 내린 판결에 대한 재심의 소는 상급법원이 관할한다. 다만, 항소심판결과 상고심판결에 각각 독립된 재심사유가 있는 때에는 그러하지 아니하다.

II 심 리

1. 재심요건 심리

재심청구에 대한 심리순서는, 먼저 재심청구의 적법성에 관한 심리를 하여 적법하면, 둘째로 재심 사유의 존부를 가리게 되며 그 결과 재심사유가 있다고 판단되면, 셋째로 본안에 관한 심리에 착수하게 된다.

(1) 적법성 심리

심판장·심판관합의체는 먼저 청구로서의 일반적 절차요건과 재심의 적법요건을 심리하여야 하며, 재심의 일반적 절차요건과 재심의 적법요건에 흠이 있는 경우에 보정하지 않거나 보정을 할 수 없을 때에는 본안심리에 들어가지 않고 결정 또는 심결로써 각하한다.

(2) 재심사유의 존부심리

적법성심리의 결과 재심청구가 적법하면 다음 단계는 재심사유의 존부를 조사하여야 한다. 그 입증책임은 재심청구인에게 있다. 재심사유 존부의 심리결과 재심사유가 없는 것으로 인정될 때에는 재심청구를 기각하여야 하며, 재심사유가 타당할 때에는 본안심리를 하여야 한다.

2. 본안의 심리

재심사유가 있는 것으로 인정되면 원심결을 취소하고 본안에 대한 심리에 들어가게 된다. 심판에 대한 재심의 절차에 관하여는 그 성질에 반하지 아니하는 한, 원심판의 절차에 관한 규정을 준용한다(法 184). 예를 들어 특허무효심판의 심결에 대한 재심에 있어서는 특허무효심판과 같은 심리를 하고 특허거절결정불복심판에 대한 재심에 있어서는 특허거절결정불복심판과 같은 심리를 하여야 한다.

III 심 결

1. 원심결이 정당하지 못한 경우

심리결과 확정심결의 결론이 부당하다고 인정되는 경우에는 원심결을 취소하고 원심결과 다른 심결을 한다.

2. 원심결이 정당한 경우

원심결이 정당한 경우는 원심결과 같은 내용의 심결을 하여야 한다. 즉, 원심결의 결과가 정당하더라도 바로 재심청구를 기각하는 심결을 하여서는 안 된다.[629]

IV 불복

심판장으로부터 심결등본을 송달받은 날로부터 30일 이내에 특허법원에 심결취소소송을 제기할 수 있다(法 186①).

제5절 재심의 효과

I 일반적 효과

재심의 심결이 확정되면 원심판에 있어서 심결이 확정되는 경우에 인정되는 심결의 구속력과 확정력, 일사부재리의 원칙이 동일하게 적용된다.

II 재심 특유의 효과

재심의 심결이 원심결과 상반되는 경우 원심결을 신뢰하고 선의로 발명의 실시 등을 한 자가 재심에 의하여 회복된 특허권자 등으로부터 불측의 피해를 방지하기 위하여 재심에 의하여 회복된 특허권에 일정한 효력을 제한하는 규정을 두고 있다.

1. 재심에 의하여 회복한 특허권의 효력의 제한

(1) 물건에 대한 효력 제한

취소된 특허권, 무효심결이 확정된 특허권 또는 존속기간 연장등록이 무효로 확정된 특허권이 재심에 의하여 회복된 경우, 특허권의 권리범위에 속하지 아니한다는 심결이 확정된 후 재심에 의하여 이와 상반되는 심결이 확정된 경우 또는 거절한다는 취지의 심결이 있었던 특허출원 또는 특허권의 존속기간의 연장등록출원에 대하여 재심에 의하여 특허권의 설정등록 또는 특허권의 존속기간의 연장등록이 있는 경우에는 그 심결확정 후 재심청구의 등록 전에 선의로 수입 또는 국내에서 생산하거나 취득한 물건에는 특허권의 효력이 미치지 아니한다(法 181①).

---

629) 재심사유는 있지만 원심결이 정당한 경우 같은 재심청구를 기각할 것인지, 동일심결을 반복할 것인지가 문제된다. 특허법은 「재심의 사유가 있는 경우에도 판결을 정당하다고 인정한 때에는 법원은 재심의 청구를 기각하여야 한다.」고 규정된 민소법 제430조를 준용하고 있지 않고, 대법원 판례(대법원 1977.5.10. 선고 76후25)도 원심결을 취소하고 원심결과 동일한 심결을 다시 하는 입장을 취하고 있으므로, 재심사유가 있는 확정심결이 그 결론에 있어서 정당하다 하여도 원심결을 취소한 후 새로운 심결을 하여야 한다.

(2) 행위에 대한 효력 제한

위 (1)의 회복된 특허권의 효력은 역시 다음의 '각 행위'에 대하여도 미치지 아니한다(法 181②).

① 해당 특허취소결정 또는 심결이 확정된 후 재심청구의 등록 전에 한 해당 특허취소결정 또는 발명의 선의의 실시행위

② 특허가 물건의 발명인 경우에는 그 물건의 생산에만 사용하는 물건을 해당 특허취소결정 또는 심결이 확정된 후 재심청구의 등록 전에 선의로 생산·양도·대여 또는 수입하거나 양도 또는 대여의 청약을 하는 행위

③ 특허가 방법의 발명인 경우에는 그 방법의 실시에만 사용하는 물건을 해당 특허취소결정 또는 심결이 확정된 후 재심청구의 등록 전에 선의로 생산·양도·대여 또는 수입하거나 양도 또는 대여의 청약을 하는 행위

2. 재심에 의하여 회복한 특허권에 대한 선사용권자의 통상실시권(후용권)

특허취소결정 또는 심결이 확정된 후 재심청구의 등록 전에 선의로 국내에서 그 발명의 실시사업을 하고 있는 자 또는 그 사업의 준비를 하고 있는 자는 그 실시 또는 준비를 하고 있는 발명 및 사업의 목적의 범위에서 그 특허권에 관하여 무상의 법정통상실시권을 가진다. 이 통상실시권은 법정실시권이므로 등록 없이도 효력이 발생한다(法 182).

3. 재심에 의하여 통상실시권을 상실한 원권리자의 통상실시권

강제실시권 중의 하나인 통상실시권 허락심판(法 138)에 의하여 통상실시권을 허락한다는 심결이 확정된 후 재심에 의하여 이에 상반되는 심결의 확정이 있는 경우에는 재심청구 등록 전에 선의로 국내에서 그 발명의 실시사업을 하고 있는 자 또는 그 사업의 준비를 하고 있는 자는 원통상실시권의 사업의 목적 및 발명의 범위에서 그 특허권 또는 재심의 심결의 확정이 있는 당시에 존재하는 전용실시권에 대하여 통상실시권을 가진다. 이 통상실시권은 법정실시권이므로 등록이 없어도 효력이 발생하지만, 통상실시권자는 특허권자 또는 전용실시권자에게 상당한 대가를 지급하여야 한다(法 183). 이것은 강제실시권이 법정실시권으로 전환되는 경우이다.

The Patent Law

제10장

특허소송

제1절 심결 등에 관한 소송
제2절 특허법원
제3절 당사자
제4절 소의 제기
제5절 특허소송의 준비절차
제6절 특허소송의 심리
제7절 소송절차의 정지
제8절 소송의 종료와 상고
제9절 보상금 등에 관한 불복의 소

Chapter 10 특허소송

제1절 심결 등에 관한 소송

I 서(序)

1. 의 의

특허소송은 광의의 특허소송과 협의의 특허소송으로 구분되며 소송의 주요 내용은 산업재산권(특허권, 실용신안권, 디자인권, 상표권)에 대한 소송으로 심결 등에 대한 취소소송, 행정소송, 민사소송, 형사소송 등이 포함된다.

(1) 광의의 특허소송

광의의 특허소송이라고 하면 특허권, 실용신안권, 상표권, 디자인권 등의 소위 산업재산권에 관한 소송 전부, 즉 특허법원의 관할로 되어 있는 소송으로서 ① 특허법 제186조 제1항, 실용신안법 제33조, 디자인보호법 제166조 제1항, 상표법 제162조에서 정하는 제1심사건(법원조직법 제28조의4 제1호[630]) ② 민사소송법 제24조 제2항 및 제3항에 따른 사건의 항소사건(법원조직법 제28조의4 제2호) 및 ③ 다른 법률에 의하여 특허법원의 권한에 속하는 사건(법원조직법 제28조의4 제3호)에 관한 소송뿐 아니라, 소위 특허침해소송이라 불리는 ④ 특허법 제126조의 금지청구소송, ⑤ 민법 제750조, 특허법 제128조의 손해배상청구소송, ⑥ 특허법 제131조의 신용회복조치청구소송 등과 ⑦ 특허청이 한 행정상의 처분에 관한 소송, ⑧ 특허권 등의 귀속(주로 발명자의 특정, 상속, 양도 등의 승계)을 둘러싼 소송 등을 모두 포함한다.

---

[630] 법원조직법 제28조의4【심판권】특허법원은 다음의 사건을 심판한다.
1. 특허법 제186조 제1항, 실용신안법 제33조, 디자인보호법 제166조 제1항 및 상표법 제85조의3 제1항이 정하는 제1심사건
2. 민사소송법 제24조 제2항 및 제3항에 따른 사건의 항소사건
3. 다른 법률에 의하여 특허법원의 권한에 속하는 사건

(2) 협의의 특허소송

광의의 특허소송 중에서 특허법원의 전속관할에 속하는 것만을 협의의 특허소송이라고 하며, 위의 ① 법 제186조 제1항의 심결 등에 대한 취소소송과 ② 다른 법률에 의하여 특허법원의 권한에 속하는 사건이 이에 해당한다.

이하에서는 협의의 특허소송, 소위 심결 등에 대한 취소소송을 중심으로 하여 설명하기로 한다. 심결 등에 대한 취소소송은 크게 두 가지로서 심결취소소송과 심판청구나 재심청구의 각하결정에 대한 취소소송이 있다하겠다.

■ 특허소송의 종류

종 류	관 할	관련 조문
침해소송(특허·실용신안, 디자인, 상표, 품종보호권)	• 1심: 고법소재지 지방법원 5개소(단, 서울고법의 지방법원은 서울중앙지방법원으로 한하며, 서울중앙지법은 선택적 중복관할) • 2심: 특허법원	특허법 제126조~제132조, 제225조~제232조
행정처분(무효, 불수리, 재정 등)에 대한 소송	행정법원/행정심판원	
심결에 대한 소 또는 심판청구나 재심청구의 각하 결정에 대한 소	특허법원	특허법 제186조~제189조
보상금에 대한 소송	민사법원/행정법원	특허법 제190조~제191조

2. 성 질

특허청에 소속된 특허심판원은 행정기관이므로 특허심판의 성질은 행정처분이며, 행정처분인 심결이나 결정의 당부를 판단하는 특허소송은 그 소송물을 기준으로 하면 행정소송법[631]상의 항고소송에 해당된다.

---

631) 행정소송의 종류 및 항고소송(행정소송법)
제3조【행정소송의 종류】행정소송은 다음의 네가지로 구분한다.
1. 항고소송: 행정청의 처분 등이나 부작위에 대하여 제기하는 소송
2. 당사자소송: 행정청의 처분 등을 원인으로 하는 법률관계에 관한 소송 그 밖에 공법상의 법률관계에 관한 소송으로서 그 법률관계의 한쪽 당사자를 피고로 하는 소송
3. 민중소송: 국가 또는 공공단체의 기관이 법률에 위반되는 행위를 한 때에 직접 자기의 법률상 이익과 관계없이 그 시정을 구하기 위하여 제기하는 소송
4. 기관소송: 국가 또는 공공단체의 기관 상호간에 있어서의 권한의 존부 또는 그 행사에 관한 다툼이 있을 때에 이에 대하여 제기하는 소송. 다만, 헌법재판소법 제2조의 규정에 의하여 헌법재판소의 관장사항으로 되는 소송은 제외한다.
제4조【항고소송】항고소송은 다음과 같이 구분한다.
1. 취소소송: 행정청의 위법한 처분 등을 취소 또는 변경하는 소송
2. 무효 등 확인소송: 행정청의 처분 등의 효력 유무 또는 존재 여부를 확인하는 소송
3. 부작위위법확인소송: 행정청의 부작위가 위법하다는 것을 확인하는 소송

거절결정불복심판에 대한 심결취소소송 등 특허청장을 피고로 하는 결정계 소송은 행정소송법 제4조의 행정소송 중 항고소송의 취소소송에 해당한다고 하는 데는 별다른 이론이 없으나, 특허권자 또는 이해관계인을 상대로 하는 당사자계 사건에 관하여는 결정계 사건과 마찬가지로 항고소송이라고 보는 견해와 당사자소송에 속한다고 보는 견해가 나뉜다.

당사자계 사건은 소송의 외양을 보면 양 당사자가 서로 대립하는 민사소송의 구조와 크게 다를 바가 없어 항고소송이라기보다는 당사자소송에 속한다고 보아야 할 것이나 특허청의 결정·심결은 이른바 행정처분에 속하는 것으로 당사자계 사건도 그 실질을 보면 특허청 처분의 위법성을 다투는 것이어서 당사자 대립의 구조는 편의상의 것에 불과하므로 항고소송과 비슷하게 직권증거조사 등 심리에 있어서 민사소송과 다른 특수성을 인정할 필요가 있으므로 이를 항고소송으로 보아도 좋다고 생각되고,[632] 실무도 당사자계 사건과 결정계 사건을 크게 구분하지 아니하고 있다.[633]

II 특허소송과 민사소송 및 행정소송과의 관계

1. 특허소송과 민사소송 및 행정소송사건의 구분

특허법 제186조에 규정된 특허법원의 전속관할에 속하는 사건만이 특허소송사건이 되고, 일반적으로 특허침해소송이라고 불리는 금지청구소송, 손해배상청구소송 및 신용회복조치청구소송 등은 일반민사소송이 되며, 서류불수리, 절차의 무효, 특허권의 수용, 통상실시권허락을 위한 재정에 관한 불복 등에 관한 소송은 일반 행정소송법의 절차에 따른 행정소송사건이 된다.

특허법 제190조 소정의 보상금 또는 대가에 관한 불복의 소는 그 성질에 따라 행정소송(法 41③④, 106③, 106의2③의 특허권 수용시의 보상금에 관한 소) 혹은 민사소송(法 110②2 및 138④의 통상실시권 설정재정 및 허락시의 대가에 관한 소)이 된다.[634]

2. 행정소송·민사소송 절차의 준용

특허소송에는 우선 특허법이 적용되고, 특허법에 규정이 없는 경우 특허소송의 행정소송적 성질에 의해 행정소송법이 준용되며, 다시 행정소송법에 규정이 없는 경우 행정소송법 제8조의 규정에 따라 민사소송법이 준용된다.

---

632) 대판 2003후922
633) 특허소송실무, 법원행정처(1998), p.3
634) 이시윤·이상정, 특허법원의 신설과 특허심판구조의 개편, 사법행정(1996), p.12

III 특허소송의 종류

1. 특허청장을 피고로 하는 결정계 심결취소소송

(1) 심사관의 특허거절결정(法 62)에 대한 심판(재심)의 심결(法 132의3, 184)

(2) 위 (1) 심판(재심)청구의 각하심결(심결각하)(法 142, 184)

(3) 위 (2) 심판(재심)청구서 각하결정(결정각하)(法 141②, 184)

(4) 정정심판(재심)의 심결(法 136, 184)

2. 특허권자 또는 이해관계인을 피고로 하는 당사자계 소송

(1) 특허무효·특허권의 존속기간의 연장등록의 무효·권리범위확인·정정무효·통상실시권허락의 심판(재심)의 심결(法 133부터 135, 137, 138, 184)

(2) 위 (1) 심판(재심)청구의 각하심결(심결각하)(法 142, 184)

(3) 위 (1) 심판(재심)청구서 각하결정(결정각하)(法 141②, 184)

제2절 특허법원

I 특허법원의 관할

1. 심급관할

1998. 3. 1.부터 고등법원급인 특허법원이 설치되면서 특허법원은 특허법 제186조 제1항, 실용신안법 제33조, 디자인보호법 제166조 제1항, 상표법 제162조에서 정하는 사건과 다른 법률에 의하여 특허법원의 권한에 속하는 사건을 전담하며, 특허법원의 판결에 대한 불복은 대법원에 상고할 수 있는 2심제가 채택되었다.

2. 토지관할

특허법원은 고등법원과 지방법원 중에서 유일하게 전국을 관할하게 되며, 그 소재지는 2000. 3. 1.부터 대전광역시이다.

II 특허법원의 구성

1. 심판부

일반의 고등법원과 마찬가지로 판사 3인으로 구성된 합의부에서 심판권을 행사하며 부장판사가 재판장이 되며, 특허법원장의 지휘에 의하여 그 부의 사무를 관장한다.

2. 기술심리관

특허법원은 기술분야에 대한 전문성을 보좌하기 위하여 기술심리관을 둔다.[635]

(1) 도입취지

특허소송에 대한 기술적 사항을 보충하기 위하여 일본의 기술조사관제도 및 독일의 기술판사제도를 절충하여 기술심리관제도를 도입하였다.

(2) 기술심리관의 업무

① **기술적 사항에 관한 자문**

사건의 기술적·전문적 사항에 관하여 수시로 재판부의 자문에 응하여 법관이 출원기술의 기본 개념을 이해할 수 있도록 하고, 당사자가 제출한 서증에 나타난 기술적 사항에 대한 자문 및 법관이 판결을 작성하면서 문의하는 기술적 사항의 표현이나 의미에 관하여 자문에 응한다.

② **기술적 사항에 관한 의견제시**

재판장의 명을 받아 소송기록을 검토하여 기술적 사항에 관한 의견서를 제출하거나 연구결과 또는 의견을 보고하는 업무이다.

③ **기술적 사항에 관한 질문**

변론 또는 준비절차에서 재판장 또는 수명법관의 허가를 얻어 기술적인 사항에 관하여 소송관계인에게 질문하는 업무이다.

④ **합의과정에서 의견진술**

재판장의 허가를 얻어 합의과정에서 사건의 기술적인 사항에 관하여 의견을 진술할 수 있다.

(3) 기술심리관에 대한 제척 등

기술심리관도 사법적 심판작용에 참가하므로 중립·공정성을 유지하기 위하여 심판관에 적용되는 제척, 기피의 규정이 적용되며, 법원장의 허가를 얻어 당해 사건을 회피할 수도 있다(法 188의2).

---

635) 법원조직법 제54조의2 제1항

제3절 당사자

I 당사자 능력

당사자란, 소송에서 법원에 대하여 재판권 행사를 요구하는 사람 및 그 상대자를 말하는 것으로 민사소송에서는 원고와 피고, 형사소송에서는 검찰관과 피고를 말한다.

당사자 능력이란, 민법 또는 기타 법률에 의하여 권리능력을 가진 자를 말하며, 즉 자연인과 법인은 특허소송절차에 있어서 당사자 능력을 가진다. 권리능력을 가지지 아니한 사단 또는 재단의 경우에는 대표자 또는 관리인이 정하여져 있는 경우에 사단 또는 재단의 이름으로 심판의 당사자가 될 수 있는 당사자 능력을 가진다. 그러나 국내에 주소 또는 영업소를 가지지 아니한 자 중 외국인은 일정한 경우를 제외하고 특허권 또는 특허에 관한 권리를 향유할 수 없다.

II 당사자 적격

1. 원고적격

(1) 원고적격의 제한

심결취소소송(특허소송)에 있어서 원고적격을 가지는 자는 심판(재심)의 당사자, 심판(재심)의 참가인, 해당 특허취소신청의 심리, 심판(재심)에 참가신청을 하였으나 그 신청이 거부된 자에 한한다(法 186②). 그러나 일반적인 행정소송에서는 처분 등의 취소를 구할 법률상의 이익이 있는 자가 원고적격을 가지므로 행정처분의 직접의 상대방 이외의 제3자라도 당해 행정처분에 의하여 법률상의 이익이 침해되는 때에는 그 처분의 취소를 청구할 수 있지만, 심결취소소송(특허소송)에서는 심결에 의하여 자기의 법률상의 이익이 침해되는 자라도 그 모두에게 원고적격이 인정되는 것이 아니고, 원고적격을 가지는 자의 범위를 제한하고 있다.

이는 특허권이 대세효를 가지기 때문에 넓은 의미에서 이해관계인의 수가 상당히 많고 그 모두에게 원고적격을 인정하면 소송이 지연될 우려가 있기 때문이다.

(2) 원고로 될 수 있는 당사자

특허법 제186조 제1항에서 규정한 심결취소소송의 원고로 될 수 있는 당사자란 심판절차에서의 당사자로서 심결의 명의인으로 된 자이다. 결정계 심판(거절결정불복의 심판, 정정의 심판 등)에서는 심판청구를 한 자, 당사자계 심판(특허무효의 심판, 정정무효의 심판 등)에서는 심판청구인 또는 피심판청구인이다.[636]

---

[636] 예를 들어, 심판청구를 기각한다고 한 심결의 취소를 구하는 심결취소소송의 원고는 심판청구인이고, 특허 또는 정정을 무효로 한 심결의 취소를 구하는 심결취소소송의 원고는 피심판청구인이다.

(3) 권리가 공유인 경우의 당사자

① 공유자 중의 1인의 소 제기

특허법 제139조 제3항은 특허권 또는 특허를 받을 수 있는 권리의 공유자가 그 공유인 권리에 관하여 심판을 청구하는 때에는 공유자 모두가 공동으로 청구하여야 한다고 규정하고 있을 뿐이고, 그 심결취소소송의 제기에 대하여는 아무런 규정을 두고 있지 않아서 심결의 당사자로 되어 있는 공유자는 심결취소소송도 공동으로 제기하여야 하는지 아니면 단독으로 소를 제기할 수 있는지가 문제이다. 대법원 판례에 의하면 특허권이 공유인 경우에는 특허심판의 경우와는 달리 공유자 중 1인이라도 원고적격을 가진다고 판시하였다.[637]

② 공유자 중 1인의 단독심판청구 각하심결에 대한 심결취소소송의 원고적격

특허를 받을 권리를 공유하는 경우에는 거절결정에 대한 심판청구도 공유자 모두가 청구하여야 하므로 그 공동출원인(공유자)의 1인만이 심판청구를 하여도 부적법하여 각하된다. 이 경우에 각하심결에 대한 심결취소소송의 원고는 심결을 받은 공유자 중의 1인에 한정되는지, 그렇지 않으면 기간 내에 심판청구를 하지 않았던 다른 공유자도 심결명의인과 공동으로 원고가 될 수 있는지에 관하여는 견해의 대립이 있다.

이에 대해 특허법원[638]은 거절결정에 대한 심판청구를 하지 않은 공유자 중 1인은 심결취소소송을 제기할 수 있는 자를 한정하고 있는 특허법 제186조 제2항 소정의 "당사자, 참가인, 참가의 신청이 거부된 자"에 해당하지 않으므로 원고적격이 인정되지 않는다고 판시하여 특허권의 공유자 중에서도 심판청구를 하지 않은 공유자는 원고적격에서 배제하고 있다.

(4) 공동심판청구인 중 1인의 소 제기[639]

① 법 제139조 제1항은 동일한 특허권에 관하여 무효심판, 권리범위확인심판을 청구하는 자가 2인 이상이 있는 때에는 모두가 공동으로 심판을 청구할 수 있다고 규정하고 있다. 위 규정에 의한 공동심판청구인의 청구를 기각하는 심결이 있는 경우 공동심판청구인 중 1인이 심결취소소송을 제기할 수 있는지 문제이다.

---

637) 대법원 2004.12.9. 선고 2002후567 판결: 상표권의 공유자가 그 상표권의 효력에 관한 심판에서 패소한 경우에 제기할 심결취소소송은 공유자 전원이 공동으로 제기하여야만 하는 고유필요적 공동소송이라고 할 수 없고, 공유자의 1인이라도 당해 상표등록을 무효로 하거나 권리행사를 제한·방해하는 심결이 있는 때에는 그 권리의 소멸을 방지하거나 그 권리행사 방해배제를 위하여 단독으로 그 심결의 취소를 구할 수 있다.
638) 특허법원 1999.7.15. 선고 99허4705 판결
639) 특허법원 지적재산소송실무연구회, p.22 참조 / 임병웅, 전게서, p.968

② 이와 관련하여 아직 우리나라의 대법원 판례는 없다. 다만, 법 제139조 제1항에 의한 공동심판청구는 유사필수적 공동심판의 성격을 가지므로, 심결이 있은 후 공동심판청구인 모두에 대하여 출소기간640)이 경과하여야 심결이 확정되므로 1인이라도 심결취소소송을 제기하면 심결은 확정되지 않고, 출소기간을 경과한 공동심판청구인은 스스로 심결취소소송을 제기할 수는 없지만, 심결이 확정되지는 않았으므로 승소의 확정판결에 의하여 다시 심판이 계속되면 그 심판에서 심결취소소송을 제기하지 않은 공동심판청구인도 심판청구인의 지위를 유지한다고 한다.641)642)

(5) 공유자나 공동심판청구인 중 1인이 소를 제기한 후 다른 공유자나 공동심판청구인이 별도로 소를 제기한 경우

공유의 특허권에 관한 심결 및 공동심판에 의한 심결에 대하여 일단 공유자나 공동심판청구인 중 1인만이 심결취소소송을 제기하였는데 그 후 다른 공유자나 공동심판청구인도 심결취소소송을 제기하려는 경우 제소기간 내라면 공동소송참가를 하면 되고, 이렇게 하지 아니하고 별도로 소를 제기하면 특허법원은 변론을 병합하여 유사필수적 공동소송으로 심리하여야 한다. 그러나 제소기간이 경과된 경우에는 다른 공유자나 공동심판청구인은 공동소송참가도 할 수 없고 보조참가를 할 수 있을 뿐이다.643)

---

640) 출소기간이란 소송을 제기할 수 있는 법정기간을 말한다. 즉, 어떠한 권리를 일정한 기간 행사하지 아니하면, 그 권리 자체는 소멸하지 않지만 이에 대하여 제소할 수 없게 하는 기간을 두고 있다. 불변기간으로 되어 있으므로 법원은 직권으로 신축할 수 없는 것이 원칙이나, 예외적으로 원격지(遠隔地)에 주소·거소를 둔 자를 위하여 부가기간을 정하거나(민사소송법 제172조), 당사자에게 책임 없는 사유로 인하여 기간을 준수할 수 없는 경우에 소송행위의 추후보완(追後補完)이 인정되고 있다(동법 제173조). 출소기간 경과 여부는 법원의 직권조사사항이며, 출소기간 경과 후에 제기한 소는 각하된다. 재심의 출소기간은 재심사유를 안 날로부터 30일 내, 판결확정 후 5년 내이며(동법 제456조), 상법상 주주총회결의 취소·변경의 소는 그 출소기간이 결의일로부터 2개월 내이다(상법 제381조).
641) 이상경, "공동심판과 심결취소소송의 당사자적격", 인권과 정의, 277호(1999.9), p.102~104 참조
642) 일본 최고재판소 2000.1.27, 1995년 105호 판결은, 병합에 의하여 공동심판이 된 무효심판에서 무효불성립 심결이 있었고 이에 공동심판청구인 중 1인만이 심결취소소송을 제기한 사건에서, 다른 공동심판청구인에 대하여는 무효불성립 심결이 확정되었음을 전제로 위 심결취소소송이 일사부재리에 반하는 것이 아닌지가 쟁점이 되자, 무효불성립 심결이 확정되고 그 취지의 등록이 된 경우에는 그 등록 후에 새로이 무효심판청구와 동일사실 및 동일증거에 기초한 무효심판청구를 하는 것은 허락되지 않는다는 것이고, 그것을 넘어서 그 시점에 있어서 이미 계속되고 있는 무효심판청구가 부적법한 것이 된다고 해석하여야 하는 것은 아니므로, 위 심결취소소송은 부적법하지 아니하다고 판시하여, 공동심판청구인 중 1인의 소 제기도 적법하다고 하였다.
643) 임병웅, 전게서, p.969(이상경, 전게논문, p.103~104 참조)

(6) 권리의 승계와 원고적격[644]

① 특별승계

승계는 일반승계와 특별승계로 나누어지며, 특허출원 후에 특허를 받을 수 있는 권리의 승계 중 상속 기타 일반승계의 경우에는 그 사유의 발생에 의하여 당연히 승계의 효력이 생기고 승계인은 지체 없이 그 취지를 특허청장에게 신고할 의무를 부담하게 되지만(法 38⑤), 권리의 양도 등 특별승계의 경우에는 특허청장에 대한 신고가 효력발생요건이므로 특허출원인이 특허청장에게 명의변경신고를 하지 아니하면 의사표시만으로는 그 효력이 발생하지 아니하고(法 38④), 특허권의 승계도 상속 기타 일반승계에 의한 경우를 제외하고는 이전등록을 하지 아니하면 효력이 생기지 아니한다(法 101①1). 특허법은 특허권의 이전등록이나 특허를 받을 수 있는 권리에 대한 특별승계의 명의변경신고가 된 권리에 관하여 심판이 계속되고 있는 경우에 심판장이 권리의 승계인에 대하여 그 절차를 속행하게 할 수 있다(法 19)고 규정하고 있는데, 이것이 심판장의 재량에 속하는지에 대하여는 견해의 대립이 있다.

그런데 심판절차 중에 특별승계가 이루어졌지만 양수인에 대하여 속행명령이 내려지지 않은 채 구 권리자를 명의인(당사자)으로 하여 심결이 된 경우에 원고적격을 가지는 자는 권리의 승계인인가 아니면 구 권리자인가 하는 권리승계에 있어서의 원고적격이 문제로 된다.

이에 관한 특허법원의 실무는 아직 확립되어 있다고 볼 수 없다. 심판청구기각심결을 받은 원고가 구 권리자인 심결의 피청구인과 특별승계인에 대하여 각각 별소를 제기한 사안에서 특허법원은 특별승계인에 대한 소를 취하시키고 구 권리자에 대한 소에 특별승계인을 참가시킨 사례가 있으나,[645] 한편 심결의 명의인인 구 권리자가 제기한 소송에서 특별승계인의 승계참가를 허용할 뿐만 아니라, 특별승계인이 단독으로 소를 제기한 경우에도 이를 인정하고 있는 것이 현재 특허법원의 실무관행이다.

② 일반승계

심판절차 중 상속 또는 회사의 합병에 의하여 일반승계가 이루어진 경우에는 심판절차는 중단되고 상속인 또는 합병에 의하여 설립된 회사 내지는 합병 후 존속하는 회사가 절차를 수계하게 되므로(法 20~22) 이러한 경우에는 당연히 수계한 당사자가 심결취소소송의 원고가 될 것이고 피상속인, 합병 후 소멸한 회사는 더 이상 존재하지 않으므로 원고로 될 수 없다. 또한 심판절차 중 종전 권리자가 사망함으로써 그 당사자로서의 자격을 상실한 때에는 그 때부터 그 당사자의 지위를 당연히 승계하는 상속인과의 사이에 심판절차가 존속하는 것이고, 다만 상속인이 심판수계절차를 밟을 때까지 심판절차가 중단되는 것이므로 심판관이 이와 같은 중단사유를 알지 못하고 구 권리자를 명의자로 하여 심결한 경우에는 그 심결은 심판절차에 관여할 수 있는 적법한 수계인의 권한을 배제한 결과가 되는 절차상의 위법은 있지만 그 심결이 당연무효라 할 수는 없으므로 상속인이 수계신청을 하여 심결등본을 송달받고 심결취소소송

---

644) 사법연수원, 전게서, p.329~330
645) 특허법원 2001.2.23. 선고 2000허5957 판결

을 제기할 수 있을 뿐 아니라, 상속인이 사실상 심결등본을 송달받고 심결취소소송을 제기한 다음에 그 소송절차에서 수계절차를 밟은 경우에도 그 수계와 소 제기는 적법한 것이라고 보아야 할 것이다.646)

(7) 원고로 될 수 있는 참가인647)

참가인이란 당사자 이외의 제3자가 타인의 심판절차의 계속 중 그 심판의 당사자의 일방에 들어가 그 심판절차를 수행하는 자를 말한다. 심판절차상의 참가에는 특허법 제139조 제1항에 의하여 임의적 공동심판을 청구할 수 있는 자가 심리의 종결까지 청구인으로서 그 심판에 참가하는 민사소송법상의 공동소송참가에 유사한 참가(공동소송적 당사자 참가, 法 155①)와 심판의 결과에 대하여 이해관계를 가지는 자가 심리종결시까지 당사자의 일방을 보조하기 위하여 그 심판에 참가하는(민사소송법상 명문의 규정은 없지만 해석상 인정되고 있는) 공동소송적 보조참가에 유사한 참가(法 155③)가 있다.

동일한 특허권에 관하여 특허무효의 심판, 특허권 존속기간연장 무효심판, 정정무효의 심판, 또는 권리범위의 확인심판을 청구하는 자가 2인 이상이 있는 때에는 모두가 공동으로 심판을 청구할 수 있지만(法 139①), 공동으로 심판청구를 하지 아니하고 타인의 청구에 의하여 계속 중인 심판절차에 참가할 수도 있는데, 이것이 특허법 제155조 제1항의 참가이다.648)

공동으로 심판을 청구한 경우와 단독으로 심판을 청구한 경우의 심결에 대하여는 그 자가 특허법 제186조 제2항의 당사자로서 심결취소소송을 제기할 수 있지만 타인의 심판절차에 참가한 경우에는 참가인으로서 원고적격을 가지게 된다.

심판의 당사자로 될 수 없는 자라도 심판의 결과에 대하여 법률상 이해관계를 가지는 경우(예를 들어 특허무효의 청구가 된 특허권에 관하여 전용실시권, 통상실시권 또는 질권을 가지는 자 등)에는 당사자의 일방을 보조하기 위하여 심판에 참가할 수 있는데, 이러한 참가인은 피참가인(심판청구인)이 심결취소소송을 제기하지 않는 경우에도 독자적으로 심결취소소송을 제기할 수 있다(法 155④).649)

---

646) 대법원 1995.5.23. 선고 94다28444 전원합의체 판결
647) 사법연수원, 전게서, p.331
648) 이러한 자는 물론 타인의 심판절차에 참가하지 아니하고 그 심판절차와 관계없이 별도로 심판청구를 할 수도 있다.
649) 당사자 참가의 경우 참가인은 피참가인이 그 심판의 청구를 취하한 후에도 심판절차를 속행할 수 있으며(法 155②), 보조참가의 참가인 역시 일체의 심판절차를 행할 수 있다(法 155④). 또한 참가인에 대하여 심판절차의 중단 또는 중지의 원인이 있는 때에는 그 중단 또는 중지는 피참가인에 대하여도 그 효력이 발생한다(法 155⑤). 다만 보조참가는 청구인측이나 피청구인측 어느 쪽이나 참가할 수 있는 반면에 당사자 참가는 심판의 청구인측에 공동청구인으로 참가하는 경우에만 인정되며 피청구인측에는 참가할 수 없다.

(8) 심판(재심)에 참가신청을 하였으나 그 신청이 거부된 자[650]

일반의 행정처분이라면 법률상의 이해관계가 있는 제3자에게까지 원고적격을 확장하여도 지장이 없으나, 특허권과 같이 대세적 권리에 관계되는 소송에서는 이해관계 있는 제3자의 범위가 지나치게 광범위하여 이러한 제3자 모두에게 원고적격을 인정하게 되면 재판지연의 원인이 될 우려가 있는 반면에 현재 특허청의 심결에 의하여 권리를 침해당한 자에 대한 구제를 거부하고 당사자에게만 소송을 제기할 수 있도록 하는 것은 재판을 받을 권리를 인정한 헌법 제27조와의 관계에서 문제로 될 것이므로 그 절충안으로 특허법 제186조 제2항에 의하여 심결취소소송은 당사자 이외에 심판 또는 재심에 참가신청을 하여 허용되지 않았던 자도 제기할 수 있도록 한 것이다.

2. 피고적격

(1) 결정계 심판 및 결정

결정계 심판의 심결 및 각하결정에 대한 취소를 구하는 특허소송에서는 특허청장이 피고가 된다(法 187).[651]

(2) 당사자계 심판

당사자계 심판의 심결 또는 그 재심 심판의 심결에 대한 특허소송에서는 피고는 심판 또는 재심의 청구인 또는 피청구인이다. 즉, 유리한 심결을 받은 당사자가 피고가 된다. 따라서 심판청구를 인용한 심결에 대한 특허소송의 피고는 심판청구인이 되고, 심판청구를 기각한 심결에 대한 특허소송의 피고는 심판피청구인이 된다.

---

650) 사법연수원, 전게서, p.332

651) 거절결정불복심판 등 이른바 결정계 심판의 심결 및 심판청구서 또는 재심청구서의 각하결정에 대한 취소를 구하는 심결취소소송의 피고는 특허청장이다(法 187 본문). 심결의 취소를 구하는 소송은 특허심판원의 심판관이 행한 심결이라는 행정처분의 취소를 구하는 것이고, 심판청구서 또는 재심청구서의 각하결정의 취소를 구하는 소송은 심판장이 행한 각하결정이라는 행정처분의 취소를 구하는 것이므로 모두 행정소송사건에 속하는데, 통상의 행정소송에서는 처분 또는 재결을 한 행정청이 그 취소소송의 피고로 되지만(행정소송법 13), 결정계 심판의 심결취소를 구하는 소송 및 청구서의 각하결정의 취소를 구하는 소송에 있어서는 심결을 한 심판관 또는 심판장을 피고로 하지 않고 특허청장에게 피고적격을 인정하고 있다. 이와 같이 심판관 또는 심판장을 피고로 하지 않고 특허청장을 피고로 한 이유는 심결취소소송에서 취소의 대상인 심결은 특허심판원의 심판관 합의체에 의하여 된 것이지만 심판관은 특허심판원장에 의하여 지정된 자이고(法 144), 법률상 독립하여 직권을 행사할 수 있도록 보장되어 있지 않은 점 등에 비추어 보면 심리관적 행정청이라고 할 것인데, 심결취소소송을 적정하고 능률적으로 운영하기 위한 합목적적인 고려에서 심결을 한 심판관의 합의체가 너무 많고 각각의 소송에서 심판관 합의체를 피고로 표시하는 것이 너무 번잡하기 때문에 특허청이라는 관서의 대표자인 특허청장을 피고로 하기로 한 것이라고 보아야 할 것이다(사법연수원, 전게서, p.332).

3. 공유자 피고적격

심판청구에서의 특허권이 수인의 공유인 경우에는 공유자 모두가 피청구인이 되어야 하는바(法 139②), 특허권자를 피고로 하여야 하는 심결취소소송도 공유자 모두를 피고로 하여야 하는 고유필요적 공동소송이라고 해석함이 타당하다. 이렇게 해석하더라도 공유자가 원고로 되는 경우와 달리 특별히 부당한 결과가 발생하는 것이 아니기 때문이다.[652]

4. 피고의 경정

특허소송에는 제소기간이 정하여져 있고, 피고를 잘못 지정하여 제소함으로써 제소기간이 경과된 경우에는 위법한 소로서 각하된다. 그러므로 원고를 구제하기 위하여, 특허소송에서 원고가 피고를 잘못 지정한 때에는 법원은 원고의 신청에 의하여 결정으로써 피고의 경정을 허가할 수 있고, 피고의 경정결정이 있었던 때에는 제소기간에 관하여 새로운 피고에 대한 소송이 처음에 소를 제기한 때에 제기된 것으로 본다. 피고경정의 요건은 다음과 같다.

(1) 특허소송이 계속되고 있어야 한다.

(2) 피고를 잘못 지정한 것이 명백한 경우로서 피고의 동일성이 유지되어야 한다.

(3) 피고의 경정은 사실심 변론종결시(특허법원)까지만 가능하다.

---

[652] 사법연수원, 전게서, p.333

제4절 소의 제기

I 소의 이익

1. 의 의

「소의 이익」이란 당사자 소송을 이용할 정당한 이익 또는 필요성을 말하는 것이다. 소의 이익 유무를 판단하여 무익한 소송제도 이용을 통제할 뿐만 아니라, 법원은 본안 판결을 필요로 하는 사건에만 집중할 수 있으며, 불필요한 소송에 응소해야 하는 상대방의 불이익도 배제할 수 있다.

2. 특허소송에서의 소의 이익

특허소송(심결 등에 대한 취소소송)에 있어서도 소의 이익이 있어야 한다. 소의 이익이 없다면 그 소송은 부적법한 것으로서 소각하판결을 받을 것임은 다른 행정소송과 마찬가지이다. 그러나 특허소송(심결 등에 대한 취소소송)이 심결에 대한 불복의 소이고, 원고적격이 법정되어 있으므로 민사소송이나 행정소송에서의 소 제기에서 발생하는 소의 이익을 둘러싼 문제는 거의 일어나지 않을 것으로 보인다. 왜냐하면 특허소송이 실질적으로는 특허심판원의 심결에 대한 항소심의 역할을 하는 것이기 때문에 특허소송에 있어서의 소의 이익은 결국 민사소송법상의 일반적인 소의 이익보다는 항소의 이익이라는 측면이 강하기 때문이다.

따라서 민사소송법상의 소의 이익의 개념으로 볼 수 있는 특허무효심판 등의 당사자계 사건에서 이해관계인인지 여부는 특허소송 이전의 특허심판단계에서의 심판의 이익의 문제로 먼저 다루어질 것이다. 즉, 어느 사건에 대하여 특허심판단계에서 심판의 이익이 없다고 인정되면 심판청구각하의 심결을 할 것이고, 만일 심판의 이익이 있다고 인정되면 본안에 대하여 심결을 내릴 것이기 때문이다. 그리고 당사자가 이에 불복하여 소 제기를 한다면 특허법원에서는 그 사건이 심판의 이익이 있는지 여부에 대하여 다시 한 번 판단할 뿐이다. 따라서 위와 같은 경우에 심판의 이익이 문제될 뿐, 특허소송(심결 등에 대한 취소소송) 자체의 소의 이익은 문제가 되지 아니할 것으로 보인다.[653]

---

[653] 사법연수원, 전게서, p.321

3. 소의 이익의 판단시점

소의 이익 유무는 변론종결시를 기준으로 판단된다. 따라서 소 제기시에는 소의 이익이 있더라도 변론종결시에 소의 이익이 소멸하였다면 그 소송은 부적법한 것으로 각하를 면치 못한다. 따라서 심결취소소송의 소 제기 당시에는 소의 이익이 있었으나 그 후에 발생된 사유에 의하여 소의 이익이 소멸된 경우가 바로 심결취소소송에서 소의 이익을 문제삼을 수 있는 경우에 해당된다.

예를 들어 심결취소소송의 계속 중 출원의 포기·취하 등으로 권리가 소멸하거나(거절결정 불복심판의 심결취소소송의 경우), 특허권 등이 무효확정 등으로 소멸하는 경우에는 특별한 사정이 없는 한 소의 이익이 없게 되고 당해 소를 각하하여야 한다.[654] 또한 심결취소소송 계속 중 합의로 인하여 이해관계가 소멸한 경우에도 소의 이익이 없어 소를 각하하여야 한다.[655] 또한 당사자 사이에 심판을 취하하기로 한다는 내용의 합의가 이루어졌다면 그 취하서를 제출하지 않았다 하더라도 특별한 사정이 없는 한 심판이나 소송을 계속 유지할 법률상의 이익은 소멸되었다고 할 수 있다.[656] 그러나 특허무효심판의 경우에는 특허권이 소멸된 경우에도 무효심판을 청구할 수 있도록 특허법에 규정되어 있으며(法 133②), 존속기간이 만료된 후에도 손해배상 등의 민사소송이나 형사벌의 문제를 고려하였을 때 특허소송에서의 소의 이익이 있다고 볼 것이다.

다만 권리범위확인심판에 있어서는 특허무효심판청구에서의 특허법 제133조 제2항과 같은 내용의 규정이 없는바, 대법원 판례는 "특허권의 권리범위확인심판의 청구는 현존하는 특허권의 범위를 확정하는 것을 목적으로 하는 것이므로, 일단 적법하게 발생한 특허권이라 할지라도 그 권리가 소멸되는 경우 그 소멸 이후에는 권리범위확인의 이익이 없어진다"고 판시하고 있다.[657]

4. 소의 이익과 심판의 이익과의 관계

소의 이익에 관하여는 심결취소소송의 변론종결시를 기준으로 판단하고 심판의 이익은 심결시를 기준으로 하여 판단하여야 한다. 따라서 예를 들어 심결 이후에 당사자 간의 합의가 있으면 소의 이익이 없으므로 소를 각하하여야 하고[658], 심판단계에서 당사자 간의 합의가 이루어질 경우에는 심판의 이익이 없으므로 심판청구를 각하하여야 함에도 실체판단을 한 심결은 위법하므로 그 심결은 취소되어야 하는 것이 원칙이다.[659] 그리고 소멸된 특허권 등의 권리에 대한 권리범위확인 심판에 있어서 심판단계에서 그 권리가 소멸한 경우에는 심판청구를 각하하지 아니한 심결은 위법하므로 취소되어야 하고, 그 권리가 심결취소소송단계에서 소멸한 경우에는 소의 이익이 없어 소를 각하하여야 할 것이다.[660]

---

654) 대법원 1996.12.10. 선고 95후1906 판결 등 참조
655) 대법원 1990.10.23. 선고 89후2151 판결, 1980.9.30. 선고 79후95 판결, 1979.3.13. 선고 77후50 판결
656) 대법원 1997.9.5. 선고 96후1743 판결, 1989.9.12. 선고 88후1281 판결
657) 대법원 2002.2.22. 선고 2001후2474 판결, 2001.6.15. 선고 99후1706 판결, 1996.9.10. 선고 94후2223 판결, 1995.3.10 선고 94후1091 판결 등
658) 특허법원 1999.5.27. 선고 98허8359 판결 참조
659) 특허법원 1999.4.8. 선고 98허9607 판결 참조
660) 특허법원 1999.9.17. 선고 98허6292 판결 및 1998.6.18. 선고 98허2177 판결 참조

II 제소기간

1. 불변기간

특허소송은 심결 또는 결정의 등본을 송달받은 날로부터 30일 이내에 제기하여야 한다(法 186③). 위 제소기간은 불변기간이다(法 186④).

특허법은 "기간의 마지막 날이 공휴일(근로자의 날 제정에 관한 법률에 의한 근로자의 날 및 토요일을 포함한다)에 해당하는 때에는 기간은 그 다음 날로 만료한다"고 규정하고 있으나,[661] 민법은 "기간의 마지막 날이 일요일 기타 일반의 휴일에 해당한 때에는 그 익일로 만료한다"고 규정(民法 157②)하고 있어서 민법의 기간 계산에 따른 특허소송절차에 있어서는 근로자의 날, 토요일은 일반휴일로 취급되지 아니하므로 심결취소소송의 제소기간의 계산에 있어서 주의를 요한다.

2. 부가기간

심판장은 원격 또는 교통이 불편한 지역에 있는 자를 위하여 불변기간에 대해 직권으로 1개월 이내의 범위 내에서 소 제기를 위한 부가기간을 정할 수 있다(法 186⑤, 規則 16④).[662] 이상의 부가기간은 민사소송법 제172조 제2항에도 규정되어 있다. 멀리 있는 지역 등에 거주하는 자에게는 소의 제기기간이 촉박할 경우 유익한 기간이 될 수 있다.

부가기간은 심판장이 심결문에 기재하며 재내자는 20일, 재외자는 30일의 범위 내에서 허용할 수 있도록 관련 지침에 규정하고 있다.

3. 도달주의 적용

특허법원에의 소장제출에 있어서는 특허법의 규정(法 28)[663]과는 달리 도달주의가 적용된다. 따라서 소 제기기간 만료일까지 특허법원에 소장이 도달되어야 한다. 위반시 기간경과로 소 각하 사유가 된다.

---

661) 기간의 마지막 날이 공휴일(근로자의 날 및 토요일 포함)에 해당될 때에는 기간은 그 다음날로 만료한다. 이 규정은 특허에 관한 「절차」의 기간에 대해서만 적용되므로 특허에 관한 「권리」의 기간(예 특허권의 존속기간)은 다음 날로 연장되지 않고 원래의 해당일로 끝난다. 이는 특허에 관한 절차를 밟는 자의 편의를 고려한 것이다.

662) 특허법상 부가기간은 이것 밖에 없다.

663) 특허법은 발신주의와 도달주의를 병행하고 있으며, 민법도 발신주의를 적용하고 있다. 즉 민법은 상대방 있는 의사표시의 효력발생은 원칙적으로 도달주의에 의하면서도(民法 111), 무능력자와 거래한 상대방의 최고에 대한 확답(民法 15), 사단법인의 사원총회의 소집통지(民法 71), 무권대리인과 거래한 상대방의 최고에 대한 확답(民法 131), 채무인수에서 채권자의 승낙의 통지(民法 455), 격지자 간의 계약에서 청약에 대한 승낙의 통지(民法 531) 등에서 예외적으로 발신주의를 취하고 있다. 거래의 신속을 이념으로 하는 상법에서는 격지자 간의 청약의 구속력(商法 52), 청약에 대한 낙부통지의무(商法 53), 매도인의 목적물의 공탁 또는 경매의 통지(商法 67), 대리상의 대리 또는 중개의 통지(商法 88), 주식회사의 주주총회의 소집통지(商法 363) 등에 대하여 발신주의를 취하고 있다. 민사소송법은 소송서류의 송달을 발신주의에 의하는 경우를 인정하고 있다(民訴法 189).

III 소장의 제출

1. 특허법원에 제출

특허소송은 심결에 대한 불복이라는 점에서는 항소심적인 성격이 없지 아니하지만 사법부에 대한 최초의 소송행위이므로 특허법원에 소장을 제출하여야 한다. 따라서 특허심판원에 소장을 제출하더라도 소 제기의 효력은 생기지 아니하며, 특허심판원이 특허법원으로 송부한다 하더라도 제소기간은 특허법원에 접수된 때를 기준하여 계산된다.

2. 특허심판원장에게 통보

특허법원에의 소의 제기 또는 특허법원의 판결에 불복하여 상고가 있는 경우에는 그 사실을 특허원부에 예고등록하여야 한다(登錄令 3, 7). 따라서 특허법원은 제186조 제1항의 규정에 의한 소의 제기 또는 동조 제8항의 규정에 의한 상고가 있는 때에는 지체 없이 그 취지를 특허심판원장에게 통지하여야 한다(法 188①).

특허청장을 피고로 하는 소송(결정계 심판 등)에 있어서는 소장부본과 기일통지서, 출석요구서 등이 송달된다.

3. 소장심사 및 부본송달 등

재판장은 소장이 방식에 위배된 경우 보정을 명하고, 그 흠이 보정되지 아니할 때에는 재판장 단독으로 소장을 각하한다.

소장심사 후 흠이 없을 때에는 재판장은 피고에게 소장부본을 송달하는 한편 변론기일을 정하여 원고·피고에게 기일소환장을 송달한다(民訴法 167, 255 등).

4. 심판기록의 송부

특허심판원의 심판절차와 특허법원의 소송절차는 속심적 구조가 아니어서 그 절차의 연속성이 없으므로 심결원본 및 기타 일건 기록서류는 특허법원에 소가 제기된다 하더라도 심판원에서 특허법원으로 당연히 송부되는 것이 아니다. 따라서 특허법원으로서는 심리의 편의상 필요하다고 인정할 경우 특허청장 또는 심판원장에게 심사·심판·등록서류등본 송부를 촉탁하거나 당사자에게 그 등본을 제출하게 할 수 있다.

Ⅳ 소송대리인

1. 소송대리인의 범위

「소송대리인」이란 소송당사자 또는 참가인의 이름으로 이러한 자의 대리인임을 표시하고 그들을 대신하여 자신의 의사에 기하여 소송행위를 하거나 받는 자를 말한다. 현행법은 변호사강제주의를 채택하고 있지 않으므로 본인은 소송대리인을 선임하지 않고 스스로 법정에 나와서 소송수행을 할 수 있다. 한편, 소송대리인에 의할 경우 특허, 실용신안, 디자인 또는 상표에 관한 소송대리인은 변호사 또는 변리사가 될 수 있다(辨理士法 8).

특허청장이 피고로 되는 결정계 사건에 있어서는 특허청장이 지정하는 직원(송무요원 또는 해당 심판관)이 지정대리인이 될 수 있다. 지정대리인은 「국가를 당사자로 하는 소송에 관한 법률」에 의거 법무부장관의 소송지휘를 받아 당해 소송절차를 수행한다.

2. 대리권의 증명

소송대리인의 대리권은 서면으로 증명하여야 하며(民訴法 58①), 통상 소송위임장을 제출하여 증명한다.

특허심판절차와 특허소송절차는 별개의 절차이므로 심판사건에 대한 위임대리인이 소송대리를 하기 위해서는 특허법원에 다시 위임장을 작성·제출하여야 한다.

Ⅴ 소송참가

특허소송은 행정소송이며 행정소송법 및 민사소송법의 참가규정이 준용된다. 그러므로 성격상 독립된 당사자참가는 허용될 수 없으나, 보조참가 또는 공동소송참가는 허용된다.[664]

---

664) 특허법원 98허7592 참조

제5절 특허소송의 준비절차

I 의 의

준비절차란 변론 기일에 앞서서 변론이 효율적이고 집중적으로 실시될 수 있도록 당사자의 주장과 증거를 정리하여 소송관계를 뚜렷하게 하는 절차를 말한다(民訴法 279).
즉, 집중심리를 위하여 쟁점의 정리와 증거의 정리를 구두변론과 증거조사 특히 증인의 조사에 앞서서 할 필요가 있는데 그와 같이 구두변론에 앞서서 수명법관(受命法官)의 지휘 아래 심리를 진행하는 행위를 말한다.
일반적으로 특허와 실용신안에 관한 특허소송은 기술사항에 대한 전문적인 요소 등이 많고 사안이 복잡하며 경우에 따라서는 막대한 양의 서증이 제출되는 경우가 많으므로, 변론기일 전에 전문기술에 대한 설명 및 복잡한 쟁점과 서증의 정리와 대상물의 특정을 위한 준비절차는 특허소송에 있어서 필수적인 절차이다. 반면 디자인 및 상표사건의 경우에는 대부분 준비절차를 거치지 아니하고 변론에 상정된다.

II 특허소송과 준비절차

준비절차는 원칙적으로 공개하지 아니하며, 수명법관·당사자 및 대리인 외에 기술심리관 및 법원사무관이 출석한 가운데 진행된다. 준비절차는 법정에서 이루어지는 구술변론 절차와는 달리 수명법관의 주도로 자유로운 공방이 허용된다. 기술심리관도 자유로운 토론에 참여하여 쟁점이 되고 있는 기술적인 부분을 명확히 하기 위하여 원·피고 쌍방에 대하여 질문하여 확인한다.
준비절차에서도 구술변론기일과 마찬가지로 법원사무관 등이 참여하여 기일마다 조서를 작성하며, 준비절차조서에 관하여 특별한 규정이 없는 한 변론조서에 관한 규정이 준용된다. 준비절차기일 전에 당사자들은 자신의 주장을 입증하기 위한 준비서면을 제출하여야 한다.
준비절차가 종결되면 수명법관은 기록을 수소법원에 회부하고 수소법원의 재판장은 즉시 변론기일을 지정한다. 공지공용이 쟁점으로 되어 증인신문을 실시하는 경우와 같이 특별한 경우를 제외하고 변론기일에서 새로운 주장과 증거가 제출되는 경우는 거의 없으므로 대개의 경우 준비절차의 결과를 진술하는 것만으로 변론을 종결하게 된다.

제6절 특허소송의 심리

I 심리의 제 원칙

1. 의 의

특허소송사건(심결취소소송)에 대한 심리는 행정소송법, 민사소송법 및 법원조직법이 준용된다. 그러므로 일반 민사소송과 마찬가지로, 지정된 기일에 공개법정(공개심리주의)에서 당사자 쌍방의 구술(쌍방심리주의 및 구술심리주의)에 의하여 판결의 기초가 될 소송자료, 즉 사실과 증거를 제출하는 방법으로 소송절차를 진행하며(변론주의), 예외적으로 직권탐지주의가 가미된다고 할 수 있다. 변론주의와 관련하여 심결취소소송에 있어서 자백(자백간주 포함)의 구속력을 인정할 것인가에 대하여는 원칙적으로 사실관계에 대하여 자백의 구속력이 인정된다고 할 것이다. 그러나 신규성이나 진보성의 판단은 사실의 문제가 아니라 법적 가치판단의 문제이므로 자백의 대상이 될 수 없다고 본다. 특허소송에서 중요시되는 것이 집중심리제의 채택이다. 집중심리제는 형식화된 구술변론주의를 탈피하여 서면화된 사건기록이 아닌 생생한 변론을 집중시켜 그 결론을 이끌어 냄으로써 적정·공평의 이상을 실현하기 위한 제도이다. 특허법원은 집중심리제를 택하여 재판결과에 대한 불만을 줄이고 신속한 사건처리를 추진하고 있다. 또한 특허법원은 집중심리를 위해 디자인권, 상표권 관련 사건을 제외하고는 특허소송사건을 앞에서 설명한 준비절차에 회부하여 운용하고 있다.

2. 변론주의

(1) 원 칙

「변론주의」란 사실과 증거의 수집·제출의 책임을 당사자에게 맡기고 당사자가 수집하여 변론에서 제출한 소송자료만을 재판의 기초로 삼아야 한다는 입장이다. 따라서 심리과정에서 원고가 주장하는 취소사유 이외에 심결에 취소되어야 할 하자가 있는 것을 발견하는 경우에도 원고가 그 하자를 주장하지 아니하는 한 그 하자를 이유로 심결을 취소할 수 없다.

또한, 특허법원의 심결취소소송은 특허심판원의 심판절차와는 심급적 연계성이 없어 당사자가 심판 등에서 한 주장·입증이더라도 다시 소송에서 주장·입증하지 아니하면 판결의 자료가 되지 못한다.

(2) 수정 및 보완

심결취소소송과 같은 행정소송은 직접적으로 공공복리와 밀접한 관련이 있고 그 결과가 직접적으로 국가나 공공단체 일반의 공익에 관한 것이므로 법원이 적극적으로 소송에 개입하여 재판의 적정을 기하기 위해 변론주의에 대한 보충으로 직권증거조사주의를 가미하고 있다. 또한 당사자의 진술에 모순이 있거나 애매하여 그 진술의 취지를 알 수 없을 때 이를 보완하여 명료하게 하거나 입증책임이 있는 당사자에게 입증을 촉구하기 위하여 석명권을 행사할 수 있다.[665]

---

[665] 국제지식재산연수원, 전게서, p.408

II 심리의 내용

1. 소송요건 심리

「소송요건 심리」는 당해 소가 소송요건을 갖춘 적법한 것인지 여부를 심리하는 것을 말한다. 심리의 결과, 특허소송의 제기 요건을 갖추지 못한 것이라고 인정되는 때에는 판결로써 부적법 각하된다. 소송요건은 법원의 직권조사사항이다. 소송요건의 존부를 판정하는 기준시점은 원칙적으로 변론종결시이다. 따라서 제소 당시에 소송요건을 갖추지 못한 경우에도 변론종결시까지 이를 구비하면 된다. 다만, 제소기간의 준수 여부는 제소 당시를 기준으로 판단한다.

2. 본안심리

당해 심결취소소송의 적법성이 인정되면, 본안심리에 들어가게 된다. 본안심리는 원고의 청구를 인용할 것인지 또는 기각할 것인지를 판단하기 위하여 사건의 본안, 즉 심결의 위법 여부를 원고·피고의 공격·방어와 이에 대한 증거조사를 통하여 실체적으로 심사하는 것이다.

III 심리의 범위와 대상

1. 심리의 범위

(1) 의 의

일반적으로 행정소송은 전심절차와는 심급적 연계가 없으므로 항고소송에 있어서 원고는 전심절차에서 주장하지 아니한 공격방어방법을 주장할 수 있고, 법원은 이를 심리하여 행정처분의 적법 여부를 판단할 수 있다는 것이 판례[666]의 태도이다. 그러나 특허소송은 심판과는 심급적 연계가 없고 심판의 심결이 소송과는 전혀 별개의 독립된 행정처분이지만 그 성격을 고려하면 위의 일반론을 그대로 적용해야 할 것인지에 대하여 논란이 있을 수 있다.

(2) 심리범위에 관한 학설

① 무제한설

특허법원은 제1심이므로 통상의 항고소송과 마찬가지로 특허심판의 심결에서 판단된 사항에 한정할 필요가 없으며, 당사자는 특허심판의 심결에서 판단되지 아니한 처분에 대한 어떠한 위법사유라도 특허법원에서 주장·입증할 수 있고, 특허법원도 어떠한 제한 없이 이를 심리·판단하여 판결의 기초로 삼을 수 있다는 견해이다.

---

666) 대법원 1989.2.14. 선고 88누7293

② 동일법조설

특허심판에서 쟁점이 되었던 법조의 범위를 넘어서 쟁점이 되지 아니하였던 다른 법조에 규정된 사유에 관하여서는 특허법원에서 심리할 수 없으나 동일법조 내라면 새로운 청구와 주장·입증도 인정된다는 견해이다.

③ 동일사실 및 동일증거설

동일법조 내에 규정된 사유라고 하더라도 그 사유는 성질과 내용을 달리하는 것이므로 법조가 같다고 하여도 각각 별개의 독립의 사유로 보아야 하고 확정 심결의 일사부재리(法 163)의 효과가 미치는 범위가 동일사실과 동일증거에 한정되고 있는 점과 관련하여 볼 때, 특허소송의 심리범위도 특허심판에서 다루어진 구체적인 공지기술의 범위에 한정되어야 하고 그것을 보충하는 주장·입증은 가능하지만 특허심판에서 판단되지 아니한 새로운 주장 및 새로운 증거의 특허법원 제출은 허용될 수 없다는 견해이다.

(3) 우리나라 판례의 태도

① 무제한설의 채택

권리범위확인심판의 심결취소소송[667], 무효심결의 심결취소소송[668] 등 다수의 판례의 태도는 "우리나라 특허법원에는 소송의 심리에 관여하여 기술적 사항에 관하여 소송관계인에게 질문하고 재판의 합의에 의견을 진술할 수 있는 전문 기술적 지식을 갖고 있는 기술심리관 제도를 채택하고 있으므로, 기술적 난이도를 이유로 소송단계에서 소송관계인으로 하여금 새로운 공격방어방법을 사용하지 못하도록 제한하는 것은 국민의 정당하고 신속한 재판을 받을 권리를 침해하는 결과가 된다 할 것이고, 또한 심판은 특허청에서의 행정절차이며 심결은 행정처분에 해당하고, 그에 대한 불복의 소송인 심결취소소송은 항고소송에 해당하여 그 소송물은 심결의 실체적, 절차적 위법성 여부라 할 것이어서 심결취소소송의 법원은 그 사실심리에 아무런 제한 없이 스스로 심리하여 판결할 수 있다 할 것이므로 특허법원에서의 사실심리에 어떠한 제한을 가할 합리적인 이유가 없다 할 것이어서, 원고는 심판절차에서의 주장·입증과는 관계없이 이 사건 소송에서 이 사건 등록고안이 공지되었다는 주장과 그에 대한 입증자료를 제출할 수 있다고 할 것이다"라고 하여 무제한설을 채택하고 있다.[669]

---

[667] 특허법원 98허768
[668] 특허법원 99허81, 대판 2000후1306
[669] 다만, 무제한설에 의하더라도 아무런 제한 없이 새로운 주장이나 청구를 할 수 있는 것은 아니다. 동일한 소송물의 범위 내에서 새로운 공격방어방법만을 추가할 수 있을 뿐이다. 예를 들어, 특허무효심판에서 주장하지 않았던 새로운 청구항에 대한 무효를 주장하는 것은 허용될 수 없다(특허법원 지적재산소송실무연구회, p.42 참조).

② **결정계 심판사건의 경우**

특허법원에서는 결정계 심판에 대한 심결취소소송에서도 앞서 설명한 무제한설에 따라 심판단계에서 제출되지 아니한 증거의 추가제출 등을 허용한다. 그러나, 위의 허용은 원고(심판청구인)에 한정되며, 피고인 행정청(특허청장)에 대해서는 종전 심사 및 심판단계에서의 거절 및 심판기각사유와 동일성이 없는 다른 처분사유를 추가하거나 변경하는 것을 허용하지 않고 있다.[670] 그 이유에 대해서는 소송절차에서 특허청장이 거절이유통지서에 기재되어 있지 아니한 새로운 증거를 들면서 거절결정 및 심결이 정당하다고 주장하는 것을 허용한다면, 출원인은 위 새로운 거절이유에 대하여 의견서나 보정서를 제출할 수 있는 기회를 박탈당하는 결과가 되므로 이를 허용할 수 없다는 것이다.

2. 심리의 대상

심결취소소송에서 심리의 대상은 심결의 실체상의 하자 또는 심판 절차상의 하자가 위법한지 여부와 판단유탈이 있는지 여부이다.

(1) 실체상의 위법성

실체적 판단의 위법성은 특허법상에 규정된 제반 요건에 관한 형식·내용의 적법성에 관한 것으로써, 발명의 요지 인정의 잘못, 인용례 인정의 잘못, 특허성(산업상 이용가능성, 신규성, 진보성)의 판단의 잘못 등이 대상이 된다.

(2) 절차상의 위법성

절차상의 위법성 여부는 심판절차상 및 심사절차상의 문제가 모두 판단의 대상이 된다. 이상의 절차상의 하자가 심결 또는 심사의 결과에 영향을 미쳤는지 여부를 판단해야 한다. 가령 거절이유통지 없이 특허거절결정을 한 것은 중대한 절차상의 하자이다.

(3) 판단유탈의 유무

심결에 영향을 주는 중요한 쟁점 또는 증거물에 대하여 판단을 하지 아니하거나, 중요한 당사자의 주장 또는 항변에 대하여 판단을 하지 아니한 경우에는 심결의 취소사유가 될 뿐만 아니라 그 심결이 확정되어도 재심사유가 된다(法 178②, 民訴法 451①9).[671]

---

[670] 특허법원 1999.8.26. 선고 99허55 판결 ; 대법원 2002.11.26. 선고 200후1177 판결 등
[671] 대법원 1989.4.25. 88재후 49, 88후1458 판결 : '판결에 영향을 미칠 중요사항에 관하여 판단을 유탈할 때'라 함은 판결의 결론에 영향이 있는 당사자의 공격방어방법에 대하여 판결이유 중에 아무런 판단을 표시하지 아니한 경우를 말하는 것이므로 그에 대한 판단이 있는 이상 판단내용에 잘못이 있거나 그 판단에 이르는 이유가 소상하게 설시되어 있지 않았다거나 혹은 상고인의 주장을 배척할 근거를 일일이 개별적으로 설명하지 아니하였다 하여도 이는 법규가 정하는 재심사유(판단유탈)가 되지 않는다.

Ⅳ 기술심리관의 관여

1. 도입취지

특허법원 설립시 독일 특허법원에서와 같은 기술판사제도를 도입하여야 한다는 요구가 있었는바, 기술심리관 제도는 그 같은 요구가 어느 정도 수용되어 탄생한 제도로서 기술심리관의 역할과 권한에 대하여 법률로 명시하게 되었다. 재판에 필요한 자료의 수집, 기타 사건의 처리에 필요한 조사업무를 하는 사법보좌관(법원조직법 54) 및 대법원에서의 사건의 심리 및 재판에 관한 조사, 연구업무를 하는 재판연구관(법원조직법 24)과는 그 취지를 달리한다.

기술심리관 제도는 재판의 심리와 합의에 참여할 수 있는 점에서는 일본의 기술조사관 제도와 유사하다. 우리나라의 사법체계는 일반인의 재판참여가 배제되는 체계로서 공정성 등의 확보에 대한 문제점 등으로 기술판사제를 선뜻 도입하기 힘들다는 점과 기술적인 부분에 대한 단순한 조사 이상의 역할이 요구된다는 필요성 때문에 기술심리관제도가 채택되었다. 이러한 제도는 외국에서 볼 수 없는 우리나라의 제도라 할 것이다.[672]

2. 의 의

특허법원은 기술분야에 대한 전문성을 보좌하기 위하여 기술심리관을 둔다(법원조직법 54의2①). 법원은 필요하다고 인정하는 경우 결정으로 기술심리관을 법 제186조 제1항의 소송의 심리에 참여하게 할 수 있으며, 소송의 심리에 참여하는 기술심리관은 재판장의 허가를 얻어 해당 기술분야에 대하여 질문할 수 있고, 재판의 합의에 의견을 진술할 수 있다(법원조직법 54의2②③). 그러나 기술심리관은 재판의 결론에 대한 의견을 개진할 수는 없고 기술적인 쟁점에 관하여 보고서 형태의 서면 등을 통하여 자신의 의견을 진술할 수 있을 뿐이며, 합의에서 의견을 진술하였다고 하더라도 판결에는 서명하지 않는다.

3. 기술심리관의 제척·기피·회피

기술심리관도 엄격한 소송의 중립·공정성을 유지하기 위해 제척·기피의 대상이 된다(法 148, 民訴法 42~45, 47, 48). 기술심리관에 대한 제척·기피의 재판은 그 소속법원이 결정으로 한다. 한편, 기술심리관은 제척 또는 기피사유가 있다고 인정할 경우에는 특허법원장의 허가를 얻어 회피할 수 있다(法 188의2).

---

[672] 윤선희, 전게서, p.875 참조

제7절 소송절차의 정지

I 의 의

소송절차의 정지란 소송이 계속된 후 아직 절차가 종료되기 전에 소송절차가 법률상 진행되지 않는 상태를 말하며, 중단과 중지의 두 가지가 있다. 정지제도는 쌍방심문주의[673]를 관철시키기 위한 제도이므로 양 당사자의 대석변론을 필요로 하는 판결절차에 원칙적으로 적용된다.

II 소송절차의 중단

「중단」이란 당사자나 소송수행자에게 소송수행을 할 수 없는 사유가 발생하였을 경우에 새로운 수행자가 나타나 소송에 관여할 수 있을 때까지 법률상 당연히 절차의 진행이 정지되는 것을 말하는 것으로, 중단은 심결취소소송의 계속 중에 당사자의 사망, 법인의 합병, 소송능력의 상실, 제3자의 소송담당 등 민사소송법에 의한 중단사유(民訴法 233~240) 및 「채무자회생 및 파산에 관한 법률」 제59조에 의한 중단사유가 있는 경우에 발생되며 당사자의 수계신청 또는 법원의 속행명령에 의하여 중단이 해소된다.

III 소송절차의 중지

「중지」라 함은 법원이나 당사자에게 소송을 진행시킬 수 없는 장애가 생겼거나 진행에 부적당한 사유가 발생되어 법률상 당연히 혹은 법원의 결정에 의하여 절차가 정지되는 것을 말하며, 새로운 소송수행자로 교체가 없고 수계가 없다는 점에서 중단과 차이가 있다. 심결취소소송에서는 당연중지(民訴法 245)나 재판에 의한 중지(民訴法 246) 외에도, 특허심판 등이 선결관계(예를 들어 무효심결소송 중 권리범위확인심판에 대한 소송이 제기된 경우 등)에 있을 때는 필요시 직권 또는 당사자의 신청에 따라 특허취소신청에 대한 결정이나 특허에 대한 심결이 확정될 때까지 그 소송절차를 중지할 수 있다(法 164②).

---

[673] 쌍방심문주의(雙方審問主義)
일방심문주의에 상대되는 개념으로, 소송의 심리에 있어서 당사자 쌍방에 평등하게 진술할 기회를 주어야 한다는 주의를 말한다. 이는 일방만의 공격으로 불의의 타격에 의한 희생을 방지하기 위한 것이며, 재판을 받을 권리와 법 앞에 평등의 소송상의 발현이기도 하다.
판결절차에 있어서 당사자 쌍방을 동시에 대석(對席)시켜 변론과 증거조사를 행하는 필요적 변론절차에 의하는 것은 쌍방심문주의를 관철시키기 위한 목적이다. 변론과정에서도 양 당사자에게 평등하게 당사자권 보장이 실현될 수 있게 소송절차의 중단·중지제도, 대리인제도 등을 마련하여 놓고 있는 것도 쌍방심문주의의 당연한 요청이라 하겠다. 쌍방심리주의라고도 한다.

제8절 소송의 종료와 상고

I 소송의 종료

1. 의 의

특허소송은 행정소송에 해당하므로 행정소송과 같은 사유로 종료된다. 특허소송은 통상 법원의 종국판결에 의하여 종료되지만 소 취하나 당사자가 사망한 후 소송을 승계할 자가 없을 때 종료되기도 한다.

이 밖에 재판상의 화해674), 청구의 포기675), 인낙 등에 의한 소송종료가 허용될 것인지는 견해대립이 있다. 이 중 재판상의 화해 또는 인낙은 직권주의적 색채가 있는 특허소송의 성격상 허용될 수 없다고 보는 견해가 다수설이다.

2. 판결(종국심결)에 의한 소의 종료

(1) 판결의 종류

소의 제기에 의하여 개시된 소송은 판결을 선고함으로써 당해 심급에서는 종료된다. 이를 종국판결이라고 하며, 여기에는 원고의 청구를 인용하는 '심결취소판결(인용판결, 法 189①)', 원고의 청구가 이유 없다고 하는 '기각판결', 원고가 제기하는 소의 소송요건의 불비를 이유로 하는 '소 각하판결'이 있다.

(2) 판결의 절차

① 판결의 절차는 원고가 제기하는 소의 소송이 소송요건 불비인 경우는 '소 각하판결'을 하게 되며, 본안판결에서는 원고의 청구가 이유가 없으면 '기각판결'을 하게 되고, 원고의 청구가 이유가 있다고 인정되면 원고의 청구를 인용하는 '심결취소판결(인용판결)'을 하게 된다. 문제가 되는 것은 심결취소판결시 일부취소판결을 할 수 있느냐 하는 점이다. 예컨대, 특허무효심판에서 복수의 청구항에 대하여 전체 청구항을 무효로 한 심결에 불복하여 심결취소소송이 제기된 경우에 일부의 청구항에 대한 원고의 청구가 이유 있는 때에 일부취소판결을 할 수 있느냐 하는 점인데, 소송경제를 고려할 때 이를 인정하는 것이 타당하다는 견해이다.

---

674) 재판상의 화해라 함은 다툼이 있는 당사자가 소송의 기일에 법관 앞에서 서로 양보하여 다툼을 해결하는 것을 말한다. 특허소송의 성격상 화해는 불가능하다고 보는 것이 다수설이다.

675) 청구의 포기는 원고가 스스로 자기의 소송상의 청구가 이유 없음을 인정하는 법원에 대한 일방적 의사표시이고, 청구의 인낙(認諾)은 피고가 자기에 대한 원고의 소송상의 청구가 이유 있음을 인정하는 법원에 대한 일방적 의사표시이다. 이러한 것들은 민사소송법상 확정판결과 동일한 효력을 발휘하는 소송의 종료사유이나, 특허소송에서는 청구의 포기는 원고가 그 불이익을 감수하겠다는 것이고 행정청으로서는 하등의 영향을 받지 아니하므로 가능한 것으로 해석되나, 행정청은 하자 있는 처분을 직권으로 취소할 수 있으나 바로 청구의 인낙과 같은 소송행위를 할 수 없다고 보는 것이 소극설의 입장이다(박희섭·김원오, 전게서, p.660).

② 심결취소판결(인용판결)을 하는 경우 법원은 자판을 할 수 없을 뿐만 아니라 행정처분을 해야 한다는 취지의 판결을 할 수 없다. 왜냐하면 그와 같은 판결은 3권분립의 원칙에 의하여 행정청이 가져야 할 권한을 법원이 행사하는 결과가 되기 때문이다. 예를 들어 특허거절결정불복심판의 심결에 대한 특허소송에서 법원의 심리는 거절하기로 한 심판관의 판단이 위법한지 여부만을 판단해야 할 뿐 출원발명이 특허를 받을 수 있는지에 대한 등록요건까지 심리할 수는 없다. 또한 출원보정을 전제로 한 특허가능성의 주장 또한 소송에서는 허용될 수 없다. 이것은 행정부와 사법부 사이의 권한분배상의 한계이기 때문이다.676)

그러나 소송비용의 부담에 관하여는 행정소송 일반에서와 같이 법원의 권한범위 내이고 책무이므로 비용부담의 재판을 주문에 표시하여야 한다(民訴法 98~116).

(3) 판결의 효과

특허법원의 심결취소에 관한 판결 등이 확정되면 특허심판원의 심결 등은 없는 상태로 되므로 특허심판원은 그 사건을 다시 심리하여 심결 또는 결정을 하여야 한다(法 189②).

이 경우 판결에 있어서 취소의 기본이 된 이유는 그 사건에 대하여 특허심판원을 기속한다(法 189③). 따라서 특허심판원은 판결의 취소판단의 취지에 반하는 심결 등을 할 수는 없다. 그러나 새로운 거절이유나 무효이유에 대하여는 심리할 수 있으며, 그 결과 재차 거절하는 심결이나 무효심결을 하는 것은 가능하다.

3. 판결 이외의 절차에 의한 종료

(1) 소의 취하

① 의 의

소의 취하라 함은 원고가 제기한 소의 전부 또는 일부를 철회하는 법원에 대한 단독적 소송행위이다. 이에 의하여 소송계속은 소급적으로 소멸되고(民訴法 267①) 소송은 종료된다. 소의 취하는 소의 전부나 일부에 대하여도 할 수 있으므로, 수 개의 청구항에 관한 심결에 관한 취소소송에서 그 일부 청구항에 대하여만 할 수도 있으며, 소송 제기 후 판결이 확정되기까지 어느 때라도 할 수 있다(民訴法 266①).

민사소송에 있어서 소의 취하는 피고가 본안에 관한 준비서면을 제출하거나 준비절차에서 진술하거나 변론을 하기 전까지는 피고의 동의를 필요로 하지 아니하지만, 그 뒤에는 피고의 동의를 필요로 한다(民訴法 266②).

② 특허소송에서 소의 취하시 피고의 동의

특허소송에서도 민사소송과 같이 변론 후의 소 취하시 피고의 동의를 얻어야 하는지에 관한 견해가 나뉘고 있지만 특허소송도 민사소송과 마찬가지로 변론후의 소 취하시에는 피고의 동의를 얻어야 함이 타당하다고 인정된다. 왜냐하면 피고가 준비절차에서 진술하거나 변론을 한

---

676) 천효남, 전게서, p.871

후에는 피고에게도 적극적 응소행위로 소송을 유지할 이해관계가 생겼다고 할 수 있고, 이로 인해 피고에게 유리한 판결이 확정되면 기판력에 의하여 원고가 반복하여 제소를 하지 못하는 효과를 얻을 수 있기 때문이다.

③ **소 취하 방식**

소의 취하는 서면으로 하여야 한다. 다만 변론 또는 준비절차에서는 구술로써 할 수 있다. 소 취하서를 특허법원에 제출한 후 심판청구를 취하하려면 특허심판원에 청구취하서를 제출하여야 한다.

④ **심판취하와의 관계**

특허소송 계속 중에 당사자 사이에 합의가 성립되어 분쟁을 종료하고자 할 경우에는 먼저 심판청구를 취하한 후[677], 특허소송의 소를 취하하여야 한다. 만약 특허소송의 소를 먼저 취하하게 되면 심결이 확정되는 효과가 발생한다.

⑤ **소의 의제적 취하**

기일에 당사자 쌍방이 출석하지 않거나 또는 출석하여도 변론하지 아니하고 재판장이 다시 정한 신(新)기일이나 그 뒤의 기일에도 동일하여 2회의 기일 해태가 있은 후 1개월 이내에 기일지정의 신청을 하지 아니하면 소 취하로 의제되어 소송은 종료된다(民訴法 268②③).

또한, 법원이 재난을 받아 소송기록이 멸실된 경우, 원고가 6개월 내에 소장을 제출하지 않으면 소의 취하가 있는 것으로 간주된다(법원재난에 기인한 민형사사건임시조치법 3).

(2) **상고 취하**

특허법원의 판결에 불복하여 대법원에 상고한 경우, 상고를 취하하면 소송은 종료되고 특허법원의 판결은 확정된다.

ⅠⅠ 상 고

1. 의 의

특허심판원의 심결 및 심판청구서나 재심청구서의 각하결정에 대한 소 등 특허소송에 대하여 특허법원의 판결을 받은 자가 불복할 때는 그 판결이 법령에 위반된 것을 이유로 대법원에 상고할 수 있다(法 186⑧).

2. 절 차

상고의 제기는 판결이 송달된 날로부터 2주일 이내에 상고장을 원심법원인 특허법원에 제출함으로써 할 수 있다(民訴法 425, 396, 397).

---

[677] 법 제161조 제1항의 규정에 의하여 심판청구는 심결이 확정될 때까지 이를 취하할 수 있다.

다만, 당사자가 착오로 대법원에 제출한 경우는 특허법원으로 이송되나, 상고기간의 준수 여부는 특허법원에 상고장이 회부된 때가 기준이 된다.

또한, 상고기간 도과로 인한 소송행위의 추완에 관하여도 민사소송에서와 같이 국외의 경우 그 기간이 14일에서 30일로 연장된다(行訴法 5).

상고장에 상고이유를 기재하지 아니한 때에는 상고인은 '소송기록의 접수 통지'를 받은 때로부터 20일 이내에 상고이유서를 제출하여야 한다. 기타 상고심의 절차는 민사소송에서의 절차와 동일하다.

3. 성 질

상고심은 원심의 사실인정을 전제로 재판하므로 원판결이 적법하게 확정된 사실은 상고법원(대법원)을 구속한다. 따라서 당사자도 상고심에서는 사실관계에 대하여 새로운 주장이나 증거를 제출하여 원심의 사실인정을 다툴 수 없다. 즉, 상고심은 원심의 사실인정을 전제로 하여 원심판결에 대한 당부를 법률적 측면에서 심리하는 법률심(法律審)이며, 사후심(事後審)이다.

4. 상고심 절차에 관한 특례법

상고는 어떠한 경우에나 할 수 있는 것은 아니며 상고의 남발을 제한하기 위해 입법된 「상고심 절차에 관한 특례법」이 허용하는 사항에 한하여 제기할 수 있으므로 특허법원의 판결에 대하여 상고할 경우에도 상기 특례법의 적용을 받게 된다 하겠다.

따라서 동 특례법 제4조(심리의 불속행)[678]에 해당되지 아니하는 사유, 즉 법률심에 해당되지 아니하는 것을 상고의 대상으로 할 수는 없다.

---

[678] 상고심절차에 관한 특례법
제4조 【심리의 불속행】 ① 대법원은 상고이유에 관한 주장이 다음 각 호의 어느 하나의 사유를 포함하지 아니한다고 인정하면 더 나아가 심리를 하지 아니하고 판결로 상고를 기각한다.
1. 원심판결이 헌법에 위반되거나, 헌법을 부당하게 해석한 경우
2. 원심판결이 명령·규칙 또는 처분의 법률위반 여부에 대하여 부당하게 판단한 경우
3. 원심판결이 법률·명령·규칙 또는 처분에 대하여 대법원 판례와 상반되게 해석한 경우
4. 법률·명령·규칙 또는 처분에 대한 해석에 과하여 대법원 판례가 없거나 대법원 판례를 변경할 필요가 있는 경우
5. 제1호부터 제4호까지의 규정 외에 중대한 법령위반에 관한 사항이 있는 경우
6. 「민사소송법」 제424조 제1항 제1호부터 제5호까지에 규정된 사유가 있는 경우
② 가압류 및 가처분에 관한 판결에 대하여는 상고이유에 관한 주장이 제1항 제1호부터 제3호까지에 규정된 사유를 포함하지 아니한다고 인정되는 경우 제1항의 예에 따른다.
③ 상고이유에 관한 주장이 제1항 각 호의 사유(가압류 및 가처분에 관한 판결의 경우에는 제1항 제1호부터 제3호까지에 규정된 사유)를 포함하는 경우에도 다음 각 호의 어느 하나에 해당할 때에는 제1항의 예에 따른다.
1. 그 주장 자체로 보아 이유가 없는 때
2. 원심판결과 관계가 없거나 원심판결에 영향을 미치지 아니하는 때

상고이유가 동 특례법 소정의 심리속행사유에 해당하지 아니하는 경우에 대법원은 상고기록을 송부받은 날로부터 4개월 내에 상고기각판결을 한다.

이에 따라 그동안 특허분쟁의 중요한 쟁점이었던 신규성 또는 진보성 유무에 대해서는 특허법원의 판단이 최종적이며 상고를 하더라도 심리불속행에 의한 상고기각판결을 받게 된다. 아울러 특허법원의 명령 또는 결정에 불복하여 즉시 항고하는 경우에도 위 특례법이 적용된다.

5. 판 결

(1) 판결의 종류

① **상고각하**

상고가 부적법한 것으로서 흠을 보정할 수 없는 경우에는 변론 없이 '판결'로써 상고를 각하할 수 있다(民訴法 413, 425). 즉, 소장에 인지를 붙이지 아니한 경우나 소장이 당사자, 대리인, 청구의 취지와 원인 등을 기재하지 아니함으로써 방식에 위배된 경우에는 재판장이 상당한 기간을 정하고 그 기간 내에 흠을 보정할 것을 명하고 기간 내에 원고가 흠을 보정하지 아니한 때에는 '명령'으로 소장을 각하하여야 한다(民訴法 254).

② **상고기각심결**

소정기간 내에 상고이유서의 제출이 없거나 또는 상고가 이유 없다고 인정될 때에는 상고기각판결을 하여야 한다(民訴法 429, 414). 또한 심리불속행 사유가 있다고 인정되는 경우에도 기각판결을 하여야 한다(상고심 특례법 4①).

③ **상고인용판결**

상고에 상당한 이유가 있다고 인정할 때에는 원심판결을 파기하고 사건을 원심법원인 특허법원에 환송하는 판결을 한다(民訴法 436①). 이 경우 특허법원은 다시 변론을 거쳐 재판하여야 하고 상고법원이 파기의 이유로 삼은 사실상 및 법률상 판단에 기속된다(民訴法 436②).

(2) 판결의 효과

각하 또는 상고기각판결이 있는 경우에는 원심결 또는 원심판결은 확정된다. 그러나 상고인용판결이 있는 경우에는 원심은 판결 전의 상태에서 새롭게 심리하여 판결하여야 한다. 이때 특허법원은 대법원 판결의 환송이유에 기속된다. 그러나 환송 후의 판결에서 파기의 이유로 된 잘못된 견해만 피하면 다른 가능한 견해에 의하여 환송 전의 원심결과와 동일한 결론을 낼 수는 있다.

Ⅲ 재항고

특허법원의 판결에 불복하는 경우는 대법원에 상고할 수 있다. 한편 특허법원의 결정·명령에 대하여는 대법원에 재항고할 수 있고, 법률의 규정이 있는 경우에는 민사소송법에 따른 재항고를 할 수 있다(民訴法 442). 행정소송법상 재항고가 인정되는 경우로는 피고경정신청 각하결정(行訴法 14③), 제3자의 소송참가신청 각하결정(行訴法 16③), 소의 변경허가결정(行訴法 21③) 등이 있다.

특허소송에 있어서의 재항고는 원심법원인 특허법원에 항고장을 제출하여야 한다(民訴法 445).

Ⅳ 재 심

재심의 사유는 특허심판원의 심결에 대해서는 민사소송법 규정을 준용하고 있어 특허법원 판결에 대한 재심사유와 동일하게 적용되나, 그 기간에 있어서는 특허법 등에 준용규정이 없으므로 특허심판원의 심결에 대한 재심기간은 특허법 제180조에 따르고 특허법원의 판결에 대한 재심기간은 민사소송법 제456조에 따른다.

1. 재심의 사유(民訴法 451①)

(1) 다음 각 호 가운데 어느 하나에 해당하면 확정된 종국판결에 대하여 재심의 소를 제기할 수 있다. 다만, 당사자가 상소에 의하여 그 사유를 주장하였거나, 이를 알고도 주장하지 아니한 때에는 그러하지 아니한다.

1. 법률에 따라 판결법원을 구성하지 아니한 때
2. 법률상 그 재판에 관여할 수 없는 법관이 관여한 때
3. 법정대리권·소송대리권 또는 대리인이 소송행위를 하는 데에 필요한 권한의 수여에 흠이 있는 때, 다만, 제60조 또는 제97조의 규정에 따라 추인한 때에는 그러하지 아니하다.
4. 재판에 관여한 법관이 그 사건에 관하여 직무에 관한 죄를 범한 때
5. 형사상 처벌을 받을 다른 사람의 행위로 말미암아 자백을 하였거나 판결에 영향을 미칠 공격 또는 방어방법의 제출에 방해를 받은 때
6. 판결의 증거가 된 문서, 그 밖의 물건이 위조되거나 변조된 것인 때
7. 증인·감정인·통역인의 거짓 진술 또는 당사자 신문에 따른 당사자나 법정대리인의 거짓진술이 판결의 증거가 된 때
8. 판결의 기초가 된 민사나 형사의 판결, 그 밖의 재판 또는 행정처분이 다른 재판이나 행정처분에 따라 바뀐 때
9. 판결에 영향을 미칠 중요한 사항에 관하여 판단을 누락한 때
10. 재심을 제기할 판결이 전에 선고한 확정판결에 어긋나는 때
11. 당사자가 상대방의 주소 또는 거소를 알고 있었음에도 있는 곳을 잘 모른다고 하거나 주소나 거소를 거짓으로 하여 소를 제기한 때

(2) 제1항 제4호부터 제7호의 경우에는 처벌받을 행위에 대하여 유죄의 판결이나 과태료부과의 재판이 확정된 때 또는 증거부족 외의 이유로 유죄의 확정판결이나 과태료부과의 확정재판을 할 수 없을 때에만 재심의 소를 제기할 수 있다.

(3) 항소심에서 사건에 대하여 본안판결을 하였을 때에는 제1심 판결에 대하여 재심의 소를 제기하지 못한다.

2. 재심청구기간(民訴法 456)

(1) 재심의 소는 당사자가 판결확정 후에 재심의 사유를 안 날로부터 30일 내에 제기하여야 한다.

(2) 제1항의 기간은 불변기간으로 한다.

(3) 판결확정 후 5년이 지났을 때에는 재심의 소를 제기하지 못한다.

(4) 재심의 사유가 판결확정 후에 생긴 때에는 제3항의 기간은 그 사유가 발생한 날로부터 기산한다.

제9절 보상금 등에 관한 불복의 소

I 의 의

특허청장 또는 심판관이 행한 보상금 및 대가에 관한 결정, 심결 또는 재정을 받은 자가 그 보상금 또는 대가에 대하여 불복이 있을 때에는 법원(일반법원)에 소송을 제기할 수 있다(法 190①).

특허청장 또는 심판관의 보상금액 등의 결정은 일종의 행정처분에 해당되지만, 그 처분의 전부에 대한 불복이 아니라 그 처분 중의 「금액」만에 대한 불복일 경우에는 실질적으로 대가를 지급하거나 수령할 당사자 간의 문제이다. 그러므로 특허법 제190조 소정의 보상금 또는 대가에 관한 불복의 소는 경우에 따라 그 소송의 성질이 달라지게 된다. 즉, 특허권의 수용시의 보상금에 관한 소는 행정소송이 되고, 통상실시권 설정재정 및 허락시의 대가에 관한 소는 민사소송이 된다.

Ⅱ 소송의 대상

소송의 대상이 될 수 있는 보상금액 또는 대가액은 아래와 같이 구분된다.[679]

1. 행정소송 사건

(1) 국방상 필요한 발명에 대한 비밀취급명령 또는 특허를 받을 수 있는 권리의 수용 등에 따른 정부가 결정한 보상금액(法 41③④)

(2) 특허발명이 국방상 필요하여 정부가 특허권 등을 수용한 대가로 지급키로 결정된 보상금액(法 106③)

(3) 정부가 국가비상사태 등에 의한 강제실시권허락시 결정한 보상금액(法 106의2③)

2. 민사소송 사건

(1) 통상실시권 설정의 재정의 대가로 특허청장이 결정한 대가액(法 110②2)

(2) 통상실시권 허락심판에 의하여 결정된 대가액(法 138④)

Ⅲ 당사자

1. 원고

특허청장 등이 결정한 보상금액에 대하여 불복하는 자가 원고가 된다.

2. 피고

보상금 또는 대가액의 결정은 특허청장이 하지만, 본 소송의 피고는 대가를 지급해야 할 각 경우에 다음과 같은 자를 각각 피고로 하여야 한다(法 191).

(1) 제41조 제3항 및 제4항의 규정(국방상 필요발명의 수용)에 의한 보상금에 대하여는 보상금을 지급할 관서 또는 출원인

(2) 제106조 제3항의 규정(국방상 필요한 특허의 수용) 및 제106조의2 제3항(국가비상사태 등의 이유로 특허발명의 정부 또는 정부외의 자의 실시)의 규정에 의한 보상금에 대하여는 보상금을 지급할 관서·특허권자·전용실시권자 또는 통상실시권자

---

679) 이시윤·이상정, 특허법원의 신설과 특허심판구조의 개편, 사법행정(1996), p.12 참조

(3) 제110조 제2항 제2호(통상실시권설정 재정시 대가) 및 제138조 제4항의 규정(통상실시권 허락심판 대가)에 의한 대가에 대하여는 통상실시권자·전용실시권자·특허권자·실용신안권자 또는 디자인권자

Ⅳ 제소기간

보상금 또는 대가에 대한 소송은 결정 또는 심결의 등본을 송달받은 날로부터 30일 이내에 이를 제기하여야 하며(法 190②), 이 기간은 불변기간이다(法 190③). 다만, 당사자가 책임질 수 없는 사유로 불변기간이 초과되었을 때에는 추후 보완이 허용된다(民訴法 173).

Ⅴ 원처분과의 관계

특허청장 등이 행한 보상금 등에 관한 결정은 법원의 판결에 의하여 그 액수가 증감될 수 있겠으나, 원래의 행정처분은 효력이 그대로 유지된다. 즉, 법원의 판결은 보상금 등의 금액에 관하여만 효력이 있다.

조 약

제1절 파리조약(Paris Convention)
제2절 특허협력조약(Patent Cooperation Treaty)
제3절 WIPO 설립 조약
제4절 무역관련 지식재산권 협정(WTO/TRIPs 협정)
제5절 특허법 조약(Patent Law Treaty ; PLT)
제6절 특허실체법 조약(Substantial Patent Law Treaty ; SPLT)
제7절 부다페스트 조약
제8절 스트라스부르그 협정

Chapter 11 조 약

제1절 파리조약(Paris Convention)

Ⅰ 서(序)

(1) 의 의

파리조약(Paris Convention for the Protection of Industrial Property)이란 1883년 3월 20일 산업재산권의 보호를 국제적으로 실현하기 위하여 파리에서 조인된 동맹협약을 말한다. 우리나라는 1980년 5월 4일에, 북한은 1980년 6월 10일에 가입했다.

이러한 파리조약은 속지주의에 입각한 각국의 산업재산권 제도상의 차이를 그대로 인정하면서 탄생된 협약이지만, 산업재산권보호에 관한 중요한 사항에 대하여는 동맹국 간에 그 규정 적용에 있어서 통일적인 접근을 보이고 있다. 파리조약상 국제적 특허보호의 3대원칙은 내외국인 평등의 원칙(내국민대우원칙), 우선권제도, 특허권독립의 원칙이며 각국의 특허보호체제의 독자성과 각국의 입법재량을 널리 인정하면서 최소한의 보호수준에 관한 국제적 합의내용을 담고 있으며 보호와 규제의 양 측면에서 규율하고 있다 하겠다.

1883년 최초 파리조약체결시 11개국(벨기에, 브라질, 스페인, 프랑스, 과테말라, 이탈리아, 네덜란드, 포르투갈, 살바도르, 세르비아, 스위스)이 당사국이었으나, 1899년에는 영국, 미국, 일본 등이 가입함으로써 16개국에 달하였다.

이후 본 협약은 1900년 12월 14일 브뤼셀, 1911년 6월 2일 워싱턴, 1925년 11월 6일 헤이그, 1934년 6월 2일 런던, 1958년 10월 31일 리스본, 1967년 7월 14일 스톡홀름 순으로 6회에 걸친 개정이 있었다.

그 과정에서 실용신안의 추가보호(워싱턴개정회의), 부정경쟁행위의 방지강화(헤이그개정회의), 서비스마크의 보호(리스본개정회의), 발명자증에 의한 우선권의 부여(스톡홀름 개정회의) 등의 내용이 보완되었다. 2013년 7월 4일 파리조약 가입국은 175개국이 되었다.

(2) 협약의 존속

1883년에 체결된 파리조약은 그 후 6회에 이르는 개정을 거쳐 오늘에 이르고 있지만 각각의 개정협약은 독립적이며, 어느 단계까지를 비준하고 어떤 개정협약에 가맹할 것인가는 각 동맹국의 자유이어서 국가별로 그 적용범위가 문제될 수 있다.[680]

따라서 파리협약은 스톡홀름 개정까지 이르렀으나 개정 전의 종전협약은 계속 존속한다. 다만, 6차 개정 이후에 새로이 가입하는 국가는 가장 최근의 협약이 적용된다(조약 27).

(3) 적용범위

① 적용지역

동맹의 가입국뿐만 아니라 '본 조약이 적용되는 국가'까지로 그 적용범위를 정하고 있다. 이에 의하여 실제의 가맹국이 아닌 식민지, 보호령 등에도 조약의 효력이 미친다.

② 보호대상

파리조약에서의 산업재산권이란 어휘는 가장 광의로 해석되어야 하며, 본래의 공업 및 상업뿐만 아니라 제조 또는 천연의 모든 산품에 대하여도 적용된다(조약 1(3)). 또한 파리조약의 보호객체는 특허, 실용신안, 디자인, 상표 등에 그치지 않고, 서비스마크, 상호, 원산지 표시 또는 원산지 명칭 및 부정경쟁의 방지에 관한 것이 있다(조약 1(2)).

③ 적용기간

파리조약은 무기한으로 그 효력을 가진다. 그러나 동맹국의 자유의사를 존중하기 위하여 어떤 동맹국을 불문하고 사무총장에게 통고만 하면 자유로이 협약을 폐기할 수 있다. 협약의 폐기는 사무총장이 그 통고를 수령한 날로부터 1년째 되는 날에 그 효력을 발생한다. 그렇지만 어느 동맹국도 동맹의 구성국이 된 날로부터 5년간은 이 폐기의 권리를 행사할 수 없다(조약 26).

④ 조약의 해석, 적용에 관한 분쟁의 해결

파리조약의 가맹국 수가 증가함에 따라 조약의 해석 또는 적용에 관하여 동맹국 간에 분쟁이 일어날 것을 예상하여 스톡홀름 개정 조약에서는 분쟁의 해결수단을 마련하였다.

이 조약의 해석 또는 적용에 관한 2 이상의 동맹국 간의 분쟁 중에서 교섭에 의하여 해결되지 아니한 것은 그중의 한 분쟁당사국이 국제사법재판소에 제소할 수 있도록 하였다. 다만, 이 분쟁해결절차를 이용하지 아니하기로 선언한 동맹국 간의 분쟁에 대하여는 적용되지 않는다(조약 28).

(4) 특별협정

동맹국은 파리조약의 규정에 위배되지 아니하는 한 별도로 상호간에 공업소유권 보호에 관한 특별한 협정을 체결할 권리를 유보한다(조약 19). 그리하여 유럽특허조약, 특허협력조약(PCT), 미생물의 기탁분양에 관한 부다페스트조약 등이 이에 기초하여 만들어졌다.

---

[680] 천효남, 전게서, p.910

II 파리조약의 3대 원칙

1. 내·외국인 평등의 원칙

(1) 의 의
「내·외국인 평등의 원칙(Principle of assimilation with nationals)」이란 파리조약 동맹국이 산업재산권의 보호에 관하여 다른 동맹국 국민 또는 준동맹국 국민에 대해 내국민과 차별 없이 평등한 대우를 하는 것을 말한다(조약 2, 3).

(2) 적용대상

① **동맹국 국민**
「동맹국 국민」이란 본 조약이 적용되는 국가의 자연인과 법인을 말하며, 자연인인지 여부는 당해국의 국적에 의해, 법인인지 여부는 설립준거법에 따라 판단한다. 한편, 이중국적자는 적어도 하나의 국적이 동맹국의 국민이면 족하나, 공유관계인 경우에는 모두가 동맹국 국민이어야 한다.

② **준동맹국 국민**
파리조약은 동맹국 국민뿐만 아니라 비동맹국의 국민이더라도 어느 동맹국의 영역 내에 주소 또는 진정하고 실효적(實效的)인 공업상 또는 상업상의 영업소를 가진 경우, 즉 「준동맹국 국민」의 경우 동맹국의 국민과 동일하게 취급하도록 규정하고 있다(조약 3). 즉, 준동맹국의 국민이더라도 동맹국의 실질적인 거주자는 동맹국의 국민과 같이 동맹국의 산업발전에 기여한다는데 착안하여 동맹국의 국민으로 간주하여 동맹국의 국민과 같이 내국민대우를 받을 수 있도록 하고 있다.

③ **이중국적을 가진 자**
이중국적을 가진 자라 할지라도 그 국적 중의 하나에 동맹국의 국적을 가지고 있는 경우에는 그 자에 대하여도 내·외국인 평등의 원칙은 인정된다.

④ **무국적자**
어떤 나라의 국적도 가지지 않는 무국적자가 어느 동맹국에 주소 또는 진정하고 실효적(實效的)인 영업소를 가진 경우 파리조약 제3조에 포함되어야 할지 의문이나, 파리조약이 내·외국인 평등의 원칙을 준동맹국 국민에게까지 확대하는 것에 비추어 볼때 동맹국 내에 주소나 영업소를 가진 무국적자도 동맹국 국민과 동일한 취급을 받는 것으로 해석된다.[681] 즉, 무국적자는 준동맹국 국민에 준하여 취급한다고 할 것이다.

---

681) 同旨 : 박희섭, 김원오, 임병웅, 천효남

2. 우선권제도

(1) 의 의

우선권(right of priority)제도란 어느 동맹국 내에서의 특허, 상표 등의 최초 출원 후 일정기간 내[682] 다른 동맹국에 출원시 우선권주장을 하게 되면 출원 순위 등의 판단을 최초 출원일을 기준으로 소급하여 인정하여 줌으로써 언어·거리·시간상의 장애를 극복할 수 있도록 한 제도이다(조약 4).

즉, 우선권(right of priority)이란 어떤 동맹국(제1국)에서 최선의 정규의 출원을 한 자 또는 그 승계인이 일정기간 내에 다른 동맹국(제2국)에 동일 발명에 대하여 출원을 하여 우선권을 주장한 경우 제2국 출원에 대한 출원의 순위 및 신규성 판단 등의 규정적용에 있어 제1국의 출원일을 기준으로 하는 것을 말한다.

(2) 우선권주장의 요건

① **출원의 정규성**

㉠ 정규성의 요건

우선권을 주장하기 위해서는 우선권주장의 기초가 되는 제1국의 출원이 정규의 출원이어야 한다. 어떤 출원이 정규의 출원으로 인정될 수 있는지의 여부는 각 국가의 법령에 따라 정해지지만, 어느 동맹국에서 출원이 수리되고 출원일이 일단 부여된 것은 정규의 출원[683]으로 볼 수 있다(조약 4.A.3).

㉡ 출원의 처리결과는 불문

정규의 출원으로 수리된 이상은 그 후에 출원이 무효, 취하, 포기 또는 특허거절결정이 되거나 그 출원이 무권리자의 출원이라 하더라도 우선권의 발생에는 영향을 미치지 아니한다(조약 4.A.3).

② **출원의 최선성**

㉠ 취지 및 대상

ⓐ 우선권은 정규의 출원 중 제1국의 최초의 출원에 의하여 발생된다. 만일 동일발명에 대한 두 번째 이후의 출원에 의하여도 우선권주장을 인정하게 되면 우선기간을 정한 의미가 없게 된다.

ⓑ 우선권주장은 동맹의 제1국의 최초출원에 근거하여 행해지므로 동맹에 속하지 않는 나라에 먼저 한 출원은 우선권 발생의 기초로서의 최초 출원에 해당되지 아니한다. 왜냐하면 우선권은 어느 동맹국에서 정식으로 한 최초의 출원에 의하여 발생되기 때문이다(조약 4.A.1).

---

[682] 특허, 실용신안출원은 1년 내에, 디자인 및 상표출원의 경우 6개월 내에 출원하여야 한다.

[683] 즉, 정규의 출원(duly filed)이란 출원의 결과 여하를 불문하고 출원한 해당국에서 출원일자를 확정받는 데 적절한 출원을 말한다.

ⓒ 각 동맹국의 국내법령 또는 동맹국 간에 체결된 2국 간 혹은 다수국 간의 조약에 따라 인정된 정규의 국내출원은 우선권을 발생시킨다(조약 4.A.2).

따라서 유럽특허청(EPO, 서유럽국가 중심 20개 회원국), 유라시아특허청(EAPO, 구소련 중심 9개 회원국), 아프리카산업재산권기구(ARIPO, 아프리카 15개 회원국)의 가맹국들은 모두 파리협약의 동맹국이므로 이들 지역 특허청의 출원을 기초로 우선권주장을 할 수 있다.

ⓛ 예 외

또한 파리조약은 최초의 출원이 아닌 동일 동맹국에서 된 두 번째 이후의 출원에 의하여도 우선권주장이 허용되는 경우를 인정하고 있다(조약 4.A.4).

다만, 두 번째 이후의 출원이 우선권주장의 기초로 활용될 수 있기 위해서는 그 선출원은 공중의 열람에 제공되지 아니하고, 여하한 권리도 존속시키지 아니하며, 후출원일 당시에 취소, 포기, 거절되지 아니하고, 우선권주장의 근거로 되지 아니한 경우에 해당되어야 한다.

③ **출원인의 동일성(주체의 동일성)**

우선권주장을 하기 위해서는 제1국 출원인과 제2국 출원인 간에 출원인의 동일성이 요구된다. 즉, 제2국의 출원인은 그 출원시에 있어서 동맹국 국민 또는 준동맹국 국민으로서 제1국에서 최선의 정규의 특허출원 등을 한 자이거나 또는 그 승계인이어야 한다(조약 4.A.1).

우선권의 독립성에 기인하여 승계인은 출원을 승계하였다 하더라도 우선권을 별도로 승계받아야 한다. 한편, 우선권은 각기 다른 승계인에게 이전할 수 있다.684)

따라서 어느 한 국가에서 특허를 등록받을 권리를 양도받았다 하여 반드시 우선권의 양도까지 수반하는 것은 아니며, 어떤 동맹국에서 최초로 정규의 출원을 한 자가 그 나라에서의 출원에 대하여 특허등록을 부여받을 권리를 제3자에게 양도하였더라도 그 본인이 다른 동맹국에서 우선권을 주장하여 출원을 하는 것이 가능하다.

④ **출원내용의 동일성(객체의 동일성)**

㉠ 동일성 요건

ⓐ 우선권을 주장하기 위하여는 출원의 대상이 되는 발명이 동일성을 가져야 한다. 목적물이 동일성을 가지는 경우라 함은 동맹 제1국에서의 출원에 기재된 발명이 동맹 제2국에서의 출원에 기재된 발명과 그 실질적인 요지에 있어서 동일성을 가지는 경우를 말한다.

ⓑ 특허에 있어서는 각국의 특허요건 등의 상이(相異)가 있기 때문에 파리조약은 특허출원에 관하여는 엄밀하게 형식적인 동일성이 요구되는 것이 아니라 실질적인 동일성을 확보할 수 있으면 족하다는 취지의 일종의 완화규정을 두고 있는데(조약 4.H), 발명의 동일성 판단은 청구범위의 기재(claims)뿐만 아니라 출원서·명세서 및 도면 등 출원서류(application document) 전체의 기재에 의하여 거기에 개시되어 있는 기술적 사상을

---

684) 참고로, 국내우선권은 독립성이 없다. 즉, 국내우선권은 늘 1번 출원과 동반하여 움직인다.

바탕으로 하여 실질적으로 판단하여야 하며, 비록 우선권의 주장에 관련된 것이 동맹 제1국의 출원에서 청구범위에 기재되어 있지 않더라도 출원서류 전체에 의하여 그 구성부분(elements)이 개시되어 있기만 하면 된다(조약 4.H).

ⓛ 우선권의 이용형태

우선권은 복합우선과 부분우선이 있으며, 출원내용의 동일성이 유지되는 범위 내에서는 복합우선 또는 부분우선 모두가 허용된다.

⑤ **우선기간의 준수**

㉠ 동일 종류의 출원 간의 경우

우선기간(period of priority)이란 어떤 동맹국에서 출원을 한 자 또는 그 승계인이 다른 동맹국에서 우선권의 이익을 수반하는 출원을 할 수 있는 기간을 가리킨다. 이러한 우선기간은 특허 및 실용신안에 대하여는 12개월, 디자인 및 상표에 대하여는 6개월로 규정하고 있다(조약 4.C.1). 따라서 제1국에서 특허출원 또는 실용신안등록출원을 한 자는 제1국 출원일로부터 12개월 이내에 제2국에 특허출원 또는 실용신안등록출원을 하여야만 우선권의 이익을 받을 수가 있다. 우선기간은 원칙적으로 최초의 출원일로부터 개시되나 첫날인 출원일은 기간에 계산에 넣지 아니한다(조약 4.C.2).

ⓛ 다른 종류의 출원 간의 경우

다른 종류의 출원을 할 경우의 우선기간은 특허출원과 실용신안출원 간에 있어서 양자 모두 12개월이므로 문제가 없다. 문제는 제1국에서 실용신안출원을 한 자가 그것을 제2국에서 디자인출원으로 출원의 종류를 변경하여 출원할 경우 또는 제1국에서 디자인출원을 한 자가 그것을 제2국에서 실용신안출원으로 변경하여 출원하고자 할 경우에 우선기간을 어떻게 정할 것인지이다.

즉, 제1국 출원대상과 우선기간을 달리하는 대상으로 변경하여 제2국 출원시 우선권주장을 하는 경우의 우선기간에 대해서는 제1국 기준설과 제2국 기준설로 학설이 대립되어 있으나, 우선권제도의 본질상 그 권리내용을 이루는 조건 등은 그 권리가 발생하는 때에 정해져야 한다는 측면에서 제1국 기준설이 타당하다고 하겠다.[685] 그러나 실용신안출원에 근거하여 우선권주장을 하면서 제2국에 디자인출원을 하는 경우 그 우선기간을 디자인에 대하여 정하여진 기간으로 규정하고 있는 파리조약 제4조 E(1)은 원칙에 대한 예외규정으로 해석되어야 할 것이다.

⑥ **우선권주장의 신청**

㉠ 우선권주장을 하기 위해서는 제2국에서의 출원인이 우선권주장을 신청하여야 한다. 우선권주장신청서에는 그 출원의 출원일자 및 그 출원이 출원된 동맹국을 표시하여야 하며, 이 신청은 각 동맹국의 국내법령이 정하는 기간 내에 하여야 한다(조약 4.D.1).

---

685) 박희섭·김원오, 전게서, p.678 / 한국특허협회, 「파리조약 해설집」(공업소유권총서1, 1980), p.81

ⓒ 동맹국은 우선권주장을 신청하는 자에 대하여 최초의 출원에 관한 출원서류(명세서, 도면 등 포함)의 등본제출을 요구할 수 있다.

최초의 출원을 수리한 권한 있는 관서가 확인한 우선권증명서는 어떤 공증도 필요로 하지 아니하며, 제2국 출원일로부터 3개월 이내에는 항상 무료로 발급받을 수 있다. 우선권증명서에는 권한 있는 관서가 발급하는 출원의 일자를 표시하는 증명서 및 번역문의 첨부를 요구할 수 있다(조약 4.D.3).

⑦ **우선권과 발명자증**

㉠ 파리조약 가맹국 중에는 특허제도 이외에 발명자증(inventor's certificate)[686] 제도를 채택하여 출원인이 자기의 선택에 따라 특허 또는 발명자증 중의 어느 하나에 대하여 출원할 수 있도록 하는 나라(이하 '병유국'이라 한다)가 있다(러시아, 불가리아, 폴란드, 루마니아, 체코슬로바키아 등).

㉡ 1967년 7월 14일 스톡홀름에서 개정된 파리협약에서는 병유국과 특허제도만을 갖는 국가와의 사이에 출원을 통한 기술교류의 원활화를 도모하기 위하여 병유국에서 한 발명자증의 출원에 대한 우선권에 관하여서는 특허출원의 경우와 동일한 효과를 부여하고(조약 4.I.1), 역으로 타의 국가에서 한 최초의 특허출원, 실용신안출원 또는 발명자증 출원에 기하여 하는 병유국에서의 발명자증출원에 대하여도 우선권의 이익이 있음을 규정하고 있다(조약 4.I.2).

(3) 우선권의 성질

① **독립성**

우선권은 최초 출원행위로부터 발생되지만 그 발생과 함께 당해 최초출원으로부터 분리되어 독립적이 된다. 이를 우선권의 독립성이라 하는데, 이러한 독립성 때문에 우선권만의 양도가 가능하므로 제1국 출원의 승계인은 우선권을 별도로 승계하여야 우선권주장출원을 할 수 있다. 또한, 우선권의 독립성으로 말미암아 제1국 출원은 정규성만 인정되면 된다.

② **복수성**

발생된 우선권은 하나의 불가분적인 단일의 권리가 아니며 복수의 집합이다. 논리적으로 우선권의 수는 우선권을 발생시키는 국가(최초 출원국)를 제외한 모든 동맹국의 수와 같다. 즉, 동맹국의 수보다 1이 적다.

---

[686] 발명자증이란 발명과 관련된 권리를 국가에 귀속시키는 대신 발명자에게 일정한 보상을 주기 위한 제도를 말한다. 발명자증도 ① 발명의 보호를 내용으로 하고, ② 출원일의 특정이 가능하며, ③ 사회주의 국가의 동맹가입 촉진과 동서 기술교류 확대에 이바지하기 위해 파리조약에 의해 보호되고 있다. 발명자증이 보호되기 위해서는 자기의 선택에 의하여 특허 또는 발명자증 중의 어느 출원이라도 할 수 있는 동맹국(병유국)이어야 한다. 이는 발명자증은 특허보다 이용하기 어려운 경우가 많으므로 발명자증만을 인정하는 나라가 출현하는 것을 방지하기 위해 규정한 것이다(임병웅, 전게서, p.999).

③ 잠재성

우선권은 다수의 동맹국에 미치는 복수의 집합개념이나, 모든 동맹국에 항상 행사되는 것은 아니고 전혀 행사되지 않은 채 소멸되거나 행사되더라도 일부 동맹국에 그치는 것이 일반적이다. 즉, 우선권이란 현실화될 가능성이 있는 권리인 동시에 현실화되지 않은 채 소멸될 가능성도 있는 잠재적인 것이다. 이를 우선권의 잠재성이라 한다.

④ 부속성

우선권은 동맹국의 최초 정규출원으로부터 독립된 것이라고 하더라도 그 독립성은 어디까지나 제2국 출원의 기초로서 사용될 때까지 성립되는 것이다. 따라서 제2국 출원의 기초로서 일단 행사된 때에는 독립성을 잃는 것이며, 그 후에는 제2국 출원의 부속물로서 제2국 출원국의 특허법에서의 출원과 그 운명을 함께 한다. 이를 우선권의 부속성이라고 한다.

(4) 우선권주장의 효과

우선권주장이 적법한 경우 우선권주장을 수반하는 출원은 제2국 출원에 대한 출원의 순위, 신규성 문제 등의 판단을 함에 있어 제1국에서의 출원일에 출원이 있었던 것과 똑같은 이익을 부여받는다. 즉, 우선기간의 만료 전에 제2국에서 된 후출원은 그 사이에 이루어진 행위(다른 출원, 당해 발명의 공개, 실시 등) 등에 의하여 불리한 취급을 받지 아니하며, 이러한 행위는 제3자의 권리 또는 여하한 개인 소유의 권리를 발생시키지 아니한다. 즉, 우선권의 기초가 되는 최초의 출원일 전에 제3자가 취득한 권리는 각 동맹국의 국내법령에 따라 유보된다(조약 4.b).

이에 따라 제3자가 실시한 선사용권도 인정되지 아니한다.

위에서 설명한 우선권은 우리나라 특허법을 기준으로 보면 특허요건(法 29)이나 선출원(法 36) 등을 판단할 때 선출원일을 기준으로 판단한다는 것이지, '출원일 자체가 소급'되는 의미가 아님을 유의해야 한다.[687]

3. 특허독립의 원칙

「특허독립의 원칙」이란 동맹국 국민이 각 동맹국에 출원한 특허는 타국에서 동일발명에 관하여 취득한 특허와 독립적이라는 것을 말한다(조약 4의2). 즉, 특허독립의 원칙은 절대적 의미로 해석되어야 하므로 동일발명에 대하여 복수의 동맹국에서 특허를 받은 경우 그중 어느 하나가 무효·취소 등 소멸되어도 다른 동맹국의 특허에 영향을 미치지 아니한다.

---

687) 즉 ① 특허요건(法 29), ② 선출원(法 36), ③ 이용·저촉관계(法 98), ④ 생산방법 추정(法 127), ⑤ 특허권의 효력이 미치지 아니하는 범위(法 96), ⑥ 선사용권(法 103) 등을 판단할 때 선출원을 기준으로 한다는 것을 의미하는 것이지, 우선권주장의 출원일이 선출원일로 소급함을 나타내는 것은 아니라는 것이다. 그러나 우선권의 혜택으로 획득된 특허는 각 동맹국에서 우선권의 혜택 없이 출원 또는 부여된 특허와 같은 존속기간을 갖는다(조약 4의2(5)). 또한 특허출원에 관한 출원심사청구기간의 기산일은 우리나라에서의 실제 특허출원일이며, 특허발명의 불실시의 경우에 있어서의 불실시기간은 「특허출원일로부터 4년」에 관하여도 우리나라의 특허출원일로부터 기산한다(조약 4의2(2)).

이 원칙은 우선권이 인정되어 취득된 특허와 우선권주장의 기초출원에 허락된 특허와의 관계에 있어서도 적용되며, 특허독립의 원칙은 파리협약에 새로이 가입하는 국가에 존속하는 특허에 대하여도 같이 적용된다(조약 4의2, 4).

산업재산권은 각국의 산업정책과 밀접한 관련을 가지는 것이므로 각국에서는 자국이 인정한 산업재산권만을 보호하고 있다. 따라서 산업재산권법은 당해국의 영역 내에서만 적용되고, 산업재산권은 당해국의 법령에 의해 성립하고 효력을 가지는 것이 원칙이다.

III 기타 파리조약상 특허관련 규정

1. 특허권의 불실시에 대한 제재

파리조약 제5조 A는 각 동맹국은 특허발명의 불실시로부터 생기는 폐해를 방지하기 위하여 강제실시권의 부여를 규정하는 입법조치를 허용하고, 강제실시권 부여 이후에도 배타적 권리의 행사로부터 생기는 폐해를 방지하기에 충분하지 아니하다고 인정할 경우에는 강제실시권 부여 후 2년이 경과된 때 특허권의 몰수도 허용하고 있다. 다만, 이 경우 강제실시권은 특허출원일로부터 4년 또는 특허허락일로부터 3년 기간의 만료일 중 늦게 만료하는 기간이 경과된 후에 가능하도록 규정하고, 특허권자의 불실시에 대한 정당한 이유가 있을 때에는 이상의 제재조치는 제외되도록 하고 있다. 또한 이 규정에 의하여 허락되는 강제실시권은 비배타적인 권리이며, 이러한 강제실시권을 이용하는 기업은 당해 기업 또는 영업권과 함께 이전되는 경우 이외에는 이전을 금하고 있다(조약 5.A.3). 이러한 강제실시권 문제는 후일 TRIPs협정에서 보다 구체화되고 있다.

강제실시권제도는 실용신안에는 적용되지만 디자인에 대하여는 적용되지 아니한다(조약 5.B). 우리 특허법 제107조의 재정제도는 이러한 파리협약의 취지를 반영한 제도이다.

2. 판매제한물의 특허 여부 및 공서양속

특허된 상품 또는 특허된 공정에 의하여 생산된 상품의 판매가 국내법으로 인한 제약이나 제한을 받고 있다고 해서 특허의 부여를 거절하거나 또는 무효로 할 수 없다(조약 4의4). 이 규정의 취지는 비록 공익적 이유나 품질제한 조건 등으로 인한 법적 판매제한물이라 하더라도 그에 관련된 발명에 대하여 특허 자체를 인정하지 않는 것은 불합리하고, 특허성 여부는 이와 별개의 문제이기 때문에 특허를 보장하기 위한 조항이다. 즉, 특허요건판단과 다른 법의 인·허가는 무관하다. 다만, 이 규정이 공서양속에 반하는 경우에 특허를 받을 수 없도록 하는 것을 금하는 규정과는 다른 것이라 할 것이다.[688]

---

[688] 각 동맹국의 국내법은 대다수 공서양속에 반하는 발명(고안)의 특허등록을 금지하는 취지의 규정이 있지만, 판매제한물은 공서양속에 반한다고 볼 수는 없으므로 양자 간 모순은 없다(천효남, 전게서, p.926).

3. 발명자 성명표시권

발명자는 특허에 발명자로 표시될 권리를 가진다(조약 4의3). 이것은 발명자에게 인정되는 인격권을 규정한 것으로 구체적인 보장방법은 각국의 국내법에 맡겨져 있다.

4. 방법특허의 보호

어느 물건의 생산방법에 대한 특허를 받은 동맹국에서 당해 물건의 생산방법에 대한 특허를 보호하는 규정이 존재하는 다른 동맹국으로 그 물건이 수입된 경우에는 특허권자는 수입된 동맹국에서 생산하는 물건에 관하여 당해 특허에 기하여 그 국가의 법령에 의하여 부여되는 모든 권리를 그 수입된 물건에 관하여 향유한다(조약 5의4). 우리나라는 법 제2조 제3호 '가'목에서 「물건을 생산하는 방법의 발명인 경우」에는 그 방법을 사용하는 행위 외에 그 방법에 의하여 생산한 물건을 사용·양도·대여 또는 수입하거나 그 물건의 양도 또는 대여의 청약을 하는 행위가 실시라고 규정하여 수입된 물건에도 물건의 생산방법에 대한 특허권의 효력이 미치도록 규정하고 있다. 따라서 동맹국 국민이 우리나라에서 방법특허를 가진 경우에는 그 방법특허에 관련되는 물건이 국내에 수입된다면 그 수입행위가 실시로 인정되는 결과 그 수입품에 대하여 특허권자는 그 권리를 향유할 수 있게 된다.

5. 특허권의 침해가 되지 않는 경우

파리조약은 국제교통의 원활을 기하기 위하여 특허권의 효력을 제한하는 규정도 두고 있다. 일시적으로 동맹국의 수역이나 영공을 통과하는 선박, 항공기 및 그에 사용되는 기계장치류에 관한 한 관련 특허권의 효력이 이에는 미치지 않는다는 취지의 규정(조약 5의3)이다.

즉, 다른 동맹국의 선박이 일시적 또는 우발적으로 당해 동맹국의 영수(領水)에 들어온 경우에 그 선박상에서 그의 특허의 대상을 이루는 장치를 선체·기계·선원·장비 기타의 부속물에 관해 당해 특허권자가 특허의 대상인 발명을 그 선박 내에서 오로지 그 선박의 필요를 위하여 사용하는 경우에는 특허권자의 권리에 대한 침해로 간주되지 아니한다(조약 5의3(1)). 여기서, 「동맹국의 선박」에 한정해석하기 때문에 비동맹국의 선박은 대상에서 제외되며, 영수(領水)란 영해, 내수로, 항만 등을 포함한다. 한편, 「선박의 필요」 범위 이외에는 특허권의 침해이며 「사용」에 한정하는 이유는 선박 내에서의 제조·판매를 금지하려는 취지이다.

다른 동맹국의 항공기 또는 차량이 일시적으로 또는 우발적으로 당해 동맹국에 입국한 경우에 그 항공기 혹은 차량 또는 그의 부속물의 구조 혹은 기능에 관해 당해 특허권자의 특허의 대상을 이루는 장치를 사용하는 경우에는 특허권자의 권리에 대한 침해로 간주되지 아니한다(조약 5의3(2)). 여기서, 「구조 또는 기능」에 관계없는 사용 등은 특허권의 침해이며, 「사용」에 한정되므로 항공기 또는 차량 내에서의 제조 역시 특허권의 침해이다.[689]

---

689) 임병웅, 전게서, p.1005

6. 요금납부 유예를 받을 권리

파리조약 제5조의2에서는 산업재산권의 존속(maintenance)을 위하여 정해진 수수료의 납부에 있어 국내법에 규정된 과징금을 납부할 것을 조건으로 적어도 6개월의 유예기간이 허용된다고 규정하고 있다.

따라서 동맹국은 요금불납으로 인하여 효력이 상실된 특허의 회복에 관하여서는 별도로 정할 수 있다(조약 5의2(2)).

7. 특허표시 의무

보호받을 권리를 인정할 조건으로서 특허, 실용신안, 상표의 등록 또는 디자인등록을 상품에 표시 또는 언급할 것을 요구할 수 없다(조약 5D). 이는 특허표시가 의무가 아님을 나타내고 있으며 특허표시의 해태에 대한 효과는 각국의 국내법령에 일임하고 있다.

8. 박람회 출품물의 보호

동맹국은 어느 동맹국의 영역 내에서 개최되는 공적(official) 또는 공적으로 인정된(officially recognized) 국제박람회에 출품되는 상품에 관하여 특허를 받을 수 있는 발명, 실용신안, 디자인 및 상표에 대하여 국내법령에 따라 가보호(temporary protection)를 부여한다(조약 11(1)). 여기서 「공적」이란 정부, 공법인이 개최하는 것을 말하며, 「공적으로 인정된」이란 사법인 등이 정부와의 합의하에 지휘·감독되어 개최한 것을 말한다. 한편, 가보호의 내용은 자유이며 우선권과 동일한 보호, 공지 등이 되지 아니한 발명으로 보는 경우에 의한 보호, 출원일 소급에 의한 보호 등을 할 수 있다.

이러한 가보호는 파리조약 제4조에서 정하는 우선기간을 연장하는 것은 아니며, 후에 우선권이 주장되는 경우 각 동맹국의 당국은 그 상품을 전람회에 반입한 날로부터 우선기간이 개시되는 것으로 규정할 수 있다. 각 동맹국은 당해 상품이 전시된 사실 및 반입의 일자를 증명하기 위하여 필요하다고 인정되는 증거서류를 요구할 수 있다(조약 11(2)(3)).

제2절 특허협력조약(Patent Cooperation Treaty)

I 특허협력조약(Patent Cooperation Treaty ; PCT)의 개요

1. 의 의

국제간 특허출원을 하는 방법에는 크게 두 가지가 있는바, 첫번째는 종래 방식대로 각 나라별로 각각 별도로 출원하는 방법이 있고, 두 번째는 PCT조약(국제특허협력, Patent Cooperation Treaty)에 의한 국제특허출원이 있다.

PCT 출원은 출원인이 수리관청[690]에 하나의 국제출원서류를 제출하면서 다수의 체약국(Contracting States)을 지정하면, 지정된 모든 체약국은 출원인이 일정한 기간 내에 번역문을 제출할 것을 조건으로 국제출원서를 제출한 날에 지정관청[691]에 대해서도 직접 출원된 것과 동일한 효과를 인정해 주는 한편, 국제기관에 의한 관련 선행기술의 조사 및 특허성의 예비심사를 통하여 출원인이 각국에 본격적 출원절차를 밟기 전에 자기 발명의 기술적, 상업적 가치를 재검토할 수 있도록 지원해 주는 제도로서 국제간에 특허출원을 하고자 하는 자는 종래의 방식에 따라 출원절차를 밟거나 PCT에서 정한 방식과 절차에 따라 출원을 할 수 있는데 이와 같이 국제간에 출원을 함에 있어 종래의 출원방식인 각 나라마다 개별적으로 출원하는 방식을 택할 것인지 국제출원절차에 의할 것인지 여부는 출원인 자신이 결정할 문제이다.

참고로 국제출원에 관하여 규정한 한국 특허법 제192조부터 제214조의 규정 중 법 192조부터 198조의2는 우리나라 특허청에 대하여 출원하는 국제출원에 적용되는 규정이며, 법 제199조부터 제214조는 우리나라를 지정관청으로 하는 국제특허출원에 적용되는 규정이다.

2. PCT의 성립배경

PCT(특허협력조약)은 1966년 9월의 파리동맹집행위원회에서 미국대표의 제안에 따라 국제출원절차의 효율화 등을 검토하기 시작하여 1970년 5월 25일부터 6월 19일까지 워싱턴에서 개최된 외교회의에서 파리동맹에 가맹하고 있는 55개국의 심의참가에 의해 작성되었다. PCT는 1978년 1월 24일에 발효되었고, 우리나라는 1984년 5월 10일에 36번째 가입국이 되었으며, 2013년 7월 4일 가입국수는 148개국이 되었다.

이 조약은 파리조약 제19조에 따른 특별협정의 하나로서 오늘날과 같은 급격한 기술혁신의 결과 특허출원, 특히 외국출원이 매년 증가추세에 있고 그 절반 정도가 우선권주장을 수반한 외국출원으로서 동일발명에 대한 중복출원 및 중복심사로 야기되는 문제점을 국제적 차원에서 해결하기 위하여 성립된 국제적 합의이다.

---

[690] 「수리관청」이라 함은 국제출원인이 제출한 국제출원을 접수하여 검토하고 처리하는 관청을 말하는데(PCT 제10조) 국제출원인의 국적국 또는 거주국의 특허청이 수리관청이 된다.
[691] 「지정관청」은 국제출원인이 특허를 받고자 지정한 국가의 특허청을 말한다.

한편, 1997년 5월 스위스 제네바 세계지식재산권기구(WIPO) 본부에서 개최된 PCT 기술협력위원회에서 대한민국 특허청이 국제조사기관(세계 10번째) 및 국제예비심사기관(세계 9번째)으로 지정되었으며, 2007년 9월 24일 스위스 제네바에서 개최된 제43차 WIPO 총회에서 한국어가 PCT 공식언어로 채택되어 2009년 1월 1일부터 한국어로 PCT 출원한 것은 한국어로 국제공개되며 국제조사보고서 및 국제조사기관 견해서, 국제예비심사보고서 및 기타 절차관련 서류를 한국어로 받아 볼 수 있게 되었다.

3. PCT 국제출원의 장단점

(1) 장 점

① 출원일 인정요건이 간편

한번의 PCT 국제출원으로 다수의 가입국에 직접 출원한 것과 같이 출원일을 인정받는다.

② 무모한 해외출원 방지

특허를 받고자 하는 나라의 특허청(지정관청)의 심사에 앞서 국제조사기관의 선행기술조사(필수절차)와 국제예비심사기관의 특허성 유무에 대한 예비심사(선택절차)를 거침으로써 특허획득 가능성을 미리 알 수 있어서 무모한 해외출원을 방지할 수 있다.

③ 출원비용이 단계적으로 발생하며, 다수국을 지정하는 경우에는 비용을 절약할 수 있다.

④ 국제조사기관에 의한 국제조사, 국제예비심사기관에 의한 국제예비심사 결과를 이용할 수 있어 출원인은 특허 여부를 미리 점칠 수 있을 뿐만 아니라 각국의 특허청은 이를 활용함으로써 심사부담도 경감할 수 있는 등의 장점이 있다.

(2) 단 점

① 국제조사보고서나 국제예비심사보고서가 나온 후에 국내단계로 진입하게 되므로 조기에 특허권을 획득하기가 곤란하다.

② PCT 출원이 국제단계를 거쳐 국내단계에 진입한 이후부터는 속지주의의 원칙에 의거 각국의 국내법에 따라 모든 절차를 수행하고 있어 각 체약국 간의 통일화 되지 않는 절차 등이 문제점으로 지적되고 있다.[692]

---

[692] 이러한 각국 간의 통일화되지 않는 특허절차의 문제점을 개선하기 위하여 1985년에 들어서서 WIPO(World Intellectual Property Organization)를 중심으로 파리조약을 보충하는 조약을 체결하는 방법에 의한 체약국 간의 특허법 통일화 작업(Patent Harmonization Treaty ; PHT)을 시도하였고, 1995년 12월부터 약 5년간 5회의 전문가회의 및 3회의 특허법상설위원회(Standing Committee on the Law of Patent, SCP)에서 각국 특허법의 절차적 내용에 한정하여 통일화를 꾀하려는 구체적인 검토가 있어, 전문 27개 조문의 특허법조약(Patent Law Treaty ; PLT)이 2000년 6월 외교회의에서 채택되었다. 현재 우리나라도 PLT 조약의 가입을 검토 중에 있다.

(3) PCT의 구성

① PCT는 전문과 총 69개 조문으로 이루어져 있으며 조약에 부속되어 조약과 함께 채택된 규칙을 기본적 구성으로 하고 있다. PCT의 규정은 ㉠ 총강(PCT 1, 2), ㉡ 제1장 국제출원과 국제조사(PCT 3~30), ㉢ 제2장 국제예비심사(PCT 31~42), ㉣ 제3장 공동규정(PCT 43~49), ㉤ 제4장 기술적 용역(PCT 50~52), ㉥ 제5장 행정규정(PCT 53~58), ㉦ 제6장 분쟁(PCT 59), ㉧ 제7장 개정 및 수정(PCT 60, 61), ㉨ 제8장 최종규정(PCT 62~69)으로 나눌 수 있다.

② 참고로 우리나라 특허법상 특허협력조약에 의한 국제출원은 국제출원절차(法 192~198의2)와 국제특허출원에 관한 특례(法 199~214)로 구분되어 있다. 여기서 국제출원절차(法 192 부터 198)는 어느 나라를 지정국으로 했는지 여부와 관계없이 우리나라를 수리관청으로 하여 국제출원할 때 적용되는 규정이고, 국제특허출원에 관한 특례(法 199~214)는 어느 나라를 수리관청으로 했는지 여부와 관계없이 우리나라를 지정국으로 한 국제출원(이를 "국제특허출원"이라 한다)이 국내단계로 진입시에 적용되는 규정이다. 한편, 법 제198조의2는 우리나라가 국제조사 및 국제예비심사기관인 경우에 적용되는 규정이다.

Ⅱ 국제출원절차의 일반원칙

1. 국제출원절차 개요

PCT 국제출원절차는 출원인이 특허권을 획득하고자 하는 체약국들을 지정하여 국제출원을 하면서 시작되고, 각 지정국에서 특허권을 획득하거나 거절됨으로써 종료된다. 이러한 국제출원절차의 흐름 속에서 하나의 분기점이 되는 것이 각 지정국에서의 번역문 제출이다.

각 지정국에서의 번역문 제출 이전까지는 국제출원에 대한 모든 절차가 한 번의 수속에 의해 일률적으로 진행되다가, 번역문 제출 이후에는 각 지정국의 국내법에 따라 독립적으로 진행된다. 이런 점에 착안하여 흔히 번역문 제출 이전 단계를 "국제단계(international phase)," 번역문 제출 이후를 "국내단계(national phase)"라 칭한다.

이 중 국제단계는 다시 수리관청 혹은 WIPO 국제사무국에 하는 국제출원신청, 모든 국제출원에 대해 국제조사기관이 행하는 국제조사, 국제공개, 출원인이 필요에 의해 선택하는 절차인 국제예비심사가 있다.

이 중에서 국제출원, 국제조사절차와 국제공개절차는 모든 국제출원에 대하여 필요한 절차로서 제1장에 규정되어 있기 때문에 통상 제1단계 절차라고 불린다. 국제예비심사절차는 출원인이 필요하다고 인정하는 경우에 선택적으로 취할 수 있는 임의적 절차로서 제2장에 규정되어 있기 때문에 통상 제2단계 절차라고 불린다. '국제단계'와 '국내단계'의 구별은 PCT의 용어는 아니나, 간결하고 유용한 표현으로 현재 관용화되어 있다.[693]

---

[693] 국제지식재산연수원, 전게서, p.124

참고로 대한민국을 지정국으로 한 국제출원인은 우선일로부터 31개월[694] 이내에 국제출원일에 제출한 발명의 설명, 청구의 범위, 도면(도면 중 설명부분에 한한다) 및 요약서의 번역문을 특허청장에게 제출하여야 한다(이때부터 국내단계진입이다).

▎**국제출원의 절차도**

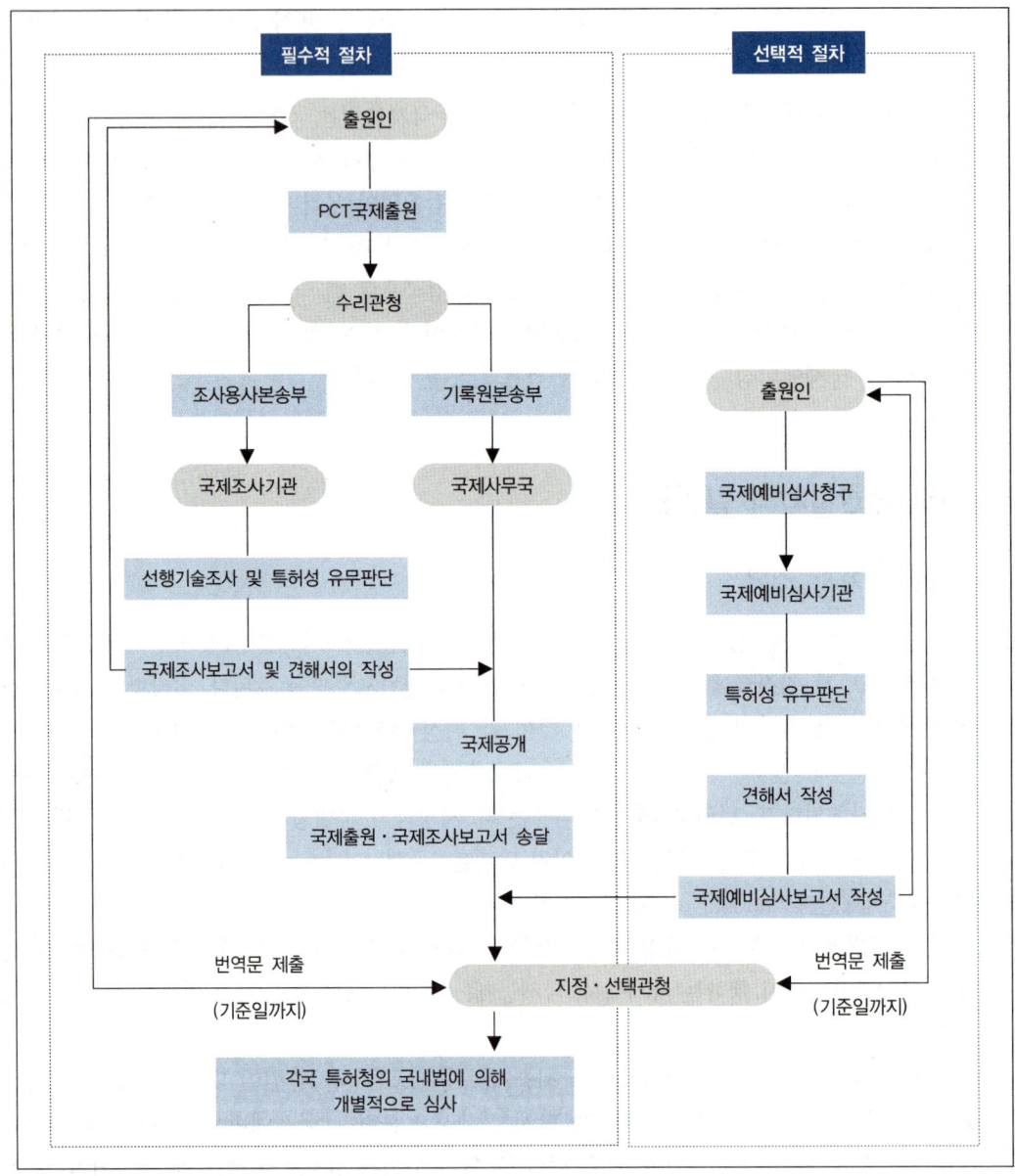

694) 2006년 개정법부터 국내 서면제출기한이 기존의 2년 6개월(30개월)보다 1개월 연장된 2년 7개월(31개월)이 되었다. 현재 31개월인 국가는 한국, 러시아, 유럽연합, 영국, 독일 등이 있다.

2. 국제출원

(1) 국제출원을 할 수 있는 자

① 출원인

PCT에 의한 국제출원을 할 수 있는 자는 원칙적으로 체약국의 거주자와 국민이다(PCT 9(1)). 체약국의 거주자라 함은 체약국에 진정하고 실효적인 공업상 또는 상업상의 영업소(주소)를 가진 자를 의미한다. 체약국의 거주자인가 아닌가의 문제는 체약국의 국적을 가진 자를 의미하며, 체약국의 법령에 따라 설립된 법인도 체약국의 국민으로 본다.

2인 이상의 출원인이 있는 경우, 출원인 중 적어도 1인이 국제출원을 할 수 있는 자일 때에는 국제출원을 할 수 있다(PCT규칙 18.3). 또한 총회는 PCT의 체약국은 아니지만 파리조약의 당사국인 어느 국가의 거주자와 국민이 국제출원을 하는 것을 인정하도록 결정할 수 있다(PCT 9(2)).

② 대리인

국제출원시 출원인은 국제출원이 제출된 국내관청에 대하여 절차를 밟을 권한을 가지는 자 또는 국제출원이 국제사무국에 제출된 경우에는 그 국제출원과 관련하여 수리관청으로서의 국제사무국에 대하여 절차를 밟을 권한을 가지는 자를 국제사무국, 국제조사기관 및 국제예비심사기관에 대하여 그를 대리인으로 선임할 수 있고, 국제조사기관의 업무를 수행하는 국내관청 또는 정부 간 기구에 대하여 절차를 밟을 권한을 가지는 자를 그 국제조사기관에 대하여만 그를 대리하는 대리인으로 선임할 수 있으며, 국제예비심사기관의 업무를 수행하는 국내관청 또는 정부 간 기구에 대하여 절차를 밟을 권한을 가지는 자를 특히 그 국제예비심사기관에 대하여만 그를 대리하는 대리인으로 선임할 수 있다(PCT 규칙 90.1(a)(b)). 일반대리인 또는 일반대표자의 선임은 선임을 한 자 또는 그의 승계인이 철회할 수 있다(PCT 규칙 90.6).

③ 대표자

국제출원시 2인 이상의 출원인이 있는 경우 출원인이 PCT 규칙 90.1조(a)의 규정에 의하여 모든 출원인을 대리하는 대리인(이하 "일반대리인"이라 함)을 선임하지 아니한 경우에는 PCT 제9조의 규정에 의하여 국제출원을 할 자격을 가지는 출원인 중 1인을 그들의 일반대표자로, 나머지는 출원인이 선임할 수 있다. 한편, 2인 이상의 출원인이 있는 경우로서 모든 출원인이 일반대리인 또는 일반대표자를 선임하지 않는 경우에는 당해 수리관청에 국제출원을 할 수 있는 자격을 가지는 출원인 중 출원서에 최초로 기재된 출원인을 모든 출원인의 대표자로 간주한다(PCT 규칙 90.2(a)(b)).

(2) 국제출원언어

국제출원의 언어는 수리관청이 인정하는 언어로 제출하여야 하는데, 각 수리관청은 국제조사기관이 인정한 언어 또는 국제공개 언어 중 적어도 하나를 국제출원언어로 인정하여야 한다(PCT 규칙 12.1(a)(b)). 현재 각 체약국에 인정되고 있는 국제출원의 언어로는 영어, 불어, 독어, 스페인어, 러시아어, 네덜란드어, 덴마크어, 핀란드어, 스웨덴어, 노르웨이어, 일어, 중국어, 한국어 등이 있다. 한편, 출원서는 수리관청이 인정하는 국제공개언어로 제출되어야 한다(PCT 규칙 12.1(c)). 참고로, 한국을 수리관청으로 하여 국제출원을 하는 자는 산업통상자원부령이 정하는 언어로 작성한 출원서류를 특허청장에게 제출하여야 한다(法 193①). 산업통상자원부령이 정하는 언어란 국어, 영어 또는 일어를 말한다.

(3) 국제출원의 보호대상

당사국에서 발명의 보호를 위한 출원은 PCT에 의한 국제출원으로 할 수 있는데(PCT 3(1)), 여기서 「출원」이라고 할 때에는 발명특허, 발명자증, 실용증, 실용신안, 추가특허 또는 증서, 추가발명자증, 추가실용증의 출원을 지칭하는 것으로 해석된다(PCT 2(ⅰ)). 참고로, 대한민국을 지정국으로 하는 경우에는 특허 또는 실용신안만을 그 보호대상으로 한다.

(4) 수리관청

① **수리관청**(Receiving Office)은 국제출원을 수리하는 국내관청 또는 정부 간 기구를 의미한다. 국제사무국(WIPO의 사무국)[695]은 출원인의 선택에 따라 수리관청이 될 수 있다(PCT 10).

② **수리관청의 주요한 역할들로 다음과 같은 것들이 있다.**
  ㉠ 국제조사기관 및 국제예비심사기관의 선정
  ㉡ 국제출원언어의 선정
  ㉢ 수리관청, 국제사무국, 국제조사기관을 위한 수수료의 징수
  ㉣ 방식심사
  ㉤ 국제출원일의 인정
  ㉥ 국제사무국 및 국제조사기관에 국제출원서류의 송달

---

[695] 국제사무국은 세계지식재산권기구(WIPO)의 사무국을 말한다. 국제출원과 관련하여 국제사무국이 수행하는 주요한 절차에는 다음과 같은 것들이 있다.
① 국제출원에 대한 수리관청으로서의 역할
② 국제출원 기록원부(record copy)의 도달확인 및 통지
③ 국제출원의 공개업무
④ 국제출원서류 및 국제조사보고서의 관계기관으로의 송부
⑤ 선택관청에 대한 국제예비심사청구사실의 통지 및 국제예비심사보고서의 송달

(5) 국제출원서류의 제출

국제출원서류는 출원서, 발명의 설명, 청구범위, 필요한 도면 및 요약서로 구성되고 있다.

① 출원서

    ㉠ 국제출원을 하기 위한 출원서류는 출원서, 발명의 설명, 청구범위, 필요한 도면 및 요약서로 구성된다. 국제출원의 출원서에는 다음의 사항을 기재한다(PCT 4, PCT 규칙 3, 4).

        ⓐ 국제출원이 이 조약에 따라 처리될 것을 요망하는 신청

        ⓑ 국제출원에 기초하여 발명의 보호가 요구되는 하나 또는 둘 이상의 체약국의 지정

        ⓒ 출원인과 대리인이 있는 경우에는 대리인의 성명 및 이들에 관한 기타의 소정사항

        ⓓ 발명의 명칭

        ⓔ 지정국 중 적어도 1개 국가의 국내법령이 국내출원을 할 때 발명자의 성명과 기타 발명자에 관한 소정사항을 갖출 것을 요구하고 있는 경우에는 그러한 사항

    ㉡ 한편, 국제출원서를 제출하면 다음의 사항을 구성한 것으로 본다. 다만, 모든 체약국의 지정과 관련하여 체약국의 국내법이 그 국가를 지정하고 그 국가에서 효력이 있는 국내 선출원의 우선권을 주장하는 국제출원의 경우 당해 국내 선출원은 동 출원의 취하와 같은 결과로서 그 효력을 상실한다고 규정하는 경우 그 국내법이 그러한 규정을 지속하는 한 그 국가의 지정은 하지 않는 것이라는 표시를 출원서에 포함할 수 있다(PCT 규칙 4, 9).

        ⓐ 국제출원일에 조약에 구속되는 모든 체약국의 지정(이를 「자동지정」이라 함)

        ⓑ 특정한 종류의 보호를 요구하는 출원(PCT 43), 두 가지 종류의 보호를 요구하는 출원(PCT 44)이 적용되는 각 지정국과 관련하여 그 국제출원은 그 국가의 지정으로 얻을 수 있는 모든 종류의 보호의 허락을 위한 것이라는 표시

        ⓒ 지역특허조약(PCT 45)이 적용되는 각 지정국과 관련하여 그 국제출원은 지역특허의 허락을 위한 것이라는 표시

② 명세서

「명세서」에는 당해 기술분야의 전문가가 동 발명을 실시할 수 있을 정도로 명확하고 또는 완벽하게 발명을 기술한다(PCT 5, PCT 규칙 5).

③ 청구범위

「청구의 범위」는 보호를 받으려는 사항을 명시하며 명확하고 또한 간결하게 기재되어야 한다. 또한, 청구의 범위는 명세서에 의하여 충분히 뒷받침되어야 한다(PCT 6, 규칙 6).

④ 도 면

「도면」은 발명의 이해에 필요한 경우에 한해 요구된다. 다만, 도면이 발명의 이해에 필요하지 아니하는 경우에도 발명의 성질상 도면에 의하여 설명할 수 있을 때에는 출원인은 국제출원을 할 때 도면을 국제출원에 포함할 수 있으며, 지정관청은 출원인에 대하여 소정의 기간 내에 도면을 제출할 것을 요구할 수 있다(PCT 7).

⑤ 요약서

「요약서」는 기술정보로서만 사용하며, 기타 다른 목적을 위하여 특허 요구되는 보호의 범위를 해석하는 데 참고할 수 없다(PCT 3(3)).

⑥ 국제출원에 사용하여서는 아니되는 표현 등

국제출원을 할 때는 다음의 사항을 포함하여서는 안 된다. 수리관청 또는 국제조사기관은 이에 위반됨을 지적할 수 있으며, 출원인이 그의 국제출원을 자진하여 정정할 것을 요청할 수 있다(PCT 규칙 9).

㉠ 선량한 풍속에 반하는 표현 또는 도면
㉡ 공공의 질서에 반하는 표현 또는 도면
㉢ 당해 출원인 이외의 어느 특정인의 생산물 또는 방법 또는 출원인이나 특허의 장점, 유효성을 비방하는 내용(단, 선행기술과의 단순한 비교는 그 자체로는 비방으로 보지 아니한다)
㉣ 명백히 관련이 없는 불필요한 내용 또는 기타의 사항

(6) 단일성의 만족

국제출원은 발명의 단일성을 만족하기 위하여 단일의 발명이거나 하나의 총괄적 발명의 개념을 형성하는 일군의 발명이어야 한다(PCT 규칙 13).

(7) 수수료의 납부

국제출원은 수수료를 필요로 하는 절차이므로(PCT 3(4)(ⅳ)), 소정기간 내에 정규의 수수료가 납부되어야 한다. 이를 납부하지 아니한 경우에는 국제출원 또는 지정국의 지정은 취하된 것으로 간주된다(PCT 14(3)(a)(b)). 한편, 수리관청에 내야 할 수수료에는 ① 송달료(PCT 규칙 14.1(a)), ② 국제출원료(PCT 규칙 15.1), ③ 조사료(PCT 규칙 16.1(a))가 있다.

(8) 국제출원의 인정 및 국제출원의 효과

① 국제출원의 인정

수리관청은 다음의 요건이 충족되어 있음을 확인하는 것을 조건으로 하여 국제출원을 수리한 날을 국제출원일로 인정한다(PCT 11(1)). 이 경우 수리관청은 국제출원번호와 국제출원일을 출원인에게 신속히 통지하여야 한다(PCT 규칙 20.5(c)).

㉠ 출원인이 당해 수리관청에 국제출원을 할 권리에 주소 또는 국적상의 이유에 의하여 명백한 흠이 없는 자일 것
㉡ 국제출원이 소정의 언어로 작성되어 있을 것
㉢ 국제출원이라는 표시가 포함되어 있을 것
㉣ 적어도 하나의 체약국을 지정할 것
㉤ 출원인 성명의 표시가 있을 것
㉥ 명세서라는 것이 외견상 인정될 것
㉦ 청구의 범위라는 것이 외견상 인정될 것

수리관청은 국제출원이 상기 열거한 요건을 충족하지 아니함을 발견한 경우에는 규칙이 정하는 바에 따라 출원인에 의하여 보완할 것을 요구한다. 수리관청은 출원인이 규칙이 정하는 바에 따라 보완한 경우에는 당해 보완을 수리한 날을 국제출원일로 인정한다(PCT 11(2)).

② **명세서 등의 누락에 대한 보완**

국제출원으로서 제출되는 서류가 조약 제11조(1)의 요건을 충족하고 있는지 결정하는데 있어서, 수리관청이 발명의 설명, 청구범위 또는 도면의 일부가 누락되어 있거나 또는 누락되어 있는 것으로 보인다고 판단하는 경우 당해 관청은 출원인의 선택에 따라 누락부분을 제출하여 국제출원으로서 제출되는 서류를 완성 또는 의견이 있는 경우에는 2개월 이내에 의견을 진술할 것을 요구하여야 한다(PCT 규칙 20.5(a)).

③ **국제출원의 효과**

국제출원일이 부여된 국제출원은 국제출원일로부터 각 지정국에서 정규의 국내출원의 효과를 가지며 동 국제출원일은 각 지정국에서 실제의 출원일로 간주된다. 한편, 국제출원은 파리조약에서 의미하는 정규의 국내출원에 해당하는 것으로 본다(PCT 11(3)(4)).

(9) 결함이 있는 국제출원의 취급

① **보정사유가 있는 국제출원의 취급**

수리관청은 국제출원이 다음의 사유 중 어느 하나의 결함을 발견하였을 경우에는 출원인에 대하여 보정통지일로부터 1개월 이상으로 하여 국제출원을 보정할 것을 요청한다. 보정을 하지 아니하였을 때에는 그 국제출원을 취하한 것으로 보고 수리관청은 그러한 취지를 선언한다(PCT 14(1), PCT 규칙 26.2).

㉠ 규정이 정하는 바에 따라 서명되지 않는다.
㉡ 출원인에 관한 소정의 기재를 포함하지 않는다.
㉢ 명칭을 포함하지 않는다.
㉣ 요약서를 포함하지 않는다.
㉤ 소정의 서식상의 요건이 규칙이 정하는 범위까지 부합되지 않는다.

② **도면에 관한 기재가 있으나 미제출시 취급**

국제출원이 실제 그 국제출원에 포함되어 있지 아니한 도면을 언급하고 있는 경우에 수리관청은 출원인에 대하여 그 취지를 통지하여야 하며 출원인은 불완전한 출원서류가 제출된 날로부터 2개월 이내에 그 도면을 제출할 수 있다. 출원인이 출원서류가 제출된 날로부터 2개월 이내에 그 도면을 제출할 경우에 수리관청은 그 도면을 수리한 날을 국제출원일로 하며, 그렇지 않은 경우에는 도면에 관한 언급은 없는 것으로 본다(PCT 14(2), PCT 규칙 20.7(a)).

③ **수수료 불납시 취급**

송달료, 국제출원료, 조사료 그리고 가산료(해당하는 경우만) 등의 수수료가 어느 소정의 기간 내에 지불되지 아니하였다고 수리관청이 인정한 경우에는 국제출원은 취하된 것으로 보고 수리관청은 이러한 의사를 선언한다.

④ **국제출원일 인정 후 보완사유가 발생한 경우의 취급**

수리관청이 국제출원일을 인정한 후 국제출원일로부터 4개월 내에 당해 국제출원의 보완사유가 있다고 인정된 경우에는 당해 국제출원은 취하된 것으로 보고 수리관청은 그 취지를 선언한다(PCT 14(4), PCT 규칙 30).

(10) **우선권주장**

① 우선권주장을 한 경우, 출원인은 우선일로부터 1년 4개월 내에 우선권주장의 기초가 된 선출원의 인증사본(우선권서류)를 수리관청 또는 국제사무국에 제출하여야 한다.

우선권주장의 기초가 된 선출원의 출원국명, 출원일 및 출원번호를 해당란에 기재하고 선출원이 지역특허출원 또는 국제출원인 경우에는 그 출원이 제출된 관청명을 표시하여야 한다. 우선권서류가 1년 4개월(16개월) 이내에 제출되지 않아도, 우선권주장이 지정국에 의해 바로 무시되지는 않으며, 지정국은 일정한 기간을 지정하여 출원인에게 우선권서류를 제출하도록 통지하도록 되어 있다.[696] 우선권주장서류가 우선일로부터 16개월이 지나 국제사무국에 접수되어도, 국제공개를 위한 준비가 끝나기 전이라면 16개월 내에 접수된 것으로 간주된다(PCT 규칙 17.1(a)).

② **우선권주장의 정정 및 추가**

출원인이 우선권주장을 정정 또는 추가하고자 하는 경우에는 우선일부터 16개월 또는 정정이나 추가로 인하여 우선일이 변경된 경우에는 그 변경된 우선일부터 16개월 중 먼저 만료하는 기간 이내에 수리관청 또는 국제사무국에 우선권주장을 정정 또는 추가하는 서면을 제출할 수 있다. 다만, 당해 서면은 국제출원일부터 4개월 이내에 제출되어야 한다(PCT 26의2.1(a)). 우선권주장의 정정 또는 추가로 인하여 우선일이 변경된 경우, 변경 전의 우선일부터 기산하여 아직 만료하지 않은 기간은 변경된 우선일부터 기산한다(PCT 26의2.1(c)).

(11) **국제조사를 위한 번역문 제출**

① 국제출원이 국제조사를 수행할 국제조사기관이 인정하지 아니하는 언어로 제출된 경우 출원인은 수리관청이 국제출원을 접수한 날로부터 1개월 이내에 ㉠ 국제조사기관이 인정하는 언어, ㉡ 공개언어, ㉢ 국제출원이 공개언어로 제출되지 아니한 경우, 규칙 제12.1조(a)에 의하여 수리관청이 인정하는 언어를 모두 충족하는 언어로 된 국제출원의 번역문을 수리관청에 제출하여야 한다(PCT 규칙 12.3(a)).

---

696) 선출원의 출원국 또는 출원일은 그것이 명백한 잘못에 의한 것이 아닌 경우, 특히 그것이 우선권서류에 의하여 증명되는 경우에는 정정할 수 있다. 선출원의 출원번호의 누락인 경우에는 우선일로부터 1년 4개월(16개월) 이내에 이를 제출할 수 있다. 출원서에 기재된 우선일이 우선권주장 기간 내가 아닌 경우에는 출원인은 이를 정정하지 아니하면 수리관청이 직권으로 이를 말소한다.

② 수리관청이 출원인에게 국제출원번호와 국제출원일을 통지하기 전까지 번역문을 제출하지 아니한 경우, 수리관청은 출원인에게 ㉠ 국제출원의 접수일로부터 1개월 이내 번역문의 제출, ㉡ 국제출원의 접수일로부터 1개월 이내 당해 번역문이 제출되지 아니한 경우 수리관청의 통지일로부터 1개월 또는 국제출원의 접수일로부터 2개월 중 늦게 만료되는 날 이내에 번역문의 제출 및 가산료의 납부를 이행할 것을 통지하여야 한다(PCT 규칙 12.3(c)). 출원인이 ㉡의 기간 이내에 필요한 번역문을 제출하지 아니하고 필요한 가산료를 납부하지 아니한 경우에는 국제출원은 취하된 것으로 보고 수리관청은 그러한 취지를 선언한다. 수리관청이 당해 선언을 하기 전에 그리고 우선일로부터 15개월 경과 전에 수리관청이 접수한 번역문 및 수납한 수수료는 당해 기간의 만료 전에 접수 및 수납된 것으로 본다(PCT 규칙 12.3(d)).

(12) 국제공개를 위한 번역문의 제출

국제출원의 언어는 국제공개언어가 아닐 수가 있다. 따라서 국제조사를 위한 번역문의 제출이 요구되지 아니하는 경우[697]를 제외하고는 출원인은 우선일로부터 14개월(1년 2개월) 이내에 수리관청이 인정하는 국제공개언어로 작성된 국제출원의 번역문을 수리관청에 제출하여야 한다.

출원인이 우선일로부터 14개월(1년 2개월) 이내에 번역문을 제출하지 아니하는 경우 수리관청은 출원인에게 우선일로부터 16개월(1년 4개월) 이내에 그 번역문을 제출하고 가산료를 납부하도록 보정을 명한다. 한편, 보정명령이 발송되기 전에 수리관청에 접수된 번역문은 우선일로부터 14개월(1년 2개월)기간 만료 전에 접수된 것으로 간주한다(PCT 규칙 12.4(a)(c)). 출원일이 우선일로부터 16개월(1년 4개월) 이내에 번역문을 제출하지 아니하거나 필요한 가산료를 납부하지 아니한 경우에는 그 국제출원은 취하된 것으로 간주하고 수리관청은 그러한 선언을 한다. 한편, 수리관청이 선언을 하기 전 그리고 우선일로부터 17개월의 만료 전에 수리관청에 접수된 번역문과 가산료는 기간의 만료 전에 접수된 것으로 간주한다(PCT 규칙 12.4(d)).

(13) 국제출원의 국제사무국과 국제조사기관에의 송부

① 수리관청의 송부

국제출원의 수리관청은 국제출원일이 인정된 국제출원에 대하여 수리관청용 사본(home copy)은 보유하고, 기록원본(record copy)은 우선일로부터 13개월을 만료하기 전까지 국제사무국에 도달하도록 송부하고, 조사용 사본(search copy)은 관할 국제조사기관에 송부하여야 한다. 이 경우 기록원본이 국제출원의 정본이 된다(PCT 12(1)(2), PCT 규칙 23). 한편, 국제사무국은 기록원본을 접수한 경우 출원인, 수리관청, 그리고 국제조사기관에 기록원본의 접수사실 및 접수일자를 신속히 통지한다. 이 경우 통지에는 국제출원번호, 국제출원일, 출원인의 성명을 기재하여야 하며 우선권주장의 기초가 되는 선출원이 있는 경우에는 그 출원일을 기재하여야 한다(PCT 규칙 24.2).

---

[697] 예를 들어 2009년 1월 1일부터 대한민국 특허청을 수리관청으로 하여 국어(한국어)로 국제출원한 경우는 2009년 1월 1일부터는 한국어가 국제공개용언어로 되기 때문에 별도의 국제공개용 번역문이 필요 없다.

② **기록원본 미도달시의 조치**

국제사무국은 우선일로부터 13개월 만료시까지도 기록원본을 수리하지 아니하였을 때에는 그 취지를 수리관청에 통지하여 송달을 촉구하여야 하는데, 재촉일부터 1개월이 지나도록 기록원본이 도달하지 않으면 그 사실을 출원인에게 통지한다. 이러한 취지를 출원인에게 통지한 날로부터 3개월 이내에 국제사무국이 기록원본을 수리하지 아니한 경우에는 당해 국제출원은 취하된 것으로 간주된다(PCT 12(3), PCT 규칙 22).

(14) **국제출원 등의 취하**

출원인은 우선일로부터 30개월 만료 전에 언제라도 국제출원, 지정국의 지정 및 우선권주장을 취하할 수 있다. 취하는 출원인의 선택에 따라 출원인이 국제사무국, 수리관청 또는 조약 제39조(1)에 적용되는 경우에는 국제예비심사기관으로 발송한 취하통지서가 접수된 때에 그 효력을 발생한다. 어느 한 국가가 국내특허와 지역특허 모두를 받기 위하여 지정된 경우, 별도의 다른 기재가 없는 한, 그 어느 한 국가의 지정의 취하는 국내특허를 받기 위한 지정만의 취하를 의미한다.

3. 국제조사

(1) **국제조사기관**

현재 국제조사기관[698]은 미국, 일본, 러시아, 스웨덴, 스페인, 오스트리아, 호주, 중국, 유럽특허청, 한국 등 10개국이며, 국제조사기관의 주임무는 국제출원에 관한 관련 선행기술을 조사하여 국제조사보고서를 작성하고, 이를 국제사무국과 출원인에게 송부하는 일이다. "관련 선행기술(relevant prior art)"이라 함은 당해 국제출원의 국제출원일보다 앞서 "서면에 의한 개시"를 통하여 공개된 기술을 말한다. 따라서 구두에 의한 개시, 사용, 전시 기타 서면에 의하지 않은 개시를 통해 공개된 기술은 원칙적으로 선행기술에 포함되지 않는다. 또한 국제조사기관은 2004년부터 그 기능을 확대하여 산업상 이용가능성, 신규성, 진보성이 있는지 여부를 판단하는 특허성을 조사한 국제조사 견해서를 작성하여 국제사무국과 출원인에게 송부하고 있다(상세내용 후술).

한편, 출원인은 대한민국 특허청이 수리관청인 경우에는 국제조사기관으로서 대한민국, 오스트리아, 호주 및 일본 특허청 중 선택할 수 있으며[699], 전술한 바와 같이 국제조사기관이 인정하지

---

[698] 국내관청 또는 정부 간 기구가 국제조사기관으로 선정되고 또는 국제조사기관으로 활약하기 위해서는 다음의 요건을 만족하여야 한다(PCT 16(3)(c), PCT 규칙 36).
① 국내관청 또는 정부 간 기구는 적어도 조사를 수행하기 위한 충분한 기술적 자격이 있는 상근 직원 100명을 보유하고 있을 것
② 국내관청 또는 정부 간 기구는 조사를 위하여 적절히 정비된 PCT 규칙 제34조의 최소한의 자료(종이, 마이크로폼 또는 전자매체로 된)를 보유 또는 이용할 수 있을 것
③ 국내관청 또는 정부 간 기구는 소정의 기술분야를 조사할 능력이 있고, 적어도 PCT 규칙 제34조의 최소한 자료에 사용된 또는 번역된 언어를 이해할 수 있는 언어능력을 구비한 직원을 보유하고 있을 것
④ 그 국내관청 또는 정부 간 기구가 국제예비심사기관으로 선정될 것

[699] 구체적으로는 ① 국제출원이 국어로 된 경우에는 우리나라 특허청이 국제조사기관이 되어 국제조사를 하며, ② 영어로 된 출원인 경우에는 우리나라 특허청 또는 출원인이 우리나라 특허청 이외의 기관(오스트리아)에서 조사받기를 희망할 때에는 그 기관에서 하며 ③ 일어로 된 출원인 경우에는 일본 특허청에서 국제조사를 한다(施規 106의11①).

아니한 언어로 국제출원한 경우에는 출원인은 국제조사를 위하여 국제출원의 접수일로부터 1개월 이내에 PCT 규칙 12.3(a)의 규정에 따라 국제조사기관이 인정하는 언어[700]로 된 번역문을 특허청장에게 제출하여야 한다.

■ 국제조사기관 및 조사언어

조사기관	조사언어
유럽특허청(EP)	영어, 불어, 독어, 네덜란드어, 스페인어
미국(US)	영어
스웨덴(SE)	스웨덴어, 영어, 불어, 덴마크어, 핀란드어, 노르웨이어, 스페인어
일본(JP)	일어
호주(AU)	영어
러시아(RU)	러시아어, 영어, 불어, 독어, 스페인어
오스트리아(AT)	영어, 불어, 독어
중국(CN)	중국어, 영어
스페인(ES)	스페인어
한국(KR)	한국어, 영어, 일어

(2) **국제조사대상**

모든 국제출원은 국제조사의 대상이 되며, 국제조사는 관련이 있는 선행기술을 발견하는 것을 목적으로 한다(PCT 15(1)(2)). 국제조사결과는 국제조사보고서로 작성되어 출원인 및 국제사무국에 송부된다. 이 국제조사보고서는 출원인이나 지정관청을 구속하는 효과는 없으나 각 지정국에 대한 본격적인 출원절차를 개시하기 전에 출원인에게 자신의 출원과 관련된 관련 선행기술의 존재를 미리 알려주어 절차진행의 계속 여부를 결정하는 데 참고자료로 활용할 수 있다. 한편, 국제조사기관은 선행기술조사와 더불어 신규성, 진보성 및 산업상 이용가능성의 특허성에 대한 판단을 행하고 이를 견해서로[701] 작성하여 출원인으로 하여금 이후의 절차진행에 대한 판단자료를 제공한다.

---

[700] 한국특허청은 한국어, 일어, 영어이다. 여기서 주의할 점은 우선일로부터 14개월(1년 2개월) 이내에 제출해야 하는 국제공개용 번역문과 혼돈하지 않아야 한다. 국제공개용 언어는 영어, 일어, 불어, 독어, 러시아어, 스페인어, 중국어, 아랍어, 포르투갈어 및 한국어(2009. 1. 1.부터 적용)이다. 만약 한국특허청에 출원인이 2008년(한국어가 국제공개언어가 되기 전)에 한국어로 출원했다면 국제조사는 한국어로 하기 때문에 번역문이 필요 없었다. 그러나 국제공개를 위해서 14개월(1년 2개월) 이내에 국제공개용 언어로 번역문을 한국특허청에 제출했어야 했다(영어로 된 번역문을 제출했었음). 그러나 2009. 1. 1.부터는 한국어도 국제공개용언어로 되기 때문에 번역문이 필요 없다.

[701] 이를 "국제조사기관의 견해서"라 하며 특허성 판단을 위한 참고자료로 활용한다. "국제예비심사기관의 견해서"와 비슷하면서 구별이 된다. 국제조사기관의 주요 기능이 선행기술조사여서 특허성 판단은 국제예비심사기관에서 작성하여 왔는데 2004년부터 확대된 국제조사제도 도입으로, 2004년부터 출원된 건부터 국제조사기관에서도 특허성판단을 위한 "국제조사기관의 견해서"를 작성하고 있다.

따라서 국제조사는 당해 발명에 관련된 기술을 포함할 가능성이 있는 모든 기술분야 및 그 가능성이 있는 모든 조사용 자료에 대하여 행하여지며, 명세서와 도면을 적당히 고려하여 청구의 범위에 기준을 두고 행한다(PCT 15(3)).

(3) 국제조사기관의 절차

① 조사용 사본의 수령통지
국제조사기관은 국제사무국, 출원인 그리고 수리관청[702]에 조사용 사본의 접수사실 및 일자를 신속히 통지하여야 한다(PCT 규칙 25).

② 국제조사대상 여부의 확인
모든 국제출원은 국제조사의 대상이다(PCT 15(1)). 다만, 국제조사기관은 국제출원에 대하여 다음의 사항 중 어느 하나에 해당하는 경우에는 출원인과 국제사무국에 대하여 국제조사보고서를 작성하지 아니한다는 취지를 통지한다(PCT 17(2)(a)).
㉠ 국제출원이 규칙에 따라 국제조사기관에 의한 조사를 요하지 아니하는 대상[703]에 관련되고 또한 특수한 경우에 국제출원에 대해 조사를 행하지 아니할 것을 결정할 경우
㉡ 국제조사기관이 발명의 설명, 청구의 범위 또는 도면이 의미 있는 조사를 행할 수 있는 정도의 소정의 요건을 충족하지 아니한다고 판단한 경우

③ 발명의 단일성 조사
국제조사기관은 국제출원이 규정에 정하는 발명의 단일성의 요건을 충족하지 아니하다고 간주되는 경우에는 출원인에 대하여 추가 수수료의 지불을 요구한다. 국제조사기관은 청구의 범위에 최초로 언급된 발명(주발명)에 관계되는 국제출원 부분과 필요한 추가수수료가 소정의 기간 내에 지불된 경우에는 추가수수료가 지불된 발명에 관계되는 국제출원 부분에 관하여 국제조사보고서를 작성한다(PCT 17(3)(a)). 출원인은 추가수수료 납부명령을 받은 경우 이를 납부함과 동시에 이의신청이 가능하며, 이의신청에 대한 심리결과 이의신청이 정당하다고 인정되면 추가수수료의 전부 또는 일부를 반환받을 수 있다(PCT 규칙 40.2).

---

[702] 수리관청과 국제조사기관이 동일한 경우는 통지하지 아니한다.
[703] 「국제조사기관에 의한 조사를 요하는 아니하는 대상」이란 국제출원의 대상기술의 전부 또는 일부가 다음의 사항 중 어느 하나에 해당하는 경우로서, 국제조사기관은 상기 사유에 해당하는 경우 당해 국제출원의 전부 또는 일부에 대하여 조사를 할 의무를 부담하지 아니한다(PCT 17(2)(b), PCT 규칙 39).
① 과학 및 수학의 이론
② 계획, 사업 규칙 또는 방법, 순수한 정신적 작용의 수행 또는 게임
③ 수술 또는 치료에 의한 인체의 치료 및 진단방법
④ 정보의 단순한 제시
⑤ 국제조사기관이 선행기술을 조사할 준비가 되어있지 아니한 컴퓨터프로그램

④ **발명의 명칭 및 요약서의 누락 여부 확인**
　㉠ 국제출원이 발명의 명칭 또는 요약서를 포함하고 있지 아니하여 수리관청이 그 흠의 보정통지를 출원인에게 하였음을 국제조사기관에 통지한 경우 국제조사기관은 그 국제출원은 취하된 것으로 본다는 취지의 통지를 접수하지 아니하는 한 국제조사를 계속한다. 한편, 국제출원이 발명의 명칭 또는 요약서를 포함하고 있지 아니하였으나 국제조사기관이 수리관청으로부터 출원인에게 발명의 명칭 또는 요약서를 제출하도록 통지하였다는 취지의 통지를 받지 못한 경우 국제조사기관이 직접 발명의 명칭을 부여하거나 요약서를 작성한다(PCT 규칙 37, 38).
　㉡ 요약서는 당해 국제출원의 국제공개언어로 하며, 출원인은 국제조사보고서의 송부일로부터 1개월 이내에 국제조사기관이 작성한 요약서에 대하여 의견을 진술할 수 있으며, 국제조사기관은 자신이 작성한 요약서를 수정한 경우에는 그 수정사항을 국제사무국에 통지하여야 한다(PCT 규칙 38.2(b)).

⑤ **국제형 조사**
　체약국의 국내법령이 인정하는 경우에는 당해 체약국의 국내관청 또는 당해 체약국을 위하여 행동하는 국내관청에 국내출원을 한 출원인과 당해 국내관청은 국내법령이 정하는 조건에 따라 국제조사와 유사한 조사(국제형 조사)를 의뢰할 수 있다. 이 경우 국제형 조사는 당해 체약국의 국내관청에 출원되었을 경우 국제조사를 할 권능이 있는 국제조사기관이 행한다(PCT 15(5)).

⑥ **선행기술의 조사 및 국제조사보고서의 작성**
　㉠ 국제조사는 관련이 있는 선행기술을 발견하여 국제조사보고서를 작성한다(PCT 18(1)).
　㉡ 국제조사는 명세서와 도면을 적당히 고려하여 청구의 범위에 기준을 두고 행한다(PCT 15(3), PCT 규칙 33.3(a)).

⑦ **특허성 여부의 판단 및 견해서의 작성**
　2004년도부터는 선행기술조사가 주기능이었던 국제조사기관의 기능이 대폭 확장되어 ㉠ 산업상 이용가능성·신규성·진보성이 있는 것으로 보이는지 여부, ㉡ 그 국제출원이 국제조사기관의 판단에 따라 PCT와 PCT 규칙의 요건들을 충족하는지 여부에 대한 견해서를 국제조사보고서와 함께 작성하여야 한다(PCT 규칙 43의2). 국제조사기관의 견해서는 국제예비심사기관의 견해서와 유사하나 국제예비심사기관의 견해서는 국제예비심사보고서 작성 전단계로서 특허성에 의문이 있는 경우 출원인에게 통보하여 출원인과 의견을 교환할 수 있는 수단으로 활용되고 있으나 국제조사기관의 견해서는 출원인과의 의견교환 없이 모든 국제출원 건에 대해서 작성된다는 차이점이 있다.

⑧ **국제조사보고서 및 국제조사기관의 견해서의 송부**
　국제조사보고서, 국제조사를 하지 않는다는 선언통지서 또는 국제조사기관의 견해서는 국제조사기관이 조사용 사본을 수령한 날로부터 3개월 또는 우선일로부터 9개월 중 늦게 만료하는 기간 내에 작성하여야 한다(PCT 규칙 42). 국제조사기관은 해당 서류를 작성 후 신속히 출원인과 국제사무국에 송부한다(PCT 18(2)).

(4) 출원인의 절차

① 국제조사보고서와 견해서의 활용

국제출원인은 국제조사보고서[704]에 기재된 관련 선행기술과 국제조사 견해서에 기재된 특허요건의 판단 결과로 인하여 출원발명을 권리화하기 어렵다고 생각되는 경우에는, 국제출원을 취하하거나 지정국의 국내단계절차를 밟지 않음으로써 출원비용을 절감할 수 있다. 반면, 보정에 의하여 문제를 해소할 수 있다고 판단하는 경우에는, 출원인은 국제사무국에 대하여 PCT 제19조의 규정에 의한 보정을 할 수 있다.

② 국제조사보고서 받은 후 보정(PCT 제19조 보정)

㉠ 보정의 시기 및 대상

출원인은 국제조사보고서를 받은 후, 즉 국제조사기관이 국제사무국 및 출원인에게 국제조사보고서를 송부한 날로부터 2개월의 기간 또는 우선일로부터 16개월 중 늦게 만료하는 기간 내에 국제사무국에 보정서를 제출함으로써 국제출원의 청구범위에 대하여 1회에 한하여 보정할 수 있다. 동시에 출원인은 보정의 내용 및 동 보정이 명세서와 도면에 미칠 수 있는 영향에 대하여 PCT 규칙이 정하는 바에 따라 간단히 「설명서(Statement)」를 제출할 수 있다. 이 경우 보정은 출원시 국제출원의 개시된 범위를 넘어서는 아니 되지만 지정국의 국내법령이 공개된 범위를 넘어서는 보정을 허용하고 있는 경우에는 당해 지정국에 있어서는 어떠한 영향도 미치지 아니한다(PCT 19).

㉡ 보정서 및 설명서에 대한 번역문 또는 사본의 제출

각 지정국 법령에 따라 지정국에 보정서 및 설명서의 번역문 또는 사본을 제출해야 국제사무국에 대해 한 청구범위에 대한 보정서와 설명서의 제출이 각 지정국에서 인정받게 된다. 예를 들어, 우리나라를 지정국으로 하는 경우에는 번역문 또는 사본 제출과 관련하여 법 제201조 제2항, 동조 제7항, 법 제204조가 적용된다.

---

[704] 국제조사보고서에서 선행문헌의 관련정도에 따른 카테고리

카테고리	관련정도
A	특별한 관련성은 없으나, 일반적 기술수준을 나타내는 문헌
E	국제출원일 이후에 발행된 선행문헌
L	우선권주장에 의문을 제기하는 문헌 또는 다른 문헌의 발행일 또는 다른 특별한 이유를 확립하기 위하여 인용하는 문헌
O	구두에 의한 개시, 사용, 전시 기타에 대해 언급하고 있는 문헌
P	국제출원일 전, 우선일 후에 발행된 문헌
T	국제출원일 또는 우선일보다 늦게 발행되어 당해 국제출원과 모순되지 않으나, 그 발명에 내재하는 원리나 이론을 이해하기 위해 인용하는 문헌
X	특별한 관련성이 있는 문헌으로, 이 문헌을 보면 당해 발명이 신규성 또는 진보성이 없는 것으로 보여지는 경우의 문헌
Y	특별한 관련성이 있는 문헌으로, 이 문헌과 다른 문헌을 결합하여 보면, 당해 발명이 진보성을 결하고 있는 것으로 보여지며, 이러한 결합이 당업자에게는 자명한 것인 경우의 문헌
&	같은 특허군의 한 구성원인 문헌

(5) 국제사무국에서 절차
① 국제공개
㉠ 의 의
국제사무국은 수리관청으로부터 국제출원에 관한 서류를 송부받아 국제공개를 행한다(PCT 21(1)).

㉡ 시 기
국제공개는 원칙적으로 우선일로부터 18개월이 경과한 후에 국제사무국에 의하여 행해진다. 그러나 국제사무국은 우선일로부터 18개월 전이라도 출원인이 조기공개신청을 하면 즉시 공개를 행하여야 한다(PCT 21(2)(3)). 출원인이 조기공개신청을 하는 경우에는 국내공개와 달리 특별공개수수료를 부여하여야 한다(PCT 규칙 48.4).

㉢ 대 상
원칙적으로 모든 국제출원이 국제공개된다. 다만, 국제사무국은 국제공개의 기술적 준비가 완료되기 전에 국제출원이 취하되거나 또는 취하된 것으로 보이는 경우에는 국제공개하지 않을 수 있다(PCT 21(5)). 또한, 국제출원이 선량한 풍속이나 공공의 질서에 반하는 표현이나 도면을 포함하고 있거나 PCT 규칙에 규정된 비방하는 기재사항을 포함하고 있다고 인정하는 경우에는 그 간행물에서 그와 같은 표현, 도면 및 기재사항을 삭제할 수 있다(PCT 21(6)).

국제출원이 어느 국가도 자국에 관한 한 국제출원을 공개할 필요가 없다고 선언한 국가만을 지정하고 있는 경우에는 국제공개를 하지 않는다(PCT 64(3)). 현재 국제공개를 행할 필요가 없다고 선언한 국가는 미국뿐이고, 따라서 미국만을 지정국으로 하여 국제출원한 경우(예를 들면, 국제출원하여 미국을 제외한 모든 체약국의 지정을 취하한 경우)에 국제공개되지 않는다.

다만, 이 경우라도 국제사무국은 ① 출원인으로부터 청구가 있을 때, ② 국제출원에 기초한 특허 또는 국내출원이 어느 지정국의 국내관청에 의하여 또는 동 국내관청을 대신하여 공표된 때에는 그 공표 후 우선일로부터 18개월이 경과되었다면 신속히 당해 국제출원을 국제공개한다(PCT 64(3)(b)).

㉣ 내 용
국제공개는 1출원 1부의 팸플릿 형식으로 공개되며, 출원서 자체를 제외한 출원인이 제출한 국제출원 전문이 공개되는데, 출원서의 서지적 사항과 요약서가 기재된 표지, 발명의 설명, 청구범위 및 도면, 제19조 보정서가 있는 경우에는 보정된 사항 및 설명서, 국제조사보고서 등을 포함한다(PCT 규칙 48.1, 48.2).

다만, 국제조사기관의 견해서 또는 국제예비보고서는 출원인의 요청이나 위임이 없는 경우 우선일로부터 2년 7개월(31개월) 만료 전에 어떠한 개인이나 기관에도 공개하지 않는다(PCT 규칙 44의3.1).

ⓜ 언 어

현재 국제공개언어는 영어, 일어, 불어, 독어, 러시아어, 스페인어, 중국어, 아랍어, 포르투갈어, 한국어 등 10개국 언어이며, 이들 언어로 출원된 경우에는 각각 이들 언어로 공개된다. 따라서 대한민국에 국어로 출원한 경우의 출원인은 별도의 국제공개용 번역문 제출이 필요 없다.[705]

ⓗ 효 과

국제공개는 원칙적으로 지정국의 국내공개에 관한 국내법상의 요건을 갖추고 있다는 면도 있으므로 각국의 국내공개와 같은 효과가 주어진다. 그러한 이유에서 PCT는 국제공개에 대해 가보호(假保護)의 규정을 두고 있다. 따라서 국제공개의 지정국에서의 효과는 그 지정국의 국내법령이 정하는 효과와 동일하지만(PCT 29(1)), 그 효과가 발생하는 시점에 대해서는 각 지정국의 선택으로서 정해진다(PCT 29(2)(3)(4)).

---

[705] 2009. 1. 1.부터 대한민국 특허청에 한국어로 출원하는 경우에는 국제공개도 한국어로 되기 때문에 국제공개용 영어번역문을 제출하지 않아도 된다.

■ 국제공개와 국내공개의 비교[706]

구 분		국제출원의 국제공개	국내공개	
			국제특허출원의 국내공개	통상의 국내출원의 국내공개
요건	주체적	국제사무국	특허청장	
	객체적	1. 원칙 – 출원계속 중인 모든 국제출원 2. 예외 ① 국제공개의 기술적 준비가 완료되기 전 국제출원절차 종료된 경우 ② 공서양속에 위반 ③ 국제출원이 국제공개를 행할 필요가 없다고 선언한 국가만을 지정국으로 하는 경우	대한민국을 지정국으로 하는 국제출원으로서 번역문이 제출된 출원	1. 원칙 – 특허청에 출원계속 중인 모든 특허출원 2. 예외 ① 등록공고된 경우 ② 청구범위가 기재되지 아니한 명세서를 첨부한 특허출원인 경우 ③ 공서양속에 위반되거나 공중의 위생을 해할 염려가 있는 발명 ④ 비밀취급이 필요한 국방상 필요한 발명
	시기적	1. 국제출원의 우선일로부터 18개월을 경과한 후 국제공개 2. 이 기간 이내라도 출원인의 신청에 의해 조기공개 가능	1. 원칙적으로 국내서면 제출기간을 경과한 후 지체 없이 공개 2. 이 기간 내에 심사청구가 있으면 국제공개가 된 것은 우선일로부터 1년 6개월이 지났을 때 또는 심사청구일 중 늦은 때 국내 공개 3. 1년 6개월 전이라도 번역문을 제출하면 출원인의 신청에 의해 조기공개 가능 4. 단, 국어로 국제특허출원한 경우에는 국제공개된 때 국내공개된 것으로 간주	1. 특허청장의 강제공개의 경우 출원일로부터 1년 6개월 경과시 공개 2. 출원인의 신청에 의한 조기공개시 1년 6개월 전이라도 공개 가능
절차	형식	전자적 형태로 공개	CD-ROM에 의한 공개공보	
	언어	영어, 불어, 독어, 일본어, 중국어, 스페인어, 러시아어 또는 아랍어, 포르투갈어, 한국어로 된 경우에는 그 언어 그대로 국제공개되나 그 이외의 언어로 된 경우에는 영어에 의한 번역문	국 어	국 어
	내용	1. 서지적 사항, 발명의 설명, 청구의 범위, 도면 및 원칙적으로 국제조사보고서가 기재된다. 또한 PCT 19에 의한 보정이 있는 경우 보정사항도 공개 2. 국제조사견해서/국제예비보고서는 국제공개 안 됨.	국제공개를 보완할 목적으로 이루어지는 것임과 동시에 국내출원에 대한 출원공개와 같은 목적으로 이루어지는 것이므로 공개공보에 기재될 사항도 국제공개 사항에 준함.	명세서의 전문을 공개
효과	보상금청구권	국어로 국제출원한 경우는 국제공개시부터 보상금청구권 인정함	○	○
	확대된 선출원의 지위		○	

---

706) 임병웅, 전게서, p.515 참조

② 국제예비보고서[IPRP(chapter I)]의 발행
  ㉠ 국제예비보고서(International Preliminary Report on Patentability)란 국제예비심사보고서가 작성되지 않았거나 예정이 없는 경우, 국제사무국은 국제조사기관의 견해서와 동일한 내용의 보고서를 국제조사기관을 대신하여 발행하는 것을 말하며,[707] 당해 보고서에는 국제조사기관을 대신하여 국제사무국이 발행한다는 표시와 함께 "특허성에 관한 국제예비보고서(특허협력조약 제1장)"라는 명칭을 붙여야 한다. 그 후 국제사무국은 출원인과 지정관청에 국제예비보고서를 송달하여야 한다(PCT 규칙 44의2.2).
  ㉡ 국제예비보고서(국제조사기관의 견해서)가 국내관청의 공식언어 또는 국제공개언어 중의 하나와 다른 언어로 발행된 경우, 지정관청은 당해 보고서의 영어번역문을 요구할 수 있으며, 번역문은 국제사무국에 의해 또는 국제사무국의 책임하에 준비되어야 한다(PCT 규칙 44의2.3).

③ 지정관청에의 송달
  ㉠ 국제사무국은 국제조사보고서(선행기술조사서) 또는 국제조사보고서를 작성하지 않는다는 취지의 선언서, 국제예비보고서를 작성한 경우에는 국제예비보고서를 번역문과 함께 각 지정관청에 송달한다. 다만, 당해 지정관청이 송달의무의 전부 또는 일부를 면제하는 경우에는 그러하지 아니한다(PCT 20(1), PCT 규칙 44의2.3). 한편, 청구범위가 PCT 제19조(1)의 규정에 의하여 보정된 경우에 송달되는 문서는 출원시에 있어서의 청구범위의 전문과 보정 후에 청구범위의 전문을 포함하거나 출원시에 있어서의 청구범위의 전문과 보정을 명기하는 기재를 포함하며 PCT 제19조(1)에 규정하는 설명서가 있는 경우에는 동 설명서를 포함한다(PCT 20(2)).
  ㉡ 국제조사기관은 지정관청 또는 출원인의 청구에 응하여 규칙이 정하는 바에 따라 지정관청 또는 출원인에게 국제조사보고서에 기재된 문헌의 사본을 송부한다(PCT 20(3)).

④ 비밀유지
  국제사무국 및 국제조사기관은 국제출원의 국제공개가 행하여지기 전에 어떠한 자 또는 당국에 대하여서도 국제출원을 공개하여서는 아니 된다. 다만, 출원인의 청구에 의한 경우 또는 그의 승낙을 얻은 경우는 예외로 한다(PCT 30(1)). 국내관청은 ㉠ 국제출원의 국제공개일, ㉡ PCT 제20조 규정에 의한 지정관청에서 국제출원의 수리일, ㉢ PCT 제22조의 규정에 의한 지정관청에서 국제출원의 사본의 수리일 중 가장 빠른 날 이전에 제3자에게 국제출원이 공개되도록 허용하여서는 아니 된다. 다만, 출원인의 청구에 의한 경우 또는 그의 승낙을 얻은 경우는 예외로 한다(PCT 30(2)).

---

707) '국제예비보고서'는 '국제예비심사보고서'가 아니며, 2004년 1월 1일부터 새롭게 도입된 국제조사기관의 특허성 판단을 위한 "국제조사기관의 견해서"를 말한다. 이러한 국제조사기관의 견해서는 조약 제2장의 절차, 즉 국제예비심사가 청구되지 않은 경우, 우선일로부터 30개월 만료 후 국제사무국에 의해 「특허성에 관한 예비보고서(조약 제1장)〔(International Preliminary Report on Patentability, IPRP)(Chapter I of the PCT)〕」라는 이름으로 발행되며 각 지정관청과 출원인에게 송부된다(Rule 44bis).

(6) 지정관청에서의 절차

① 지정국의 국내단계로의 진입

⊙ 국제출원의 사본과 번역문의 제출 및 수수료의 지불

출원인은 우선일로부터 30개월이 경과할 때까지 각 지정관청에 국제출원의 사본(단, PCT 제20조에 의해 국제사무국에서 지정관청으로 송달이 이미 되어 있는 경우는 제외한다)과 소정의 번역문을 제출하고 이와 더불어 국내수수료를 지불하여야 한다. 다만, 국내법령은 우선일로부터 30개월보다 늦게 만료하는 기간을 정할 수 있다(PCT 22(1)(3)). 이 경우 체약국은 그 기간을 국제사무국에 통지하여야 하며, 국제사무국은 접수한 통지서의 내용을 신속히 공보에 게재하여야 한다(PCT 규칙 50.1(a)(b)). 동 조약에 의거 우리나라는 현재 31개월로 규정하고 있다(法 201①).

ⓛ 국내절차의 연기

지정관청은 우선일로부터 30개월 또는 국내법령에 의해 우선일로부터 30개월보다 늦게 만료하는 기간을 정한 경우 그 기간의 만료 전에 국제출원의 처리 또는 심사를 하여서는 아니 된다. 그러나 지정관청은 출원인의 명시적 청구에 따라 국제출원의 처리 또는 심사를 언제든지 할 수 있다(PCT 23).

ⓒ 지정국에서의 효과의 상실

국제출원이 지정국에서 효과가 상실되는 경우는 ⓐ 출원인이 국제출원 또는 해당 지정국의 지정을 취하한 경우, ⓑ 국제출원이 국제사무국이 소정의 기간 내에 기록원본을 수리하지 않는 경우, ⓒ 수리관청이 국제출원의 결함을 발견하고 보정할 것을 요구하였는데 보정하지 않는 경우, ⓓ 국제출원의 수수료가 전부 또는 해당 지정국에 대하여 납부되지 않는 경우, ⓔ 수리관청이 국제출원일을 인정한 후 4개월 내 보완사유가 발견된 경우, ⓕ 우선일로부터 30개월 내에 국제출원의 사본과 번역문을 제출하지 않거나 수수료를 지불하지 않는 경우 해당 지정국에서의 국내출원의 취하와 동일한 효과를 가지고 소멸한다(PCT 24(1)).

ⓔ 지정관청에 의한 검사

수리관청이 국제출원일의 인정을 거부한 경우, 국제출원이 취하된 것으로 보는 취지를 선언한 경우, 또는 국제사무국이 PCT 제12조(3)의 규정에 따라 소정의 기간 내에 기록원본을 수리하지 아니하였음을 인정한 경우에는 국제사무국은 출원인의 청구에 따라 출원인이 지정한 지정관청에게 해당 출원에 관한 서류의 사본을 소정의 기간 내에 신속히 송부한다. 또한, 수리관청이 어느 국가의 지정이 취하된 것으로 보는 취지를 선언한 경우에는 국제사무국은 출원인의 청구에 따라 당해 국가의 국내관청에 해당 출원에 관한 서류의 사본을 소정의 기간 내에 신속히 송부한다(PCT 25(1)).

각 지정관청은 필요한 국내수수료의 지불과 소정의 적당한 번역문의 제출이 소정의 기간 내에 있었을 경우에는 당해 거부, 선언 또는 인정이 조약 및 규칙에 비추어 정당한지의 여부를 결정하고, 동 거부 또는 선언이 수리관청의 과실이나 태만의 결과이거나 동 인정이 국제사무국의 과실이나 누락의 결과임을 인정한 경우에는 해당 국제출원의 해당 지정관청이 소재하는 국가에서의 효과에 관한 한, 이와 같은 과실이나 태만이 발생하지 않은 것으로 취급한다(PCT 25(1),(2)(a)). 이 경우 각 지정국에서 정규의 국내출원의 효과를 가지며 국제출원일이 각 지정국에서 실제출원일로 간주된다(PCT 24(3)).

② **국내단계의 지정관청에서의 보정**

㉠ 보정의 기회

지정관청은 동일 또는 유사한 경우의 국내출원에 대하여 국내법령에 정하는 범위 내에서 또는 절차에 따라 국제출원을 보정할 기회를 미리 출원인에게 부여하지 않고 이 조약 및 규칙에 정하는 요건이 충족되지 아니하였다는 것을 이유로 하여 국제출원을 거절하여서는 아니 된다(PCT 26).

㉡ 보정의 내용

출원인은 각 지정관청에서 소정의 기간 내에 청구의 범위, 명세서 및 도면에 대하여 보정을 할 기회가 부여된다. 지정관청은 출원인의 명시적 동의가 없는 한, 그 기간의 만료 전에 특허를 허락하여서는 아니 되며 특허를 거절하여서도 아니 된다. 보정은 출원시의 국제출원에 기술된 범위를 넘어서는 아니 된다. 다만, 지정국의 국내법령이 인정하는 경우에는 그러하지 아니하다(PCT 28(1)(2)).

보정은 이 조약 및 규칙에 규정하지 아니한 기타 사항에 대하여는 지정국의 국내법령이 정하는 바에 따른다. 지정관청이 국제출원의 번역문을 필요로 하는 경우에는 보정서는 그 번역문의 언어로 작성한다(PCT 28(3)(4)).

4. 국제예비심사

(1) 목 적

국제예비심사[708]라 함은 출원인의 선택에 의해 청구의 범위[709]에 기재되어 있는 발명이 신규성(Novelty), 진보성(Inventive Step) 및 산업상 이용가능성을 가지는지 여부에 대한 예비적이고 구속력이 없는 견해를 표시하는 목적으로 하는 국제단계의 절차를 말한다(PCT 33(1)). 국제예비심사결과는 국제예비심사보고서로 작성되어 출원인 및 국제사무국에 송부된다.

---

[708] 2003년 12월 31일 개정 전에는 국제예비심사를 받고자 하는 국가를 선택하였으나 자동선택간주제도(자동지정제도)를 도입함으로써 개정 전과는 반대로 예비심사를 받지 않을 나라만 선택하여 취하하도록 개정되었다.

[709] 오직 국제조사기관(ISA)에서 조사가 이루어진 청구항에 대해서만 예비심사가 이루어진다(PCT 규칙 66.1(e), 66.2(a)(ii)).

한편, 국제예비심사보고서에 나타난 견해는 예비적이며, 체약국의 특허청을 구속하는 것은 아니기 때문에 체약국은 청구의 범위에 기재되어 있는 발명이 자국에서 특허를 받을 수 있는 발명인지 여부를 결정함에 있어서는 추가 또는 다른 기준을 적용할 수 있다(PCT 33(5)).

(2) 국제예비심사기관

① 국제예비심사를 하는 기관은 총 9개 기관[710]으로서 참고로, 우리나라 특허청을 수리관청으로 하여 수리된 국제출원에 대하여는 그 국제출원이 ㉠ 국어로 된 경우에는 우리나라 특허청이 국제예비심사기관이 되어 국제예비심사를 하며, ㉡ 영어로 된 출원인 경우에는 우리나라 특허청 또는 오스트리아 특허청에서, ㉢ 일어로 된 출원인 경우에는 일본 특허청에서 국제예비심사를 받을 수 있다.

② 국제예비심사기관 선정되기 위한 요건은 PCT 규칙에 자세히 열거되어 있다.[711] 우리나라는 전술한 바와 같이 1997년 5월 스위스제네바 세계지식재산권기구(WIPO)본부에서 개최된 PCT 기술협력위원회에서 세계에서 9번째의 국제예비심사기관으로 지정되어 활동하고 있다.

(3) 국제예비심사의 청구

① **청구자격요건**

㉠ 모든 국제출원인이 국제예비심사를 청구할 수 있는 것은 아니다. 국제예비심사를 청구할 수 있는 자는 원칙적으로 PCT 제2장에 구속되는 체약국의 거주자 또는 국민으로서, 국제출원을 그 나라의 특허청 또는 그 업무를 대행하는 수리관청에 출원한 자에 한정된다(PCT 31). 예를 들면, 체약국 A는 PCT 제2장에 구속되는 국가이고, 체약국 B는 제2장에 구속되지 않는 국가인 경우에 있어 출원인이 A국의 국민이지만 B국에 거주하고 있기 때문에 B국의 수리관청에 국제출원을 한 때에는 국제예비심사를 청구할 수 없다.

왜냐하면 B국은 PCT 제2장의 규정에 구속되지 않기 때문에 국제예비심사를 관할하는 국제예비심사기관이 없기 때문이다.[712]

---

710) 국제예비심사기관현황 : EPO, 미국, 일본, 스웨덴, 호주, 한국, 중국, 오스트리아, 러시아
711) 국제예비심사기관으로 선정되어 활약하기 위해서는 다음의 요건을 만족하여야 한다(PCT 규칙 63).
① 국내관청 또는 정부 간 기구는 심사를 수행하기 위한 충분한 기술적 자격을 갖춘 상근직원 100인 이상을 보유하고 있을 것
② 국내관청 또는 정부 간 기구는 적어도 심사를 위하여 적절히 정비된 PCT 규칙 제34조에 정하는 최소한의 자료를 용이하게 이용할 수 있도록 정리해 놓을 것
③ 국내관청 또는 정부 간 기구는 필요한 기술분야를 심사할 수 있으며 적어도 PCT 규칙 제34조에 정하는 최소한의 자료에 사용된 언어 또는 번역된 언어를 이해할 수 있는 어학능력을 지닌 직원을 보유하고 있을 것
④ 국내관청 또는 정부 간 기구는 국제조사기관으로서 지명될 것
712) 천효남, 전게서, p.938

ⓒ 국제예비심사를 청구할 자격이 없는 출원인(2인 이상의 출원인이 있는 경우에는 모두 다 자격이 없는 경우)이 국제예비심사청구서를 제출한 경우에는 그 청구서는 제출되지 아니한 것으로 본다(PCT 규칙 54.4).

② **대리인 등에 의한 예비심사청구**
　　㉠ 국제출원에 대한 예비심사청구는 대리인에 의하여도 할 수 있다. 출원인은 수리관청에 대하여 대리업무를 할 수 있는 대리인을 통하여 예비심사를 청구할 수도 있고, 국제예비심사기관에 대하여 대리업무를 할 수 있는 대리인을 별도로 선임하여 예비심사청구를 하게 할 수도 있다.
　　출원인이 대리인을 별도로 선임하거나 추가적으로 선임한 경우에는 예비심사청구서에 의하여 대리인 선임을 신고할 수 있으나, 대리인이 예비심사청구서에 기명날인한 경우에는 예비심사청구서에 위임장을 첨부 제출하여야 한다.
　　ⓒ 공동출원의 경우에는 공동대리인을 선임하지 않았다면 출원인 중 1인을 대표자로 선임하여 예비심사를 청구할 수 있다.

③ **국제예비심사의 청구기간**
　　㉠ 예비심사를 청구할 수 있는 기간은 ① 국제조사기관이 출원인에게 국제조사보고서, 견해서 또는 조약 제17조(2)(a)의 선언서를 송부한 날로부터 3개월 또는 ② 우선일로부터 22개월 중 늦게 만료되는 날까지이다(PCT 규칙 54의2).
　　ⓒ 예비심사청구료 납부는 청구일로부터 1개월 또는 우선일로부터 22개월 중 늦게 만료되는 날까지이다(PCT 규칙 57.3).

④ **국제예비심사 청구서의 제출**
　　국제예비심사청구는 국제출원과는 별개로 청구서를 관할 국제예비심사기관에 제출하며, 예비심사청구서에는 다음 사항을 기재하고 서명을 하여야 한다(PCT 규칙 53).
　　㉠ 청구(국제출원이 PCT 조약에 따라 국제예비심사청구의 대상이 될 것을 청구하는 의사표시)
　　ⓒ 출원인 및 대리인에 관한 사항
　　ⓒ 국제예비심사청구의 대상이 되는 국제출원의 표시(예비심사청구서 제출시에 국제출원번호를 알지 못한 경우에는 국제출원을 한 수리관청의 명칭을 표시)
　　㉣ 국가의 선택(국제예비심사청구서의 제출은 조약 제2장의 적용을 받는 모든 체약국의 자동 선택의 구성)
　　㉤ 보정에 관한 설명(조약 제19조의 규정에 의한 보정을 한 경우)
　　㉥ 서명은 출원인이 하며, 출원인이 2인 이상인 경우에는 예비심사를 청구하는 모든 출원인이 서명하여야 함(다만, 서명을 거부하는 등 일정사유가 있을 때에는 그중 일부의 자만 서명 가능)

⑤ **수수료의 납부**
　　국제예비심사를 청구하기 위하여서는 소정의 기간 내에 취급료(PCT 규칙 57), 예비심사료(PCT 규칙 58)를 기간 내에 지불하여야 한다(PCT 31(5)).

⑥ **국제예비심사청구 또는 선택의 취하**

출원인은 국제예비심사청구시 선택한 선택국 중 일부 또는 모든 선택을 취하할 수 있는데 이는 「국제사무국」에 행한다(PCT 규칙 56). 모든 선택국의 선택이 취하된 경우에는 국제예비심사의 청구는 취하된 것으로 본다(PCT 37(1)(2)(3)).

우선일로부터 30개월 또는 국내법령에 의해 우선일로부터 30개월보다 늦게 만료하는 기간의 만료 후에 국제예비심사의 청구 또는 체약국의 선택의 취하를 하는 경우 관계 체약국의 국내 법령에 별도의 규정이 없는 한 관계 체약국에 있어서 국제출원의 취하로 본다. 한편, 기간의 만료 전에 행하여진 경우에는 국제출원의 취하로 보지 아니한다. 다만, 체약국은 자국의 국내 관청이 동 기간 내에 국제출원의 사본, 소정의 번역문 및 국내수수료를 받은 경우에만 앞의 규정이 적용된다고 국내법령에 규정할 수 있다(PCT 37(4)).

(4) 국제예비심사기관에서의 절차

① **방식심사 및 수리일의 통지**

국제예비심사기관은 국제예비심사청구서가 방식에 위반된 경우 출원인에 대하여 적절한 기간 내에 그 흠을 보정할 것을 통지한다. 기간은 보정의 통지일로부터 1개월 이상으로 하여야 하며, 국제예비심사기관은 그 보정의 통지에 대한 결정이 이루어지기 전에는 언제라도 기간을 연장할 수 있다. 출원인이 보정기간 내에 보정을 한 경우 국제예비심사기관이 보정서를 접수한 날에 국제예비심사청구서가 접수된 것으로 간주하며, 보정을 하지 않는 경우에는 국제예비심사청구서는 제출되지 아니한 것으로 보고 국제예비심사기관은 그러한 취지를 선언한다(PCT 규칙 60.1).

국제예비심사기관은 국제예비심사청구서를 수리한 경우 신속히 국제예비심사청구서를 국제사무국에 송부하고 그 사본을 파일에 보관하거나, 또는 국제예비심사청구서의 사본을 국제사무국에 송부하고 국제예비심사청구서를 파일에 보관한다. 또한, 국제예비심사기관은 출원인에게 국제예비심사청구서의 접수일을 신속히 통지하여야 한다(PCT 규칙 61.1). 이 경우 국제사무국은 각 선택관청에 선택관청으로 된 사실을 통지하여야 하며(PCT 규칙 61.2). 국제조사기관으로 활동하는 국내관청 또는 정부 간 기구가 국제예비심사기관으로 활동하지 않는 경우, 국제조사기관이 작성한 견해서의 사본 및 PCT 제19조의 규정에 의한 보정서 및 동 조항에 의한 설명서 사본을 국제예비심사기관에 송부하여야 한다(PCT 규칙 62.1).

② **국제예비심사대상 여부의 확인**

국제출원은 출원인의 청구에 의하여 국제예비심사의 대상이 된다(PCT 31(1)). 다만, 국제예비심사기관은 국제출원에 대하여 국제출원의 대상의 전부 또는 일부가 다음 중 어느 하나에 해당하는 경우 그 국제출원의 전부 또는 일부에 대하여는 국제예비심사를 요하지 아니한다(PCT 규칙 67.1).

㉠ 과학 및 수학의 이론
㉡ 계획, 사업 규칙 또는 방법, 순수한 정신적 작용의 수행 또는 게임
㉢ 수술 또는 치료에 의한 인체의 치료 및 진단방법
㉣ 정보의 단순한 제시
㉤ 국제예비심사기관이 선행기술을 조사할 준비가 되어 있지 아니한 컴퓨터프로그램

③ **발명의 단일성 조사**

국제예비심사기관은 국제출원이 PCT 규칙에 정하는 발명의 단일성의 요건을 충족하고 있지 아니하다고 인정하는 경우에는 출원인에게 그의 선택에 의하여 요건을 충족하도록 청구의 범위를 제한하거나 또는 추가수수료를 지불할 것을 요구할 수 있다. 이 경우 출원인이 청구의 범위를 제한하기로 선택하는 경우에는 해당 선택국에서의 효과에 관한 한 출원인이 해당 선택국의 국내관청에 특수수수료를 지불한 경우를 제외하고는 그 제한의 결과 국제예비심사의 대상이 되지 아니하는 국제출원의 부분은 취하된 것으로 본다고 선택국의 국내법령은 규정할 수 있다. 출원인이 소정의 기간 내에 국제예비심사기관의 요구에 응하지 아니하는 경우에는 국제예비심사기관은 국제출원 중 주발명이라고 간주되는 발명에 관계되는 부분에 대하여만 국제예비심사보고서를 작성하여 이 보고에 관계사실을 기재한다.

출원인은 추가수수료를 납부함과 동시에 이의신청이 가능하며, 이의신청에 대한 심리결과 이의신청이 정당하다고 인정되면 추가수수료의 전부 또는 일부가 반환된다(PCT 규칙 68.3).

④ **특허성 여부의 판단**

㉠ 국제예비심사는 청구의 범위에 기재되어 있는 발명이 신규성, 진보성(자명한 것이 아닌 것) 및 산업상의 이용가능성을 가지는지 여부에 대하여 판단한다(PCT 33(1)). ㉡ 국제예비심사의 목적상 청구의 범위에 기재되어 있는 발명은 PCT 규칙 제54조에 정의된 선행기술에 의하여 예상되지 아니한 경우에는 신규성을 가지는 것으로 보며(PCT 33(2)), ㉢ 청구의 범위에 기재되어 있는 발명은 선행기술을 고려할 때 소정의 기준일에 당해 기술분야의 전문가에게 명백한 것이 아닌 경우에는 진보성을 가지는 것으로 보며(PCT 33(3)), ㉣ 청구의 범위에 기재되어 있는 발명은 어떠한 종류의 산업분야에서든지 동 발명의 실정에 따라 기술적인 의미에서 생산되고 사용될 수 있는 것일 경우에는 산업상의 이용가능성을 가지는 것으로 한다(PCT 33(4)). 「산업」은 파리조약에 있어서와 같이 가장 광의로 해석된다. 제㉠항에서 제㉣항까지에 규정하는 기준은 국제예비심사에만 사용한다. ㉤ 체약국은 청구의 범위에 기재되어 있는 발명이 자국에서 특허를 받을 수 있는 발명인지의 여부를 결정함에 있어서는 추가 또는 다른 기준을 적용할 수 있다(PCT 33(5)). 또한 ㉥ 국제예비심사는 국제조사보고서에 인용된 모든 문헌을 참고할 것이며, 또한 해당 사안에 관련이 있다고 인정되는 문헌도 참고할 수 있다(PCT 33(6)).

⑤ **국제예비조사기관 견해서 작성**
　㉠ 국제조사기관의 견해서를 1차 견해서로 간주
　　당해 국제출원에 대하여 국제예비심사가 청구된 경우 국제예비심사기관은 국제예비심사보고서를 작성하기 전에 국제예비심사기관의 견해서를 작성하게 되며 이때 이미 작성된 국제조사기관의 견해서는 국제예비심사기관의 1차 견해서로 간주된다. 다만, 국제조사기관이 작성한 견해서와 관련하여 국제예비심사기관의 절차에는 적용되지 않는다는 것을 국제사무국에 통지한 경우에는 그러하지 아니하다(PCT 규칙 66.1의2(b)).

　㉡ 출원인과 의견교환 및 국제예비심사기관의 견해서 작성
　　국제조사기관의 견해서와 다른 점은 출원인은 국제예비심사기관과 구두와 서면으로 연락할 권리를 가진다(PCT 34(2)(a)). 즉, 국제예비심사기관은 전화, 서면 또는 면담에 의하여 수시로 출원인과 자유로이 의견을 교환할 수 있으며 재량으로 출원인이 요구하는 경우에 2회 이상의 면담을 인정할 것인지의 여부 또는 출원인으로부터의 서면에 의해 비공식 의견에 대하여 회답할 것인지의 여부를 결정할 수 있다(PCT 규칙 66.6).
　　국제예비심사기관은 다음의 경우에는 국제예비심사기관의 의견에 대하여 그 이유를 충분히 설명하여 출원인에게 이를 서면으로 통지하여야 한다. 또한, 통지는 답변서가 필요한 경우에는 보정서와 함께 일정기간 내에 제출할 것을 출원인에게 통지하여야 한다(PCT 규칙 66.2).
　　ⓐ 국제조사의 대상이 아니라고 인정하는 경우
　　ⓑ 어느 청구범위에 기재되어 있는 발명이 신규성, 진보성(비자명성) 또는 산업상 이용가능성을 결여하고 있어 그 청구범위와 관련하여 국제예비심사보고서가 부정적인 것으로 인정하는 경우
　　ⓒ 국제출원의 형식 또는 내용이 조약 또는 이 규칙에 정하는 요건을 충족하고 있지 아니하다고 인정하는 경우
　　ⓓ 출원인의 PCT 제34조의 보정이 출원시의 국제출원에 기재된 범위를 넘는 것으로 인정하는 경우
　　ⓔ 청구범위, 발명의 설명 및 도면의 명료성과 관련하여 또는 청구범위가 명세서에 의하여 충분히 뒷받침되어 있는지의 여부와 관련하여 국제예비심사보고서에 의견을 붙일 것을 희망하는 경우
　　ⓕ 청구범위가 국제조사보고서가 작성되지 아니한 발명과 관련되어 그 청구범위에 대하여 국제예비심사를 하지 아니하기로 결정한 경우

　㉢ 출원인은 보정서 또는 국제예비심사기관의 판단에 동의하지 아니하는 경우에는 의견서 그리고 경우에 따라서는 양자 모두를 제출함으로써 국제예비심사기관의 통지에 답변할 수 있다. 모든 답변서는 직접 국제예비심사기관에 제출한다(PCT 규칙 66.3). 만약 출원인이 견해서에 대하여 아무런 조치를 취하지 않는 경우 국제예비심사보고서는 부정적으로 작성된다.

⑥ **국제예비심사보고서[IPRP(Chapter II)]의 작성**

국제예비심사보고서는 우선일로부터 28개월, 국제예비심사 착수일로부터 6개월 또는 국제예비심사기관에 제출된 번역문의 접수일로부터 6개월 중 가장 늦게 만료되는 날까지 작성한다. 국제예비심사보고서는 청구의 범위에 기재되어 있는 발명이 어느 국내법령에 의하여 특허를 받을 수 있는 발명인지의 여부 또는 특허를 받을 수 있는 발명이라고 생각되는지의 여부의 문제에 대한 어떠한 진술도 하여서는 아니 된다. 국제예비심사보고서는 각 청구의 범위에 있어서 청구의 범위가 국제예비심사에 있어서의 신규성, 진보성(자명한 것이 아닐 것) 및 산업상의 이용가능성의 기준에 적합하다고 인정되는지의 여부를 진술한다. 동 진술에는 진술의 결론을 뒷받침하는 것으로 믿어지는 문헌을 이용하며, 경우에 따라 필요한 설명을 붙인다(PCT 35(1)(2)). 한편, 보고서에는 국제예비심사기관에 의해 작성된 국제예비심사보고서라는 표시와 함께 「특허성에 관한 국제예비보고서(특허협력조약 제2장)」와 같이 명칭을 붙인다(PCT 규칙 70.15(b)). 한편, 국제예비심사기관은 국제예비심사보고서의 작성시 전부 또는 일부가 국제예비심사대상이 아닌 경우에는 국제예비심사보고서에 그러한 취지의 견해 및 이에 대한 이유를 진술한다(PCT 규칙 35(3)(4)).

⑦ **국제예비심사보고서 작성전의 보정(PCT 제34조 보정)**

㉠ 보정의 시기 및 대상

출원인은 국제예비심사보고서가 작성되기 전에 청구의 범위, 발명의 설명 및 도면을 횟수에 무관하게 보정하여 그 보정서를 국제예비심사기관에 제출할 수 있으나, 그 보정의 범위는 국제출원에 기술된 범위를 넘어서는 아니 된다(PCT 규칙 34(2)(b)). 구체적으로 명백한 착오의 정정을 제외하고, 청구범위의 취하, 명세서상의 일부삭제 및 서면의 삭제를 포함한 청구범위, 발명의 설명 또는 도면에 대한 모든 변경은 보정으로 간주한다(PCT 규칙 66.5).

㉡ 보정서에 대한 번역문 또는 사본의 제출

각 선택국 법령에 따라 선택국에 보정서의 번역문 또는 사본을 제출해야 국제예비심사에 대해 한 보정이 각 선택국에서 인정받게 된다. 예를 들어, 우리나라를 선택국으로 하는 경우에는 번역문 또는 사본 제출과 관련하여 법 제205조가 적용된다.

⑧ **국제예비심사보고서의 활용**

출원인은 국제예비심사보고서를 토대로 출원발명에 대해 검토한 결과 특허성이 없는 것으로 판단되면 이후의 국내단계절차를 밟지 않음으로써 출원비용을 절감할 수 있다.

⑨ **국제예비심사보고서의 송부**

국제예비심사보고서는 소정의 부속서류와 함께 출원인 및 국제사무국에 송부된다. 이 경우 국제예비심사보고서 및 부속서류는 소정의 언어로 번역되며, 국제예비심사보고서의 번역문은 국제사무국에 의하여 또는 그의 책임하에 작성되며 부속서류의 번역문은 출원인이 작성한다. 한편, 국제예비심사보고서는 소정의 번역문 및 원어로 된 부속서류와 함께 국제사무국이 각 선택관청에 송달한다. 부속서류의 소정의 번역문은 출원인이 소정의 기간 내에 선택관청에 송부한다(PCT 36(1)(2)(3)).

(5) 선택관청에서의 절차

① 선택국의 국내단계로의 진입

출원인은 우선일로부터 30개월이 경과하기 전까지 각 선택관청에 국제출원의 사본(PCT 제20조의 송달이 이미 되어 있는 경우는 제외)과 소정의 번역문을 제출하고 해당하는 경우에는 국내 수수료를 지불한다. 이에 위반된 경우 국제출원일이 부여된 국제출원은 국제출원일로부터 각 지정국에서 정규의 국내출원의 효과를 가지며 동 국제출원일은 각 지정국에서 실제의 출원일로 간주되는 국제출원의 효과는 해당 선택국에서의 국내출원의 취하효과와 동일한 결과를 가지고 소멸한다(PCT 39(1)(a)(2)).

한편, 국내법령은 우선일로부터 30개월보다 나중에 만료되는 기간을 정할 수 있다(PCT 39(1)(b)). 이 경우 선택국은 그 기간을 국제사무국에 통지하여야 하며, 국제사무국은 접수한 통지서의 내용을 신속히 공보에 게재하여야 한다(PCT 규칙 70.1(a)(b)). 대한민국의 경우에는 국제예비심사보고서가 작성·송부되는 시점은 우선일로부터 28개월 이후 2개월 만에 국내단계 진입절차를 밟는 데 시간적 무리가 있기 때문에 우선일로부터 31개월로 연장하고 있다.

선택관청은 우선일로부터 30개월 또는 국내법령에 의해 우선일로부터 30개월보다 늦게 만료하는 기간의 만료 전에 국제출원의 심사와 다른 절차를 개시하여서는 아니된다. 그러나 선택관청은 출원인의 명시적 청구에 의하여 국제출원의 심사와 다른 절차를 언제든지 개시할 수 있다(PCT 40).

② 국내단계의 선택관청에서의 보정

㉠ 출원인은 각 선택관청에서 소정의 기간 내에 청구의 범위, 발명의 설명 및 도면에 대하여 보정을 할 기회가 부여된다. 선택관청은 출원인의 명시적 동의가 없는 한, 동 기간의 만료 전에 특허를 허락하거나 거절하여서도 아니 된다. 보정은 출원시 국제출원에 기술된 범위를 넘어서 하여서는 아니 된다. 다만, 선택국의 국내법령이 인정하는 경우에는 예외로 한다(PCT 41(1)(2)).

㉡ 보정은 이 조약과 규칙에 규정하지 아니하는 모든 사항에 대하여는 선택국의 국내법령이 정하는 바에 따른다. 보정서는 선택관청이 국제출원의 번역문의 제출을 요구하는 경우에는 동 번역문의 언어로 작성한다(PCT 41(3)(4)).

③ 선택관청에서의 국내심사의 결과

국제예비심사보고서를 수령하는 선택관청은 출원인에게 다른 선택관청에서의 동일한 국제출원에 관한 심사에 관계되는 서류의 사본제출이나 동 서류의 내용에 관한 정보의 제공을 요구할 수 없다(PCT 42).

제3절 WIPO 설립 조약

I 설립배경

특허권 등 산업재산권과 저작권 등 소위 무체재산권으로 통용되는 지식재산권[713]을 국제적으로 보호하기 위하여 결성된 조직이 세계지식재산권기구(World Intellectual Property Organization ; WIPO)이다.

이러한 WIPO 설립에 관한 조약은 파리조약 및 베른조약의 개정과 함께 산업재산권과 저작권을 하나의 국제기구에 의해 보호하기 위해 1967년 7월 14일 스톡홀름에서 체결되었으며, 그 정식명칭은 「1967년 7월 14일에 스톡홀름에서 서명된 세계지식재산권기구를 설립하는 조약(Convention establishing the World Intellectual Property Organization signed at Stockholm on July 14, 1967)」이다. 이 조약은 전문 제21조로 이루어졌으며 기관의 목적 및 임무, 가맹국의 지위, 일반총회, 체약국 회의, 조정위원회 및 국제사무국 등의 WIPO의 내부기구, 재정 등에 관한 규정으로 이루어졌다.

WIPO는 UN(국제연합)과의 협정에 기해 1974년 UN의 전문기구로 되었으며 사무국은 스위스 제네바에 두고 있고 우리나라는 1979년 3월 1일 동 조약에 가입하였다.

정부 간 국제기구인 WIPO에 대응되는 민간차원의 세계적인 조직으로는 산업재산권보호협회(AIPPI ; Association Internationals pour la protection de la Propiete Industrielle)가 있다.

II 목적, 구성, 직무

1. 목 적

WIPO의 목적은 전 세계에 걸쳐 지적재산권의 보호를 촉진하고, 지적재산권 관계의 여러 동맹의 관리를 근대화·능률화하기 위하여 동맹국 간의 행정적 협력의 확보를 주과제로 한다(조약 3).

2. 구 성

WIPO는 일반총회(조약 6), 체약국회의(조약 7), 조정위원회(조약 8), 국제사무국(조약 9) 등 4가지 기구에 의하여 구성되고 있다.

---

[713] 이 조약에서 말하는 지식재산권이란 최광의의 것으로 산업재산권과 저작권을 지칭하는 이외에 과학적 발견, 공업디자인, 등록상표, 서비스마크, 상호, 부당경쟁에 대한 보호 및 노하우(knowhow) 등을 포함한다(조약 2 (viii)).

(1) **총회(General Assembly)**

① 총회는 WIPO 최고기구이며, 총회의 주요 기능은 다음과 같다.
㉠ 조정위원회에 지명한 사무총장 선출
㉡ WIPO와 관련된 사무총장 보고서와 조정위원회 보고서 및 활동 등을 검토 승인
㉢ WIPO 재정 관련 규정과 각 동맹들에 공통되는 예산을 편성 운영
㉣ 지적재산권 보호증진을 위한 국제협정 운영에 관한 사무총장 제안을 승인
㉤ UN의 관례를 고려 사무국의 사용언어를 결정
㉥ WIPO 회원국이 아닌 국가와 정부간·비정부 간 기구가 옵져버 자격으로 WIPO회의에 참여할 수 있는지의 여부의 결정

② WIPO 총회는 WIPO 회원국이면서 WIPO 관장하의 동맹 회원국인 국가로 구성된다.

(2) **체약국회의(Conference)**

① 체약국 회의는 총회와는 달리 WIPO 관장하의 각 동맹 회원국이든 아니든 WIPO 설립협약 체약 당사국인 모든 국가로 구성된다.
② 체약국 회의의 주요 기능은 다음과 같다.
㉠ 지적재산권 관련 문제에 있어 WIPO 회원국 사이의 의견 교환을 위한 토론회의를 개최하고, 각 동맹국의 권한과 자치권에 관련된 문제에 대한 권고
㉡ 개발도상국에 대한 법률, 기술적 원조를 위한 계획
㉢ 그러한 목적을 위한 예산 편성 및 적용
㉣ WIPO 관장 조약의 수정조항의 적용
㉤ 총회처럼 국가 및 조직이 옵져버 자격으로 WIPO회의에 참석할 수 있는지 여부 등을 결정

(3) **조정위원회(Coordination Committee)**

조정위원회는 WIPO의 일반적 사항에 대한 자문기구이자 총회와 당사국 회의의 집행기구로서 각 동맹이나 총회의 현안문제 특히, 동맹과 공통되는 지출예산에 대해 총회 및 제 동맹의 기관, 당사국회의, 사무총장에게 자문을 해주며, 조정위원회는 체약국회의 의제안, 의사 일정안 및 예산안, 그리고 총회의 의제안을 준비한다.

한국은 1987년부터 동 위원회 이사국으로 활동 중이다.

(4) **국제사무국(International Bureau)**

WIPO 사무총장이 대표로 있는 국제사무국은 세계 60개국에서 460명(2009년 기준)의 상근직원이 근무하고 있다.

3. 직무

WIPO는 이상의 목적을 달성하기 위하여 그의 적절한 기관을 통해서 또는 제 동맹 각각의 관할권에 따를 것을 조건으로 하여 다음과 같은 직무를 수행한다(조약 4).

(1) 전 세계를 통한 지적소유권의 효율적 보호를 촉진시키고 이 분야에 있어서의 국가 입법을 조화시킬 것을 목적으로 하는 제반조치의 발전을 증진시킨다.

(2) 파리동맹, 이 동맹과 관련하여 설립된 특별동맹 및 베른동맹의 행정적 업무를 수행한다.

(3) 지적재산권 보호의 증진을 목적으로 하는 기타 모든 국제협정의 관리를 담당하거나 또는 이에 참여하기로 동의할 수 있다.

(4) 지적재산권 보호의 증진을 목적으로 하는 국제협정의 체결을 장려한다.

(5) 지적재산권 분야에 있어서 법률적·기술적 원조를 요청하는 국가에 협조를 제공한다.

(6) 지적재산권 보호에 관한 정보를 수집·배포하고 이 분야의 연구를 수행, 촉진하며 동 연구의 결과를 공포한다.

(7) 지적재산권의 국제적 보호를 촉진하는 역무를 유지하며 적절한 경우에는 이 분야에 있어서 등록과 등록에 관한 자료의 공표를 위한 준비를 한다.

(8) 기타 적절한 모든 조치를 취한다.

Ⅲ WIPO가 관장하고 있는 조약

WIPO는 산업재산권 및 저작권과 관련하여 23개 조약을 관장하고 있으며, WIPO가 관장하는 주요 조약은 다음과 같다.

(1) 산업재산권 보호를 위한 파리협약(Paris Convention for the Protection of Industrial Property)

(2) 특허의 국제출원 절차에 관한 특허협력조약(Patent Cooperation Treaty : PCT)

(3) 특허절차상 미생물 기탁의 국제적 승인에 관한 부다페스트 조약(Budapest Treaty on the International Recognition of the Deposit of Microorganisms for the Purposes of Patent Procedure)

(4) 특허법 조약(Patent Law Treaty : PLT)

(5) 상표법 조약(Trademark Law Treaty : TLT)

(6) 표장의 국제등록에 관한 마드리드협정(Madrid Agreement Concerning the International Registration of Marks)

(7) 상표의 국제등록에 관한 마드리드협정 관련 의정서(Protocol relating to the Madrid Agreement Concerning the International Registration of Marks)

(8) 상품 출처의 허위표시 방지를 위한 마드리드협정(Madrid Agreement for the Repression of False and Deceptive Indications of Source on Goods)

(9) 원산지 명칭 보호 및 국제등록 위한 리스본협정(Lisbon Agreement for the Protection of Appllation of Origin and their International Registration)

(10) 올림픽 심벌보호에 관한 나이로비조약(Nairobi Treaty on the Protection of the Olympic Symbol)

(11) 디자인의 국제기탁에 관한 헤이그협정(Hague Agreement Concerning the International Deposit of Industrial Designs)

(12) 문학 및 예술적 저작물 보호를 위한 베른협약(Berne Convention for the Protection of Literary and Artistic Works)

(13) 실연자, 음반제작자, 방송조직 보호를 위한 로마협약(Rome Convention for the Protection of Performers, Production of Phonograms and Broadcasting Organizations)

(14) 음반의 불법복제를 위한 제네바협약(Geneva Convention for the Protection of Producers of Phonograms Against Unauthorized Duplication of Their Phonograms)

(15) 통신위성 송신프로그램 신호 배분에 관한 브뤼셀협약(Brussels Convention relating to the Distribution of Programme Carrying Signals Transmitted by Satellite)

(16) 국제특허분류에 관한 스트라스부르그협정(Strasbourg Agreement Concerning the International Patent Classification : IPC)

(17) 표장등록을 위한 상품과 서비스의 국제분류에 관한 니스협정(Nice Agreement Concerning the International Classification of Goods and Services for the Registration of Marks)

(18) 표장 도형요소의 국제분류확립에 관한 비엔나협정(Vienna Agreement Establishing an International Classification of Goods and Services fot the Registration of Marks)

(19) 디자인의 국제분류 확립에 관한 로카르노협정(Locarno Agreement Establishing on International Classification for International Designs)

제4절 무역관련 지식재산권 협정(WTO/TRIPs 협정)

I 의 의

무역관련 지식재산권 협정(Agreement on Trade Related Aspects of Intellectual Property Rights, including Trade in Counterfeit Goods : 이하 "TRIPS"라 함. 보다 정확한 표현은 '위조상품교역을 포함한 무역관련 측면의 지적재산권에 관한 협정'이다)은 WTO를 설립하기 위하여 GATT규정의 개정을 검토하고자 개최된 우루과이라운드(Uruguay Round : 1986년 9월) 각료 회합에서 지적재산권 보호가 의제에 포함됨에 따라 국제무역 분야 중에서 지적재산권 관련 문제를 다루기 위하여 체결된 WTO협정의 제1부속서이다.

WTO의 부속협정인 무역관련지식재산권 협정(TRIPs 협정)은 '처음에는 위조상품의 무역규제를 목표로 하였으나, 점차 그 범위가 확대되어 저작권, 상표권, 특허권 등 전반적인 지식재산권 보호에 관한 포괄적인 무역규범을 제정'하게 되었다. TRIPs 협정은 기존의 관련 국제협약을 최저 보호수준으로 하여 이를 보다 강화시키는 방향으로 협의를 진행하였다. 미국을 중심으로 한 선진국들은 기존의 국제협약보다 더 높은 수준의 보호와, 그것을 실행할 의무의 부과, 그리고 국제규범이 준수되지 않았을 경우 강제할 수 있도록 실효성 있는 분쟁해결절차나 제재조치를 원하였다.

TRIPs 협정은 이러한 선진국들의 요구가 대부분 관철된 것으로 평가된다. 이로써 지식재산권 보호에 대한 최초의 포괄적인 다자간 국제규범이 마련되었다.

WTO/TRIPs 협정은 1995. 1. 1.자로 발효되었으며, 우리나라는 1994년 12월 30일 WTO 설립협정 가입수락서를 GATT 사무총장에게 기탁하였다.

II 설립배경

지식재산권의 보호를 위한 국제조약으로서는 종전부터 파리협약, 특허협력조약(PCT), 베른조약 또는 세계저작권협약(UCC : Universal Copyright Convention) 및 세계지식재산권기구(WIPO) 등이 있었으나, 이들 협약 또는 기구만에 의하여는 지식재산권의 국제적 보호에 한계가 있게 되어 그 해결수단을 찾고자 TRIPs 협정이 탄생되었다.

종전 협약의 문제로 지적되는 점은, 기존 협약은 지식재산권 보호에 관한 집행규정을 스스로 두지 아니하고 속지주의 원칙에 따라 각 체약국의 국내법에 일임하고 있어 다른 체약국의 지식재산권 보호에 소홀한 점과 신기술 분야(컴퓨터프로그램, 데이터베이스, 생명공학 분야 등) 보호의 미흡 등이 지적되고, 이들 협약에는 실질적인 분쟁 해결수단이 없는 데다 동 협약에서 권고하고 있는 국제사법재판소에 의한 분쟁해결은 강제 관할권이 없어 분쟁의 실질적 해결 도모에 유익하지 못하며, 기존 협약에 의한 협약의 운영방식은 의사결정을 함에 있어 다수결의 원칙을 채택하고 있어서 수적으로 열세인 선진국의 의사 반영이 곤란하다는 것 등으로 요약할 수 있다.[714]

Ⅲ 구 성

WTO/TRIPs 협정은 총 7장 73개의 조항으로 구성되어 있으며, 제1장은 일반규정과 기본원칙을, 제2장은 지식재산권의 효력, 범위 및 이용에 관한 규정으로서 주요 내용으로 컴퓨터프로그램의 보호, 대여권의 설정, 색채상표나 등록 여부에 관계없이 널리 알려진 유명상표의 보호, 디자인 및 실용신안의 보호, 지리적 표시의 보호, 물질특허를 포함한 특허의 보호, IC배치설계의 보호, 미공개정보(영업비밀)의 보호, 반경쟁적 행위에 대한 조치 등에 대하여 규정하고 있다. 그리고 제3장에서 제7장은 형식적인 사항들을 규정하고 있다.

Ⅳ 기본원칙

이 협정은 협상시에 국제협정을 최소보호수준으로 하여 보호수준을 향상시키자는 취지의 소위 '국제협정 플러스 방식'을 채택하였다. 따라서 회원국은 이 협정에 위배되지 아니하는 범위 내에서 국내법을 통하여 본 협정의 요구사항보다 더 광범위한 보호조치를 취할 수 있으나, 그렇게 할 의무를 지지는 아니한다. 또한 회원국은 국내의 고유한 법 제도 및 관행 내에서 본 협정의 모든 규정을 이행하는 적절한 방법을 자유롭게 정할 수 있다(협정 1).

TRIPs 협정의 기본원칙은 내국민 대우의 원칙(National Treatment)과 최혜국 대우의 원칙(MFN : Most Favored National Treatment), 권리소진의 원칙 등이 규정되어 있다. 다만, 권리소진의 원칙은 본 협정하의 분쟁 해결절차를 다루기 위해 적용되지 않는다고 규정되어 있을 뿐, 그 외에는 아무런 규정이 없어 각 회원국들이 권리소진 문제를 자유로이 결정할 수 있다(협정 6).

1. 내국민 대우의 원칙(협정 3)

각 체약국은 지식재산권 보호에 관하여 자기나라 국민보다 불리한 대우를 다른 회원국의 국민에게 부여하여서는 아니 된다(협정 3.1). 여기서, 「보호」는 협정 제3조 및 제4조의 목적상 이 협정에서 구체적으로 언급된 지식재산권의 사용에 영향을 미치는 사항뿐 아니라 지식재산권의 취득가능성, 취득, 범위, 유지 및 시행에 영향을 미치는 사항을 포함한다. 한편, 자국민보다 「불리하지 않는 대우(treatment no less favorable than)」는 유리한 대우로도 해석될 수 있기 때문에 파리조약의 자국민과 「동등한 이익(same advantage)」보다 상위수준의 보호도 가능하다 할 수 있다.

---

714) 선진제국들이 WIPO보다 GATT에서 영향력을 더 잘 행사할 수 있는 이유는 WIPO는 다수결의 원칙에 의해 의사결정을 하므로 수가 많은 개도국에서 유리하나, GATT에서는 컨센서스(Consensus)제를 취하고 있기 때문이다. 컨센서스제란 표결에 의하는 것이 아니라 회원국 중 누구도 명시의 반대를 표명하지 않는 한 합의된 것으로 보는 제도이다. 표결에 의할 경우 표결로 사안이 종결되나, 컨센서스제에 있어서는 컨센서스(합의)가 이루어질 때까지 그 사안은 계속된다. 의제의 철회를 할 때에도 공식적인 반대가 있는 한 그 의제는 철회되지 않는다. 그 결과 컨센서스에 의하면 누군가가 고집을 부리는 경우 그 의제는 영속한다. 이는 반대하는 약소국을 각개격파(各個擊破)해 나가면 결국 컨센서스에 이를 수 있기 때문에 강대국이 고집을 부리기에 편리한 제도이다(이종완, 전게서, p.1037 / 임병웅, 전게서, p.1009)

2. 최혜국 대우의 원칙(협정 4)

지식재산권의 보호와 관련하여 어느 체약국이 다른 체약국의 국민에 대해 부여하는 특혜조치(이익, 혜택, 특권, 면책)는 무조건 다른 체약국의 국민에게 부여하여야 한다는 것이다.

본 협정은 속지주의 원칙을 적용하는 다른 지식재산권 협정(파리협약 등)과는 달리 최초로 최혜국 대우(Most Favored Nation)의 원칙을 적용하고 있다. 「최혜국」이란 통상, 항해 조약을 체결한 나라중 가장 유리한 취급을 받은 나라를 말한다. 여기의 특별조치는 체약국 간의 쌍무 혹은 다자 협약에서 발생하는 모든 특혜를 포함하는 개념으로 해석된다.

다만, 사법공조에 관한 국제협정이나 특별히 지적재산권의 보호에 한정되지 아니하는 일반적인 성격의 법률 집행으로부터 파생되는 대우, 내국민 대우의 원칙에 근거해서가 아니라, 타국에서 부여되는 대우에 따라서 동등의 대우를 부여함을 허용하는 로마협약 또는 베른협약에 의하여 부여되는 대우, 본 협정에서 규정하지 아니한 실연자·음반제작자 및 방송기관의 관리에 관한 대우, WTO 협정 시행 전 이미 발효된 지적재산권 보호관련 국제협정으로부터 발생된 대우에 대하여는 최혜국 대우의 원칙이 적용되지 아니한다.[715]

3. 권리소진의 원칙(협정 6)

본 협정 제6조는 '이 협정에 따른 분쟁해결의 목적을 위하여 제3조(내국민 대우의 원칙)와 제4조(최혜국 대우의 원칙)의 규정을 조건으로, 본 협정의 어떠한 규정도 지적재산권의 소진문제를 다루기 위하여 사용되지 아니한다'고 규정하고 있다.

권리소진의 원칙(exhaustion 또는 first sale doctrine)이란 권리자가 적법하게 만든 특허품 또는 상표가 표기된 상품을 판매한 후에는 당해 특허품 또는 상품에 대하여는 자기의 권리를 다시 주장할 수 없다는 원칙으로서, 판매된 특허품(상품)은 그 판매 행위로서 이미 권리자의 권리는 소진되었다고 본다는 이론이다.

권리소진의 원칙은 국제간의 상품거래에 있어서도 적용될 것인지가 문제이다. 왜냐하면 국제적인 권리소진의 인정 여부는 결국 병행수입(parallel importation)의 허용 여부와 밀접한 관련이 있기 때문이다. 병행수입을 법적으로 규제하는 문제에 관하여는 WTO/TRIPs 협상에서 남북문제(선후진국 문제)로 대두되어 선진국과 개발도상국 간에 있어서 상당한 논의가 있었으나 합의점을 끌어내지는 못하였다. 권리자의 보호에 비중을 두는 선진국은 국제적 소모이론(worldwide exhaustion)의 적용을 반대하는 입장이고, 중개무역에 의한 이익을 중요시하는 국가(홍콩, 싱가포르 등)와 첨단기술 제품의 자유수입의 확대를 기대하는 개발도상국은 대체로 찬성하는 입장이다.

따라서 본 협정에서는 지적재산권의 권리소진에 대하여는 획일적 규정을 두지 아니하고 각 체약국별로 자유롭게 결정할 수 있도록 하기 위하여 권리소진의 문제에 대하여는 다루지 아니하기로 하였다.

---

[715] 천효남, 전게서, p.960 참조

V 특허와 관련된 내용

TRIPs 협정 제2부는 지적재산권의 보호기준을 8개 분야(저작권 및 저작인접권·상표·지리적표시·디자인·특허·IC배치설계·미공개정보보호·라이센스계약에 있어서 반경쟁적행위의 통제)에 걸쳐 규정하고 있다. 이 중 특허에 관련된 사항에 대해서만 설명하도록 한다.

1. 특허대상

모든 기술분야에서 물질 또는 제법에 관한 어떠한 발명도 신규성, 진보성 및 산업상 이용가능성이 있으면 특허획득이 가능하다.716) 한편, 발명지(地)·기술분야·제품의 수입 또는 국내생산 여부에 따른 차별 없이 특허가 허락되고 특허권이 향유된다(협정 27①).

(1) 발명지(place of invention)에 대한 차별문제는 발명지가 국내인가 국외인가 여부에 따른 차별이 금지된다는 규정으로 이는 미국이 선발명주의를 취하고 있어 실제 외국출원을 차별해 온 특허법 제104조717)의 폐지문제와 관련된 조항이다. 미국에서는 선발명주의를 적용함에 있어 자국인의 발명에 대해서는 발명일을 인정하는 데 반해, 외국인의 특허출원에 대해서는 발명일을 인정하지 않아 출원일을 발명일로 적용하여 외국인의 특허출원에 대해 차별하고 있어 미국을 제외한 거의 대다수 국가가 명시적으로 선출원주의의 채택을 협정에 규정해야 한다고 주장한 결과이다.

(2) 「기술분야」에 따른 차별은 주로 권리향유에 관한 것이다. 예를 들면, 특수기술 분야인 환경보호에 관한 기술 등 국가적으로 중요한 기술에 대해서는, 강제실시권 발동을 손쉽게 하거나 보상도 제한할 수 있는 규정을 두는 등의 차별을 상정할 수 있는데 이러한 것이 금지되는 것이다.

예컨대, 구 캐나다 특허법은 의약품의 특허에 대해 다른 분야의 특허보다 더 용이하게 강제실시권을 허용하고 있었는데, 이는 TRIPs 협정 제27조 제1항에 따라 금지되고 있다.

(3) 「국산품 또는 수입품에 따른 차별」을 금지하고 있다. 발명의 대상이 수입된 것인지 아니면 국내에서 생산된 것인지에 의해 특허권의 부여나 특허권의 향유에 대해 차별을 하여서는 아니 된다(협정 27①2문 참조). 이는 특허 강제실시권의 발동과 관련이 있다.

예컨대, 특허권자가 특허의 대상을 국내에서 생산하지 않고 수입한 경우에 이를 특허권의 실시행위로 보지 않고 특허권의 불실시로 간주하여 강제실시권을 설정하게 되면 그것은 수입품에 대한 차별이 된다.

---

716) 본 규정은 특허요건으로서 신규성·진보성·산업상 이용 가능성을 규정하고 있으며, 이 요건은 세계 각국이 거의 공통적으로 채택하고 있는 원칙과 같다. 그리고 특허는 모든 기술분야의 물질과 제법에 대해 부여될 것을 요구하고 있다.

717) 미국은 특허법 제104조에 의거하여 특허침해소송의 경우 발명시점을 인정하는 데 있어 외국인에 대해 차별대우를 하여 왔다. 발명의 우선순위를 정하는 데 있어서 자국 내에서 이루어진 발명에 대해서는 발명시점을 기준으로 하는 데 비해, 외국에서 이루어진 발명에 대해서는 출원시점을 발명시점으로 취급함에 따라 외국인이 불리한 대우를 받아 왔던 것이다.

특히, 개도국이 특허권자의 의무로 국내에서 발명을 실시하여야 한다고 규정하면서 수입을 통해 국내의 수요를 충족하는 경우에는 특허의 불실시로 간주하여 강제실시권을 발동하는 경우가 있는데 이를 방지하는 데 주된 목적이 있다.[718]

TRIPs 협정은 수입도 특허권의 실시로 보아 차별을 금지하도록 하고 있는 것이다. 우리 특허법도 수입을 특허권의 실시로 인정하여 수입을 통해 국내수요를 충족한다면 강제실시권을 발동할 수 없도록 하고 있다(法 2③가목)

2. 불특허대상

체약국 영토 내에서 발명의 상업적 이용금지가 공공질서 또는 공서양속의 보호, 인간·동물·식물의 생명 또는 건강의 보호, 환경에 대한 심각한 피해를 방지하기 위하여 발명을 특허대상에서 제외할 수 있다(협정 27②). 또한 인간이나 동물의 치료를 위한 진단방법·치료·수술방법, 미생물 이외의 식물 또는 동물, 비생물학적 및 미생물학적제법과는 다른 본질적으로 식물이나 동물의 생산에 관한 생물학적인 방법에 대하여는 특허의 대상에서 제외할 수 있다(협정 27③). 즉, 강제규정은 아니다.

다만, 식물품종에 대해서는 특허법 또는 식물육종법에 의한 보호 또는 이들 양자에 의한 보호 중의 어느 것에 의해 보호하여야 한다(협정 27③(b))고 규정하고 있다. 이 조항은 협정발효 4년 후에 다시 검토하기로 한 후속 의제이다.

(1) 의료행위에 관한 발명은 특허요건으로서 산업상의 이용가능성이 없는 것으로 해석되어 왔다. 진단이나 치료방법을 구태여 제외사유로 규정할 필요가 없었지만, 유럽특허조약 제52조 제4항의 규정을 따라서 또는 진단이나 치료방법은 비록 유용한 것임에도 불구하고 특허대상에서 제외된다는 것을 명확히 하기 위해서 진단·치료·외과적 방법의 세 가지를 불특허사유로 열거하고 있다. 치료행위에 관한 발명을 특허대상으로 하는 것은 논리상으로도 또한 인도적 관점에서도 바람직하지 않기 때문이다.[719]

(2) 미생물을 제외한 식물과 동물, 그리고 그 식물과 동물을 생물학적 방법으로 생산하는 제법을 불특허대상으로 규정하고 있다. 동물의 경우에는 동물변종 발명의 경우 반복재현 가능성이 적고, 또한 신이 창조한 동물을 인간이 변형시킨 것에 대한 독점권을 부여할 수 없다는 윤리적인 이유가 고려되었으며, 또한 식량자원 개발을 위해 유전 공학적인 방법을 통해 식물변종이 개발되고 있는 시점에서 개도국의 입장에서는 식물신품종에 독점권이 부여된다면 자국의 식량확보에 막대한 지장을 초래할 우려가 있기 때문이다.[720]

---

718) 박희섭·김원오, 전게서, p.715
719) 박희섭·김원오, 전게서, p.715~716
720) 천효남, 전게서, p.963

(3) 비생물학적 그리고 미생물학적 제법과는 다른 본질적으로 생물학적인 식물 또는 동물의 산출을 위한 제법을 불특허대상으로 하고 있다.

위의 불특허대상은 선택규정이기 때문에 체약국은 이들 모두를 불특허대상으로 규정하지 아니할 수도 있다. 우리 특허법에서는 무성번식 식물(감자, 고구마, 양파 등)과 유성번식 식물에 대해서는 모두 특허로 보호하고 있으며 종자산업법에서는 식물의 품종을 보호하고 있다.

3. 부여되는 권리

특허는 첫째, 특허대상이 물질인 경우 제3자가 특허권자의 동의 없이 동 물질을 제조, 사용, 판매를 위한 제공, 판매 또는 이러한 목적을 위하여 수입하는 행위의 금지, 둘째, 특허대상이 제법인 경우 제3자가 특허권자의 동의 없이 제법사용행위 및 최소한 그 제법에 의해 직접적으로 획득되는 상품의 사용, 판매를 위한 제공, 판매 또는 이러한 목적을 위한 수입행위에 대하여 특허권자에게 배타적 권리를 부여한다(협정 28①). 즉, 「특허대상이 물건(product)」인 경우에는 특허권자의 동의 없이 그 물건을 제조·사용·판매·수입하는 행위 등을 금지한다. 이와 같이 권리자에게 수입권이 인정됨에 따라 병행수입 행위가 문제될 수 있으나 이는 협정 제6조의 규정에서 권리소진 인정 여부에 대해서는 체약국의 재량사항으로 되어 있어 수입권을 권리소진과 연결시켜 병행수입을 인정할 것인지의 여부는 체약국별로 다르게 정할 수 있다.

또한 「특허대상이 제법(process)」인 경우에는 특허권자의 동의 없이 그 제법을 사용하거나 그 제법에 의해 직접적으로 획득되는 상품의 사용·판매제의·판매 및 판매를 목적으로 수입하는 행위들은 금지된다.

여기에서 쟁점이 되는 것은 제법에 대한 특허권이 그 제법에 의해 생산된 물건에도 미치는지에 관한 것이나 이것은 권리가 그 제법에 의하여 생산된 물건에 미치지 않게 되면 권리의 실효성이 없다는 점에서 물건에도 권리가 미치는 것으로 하고 있다.[721] 아울러, 특허권자는 특허권을 양도나 상속에 의하여 이전할 수 있고 사용허가를 체결할 권리를 갖는다(협정 28②).

4. 부여되는 권리에 대한 예외

체약국은 특허권의 배타적 권리행사에 대하여 제한된 예외를 규정할 수 있다. 단, 예외 조치는 제3자의 정당한 이익을 고려하되 특허권의 정상적인 이용에 저촉되지 아니하고, 특허권자의 정당한 이익을 불합리하게 저해하지 아니하여야 한다(협정 30).

즉, 본 규정은 특허권의 효력범위에 대한 예외 규정이다. 따라서 체약국은 특허권의 배타적인 효력에 대해 예외규정을 둘 수 있으나 그 범위는 특허권의 정상적 실시와 합법적인 이익을 해치지 않는 범위 내에서 부과해야 한다.

---

721) 천효남, 전게서, p.964 참조

이에 따라 우리 특허법 제96조는 연구 또는 시험을 하기 위한 특허발명의 실시, 국내를 통과하는 데에 불과한 선박, 항공기, 차량 또는 이에 사용되는 기계, 기구, 장치 기타의 물건, 특허 출원시부터 국내에 있는 물건 그리고 약사법에 의한 조제행위에는 특허권이 미치지 않는다고 규정하고 있고, 동법 제181조는 재심에 의하여 회복한 특허권의 효력제한, 동법 제181조의3 제4항에서는 추가납부기간 경과 후에 납부 또는 보전에 의하여 회복한 특허권의 효력제한의 규정을 두고 있다.

5. 특허출원인의 조건

체약국은 특허출원인이 기술분야의 전문가에 의해 발명이 실시될 수 있을 정도로 충분히 명확하고 완전하게 발명을 공개하도록 요구하며, 출원일 또는 우선권주장이 있을 경우 우선권주장일 당시에 발명자가 알고 있는 발명의 최적실시형태를 특허출원인이 제시하도록 요구할 수 있다(협정 29①). 체약국은 특허출원인에게 출원인의 해당되는 외국출원 및 허락에 관한 정보를 제공하도록 요구할 수 있다(협정 29②).

즉, 본 규정은 특허제도의 취지와 밀접한 관련이 있다. 특허제도는 발명에 대해 독점권을 부여하는 대신 그 발명을 공개하여 산업발전에 기여하도록 하는데 목적을 두고 있는바 본 규정은 특허출원시 출원인이 자기 발명을 그 분야의 전문가가 실시할 수 있을 정도로 명확하고 완전하게 공개하도록 하는 한편, 더 나아가 발명의 최적 실시형태(best mode)를 제시하도록 요구하고 있다. 여기서 주의할 점은 발명의 최적실시형태의 공개 문제인데 기존의 미국을 비롯한 선발명주의 특허제도하에서는 출원시점보다는 발명의 최적의 방법을 도출하여 주지시킬 필요성에 의해 사용되는 개념이다. 선출원주의를 골격으로 하고 있는 우리 특허법에서는 최적실시형태를 공개하여야 한다는 규정은 없고, 또한 이는 임의규정이기 때문에 문제되는 것은 아니다.[722]

6. 강제실시권

(1) 개 요

TRIPs 협정은 강제실시권을 인정하면서도 그에 따른 발명자의 보호규정도 동시에 두고 있다. 즉, 강제실시권이 인정되는 경우로는 체약국의 법률이 정부의 사용 또는 정부의 승인을 받은 제3자에 의한 사용 그리고 권리자의 승인 없이 특허대상의 '여타 사용'을 허용하는 때이다(협정 31 본문). 또 협정 제31조는 먼저 강제실시권이 부여되기 전까지는 특허권자에게 선택권을 주고 있다, 그뿐만 아니라 강제실시권의 범위를 한정시키고 권리자에 대한 보상규정을 마련하였으며, 경쟁을 촉진하기 위한 규정을 삽입했고, 개량특허를 침해한 경우에 대비한 특별규정도 포함시켰다.

(2) 강제실시권의 발동조건

강제실시권의 사용승인은 첫째, 개별적인 사안의 내용에 따라 고려되어야 하며(협정 31(a)), 둘째, 이러한 사용은 동 사용에 앞서 사용예정자가 합리적인 상업적 조건하에 권리자로부터 승인을 얻

---

[722] 특허청, 무역관련지식재산권(TRIPs) 협정, 1993, p.126 참조

기 위한 노력을 하고 이러한 노력이 합리적인 기간 내에 성공하지 아니하는 경우에 한하여 허용될 수 있다(협정 31(b)). 셋째, 사전의 라이선스협상을 하지 않고 강제실시권을 설정할 수 있는 경우로서 국가긴급사태와 비상업적인 공공사용의 경우를 규정하고 있다(협정 31(b)).

(3) 강제실시권의 범위 및 기간

강제실시권의 사용의 범위 및 기간을 동 사용이 승인된 목적에 한정되며, 반도체기술의 경우에는 공공의 비상업적 사용, 또는 사법 혹은 행정절차의 결과 반경쟁적이라고 판정된 관행을 시정하는 것에 한정된다(협정 31(c)).

TRIPs 협정이 강제실시권 등의 규제에 관해 사유규제 방식이 아니고 조건규제방식을 채택했지만, 그 유일한 예외로서 제31조 (c)항의 반도체기술에 관한 특허에 한해서 강제실시권의 설정사유(ground)에 대해서도 제한이 가해지게 되었다. 반도체기술에 대해서 이와 같이 예외적인 취급을 하게 된 이유는 협상의 최종단계에 이르러 미국의 반도체 업계가 압력을 행사하였기 때문이다. 이 조항은 기술분야에 의한 차별을 금지하는 TRIPs 협정 제27조 제1항 제2문에 저촉된다. 압력단체를 대변하는 미국 정부가 이러한 자기모순적인 규정을 추가하는 것을 다른 국가의 대표들이 저지할 수 없었던 것은 협정상 오점으로 지적되고 있다.[723]

(4) 이용발명에 있는 발명의 강제실시권

이용관계에 있는 발명, 즉 당해 특허(제2차 특허) 출원일 전에 출원된 타인의 특허발명(제1차 특허)을 이용하여만 되는 경우에 TRIPs 협정은 ① 제2차 특허에서 청구된 발명은 상당한 경제적 중요성을 가진 중요한 기술적 진보를 포함하여야 하고, ② 제1차 특허권자는 합리적인 조건에 따라 상호실시허락(cross-licence)을 받을 권리를 가지며, ③ 제1차 특허에 대해 허락된 사용은 제2차 특허와 함께 양도하는 경우를 제외하고는 양도할 수 없다(협정 31(l))고 규정하고 있다.

이에 대한 우리 특허법은 제98조(타인의 특허발명 등과 관계)에서 이용관계 발명의 조문을 두어 당해 특허발명(제2차 특허)이 제98조 규정에 해당되어 제1차 특허권자에게 실시허락을 받고자 하는 경우에 정당한 이유 없이 허락하지 아니하거나 허락을 받을 수 없을 때에는 강제실시권 중의 하나인 통상실시권 허락심판청구제도(法 138)를 두어 이용관계에 있는 발명의 강제실시를 허락하고 있다.

(5) 강제실시권의 법적 성격

강제실시권의 사용은 비배타적(non-exclusive)이어야 한다(협정 31(d)). 즉, 강제실시권은 전용실시권이 아니라 통상실시권이다.

강제실시권은 원칙적으로 당해 강제실시권을 향유하는 기업 또는 영업의 일부와 함께 양도하는 경우를 제외하고는 양도할 수 없다(협정 31(e) 참조).

---

723) 박희섭·김원오, 전게서, p.719

(6) 강제실시권의 한시성

TRIPs 협정은 강제실시권을 설정하게 하였던 상황이 종료하고 또한 재발할 것 같지 않은 경우에는, 원칙적으로 당해 강제실시권의 설정을 취소하여야 한다고 규정하여 특허권자를 보호하고 있다. 그러나 우리나라 특허법은 이에 대한 명시적 규정이 없어, 통상실시권을 강제로 허락한 뒤 상황이 종료된 경우 강제실시권의 종료(취소 등)에 관한 규정이 필요하다고 판단된다.[724]

(7) 강제실시권에 대한 보상

강제실시권에 대한 보상은 각 권리의 라이선스 허락시 로열티 금액을 고려하여 적절한 보상금을 지급하도록 규정하고 있다(협정 31(h)).

(8) 사법 심사의 원칙

강제실시권의 결정 및 보상금액에 대해서는 행정기관 혹은 사법기관의 심사대상이 된다(협정 31(i)(j)). 우리 특허법은 강제실시권 허락결정에 대해서는 행정심판을, 보상금액에 대해서는 법원에 의해 금액의 조정을 받을 수 있도록 하고 있다.

(9) 강제실시권 요건의 예외

권리남용으로 인한 반경쟁적 행위에 기초하여 강제실시권이 허락되었을 경우에 일반적인 절차규정과는 다른 법을 적용할 수 있다. 즉, 반경쟁적 행위 여부가 주로 법률적인 절차에 의해 결정되고 권리자의 과다한 권리남용을 규제하기 위해 발동되기 때문이다(협정 31(k)).

7. 특허권의 취소 또는 몰수

특허권의 취소 또는 몰수에 관한 결정에 대하여는 사법심사의 기회를 제공하여야 한다(협정 32). 그리고 파리협약 제5조 A(1)(2)을 적용하여 강제실시권만으로 권리자의 권리남용을 규제할 수 없고 최초의 강제실시권 발동 후 2년 후에야 특허권을 취소 또는 몰수할 수 있다.

8. 특허권의 보호기간

본 협정의 특허권의 존속기간은 출원일로부터 20년이다(협정 33). 협정의 보호기간과 동일한 국가는 우리나라, 미국, EPO, 독일, 일본 등이다.

---

[724] 同旨, 천효남, 전게서, p.967

9. 입증책임의 전환

(1) 제법특허(process patent)를 보호하기 위하여 일반적인 침해소송과는 달리 제법특허에 관한 침해 발생시 침해가 아니라는 입증책임을 침해자에게 부과하도록 할 수 있다. 따라서 체약국은 다음 중 최소한 하나의 경우에는 동일한 물질이 특허권자의 동의 없이 생산된 경우 반대의 증거가 없는 한, 이미 특허된 제법에 의해서 취득된 것으로 간주된다고 규정하며, 입증책임이 주장된 침해자에게 있다고 자유로이 규정한다(협정 34①).

① 특허된 제법에 의해 취득된 물질이 신규인 경우

② 동일물질이 그 제법에 의해서 만들어졌을 상당한 가능성이 있고 특허권자가 합리적인 노력에 의해서도 실제로 사용된 제법을 판정할 수 없는 경우

(2) 입증책임 전환과 관련하여 우리나라 특허법은 생산방법의 추정(法 129)에 관한 규정을 두고 있다.

제5절 특허법 조약(Patent Law Treaty ; PLT)

I 서 설[725]

산업재산권에 대한 국제적 보호를 위한 특허제도에 대한 통일화 노력은 다양한 방법으로 시도되어 왔다. 산업재산권 보호에 관한 파리조약(Paris Convention for the Protection of Industrial Property)과 특허협력조약(Patent Cooperation Treaty ; PCT)은 그러한 노력의 대표적인 결과이다. 한편 이와는 별도로 지식재산권의 국제적 보호를 위한 통일화 노력이 다양한 방법으로 시도되어 왔는데, 이러한 노력의 일환으로 자국 내 특허법에 대한 국제적인 통일화(harmonization)에 대한 구체적인 협의가 세계지식재산권기구(WIPO)의 주관하에 1983년부터 시작되었다. 최초의 조약 안에는 특허출원 및 심사절차, 특허 등록요건, 특허권 보호 및 침해에 대한 구제와 같이 주로 실체적인 사항의 통일화에 대한 조항들을 포함하고 있었으나, 1991년에 개최된 외교회의에서 선출원주의 및 국제유예기간(international grace period) 등의 쟁점들에 대해서는 회의참가국의 의견이 첨예하게 대립된 결과, 외교회의 자체가 결렬되는 진통을 겪게 되었다. 그러나 산업구조의 고도화 및 지속적인 경제성장의 결과로 무역, 투자, 산업경쟁력의 거시적 평가차원에서 국제사회에서의 특허제도의 통일화에 대한 필요성이 절실하게 요구되었고, 이에 다른 1995년에 특허법 통일화에 대한 국제적 논의가 다시 WIPO의 중재로 재개되었으며, 시급한 제도 도입을 목적으로 국내 및 지역 특허절차의 방식 요건에 대해서 협상을 개시하기로 합의하였다.

---

[725] 장준호, 지식재산21, 2000년 3월호

이후 5차례 개최된 특허법조약 전문가회의(Committee of Experts on the Patent Law Treaty)에서 특허법 조약에 대한 협상이 진행되었으며, 1998년 새로 선임된 이드리스 WIPO 사무총장의 지시하에 신설된 특허법 상설위원회(Standing Committee on the Law of Patents ; SCP)에서 후속 협상을 추진하여 여러 차례의 회의가 개최되었다.

약 5년간의 협상기간 동안 회의 참가국들은 글로벌 시장경제하에서 산업 및 경제발전의 원동력으로서 글로벌 특허법제의 완성에 적극적으로 동참하는 입장을 견지하였으며, 특허 절차 및 방식의 통일화를 위한 중요한 계기를 마련하게 되었다. 특히, 제3차로 개최된 SCP에서 특허법 조약의 최종안이 마련되었으며, 대부분의 조항에 대한 합의가 도출되었다. 마침내 특허법 조약 채택을 위한 외교회의의 준비회의가 1999년 4월 15일과 16일에 개최되었으며, 2000년 5월 11일에서 6월 2일까지 스위스 제네바 WIPO 본부에서 개최한 특허법 조약을 위한 외교회의에서 2000년 6월 1일 특허법 조약(PLT)을 최종적으로 체결하였다.

조약과 최종 의정서에 동시 서명한 국가는 미국, 독일, 스위스, 북한 등 44개 국가이고, 최종의정서에만 서명한 국가는 한국, 일본, 중국, 영국, 프랑스 등 60개 국가와 3개 정부 간 기구(EPO, 유라시안특허청, 아프리카지역 산업재산권청)이며, 10번째 국가(정부 간 기구 제외)가 비준서 또는 가입서를 기탁한 3개월 후부터 조약이 발효되도록 되어 있어 2005년 1월 28일 루마니아의 가입으로 총 10개국이 가입하여 2005. 4. 28. 발효되었다.

II 파리조약, PCT, PLT의 비교[726]

경제와 기술의 탈 국경화에 따라 많은 출원인들이 그들의 발명을 외국에서 특허권으로 보호받아야 할 필요성이 높아졌다. 그러나 파리조약에 의해 각국에서 특허권을 획득하는 것은 각국의 특허법이 서로 달라 그 과정에 어려움을 많이 겪어 왔고, 이러한 어려움을 최소화하기 위한 방안으로 1970년 특허협력조약(PCT)이 채택된 바 있다. PCT는 기본적으로 하나의 국제출원으로 여러 나라에 출원하는 효과를 거두기 위한 것으로서 그 효과에 한계가 있었다. 즉, PCT는 국제출원이 국제단계에 있을 때 국제사무국, 국제조사기관, 국제예비심사기관, 출원인 등이 지켜야 할 규범을 정할 뿐, 일단 국내단계로 진입하면 그 후 각국 특허청에서 진행되는 절차는 규율하지 못하는 것이다. 반면에, PLT는 특허출원에 대하여 각국 특허청이 자국 내에서 부과할 수 있는 절차의 최대요건(maximum requirements)을 규정하고 특허법 조약의 체약국(Contracting Party) 특허청은 그 요건 내에서 절차에 관한 법을 운용하여야 함을 의미한다.

이제 PLT의 출범에 따라, 출원인들은 PCT와 PLT를 함께 활용하여 세계 각국에서 보다 용이하게 특허권을 획득할 수 있게 된 것이다. 즉, PCT에 의해 국제출원을 하고 동 출원이 국내단계로 진입하면 PLT에 의해 쉽고 안전하게 특허권을 획득, 유지할 수 있게 되는 것을 의미한다.

---

[726] 정양섭, 지식재산21, 2000년 7월호 "특허법 조약: 통일화와 단순화의 추구" / 황종환·김현호, 특허법(제11판), 한빛지적소유권센터, 2006년, p.63

III 특허법 조약(PLT)의 특징

PLT의 두 핵심단어는 통일화(harmonization)와 단순화(streamlining)이다. 즉, 서로 다른 각국의 특허법을 통일화하되, 단순한 방향으로 통일화하자는 것이다. 그 결과, 출원인이 예측가능하며 일관되고 간소한 절차를 제공하고, 나아가 출원인이 실수를 할 가능성을 줄이고 실수를 하였을 경우에 실수를 정정하는 기회를 제공하게 된다.

PLT의 주요 특징으로 꼽을 수 있는 것으로는 출원일 요건 완화, PCT 요건과 상응하는 표준화된 요건, 표준 양식의 사용, 간소화된 대 특허청 절차, 의도되지 않은 권리의 상실 방지, 전자출원에 대한 기본규칙 설정 등이 있다.

IV 특허법 조약(PLT)의 구체적 내용[727]

1. PLT의 기본원칙(제2조)

PLT는 최대요건을 설정하며, 각국은 그 최대요건하에서 출원인의 입장에서 보아 더 유리한(more favorable) 제도를 택할 수 있다. 예를 들어, 실용신안은 PLT의 적용 대상이 아니나, 각국이 PLT를 실용신안에 적용하는 것은 자유이다. 그러나 출원일 설정 방식의 통일을 위해 출원일 설정을 규정하는 제5조는 본 원칙의 예외이다.

또, 기본적인 원칙으로서, PLT는 각국의 실체적인(substantive) 특허법은 규율하지 않는다. 상기 PLT의 논의과정에서 언급되었듯이, PLT는 신규성, 진보성, 명세서 기재요건 등의 실체적 사항에 대하여는 적용되지 않는다. 이는 PLT의 조문 해석에 있어서 중요한 원칙으로서 PLT 조문 해석이 실체를 포함하는 것으로 해석되어서는 아니 된다는 것을 의미한다.

2. 선출원일 확보 후 정식출원 허용(제5조)

특허출원의 첫 단계로서 출원일(filling date)을 조기에 손쉽게 확보하는 것은 매우 중요하다. 특히, 우선권주장을 할 수 있는 시기가 종료되기 직전에는 더욱 그러하다. 우선권을 주장할 수 있는 마지막 날 오후에 출원인이 찾아와 수개국에 우선권을 주장하여 출원하도록 요청하는 경우에 대리인으로서는 여간 난감한 일이 아니다. PLT에 의하면, 대리인이 이러한 경우에 쉽게 대처할 수 있다. 출원일 설정을 쉽게 하기 위해 PLT는 출원일 설정과 상대적으로 기재가 까다로운 출원을 분리하였다. 출원일 설정은 먼저 용이하게 하고 차후에 정식출원을 하도록 배려한 것이다.

---

[727] 정양섭, 지식재산21, 2000년 7월호 "특허법 조약 : 통일화와 단순화 추구"

출원일 인정요건으로는 제5조의 규정에 의해 제출되는 서류가 출원을 목적으로 한다는 취지의 명시적 또는 묵시적 표시, 출원인의 신원을 확인할 수 있는 표시 또는 특허청에서 출원인에게 연락할 수 있는 표시, 명세서로 간주되는 부분을 제출하면 일단 출원일을 확보할 수 있고, 조약 제6조에 의한 정식의 출원은 시간을 두고(2개월 이상) 천천히 제출하면 되는 것이다.

더욱이, "명세서로 간주되는 부분"은 해당 특허청이 인정하지 않는 어떤 언어로도 작성될 수 있고 청구항을 포함할 필요도 없다. 만약 "명세서로 간주되는 부분"을 제출할 여유도 없다면, 이미 출원되어 있는 선출원이나 이전출원의 출원번호와 동 출원이 출원되었던 특허청의 이름만으로 기재하는 참조(reference) 절차를 통하여 "명세서로 간주되는 부분"의 제출에 갈음할 수도 있다. 또, 출원일 설정을 위해서는 출원료도 납부할 필요가 없으며, 출원일 설정 이후 2개월 이내에 천천히 납부하면 된다.

3. 통일화된 출원양식(제6조)

출원인은 출원일을 확보한 후 해당 특허청이 정하는 기간 내에 정식의 출원서를 작성하여 특허청에 제출하여야 하는데 이때에도 각국이 PCT의 출원서 양식에 상응하는 표준화된 양식을 사용하므로 해당 특허청의 다양한 양식을 숙지하고 기재하는 수고를 덜게 된다.

더욱이 출원인이 해당 특허청에 사용하는 PCT 출원신청서에 상응하는 신청서 외에 PCT 출원신청서 그 자체에 해당 특허청의 국내출원임을 표시하여 제출하여도 동 신청서를 접수를 의무화하고 있다. 출원인은 WIPO의 인터넷 사이트에서 해당 특허청이 인정하는 언어로 작성된 PCT 출원신청서를 다운받아 간단히 기재할 수 있는 것이다.

또한, 우선권주장이 있는 경우 우선권서류의 번역문의 제출을 요구하는 현행 각국의 규정과는 달리 PLT는 우선권주장의 진실성이 관련 발명의 특허성 여부를 판단하는 데 관련되는 경우에만 번역문의 제출을 요구할 수 있도록 하여 출원인의 편의를 증진할 뿐 아니라 특허청의 관리부담도 경감시키고 있다. 나아가서, PLT는 향후 우선권서류를 제출하지 않을 수 있는 여지도 열어 놓고 있다. 즉, WIPO가 구축하고자 하는 지식재산권 디지털도서관(Intellectual Property Digital Library ; IPDL)이 완성되면 각 특허청은 다른 특허청의 출원관련 서류를 동 도서관에서 조회할 수 있으므로 우선권서류의 제출을 요구할 필요가 없어지는 것이다.

4. 대리인 선정의 비강제(제7조)

현행 다수 국가의 특허법에 의하면, 외국에 출원하기 위해서는 해당 특허청에 등록된 대리인을 통하여 모든 절차를 밟는 것이 일반적이나, PLT에 의하면 많은 절차에 대리가 강제되지 않으므로 일일이 대리인을 선정하여야 하는 불편을 덜게 되고 당연히 대리인에 대한 서비스료 지불이 줄어든다. 앞서 말한 출원일 설정을 위한 서류의 제출은 어떤 경우에도 대리가 강제되지 않을 뿐 아니라, 단순한 수수료의 지불이나 선출원서의 사본 제출 등에도 대리가 강제되지 않는다.[728]

5. 의사표시(제8조)

제8조는 출원이 각종 의사표시를 위해 특허청에 제출하는 서류의 양식(form)과 제출하는 방식(means)에 대하여 규정한다.

기본적으로 특허청은 출원일 설정 및 지정기간 준수를 위한 서류가 서면으로 제출되는 것도 접수하여야 하는 의무를 진다. 이는 전자출원이 보편화되면서 선진국들이 서면출원을 허용하지 않을 경우 개발도상국 발명자나 출원인에게 불리하게 작용한다는 사실에 착안하여 이를 방지하기 위한 조항이다. 또한 각국의 각종 서류양식이 서로 상이하여 출원인이 쉽게 구하기가 어렵다는 것을 감안하여, PLT는 각 특허청이 WIPO가 제안하는 국제표준양식(Model International Forms)에 의한 서류를 접수하는 의무를 지워 출원인의 편의를 증진하고 있다. 한편, 조약 제8조의 하위규정인 규칙 제8조(1)(a)의 규정에 의하면, 2005년 6월 2일 이후에는 희망하는 특허청은 100% 전자출원을 시행할 수 있다.[729]

6. 기간해태(懈怠)의 구제(제11조)

출원인이 특허청이 정한 지정기간을 준수하지 못하였을 경우에도 구제의 기회를 제공한다. 출원인이 각종 서류 제출의 기간을 준수하지 못하여 귀중한 권리를 상실하는 경우를 최소화하기 위한 배려이다. 하지만, 출원인이 기간해태에 대한 구제를 받는 것이 상대방에게 피해를 줄 수 있는 경우와 출원인의 실수라고 인정되지 않는 경우 등은 구제가 허용되지 않는 것으로 한다.[730]

7. 권리의 복원(제12조)

본 조항은 출원인이 특허청에 대한 절차와 관련하여 준수해야 할 기간을 상당한 주의를 기울였음에도 불구하고 과실 없이 준수하지 못하여 출원 또는 특허관련 권리의 상실이 초래되는 경우, 체약국의 권리복원 의무를 규정한다. 권리복원신청서에는 신청서에 그 신청이유가 기재되어야 하고 체약국은 신청이유를 지지할 수 있는 서약서 또는 증거를 제출하도록 요구할 수 있다.

---

[728] 특히, 등록유지료의 납부는 대리인의 도움에 대한 필요성이 극히 낮다고 판단되어 대리가 강제되지 않을 뿐만 아니라 제3자도 납부를 대리할 수 있다. 즉, 외국의 특허권자는 자국의 은행에 등록유지료 납부를 요청할 수가 있는 것이다. 이론적으로는 변리에 관한 자격증이 없이도 특허청을 상대로 등록유지료 납부만 전담하는 업무를 할 수가 있게 될 것이다. 번역문의 제출도 대리가 강제되지 않도록 하자는 제안에 대하여 외교회의에서 많은 논란이 있었으나, 번역문이 많은 경우 특허의 실체와 관련되는 경우가 있고 개발도상국 변리사의 양성을 저해하는 측면이 있다는 반발이 있어 채택이 거부되었다.

[729] 외교회의에 상정된 원 제안은 조약의 발효일로부터 10년 이후에 100% 전자출원을 시행할 수 있는 것이었으나, 미국이 100% 전자출원의 조기 시행을 강력히 주장하여 많은 참가국들의 반대에도 불구하고 채택되었다. 이는 최근 미국 특허상표청에 출원서의 쪽수가 400,000쪽에 달하는 방대한 양의 출원이 접수된 것에 대응하기 위한 것으로, 대용량의 출원의 경우 서면으로의 처리가 매우 어려움을 반영한 것이다.

[730] 즉, 당사자 간 소송이나 재심기간에서의 절차가 진행 중인 경우에는 상대방이 소송의 결과를 기다리고 있으므로 출원인이 기간해태의 구제를 소송 지연의 방책으로 악용할 우려가 있으므로 기간해태의 구제의 대상에서 제외하였다.

다만, 상기 기간해태의 구제(제11조)에서 언급한 바와 같은 이유로 제3자가 불측의 피해를 입을 수 있는 경우 등에는 권리의 복원을 인정하지 않도록 규정하고 있다. 즉, 재심기관에서의 절차나 당사자 간 소송에 대한 절차 등에는 권리의 복원을 인정하지 않는다.

8. 우선권주장의 정정 또는 추가 등(제13조)

우선권주장 기한의 경과 후 2개월 이내에는 우선권주장의 내용을 정정 또는 추가할 수 있는 근거를 제공한다. 또, 우선권주장 기한의 경과 후 2개월 이내에는 후출원을 하여 우선권을 주장할 수도 있다. 이 경우에는 주어진 상황에서 요구되는 정당한 주의를 기울였음에도 불구하고 우선권주장 기간 내에 후출원을 제출하지 못하였거나, 또는 체약국의 선택에 따라 그것이 의도적이 아니었다는 것을 특허청이 발견한 경우에 한한다.

V 우리나라의 PLT 가입시기 검토

앞에서 설명한대로 PLT는 조약에 서명한 국가 중 10번째 국가가 비준서를 제출하거나 혹은 비서명국이 가입서를 WIPO의 사무총장에게 제출한 날로부터 3개월 후 발효되도록 되어 있다. 2005. 1. 28. 루마니아의 가입으로 총 10개국이 가입하여 조약 발효요건을 충족함에 따라, 2005. 4. 28. 발효되었다. 2010년 현재 영국, 프랑스, 호주 등 27개국이 가입하였으며, 미국은 2007년 의회에서 가입 승인하였다. 우리 특허청도 이미 PLT 규정을 고려한 법개정을 단계적으로 진행하여 왔으며, PLT 가입을 위한 국제동향의 변화를 주시하여 왔다. 이에 따라 현재 PLT 가입을 위한 특허법 개정작업이 완료되는 대로 조만간 PLT에 가입할 것으로 예상된다.

제6절 특허법실체법 조약(Substantial Patent Law Treaty ; SPLT)

I 개 요

특허법 실체조약은 1986년 6월부터 1994년 1월까지 8차에 걸친 전문가 회의를 통해 기본안(Draft Patent Harmonization Treaty, PHT)이 작성되었으나 미국의 선발명주의 입장 고수로 조약체결을 위한 외교회의개최가 무산되고 1995년 이후 "실체"에 관한 부분을 제외하고 "절차"에 관한 사항에 한하여 논의를 진행한 끝에 2000년 6월 특허법조약(PLT)이 체결되었다. 그러나 특허법조약(PLT)은 특허출원이라는 절차적인 측면에 한하여 규정하였으므로 현재 특허실체에 관한 사항을 통일화시키기 위한 논의가 진행 중에 있다.

II 주요 내용

현재 논의되고 있는 특허 실체에 관한 사항은 특허를 받을 수 있는 권리, 출원의 내용, 명세서의 내용 및 순서, 청구범위 기재방법, 1출원의 범위, 선행기술, 특허요건(특허대상, 산업상 이용가능성, 신규성, 진보성), 청구범위 및 보호범위, 보정 및 정정, 의견 및 재심 등에 관한 문제이다.

논의되고 있는 특허 실체에 관한 사항 중 특허대상의 확대(기술분야 ⇨ 인간의 모든 활동분야), 유예기간(신규성 의제기간)의 확대, 선행기술의 국제주의를 채택, 청구범위 해석 등에 관한 사항이 주요 쟁점이 되고 있다.

제7절 부다페스트 조약

I 개 요

이 조약은 특허절차상 미생물기탁의 국제적 승인에 관한 조약으로서 1977. 4. 28. 헝가리 부다페스트에서 체결되었는데 그 조약이 체결된 지명을 따라 부다페스트 조약이라고 칭한다. 우리나라는 1987. 12월에 가입서를 기탁한 후 이듬 해인 1988. 3월에 동 조약에 가입하였다.

이 조약의 체결로 미생물에 관련한 발명을 여러 나라에 출원하는 경우 각 개별국에 그 미생물을 일일이 기탁하여야 하는 불편을 해소하게 되었다. 따라서, 어느 나라에 미생물에 관련한 발명을 출원하고자 하는 자는 부다페스트(Budapest) 조약에서 지정한 국제기탁기관 어딘가에 선택적으로 기탁을 한 후 출원하면 된다.

부다페스트 조약에 의거 WIPO에서 자격을 인정하는 국제기탁기관은 미국 ATCC, 일본 NIBH 등 30개 이상의 기관이며, 국내에는 생명공학연구소(1990년 6월 30일 자격취득), (사)한국종균협회부설 한국미생물 보존센터(1990년 6월 30일 자격취득), (재)한국세포주연구재단(1993년 8월 31일 자격취득) 등이 기탁기관으로 지정되어 있다.

II 주요 내용

1. 원기탁 및 재기탁

(1) **원기탁**

기탁자가 국제기탁기관에 미생물을 기탁하고자 송부할 때는 다음 사항을 기재한 서면에 기탁자가 서명하여 이를 제출한다.

① 기탁이 조약에 의한다는 표시
② 기탁자의 성명 또는 명칭
③ 미생물의 배양, 보관 및 생존시험에 필요한 조건의 설명 및 혼합미생물을 기탁하는 경우에는 그 혼합미생물의 조성의 설명 및 각 미생물의 존재를 확인하는 한 가지 이상의 방법의 설명 등을 기재한 문서
④ 기탁자가 미생물에 부여한 식별을 위한 표시(번호, 기호 등)
⑤ 건강 또는 환경에 대하여 해를 끼치거나 끼칠 염려가 있는 미생물의 성질의 표시 또는 기탁자가 그 같은 성질을 알지 못하고 있다는 표시(조약규칙 6의1, 6의3)

(2) 재기탁

국제기탁기관은 어떠한 이유 특히 ① 미생물이 생존하고 있지 않거나 ② 시료의 분양을 위해서는 외국에 송부하는 것이 필요한데 외국으로 송부 또는 수령이 수출 또는 수입의 규제에 의하여 금지되어 국제기탁기관이 시료를 분양할 수 없는 경우에 의하여 기탁된 미생물의 시료를 분양할 수 없는 경우에는 즉시 이유를 지칭하여 기탁자에게 분양할 수 없음을 통지하여야 하며, 기탁자는 원국제기탁기관 또는 다른 국제기탁기관에 미생물을 재기탁하여야 한다. 재기탁을 행함에 있어서는 재기탁된 미생물이 원기탁 미생물과 동일한 것임을 진술하고 있는 기탁자가 서명한 진술서를 동봉하여야 한다(조약 4).

재기탁은 원칙으로 원기탁기관에 한다. 재기탁 통지를 수령한 날로부터 3개월 내에 재기탁을 한 때에는 재기탁은 원기탁을 한 날에 된 것으로 취급한다(조약 4).

(3) 수탁증의 발행

기탁자가 국제기탁기관에 대하여 미생물을 기탁하거나 이송할 경우에는 해당 국제기탁기관은 그 미생물을 수령하여 수탁하였음을 증명하는 수탁증을 기탁자에게 발행하여야 한다(조약규칙 7.1). 한편, 재기탁에 의해 수탁증을 발행할 때에는 수탁증에 선행기탁에 대한 수탁증의 사본과 선행기탁된 미생물이 생존하고 있음을 표시하는 최신의 생존에 관한 증명서의 사본을 첨부하여야 한다(조약규칙 7.4).

2. 국제기탁기관의 자격요건 등

(1) 자격요건

국제기탁기관으로서의 지위를 취득하기 위해서는 기탁기관은 체약국의 영역 내에 존재하여야 함은 물론 아래의 요건을 충족한다는 것을 체약국 또는 정부 간 산업재산권기관의 보증을 얻어야 한다(조약 6).

요건으로는 ① 영속적일 것, ② 과학적 및 관리적인 업무를 수행하기 위하여 필요한 직원 및 시설을 갖추고 있을 것, ③ 공평하고 객관적일 것, ④ 기탁에 관하여 어떠한 기탁자의 입장에서도 동일의 조건하에서 이용이 가능할 것, ⑤ 미생물에 대하여 수탁하고 생존시험을 행하고 이를 보관할 수 있을 것, ⑥ 수탁증 및 생존에 관한 증명서를 발급할 것, ⑦ 비밀을 유지할 수 있을 것 ⑧ 미생물의 시료를 분양할 것 등이 있다.

(2) 지위의 취득

기탁기관이 국제기탁기관으로 지위를 취득하기 위해서는 체약국 등으로부터 사무국장에게 서면에 의한 통고가 필요하다. 그 통고에는 위의 ①부터 ⑧의 요건을 충족시킬 수 있음을 보증하는 내용의 선언이 포함되어야 한다. 그리고 국제사무국은 그 통고를 공표한다. 그 통고의 공표일은 원칙적으로 국제기탁기관으로서의 지위취득일이 된다(조약 7).

3. 미생물의 보관

국제기탁기관은 수탁한 미생물을 오염시키지 않고 생존시키기 위하여 필요한 모든 주의를 기울이며 수탁한 미생물시료의 분양에 대한 가장 최근의 요청이 접수된 후 최소한 5년간 동 미생물을 보관하여야 하며 어떠한 경우에도 수탁일로부터 최소한 30년간은 이를 보관하여야 한다(조약규칙 9.1). 또한 기탁된 미생물에 대하여는 비밀을 지켜야 한다(조약규칙 9.2).

4. 미생물시료의 분양

(1) 관계특허청에 대한 시료분양

미생물관련 출원이 그 특허청에 되어 있고, 분양된 미생물의 시료 및 시료에 관한 정보를 특허절차를 위해서만 사용할 것 등을 조건으로 관련 특허청에 대하여 국제기탁기관은 미생물의 시료를 분양한다(규칙 11의1).

(2) 기탁자 및 그의 승낙을 받은 자에 대한 시료분양

기탁자가 청구한 경우 또는 기탁자가 분양을 승낙한 경우에는 국제기탁기관은 그 미생물의 시료를 분양한다(규칙 11의2).

(3) 법령상의 자격 있는 자에 대한 시료분양

① 미생물관련 출원이 특허청에 되어 있고, ② 그 특허청이 특허절차상의 공표를 하였으며, ③ 분양청구자가 시료의 분양을 받을 권리를 갖고 있을 것 등을 특허청이 증명한 때에는 분양청구자에 대하여 국제기탁기관은 미생물의 시료를 분양한다(규칙 11의3).

제8절 스트라스부르그 협정

I 개요

「국제특허분류에관한 스트라스부르그 협정(Strasbourg Agreement Concerning International Patent Classification)」은 특허나 실용신안에 대한 통일된 분류체계의 채택을 통해 산업재산권 분야에서 더욱 긴밀한 국제적 협력을 확인하고 이 분야에서 각국의 법령을 조화시키는 데 기여할 목적으로 1971년 3월 24일 스트라스부르그에서 체결된 국제협정이다. 이는 발명특허의 국제분류를 창설하는 데 기초가 된 1954년 12월 19일의 발명특허의 국제분류에 관한 유럽협약에 바탕을 두고 있으며, 파리조약 당사국이면 이 협정에 가입할 수 있도록 되어 있다. 우리나라는 1998년 10월 8일 가입서를 기탁하였으며, 가입서 기탁일로부터 1년 후인 1999년 10월 8일부터 발효되었다.

II 주요 내용

이 협정이 적용되는 국가는 특별동맹을 구성하며, 발명특허·발명자증·실용신안 및 실용증에 대하여는 「국제특허분류」로 알려진 공통의 분류를 채택한다(조약 1). 국제특허분류는 관리적 성격만을 가지며 특별동맹의 각 회원국은 분류를 주요 또는 보조 분류체계로써 사용할 권리를 가진다(협정 4). 특허분류를 부여하는 것은 심사관이 출원된 발명의 기술내용을 파악하여, 해당 기술이 속하는 기술분류를 명확히 정함으로써 심사관이나 특허정보를 이용하고자 하는 자가 특허정보를 용이하게 검색할 수 있게 하며, 심사관의 심사담당분야를 정하는 기준을 제공함으로써 전문적인 심사를 가능하게 한다.

III 우리나라가 사용하고 있는 국제특허분류

우리나라 특허청은 1948년부터 1979년까지는 일본특허분류를 참고한 한국특허분류(KPC ; Korean Patent Classification)를 사용하여 오다가 1980년부터 국제특허분류(IPC : International Patent Classification) 제3판을 도입하여 사용하기 시작하여 현재 IPC 제9판을 사용하고 있는데 이러한 IPC는 우리나라뿐만 아니라 100여 개국이 사용하고 있다. 2006년 1월 1일부터 시행되기 시작한 IPC 8판 이후의 주요 특징은 기본레벨과 확장레벨로 분류체계를 이원화, IPC 입력 자리수의 변경, 특허문헌상 IPC 표현양식의 변경, 인덱싱 코드를 사용하는 복합분류체계(Hybrid System)의 개선, MCD(Master Classification Database)의 생성, X-기호 부여 폐지, 풍부한 설명자료(분류정의 화학구조식 및 도해, 안내참조) 도입으로 요약할 수 있다.

제12장 실용신안법

Chapter 12 실용신안법

I 의 의

실용신안법 제도를 두고 있는 국가는 전세계적으로 약 26개국 정도인데 한국, 독일, 일본, 중국 등이다. 이러한 실용신안제도는 기술적 사상인 '고안(utility model)'을 보호대상으로 한다는 점에서 특허제도와 공통되나, 등록요건에서 고도성을 요하지 않는다는 점과 보호대상인 고안은 '물품'에 관한 것으로 한정된다는 점에서 특허제도와 차이가 있다. 고안은 발명과 비교할 때 고도성이 요구되지 아니하는 차이는 있으나 근본적으로 기술적 사상이라는 점에서 공통되므로 '소발명'으로 칭하기도 한다.

II 연 혁

우리나라는 1946년 군정법령 제91호로 제정된 특허법에서 실용신안제도를 채택하였다가 1961년 실용신안법을 독립하여 제정하여 심사주의하에서 실용신안제도를 운영하였다.
그러나 1990년대에 이르러 특허 및 실용신안 출원건수가 증가함에 따라 심사적체가 심화되어 특허 및 실용신안의 심사처리기간이 약 37개월까지 소요되고, 기술의 생명주기(Life-Cycle)가 단축됨에 따라 조기 권리화의 필요성이 제기되어 실용신안 무심사 선등록제도를 1999년 7월 1일부터 시행하였다. 그러나 심사기간의 단축과 선등록 실용신안권의 남용 등에 따른 폐해를 이유로 실용신안제도를 다시 심사주의로 전환하여 2006년 10월 1일부로 시행 중에 있다.

III 실용신안법의 보호대상

1. 서(序)

「실용신안법의 보호대상」은 물품의 형상·구조·조합에 관한 고안(utility model)이다. 여기서, 「고안」이라 함은 자연법칙을 이용한 기술적 사상의 창작을 말한다(實用 2.1). 특허의 대상인 발명과 기술적 사상의 창작이라는 면에서 본질적으로 동일하나, 창작이면 족하고 특허법상의 발명과 같이 창작의 고도성이 필요하지 않다는 점에서 특허법상의 발명과 비교된다. 이러한 실용신안법의 보호대상은 물품의 형상·구조·조합이다.

2. 물품의 형상·구조·조합

(1) 물품

「물품」이란 공간적 일정한 형태를 가진 것으로서 일반 상거래의 대상이 되는 자유롭게 운반 가능한 상품으로서 사용목적이 명확한 것을 말한다. 따라서 물건일지라도 일정한 형태를 갖지 않는 의약, 화학물질 등은 실용신안의 보호의 대상이 아니다. 한편, 물품은 독립적 사용가치를 가지는 것만이 아니라 부분적 사용가치를 가지는 부품 등도 포함된다.

즉, 물품의 일부(지팡이의 손잡이, 스푼의 손잡이, 병주둥이 등)와 같이 물품의 구성부분이기 때문에 역시 실용신안법상의 물품이다.

(2) 물품의 형상

「형상」이란 선이나 면 등으로 표현된 외형적 형상을 의미하여, 그것이 입체적(육각연필)인지 평면적(줄 긋는 자)인지를 불문한다. 예컨대, 자동차의 형상, 톱니바퀴의 치형 공구의 날 같은 것이 이에 해당한다.

(3) 물품의 구조

「구조」란 공간적, 입체적으로 조립된 구성으로서 물품의 외관만이 아니고 평면도와 입면도에 의하여, 경우에 따라서는 측면도나 단면도를 이용하여 표현되는 것을 말한다.

즉, 물품의 구조는 반드시 입체적일 필요는 없다.

구조라 하면 입체적인 것으로 이해하고 있지만, 실무는 선, 문자, 도형, 기호의 배열·결합 등 평면적인 것(시력검사표의 활자 배열·색채 등, 전화번호 기재장부의 표기란)도 구조의 일종으로 보고 있으며, 전기회로도 구조의 일종에 포함시킨다. 아울러 구조상의 특징은 외관상 명료하지 않아도 된다.

즉, 육안상 동일구조로 보이는 것이라도 절단하거나 또는 물리적·화학적 분석에 의하여 구별할 수 있는 경우(재료가 상이한 면도날, 자성을 띤 면도날과 자성을 띠지 않는 면도날 등)에는 구조상의 상이가 있다고 본다. 이러한 견해는 재료 자체의 고안도 물품의 형태를 통하여 간접적으로 보호될 수 있다는 것을 의미한다. 그러나 이와 같은 재료의 고안이 등록을 받을 수 있기 위해서는 물품의 형태와 재료가 일체 불가분의 관계에 있어야 한다.

그리고 물품의 모든 부분이 일정한 형태를 가질 필요는 없다.

즉, 액체, 기체 또는 분체 자체는 일정의 형태를 갖지 못하여 보호의 대상이 되지 않지만 이들이 일정의 형태를 갖는 물품의 일부로서 다른 부분과 유기적인 관련을 갖고 일정의 효과를 달성한다면 보호의 대상이 된다(수은온도계, 모래시계 등).

(4) 물품의 조합

「물품의 조합」이란 물품의 사용시 또는 불사용시에 있어서 그 물품의 2개 또는 그 이상의 것이 공간적으로 분리된 상태에 있고 또한 그것들을 독립하여 일정한 구조 또는 형상을 가지고 있어 사용에 의하여 그것들이 기능적으로 서로 관련하여 사용가치를 발휘하는 것을 말한다.

이러한 물품의 조합에는 ① 2 이상의 상이한 물품이 집합하여 사용시 밀접불가분의 상태가 되어 일정목적을 달성하는 것(볼트와 너트, 바둑판과 바둑알), ② 2 이상의 동종물품의 집합으로서 사용시 일체가 되어 하나의 목적을 달성하는 것(화투, 트럼프 등)이 있다.

(5) 물품의 형상, 구조 또는 조합이 아닌 것[731]

① **방법**: 실용신안법상 물품이라고 말할 수 있기 위해서는 적어도 일정한 형태를 갖는 '물건'이어야 한다. 따라서 '방법'과 같이 물건과 다른 카테고리에 속하는 것은 실용신안법의 보호대상이 아니다.

② **시스템(system)**: 시스템은 방법과 장치를 모두 포괄하고 있으므로 청구항의 말미가 시스템으로 기재된 경우 청구항에 기재된 내용에 의하여 물품인지 여부를 판단한다.

③ 기능·게임 등은 그 자체는 물품에 속하지 아니한다. 다만 "…로 구성된 게임기", "…을 갖는 장치" 등으로 고안의 대상이 물품이라는 것을 명확히 한 경우에는 물품으로 볼 수 있다.

④ **물질 또는 재료 자체**: 앞에서 설명한 대로 형상이 확정되지 않은, 예컨대, 기체상태·분말 형태의 물질 또는 재료 자체는 실용신안법의 보호대상이 되지 아니한다. 다만, 물질이 일정한 형상을 갖는 물품의 일부로서 다른 부분과 유기적인 관련을 갖고 일정한 효과를 이루는 경우에는 물질이 포함된 물품은 등록이 가능하다(수온온도계, 모래시계 등). 또한 재료의 경우 재료가 물품의 형태와 일체불가분의 관계에 있는 경우에는 보호대상이 될 수 있다.[732]

⑤ **공간 형상**: 어떤 특정 상황하에서 형성된 확정된 공간형상도 물품의 형상으로 볼 수 있다(새로운 형상의 얼음컵, 낙하산 등).

⑥ 기능적 표현만으로 기재되어 형상·구조를 특정할 수 없는 것은 실용신안의 보호대상이 아니다(녹슬지 않는 볼트).

⑦ 구조상의 특징은 외관상 명료할 것을 필요로 하지 않는다. 시각적으로 보아 동일 구조라고 인정되는 것이라도 절단함으로써 또는 물리적·화학적 분석에 의하여 구별할 수 있는 경우(재료가 상이한 면도날, 자성을 띤 면도칼의 날과 자성을 띠지 않는 날)는 구조상의 차이가 있는 것으로 본다.

---

731) 특허청, 심사지침서 참조
732) 예를 들면, 철판의 경우 표면에 체크 무늬의 돌기부가 형성되어 그 돌기부에 의하여 종래품과 다른 특수한 작용효과를 이룰 경우에는 등록이 가능하다.

⑧ 전자제품 회로, 도로의 구별이 용이하도록 도로의 색을 달리하여 인쇄한 지도 등은 물품의 구조로 본다. 다만 지도 등이 기술적인 효과 없이 미적·정신적 효과만을 갖는다면 비록 구조로 인정된다 하더라도 자연법칙을 이용한 기술적 사상의 창작으로서의 고안으로 인정될 수 없어 등록을 받을 수 없다.

Ⅳ 실용신안 등록요건

1. 서(序)

실용신안법의 등록요건은 특허의 등록요건과 동일하다. 즉, 신규성·진보성·산업상 이용가능성이 있어야 한다(實用 4). 단지, 특허와의 차이점은 실용신안은 '물품의 형상, 구조 또는 조합'에 관한 고안에 한하고 있다는 점이며 진보성에서 특허는 '용이'하게인 데 반해 실용신안은 '극히 용이'하게로 규정하고 있다.

신규성과 산업상 이용가능성은 특허와 동일하다. 따라서 본문에서는 신규성과 산업상 이용가능성은 생략하고 진보성과 실용신안의 출원절차적 요건에 대하여 설명하겠다.

2. 진보성

고안의 진보성 판단기준은 기본적으로는 발명의 진보성 판단의 경우와 같지만, 진보성의 정도에 있어서는 양자는 상이하다(實用 4②). 발명의 진보성은 그 창작수준이 '용이'하지 않을 것을 필요로 함에 대하여, 고안의 진보성은 '극히 용이'하지 아니하면 된다. 어느 정도를 극히 용이한 것으로 볼 것인지는 심사관·심판관의 지식과 경험에 의한 가치판단에 의하여 정해질 수밖에 없으나, 고안(실용신안)의 진보성은 발명의 진보성 정도까지는 아니지만 공지기술을 기초로 하여 당업자가 당연히 생각할 정도를 넘는 것이면 고안의 진보성은 있는 것으로 보는 것과, 공지문헌을 다수 인용하지 아니하면 거절할 수 없는 경우는 진보성이 있다고 보는 것 등이 고안의 진보성 판단의 참고적 기준이 될 수 있다.

3. 출원절차

실용신안은 특허와 출원절차가 유사하지만 실용신안의 도면제출분과 1군의 발명 인정범위가 특허와 상이하다.

(1) 도면의 제출

실용신안등록출원서에는 명세서와 요약서 이외에 「도면」이 필수적으로 첨부되어야 한다(實用 8②). 실용신안법은 '물품의 형상·구조 또는 조합에 관한 고안'을 등록대상으로 하고 있어서 물품에 구체화되는 고안을 이해하기 위해서는 도면의 제출이 필요하다.

그러나 특허출원의 경우 방법의 발명 또는 화학물질의 발명은 도면을 작성할 필요가 없기 때문에 출원시에 도면의 제출이 필수적인 것은 아니다. 국제실용신안등록출원의 경우에도 도면의 제출은 필수적이다(實用 36).

(2) 1실용신안등록출원의 범위

2001년 개정법부터 1출원의 범위를 종전 실용신안법을 개정하여 특허법에서와 같이 '1군의 고안'에 대하여는 1출원으로 할 수 있도록 하였다(實用 9①).

여기서 유의할 점은 실용신안법의 고안은 물품의 형상·구조 또는 조합에 관한 것으로 '물품'에 한정되므로 '방법'까지 보호하는 특허출원의 경우와 달리 1실용신안등록출원의 범위(實用 9)의 기재방법이 특허출원의 경우와 상이하다. 즉, 특허출원은 카테고리가 상이한 발명 간(물건발명 또는 방법발명)에 있어서 1군발명의 범위를 넓게 인정하지만, 실용신안등록출원에 있어서 '물품'에 관한 고안만이 허용된다.

V 심사절차 및 우선심사 대상

특허와 실용신안 모두 심사 청구 기간은 출원일로부터 3년이다(實用 12②). 실용신안의 우선심사청구 대상 요건(實用 15)도 특허의 우선심사요건(法 61)과 거의 유사하지만 실용신안의 경우는 출원과 동시에 심사청구를 하고 그 출원 후 2개월 이내에 우선심사의 신청이 있으면 그 실용신안등록출원은 우선심사의 대상이 된다.

VI 실용신안권

특허권은 특허권 설정등록이 있는 날로부터 특허출원일 후 20년이 되는 날까지이며, 실용신안권은 실용신안권 설정등록이 있는 날로부터 실용신안등록출원일 후 10년이 되는 날까지이다(實用 22①). 실용신안권의 효력이 미치지 않는 범위(實用 24)가 특허권의 효력이 미치지 않는 범위(法 96)보다 좁다. 즉, 실용신안권은 의약, 제법방법에 관한 고안이 허용되지 않으므로 의약, 제법방법에 관한 내용은 실용신안권에는 없다.

아울러, 의약이나 농약등에 관한 발명에만 허용되는 존속기간 연장등록제도(특허법 89)도 실용신안에는 존재하지 아니한다.

침해로 보는 행위(實用 29)도 실용신안법은 방법발명과 물질발명은 해당되지 않아 제외된다.

Ⅶ 등록을 받을 수 없는 고안

실용신안법상의 부등록사유(實用 6)는 특허법상의 부등록사유(法 32)보다 한 가지가 추가된다. 즉, 국기 또는 훈장과 동일하거나 유사한 고안, 공공의 질서 또는 선량한 풍속을 어긋나게 하거나 공중의 위생을 해할 염려가 있는 고안이 실용신안의 부등록 사유이다.

Ⅷ 실용신안제도의 폐지론

소발명인 실용신안을 폐지하자는 폐지론과 존치하자는 존치론, 폐지는 곤란하지만 현재의 제도를 수정하여 운영하자는 수정론이 존재하고 있다. 실용신안제도를 폐지하자는 주장은 주로 대기업 등이고 존치하자는 주장은 주로 중소기업 등의 입장이다.

1. 실용신안제도의 폐지론

실용신안제도의 폐지를 주장하는 논리적 근거는 다음과 같다.

(1) 기술수준이 낮은 소발명을 보호하는 실용신안제도는 과거 우리나라가 기술수준이 선진국에 비하여 현격하게 낮을 때에는 유용하였으나, 지금은 이미 그 사명을 다하였고 시대에 뒤떨어진 제도에 지나지 않는다.

(2) 실용신안의 출원 건수의 증가로 인하여 특허심사조차 지연되어 특허제도의 기능을 마비시키고 있다.

(3) 사소한 기술상의 진보에 권리를 부여함으로써 분쟁이 빈발하여 오히려 산업의 발전을 방해할 수 있다.

(4) 소발명을 보호하는 것으로는 국제경쟁력을 가질 수 없다.

2. 실용신안제도의 존치론

실용신안제도의 존치를 주장하는 이유는 아래와 같다.

(1) 발명과 고안을 특허법에서 공동으로 보호할 경우에는 오히려 발명의 질적 저하를 초래할 우려가 있기 때문에 발명의 크기에 상응하는 보호를 하는 실용신안제도는 필요하다.

(2) 소발명의 보호는 오늘날에도 역시 중요하며, 특히 중소기업의 보호·육성을 위하여 없어서는 안 될 제도로서, 실용신안권은 중소기업이 대기업에 대항할 수 있는 유력한 무기이다.

(3) 외국에서는 특허법에서 소발명까지 보호하고 있는데, 우리나라만이 소발명의 보호를 부인하는 것은 오히려 국제경쟁력을 약화시키게 된다.

(4) 침해소송의 빈발은 본래 독점권을 부여하기에 적합지 아니한 것이 등록된 것이기 때문이며, 실용신안제도의 본질과는 상관이 없는 것이다.

3. 실용신안제도의 수정론

(1) 상기 두 견해를 절충한 수정론의 논거는 아래와 같다.
　① 권리의 존속기간을 특허에 비하여 현저하게 단축한다.
　② 침해금지청구권을 인정하지 않는다.
　③ 실용신안 침해에 대한 형사벌을 인정하지 않는다.
　④ 무심사주의를 채택한다.

(2) 우리 실용신안법에서는 위의 논거 중 ①은 채택하고 있으며, ②③ 및 ④는 권리의 유명무실화를 방지하기 위하여 채택하고 있지 아니하다.

특허제도와 실용신안제도의 비교

구 분		특허법	실용신안법
보호대상		발명(방법발명, 물질발명, 용도발명도 특허 가능)	물품의 형상·구조·조합에 관한 고안 (∴물품성 要, 방법 또는 물질에 관한 고안은 등록 不可)
성립요건		고도성 要	고도성 不要
등록요건	진보성	「쉽게」	「극히 쉽게」(즉, 낮은 수준의 진보성)
	부등록사유	공서양속을 어긋나게 하거나 공중의 위생을 해할 염려가 있는 발명	1. 공서양속을 어긋나게 하거나 공중의 위생을 해할 염려가 있는 발명 2. 국기 또는 훈장과 동일하거나 유사한 고안
출원 및 심사	도면첨부	필요한 경우에 한하여 첨부	1. 필수적으로 첨부 2. 미첨부시 불수리
	심사청구기간	출원일로부터 3년	출원일로부터 3년
	우선심사대상의 상이	1. 특허청장이 외국특허청장과 우선심사하기로 합의한 특허출원 2. 특허법 제61조 및 동법 시행령 제9조에 상술	1. 출원과 동시에 심사청구를 하고 그 출원 후 2개월 이내에 우선심사의 신청이 있는 실용신안등록출원 2. 실용신안법 제15조 및 동법 시행령 제5조에서 상술
효력	존속기간	특허권 설정등록이 있는 날부터 특허출원일 후 20년이 되는 날까지	실용신안권 설정등록이 있는 날부터 실용신안등록출원일 후 10년이 되는 날까지
	존속기간 연장	可能	不可
	효력범위 제한	의약, 의약제법방법 적용 可能(法 96②)	의약, 의약제법방법 적용 不可
	간접침해	물건발명, 방법발명 모두 적용 可能	방법발명, 물질발명 모두 적용 不可
	생산방법 추정	有	無
PCT	도면의 제출	도면의 설명부분에 대한 번역문을 제출하지 않는 경우 도면의 설명부분에 대한 기재가 없었던 것으로 본다(法 201④).	1. 국제실용신안등록출원이 도면을 포함하지 않는 경우 「기준일」까지 이를 제출(實用 35①) 2. 미제출시 특허청장은 기간을 정하여 도면 및 도면의 설명부분의 번역문의 제출을 명령(實用 35②) 3. 특허청장의 명령에도 불구하고 도면을 제출하지 않는 경우 당해 국제실용신안등록출원을 무효로 할 수 있다(實用 35③). 4. 제출된 도면 및 도면의 설명부분의 번역문은 「특허법」 제47조 제1항의 규정에 의한 보정으로 간주(단, 보정기간은 부적용)(實用 35④)

The Patent Law

찾아보기

INDEX 찾아보기

아라비아 숫자

1군 발명	233
1특허출원의 범위	233

영 문

CA 출원	49
CIP 출원	49
DA 출원	49
OA	47
PCT 제19조 보정	250
PCT 제34조 보정	251
PLT의 기본원칙	743
product-by-process	224
UPOV	173
WIPO	728
WTO/Trips	732

ㄱ

가등록	478
가변기간	73
가보호	698
가출원	46
각자대리의 원칙	71
각하심결	589
간접침해	513
간행물	132
강제실시권	437
강제집행	176
개량발명	120
개별대리	69
개조	393
개조식 청구항	225
거절결정	333
거절결정불복심판	603
거절이유	168
거절이유통지	244
거주자	355
거짓행위의 죄	538
견해서	359
결정각하	574
결정계 심판	556
결정중지	98
결합발명	120
경고	303
경정등록	477
경제설	442
경제성	129
고도성	113
고안	26
고유번호	83
고유필요적 공동소송	410, 569
공공의 질서	165
공동발명	121
공동직무발명	193
공동출원	180
공무원의 직무발명	198
공서양속	165
공시송달	102
공시의 효과	484
공신력	388
공유(公有)	406
공유물의 분할 청구	407
공익상 필요	437
공익성	593
공중의 위생	166
공중의 이용가능성	135
공지	131
공지기술	137
공지기술참작의 원칙	493
공지예외적용	138

공지예외적용발명	291	기각심결	589
공탁	467	기간	73
공평성	426	기간의 연장	77
과실의 추정	516	기간해태의 구제	79, 745
과제의 해결원리	510	기능식 청구항	226
과제해결수단	115	기본발명	120
과태료	540	기본적 수익권설	35
관할	648	기본적 재산권설	35
관할법원	70	기산일	75, 76
교부송달	101	기속력	592
교사설	442	기속적 행정행위	90
구성요소완비의 원칙	500	기술	109
구술심리	578	기술심리관	658
국가비상사태 등에 의한 통상실시권	457	기술적 사상	110
국내우선권제도	285	기일	73
국방상 필요한 발명	168	기준일	66, 250
국어주의	82	기탁기관	748
국유특허권	199	기판력	597
국제공개	311		
국제기탁기관	748	**ㄴ**	
국제사무국	729	내·외국인 평등의 원칙	690
국제예비보고서(IPRP, Chapter Ⅰ)	718	내국민대우의 원칙	733
국제예비심사	354, 720	노하우	117
국제예비심사기관	354, 721	노하우보호설	442
국제예비심사보고서(IPRP, Chapter Ⅱ)	361, 726		
국제적 소모이론	395, 734	**ㄷ**	
국제조사	348	다항제	220
국제조사기관	348	단독발명	121
국제조사보고서	352	단일성	232
국제주의	137	단항제	220
국제출원의 취하	345	당사자	564
국제출원일	344	당사자 능력	564
국제특허분류	750	당사자 적격	565
국제특허출원	365	당사자 참가	584
국제특허출원의 특례	365	당사자계 심판	556
권리남용의 항변	542	당업자	142
권리능력	57	당연무효	662
권리범위확인심판	622	당연중지	98
권리서	630	대리권의 불소멸	68
권리소진의 원칙	734	대리권의 증명	67, 670
균등론	501	대리인	63
균등침해	510	대발명	25
그대로설	511	대여	392
극히 쉽게	759	대표도	229

대학교수발명	199
대항요건	179
데이터베이스	28
도달주의	43, 82
도면	228
도면의 간단한 설명	214
독립설	514
독립적 심판	556
독립항	221
독일의 특허제도	53
독점규제 및 공정거래에 관한 법률	54
독점적 통상실시권	434
동맹국 국민	690
동맹조약	35
동물발명	174
동일사실	594
동일성	161
동일심판	595
동일증거	594
동일출원	158
등록공고	302
등록된 통상실시권	417
등록주의	42
등록청구권	431
디자인권	27
디자인권 존속기간 만료 후의 통상실시권	447

ㅁ

마쿠쉬	225
말소등록	477
망실	87
명세서	210
모인자	182
몰수	535
무권리자	182
무심사주의	299
무역관련 지식재산권에 관한 협정	732
무제한설	673
무체재산권설	377
무효심판청구등록 전의 실시에 의한 통상실시권	444
무효처분의 취소	79
묵시적 실시허락설	394
문언침해	510
물건	119

물건발명	119
물건을 생산하는 방법발명	120
물권적 권리	377
물상대위	473
물질발명	119
물품	26
물품의 조합	754
미국의 특허제도	44
미생물 관련발명	116
미생물 발명	116
미생물	116
미성년자	61
미완성발명	115
미적 창작물	115
민간전승물	29

ㅂ

반도체 기술	462
반도체 배치설계	28
반려	89
반려요청서	94
반의사불벌죄	534
반출	88
반포	133
발견	112
발명	108
발명을 실시하기 위한 구체적인 내용	215
발명의 내용	213
발명의 단일성	232
발명의 동일성	161
발명의 명칭	213
발명의 범위	232
발명의 상세한 설명	135
발명의 설명	210
발명의 설명 참작의 원칙	492
발명의 성립성	114
발명자	25
발명자 게재권	179
발명자주의	191
발명자증	279
발명자표시의무	177
발명장려설	36
발신주의	86
방법발명	119

방식보정	254
방식심사	301
방어출원	151
배경기술	211
번역문	230
법률상 추정	120
법인	57
법인의 임원	187
법정기간	73
법정대리인	60, 63
법정실시권	428
변경등록	477
변경출원	268
변론주의	672
병합설	175
보관	393
보상금 또는 대가에 관한 불복의 소	684
보상금 청구권	304
보상금액	308
보완	344
보완사유	344
보전	381
보정각하	257
보정사유	337, 707
보조참가	584
보칙	57
복대리인	70
복수당사자의 대표	71
복수성	277
복합우선	276
본등록	478
본안심결	589
본안심리	673
부가기간	74
부가의 법칙	500
부기등록	478
부다페스트 조약	747
부당이득반환청구권	530
부분우선	276
부분적 동일성	162
부속성	695
부수적 심판	556
분할출원	260
불공정거래행위	461, 462
불변기간	73, 668

불수리	92
불실시	460, 696
불완전이용침해	511
불충분한 실시	402, 460
불특허사유	165
비밀공개설	36
비밀누설죄	538
비밀유지	194, 539
비밀유지의무	194, 544
비밀취급	171
비밀취급명령	171
비발명	114
비법인 사단·재단	59
비자명성	45, 725

ㅅ

사상	110
사업목적의 범위	437, 612
사업준비	445, 451
사용	391
사용사실설	514
사용자 등	188
사용자	188
사용자주의	191
사해심결	646
산업상 이용가능성	126
산업상 이용할 수 있는 발명	126
산업입법	54
산업재산권	24
산업재산권분쟁조정위원회	465
산업정책설	36
상·하위개념	137
상고	678
상업적 성공	149
상위개념	137
상표권	27
상호주의	58
생략침해	491
생산	391
생산방법의 추정	517
서류의 열람	87
서류의 제출	81
서면심리	577
서면주의	81
서비스업	127

선발명자보호설	441	신규사항의 추가	249
선발명주의	156	신규사항추가금지	249
선사용권	441	신규성	130
선사용에 의한 통상실시권	441	신용회복청구권	529
선출원주의	155	신지식재산권	28
선택관청	726	실시권	426
선택국	726	실시불가피설	511
선택발명	147	실시사업	430, 433
선택침해	512	실시 예	215
선행기술	135, 339	실시의무	543
선행기술조사	339	실시행위의 독립성	393
설정등록	376	실질적 동일	153
설정등록료	379	실질적 확정력	592
세계지식재산권기구	728	실체보정	242
소극적 권리범위확인심판	623	실체심사	301
소극적 효력	396	심결	589
소멸시효	196, 525	심결각하	575
소명서	94	심결등본	587
소모이론	394	심결취소소송	657
소송대리인	670	심리범위	673
소송물	674	심리종결통지	589
소송절차의 중지	99, 677	심사	300
소송참가	670	심사관	324
소유권설	377	심사관의 제척	324
소의 이익	666	심사의 분류	300
소의 취하	679	심사의 종료	333
소장	669	심사주의	42
소지	393	심사청구	42
속심적 성격	604	심사청구의 특례	271
속지주의	388	심사청구제도	313
손해배상청구권	522	심판관	557
손해액의 추정	525	심판관의 기피	570
송달	100	심판관의 제척	570
수계신청	98	심판관의 회피	573
수리관청	342	심판관합의체	575
수수료	85	심판부	658
수용	170	심판비용	599
수입	392	심판의 당사자	567
수입국	463	심판 참가	583
수치한정	148	심판장	558
수치한정발명	148	심판절차의 중지	573
스트라스부르그 협정	750	심판청구서	611
승계	95	심판청구서의 보정	562
식물발명	116	심판청구이유의 보정	562
식물신품종	29		

ㅇ

아라비아숫자	223
양도	391
양벌규정	535
업	390
업무범위	188
역균등론	503
역법적 계산방법	75
영국의 특허제도	53
예고등록	478
예비등록	478
예약승계	192
온라인	83
외국어특허출원	230
외국에의 특허출원금지	170
외국의 심사결과 제출명령	281
외국인의 권리능력	57
요부공개	303
요식주의	208
요약서	229
요지공통설	146
요지변경	562
용도발명	117
용어책임론	491
우선권	275
우선권주장	235
우선권주장기간	279
우선권주장서류	280
우선권주장의 보정	281
우선기간	279
우선변제	472
우선심사	318
우선심판	602
우선일	366
우회침해	512
원고	659
원자핵 변환방법	165
위증죄	536
유럽특허조약	689
유전자원	29
의료업	128
의약발명	414
이용·저촉침해	511
이용발명	146
이의신청	301, 350
이중양도	193
이중우선	291
이중특허	262
이해관계인	569
인격권설	376
인용심결	589
일반승계	177
일부인용	632
일부취하	289, 597
일사부재리	592
일실이익	526
임시출원	46
임의대리인	65
입증책임	140, 516

ㅈ

자기지정	286
자동선택제도	347, 355
자동지정	346, 705
자백	672
자연권설	35
자연법칙	108
자연인	57
자연적 계산방법	75
자유발명	186
자진보정	244
잠재성	277
재내자	65
재심사의 청구	336
재심에 의하여 통상실시권을 상실한 원권리자의 통상실시권	452
재심에 의하여 회복한 특허권에 대한 선사용자의 통상실시권	451
재심에 의하여 회복한 특허권의 효력 제한	650
재외자	58
재정에 의한 통상실시권	459
재정의 취소	467
재판의 화해	541
재판관할	56
저작권	27
저촉	400
적극적 권리범위확인심판	623

적극적 효력	390	종업원 발명	185
적법성심리	575	종업원	187
전기통신회선	134	죄형법정주의	534
전매조례	37	주발명	350
전문공개	303	주변한정주의	489
전문기관	339	주합발명	121
전산정보처리조직	479	준동맹국 국민	690
전속관할	656	중단	96
전심관여	324, 418	중복심판청구의 금지	563
전용실시권	429	중심한정주의	488
전자문서	83	중용권	444
전자상거래 관련발명	123	중재	541
전자서명	83	중지	98
전통지식	29	증거보전	581
절차능력(행위능력)	60	증거조사	581
절차보정	242	증명서류	140
절차의 속행	96	지분	180
절차의 정지	96	지식재산권	24
절차의 중단	96	지정관청	340
절차의 중지	98	지정국	701
절차의 효력 승계	95	지정기간	74
접수번호	82	지정기일	78
정규성	691	직권심리	551
정규출원	46	직권에 의한 보정	249
정당권리자	182	직권 재심사	337
정보제공제도	309	직권주의	580
정보통신망	83	직권진행주의	580
정보통신망에 의한 송달	102	직권탐지주의	581
정정무효심판	638	직무	189
정정심판	629	직무발명	185
정정청구	615	직무발명에 대한 통상실시권	439
정정청구 취하	618	직접침해	509
정지	96	진보성	142
제한설	449	진정상품의 병행수입	394
젭슨(Jepson) 타입 클레임(청구항)	223	질권	176
조기공개	305	질권행사로 인한 특허권의 이전에 따른 통상실시권	448
조약에 의한 우선권	275		
조합발명	120	집행권원	601
존속기간	412		
존속기간 연장등록무효심판	619	**ㅊ**	
존속기간 연장등록제도	413		
종속설	515	참가신청의 취하	587
종속항	221	참가의 이유	585
종업원 등	193	창작성	111
		채권적 권리	433, 480

천연물	114	토지경계침범	487
청구범위	215	통상실시권	432
청구범위 기준의 원칙	491	통상실시권 허락심판	468
청구범위 제출의 유예	215	통상실시권 허락심판에 의한 통상실시권	468
청구의 포기	678	통상의 위임대리인	65
청구항	221	통신일부인	88
청구항에 기재된 사항	257	특별송달	101
첫 날	75	특허거절결정	334
청약	392	특허결정	335
체약국의 국민	734	특허공보	105
촉탁	405	특허관리인	65
최선성	278	특허권의 이전청구	184
최초거절이유통지	255	특허권	376
최혜국대우의 원칙	734	특허권의 공유	406
최후거절이유통지	255	특허권의 몰수	696
추가납부기간	380	특허권의 소멸	423
추인	63	특허권의 이전	402
추후보완	80	특허권의 이전청구에 따른 이전등록 전의 실시에 의한 통상실시권	454
출원공개제도	302		
출원서(특허출원서)	208	특허권의 포기	424
출원 보정	244	특허권자의 의무	543
출원인	208	특허료	379
출원인코드	92	특허를 받을 수 있는 권리	175
출원일체의 원칙	260	특허문서전자화기관	538
취하	237	특허문서전자화업무	539
취하간주	238	특허발명	390
치환가능성	502	특허발명의 보호범위	388
치환용이성	502	특허법 조약	741
친고죄	540	특허법상설위원회	742
친권자	63, 64	특허법원	657
침해	396	특허법의 구성	658
침해금지 및 예방청구권	518	특허부여청구권	175
침해금지가처분	521	특허실체법조약	741
침해죄	534	특허심결	334
		특허심판	554
ㅋ		특허심판원 직원	555
카테고리	119	특허심판원	555
컴퓨터 프로그램 관련발명	121	특허심판원장	555
컴퓨터프로그램보호법	121	특허락부결정	334
크로스라이선스	470	특허의 취소	548
		특허요건	126
ㅌ		특허원부	387
탄력성	378	특허유지료	379
택일적 기재	248	특허이의신청제도	42, 301

특허장	37
특허증	387
특허청 직원	59
특허출원	208
특허출원분류	325
특허출원서	208
특허출원의 취하	240
특허출원의 포기	240
특허출원인변경신고	177
특허출원일 전	136
특허출원 전	136
특허출원 전의 권리 승계	177
특허출원 후의 권리 승계	177
특허침해소송	654
특허표시	483
특허협력조약	699

ㅍ

파리조약	688
판단시점의 소급효	282
포괄위임제도	68
포대	325
품종	29
프랑스의 특허제도	53
피고(피고적격)	664
피성년후견인	62
피특정후견인	62
피한정후견인	61

ㅎ

하위개념	137
학위논문	139
학회지	134
합유	406
해태	79
허락실시권	428
허위표시	537
허위표시의 유형	537
허위표시죄	537
협의명령	158
협의의 물건발명	228
협의제	157
형상	753
형성행위설	622
형식적 확정력	592
혼동	432
화해	678
확대된 선출원의 지위	150
확인대상발명	624
확인대상발명의 보정	562
확인행위설	622
환송	606
회복등록	477
효력제한기간	382
후견인	61
후견감독인	61
후발적 무효사유	425
후용권	451

저자 오 승 택

- 동국대학교 교수(현)
- 인하대학교 대학원 지적재산권학과 법학박사
- 연세대학교 법무대학원 산업재산권법학과 법학석사
- 미국 University of washington, school of law 산업재산권법 연수(CASRIP)
- 미국 University of New hampshire, Franklin Pierce Center 산업재산권법 연수
- 동국대학교 공과대학 화학공학과 // 화학공학박사
- 안동고등학교
- 대통령 직속 국가지식재산위원회 전문위원
- 국무총리실 국정과제평가위원
- 기획재정부 공공기관경영평가위원
- 행정자치부 지방자치단체 평가위원
- 서울특별시 지식재산위원회 부위원장
- 한국발명진흥회 본부장(상임이사)
- 미래창조과학부 창조경제문화운동 총괄기획·전문분과위원
- 특허청 변리사자격심의위원
- 환경부 벤처형 환경기술연구회 위원
- 중소기업청 기술이전협력위원회 위원
- 한국기술거래사회 이사(기술거래사)
- 한국토지주택공사 특허법률전담 상담관
- 모스크바국립대학교 객원교수(현)
- 태국 국립라자망갈라대학교 초빙교수(현)
- 서울시립대학교 법학부 강사
- 서울교육대학교 대학원 강사
- 한국화학시험연구원 전문위원
- 태국정부 부총리 고문
- 산업자원부장관 표창(1999), 산업포장(2010)
- 해병대 사관후보생(학사장교) 해병중위 전역

특 허 법

초판발행 : 2011년 5월 30일
제2판발행 : 2014년 1월 25일
제3판발행 : 2015년 10월 5일
제4판발행 : 2016년 11월 15일
제5판발행 : 2017년 3월 20일
제6판발행 : 2021년 5월 15일
저　　자 : 오승택
발 행 인 : 박 용
발 행 처 : (주)박문각출판
등　　록 : 2015. 4. 29 제2015-000104호
주　　소 : (06654) 서울시 서초구 효령로 283 서경 B/D 4층
교재주문 : (02) 6466-7202

저자와의
협의하에
인지생략

이 책의 무단 전재 또는 복제 행위는 저작권법 제136조에 의거, 5년 이하의 징역 또는 5,000만원 이하의 벌금에 처하거나 이를 병과할 수 있습니다.

정가 40,000원　　　　　　　　ISBN 979-11-6704-068-8